检察基础理论论丛

Review on Basic Procuratorial Theory

第 四 卷

中国检察学研究会检察基础理论专业委员会 编

中国检察出版社

图书在版编目（CIP）数据

检察基础理论论丛. 第四卷／中国检察学研究会检察基础理论专
业委员会编. —北京：中国检察出版社，2016.9
ISBN 978 - 7 - 5102 - 1733 - 3

Ⅰ. ①检… Ⅱ. ①中… Ⅲ. ①检察机关 - 司法制度 - 研究 - 中国
Ⅳ. ①D926.3

中国版本图书馆 CIP 数据核字（2016）第 220568 号

检察基础理论论丛

（第四卷）

中国检察学研究会检察基础理论专业委员会　编

出版发行：中国检察出版社
社　　址：北京市石景山区香山南路 111 号 （100144）
网　　址：中国检察出版社（www. zgjccbs. com）
编辑电话：(010)88685314
发行电话：(010)88954291　88953175　68686531
经　　销：新华书店
印　　刷：北京朝阳印刷厂有限责任公司
开　　本：710 mm × 960 mm　16 开
印　　张：51.75　插页 8
字　　数：963 千字
版　　次：2016 年 9 月第一版　　2016 年 9 月第一次印刷
书　　号：ISBN 978 - 7 - 5102 - 1733 - 3
定　　价：128.00 元

第五届中国检察基础理论论坛会场

中国检察学研究会检察基础理论专业委员会原主任、北京市人民检察院检察长敬大力致辞

上海市人民检察院原检察长、上海市法学会会长陈旭致辞

专业委员会顾问、中国政法大学终身教授陈光中做主题报告

专业委员会顾问、中国检察学研究会副会长、中国政法大学教授樊崇义做总结点评

专业委员会顾问、四川大学法学院教授龙宗智做点评

专业委员会顾问、中国检察学研究会常务理事、北京师范大学法学院教授宋英辉做总结点评

专业委员会常务副主任、最高人民检察院法律政策研究室主任万春做总结讲话

中国检察学研究会秘书长、最高人民检察院检察理论研究所所长王守安做点评

序　言

　　全面依法治国离不开制度保障，全面深化改革离不开理论支撑。加强对检察基础理论的研究，深化对法律监督理论、检察制度发展规律、检察职权配置和检察管理规律、检察权运行规律的认识，是坚持和丰富中国特色社会主义检察理论体系的必然要求。为深化司法体制改革和检察改革、发展完善中国特色社会主义检察制度提供理论支持，是检察基础理论专业委员会的基本宗旨和使命。检察基础理论专业委员会自 2011 年 1 月成立以来，在中国检察学研究会的正确领导下，在各地检察机关、专家学者的大力支持下，积极加强检察基础理论的研究和交流，连续举办了五届“中国检察基础理论论坛”，成功举办了“十二五时期检察工作的总体思路和基本要求专题研讨会”、“十三五时期检察工作发展规划专题研讨会”、“强化‘五个意识’与贯彻修改后的刑诉法研讨会”，编辑出版了《“十三五”时期检察基本制度与理论体系的完善》，以及《检察基础理论论丛》四卷、论坛文集五本，形成了一批有影响力的理论研究成果，为推进司法体制改革和检察改革创新、推动法治建设贡献了智慧和力量，为推动我国检察基础理论研究深入发展作出了应有贡献。

　　2015 年既是全面深化改革的关键之年，又是全面推进依法治国的开局之年。广大法学专家、检察系统的实务与理论工作者积极围绕全面深化司法改革和检察改革中的重点难点问题，检察机关贯彻落实修改后的三大诉讼法面临的新情况新问题，以及检察机关深入推进反腐败斗争的制度建设等专题开展深入研究，取得丰硕成果，检察基础理论研究的水平和决策服务能力不断提高，为检察工作的发展和检察改革提供了重要的智力支持。《检察基础理论论丛（第四卷）》甄选出 2014 年发表在各类知名刊物上的检察基础理论文章 60 余篇，力求使入选论文的作者具有代表性、作品具有创新性、内容具有基础性，通过检察理论的基本范畴与体系、检察权、检察制度、检察政策、检察机构与组织体系、检察改革、综述等七大板块进行分类编辑。我们相信，《检察基础理论论丛（第四卷）》的编辑出版将为检察人员和法学研究者提供重要的参考资料，为检察基础理论研究爱好者搭建重要的交流平台。但由于时间仓促、水平有限，编辑中难免有错漏之处，因此，我们希望广大读者在阅读本书的过程中发现问题，敬请批评和指正，为促进检察基础理论研究大发展、大繁荣而共同努力。

中国检察学研究会检察基础理论专业委员会
2015 年 12 月

目　　录

第一部分　检察理论的基本范畴与体系

第二部分　检察权

第三部分　检察制度

第四部分　检察政策

第五部分　检察机构与组织体系

第六部分　检察改革

第七部分　综　　述

第一部分

检察理论的基本范畴与体系

检察机关组织领导体制和
检察权构造及运行机制的改革探索

——关于"检察工作一体化"和"两个适当分离"的理论与实践

敬大力

一、关于检察改革的总体考虑

自检察机关 1978 年恢复重建以来，改革始终是推动我国检察制度不断发展完善的主要内生动力。近年来，我们在中央、最高人民检察院和省委的正确领导下，结合湖北检察实际，坚持在法律和制度的框架内，积极推进检察改革和工作机制创新，着力破解制约检察工作发展的难题，保持检察事业旺盛生机与活力。可以说，这些年我们湖北检察工作能够平稳健康发展，得到加强和改进，取得全面发展进步，正是得益于我们敢于先行先试、领先一步的持续改革。在工作中我们始终牢牢把握住以下四点，确保检察改革的正确方向和效果。

（一）检察改革必须充分体现中国特色社会主义检察制度的优越性

现代检察制度诞生之初，其本意和功能就是对警察和审判的权力进行监督制约，保护公民免遭警察恣意（如刑讯）和法官擅断。当代中国的检察制度，是在中国共产党领导的社会主义革命和建设的实践中，在总结我国社会主义法制建设历史经验和教训，借鉴其他国家检察制度的基础上逐步形成和发展的。根据列宁的法律监督思想，1949 年 9 月，中国人民政治协商会议第一届全体会议通过的《中华人民共和国中央人民政府组织法》规定，最高人民检察署对政府机关、公务人员和全国国民之严格遵守法律，负最高检察责任。1954 年，我国第一部宪法明确规定：最高人民检察院对于国务院所属各部门、地方各级国家机关、国家机关工作人员和公民是否遵守法律，行使检察权。从 1957 年下半年开始，检察制度的发展遭遇严重挫折，检察机关甚至一度被取消。1978 年检察机关恢复重建。1979 年颁布的人民检察院组织法第一次明确规定检察机关就是法律监督机关。1982 年宪法的颁布，进一步明确了检察机关作为国家法律监督机关的性质和地位。

三个特点：（1）中国特色社会主义司法制度的主要标志之一，要倍加珍惜。设立检察机关并赋予专门的法律监督职责，这不仅仅是中国检察制度的特色，而且是中国司法制度乃至中国政治制度的一个重要特色，充分贯彻了人民民主专政理论、人民代表大会制度理论、民主集中制理论，体现了马克思主义法律观中国化在检察工作中的运用，具有鲜明的政治特色、体制特色、功能特色和时代特色（在中国这样的单一制大国，检察机关的作用是独特的）。（2）在世界各国的政治司法制度中，检察制度的差别性是最大的，无所谓孰优孰劣，只有是不是适合自己的制度。（3）检察制度属于未定型（发展中）的制度，发展余地大，也容易走偏向，要制度化、定型化。

一项政治法律制度都有其本身的核心内容，并有其自身的独立性和职能作用的着力点。我国检察制度的核心是法律监督，这一宪法定位，决定了检察机关以维护宪法和法律的统一实施为使命，决定了检察机关在国家机构中并列并独立于国家行政机关、审判机关的地位，使我国的检察制度与世界各国检察机关所具有的监督属性既有共性，又有重大区别，具有不可比拟的优越性。当前，我国检察制度总体上是适应我国国情和发展需要的。同时，随着社会主义市场经济的发展、社会矛盾的增多、人民群众民主法治意识的增强，我国的检察制度在实践运行中也暴露出了一些问题，影响和制约了检察机关法律监督作用的充分发挥。我们推进检察改革，就是要着力破解这些体制性、机制性、保障性障碍，使中国特色社会主义检察制度的优越性得到更加充分的发挥，为改革发展稳定大局提供更加有力的司法保障。

（二）检察改革必须充分体现党的十八届三中全会关于加强和规范对司法活动的监督要求

党的十八届三中全会明确提出，要优化司法职权配置，健全司法权力分工负责、互相配合、互相制约机制，加强和规范对司法活动的法律监督。加强本身是改革，规范本身也是改革。要落实党的十八届三中全会关于司法权力运行机制改革要求，解决法律监督工作存在的问题，强化对司法活动全过程、全环节的法律监督，确保司法权不被滥用，必须坚持用改革创新意识开展工作。要始终围绕推进国家治理体系和治理能力现代化的总目标，把发展和完善中国特色社会主义检察制度，提升法律监督效能和权威作为改革的重要遵循，切实将加强和规范两个方面的要求统一起来，通过精心的制度设计和有效有力的措施使法律监督工作在规范的轨道内运行的更加顺畅。要通过改革的举措为法律监督工作找准定位、定好标准和程序，让监督的数量、质量、效率、效果都得到提升。只有这样，我们的改革才能得到广大人民群众的真心拥护，最大限度调动一切积极因素，最大限度凝聚共识、减少阻力，一步步地深入推进下去。

（三）检察改革必须充分体现检察工作规律

检察工作规律，是检察工作发展中不以人的意志为转移的、内在的、本质的，是有关检察权的设定及运行的基本准则，是检察制度、检察理念、检察体制、检察机制及方式内在联系的抽象概括。把握并遵循检察工作规律，是检察改革取得成功的先决条件。这要求我们必须从国情出发，历史地、发展地发现、认识、探索我国检察工作发展的客观的、真实的规律。决不能从主观主义出发，想当然地或者照搬照抄西方法学理论，提出一些主观的、虚假的"规律"。例如：（1）十八届三中全会关于全面深化改革的决定提出要加强和规范对司法活动的法律监督和社会监督，体现了权力制衡的规律。权力具有易扩张性，正如孟德斯鸠所言"一切有权力的人都容易滥用权力，这是万古不易的一条经验"，因此对权力的运行必须进行监督和控制。（2）确保依法独立公正行使审判权和检察权，唯有如此才能排除其他不正当干涉，保障司法行为的公正、高效和权威，这是一条基本司法规律。当然，我们也不能将这一规律理解为西方三权分立学说下的司法独立，这是由不同的政治制度和政治体制所决定的。（3）维护中央的权威，维护法律的统一尊严和权威，保证法律的统一正确实施，是一致的、必须的、必要的。（4）关于司法责任制的改革，也体现了权责统一这一现代法治社会的基本遵循，权与责实际上是同一个问题的两个方面。但是检法两家的责任制是有差别的，慎提"去行政化"，不搞"捆绑式改革"。总之，我们在检察改革中必须要遵循我国检察工作发展的规律，防止简单地移植和模仿，防止偏废和"失重"，防止违背客观规律的盲动。

（四）检察改革必须坚持问题导向

习近平总书记指出，改革是由问题倒逼出来的。检察改革始终要坚持问题导向，不能为了改革而改革，而是着眼于解决实际问题、满足发展需要。不论是检察体制、机制层面的改革，或者工作方式上的创新，都要针对实际问题，有什么问题就解决什么问题。改革和发展的过程，可以说就是不断遇到矛盾、解决矛盾的过程，这是马克思主义哲学的基本原理。对这一点，我们也是有深刻体会的：例如，针对一些执法不公正、不严格、不廉洁的问题，我们坚持不懈地推进执法规范化建设，甚至还推出了一些躲不开、绕不过、免不了的硬措施，实行规范执法"倒逼"机制，使规范文明执法的理念逐步深入人心，规范文明执法水平也提升到了一个新的阶段。还有，针对前些年我们诉讼监督工作弱化以及近年来出现的不规范甚至滥用的问题，通过诉讼职能与诉讼监督职能适当分离、由专门机构专人专司诉讼监督工作来强化诉讼监督，接着又通过推进诉讼监督制度化、规范化、程序化、体系化来规范监督。又如，针对基层检察院内设机构林立、管理层级多、一线执法办案力量不足、效率偏低等问题，推进基层检察院内部整合改革，实行扁平化管理，促进现有人力资源充分利用和法律监督效能进一步提升。总之，就是要紧紧抓住检察工作中存在的突出问题，深入到观念层面、制度层面、利益层面，以改革的精神和办法加以解决。

二、关于检察工作一体化机制的理论与实践

谈这个问题，是鉴于检察工作一体化是决定和保障我国检察机关领导体制和组织体制有效落实，检察机关职能作用、检察制度优越性充分发挥的根本问题。这里所谈的是保证领导体制和组织体制得以落实的工作机制问题。

检察工作一体化机制源于检察一体化。检察一体化的术语最早源于日本，在大多数国家检察一体是一种体制安排而非明确的原则。何为检察工作一体化及相关概念，学者提出诸多见解。例如，"检察一体是检察机关基于其特殊的法律地位，为保障依法独立行使职权而在对外相对独立的基础上，在其内部实行的下级服从上级、全国检察机关服从最高检察机关、整个检察机构作为一个整体进行活动的一项活动原则"。又如，"鉴于检察权的性质及独立行使检察权的需要，各级检察机关及其相关人员实行上级对下级的领导与指挥和下级对上级的服从与执行，同时包括相互之间的协调与配合，整个检察系统形成为统一的有机整体或命运共同体"。还有，"检察一体制是指检察系统内上下级检察院之间的领导关系，检察院内检察长与检察官之间的领导关系，以及检察机构作为统一的整体执行检察职能"。等等。这些定义各有不同，但都是研究检察权、检察机关及其检察官之间相互关系，强调检察工作的整体性和统一性，其主要内容包括：检察机关自成体系、检察职权统一行使、不同层级检察机关具有领导隶属关系、不同区域检察机关具有协作义务等，这些为实行检察工作一体化提供了良好借鉴。

（一）为什么检察工作必须实行一体化机制

我们提出并推行检察工作一体化机制是具有充分的法律、理论与实践依据的。

首先，实行检察工作一体化机制是落实检察机关领导体制的必然要求。我国宪法、人民检察院组织法、检察官法明确规定了上级检察机关领导下级检察机关的领导体制。深化检察改革，既要重视体制改革，又要关注机制创新。在检察改革中，体制上要抓根本，力争有所突破；机制上要重健全，力争有所创新。体制和机制是紧密联系、辩证统一的关系，体制决定机制的内容，机制保

障体制的实现。宪法虽然确立了检察领导体制，但是这种纵向的领导关系尚"不足以自行"，还需要靠健全的工作机制来落实和保障。实行"检察工作一体化"，就是要充分发挥检察工作机制在优化检察职权配置、规范执法行为方面的基础性作用。检察机关应当在现行政治体制和法律框架内，在工作机制层面积极改革创新，使已有的制度、规定能够更加充分发挥作用。通过检察工作一体化机制创新，不断推出检察机关能够自己决定、能够立即付诸实施、能够产生实际效果的办法。

其次，实行检察工作一体化机制是建设公正高效权威的社会主义司法制度的重要内容。建设公正、高效、权威的社会主义司法制度，是党中央对深化司法体制改革、推进依法治国基本方略提出的要求。检察机关依法独立公正地行使检察权，保障社会主义法制的统一、尊严、权威的过程，同时也是推动建设公正、高效、权威的社会主义司法制度的过程。一方面，检察机关在"检察工作一体化"机制下依法正确履行法律监督职能，是树立政法各部门执法公信力、建设公正高效权威的社会主义司法制度的有力保障；另一方面，检察工作一体化有助于理顺检察系统的纵向领导关系，有助于加强检察机关横向之间以及内部各部门之间的协作配合，有助于推动检察职权的优化配置，有助于规范检察机关自身的执法行为，有助于树立检察机关的执法公信力和权威性，实现法律监督自身的公正高效权威。

再次，实行检察工作一体化机制体现了检察工作的基本规律和中央司法改革精神。无论是检察机关静态层面的组织结构，还是动态层面的检察权行使，均充分体现了检察工作的整体性、统一性。检察机关作为统一的整体，能够统一有效地行使检察权，检察院之间、检察官之间能够协调一致、整体运作、总体统筹。纵向领导关系方面上命下从，横向之间强调协作配合，内部注重资源整合，同一部门的各个检察官之间强调协同作战。"检察工作一体化"正是在领导、协作、整合、统筹的良性运行中彰显、保障和促进检察工作的整体性、统一性。可以说，"检察工作一体化"就是检察工作的整体性、统一性在工作机制层面的另一表述。也正是基于以上规律，中央在新一轮的司法改革部署中，提出了推动省以下地方法院、检察院人财物统一管理的要求，这与检察工作一体化的理念和精神是相吻合的。习近平总书记明确指出，我国是单一制国家，司法权从根本上说是中央事权。司法机关的人财物应该有中央统一保障和管理。人财物的统一实质上是工作统一的一个保障，工作统一才是中央事权的核心内容、是保障国家法律统一正确实施的必然选择。由此可见，检察工作一体化体现了中央司法改革的最新精神，也为深化落实改革任务提供了机制保障。

最后，实行检察工作一体化机制有利于优化检察权配置，增强法律监督工作合力。"检察工作一体化"作为一盘棋思想指导下的具体的工作机制，是医治地方主义、部门主义和分散主义的良方，是增强法律监督整体合力的制度保障。通过运行"检察工作一体化"机制，从总体上统筹不同层级、不同区域、不同类别的检察工作，确保检察权依法、独立、统一、规范、有序运行，增强检察工作的整体性、统一性和协调性，便于排除各种制约因素，理顺内部关系，整合检察资源，增强监督合力，提高检察工作的质量和效率，发挥检察机关的整体优势和效能。

需要说明的一个问题是，我们必须正确认识和处理坚持党的领导、接受人大监督与接受上级检察院领导的关系。中国特色社会主义检察制度是党的领导、人民当家作主和依法治国的有机统一。党对检察机关的领导，是党对人民民主专政国家政权进行领导的组成部分，是检察机关依法独立行使检察权的政治保证，是中国特色社会主义检察制度的重要内容。人民检察院作为国家法律监督机关，由人民代表大会产生，向人民代表大会负责，受人民代表大会及其常务委员会的监督。最高人民检察院领导地方各级人民检察院和专门检察院的工作，上级检察院领导下级检察院的工作，是宪法规定的检察机关领导体制。坚持党的领导、接受人大监督与接受上级检察院领导是相辅相成、并行不悖、有机结合、不可偏废的，是与我国的国体与政体紧密相连的，充分贯彻了人民民主专政理论、人民代表大会制度理论和民主集中制理论，蕴含着我们党关于社会主义检察制度的基本观点，是我国政治制度的重要组成部分，要切实注意防止和克服将三者对立起来、割裂开来的错误观念和做法。实行检察工作一体化是在坚持党的领导和接受人大监督的前提下展开的。加强上级检察院对下级检察院工作的领导，保证检令畅通，增强监督合力，进而更好地履行检察机关职能，说到底也是坚持党的领导、接受人大监督的一个重要要求，是维护中央权威和保证法律统一正确实施的重要要求。这里需要说明一下，法院检察院人财物省以下统一管理后，地方党委、人大的关系问题。统一管理不是脱离地方，脱离党委：（1）总的领导关系、监督关系不变。（2）执行政法工作的方针政策的领导。（3）人由省级党委管。（4）省级提名后通过正常的党内程序和人大程序任免。

（二）检察工作一体化方面存在的问题

当前，检察工作中存在诸多制约法律监督职能充分发挥的体制性机制性障碍，其中以领导关系不畅、工作协作不足、工作合力不强、整体效能不高等实践难题较为突出：（1）落实检察领导体制、保障检察机关依法独立公正行使检察权的工作机制和具体制度不完善，检察机关纵向领导关系尚待理清，检令不畅、监督不力的情况时有发生。一些下级检察院自觉接受上级检察机关领导的观念淡薄，对上级检察院的工作部署、指示精神和要求执行不力；一些下级检察院对请示报告、特定案件审批备案、统一执法考评等制度落实不力；一些上级检察院对下级检察院工作领导和指导不力，部署的工作不督促检查，不能及时发现和解决问题。（2）各种干扰法律的统一正确实施的因素不同程度存在，检察工作的统一组织、指挥、管理与协调机制有待加强。（3）检察资源配置不够科学，法律监督的整体合力不足，整个检察工作有待整合，部门林立、神秘主义和分散随意的现象较为普遍，表现为情报信息的统一管理和综合分析利用机制不完善，案件线索移送和工作联系配合制度落实不到位，各内设机构之间的相互制约与协作配合有待加强，各内设机构整合资源、调配力量的工作措施不得力等。这些问题的存在，严重影响了法律监督工作的整体效能，在一定程度上弱化了检察机关的法律监督职能。针对这些问题，只有通过推行检察工作一体化机制，才能从根本上加以解决，才能提高检察工作在整体上发现问题、监督制约的能力。

这里还需要对检察工作一体化机制的有关提法作一个澄清。有些同志把"检察工作一体化"与"检察一体化"混为一谈。我们认为，"检察工作一体化"与"检察一体化"之间既有联系，又有区别，本质上是不同的概念。"检察一体化"与是否实行"检察独立"、"垂直领导"等领导体制问题相关联，涉及体制和制度问题；而"检察工作一体化"是在现行政治体制和法律制度框架内，在检察工作机制层面的安排。当前，我国检察机关的领导体制在总体上是与国家的政治体制相适应的，是符合检察工作实际需要的，实践中也是行之有效的。推行"检察工作一体化"，主要是依据宪法和法律的规定，围绕加强检务管理、提高执法水平、增强监督合力、树立监督权威的目标，对现行检察工作机制进行完善、健全和创新，为落实检察领导体制提供机制保障。还应当注意的是，"检察工作一体化"是检察机关的一体化，而不是检察机关有关部门及其工作从上到下的一体化。各级检察机关相应内设机构对具体某一方面工作的组织、指挥、协调和管理等，只是"检察工作一体化"的一个方面，而不宜将"整体的一体化"分割为"部门的一体化"。在出现检察权地方化、部门化和分散主义倾向的情况下，当务之急是"收拢手指，攥紧拳头"，形成法律监督的合力。

（三）检察工作一体化的实质

我们推行的"检察工作一体化"，是指在坚持党委的领导和人大监督的前提下，依据宪法和法律的规定，按照检察工作整体性、统一性的要求，在检察机关实行的"上下统一、横向协作、内部整合、总体统筹"的工作运行机制。

　　"上下统一"就是在坚持党的领导和人大监督的前提下，充分发挥检察机关领导体制的优势，强化上级院对下级院的领导关系，下级服从上级，上级支持下级，克服检察权地方化、部门化的倾向。"横向协作"就是加强检察机关之间的相互协作，通报情况，加强沟通，取得理解、支持与配合。"内部整合"就是摒弃检察机关内部各个业务部门各自为政、相互封锁、"神秘主义"的办案旧模式，充分发挥检察机关各业务部门的职能作用与优势，在日常工作中加强配合与联系，对案件线索实行统一管理，对办案工作进行统一规范，对办案力量进行统一调配和优化组合。"总体统筹"就是强调检察机关和检察工作整体的统一性、有序性、协调性，检察机关上下之间、横向之间以及检察机关内设机构之间结成统一的整体，运转高效、关系协调，充分发挥整体效能。这四个方面是有机统一的整体，要强调多向度的整合，才能实现检察工作的整体性、统一性。

　　（四）检察工作一体化机制的配套制度及落实措施

　　"检察工作一体化"的提出和实践，是一个渐进的过程。自2006年以来，湖北省检察院开始探索"检察工作一体化"机制改革。2006年12月出台《关于在全省检察机关实行检察工作一体化机制的指导意见》，以后又相继建立健全了40多项配套规定，形成了以《指导意见》为主、以配套规定为辅的检察工作一体化制度体系。从实践效果看，通过八年来持之以恒地推进，检察工作一体化机制不断健全，并且"一体化"的理念越来越融入谋划和推进工作的全过程，确保了上级部署得到统一遵循和落实，有力地维护了检察工作的整体性、统一性，增强了法律监督的整体合力，提高了检察机关的法律监督能力。

　　例如，在落实检察领导体制，进一步理顺上下统一的纵向关系方面，全面推行下级检察院向上一级检察院报告工作和评议制度。我们制定了《关于下一级检察院定期向上一级检察院报告工作的规定（试行）》等规范性文件，一年两次定期由下一级院向上一级院报告工作，认真组织评议，重点发现和解决问题，狠抓评议意见整改落实，有效促进了上级检察机关的各项工作部署的落实，确保了检令畅通。

　　又如，规范性文件的清理，保证检察工作部署一体化遵行。

　　再如，在完善纵向指挥和横向协作制度，进一步规范检察业务运行机制，维护检察工作的整体性、统一性方面，坚持把检察工作一体化机制的各项措施落实到执法办案和法律监督工作中。我们制定了职务犯罪大案要案侦查指挥中心工作实施办法，对指挥中心进行重组，成立了机构单设的指挥中心办公室，调整相关工作机制。市州分院也设立了单独的职务犯罪大要案侦查指挥中心及其办公室，实现了职务犯罪案件线索的归口统一管理，形成了以省院为领导，以市、州、分院为主体，以基层院为基础，各地检察机关及各内设机构密切协作配合，符合"检察工作一体化"要求的侦查工作、公诉工作的运行模式。建立查办职务犯罪"侦、捕、诉"协作配合与相互制约等制度，加强和规范案件交督办和指定异地管辖，强化对办案工作的统一组织指挥，加强各地检察机关之间的检务协作，促进检察机关结成运转高效、关系协调、规范有序的统一整体，同时也为下一步深化司法体制改革、推行省以下检察院人财物统一管理奠定了良好基础。

还有，在落实"检察工作一体化"的相关保障方面，健全了统一、全程、严密、高效的执法监督网络。将现代管理模式和方法引入检察管理中，通过信息网络、大数据等手段对各项工作实行严格的流程管理和质量控制，逐步实现了办公、办案信息化，初步形成了工作流程规范、质量标准科学、监督制约严密、考核及时准确、管理手段先进的科学管理机制。建立并逐步完善统一的综合考评制度，树立了正确的工作导向，等等。

三、关于"两个适当分离"的理论与实践

所谓"两个适当分离"是指将检察机关的诉讼职能与诉讼监督职能适当分离，案件办理职能和案件管理职能适当分离。我们认为"两个适当分离"是一个涉及检察权的构造和运行机制的基本问题。厘清这一基本问题，非常有助于更好地遵循检察权运行规律，优化检察职能配置，强化法律监督效果，提高检察工作运行效率。围绕这一问题，湖北检察机关从 2010 年以来进行了积极的理论探讨和工作实践，形成了思考、体会，在这里与大家进行一些交流。

（一）理论和实践问题

1. 理论上的分歧

这里主要探讨诉讼职能与诉讼监督职能适当分离的理论问题，首先会涉及检察权、法律监督权这些检察制度的基本范畴。一方面，基于检察机关的职权，有了检察权的概念；另一方面，基于我国检察机关的宪法定位，有了法律监督权的概念。检察权与法律监督权是什么关系、检察权及其具体权能的属性问题是理论界分歧最大、最让人困惑的重要问题之一。归纳起来大致有一元论、二元论（多元论）、一元二分论等不同观点。

一元论认为，检察权就是法律监督权。检察权与法律监督权，是一个事物的两种命题，或者说从不同角度表述同一事物。如王桂五先生认为法律监督作为国家的一种权力是一元化的，检察机关的各项权力都应当统一于法律监督权，都是法律监督的一种表现形式。最高人民检察院原副检察长朱孝清也认为，从功能分析上看，我国检察机关各项职权都统一于法律监督权。张智辉认

为检察权都是作为一种独立的国家权力即法律监督权存在的。龙宗志等人认为诉讼和诉讼监督是两码事，但在理论和实践上很难分开，是皮毛关系。

二元论或多元论认为，检察权不等同于法律监督权。把检察权能区分为监督职能、侦查职能、公诉职能等，认为法律监督权不能涵盖检察权之全部。如樊崇义先生认为，检察职权二元论比一元论更为合理，按照二元论的理论设计检察机构设置，理顺诉讼渠道，遵循诉讼规律，保证公诉质量，强化法律监督，更具有科学性。陈卫东则认为，以公诉权为主要内容的检察权在本质属性和终极意义上应属于行政权，检察机关在刑事诉讼中的各项权力都是程序性诉讼权力，与所谓的法律监督机关、法律监督权并无必然关联性。郝银钟也认为检察权就是公诉权，如果检察机关既行使公诉权又行使监督权，必将导致角色混乱，主张检察机关并非应为法律监督机关，应当废除检察机关的法律监督权。还有学者认为检察机关法律监督即为诉讼监督，检察机关侦查权、批捕权、公诉权不具有监督属性，只有诉讼监督权才具有法律监督属性。

一元二分论，检察权具有复合性和多层次性，实质上一元形式上二分。关键的要区分宪法和法律定位（法律监督机关、司法机关）和具体职能（职权）：二元一体（制度、体制问题），职能多样（规律、程序问题）。

由于视角的不同，这里，我们无意于也不可能对上述观点作结论性评论。主要阐明以下两个观点：

一是中国检察制度的特色。《中华人民共和国宪法》规定："中华人民共和国人民检察院是国家的法律监督机关。"这是我国宪法关于检察机关的明确定位。2006 年，《中共中央关于加强人民法院、人民检察院工作的决定》明确提出，人民检察院是国家的司法机关。中国特色社会主义检察制度的突出表现就在于，检察机关集诉讼监督职能和诉讼职能于一身，检察机关既是法律监督机关，也是司法机关。检察机关作为法律监督机关，具有对诉讼活动的法律监督职能，主要是指我国检察机关具有独特的宪法定位，有权依法行使对刑事诉讼、民事审判、行政诉讼活动进行法律监督等具体权能；检察机关作为司法机关，具有诉讼职能，主要是指法律赋予检察机关通过诉讼的形式处理有关案件，有权依法行使批捕、起诉、侦查职务犯罪等具体权能。

二是广义的监督包括监督、制约和救济。监督一词是广泛使用的术语，在不同的语境下可以有不同的含义。我们认为广义的监督包括制约，是因为监督和制约都是对权力行使的约束、限制和控制，都能起到防止和纠正工作中失误的作用，目的都在于保障执法和司法机关正确地认定事实和运用法律。认为广义的监督包括救济，是因为监督本身就是一种重要的权利救济手段。当然，狭义的监督与制约是两个不同的概念，有质的区别，不能相互混淆和替代。监督与制约的区别在于：（1）制约是互相的，而监督是单向的。制约是把执法司法工作分为不同的环节、不同的作用，而使不同的主体相互牵制、制衡。监督是宪法和法律赋予检察机关的特定职权。（2）制约是诉讼环节，适用诉讼程序，监督有的是诉讼环节，有的是专门的监督措施，既可能适用诉讼程序，也可能适用监督程序。（3）使用的措施办法不同。（4）监督是对受监督方诉讼行为提意见、启动程序，制约是针对受制约方的诉讼行为启动自身诉讼行为。所以，从广义监督的概念出发，具有制约性质的诉讼职能和具有狭义监督性质的诉讼监督职能能够统一于法律监督职能，但同时由于其性质差别和不同运行规律，应当适当分离运行。

　　基于以上两点考虑，我们认为，诉讼职能、诉讼监督职能这两种不同性质、不同种类的职能对于检察机关都是不可少的，两项职能是并行不悖的，不存在将诉讼职能或者诉讼监督职能从检察机关分离出去的问题，而是要从检察职能的合理配置、理顺工作关系的角度出发，研究在检察机关内部诉讼职能和诉讼监督职能适当分离的问题。

　　2. 实践中的问题

　　诉讼职能和诉讼监督职能不分主要造成三个方面的实践问题：（1）内部制约不够。目前的检察实践中，检察机关负责批捕、起诉的部门同时负责在诉讼程序中监督其他司法、执法机关的诉讼活动，这种具有不同职能的双重地位，使得检察机关常常处于尴尬的境地。那么，在理论界和社会上就自然长期存在诸多质疑，如检察机关监督别人，谁来监督检察机关？检察机关有什么资格、优势去监督其他机关？这种由同一个内设机构同时承担诉讼职能和诉讼监督职能的模式，客观上造成既不便于对他方进行监督，也不利于自身严格公正执法的现实情况。（2）诉讼监督弱化、不规范、成为"副业"。当前，人民群众对司法、执法机关有法不依、违法不究、执法违法等问题反映相当强烈，但是检察机关的诉讼监督相对疲软，法律监督工作还是检察工作的薄弱环节。一个内设机构身肩两种职能，实践中往往就将履行批捕、公诉、职务犯罪侦查等职能作为首要任务、硬任务，而将履行诉讼监督职能作为可有可无的次要任务、软任务，在强调加强诉讼监督的时候，由于人员精力无暇顾及、缺乏制度规范等因素，造成了虚报造假、凑数监督、拆分监督、滥用监督等方面的问题，结果是两方面的职能互相影响、互相拖累，两方面的职能履行效果都不理想，削弱了法律监督的整体效能。（3）造成工作模式和运行特征的错位。批捕、公诉、职务犯罪侦查等诉讼职能和诉讼监督职能的运行规律是不一样的，诉讼职能强调独立办案，诉讼监督职能强调上下统一；批捕、公诉、职务犯罪侦查等诉讼职能侧重于对犯罪嫌疑人、被告人的追究，诉讼监督职能侧重于对司法执法机关的调查、纠正。两者方向不同、对象不同、程序不同，将两者混同在一起，容易造成工作模式和运行特征的错位。

所以我们认为，无论是从理论上还是从实践上来看，实行"两个适当分离"都有充足的依据和需求，既是符合检察工作运行规律，也是适应检察工作的实际需要的。

（二）"两个适当分离"解释

1. 诉讼职能和诉讼监督职能适当分离。即在坚持检察权的法律监督性质，检察机关的诉讼职能、诉讼监督职能两项职能都不可少的前提下，改变过去长期以来，检察机关同一内设机构既承担审查逮捕职能，又承担刑事立案和侦查活动监督职能；或者同一内设机构既承担公诉职能，又承担刑事审判监督职能等职能配置模式，由批捕、公诉、职务犯罪侦查等部门专司相关诉讼职能，由侦查监督、刑事审判监督、民事诉讼监督、行政诉讼监督、监所检察等部门专司诉讼监督职能，从而实现检察机关内设机构的职责分工的"诉讼不监督、监督不诉讼"。

2. 案件办理职能和案件管理职能适当分离。案件办理是指检察机关依照法律规定的职权和程序对案件进行处理的活动。检察机关办理的案件有两类：一类是诉讼案件，另一类是监督案件。案件管理主要指的是检察机关依照法律和检察工作规律对办案工作进行专业、统一、归口管理，加强流程监控、过程控制的活动。案件办理、案件管理是公正廉洁执法紧密相联的两个方面：加强案件办理，客观要求强化监督制约，规范案件管理；加强案件管理，也有利于强化案件办理，确保公正廉洁执法。但也应当看到，案件办理强调对案件的依法处理，案件管理则强调对案件的流程监控、过程控制、统一考评等，两者存在明显区别，是可以也应该适当分离的。

3. "适度"原则。我们认为，诉讼职能和诉讼监督职能、案件办理职能和案件管理职能的分离，应当是"适度"的分离，应当掌握一个合理的"度"。所谓"适度"主要体现在以下三个方面：（1）保持固有职能，不是强行分离。对于诉讼职能所固有的制约成分、案件办理所固有的管理内容，仍然予以保持，而不是不切实际地分离。如检察机关的"审查批捕"、"审查起诉"工作，由于其属于诉讼活动且具有司法审查性质，因而必然包含某些"制约"的成分，这是其诉讼中司法审查性质的工作所固有的。我们所说诉讼职能、诉讼监督职能适当分离，当然仍要保持司法审查性质的诉讼职能中固有的"制约"成分。但是，需要注意的是，"制约"不等于"监督"，法律监督比诉讼中"制约"的内涵和外延更为丰富、更为广泛。又如案件办理也包含自身管理，比如反贪、反渎等案件办理部门仍然需要承担对案件合理分流、严守办案期限、保证案件质量等管理任务，这是案件办理所固有的职能，仍然要保留，而不是将所有的管理工作一概分离出去。（2）维持相互联系，不是完全割裂。实行"两个适当分离"，不是要将相分离的两个方面完全割裂、断绝联系。如检察机关有关部门在履行诉讼职能的过程中，可以发现诉讼违法线索，要特别强调两项职能适当分离后加强协作配合，各部门不能"各办各案"。又如案件管理不仅强调加强管理、规范管理这一侧面，而且强调加强组织协调、服务办案这一侧面。（3）坚持能分则分，不是硬性分离。实行"两个适当分离"不是搞一刀切，而是坚持一切从实际出发，尊重实际、能分则分，难分则不分，循序渐进地深化改革。对于目前暂时分不开或者分开暂不具备条件、时机不成熟的，保持现状不变。比如，湖北省检察机关在基层检察院内部整合改革试点中，虽然提出刑事抗诉是一种比较典型的刑事审判监督职能，但鉴于法律制度上的限制，仍将"决定是否提出或提请刑事抗诉"这一职能赋予批捕公诉部行使，而不是赋予诉讼监督部行使。总之，"度"的把握主要是着眼于各项检察职能的充分发挥，着眼于促进检察管理的科学规范，着眼于提高工作效率，根据职能性质和工作情况，坚持边探索、边总结、边改进。

（三）"两个适当分离"的实践措施及效果

1. 职能分离、机构分设。在省院和市级院，按照精细分工的原则，形成执法办案机构、诉讼监督机构、综合执法机构、综合管理机构、检务保障机构等五类机构，主要是：（1）按照诉讼职能和诉讼监督职能适当分离的原则，对省院和部分市级院内设机构进行调整，组建审查批捕处，承担对公安机关移送刑事案件、市级检察院提请自侦案件的审查批捕，以及批准延长羁押期限的职能；将侦查监督处的职能调整为承担刑事立案监督、侦查活动监督以及对行政执法机关向司法机关移送刑事案件的监督等职能。同时，将公诉一处更名为刑事审判监督处，将公诉二处更名为公诉处，逐步分别承担对刑事审判活动的法律监督职能和公诉职能。从而形成了审查批捕处、公诉处专司相关诉讼职能；侦查监督处、刑事审判监督处、民事诉讼监督处、行政诉讼监督处专司相关诉讼监督职能的机构设置和职能分工。（2）按照案件办理职能和案件管理职能适当分离的原则，省、市两级院单设职务犯罪大要案侦查指挥中心办公室，负责统一管理职务犯罪案件线索、案件交办、督办、指定异地管辖等工作，与反贪局、反渎局等案件办理部门并列，形成了指挥中心及其办公室负责职务犯罪案件的统一管理，反贪局、反渎局等部门负责职务犯罪案件办理的工作格局和机制。（3）按照案件办理职能和案件管理职能适当分离的原则，全省各级院统一建立案件管理工作机构、统一挂牌运行，承担对各类线索的统一受理、统一分流、办案流程监控、诉讼违法线索统一管理和研判、统一对外移送、反馈等管理职责，强化案件管理工作。在基层检察院，按照横向大部制、纵向扁平化、突出检察官主体地位、体现"两个适当分离"的思路推进基层院内部整合改革试点，将试点范围从 13 个"小型院"逐步扩大到目前的 51 个，根据不同情况对试点院内设机构进行整合，探索实行"四部制"、"五部制"、"七部制"、"九部制"等运行模式。以"五部制"为例，实现了诉讼监督、批捕公诉以及职务犯罪侦查工作由诉讼监督部、批捕公诉部和职务犯罪侦查部分别负责的工作模式；形成了案件管理部统一负责案件管理，批捕公诉部、职务犯罪侦查部和诉讼监督部分别负责有关诉讼案件或监督案件的办理的工作格局。

2. 建立健全相关工作机制。能不能实行合理有效的"分离"，关键在于是否具有相应的工作机制保障。有的同志认为诉讼监督职能依附于诉讼职能的履行，担心离开了审查批捕、审查起诉等办案活动就不能发现诉讼违法行为，也没有监督所能依托的程序，不能有效行使监督职能；有的还认为脱离了办案活动就无法进行科学管理。实践中，我们通过建立健全相关工作机制，回应了这些疑虑。（1）建立线索发现、移送及办理反馈机制。在实行"两个适当分离"的同时，分离的部门之间结合实际建立线索发现、移送（或者通报、信息共享、联席会议制度）及办理反馈有机衔接、环环相扣、相互促进的工作机制。这种线索发现、移送及办理反馈的机制，正如检察机关有关部门发现职务犯罪线索，要及时向侦查部门移送，职务犯罪侦查部门统一侦查、及时反馈一样，只要权责明确、衔接到位，完全可以促进两项职能更好地履行。（2）建立综合统一管理机制。强化对执法办案的综合统一管理，注意探索建立健全对线索、案件等进行专业、统一、归口管理的工作机制。例如，成立机构单设的职务犯罪大要案侦查指挥中心办公室以来，对各种渠道收到、受理或者发现的职务犯罪案件线索，包括有关机关移送的案件或线索，实行专门、统一、归口管理，并实行全省统一编号管理，明确案件交办、督办和指定异地管辖的原则意见，建立健全线索分析利用等相关工作机制，规范了对职务犯罪侦查工作的统一管理。（3）建立工作协调配合机制。在实行"两个适当分离"中，我们坚持检察工作统一性、整体性，注意健全更为紧密的工作联系、协调、配合机制。例如，职务犯罪侦查部门在侦查中发现司法工作人员在审理民事、行政案件时有贪污受贿、徇私舞弊、枉法裁判等违法行为，可能导致原判决、裁定错误的，应当经检察长批准，将相关证据材料及时提供给民事、行政诉讼监督部门监督。民事、行政诉讼监督部门在依法审查、办理后将结果向职务犯罪侦查部门反馈。（4）建立执法办案监督制约机制。比如，成立机构单设的侦查指挥中心办公室，按照"统一管理、服务办案"、"相互制约、全程监控"等原则，建立对职务犯罪案件线索统一管理的工作机制，健全以"院对院"的名义对职务犯罪案件线索进行交办、督办、指定异地管辖的工作机制，加强对案件办理工作的监督制约。（5）建立资源整合优化机制。比如，在部分基层院内部整合改革中，这些基层院兼顾五个部对不同层次人员的需求，建立了检力向业务、向基层、向一线倾斜的工作机制，将有限资源进行合理整合、优化配置。

3. 实际效果。从湖北省检察机关的实践看，通过"两个适当分离"，优化了职能配置，整合了检察资源，加强了内部监督制约，强化了法律监督，有效解决了诉讼职能和诉讼监督职能、案件办理和案件管理"一手硬、一手软"的问题。例如，在实行诉讼职能和诉讼监督适当分离后，各级院进一步强化措施，使诉讼监督成为专职而不是兼职，成为主业而不是副业，成为积极的活动而不是消极的应付，在机构和制度设计上创造一个专司监督、敢于监督的环境，确保诉讼职能和诉讼监督职能都得到加强。以侦查监督工作为例，2010年以来，湖北检察机关在保持批捕工作健康发展、有所强化的同时，全省监督立案数年均上升49.2%，监督撤案数年均上升124%，监督纠正侦查活动中的违法行为数年均上升81%；在黄石、宜昌等第一批实行内部整合改革的12个基层院，监督立案数年均上升15.7%，监督撤案数年均上升58%，监督纠正侦查活动中的违法行为数年均上升32.7%，促进解决了侦查监督工作弱化的问题。再如，职务犯罪大要案侦查指挥中心及其办公室通过加强对职务犯罪案件办理的统一组织、指挥、协调与管理，有效防止了"协调困难、指挥失灵、反应迟缓"等问题，形成了运转高效、关系协调、规范有序的指挥体系，从而提高了工作效率，增强了职务犯罪侦查的整体效能。

四、结语

总之，"检察工作一体化"和"两个适当分离"这两个问题具有深刻的内涵，主要表现在三个方面：

一是这两个问题蕴含丰富的哲学意味。大家可以感受到，检察工作一体化重在一个"合"字（整体统一），"两个适当分离"重在一个"分"字（分离分设），两个问题一起可以说闪烁着分合之间的"检察乾坤"。从哲学角度看，检察工作要遵循辩证规律，分中有合、合中有分，该合则合，当分则分，一切都要以检察工作实际成效为检验标准，实践证明这两项改革符合检察事业发展需要、效果良好，就应当坚持深化。按照规律，一体化不是职能混同交叉，分离之后也需要一体化为支撑，分与合都非绝对，而是相互包含、互相促进的有机统一，是联系论、系统论的具体表现之一。对这两个问题及其关系给一个形象的解释：就像人的躯体一样，不能将四肢同躯体切开，这样的话就没有整体性和统一性；而在保证整个躯体完整的情况下，也不能将双手双脚捆在一起，那样的话就会没有协调性和互助性，职能作用就会混同不清、相互掣肘。

二是这两个问题是检察工作的基础命题。说检察工作一体化是根本问题，主要是它是检察机关领导体制和组织体制的具体体现，是由检察机关维护国家法律统一正确实施的职责使命和检察权统一性、整体性规律所决定的，是中国特色社会主义政治制度、检察制度的必然选择，是巩固党的执政地位、维护国家统一的需要。在我们这样一个多民族分散聚居的单一制大国，保证法律在全国统一实施，并由此维护国家统一，不仅要有国家根本制度保证，还要从机制层面找到落实的方式。说"两个适当分离"是基本问题，主要是它涉及检察权构造，是检察权优化配置、高效运行的重要机制保障，权力配置是公权力运行的基础前提，权力配置不合理必然导致遭受外部质疑、工作发展不平衡、法律监督效果打折扣。由此我们认为，一个根本问题、一个基本问题，是检察工作发展躲不开、绕不过的基础命题，需要认真对待，遵循规律，不断思考、探索和实践。

三是这两个问题是检察工作发展、检察改革的顶层设计问题。鉴于这两个问题的根本性、基础性定位，我们认为如果想不清楚、搞不明白，检察工作的整体谋划和检察改革的顶层设计就不会明确，所以，应当自上而下、统一研究部署和推进落实。近些年来，湖北检察机关的机制创新都是以这两项原则为主导而展开的，在最初阶段有各种不同声音、不同认识分歧，但我们顶住压力，不断消除分歧、增进共识，不断强化措施、稳步推进，以实际成效逐步赢得了广大检察干警、专家学者、社会各界的认可肯定，中央、高检院相关司法改革文件中也给予了采纳和推广。随着下一步改革深入推进，我们相信这两个问题将得到进一步有效解决，进而对完善中国特色社会主义检察制度、推动检察事业全面发展进步发挥重大作用。

检察官客观义务的基本矛盾及其应对[*]

龙宗智

检察官客观义务，即检察官超越控诉立场，客观公正地履行其法律职责的义务和责任。由于检察官在我国刑事诉讼体制中的重要地位与特殊作用，近年来，无论学界或实务界，都高度重视检察官职务活动中的客观义务问题。但在实务和研究中不能回避的一个问题，是检察官客观义务的内在矛盾和外部冲突。所谓内在矛盾，主要是指检察官作为侦查、控诉官员的当事人角色，与其作为法律官员尤其是作为司法官员的客观公正和中立要求有内在的矛盾。因此，对客观义务能否实现不无质疑。所谓外部冲突，主要是指强化检察官客观义务，伴随着对作为前置条件的检察官优越地位的认可，包括确认职权主义的刑事诉讼构造以及检察官作为司法官的特殊身份，由此可能妨碍两造平等和诉讼构造的平衡。这两方面的矛盾，是检察官客观义务论与生俱来的矛盾，并构成客观义务论的基本问题。本文拟对客观义务论所面临的这一基本矛盾进行探讨并寻求解决之道。

一、客观义务的内在矛盾

（一）检察官客观义务的内在矛盾，是检察官制度自身内在矛盾的突出表现

对检察官的定位，一个共同认识是其多样性或称多要素的交合性，并由此而形成一种"角色悖论"和定位难题。一方面，他是承担侦查、控诉职能的控诉方当事人，另一方面，他又被要求是不偏不倚、客观中立的法律官员或司法官员；一方面，他属于国家行政分支，受司法部长节制（大陆法系、英美法系均如此），另一方面，他又担负某些司法职责，并可能享受或部分享受司法官待遇，至少属于准司法官员（quasi - justice）；一方面，他是上命下从的行政化体系中的一员，因检察一体制而需接受上司指令，另一方面，他具有某

---

* 原文载《四川大学学报（哲学社会科学版）》2014 年第 4 期。

种独立性，作为所谓的"独任制官署"，能够相对独立地行使检察权，而上司的指令权会受到一定的法律限制。这种多重的矛盾性质塑造了检察官角色，不可避免地使检察官具有一种既是（或像）什么，又不是（或不像）什么的特性。即如林钰雄先生称：自欧洲大陆创设检察制度以来，检察官处于法官与警察两大山谷的"谷间带"，在两大旗帜鲜明集团的夹杀之下，摸索自我的定位。检察官在刑事诉讼上虽然自始有监督法官裁判、控制警察侦查的功能，但此种与检察制度相生伴随的谷间位置，让检察官与非检察官如入五里雾中。一方面，检察官不欲沦为次等的"侏儒法官"；另一方面，检察官也不愿成为高级的"司法警察"。学界有谓检察官乃奇奇怪怪的"半人半马兽"，有谓检察官乃来路不明的"特洛伊木马"，借以形容其特异而尴尬的位置。① 另有学者在探讨检察官制度建设的内在矛盾时称，这使人想起拉封丹寓言里的蝙蝠，既是鸟又是兽，但既不是鸟又不是兽。②

在上述"准司法"、"类行政"的角色特性影响之下，检察官客观义务的履行不免会遇到角色冲突。

（二）检察官的角色冲突，产生于刑事诉讼结构，并受检察职能性质和检察组织原则的影响

现代诉讼主义的刑事诉讼结构，分设警察、检察官和法官，并分别主要承担侦查、公诉和审判的责任，形成刑事案件的线形流转关系。在这个构造中，检察官处于一种中间的位置。对于警察侦查，他需要按照合法性、公正性要求进行监督审查，因此体现出一种中立法官的特性。但在另一方面，他又与警察具有同样的控诉目的，是刑事诉讼中控方责任的主要承担者（警察是辅助者），且因监督、指导乃至主持或指挥侦查而与警察发生密切联系，其行为和思维方式也很难避免警察式控诉思维的影响。而对于法院，检察官作为法律官员虽然力图保持其客观属性，但又因为是诉讼中的控方当事人，代表国家追诉犯罪的利益，而不可避免地力争胜诉，以免公诉失败并因此而否定检察官和刑事警察的审前活动。正是这种中间位置并由此产生的客观义务与当事人责任的双重要求，形成检察官制度包括检察官客观义务的内在矛盾。

当事人责任与客观义务存在冲突，具体体现在检察官作为代表国家和公众的刑事诉讼原告人，是以积极主动的方式揭发和控诉犯罪，努力实现国家的刑罚权。这就使检察官活动存在"双重危险"：一方面，作为控方，他可能仅仅

---

① 林钰雄：《谈检察官之双重定位》，载《刑事法杂志》（台北）1998 年第 12 期。

② 刘林呐、单春雪：《法国当代检察官制度及其发展趋势》，载孙谦主编：《检察论丛》（第 17 卷），法律出版社 2012 年版，第 464 页。

从控诉的角度考虑问题，而不能超越控诉角色，客观全面地评价案件和采取行动；另一方面，他所采取的积极主动的行为方式，使他可能过分热情，在不遗余力地揭露与控诉犯罪的同时，压制对方当事人的活动，突破法律对检控活动的约束。而实现刑罚权过程的对抗性质，对方当事人及其辅助者所作的防御以及对控诉的抗制，更容易助长检控方这种控诉倾向与热情。由于检察官是刑事审前程序的主持人，在调查取证方面，他既有重要权力又有方便条件，而就是否控诉及如何控诉，更有其他主体不能分割甚至难以有效控制的酌定权，在控诉任务的压力下，检察官容易超越权力运用的合理界限。

检察官客观义务与当事人责任的冲突，也体现为一种心理冲突：一方面，检察官为履行其打击犯罪的职责需成为热情的（控诉方）当事人，另一方面，又因客观义务而应充当冷静的、无偏倚的法官，这两种角色的心理状态存在矛盾。检察官是人而不是神，要求其同时兼任两种角色并同时发挥两方面的功能，与心理学的规律相悖。如有学者认为："要求检察官有效打击犯罪，以维护社会秩序之同时，复要求其应当保障人权，首先就人性而言，宛如对以打猎为生之猎人，要求其于打猎之余，不得滥杀野生动物一般，不是不可能，而是实难期检察官会有良好成效，通常会流于伪善的钓鱼式查证，当然检察官也无法如无辜被告所期待的，成为一位热切忠实的人权辩护者。"①

检察官可能逾越权力界限及背离客观义务，与现代刑事诉讼的基本构造及角色塑造有关。现代刑事诉讼结构，是控辩审三方组合形成的所谓"三角结构"，在这一结构中，检察官不是一个客观中立的司法官员，而是一个控方官员，作为代表国家的控方当事人，他是以半行政半司法的方式履行着一种准司法的职能。正是由于警惕这种角色与立场的限制，现代刑事司法制度不赋予检察官以中立司法官员的职权，如重要强制侦查行为的审批，也不分享定罪权与刑罚裁量科处权，同时通过法院的司法审查制约检察官的活动，抑制其违反法律的冲动。而角色塑造即角色期望，是指无论社会对检察官的期待，还是检察官自己对其履行职能的期许，均主要系之于打击犯罪的业绩。那么，妨碍其业绩的任何行为，都可能受到检察官在心理上的排斥。例如，当检察官与司法警察通过大量调查活动锁定嫌疑人，收集了犯罪证据，又将其诉之于法庭时，出现了可能对被告人有利的证据，而收集、采纳这些证据可能使检察官及司法警察的工作前功尽弃，甚至因耗费了司法资源乃至损害了公民权益（因逮捕、搜查等）而受到内部及外部的负面评价，此时，要调适检察官心理使其客观对待案件，中立而无偏私地收集、评价证据，进而承认自己工作的无效甚至失

---

① 朱朝亮：《检察官在刑事诉讼之定位》，载《东海大学法学研究》2000 年第 15 期。

当，确有相当难度。

除诉讼结构因素外，检察官职能的行政性质及其行政组织原则也是形成上述矛盾的重要影响因素。检察官控诉犯罪的职责包括诉前调查（侦查），其在本质上属于国家所承担的维护治安和法律秩序的职能，即警察职能的范畴，属于国家行政职能。为此，检察官组织和活动需纳入国家行政管理活动的总体格局之下，需要服从和执行国家（政府）的刑事政策，因此，无论是英美法系，还是大陆法系，检察机关均具有行政性质，并受政府节制。而各国政府的司法部长，通常是政府控制检察机关的关键节点：一方面，他以一般指挥权或具体指挥指示权以及人事任免、惩戒权等，能够有效地影响乃至指挥检察机关的行为；但另一方面，他的权力行使受到法律限制，如只能对检察首长发指令不能直接指挥办案检察官，而检察首长有权抵制违法指令，虽然这种情况通常不会发生。而当代检察制度的发展是进一步限制司法部长的指令权。① 检察官受政府节制，很难避免将政治利益考量等因素纳入裁量权行使，很难完全维持司法官的客观中立立场。

与检察官职能的行政性质相关，是检察官组织形式的行政特性，即上命下从的行政原则，是检察机构内部关系基本原则。大陆法系检察机构在组织上的"检察一体制"，正是由这种行政原则得以确立。行政性组织形式，是贯彻国家刑事政策的需要，尤其是在单一制国家，行政原则维系的检察一体制，才能保证刑事政策的有效贯彻。而更为重要的，这种组织形式才能适应完成检察职能的要求。因为控诉犯罪包括调查罪行，不是单纯的个案判断活动，而总是具有一定的行动性质，尤其是罪案调查，需要集中统一的有组织活动，并以行为纪律维系其组织效率。而且为保障刑事追诉的统一性、正当性与妥当性，也需要统一领导和监督，以防止各行其是以及裁量权滥用。但行政原则的贯彻，不可避免付出一定代价，检察官的独立判断及客观公正，可能受到某种程度的抑制。

（三）检察官制度内在矛盾对客观义务履行有一定影响

检察官制度的内在矛盾，集中体现在检察官作为控诉方当事人与其作为客观中立的法律或司法官员的矛盾。这种矛盾不可避免地影响检察官客观义务的履行。实证考察认为，无论大陆法系，还是英美法系，检察官履行客观义务都

---

① 如林钰雄引德国某邦司法部长的言论称："从政治观点而言，下达这种指令根本是搬石头砸自己的脚。在一个法治国家中，如果司法部长下达客观上不合理的指令，必受惩罚，职业也难保，因为国会、媒体和公众对此等脱轨行为的嗅觉特别灵敏。" 因此，"司法部长放弃个案指令权之实务惯例已经奠立"。参见林钰雄：《检察官论》，台湾学林文化事业有限公司1999年版，第197～198页。

有相当的局限性。

在客观义务学说起源的德国，学界普遍认为，检察官切实履行其客观义务是理想而非现实。[①] 主要原因：一是因为检察官本身所承担的控诉性职能，而承担这种职能以实现国家的刑事法益与有效保障公民权利的要求之间存在矛盾。在1876年刑事诉讼法草案评议过程中，议员Lasker博士就指出要求检察官作为承担客观义务的法律守护人不过是一种幻想，因为"最仁慈的检察官也不可能以同样的热情维护控方的利益又维护辩方的利益，经验表明，在侦查的开始阶段检察官只追求入罪的要素"。[②] 二是由于指令权对检察官的影响。检察机关是科层制组织，检察首长具有直接接受案件的介入权，委托其他检察官处理案件的转移权或替换权，还有对下属办理的案件发布指令的权力，即所谓"内部指令权"。同时检察机关接受司法部长的领导，司法部长在法律约束下享有对检察业务向检察机关发布指令的权力，即"外部指令权"。指令权虽然可能对刑事追诉的统一和有效发挥积极作用，但确实可能对客观义务的履行造成妨碍，使检察官成为上级的"传声筒"，或司法部长"延长的手臂"。Blankenburg和Treiber的新研究表明，检察机关的引入曾是自由主义改革方案的组成部分；但是，政府在执行改革事项中转化为自己的方案，也就是说，改革者被愚弄了。特别是相关指令也明确了检察机关是"国家政府之机构"的定位。俾斯麦统治时期的事实证明，虽然检察机关秉承了自由主义者的美好愿望，后来却成为"官僚反动势力最锋利的一件武器"。由于检察垄断了提起刑事诉讼的权力，政府可以随心所欲地挥舞手中的司法武器来对付任何反对派的政治家。相反，法官则扮演了抗制政治操纵司法和滥用司法的正面角色。[③] 而在纳粹时期，检察机关更沦为附庸。[④] 这固然在根本上取决于政治格局的改变，但检察机构受指令权约束以及代表国家的追诉倾向，在一般情况下，较之法院更易于被政治和行政所利用。

对客观义务探讨多年的德国学者，也不得不承认："赋予检察官客观义务，从心理学的角度来看，与其控诉职能是冲突的。"[⑤] "事实上，德国检察官

---

① 因为迄今关于检察官制度的各种论说基本不认为德国检察官是真正意义上的客观中立的官署，只是肯定对检察官提出客观义务的要求仍然是主导的意见。

② 甄贞：《检察制度比较研究》，法律出版社2010年版，第149页。

③ 甄贞：《检察制度比较研究》，法律出版社2010年版，第134页。

④ 纳粹的绝对权力以及对司法的大清洗，使无论检察机关还是法院，不仅沦为附庸，而且显得无足轻重。因为有程序法上的限制，其使用显然不如警察尤其是秘密警察（盖世太保）方便有效。参见穆勒：《恐怖的法官——纳粹时期的司法》，王勇译，中国政法大学出版社2000年版，第31~75页；甄贞：《检察制度比较研究》，法律出版社2010年版，第139页。

⑤ 陈卫东、刘计划、程雷：《德国刑事司法制度的现在与未来》，载《人民检察》2004年第11期。

的角色与其他国家的公诉人很相似。虽然法律规定检察官得为被告之利益提起上诉，但实际上，检察官很少这样做，因为检察官如果认为被告的犯罪嫌疑不足时，是不会提起公诉的。法律对检察官应公正执法的规定，并不表示检察官如果违反，就会发生法律责任，除非检察官是故意对明知其为无罪之人提起公诉（德国刑法第三百四十三条规定参照）。检察官通常不会草率提起公诉，这主要与他们的侦查效益考虑及对自己专业性的要求有关。一旦他们对于某犯罪决定提起公诉，他们往往会与美国的检察官一样尽力使得被告受到应得之刑罚。"[①]

与德国的同行相似，法国检察官也难以适当调试其追求国家刑事法益，与作为刑事司法机关的客观性要求之间的矛盾。一个前预审法官进入检察院之后回顾说：对检察院来说，问题、目的永远都是起诉。他们是代表公众行事的，这在其观念中是至高无上的。而且检察官受犯罪控制理念驱使，认为在多数情况下，查明"真相"就是供认。对于在拘留阶段不供或者少供的嫌疑人，检察官会指示反复讯问，以便查明"全部案情"，或者得到"满意的解释"。这种情况下，检察官对嫌疑人人权可能被侵犯的情况也常常不太关心，不过，如果有明显证据说明警察违法，检察官也可能采取监督措施。[②]

居于对抗制刑事诉讼构造中的美国检察官，其客观义务即"寻求公正"或"实现公正"的责任，因诉讼的对抗性质且因检察官明确属于代表国家权力的行政分支，而更容易发生实践障碍。不过，美国检察官为公诉官员，犯罪调查由警方独立实施，因此和承担主持侦查责任的德国检察官以及有权指挥侦查并经常参与侦查活动的法国检察官相比，在审前程序，其职责集中于审查警方获取的证据，过滤案件，决定起诉，因此也有某种超脱性，可能较为客观地对案件进行审查。而且美国检察官虽然代表政府，但其依法行事的独立性以及准司法机构性质，仍然得到法律制度包括判例的确认。因此，无论从学理分析，还是实践比较，都还不能得出美国检察官较之德国检察官履行客观义务的

---

①　汤玛斯·魏根德等：《"德、日、美比较刑事诉讼制度研讨会"专题演讲及座谈记录（上）》，载《法学丛刊》2002 年第 177 期。

②　杰奎琳·霍奇森：《警察、检察官与预审法官：法国司法监督的理论与实践》，载《中国刑事法杂志》2010 年第 2 期。杰奎琳·霍奇森在对法国检察活动进行实地考察后举两个案例说明此点。一例是，嫌疑人到检察院的时候，脸有伤口。他未作任何供述，但辩称被逮捕之后遭到粗暴对待。他还声称警察从其身上偷走了东西。检察官没有理会这些，也没有做进一步的调查，仅仅告知其"少废话"，"到法庭上说去"。检察官让嫌疑人由其辩护律师提出意见。另一例是，一个未成年人涉嫌袭警被抓。在其案卷中，有嫌疑人伤情鉴定，但是没有警方人员的伤情证明。这个明显的书证使助理检察官立即采取了行动。他指示办案警察询问嫌疑人的父亲：是否希望在启动官方调查之前，提出（对警察）正式的控告。

情况更差的结论。但有关研究表明，美国检察官违背客观公正义务的状况并非罕见。即如曾经多年担任公设辩护人的美国法学教授安吉拉·J. 戴维斯（Angela J. Davis）所称：“关于检察行为不端的著述，已是汗牛充栋。这些不端行为种类繁多，包括：法庭上的不端行为（在陪审团面前作出不适当的或煽动性的评论；提出、企图提出不可采的、不适当的、煽动性证据；对案件证据或事实向法庭或陪审团作出错误概括；违反挑选陪审团的规定；作出不适当的结案陈词）；对物证处理不当（隐匿、毁灭、篡改证据、案卷材料或法庭笔录）；不开示无罪证据；威胁、引诱证人或唆使证人作伪证；使用虚假或误导证据；骚扰或对被告人或其辩护人表示成见、宿怨（包括选择性起诉、报复性起诉，后者例如拖延迅速审判）；以及在大陪审团程序中行为不端。”①

《芝加哥论坛报》特约撰稿人肯·阿姆斯特朗和莫里斯·坡斯里对美国1963 年至 1999 年间涉及检察不端行为的 11000 件案件进行了研究。② 该研究批露了美国检察官广泛的、几乎是例行的违反布莱迪规则的情况。③ 他们发现，从 1963 年以来，法院因检察官隐藏无罪信息或者提供虚假证据而撤销对381 个杀人案件被告人的定罪。这 381 个被告人中，67 人曾被判处死刑。各级法院最终无罪释放这 67 个死囚中的大约 30 人，其中两名被告人因 DNA 检测而被证明无罪。有一名被告人在法院撤销对他的定罪之前，已经在监狱服刑26 年。阿姆斯特朗和坡斯里认为，这一数据仅仅是有关这种检察行为不端的冰山一角，因为他们的研究仅仅涉及到法院认定被告人犯有杀害他人罪行的案件。④《匹兹堡邮报》的比尔·莫西进行的另一项研究得出了类似的结论。⑤莫西在对全国 1500 多个案件的研究中发现，检察官常常故意扣留可能有助于证明被告人无罪的证据。但法院只有在最为极端的情况下才撤销定罪。⑥

---

① Steve Weinberg, Breaking the Rules: Who Suffers When a Prosecutor Is Cited for Misconduct, June 26, 2003, http: //www. publicintegrity. org/pm/default. aspx? act = main.

② Ken Armstrong and Maurice Possley, The Verdict: Dishonor, www. chicagotribune. com.

③ 在布莱迪诉马里兰案（Brady v. Maryland）中，联邦最高法院裁决，被告人提出请求而检察官不开示对被告人有利的证据的，侵犯了正当程序权利。在美国对阿格斯（United States v. Agurs）案中，联邦最高法院扩张了这一规则，要求在无罪信息明显支持无罪主张的情况下，即便没有请求提供，检察官也应当向辩方提供。各州和哥伦比亚特区的伦理和惩戒规则重申了提供信息的义务。披露布莱迪规则要求的信息的义务是持续性的，并且不得因检察官善意行事而免除。

④ 转引自安吉娜·J. 戴维斯：《专横的正义：美国检察官的权力》，李昌林、陈川陵译，中国法制出版社 2012 年版，第 137 页。

⑤ See Bill Moushey, Win at All Costs, www. post - gazette. com.

⑥ 转引自安吉娜·J. 戴维斯：《专横的正义：美国检察官的权力》，李昌林、陈川陵译，中国法制出版社 2012 年版，第 137 页。

二、客观义务的外部冲突

（一）"关联效应"及外部冲突之一

除了上述内在矛盾，对检察官客观义务的确认和强调，还产生一种外部冲突。

检察官客观义务的产生，本来是为平衡控辩双方权力落差而设定的一种机制，即让处于资源优势的国家一方让渡部分自身的资源，同时承担部分本应由辩方承担的责任。从学理上分析，客观义务也应有此种效应。如客观义务促使控方为被告收集有利证据并为被告争取法律救济，又如履行关照义务使辩方充分享有控方掌握的信息资源等。然而，实际效应也许并非如此。一方面，因前述角色冲突、体制构造和案件压力等因素客观义务难以实现，另一方面，客观义务论产生一种"关联效应"，可能固化甚至加强控辩双方的不平衡。

所谓"关联效应"，是指确认客观义务，尤其是确认以德国法为代表的强势表达的客观性法律义务，必然要求确认其制度前提和制度环境，由此形成对检察官优势地位的肯定和固化，可能妨碍控辩平衡，甚至还可能妨碍法院的司法审查。

研究表明，检察官客观义务和检察官作为法律守护人的身份是紧密联系不可分割的，这正是权利义务或权力责任不可分割关系的体现。确认德国法类型的客观义务，就必然确认检察官作为法律守护人的地位，也就是在制度上确认检察官超越当事人的优越地位，这也正是德国法不承认检察官是诉讼当事人的原因之一。而确认检察官作为法律守护人的特殊法律地位，同时确认检察官是客观中立的司法机关，被告人以及辩护人的地位显然已居于其下，诉讼平等即难以实现。而就客观义务的具体内容，如诉讼关照义务等，也以检察官对于被告方的上下位关系为前提，即有权力以及其他资源且处于上位的一方，对无权力少资源处于下位一方的照顾，以此来对权力及资源的平衡关系进行调整。因此可见，肯定诉讼关照义务，同时也肯定了检察官对于被告方的优越地位。

而就更为宏观的层面，即诉讼构造上分析，德国法类型的客观义务，产生于国家职权主义的诉讼构造，即审判程序中的法官职权主义和审前程序中的检察官职权主义；反之，确认这种客观义务，必然要求对职权主义诉讼构造的肯定。而且越强调这种义务，对职权主义构造的确认和固化的程度就越高，二者呈正比关系。但是对国家主义政治哲学影响下的职权主义诉讼构造的肯定，也许并不符合现代刑事诉讼的发展方向。

纵观第二次世界大战后的刑事司法史，随着各国刑事司法改革的推进，国家职权主义的诉讼模式都在一定程度上弱化甚至转向。虽然两大法系的刑事诉讼结构呈现出相互借鉴、彼此融合的倾向，但总的发展趋势，是当事人主义即对抗制诉讼模式的普遍适用。原属大陆法系职权主义的国家有相当一部分，在"二战"后借鉴当事人主义改造其刑事诉讼结构，并形成所谓"混合式"诉讼结构，但尚无对抗模式转向职权主义的实例。① 当事人主义的普遍发展，是因为从宪政观的角度分析，此种构造使法官和检察官完全分开，更符合新的宪政条件下的法官角色定位，而且符合现代社会人道与民主主义的发展倾向。因为当事人主义给予被告人较为充分的辩护机会，无论诉讼结果如何，容易使人"感受到正义被维护了"，因此受到较为普遍的赞同。②

因此，确认德国法类型的客观责任，伴随着确认职权主义的诉讼结构，是否会有悖于现代刑事诉讼的改革方向，不无疑问。

（二）"关联效应"及外部冲突之二

除打破控辩平衡外，客观义务保障条件的确认和创制，还可能与法院司法审查与司法救济原则发生某种冲突。因为保障客观性法律义务实现的基本条件，是对检察官司法性以及作为司法机关地位的确认。其较为极端的学说，是检察官"等同法官说"，并由此产生国家司法体系的"司法二元结构"。德国曾在 20 世纪 60 年代，继 19 世纪中叶讨论检察官建立模式后，对检察官制度进行了又一次大讨论。实务界和学界人士鉴于第二次世界大战的教训以及检察实务中的弊端，普遍呼吁加强检察官的独立性和公正性。检察官有别于行政官而"等同法官"的学说形成较大影响。然而，等同法官说在实践中被作为"检察官之处分不须受法院审查"的论据，因为在检察官等同法官的情况下，检察官在刑事诉讼中的强制处分具有司法性质，而对司法行为再进行司法审查有法理上的障碍，因为"对司法权之行使再请求司法救济，则诉讼必无穷无尽，根本无终审之可能"。而且根据通说和实务，德国基本法规定的公民基本权利受到公权力损害的司法救济，仅指行政权损害，对司法权侵害进行司法救济并无宪法依据。"等同法官说"将检察官具有行政性质的强制处分上升为司

---

① 从欧洲大陆看，在 1868 年和 1882 年，西班牙采取了若干吸收英国抗辩式审判成分的步骤。1887 年，挪威朝着同一方向迈进。1916 年丹麦紧随其后。"二战"后的转变更为明显。1948 年瑞典诉讼法典规定，在法院进行的诉讼应当由当事人决定是选择审问制还是采取抗辩制。由于抗辩式审判在瑞典迅速流行，1988 年瑞典通过改革使其成为强制性程序。同年，葡萄牙也改为抗辩式模式。意大利 1989 年进行了同样改革。阿尔巴尼亚、捷克和爱沙尼亚等国家在 20 世纪 90 年代也都决定由审问式向抗辩式转变。而亚洲国家日本、韩国等，也先后借鉴当事人主义诉讼结构。中国大陆和台湾地区也于 20 世纪末、21 世纪初借鉴当事人主义改造原有诉讼结构，形成控辩方向法庭举证而不是法官包揽证据调查的审判格局。

② 参见赫尔曼：《中国刑事审判改革的模式——从德国角度的比较观察》，1994 年北京"刑事诉讼法学国际研讨会"论文；陈敏：《程序模式的试验效应》，载《中外法学》1992 年第 3 期。

法性处分，回避司法审查和救济，势必妨碍公民的基本权保障。"这一结果虽然并非等同法官说的初衷，却是其理论一致性的结果"，因而，强调检察官与法官高度一致性的等同法官说，于 20 世纪 70 年代后，在基本法与刑事诉讼法学者联手抨击之下，已基本不被采用。①

三、求解"两难课题"的努力

面对客观义务论存在的内部矛盾和外部冲突，理想的解决方案是兼顾两种利益，实现两方面的需求：既要防止检察官等同当事人而妨碍其公正性，又要防止检察官等同法官而妨碍司法救济且损害当事人平等。然而，这是一道"两难课题"，虽然不少国家乃至国际司法组织都在以不同方案力图求解，但一般认为迄今还未能找到能够兼顾两种利益且可操作的最佳方案。

（一）揭穿和抛弃"高贵的谎言"，到外部寻求公正

因内在矛盾与角色冲突，在一种具有对抗性性质的体制中要求一方当事人既为控方又为辩方，如同裁决者一样中立客观，如有论者所称是完全不切实际的。因此，对客观义务论的批评和非议，在检察官制度建构与改革发展的讨论中始终不绝于耳。

一种较为极端的观点是抛弃这种无意义的谎言，在司法制度的合理结构中寻求司法的公正。"抛弃论"正是基于客观义务论的内在矛盾和外部冲突两方面的理由。一是因为不切实际。由于内在矛盾，客观义务势必成为"虚假的理论"，并形成一种欺骗效应。如台湾学者王兆鹏认为，检察机关乃"全世界最公正客观的公署"云云，在辞藻的堆砌上是有可能的，然犹如晋惠帝不解"何不食肉糜"，是完全脱离刑事诉讼的现实世界的。② 二是因为外部冲突。客观义务及其关联制度与现代刑事诉讼的合理结构形成冲突，废弃客观义务论，有利于维系控辩平等和司法的中立、独立与权威，从而建构合理的刑事诉讼结构。

废弃客观义务论，并非否定检察官客观公正履行职责的责任，而是反对以德国法为蓝本，以职权主义为基础，以法律守护人定位为前提的强势的客观义务论。而是要求对检察官公正行事建立底线性基本要求，同时承认检察官的"两难困境"，因此，在要求其有效履行追诉职责的同时，不过多地期望检察官的客观中立而不偏倚，而承认检察官作为控诉当事人不可避免的控诉倾向，

---

① 参见林钰雄：《检察官论》，台湾学林文化事业有限公司 1999 年版，第 92～93 页。本段基本内容与直接引言均出于此。

② 王兆鹏：《当事人进行主义之刑事诉讼》，台湾元照出版公司 2002 年版，第 1 页。

而且这种控诉倾向也是对抗与判定诉讼构架中的一种必要因素，它的适度强势，有利于实现国家的刑罚权，尤其在案件信息和相关资源有限的情况下。承认检察官的控诉倾向及其局限性的情况下，防止检察官角色偏向对诉讼的负面影响，实现司法公正，一方面应当通过控辩双方的"平等武装"，即赋予辩方必要的抗辩能力，使其能够有效抑制控方的过度追诉。即如有学者称："任何继续求助于规制权力的制度谋划，只能是遮蔽，而不是从根本上缓解制度的'焦虑'，尽管制度建设对于刑事诉讼制度的合理化必不可少。由此，我们在刑事诉讼中的命运，还是要依靠自己来掌握，需要我们自己在刑事诉讼中运用各种正当的制度资源进行抗争。此时的国家，应该从谋求刑事司法制度更合理化的角度在制度上保障更充分的程序权利与提供保障权利的便利条件。"① 亦如桑德斯与杨所言："警方需要检察官，皇家检察署的任务当然是起诉，对此再有他求是不现实的。所需的当务之急是有力与积极的辩护政策，以此作为对于对抗式诉讼制度中与辩方相对的另一方阵营（控方）所拥有的有力力量的一种相应的平衡。"② 另一方面是确认和强化审判的权威，以审判的客观中立来控制侦控中的不适当行为。必要的时候，以法院的关照义务，来扶助被告方，以实现刑事诉讼的结构性公正。

（二）勉为其难地推进"兼顾策略"

欧洲人权法院近年来的刑事判例体现了对上述两难课题的"解题意图"。考察发现，欧洲人权法院近年判例明显地体现出防止检察官优于辩方以维系诉讼平等，以及防止检察官当事人化背离客观义务的两种倾向。一方面，欧洲人权法院不断重申检察官在审判中所占的地位和所有被审判者等同，不能有优越之处。目前的判例认定，《欧洲人权公约》中所设定的保障司法官独立性和中立性，尤其是第6条所涉及的公正审判原则，只能针对审前程序和决定起诉期间的检察官，而不能适用于担当公诉人的检察官。公正审判原则要求后者必须和被告方享受同等待遇。例如在2000年的Rowe & Davis诉英国案中，欧洲人权法院要求检方必须将全部案件材料公布给被告方。在2006年Stankiewicz诉波兰案中，欧洲人权法院认定，波兰法院豁免检察院在民事附带诉讼中的诉讼费的做法违反了公正审判原则。而近期部分判例，也表现出欧洲人权法院在其对不同利益的取舍抉择中，似乎越来越倾向于维系控辩双方平衡。在部分判例中，法庭放弃了对检察官的独立性和司法职权的捍卫，以此来平衡控辩双方的地位。

---

① 郭松：《检察官客观义务：制度本源与实践限度》，载《法制与社会发展》2009年第3期。

② 江礼华、杨诚：《外国刑事诉讼制度探微》，法律出版社2000年版，第173页。

　　但在另一方面，也能看到另外一种倾向，即欧洲人权法院在判例中对检察官的要求趋于向法官靠拢。如要求检察官必须确立自己的立场，坚持其中立性和独立性，在起诉的同时保护被起诉者的权利。判例中不仅规定了国家有义务设定合理的程序，尽可能保证被起诉者个人权利不受侵害，还规定检察官在作出不予追诉的决定时有义务解释他的决定原因。在 Daktara 诉立陶宛案中，欧洲人权法院要求检察院即便是作为公诉方，也要遵循《欧洲人权公约》第6条第2款所确立的无罪推定原则。无罪推定原则如今已被推及诉讼全过程，包括侦查阶段。欧洲人权法院的态度使得在欧盟内部涌起一股建立欧盟刑法的热潮，相关各方（尤其是 Eurojust 组织）不断呼吁将刑事司法放到欧盟层面上，将检察院作为"人身根本权利的守护者"。里斯本条约中所规划设立的欧盟检察院正是这股热潮的直接结果。①

　　上述情况表明，在欧洲人权公约的框架下，欧洲人权法院的判例似乎将欧洲各国检察系统推向两个自相矛盾的发展方向。应当说这也正是在前述"两难课题"面前，为兼顾两种利益导致的一种自相矛盾的状况。但从总体情况看，由于欧盟各国司法制度自身的调整，以及欧洲人权法院相当一部分判例所体现的对检察官独立性和中立性的要求，促使欧盟各国检察官制度呈现出进一步司法化的倾向。

　　（三）加强检察官公正性的诸项建议

　　在认识到检察官权力和职责必不可少，甚至是一种"必要的恶"的基础上，如何规制其权力行使并防止滥用，加强其客观公正性，是各国司法改革尤其是检察改革需要解决的问题。

　　美国学者安吉娜·J. 戴维斯认为，改革检察制度是一个复杂的问题。检察改革的必要性，以及改革的类型，因检察院而异。但从检察系统内外多管齐下地进行改革，应当最为有效。检察职能改革有两个基本目标：其一，消除专横行使检察裁量权；其二，确立强化目前的检察责任机制及其自主性。为达到上述两个目标，需要采取的外部改革措施包括：（1）强化伦理规则和惩戒程序，并通过其他方式提高检察官的执法标准。鉴于检察官行为不端追责困难，应当强化其惩戒程序，推进改革，以保证检察官遵守美国律师协会标准，并采取其他措施保证他们的裁量决定不至在司法制度中造成或引起不公正。（2）通过增加检察院的透明度、对公众进行检察职能教育，强化检察官的选举、任命程序。鉴于选举程序没有能够成为使检察官对选民负责的有效机制，因此，需要

---

① 参见刘林呐、单春雪：《法国当代检察官制度及其发展趋势》，载孙谦主编：《检察论丛》（第17卷），法律出版社2012年版，第462~466页。

采取措施使选民了解所在社区检察院的具体信息——他们是如何履行其职责的，从而使选民能够关注和监督检察官，并积极参与检察官选举程序，强化检察官的政治责任。（3）设立检察审查委员会监督检察行为。应在州、县或地区的律师协会内设立由行政长官任命的检察审查委员会，委员会的成员应当包括律师和其他人员，其中应尽量包括卸任的检察官，因为卸任检察官的知识和专长对于委员会的工作不可或缺。该组织的职能是审查公民的申诉，并对检察决定进行随机审查，以防止不端行为以及专横决策。检察审查委员会的随机审查可以采用多种方式进行，如对检察院归档的案卷进行审查，检视起诉和辩诉交易决定，看其是否遵守美国律师协会的检控标准。委员会成员可以会见检察官、被害人和证人，以查明检察官是否遵守既定标准。完成抽查以后，委员会可以制作公开报告，报告检察官遵守或违背《美国律师协会检察职能标准》的审查情况，并可建议对特定检察官采取惩戒措施，把特定检察官移送给州的律师伦理委员会，也可仅仅提出改进建议。同时，委员会还可以制作报告，把特定检察院作为促进公平司法的典范。所有报告应公之于众，以促进检察责任的实现。（4）组织对检察政策和检察行为的专项调查和研究。如对检控活动中种族歧视的研究就很有价值。2005年至2008年，维拉研究所设立了检察与种族公正项目，意在帮助检察官"按照在决策过程中减少种族悬殊风险的方式，在检察院内管理裁量权的行使"。有三个检察院自愿地配合此项研究。该项目成为通过专项研究促进检察行为改善的典范。以上改革措施，因其可能影响执法效率，可能部分地受到检察官的抵制。因此，为有效推进改革，制定相关立法是为必要。①

　　德国学者碧姬·凯尔特科尔认为，检察官的客观性不仅仅是一个标签，而是保障自由之刑事诉讼的重要组成部分。该特征应被强化而不能被削弱。为此，首先应该通过一个单独的职业法律（即检察法或检察官法），强化客观性规范，使客观义务获得组织法上的强化。其次，对指令权和报告义务，特别是（司法部长）外部指令权，应认真审视调整。再次，应当考虑在法律上对律师权利做出强化性规定，尤其在侦查程序中，辩护权应当进一步增强，在主审程序中，辩护方有权自主地举证。贯彻平等武装的诉讼原则以及与之相关的强化对抗主义的程序设计，有利于建构一个旨在发现真实和正义的刑事诉讼程序，平衡在诉讼程序包括在协商法庭（dem verhandelnden Gericht）中可能存在的控诉偏向。强化对抗主义的设置，有利于检察官的客观性以及检察官被真实和

---

　　① 安吉娜·J. 戴维斯：《专横的正义：美国检察官的权力》，李昌林、陈川陵译，中国法制出版社2012年版，第190~205页。

正义严格拘束成为现实。此外，如果检察官的职权转移到警察、联邦边境防卫处和情报部门等机构，造成法治控制原则的弱化，也是应当批评检讨的。[①]

四、客观义务论的意义及其实效化

设置一位检察官作为警察的兄弟，帮助其完成刑事追诉打击犯罪的任务，同时又让他监督警察行为并扶助刑事被告人，这一制度安排的内在矛盾形成检察官角色的定位不清，也造成检察官承担客观义务的困难。在厘清和解析矛盾的基础上，需要回应客观义务论的价值以及如何作出相关的制度安排。

（一）过高估计检察官承担客观义务的能力以及客观义务论的价值不符合刑事诉讼现实

不能否认控诉角色与客观义务存在冲突，要求承担侦查、控诉职责的检察官充分履行客观义务，尤其是履行德国法类型的、加强的、积极的客观义务存在一定困难。也许他们因为外在与内在的制度安排在一般情况下会履行这种义务，但在某些冲突状态之下，如履行客观义务与其追诉要求相冲突，尤其是某些社会关注或有政治敏感性的案件，如不继续推进控诉可能直接损害检察官及检察机关的利益时，这种利益要求以及一种心理定式与行为惯性就可能抑制其客观性。这一点无论在英美法系国家还是大陆法系国家，或是在我国司法实践中，概莫能外。无论对检察官的公正性寄予多大的希望，无论对检察官维系社会公正和司法公正的功用给予多少溢美之词，检察制度及检察功能设置所存在的内在矛盾以及包括自利性在内的多种因素的影响，任何现实的检察制度及检察功能展开，都有其相当的局限。为履行检控职能而抑制其公正使命的事例不可胜数。而且就客观义务本身，在相当程度上是一种自律性约束机制，而自律的作用是有限的。因此，对客观义务论的效用也不能过分高估，而应当注意通过合理的诉讼构造与制约机制来提供更为有效的公正性保障。

（二）警惕客观义务论所跟进的制度安排，防止因控辩失衡，破坏诉讼的合理构造

职权主义与强化的客观义务论之间具有一种相互支持与补强的作用。因为这种客观义务论是以检察官作为司法官和法制守护人的角色确认为前提，使检察官成为公民权益的"保护人"，要求其承担"关照义务"，这就暗含承担控诉职能的检察官相对于其诉讼对方处于优位。即如前述"关联效应"——确认客观义务，尤其是确认以德国法为代表的强势表达的客观性法律义务，必然

[①] 碧姬·凯尔特科尔（Brigitte Keltker）：《刑事诉讼中检察官的角色——司法的客观组织还是"偏私的"政府律师》，施鹏鹏译，载《整体刑法学杂志》2006 年第 2 期。

要求确认其制度前提和制度环境，由此形成对检察官优势地位的肯定和固化。这种"关联效应"，容易使诉讼中的控辩均衡受到破坏，从而导致程序公正及公民权益受损。因此，应当以整体和系统的观点看待客观义务问题，防止客观义务的"关联效应"。客观义务应当置于对抗与判定的合理诉讼框架内考虑，客观义务及其相关制度设置不能冲击"控辩平等"原则，也不能损害法院的独立、中立与权威。为此，需要检讨刑事诉讼的职权主义乃至"超职权主义"模式，支持诉讼构造具有根本性意义的改革。

职权主义与当事人主义作为两种不同的诉讼构造，分别代表不同的诉讼哲学以及国家理念。前者更重视国家职权运用，后者则较强调公民的诉讼防卫权。在合理的范围内，两种主张以及相应的制度构造本无高低之分，它往往与一国的制度环境和司法传统有关联。不过，在现代法治与人权制度发展的总体趋势之下，限制国家权力，保障公民的诉讼权，也是司法制度的总体发展方向。反观我国的刑事司法制度，则呈现出既有别于当事人主义的对抗制（虽然我们在庭审中借鉴当事人主义，采取了所谓"控辩式"庭审方式），又有别于大陆法系职权主义的、颇具自身特色的制度。这一制度的突出特点是对国家权力的充分肯定和超常运用。这一特点集中体现在中国刑事诉讼特有的基本制度：公、检、法在刑事诉讼中分工负责，互相配合、互相制约，简称配合制约原则。

不能否认，配合制约原则相对于那种没有职能划分，没有制约关系的"独断式"刑事司法制度是一种进步，但它仍与现代刑事诉讼原理和诉讼规律存在冲突。一是要求法院与追诉机关讲"配合"，损害了审判机关的中立性。在刑事诉讼中，公安、检察机关，执行侦查和公诉职能属于追诉犯罪的机关。要求法院与公安、检察机关互相"配合、制约"，与审判程序中控辩审三角诉讼构造的合理关系发生矛盾，使法院的中立性被削弱化解。这也是在司法实践中，法院往往自觉不自觉地配合控诉方，以致混淆自己诉讼角色的重要原因。二是彼此"互相配合、互相制约"、不分主次的互涉关系，有碍于审判权威的建立。法院是最终认定案件事实并适用法律进行裁决的裁判机关，诉讼以审判为中心，是诉讼规律的必然要求。但是在三机关"互相制约、互相配合"的关系中，法院对刑事程序的控制能力和对案件实体的裁断能力被弱化，难以形成以法院为标志的司法权威。三是各管一段的"铁路警察式"刑事诉讼构造，形成每一阶段的"公权自大"，没有一个中立的、权威的裁判者在审前阶段保障被追诉者的权力。这是我国至今不能贯彻强制侦查司法审查原则的基本原因，而这一原则和制度的缺位，导致了我国刑事诉讼制度缺乏现代性以及该制度人权保障功能的疲弱。四是忽略了涉案公民的主体地位以及辩护人的能动作用。因为该原则和机制仅确认公检法三机关的功能及配合制约作用，而辩护的功能在其中未获确认，形成国家权力与公民权利的关系失衡。

此外，我国检察机关被设置为法律监督机关，有权对审判活动以及法官（法院）行为进行监督，更使诉讼构造的不平衡加剧，使法院的司法权威受到妨碍。

为了使客观义务论在一个合理的诉讼构架中发挥其效用，我们有必要对整体的诉讼构造及运行机制进行审视与检讨，考虑如何在现实必要与可行的双重制约之下推动中国刑事司法制度的改革。

（三）客观义务论是抑制"必要之恶"的有用设置

客观义务难以实现，是否就意味着客观义务是一个没有意义的，甚至是"虚伪的"制度概念？对此，笔者认为，客观义务的充分实现虽有一定困难，但这一要求及其相应的制度设置仍为司法制度以及检察制度构建之必要。

其一，这是权力与责任相一致的公法要求。检察官被国家赋予侦查和控诉等重要的国家权力，在刑事诉讼的一定阶段或一定事项上，具有可称为"生杀予夺"的权力，当然必须承担相应的义务。这就是正当行使这一权力的义务，即客观公正义务。反之，有权力而无责任与义务，权力滥用就会成为常态，权力行使对于社会和民众就成为灾难。

其二，这是检察官权力行使正当化的标志。上述"公法要求"是客观义务的内在根据，而正当化标志，则是就外部效应而言，即权力必须以正当的方式行使而且能够被社会和民众确认这种正当性。即如郭松博士指出，"对于刑事司法制度来说，检察官客观义务不是可有可无的，他不仅关涉整个刑事司法制度的正当性，也是培育公众认同刑事司法制度的重要机制"。①

其三，客观义务的道义责任与制度要求，对检察官行为的客观公正具有一定的激励与约束效用。客观义务作为检察官伦理的重要原则，可以对检察官产生一种精神导向和内心约束作用。如果这种伦理原则又受到相关制度的支持，制度规范对于遵循客观义务行为的褒奖以及对违背客观义务行为的否定评价乃至惩戒，无疑可以支持伦理原则，促使客观义务的实现。而且，道义责任及其制度化要求，可以作为外界检验检察活动的标准，从而监督客观义务的履行。

依靠诉讼对抗的制度安排，通过控辩平衡及辩护权对检控权的制衡（以审判的独立和权威为必不可少的配合要件），来抑制检察权的滥用，实现司法公正，这是对抗制诉讼体制所蕴含的法理。然而，即使是对抗制诉讼构造，也有设置客观义务的必要。因为检察官享有国家权力资源。控辩双方虽有形式平

---

① 郭松：《检察官客观义务：制度本源与实践限度》，载《法制与社会发展》2009 年第 3 期。

等，但实际的资源享有不平等，因此享有更多资源尤其是享有公民不可能获得的权力资源的一方，应当承担相应的约束性义务。这就是客观义务。虽然这种自律性义务约束可能刚性不足（需要依靠外部制度来防范检察官滥用权力），但如不设定这种义务，将会进一步增加其权力滥用的可能性，因为在刑事检控方面享有几乎不受抑制权力的检察官，如果缺乏基本的客观性理念，更容易给相关公民带来不应有的灾难。

而在职权主义或类似的以强调国家权力运用为特征的刑事司法制度中，设定检察官客观义务更有其意义。因为这种刑事司法制度的机理不是"对抗性"而是"保护性"——强调国家权力对公民的保护，检察官是法制的守护人，也是公民权利的保护者。相对于个体化的公民权利，检察官无疑处于资源优位，这种情况下，如果不设定客观义务，就会出现权力与责任的严重失衡，以及控辩双方关系的严重失衡。因此，在职权主义或类似的制度构造中，不仅要设定检察官的客观义务，而且较之对抗制应当加重这种义务，即由一种防范性的消极义务，进而要求履行有作为的积极义务——为对方利益而收集证据并提起上诉等。

如果说，职权主义的强化可能导致权力与权利的失衡，但其根源也不是检察官客观义务设定而是在于职权主义的诉讼构造与机理。客观义务的设定虽然是对职权主义的一种确认，而且可能由此增强了职权主义的正当性，但客观义务也是在职权主义之下缓和控辩失衡的一种装置，一种必要的制度设置。在这个意义上，我们对设定检察官的客观义务持肯定的态度。而以可能强化检察官优位为由否定客观义务，似有本末倒置之嫌。

（四）防止客观义务空洞化，在客观义务制度安排和外部制度设置上作双向努力

客观义务论最大的问题在于其实效性。如文前考察有关国家的情况，无论是美国还是德国，虽然不能否认检察官客观义务论的意义，但履行客观义务的实际状况均难达到预期。从理论与实务上探讨，客观义务实效性的关键，在于客观义务不能成为空洞的呼吁，而应有相关制度和条件的配合，如缺乏制度和条件的支持，仅寄希望于检察官的自觉和自律，客观义务论是难见实效的。而且鉴于客观义务论功能的有限性，需要从外部做出制度安排，约束检察官权力，保障其正当行使，从而实现公正的刑事司法。为此，以下几个方面的制度建构应为必要：

其一，检察权运行机制的检讨以及公正性制度保障。首先，检察权运行机制能够有利于履行客观义务。如内部的重要权力配置要形成一种制约关系，避免权力过于集中。侦查活动为实现侦查效率，必须保持一定力度，往往不可避

免地带有某种倾向性，通常是致罪倾向；往往不可避免地具有打破程序的冲动，尤其是在嫌疑人不认罪的侦查活动中。因此，对侦查应当有控制和制约，强制侦查行为尤其是高强度的强制侦查，不能由侦查机关自行决定、便宜实施。对强制侦查的制约和控制，就属于侦查活动的公正性保障机制。又如，公诉权配置固然仍应确认检察长的指挥权，但也应当承认一线检察官相对的独立性，确认法律与底线正义高于上命下从。由此确立公诉权行使原则及权力配置方式，才能保证一线检察官切实履行客观义务，并能够在实现客观公正方面有所作为，如发现错误及时撤回起诉或要求法院做出无罪判决。

其次，检察活动的考评机制与监督惩戒机制的设置与运行，应当有利于实现客观公正。绩效考评，如果只追求办案业绩，形成"数目字崇拜"，不注重客观公正，势必形成一种不利于客观公正的"指挥棒效应"，各种不公正甚至违法的检察行为就会应运而生。如只强调检控的效能，同时对改变和撤回控诉等妨碍绩效的行为作负面评价，将会阻止检察官履行其客观义务；另外，对不当检察行为的监督、惩戒机制不健全，也会使这类行为得不到有效遏制。提出考评机制与监督惩戒机制的问题，是因追求检察活动绩效常常与客观公正的要求相冲突。过度追求绩效的行为不可避免地违背客观公正，导致不具备追诉条件的案件被错误立案、追诉。"鱼与熊掌难以兼得"，有效遏制追求绩效的冲动，客观公正才能实现。

其二，审判权对检控活动的司法控制以及对司法公正的坚守。法院对司法公正的坚守，对检察官客观义务将产生双重效应：一是通过公正审判，促使检察官履行客观义务；二是通过公正审判，抑制检察官违背客观义务的行为，保障司法公正。在合理的司法体制中，法院应当以其中立性、独立性、正当程序以及法官素质保障，充当正义的最后防线。正确的司法评价，包括对正确指控的支持以及对不当指控的否定，会促使检察官"以事实为根据，以法律为准绳"，依照正当法律程序实现检察职能。反之，在刑事诉讼构造中，审判的独立与权威不足，对检控内容照单全收而不能有效过滤，不能通过实体和程序的控制有效约束检控行为，势必强化检察官的检控效能意识而弱化其客观性。因为即使缺乏客观性其检控活动也不会受到抑制，而有效检控犯罪，正是检察官"天性"的体现，因为从刑事诉讼构造的意义上讲，检察官主要是为控诉而设立的。同时，这种司法评价，也纠正了检察官违背客观义务的错误，坚守了正义的底线。因此，司法制度必须保障审判权的独立性、中立性与权威性，必须维护程序的正当性与权利的可救济性。我国现行司法体制的缺陷，就是对审判权的应有属性未能有效确认，对合理的审判权运行机制缺乏保障，克服这一弊端，建立独立、中立、权威的审判制度及合理的审判权运行机制，是深化司法改革的重要使命。

其三，辩护权的扩展以及对检察权的有效制约。辩护权是对抗与遏止错误侦查、控诉最积极的因素；发展与保障辩护权，是促使检察行为客观公正并在检察行为不当时予以遏制的重要措施。正是由于辩护权的羸弱，导致我国刑事诉讼制度的结构失衡，使刑事司法的运行过程具有线形构造特点，而缺乏实质性的"对抗与判定"三方组合结构，也使刑事程序法带有行政治罪法的特征，诉讼的要素不足。发展辩护权，才能形成刑事诉讼的公正构架，也才能促使检察官客观公正。

我国 2012 年刑事诉讼法的修改，通过扩大律师会见权和阅卷权等制度调整，强化了辩护制度，是重要的进步。但是，律师与司法的协调关系并未形成，甚至在法庭外和法庭内的对抗屡屡发生，这固然与律师制度仍有待完善以及律师素质仍有待提高有关，但法律调整了，诉讼结构倾斜的基本构架仍未发生实质性变化，检察官对客观公正的敬畏以及法院的中立、独立与客观，仍然有待调整改善。否则，将会不断产生辩检冲突以及辩审冲突，和谐、高效的司法不能实现，中国法律职业共同体不能形成，更重要的是，司法公正，包括实体公正与程序公正也难以实现。最高人民法院常务副院长沈德咏近期指出："我国法律对公诉机关虽然也作出了要重视无罪、罪轻证据的规定，但公诉机关的追诉性质，在本能上肯定是更为关注有罪、罪重的事实和证据，这也是可以理解的。因此，现代的诉讼构造，为防止一边倒，通过立法安排了刑事辩护这样一种对抗力量，从而形成了诉辩对抗、法官居中裁判的诉讼格局。从防范冤假错案角度而言，推而广之，从确保所有刑事案件审判的公正性、合理性、裁判可接受性而言，辩护律师都是法庭最可信赖和应当依靠的力量。"[1] 最高人民法院重要领导有如此清醒的认识，难能可贵。而现在的问题，就是调整刑事诉讼结构，真正形成诉辩对抗，法官居中裁判的诉讼格局，而不至于使法官在与控诉方单方面"配合"的格局中，不能把持正义的底线，甚至越俎代庖，发生所谓诉辩不对抗，但辩审对抗甚至"死磕"的奇特现象。[2]

---

　　[1]　沈德咏：《我们应当如何防范冤假错案》，载《人民法院报》2013 年 5 月 6 日第 2 版。

　　[2]　沈德咏院长还指出，律师与法官对抗，"深层原因在哪里？要进行深入分析。个别律师不遵守规则的情况是客观存在的，但法官是否也存在小题大做、反应过度的问题？思想深处有无轻视刑事辩护、不尊重律师依法履职的问题？工作关系上有无存在重视法检配合而忽视发挥律师作用的问题？法官是否恪守于司法中立的原则和公正的立场？对此，我们必须认真进行深刻反思。……要充分相信绝大多数律师是具备良好职业素养的，是理性、客观、公正、中肯的，是人民法院可以依靠而且应当依靠的重要力量"。沈德咏：《我们应当如何防范冤假错案》，载《人民法院报》2013 年 5 月 6 日第 2 版。这一认识体现的自省和反思，同样难能可贵。

检察官职业伦理的划分[*]

万　毅

一、研究检察官职业伦理的意义

毋庸讳言，职业化、专业化一直是近年来中国司法体制改革的主旋律，但这种司法职业化改革，却因为缺乏配套的职业伦理建设，而使得部分司法人员成为了"有才无德"的"危险品"。职业伦理和道德的缺位，造成实践中的三重恶果：一是使司法人员成为腐败的高危人群。近年来落马的法官腐败窝案数量之多，令人瞠目结舌。二是频频出现司法人员突破社会道德底线的不良现象。其中，最典型的当属 2013 年被媒体曝光的"上海法官集体嫖娼"事件。亦因此事件的发生，司法从业人员的伦理操守问题一度成为社会舆论关注的焦点问题。三是直接影响到办案质量。部分司法人员缺乏责任感，对案件事实和证据采取"粗放"式态度，缺乏追求定案精确性即"精密司法"的精神和作风；部分司法人员缺乏正义感，尤其是欠缺对抗上级领导"不当指令"的勇气和魄力。在之前曝光的多起冤假错案中，也有司法人员发现案件中的证据疑点，但却无人敢于坚持自己的判断，也无人敢于对抗和挑战上级领导的不当指令，部分司法人员的这种明哲保身态度，虽然有某种身为"体制内"人的无奈，但却是司法职业伦理的道德滑坡。至于一些司法人员为求个人升迁而刻意迎奉上级领导，为此不惜充当"鹰犬"、出入人罪，就更是司法职业伦理的沦丧！

司法职业化改革与司法职业伦理建设之间的落差，以及由此导致的司法伦理滑坡，正是当前司法公信力饱受公众质疑的重要原因，同时也表明，要重建司法权威和司法公信力，必须也只能依靠加强司法职业伦理建设。检察官，本为司法职业共同体之一员。检察官的职业伦理，亦为司法职业伦理体系之重要一环，因此，重建司法权威和司法公信力，端赖检察官职业伦理建设的加强。

---

　* 原文载《国家检察官学院学报》2014 年第 1 期。

著名学者马克斯·韦伯曾在论述近代专业化官僚的产生时说："近代官吏团体已发展成一支专业劳动力，经过长期的预备性训练后有专长。并且近代官僚集团出于廉洁正派考虑，发展出一种高度的身份荣誉意识，若是没有这种意识，可怕的腐败和丑陋的市侩习气，将给这个团体造成致命的威胁：没有这种廉洁正派，甚至国家机构纯粹技术性的功能也会受到威胁。"[①] 韦伯所谓的"身份荣誉意识"，就是一种职业伦理。构建检察官职业伦理，其实就是培养检察官的这种身份荣誉意识，并将之外化为专业领域内的若干行为准则。因此，所谓检察官的职业伦理，就是指检察官在职务内和职务外行为时需遵循的准则。检察官应当以职业伦理为标准检视并约束自身的职务内或职务外行为，而社会公众则可借此评判检察官行为的适当性。

从理论上讲，检察官职业伦理，可以进一步分为检察官的外部伦理和内部伦理。所谓检察官的外部伦理，是指检察官基于职务行使及其特殊身份而在对外联系中需遵循的行为准则；所谓检察官的内部伦理，则是指检察官在检察机关内部工作中应当遵循的行为准则。区分检察官外部伦理和内容伦理的主要依据在于：前者旨在约束检察官的对外行为，包括检察官在职务行使过程中应当恪守的行为准则和检察官因为其特殊身份而在私人活动和社交活动中应当遵守的行为准则；而后者旨在约束检察官在检察机关内部的行为，包括检察官与上级检察首长的行为关系准则，以及检察官与同僚的行为关系准则。理论上研究并区分检察官的外部伦理和内部伦理，在于提醒检察官：检察官包括整个司法职业，是一个强调名誉、尊荣的职业。检察官个人的名誉与整个检察体系的尊荣相关。为更好地履行职责，检察官应当时刻注意自身的言行举止，不仅是职务内的行为应当恪守伦理准则而不得逾越，职务外的行为包括检察官个人的私生活和社交生活，更应当内敛低调、谦冲自制、避免招惹是非。这是因为，"检察官的操守如同皇后的贞操，不容怀疑"，检察官的职务外行为虽然属于个人的私生活和社交生活范畴，但若检察官在私生活和社交生活中言行不够检点，同样会对其公正、正直形象造成玷污，进而损及公众对检察官独立性的信赖。

二、检察官的外部伦理

(一) 检察官基于职务行使而产生的伦理

1. 忠诚。检察官的职业伦理，本质上是一种责任伦理。检察官承担着实

---

① ［德］韦伯：《学术与政治》，冯克利译，三联书店 1998 年版，第 68 页。转引自孙笑侠：《职业伦理与大众伦理的分野——为什么要重塑我们的法律职业伦理》，载北大法律信息网，http://article. chinalawinfo. com/Article_ Detail. asp? ArticleID = 31367。

现公平正义、尊重和保障人权、维护国家法制统一的法律监督职责。重任在肩，检察官首先应当具有责任伦理、职业荣誉感和使命感，在主观上确立"检察为民"的信念，并在行为上忠诚于检察事业、忠诚于人民，不应成为权贵的鹰犬而恣意滥权，不得因个人升迁、尊荣或私利而妥协。

检察官历来被誉为"启蒙之子"、"革命之子"，说明检察官这一职业虽然诞生时间并不长，是法国大革命的产物，但从其诞生的那一刻起，就被寄予厚望。创设检察官制度的启蒙先贤期望这一角色能承担起"法治国守护人"的责任和使命，德国在19世纪设计检察官制度时曾明确了这一愿望："检察官应担当法律守护人之光荣使命，追诉犯法者，保护受压迫者，并援助一切受国家照料之人民。"① 正是在这个意义上，检察官才被誉为是"法治国最忠实的仆人"。作为"法治国的守护神"、"法律守护人"，检察官首先应当效忠宪法及法律，忠诚于法治国，忠诚于检察事业，忠诚于自己的职业，忠诚于人民。

苏联时期的检察总长维辛斯基，为了迎合和讨好当权者，心甘情愿成为斯大林"警惕的眼睛"，在斯大林的大清洗运动中扮演了关键角色。在三次莫斯科大审判中，他都被任命为国家公诉人。俄罗斯著名作家索尔仁尼琴称他为邪恶天才。英国学者克兰肃指责他陶醉在邪恶中不能自拔。时代杂志则在讣告中送其"魔鬼的辩护士"的谥号。② 身为检察官，本应以捍卫法律与正义为己任，但维辛斯基却自称：我从不相信抽象的正义。作为一名检察官，他完全丧失了作为"法律守护神"的职责，沦为权贵的鹰犬和打手，背离了检察官的忠诚伦理。

2. 专业。检察官的职业伦理，也是一种专业伦理。身为专业的法律工作者，检察官应当具备处理检察事务的专业知识与技能。为此，检察官应当注重学习、精研法律，精通检察业务，同时不断充实新知、与时俱进，以掌握社会动向及犯罪形势发展，更好地履行保障人权、打击犯罪的职责，这是检察官专业伦理的基本要求。

在专业伦理方面，最值一提的是日本检察官秉持的"精密司法"的理念。"精密司法"，曾被视为日本刑事诉讼制度的特点之一。日本学者松尾浩也教授将其特征归纳为："日本实行彻底的侦查，在与正当程序不发生正面冲突的限度内，对拘禁的犯罪嫌疑人实行最大限度的调查。不仅警察，而且检察官也非常重视侦查，一般要在确定充分的证据基础上起诉，起诉要有完全的把握。……无论这种特色是好、还是坏，日本刑事司法都可以称之为精密司法。每年

---

① 林钰雄：《检察官论》，法律出版社2008年版，第23页。
② 参见百度百科"维辛斯基"词条。

超过百分之九十九的有罪比例是一个使外国研究人员感到吃惊的数字，一方面确实表明了司法的精确度；另一方面，也要看到在这一数字背后，相关人员表现出的追求案件真实的热情。"① 但笔者认为，精密司法，作为一种强调司法人员应当谨慎认真办案、追求定案精确性的精神和作风，其实是司法人员专业伦理的一种体现。我国司法实践中，部分检察人员缺乏专业伦理，对案件事实和证据采取"粗放"式态度，缺乏追求定案精确性即"精密司法"的精神和作风，成为影响办案质量的重要因素，也是部分冤假错案产生的重要原因。例如，在佘祥林冤案中，检察官在被害人的身份尚未确定的情况下即提起控诉，显然不符合精密司法的理念，有违检察官的专业伦理。检察官是公正的化身，检察官职业伦理要求检察官具有强烈的责任意识和正义感。为此，应当加强检察官的职业伦理建设，将"明镜高悬"、"明察秋毫"式的"精密司法"锻造为我国检察官的一种责任伦理和精神作风。②

3. 公正。司法官乃公正官、公平官，身为司法官的检察官，应当依据法律，本于良知，公正地履行职务。检察官的公正伦理有三层含义：

一是中立的伦理。即检察官应恪守利益规避原则，自觉遵守法定回避制度，对法定回避事由以外可能引起公众对办案公正产生合理怀疑的，应当主动请求回避。

二是独立的伦理。即检察官应依法履行检察职责，不受行政机关、社会团体和个人的干涉，敢于监督，善于监督，不为金钱所诱惑，不为人情所动摇，不为权势所屈服。

三是客观的伦理。检察官作为司法官，自当在行为上恪守"客观公正"的司法官义务：检察官应当全面收集、审查证据，不仅要收集和出示有罪的证据，也要收集和出示对被告人有利的证据；检察官不得单方面谋求给被告定罪，必要时得请求法院作出无罪判决，并得为被告利益而抗诉。但在我国司法实践中，有的检察官过于看重控方角色，追求胜诉的色彩非常浓厚，甚至为求胜诉而不惜违背客观公正的司法官义务。例如，实践中有律师提出来，有的检察官只注意收集证明犯罪嫌疑人有罪、罪重的证据，而忽视收集犯罪嫌疑人无

---

① 参见［日］松尾浩也：《日本刑事诉讼法（上）》，丁相顺译，中国人民大学出版社2005年版，第17页。

② "精密司法"自也有其弊端，例如，有些学者认为，由于日本刑事司法过度强调发现实体真实，强调公诉的精确性，这种精密司法模式架空了"疑罪有利于被告人"的诉讼原则。在日本，一旦刑事案件起诉到法院，超过百分之九十九的被告会被判有罪。当然，即使这样高的有罪率并不必然保证案件百分之百的准确率，其中自然会出现一些冤假错案。参见许身健：《精密司法的正反两面》，载《人民检察》2007年第17期。但笔者认为，在我国当前倡导"精密司法"的理念利大于弊。

罪、罪轻的证据；有的检察官为了追求胜诉，甚至刻意隐瞒对辩方有利的证据。辩护律师对于一些影响案件定性和量刑的证据线索申请检察院调查取证的，往往也很难得到检察官的采纳。尤其是在我国司法实务中，常见检察官以法院量刑畸重为由提起抗诉，但却鲜见检察官请求法院作出无罪判决的案例。实践中，如果庭审中因为证据和事实变化，导致指控罪名不能成立的，检察官更多是以撤回起诉的方式终结诉讼，而甚少提请法院宣告无罪，甚至在一些证据和事实已经清楚地表明被告人无罪的再审案件中，检察官仍然坚持作撤诉处理。凡此种种，均在一定程度上弱化了检察官客观公正的司法官形象，玷污了检察官的公正伦理。

例如，在震动全国的胥敬祥一案中，河南省鹿邑县农民胥敬祥因涉嫌抢劫、强奸于 1992 年 4 月被逮捕。胥敬祥案件于 1992 年 8 月移送审查起诉，经有关部门多次"协调"，至 1996 年 12 月起诉到法院，其间先后 6 次退回补充侦查，历时四年多时间。鹿邑县法院于 1997 年 3 月作出一审判决，认定胥敬祥构成抢劫罪、盗窃罪，决定合并执行有期徒刑 16 年。1999 年 12 月，河南省检察院指定周口地区检察分院向周口地区中级法院对胥敬祥案件提出无罪抗诉。周口市中级法院审理后，认为原判认定事实不清，证据不足，指令鹿邑县法院再审。鹿邑县法院于 2002 年 4 月裁定"维持原判"。胥敬祥提出上诉，周口市中级法院于 2003 年 3 月终审维持原判。2003 年 6 月，河南省检察院向河南省高级法院提出无罪抗诉。2005 年 1 月，河南省高级法院作出裁定："原判认定被告人胥敬祥犯抢劫罪、盗窃罪的事实不清，撤销一、二审法院对胥敬祥的三次有罪判决和裁定，发回鹿邑县法院重新审理。"河南省检察院指令鹿邑县检察院申请撤回起诉后，鹿邑县法院裁定准许撤回起诉。最后，检察机关对胥敬祥作出了存疑不起诉处理。在该案中，检察机关对案件作出撤回起诉的决定，当然不违法，但从检察官的客观公正伦理出发，检察机关更应当直接请求法庭宣告被告人无罪，而不是以撤回起诉的方式回避问题。

4. 礼仪。检察官职业伦理，在性质上应属司法官伦理，以客观公正义务为基础，区别于当事人伦理和律师职业伦理；检察官职业伦理，在特征上又属于一种"战士"伦理，区别于法官的"裁判者伦理"。检察官与法官同为司法官，均应谨守司法官伦理，但诉讼角色和职能的不同，其职业伦理也存在一定的差异：法官坚守的是"中立伦理"或曰"裁判者伦理"，而检察官谨守的则是"战士"伦理。所谓"战士"伦理，是指检察官起诉指控犯罪，是"正义之师"。为此，公诉人应当像"战士"一样带着荣誉感和使命感去战斗，秉持诉讼手段的正当性和公正性。

检察官的战士伦理，首先要求检察官在履职过程中应当保持一名"战士"

的尊严和礼仪，尊重对手、文明办案。检察官应当尊重辩护律师的职业尊严，支持律师履行法定职责，依法保障和维护律师参与诉讼活动的权利；检察官应当尊重诉讼当事人、参与人及其他有关人员的人格，保障和维护其合法权益，即使当事人有威胁、辱骂、挑唆、刺激等不冷静言行，检察官也应该自戒自律、保持克制；检察官在法庭中应当谨守一定的"礼仪"，切勿"失礼"，更忌"失态"。司法实践中曾经出现检察官基于义愤而情绪失控，当庭喊出"杀！杀！杀无赦"①，以及检察官当庭失声痛哭②的事例。个人认为，这些都是公诉人"失态"的表现，虽不违法，但却有违检察官的职业伦理。

5. 保密。检察官的职业伦理，还强调个案伦理，严守纪律、保守秘密，是其底线。为此，检察官在办案中应谨守纪律，不得违反规定过问、干预其他检察官、其他人民检察院或者其他司法机关正在办理的案件，不得私自探询其他检察官、其他人民检察院或者其他司法机关正在办理的案件情况和有关信息，不得泄露案件的办理情况及案件承办人的有关信息，不得违反规定会见案件当事人、诉讼代理人、辩护人及其他与案件有利害关系的人员，不得披露或者使用未公开的检察工作信息，以及在履职过程中获得的商业秘密、个人隐私等非公开的信息。实践中存在检察官以犯罪嫌疑人的隐私相威胁而取证的情况。例如，在一起受贿案件中，侦查机关通过侦查，发现犯罪嫌疑人与其嫂子私通。侦查机关调取了两人在宾馆的开房记录，并以此对犯罪嫌疑人进行威胁："你如果不老实交代，我们就公开你和你嫂子私通、乱伦的事情，让你和你的家族在本地都抬不起头。"在强大的心理压力下，犯罪嫌疑人承认了犯罪事实。对此，笔者认为，嫌疑人虽然与其嫂子私通、乱伦，属不道德行为，但该事实与案件无关，且属个人隐私。检察机关在侦办案件过程中，本应基于保密的职业伦理要求而为当事人保守该隐私，结果办案机关却以之作为办案手

---

① 2011 年 11 月 1 日上午××中院的一个庭审现场，检察官在就一起故意杀人案出庭支持公诉时慷慨陈词："两人的残暴行为，已经突破了正常人所能承受的心理底线。面对老人的哀求，孩子的哭泣，两个正值青春年华的犯罪嫌疑人，怎么能够下得了手？既然你们丧尽天良，那就别怪法律无情！"检察官说到动情处，禁不住情绪激动起来，"所以，我们的量刑建议就是，杀！杀！杀无赦！"事后，检察官当庭喊出的"杀！杀！杀无赦！"引发舆论较大争议。

② 据台湾《联合报》报道，在陈水扁弊案庭审中，出庭支持公诉的台北地检署检察官林勤纲，在庭上陈述近两小时，数度哽咽。一开始，扁冷眼以对，当林勤纲流泪提及年少共同怀抱改革理想，扁的脸上出现柔和线条。但是，听到林勤纲高亢质问"明知对错却受引诱，难道自己没有责任？"扁又低头与答辩。林勤纲拭泪说，"要谴责这么一个改革者因受诱惑而迷失理想，很容易，其实很残忍""过去的沿革能不能作为停止改革，甚至逆改革的借口？"据报道，林勤纲与陈水扁系台大法学院校友，曾经因为共同的理想（憎恨贪腐、推动民主）而成为朋友，但现在陈水扁一朝权在手即成为贪腐案被告，令林勤纲感叹、落泪。

段，威胁嫌疑人认罪，这种"剑走偏锋"式的办案态度和方式，极容易造成冤假错案。因此，笔者认为，这有违检察官的保密伦理。

（二）检察官基于特殊身份而产生的伦理

检察官的身份伦理，是指检察官因为司法官的身份，而在职务外活动，包括政治活动、经济活动以及私生活中应当谨守的行为准则。检察官的职务外行为，照理说与其职务行为无关，不应纳入检察官职业伦理的范畴予以规范。但是，检察官有着司法官的身份，而司法官的独立性和廉洁性，如同皇后的贞操，是不容置疑的，因而，为避免检察官因职务外的不当行为而陷入争议，故亦将检察官的职务外行为纳入检察官的职业伦理范畴予以规范，是为检察官的身份伦理。其具体内容包括：

1. 兼职限制。为避免不当利益牵连，原则上，检察官不得于业外兼任他职，尤其是不得兼任律师、法律顾问等职务，不得私下为所办案件的当事人介绍辩护人或者诉讼代理人，也不得于职务外提供法律鉴定意见或有偿提供法律咨询，更不得从事、参与经商办企业、违法违规营利活动，以及其他可能有损检察官廉洁形象的商业、经营活动，不得参加营利性或者可能借检察官影响力营利的社团组织。当然，公益性兼职除外，如在官方学校兼任教职或研究性工作。

2. 言论谨慎。检察官虽然享有言论自由权，可以针对各种社会问题在公开场合或对媒体发表看法，但是，检察官的言论应避免使自己的行为或身份成为公众讨论的话题。为此，检察官应约束言行、低调内敛，在公共场合及新闻媒体上，不得发表有损法律严肃性、权威性，有损检察机关形象的言论。未经批准，不得对正在办理的案件发表个人意见或者进行评论。

3. 清廉自持。检察官手握法律监督大权，容易成为权势"拉拢"、"腐蚀"的对象，面对各种利诱，检察官应能做到清廉自持。为此，检察官在办理案件过程中，不得收受案件当事人及其亲友、案件利害关系人或者单位及其所委托的人以任何名义馈赠的礼品礼金、有价证券、购物凭证以及干股等；不得参加其安排的宴请、娱乐休闲、旅游度假等可能影响公正办案的活动；不得接受其提供的各种费用报销，出借的钱款、交通通讯工具、贵重物品及其他利益。检察官还应避免与律师、所办理案件之当事人或其他利害关系人有借贷、合伙或其他金钱往来关系。

4. 洁身自好。检察官在私生活中应当行为检点，不得出入不适当的场所，不得参加不正当的饮宴应酬活动，不得穿着检察正装、佩戴检察标识到营业性娱乐场所进行娱乐、休闲活动或者在公共场所饮酒，不得参与赌博、色情、封建迷信活动。同时，检察官交友应当慎重，不得与不当人士往来应酬。

台湾地区现任"最高法院检察署检察总长"黄世铭，可谓是检察官身份伦理的形象代言人。黄世铭，被人形容是一个"慎交友、吃便当、不应酬的宅男型司法官"。据台湾媒体介绍，他具有以下几个特点：（1）寒酸。仅有一处住宅和约 600 万元新台币的存款，家产与不少岛内政界显要相比尤显寒酸。（2）自律。女儿曾在"父亲的名片"中写到，不论黄世铭名片上的职衔如何变换，他"从不应酬，没有私交，不许家人名下有存款以外的财产，绝不收礼，家中从不待客"。（3）拒上。台湾地区前"法务部长"王清峰有一次曾想探望身体欠佳的黄世铭父母，特意打电话向黄询问地址，但被黄世铭婉拒，最后还索性关机让"老板"找不到人。对此，黄世铭曾经说过："司法官本来就是孤寂的英雄，要耐得住寂寞，不要爱出名，不要爱出风头，不必要的应酬愈少愈好。"

三、检察官的内部伦理

（一）服从

检察机关本为"上命下从、上下一体"的阶层组织，检察体系内部上、下级检察官之间的关系适用"检察一体"原则予以处理。依据检察一体原则，上级检察首长对于下级检察官在检察事务的处理上拥有指挥命令权，对于上级检察首长的指令，下级检察官有服从的义务，是为"服从的伦理"。当然，"服从"的伦理，并不意味着"盲从"，对于办案中的正常意见分歧，下级检察官要勇于提出与上级检察首长不同的观点；对于上级检察长首长的不合法指令，下级检察官要勇于抵制，敢于说"不"。

在我国当前，由于检察官的独立性保障不够以及检察机关本身的行政化色彩过于浓厚，检察官的抗压能力较差。实践中，身为"体制内人"的检察官，很难真正对抗上级领导的不当指令，即使在办案中发现案件存在疑点或问题，但只要上级领导做出明确指示，仍然会奉命起诉，这也是冤假错案得以发生的一个重要因由。因此，我国检察官职业伦理建设，在强调服从伦理的同时，更应当褒扬司法官的独立品格、塑造司法官"不服从"的传统，对于敢于坚持己见、坚守底线，有勇气和魄力对抗上级领导不当指令的检察官，应当保持尊重、致以敬意，而不应将之视为"不谙世事"的"刺头"予以排斥、打压。必要时，全体司法官应当秉持"心理一体"的原则予以同情和声援。

（二）合作

"检察一体"原则要在实践中良好运行，除了法律规定的"组织、功能一体"外，还要求全体检察官在实际工作中形成紧密联系、合作无间、同甘共苦的"心理一体"。具体而言，在承办检察官办案遇到疑难问题时，全体检察官应群策群力、协助其履行职务。不仅如此，在承办检察官因办理案件而遭遇困难或外界压力时，全体检察官也应将其当作自己的问题来共同担当。为此，检察官应当热爱集体，团结协作，相互支持、相互配合，力戒独断专行，共同营造健康、有序、和谐的工作环境，从而酿造一种"合作的伦理"。

检察官"心理一体"的合作伦理，还要求全体检察官团结一心、共抗压力。例如，2006 年 12 月 29 日，台湾地区台北地检署主任检察官张熙怀因为承办机要费案而被民进党攻击，被迫缺席了机要费案庭审。台湾检察官协会遂发动声援，有近八百名检察官签名联署。检协会声明说，针对近日以来政治人物以"抹红"手法攻讦机要费案的公诉检察官，决定以联署方式全力支持公诉检察官在法庭上追诉犯罪，并吁请停止政治攻讦及行政干涉，维护纯净的审判空间。检协会指出，全台各地检察官共有 784 人参加联署，接近全台检察官人数 1107 人的八成。台北地检署有检察官签名时，刻意用力签下两次名字，以表达司法遭到不当打压的愤慨。检协会说，司法人员应秉持客观中立的立场，维护社会正义最后一道防线；司法人员在承办案件时，无色彩可言，所依循的是法律人为实现公理、正义的工作，绝不容许外界以族群意识、党派色彩任意践踏。这项联署由担任检察官协会彰化召集人的主任检察官郭棋涌发起，主题是"向检察官的风骨致意"，检察官黄如慧负责起草。联署书指出，泛政治化的抹黑，不仅对社会毫无贡献，也无法引起人心的共鸣，更与法律人之良知、良能有违；"在这条充满荆棘的道路上，即使烈日风霜，希望给予张熙怀和煦的暖阳，期盼张熙怀能够继续秉持国家赋予检察官的任务，完成检察官应有的使命。"台湾地区全体检察官在张熙怀个人遭受政治施压时，发起联署声援，正是检察官"心理一体"合作伦理的最好诠释。

检察官"软"约束的规范化研究*

——以文本检视与实践透析为视角

张永强　李美福

　　党的十八大报告明确提出，要"进一步深化司法体制改革，坚持和完善中国特色社会主义司法制度，确保审判机关、检察机关依法独立公正行使审判权、检察权"，党的十八届三中全会通过的《中共中央关于全面深化改革若干重大问题的决定》更是进一步明确了深化司法体制改革的具体要求。这充分说明了党和国家对司法体制改革的高度重视。在此背景下，从规范与实践的双重视角对检察官职业伦理规范体系建构展开研究，检视检察官职业伦理规范体系的不足，透析检察官职业伦理规范体系运行实践中存在的问题，既是司法体制改革中完善我国检察制度的必然要求，也是规范检察官职业行为，确保检察权力正确行使的现实需要。

一、问题的缘起："实然"向"应然"的追问

　　在我国的检察制度中，检察机关被宪法赋予了特有的法律监督职能，属于法律监督机关。这种特殊的职能定位决定了我国检察制度必须以法律监督为核心展开，检察官队伍建设也不能脱离对法律监督职能的思考。检察官作为具体实现检察职能的主体，具有对职务犯罪行为进行侦查、对犯罪行为提起公诉以及对法律实施进行监督的职能，自然被赋予了法律监督者的身份及法律监督的职权。因此，对检察官职业群体而言，不论是具体的检察业务行为还是职业伦理规范，相较于其他法律职业共同体，都必须具备更高的专业性与规范性。基于检察官职能定位上的这种特殊性，社会公众也对其赋予了较高的预期，将其视为"正义的守护神"、"法律的捍卫者"。因此，检察官只有以规范的行为、专业的技能、优良的品行、高尚的道德为标志性的群体形象出现时，才能够树

---

　　* 原文载《西南政法大学学报》2014 年第 6 期。

立检察权威，维护检察形象，坚守社会正义，使社会公众对检察官群体及其职业行为产生认同。

从根本意义上来说，人是社会活动的主体，是一切社会制度得以良性运转的关键，任何社会制度缺乏了"人"——这一主体要素，将会失去存在的意义与价值。检察制度同样不例外，检察制度得以运转最为直接的主体就是检察官群体①，检察官通过自身对法律的理解及事实的判断，作出社会期待的适法行为，进而监督法律实施、行使国家公诉权，追究犯罪人的刑事责任，实现检察制度的功能与目的。因此，培养检察官群体的正义情怀，提升检察官群体的职业素养及业务技能，对检察制度的优化具有重要作用。

然而，令人遗憾的是，"无论在理论研究，还是在改革实践中，人们都比较关注司法程序、诉讼制度方面的改革，而相对忽视了对司法活动主体的建设和发展。"② 这种现象反映到检察官队伍建设中，最为突出的表现之一就是对检察官职业伦理规范体系缺乏科学建构，零散化、重复化的职业伦理规范无法对检察官的职业行为形成有效的指导与约束。虽然近年来理论界在此方面进行了一定的探讨，但在检察实务中，往往倾向于在个体层面对检察官的道德修养进行呼吁，而对群体层面上的检察官职业伦理缺乏深入研究。久而久之，使得检察官的自律性约束下降，在外界因素的诱导下，容易做出"失范"行为。较为典型的例证就是，近年来检察官违法犯罪现象逐渐增多。根据《最高人民检察院工作报告》统计数据显示，2010 年查处的违纪违法检察人员有 267人，其中追究刑事责任的 38 人；2011 年查处的违纪违法检察人员有 176 人，其中追究刑事责任的 20 人；2012 年查处的违纪违法检察人员有 1122 人，其中追究刑事责任的 124 人；2013 年查处的违纪违法检察人员有 210 人，其中追究刑事责任的 26 人。③

检察官作为法律的监督者与守卫者，本应站在犯罪的对立面，依法行使国家的检察权，对犯罪行为提起国家公诉，追究犯罪人的刑事责任，同时对其他法律实施主体进行监督，确保法律的正确实施。但这种检察官犯罪增多的现象，却与此格格不入。一方面，检察官作为法律监督主体，其本身的职能就是监督法律正确实施，维护法律的权威，对已然犯罪进行打击，对未然犯罪进行

①　由于社会总是处在复杂的联系之中，具有极强的联动性，因此，任何一项社会制度都不可能靠单一主体来支撑，均是在多主体的共同参与下完成运作。检察制度同样不例外，除检察官群体参与之外，还需诸如当事人、法官、律师、法学学者、大众媒体、社会公众等群体共同参与。限于本文主旨的需要及篇幅的限制，此处只探讨作为"最直接主体"的检察官群体。
②　宣章良、陈晓东：《检察官遴选制度研究》，载《国家检察官学院学报》2006 年第 3 期。
③　该部分数据分别来源于 2011 年、2012 年、2013 年和 2014 年的《最高人民检察院工作报告》。

威慑，但当其涉嫌违法犯罪，而且这种现象愈发普遍时，不仅容易产生"监守自盗"的嫌疑，而且检察官的形象及职能也会在公众心中大打折扣；另一方面，社会公众对检察官群体赋予了较高的社会预期，一旦检察官群体涉嫌犯罪，所产生的负面评价会被无形放大，从个体推及群体，并在这种消极舆论的"马太效应"作用下，社会公众不仅会对检察官群体自身公正与否产生怀疑，而且会对整个司法制度作出负面评价，使整个司法制度的公信力及社会公众对司法制度的认同感下降。这显然与我国检察制度建构的目的相违背，也是我国法治进程中最不理想的局面。

面对检察官群体自律性约束的式微与"失范"行为的增多，虽然我们一方面需要寻找深层的社会原因与制度原因，搞清其作用的机理，但另一方面也需要反思检察官培养制度及约束机制存在的不足，这是关涉检察官群体主体建构的关键。正如有学者所言，"如果我们不能够造就一大批尊重规则、追求正义的法律家并且使他们来操作法律的程序，那么制定再完备的法律规范，设置再合理的司法制度，最终的结果仍将是徒劳无益的"。① 检察官职业伦理规范是约束和矫正检察官行为的重要依据，对检察官群体的发展起着不可替代的作用，也是检察官群体主体建构中的重要内容。"科学的职业伦理规范是检察官职业伦理建设的重要内容和方向，关系着检察官主体能动作用的发挥和检察职能的实现。检察官职业伦理规范是法律职业伦理和司法制度的重要组成方面，法治发展新阶段需要包括检察职业伦理规范在内的法律职业伦理的完善。"②

由此可见，规范检视与实践透析是我国检察官职业伦理规范体系建构的真正出路。倘若对检察官职业伦理规范体系自身存在的问题视而不见，无异于在自欺式的"乌托邦"中自娱自乐，而对伦理规范在检察实践中的问题缺乏关注，也容易使检察官职业伦理规范体系的建构成为"滑铁卢"。因此，当下最值得反思的是，在我国的检察官制度中应当确立怎样的职业伦理内涵？我国的检察官职业伦理规范体系是否科学、合理？其能否在检察实践中真正发挥作用，对检察官的职业行为进行有效约束、规范与指引？

二、检察官职业伦理内涵的认识与比较

（一）检察官职业伦理内涵的认识

关于职业伦理（professional ethics）内涵的界定，一直是学界较为关注的问题，虽然目前尚未取得共识，但现有的一些研究成果还是具有一定的启发意

---

① 贺卫方：《司法的理念与制度》，中国政法大学出版社 1998 年版，第 54 页。
② 王永：《我国检察官职业伦理规范研究》，山东大学 2012 年博士学位论文。

义。国外最早对职业伦理展开专门研究的当属法国著名伦理学家爱弥儿·涂尔干，其在《职业道德与公民道德》一书中指出，"任何职业活动都必须有自己的内部准则"，而且"一般而言，所有事物都是平等的，群体的结构越牢固，适用于群体的道德规范就越多，群体统摄其成员的权威就越大。群体越紧密地凝聚在一起，个体之间的联系就越紧密、越频繁，这些联系越频繁、越亲密，观念和情感交流就越多，舆论也越容易扩散并覆盖更多的事物。显然这就是大量事物都能各就其位的缘故……所以我们可以说职业道德越发达，它们的作用越先进，职业群体自身的组织就越稳定、越合理。"① 虽然涂尔干在此并未直接使用"职业伦理"一词，但其反复强调以"群体性"为基础的这种"职业道德"，事实上就是"职业伦理"。从涂尔干的论述可以看出，职业伦理必须具备两大基本要素：其一，产生于特定职业活动，且属于内部准则；其二，以群体性为基础，具有较强的凝聚力。

我国学者王淑荣博士指出，"无论是什么样的职业，只要构成了职业，从任何意义讲都会和社会发生关系，给社会带来不同程度的影响，既然是这样，那么从事某种职业的人们就应该尽到自觉履行、自觉遵守一定的职业规则义务。""一般来说，关于从事各种职业的人们应该遵守的规则——社会规范，并形成一种内心的自律，就称为职业伦理。"② 从该论述可以看出，职业伦理属于特定职业形成后出现的职业规则义务，或者"社会规范"，并在特定职业群体中能够产生自律性的约束力，即"职业伦理是一些业内人士对自己从事职业活动的自我约束规则，属于自律性规则"③。显然，这与涂尔干强调的"职业的群体性"和"职业活动的内部性"具有相通之处。因此，循此逻辑，检察官职业伦理就应该是检察官职业形成以后，在检察实践中形成的能够对检察官群体产生约束力，而且被检察官群体所认同的自律性规则。

以上论述，都是从社会职业属性角度展开的，此外，还可以从伦理规范建构的起源上进行考察。一方面源于检察官群体自律性约束的式微，另一方面源于社会公众他律性监督的兴起。究其原因，检察权本身具有公共权力的属性，必须维护社会的公平正义，满足社会公众对良好法秩序及自身权益保护的期待。实践已经证明，任何一个职业群体的行为，一旦其握有一定的公共权力，我们就不能奢望靠纯粹的自律或者他律实现对权力的监督。绝对的自律是一种

---

① 爱弥儿·涂尔干：《职业道德与公民道德》，渠东、付德根译，上海人民出版社 2001 年版，第 9～10 页。

② 王淑荣：《论法官职业伦理——一种法官职业化视角研究》，吉林大学 2007 年博士学位论文。

③ 王淑荣：《论法官职业伦理——一种法官职业化视角研究》，吉林大学 2007 年博士学位论文。

空想，除非我们有能力割裂权力与利益之间的天然瓜葛，相反，绝对的他律也是一种盲目的自信，其不仅会限制权力固有职能的发挥，也会影响权力目的的实现。因此，自律与他律并不是一种替代关系，而是一种互相配合的关系，只有将二者紧密结合起来，才能规范权力行使。检察官职业伦理规范，就是群体自律性与社会他律性结合的产物。一方面，检察官作为一个特殊的职业群体，其所担负的法律职能本身就具备较高的自律性要求，职业伦理规范就是一种具体表现；另一方面，正如孟德斯鸠所说的那样，一切有权力的人都容易滥用权力，这是万古不易的经验，检察权也不例外，同样具有滥用的基因，需要社会公众进行他律性监督，检察官职业伦理规范就是对这种他律性需求的回应。

值得注意的是，检察官职业伦理与检察官职业伦理规范并非同一层面的问题，不能将二者等同。检察官职业伦理是检察官职业伦理规范建构的基础，但检察官职业伦理规范不是将检察官职业伦理简单地文本化，而是一种系统化、制度化的建构。一方面，检察官群体自身的自律性约束需求，通过伦理规范的形式得以更加清晰的表达，使其"有章可循"；另一方面，社会公众对检察官职业行为及道德素养的期许，通过职业伦理规范得到了形式上的满足，能够激发社会公众他律性监督的积极性。另外，检察官职业伦理的建构，伴随着检察官制度的诞生与发展，检察官制度的成长史，也是检察官职业伦理的建构史。但检察官职业伦理规范的建构，是在检察官制度发展到一定阶段，检察官职业伦理相对比较成熟时才出现的。

（二）检察官职业伦理内涵的比较

在庞德眼中，法律职业者是"一群人从事一种有学问修养的艺术，共同发挥替公众服务的精神，虽然附带地以它谋生，但仍不失其替公众服务的宗旨"[1]。在此，庞德着重强调的是法律职业共同体为公众服务的共性，但在法律职业共同体内部，却存在一定的差异。检察官职业伦理在与律师、法官职业伦理在保持一定相似性的同时，由于检察职能的特殊性而又存在诸多相异之处。不过，这种区分都是笼统意义上的，在不同法系之间，即使均为检官职业伦理，由于制度设计和法文化背景上的差异，都具有不同的内涵。

第一，在大陆法系国家，检察官职业伦理建构与两大制度思想紧密结合，其一是"控审分离"下的权力制衡思想，其二是"检警一体"制度下的角色分工思想，二者深植于大陆法系检察官职业伦理建构的始终。在大陆法系的检察官制度中，检察官不仅仅是诉讼中的起诉方，而且具有法律守卫者的身份，在整个法律制度中承担着更主动的职能。相反，审方在诉讼中却从主动角色变

---

① 哈罗德·伯尔曼：《美国法律讲话》，陈若桓译，上海三联书店 1980 年版，第 208 页。

转变成了被动角色，并受"不告不理"的约束，即"无控方之起诉，便无法官之裁判"。在具体的诉讼中，"透过诉讼分权模式，以法官与检察官彼此监督节制的方法，保障刑事司法权限行使的客观性和正确性"。① 同时，在"检警一体"角色分工中，检察官处于主导地位，而警察处于辅助地位。检察官被赋予了决定是否对犯罪行为展开侦查的权力，即"侦查启动权"，而且，对侦查过程的监督以及"侦查程序的终止权"也掌握在检察官手中。因此，在大陆法系的检察官职业伦理中，更多地"蕴含了检察官严格遵循法律、坚持法律实施客观公正的要素"②。

第二，与大陆法系检察官制度相比，英美法系检察官制度比较单一，检察官更多的承担的是刑事诉讼中的起诉职能，而不承担过多的法律守护职能。检察官一直被视为"公职律师"，属于行政权的序列，与狭义上的司法权有明显的区别。正如有学者指出，"在英美法系国家检察机关不再是法律的守护者，而仅仅是诉讼一方的当事人，专司起诉，本身没有侦查监督的权力和义务"。同时，"检察权等同于并限于公诉权，检察机关的职能范围仅限于'公诉机关'"③。这种特殊的检察职能定位及制度设计，使英美法系国家的检察官职业伦理具有了相当的特殊性。以美国为例，由于美国属于联邦制国家，联邦与州之间具有各自的法律体系，导致检察系统内部并不存在统一的检察官职业伦理规范。从美国检察官职业伦理规范来源看，主要来自两个方面：一是公职人员伦理规范。因为检察官被认为是"政府雇员"或者"政府律师"，行政人员身份的意蕴浓厚，并非纯粹的司法人员，因此，检察官要受公职人员伦理规范的约束。二是法律职业共同体自治组织颁布的职业伦理规范。在美国，检察官几乎全部是从律师中选拔的，律师即使选拔为检察官，但其依然为美国法曹协会（American Bar Association，ABA）的会员，该协会所制定的伦理规范同样对检察官具有约束力。因此，在英美法系国家的检察官职业伦理中，体现检察官的"行政性"职能，更倾向于对检察官在诉讼中的行为进行规范和约束，而不过多地承担法律监督、诉讼监督等。

第三，我国检察官职业伦理的内涵，与我国特殊的检察制度紧密相关。与其他国家相比，我国检察制度最为突出的特征就是以根本大法的形式给予了检察机关"法律监督"的职能定位，并明确了上下级检察机关领导与被领导的关系。检察官作为具体实现检察机关职能的主体，自然具有法律监督者的身份

---

① 林钰雄：《检察官论》，法律出版社 2008 年版，第 7 页。

② 单民、董坤：《检察官职业伦理比较研究》，载《人民司法》2013 年第 9 期。

③ 晏向华：《检察职能研究》，中国人民公安大学出版社 2007 年版，第 58 页。

及法律监督的职权，担负着维护国家法律正确实施的重要职责。此外，检察官还具有对犯罪行为提起国家公诉、对职务犯罪行为进行侦查的职能。相比之下，我国检察官制度比英美法系国家"专司公诉"的单一定位复杂，但又没有走向大陆法系国家"检警一体"的制度设计，而是选择了一种权力监督与"检警分治"的中间立场。因此，我国检察官职业伦理的内涵，一方面要涵摄检察官的职能定位，另一方面要以检察官的职业化为前提。根据最高人民检察院 2009 年制定的《检察官职业道德基本准则（试行）》规定，将检察官职业道德的内涵概括为：忠诚、公正、廉洁、文明，同时将"强化法律监督，维护公平正义"确定为检察工作的主题。

综上对比可知，不管是哪个法系国家的检察官职业伦理，都具有规范和约束检察官职业行为的共同内涵，但在不同的法系之间，由于检察制度思想及检察官职能定位上的差异，使得检察官职业伦理的具体内涵又有所区别。相比之下，我国检察官职业伦理是与"法律监督"职能紧密关联的，而且是以"职业道德"的文本形式展开规范建构的。

三、我国检察官职业伦理规范体系建构之问题分析

根据职业化的一般规律，职业群体结构的牢固程度与职业化程度呈正相关，而且随着职业化程度的提高，适用于该群体的职业伦理规范也就越健全，相应的职业伦理规范体系也更趋完善。在我国的法治化进程中，通过多年的努力与发展，检察官职业群体已经形成，而且职业化程度越来越高，同时，对检察官职业伦理规范体系建构也进行了有益的探索，并出台了一系列的伦理规范。显然，从"从无到有"的过程来看，这种建构是值得肯定的，但从"规范理性"与"实践理性"的角度来看，我国检察官职业伦理规范体系仍存在诸多尚待完善之处。

（一）"规范理性"下的文本检视

从伦理规范的形式来区分，我国检察官职业伦理规范可分为直接性伦理规范与间接性伦理规范。直接性伦理规范主要是指专门以检察官职业伦理为内容，对检察官职业行为进行引导与规范的伦理指南、规定、条例及准则等。此类规范往往是判断检察官职业行为正当性的直接依据，具有较强的约束力，而且更容易对检察官个体产生德性引导，体现"道德内在特征与规范内化"[1]。在我国，这类规范主要包括 1988 年的《八要八不要》和《九条硬性规定》、

---

① 王永：《我国检察官职业伦理规范研究》，山东大学 2012 年博士学位论文。

2002 年的《检察官职业道德规范》①、2004 年的《检察人员纪律处分条例（试行）》、2005 年的《最高人民检察院关于严禁检察人员违规驾车的四项规定》、2007 年的《检察人员执法过错责任追究条例》、2009 年的《检察官职业道德基本准则（试行）》及 2010 年颁布的《检察官职业行为基本规范》等。

间接性伦理规范主要是指不以检察官职业伦理为内容，而是在个别条款中体现检察官职业伦理要求的规范。在我国主要表现为宪法、人民检察院组织法、检察官法及公务员法。这些法律规范的效力相对较高，往往蕴含着检察官职业伦理建构的基本思想和基本原则，具有法律强制力，是具体细化检察官职业伦理的法律依据。例如，宪法作为我国的根本大法，是一切法律规范制定的形式渊源，也是检察官职业伦理建构中政治伦理与组织伦理最上位的法源，其对检察机关的职能定位、上下级组织关系以及检察工作原则等，是检察官职业伦理规范建构的基础。

通过以上论述可以发现，我国检察官职业伦理规范的形式多样、数量庞大、内容繁杂，缺乏规范体系建构的明晰性与简约性，既不利于检察官职业伦理的德性建构，也不利于检察官职业伦理的实践操作。具体而言，这些问题主要表现在以下几个方面：

首先，伦理规范形式多样，缺乏系统性。如前文所述，我国既有如《检察官职业道德基本准则（试行）》一类的直接性伦理规范，也有诸如宪法、检察官法等间接性伦理规范，有的属于法律法规，有的属于条例条令，也有的属于系统内部文件，这种多样的表现形式也使得它们在效力位阶上存在极大的差别，在具体适用中容易产生冲突。例如，宪法属于国家的根本大法，处于效力位阶的最高位，检察官法等法律由全国人大制定，也具有较高的效力位阶，而《检察官职业道德基本准则》之类的规范属于"两高工作文件"，严格意义上不具有法律上的效力，仅具有系统内部的约束力。一旦检察官不遵守或者违反了伦理准则，准则本身的强制力不足，无法给予制裁，而具有法律强制力的职业伦理规范由于过多的宣示性和原则性规定而缺乏可操作性。此外，从系统论的角度来看，这种零散化的伦理规范，也不利于检察官职业伦理规范体系的建构，因为其不具备要素或者部分之间的协调性。

其次，伦理规范内容重复，缺乏简练性。从我国检察官职业伦理规范的具体内容来看，其范围相当广阔，既包括以检察业务为核心展开的"忠诚"、"公正"等内容，也包括以公众期望为焦点的展开的"廉洁"、"文明"等内容；既有引导性的职业伦理规范，也有惩戒性的职业伦理规范；既有宣示性的

---

① 《检察官职业道德规范》已于 2010 年 11 月 19 日废止。

职业伦理规范，也有操作性的职业伦理规范；等等。但由于这种高度的囊括性导致规范的具体内容会出现重复与交叉，而且逻辑也不清晰，不宜进行区分。例如，在检察官法、人民检察院组织法及《检察人员纪律处分条例》等规范中都有对检察权力的独立行使、检察官的执业禁止、执业保密义务等内容的重复规定，这属于不同规范之间的内容重复。在同一规范内部也存在重复，如《检察人员纪律处分条例》中列举违纪违规行为中，"贪污贿赂行为"与"违反廉洁从检规定的行为"的规定；又如，《检察官职业道德基本准则（试行）》中规定的"忠诚"、"公正"、"廉洁"、"文明"，很难对四者的内涵与外延进行清晰划分，而且四者本身在内涵上具有一致性，因为一个"忠诚"于事实与法律的行为本身就是"公正"与"廉洁"的，我们很难对其在"文明"上作出否定回答。

最后，伦理规范类型繁杂，缺乏明确性。在我国检察官职业伦理规范的类型划分来看，其没有坚持统一的标准，也没有进行清晰的划分，而是处于一种混乱的状态。一般而言，检察官的职业伦理在理论上可以划分为三个层面：底线伦理、中层伦理及德性伦理，其中底线伦理是最基本的职业要求，中层伦理一般对应着检察官的职业纪律规范，而德性伦理则是检察官对职业使命和生命价值的表达与张扬，是高层次的德行素养。① 根据这种划分，检察官职业伦理规范体系的建构应当具有层次性，而且在对应的规范违反救济上具有从重到轻的梯度。而我国并未依此进行建构，而是将检察官职业行为所涉的领域进行了横向扩张，将政治伦理、组织人事伦理、职务工作伦理、生活作风和社会活动伦理等糅合在一起，进行了"泛化"的规定，因此缺乏类型识别上的明确性，不利于实践中的甄别与适用。

（二）"实践理性"下的实践透析

从文本上对检察官职业伦理做出规定，只是检察官职业伦理规范体系建构的第一步，更重要的是这些已经制定好的伦理规范能否在实践中得到科学实施。因为"检察官职业伦理不仅需要一套能够反映社会和职业发展需求的规范体系，更需要有一个能够支持和保障制度规范得以落实的运行机制和应用环境"②。在马克思主义哲学理论中，实践是检验真理的唯一标准，循此逻辑，检察官职业伦理规范体系建构的科学与否也可以通过伦理规范的具体实践做出评判。

考察我国检察官职业伦理规范的实际运行情况可知，其依然存在诸多的问

---

① 周利人：《中国检察官职业化的困境与出路》，吉林大学 2011 年硕士学位论文。
② 方军：《制度伦理与制度创新》，载《中国社会科学》1997 年第 3 期。

题。究其原因，既有伦理规范体系自身的不足，也有体制机制设计上的障碍。前者在前文中已有论述，在此不再展开，下文中笔者将就后者进行简要论述。

第一，制度运行上检察权对行政权的过度依附，使检察官独立性不足，进而影响以法律监督职能为核心建构的伦理规范体系真正发挥效能。在我国的检察制度设计中，检察权力高度集中统一，上下级检察机关之间是一种紧密的领导与被领导的关系，具有浓厚的行政机关色彩，具体到检察官就是对检察长及其他上级领导的绝对服从，其自身的裁判独立性与办案自由度被相对剥夺，不管是具体的案件处理还是惯常的考核奖励，检察长都具有强有力的领导指挥权。在这种行政色彩浓厚的制度设计中，以自律性为主要驱力的职业伦理规范极易被虚化，检察官所做的不再是如何使自身的职业伦理达到德性标准，而是对检察长及其他领导意志的揣测与迎合。另外，检察管理行政化色彩也极为浓厚，具体表现为：检察官级别行政化，即检察官的待遇与级别参照公务员法，套用行政级别，按照从科员级到部级的划分来确定职业地位；人事管理行政化，按照公务员系列对检察官进行管理，招聘、升迁、奖惩、离职、退职等与公务员无异；检察机关内部管理行政化以及按行政习惯安排工作。

第二，职业准入上"精英化"向"大众化"的普遍倾斜，使检察官职业化程度降低，进而导致检察官职业伦理规范体系建构的"职业化"根基得不到巩固。严格的准入条件、统一的遴选机制、科学的考评方法是保证检察官队伍职业化、纯粹性的重要保障，也是检察官职业伦理规范建构并得以有效实施的基础。长期以来，由于我国并未建立专门的检察官遴选机制，导致检察官队伍良莠不齐，对检察官职业伦理规范体系的建构起到了制约作用。2001年修改的检察官法规定，通过国家统一的司法考试是任命检察官的前提条件之一。虽然这有利于提升检察官群体的职业化与专业化，但在实践中依然存在达不到检察官准入标准人员进入检察官队伍现象。实践来看，目前进入检察官队伍主要有三种途径：一是通过统一的公务员考试，招录符合准入条件的人员；二是从其他相关机关调入具备公务员身份的工作人员；三是安置部队转业人员进入检察系统。此外，在检察系统内部存在检察官"泛化"的倾向，一些不实际从事检察工作的辅助人员也被赋予了检察官的身份。

第三，思想认识上职业信仰向社会人情的一味屈从，使检察官自主性弱化，进而导致检察官职业伦理规范被消极对待或者形式化。在司法实践中，情与法并非那么泾渭分明，法在实施过程中往往会为"情"所困。在检察实践中，检察官容易受各方面因素干扰，最难以摆脱的包袱就是复杂的社会人情，这导致检察官在办案中的自主性降低，无法通过自由心证对案件作出判断，而是要平衡各种案外人情、利益的纷扰。久而久之，约束检察官行为的职业伦理规范起不到真正的作用，而是处于形式化的虚置状态，有些检察官不是积极地去提升自己的职业伦理，而是抱着一种消极的态度——不违反即可的态度，游走在职业伦理的边缘，有的甚至会逐渐丧失职业信仰，在办案中徇私、殉情，或者贪污受贿、滥用职权。由此可见，检察官职业信仰向社会人情的一味屈从，容易使检察官陷入"因权废法"困境，进而导致检察官职业伦理规范被虚置，具体可以概括为四种情形：一是办案中存在"权钱交易"或者"利益输送"而不依法办案；二是办案中存在"权权交易"而不依法办案；三是在领导意志的干预下"曲意释法"，办"关系案"、"人情案"；四是畏惧案件关联人或者黑恶势力报复而不敢依法办案。

四、我国检察官职业伦理规范体系的完善进路

通过前文论述可知，不管是检察官职业伦理规范文本还是检察官职业伦理规范的运行实践，都存在诸多影响检察官职业伦理规范体系建构的问题，也制约着检察官职业伦理规范发挥应有的效能。因此，在当前司法改革的背景下完善检察官职业伦理规范体系，要立足于检察权的基本属性与检察机关的职能定位，既对伦理规范文本进行整合与完善，也对伦理规范运行的配套制度进行改革，以期形成一套内容科学、运行有效的检察官职业伦理规范体系。

（一）提升检察官职业伦理规范自身的科学性

首先，在形式上建构统一、协调的伦理规范。如前文所述，我国检察官职业伦理规范存在数量庞杂、形式多样、效力位阶不协调的弊病，严重影响了职业伦理规范的科学性。因此，应当对现有的直接性伦理规范和间接性伦理规范进行全面梳理，通过删减、合并等方式祛除形式上和功能上相冲突的地方，使规范文本精简化。在效力位阶上，笔者认为应当保持三级：第一级是宪法层面对检察官职业伦理作出基本定位，第二级是在法律层面制定统一的检察官职业伦理法律规范，第三级是系统或者部门内部具体的职业伦理要求。目前我国在第二级处于缺位状态，还没有一部统一的专门规定检察官职业伦理规范法律，相对而言，美国则属于伦理规范立法较早的国家，其早在 1978 年就通过了《政府伦理法》，并在 1989 年对其进行了修改。

其次，在内容上删除重复的内容、补充遗漏的内容，并注重内容的层级性、逻辑性与可操作性。具体而言，我国检察官职业伦理规范在内容上重复现象非常严重，既有不同规范之间的重复，也有同一规范内部的重复，这种内容重复产生的"臃肿"容易导致适用上的"瘫痪"，而且有些内容过于陈旧，已经不适宜现实的操作，同时，现实中出现的一些新情况却又没有及时纳入，表现出了一定的滞后性。另外，从检察官职业伦理规范的具体内容来

看，内部缺乏层次性，逻辑比较混乱，而且缺乏可操作性。例如，在有关检察官职业伦理的规定中，宣示性、原则性的内容过多，而且将一些与检察官职业无关的生活伦理纳入其中。因此，应当本着全面、精简、清晰的原则，对检察官职业伦理规范的内容进行整合，删减重复、补充遗漏、明确层次、增强可操作性。

最后，在程序上要完善检察官职业伦理规范的评估、修改及违反救济。从整体上来看，我国的检察官职业伦理建构也留下了"重实体、轻程序"的印迹，一方面对伦理规范自身运行的评估及修改缺乏相应的规定，导致伦理规范无法通过法定的程序及时作出调整与修改，"时滞性"问题愈发突出；另一方面，虽然对违反职业伦理规范的行为规定了一定的处罚措施，但是没有规定与之相匹配的处罚程序，导致在具体处罚中过于主观化或者随意化，进而有损程序正义的要求。因此，在未来的检察官职业伦理规范体系建构中，要坚持实体与程序并重，在力求实现实体正义的同时，也要保障程序正义的实现。

（二）巩固检察官职业伦理规范建构的"职业化"根基

职业化是检察官职业伦理发展的前提，也是检察官职业伦理规范建构的根基。一般而言，检察官的职业化，是指"检察官以行使国家检察权为专门职业，并因此获得相应的职业地位，形成独特的职业意识，掌握专业的职业技能，具备特殊的职业道德"[①]。在整个法律职业共同体当中，检察官的职业化使得检察官职业伦理在维持共同体共性的同时，又表现出了与之不同的特性。具体而言，检察官职业伦理以检察权为基础，检察官职业伦理必须具备更强的专业性与规范性，检察官职业伦理能够为检察官职能的发挥提供伦理支撑，等等。

事实上，检察官职业化并不是随着检察制度的创设而诞生的，而是检察制度创设后一系列制度建构的结果，例如，检察官的招录、遴选、任免、管理、奖惩制度等。整体来看，随着我国法治化进程的不断推进，检察官职业化进程也取得了长足发展，但由于复杂原因的制约，目前我国检察官的职业化进程依然面临着困境，这些困境在一定程度上也影响着我国检察官职业伦理规范体系的建构。具体而言，最突出的两大困境就是检察官遴选与管理上的行政化和检察业务开展上的地方化。因此，在检察官职业伦理规范体系的未来建构中，要通过相关制度的改革，逐步做到检察官管理上的去行政化与检察业务上的去地方化。具体措施包括以下几个方面：第一，在检察官准入上，建立检察机关自

---

① 周利人：《中国检察官职业化的困境与出路》，吉林大学 2011 年硕士学位论文。

主、统一的招录和任用制度，明确具体的招录条件，逐步摆脱检察官招录、任用对公务员招录的参照与依赖。提高检察官的任职标准，走"精英化"路线，同时向社会公开招录具备检察官任职资格的人员，例如律师、法学专家等。第二，在检察官管理上，检察官身份与是否从事检察业务紧密挂钩，在检察机关内部严格区分检察官、司法辅助人员及一般行政人员，避免检察系统内部"检察官"身份的泛化。同时，实行检察官等级制度与员额制度，使检察官的薪酬、晋升与行政级别脱离，而是与职业素养、业务技能及工作成果相联系。事实上，这方面的改革在深圳等试点地区已经取得了一定的成果，有待全国进一步推广。第三，在检察官考核上，建立一套专门针对检察官的职业考评机制，明确考评主体、考评范围、考评标准、考评程序及考评责任，内部考评与外部考评相结合，争取考评的全面性与科学性相统一，逐步破除以往考评中主观上的"唯思想"论与客观上的"唯数量"论。第四，在检察官保障上，建立专门的检察官物质保障制度，明确检察官薪酬的额度及来源，逐渐摆脱检察官在物质上对地方财政的依附。事实上，长期以来检察官物质保障上对地方财政的过度依附是检察工作地方化重要原因，严重影响检察权的独立行使。因此，建立脱离于地方财政的检察官物质保障制度，是未来改革的一个方向。

（三）优化检察官职业伦理培养教育机制

"在社会发展过程中，道德进步必然获得新的形式，即从修养论道德向制度伦理转变；制度伦理是当前道德建设的突破口，其根本标准和方向是促进人本身的不断发展。"① 教育是实现建构制度伦理的基础性工程，也是促进人本身不断发展的主要途径。因此，在检察官职业伦理规范体系建构中，要重视对检察官职业伦理的培养教育，不仅使检察官对职业伦理有一定的理论认识，而且要使检察官通过职业伦理的培养教育，将其内化为崇高的职业信仰，外化为合法的职业行为。

同时，检察官职业伦理的培养教育，也是检察官"职业化"的重要保障。具体而言，就是根据检察权力行使及检察职业的特殊性，对检察官进行有针对性的职业伦理培养和专业化的实务技能训练，以期形成独特的职业意识、独特的职业道德以及独特的法律思维，使检察官的职业化得到巩固，否则会使检察官的职业化培养成为一种形而上的逻辑空谈。从实际来看，我国以往对检察官职业伦理培养重视不够，导致职业伦理培养成了"形式化"、"走过场"的作秀，没有发挥真正的作用。究其原因，一方面是因为功利化的利益诉求冲淡了

---

① 方军：《制度伦理与制度创新》，载《中国社会科学》1997 年第 3 期。

对职业伦理培养的重视，另一方面是因为固化的培养教育机制无法调动检察官的积极性。前者主要表现在职业伦理培养的投资、师资、场所等要素的建设上，后者主要表现在培训模式、教育方法及激励措施等方面。

因此，在检察官职业伦理规范体系建构中，要在现有《检察官培训条例》基础上，重视和细化职业伦理培训的内容。首先，要在制度设计和思想上重视检察官的职业伦理培养，将其作为伦理规范建构的一个部分；其次，要创新教育培养模式，改变以往形式化、教条化的灌输式教育模式，逐渐向启发式、引导式、案例化的培养模式转变；再次，要注重检察官群体的荣誉感培养，强化检察官的法律信仰；最后，要将检察官职业伦理培养与检察官职业技能培养相结合，建构惯常性的培养机制，如新任检察官准入时的职业伦理培训、从业检察官在岗时职业伦理培训、晋升检察官的升职职业伦理培训等。

（四）加强检察官职业伦理规范的运行监督

监督是任何一种制度有效运行的重要保障，脱离了运行监督的制度，无异于脱缰的野马，总会在利益的诱惑下走向失范。检察官职业伦理规范的运行也同样不例外，需要相应的监督才能保证其实现预设目的。"道德行为规范的力量是内化于心、外化于行的，其通过人们在道德上的认同与自觉性来实现道德意识和道德品质的外化。"① 其实，这种观点只是强调道德在个体层面的认同感与约束力。除此之外，规范的力量还来自于他律性的监督，只有自律性约束与他律性监督相结合时，蕴藏在制度内部的制度伦理与制度理性才会真正被激发。

目前，我国检察官职业伦理规范的监督主要分为纪检监察与检务监督，前者属于党内监督，其主要依据是《人民检察院监察工作条例》及《检察人员纪律处分条例（试行）》，后者属于行政性监督，其主要依据是《人民检察院检务监督工作暂行规定》。从实践来看，由于监督主体不明确、责任范围不清晰、处罚程度不具体、监督过程不规范等问题的存在，导致"监督不力"、"监督失灵"、"监督异化"等现象一直存在。显然，这种单一的内部监督已经不适合时代的需求。

因此，在检察官职业伦理规范体系建构过程中，要打破这种单一内部监督的局面，引入外部监督，同时对监督者也要进行监督。具体而言，就是要明确检察官职业伦理规范运行的监督主体、明确责任范围、创新监督方式、落实监督责任。通过制度设计，畅通新闻媒体、行业协会、社会公众等外部监督渠道，使外部监督与内部监督形成良好的互动，逐步形成内部监督与外部监督的合力。

---

① 常艳、温辉：《法律职业共同体伦理问题研究》，载《河南社会科学》2012 年第 2 期。

论检察官职业伦理的忠诚义务[*]

侯　玉

　　检察官作为检察机关的权力行使者与检察工作具体实施人，其职业伦理问题在当今理论和实务中，特别是在司法改革中，具有重要意义。检察官对其职业伦理的实践状况良好与否，将会影响检察机关形象和检察权的品质评价，并进一步影响到司法机关公信力和民众对法律运行效果的态度，甚至还会影响到国民的法治信心、社会的稳定程度和国家的治理进程。[①] 根据我国现行的检察官职业伦理规范，检察官职业伦理义务包括忠诚、公正、清廉、文明。[②] 但这些伦理义务却面临着实务操作与理论认知的双重挑战。在实务上，虽然了解这些伦理义务的文字规定，却不乏检察官在工作中仍凭借伦理经验操作并深受"检察一体"下的首长的伦理指令影响。[③] 而这种实务上的遗憾背后，则是对检察官职业伦理在理论上的认知单一甚至荒凉。检察官职业伦理的理论研究面临拓展视野、提高理论性、丰富研究方法的迫切需要。

　　回应并满足这种迫切的需要归根到底应对我国检察官职业伦理各项义务的具体内涵有一个清晰的认识。这不仅需要对这些伦理规范进行体系化的整体安排，更需要对各项特定的伦理义务进行类型化的精细梳理。当前，在对检察官职业伦理的规范讨论中，批评实际上往往指向了忠诚义务。[④] 因此，检察官职业伦理中忠诚义务的意蕴演变与当代内涵亟待厘清。本文的方法是法解释学，理论目标是操作指向。即本文不纠缠于伦理在道德与法律二分中的倾向与归属，也不沉迷于考察伦理、职业伦理以及作为伦理的忠诚可能出现的各种经典

　　* 原文载《云南大学学报法学版》2014 年第 6 期。

　　① 于浩：《多维视角下中国法制与法学发展面临的三重矛盾》，载《国家检察官学院学报》2012 年第 5 期。

　　② 《中华人民共和国检察官职业道德基本准则（试行）》第 2 条。

　　③ 张志铭：《对中国"检察一体化改革"的思考》，载《国家检察官学院学报》2007 年第 2 期。

　　④ 例如，有论者指出，"对检察官职业伦理的认识明显存在内涵界定不清，具体的规范要求泛化的现象：对检察官在政治、业务、品德方面要求多多，内容复杂不易把握"，参见张志铭、于浩：《国际检察官职业伦理评析》，载《国家检察官学院学报》2014 年第 1 期。

表达。相反，本文将选择我国检察官职业伦理规范为基本材料，重述其中的忠诚义务，同时结合忠诚义务在常识性认识上展示出的一般原理来分析。内容布局上，本文建构一种"描述、分析、建构、应用"论述框架：首先对忠诚义务的发展状况与规范内涵进行重述，然后结合忠诚义务一般原理分析当前对其理解和运用中产生的问题，针对问题提出解释性建构。

一、我国检察官职业伦理中忠诚义务的内涵重述

尽管忠诚义务的规范内容主要集中于最高人民检察院于 2009 年 9 月颁布的《检察官职业道德基本准则（试行）》的第二章，但若以 20 世纪 80 年代恢复法制建设为考察起点，由于检察官职业伦理（特别是忠诚义务）早在 1984 年便被检察机关颁布的《检察机关工作人员奖惩暂行办法》所提倡，因而在此仍有必要以时间为维度对忠诚义务的内容发展进行考察，以厘清其意蕴。

（一）检察官职业伦理中忠诚义务的规范演变

我国检察官职业伦理规范的产生、发展和 20 世纪 80 年代以来法制恢复与检察官制度的重建息息相关。[①] 因此，对忠诚义务规范演变的考察阶段设定为 20 世纪 80 年代初至今，列表整理如下：

表 1　忠诚义务在我国检察官职业伦理规范性文件中的位置与效力

时间	名称	主要条款或章节	效力
1984 年 10 月	《检察机关工作人员奖惩暂行办法》	第二条、第四条	被 2001 年《检察机关奖励暂行规定》废止
1989 年 11 月	《检察人员纪律》	"八要八不准"第三项	现行有效
1995 年 2 月	《检察官法》	第三条、第八条	被修改
2001 年 4 月	《检察机关奖励暂行规定》	第四条	现行有效
2001 年 6 月	《检察官法》（2001 修正）	第三条、第八条	现行有效
2002 年 2 月	《检察官职业道德规范》	忠诚条款	被 2010 年《最高人民检察院关于废止部分工作文件的决定》废止
2009 年 9 月	《检察官职业道德基本准则（试行）》	第二条、第二章	现行有效
2010 年 2 月	《检察官宣誓规定》	第四条	现行有效
2010 年 10 月	《检察官职业行为基本规范》	第六条、第八条、第十条	现行有效

[①]　张志铭、于浩：《共和国法治认识的逻辑展开》，载《法学研究》2013 年第 3 期。

　　通过规范名称看，忠诚义务条款尽管分布相对分散，但与其所属的规范性文件呈现出伦理化、集中化、专门化特点。第一，在 20 世纪 80 年代忠诚义务的萌芽期，主要主体指向还在于检察机关工作人员而非检察官，主要规范目标还在对检察官进行干警军人式的纪律强调、奖惩激励；在 20 世纪末特别是进入 21 世纪，忠诚义务主体指向已明确为检察官，其规范目标也明确为强化职业道德。这种主体指向和规范目标上的变化体现出：忠诚义务随着检察官职业的发展和检察官职业共同体的形成而伦理化。第二，相较于 20 世纪 80 年代的两个规范性文件，检察官法及其后 21 世纪的诸多规范性文件除了文件数量上的增多，对忠诚义务的规定条款也从单一的"两条一项"明显地增多为十余条，忠诚义务的内容也随着忠诚条款和单独章节的设立有了实质性进展。第三，忠诚义务在伦理化与集中化过程中应用于不同领域。

　　（二）检察官职业伦理中忠诚义务的客体对象

　　忠诚义务的集中化和专门化仅是从规范名称、条目分析。忠诚义务的丰富不仅包括形式上的发展特点，还包括实质内容上的扩充。实质上的丰富除了通过忠诚条款和单独章节的形式设定得出，更直接的则是由忠诚义务客体对象的增多表现出来。忠诚义务的客体对象列表整理如下：

表 2　我国检察官职业伦理规范性文件中忠诚义务的客体对象

规范条款客体对象	党	国家	人民	宪法和法律	其他
《检察机关工作人员奖惩暂行办法》［废］	第二条	未明确	未明确	未明确	社会主义（同条）
《检察人员纪律》	未明确	未明确	未明确	未明确	未明确
《检察官法》（及 2001 年修正后）	未明确	未明确	未明确	未明确	未明确
《检察机关奖励暂行规定》	未明确	未明确	未明确	未明确	未明确
《检察官职业道德规范》［废］	忠诚条款	忠诚条款	忠诚条款	仅有"法律"	事实和法律（同款）人民检察事业（同款）
《检察官职业道德基本准则（试行）》	第五条	（同条）	（同条）	（同条）	未明确
《检察官宣誓规定》	第四条	第二条、第四条	第四条	第四条	未明确
《检察官职业行为基本规范》	未明确	未明确	未明确	未明确	事实真相（第十条）

　　不同于革命根据地时期以"革命事业"和"边区施政纲领"为忠诚义务的对象，由上表可知，自 20 世纪 80 年代以来，忠诚义务客体对象的变迁更多呈现出中国在社会主义初级阶段走向现代法治国家的特点。特别是进入 21 世纪以来，忠诚义务的客体对象基本固定（并按顺序固定）为"党"、"国家"、"人民"、"宪法和法律"。

　　（三）检察官职业伦理中忠诚义务的行为表现

　　忠诚义务规范包含了忠诚义务的客体对象与行为表现。在对忠诚义务的客体对象进行梳理的基础上，忠诚义务的行为表现则覆盖了余下的忠诚义务规范。对忠诚义务的行为表现整理如下：

表 3　我国检察官职业伦理规范性文件中忠诚义务的行为表现

类型方面 规范条款		《检察官职业道德基本准则(试行)》 第二章　忠诚（第五条—第十三条） （第三章，公正，14—25；第四章，清廉，26—33； 第五章，文明，34—45）		对接规范与条款（序号）				
				A	B	C	D	E
党	第五条	依法治国、执法为民、公平正义	14	4、8	4		5 一	一 1
		服务大局、党的领导	34	3		8 三	5 一	
		社会主义法治理念	34	5				
		中国特色社会主义事业的建设者、捍卫者	34	1			4 一	
		社会公平正义的守护者	34	6、8				
国家	第十条	维护国家安全、荣誉和利益		2		8 三		
		维护国家统一和民族团结		2				
		严守国家秘密和检察工作秘密	31			8 五	4 六	一 7
	第十一条	保持高度的政治警觉，严守政治纪律	38	26—34				
		不参加危害国家安全、带有封建迷信、邪教性质等非法组织及其活动		49				
人民	第七条	坚持立检为公、执法为民的宗旨		4				一 1
		维护最大广大人民的根本利益				8 三		一 1
		保障民生，服务群众，亲民为民利民便民	34	4、21、22				一 1
宪法和法律	第六条	尊崇宪法和法律		5				
		严格执行宪法和法律的规定	14—25	9—20、45		3、4、8 一		一 3、4
		自觉维护宪法和法律的统一、尊严和权威	39	5				

续表

类型方面 规范条款			《检察官职业道德基本准则(试行)》第二章　忠诚(第五条—第十三条)(第三章,公正,14—25;第四章,清廉,26—33;第五章,文明,34—45)	对接规范与条款(序号)				
				A	B	C	D	E
其他	检察事业	第八条	热爱人民检察事业,珍惜检察官荣誉 33、39	25			4一	
			忠实履行法律监督职责 14、15	6、9				
			自觉接受监督制约	24		8六		
			维护检察机关的形象和检察权的公信力 33、35—45	6、15、23、25、46			4一	
	检察工作	第九条	坚持"强化法律监督,维护公平正义"的检察工作主题 34	45				
			坚持检察工作政治性、人民性、法律性的统一,努力实现执法办案法律效果、社会效果和政治效果的有机统一	7、14、23				
	检察职业	第十二条	初任检察官、检察官晋升,应当进行宣誓,牢记誓词,弘扬职业精神,践行从业誓言。 34	25				
		第十三条	勤勉敬业,尽心竭力,不因个人事务及其他非公事由而影响职责的正常履行。 34、44	25				

限于篇幅,用字母指代规范名称:

A:《检察官职业行为基本规范》,2010

B:《检察官宣誓规定》,2010

C:《检察官法》(2001年修正),2001

D:《检察机关奖励暂行规定》,2001

E:《检察人员纪律》,1989

　　《检察官职业道德基本准则(试行)》第二章中的忠诚义务与该规范中接下来的"公正"、"清廉"、"文明"三章有所照应。例如,该规范第5条规定了忠诚义务要树立"服务大局、党的领导"的理念,而这与该规范"文明"一章第34条中对"政治素质"的要求相通。又如,该规范"忠诚"一章第10条所要求的"严守国家秘密和检察工作秘密"也和"清廉"一章第31条所规定的"在职务外活动中,不披露或者使用未公开的检察工作信息"相呼应。特别要注意的是,"忠诚"一章第8条所规定的"忠实履行法律监督职责"和"公正"一章第14条、第15条规定的"忠于职守"、"依法履行检察职责"等依法履职的观念和依法履行各种制度的行为表现相比，尽管二者侧重不同，[①]但具有实质意义上的同等内涵：检察官应忠实履行检察职责。"忠于职守"乍看起来带有"忠"，却未在"忠诚"一章表达而是被规定在"公正"一章；尽管如此，"公正"一章中的"忠于职守"从内在文义和规范内涵两方面讲都属于忠诚义务。

二、对检察官职业伦理中忠诚义务的理论检讨

忠诚义务良好实践的前提在于检察官正确认知，这种认知不能仅停留在模糊的伦理经验，而应以清晰的伦理理论知识为依归。"纵然难点仅在于术语的贫乏与含糊，也须充分认识其严重性并加以改善。"[②] 即使这种知识依然以伦理经验为材料，也应是经过整理、分类、阐明等精细加工的伦理经验产品。忠诚义务作为一种伦理义务，其内涵并非超然物外，而是立足"忠诚"的基本概念，置身于伦理规范中，进而才在检察官职业的语境与背景下得以表达。

"忠诚"这一概念作为道德价值与伦理理念，自古即有。按照"文言文以字为单位"的基本古文句读规律，"忠诚"应拆解为"忠"与"诚"。一般认为，"忠"，表示"忠诚，尽心竭力"；[③]"诚"，表示"心意真诚，不诡诈"。[④]从古文语法看，"忠"字"尽心"的内涵已然涵盖了"诚"字表示的"心意真诚"，"忠诚"属于一种偏义复合，偏向于"忠"字。这已为对忠诚义务的规范定位所证。忠诚义务在伦理规范中除了"忠诚"的本然表述外，还常常用"忠于"、"忠实"来表达。

伦理关系可以表述为伦理主体或伦理人格之间基于一定的伦理事实而形成的伦理上的伦理主张和伦理义务关系。其构成要素包括：伦理关系主体、伦理关系客体、伦理关系内容和伦理事实。伦理关系主体指伦理关系的享有者或负担者，即提出伦理主张、承担伦理义务的自然人或者法律人格；伦理关系客体指伦理关系主体的伦理主张或伦理义务所指向的对象；伦理关系内容指存在于伦理关系主体之间的伦理主张和伦理义务；伦理事实指导致伦理关系形成、变更和消除的客观状况。具体到忠诚伦理关系，其特点如下：

---

① "忠诚"和"公正"是两种伦理价值。"忠诚"更侧重于检察官的内心角度，强调个体性；"公正"则侧重于检察工作的实际效果，强调社会性。

② ［美］霍菲尔德：《基本法律概念》，张书友编译，中国法制出版社 2009 年版，第 26 页。

③ 《王力古汉语辞典》，中华书局 2000 年版，第 306 页。段玉裁在《说文解字》中的对"忠"的解释虽然较为简练，称"尽心曰忠"，实则大体相同。因为，尽心不仅指心意的忠诚，也包含了"全力践行忠心"的内涵。

④ 《王力古汉语辞典》，中华书局 2000 年版，第 1273 页。

第一，忠诚伦理关系的单向特征。忠诚伦理关系的准确表述是忠诚义务。忠诚是一方甲对另一方乙的尽心竭力，但另一方乙在这种伦理关系中却不一定对甲具有忠诚义务。例如，律师对客户具有保护其个人隐私的忠诚义务，但客户却不一定需要将和案件关系不是很大的事情全盘真实托出。尽管夫妻关系要求夫妻双方相互忠诚，但这种相互是分离开来的。妻子的不忠诚并不能成为丈夫不忠诚的理由，反之亦然；一方面对对方的不忠诚，应当主张解除婚姻关系，而不应以自己的同样不忠作为对抗。基于此种分析，由于忠诚伦理关系具有单向特征，忠诚伦理关系的内容也得以具体化为"忠诚义务的主体忠诚于忠诚义务的客体对象"的义务，也即：忠诚义务。

第二，忠诚伦理关系参加者互为主客体的二元属性。忠诚伦理关系的负担者需要忠诚于忠诚伦理关系的享有者，向享有者履行忠诚义务；同时，忠诚伦理关系的享有者也应向负担者主张自己应当得到忠诚，应当成为忠诚义务的履行对象。因此，忠诚伦理关系的享有者和负担者具有互为忠诚伦理关系主客体的二元属性。但是，如果基于用"忠诚义务"作为这种伦理关系的表达，忠诚义务的主体应当是忠诚义务的实际履行者，也即忠诚伦理关系负担者；忠诚义务的客体应当是忠诚义务的行使对象，也即忠诚伦理关系享受者。忠诚伦理关系参加者互为主客体的二元属性具体运用到忠诚义务的客体对象上，则表现为忠诚义务客体对象的主体属性，也即：忠诚义务的客体对象作为忠诚伦理关系的主体，应能够提供忠诚义务是否得以履行、履行的品质如何的判断标准，还应能够根据其判断标准做出判断。

第三，基于不同的忠诚伦理事实，忠诚义务的客体对象具有多元面向。整个社会由不同层次、种类的群体和组织交织、镶嵌而成，不同的伦理事实也因此形成不同的伦理关系。在中国传统的伦理表述中，忠诚被区分为忠孝节义四种类型。而根据血缘、对价、权力这三种不同的忠诚伦理事实，忠诚义务大致分为家族忠诚、契约忠诚、政治忠诚三种。其一，家族忠诚对应"孝"，以血缘传承（相亲）或者相近作为义务根据。例如，儿子对其生父具有基于直系血亲这种天然血缘上的忠诚义务。其二，契约忠诚对应节、义，以对价合意作为义务根据。例如，夫妻之间的忠诚表现为贞节，在订立婚约之时双方以真心实意、两厢情愿的合意，以一生为对价把自己交付给心上人。这种表现为贞节的忠诚义务约束双方在婚后不能移情别恋。又如，和检察官同为法律人的律师对客户的忠诚表现为义。如果律师对客户不忠，往往被道德舆论评价为黑心律师，其收取的法律服务费用在伦理上也被定位为不义之财。其三，政治忠诚对应忠，以权力授受作为义务根据。例如，人民代表由人民选举产生，实际上是接受人民对参与政治事务的授权，应当尽心竭力为人民办事，在民主决策时对人民负责。又如，国务院在接受全国人大常委会的授权进行立法时，此时具有政治伦理人格的国务院应"严格按照授权目的和范围行使该项权力"。① 这种行为表现严格来讲，在被立法法规定之前国务院便应以一种政治忠诚的自觉做到这一点。②

总结说，忠诚义务客体对象的这种多元面向可以用下表简明表示如下：

作为伦理的忠诚类型	忠诚伦理事实
家族忠诚（孝）	血缘传承
契约忠诚（节、义）	对价合意
政治忠诚（忠）	权力授受

第四，基于同一个忠诚伦理事实，忠诚义务的客体对象具有同一层面的排他性。例如，同一律师不能同时为某一案件的诉讼双方同时进行代理，③ 其正当性伦理依据在于契约忠诚。正如"一马不鞴双鞍，忠臣不事二主"这一传统格言所形象展示的，忠诚义务的客体对象在同一类型上的指向是非此即彼的，在同一层面上具有排他性这一天然的内在品性。

三、当下对检察职业伦理中忠诚义务的理解问题与其阶层构造

从历史看，无论是作为"国王代理人"还是作为"法律守护者"，④ 检察官的角色期待都要求检察官职业伦理中包含忠诚义务。忠诚义务的核心根据在于忠诚义务属于政治忠诚。按照我国宪法的规定，人民检察院是国家的法律监督机关，不受行政机关、社会团体和个人的干涉而依法独立行使检察权。⑤ 检察机关及检察官接受了国家和人民通过宪法框架对其的授权。这种政治角色和宪法定位都要求检察官在其职业伦理中具备忠诚义务，忠诚地依法独立行使检察权。而从现行有效的检察官职业伦理规范性文件中分析，如前文指出，检察官职业伦理四项主要义务中忠诚义务不仅居于优先位置，还辐射公正、清廉、文明这三项伦理义务，在整个检察官职业伦理体系的内涵架构中发挥着骨架作

---

① 《中华人民共和国立法法》第 10 条。

② 当然，这个事例也能体现出忠诚义务客体对象的主体属性。根据《立法法》第八十八条第七项，作为忠诚义务对象客体的授权机关有权撤销作为忠诚义务行为主体的被授权机关超越授权权限或者违背授权目的的法规。

③ 《中华人民共和国律师法》第 39 条。

④ 邵晖：《"检察一体"：基于历史维度的分析》，载《人大法律评论》（2013 年卷第一辑），法律出版社 2013 年版，第 77～113 页。

⑤ 《中华人民共和国宪法》第 129 条、第 131 条。

用。规范性文件中对忠诚义务所进行的的反复、全面、重要而合理的要求是其丰厚扎实的实在规范基础。然而，除了各项具体规定需要进行理解认知之前，对忠诚义务总体认知也需要在原理层面上加以理解才能更好地从整体上推进各项具体操作。

（一）当前对检察官忠诚义务理解存在的问题

1. 忠诚义务的客体对象定位问题

对忠诚义务客体对象最直接有效、说服力最强的认定是通过形式上直接明确的规定加以定位。而在此过程中，由于检察官职业伦理规范性文件中出现了若干带有对象性质的表达，与其逐一论证确定，不如运用前文所提出的忠诚作为伦理义务的一般原理进行排除。在此对忠诚义务客体对象判断过程中可能产生的主要疑问予以回应。

疑问之一是：对于"忠实履行法律监督职责"的规定，可否依照字面把"履行法律监督职责"或"法律监督职责"理解为忠诚义务的客体对象？对此，笔者认为，法律监督职责实际上并不能成为忠诚义务的客体对象。第一，法律监督职责只是检察官行使检察权的一部分职责。从检察官的法史与法理上讲，检察官主要基于"制约裁判机关"、[①] "控制警察"与"保障民权"三个目的行使检察权。[②] 从实在规范上讲，检察官除了依法进行法律监督，还要依法行使国家公诉权和特定的侦查权等其他职责。[③] 如果法律监督职责属于忠诚义务的客体对象，那么其他几项职责以及这几项职责之上的检察权或者检察职责也将会成为忠诚义务的客体对象。这未免过于繁多庞杂。第二，也是最关键的一点理由，法律监督职责并不符合"忠诚义务客体对象具有主体属性"这个一般原理上的标准。这条原理要求：（1）忠诚义务的客体对象应该具有伦理人格；（2）忠诚义务的客体对象应能够提供忠诚义务是否得以履行、履行的品质如何的判断标准；（3）应能够根据其判断标准做出判断。伦理人格要求主体的自主性与自足性，要求主体是一个相对稳定、封闭、独立的系统而并非是某机体构造或者系统组织中的一部分。例如，在夫妻伦理关系中妻子对于丈夫应履行忠诚义务，其忠诚义务的客体并非是其丈夫的脸庞、四肢或某些器官，而是其丈夫这个整体的自然人及作为自然人背后的伦理人格。"法律监督职责"并不具备伦理人格，故不能成为忠诚义务的客体对象。

疑问之二是：对于"忠于职守"的规定，可否把检察官的"职业岗位"

---

① 主要包括监督制约公诉、监督审判过程两点。

② 张志铭：《法理思考的印迹》，中国政法大学出版社 2003 年版，第 286 ~ 289 页。

③ 《中华人民共和国检察官法》第 6 条。

理解为忠诚义务的客体对象？这里主要面临着"忠于职守"的解释问题。"忠于职守"可以理解为：（1）对职业操守忠诚；（2）对职责所守忠诚；（3）职业岗位忠诚；（4）在职业岗位上尽忠。第一，理解（4）并不存在客体对象的指向，实际上并不涉及忠诚义务客体对象的问题。第二，理解（1）中职业操守本身就是职业伦理，忠诚义务客体对象包含在职业操守这一伦理规范之中。因此，职业操守不能作为忠诚义务的客体对象。第三，理解（2）中职责所守其实是一个指代的概念，"守"的伦理内涵使得"职责所守"可以转述为"职业伦理义务的客体对象"甚至"职业伦理中忠诚义务的客体对象"。因此忠诚于职责所守实际上还是对党、国家、人民、宪法和法律的忠诚。第四，理解（3）类似于上文的疑问之一：职业岗位虽能全面的覆盖检察官行使检察权、依法进行检察工作，可以说是自主自足的伦理人格，但这种岗位作为一种职权并不能提供忠诚义务是否得以履行、履行的品质如何的判断标准。如果将岗位理解成岗位要求，那么这种理解则已经超出了岗位职权的范畴而踏入了岗位在法律上定位与归属的疆域。综上，不宜把忠于职守中的"职守"理解为忠诚义务的客体对象。

疑问之三是：不含有"忠诚"、"忠实"、"忠于"等字眼的所谓"未明确"规范条款中是否也包含着忠诚义务的客体对象呢？对此，应当说在未明确用含有"忠"字的词汇表示客体对象的伦理规范条款中，忠诚义务的客体对象也通过这些条款对行为表现具体指向的规定得以展示出来。通过前文审视对忠诚义务行为表现的总结，这些未明确条款中的客体对象可谓还是落入了"党"、"国家"、"人民"、"宪法和法律"这样一张四面包围的大网，并没有类型上的逸出与突破。

2. 忠诚义务的客体对象之间的关系问题

尽管"党"、"国家"、"人民"以及"宪法和法律"构成了忠诚义务的客体对象并且按照此种顺序构成了检察官职业伦理规范中对忠诚义务客体对象的表达，但这些客体对象之间的关系问题依然有待研究。由于同一层面上忠诚义务具有排他性，如何妥善安排四者的关系是检察官职业伦理理论研究中必须回答的问题。

（二）"民主忠诚"与"法治忠诚"的阶层式划分

在"检察一体"的制度构造下，这种忠诚碰撞直接表现在检察官究竟是"忠诚于宪法和法律而行使客观义务权"还是"忠诚于党和国家而服从检察长指令权"，在进行检察裁量时该以法律的原则要求为底线还是当时当地的政策风向为基准。例如，检察官在"打黑"过程中，怎样对待被打击对象，很大程度上取决于其内心的伦理判断和忠诚选择。

　　这种忠诚碰撞带来的不仅是存在冤假错案可能的法律实务问题，还给检察官、检察机关以及检察学者带来了法治理论问题思考：检察官到底忠诚于谁。对这种追问的回答，主要有"忠诚于党"和"忠诚于宪法和法律"两种倾向。第一种倾向的理由在于：（1）在宪法规范中，党领导人民建设社会主义法治国家，① 是政治秩序的领导者；（2）在"党的事业至上、人民利益至上、宪法法律至上"所谓"三个至上"的命题表述下，"党"排在了第一的位置，而《检察官职业行为基本规范》第3—5条的规定也体现出先表述"党"再表述"宪法和法律"的特点；② （3）现行体制下检察院党委内部设立的政法委员会，会为该院和下级检察机关、下属检察官协调检察工作并部署检查重点。第二种倾向的理由在于：（1）宪法明确规定，国家机关和各政党都必须遵守宪法和法律，不得有超越宪法和法律的特权；③（2）检察机关在其工作报告中所展示的对忠诚义务的自身认识，已经逐渐把忠诚义务直接表述成"忠实履行宪法和法律赋予的职责"；（3）宪法和法律的权威和"运用法律思维、建设法治社会"连在一起，自2012年中国共产党第十八次全国代表大会以来，④ 被政治体制中的官方话语与意识形态下的主流表达反复提倡，并且也在社会中随着广泛讨论逐渐凝聚起不同群体的法治共识。

　　对此，笔者限于篇幅难以对双方的理由逐条地进行加强或削弱的论证，但是总体上认可这些理由对我国司法、社会的现状与发展方向的把握，并进一步认为，基于法理和忠诚作为伦理义务的一般原理来分析、解释，对于忠诚义务的理解应采取"四位一体，层递认知"的模式。

　　1. "党"、"国家"、"人民"以及"宪法和法律"的四位一体

　　忠诚义务的四个客体对象之间尽管在我国宪法规范中存在千丝万缕的联系。但与这些客体对象常见于学理研究之中的单一对象阐述或二元关系对话相比，笔者聚四位为一体这种不落窠臼的思路看似有些突兀，其实合理。（1）这四个客体对象规范上联系紧密。众多检察官职业伦理规范性文件中对这四个客体对象多次并举。根据我国宪法规范，这四者的密切关系可表述为：国家的一切权力属于人民；法律由人民行使国家权力的机关制定；人民依照法律规定管理国家事务；人民将继续在党的领导下建设国家；国家机关和党必须

---

① 参见《中华人民共和国宪法》序言部分。

② 实际上，人民检察院自身对此的表达也和这种顺序一致。参见曹建明：《持之以恒建设过硬检察队伍》，载《人民日报》2014年3月3日第7版。

③ 《中华人民共和国宪法》第5条。

④ 参见《中国共产党第十八届中央委员会第三次全体会议公报》、《中国共产党第十八次全国代表大会报告》。

遵守宪法和法律；国家维护社会主义法制的统一和尊严。① （2） 这四个客体对象概念上同气连枝，构建于政治秩序之上，归属于法学范畴之中。尽管这四个概念都有争议，但都包含政治元素；并在和其他概念区分时都带有政治的底色。例如，国家区别于社会，人民区别于社会秩序中的民众、市民，政党区别于社团、公司等社会团体，宪法和法律区别于社团内部章程和家规家训。又如，对于法律而言，无论是采取"法律是主权者的命令"这种霍布斯、奥斯丁式的经典定义，抑或是"社会控制工程"的社会法学定义，还是采取马克思主义法学的定义，法通过"命令"、"社会控制"、"阶级意志"这些词汇体现出其效力来源在于一种政治秩序。（3） 这四个客体对象在忠诚义务中所依据的伦理事实都属于政治忠诚范畴。前文指出政治忠诚的义务根据在于权力授受，而这四个客体对象都可谓检察机关权力的正当性来源。首先，在法治国家中检察机关的检察权需要由宪法赋予，而按照职权法定原则其具体检察职权需要由法律给出规定。其次，根据宪法规定和"国王代理人"理念在现代的法治进化，检察机关本身由人民代表大会产生，而人民代表大会既是人民行使国家权力的机关，也是国家行使、授予权力的机关。最后，由于人民接受党的领导来建设国家，国家也由党指引着前进方向，检察机关的设立与检察权的实施背后体现了党的意志与思路。因此，忠诚义务的四个客体对象共同勾勒出我国政治秩序的实然图景，忠诚义务的四个客体对象在形而上学上，被抽象为一个提供权力授受这种伦理事实的政治秩序。这四个客体对象并不彼此对立，而是互相支撑，相互结合在一个统一的框架之内。

2. "民主忠诚"与"法治忠诚"的阶层构造

忠诚伦理事实在政治忠诚上还可以进行类型的再区分，并按照忠诚作为伦理义务的一般原理，得一种更为合理的认知路径。尽管"党"、"国家"、"人民"以及"宪法和法律"这四个客体对象在政治秩序的统摄下是四位一体的，但其各自的政治功能形态与授权表达方式并不相同。针对检察官职业伦理，这四个客体对象在忠诚伦理事实上出现了"民主忠诚"和"法治忠诚"的分野。民主忠诚是说，"党"、"国家"和"人民"对于检察官、检察机关及二者背后检察权而言是民主意义上的授权者。这三个客体对象的民主功能不仅在作为检察权的权力渊源上得以发挥，而且还体现在对宪法和法律框架的形成上。可以讲，基于这种民主忠诚的伦理事实，宪法和法律构成的法律框架也应该忠于这三个客体对象。当然，经由正当民主程序并且使用科学立法技术制定出来的法律往往就是国家目标和人民意志的一种精准表达，本身就是国家和人民以及

---

① 参见《中华人民共和国宪法》序言部分、第2条、第5条、第58条等条款。

党发出的声音。而法治忠诚则是说，宪法和法律通过文本的一般条款和具体规定，赋予检察机关以检察权并明确了检察官的操作要求和裁量方向：检察官在提起公诉、进行法律审判监督或者行使侦查权时，应当运用法治思维和法治手段，严格遵守正当程序，依法检察，不滥用其检察职权。总结来说，就忠诚伦理而言，检察官和其四个忠诚义务客体对象间的关系可概括如下：

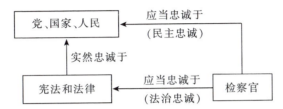

　　法治忠诚这种忠诚伦理事实是基于宪法和法律提供了检察官职权的来源与内容而存在，民主忠诚这种忠诚伦理事实是基于党、国家和人民提供了检察官职权来源与内容的政治秩序正当性而存在；"宪法和法律"这个客体对象建立在法治忠诚之上，"党"、"国家"和"人民"这三个客体对象建立在民主忠诚之上；宪法和法律其本身作为文本实然地体现了党、国家和人民的意志。基于这种分层和关系，当检察官面对忠诚碰撞时，对"忠诚于党"和"忠诚于宪法和法律"这两种倾向不应是平面的择一关系，而应是立体的层递关系。平面的择一关系下，检察官只能选择忠于一个客体对象而将其他彻底排除；而立体的层递关系下，检察官需要先选择在某一层面上忠于该层面上的客体对象，然后在忠诚于该层面客体对象的基础上再考虑进阶层面上的客体对象。为了解决检察官职业伦理上的忠诚碰撞问题，本文提倡：检察官应采取层递模式认知其忠诚义务客体对象，并按照由法治忠诚进阶到民主忠诚的阶层次序认知。

　　首先，相较于平面择一的认知模式而言，这种层递认知模式有利于检察官全面并且有序地考虑忠诚义务的客体对象。平面的择一认知最根本的问题在于缺乏一个检察官进行判断的坐标体系。没有这个坐标系，也就没有坐标原点以及统一标准上的正负方向。在平面择一的认知模式中，即使有所谓的综合考虑，我国的检察官队伍也将会因为没有一个协调一致并且合理的判断次序而容易在内涵认识和方向把握上产生混乱，进而导致检察实践中对同一问题之上忠诚碰撞的不同处理。例如，在实际中，如果有一些固执的检察官仅仅考虑忠诚于宪法和法律形式上的规定而罔顾党、国家和人民的利益，那么其在面临需要进行检察裁量的问题时，将会不知如何合理地适用法律而恣意裁量，从而难以妥善处理案件甚至导致整个社会的不稳定。又如，如果仅仅考虑当时当地的群众舆论、政治稳定预期假设或党政领导内部指示而对事实真相的查清、正当程序的遵守、法治思维和法治手段的实质性原则（如比例原则、尊重人权原则）加以忽略的话，检察官这种看似忠诚于党、国家和人民的行为实际上是为了片面追求效率、提升政绩、迎合领导或舆论需求而不忠于宪法和法律的行为；而由于宪法和法律是党领导下的人民的意志的体现，是国家法治治理的基本框架，故而这种行为在实际上也很难说是以一个坚定稳定协调的立场一以贯之地忠诚于党、国家和人民。因此，检察官应采取层递模式认知其忠诚义务客体对象。这样，才能进一步探讨采取何种判断次序才能立场协调一致并且判断更加合理。

　　进而，在这种层递的认知模式的基础之上由法治忠诚进阶到民主忠诚，比相反的次序更具合理性。（1）法治忠诚实然地符合于民主忠诚。宪法和法律是人民意志的体现，是党领导下的国家权力机关指定的。因此，以法治忠诚作为判断忠诚义务和协调忠诚碰撞的入口从根本上不会违背民主忠诚。而检察官如果要做出超出现有的宪法和法律框架下文义射程、解释空间和检察权可容许的弹性范围的行为，党、国家和人民需要通过国家权力机关对现有的宪法和法律做出解释或修改。（2）法治忠诚优位是对政治秩序安排的尊重，同时有利于提升治理效率、节省治理资源。在一国政治秩序下，党、国家和人民通过对历史经验不断反思总结、对现实社会大量调查研究、对发展规划详尽分析论证制定出宪法和法律，以努力做出更合理的制度安排。不优先以宪法和法律作为忠诚义务的客体对象，是对党、国家和人民等其他客体对象民主成果的不尊重，并有可能导致历史悲剧重演，修改过的法律由于得不到良好的实施而付诸流水，以及未来治理蓝图变成空中楼阁等不利后果。（3）以法治忠诚作为认知初阶，符合忠诚作为伦理义务的一般伦理原理下的认知规律。根据"忠诚义务客体对象具有主体属性"这个一般原理，忠诚义务的四个客体对象不仅应该具有伦理人格，还应能够提供忠诚义务是否得以履行、履行的品质如何的判断标准并根据其判断标准做出判断。在法治国家中，民主忠诚层面上的党、国家和人民对忠诚义务的判断标准早已被设定为法治忠诚层面上的宪法和法律。尽管可以有国家利益、社会稳定上的其他衡量因素参与到民主忠诚层面上的判断标准中来，但该层面上的判断标准的框架与底线依然应该是体现民主意志并且具有外在强制力的法律标准。而宪法和法律这个自在、自洽的系统除了具有包括其文本规定、形式法治原则和实质法治原则在内的良善的判断标准，还可以通过其自身设置的司法机关运用这些标准进行司法判断。而权力机关在进行判断时，也需要先认清自身在宪法和法律框架中的场景设置，以党、国家和人民对其所作的法律约束作为判断起点而不是直接去揣测、争论没有明确提出的或者前后不协调、立场不融贯的判断标准。（4）先检验是否忠于宪法和法律，再排除不忠于党、国家和人民的行为，有利于强化、明确检察官的忠诚义务。在认知、履行忠诚义务的操作过程中，法治忠诚层面要求检察官履行忠诚义务时必须全面符合宪法和法律的具体明文规定和形式法治与实质法治等原则。在此基础上，对忠诚义务的认知以及履行才能准入民主忠诚层面。由于已经在实然忠诚于党、国家和人民的法治忠诚层面上进行了全面符合性的判断，因此在民主忠诚层面上没有必要再去综合法律和政策考量进行综合判断，而只需在法治忠诚判断所筛选出来的行为表现和裁量选择之中，排除掉那些阻却忠于党、国家和人民成立的做法与态度即可。这种限定认知范围并在认知范围内进行再次排除的认知次序将对忠诚义务的认知过程与操作方法精细化，在实践中最大限度地降低了认知与操作结果的误差。在进行提起公诉等检察工作时，检察官应以法治忠诚作为认知起点和思考框架，通过严格履行具体的法律规范，充分遵守宪法和法律中的原则和法理，积极运用法治思维和法治手段来践行其职业伦理的忠诚义务；而不是为了打击不稳定因素，为了进行迅速制裁而置正当程序、法益衡量于不顾，滥用检察裁量权。

行文至此，作者对忠诚义务的外部类型归属、内在阶层构造的分析及对忠诚义务得以良好实践的认知模式与操作方法的思考已经展示完毕。对此可以表示如下：

作为伦理的忠诚	家族忠诚（血缘传承）		
	契约忠诚（对价合意）		
	政治忠诚（权力授受）[检察官职业伦理]	民主忠诚（党、国家、人民）	［排除阻却］	进阶思考
		法治忠诚（宪法和法律）	［准入符合］	

四、结语：检察官职业伦理中忠诚义务的操作可能

通过对我国检察官职业伦理规范中忠诚义务的发展状况、客体对象、行为表现进行整理重述，以及对检察机关自身关于忠诚义务的认识进行考察，并且还通过对忠诚作为伦理义务的一般原理进行分析，本文的主要结论有：忠诚义务的客体对象有四个，分别是"党"、"国家"、"人民"、"宪法和法律"。忠诚义务基于政治忠诚类型的伦理事实而存在，其正当性根据由其客体对象决定。检察官在履行其职业伦理的忠诚义务时应采取"四位一体，层递认知"的模式，在操作中先在法治忠诚层面上进行忠于宪法和法律的准入符合判断，

再在此框架下进阶到民主忠诚层面上进行没有不忠于党、国家和人民的排除阻却判断。

通过规范分析和理论建构，本文的志向不只在于提出检察官职业中伦理忠诚义务的阶层构造并精细化检察官履行忠诚义务的认知模式和操作方法，更在于以忠诚义务为例促进人们对检察官职业伦理认知品质的提升。而这些提升工作中的肯綮之举则在于重视对我国检察官职业伦理的解释技术与体系建构。在没有准确、深入地认识我国现有检察官职业伦理规范及其中基本概念的应有之义与可能内涵之前，不必再刻意地另起炉灶扩大检察官职业伦理的基本要求，也不必急于用我国检察官职业伦理规范和国际相关规范在具体义务上进行方枘圆凿地对应；更不必也难以使用其他背景或学科精致的理论工具，对在法律学意义上还不清楚应该是什么、可能是什么、到底是什么的检察官职业伦理进行价值判断、理论延伸或实证反馈。针对检察官职业伦理，应当通过规范描述和解释技术挖掘包括忠诚义务在内的检察官职业伦理规范及其各项要求的应有射程；在此基础上，才能更准确、更充分地实现本土规范与国际规定在内容上的参照定位和价值上的关照勾连，才能为跨学科的方法运用提供平整的操作平台和广阔的施展空间。

"检察"一词的前世今生：词源和历史的交融[*]

在当下中国，词语"检察"和"监督"语义的相近性，推动了二者合力影响着我国检察学界、业界的主要理论认识和实践命题，如中国检察权的法律监督属性、中国检察权的法律监督权能等。可以说，中文"检察"、"监督"二者在词义上的相似性，为论断和证明我国将检察权定位为法律监督权提供了重要的理论支撑。从语义上来看，与中国热衷于将"检察"、"监督"二词等而视之不同，西方语境中同二者相关的词语，它们在内容所指、意思表述上从未有明显之勾连，更不存在语义表达过程中可以互换交叉和对等使用的状况。此种状况显然会影响到中西方之间的词语对译，而且无疑会进一步造成中西检察理论和实践彼此之间的认识冲突、交流障碍等。因此，笔者试图：一方面采取词源追溯的手段对西方同"检察"有关的相应词汇予以抽丝剥茧般地梳理、正本清源地阐释，以便清晰厘定西方语境下表述"检察"相关词语之基本语义；另一方面结合检察制度的相应历史实践进一步剖析西方对"检察"词语的基本认识。概因，语言、文字是承载、交流人类认知的主要工具。在通过文字来指代具体事物时，词源之基本语义表明了对事物的原初认识和描述，在事物的发展进程中，事物或许经历发展和转变，但是源于习惯性地因循可能仍然沿用之前的语言文字来指示和表述。可以说，语言、文字对具体事物的所指和陈述，显然是一个词源语义与事物具体特征和内容等历史经验相互交融的过程，它本身反映了人类对事物的认知进程，对域外"检察"相关词语的理解和剖析能够为合理认知检察权能的属性、内容以及检察制度等提供一定的智识性支撑。

一、研究背景的基本介绍

本文主要选择法语、英语作为词源追溯之基本场域，这其中的原因主要有如下两点：

---

[*] 原文载《北方法学》2014 年第 5 期。

第一，众所周知，近代大陆法系检察制度滥觞于法国，[①] 而德国在借鉴法国检察制度的基础上对检察的理论、实践予以了进一步的塑造和发展。可以说，大陆法系检察制度以法国、德国为翘楚，英美法系检察制度则以英国、美国为代表。从发生学的角度来看，历史上法国检察制度的形成和构建奠定了大陆法系检察制度的基本雏形与格局，对法语中表述"检察"的相应词汇予以追溯显然有益于实现对大陆法系的"检察"词语予以正本清源之效果，而对英语中指称"检察"的词语予以梳理也无疑能够保障对英美法系的"检察"词语给予合理探明。可以说，选择英语和法语作为追溯"检察"词源的场域，已全面涵盖了近代检察制度形成和发展的基本轨迹。

第二，从词源发展历史来看，由于英语和法语均以拉丁语、希腊语作为构词的基本"素材"和原料，这导致英语和法语当中的许多词汇有着必然的"血缘联系"和"亲缘性"。依照语言学的研究结果能够发现：法语和英语同属于印欧语系，前者为拉丁语族，后者为日耳曼语族。由于英语、法语共同隶属于同一语系，二者之间许多词汇的表述和写法基本相同或差别不大，如英语、法语、德语等的 26 个字母是相同的。从英语的发展历史过程来看，它不断向其他语言或直接、或间接地借用了大量的词汇。值得强调的是，这当中源自法语的词汇占现代英语总词汇量的四分之一以上。经具体统计，在中古英语前期，英语吸收法语词汇的总量达到 10000 多个，其中大约 75% 的词汇目前仍在使用。鉴于两种语言的词汇系统十分相像，以至于许多西方的语言学者把法语和英语称为"twins"。[②] 这说明：由于英语、法语之间的"亲缘性"，在追溯二者表述"检察"之相关词语的过程中无疑能够进一步发掘"检察"的原初根源，以便保障对该词从发生到演变的完整梳理。

可以说，以法语、英语作为追溯西方"检察"词语的背景语言，关照到了检察制度的形成和发展、词语的生成和演变等多方面因素。此外，需要强调的是：鉴于中国检察制度同俄罗斯检察制度的联系，为保障对"检察"词语研究的广度，并进一步拓宽和理清有关该词以及检察制度的相关认识，文中还会对俄文中与"检察"相关的词语予以历史性、关联性地说明和阐释。

---

① Esmein. A. , A History of Continental Criminal Procedure: With Special Reference to France, Boston Little Brown and Company, 1913, p. 114.

② N. F. Blake, A History of the English Language, New York University Press, 1998.

二、域外"检察"的词源及制度历史

（一）词源上的演变

中文、英文、法文在词语的构词方式和表述语态上存在明显区别，中文词语在表意和陈述时其词形是没有变化的，例如，中文"行使检察权能"、"具有检察属性"中的"检察"是名词形式，而"检察某事、某人"中的同一词却是动词形式。在这其中，"检察"一词并没有任何变化。与此不同的是，英文、法文中的词语都由基本的词根构成，其中，在相异的语境、语态、时态等表述过程中，他们的词形也有着基本的变化。以"检察"相关词语为例：（1）英文。动词形式的"检察"有 prosecute；名词形式的"检察"有 prosecution、procurator、prosecutor、procuratorium、procuracy。在英文表述中，名词 procurator 是指"检察官"，而名词 prosecutor 通常以"publicprosecutor"之形式来准确表达"检察官"之意。procuratorium、procuracy 则指检察制度，prosecution 仅指称检察。（2）法文。动词形式的"检察"为 poursuivre；名词形式的检察为 poursuivre、procureur、procurateur。值得注意的是，法文在表述"检察官"、"检察制度"之意时较少用单个词汇，多用词组来陈述。例如，在指称"检察官"时有"procureur du roi"、"procureurs généraux"、"procureurs de la République"、"magistrats du parquet"、"ministère public près la cour"，陈述"检察制度"时为"parquet general"等。

综合英文、法文中有关"检察"的相应词汇，从词源的角度来看，拉丁文中的 prōcūrare 和 prōsequor 是构成这些词语的原初根源。即英文中 procurator、procuracy、procutatorium，法文中 procureur、procurateur 都来自拉丁文 prōcūrare；[①] 而英文 prosecute、prosecution、prosecutor，法文 poursuivre 则源于拉丁文 prōsequor。[②] 可以说，拉丁文中的 prōcūrator、prōsequor 演变并形成了现代英语、法语中表述"检察"的相关词语。因此，应以二词为中心来逐步梳理和阐释域外"检察"词语的基本含义与演变过程。

第一，词语 prōcūrare 的语义演进。在古拉丁文中，prōcūrare 是动词，它衍生出了名词 prōcūrator、prōcūratorem。prōcūrare 一词由词根 prō 和 cūrare 组

[①] "在线词源字典"（Online Etymology Dictionary），http：//dictionary. reference. com/browse/procurator，最后访问时间：2013 年 10 月 21 日。

[②] "在线词源字典"（Online Etymology Dictionary），http：//dictionary. reference. com/browse/prosecute，最后访问时间：2013 年 10 月 21 日。

成，前者有"为……的利益"之意，后者则是指"治愈"、"照顾"、"看管"。① 因此，在古拉丁文中 prōcūrare 一词的意思是指"为……的利益照顾、看管"，参照其词义，对应于中文最贴切的词语应是"代理"。进一步来看，动词 prōcūrare 又生发出名词的 prōcūrator、prōcūratorem，即"代理人"、"代理制度"。古罗马帝国覆灭后，拉丁文中的 prōcūratorem、prōcūrator 二词分别演变为古法语中的 procurour、procureur 和 procuratour，② 并进一步形成现代法语 procureur、procurateur。值得强调的是，在中古世纪早期的法国，由于 prōcūratorem、prōcūrator、procurour、procureur 和 procuratour 等词的词义不外乎都为"代理人"之意，所以它们是能够互换使用的。

由于英文、法文之间的历史亲密联系，现已无从考证英文 procurator、procuratorium、procuracy 等词究竟是直接来源于拉丁文 prōcūratorem、prōcūrator，还是演变自古法语 procurour、procureur 和 procuratour。但可以肯定的是：英文、法文作为同源词汇，其表述"检察"的以上词语在原初阶段都来自于古拉丁文 prōcūrare，并且在词义上只具有"代理"的意思而未同中文"监督"之意有任何瓜葛。那么，是否来源于拉丁文 prōcūrare 的英文、法文等相关词语，在历史演变过程中同中文"监督"之意发生了勾连呢？从具体的追溯和考证来看，这些相关词汇也没有产生过中文"监督"、"检察"之意。从词根的变化来看，现在英文中 pro 一词，主要来源于拉丁文中的 prō 或 professiō。如上所述，前者指的是"为……的利益"，后者则为"职业、专业"。③ 除此二者之外，英文词根 pro 并无其他来源。同时，与英文词根 pro 不同的是，法文词根 pro 只具有拉丁文 prō 一个来源，这说明法文中的词根 pro 始终只具有"为……的利益"之词义。此外，拉丁词根 cūrator 源于 cūrare，cūrare 演变为中世纪的古英文 curare，即现代英文 cure 的前身，以及法语中的词根 cureur、curateur。在词义上，源于拉丁文词根 cūrare 的英文、法文等词根，从未脱离"治愈"、"照顾"、"看管"之意。④ 可以说，现代英文中的 procurator、procuratorium、procuracy 与现代法文中的 procureur、procurateur 应该是对古拉丁文词语的一种

---

① "在线词源字典"（Online Etymology Dictionary），http：//www. etymonline. com/index. php? term = procurer&allowed_ in_ frame = 0，最后访问时间：2012 年 2 月 21 日。

② Paul Imbs，Trésor de la langue frans aise：dicitionnaire de la langue du XIXe et du XXe siècle（1789 - 1960），Editions du Centre National de laRecherche Scientifique，1983，p. 655.

③ "维基百科词源字典"（Wiktionary, a wiki - based open content dictionary）英文版，http：// en. wiktionary. org/wiki/pro#English，最后访问时间：2013 年 10 月 21 日。

④ "维基百科词源字典"（Wiktionary, a wiki - based open content dictionary）英文版，http：// en. wiktionary. org/wiki/curare，最后访问时间：2013 年 10 月 21 日。

"复刻"和"延续"，它保留了拉丁文中"代理人"之意。严格从词源学的角度来讲，这些词语并不具有"监督"、"检察"之意。

第二，prōsequor 的演化。拉丁词语 prōsequor 由词根 prō 和 sequor 构成，前者之意不在赘述，后者 sequor 在拉丁文中则有"探明"、"追寻"、"追问"的意思。通过现代语言学的考证，词根 sequor 最早来源于古印欧语，它同梵文（Sanskrit）中的"□□□□"、古希腊文中的"□πομαι"具有同源性（Congates）。[①] 它们都是表述"探明"、"追寻"的意思。

从词形演变来看，拉丁文 prōsequor 演化为古法语中的 pursuer、poursuir，而现代英语中的 pursue 和 prosecute 两词，则分别于 13 世纪晚期和 15 世纪早期从古法语的 pursuer、poursuir 转变而成。从词义来看，拉丁文中的 prōsequor 以及古法语的 pursuer、poursuir，它们最初只是指称"探明"、"追求"，并没有近代所指的"控诉"、"指控"之意。这表现为在中世纪的英文和法文中，pursuer、poursuir、prosecute、pursue 等词可以对等互换使用。在英语世界，至公元 16 世纪 70 年代左右，prosecute 才首次具有"诉至法庭（bring to a court of law）"，即"控诉"的意思。17 世纪 30 年代左右，prosecution 始具有指代名词"控告"的意思。而 prosecutor 代表"控告者"则是在 17 世纪 60 年代左右。通过词根进行解读，拉丁文 prōsequor 可以表述为"为……的利益，而进行探明、追寻、追问"。值得注意的是，中世纪法语中的 poursuivre 含有怀着"使他人不利的企图"来"追踪"、"探明"某人、某事之意。[②] 因此，B prosecute 或 poursuivreA，即 B"控诉"A 就是指"B 为……的利益，怀着使 A 不利的企图，追寻、探明相应的人和事"之意。此种控诉不同于英文、法文中其他表称"诉讼"的词语，即 accuse、accusé、charge。

accuse、accusé 共同源于古法语中的 acuser，acuser 则进一步由古拉丁文 accusare 生成。[③] 拉丁文 accusare 一词由词根 ac、cusare 构成，前者指的是"对……说话或讲话"，后者则有"诱因"、"理由"、"动机"之意。accusare 表述的意思为"基于一定的原因或动机，而对……说话或讲话"。古罗马学者西塞罗首次将 cusare 这个词根赋予"法律上不利理由"之意，这使得 accusare

---

① Sihler, Andrew L., New Comparative Grammar of Greek and Latin, Oxford University Press, 1995, p. 89.

② "维基百科词源字典"（Wiktionnaire Le dictionnaire libre）法文版，http：//fr. wiktionary. org/wiki/poursuivre，最后访问时间：2013 年 10 月 21 日。

③ Webster's Revised Unabridged Dictionary, G. &C. Merriam Company of Springfield, 1913, p. 14.

一词转化为具有"控告"、"诉讼"的意思。① 此外，accusare 强调基于法律上不利之理由，而由个人来发起诉讼。鉴于古罗马以及中世纪早期的法国、英国采取的诉讼模式以弹劾主义为原则，因此，拉丁文 accusare、古法语中的 acuser、英文中的 accuse 等词主要指的是私人发起诉讼。与此不同的是，拉丁文 prōsequor 以及早期古法语中的 pursuer、poursuir 并不具有"控诉"之意，而是指称"探明"、"追求"。此外，现代法语和英语中都有 charge 一词，法语中的 charge 来源于古法语中的 charger，charger 又演变为中世纪英语的 chargen，chargen 则是现代英文 charge 的渊源。同时，从词源上来看，古拉丁文 carrus 则是古法语 charger 的词源。② 在古拉丁文中，carrus 主要有"装载"、"承担"之意，公元 12 世纪之前，英文和法文中的 charger、chargen 只有此种语义。14 世纪中期，charger、chargen 开始具有"承担相应责任"的意思。至公元 15 世纪晚期，charger、chargen 出现表达"诉讼"、"控告"的词义。charge 有表述"控诉"之意，同其具有"承担相应责任"的语义有着密切关系。③

（二）历史上的联系

基于历史资料进行分析，拉丁文中的 prōcūrator、prōcūratorem 两词，最早可见于古罗马文件"Notitia Dignitatum"。④ 该文件分为东、西罗马帝国两大编，在西罗马帝国编中的第 11 章中记录：西罗马帝国的诸多行省中普遍设置"Prōcūrator Gynaceii、Prōcūrator Monetarum、Prōcūrator monetate Siscianae"等官职和机构。从这些官职和机构的称谓来看，它们的主要职责是帮助君主管理财

---

① "维基百科词源字典"（Wiktionnaire Le dictionnaire libre）法文版，http://en.wiktionary.org/wiki/causa#French，最后访问时间：2012 年 2 月 21 日。

② "维基百科词源字典"（Wiktionary, a wiki-based open content dictionary）英文版，http://en.wiktionary.org/wiki/causa#French，最后访问时间：2012 年 2 月 21 日。

③ "在线词源字典"（Online Etymology Dictionary），http://www.etymonline.com/index.php? allowed_in_frame=0&search=charge&searchmode=none，最后访问时间：2012 年 2 月 21 日。

④ Notitia Dignitatum 是记载罗马帝国所有政府部门和机构的官方文件。从东、西罗马帝国中央到地方的几千个政府机构，该文件中都给予了记录和描述。有关该文件的具体成文日期并没有准确记载，但史学家大都认为它成文于公元 400 年至公元 420 年这段时期。该文件的原本被完整添加于 Codex Spirensis 法律文件合集中，Codex Spirensis 是将 Notitia Dignitatum 文件以及公元 9 世纪之前尚存的其他罗马法律文件原本装订成册的法律文件合集。公元 1542 年，Codex Spirensis 被放置于德国施派尔地区的天主教教会图书馆中。公元 1672 年，它被盗取。在公元 15 世纪到 16 世纪时期，曾经存在许多 Codex Spirensis 的抄录本。而现在所用的 Notitia Dignitatum 文件，主要是公元 1436 年 Pietro Donato 的抄录本 Codex Spirensis，其中有关罗马政府部门和机构所使用的图章、印信等图画，是由 Peronet Lamy 完成的。Notitia Dignitatum，该拉丁文文献，可参见：http://www.pvv.ntnu.no/~halsteis/notitia.htm，最后访问时间：2013 年 10 月 21 日。

政和税收，① 如拉丁文 Gynaceii、Monetarum、Siscianae 等词的意思为"财政"和"税务"。从这些机构的发展过程来看，在罗马帝国最初的时期，他们只是罗马国王派到每个行省管理财务的"代理人"，并没有具体的官职和机构。至罗马国王克劳迪斯时期，他赋予这些"代理人"以更大的权力，并委任这些"代理人"成为各罗马行省的省长（Prōmagistrate）。② 从词形上来看，拉丁文"magistrate"指的是"君主"，而 prō 则是"为……的利益"，因此 Prōmagistrate 既是"为了君主利益的人"，又是一种罗马官方机构或官职的称谓。③ 可以说，此时这些 prōcūrator 即"代理人"，真正成为了罗马国王的人。此种制度创建对后世检察制度的形成提供了重要的制度模板和依据，法国检察制度的前身"国王代理人"制度便是由此而来。同时，以上证据也验证了此前学者的相关论断，即在罗马帝国全盛时期，有一批"国家或皇帝的代理人"出现，他们的名称并不统一。有叫 procurator principis 的，有叫 procurator cae-saris 的，也有叫 procurator rationals 的。在当时并没有国家检察制度和国家检察官的建制，因为在罗马时代无论何人都是可以诉追犯罪的人，国家并没有设置专官担任此事。④

在中世纪早期，如同近代意义的主权统一国家还不曾存在，作为参与一种职业的"代理人"广泛存在于西欧，但是它并没有像古罗马时期那样成为一项专设的国家职位和制度。这体现在：他们并不专属于任何一人，他既可以代理国王，也可以服务于领主和普通市民。这种服务依托于民事上的约定，可以说，谁的价钱合理谁就是他的"雇主"。此外，这些"procurators"代理的权限包罗广泛，但主要还是限于经济上的纠纷和利益。在法语中，有"procureur du roi"、"Procureur du Roi"两个形式的词语，这种文字书写上大小写的变化，实际上体现了前者"国王代理人"成为一项国家的常设制度以及转变为后者

① E. g. A. L. F. Rivet, Colin Smith, The Place Names of Roman Britain, Batsford Publishing, 1979, p. 492.

② Adam Krammer, Bewigged and Bewildered: Pupillage and a Caree at the Bar, Hart Publishing, 2007, p. 24.

③ "Promagistrate", Encyclopedia of the Roman empire, Matthew Bunson, Infobase Publishing, 2002.

④ 杨兆龙：《杨兆龙法学文选》，郝铁川、陆锦碧编，中国政法大学出版社 2000 年版，第 236 ~ 237 页。

"国家检察官"的历史过程。① 公元 13 世纪之前的法国，法文中的 procureur、procurateur 主要指称的是帮助任何人（quelqu'un）处理经济利益的"看管者（curateur）"，② 即"代理人"。这说明：在当时，"国王代理人"同其他代理人相比并没有什么身份地位的"优越感"。至公元 1256 年，法国国王路易四世颁布法令首次确认这些"代理人"具有替代国王参与法庭审判的权力。③ 此时"国王代理人"同其他代理人相比开始出现一定的差异性，但是并不明显。④ 公元 1302 年，法国国王菲利普四世颁布法令，其明文要求这些代理人只专属于国王，并向法国境内的王室法庭派驻"国王代理人"。由于这些国王代理人成为专职服务于国王的人，又被称为"国王的人马（Les gens du roi）"。同时，国王代理人也不再是一个普通的称谓而是一项官职，既"procureur du roi"完成了向"Procureur du Roi"的转变。⑤ 此外，这些"Procureur du Roi"又被称为"magistrats du parquet"，他们被定位为既非断案的法官也不是当事人的顾问，而是在法庭中代表国王利益的常任"文官"，并且其在法庭上的席位设在法官旁边稍低一点的位置而被俗称为"le parquet"。由于检察官在法庭的物理空间中始终处于此一位置，所以古法语中"magistrats du parquet"的表述直到现在也具有指称"检察官"的意思。⑥ 国王菲利普四世又在法国巴黎常设的高等法院中确立了"Procureur - Général（总检察长）"这一头衔，从词组构成上来看，"Procureur - Général"中的法文"Général"有"一般的、普遍

---

① 中文"代理人"陈述向"检察官"表述的转变，无论从语词构成到语义所指等方面都有着明显的变化。从法文表述来看，其词语组成并无任何变动，严格依照词语解释的话，其词义仍未脱离"国王代理人"之意。无非是法文词语予以大写，以便凸显其作为一种官职之地位。中文表述之优点在于一语道破"国王代理人"职权、地位已然变化之特征，其缺点则在于似乎容易误以为外文词汇同中文"检察"、"监督"之词具有了词义的勾连。

② Pierre de Fontaines, Le conseil de Pierre de Fontaines：ou Traité de l'ancienne jurisprudence française, éd. A. J. Marnier, Joubert, 1846, chap. 14, § 15, p. 95.

③ "法国国家科学研究中心资料库"（Centre National de Ressources Textuelles et Lexicales），http：//www. cnrtl. fr/etymologie/procureur，最后访问时间：2012 年 2 月 21 日。

④ 中世纪早期西欧的刑事司法采取对抗式模式，原则上要求原告及其近亲属亲自参与刑事审判。但是，领主和贵族区别于平民可以委任他人来代替他们参与刑事司法，例如，在有关案件证据不明采取"决斗审"的时候，领主和贵族可以委托他人替代决斗以证明其自身之清白。所以，"代理人"替代他人参与刑事审判，起初并不限于国王，也包括领主等高级贵族。因此，"国王代理人"行使此种权力具有一定的差异性，但是并不明显。参见伲华强、李伟：《合理怀疑的起源——刑事审判的神学根基》，中国政法大学出版社 2012 年版。

⑤ Esmein. A. , A History of Continental Criminal Procedure：With Special Reference to France, Boston Little Brown and Company, 1913, p. 116.

⑥ Otto Kahn - Freud, Claudine Lévy, Bernard Rudden, A Source - Book on French Law, 3rd Edition, Clarendon Press Oxford, 1999, p. 4.

的”之意，由此便演化出后世“procureurs généraux”这一指称普通“检察官”之意的用语。从此以后，“procureur du roi”（“国王代理人”）方始被称为“Procureur du Roi”（“国王检察官”）。值得注意的是：此时“Procureur du Roi”的权限依托于皇权，作为王意的执行者和贯穿者，他的职权是广泛的，并不限于参与刑事审判，还包括税收、参与国家政策制定等。

　　“在‘国王检察官’或‘国王的代理人’成为‘王室官员（royal functionary）’，并被指称为‘国王的人（Les gens du roi）’后，检察制度中的职位便不能依靠捐纳和继承而获得，而是完全取决于国王的意志与裁量。这些‘国王检察官’在它辖区内发挥的作用，实际上远远超越了严格的司法框架，他们必须服从和执行国王的命令，对国王的利益和意志‘俯首是瞻’。在法国发生危机的时候，‘国王检察官’制度的状况显然令人反感，因为这些‘国王检察官’在服从和反抗之间并没有任何一丝的选择权。”① 所以，这些“国王检察官”成为法国大革命时首当其冲被改革的对象，这也造就了“Procureur du Roi”向近代“ministère public près la cour”、“procureurs de la République”的转变。与以上法文表述相对照，这两个词产生于法国大革命后，起初专属于指称“共和国检察官”，此后成为当下法国表意“检察官”的普遍陈述。从词组构成上可见，“ministère public”、“République”等“共和国政府”替代了“Roi”即“国王”，这种表述的转化也说明了检察官角色定位的变化。此外，法文中“检察制度”的称呼“parquet general”直译为“常设于法庭”，这说明：一方面，自法国国王创设检察制度后，它便成为法庭中的常设机构；另一方面，也表明了检察制度构建后，其所运行的基本场域。在英国，procurator一词自始至终主要指涉的是“代理人”。中世纪英国领地曾经有“procurator fiscal”这一官职，他主要是帮助国王收取王室法院判处的罚金。此后这个官职称谓逐渐在英格兰消失，但在苏格兰仍然留存至今。1867 年“Sheriff Courts（Scotland）Act”颁布，正式赋予这些“procurator fiscal”提起刑事诉讼的权力。② 英国近代由国家发起刑事诉讼的机构则是源于 19 世纪后期，其内部的官员被称为“public prosecutor”，直译为“公共起诉者”或“检察官”。从历史上来看，伴随着诉讼模式的转化、“国王检察官”制度的构建，国家垄断刑事公诉的理念逐步成形。与此相伴随的是词语表意的转变，古法语中的 pour-

---

　　① 转引自 Carbasse, Jean‐Marie, Histoire du Parquet, Paris: Press University de France, 2000, pp. 16–23.

　　② Julia Fionda, Public prosecutors and discretion: a comparative study, Clarendon Press, 1995, p. 65.

suir 同 pursuer 相区分并生发出"控诉"之意，poursuivre 转变成"为……的利益，怀着使某人不利的企图，追寻、探明相应的人和事"。其中，作为"虚位者"的利益由国家来承担，poursuivre 变成"为国家的利益，以使他人不利的企图来追寻、探明具体的人和事"。常用表达中，习惯通过 public prosecutor、public prosecution 来指称检察官、检察制度恰恰佐证了此点，public 正是词语 prosecute 中 pro 所强调的它需保障和维护的利益。同时，英文中 prosecute 具有指称"控诉"之意的时点为公元 16 世纪末、17 世纪初，此时的法国正是国家垄断刑事公诉达到稳固的时期，正如"法兰西王国到 16 世纪初叶，私人控诉为主的诉讼模式彻底消失，'国王检察官'成为刑事控诉的主体"。[①] 鉴于两国语词的亲缘性，可以说，英文中 prosecute 具有"控诉"之意是对古法语 poursuivre 的借鉴，同时也是对法国检察制度生成、诉讼模式转变的一种"背书"。

整体来看，"procureur du roi"、"procureurs généraux"、"procureurs de la République"、"magistrats duparquet"、"ministère public près la cour"、procurator、prosecutor、procuratorium、procuracy 等表述"检察官"、"检察制度"的相关词语，其包含着词义和历史的融合，这体现在：首先，这些词语的词义都未曾脱离原初"代理"之意思；其次，中文"检察"等词语对其的陈述富含着历史性、制度性的原因，而这要结合具体的历史实践予以解释；最后，在词义上这些词语同外文"检察"、"监督"之意的词语并无对接。

三、俄语中"检察"和"监督"的勾连

中国检察制度深受苏联检察制度之影响，其中，"检察"和"监督"相等同便是对此种影响的最大展现。因此，显然有必要对俄语中表述"检察"的词语予以语义上的澄清，更需要立足俄罗斯的历史经验将"检察"同"监督"相勾连的原因给予梳理和探析。前者澄清了俄语中"检察"词语的基本语义，后者则分疏了俄罗斯检察制度中"检察"、"监督"二者之间的关系。这有利于我们更深层地了解检察制度的基本职能和历史流变。

从词语上来看，俄语中"检察官"、"检察制度"被称为 прокурор，该词发音为"prokuror"。基于俄语的构词方式，прокурор 是对外来词语 procurator 的直接音译，即该词仍然根源于拉丁文。此外，俄语"надзор"为"监督"之意，从词形构成上来看，прокурор 和 надзор 并非同源词语。可见，俄语中"检察官"、"检察制度"的词语 прокурор 的基本词义无非也是"代理人"，

---

① Esmein. A. , A History of Continental Criminal Procedure：With Special Reference to France，Boston Little Brown and Company，1913，pp. 141 –143.

并不含有"监督"之意。① 进一步挖掘，прокурор 一词在俄语中从"代理人"转变为指代"检察官"则有着深厚的历史文化根基。这与沙皇彼得一世的相关改革关系密切。

整体来看，沙皇彼得一世推行改革的目的主要是加强王权之统治、巩固国王之集权地位以便保障国家的所有资源和权力能够集中的行使，从而实现富国强兵的理想。在当时的境况下，横亘于加强王权道路上的两块绊脚石为东正教会和贵族议会。② 彼得一世有的放矢地将其改革主要方向设定为宗教制度和政治制度两部分。在政治改革方面，公元 1711 年 2 月 22 日，彼得一世借出访他国、国内无君、他人可能篡权为由，通过法律和命令创设"国家参议院"这一所谓的"临时"制度来代行其皇权。沙皇回国之后并没有撤销该机构，而是以此为契机废除了贵族议会。"国家参议院"虽然被称为仅是国王的"智库"，但在实践中，他却相当于国王的内阁（Cabinet），具有广泛的立法、司法、行政等权力。相较于"虚位君主"下的内阁制度，"国家参议院"表现出唯沙皇意志"马首是瞻"，是其命令不折不扣的执行者等特质。这是因为，"国家参议院"中的 9 人（后期扩大为 10 人）都是由彼得一世亲自任命，他们不是彼得的亲生儿子就是他的直系血亲，而且彼得一世有权随时替换这些官员。③ 彼得一世将"国家参议院"的院长命名为 Ober - Procurator（обер - прокурор、ober - prokuror），其在国王和参议院之间起到上情下达、串联两端的重要作用。当然，对 Ober - Procurator 来讲，作为"君王之眼（the sovereign's eye、око царево）"来监督王意的执行情况则是他的首要重任。④ 由

---

① "维基百科词源字典"（Wiktionary, a wiki - based open content dictionary）俄文版，http: // ru. wiktionary. org/wiki/прокурор，最后访问时间：2012 年 2 月 21 日。

② Duma 俄语为 Дума，该词来自于俄文中的动词 Думат，其意思为"思考"、"考虑"。Duma 在沙皇俄国早期的全称为 Boyar Duma。Boyar 或者 bolyar 这个词在保加利亚语、乌克兰语、俄语、罗马尼亚语中都有对应。斯拉夫语系中表述 boyar 的词语都是根源于古保加利亚语中的 боляр，其发音为 boila，它的意思是指"高贵的"、"神圣的"。该词是对生活于公元 10 世纪至 17 世纪的传统斯拉夫国家中的高级贵族的统称，这些贵族仅次于皇帝。所以，Boyar Duma 主要是指由高级贵族组成的议会，名义上他们是沙皇的"智囊团"，但是实际上他们的决定和意见常常成为阻挠沙皇意志的重要力量。值得注意的是，在沙皇俄国的历史中，Boyar Duma 制度在 1721 年被彼得一世所废除，一直到尼古拉斯二世统治的 19 世纪末期才再次重现，不过此时已被称为 State Duma，俄语为 осударственнаядума，其人员构成也不再是之前的 boyar 即贵族，而是名义上的俄罗斯社会各阶层大众选举的代表。相关文献可参见：Bulgarian EtymologicalDictionary, Volume Ⅰ, Bulgarian Academy of Science Publishing House, 1971. Ferro, Marc, Nicholas Ⅱ: Last of the Czar, Oxford UniversityPress, 1993.

③ Raeff, Marc, Peter the Great Changes Russia, 2nd Edition, D. C. Heath and Company Publishing, 1972, p. 231.

④ Mckenzie, David & Michael W. Curran, A History of Russia, the Soviet Union, and Beyond, 6th ed, Wadsworth Publishing, 2001, p. 195.

于俄语 обер – прокурор 即 Ober – Procurator 中的 обер 来自于古德语 ober，ober 的意思为"首席的、资深的"，①обер – прокурор 便是沙皇的"首席代理人"。可以说，在沙皇彼得一世的改革中，Ober – Procurator 既是一个显要的官职又必然是国王的"资深代理人"。

在宗教改革方面，公元 1721 年 2 月，彼得一世正式废除东正教会的教区制度（Patriarchate），创立"神圣国家宗教议会"。该机构早期由 10 人组成，后来扩充为 12 人，其议会统领的职务也被称为 ChiefProcurator（也称 Ober – Procurator，俄语为 обер – прокурор、ober – prokuror）。由于此前东正教会内部事务主要由其自身管理，并且其教会人员不时成为抵触沙皇命令的重要力量，因此，为限制东正教会的力量，彼得一世通过设立其直接代理人 Chief Procurator 来对教会予以管控。②Chief Procurator 由彼得一世直接任命和委派，其主要任务是代替国王监督教会里的人员，以保障国王的命令能够在教会内部得以顺利执行。③可以说，在此时无论是"国家参议院"还是"神圣国家宗教议会"中的 Ober – Procurator 都是彼得一世的"代理人"，行使着监督东正教会和参议院成员的作用，他们还没有介入司法审判当中。需要强调的是，此时以 procurator 命名的官职还仅仅局限于这两个职位，在俄罗斯全境还不存在普遍的 procurators。

这种状况的转变肇始于公元 1722 年 1 月 12 日，彼得一世在当天发布重要法令，该法令的出台也被视为俄罗斯检察机关产生的开端。④鉴于 Ober – Procurator 在"国家参议院"、"神圣国家宗教议会"中代表国王监视他人所表现的重要"功勋"，更是为了进一步将其"发扬光大"来保障沙皇意志在全俄罗斯境内的统一实现，彼得一世对"国家参议院"发布命令，此前的 Ober – Procu-

---

①　"维基百科词源字典"（Wiktionary, a wiki – based open content dictionary）俄文版，http：// ru. wiktionary. org/wiki/обер，最后访问时间：2012 年 2 月 21 日。

②　Riasanovsky, Nicholas Valentine, Mark D. Steinberg, The Reign of Peter the Great, A History of Russia, Vol. 1, Oxfod University Publishing, 2011, pp. 215 – 219.

③　James Cracraf, The Church Reform of Peter the Great, Stanford University Publishing, 1971, p. 175.

④　History of Prosecution Service of the Russian Federation，来源于"俄罗斯联邦检察机关"（The Prosecutor General's Office of the RussianFederation、Генералъная прокуратура Российской Федерации）官方网站英文版：http：//eng. genproc. gov. ru/history/，最后访问时间：2012 年 2 月 21 日。

rator 作为首席代理人的同时，创设次席代理人来辅助其工作。① 此外，在国家的每个部门派驻这些"代理人"，他们统一地向 Ober - Procurator 负责、受其管制，而 Ober - Procurator 则直接听命于沙皇。与此同时，沙皇俄国的法院也开始派驻"代理人"，他们终于开始步入司法审判当中。鉴于该制度初次在全国境内实行，彼得一世显然也十分当心这些人员偏离他们的"使命"，因此，他进一步通过律令的形式重申和着重强调这些"代理人"的地位和职权。这体现为：公元 1722 年 4 月 27 日，彼得一世再次发布法令，他说出了那句脍炙人口的名言："他们是我的眼睛，有了他们我将看见帝国之内的每件事情。从此之后，他们将是我在所有国家事务中的眼睛和代理人。"彼得一世在命令中强调，这些人员的职权主要为监督官署（supervise overthe Senate）以及附带提起控诉（manage subordinate prosecution authorities）。② 以此为时点，可以说，沙皇俄国的检察制度已然出现。但是，从历史状况来看，"监督"的确是他们的主要职权，反过来分析，参与司法审判确又不是他们的主要功能，这从它的权能设定和制度定位上便能够发现。

彼得一世去世后，女皇叶卡捷琳娜二世除了继续加强 Ober - Procurator 的权力之外，还在地方上逐步设立了州代理总长。他们负责监督州的管理工作是否合法，州内的各个机关设有"代理人"并统归总长领导。③ 1864 年面对俄罗斯国内频发的政治、经济危机，沙皇亚历山大二世（Alexander Ⅱ）于同年11 月 20 日发布法令意图在俄罗斯全境推行司法改革，其主要目标定位于俄罗斯的刑事诉讼程序。该司法改革以俄罗斯法院系统为主要对象，按照沙皇亚历山大的要求，在俄罗斯全境分别创设"普通法院系统（General judicial settlements、Общие судебные установления）"和"地方法院系统（Local judicial settlements、Местные судебные установления）"，陪审法院、律师团体等在俄

① 在后来，这个次席代理人的位置常由"神圣国家宗教议会"中的 Ober - Procurator 充当。当然在俄罗斯的历史上，也曾出现过首席代理人既担任"国家参议院"的首脑又兼任"神圣国家宗教议会"之统领，而"架空"次席代理人的状况。例如，俄罗斯历史上权倾一时、辅佐过三代沙皇的 Konstantin Petrovich Pobyedonostsyev（俄语名字为 Константи н Петро́вич Победоно́сцев）便是典型的代表。当然，这种状况的产生还是要基于沙皇的命令和首肯。参见 Stavrou, Theofanis, Russia Under the Last Tsar, University of Minnesota Press, 1969。

② History of Prosecution Service of the Russian Federation, 来源于"俄罗斯联邦检察机关"（The Prosecutor General's Office of the RussianFederation、Генералъная прокуратура Российской Федерации）官方网站英文版：http：//eng. genproc. gov. ru/history/，最后访问时间：2012 年 2 月 21 日。

③ John T. Alexander, Catherine the Great: Life and Legend, Oxford University Press, 1988, pp. 324 - 329.

罗斯得以确立。① 值得注意的是，近代俄罗斯检察制度在此方始确立。正如历史所展现的，在此次司法改革之前，沙皇俄国这些"代理人"的职权是复杂的，他们不仅是保障国王意志、法律统一的执行者，并且还是沙俄帝国中"财政部"、"内务部"中的成员，这种状况明显体现在凯瑟琳二世和保罗一世时期。至 1802 年，这些"代理人"才步入"司法部"的序列中。这说明：这些"代理人"真正开始同司法发生"亲密接触"，还是彼得一世改革 80 年后的事情了。这也再次证明，这些"代理人"在 1864 年改革之前漫长的约 150 年间，其主要职权还是作为国王的监督者和代理人。② 在此期间，他们虽间或在法院当中行使职权，但是法院显然是其行使监督职权的附属场域、诉讼只是其"监督"的附带品，而不同于近代检察系统以参与审判为中心的趋势。

　　1864 年司法改革中，明确规定了俄罗斯检察机关的基本任务：不再是监督各级政府机关的活动是否合法而是参加刑事诉讼。当时沙皇政府的司法部长莫拉菲耶夫在给国会的报告中，对俄罗斯检察机关职权的转变提出了自己的看法，他指出："检察官应是一切刑事案件的告诉人，并应在各审级法院中以政府代表和法律代表的资格主持一切刑事案件。检察官的这种告诉活动，在成为他们职务的主要对象后，就没有任何可能去执行检察机关所负担的监督各行政机关正确进行与处理事务的其他职责。"③ 此时沙皇检察机关的主要职权被定位于参与刑事案件审判，而对民事诉讼则很少介入，其仅对一定范围内的民事案件提出意见。在此之后，法律又规定检察官可以具有某些行政管理方面的职能。

　　1917 年 11 月，沙皇被推翻。1920 年 11 月苏联卫国战争胜利，苏联进入国家建设时期。依照列宁的倡议，苏俄司法人民委员会起草《检察监督条例》草案。在此条例的起草过程中，对检察机关的职权和组织原则发生了严重的意见分歧，其主要表现在未来苏联检察机关应采取怎样的领导原则以及具有什么样的职权等方面。当时列宁因病不能参加相关会议，他在通过斯大林转交中央政治局的《论"双重"领导和法制》的信中阐明了对未来苏维埃检察机关组织原则的基本认识。他指出："应该记住，检察机关和任何行政机关不同，它丝毫没有行政权，对任何行政问题都没有表决权。检察长的唯一职权和必须做

<hr />

① Edvard Radzinsky, Alexander Ⅱ: The Last Great Tsar, Free Press, 2005, pp. 261、391、401 – 421.

② History of Prosecution Service of the Russian Federation，来源于"俄罗斯联邦检察机关"（The Prosecutor General's Office of the RussianFederation、Генералъная прокуратура Российской Федерации）官方网站英文版：http://eng.genproc.gov.ru/history/，最后访问时间：2012 年 2 月 21 日。

③ 曾宪义主编：《检察制度史略》，中国检察出版社 2008 年版，第 279 页。

的事情只是一件：监视整个共和国对法制有真正一致的了解，不管任何地方的差别，不受任何地方的影响。"① 由于他认为苏维埃检察机关的主要职责是监督整个国家法律的执行情况以便保障法律能够从上至下、统一地贯彻执行，所以，他建议苏联的检察制度应采取中央单独和垂直领导的方式。全俄中央执行委员会在接受了列宁的意见后，于 1922 年 5 月 28 日第九届全俄中央执行委员会第三次会议上通过了《检察监督条例》，新型的苏维埃检察机关建立起来。

四、域外"检察"语义和历史的总结

整体来看，英文、法文、俄文中有关"检察"词语的相应表述说明，其主要由拉丁文 prōcūrare、prōsequor 两词演变而来。它们在产生之初以及演化过程中始终不具有中文"检察"、"监督"之意，而是主要包含"代理"、"控诉"的意思。进一步从词源来观察，拉丁文 supervidere 中的词根 super 有"在……上面、处于……之上"的意思，videre 则有"看、注视"之意。它是指"处于……之上而注视"，即"监督"。拉丁文 supervidere 是英语 supervise、法语 superviser 的原初词语。可见，拉丁文 prōcūrator、prōsequor、supervidere 之间词根并不相同，指代的意思也不可能相近。同时，由于现代检察制度的形成和发展是一个繁复的过程，是否德语中表述"检察"的相关词语具有指称"监督"之意呢？德语中检察官、检察制度主要由 anwalt 组成。其中，"检察官"被称为 staatsanwalt，staats 为"国家"的意思，anwalt 则指"代理人"。anwalt 作为一种制度出现于德国 16 世纪，它又被称为 vrweser。② anwalt 最早是一种私人"代理人"，他基于"国王的要求 (staat)"、"私人的要约 (privat-personen)"、"个人的授权 (behörden)"或"法庭的判决 (gerichten)"等原因来"代理"他人，他的主要职权是帮助"被代理人"参加诉讼。德语中的staatsanwalt 也可直译为"国家的或国王的代理人"，显然它并没有脱离法语之意。

此外，从沙皇俄国至苏联整体历史的简略描述中能够发现：沙皇俄国检察制度的确立植根于"代理人"制度，从其职权来看，它的主要职权定位于监督。但是，需要强调的是它权力运作的基本场域并不定位于司法系统，而是整个国家的体制系统。这同西方其他国家如法国、德国等在检察制度形成过程

---

① 《列宁全集》（第 33 卷），中共中央马克思恩格斯列宁斯大林著作编译局译，人民出版社 1996年版，第 326 页。

② Wolfgang Pfeifer，Etymologisches Wörterbuch des Deutschen，Deutscher Taschenbuch Verlag，1997，S. 989.

中，以介入司法审判为主要场域来塑造自身的过程并不相同。这就造成监督权作为其主要职权在它创建之初便始终体现，从而成为俄罗斯检察制度的一大历史"特征"。同时，从语义上来看，俄语表述"检察"的词语基本意思仍为"代理"，由于其主要职能为监督，所以就出现以职能为中心来标示这些词语的状况。而"同源同种"的法语、英语中表述"检察"的词语则因其主要职权为控诉，反而被认为是诉讼之意。这整体体现出在对域外"检察"的认识上，以制度职权为中心来解读词语的特征。

综上可见，从词源角度来看，域外语境中有关"检察"词语的相应表述，其词义主要包含"代理"、"控诉"的意思。进一步来看，具有"代理"之意相应词语的生成和演变，更多反映出检察制度形成和发展的历史制度性缘由；而包含"控诉"之意的词语则凸显出该制度的权能属性和特征。可以说，对"检察"词源的追溯为清晰厘定和认知域外检察制度的创建和演进提供了重要的智识线索。

检察一体化目的论[*]

姜　涛　许岳华

检察一体化是世界两大法系国家均确立的一项检察组织原则，并成为当前中国检察体制改革中的重头戏之一。在中国目前有关检察一体化的众多研究中，学界存在一种重大缺失——忽略了对检察一体化目的这一根本问题的研究。正所谓"皮之不存，毛将存焉"，缺乏目的研究的检察一体化研究众声喧哗，但却难以"根深叶茂"。从理论上分析，检察一体化目的是检察一体化改革中一个十分重要的学术问题，它对于检察一体化的建构与运行有着直接的指导意义。毕竟，和其他法律制度的设计一样，检察一体化作为一种规则设计与具体行动，有其自身的出发点和最终归宿——目的。由此决定，中国目前开展的检察一体化改革就有一个目标定位问题。而这一问题的重要性体现在，各种目标定位的着眼点的不同往往导致改革者思维上的混乱，并最终导致实践中的诸多乱象。有鉴于此，本文拟对检察一体化目的进行研究，以求教于诸位方家。

一、检察一体化目的之厘清

检察一体化的目的，如同一座大厦的根基，根基不明、不牢，大厦则不坚固，易倒塌。然而，检察一体化的目的问题，又是一个非常抽象的问题，为了清楚地说明其内涵，我们尚须从目的之一般范畴出发，在明确检察之目的诉求的基础上，给检察一体化目的一个合理的界定。

（一）目的之范畴与法之目的

古人眼睛为目，箭靶的中心目标为的。射箭是为了射中目标，这就有了明确的目的性，古人把具体的动作转化为了抽象的概念——目的，从此就有了这个名词。按现代汉语的解释，目的是"人们想要达到的境地和希望实现的结

＊　原文载《西南政法大学学报》2014 年第 5 期。

果"①。在哲学上，目的与手段是一对古老的哲学范畴。目的是指行为主体根据自身的需要，借助意识，观念的中介作用，预先设想的行为目标和结果。作为观念形态，目的反映了人对客观事物的实践关系。恩格斯就深刻洞察到这一点，他指出，"在社会历史领域内进行活动的，全是具有意识的，经过深思熟虑或凭激情行动的、追求某种目的的人；任何事情的发生都不是没有自觉的意图，没有预期的目的"②。可见，人的实践活动以目的为依据，目的贯穿实践过程的始终。

人的目的是指人在从事实践活动时所具有的认识和改造世界的目标和方向。在宋英辉教授看来，"主体自己提出的目的制约着整个过程，主体依照一定的目的，运用物质力量和物质手段，作用于客体，而客体被强制地按照计划发生符合于主体目的的改变，并最终使主体的目的在其中实现。实践活动的每一步，都是主体依照计划作用于客体，而客体也相应地发生改变并趋向于符合主体目的的一步。实践活动就是一个有序地趋向于实现目的的过程"③。事实的确如此，实践是具有一定目的的主体凭借手段改造客体以达到某种现实结果的活动。同时，实践是具体的，每一个具体的实践都有具体的目的，一个个具体实践目的之总和构成了人类整体实践的普遍目的也即根本目的。人类的普遍目的具有终极的意义。④ 因此，我们可将人的目的分为直接目的和最终目的。其中，直接目的是达成路径，根本目的是最终归宿。

事实上，正是因为人的活动有目的，才有了自然界和人类社会的分界，也正是因为人的活动有目的，才有了自然规律和社会历史规律的分野。⑤ 对此，马克思曾在《资本论》中形象地指出："蜘蛛的活动与织工的活动相似，蜜蜂建筑蜂房的本领使人间的许多建筑师感到惭愧。但是，最蹩脚的建筑师从一开始就比最灵巧的蜜蜂高明的地方，是他在用蜂蜡建筑蜂房以前，已经在自己的头脑中把它建成了。劳动过程结束时得到的结果，在这个过程开始时就已经在劳动者的表象中存在着，即已经观念地存在着。他不仅使自然物发生形式变化，同时他还在自然物中实现自己的目的，这个目的是他所知道的，是作为规律决定着他的活动的方式和方法的，他必须使他的意志服从这个目的。"⑥ 这

---

① 《新华词典》，商务印书馆 1981 年版，第 599 页。

② 马克思、恩格斯：《马克思恩格斯选集》，人民出版社 1995 年版，第 243 页。

③ 刘曙光：《马克思"目的作为规律"思想探微》，载《北京大学学报：哲学社会科学版》2006年第 6 期。

④ 邓翠华：《人是目的与手段的有机统一》，载《教学与研究》2007 年第 8 期。

⑤ 姜涛：《社会资本理论的入径及对刑事政策实施的意义》，载《政法论坛》2010 年第 5 期。

⑥ 马克思、恩格斯：《马克思恩格斯全集》（第 23 卷），人民出版社 1972 年版，第 202 页。

形象地表明，只有我们从根本上认识了某种社会实践的目的，才能把立于这种实践基础上的制度建构起来。法作为人类社会实践中的产物之一，自然也不例外。

法是行动的、实践着的，静止而冷冰冰的法律条文是没有人会注意它们的存在与否的。法正是因为有目的而活了起来跃然纸上，实践在法的领域之内。在一定意义上，法的起源实际上也可以讲是法的目的的起源。法的发展实际上是法的目的发展以及法追求结果的发展。① 在美国，富勒与哈特之间就围绕"法是否有目的"这个问题展开了一场激烈论战。哈特批评富勒"太喜欢目的"这个概念，他希望富勒的这种浪漫"能降温为某种令人尊敬的冷静方式"②。而富勒则反驳哈特"太不重视目的"，并批评他"对待那些有目的的行动安排，就像它们根本没有服务于任何目的一样"③。乍看起来，这样的论战似乎存在矛盾，其实不然，因为他们的论战都是建立在法具有目的的立场之上，表明了他们对法之目的的重视。现如今，"目的是全部法律的制造者，每条法律规则的产生都源于一种目的，即一种事实上的动机"的观念深入人心④，并支配着各种法学研究的范式。

从理论上分析，法之目的因其固有的概括性、抽象性被归入理论法学的范畴。然而，法之目的本身又与具体制度的设计和建构息息相关，在不同的目的定位之下，具体制度的建构也会表现出很大的差异性。因此，研究法之目的既具有理论意义又富有实践价值。⑤ 然而不仅如此，科学定位法之目的，也有利于避免政治家把法律变成政治的附庸或传声筒。事实上，早期的法律被赋予保护皇权的重要使命，因而沦为阶级统治的工具。而历史转到 17 世纪西方资产阶级革命时期，法律正是被革命者贴上"保障人权"这一目的之标签后，法才算最终摆脱了卑微的政治附属或工具的地位，由"刀把子"一跃而成为公民自由的"大宪章"，堂堂正正地拥有了为民众所拥护的目的诉求和理论体系，并在国家政治生活和社会生活中发挥着越来越重要的职能作用。可见，不同的目的诉求，往往导致不同的法律制度设计。

一如我们所知，当立法者的任务是决定努力的目的时，司法者的行动就应

---

① 白雪飞：《法的目的》，载 http：//article. chinalawinfo. com/Article＿ Detail. asp？ ArticleID ＝ 22481，访问时间：2014 年 8 月 1 日。

② HART H. Lon L. Fuller. The Morality of Law, Es－says in Jurisprudence and Philosophy. Oxford：ClarendonPress，1983：363.

③ FULLER L. The Morality of Law. New Haven, Conn. : Yale University Press，1969：150.

④ 博登海默：《法理学——法哲学及其方法》，邓正来译，华夏出版社 1987 年版，第 104 页。

⑤ 李浩：《民事证据法的目的》，载《法学研究》2004 年第 5 期。

是如何以最有效的方式来实现这些目的。宋英辉教授指出，"主体提出目的本身不是目的，而是在于实现所提出的目的。为此，主体在确立目的的过程中，就必须认真地考虑并在实践活动中切实地创造和使用能达到目的的手段，以便使目的成为现实的目的并通过手段得以实现"①。事实的确如此，立法者对法之目的的认识和定位是否全面、是否合理，直接关系到人们的社会行动是否能取得实际成效以及实际成效的大小。而当目的定位错误时，人们的社会行动就无法取得成效，或带来相反的成效。这是不言而喻的。遥想当年的"严打"刑事政策，为了打击犯罪，司法机关可以不惜一切代价，并采用违法手段，其结果是造成了大量的冤假错案，牺牲了来之不易的刑事法治。虽然从政治家角度定位法之目的并没出现错误，但政治家也不能一意孤行，把法律作为冷冰冰的统治工具，所以，当前中国学者呼吁，中国法律应实现从"工具本位主义"到"权利本位主义"的根本转换。② 并在现代法律体系中，把秩序、公平和个人自由作为法律制度的基本价值和首要目的。在这种认定之下，检察一体化作为法律制度中的一个组成部分，自然也无法也不应绕开目的这一根本问题。

（二）检察一体化目的之界定

检察一体化并非空穴来风，而是有着明确的目的追求。国家建构和运用检察一体化是为了履行和完成宪法赋予国家的保护社会和个人的任务，检察一体化作为对检察权的一种组织形式或运作模式，必然意味着价值体系的选择，而这种选择又最直观地体现为对目的的权衡和选定。检察一体化目的应当属于主观的范畴，它是调节和控制主体同客体之间的相互作用，并且支配、创制一定的手段以便将其客观化的一种主观动因。③ 那么，什么是检察一体化目的呢？

笔者认为，检察一体化的目的是指国家进行检察一体化建构及其运作所期望达到的效果。从检察一体化建构者与行使者的角度看来，这种影响效果表现为两个方面：一方面是鼓励性的，也称积极性的目的，其含义是国家通过检察一体化的建构和运用在社会中鼓励产生某种效果；另一方面是阻碍性的，也称消极性目的，其含义是通过检察一体化的建构和运用在社会中阻挡某种状态的发生。无论是鼓励性或者阻碍性的目的（或者积极性和消极性的目的），只要是属于国家通过检察一体化的建构和运用的目的范畴，就都是国家希望达到的目的④，都是检察一体化对社会和个人的影响效果。事实上，对检察一体化目

---

① 宋英辉：《刑事诉讼目的论》，中国人民公安大学出版社 1995 年版，第 150 页。

② 姜涛：《我国死刑制度改革中的路径依赖特性及对策》，载《江苏大学学报》2007 年第 2 期。

③ 陈兴良：《刑法哲学》，中国政法大学出版社 1992 年版，第 254 页。

④ 王世洲：《现代刑罚目的理论与中国的选择》，载《法学研究》2003 年第 3 期。

的的追求，不仅是实现刑法与刑事诉讼法目的的需要，也是世界各国检察一体化建构与运行正当化的必然要求。值得注意的是，这种效果或目的是任何一个国家在设计检察一体化这一组织原则之时，必须要关照的，目的不明，则路线混乱，这是不言而喻的。

当然，检察一体化目的并非一种绝对的客观存在，而是有着层面划分。从宏观上说，检察一体化目的要解决的主要是检察一体化是为什么存在的问题，关涉检察一体化存在与运行的合理性或正当性根据。对此，我们应意识到，检察一体化是根据宪法和刑事诉讼法建构与运行，宪法和刑事诉讼法的任务，构成了检察一体化的正当性依据。然而，宪法和刑事诉讼法赋予检察一体化的任务并不能自然而然地使检察一体化本身具有合理性，对于检察一体化应当以什么方式发挥作用，才能正当且合理地实现宪法和刑事诉讼法的任务这一问题上，即检察一体化本身的合理性问题，仍需要专门论证。而这种论证应该由检察一体化目的的理论来完成。这是因为，从意义上分析，检察一体化是约束侦查权、审判权的有力保障，它不仅有利于防止国家启动的刑事诉讼活动偏离刑事法治与和谐社会轨道，而且能够促使其立足于刑法和刑事诉讼法的任务来处理犯罪控制和人权保障问题。而要使这种作用落实到实处，制度本身的合目的性就十分重要，合目的的，才是有意义的。

检察一体化从诞生之日起，便被打上了鲜明的目的烙印。目的不同，制度设计有异。可问题在于，检察一体化目的问题又十分复杂，以至于中国法学在检察一体化目的这个重要理论范畴上的研究状况并不令人满意，不仅学术界鲜有人关注这一问题的研究，而且实务界在检察一体化目的定位上显得矛盾重重，存在诸多疑点。有鉴于此，我们尚须在梳理和评析国外有关这一问题争议的基础上，正确定位中国应对检察一体化作何目的的选择。

二、检察一体化目的之争议

究竟设计检察一体化这一制度的目的何在？这是中外学者争议最大的一个领地，聚讼纷纭，公左婆右，但这又是十分重要的领地，它直接关系到世界各国检察一体化这一组织原则的建构及其运行问题。因此，应该予以全面的梳理。归纳来看，西方学者有关检察一体化目的的学术争议，主要集中在以下四个方面：

（一）打击犯罪说

"打击犯罪说"是西方国家的主流学说，其主要观点是：检察一体化被学界视为是同心协力对付刑事案件而展开的总体战①，其目的在于"有效打击犯罪"，这被奉为检察一体化的金科玉律。我国台湾地区学者蔡墩铭教授指出，"犯罪侦查需要全国检察官紧密连接，以便寻找犯人，而检察官统一之组织即一体化活动，才能使检察权之行使发挥更大之效能"②。林山田教授亦指出，"整个检察机关即有如行政加官之上下隶属与上命下从之一条鞭的组织体系。如此，方能上下一体，齐心协力，迅速有效从事犯罪侦查与控诉工作"③。老一代法学家俞叔平也指出，"全国检察机关，就其责任而言，不分上下皆为一个整体，尤其以今日科学昌明，犯罪之技术、犯罪之流动性、亦日益增加，检察官制度，如不能如身使臂，上下策应，实难达其任务"④。中国目前实务界也持有这种目的观，即认为搞检察一体化的目的在于有效地打击犯罪。

对此有学者明确提出了批评意见，指出检察官的最大盲点在于"检察官心中的最高贵动机：必须把有罪的人绳之以法，并减低犯罪对社会的危害"⑤。这种批评是有说服力的，因为现代国家创设检察官制度的目的乃是废除当时的纠问制度，确立诉讼上的权力分立原则，控制警察活动的合法性，并作为法官审判之把关者⑥，以维护法律能得以客观、公正地实施。如果主张犯罪打击说，那么创设检察官制度实无必要，因为在古代社会，虽无检察官制度，但仍可有效地实现追诉犯罪之目的，而在近代，虽无检察官制度，但也可以通过警察力量实现打击犯罪的目的。并且将检察一体化贴上打击犯罪之标签，理论上也实难说明检察一体化之神效。就检察机关来说，往往是有将无兵，有头无手，除了职务犯罪之外，一般还要借助公安机关才能完成打击犯罪的任务，因此，真正能发挥犯罪侦查效果的模式乃是检警关系一体化，并非检察一体化。或者说，虽然有效，但也局限于在职务犯罪侦查上有效，并不具有普遍性。⑦可见，犯罪打击说存在明显的缺陷，但因为能给检察机关带来实行"检察一体化"的便利，所以这种观点的支持者最多。

（二）国会责任说

国会责任说，又称"国会监督说"，它是指政府所负担的国会责任原则，其核心内容是：在检察一体化之下，权力有上行集中的危险，因而必须借助外

---

① 黄东熊：《中外检察制度之比较》，台湾文物供应社 1986 年版，第 201～204 页。
② 蔡墩铭：《刑事诉讼法论》，台湾五南图书出版公司 1993 年版，第 193～194 页。
③ 林山田：《刑事程序法》，台湾五南图书出版公司 1998 年版，第 80 页。
④ 俞叔平：《检察制度新论》，台湾三民书局 1952 年版，第 53 页。
⑤ 黄瑞明：《检察官的个案伦理》，载《台湾检察新论》2007 年第 2 期。
⑥ 林钰雄：《检察官论》，台湾学林文化事业有限公司 1999 年版，第 16～24 页。
⑦ 林钰雄：《检察官论》，台湾学林文化事业有限公司 1999 年版，第 117～118 页。

力来制衡。而所谓"外力"，非立法权或司法权莫属，因此，国会监督说认为，检察机关必须上命下从，如此检察首长才能贯彻权责，并在此范围内向国会负责。不难看出，这是从检察机关与国会之间的外部监督关系出发，来论证检察一体化的正当性。① 对此，可以简单地用"国会——上级检察机关——下级检察机关"这一图示概括。德国"有力说"认为，创设检察一体化体制的根本目的在于，从广义刑事司法之领域内实现国家法上的国会责任之基本原则。如果政府将其某一公法上的义务赋予某一机关，但此机关完全不受政府即国会之拘束，则政府根本无法负起国会责任，而刑事追诉正是此处所称的公法任务。比如，Bucher 认为，在国会民主之下，政府为除立法、司法外的一切国家权力负责。检察机关的追诉活动，乃是政府整体活动之一部分，自然需要向国会负责。② 究其实质，国会责任说是从"以权力制约权力"的立场出发，从而得出"以立法权制约检察权"的论断，并反向推出"检察机关向国会负责"的结论，以此结论为大前提，又得出检察一体化之目的在于实现国会责任的结论。

　　稍加分析不难看出，国会责任说首先是把检察机关看成政府的一个组成部分，认为是行政权的一部分，把其排除在司法机关之外，强调检察机关对国会负责，由此自然得出，检察一体化的目的在于负担起国会责任。可问题是，现代法学理论认为，检察权并非行政权，而是司法权的组成部分，因此这一学说的大前提本就是错误的，依次得出的结论自然也站不住脚。其次，在检察机关内部须下级对上级负责，而检察机关整体须对国会负责，这是国会责任说的基本逻辑。可问题是，依据西方国家宪法的规定，现代政府对国会负责，这是现代立宪民主制度下的一个基本原则。可以说，存不存在检察一体化的问题，检察机关都要对国会负责，因此，依照这种逻辑得出检察一体化的目的在于负担其国会赋予其应承担的责任，似乎除了是一个口号之外，并无多大的理论与实践意义。再次，现代法治国家强调三权分力，即立法权、行政权与司法权相互独立，国会的主要职责是制定法律，但并无权干涉司法权，司法权如何行使乃实行独立原则，强调国会责任说就违背了宪政的基本要求。最后，这一理论并没有说明检察机关向国会负责什么？更何况，在现代刑事司法理念之下，检察官的内心确信在刑事案件的追诉中所起的作用越来越大，这就不是简单的"上命下从"所能解决，也非国会责任所包容。此时，所谓国会责任说纯属子虚乌有，插杆不入。

①　林钰雄：《检察官论》，台湾学林文化事业有限公司1999年版，第124页。

②　林钰雄：《检察官论》，台湾学林文化事业有限公司1999年版，第130页。

（三）防范误断滥权说

这种学说认为，检察一体化的目的在于防范下级滥用检察权，并预防误断。[1] 其基本理由是：下级检察机关，无论是检察官的专业水准，抑或追诉犯罪的技术配备上，都不及上级检察机关，既然如此，放任下级检察机关按照自己的意志追诉犯罪，则就有滥用侦查、起诉或起诉、逮捕或抗诉等权力的可能，为了避免出现这种情况，因此需要强化上命下从。比如，德国刑法学家 Bucher 就认为，年轻资浅的检察官经验不足，若独立办案，不受指令之拘束，则难免有误断的危险。虽然年轻资浅的法官也有误判的可能，但法官审理自然有审级制度的保障，然而在检察权之下，则必须依靠指令权来予以保障。[2] 在司法实践中，检察官滥用起诉权、不起诉权和逮捕的情况时常见诸报端，这是一种客观存在的情况，因此，采用检察一体化可以起到防止检察权滥用的积极意义。

可问题是，从西方国家的发展来看，检察权的滥用问题一般是通过司法救济的方式来予以解决，比如违法取得证据无效，滥用不起诉权力的纠正等，可以说，检察一体化虽有防止检察权滥用的作用，但作用并不大，而且还有其他的替代措施可以补救。问题的另一个方面是，现代政治学认为，权力缺乏制约和监督，就有滥用的可能，正如法国政治学家孟德斯鸠所言，"一切有权力的人都容易滥用权力，这是一条万古不易的经验。有权力的人们使用权力一直遇有界限的地方才停止"[3]。权力越是集中，则滥用的概率越高，其危害也就更严重。试问，由上级检察机关监督下级检察机关是不是会带来更严重的检察权滥用呢？答案是肯定的。这其实是一种"只见树木，不见森林"的短见。并且从实践来看，以检察机关的合力打击犯罪往往代替了上级检察机关的监督。这也是防范误断说无法解释的。由此可见，这种学说虽然有一定的积极意义，但并不能合理定位检察一体化目的之正当性，其说服力极为有限。

（四）统一追诉法令说

有关检察一体化目的定位的另一观点是：把检察一体化定位为保障统一追诉法令的实施。其基本主张是：上下级检察机关之间本就是一种领导与被领导的关系，缺乏审级制度，法院凭借审级制度保持法令得以统一执行，而检察机关必须借助"上命下从"，保障政令畅通，使法律得以顺利实施。毋庸置疑，司法机关是法律的实施机关，肩负着将立法机关制定的法律适用于社会生活的重任，即以法定程序和方式将案件基本事实与国家法律有效对接起来，使文字

---

① 林钰雄：《检察官论》，台湾学林文化事业有限公司 1999 年版，第 121 页。
② 林钰雄：《检察官论》，台湾学林文化事业有限公司 1999 年版，第 121 页。
③ 孟德斯鸠：《论法的精神》，张雁深译，商务印书馆 1978 年版，第 154 页。

意义上的法律，成为一种行动中的法律。在这一过程，统一追诉法令说具有积极价值，毕竟，在"上有政策、下有对策"的现实下，如何保国家的法律在各级检察机关中得以实施，就成为检察机关的一项重要使命。此外，实行"上命下从"还可以有效地保障各级检察机关能统一地实施法律，避免打法律"擦边球"、地方保护主义等的出现。

可是，统一追诉法令说也存在问题：首先，我们并不能因检察机关欠缺审级制度，而跳跃式地得出检察一体化的必要性。如果强行地得出这种结论，往往也是为了扩张检察权之权力边界而提出的"无根据的辩护"。其次，刑事案件的审理结果是由法院最终判定的，检察机关仅是在刑事审判中承担提起公诉的职责，是否统一法令应该由法院来实施，如果对检察机关赋予保障法令统一实施的职责，则必然会出现检察权暨越审判权之嫌疑，刑事抗诉中出现"一抗到底"这一检察权之畸形，即是建立在统一法令说之上，带来的问题不少。最后，检察一体化，并不是统一执行法令的帝王条款，其主要目的在于避免检察官滥用不起诉权，除此之外，法院一般反对检察官以上命下从为理由将审判权架空。因此，这种"视野不免狭窄，且不符合实际"。①

总体而言，以上观点虽然各有其解释力，但也都存在明显的缺陷。这同时使我们处于一种无所适从的解释困境。如何突破这一解释困境？笔者认为，检察一体化主要是一个刑法和刑事诉讼法的适用问题，我们应努力在刑法和刑事诉讼法任务视野下合理定位检察一体化之目的。

三、二元化目的论之提倡

应当如何完整地表达检察一体化目的？这是我们在检察一体化改革时代背景下必须直面回答的问题。在刑事一体化的视野中，程序制度的设计就应当有利于实体法目标的实现而不是与它背道而驰，那么，作为程序法内容体现的检察一体化必须为实现刑法和刑事诉讼法的任务服务，而刑法和刑事诉讼法的任务是借助惩罚犯罪和保障人权，以实现刑事法治和社会和谐。依此类推，检察一体化目的应受此制约。检察一体化的根本目的在于实现刑事法治和社会和谐，直接目的则为实现惩罚犯罪与保障人权。这是一种二元化的目的论。

（一）检察一体化的直接目的——有效惩罚犯罪与保障基本人权

不难看出，当前学界对检察一体化持一种"又爱又恨"的态度，"恨的是"怕其带来新的专权，"爱的是"它能够监督侦查权和审判权。其实，检察一体化是一项理性的事业，我们对检察一体化目的定位绝不能套着某种神秘主

———————
① 姜涛：《风险社会之下经济刑法的基本转型》，载《现代法学》2010年第4期。

义光环的神旨，而应该是：检察一体化对国家来说是必要的和可行的，国家可以期望通过诉诸检察一体化而获得刑事法治，从而有助于和谐社会建构。当然，这种效果只有在检察一体化符合有效惩罚犯罪和保障基本人权的逻辑预设时才会产生。换言之，只有在具体的有效惩罚犯罪和保障基本人权以确保检察一体化之规范性的同时，又最终有利于实现刑事法治与社会和谐建构时，这样才能避免检察一体化目的定位成为一种政治家所操纵的"魔术暗箱"。

有效地惩罚犯罪，这是检察一体化得以建构和运行的直接目的之一。检察一体化作为一种组织原则，其贡献在于能够形成一种合力，充分发挥检察机关的整体力量，避免来自社会各界的行政干预，因此，可以被视为是一种犯罪控制的强大力量。从我国刑事诉讼法的规定来看，检察机关是所有司法机关中任务最重的机关之一，不仅有职务犯罪侦查的重任，而且负担着侦查监督、批捕、审查起诉、提起公诉和审判监督等多项司法使命。比如，以职务犯罪侦查来看，此类犯罪属于智能型犯罪和权贵犯罪，其手段隐蔽、狡猾，各种证据难以取得，犯罪嫌疑人多是掌握一定权力的国家工作人员，有利用职权干扰侦查或逃离国外的便利条件。在经验上，职务犯罪一般在私下进行，往往置于一张看不见、摸不着的"黑幕"之中，并且在侦查过程中会面临着诸多行政干扰。由此决定，打击职务犯罪只靠某个检察机关或单个检察官的自身力量是不够的，它需要上级检察机关的支持，以形成合力，并且只有各级检察机关上下一体，举国一致，共同拧成一股绳，才有可能顺利兑现打击犯罪的预期目标。可以预见，在巨大的职务犯罪浪潮来临之时，强化检察一体化机制，则势之必然。而有效地惩罚犯罪，自然也就成为了各国检察一体化这一组织原则在建构和运行中的目的之一。

可问题是，检察一体化所形成的组织合力，也就可能意味着一种权力集中，带来更为严重的滥权。详言之，如果采用"检察一体化的唯一目的是打击犯罪"之目的观，那么也会带来巨大风险，这不仅在理论上容易造成混乱，而且在实践中必然产生不尊重法律和滥用检察一体化的结果。一切正如洛克所强调的，"对于仅仅依靠对一切危及社会安定的行为进行暴力镇压来维持秩序的法律制度，人们是不满意的"①。现实中，我们也经常上演这种悲剧，下级检察机关在提起公诉失败后，有时就会借助上级检察机关的抗诉支持，而"死抗到底"。本来，上级检察机关的抗诉权为纠正法院审判错误而生，但在打击犯罪的目标定位之下，有时却成为了滥权的根源，这就违背了检察一体化之真义，因为"法律按其真正的含义而言，与其说是限制，还不如说是指导

---

① 　洛克：《政府论》（下篇），叶启芳、瞿菊农译，商务印书馆 1982 年版，第 35～36 页。

一个自由而智慧的人追求他的正当利益"①。更何况，我们的时代是一个走向权利的时代，尊重和保障人权也是现代社会的基本价值追求，且已经成为人类文明的重要标志。② 正如日本学者杉原泰雄教授所言：只有保障国民的人权，才是权力、政治，以及执政者的目的，唯此才承认权力等的存在。③ 因此，保障基本人权并不是检察一体化的副产品，检察一体化目的本身就内含着保障基本人权的要求。

目的的生成不是无缘无故地生成，而是具有其特定的生成基础和土壤。同时，目的的设置必须要考虑其得以实现的可能与方式问题，不能陷入过于理想化的"乌托邦"之陷阱。这是因为：要使目的既获得肯定性权威，又获得批判性权威，法律必须在目的普遍化时能够详尽阐述法律机构的任务，即把普遍的目的转化为具体的目标。④ 长期以来，我们之所以把检察一体化目的定位为"打击犯罪"，就因为其实用，不仅上级考核工作绩效需要，而且在当下中国也有一定的民意基础，以至于我们在检察一体化建构及其运行上，把打击犯罪之目的置于突出地位，且愈走愈远，从而忽视了人权保障。这恰是问题之所在，我们应该重视检察一体化对人权的保障，即其他司法机关的行为对犯罪嫌疑人的合法权益可能造成侵害或已经侵害的情况下，检察机关以一体化的努力纠正与避免这种侵害，这也是检察一体化的题中之义。为何要强调人权保障？这是刑法与刑事诉讼法的现代使命。现代刑法的最大进步是，把刑罚也定位为一种恶，运用不当的话，则国家与社会两受其害，因此，刑法不仅是"善良人的大宪章，也是犯罪人的大宪章"的观念深入人心，国家一方面通过制定刑法来规定保障人权的重任，另一方面又通过刑事程序法来实现保障人权的重任，当公安机关和审判机关出现侵犯公民基本权利之时，以"上命下从"这一整体的法律监督权，来避免或救济这种权利被侵害的事实，就显得十分必要。

于此要追问的是，惩罚犯罪与保障人权在检察一体化中的"座次"应该如何安排呢？作为刑法实施之组织保障的检察一体化，自然也要在惩罚犯罪和保障基本人权之间达成一种平衡状态。当然，这种平衡状态并不必然是一种中间状态，而是随着国情民意的变化而有所调整。换言之，惩罚犯罪与保障人权在检察一体化中的地位和作用并不是等量齐观的，而是有着主次之别。随着公

---

① 彼得·斯坦、约翰·香德：《西方社会的法律价值》，中国人民公安大学出版社1989年版，第1~3页。

② 平特纳：《德国普通行政法》，朱林译，中国政法大学出版社1999年版，第44页。

③ 杉原泰雄：《宪法的历史》，吕昶等译，社会科学文献出版社2000年版，第84页

④ 诺内特、塞尔兹尼克：《转变中的法律与社会——迈向回应型法》，张志铭译，中国政法大学出版社1994年版，第93页。

民权利意识得到提高，检察机关似乎更应该记住自己是国家的法律监督机关，更应该做好侦查活动与审判活动的把关者，避免公安机关和检察机关侵犯被告人的合法权益。所以，在公安机关承担犯罪侦查任务，法院承担审判任务的前提下，把保障人权作为检察一体化的主要目的才是我们的正确选择。在打击犯罪有余，人权保障程度不高的当下中国，保障人权应该成为检察一体化目的之"主色调"，惩罚犯罪应该"退居二线"。这是我们在检察一体化建构及其运作中应有的基本立场。

（二）检察一体化的最终目的——保障刑事法治与维护社会和谐

美国著名法学家约翰·罗尔斯曾经指出："正义是社会制度的首要价值，正象真理是思想体系的首要价值一样。一种理论，无论它多么精致和简洁，只要它不真实，就必须加以拒绝或修正；同样，某些法律和制度，不管它们如何有效率和有条理，只要它们不正义，就必须加以改造或废除。"① 这虽然是从社会制度的价值角度，对社会制度的终极意义进行的论述，但对于我们正确认识检察一体化最终目的有着启发意义。毫无疑问，检察一体化的建构与运用是一种国家的行为，而国家行为的运作就有其最终目的，那么，检察一体化的最终目的是什么呢？笔者认为，它应该是保障刑事法治和维护社会和谐。

法治国家最重要的特征就是通过宪法和法律对权力与权力之间、权力与权利之间的关系进行合理界定，以权力制衡权力、通过法律制约权力、用公民权来制约权力、用社会权力来制约权力、通过引入竞争机制来约束公共权力，目的在于以此来防止和消除国家公共权力的越权、滥权及形形色色权力异化及腐败现象。② 毫无疑问，无论是惩治犯罪，还是保障人权，不仅需要公安机关依法且尽力地侦破案件，做到不枉不枉，有罪必惩，不要波及无辜，而且也要求法官在审理刑事案件时能保持客观公正，不偏不倚地做出判决。可是，这都还只是一种理想状态，司法实践中公安机关违法侦查案件和法官枉法裁判等屡禁不止，这就需要检察机关介入其中，担当起法律实施的监督者角色，做好"法律的守护人"。然而，基于现有司法制度设计与先天的弱小，单个的地方检察机关又难以承担起这种角色，这就需要上级检察机关的支持，依靠合力来完成这种权力制衡重任。因此，检察一体化的最终目的之一是以集体权力来形成对侦查权和审判权的制衡。这是实现刑事法治的应有之义。

更为重要的是，法律作为人类社会规范中的一种强制性规范，总是以行为模式和法律后果的形态预先存在，成为人们引起行动的指南，指导或规定人们

---

① 约翰·罗尔斯：《正义论》，何怀宏等译，中国社会科学出版社1988年版，第1页。
② 郝银钟：《刑事公诉权原理》，人民法院出版社2004年版，第70页。

的行为，协调和组织行动，以实现预期的结果，这就意味着法律正是以一种规范形态引导着人们的行为，调整着社会生活，所以法律所追求的社会效果与法律所追求的法律效果具有同一性。正是在这种认识之下，司法要实现法律效果与社会效果的统一，这是我们这个时代对司法的基本定位，能动司法也缘此而生。没有社会效果的保障，法律效果就会变异为"没有根据的效果"，就会像"稻草人"一样不可能在社会实践中产生力量，检察一体化就必然沦为空话。在这种定位之下，检察一体化作为一项重要的检察组织原则，在发挥其法律作用的同时，还必须充分关照国家和社会生活的需要。尤其是在着力构建社会主义和谐社会的时代背景下，社会和谐也应该成为检察一体化的最终目标之一。2005年以来，中国共产党提出将"和谐社会"作为执政的战略任务，"和谐"的理念要成为建设"中国特色的社会主义"过程中的价值取向。其中，"民主法治、公平正义、诚信友爱、充满活力、安定有序、人与自然和谐相处"是和谐社会的主要内容。社会和谐之所以应当成为检察一体化的根本目的，是因为建立在促进社会和谐的基础上的检察一体化，不仅是真正有效率的，而且才可以取得民众认同，民众认同检察一体化，检察一体化的运行才具有合理性根据。如何获得民众的认同，则需要检察一体化把实现社会和谐作为基本目标，尽最大可能满足民众的利益诉求，充分反映民众的共同价值观，并取得法律文化上的正当性。这都是检察一体化有效发挥其社会效果的重要条件。应该说，这是在新的时代背景下，检察一体化目的进化的结果。

特别说明的是，检察一体化的目的既是多层次的，也是多维度的，那种将检察一体化定位一个"唯一目的"论的观点是偏颇的。这是因为，目的作为一种主观的存在，它会随着行动方式、范围、复杂性等发生变化，检察一体化作为一项检察组织原则，静态上是一个复杂的内容体系，动态上又是一个系统的社会工程，其内容面、过程面和意义面都可以从多视角进行观察，比如，就其内容来说，检察一体化包含三个基本内容：一是上命下从，即下级检察院和检察官分别服从上级检察院和检察官，检察官服从检察长；二是职能协助，即全国检察机关是执行检察职能的统一整体，当某地检察院执行检察职能需要异地相关检察院协助时，相关检察院应当协助；三是职务收取、移转、承继和代理。职务收取就是上级检察院和检察长可以将下级检察院或下属检察官权限内的事务分别收归自己处理；职务移转就是上级检察院和检察长可以将下级检察院或下属检察官权限内的事务交所属的其他检察院或检察官处理；职务承继就是在执行职务中需要更换检察官时，原检察官所进行的活动与接任检察官的活动可以前后承继。① 在这样复杂的内容体系之下，追寻单一的目的，自然存在着严重的解释力不足问题。正是基于这种考虑，本文首先把检察一体化目的区分为直接目的和最终目的两个层面，然后还分别从两个方面论述各个维度的目的之内容，以求能正确判定检察一体化之目的诉求。应该说，这是一种极其富有意义的尝试。

"如果根本不知道道路会导向何方，我们就不可能智慧地选择路径。"② 同理，如果没有目的的定位，我们对检察一体化的追求就可能远远处在我们的能力范围之外。当然，只有实现检察一体化目的的双重区分和科学定位，才能真实地反映检察一体化的发展规律，激活检察一体化的内在活力，进而促进检察一体化的健康发展。然而，"要真正地认识事物，就必须把握住、研究清楚它的一切方面、一切联系和'中介'。我们永远也不会完全做到这一点"③。因此，本文只能是追寻检察一体化目的中的一次勇敢行动，而非这种追寻活动的终点。至于这种追寻是否全面，还有待学界进一步批判。

---

① 朱孝清：《检察官客观公正义务及其在中国的发展完善》，载《中国法学》2009 年第 2 期。
② 卡多佐：《司法过程的性质》，苏力译，商务印书馆 1998 年版，第 63 页。
③ 《列宁选集》（第 4 卷），人民出版社 1995 年版，第 419 页。

论"法律监督"的概括性意指[*]

宋小海

我国宪法规定人民检察院是国家的法律监督机关。但是，学界关于"法律监督权与检察权的关系"、"法律监督机关的定位是否合理"等问题产生了诸多争议和质疑。笔者认为，这些论争实际上都牵涉到一个基本问题：如何正确理解"法律监督"的意指？该问题目前尚未被学界所充分注意，本文拟对此展开研究。

一、一个有待思考的问题："法律监督"的意指

关于我国检察机关之法律监督机关的定位，一些学者提出诸多质疑。例如，有学者认为，侦查、批准和决定逮捕以及公诉职能，属于检察机关自身的办案活动，不能理解为法律监督，因为只有监督别人的活动才能称为监督。[①]还有学者则质疑，如果检察机关侦查与公诉是法律监督，为什么公安机关对违法犯罪行为的发现、证明、检举即侦查、追诉就不是法律监督呢？[②] 诸如此类，等等。

为了回应上述种种质疑，万毅教授曾经提出一个观点："法律监督实际上是一个功能性概念，它指的是检察机关通过法定职权的行使来发挥其对公安机关和人民法院的法律监督功能，而不是指这些法定的职权本身在属性上就是法律监督权。法律监督是对检察机关行使权力所要达到的功能和目的的一种整体描述和定义。它解决的是检察权的功能问题，不解决检察权的构成和内容问题，因此，不能将检察机关的法定职权分解成一项一项的权力，然后去质问，某一项权力究竟是不是法律监督权。"[③] 这一观点颇有启发性，但也引发了一

---

[*] 原文载《浙江社会科学》2014 年第 2 期。

[①] 王松苗：《厉行法治：法律监督应如何定位——"依法治国与法律监督研讨会"综述》，载《人民检察》1998 年第 9 期。

[②] 陈卫东：《我国检察权的反思与重构——以公诉权为核心的分析》，载《法学研究》2002 年第 2 期。

[③] 万毅：《法律监督的内涵》，载《人民检察》2008 年第 11 期。

个值得思考的问题："法律监督"到底是意指检察职权本身，还是意指检察职权行使所要达到的功能？或者说，它到底是职权概念还是功能性概念？这便是"法律监督的意指"问题。这个问题还可以进一步延伸。按照万毅教授的观点，法律监督是对检察职权行使所要达到的功能的"整体"描述和定义。我们的问题则是："法律监督"到底是对检察职权本身或其功能的"整体"意指，还是可以具体分指其构成部分？

"法律监督的意指"问题初看起来以一种相当抽象的方式提出，它与当下的理论争议有什么实质性的关联吗？对于检察制度的理解有什么实益吗？笔者的回答是完全肯定的。如果"法律监督"果真如万毅教授所言属于功能性概念——即对检察职权行使所要达到的"功能"的整体描述和定义，而非对于检察职权本身的性质描述，那么显然我们不能质问哪些检察职权属于或不属于法律监督权，甚至根本不能提问"法律监督权与检察权的关系"。又或者，如果"法律监督"是属于对检察职权之"整体"的性质描述，而非具体分指一项一项的检察职权，那么显然我们也不能质问哪些检察职权属于或不属于法律监督权。再者，如果"法律监督"仅仅是关于检察职权或其功能的"整体"描述，诚如万毅教授所言"不解决检察权的构成和内容问题"，那么这一项一项的具体检察职权又是如何构造起来的呢？显然，"法律监督的意指"问题密切关系到当前的检察理论争议，也关系到我们对检察制度的深入认识，是检察学领域非常值得深入思考的一个重要理论问题。

"法律监督的意指"问题实际上是对"法律监督的含义"这一论题的深化。目前学界讨论"法律监督的含义"，偏重于研究其基本内涵，而研究"法律监督的意指"则是要进一步准确化法律监督的具体对象所指，如此可以深化我们对人民检察院之法律监督机关定位的理解。

二、"法律监督"系职权概念

"法律监督"到底是职权概念还是功能性概念？对此，我们应当从"法律监督"的基本含义着手来分析。

"法律监督"的基本含义为"监督法律的统一实施（包括执法和守法）"，[①] 也可以表述为"监督严格遵守法律"[②]（这里的遵守法律是广义概念，

[①] 关于"法律监督"的含义曾有广义说和狭义说，但无论是广义说还是狭义说，都承认这一基本含义。区别在于，广义说认为法律监督的主体是广泛的，而狭义说则认为法律监督的主体唯有检察机关，即将法律监督等同于检察监督。参见龙宗智：《检察制度教程》，法律出版社 2002 年版，第 106 页。

[②] 王志坤：《"法律监督"探源》，载《国家检察官学院学报》2010 年第 3 期。

包括国家机关及其工作人员执法的合法性与普通公民守法）。据此，在显明的意义上，"法律监督"属于一种"工作"——"法律监督是指人民检察院保障国家法律在全国范围内统一正确实施的专门工作"；① 属于一种"活动"——"法律监督本身是一项法律活动"；② 或一种"行为"——"在制度学意义上所称法律监督，是一种国家制度和国家行为，即能够产生特定法律后果的行为"。③ 工作、活动或行为都具有过程性与行为性特征，"法律监督"的"行为性"特征，决定了"法律监督"属于某种职权而不是功能。因为按照公法基本原理，"法不授权即禁止"，检察机关的监督工作、活动或行为，必须具有法律授权，亦即必须具有相应的职权。换言之，监督工作、活动或行为在法律层面上即表现为监督职权。总之，"法律监督"属于职务工作、职务活动或职务行为——即具有"行为性"，该"行为性"在法律层面上即属于职权，因而"法律监督"系职权概念。

我国检察机关之法律监督机关的定位源于苏联。苏联学界即认为检察机关的法律监督属于一种国家活动形式且具有国家权力的性质。"对准确执行法律的最高监督是一种独立的国家活动形式"，"检察长在对准确执行法律实行最高监督的过程中，当然要运用权力，因为作为国家机关的检察机关的活动，无论就内容，还是就形式来说，都具有国家权力的性质。"④ 而在我国，"法律监督"和"法律监督机关"这两个概念产生于"新中国检察工作主要奠基人之一"最高人民检察署副检察长李六如之手，他于1950年1月所著《检察制度纲要》（系1949年以后中国的第一本检察专著⑤）以及1950年6月所著《各国检察制度纲要》两部著作中首次相继提出了"法律监督"和"法律监督机关"概念。李六如先生将苏联的检察机关定性为"法律监督机关"，苏联检察的主要任务是"法律监督"。⑥ 1950年8月6日，李六如在全国司法会议上的报告《人民检察院任务及工作报告大纲》中明确提出："社会主义苏联的检察机关的职权是法律监督"。⑦ 可见，在我国"法律监督"最初就是被

---

① 张智辉：《"法律监督"辨析》，载《人民检察》2000年第5期。

② 朱孝清、张智辉主编：《检察学》，中国检察出版社2010年版，第187页。

③ 龙宗智：《检察制度教程》，法律出版社2002年版，第106、83~84页。

④ ［苏联］诺维科夫：《苏联检察系统》，中国人民大学苏联东欧研究所译，群众出版社1980年版，第49、51、17页。

⑤ 参见闵钐：《新中国第一本检察著作〈检察制度纲要〉述评》，载《中国检察官》2008年第5期。

⑥ 参见闵钐编：《中国检察史资料选编》，中国检察出版社2008年版，第829~836页；田夫：《什么是法律监督机关》，载《政法论坛》2012年第3期。

⑦ 闵钐编：《中国检察史资料选编》，中国检察出版社2008年版，第506页。

视为"职权"概念。

　　"法律监督"具有"行为性"和"职权性"，充分体现在我国检察立法中。人民检察院组织法第 5 条规定："各级人民检察院行使下列职权：……（三）……对于公安机关的侦查活动是否合法，实行监督。（四）……对于人民法院的审判活动是否合法，实行监督。（五）对于刑事案件判决、裁定的执行和监狱、看守所、劳动改造机关的活动是否合法，实行监督。"据此立法规定，显然侦查监督、审判监督与执行监督等诉讼监督都属于"职权"，而诉讼监督属于法律监督的重要构成，两者具有同质性，亦即"法律监督"属于"职权"。现行民事诉讼法第 14 条规定："人民检察院有权对民事诉讼实行法律监督。"此之"实行法律监督"表明"法律监督"具有行为性，同时"有权……实行法律监督"表明"法律监督"是一种"职权"。现行刑事诉讼法第 8 条规定："人民检察院依法对刑事诉讼实行法律监督。"此之"实行法律监督"也表明"法律监督"具有行为性，因而具有"职权性"。总之，在我国检察立法中，"法律监督"也是以"职权"概念出现的，因此学理上往往直接冠之以"法律监督权"称谓。①

　　万毅教授认为"法律监督"是功能性概念，是对检察机关行使权力所要达到的功能和目的的一种整体描述和定义，而不是指这些法定的职权本身在属性上就是法律监督权。这其实就是说：检察职权是手段，而法律监督是目的。对此，另有学者也持相同观点："检察权是手段和依据，法律监督或守护法律是功能描述和目的。"② 笔者认为，在我国人民检察院作为国家法律监督机关的整体定位下，"检察"与"法律监督"（或"监督"）只是具体措辞的不同，其实质内涵是一样的，"行使检察权"就是指"实行法律监督"，整体上检察权与法律监督并不存在手段与目的的关系。例如，1954 年《中华人民共和国人民检察院组织法》第 3 条、第 4 条规定，"最高人民检察院对于国务院所属各部门、地方各级国家机关、国家机关工作人员和公民是否遵守宪法和法律，行使检察权"。地方各级人民检察院"对于地方国家机关的决议、命令和措施是否合法，国家机关工作人员和公民是否遵守法律，实行监督"。从这里可以看出，对于"国家机关工作人员和公民是否遵守法律，""行使检察权"或"实行监督"是表述可以互换但意思完全一样的措辞。

　　当然，作为一种宽泛的表述，说"法律监督是检察机关的职权"、"法律

---

① 石少侠：《检察权要论》，中国检察出版社 2006 年版，第 60 页以下。
② 王志坤：《"法律监督"探源》，载《国家检察官学院学报》2010 年第 3 期。

监督是检察机关的职能"或者"法律监督是检察机关的功能",都是可以成立的。① 应当说,社会语言中"职权"与"职能"、"权力"与"权能",是意思相近且会混用的概念,而"职能"和"权能"也都包含有"功能"的意思成分。据此,笔者并不反对在宽泛意义上将"法律监督"称之为检察机关的"职权"或"职能"的同时,也称之为检察机关的"功能"。但是,在严格意义上,检察职权或职能是与检察功能不同的概念,检察功能是检察职权或职能行使所要达到的功用和效能,② 而"法律监督"则是意指检察职权或职能而非检察功能。

三、检察权的结构

"法律监督"意指检察职权,随之而来的另一个问题是:"法律监督"到底是对检察职权的"整体"意指,还是具体分指其构成部分?对这个问题无法简单回答。我们需要预先对检察权的内容构成进行分析。

检察职权或者说检察权是检察机关依法所拥有的权力的总称。③ 这是一个形式性的定义,至于检察权的具体内容需"依法"确定,即依据宪法、人民检察院组织法、各类诉讼法以及其他法律中对检察权限的规定而确定。根据通行观点,检察权的主要内容概括起来有四项:(1)检察侦查权;(2)批准和决定逮捕权;(3)公诉权;(4)诉讼监督权。④ 笔者称之为检察权的"四项构成论"。⑤ 在"四项构成论"框架下,检察权的这四项内容是以"平面图"形式平行展现的,不存在逻辑位阶差序。"四项构成论"只是描述了检察权的简要构成,实际上检察权是一个庞大"权力群"。例如,检察机关在从事公诉活动过程中,享有审查起诉的权力、决定起诉的权力、决定不起诉的权力、出席法庭支持公诉的权力、变更起诉(包括撤回起诉)的权力,而出庭支持公诉时又享有控诉犯罪的权力、进行证据调查的权力以及进行法庭辩论的权力等。诉讼监督权则包括侦查监督权、审判监督权和执行监督权。而审判监督权又包括刑事审判监督权、民事审判监督权、行政诉讼监督权,执行监督权又包

---

① 例如,有学者称公诉权是检察机关的"功能性权能"(张智辉:《论检察权的构造》,载《国家检察官学院学报》2007年第4期),这是把"职权"视为某种"功能"的一个例子。

② 一般认为,检察机关的基本功能包括维护功能、保障功能、惩治和预防功能。详见朱孝清、张智辉主编:《检察学》,中国检察出版社2010年版,第八章。

③ 龙宗智:《检察制度教程》,法律出版社2002年版,第106、83~84页。

④ 参见朱孝清、张智辉主编:《检察学》,中国检察出版社2010年版,第326页;龙宗智:《检察制度教程》,法律出版社2002年版,第86页。后者称"诉讼监督权"为"司法监督权"。

⑤ 除此四项职权外,最高人民检察院还享有司法解释权。司法解释权不属于具体业务性的职权,且并非为各级检察机关所共同享有,因此从整体着眼可以说检察权的主要内容为上述四项。

括刑事执行监督权和民事执行监督权；① 等等。我们应当怎样认识这个权力群呢？这个"群"中的权力是完全散漫的个别化存在，还是其间具有某种逻辑联系从而呈现出某种结构性？答案显然是后者。笔者认为，围绕法律监督这一基本定性看，检察权这一"权力群"存在某种结构性，我们称之为"检察权的结构"。相较于"四项构成论"，在"检察权的结构"视角下，检察权有着完全不同的权力构成及其逻辑位阶。阐述如下：

　　法律监督之实现系针对各具体的监督对象来实施，监督对象的不同决定了法律监督权或检察权的基本划分。所谓"法律监督"也就是监督各有关主体严格遵守法律，因此法律监督的对象是由两个要素构成——受监督主体＋守法。② 据此，如果受监督主体不同，那么监督对象即为不同；如果受监督主体相同，但其需遵守的法律不同，那么在逻辑上亦应视为监督对象存在不同。例如，同样是对法院的检察监督，但刑事审判监督和民事审判监督有着完全不同的监督对象，因为刑事审判监督是监督法院刑事审判行为是否符合刑事诉讼法和刑法，而民事审判则是监督法院民事审判行为是否符合民事诉讼法和民商事法律。按照这样的法律监督对象划分理念，检察权应当分为公诉权、侦查监督权、刑事审判监督权、民事审判监督权、行政诉讼监督权、刑事执行监督权和民事执行监督权。这些检察职权其法律监督对象是完全不同的。概要分析如下：

　　（1）公诉权，是在发现、确证行为人（包括普通公民、国家机关工作人员以及法人组织）触犯刑事法律的情况下，将其检举、提交法庭裁判的职权，体现了对社会大众遵守刑事法律的监督；（2）侦查监督权，是检察机关对公安机关等侦查部门之侦查行为是否符合刑事诉讼法和刑法而进行监督的职权；（3）刑事审判监督权，是对法院刑事审判行为是否符合刑事诉讼法和刑法而进行监督的职权；（4）民事审判监督权，是对法院民事审判行为是否符合民事诉讼法和民商事等私法而进行监督的职权；（5）行政诉讼监督权，是对法院行政审判行为是否符合行政诉讼法和行政法而进行监督的职权；（6）刑事

---

　　① 1979 年人民检察院组织法仅仅规定了刑罚执行监督权，但是 2012 年新修改的民事诉讼法第235 条规定了检察机关对民事执行活动的法律监督权。

　　② 对此可能有争议，苏联一些学者认为国家机关、社会团体、公职人员和公民是检察监督的对象，另一些学者认为在国家机关、社会团体、公职人员和公民的活动中准确执行法律是检察监督的对象。（参见［苏联］诺维科夫：《苏联检察系统》，中国人民大学苏联东欧研究所译，群众出版社 1980年版，第 63 页以下。）从我国语用习惯来看，也往往将受监督的主体作为监督的对象，而将受监督主体的某种法律活动作为监督的客体，将受监督主体的行为是否符合法律作为监督的内容（例如参见石少侠：《检察权要论》）。但是无论如何，有一点是明确的，检察机关法律监督不是针对受监督主体的人身或别的方面，而是针对其守法行为，而这将成为划分检察监督不同领域的依据。

执行监督权，是对刑罚执行机关执行法院已经生效的刑事裁判是否符合刑事诉讼法而进行监督的职权；（7）民事执行监督权，是对法院民事执行行为是否符合民事诉讼法而进行监督的职权。

上述七种法定检察职权是检察权的基本构成部分，笔者称之为"基本检察权"。① 至于其他检察职权（如检察侦查权、批准和决定逮捕权等），究其本质乃是为了贯彻、落实、实现上述"基本检察权"而设置，笔者称之为"具体检察权"。两者存在手段和目的的关系，"具体检察权"为手段，"基本检察权"为目的。从范畴关系上来讲，"基本检察权"属于概括性的权力，"具体检察权"属于具体性的权力，这些"具体检察权"在性质上从属于相应的"基本检察权"范畴。简述如下：

关于检察侦查权（包括职务犯罪侦查权和审查起诉时的补充侦查权），其应从属于公诉权范畴。由于"查明真相"是检察机关进行法律监督的前提和条件，② 侦查权行使的任务就是为了查清是否存在相关的犯罪事实，以为公诉做必要的准备。因此，公诉是侦查的目的，侦查职能一般被认为是控诉职能的一部分，检察侦查权是包含在公诉权的范畴之内的，其性质附属于公诉权。③这一点，在大陆法系德国、法国等国，作为公诉准备的刑事侦查权也是被视为公诉权的范围。④

关于批准和决定逮捕权。如果公安机关等侦查机关的提请逮捕申请符合法律规定，即予以批准，否则就不予批准；如果发现应当逮捕而侦查机关未提请逮捕犯罪嫌疑人的，检察机关可以要求公安机关提请批准逮捕，如果公安机关拒不提请逮捕且其理由不能成立的，检察机关可以直接作出逮捕决定，交侦查机关执行。批准和决定逮捕权体现了检察机关对侦查机关使用逮捕这一强制措施之是否合法的监督，属于侦查监督的具体方式之一，因此，学理认知上批准

---

① 在目前法律框架下，基本检察权限于七种，但不排除随着法律的发展，基本检察权的种类会有所变化。例如，如果行政诉讼法明文规定了检察机关对法院行政执行行为的监督职权，那么行政执行监督权即新增为基本检察权的范畴。

② ［苏联］诺维科夫：《苏联检察系统》，中国人民大学苏联东欧研究所译，群众出版社 1980 年版，第 49、51、17 页。

③ 万春：《论我国检察机关的性质——兼评当前理论和实践中的几种观点》，载《政法论坛》1994 年第 1 期；张穹主编：《公诉问题研究》，中国人民公安大学出版社 2000 年版，第 118～119 页；张智辉：《法律监督三辨析》，载《中国法学》2003 年第 5 期。

④ 龙宗智：《检察制度教程》，法律出版社 2002 年版，第 106、83～84 页。

逮捕权应归入"侦查监督权"范畴。[1] 当然，决定逮捕权还在另外情形下适用，即在检察机关直接受理的刑事案件的侦查过程中以及在审查起诉过程中（经审查认为需要逮捕犯罪嫌疑人的）适用。前一种情形本质上属于自主采取逮捕强制措施，目的是确保检察侦查活动有序进行，因而在性质上应归入检察侦查权的范畴，进而最终归入公诉权范畴；而后一种情形则属于审查起诉的职权范围，目的是确保起诉和后续审判工作的正常进行，性质上应归入公诉权范畴。[2] 总之，面向公安机关等侦查机关的审查和批准逮捕权，性质上属于侦查监督权，而检察机关在自侦过程中以及审查起诉过程中行使的决定逮捕权，性质上则归属于公诉权范畴。

关于审查起诉的权力、决定起诉的权力、决定不起诉的权力、出席法庭支持公诉的权力、变更起诉（包括撤回起诉）的权力，这些同样属于具体检察权，它们是公诉权的构成内容，[3] 是公诉权的具体落实与实现。而这些具体检察权往往还有更为具体的检察权来予以落实与实现。例如，控诉犯罪的权力、进行证据调查的权力、进行法庭辩论的权力等具体职权是为了落实与实现"出席法庭支持公诉的权力"。同样，侦查监督权和审判监督权也都通过一些具体检察权得以落实与实现。例如，通知立案侦查的职权、通知纠正违法行为的职权系为了落实与实现侦查监督权；对刑事裁判的抗诉权和对审判违法行为提出纠正意见或建议的权力系为了落实与实现刑事审判监督权；对生效民事裁判提出抗诉的职权（民事抗诉权）以及对审判违法行为提出纠正建议的职权系为了落实与实现民事审判监督权；对生效行政裁判提出抗诉的职权（民事抗诉权）以及对审判违法行为提出纠正建议的职权系为了落实与实现行政诉讼监督权；等等。而这些具体检察权同样可能还有更为具体的检察权来落实与实现。例如，民事抗诉权通过调卷权、调查权、听证权、决定抗诉权、决定不

---

[1]　参见石少侠：《检察权要论》，中国检察出版社 2006 年版，第 149～150 页。另，要注意的是，批准逮捕权是属于对侦查活动的"事先监督"——只有事先经过检察机关批准，侦查机关才能实施逮捕措施。而其余侦查监督则往往带有事后性。

[2]　当然，检察机关内部对于侦查、起诉和逮捕是有分工有制约的，逮捕权由侦查监督部门专门行使，特别是职务犯罪案件逮捕权上提一级——由上级人民检察院行使。因而从内部视角看，检察机关的决定逮捕权也可以看作是（内部）诉讼监督权。

[3]　关于公诉权的内容构成，有的学者认为还包括上诉的权力（即对一审未生效裁判提出抗诉）、申请再审的权力（即对生效裁判提出抗诉）和监督刑罚执行的权力（参见张智辉：《公诉权论》，载《中国法学》2006 年第 6 期）。这是从公诉目的的完整实现角度而作出的分析，有其逻辑自洽性。但在我国检察体制下，抗诉权往往被视为审判监督权范畴，而监督刑罚执行的权力则被视为执行监督权范畴。

抗诉权、出庭支持抗诉权等职权得以落实与实现。①

综上所述，围绕法律监督这一基本定性，通过法律监督对象的区分，可以将检察权划分为公诉权、侦查监督权、刑事审判监督权、民事审判监督权、行政诉讼监督权、刑事执行监督权和民事执行监督权等"基本检察权"，而"基本检察权"又派生出"具体检察权"，具体检察权还可能派生出更为具体的检察权（为了简明起见，我们仍统称为"具体检察权"），这些"具体检察权"系为了落实与实现"基本检察权"，如此层层派生、有机关联，形成了"检察权的结构"。

四、"法律监督"的概括意指

在我国检察体制下，"法律监督"意指检察职权，检察权也就是法律监督权。这首先是在整体上理解，即检察权之整体属于法律监督权。那么，"法律监督"是否可以具体分指检察权的构成部分？笔者的观点是："法律监督"能够具体分指检察权的构成部分，但仅能分指"检察权结构"中的"基本检察权"，而不能分指"具体检察权"。这一点要从检察权的结构关系上加以体会。

已如上文所述，法律监督之实现系针对各具体的监督对象来实施，基于监督对象不同而形成的检察权的基本划分——公诉权、侦查监督权、刑事审判监督权、民事审判监督权、行政诉讼监督权、刑事执行监督权和民事执行监督权等基本检察权，直接体现了法律监督的性质。每项基本检察权所体现的具体法律监督内容，上文都已经做了简明阐述。因此，基本检察权均属于法律监督权，亦即"法律监督"可以分指基本检察权。

至于具体检察权，同样已如上文所述，它们是为了落实与实现基本检察权而设置的，属于基本检察权实现的手段与方式，在性质上从属于基本检察权的范畴。换言之，具体检察权主要是服务于基本检察权的落实与实现，其本身并不必然直接体现为法律监督属性。这些具体检察权从属于基本检察权范畴，其法律监督属性须经由基本检察权而获得体现。因此，法律监督并不直接分指这些具体检察权。例如，公诉权体现为对行为人触犯刑事法律的监督，但是作为公诉权构成内容的决定不起诉的权力、撤回起诉的权力等具体检察权，其并不直接体现为对刑事不法的监督，而是为了正确地行使公诉权而设置的。再例如，民事抗诉权的构成内容调卷权、调查权和决定不抗诉权，我们不能说这些具体检察权都直接体现了对民事审判的法律监督，而只能说是为了正确履行民事抗诉权而设置的。

_____

① 参见最高人民检察院《人民检察院民事诉讼监督规则（试行）》。

　　当然，有些具体检察权看上去是直接体现了法律监督的性质，例如，公诉权中决定起诉的权力直接体现了对刑事不法的监督，通知纠正违法侦查行为的职权直接体现了对侦查行为的监督，刑事抗诉权直接体现了对刑事审判的监督，而民事抗诉权则直接体现了对民事审判的监督，等等。笔者认为，这些具体检察权因属于相应基本检察权的核心实现手段，在性质特征上非常"接近"基本检察权，因而看上去能够直接体现法律监督的属性。但是，这只是一种"机缘"，它并不改变这些具体检察权服务于基本检察权的实现而基本检察权直接体现法律监督属性的事实。

　　总之，"法律监督"意指检察权之整体，也具体分指检察权结构中的基本检察权，但并不分指具体检察权。换言之，"法律监督"并不意指"全部的"检察职权。那么，这是否会影响法律监督机关的定位？笔者认为，由于作为整体的检察权是由诸基本检察权所构成，而众多的具体检察权在结构上又是归属于相应的基本检察权范畴下，因而"法律监督"分指基本检察权，也就是意味着意指检察权之整体，所以根本不影响法律监督机关的整体定位。

　　同时，我们也可以看到，无论是作为整体的检察权还是检察权结构中的基本检察权，都是一种概括性的权力，因为作为整体的检察权由基本检察权所构成，而基本检察权又由众多具体检察权所构成。在这个意义上，"法律监督"无论是意指检察权之整体还是分指检察权结构中的基本检察权，其意指都具有"概括性"。"法律监督"并非事无巨细地指向一项一项具体的检察职权，其只是概括性地意指基本检察权及作为整体的检察权。我们称之为"法律监督意指的概括性"。

　　"法律监督意指的概括性"提示我们，应当从相对整体上理解法律监督机关的定性，不能机械地认为检察机关的每一项职权或活动都直接等同于法律监督。如果因为宪法规定人民检察院是国家的法律监督机关，便认为检察机关的每一项职权或活动都是法律监督，那么这就会迈向"绝对论"这一极端。[①]

　　更为重要的是，"法律监督意指的概括性"还提示我们，"法律监督"的定位与具体检察权的构造是相对分离的。"法律监督"并不意指具体检察权，具体检察权无须直接按照法律监督的属性来设置或者处处体现"监督"的色彩。具体检察权只是基本检察权实现的手段与方式，其主要目的是服务于基本检察权的实现，因此为了能够妥当实现以及更好地实现基本检察权，具体检察

---

　　① 就如说人民法院是国家的"审判机关"，我们不能认为人民法院的任何职权或活动都是"审判"，即便是法庭审判场合，法庭上的有些活动（例如对当事人回避申请的处理）也并非都直接是"审判"性质。

权到底应当如何设置，是完全可以讨论、可以变通、可以完善的。一言之，在法律监督机关的整体定位下，具体检察权的构造仍然有着较大的自为空间和较丰富的可能样态。这一点对于正确认识与理解我国检察制度非常重要。于此，笔者想以一个对检察监督的典型质疑为例来加以说明并结束我们的讨论。

　　一些刑事诉讼法学者质疑公诉与法律监督存在着不可调和的矛盾，检察机关在刑事审判法庭上如果履行审判监督者的角色，那么检察机关就会成为"超级法院"，就会冲击审判的指挥权和审判权威，影响法院审判权的独立行使。① 在这些质疑观点看来，似乎检察机关作为法律监督者必然会在法庭上对法官"指手画脚"、"气势凌人"，从而不可避免地形成"检法冲突"。笔者认为，这些质疑观点实际上是严重混淆了基本检察权与具体检察权的区别。检察机关对刑事审判的法律监督属于基本检察权，该基本检察权需要通过具体检察权来落实与实现。前述质疑观点其实都是对于检察机关刑事审判监督权具体行使的担忧，即属于具体检察权层面的问题。事实上，具体检察权的构造问题相对分离于"法律监督"的定位，未必亦无须处处展示鲜明的"监督"色彩，更遑论"指手画脚"、"气势凌人"。在确保实现刑事审判监督权之基本检察权的前提下，我们完全可以对具体检察权的构造问题展开讨论，乃至对现行法定的具体检察权加以变革与完善，以期符合现代刑事诉讼的基本规律及其内生要求，从而避免所谓"超级法院"问题。② 笔者坚信，检察机关对于法院刑事审判的监督属于制约性的监督（而非上对下的管理性监督），通过合理、妥当地构造具体检察权，让"诉讼程序成为法律监督的载体系统"，③ 能够预期做到既实现刑事审判监督之基本检察权，又能维护刑事审判法庭秩序和审判权威。至于如何具体构造，这是需要另外展开讨论的重要课题，值得我们深入思考。

---

　　① 关于此方面的质疑，详见郝银钟：《检察权质疑》，载《中国人民大学学报》1999 年第 3 期；夏邦：《中国检察院体制应予取消》，载《法学》1999 年第 7 期；崔敏：《论司法权的合理配置》，载《依法治国与司法改革》，中国法制出版社 1999 年版；陈卫东：《我国检察权的反思与重构——以公诉权为核心的分析》，载《法学研究》2002 年第 2 期；陈瑞华：《问题与主义之间——刑事诉讼基本问题研究》，中国人民大学出版社 2003 年版，第 32 页以下。

　　② 其实，在欧美国家的刑事诉讼过程中，作为公诉人的检察官对于法官审判也是负有监督职能的，也就是说公诉与监督审判职能在某种程度上是有机统合的。参见朱孝清：《检察的内涵及其启示》，载《法学研究》2010 年第 2 期。

　　③ 王桂五：《中华人民共和国检察制度研究》，法律出版社 1991 年版，第 257 页。

中国特色社会主义法律监督理论的主旨与内核[*]

郑智航

  自改革开放以来，中国法治建设取得了依法治国基本方略的形成与发展和依法执政基本方式的形成与发展这样两项具有重大现实意义和深远历史意义的标志性成果。[①] 无论是依法治国基本方略，还是依法执政基本方式，都极为强调以对国家权力或政府权力进行监督和制约为核心的法律监督存在的重要性。中国特色社会主义法律监督理论体系也在依法治国基本方略和依法执政基本方式的形成与发展过程中逐步形成。在中国特色社会主义法律监督理论体系中，法律监督主要具有以下两项功能："一为控制法律的运作过程，防止、控制和纠正偏差或失误；二为制控权力运作过程，防范、控制和矫治权力的扩张、滥用、腐败。"[②] 在实践中，法律监督有助于保障国家法律体系的完整性，树立法律的权威；有助于整合权力制约体系，防范权力专横、滥用和腐败；有助于预防、控制和纠正法律在运行过程中偏离其预期目标等。胡锦涛同志在十八大工作报告中指出："建立健全权力运行制约和监督体系。坚持用制度管权管事管人，保障人民知情权、参与权、表达权、监督权，是权力正确运行的重要保证。"[③] 十八大以后，习近平进一步强调了法律监督和制约的重要性，并提出，制度问题更带有根本性、全局性、稳定性、长期性。关键是要健全权力运行制约和监督体系，让人民监督权力，让权力在阳光下运行，把权力关进制度的笼子里。在中国特色社会主义法律监督理论看来，实现公民权利、推进权力下沉和实行德行治理是法律监督的三项主旨。相应的，中国特色社会主义法律监督理论体系是一个融法律功能与政治功能为一体的立体化体系。因此，中国极为重视法律监督在社会主义法治建设中的重要作用，并形成了立体化的法律监督

---

  * 原文载《法制与社会发展》2014 年第 6 期。

  ① 参见张文显：《改革开放新时期的中国法治建设》，载《社会科学战线》2008 年第 9 期。

  ② 张文显主编：《法理学》，北京大学出版社、高等教育出版社 1999 年版，第 316 页。

  ③ 胡锦涛：《坚定不移沿着中国特色社会主义道路前进为全面建成小康社会而奋斗》，载《人民日报》2012 年 11 月 18 日第 1 版。

理论格局，其主要包括人民代表大会监督理论、国家专门机关监督理论和多元化的政治与社会监督理论。

一、中国特色社会主义法律监督理论的发展

中国特色社会主义法律监督体系是中国法制现代化的进程中逐步形成的。在此过程中，中国当下的法律监督理论体系充分吸收了中国历史上的监察思想、马克思主义法律监督思想以及西方权力制衡理念的精华。"（中国特色社会主义法律监督体系）以马克思主义国家权力制衡理论基本原理和列宁维护国家法制统一思想为指导，与中国人民民主专政的政权结构和人民代表大会制度下的司法体制的实际情况紧密结合，批判继承了中国历史上的监督文化和中华法律系的优秀成分。"[①] 具体来讲，中国特色社会主义法律监督理论体系经历了苏联法律监督思想的引进阶段、改革开放之后全面的法律监督思想的形成阶段和集中对公权力行使者进行监督的强调阶段。

（一）苏联法律监督思想的引进阶段

十月革命胜利初期，是否需要法制、如何建设新法制是新生的苏维埃政权所面临的重要问题。起初，列宁秉持的是一种"法律动员"功能论。在列宁看来，法律的主要功能是动员民众、号召群众进行革命。列宁的这种强调法律政治动员功能的观念与法律实证主义所主张的法律是一套规则治理的系统的观念存在很大差异。在列宁的思想中，法律与法令是一种思想指引，并且这种思想指引经由无产阶级的革命意识转化为一种实际行动。因此，法律与法令主要依靠群众自觉遵守来实施，而不需要特殊的强制执行措施。[②] 既然群众的自觉能够保障法律与法令的实施，像法律监督这种外在保障法律实施的措施就没有存在的必要。这种反法律监督的理论在当时具有重要影响，并直接影响到苏联的政治架构。

鉴于苏联经济与社会的发展和变化以及列宁这种反法律监督论实践带来的后果，列宁愈来愈意识到仅靠群众自觉来确保法律实施是远远不够的。后来，列宁逐步改变了上述观点，并认识到法律对维护政权的极端重要性和法律必须依靠国家的强制力来实施。列宁指出："从旧习惯、旧国家的角度来看，'强迫'执行法令这句话也许使你们感到惊奇。也许他们会说，难道苏维埃共和国的情况就糟糕到这种程度，连执行全俄中央执行委员会的意志也需要强

---

① 甄贞等：《法律监督战原论》，法律出版社 2007 年版。
② 参见石少侠、郭立新：《列宁的法律监督思想与中国检察制度》，载《法制与社会发展》2003 年第 6 期。

迫！……如果你们在私下交谈时想想这些，看看我们中央政权的法令究竟有多少没有执行，那你们就会同意：最好是说实话，对我们的地方机关，就得坚决无情地实行强迫。"① 因此，列宁主张设立法律监督机构，加强法律监督。其实，此时的列宁愈来愈从中央与地方关系的角度来思考法律监督的功能。在他看来，法律监督不仅仅是确保普通民众遵守法律的一种方式，更是防止与克服地方侵蚀中央权力的重要方式。列宁说："应该估计到地方影响的作用。毫无疑问，我们是生活在无法纪的海洋里，地方影响对于建立法制和文明制度即使不是最严重的障碍，也是最严重的障碍之一。"② 在列宁思想的指引下，苏联设立检察院作为专门的法律监督机构，并在检察机关内部实行垂直的领导体制。

新中国成立以后，中国在设定法律监督制度时借鉴了苏联的法律监督思想，并认为，中国应当根据列宁的法律监督思想在国家最高权力机关领导下，设立独立的检察机关来负责法律监督工作。③ 之所以要引用和借鉴苏联的法律监督思想，主要有以下几个方面的原因：第一，相同的意识形态。中国和苏联都是在马克思主义理论指导下结合本国实际取得胜利的，中国借鉴苏联的法律监督模式体现了对马克思主义意识形态的认同。第二，人民民主国家观的契合。苏联的法律监督思想是建立在反对资产阶级"三权分立"和议会制基础上的，从而体现了一种新型民主政权观，这正是中国所主张的一种民主政权观。第三，所面临有境遇和任务存在类似性。新中国成立初期，中国和苏联一样都需要建立中央集权制度来处理中央和地方关系，而建立类似于苏联那样强有力的法律监督机关对于处理中央和地方关系具有重要意义。④

（二）改革开放之后全面的法律监督思想的形成阶段

虽然新中国成立初期，积极探寻符合社会主义本质的法律监督理论和制度设计，1957 年反右运动的全面开展，使行政、司法部门和理论界都成为了打击的对象，刚开始探寻的法律监督理论和制度建设也被中断。直到十一届三中全会的召开，法律监督制度建设才被重新提上议事日程，从而为中国特色社会主义法律监督理论的形成提供了新的契机。⑤ 1980 年 8 月，邓小平在《党和国

---

① 《列宁全集》（第 35 卷），人民出版社 1985 年版，第 413 页。

② 《列宁全集》（第 43 卷），人民出版社 1987 年版，第 196 页。

③ 参见王桂五主编：《中华人民共和国检察制度研究》，法律出版社 1991 年版，第 164 页。

④ 参见石少侠、郭立新：《列宁的法律监督思想与中国检察制度》，载《法制与社会发展》2003 年第 6 期。

⑤ 参见孙季萍、汤唯：《新中国法律监督制度的曲折发展》，载《南京大学法律评论》2001 年春季号。

家领导制度的改革》一文中，明确提出："要健全干部的选举、招考、任免、考核、弹劾、轮换制度"。① "要有群众监督制度，让群众和党员监督干部，特别是领导干部。凡是搞特权、特殊化，经过批评教育而又不改的，人民就有权依法进行检举、控告、弹劾、撤换、罢免，要求他们在经济上退赔，并使他们受到法律、纪律处分。"② 就这一时期的法律监督理论和制度设计的特点而言，主要可以概括为形成全面的法律监督体系。所谓全面的法律监督体系，是指除了需要形成以人民代表大会、政府、法院和检察院为主的国家权力机关的法律监督和以中国共产党在内的政治团体、社会团体、群众组织和个人为主的社会监督相结合的立体化的法律监督网络外，还需要强化对普通公民是否守法进行全面的监督。

（三）集中对公权力的行使者进行监督与制约的强调阶段

近年来，权力腐败、权钱交易、权力寻租现象也来也普遍，人们愈来愈意识到需要对公权力的行使者进行的法律监督加予强化，从而使公权力的行使者受到最大限度的约束。2012 年温家宝在《求是》上发表了题为"让权力在阳光下运行"的文章。在该文中，温家宝指出："我们坚持在政府各项工作中全面贯彻反腐倡廉的要求，加强政府改革建设，实行科学民主决策，坚持依法行政，加强对权力运行的监督制约，有针对性地解决突出问题，注重抓好长期性基础性工作，创造条件让人民群众监督政府。"③ 为了强化对公权力的行使者进行监督与制约，理论界和实践者都愈来愈重视西方权力制衡思想对中国特色社会主义法律监督体系的发展与完善所具有的重要作用。在他们看来，西方权力制衡思想奉行的是不同权力主体之间是一种具有平等地位的相互制约和相互竞争的关系，西方的法律监督则内含在权力日常运作过程中，即国家权力分为议事、行政、审判三种机能，并且这三种机能要是有一个良好的组织，整个国家权力也就能够健康运作。中国特色社会主义法律监督理论并没有承认西方三权分立与制衡这套体制，但是作为权力分立与制衡的前提的权力之间职能分工以及在此基础防止权力的过度集中愈来愈得到中国政府的认可。温家宝曾经指出，土地审批出让、矿产资源开发、公共工程建设、企业重组改制、金融等领域腐败现象仍然易发多发，教育、医疗、社保、环保等社会事业和民生领域腐败案件增多，少数中央企业的腐败案件影响恶劣、执法不公、行政不作为乱作为等问题比较突出，形式主义、官僚主义严重，奢侈浪费之风屡禁不止。其原

---

① 《邓小平文选》（第 2 卷），人民出版社 1983 年版，第 291 页。
② 《邓小平文选》（第 2 卷），人民出版社 1983 年版，第 292 页。
③ 温家宝：《让权力在阳光下运行》，载《求是》2012 年第 8 期。

因就在于权力过于集中又得不到有效约束。① 2012 年 12 月，习近平在首都各界纪念现行宪法公布施行 30 周年大会上的讲话中指出：“要健全权力运行制约和监督体系，有权必有责，用权受监督，失职要问责，违法要追究，保证人民赋予的权力始终用来为人民谋利益。”② 2013 年 1 月，习近平在十八届中央纪委第二次全会上强调：“要加强对权力运行的制约和监督，把权力关进制度的笼子里，形成不敢腐的惩戒机制、不能腐的防范机制、不易腐的保障机制。”通过对习近平有关对公权力进行监督与制约的分析，我们可以发现，中国在强化法律监督的同时，进一步强化了权力之间相互制约的重要性，因为权力制约能够克服监督陷入无限循环的怪圈。

二、中国特色社会主义法律监督理论的主旨

通过对中国特色社会主义法律监督理论发展脉络的简单梳理，我们发现中国特色社会主义法律监督理论有三个方面的主旨：一是保证权力合法行使而不被滥用，从而实现对公民权利的维护；二是通过确保法律的统一性来确保中央与地方的一致性；三是约束官员行为，实现一种德行治理。

（一）作为公民权利实现方式的法律监督

从国家构成来看，中国建立了全国人民代表大会统率的“一府两院”国家架构。全国人民代表大会和地方各级人民代表大会都由民主选举产生，对人民负责，受人民监督。国家行政机关、审判机关、检察机关都由人民代表大会产生，对它负责，受它监督。这些机关虽然分工不同、职责不同，但都是在中国共产党领导下、在各自职权范围内贯彻落实党的路线方针政策和宪法法律，为建设和发展中国特色社会主义服务。因此，它们在根本利益上是一致的。这种利益的一致性决定中国法律监督的主旨不是权力之间的制衡，而是实现公民权利。就西方权力制衡理论的实质而言，它更多反映的是各个政党之间的斗争与妥协。因为无论是西方的议会，还是政府，抑或是司法机关都往往会被政党控制，③ 通过这种相互制衡的方式能够达成各方利益的平衡，“即必须让社会

---

① 参见温家宝同志在国务院第三次廉政工作会议上发表的题为“加强重点领域反腐倡廉制度建设 切实提高制度执行力”的讲话。

② 习近平：《在首都各界纪念现行宪法公布施行 30 周年大会上的讲话》，载《人民日报》2012 年 12 月 5 日第 2 版。

③ 张文显教授在《充分认识人民代表大会制度与西方议会制度的本质区别》一文中指出，在西方国家，立法机关、行政机关和司法机关有时候会由一个政党控制，有时候由不同政党分别控制。它们经常以牺牲民众的利益为代价争吵不休、互相扯皮。参见张文显：《充分认识人民代表大会制度与西方议会制度的本质区别》，载《人民日报》2009 年 3 月 12 日第 11 版。

中的主要利益团体联合参与政府职能，以此来防止任何一个利益团体可能将自身的意志强加于其他利益团体". ① 而中国的立法机关、司法机关和行政机关都是中国共产党一手建立起来的，它们必须得受到中国共产党的领导。② 因此，国家机关内部不存在势均力敌的利益集团，自然地，西方的制衡理论在中国场域中难以奏效。

在中国官方意识形态看来，法律监督是为了确保法律实践能够保障公民权利的实现。但是，中国的权利观念与西方权利观念存在差异。西方权利观是建立在个人优先哲学观基础上，强调人是一种"原子化"状态的人。它认为个人先于其他个人、社会和国家而存在，并且其他个人、社会和国家是实现其目的的一种工具和手段。因此，以个人优先的哲学观为基本预设并以斗争理念为指导的权利实现理论的核心就在于"有权利就是指有权对他人或社会提出要求"。③ 由于这种权利观对其他个人、社会和国家秉持的是这样一种工具性或手段性的理解，其他个人、社会和国家作为一个独立实体的自身意义就在一定程度上被消解。④ 或者说，这种权利理念总是预设只要国家不干涉，个人的权利就一定能够实现，"对政府干涉的豁免甚至被说成是宪政主义的本质"。⑤ 因此，权利的实现在很大程度上是个人或由个人组成的社团组织能够成功地对抗国家。而在中国官方的意识形态中，权利意识带有明显的集体主义色彩，即权利并非个人对抗国家的武器，而是个人在国家这个结构中能够实现的利益，因此，中国的权利观念具有强烈的实证主义色彩，即权利是由国家通过立法的形式赋予给公民的，并由国家权力保障实现的利益。从这种意义上讲，中国当下的权利观少了西方权利观的那种自然法的意味。对此，我们以胡锦涛同志代表十六届中央委员会向中国共产党第十七次全国代表大会所作的报告为例："发展基层民主，扩大直接民主权利，保障公民平等参与、平等发展的权利，保障人民享有更多更切实的民主权利；"学有所教、老有所得、病有所医、老有所养、住有所居"等民生权利，亦即受教育权、教育公平权利，就业权、劳动

----

① ［英］M. J. C. 维尔：《宪政与分权》，苏力译，三联书店1997年版，第31页。

② 蔡定剑教授认为，我国人民代表大会在中国共产党的领导下活动，西方国家政党在议会中活动。人民代表大会在党领导下行使职权，是我国的政治特点。在我国，人民代表大会制度是中国共产党领导一手建立起来的，人民代表大会必须服从党的领导，这是中国国情。参见蔡定剑：《我国人民代表大会与西方议会有何不同》，载《检察日报》2004年8月30日第6版。

③ ［美］J. 辛格：《实用主义、权利和民主》，王守昌等译，上海译文出版社2001年版，第17页。

④ 参见李拥军、郑智航：《从斗争到合作：权利实现的理念更新与方式转换》，载《社会科学》2008年第10期。

⑤ ［美］史蒂芬·霍尔姆斯、凯斯·R. 桑斯坦：《权利的成本》，毕竞悦译，北京大学出版社2004年版，第20页。

权、健康权，就医权，居住权，环境权；财产权，取得财产性收人的权利，财产受平等保护的权利；农民土地承包经营权；全体公民的人身安全、财产安全、居住安全的权利，等等。"①

中国官方所强调的这些权利形态并非西方那种立基于个人优先哲学的权利观念所能解释，它们都需要国家履行大量的给付义务。因此，国家与个人之间是一种互助合作的关系。而权力制衡是建立在消极权利观念基础上，其更为强调的是一种国家的不作为。因此，国家往往被限缩到"守夜人"的角色。这样一种观点显然与中国官方所主张的权利理念存在出路。而中国特色社会主义法律监督体系强调的是国家各个部门严格按照成文法的规定落实公民的各项权利。例如，贾春旺同志在第十一届全国人民代表大会第一次会议上所作的《最高人民检察院工作报告》中指出："积极开展民事审判和行政诉讼法律监督。依法受理和及时审查不服人民法院生效判决、裁定的申诉，重点加强对严重侵害国家和社会公共利益，侵害农民工、下岗职工等困难群众利益，因司法工作人员贪赃枉法导致司法不公等案件的监督。对认为确有错误的民事、行政裁判提出抗诉 63662 件、再审检察建议 24782 件；对裁判正确的，认真做好申诉人的服判息诉工作。一些地方检察院开展了对涉及公益案件的支持起诉、督促起诉工作。"②

从中我们可以解读出这样几个信息：第一，维护公民权利是中国特色社会主义法律监督的主旨之一。为了维护公民权利，人民检察院享有上诉权、抗诉权、再审建议权等。也正是因为检察院享有这些权力，人民法院的司法审判活动能够最大限度地符合民众的要求。第二，法律监督体现了国家机关的"亲民情结"。一如上文所述，西方权力制衡折射出来的是国家与个人的消极对抗关系，而中国的法律监督体系强调的是国家与个人之间的互助合作，因此，法律监督不但要关注法律能否得到落实，还要关注民众是否愿意接受法律。人民检察院在行使法律监督时，往往会设身处地地为民众着想，对裁判正确的，认真做好申诉人的服判息诉工作，从而使民众心甘情愿地去接受法律判决。第三，人民检察院通过充分发挥督促起诉权来最大限度地保障公民的基本权利。近年来，山东省兖州市检察院督促起诉的无名氏维权民事诉讼案；广东省深圳市宝安区法院对宝安区检察院督促起诉的无名氏维权民事诉讼案等都集中体现了这一点。

---

① 胡锦涛：《高举中国特色社会主义伟大旗帜为夺取全面建设小康社会新胜利而奋斗》，载《人民日报》2007 年 10 月 25 日第 1 版。

② 贾春旺：《最高人民检察院工作报告》，载《人民日报》2008 年 3 月 23 日第 2 版。

（二）作为权力下沉方式的法律监督

新中国成立以后，中国共产党试图通过一系列措施使国家权力下沉到基层社会，从而确保自己执政的合法性。毛泽东同志曾在《论十大关系》中指出："处理中央和地方的关系，这对于我们这样的大国大党是一个十分重要的问题。""我们的宪法规定，立法权集中在中央。但是在不违背中央方针的条件下，按照情况和工作需要，地方可以搞章程、条例、办法，宪法并没有约束。我们要统一，也要特殊。为了建设一个强大的社会主义国家，必须有中央和强有力的统一领导，必须有全国的统一计划和统一纪律，破坏这种必要的统一，是不允许的。"① 中国特色社会主义法律监督体系就是在这种背景下逐步建立起来的。在此过程中，法律监督承担着国家权力下沉的功能，即通过具体法律监督活动，拉近民众与国家的距离，消除中国传统的国家—社会二元结构，达致中央与地方的高度统一。因此，以确保法律统一性的方式来确保中央与地方的一致性是中国特色社会主义法律监督另一主旨。

在中国特色社会主义法律监督体系中，国家权力下沉到基层最根本的落脚点就是要确保中央的权威。邓小平同志一再强调："中央定了措施，各地各部门就要坚决执行，不但要迅速，而且要很有力，否则就治理不下来。""如果没有中央的权威，就办不到。各顾各，相互打架，相互拆台，统一不起来。谁能统一？中央！中央就是党中央、国务院。"② 要想实现国家权力下沉和保持中央权威就必须得坚持民主集中制。江泽民同志指出："在改革开放和发展社会主义市场经济的条件下，民主集中制不仅不能削弱，而且必须完善和发展……要维护中央权威，在思想上、政治上同中央保持一致，保证党的路线和中央的决策顺利贯彻执行……领导干部要带头遵守民主集中制的各项规定，维护大局，严守纪律，防止个人专断和各自为政，反对有令不行、有禁不止。"③ 之所以说中国特色社会主义法律监督体系能够有力地实现国家权力下沉和维护中央权威之目的，其理由主要有以下两个方面：一方面，国家的法律在法律监督过程中起到统一标准的作用。中央虽然给地方赋予了一定的权力，但是，这种权力更多地是一种行政事务管理方面的权力。因此，地方只是一个行政实体，而非政治实体。虽然地方享有一定的立法权，但是，这种立法权主要是对中央立法的具体化，因此，中央的立法具有方向性和指引性。④ 对此，邓小平

① 《毛泽东著作选读》，人民出版社1986年版，第729页。
② 《邓小平文选》（第3卷），人民出版社1993年版，第277页。
③ 江泽民：《高举邓小平理论伟大旗帜，把建设有中国特色社会主义事业全面推向二十一世纪》，载《求是》1997年第18期。
④ 参见张丽娟：《中央对地方的合法性监督》，载《中国党政干部论坛》2010年第3期。

同志说："现在中央行使权力，是在大的问题上，在方向问题上。"① 国家通过法律监督的方式能够确保地方严格按照国家法律规定来做出决策和进行活动，从而保障地方做法与中央立法精神相一致。② 另一方面，在中国特色社会主义建设过程中，思想上的统一是一项重要的内容。国家权力下沉不但要求国家的技术治理能够覆盖到地方或基层社会，它还强调中央与地方在思想上的高度统一。这也是中国特色社会主义精神文明建设的重要内容。而法律，在中国官方看来，它不单单是一套规则治理体系，更是一种精神文化，体现着社会主义精神风貌。因此，加强法律监督不但有助于技术治理向基层社会渗透，也有助于社会主义精神文明建设在地方或基层社会得到落实。

（三）作为德行治理方式的法律监督

在中国特色社会主义建设过程中，中国主动将西方法治传统与中国传统法治精神结合起来，并逐步走上了一条"内儒外法"的法治道路。这条道路不但强调法律条文在法治治理中具有重要作用，也强调官员的德行在法治治理中的作用。而官员德行往往又被纳入"整党"的高度来给予关注。在中国共产党看来，及时、主动发现党内存在的问题并进行有力纠正是中国共产党战胜国民党的重要原因之一。1948 年 5 月 21 日，毛主席在为中共中央起草的对党的指示中提出要按正确政策实行初步整党。1951 年 2 月 28 日，毛主席在为中共中央起草的党内通报中进一步明确了整党的相关内容。③ 1953 年 1 月 5 日毛主席在为中共中央起草的党内指示中提出了反对官僚主义，命令主义和违法乱纪。④ 毛泽东同志对官员德行的强调被以后的领导人所继承，并形成了中国特色德行治理方式。所谓德行治理，是指国家权力行使者以超越职业要求的思想、道德和品行要求为工作动力对社会进行治理。⑤ 这种德行治理方式不但要看到对权力的制约，还要看到权利主体在权力运行过程中道德因素对权力正确行使的意义。⑥ 因此，治理官员是中国特色社会主义法律监督的主旨之一。在中国当下的语境下，这种德行治理所强调的思想、道德和品行要求往往是一个中国共产党党员所应当具备的思想、道德和品行要求。近年来，中国共产党开展

---

① 《邓小平文选》（第 3 卷），人民出版社 1993 年版，第 278 页。

② 参见韩成军：《人民代表大会制度下检察机关一般监督权的配置》，载《当代法学》2012 年第 6 期。

③ 参见《毛泽东文集》（第六卷），人民出版社 1999 年版，第 145～146 页。

④ 参见《毛泽东文集》（第六卷），人民出版社 1999 年版，第 253～255 页。

⑤ 参见陈柏峰：《群众路线三十年（1978－2008）》，载《北大法律评论》2010 年第 1 辑。

⑥ 张康之教授认为，"人们仅仅看到权力而看不到权力主体，看到权力对权力的制约，而看不到权力主体在权力运行过程中道德因素对权力正确行使的意义"。这一结论显然是针对西方权力制衡理念来说的。参见张康之：《试论抽象权力和具体权力》，载《中国人民大学学报》2000 年第 6 期。

的"三讲"教育、"保先教能"、"争先创优活动"等都是在强调这种德行治理的重要性。因此，官员在法律实践中，不但要严格遵守国家的法律，还要严守党的纪律，并且这两者是紧密在一起的。相应地，中国建立了检察机关与纪检监察部门都行使一定监督权的双重监督模式。针对中国当下存在的领导干部腐败而严重削弱德行治理能力的现象，中国共产党在十八届三中全会中明确提出："健全反腐倡廉法规制度体系，完善惩治和预防腐败、防控廉政风险、防止利益冲突、领导干部报告个人有关事项、任职回避等方面法律法规，推行新提任领导干部有关事项公开制度试点。健全民主监督、法律监督、舆论监督机制，运用和规范互联网监督。"①

三、人民代表大会法律监督理论

人民代表大会制度是我国的根本政治制度，人大及其常委会是代表人民管理国家和社会事务的国家权力机关。江泽民同志在中国共产党第十五次全国代表大会上指出："坚持和完善人民代表大会制度，保证人民代表大会及其常委会依法履行国家权力机关的职能，加强立法和监督工作，密切人民代表同人民的联系。"② 这也就意味着人民代表大会的法律监督从根本上讲，要在尊重既有宪法和法律权威的前提下，逐步理顺人大与党、政府、司法机关、军队以及各种社会团体的关系。这也在事实上区别于西方"三权分立与制衡"的法律监督模式。③ 具体而言，中国特色的人民代表大会法律监督主要包括立法监督和对宪法与法律实施的监督两个方面的内容。

（一）立法监督

所谓立法监督是指国家权力机关对享有立法权的国家机关的立法活动及其结果的合法性所进行的监督。1954 年宪法规定，全国人大常委会有权撤销国务院制定的同宪法、法律和法令相抵触的决议和命令，改变或者撤销省、自治区、直辖市国家权力机关的不适当的决议。同时规定，地方各级人大在本行政区域内，保证法律、法令的遵守和执行，有权改变或撤销本级人民委员会的不适当的决议和命令。1978 年宪法重申了人民代表大会进行立法监督的规定。1982 年宪法总结了历史经验教训，并根据地方县级以上人大设立常委会以及全国人大常委会和地方人大及其常委会权力的扩大等情况，对立法监督作了进

---

① 《中共中央关于全面深化改革若干重大问题的决定》，载《党建》2013 年第 12 期。

② 江泽民：《高举邓小平理论伟大旗帜，把建设有中国特色社会主义事业全面推向二十一世纪》，载《求是》1997 年第 18 期。

③ 参见谢岳：《完善人大制度：中国政治体制改革的当务之急》，载《学术月刊》2005 年第 6 期。

一步规定，不仅扩大了立法监督主体的范围，而且扩大了立法监督的适用范围，在很大程度上完善了国家的这一制度。新中国成立以后，中国之所以如此重视人民代表大会的立法监督，主要是基于建立一个中央与地方高度统一的国家的考虑，从而为处理中央与地方关系奠定坚实的法律基础。法律监督承担着国家权力下沉的功能，即通过具体法律监督活动，拉近民众与国家的距离，消除中国传统的国家—社会二元结构，达致中央与地方的高度统一。因此，以确保法律统一性的方式来确保中央与地方的一致性是中国特色社会主义法律监督的一个重要主旨。

具体而言，全国人大的监督对象的范围，主要包括以下几个方面的内容：一是全国人大常委会在全国人大闭会期间对基本法律所作的补充和修改。宪法规定，中华人民共和国全国人民代表大会是最高国家权力机关。它的常设机关是全国人民代表大会常务委员会。全国人民代表大会常务委员会应当对全国人民代表大会负责。全国人民代表大会和全国人民代表大会常务委员会行使国家立法权。为了确保全国人民代表大会常务委员会立法权的科学行使，宪法规定全国人民代表大会对全国人大常委会在全国人大闭会期间所补充和修改的立法进行法律监督。倘若全国人大常委会进行的补充立法和修改违背了法律，全国人民代表大会可以撤销。二是全国人大常委会制定和修改的基本法律以外的其他法律，保证它们符合宪法和基本法律。宪法规定，全国人民代表大会常务委员会享有制定和修改除应当由全国人民代表大会制定的法律以外的其他法律的职权。为了保证这些法律的科学性和有效性，全国人民代表大会对这些法律具有审查权。三是全国人大有权改变或撤销全国人大常委会不适当的决定。立法法第88条规定："全国人民代表大会有权改变或者撤销它的常务委员会制定的不适当的法律，有权撤销全国人民代表大会常务委员会批准的违背宪法和本法第六十六条第二款规定的自治条例和单行条例。"

根据宪法的规定，全国人大常委会在全国人大闭会期间对基本法律所作的补充和修改；全国人大常委会制定和修改的基本法律以外的其他法律，保证它们符合宪法和基本法律。因此，全国人大常委会具有立法监督权。在实践中，全国人大常委会利用批准、备案、审议等方式来对立法工作进行监督。近年来，全国人大常委会开展的立法后评估试点工作就是全国人大常委会行使立法监督权的又一重要创举。吴邦国同志在十一届全国人民代表大会第五次会议上讲道："选择科学技术进步法、农业机械化促进法开展立法后评估，重点就有关科技项目知识产权的归属和使用、企业研发投入的激励机制，以及农机跨区域作业服务、农机购置补贴、农机燃油补贴等法律制度的科学性、可操作性以及法律执行的有效性作出客观评价。常委会审议了相关报告，要求在认真总结试点经验的基础上，进一步完善立法后评估工作机制，推动这项工作经常化规范化。"① 大体来讲，全国人大常委会的监督对象和范围包括：一是国务院制定的行政法规；二是同外国缔结的条约和重要协定；三是地方性法规；四是自治条例和单行条例；五是授权性立法；六是特别行政区立法机关的立法。②

新中国成立之初，由于各种原因，只设立了全国人大设立了常委会，没有规定地方人大设立常委会。随着时间的推移，地方人大没有常设机构而形成的弊端越来越明显。直到1979年，五届全国人大二次会议通过宪法修正案和《中华人民共和国地方各级人民代表大会和地方各级人民政府组织法》，把县级及其以上地方人大设立常委会作为一项重要的制度正式确立下来。随着地方人大及其常委会各项制度的日趋健全，它们对立法科学性、民主性愈来愈起到重要作用。特别是省级人大及常委会在立法方面所起到的监督作用。就其监督对象和范围而言，主要包括：一是省、自治区政府所在地的市和国务院批准的较大的市的人大及其常委会制定的地方性法规；二是自治州、自治县的人大制定的自治条例和单行条例。

（二）宪法与法律实施的监督

在中国特色社会主义法律监督体系中，维护宪法和法律的权威，从而确保中央的权威是法律监督的一项重要功能。邓小平同志一再强调："中央定了措施，各地各部门就要坚决执行，不但要迅速，而且要很有力，否则就治理不下来。""如果没有中央的权威，就办不到。各顾各，相互打架，相互拆台，统一不起来。谁能统一？中央！中央就是党中央、国务院。"③ 要想实现国家权力下沉和保持中央权威就必须得坚持民主集中制。江泽民同志指出，"在改革开放和发展社会主义市场经济的条件下，民主集中制不仅不能削弱，而且必须完善和发展……要维护中央权威，在思想上、政治上同中央保持一致，保证党的路线和中央的决策顺利贯彻执行……领导干部要带头遵守民主集中制的各项规定，维护大局，严守纪律，防止个人专断和各自为政，反对有令不行、有禁不止"④。习近平同志反复强调宪法是保证党和国家兴旺发达、长治久安的根本法，具有最高权威。要想让宪法具有权威就必须得进一步健全宪法实施监督机制和程序。之所以说中国特色社会主义法律监督体系能够有力维护中央权威之目的，其理由主要有以下两个方面：一方面，国家的法律在法律监督过程中

---

① 吴邦国：《全国人民代表大会常务委员会工作报告》，载《人民日报》2012年3月19日第1版。

② 参见张文显主编：《法理学》，高等教育出版社、北京大学出版社1999年版，第319页。

③ 《邓小平文选》（第3卷），人民出版社1993年版，第277页。

④ 江泽民：《高举邓小平理论伟大旗帜，把建设有中国特色社会主义事业全面推向二十一世纪》，载《求是》1997年第18期。

起到统一标准的作用。中央虽然给地方赋予了一定的权力，但是，这种权力更多地是一种行政事务管理方面的权力。因此，地方只是一个行政实体，而非政治实体。虽然地方享有一定的立法权，但是，这种立法权主要是对中央立法的具体化，因此，中央的立法具有方向性和指引性。① 对此，邓小平同志说："现在中央行使权力，是在大的问题上，在方向问题上。"② 国家通过法律监督的方式能够确保地方严格按照国家法律规定来做出决策和进行活动，从而保障地方做法与中央立法精神相一致。另一方面，在中国特色社会主义建设过程中，思想上的统一是一项重要的内容。国家权力下沉不但要求国家的技术治理能够覆盖到地方或基层社会，它还强调中央与地方在思想上的高度统一。这也是中国特色社会主义精神文明建设的重要内容。而法律，不单单是一套规则治理体系，更是一种精神文化，体现着社会主义精神风貌。因此，加强法律监督不但有助于技术治理向基层社会渗透，也有助于社会主义精神文明建设在地方或基层社会得到落实。

　　为了将人民代表大会及其常委会法律与宪法实施的监督权落到实处，根据宪法和组织法的规定，全国人民代表大会及其常务委员会享有监督宪法与法律实施的权力；地方各级人大监督宪法和法律在本行政区域内的实施。具体而言，人民代表大会及其常委会对法律与宪法实施的监督权主要体现在以下几个方面：第一，处理违宪事件。全国人大及常委会有权宣布违宪的法律、法规和其他决定、命令无效。第二，听取和审议同级行政机关和司法机关的工作报告，并进行质询和询问。近年来，人民代表大会的监督力量得到了进一步增强，吴邦国同志在第十一届全国人民代表大会第五次会议上讲："依法开展专题询问，增强人大监督工作的力度。去年，我们选择保障性住房建设、教育改革、财政决算等方面的问题，采取联组会议和分组会议的方式开展专题询问。常委会组成人员深入调研、精心准备，提出问题更具深度和针对性，国务院有关部门负责同志虚心听取意见，实事求是回答询问。中央主要媒体进行现场报道，产生了积极的社会反响。通过这些年的实践，专题询问逐步机制化规范化，有力推动了有关方面改进工作。"③ 第三，针对重大问题组织调查委员会进行调查处理。宪法第 71 条规定："全国人民代表大会和全国人民代表大会常务委员会认为必要的时候，可以组织关于特定问题的调查委员会，并且根据调查委员会的报告，作出相应的决议。"根据全国人大议事规则的规定，调查

---

① 参见张丽娟：《中央对地方的合法性监督》，载《中国党政干部论坛》2010 年第 3 期。
② 《邓小平文选》（第 3 卷），人民出版社 1993 年版，第 277 页。
③ 吴邦国：《全国人民代表大会常务委员会工作报告》，载《人民日报》2012 年 3 月 19 日第 1 版。

委员会必须在全国人民代表大会或者常务委员会会议期间产生。主席团、3 个以上的代表团或者十分之一以上代表联名，可以提议组织关于特定问题的调查委员会，由主席团提请大会全体会议决定。该议案一经全体代表过半数表决通过，特定问题调查委员会这一临时性机构即告成立。调查委员会由主任委员、副主任委员若干名和委员若干人组成，实行委员会制。调查委员会组成人员的人选由主席团在代表中提名，提请大会全体会议通过。调查委员会还可以聘请专家参加调查工作。① 第四，受理人民群众的申诉、控告、检举，罢免或撤销有关人员职务。

四、国家专门机关法律监督理论

设立专门的法律监督机关是中国特色社会主义法律监督体系与西方法律监督体系的重要区别之一。这种区别主要表现为"我国没有选择三权分立政权结构下检察权仅作为行政权一个'附属品'的制度安排，而是选择法律监督权相对独立的制度安排"，② 即检察机关独立行使法律监督权的国家机关。至于检察机关是否应当作为专门的法律监督机关曾经展开了一场讨论，并且在后来的法制进程中，也有人曾经提出要取消检察院独立的法律监督地位。

在新中国成立前，在起草中央人民政府组织法时，关于是否将检察机关作为法定的独立的法律监督机关出现了两种不同的看法：一种主张检察机关直属国家权力机关，独立于行政机关和司法机关；另一种主张将检察机关隶属于行政机关或司法机关。③ 在主张检察机关独立行使法律监督权的人看来，中国的国家权力来源于人民，各个国家机关之间并不存在西方三权分立意义上的制衡关系。检察机关是人民代表大会统率下法律监督机构，既直接隶属于本级国家权力机关，又受命于国家权力机关，因而，检察机关独立行使法律监督权在实质上是国家权力机关实行法律监督的一种间接形式。④ 另外，他们也以苏联1936 年宪法规定检察机关直属于最高苏维埃，独立行使职权为佐证，来证明中国推行检察机关独立行使法律监督权的合法性。而反对者则从过去的做法来证明其隶属于行政机关或司法机关的合法性。在他们看来，过去根据地所实施

---

①　《特定问题调查委员会是怎么回事？》，载 http：//www.npc.gov.cn/npc/rdgl/rdzd/2000 - 11/01/content_ 8835.htm，2012 年 8 月 27 日访问。

②　徐汉明：《中国当代检察制度的特色及其优越性》，载《人民检察》2008 年第 15 期。

③　参见王桂五主编：《中华人民共和国检察制度研究》，法律出版社 1991 年版，第 164 页。

④　参见王桂五主编：《中华人民共和国检察制度研究》，法律出版社 1991 年版，第 166 页。

的审检合署①、政府领导司法机关的体制符合便民简政原则。最后，中国根据列宁的原则，在国家最高权力机关领导下，设立了独立的检察机关。后来，虽然检察院在"文革"中被"砸烂"，但在重建以及自1978年来以来的创新发展中，其作为专门的法律监督机关的地位得到了进一步的巩固。1982年修宪后期，有人提出，为了精简机构，可不独立检察院，而是采取西方一些国家的做法，由司法部门行使检察机关职能，把检察与司法部合并。但是，邓小平同志最终还是确定维持现状。②

　　从思想观念上看，中国特色社会主义法律监督理论如此强调检察院作为专门的法律监督机关独立行使监督权，具有以下几个思想理由：第一，中国在历史上出现的法制（治）、治国思想，尤其是其间清末民初法制（治）思想以及中国历史实践基础上，认为不成立一个专门的法律监督机构，既不利于保障公民权利，又不利于确保法律在法律监督过程中起到统一标准的作用，因为中国官方也认识到尽管国家各个机关之间建立法律监督部门可以在一定程度上起到保障法律实施的作用，但是，这种法律监督主要是系统内部的监督，而成立专门的法律监督机关则从外部进行监督，从而确保法律真正有效实施。第二，矛盾论与唯物主义辩证法是中国官方的指导哲学，设置一个外在的法律监督机关是这种指导哲学的体现。在中国特色社会主义法律监督理论看来，"法律监督本身就是一种揭露矛盾和解决矛盾的活动"③。法律的运行不但是某个部门内部的事务，也是部门与部门之间的事务，因此，法律部门内部监督主要处理的是该系统的内部矛盾，而成立的专门法律监督机关则处理的是该系统的整体与其环境内所有系统整体的矛盾，即外部矛盾。第三，中国特色社会主义法律监督理论往往从"经济基础决定上层建筑"这一理论出发来证明将检察机关定位为专门法律监督机关的合法性。在该理论看来，"在我国社会主义经济建设中，随着经济体制改革的深入进行，生产力和生产关系方面发生了一系列重大变革。生产资料所有制具体形式的变化和由此引起的人们在生产中关系和相互关系以及分配形式的变化，都需要有相应的法律制度加以确定和保护。由此可见，建立和完善社会主义法律制度是经济基础提出的客观要求，也是社会主义

---

　　① 到1945年8月抗日战争结束时，共建立了陕甘宁、晋绥、晋察冀、晋冀豫、冀鲁豫、山东等十九个根据地。在各抗日根据地，随着民主政权的建立，法制建设的逐步健全，检察制度也逐渐发展起来，陕甘宁、晋察冀、晋冀鲁豫、山东等抗日根据地均建立了检察机构。这一时期人民检察制度基本上实行的是审检合署。孙谦：《人民检察的光辉历程——纪念人民检察院恢复重建30周年》，载《人民检察》2008年第11期。

　　② 参见王汉斌：《孙小平同志亲自指导起草1982年宪法》，载《中国人大》2004年第8期。

　　③ 王桂五主编：《中华人民共和国检察制度研究》，法律出版社1991年版，第185页。

经济政治制度的特殊要求，它需要有体现国家集体意志的法律制度的保障。社会主义的法律制度，不仅应包括立法、执法、司法和守法的内容，还应当有法律监督的内容，才能形成完整的法制体系，这样，建立一个以法律监督为专责的检察机关就是完全必要的了"①。

从政治制度与权力结构来看，设立专门的法律监督机关是实现人民民主专政，健全人民代表大会制度以及完善民主集中制的内在要求。第一，设立专门的法律监督机关与人民民主专政的关系。根据马列主义国家学说，要实现人民民主专政就必须制定自己的法律，建立自己的法制，并建立专门的监督法律实施的机关，因为法律监督工作愈是有力，法律愈是能够得到普遍的、统一的和正确实施，人民民主专政就愈能得到巩固和加强。因此，国家设立专门的法律监督机关能够巩固和保障人民民主专政的实现。② 第二，设立专门的法律监督机关与人民代表大会制度的关系。从检察机关的设置来看，它是由人民代表大会产生，并对它负责，受它监督。从这个意义上讲，检察机关的法律监督权来源于人民代表大会的授权。设置专门的法律监督机关并不是在人民代表大会的权力之外在创设一种新的权力，而只是人民代表大会行使具体权力的一种方式。因为在人民代表大会的统率下设置专门的法律监督机关有助于权力内部的合理分工，协调一致地工作，从而有利于国家统一有效地组织各项事业，提高工作效率。第三，设立专门的法律监督机关与民主集中制的关系。就中国特色社会主义检察制度而言，它坚持的是以个人领导为主体的检察长负责制和以集体领导为主体的民主集中制。这种双重体制既能保证检察机关科学地行使法律监督职权，又能够保证检察机关行使监督职权的正确方向，从而将检察机关法律监督职权控制在法定范围内。

基于上面的考虑，宪法第 129 条规定："中华人民共和国人民检察院是国家的法律监督机关。"人民检察院依法对国家机关及其公职人员执法、司法活动的合法性和刑事犯罪活动进行监督。检察机关的法律监督权具有专门性、诉讼性、程序性、事后性和最低保障性等特征。③ 具体而言，这种监督主要包括以下几个方面：一是对国家工作人员贪污腐败、渎职、侵犯公民民主权利等行为进行监督。为了充分行使此项监督权力，最高人民检察院在机构设置上分别成立了反贪污贿赂总局、反渎职侵权厅、职务犯罪预防厅等，地方各级检察院

---

① 王桂五主编：《中华人民共和国检察制度研究》，法律出版社 1991 年版，第 181 页。

② 参见徐鹤喃：《论充分发挥法律监督职能，加强人民民主专政》，载《中央检察官管理学院学报》1993 年第 1 期。

③ 参见李国明、晏向华：《论检察机关法律监督权的法理和现实基础》，载《当代法学》2011 年第 6 期。

也分别设立了相应管辖部门。二是对于公安机关、国家安全机关等侦查机关侦查的案件进行审查，决定是否逮捕、是否起诉，并对侦查机关的侦查活动的合法性进行检察。三是对人民法院的刑事判决、裁定是否正确和审判活动是否合法进行监督；对于人民法院的民事审判和行政审判活动实行法律监督，对人民法院已经发生效力的判决、裁定，发现违反法律、法规规定的，依法提出抗诉。近年来，人民检察院进一步加强了对诉讼活动的法律监督。对此曹建明同志强调："顺应人民群众对司法公正的新要求新期待，突出监督重点，完善监督机制，切实履行对诉讼活动的法律监督职责"。[①] 四是对刑事案件判决、裁定的执行和监狱、看守所、劳改机关活动的合法性进行监督。为了加强刑罚执行和监管活动的监督力度，最高人民检察院提出要规范和加强派驻监管场所检察室建设，推进与监管场所的执法信息联网和监控联网。开展看守所戒具和禁闭使用情况专项检察，促进依法文明监管，维护在押人员合法权益。

五、多元化的政治与社会监督理论

在中国特色社会主义法律监督理论体系中，除了强调国家机关对法律运行进行监督外，还极为强调其他政治与社会监督，从而形成了中国共产党的监督、人民政协的民主监督与社会舆论监督、公民个人直接监督并存的多元化的政治与社会监督理论体系。这些政治和社会监督充分体现了人民当家作主这一社会主义民主政治的本质与核心。因此，加强多元化的政治与社会监督是实现人民当家作主的基本要求。胡锦涛同志在中国共产党第十七次全国代表大会上指出："人民当家作主是社会主义民主政治的本质和核心。要健全民主制度，丰富民主形式，拓宽民主渠道，依法实行民主选举、民主决策、民主管理、民主监督，保障人民的知情权、参与权、表达权、监督权。"[②] 在十八大工作报告中，胡锦涛同志再次强调中国需要建立多元化的政治与社会监督体制。

（一）中国共产党的监督

在中国特色社会主义法律监督理论中，中国共产党对于党员遵守宪法、法律以及坚持依法执政的情况享有监督权。2004 年发布并施行的《中国共产党党内监督条例（试行）》第 4 条就规定遵守宪法、法律，坚持依法执政情况是

---

① 曹建明：《最高人民检察院工作报告》，载《人民日报》2010 年 3 月 19 日第 2 版。
② 胡锦涛：《高举中国特色社会主义伟大旗帜为夺取全面建设小康社会新胜利而奋斗》，载《人民日报》2007 年 10 月 25 日第 1 版。

党内监督的重点内容之一。① 在该理论看来，中国共产党作为执政党，在国家生活中居于领导地位，因而以它为主体所进行的监督具有十分重要的地位，中国共产党的监督通过两种方式实现：一是通过行使政治领导权，督促所有国家机关、政治或社会组织及企事业单位严格依照法律办事；二是通过党的纪律检查机关和党的组织系统对自己的党员和党的组织活动的合法性进行监督。② 具体而言，中国特色社会主义法律监督理论从以下几个方面来论证中国共产党法律监督地位的合法性。

1. 党的意志与国家法律的关系。在中国特色社会主义法律监督体系形成与发展过程中，有的学者反对中国共产党具有法律监督的地位。在他们看来，现代国家体制应当是政党组建政府的体制。在该体制中，政党往往代表着一定利益集团的利益，并不能代表所有人民的利益，而议会才是人民利益的代表。如果中国共产党具有独立的法律监督地位，就会出现中国共产党凌驾于法律之上的情况。在中国特色社会主义法律监督理论看来，中国特色社会主义法律制度的形成与发展是一个历史进化的过程，而非理性建构的过程，并以此为基础证明中国共产党执政的合法性。③ 而且，中国特色社会主义理论从应然与实然两个方面将中国共产党界定为全民党。因此，中国共产党并不是某个集团利益代表的西方意义上的"政党"，而是在概念内涵与外延上都能扩展至全体人民的这样一个组织。它以思想的先进性而非利益作为区分党员与非党员的标准。既然中国共产党的概念内涵与外延都扩展全体人民，那么，它与人民的根本利益是一致的。在此前提下，中国特色社会主义理论认为中国共产党的意志与国家法律在根本上是一致的，并经过法定程序，使党的主张成为国家意志，从而上升到法律的层面。《中国共产党章程》也规定中国共产党要加强国家立法和法律实施工作，实现国家各项工作法治化。既然中国共产党在立法过程中具有领导地位，那么它也就具有监督法律实施的地位。只有这样，才能保证国家法律和党的意志得到有力实施。

2. 党管干部原则。中国特色社会主义法律监督理论从党管干部这条原则

---

① 《中国共产党党内监督条例（试行）》第4条规定党内监督的重点内容是：（1）遵守党的章程和其他党内法规，维护中央权威，贯彻执行党的路线、方针、政策和上级党组织决议、决定及工作部署的情况；（2）遵守宪法、法律，坚持依法执政的情况；（3）贯彻执行民主集中制的情况；（4）保障党员权利的情况；（5）在干部选拔任用工作中执行党和国家有关规定的情况；（6）密切联系群众，实现、维护、发展人民群众根本利益的情况；（7）廉洁自律和抓党风廉政建设的情况。

② 参见张文显主编：《法理学》，高等教育出版社、北京大学出版社1999年版，第322页。

③ 《中华人民共和国宪法》序言对中华人民共和国的形成与发展以及中国共产党执政地位的合法性所作的历史主义的证成就充分说明了这一点。特别是序言使用了"长期的艰难曲折的"、"长期的革命和建设"这样的语词。

出发推导出中国共产党具有法律监督的地位。在该理论看来，中央和地方党委对国家机关推荐领导干部是实现党对国家事务领导的重要保证，并且党委推荐干部和人大依法选举、决定任免干部，在本质上是一致的。人民代表大会的临时党组织、人大常委会党组和人大常委会组成人员以及人大代表中的党员，要自觉维护党管干部原则，认真贯彻党委意图，正确履行职责。因此，中国特色社会主义法律监督理论认为被推荐的领导干部既要向国家负责，也要向党负责，中国共产党对其行为具有当然的监督权。

3. 检察机关与党政机关监督的分工。中国特色社会主义理论认为中国共产党的一切活动都必须得在宪法与法律的范围内活动，因此，检察机关与党政机关的监督进行必要的分工与协作是必要的。在他们看来，中国共产党党员不但要遵守国家的法律还要遵守中国共产党的纪律。相应地，中国共产党党员的违法活动既是违反了国家法律的行为，也是违反中国共产党党纪的行为，需要受到双重追究，只有这样才能确保中国共产党党员的先进性。但是，中国共产党不能以追究党纪为由来干涉国家追究党员的法律责任。中国共产党党政监督部门要积极配合国家检察机关的法律监督工作。在实践中，中国共产党纪律检查委员会在对党员进行纪律监督时发现有违法犯罪的情形的，会主动移交到检察机关就充分说明了这一点。具体而言，中国特色社会主义法律监督理论是这样来区分国家机关监督与党政机关的监督的："检察机关在诉讼监督中的调查，目的是确认违法行为是否存在，以及违法的性质和情节，以便及时、准确地纠正违法，保障诉讼活动公正进行，在性质上属于诉讼监督的手段，在调查时机上往往是与诉讼活动同步进行，在范围上仅限于司法工作人员在诉讼活动中的渎职违法行为。检察机关在调查后，根据查实的违法行为提出更换办案人建议和提出纠正违法意见等，都是属于诉讼过程中的纠错措施，不具有纪律处分的性质。而纪检监察部门的调查虽然也是为了确认违纪、违法行为是否存在，但是其后果主要是确定应否追究当事人的纪律责任，在性质上属于党纪政纪监督，在调查时机上不限于诉讼进行时，虽然有时也在诉讼活动中，但是主要还是在诉讼活动结束后进行，在范围上也不限于司法工作人员在诉讼活动中的渎职行为。"①

（二）人民政协的民主监督

中国人民政治协商会议是中国人民爱国统一战线的组织，是中国共产党领导的多党合作和政治协商的重要机构，是中国政治生活中发扬社会主义民主的

---

① 王洪祥、高景峰：《〈关于对司法工作人员在诉讼活动中的渎职行为加强法律监督的若干规定（试行）〉解读》，载《人民检察》2010年第21期。

一种重要形式。它也是中国特色社会主义法律监督体系的重要组成部分。在中国特色社会主义法治道路形成过程中，人民政协的民主监督发挥了重要的作用。江泽民同志在中国共产党第十五次全国代表大会上指出："坚持和完善共产党领导的多党合作和政治协商制度。坚持'长期共存、互相监督、肝胆相照、荣辱与共'的方针，加强同民主党派合作共事，巩固我们党同党外人士的联盟。继续推进人民政协政治协商、民主监督、参政议政的规范化、制度化，使之成为党团结各界的重要渠道。巩固和发展广泛的爱国统一战线……工会、共青团、妇联等群众团体要在管理国家和社会事务中发挥民主参与和民主监督作用，成为党联系广大人民群众的桥梁和纽带。"① 江泽民同志在中国共产党第十六次全国代表大会上指出："健全民主制度，丰富民主形式，扩大公民有序的政治参与，保证人民依法实行民主选举、民主决策、民主管理和民主监督，享有广泛的权利和自由，尊重和保障人权。坚持和完善人民代表大会制度，保证人民代表大会及其常委会依法履行职能，保证立法和决策更好地体现人民的意志。优化人大常委会组成人员的结构。坚持和完善共产党领导的多党合作和政治协商制度。坚持'长期共存、互相监督、肝胆相照、荣辱与共'的方针，加强同民主党派合作共事，更好地发挥我国社会主义政党制度的特点和优势。保证人民政协发挥政治协商、民主监督和参政议政的作用。"② 胡锦涛同志在中国共产党第十七次全国代表大会上指出："支持人民政协围绕团结和民主两大主题履行职能，推进政治协商、民主监督、参政议政制度建设；把政治协商纳入决策程序，完善民主监督机制，提高参政议政实效；加强政协自身建设，发挥协调关系、汇聚力量、建言献策、服务大局的重要作用。"③

　　从监督的内容和范围来看，宪法和政治协商会议章程规定，人民政协对国家宪法、法律和法规的实施，重大方针政策的贯彻执行、国家机关及其工作人员的工作，通过建议和批评进行监督。具体而言，人民政协的监督主要包括以下几个方面：第一，监督立法，参与重大决策、重要法律的协商讨论，提出修改建议；第二，以视察、考察、调查研究的方式监督法律的实施；第三，对行使政治领导权的中国共产党和行使公权力的政治或社会组织行为的合法性进行监督。人民政协通过这些监督有力推动了社会主义和谐社会的建设。贾庆林同

　　① 江泽民：《高举邓小平理论伟大旗帜，把建设有中国特色社会主义事业全面推向二十一世纪》，载《求是》1997 年第 18 期。
　　② 江泽民：《全面建设小康社会，开创中国特色社会主义事业新局面》，载《人民日报》2002 年11 月 18 日第 1 版。
　　③ 胡锦涛：《高举中国特色社会主义伟大旗帜为夺取全面建设小康社会新胜利而奋斗》，载《人民日报》2007 年 10 月 25 日第 1 版。

志在第十一届全国委员会第三次会议上总结 2009 年政协工作的成绩时指出：
"（人民政协）围绕制定社会事业协调发展政策措施，深化收入分配体制改革，
加快保障性住房建设，发展文化产业和职业教育，完善基本医疗卫生制度，残
疾人权益保障，汶川地震灾区灾后恢复重建等重要问题，提出了许多有见解、
有分量的意见和建议。着力协调关系、化解矛盾，开展建立健全非正常上访终
结机制、志愿服务与和谐社会建设的调研，研讨新形势下的社会和谐与稳定问
题，妥善处理政协委员、统一战线成员和各界群众来信来访。全年编报社情民
意信息 267 期，反映意见和建议 1435 条，提出相关提案 1900 多件，为促进社
会和谐稳定作出了积极努力。"①

（三）社会舆论监督

中国特色社会主义法律监督理论体系特别重视社会舆论监督的作用。在该
理论看来，"社会舆论监督具有涉及面广、影响大、震动力大、透明度好、反
应迅速、易取得；轰动效应的特点，最能体现社会监督的广泛性、公开性、民
主性、效率性要求"②。胡锦涛同志一再强调要"加强民主监督，发挥好舆论
监督作用，增强监督合力和实效"③。为了切实保障社会舆论监督的科学性、
独立性，国务院出台了《互联网管理条例》、《新闻出版管理条例》，国家新闻
出版总署出台了《新闻宣传管理办法》等。具体而言，社会舆论主要从以下
几个方面对法律的运行起到监督作用：一是立法监督。在法律、法规的制定和
修改过程中，立法部门或授权立法的部门都会将草案和修正草案通过互联网以
及其他媒介向社会征求意见，从而有力地监督了立法权的行使。二是行政执法
监督。在行政执法过程中，行政机关自觉接受社会舆论监督，主动向社会公开
相关信息。三是司法监督。为了提高司法的公正性和可接受性，司法机关进行
了一系列改革。

（四）公民的直接监督

对国家机关、政党和公权力的行使者进行监督是宪法规定的公民所享有的
一项权利。宪法规定的公民的选举权、罢免权、表达权、申诉权、控告检举权
等都是公民享有监督权的体现。中国的社会主义性质决定了法律的运行必须最
大限度地保障与维护公民的合法权益，而法律运行直接关系的是公民的利益，
因此，公民对于法律运行的认识直接关乎到法律运行的实际效果，切实保障公

---

① 贾庆林：《中国人民政治协商会议全国委员会常务委员会工作报告》，载《人民日报》2010 年
3 月 14 日第 2 版。
② 张文显主编：《法理学》，北京大学出版社、高等教育出版社 1999 年版，第 322 页。
③ 胡锦涛：《高举中国特色社会主义伟大旗帜为夺取全面建设小康社会新胜利而奋斗》，载《人
民日报》2007 年 10 月 25 日第 1 版。

民直接监督权的实现具有重要的现实意义。十八届三中全会强调，法治中国的建设需要强化权力运行制约和监督体系，而强化权力运行制约和监督体系的根本在于坚持用制度管权管事管人，让人民监督权力，让权力在阳光下运行，把权力关进制度笼子。

六、结语

中国特色社会主义法律监督理论是在中国历史上的监察思想、马克思主义法律监督思想以及西方权力制衡理念的基础上结合中国社会当下政治使命生发出来的，因此，它是中国特色社会主义思想理论体系的重要组成部分。通过本文的分析，我们可以发现保障公民权利实现、确保中央权力下沉和实行德行治理是中国特色社会主义法律监督理论的主旨；以人民代表大会、政府、法院和检察院为主的国家权力机关，以中国共产党在内的政治团体、社会团体、群众组织和个人是中国特色社会主义法律监督的主体；国家机关、政治或社会组织及其公职人员行使公权力的活动是中国特色社会主义法律监督的对象；公权力行使公权力的活动是否具有合法性，以及这些活动在一定范围内是否具有合理性是中国特色社会主义法律监督重点。这些共同构成了中国法律监督理论的基本特色。

试论法律监督司法化的定位*

龚培华　李建波

　　检察机关是国家法律监督机关，法律监督是检察机关职权活动的出发点和归宿。检察机关在国家机关中作为法律监督机关的地位也是我国宪法和人民检察院组织法确定的，三大诉讼法中都明确规定检察机关对诉讼活动具有法律监督权。我国检察机关的法律监督是以诉讼为基点和依托，针对具体案件和诉讼行为的合法性、公正性的监督，必须在法律规定的范围内，按照法定的程序进行。[①] 从这个角度上说，检察机关的法律监督更应具有合法性、公正性，否则其监督诉讼行为、司法行为就没有说服力。这也使得法律监督的司法化改造成为必然，因为司法化运作能使得法律监督职能的行使更加公正、公开和规范。

　　法律监督司法化是法律监督权的发展趋势和改革方向。法律监督权是检察机关代表国家行使的权力，在本质上是一种具有司法监督性质的国家权力。然而，学术界一直质疑我国检察机关具有较浓厚的行政属性，检察机关的"去行政化"问题也是历年司法体制改革的重要目标和内容之一。我国检察改革的方向是将法律监督权运作司法化。修改后刑事诉讼法有关规定很大程度上推动了法律监督权司法化，检察机关的司法属性得到明显增强。如新增审查逮捕讯问听取辩护律师意见制度，这在事实上强化了审查批捕程序的言词审理性和司法亲历性，使得检察官更像是一个"审前程序中的法官"。新增羁押必要性审查制度、未成年人案件附条件不起诉制度也有此特征。然而，如何定位法律监督的司法化，司法化的法律监督权与法院审判权这一传统意义上的司法权的关系如何协调，是一个值得研究和界定的问题，笔者将从如下方面进行阐述：

---

　　* 原文载《人民检察》2014 年第 6 期。

　　① 参见黄曙、李忠强：《检察权的司法化运作及其构建》，载《人民检察》2006 年第 11 期。

一、法律监督的司法化应厘清与审判权之间的关系

分工负责，互相配合，互相制约作为宪法规定的一项刑事司法准则，与检察机关的法律监督原则之间不是上下位的关系，法律监督不是高高在上、不受制约的监督，它不能凌驾于法院的审判权之上。相反，检察机关的法律监督本身除具有专门性、程序性、单向性外，我国检察机关法律监督还有一个非常重要的特征就是受制约性，即具体法律监督权能的行使不是无限制的，而是同样要受相关机关制约的：如职务犯罪侦查权的行使不仅要受检察机关内部的制约，而且要受人民法院的审判制约；诉讼监督权的行使，既要受侦查机关的制约，又要受人民法院的制约，还要受当事人的制约。从这个角度看，宪法、刑事诉讼法规定的分工负责，互相配合，互相制约原则在一定程度上也可以理解为法律监督权正确行使的保障性原则——通过分权和制约来保障检察机关法律监督职能行使本身的有效性和正当性。

法律监督的司法化改造，不是让法律监督权凌驾于法院审判权之上，而是平行地、更加科学地监督审判权，保障审判权的科学规范行使，其出发点是保障审判权的依法运行。法律监督的司法化不是在审判权之上又出现一个审判权，它仅是作为一种程序性启动权的司法化改造，法律监督权多数情况下是一种诉讼请求权，不具有实体裁判的效力，具体实行裁判还必须由法院来完成。司法化的法律监督权的行使必然要受到法院审判权的制约，它不能代替法院作出实体裁判。监督制衡不是代替被制衡者改变原行为或做出新行为，而只是判断原行为的法律效力，达到约束或阻止该行为发生法律效果的目的。① 这也是通常意义上所说的，法律监督具有实体的非终局性，即法律监督有无实质性的结果不是监督主体所能完全左右的，诉讼程序启动后，实体处分的权力由别的机关行使，相应职能部门的裁判、决定才是最终结论。法律监督程序进行以后，行政机关和审判机关是否接受法律监督机关的建议、是否改变原来处理意见，则不属于法律监督机关的权限范围。如果有必要，监督机关可以再次启动法律监督程序。如果法律监督越俎代庖，检察机关将深陷实体裁判中，根本起不到监督的效果，必将损害司法权威。

创设检察制度的重要目的之一，在于通过诉讼分权模式，以法官与检察官彼此监督制约的方法，保障刑事司法权限行使的客观性与正确性，检察机关法律监督的基本功能之一是监督审判权的行使，防止法官枉法裁判。法律监督的司法化就是要将监督的方式、方法、程序更加科学规范，更加符合司法的特

---

① 参见向泽选：《法律监督原理》，群众出版社 2006 年版，第 38 页。

征，更能发挥监督的实效。

二、法律监督司法化的重心在于强化制衡、保障司法公正和推进依法行政

宪法通过分工负责、相互配合、相互制约的原则性规定，对刑事诉讼中人民法院、人民检察院、公安机关的工作关系作出调整。刑事诉讼作为国家实现刑罚权的专门活动，国家权力在刑事诉讼中的运用广泛而深刻，刑事侦查权、控诉权和审判权在本质上都是国家权力的具体形态和表现形式。① 为了防止作为国家权力的刑事追究权通过侵犯公民个人权利的形式实现自己的权力扩张，进行适度的权力控制和权利保障是必须的。同时，犯罪作为对社会秩序破坏最严重的行为，直接侵犯国家利益、个人生命、自由、财产安全，并严重影响社会稳定，必须予以严厉打击。为了进行犯罪控制，维护社会秩序，三机关又不能各自为政，必须在适度分工的基础上加强配合。因此，在分工负责的基础上，宪法还明确规定，人民法院、人民检察院、公安机关在办理刑事案件过程中要互相配合，互相制约。检察机关应发挥宪法要求的制约作用，通过法律监督，实现对公安机关、法院的权力制衡。

我国的法律监督制度作为一项权力制衡的制度，在诉讼中对侦查权和审判权、执行权起着制约作用，同时延伸至对行政机关行政权的制约。法律监督的构成要素有：人民检察院为法律监督的主体，行政执法和法院审判活动为法律监督的客体或对象，宪法和法律是法律监督的依据。从这些内容和法律监督的理论来看，法律监督在法律地位上具有制衡性特征。② 我国之所以把检察机关定位为法律监督机关，就是考虑到用它来制衡行政机关和审判机关。这也是权力制衡的普适性原理在我国的体现。法律监督的司法化改造，其重心依然是强化制衡作用，保障司法公正和推进依法行政。

法律监督的司法化，是要使法律监督的制衡功能更科学、更规范地实现，以保障人权和司法公正。以诉讼监督为例，检察机关通过诉讼监督，制约着公安机关、人民法院职能的行使，防止其滥用权力。经过司法化改造的法律监督，则是运用司法化的形式和元素来开展法律监督工作，破除以往的行政化的法律监督模式，以使法律监督更加公开、透明、形成控辩两造格局，兼听则明，也更有说服力，更能发挥法律监督的实效，更能起到制衡作用。

---

① 参见谢佑平、万毅：《分工负责、互相配合、互相制约原则另论》，载《法学论坛》2002 年第 4 期。

② 参见柯汉民、强昌文、郝龙贵：《论法律监督的特征》，载《西南政法大学学报》2007 年第 6 期。

检察机关制发检察建议也体现了制衡的价值，促进依法行政。检察建议是检察机关在办案过程中，发现有关单位存在影响社会治安综合治理和内部管理方面的问题，为建章立制，加强管理，以及认为应当追究有关当事人的党纪、政纪责任，向有关单位正式提出的建议。它是检察机关履行法律监督职责的重要手段之一，其在纠正错误、堵漏建制、预防犯罪以及弘扬社会正义等方面起到重要作用。如何让检察建议这一法律监督手段发挥实效？司法化形式制发检察建议便是一项值得尝试的探索。如公开宣告检察建议，改变以往"文来文往"的制发模式，就是法律监督司法化的积极探索，这也更能增强检察建议的刚性，引起被建议单位的重视，进而改进工作，促进依法行政。

三、法律监督司法化的着力点是法律监督程序设置的科学化、公正化、司法化

法律监督的程序性特征是十分显著的。法律监督程序是指法律监督主体实施法律监督所必须遵循或履行的在时间与空间上的步骤和形式。我国宪法和法律对法律监督的定位就是强调法律监督具有程序性。宪法第 129 条关于"中华人民共和国人民检察院是国家的法律监督机关"的规定与第 123 条"中华人民共和国人民法院是国家的审判机关"的规定在功能上是一样的，都属于对"两院"的权力配置范畴，是以国家根本法的方式进行分权——法律监督权分配给人民检察院行使，审判权分配给人民法院行使。宪法第 135 条"人民法院、人民检察院和公安机关办理刑事案件，分工负责，互相配合，互相制约，以保证准确有效地执行法律"的规定，系在对刑事诉讼中具体刑事司法权的行使进行分配的同时，对三机关之间的工作关系和工作机制作出规定。宪法第 129 条的规定属于权力配置范畴，第 135 条的规定属于工作分工范畴。法律监督权虽然是一项独立的、专属的权能，但具体到刑事诉讼中，要遵循分工负责原则，只能通过刑事诉讼法配置的检察、批准逮捕、直接受理案件的侦查、提起公诉等具体的诉讼权能来实现。同时，这些具体权能的行使必须遵循互相配合，互相制约原则的限制，而不能对公安机关的侦查行为、法院的审判行为进行全面的、无限制的法律监督。由此可见，检察机关的法律监督原则不是在程序之外的监督，相反，具体到刑事诉讼中，检察机关的法律监督必须遵循"分工负责，互相配合，互相制约"的原则，在程序内科学合理地进行监督。

法律监督的司法化，就是要将法律监督的程序司法化，使法律监督的程序设置更加合理化、科学化、公正化，在程序法治的框架下开展法律监督。要科学设置一套符合司法特质的法律监督程序，并严格依照法定程序和符合法治精

神的创设程序开展法律监督工作，这便是法律监督司法化的着力点。如围绕羁押必要性审查工作的开展，修改后刑事诉讼法第 93 条规定了羁押必要性审查制度，即犯罪嫌疑人、被告人被逮捕后，人民检察院仍应当对羁押的必要性进行审查；对不需要继续羁押的，应当建议予以释放或者变更强制措施；有关机关应当在十日以内将处理情况通知人民检察院。其立法目的是强化人民检察院对羁押措施的诉讼监督，防止超期羁押和不必要的关押。开展羁押必要性审查工作，将羁押必要性审查程序的司法化，是有效实践法律监督司法化的载体之一。在开展羁押必要性审查时，可以采用听证的方式进行，构成一个类似于控辩审的三方结构，羁押时的办理案件的部门为控方，在押犯方为辩方，审查部门作为审方居中裁判，各方的分工是明确的。这种方式为办案机关，尤其是为在押犯提供了充分表达意见的机会，有利于广泛地搜集证据和发现事实，且能通过相互对质，查明证据和事实的真伪，从而有助于负责审查的检察办案人员作出理性的裁判。此外，办案机关和在押犯被直接涉入审查程序并被给予介绍案件的公平机会，在押犯更可能接受审查的结果而不论这结果是否对他有利。这便充分体现了程序公正的价值所在。①

四、法律监督的司法化应明确其与审判意义上司法化的差异性

（一）法律监督司法化与审判意义上的司法化存在差异

我们必须承认法律监督司法化的差异性，唯有此才能更加科学合理地将法律监督权进行司法化改造。所谓司法化，是相对于行政化而言，指推动司法性工作方式发展并以其取代行政性工作方式。主要体现在两个方面特征：一是在活动方式上，司法主体直接审理案件，确定事实和法律适用，因此具有亲历性、判断性和独立性；二是在行为构造上，采用对抗与判定的“三方组合”结构，司法主体在兼听双方意见的基础上判断和处置，由此产生对审性和中立性。② 检察机关法律监督权的司法化，毕竟不同于法院审判权意义上的司法化，它仅是适度的司法化，一定程度上体现着司法性的特征即可，如确认办案的亲历性、判断性要求，实现检察官的相对独立性；提高办案的公开性和透明度；借鉴对审兼听的司法结构和方法，提高办案的公正性等。完全严格意义上的司法化，检察机关难以做到，也没有必要完全做到，毕竟法律监督权多数情况下仅是一种程序性启动权或诉讼请求权，不具有实体裁判的效力，具体实行裁判还必须由法院来完成。法院的审判权是其后道程序和把关环节。

---

① 参见龚培华：《法律监督宣告室的创设及运用》，载《人民检察》2013 年第 4 期。
② 参见龙宗智：《检察机关办案方式的适度司法化改革》，载《法学研究》2013 年第 1 期。

（二）法律监督司法化程度在不同诉讼阶段与职能部门存在差异

不同的诉讼阶段、不同的职能部门，法律监督司法化程度也有差异。如在刑事诉讼中，侦查监督的司法化改造程度就可以比较高。因为在侦查监督工作中，公安机关侦查一方与犯罪嫌疑人及其辩护律师一方容易形成一个对抗式结构，检察机关侦查监督部门作为超脱于公安机关与犯罪嫌疑人的第三者，具有一定的中立性，检察机关行使法律监督权便可以运用司法性模式进行，兼听两造的意见，确保法律监督权的依法、规范行使。然而在公诉环节，检察机关作为诉讼参与方，理论上是与公安机关一起作为控诉方，在立场上具有一致性，因此，公诉部门与公安机关的刑事侦查部门更多的是配合，而不是监督，不适合法律监督的司法化运作。

此外，不同职能部门的法律监督司法化程度也有所不同。如监所检察部门的法律监督司法化程度可以较高，它监督着监所的执法行为，可以成为监所部门和被羁押者之外较为超脱的中立者，对监所执法开展着司法化的法律监督工作。然而，有些部门，如公诉部门对法院的诉讼监督，其司法化程度则较弱，一是不便于形成对审式格局；二是对法院进行诉讼监督有其特殊性，必须严格维护法院的司法权威，不能随意地让法院成为诉讼两造中的一方。当然，不是说对法院的法律监督的司法化程度较弱，就意味着弱化对法院的诉讼监督、法律监督，而是通过其他合理方式进行，以免伤及司法权威，损害法治的尊严。明确其与审判意义上司法化的差异性，是法律监督司法化实现的重要前提，也为其路径的设计奠定可行性基础。

检察官的法治思维及其养成辨析[*]

周　平

一、从辩证逻辑关系剖析"法治"的内涵

自党的十五大报告及修宪以来，我国将"依法治国，建设社会主义法治国家"作为治国方略，"法治"一词引起法学界、司法界的追捧和热议。①

"法律的生命在于实施"。有学者将中国法治国家建设的基本要求归纳为十项：法制完备、主权在民、人权保障、权力制衡、法律平等②、法律至上、依法行政、司法独立、程序正当、党要守法。③ 对法治的原则要求有学者提出了如下特征，即有普遍的法律、法律为公众知晓、法律可预期、法律明确、法律无内在矛盾、法律可循、法律稳定、法律高于政府、司法权威、司法公正④。由此，推导出法治的八个原则：法律必须具有一般性、法律必须具有公开性⑤、法律必须具有不溯及既往性、法律必须具有稳定性、法律必须具有明确性、法律必须具有统一性、司法审判的独立性、诉讼应当合理易行性。⑥ 以上是"正名法治"的概述论据，具有宏观性；然而，"量化法治"则具有司法实务性。党的十八大报告界定了"法治"的基本框架，即"科学立法、严格执法、公正司法、全民守法"⑦。

　＊　原文载《河南社会科学》2014 年第 1 期。

　①　中国社会科学院语言研究所词典编辑室：《现代汉语词典》，商务印书馆 1978 年版，第 292、1075 页。

　②　中国社会科学院语言研究所词典编辑室：《现代汉语词典》，商务印书馆 1978 年版，第 292、1075 页。

　③　李步云：《依法治国历史进程的回顾与展望》，载《法学论坛》2008 年第 4 期；《依法治国的里程碑》，载《人民日报》1999 年 4 月 6 日。

　④　夏勇：《法治是什么——渊源、规诫与价值》，载《中国社会科学》1999 年第 4 期。

　⑤　冀祥德：《论司法权配置的两个要素》，载《中国刑事法杂志》2013 年第 4 期。

　⑥　朱景文主编：《法理学》，中国人民大学出版社 2012 年版，第 97 页。

　⑦　张泽涛：《中西司法与民主关系之比较》，载《河南社会科学》2012 年第 9 期。

二、检察官法律监督法治思维养成的构成要素

首先，主体要素应当是符合检察官法规定的有检察官资格、履行检察官职责的人员。从一般意义上讲，检察官法治思维的形成过程不是一个简单的定式思维趋向，而是一个渐进的发展过程，除人的因素外，还涉及素质因素、资源因素、环境因素、体制因素、机制因素、管理因素等，然而，良法的实施执法主体起着关键性作用，因此，检察官的法治思维决定着法治的效果、政治效果、社会效果，要使检察官具备宽泛的、固化的、科学的法治思维，其构成要素归纳为：良好的法律基础性教育要素，具有法学国民素质教育的正规学历和扎实的法理基础功底；思辨式、唯物式逻辑理论判断构筑；汉语言文字准确地表达能力和水平；具备不间断地对新法律、新知识、新领域摄入及习得的积累；检察实践的规律探索和司法经验的及时总结；"两高"司法解释和公告案例的研读、理解、参照及对接应用；以及创新型思维、逻辑归纳思维、推定演绎思维、反省性思维、反证性思维、逆向性思维的培育等。

其次，检察官的法治思维是以法律监督职能的履行为初衷的，故应具备特质性的检察法治思维理念，"理念是主导和塑造行为的灵魂"[1]。从宏观上讲应当牢固地树立：法律面前人人平等的法治思维理念，罪刑法定的法治思维理念，罪刑相一致的法治思维理念，诚实信用的法治思维理念，程序优先、程序前置、程序正当性的法治思维理念。诺内特·塞兹尼尔认为："好的法律应该提供的不仅是程序正义；它应当既强有力又公平；应该有助于界定公众利益并致力于达到实体正义。"对于公平、正义的法治思维理念，柏拉图认为："各守本分、各司其职，就是正义。"[2] 独立、统一的法治思维理念；法律监督效力、效率、效益统筹，均衡的法治思维理念；诉讼活动法律监督和非诉活动法律监督平行、并存的法治思维理念；打击犯罪与保护人权兼备的法治思维理念；依法监督、全程监督、全面监督、全部监督的法治思维理念；有罪推定与无罪推定及疑罪从无诉讼制度同步、双向、换位思考的法治思维理念；从单一的诉讼抗诉法律监督方式向法定的多渠道、全方位诉讼法律监督方式的启动及功能发挥转变的法治思维理念。亚里士多德提出："法律始终是一种一般性的陈述，但也存在一般性的陈述所不能含括的情形。"故提出了"衡平原则"解决司法难题，"当法律因其太原则而不能解决具体问题时，对法律进行的一种

---

① 孔祥俊：《司法理念与裁判方法》，法律出版社 2005 年版，第 5 页。

② ［美］E. 博登海默：《法理学、法律哲学与法律方法》，邓正来译，中国政法大学出版社 2004 年版，第 10 页。

矫正"。由此不难看出，司法解释补充立法功能和作用是不可或缺的，因此，检察司法解释的及时性、解惑性、补充性、功能性的法治思维理念孕育而生。"立检为公，执法为民"和"三个至上"即坚持党的事业至上、坚持人民利益至上、坚持宪法法律至上的法治思维理念；在中国特色社会主义法律体系已经成就的基础上，主要涉及法律的正确实施，即坚定遵循有法必依、执法必严、违法必究的法治思维理念。

三、培育检察官法治思维的法治方式

法治方式是建立、引导法律监督法治思维形成路径、程序的综合性概括。① 由此可见，法治思维是法治方式的前提和基础；法治方式是法治思维的具体化和保障形态。换言之，二者的关系为：法治思维是法治方式的前置，而法治方式是法治思维的后置；法治思维是意识形态层面的，法治方式是司法实务层面的；两者互为补充、相互依托。

从我国法治体制、机制建设而言，主要通过立法、司法、执法、守法、监督五大板块的协调统一来推进的。同时也体现了有法可依、有法必依、执法必严、违法必究，维护社会公平正义，实现国家和社会生活制度化、法制化的法治原则和精神。在我国法治机制建设中，不可或缺的是：法治精神——是贯穿于法治建设和法治活动始终的灵魂和核心，具体体现在宪法法律之上的法治地位、监督制约公权的法治功能、尊重保障人权的法治目的、追求公平正义的法治价值；法治思维——是以依法治国为动力源，用法律的标准尺度对事物活动的认识过程；法治理念——体现了法治的精神实质和价值追求，所要解决的是为什么实行法治以及如何实现法治的问题；法治方式——实现法治的路径、渠道、程序设计。毋庸置疑，法治精神、法治思维、法治理念、法治方式是以法治为轴心，逐步递进的、相互联系的并列关系。

检察官法治思维方式，是一个复杂的、重叠的、交叉的、联系的、思辨的针对检察实务应用型为主的综合认识活动过程的集合体，是破解诸多检察司法难题的路径、程序合法性、权力的配置性、司法决策公正性的钥匙。从宪法意义确权涉围而言，法律监督法治思维的内涵层级主要涉围如下：

一是构建整体法律执行全程法律监督的法治思维理念。除违宪法律监督外，检察机关的法律监督视域囊括了所有基本法律规范，即刑事法律规范、民商事法律规范、行政法律规范的依法执行监督；涵盖了诉讼案件和非诉案件。整体性法治思维是目前检察机关传统的法治思维方式，其指向是法律效果、政

---

① 刘保玉、周玉辉：《论安宁生活权》，载《当代法学》2013 年第 2 期。

治效果、社会效果"三位一体"的价值追求，整体性法治思维是以现行法律为依据或前提，基于司法经验、关注个体案件与社会背景之间的关系的法治思维方式，以此延伸了法律监督幅面，形成全覆盖法治效应。

二是将传统的执法结果法律监督置换为执法"节点"法律监督的法治思维理念。从刑事诉讼法律监督为切入点，执法结果的法律监督固然重要，但由于执法主体对法律和事实及证据认识上的分歧，导致处置结果与法律规范大相径庭，从而损害了法律的尊严、降低了执法机关的社会公信力、加大了执法成本的投入、违背了人权保障的初衷、延长了诉讼周期、模糊了权益的边界。然而，执法过程、执法环节、执法节点的法律监督具有纠错的及时调控功能、司法救济代偿功能、降低社会负面效应的功能；其渊源应当归功于控制论学说。以民行案件法律监督为视角，民事非诉案件及行政不作为案件等，同样适用节点、过程监督；唯独一般民商事案件采取结果或事后法律监督，其法律理由是，归属于当事人诉权意思自治、实体权利自由处置的诉讼原则。

三是树立程序优先、程序前置、程序正当性的法律监督法治思维理念。传统的法治思维追求单一的实体公正，而忽略了保障性程序公正的作用，因此，诱发了对程序公正流变性效应，其结果导致违法侦查、违法取证、违法采信、违法审查、违法审判的司法恶性循环，更有甚者形成了刑事个案上的冤假错案和民事案件上的虚假诉讼、恶意诉讼结果的发生，触发了社会公众对司法公信力的质疑和不满。

四是逐步强化的证据裁判主义原则的法治思维理念。引导法治思维模式的激进演变，即由质疑的客观事实、客观证据向适格的法律事实、法律证据转型。检察官审查案件事实的基本规则：审查前的客观案件事实以审查后的法律案件事实为准；将过去已经依法证明的法律事实，且行为人自认的案件事实应当依法确认；有合法证据支持的案件事实应当依法审查确认，参有非法证据或矛盾证据的案件事实经依法剔除后应当慎重确认；有一定的诉讼证据（证据体系处于不能完全闭合的状态）推导出的案件事实以审查后的法律事实为确认依据；案件事实持续过程中间有断裂情形、无法用证据弥补的，且已经影响定罪、定性量刑和实体权利处置的，应当及时、果断排除不予确认。刑事证据规则一词，在我国刑事诉讼法学中一般是指英美法中对证据的关联性与可采性、非法证据的排除、举证责任等一系列问题的规定。[①] 根据我国刑事证据的特质即合法性、客观性、关联性、闭合性的要求[②]，有关刑事证据的审查包括

---

① 刘善春：《诉讼证据规则研究》，中国法制出版社 2000 年版，第 3 页。

② 周平：《刑事证据闭合性新探》，载《现代法学》1994 年第 5 期。

逐项审查和综合审查两个有机组成部分，这是依据检察机关的法定举证职责和法定客观公正义务构架的诉讼牵制理论所决定的。我国目前的刑事诉讼法和有关的司法解释已经规范了证据的资格（证据能力）和证据的证明力。关于刑事证据资格（证据能力）的审查规则：合法性规则、关联性规则、客观性规则、闭合性规则。从证据的证明力角度归纳，在证据的审查和判断及确认上应当遵循如下规则：直接证据优于间接证据的规则；原始证据优于传闻证据的规则；实物证据优于言词证据的规则；物证、书证优于其他种类的证据的规则；科学证据优于其他证据的规则①；鉴定意见没有预定证明力的规则②；鉴定意见应当结合案件的其他证据，进行综合审查判断；或者征询专家意见或者传唤专家出庭质证。鉴定意见无论以言词或书面，原报告或补充说明，均属于证据资料的一种，为法官依其自由心证而为评价之对象③；鉴定意见、勘验笔录、历史档案或者经过公证、登记的书证的证明力一般优于其他书证、视听资料和证人证言；证人提供的对与其有亲属关系或者其他密切关系的一方当事人有利的证言，其证明力低于其他证人证言。④

五是形式法治思维和实质法治思维理性、有机融合的法治思维理念。形式法治思维和实质法治思维是两种并存、博弈的法治思维形态，将统一执法、统一司法的依据性边界演变为模糊状态。促使形式法治思维的论者，由于相信法律文本意义的相对固定性、规定性，因而主张法律意义的自足性、独断性，人的思维能够接受确定法律规范的约束，只不过需要较为复杂的法律方法的运用。而追崇实质法治思维的论者，主张法律的开放性，认为法律应当满足政治、经济、文化、社会的要求，对法律的解释不能死板教条，而应该灵活运用。⑤ 鉴于形式法治思维方式的教条性、滞后性、粗略性等弊端与实质法治思维执法的随意性、灵活性、满足个案"正义性"具有功能上的互补性，故笔者认为，在稳态形式法治思维方式的基础上，对实质法治思维执法活动进行法治化的再造，首先，是立法补充规定和立法解释的及时回应；其次，是通过全国人大常委会的授权和审批，"两高"适时对法律适用的难点、热点问题进行统一的司法解释，以适应现实法治的需求。

---

① ［美］乔恩.R.华兹：《刑事证据大全》，何家弘等译，中国人民公安大学出版社1993版，第365页。

② ［美］乔恩.R.华兹：《刑事证据大全》，何家弘等译，中国人民公安大学出版社1993版，第365页。

③ 陈朴生：《刑事证据法》，三民书局1979年版，第494页。

④ 刘善春：《诉讼证据规则研究》，中国法制出版社2000年版，第293页。

⑤ 陈金钊：《对"法治思维和法治方式"的诠释》，载《国家检察官学院学报》2013年第2期。

六是强化法律监督规则适用的法治思维理念。和谐社会是一个有序的社会，而有序的社会依赖于"规则之治"。[①] 美国法学家富勒认为："法律是人的行为服从规则治理的事业。"这里讲的规则，即法律规则。[②] "如果没有规则引入社会，那么整个法治大厦就会颠覆，规则是构建法治社会最有用的工具之一，没有规则就不会有法治社会。"[③] 法学理论需要在思维环节证成法治，以便在司法实践环节完成对任意决断的限制；对思维的限制没有别的办法，只能运用法律方法所构建的解释规则、论证规则、修辞规则等来规制思维的方向。[④] 检察机关行使法律监督职能，首先遇到的是准确适用法律的问题，在检察官的法治思维理念中应当明确，法律的规定性是有范围和层级的，以刑事法律规范的适用为例，其法律效力由高到低的排列顺序为：第一顺序刑事基本法律规范是刑法、刑事诉讼法、刑事司法政策等；第二顺序是全国人大常委会对刑事基本法律规范的修正案和补充决定；第三顺序是由全国人大常委会授权的"两高"所颁布的具有普遍强制效力的司法解释；第四顺序是"两高"针对个案所发布的批复；第五顺序是"两高"根据司法实践的需求，对部分案件定罪量刑的规定，并以会议纪要的形式下发执行；第六顺序是"两高"授权由各省级院对数额犯进行的差异性的规定；第七顺序是"两高"向社会公布的公告案例。上述列举的规范性法律适用顺序内容，均是司法机关执法的重要法源。对上述法律和准据法，在司法操作上、具体运用上还需要"范式"的指引。这是因为"法的价值是一个多元、多维、多层次的庞大体系"[⑤]。故应用刑事法律规范基本规则如下：上位法规范优于下位法规范；具体性的法律规范优于原则性的法律规范；后颁布的法律规范优于先颁布的法律规范；补强性的法律规范优于一般性的法律规范；强制性的法律规范优于参照性的法律规范。

七是检察法律监督"法域"依法、有效、适度延伸的法治思维理念。在刑事诉讼活动中，法律监督的环节和要点是：立案活动监督、侦查活动、侦查措施违法监督、强制措施滥用监督、审查逮捕监督、审查起诉监督、行政执法机关移送实物证据的合法性监督、出庭公诉监督、有限诉讼调解监督、判决说理监督（判决的说理部分不仅是讲道理，而且是讲法理）、判决量刑监督、审判结果监督、判决执行监督、刑罚变更监督等。在民事诉讼活动中，法律监督

---

① 万鄂湘：《公正司法与构建和谐社会》，人民法院出版社 2006 年版，第 876 页。
② 沈宗灵：《现代西方方法理学》，北京大学出版社 1997 年版，第 69 页。
③ 陈金钊：《法律解释的意义及其对法治理论的影响》，载《法律科学》1999 年第 4 期。
④ 陈金钊：《对"法治思维和法治方式"的诠释》，载《国家检察官学院学报》2013 年第 2 期。
⑤ 卓泽渊：《法的价值论》，法律出版社 1999 年版，第 633 页。

的环节和要点是：修改后的《民事诉讼法》对检察机关的法律监督的法域范围，按照司法诉讼规律的要素进行了重新定位和职权回归，即依法、有权对民事诉讼实行法律监督；其秉持的是：诉讼程序全程法律监督、程序正当性法律监督、实体合法性法律监督、上级对下级与同级法律监督并重的法治思维理念。故囊括了对公共法益、对不特定多数公民的合法权益保护的公益诉讼案件的起诉权的法律监督、虚假、恶意民商诉讼的法律监督、违法诉讼调解的有限法律监督、错误判决、裁定的法律监督、民商事诉讼案件判决执行的法律监督。民事诉讼程序的全程法律监督，包括当事人诉权的保护、诉的合并、诉的分立、第三人合法权益的诉权保障、司法救济权的运用等。综上，民事诉讼法律监督的法治思维的定式化，第一，应当从能动性法律监督与谦抑性法律监督的均衡度上达成统一。第二，从公权力的依法介入与私权利的处置的意思自治同一契合。第三，从程序的正当性审查优先与实体的合法性审查辅助相协调。程序的正当性审查突出当事人诉讼权益的依法维护与诉讼程序的强制性和任意性的选择，现代法治凸显的特质是，"即不是以某种外在的客观标准来衡量判决结果正当与否，而是通过充实和重视程序过程本身以保证判决结果能够获得当事人的接受，这就是程序公正的精神实质"①。实体合法性审查的要素是：诉权的合法性、案由的准确性、争点的排他性、事实的法定性、证据无疑性、法律的适用性（特别法优于普通法、强制性规范优于任意性规范、具体性规范优于原则性规范、例外性规范优于一般性规范；在证据的采信上一般参照优势证据规则和高度盖然性的规则）、规则的规范性、说理的逻辑性、判决的公正性、纠纷的化解性。第四，有限诉讼调解法律监督与整体执行法律监督。诉讼调解法律监督的抗诉或提出再审检察建议的对象或客体，仅限于诉讼调解的结果损害国家利益和社会公共利益的情形，上述以外的诉讼调解，不属于检察机关法律监督的范畴，这是鉴于当事人诉讼权利处置的"意思自治"和实体权利"自由处分权"的诉讼原则所决定的。因此，凸显了诉讼调解法律监督的有限性。整体执行法律监督，执行是审判活动的继续和延伸，其审判结果的实现是回馈法治效果的集中体现。在执行环节，存在当事人对违法执行行为异议、申请执行期限异议、被执行主体异议、变更、追加被执行主体异议、执行标的的异议、暂缓执行异议、强制措施执行异议、执行中止和执行终结异议等，上述异议都需要审判机关的执行实体以裁定的形式予以确定和回应；而裁定中出现的错误正是检察机关法律监督的重点和薄弱环节。

---

① 　章武生：《司法现代化与民事诉讼制度的建构》，法律出版社 2000 年版，第 48 页。

八是公安、检察、法院执法人员执法法治思维理念的趋同性。"法治要旨是以保护自由人权、维护公平、正义；法治是规则与程序治理的事业；法治的核心意义是限制权力等过程法治的基本含义。"① 虽然上述三机关的法律职责不同，但法治目标、法治价值追求具有同一性。然而，司法实践中反映出的不同的执法机关的执法人员法治思维的导向各异。公安机关承担刑事案件的侦查职能，应然性地需要强化追诉和惩治功能，实然性地形成了"有罪推定"的思维定式；检察机关根据宪法的定位，其职能要义首先是法律监督，其次是普通刑事案件和职务犯罪案件的追诉程序的终止和启动，根植于维护公平、正义，追求客观真实以及追诉犯罪法治价值取向，具有职能履行的能动性和谦抑性的特质，形成了打击与保护、依法维护私权利与依法适度介入公权力混合型的法治思维理念；法院作为审判机关在刑事案件审理过程中依附于控辩式审判模式，在民事审判活动中遵循谁主张谁举证的诉讼原则，以化解矛盾纠纷为出发点，固化了居中、被动、权威、终局的法治思维理念。通过归纳执法活动的同质性，探寻司法诉讼的规律性，不难看出，司法体制、机制的科学架构及理性再造是司法机关执法人员统一法治思维理念、克服法治思维差异化的有效路径。当然，执法人员法治综合素养的提升和司法经验的积淀以及执法环境的优化具有辅助的功能效率。

四、结语

检察官法治思维的养成受制于法律的定位、法律的应用、职能的分工、逻辑的引导、经验的积累。在司法实践中，对不同诉讼环节的审查对象存在认识上、判断上的差异性。对刑事案件的司法审查采取法律的规定性加构成要件的适格性加法律事实、法律证据的可采性以及无罪推定前置、有罪推定后置的法治思维模式，遵循的常态应用规则如下：合法性优先于客观性、程序公正优先于实体公正、形式合法性优先于实质合法性、普遍正义优先于个案正义、理由优先于结论。② 对民事案件的司法审查：诉讼的真实性、诉讼的客观性、程序的公正性、实体的公平性、法律关系非倒错性、法律的正确适用性、证据的适格性、说理的充分性、结论的公正性以及运用形式逻辑"三段论"判断规则所建立的法治思维模式。③ 对行政案件的审查：以抽象行政行为和具体行政行为的合法性、依据性为要素的法治思维模式。

---

① 陈金钊：《对"法治思维和法治方式"的诠释》，载《国家检察官学院学报》2013 年第 2 期。
② 卞建林：《刑事诉讼制度改革论要》，载《法学》2008 年第 6 期。
③ 梁慧星：《裁判的方法》，法律出版社 2003 年版，第 3 页。

　　作为一个现代型的检察官，不仅需要政治上的成熟、检察业务上的精通、阅历学识上的广博，而且更重要的是新知识、新理念的不断吸纳，促使法治思维理念体系的完善，特别是在思维方式的构筑、思维系统的链接、思维结构的搭建、逻辑层级的划分、多元智能的发挥、精确理性的判断、依法科学的抉择，最后形成"三个效果"统一的法治思维视域脉络。

检察官的法治思维及其养成[*]

高继明

所谓法治思维，是一种以法治理念为核心，以法治方式为基础的思维模式，是对法律至上的内心确信。检察官的法治思维是检察官对法律的基本认识态度，以及根据现行法律和自身法律角色思考、判断和解决具体法律问题的思维过程和方法。检察官法治思维的养成，对于公民权利的保障、法律的统一正确实施及法治的发展实现具有重要意义。

一、检察官法治思维的特性

（一）独立性

检察权属于司法权，具有司法权的属性，这一点已为我国理论界和实务界所认同。司法权的独立性原则已成为现代法治国家所普遍承认和确立的一项基本法律准则，表现为以下几个方面：其一，司法权的专属性规则，即国家的审判权和检察权只能由国家审判机关和检察机关行使，其他任何机关和个人都不得行使；其二，行使司法权的独立自主规则，即司法机关依法独立行使审判权、检察权，不受外界任何机关、团体和个人的干扰、影响和控制；其三，行使司法权的合法性规则，即司法机关行使司法权时，应当服从宪法和法律。[①]法律是检察权的权力来源，因而检察权只服从于法律而不服从于其他命令或要求。检察人员只有牢固树立依法独立行使职权的法治思维，才能够有效保障司法公正，维护司法权威。从这一意义上来讲，如果检察人员没有独立性的法治思维，检察权就不会具有独立性，其权威也就无法树立。

（二）客观中立性

客观是司法安身立命之本，其要旨是"全面"基础上的裁断。不论大陆法系还是英美法系，都日趋认同检察官的客观义务。我国检察制度的重要特色

---

[*] 原文载《人民检察》2014 年第 18 期。

[①] 参见严励：《司法权威初论》，载《中国司法》2004 年第 6 期。

就是检察官在司法格局中以法律监督者的身份出现，这从两个方面对检察官的法治思维方式产生影响。首先，检察官作为具体承担法律监督职责的国家公务人员，其不仅是承担侦控职责的公诉人，更是负有协助法官发现事实真相以实现公平正义的法律守护人。因此，检察官在履行职责过程中，不能纯粹站在一方当事人的立场上，更不能一味以追求胜诉为目的，而是必须站在客观公正的立场，以发现案件事实真相、实现法律的正确适用为价值取向。这就促使检察官在运用经验直觉、价值判断、利益衡量等实质推理获得法律"前见"和司法结论时，能够体现社会公平和实质正义。其次，法律监督者的角色有利于检察官法治思维的充分发展。一方面，专门法律监督者的角色能够培养检察官从法律的角度看待和分析问题，以法律的方式和途径解决社会问题的思维定式，而这属于法治思维中的法律意识和法律信仰部分；另一方面，检察官进行法律监督的基本方式，就是从法律规定和案件事实出发，运用司法三段论为主体的形式逻辑思维对司法判断和裁决进行检验，而这些逻辑方法属于法治思维中方法论的重要部分。

（三）规范性

任何一项公权力非经法律明确授予，国家机关都不得享有，这是法治的一项基本原则。权力法定本身就意味着权力有限。作为国家法律监督机关，检察机关享有的具体职权必须到法律的明文中去寻找，检察机关行使的每项职权都必须要有法律上的依据。检察权属于公权力的这一属性就要求检察人员必须具备权力法定的法治意识，即规范的法治意识。检察人员在行使权力时，要按照法定的程序，遵循法律规定，不能具有随意性。检察人员要树立规范的法治意识，必须要保有监督者也要受监督的意识，这也是由检察权的公权力属性所决定的。作为承担法律监督职能的检察权，本身就是为制约其他国家权力而设置的，但其国家权力属性表明，检察权也存在被监督、受制约的问题。作为法律监督者，检察机关并未获得免予接受监督的特殊地位，相反，现行法律构建了完善的对其进行监督制约的机制。检察机关不仅要受权力机关的监督，而且要受行政机关、审判机关的制约，同时，检察机关还应当接受案件当事人和社会公众、新闻媒体的监督。在检察工作中，只有树立监督者也受监督的意识，才能够真正做到严于律己，规范执法；才能正确把握和处理监督者与被监督者的关系，依法有效地开展检察工作。

（四）普遍性

检察官的法治思维应体现司法价值和追求，反映人类司法制度的文明和进步。综观当代各国，由于其政治体制、意识形态和司法制度设计等的不同，在其法治思维上也存在一定差别，但公正与效率是当前各国司法追求的共同价值目标，因此各国的法治思维理念上也存在一些相同之处，构建在此基础上的社会制度、意识形态、文化传统和制度设计，反映了人类司法的文明、民主和进步，反映了时代发展潮流和趋势。

二、检察官法治思维的内容

（一）法律至上的思维

维护法律权威、实现法律至上是法治的最基本要求。法律至上的基本要义是：法律特别是宪法和基本法具有至高无上的权威。一方面，法律至上意味着宪法和法律不仅是每个公民的行为准则，还是一切国家机关包括立法机关、司法机关和行政机关活动的唯一一绳；另一方面，法律至上意味着法律的权威是神圣不可侵犯的，一切违反法律的行为，无论其主体地位如何都必须受到法律的追究。法律至上思维体现在检察工作中，就是要求检察机关在执法办案中要服从于法律，法律有明确规定的，法的适用即具有绝对优先性，只有法律未作规定或规定不明确时，才能够适用政策，如果法律与政策相矛盾时，在法律没有通过正当程序予以修改之前，政策应当服从于法律。

（二）多元平衡的思维

当执法活动处于多种利益和价值观念的冲突时，检察机关的执法就面临一个价值取舍和定位的问题，而这种价值取舍和定位关乎法律监督的良性运行，也关乎法律统一正确实施目标的实现。检察机关应当致力于实现法律监督多元价值的平衡，以及法律监督价值与安全、和谐、效率等社会多元价值的综合平衡。检察执法办案的价值取向受制于历史文化传统，民族习俗心理模式、政治经济制度、社会道德意识等多方面因素，因此，检察机关的执法办案活动因国家、种族、时期的不同，其价值定位也会随之不同。多年来，我国的刑事司法活动一直偏重于打击犯罪的价值取向，而对犯罪嫌疑人和被告人权利的保护重视不够。当前，在刑事司法活动中要加强对犯罪嫌疑人和被告人权利的保护，摒弃"重打击，轻保护"的思维观念，牢固树立保障人权的现代法治思维。因此，检察机关执法办案的价值取向应当从片面强调打击犯罪转向打击犯罪与保护人权并重，努力实现不同价值之间的平衡与兼顾。

（三）平等保护的思维

平等保护是法律面前人人平等这一宪法原则在司法实践中的具体体现。强调司法公正，就必须坚持司法的平等保护，既要平等地保护当事人双方的诉权，又要在实体处理上，充分考量各方利益，使国有、民营、个体等不同所有制的权利主体，国内、国外、本地、外地等不同区域的权利主体，行政机关、公民个人，大企业、个体工商户等不同社会地位、不同规模的权利主体均处于被平等保护的地位，避免出现畸轻畸重、有失公平的现象。根据当前检察工作的特点，要在日常执法办案中做到平等保护，主要是要做到综合平衡和统筹兼顾。比如在办理民转刑案件、侵犯公民人身权利、民主权利犯罪案件时，既要根据案件的具体情况，少用、慎用逮捕强制措施，也要充分考虑被害人的权益主张，注重保护被害人的隐私权、名誉权等合法权益；在适用逮捕强制措施时，要打破本省籍、外省籍人员和境外人员不同对待的简单做法，树立平等保护的法治思维，充分体现对不同国家、民族、地域和不同文化程度的犯罪嫌疑人、被告人和财产所有人的平等保护。

（四）司法高效的思维

司法高效，即司法活动以最小的成本投入来获取最大的收益，也就是说，法律程序应当尽力缩小诉讼成本，从而实现最大化收益。尤其是在当前我国社会主义市场经济体制改革进一步深化的前提下，经济一体化、法制现代化必然要求将经济效益的实现、保障以及获取社会财富的最大化纳入衡量法律的价值体系之中，因此，树立司法高效思维，是事关检察事业发展的一个紧要问题，也是检察工作适应形势发展需要，解决诉讼资源紧缺、办案效率低下，纠正超期办案、超期羁押等问题，从而有效保护国家、集体和个人利益的关键所在。

（五）法律效果与社会效果相统一的思维

法律效果是验证执法办案活动是否依法实施和符合法治原则的尺度，社会效果是检验执法办案活动是否符合社会发展和建立和谐社会要求的标志。法律效果是检察执法办案的根本，社会效果则是检察执法办案应予考量的重要因素。检察人员在执法办案过程中应当树立坚持两个效果相统一的思维，在处理法律效果与社会效果两者的关系中，首先要注重法律效果，以事实为根据，以法律为准绳，严格公正执法，以良好的法律效果维护法律的尊严和统一。同时，法律是社会关系的调节器，它源于社会也必须回归社会。严肃执法不是目的，其目的在于对社会关系实施有效的调整，从而促进社会效果与法律效果的有机结合。如果单纯地追求法律效果，可能会导致社会矛盾的激化，甚至会引发影响社会稳定和经济发展的问题。并且，由于法律本身存在缺陷，社会生活和经济活动不断出现的新情况和新矛盾使法律难以疏而不漏地规范整个社会、经济的各个方面，因此，必须恰当地处理好法律效果与社会效果的关系，将追求法律效果与社会效果的统一作为重要职责，努力寻找和把握二者之间的结合点，正确处理好二者之间的关系。

（六）实体公正与程序公正并重的思维

在检察执法中，实体公正是指案件处理在实体上具有准确性和正确性，使真正实施了犯罪行为的人受到刑事追诉，使无辜的人免受刑事追诉；程序公正是指按照刑事诉讼法的要求行使检察权，使犯罪嫌疑人（被告人）、被害人的诉讼权利得到充分保障。在司法活动中，无论是实体上的公正还是程序上的公正都是司法的重要价值目标，作为检察人员，要牢固树立实体公正与程序公正并重的思维，既要追求实体公正又要坚持程序公正，不能以实体公正为由而忽视、否定程序公正。通过公正的程序，能在整体上保证实体结果更公正，甚至在很多情况下，程序公正本身就可以证明实体公正。不仅如此，程序公正还有相对于实体公正而言独立的价值，能使当事人作为人的尊严和价值得到保障，能增强司法决定的可接受性。实践中媒体暴露出来的重大冤错案件，如杜培武案、余祥林案，几乎都是因为没有坚持程序公正所造成的。因此，检察干警执法办案，应当把程序公正摆在更加突出的位置，以程序公正保证实体公正，以程序公正展现实体公正，以程序公正证明实体公正，以程序公正展示检察机关执法的文明和人道。

三、检察官法治思维的养成途径

（一）法治理念向法治思维转化的基础——教育和影响

检察执法活动是一项专业性强、技术程度高的活动，必须要由经过专业训练的人来执行，而专业素养的取得必然要通过教育来实现。因此，要强化执法主体的法治思维，形成主体、过程、规则三者的互动，增强执法者的职业尊荣和使命感，以教化达到身正令行，以实践积累经验理性。如果执行和运用制度的人自身尚未从心理、思维、态度和行为方式上经历转变，失败和畸形发展的悲剧结局将是不可避免的。当前，我国检察队伍整体文化素质不高，加上传统法律文化的影响和一直以来对法制教育工作的不够重视，在这样的法律文化氛围中，要想建立法治社会任重而道远。只有通过开展卓有成效的教育培训，强化法治思维，唤起法律职业者对公平、正义等法律终极目标的价值追求，才能在具体的司法实践中严格依法办事，实现司法公正。

（二）法治理念向法治思维转化的保障——制度和机制

制度和机制的作用在于约束执法主体的行为，保障作为观念的法进入一种有序的运行状态，实现立法本意。制度和机制表现为两个不同层次：一个是静态意义上的制度和机制，另一个是动态意义上的制度和机制。静态的法律和机制表现为齐备完整上，而动态的法律和机制则表现为运行状态良好上，因此，前者要求法律规范具有科学合理性，而后者要求对制度机制的运行进行动态控制，把握运行的目标和方向。从这两个方面来理解制度对于规范执法行为的作用，一方面要构建好符合先进司法理念的制度和机制，另一方面要通过监督手段、完善流程、目标控制等措施保证制度和机制的良性运行，真正发挥制度的规制作用和力量，让执法者的执法行为"不得不"遵循先进的执法思维理念。

（三）法治理念向法治思维转化的前提——文化和氛围

法治思维的形成是一种心理累积的过程，不仅需要很长的时间，而且需要不断予以强化。人的思维只有经过强化给予肯定，这种思维才能反复再现，并进而形成习惯稳定下来，从而使指导这种习惯的价值观念转化为行为主体的思维观念。因此，检察干警的思维习惯应当是检察文化的具体化和形象化。要鼓励干警与检察文化相融合，要把物质激励与精神激励结合起来，使得干警行为由于检察文化的不断强化而稳定下来，自然地接受这种行为价值观的指导，从而使法治思维为全体干警所接受，并固化为规范的执法行为。要运用多种形式大力宣传检察文化的价值观，使干警时刻都处于充满检察文化价值观的氛围之中，从而使检察文化的价值观念通过耳濡目染渐入干警心中，为全体干警所接受。要发挥领导者的模范带头作用，通过领导者自身的示范行为向全体干警灌输检察文化的价值观念。要紧紧围绕检察干警的核心价值观，建好用好荣誉室、检史室，因地制宜地组织开展检察文化活动。同时，要结合检察工作实践，加强法治思维的理论研究，彻底搞清法治思维的内涵、相互关系、基本要求和实现途径等内容。

（四）法治理念向法治思维转化的支撑——信仰和尊崇

法律的信仰和尊崇是整个法律理论的最高问题，它是法的实施、功能、价值以及目标能否真正实现的文化支撑点。法律不仅仅是一种制度、一种秩序和一种统治工具，而且更重要的是法律本身隐藏着一种公平正义的价值，代表了一种理想信念和文化力量。对法律的信仰，包含着社会对法的理性推崇，寄托着现代公民对法律的终极关怀及法律人的全部理想与情感。法律一旦被信仰，就具有崇高的威望和制度化的力量。而法律要被社会公众信仰，首先必须被法律职业者信仰。一个在从业道路上不断跋涉的检察官，精神动力来源于对法律的信仰，对职业的敬重。法律的信仰是理性与信仰的统一，它是主体在不断接受法律的治理与保障的过程中，所感受到的法律的科学性、正义性、人道性以及与自己本质利益的一致性。对于执法者来说，法治思维的形成应从单纯司法转到树立法治精神和情感上来，只有真正树立起法律权威的观念，执法者心中才会有"法"，才会依法行事，才不会受制于纷繁复杂的有碍公平实现的外界力量的干扰。

论刑事诉讼检察监督的理论基础[*]

马治国　刘　峰

一、概述

我国宪法规定我国检察机关为法律监督机关，监督法律的运行。具体到刑事诉讼方面，对于其监督包括是刑事诉讼的立案、侦查、起诉、审判的监督。"如果承认执行程序也是广义上的诉讼程序或审判程序，则法院的执行权也应被纳入审判权的范畴之中。"① 自从我国检察制度恢复重建以来，对于刑事诉讼检察监督的研究一直局限于实务当中，注重实务当中出现的问题，如我国法律不仅在检察机关监督的方式以及监督的保障措施方面存在不足，而且具体到刑事诉讼立案方面，我国检察机关对于公安机关的立案监督仅限于对于应当立案而不立案的案件进行监督，对于不应当立案而立案的刑事案件没有规定具体的监督措施。大量的研究大多从刑事诉讼检察监督实务当中存在的问题着手，进而对我国检察监督进行理论分析，大多数观点集中于我国检察监督确立的背景以及检察机关"打击犯罪、保护人民"的职能，对我国刑事诉讼检察监督提出改进性意见和建议。但是，对于我国刑事诉讼检察监督的理论基础研究少有文章提及，这对于刑事诉讼检察监督的研究留下了空白。

首先，理论是制度的基础，任何制度都是建立在其理论的基础之上的，我国刑事诉讼检察监督制度也不例外。研究我国刑事诉讼检察监督制度，先应从研究其理论基础开始，研究刑事诉讼检察监督制度的渊源和背景，进而明确其原则和价值，这样才能更深入了解刑事诉讼检察监督制度的立法目的。而现今刑事诉讼检察监督的研究多处于实证角度，将我国刑事诉讼检察监督在现实当中存在问题加以梳理，进而提出对策进行研究，没有从理论的角度去深入分析现实问题。制度的建立离不开理论基础，深入研究我国刑事诉讼的理论基础，

---

　　* 原文载《湖南社会科学》2014 年第 4 期。
　　① 江伟主编：《民事诉讼法（第三版）》，高等教育出版社 2007 年版，第 334 页。

不但可以更加深入的了解刑事诉讼检察监督的渊源、性质等根本问题，而且可以更好的解决现实当中制度存在的问题，为现实当中的问题的解决提供理论支撑。

其次，制度的发展离不开理论的创新，刑事诉讼检察监督制度的发展也离不开理论的创新。理论创新首先要了解理论，只有通过对刑事诉讼检察监督制度进行深入的理论研究，分析制度中各个理论问题，才能明确制度建立所需的理论基础，将制度运行当中各个环节的理论依据加以分析和研究。理论是制度建立的基础，理论的发展带动制度的发展，我国刑事诉讼检察监督制度也应遵循这样的规律，从建国初期刑事诉讼检察监督制度遵循的与公安法院"相互配合、打击犯罪"的原则，到现阶段的"保障人权"原则，我国刑事诉讼检察监督制度的发展无不体现出刑事诉讼检察监督制度理论的创新和变化。因此，我国刑事诉讼检察监督制度的发展首先应是刑事诉讼检察监督制度理论基础的发展和创新。

最后，研究我国刑事诉讼检察监督制度的理论基础问题具有现实指导意义。现行的刑事诉讼检察监督制度在运行当中存在较多的问题，如监督的方式较少，没有强制措施，对于检察机关自身的监督没有作详细的规定等，这些问题的来源都是有其理论原因的。要解决制度运行中问题，就必须对其理论基础进行深入研究，找出现实问题背后的理论问题，剖析理论问题，进而解决理论问题，这样才能彻底解决我国刑事诉讼检察监督制度运行当中的现实问题。否则，只是着重现实问题头疼医头、脚疼医脚，我国刑事诉讼检察监督制度运行当中的问题就不能彻底的得到解决。

二、我国刑事诉讼检察监督制度的法制基础

一项法律制度得以运行，其必然不是独立的，必然有其得以运行所必需的渊源和措施。刑事诉讼检察监督制度是一项法律制度，其建立的基础首先是法制，我国宪法将检察机关作为专职国家法律监督机关，以弥补人民代表大会作为监督机关的不足。除了宪法，法律要规定刑事诉讼的内容，刑事诉讼的参与人尤其是参与各个刑事诉讼阶段的国家机关按照法律关于刑事诉讼的规定进行活动，如在我国刑事诉讼侦查阶段公安机关按照刑事诉讼法等法律的有关规定进行侦查和采取强制措施；在审查起诉阶段，法院按照法律的规定对刑事案件进行审理。法律规定了刑事诉讼的内容且国家机关按照法律的规定行使其职权这是刑事诉讼检察监督的第一步。接下来，法律进一步规定了检察机关对于刑事诉讼整个过程的监督内容，国家检察机关对于刑事诉讼整个过程中各个参与的国家机关的活动进行监督，确保其活动符合国家法律的规定，如我国公安机

关在刑事立案环节应当立案而不立案的案件，其行为违反了法律关于刑事立案的规定，同级检察机关可以对其不予立案的案件进行监督，对其发放《通知立案书》纠正其不予立案的错误。

由上述可见，一项制度稳固的运行，仅靠人民约定俗成是不能够实现的，必须运用法律的手段，将制度内容加以固定。刑事诉讼检察监督制度也是这样，必须通过法制将其固定，使制度的内容得以稳固。这样，不难看出，刑事诉讼检察监督法律制定是刑事诉讼检察监督制度的法制基础。

同样，我国刑事诉讼检察监督制度的首要问题就是将刑事诉讼检察监督制度通过人民大表大会的政治形式加以建立。我国是社会主义国家，人民大表大会制度是我国的宪政形式，国家的法律和制度通过人民大表大会制度建立，国家权力来自人民的权利，人民代表大会制度的作用是人民行使国家权力的场所，是国家权力的来源。人民代表大会制度以法律的形式确立了刑事诉讼侦查监督制度，其制定法律确立刑事诉讼检察监督制度，赋予了刑事诉讼检察监督制度的执行以强制力，检察机关皆于此对于刑事诉讼活动中的参与人尤其是国家机关加以监督，这是刑事诉讼检察监督制度的法制基础。如果人民代表大会没有以法律的形式建立刑事诉讼制度和刑事诉讼检察监督制度，那么刑事诉讼活动以及刑事诉讼检察监督活动就得不到国家法律的认可与确定，检察机关的刑事诉讼监督就无从谈起。

三、我国刑事诉讼检察监督制度的法理基础

我国刑事诉讼检察监督制度是一项法律监督制度，其实质是检察机关对于参加刑事诉讼活动的国家机关进行监督，确保参加刑事诉讼活动的国家机关按照法律的规定进行刑事诉讼活动。检察机关的监督过程就是对于参加刑事诉讼活动的国家机关的制衡的过程，通过制衡使参加刑事诉讼活动的国家机关按照法律的规定加以行事。

在法理上，检察机关对刑事诉讼活动的监督首先体现的是权力的分立。在我国，国家的一切权力属于人民。由人民代表大会产生了国家行政、审判等其他国家机关。因此，人民代表大会制度将国家的权力分为了行政权、审判权、检察权，人民代表大会在我国专职行使国家立法权，并将国家权力分立，有专职国家机关予以行使。检察权是国家的法律监督权，监督我国法律的运行，检察机关刑事诉讼活动监督权属于检察权的一部分。由此可以看出，检察机关对刑事诉讼活动得以监督，首先，必须有检察权的存在，如果没有分立出的检察权，检察监督无从谈起。其次，检察机关的检察权是不可分立的，由此对于刑事诉讼活动检察监督权才可以分立出来，得以执行。"只有用检察机关才能在

实力上与违法行政机关相抗衡。"① 有了权力的分立，刑事诉讼检察监督活动还不能实现，检察机关必须具有制约参与刑事诉讼活动的国家机关的权力，使之在违反法律的情况下受到制约。这就是权力的制约，检察机关只有通过制约参与刑事诉讼活动的国家机关的违法行为，才能保障参与刑事诉讼活动的国家机关的行为符合法律规定。

权力分立与制衡在西方国家大多表现为行政权、立法权和司法权三权分立与制衡。英国思想家洛克最早提出权力的分立学说，在其著作《政府论》中，洛克阐述了其将国家权力分为行政权、立法权和司法权的观点。其后法国思想家孟德斯鸠将洛克的观点进一步升华，创立了三权分立的学说。其后的其他思想家如霍布斯等进而认识到了权力制衡的重要性，绝对的权利导致绝对的腐败，权力需要要相互制衡，才能得到平衡，防止权力的滥用。

三权分立模式在西方社会经过数百年的发展，已经成为了一套比较完善的权力模式，在这样的模式下权力的分立与制衡发挥了极大的作用。但是并不是说在这样的模式下，任何制度都是完美无缺的。最为突出的就是在在三权分立的制度下，检察权变得模糊不定，在不同的国家对检察权的定义各有不同，有的将其归于行政权，比如美国；有的将检察机关附属于法院，将其设置在法院内。而在我国人民代表大会的政治模式下，将检察机关单独设置，使检察权不再附属于其他机关，这是我国区别于西方国家的一个特点。在我国这样的模式下，检察机关作为国家法律的监督机关监督法律的运行，国家权力分为行政权、审判权和检察权，这体现了权力的分立，检察权监督法律的运行体现了权力的制约。

检察机关对于刑事诉讼活动的监督是检察机关行使检察权的一部分，有助于对于刑事诉讼活动中各个国家机关的制约，是参与刑事诉讼活动国家机关的活动符合法律的规定，进而使国家机关的相互制约彼此相互联系，形成相互的制约，推进社会主义法制建设。

四、我国刑事诉讼检察监督制度的法文化基础

一个国家的法律监督体制的选择常常同一个国家的法文化密不可分，因为一个国家法律模式的选择具有传承性，受到这个国家法律文法传统的影响，如在英美法系国家沿用判例法，承认法官造法，大陆法系国家沿用成文法，不承认法官造法。刑事诉讼检察监督制度作为国家刑事诉讼监督中的一部分，必然受到一国法律文化传统的影响。

---

① 胡卫列：《应赋予检察机关提起行政公诉权》，载《法学论坛》2008 年第 9 期。

在英美法系国家，参与刑事诉讼的各个国家机关的活动都由具体的法律加以规定并且都由法院进行监督，在刑事侦察活动中侦查机关如要对当事人施行强制措施，必须由法院进行司法审查发出许可证，侦查机关才可进行强制措施。在刑事审判的过程中，法院处于第三方、旁观者的地位，由当事人与侦查机关进行辩论，法院以判例的形式作出判决，这些都受英美法系国家法文化传统的影响。英美法系国家注重判例法，认为法律制度不是人为刻意的设计，而是在实践过程中人们根据归纳和总结所得出的结论。一般在司法过程中法官大多是按照先前的案例加以总结，最后作出裁判，在整个审判活动中运用的是归纳推理的方法。这些法律传统主要归结于英美法系的兴起源自罗马法的复兴，罗马法强调经验主义，主张对一般在一般案件中总结事物发展的一般规律，再用这样规律去指导新的案件的判决。因此，沿用习惯法和判例法成为了罗马法的法文化传统，英美法系国家的法律制度沿用罗马法复兴的影响，在法律文化上同样传承罗马法律文化，这样就形成了现今法院作为独立第三方的当事人主义原则和判例法的司法模式。这种模式下检察机关对于刑事诉讼活动的监督就显得比较尴尬，法官具备造法的职能且没有成文法，这样就不存在法官作出与法律相违背的情形，检察机关的角色只是作为法庭审理时出庭指控犯罪的一方出现的，对于法官的监督显然没有法律依据。

大陆法系国家与英美法系国家不同，认为制度应该是出于人的理性设计，在法院审理的案件的过程中，法官作为主导审判的裁判者运用的是演绎推理的方法，将法律条文中的一般规律适用于案件审判中。大陆法系国家崇尚法律至上，任何案件的判定都要以相关的法律规定为准。因此，大陆法系国家的法律大多繁杂，条文数量众多，法官对照不同的法律规定进行裁判。没有了像英美法系国家法官那样的通过判例进行造法的职能，为国家适用法律成为大陆法系国家法官的实际的职能。但与英美法系刑事诉讼活动监督比较，大陆法系国家的成文法的规定，给了检察机关以适用的空间，这其中刑事诉讼活动参与的国家机关的活动内容均有法律的明确规定，检察机关可以比较法律的规定对其进行监督。

我国刑事诉讼检察监督制度同样受到我国传统法律文化的影响。在中国古代，早在先秦时期已经有监察制度的萌芽，秦汉时期，为了监督百官，秦始皇在中央设立御史大夫监察文武百官的行为举止以及适用法律的情况。魏晋南北朝时期，将御史大夫变为御史台作为中央一个独立的机关直接听命于皇帝，皇帝以下的各个官员均属于其监督的范围，"侍御史和殿中侍御史'昼则外台受事，夜则番直内台'"①。唐以后各个时期，中央的监察制度均得到了进一步的强化，明改御史台为都察院组织机构发展比前朝跟家严密，清朝以后随着皇权的加强，都察院作为中央监察官员的专职机构，其主用日益重要，成为皇帝"正朝廷纲纪，举百司紊失"② 的重要工具。清朝后期变法推新，我国学习的是大陆法系国家日本、德国的法律，民国时期被沿用，因此具有了成文法的传统。新中国成立后，我国学习苏联等社会主义国家的法律思想，兼顾我国传统的法律文化，参照苏联的司法模式建立了我国现今的司法模式，总体上是以沿用了新中国成立之前的成文法律模式。

　　在上述的背景下，我国监察制度得以建立，其间经历了被迫撤销和恢复重建的反复，但是我国检察机关作为法律监督机关的职能从未改变。我国刑事诉讼检察监督作为检察监督职能的一部分，正式建立在我国古代监察制度的传统法律文化和近现代我国学习西方现在法律制度的基础之上的，其具有中外两个方面的法文化基础。一方面，我国检察机关传承和发展了古代监察制度中御史台或都察院的职能，监督法律的运行；另一方面，学习西方大陆法系国家成文法律模式也为刑事诉讼的检察监督提供了存在空间。

---

① 　邱永明：《中国古代监察制度史》，上海人民出版社 2006 年版，第 200 页。

② 　贾浩：《唐代防治官吏贪读对策研究》，郑州大学 2007 年硕士学位论文。

第二部分

检 察 权

论检察活动的原则[*]

姜　伟　韩炳勋

　　检察活动是检察机关依法行使检察权、履行法律监督职责的司法活动，而检察活动原则是指检察机关在检察活动中应当遵循的基本准则。由于检察活动原则贯穿于检察机关法律监督工作的各个方面和各个环节，体现着检察机关性质、地位、职能和组织方式等特征，规范着检察机关行使法律监督职能活动，因此，厘清检察活动原则的具体内涵及要求，不仅对检察机关和检察人员开展检察工作具有普遍的指导意义，也对检察机关正确行使检察权，切实履行法律监督职责，维护国家法律的统一正确实施有着重要作用。根据检察机关的性质、职能以及检察实践情况，笔者认为检察活动的原则主要有：法治原则、检察一体原则、依法独立行使检察权原则、客观公正原则、理性原则和正当程序原则等。

一、法治原则

　　法治是指法律的治理，也称法律的统治，是按照民主原则把国家事务法律化、制度化，并严格依法进行管理的一种治国理论、制度体系和运行状态。① 从社会结构状态来说，法治是指法律归束住了国家权力和政府后而使权利在人和人之间得到合理配置的社会状态。② 法治又是一种具有内在价值取向的法律理念，包括人民主权、尊重和保障人权、权力制约、法律面前一律平等、程序正义等内容，是与人治相对的治国的理论、原则、制度和方法。法治原则是指一切国家机关、各政党、武装力量、各社会团体、各企事业单位和全体公民依据宪法和法律活动的准则，即在适用法律上要做到一律平等，任何人、任何组织不得凌驾于法律之上。法治原则的核心是确立和实现以宪法和法律治国为最

---

　　* 原文载《法律科学》2014 年第 2 期。
　　① 周叶中：《宪法》，高等教育出版社 2000 年版，第 105 页。
　　② 徐显明：《论"法治"构成要件——兼及法治的某些原则及概念》，载《法学研究》1996 年第 3 期。

具权威的标准，这其中包括三个方面的含义：一是坚持法律面前人人平等；二是树立和维护法律权威；三是严格依法办事。在我国，法治原则集中体现为依法治国，是党的领导、人民当家做主和依法治国的有机统一。宪法第 5 条第 1款规定："中华人民共和国实行依法治国，建设社会主义法治国家。"党的十八大报告也提出了"科学立法、严格执法、公正司法、全民守法"的依法治国总体要求。检察活动中贯彻法治原则主要有以下三个方面要求：

（一）严格依法办事，遵守宪法和法律

严格执法是树立法律权威的基础，是社会主义法治的基本内涵和对检察工作的基本要求。检察机关作为专门的法律监督机关，是确保国家法律统一实施的重要力量，自身必须严格执法，严格依照法定权限、程序行使职权、履行义务。严格执法的内在要求决定了检察机关应当牢固树立有罪证据与无罪证据并重的意识，既收集能够证实犯罪嫌疑人、被告人有罪、罪重的证据材料，也收集能够证实犯罪嫌疑人、被告人无罪、罪轻的证据材料，摒弃片面依赖口供、片面收集有罪证据材料的观念。同时，检察机关还要牢固树立实体公正与程序公正并重的意识，增强程序意识和诉讼民主意识，树立遵守程序就是遵守法律、违反程序就是违反法律的观念，摒弃重实体、轻程序的观念。

（二）依法履行职责，维护法律统一

维护法律的统一实施，是"法律面前人人平等"和维护法律权威的必然要求。检察机关作为法律监督机关，负有监督法律实施和维护社会主义法制的统一、尊严、权威的职责，必须坚持严格、公正、文明、廉洁执法，依法监督纠正执法不严、司法不公等突出问题，保障国家法律的统一正确实施。

（三）自觉接受监督，防止权力滥用

权力受到监督制约是减少权力被滥用的有效途径，行使权力必须受到监督，是一切法治社会遵循的一条重要原则，是法治原则的基本内涵，是社会主义民主政治的要求。检察机关作为法律监督机关，应牢固树立"正人先正己"、"监督者更要接受监督"的观念，既要强化对其他相关部门的法律监督，更要加强自身监督，并自觉接受来自外界的监督——在行使检察权的各个环节依法接受各方面的监督制约，并把监督制约作为推动和改进工作的动力，切实防止检察权滥用，以过硬的自身素质和严格公正文明执法树立法律监督权威。

（四）法治原则的适用

1. 提升司法理念，保证案件质量。公正执法是检察机关树立法治权威的基础和前提。从实践的角度来看，公正执法的标准就是保证案件质量，只有确保案件质量，提高执法水平，才能增强法律监督的公正性和权威性，让人民群众在每一个司法案件中都感受到公平正义。检察机关要贯彻修改后的刑事诉讼法关于"不得强迫任何人证明自己有罪"的规定，树立打击犯罪与保障人权并举、实体正义与程序正义并重、相互配合与监督制约同步的理念。在行使职权时，要严格按照法律规定办案，把法律规定作为处理案件的唯一标准和尺度，按照法定权限和法定程序，认定案件性质，并根据案件性质、情节，给予正确的裁决和处理。

2. 增强程序意识，追求公平正义。"正义是社会制度的首要价值，正像真理是思想体系的首要价值一样。"①　正义是社会主义法治的价值追求，西方一句法律格言指出："公平正义不仅应当实现，而且要以人们看得见的方式加以实现。"②　程序公正是公平正义的重要内容，是实现实体公正的手段，是实体公正的前提和保障，没有程序公正，实体很难公正。同时，程序公正又具有自身独立的价值，它让人们从中感知到司法的文明和社会的进步，感受到司法的公开、透明和规范。程序公正比实体公正更加直观、更加鲜明、更加敏感地体现社会正义。因此，检察机关要增强程序意识和诉讼民主意识，树立"遵守程序就是遵守法律，违反程序就是违反法律"的观念，既要追求办案结果的正确性，也要追求办案过程的合法性，摒弃刑事司法中"重打击、轻保护"、"重实体、轻程序"的错误思想，实现执法办案的制度化、规范化和程序化，以程序公正保障实体公正，保证案件质量。

3. 强化证据意识，防止冤错案件。案件正确与否，关键在于证据。检察机关在执法办案中，要严格遵守证据原则，及时、准确、全面收集证据，注重客观证据。检察人员在办案中要不断强化证据意识，增强发现、收集、保全、固定和运用证据的意识和能力，提高揭露犯罪、证实犯罪的本领。在这过程中，关键是要坚持证据裁判原则，坚持重证据、重调查研究，不轻信口供，对采用刑讯逼供等非法方法收集的犯罪嫌疑人、被告人供述和采用暴力、威胁等非法方法收集的证人证言、被害人陈述，应当严格执行非法证据排除规定，坚决予以排除。检察机关审查证据，要把个别审查和全面审查相结合，排除每个证据内部和证据材料之间的矛盾和疑点，使各种证据材料相互印证，使证据和事实之间具有一致性，行为和后果之间具有关联性，证据指向具有同一性，根据证据材料得出的结论具有唯一性，准确把握刑事案件证明标准，有力地揭露犯罪，证明犯罪，打击犯罪。

4. 规范执法行为，树立法治权威。树立法治权威，必须提高执法公信力，执法公信力来源于严格、公正、文明、廉洁执法。执法活动要规范化，其关键

① ［美］罗尔斯：《正义论》，中国社会科学出版社1998年版，第1页。
② 参见陈瑞华：《看得见的正义》，中国法制出版社2000年版，第2页。

在于执法管理的精细化。一是完善案件管理体系，细化办案工作规程，完善业务工作流程，规范各个办案环节，力求使各项执法活动、每个执法环节都有章可循；二是完善执法责任体系，把监督制约贯穿于检察权行使的各个环节，防止权力失控、行为失范；三是完善制度执行体系，大力推行检务督察制度，强化对执法规范化的动态管理，加强经常督察、重点督察和工作督导；四是完善违规惩处体系，通过问责制度、问题通报、考核"一票否决"等方式，严肃检察纪律，严格追究责任；五是完善考核评价体系，构建并完善符合检察工作规律的考评机制，形成标准具体、责任明确、考评科学、统一实用的检察工作考评机制，引导检察工作平稳健康发展。

二、检察一体原则

检察一体，又称"检察一体制"、"检察一体化"、"检察官一体"、"检察一体主义"、"检察一体原则"等，是指检察系统内上下级检察院之间和检察院内检察长与检察官之间存在领导关系，检察机构作为统一的整体执行检察职能。① 检察一体原则不仅是行使检察权的原则，而且是检察机关的组织原则；既有检察工作机制的重要内容，又有领导体制的重要内容。

检察一体原则是检察制度中一项独有且最能反映检察制度特点的原则，主要包括以下三个方面内容：第一，上下级之间的领导关系。它是指上级人民检察院对下级人民检察院的领导、上级检察官对下级检察官的领导、最高人民检察院对地方各级人民检察院和专门人民检察院的领导。在人民检察院内部，它是指检察长对其他检察官的领导、上级检察官对下级检察官的领导以及检察委员会对本院检察官的集体领导。第二，同级之间的职能协助关系。全国各级检察机关是执行检察职能的统一整体，虽然各地人民检察院、各级人民检察院以及专门人民检察院都具有明确的管辖范围，但是在执行检察职能的过程中，如果确实需要其他检察机关的协助，例如，调查取证、扣押等侦查措施和强制措施的适用，相应的检察机关有进行职能协助的义务。这种协助有两种方式：代为执行有关职能和协助其他检察机关执行职能。第三，检察职务上的相互承继、移转和代理关系。从检察官的角度来说，检察官在执行职务的过程中因故不能继续执行职务或者检察长认为其不适宜继续执行某项职能，检察长或上级检察官有权指派其他检察官承继或者代理其职务，有关诉讼程序可以继续进行，不必重新开始。这是检察官职务与法官职务的重要区别之一。在上述三个方面的内容和要求中，"上命下从"的领导关系是检察一体原则的核心，职能

---

① 姜伟：《专项业务培训教程》，中国检察出版社 2004 年版，第 36 页。

协助以及职务的移转、承继和代理是检察一体原则的必然要求，也是检察职能和检察官职务的重要特点。① 检察活动中贯彻检察一体原则要处理好以下三个方面的关系：

（一）正确处理检察一体原则与争取外部环境的关系

检察工作一体化机制作为检察权的内部运行机制，在外部关系上需要一个良好的执法环境。党的领导和人大监督，为检察工作一体化机制创造了这个环境。党的领导和人大监督是中国特色社会主义制度的重要特征，也是做好一切检察工作的重要保证。如果没有党的领导、人大的监督，检察一体是无法实施的，也是缺乏政治、法律保障的。检察机关作为党的政法机关，坚持党的领导，是一个政治原则，也是社会主义法治理念的体现。坚持党的领导，是检察工作始终保持正确政治方向的根本保证，是检察机关必须长期坚持的重大政治原则，是检察工作顺利开展的强大政治后盾；这同时是做好检察工作的政治优势，只有依靠党的领导才能解决、克服检察一体工作中各种困难，切实发挥法律监督职能。检察机关接受人大监督，既是国家宪法规定的基本原则，也是检察机关的重要组织原则。人大监督保证国家权力合理配置和有效运行，这对于检察机关来说既是制约，也是支持，是检察机关提高办案质量和监督水平的基础和前提，也是改进和推动检察工作一体化机制建设的强大动力。

（二）正确处理检察一体原则与依法独立行使检察权的关系

除了法律明确规定只能由最高人民检察院或上级人民检察院行使的职权外，法律赋予检察机关的职权每一级人民检察院都有权行使。下级人民检察院必须接受上级人民检察院领导和各级人民检察院独立行使检察权是两项重要的法律原则。在检察工作一体化中，既要保障上级人民检察院的决策部署得到严格执行，又要保障各级人民检察院按照法律规定的权限范围行使职权。在没有上级人民检察院指令的情况下，各级人民检察院都应该依法独立行使检察权。在上级人民检察院就检察权行使中的某些事项或具体问题作出明确指令的情况下，下级人民检察院应当执行；下级人民检察院就检察工作的某些事项或具体问题请示上级人民检察院时，上级人民检察院作出的决定，下级人民检察院应当执行；上级人民检察院有权纠正下级人民检察院不当的执法活动或决定；下级人民检察院如果认为上级人民检察院的决定确有错误，可以向上级人民检察院报告，请求复议，及时予以纠正。②

---

① 孙谦：《中国检察制度》，人民出版社 2004 年版，第 218、219 页。

② 单民、上官春光：《检察一体化的内部实现方式探讨》，载《人民检察》2007 年第 10 期。

（三）正确处理检察一体原则与检察官责任制的关系

检察一体化原则要求检察长和检察委员会领导全院工作，内设机构及其负责人领导本部门工作，检察官在统一领导下行使检察权。同时，检察工作的司法属性，又决定了检察官需要具有一定的独立性，根据案件事实和法律规定，对案件做出判断，并承担相应责任，这是现代司法的一般原则，符合司法规律，有利于保证司法公正，有利于发挥检察官独立办案的作用，保证高效、公正地行使检察权，有利于检察职能的统一有效履行。所以，在检察一体化原则下，还要保障检察官依法独立行使检察权。

（四）检察一体原则的适用

1. 对重大案件和事项的督导要加强。上级检察院要通过交办、催办、指导、通报等形式，督促检查下级检察院执行上级决策、落实工作部署情况。同时，应要求下级检察院及时报送重大突发性事件、重大涉检舆情、重特大案件、重大办案安全事故等重要情况；下级检察院在请示、报告的同时要向上一级检察院备案，上一级检察院应规范查办案件的请示报告制度，必要时进行协调，加强上级检察院对下级检察院的办案指导和质量控制，及时发现和纠正办案中存在的问题，支持和监督下级检察院依法办案。

2. 侦查工作的内部制约与协作配合要完善。加强侦查部门与侦查监督、公诉、监所检察、民事行政检察、控告申诉检察、检察技术等部门的分工负责与配合、制约，确保办案质量。特别是要加强侦查、侦查监督、公诉部门之间的协作配合，侦查监督和公诉部门可以提前介入侦查活动，熟悉案情，审查证据，引导侦查部门补充、固定和完善证据；侦查部门也可以就证据收集等问题主动征求侦查监督和公诉部门意见；侦查、侦查监督、公诉部门都应当强化证据意识，按照批捕、起诉证据标准全面、客观地收集、审查证据，探索互相听取意见和列席案件讨论会制度。

3. 健全检务协作和刑事司法协助机制。上级检察院应当加强对检务协作工作的指导、协调和检查。检察机关相互协作中产生的争议，应由有关各方协商解决，协商意见不一致的，报共同的上级检察院协调解决；职务犯罪案件侦查工作中就核实案情、调查取证、采取强制性措施、异地羁押等事宜请求协助、配合和合作的，有关检察院应当依法积极支持；建立职务犯罪案犯潜逃、脱逃专项报告制度，并严格按照程序实行通缉、边控，发现与潜逃、脱逃案犯有关的情况应当及时向有关承办检察院通报，并积极配合缉捕工作；积极开展刑事司法协助，建立涉外案件层报、检察外事通报和检察外事快速反应机制，拓宽检察机关司法协助与对外交流领域，需要国际司法合作或者香港、澳门特别行政区个案协查的，应当报经省级检察院，按照最高人民检察院规定的程序办理。

三、依法独立行使检察权原则

依法独立行使检察权，是指人民检察院应当以事实为根据，以法律为准绳，不受行政机关、社会团体和个人的干涉，公正地处理案件，独立行使检察权。① 依法独立行使检察权原则是中国宪法规定的检察机关履行法律监督职责的一个根本原则。宪法第 131 条规定："人民检察院依照法律规定独立行使检察权，不受行政机关、社会团体和个人的干涉。"刑事诉讼法、人民检察院组织法和检察官法也作了相同的规定。依法独立行使检察权原则，应当包括三个方面的内容：一是检察权的专属性，即检察权是检察机关独有的国家权力，其他国家机关、团体和个人都无权行使；二是检察权的不可推卸性，即检察机关必须积极行使检察权，不得消极行事；三是检察权的不可干扰性，即检察机关行使检察权不受行政机关、社会团体和个人的干涉。检察机关依法独立行使检察权，对于实现检察权行使的宗旨具有重要的意义，也是一个国家法治程度的重要标志。检察权所具有的法律监督性质，不仅使检察权区别于其他任何一种国家权力，而且决定了检察权的行使必须具有法定的独立性。

（一）依法独立行使检察权要在党的领导下进行

坚持党的领导是中国宪法确立的一项根本性原则，一切国家权力包括检察权的行使必须在中国共产党的领导下进行，这是依法独立行使检察权的基本前提和根本保证。我国的宪法和法律都是在党的领导下制定的，体现了党的路线、方针和政策，检察机关依法独立行使检察权，正是从法律上维护了党对国家的领导。检察机关严格执法就是对党的政策和意志的贯彻。由于中国共产党是执政党，党的领导应当是政治领导和人事控制，而不应当是包办代替各个职能部门行使职权，党对检察机关的领导，并不是要代替或指挥检察机关行使检察权，而是为检察机关依法独立行使检察权提供政治保障。因此，坚持党的领导与依法独立公正行使检察权是统一的，在任何时候、任何情况下，检察机关都必须始终不渝地坚持党的领导，自觉接受党的领导，紧紧依靠党的领导。

（二）依法独立行使检察权要自觉接受监督

检察机关自觉接受同级人民代表大会及其常务委员会的监督是宪法和法律规定的一项基本原则，检察机关依法独立行使检察权必须依法自觉接受人大监督。在人民代表大会制度下，作为国家权力机关的人民代表大会及其常务委员会，具有最高的监督地位与权威，检察机关的法律监督权力是宪法和最高国家

---

① 徐静村：《刑事诉讼法学（第二版）》，法律出版社 2010 年版，第 53 页。

权力机关赋予的。因此，检察机关依法独立行使检察权也必须依法自觉接受国家权力机关的监督，检察机关必须定期和不定期地向人民代表大会及其常委会报告工作，接受人民代表大会及其常委会的质询、调查等监督。检察机关接受人大监督的同时，还要自觉接受社会各界和人民群众的监督，以此确保检察权始终沿着正确的轨道运行。

（三）依法独立行使检察权要接受上级人民检察院的领导

人民检察院依法独立行使检察权要接受上级人民检察院和最高人民检察院的领导。人民检察院组织法规定，最高人民检察院领导地方各级人民检察院和专门人民检察院的工作，上级人民检察院领导下级人民检察院的工作。地方人民检察院和专门人民检察院依法独立行使检察权，但要对上级人民检察院和最高人民检察院负责。这是保障国家检察职能统一行使的需要，也是检察一体化原则的要求。

（四）依法独立行使检察权原则的适用

1. 检察机关要围绕服务大局行使检察权。检察机关独立行使检察权，要保证检察权行使方向和目的的正确，就必须紧紧围绕党和国家大局开展各项检察工作，这是中国的国情决定的。检察机关要充分认识中国现阶段的国情，增强服务大局的意识和紧迫感，努力寻找服务大局的渠道，提高服务大局的水平和能力。克服机械执法、孤立办案的观念和做法，通过发挥检察职能，为国家的经济、政治、文化、社会、生态环境建设贡献力量。

2. 检察机关要严格依法行使检察权。我国的检察机关是法律监督机关，承担着法律监督的职责，对检察权的行使，宪法和有关法律法规都作了明确细致的规定，检察机关行使检察权必须在法律规定的范围内行使检察权，不能凌驾于法律之上、超越于法律之外。一方面，对于法律没有赋予检察机关的权力，检察机关不能行使，否则构成越权；另一方面，检察机关必须按照法定程序行使检察权，高度重视和切实遵循法定程序，防止检察权的滥用。

3. 检察机关要积极充分行使检察权。依法独立行使检察权要求，决定了检察权的专属性，要求检察机关必须注重检察权的充分行使，对各项检察权应当给予同样的重视，最大限度地履行好法律监督职责。同时，检察机关在充分行使各项检察权的时候，应当特别注意检察权行使的有效性。根据检察权行使的环境和条件，根据不同时期行使检察权的政策要求，对行使检察权所产生的效果进行把握，确保检察权行使的正当性，注意追求政治效果、法律效果和社会效果的有机统一。

四、客观公正原则

客观公正原则是客观原则和公正原则的统一。客观就是要实事求是，以事实为根据，忠于事实真相；公正就是要同等地对待每一个诉讼参与人，同样的情况得到同样的处理，使诉讼参与人各得其所。客观公正原则要求检察机关和检察人员在检察活动中，要以客观事实为依据，公平合理地办理案件。换言之，检察官为了发现真实情况，不应站在当事人的立场上，而应站在客观的立场上进行活动，不偏不倚地进行诉讼活动，忠于案件事实真相，全面关注被追诉人不利或者有利的事实与情节，以实现司法公正。[①] 这就是法律赋予、由检察官承担的"客观义务"。

检察机关坚持客观公正原则，是保障检察机关正确行使检察权和充分发挥检察权在全社会实现公平正义的作用的内在要求。检察机关的根本职能是实行法律监督，保障法律的统一正确实施，而不仅仅是代表国家行使追诉权的公诉机关。检察权存在的价值是维护国家法律的统一正确实施，本身就包含着客观公正地适用法律。为了保障法律的正确统一实施，作为法律监督机关的检察机关，必须保持客观公正的心态和立场，依法履行各项检察职能，维护司法公正。

（一）坚持客观执法与公正执法的统一

检察机关和检察工作人员在检察执法活动中既要坚持客观执法又要坚持公正执法，把客观执法和公正执法有机结合起来，不能有所偏废。执法活动是一个主观见之于客观的过程，主观因素对执法活动的干扰和影响是不可避免的，克服主观因素对执法活动的影响，并客观求证是检察官必须坚持的基本原则。同时，检察执法活动要面对多方参与人，面对不同的诉求，平等地对待每一方参与人，是公正执法的必然要求。客观和公正是一个问题的两个方面，只有客观执法才能保障执法公正，客观执法是公正执法的前提，公正执法是客观执法的必然延伸。可见，客观和公正是辩证统一的，在检察执法活动中，检察机关和检察人员要树立客观和公正并重的意识，兼顾客观和公正两个方面，实事求是，不偏不倚，从客观事实出发，公平地处理每一起案件。

（二）坚持打击犯罪与保护人权的统一

检察官在履行职务过程中要以客观事实为依据，不仅要保护国家和社会的利益，而且要保护公民个人的利益；不仅要保护被害人的利益，而且要保护犯罪嫌疑人、被告人的利益；既要努力将有罪者绳之以法，也要确保无罪者不受

---

① 朱孝清：《刑事辩护与检察》，载《人民检察》2013 年第 5 期。

处罚并保证所有被追诉者在程序上受到公正的对待；要以公正的司法平衡地维护被告人、被害人的合法权益和社会公共利益。① 因此，检察人员在办案时不仅要注意收集证明犯罪嫌疑人、被告人有罪、罪重的证据，而且要注意收集证明犯罪嫌疑人、被告人无罪、罪轻的证据。检察官的职责要求对于任何犯罪嫌疑人、被告人，不论其罪恶有多大，不论引起多大民愤，不论舆论怎样批评，检察官都应当使犯罪人的正当合法权利得到保护。

（三）坚持实体公正与程序公正的统一

客观公正原则是实体公正与程序公正的辩证统一和集中反映。检察机关和检察官在行使检察权的过程中，必须尊重事实真相，严格遵循实体规则和程序规则，努力做到实体公正与程序公正并重，力求法律真实与客观真实统一。检察机关和检察官应全面、及时查明案件事实，正确适用实体法，对案件作出公正的处理。行使检察权时，无论调查取证或审查起诉，都应充分注意到案件中一切有关情况，特别是对犯罪嫌疑人有利的和不利的各种因素，不得顾此失彼或厚此薄彼。在诉讼活动中，检察人员应当确立当事人的主体地位，依法保障其人格、尊严和意志自由；还应当依法保障辩护方的权利，以实现控辩关系平衡，实现程序公正。在许多情况下，由于检察机关具有相对的优势，为了保障辩护方有效行使辩护权，保护被追诉人的合法权益，需要在程序上向辩护方适当倾斜，实现公权力与私权利之间的合理平衡。

（四）客观公正原则的适用

1. 树立客观公正的执法理念。检察官应树立客观、理性、公正的执法观，以追求事实真相和公正处理为基本目标，秉持客观公平的执法理念和不偏不倚的立场，强化信守法律的执法理念，务必使法律在诉讼过程中得到客观公正的实施；检察官在执法办案时要自觉遵循客观公正原则的基本精神，严格依法办事，避免主观倾向，自觉对抗外来各种因素对公正办案的影响和干预；在依法行使自由裁量权时，检察人员应当充分考虑到各方面的利益和情况，确保作出决定的必要性、客观性和公正性，努力做到出于公心、维护公益，摒除邪恶、弘扬正气，克服己欲、排除私利，态度公允、不偏不倚。

2. 客观全面地收集、审查和运用证据。检察机关在行使检察权办理案件时，应站在客观公正的立场上，全面收集、审查和运用证据。证明案件事实的各种证据情况是错综复杂的，任何证据的发现和认识都会在一定程度上受检察官的主观因素和各种客观因素的影响。对于证据的收集、审查和运用，要坚持客观公正的立场，避免主观臆断的不利影响，防止为了片面追求打击犯罪的效

---

① 姜伟、孙铁成：《强化审判监督，充分保障人权》，载《人权》2003 年第 6 期。

果而偏听偏信，及时进行深入全面的分析和判断。对事实的认定要以证据为唯一根据，忠于事实真相，客观准确地认定案件事实，不能只认定对检察办案有利的事实，隐瞒、忽视对执法办案不利的事实。

3. 克服当事人主义倾向，避免当事人化。检察机关在检察活动中，必须站在法律的立场，以监督者的身份，客观地运用证据、认定事实、适用法律。超越、克服因追诉者的身份易产生的一方当事人倾向，避免当事人化。检察官要履行客观义务，尊重客观事实，客观地处理案件，特别是要承担起为被告人的利益抗诉的义务。检察官是官方的"护法人"，而不是"当事人"。检察官不但要纠查、追诉犯罪嫌疑人、被告人有罪、罪重的情况，还要发现、收集犯罪嫌疑人、被告人无罪、罪轻方面的情况。

五、理性原则

理性，相对于感性而存在，强调思考过程的理智，强调结论的客观。它通常指人在审慎思考后，以判断、推理等方式，推导出结论的思考活动。在哲学领域，理性属于"真"的范畴，指人们认识活动和实践活动的合规律性，是人类认识真理和实践真理即"决定资源选择的行为"的能力。[1] 从法律的角度来看，法律的理性精神最终被抽象为法治观念。[2] 法治是理性之治，是制度理性和实践理性的有机结合。在法治社会，司法、执法活动应当遵循理性原则，而践行理性原则的核心在于准确认识、充分遵守司法活动的客观规律，从司法客观规律、案件的实际情况以及司法工作的现实条件出发。[3]

在检察活动中践行理性原则，要求检察机关按照检察工作的客观规律行使检察权，强调检察活动不受非理性因素的干扰，排斥检察活动的片面化、情绪化、简单化，做到"以法为据、以理服人，用理性思维去分析矛盾、化解矛盾"。[4] 检察活动贯穿诉讼的全过程，既有职务犯罪侦查、审查起诉等诉讼活动，又有审判环节的司法活动，还有法律监督的监督活动，在检察活动中践行理性原则，就要遵循相应的诉讼规律、司法规律和监督规律。

（一）检察活动应遵循诉讼规律

诉讼活动是国家司法机关依据法定职权和法定程序具体应用法律处理案件的专门活动，具有权威性、强制性、法定性和程序性等特点。检察机关主要诉

---

① ［德］康德：《法的形而上学原理》，沈叔平译，商务印书馆1991年版，第13页。

② 周少华：《法律理性与法律的技术化》，载《法学论坛》2012年第3期。

③ 严励：《广义刑事政策视角下的科学原则和国际原则》，载《南都学坛》2010年第4期。

④ 曹建明：《要树立理性、平和、文明、规范执法的新理念》，载《人民检察》2009年第10期。

讼活动是行使刑事追诉权、法律监督权等检察职权，一般的诉讼规律对检察活动具有重要指导意义。第一，检察活动应遵循平等原则。检察机关对案件涉及的诉讼参与人，要一视同仁，平等对待，依据证据、事实和法律公正地处理每一起案件。在办案过程中要充分、平等地保障所有的诉讼参与人的合法权益。第二，检察活动应遵循中立原则。检察机关应当客观全面地调查和审查案件，保持中立的法律立场，既要关注对当事人不利的证据，也要关注对当事人有利的证据，既注重罪重的证据，又要注重罪轻的证据。在程序上，切实保障诉讼参与人依法享有的诉讼权利，确保案件得到公正办理。第三，检察活动应遵循司法裁判原则。检察机关依法独立公正行使检察权，以正确适用法律为目的，在一些检察业务中，例如在不起诉决定等检察活动中，与法院的最终判决具有类似的裁判属性，具有明显的独立判断性、终局性、法律适用性等特点，更应当遵循相应的司法裁判原则。

（二）检察活动应遵循司法规律

检察机关直接参与刑事诉讼、民事诉讼和行政诉讼的审判活动，需要根据不同类型诉讼的特点，遵循其特有规律。第一，遵循刑事审判特有规律。刑事诉讼是以实现国家刑罚权为目的的活动，是国家公权力对私权利的追诉。在刑事审判中，检察机关要严格遵循刑事诉讼的特殊原则，包括无罪推定原则、非法证据排除规则、不得自证其罪原则、辩护原则、禁止重复追究原则等，[①] 充分尊重和保障当事人的人权。第二，遵循民事审判特有规律。民事诉讼是平等主体之间的财产和人身纠纷，调整的是私权利之间的法律关系。检察机关参与民事诉讼主要方式就是开展民事审判法律监督工作，修改后的民事诉讼法进一步明确了检察机关法律监督的地位和作用。在民事审判活动中，检察机关要充分尊重民事诉讼当事人的意思自治的处分权，遵循民事诉讼特有的当事人平等原则、调解原则、意思自治原则等规则，准确把握民事检察活动的范围、方式和效力，妥善处理检察监督与审判监督的关系。第三，遵循行政审判特有规律。行政诉讼是运用司法权解决行政争议，为行政相对人提供司法救济的司法活动。检察机关在"民告官"的行政诉讼中，主要是开展行政检察监督工作，应当遵守行政诉讼特有的具体行政行为合法性审查原则、被告承担举证责任原则、不适用调解原则等基本原则。[②]

（三）检察活动应遵循监督规律

我国宪法规定检察机关是专门的法律监督机关。检察机关的法律监督是国

① 孙长永：《刑事诉讼法学》，法律出版社 2013 年版，第 76 页。

② 江必新、梁凤云：《行政诉讼核心原则论要——以行政诉讼的核心原则为视界》，载《公法研究》2007 年第 5 期。

家法律监督活动的重要组成部分。虽然检察机关的监督在具体的监督内容和方式上有自己的特点，但是也要遵循监督活动的一般规律。第一，监督权力法定。检察机关的法律监督权都是法律加以授权和规范的，检察监督的主体、手段、对象、效果等内容，都需要符合法律的授权，即"法无授权即非法"，也可以说无授权就无监督。① 第二，监督程序法定。检察机关的监督活动具有司法属性，严格按照程序进行是司法的重要特征之一。我国检察机关的监督活动是在三大诉讼程序法的规范下进行的，有着法定的内容和程序，有着明确的步骤和方式，检察机关开展监督工作要严格遵守法定程序，保证监督活动的合法性、有效性和权威性。第三，监督全程覆盖。有效的监督活动应当贯穿事前、事中、事后各个环节，法律监督活动也不例外。检察工作的法律属性，决定了检察监督是以检察抗诉、纠正违法行为等事后监督为主，也有职务犯罪预防等事前监督和提前介入引导侦查等事中监督。但是按照全程监督的理念，依法开展事前和事中监督也应该是检察法律监督活动的重要组成部分，只有做到事前监督不越位，事中监督要及时，事后监督有实效，检察机关法律监督体系才能更加严密，才能更好地维护法律的统一正确实施。

（四）理性原则的适用

1. 规范检察行为，理性文明执法。在侦查活动阶段，职务犯罪侦查要遵循收集证据发现真实的诉讼规律，尤其要摒弃以口供定案，注意通过收集客观证据揭露犯罪，实现侦查需要与人权保障的平衡；在审查逮捕阶段，既要及时配合侦查，也要注重保障当事人人身自由和人权，遵循及时、准确适用强制措施的诉讼规律，严格依法适用逮捕强制措施。在审查起诉阶段，应遵循司法客观公正原则，使法律真实与客观真实相符合，确保国家追诉犯罪的成果经得起考验。在审判阶段，检察机关要遵循以庭审为中心的原则要求，遵守实体公正和程序公正并重的司法规律，充分运用证据、强化控方证明责任，既要依法维护指控主张，也要吸收合理的辩护、辩解意见，实现刑事诉讼诉讼的公正价值目标。

2. 树立正确理念，科学行使监督权。第一，树立正确的监督理念。要敢于监督，提升监督的积极性，加大监督力度，切实履行监督职责，理性地认识法律监督职能的权利和义务。要规范监督，正确把握各类监督方式、手段的适用条件，严格依法统一行使监督权。要善于监督，注重监督的方式和方法，妥善协调"相互配合"和"相互制约"的关系，做到"以法为据、以理服人"，促进被监督部门配合法律监督工作，使法律监督进入良性循环。第二，准确把

① 张智辉：《法律监督三辨析》，载《中国法学》2003 年第 5 期。

握监督范围和对象。在合法监督范围内，对合法监督对象进行监督，一方面要监督到位，另一方面不应有所逾越。比如在刑事诉讼中，刑事诉讼法律规定了检察机关能够或应当进行法律监督的阶段和具体的行为，对于这些诉讼环节和诉讼活动，应当积极主动地予以监督，但对于法律没有明文规定纳入诉讼监督范畴的，检察机关不应以监督为名进行干预。第三，准确把握监督的作用和效力。检察机关法律监督的作用在于制约司法、执法权的滥用，提出的监督意见具有权威性，被监督者有义务作出相应的调整或作出合理的解释。但是，检察机关法律监督主要是促进相关司法执法主体正确履行职责，不是代行其他机关的侦查权、审判权、执行权，应当理性地认识检察机关法律监督职能的预防和救济功能。

六、正当程序原则

正当程序，又称"正当法律程序"、"法律的正当程序"，是指国家机关只能按照法律为保障个人权利而确定的原则和规范进行诉讼等执法活动。正当程序是检察机关实行法律监督的重要内容和基本要求，是检察机关法律监督职能得以实现的唯一载体。检察机关在行使检察权的过程中应当遵循的正当程序原则，主要有两个方面的内容：一是执法有据，即程序合法是正当程序原则的第一要义，检察机关和检察人员作为执法的主体和检察职能的承担者，履行检察职能必须严格依照法律规定的条件、标准和步骤进行。二是执法合理，即有法定程序时严格适用法定程序，没有法定程序时应按照程序公正的要求办事。正当程序原则是一种法治精神，一种现代司法理念，遵守正当程序是执法行为合法性、有效性和正义性的一个要件。树立和坚持正当程序原则，是当代中国社会主义检察事业发展的需要，是检察理念和检察制度现代化的标志之一。检察机关贯彻落实正当程序原则，应努力做到以下几个方面：

（一）充分认识程序的独立价值

"程序公正必须被视为独立的价值。"① 程序不仅仅是一些手续，虽不直接确认当事人的实体权利和义务，但程序本身对当事人而言，也是一种重要的权利或义务。现代诉讼已经摆脱了程序是实体的附庸的观念，程序的独立正义价值已经得到体现，应该得到全面的贯彻和落实。发挥程序的独立价值，已经成为现代司法的基本标志之一——程序不仅是保证实体法正确实施，是惩罚犯罪的工具，更为重要的是，程序的一个重要目的或功能是规范

---

① 宋冰：《程序、正义与现代化——外国法学家在华演讲录》，中国政法大学出版社 1998 年版，第 374 页。

和约束权力的行使，保障公民权利的获得，进而保证国家的追诉活动严格遵照正当程序进行。

（二）正确处理实体与程序的关系

"理想的正义是形式要素和实体要素之和。"① 正确处理实体与程序的关系是落实正当程序原则必须解决的问题。在检察活动中，实体与程序同等重要，检察人员应当彻底扭转重实体、轻程序的传统思维，既要重视程序法在实现实体法目的方面的工具价值，更要强调程序自身的独立价值，充分发挥程序对权力的制约作用和对权利的保障作用。实体的重要性表现在保证案件结果的公正，而程序的重要性，表现在办理案件过程的公正。对检察活动来说，要追求结果和过程两方面的公正，不能因为追求结果的公正而破坏程序规定，也不能只追求程序而不顾结果。从内容和形式的角度来看，实体更多地表现为内容，程序则更多的是形式的问题，虽然内容决定形式，但是形式反过来也对内容起作用。

（三）严格按照程序规定从事检察活动

"在司法方面，程序法意义上的正当法律程序对刑事诉讼的要求就是要'依法办事'，即刑事诉讼活动应当依据刑事诉讼法及有关的法律、法规及司法解释所确定的程序来进行。"② 因此，依据法定程序，依法从事检察活动，确保各项检察活动，严格按照法定的程序标准和要求，按法定步骤、顺序、方法和时间来进行，是程序法定原则对检察机关的基本要求。在诉讼中，各项检察活动不论是检察权的行使，检察义务的履行，还是检察责任的追究都要以法定程序进行。既不能随意增加程序，也不能随意删减程序，脱离法定程序所作出的决定，不仅是无效的，违反公平正义原则的，也是违法的，应当追究相关执行者的责任。

正当程序原则的前提是法律对程序已经进行了充分合理的设置。在检察活动中，检察机关依据已经设置的程序进行各项诉讼活动，但是，由于立法的原因，程序的漏洞和瑕疵在所难免。尊重诉讼规则和证据规则的基本原理和规律，按照程序所应具备的基本精神和要求，合理行使检察权，是对正当程序原则的落实和对程序缺陷的必要补充。在检察活动中，检察机关在无法定程序或者法定程序模糊、矛盾的情形下，要按照程序所体现的正当原则和精神，为了公共利益的需要，充分有效合理地行使权利、履行义务，保证检察活动符合正

---

① ［美］戈尔丁：《法律哲学》，齐海滨译，三联书店1987年版，第237页。

② 樊崇义等：《正当法律程序研究——以刑事诉讼程序为视角》，中国人民公安大学出版社2005年版，第173页。

当程序的基本精神和要求。

（四）正当程序原则的适用

1. 树立程序正义的理念。在检察活动中，坚持程序至上、树立程序正义理念是正当程序原则的基本要求，也是确立程序的独立价值、尊重和重视程序的基本需要。在检察活动中程序不但是保证实体价值得以实现的前提，更具有其独立的内在价值，"公正的法律程序是正义的基本要求，而法治取决于一定形式的正当过程，正当过程又通过程序来实现"①。在检察活动中，检察人员要牢固树立程序至上的理念，在诉讼的各个阶段都要把程序正当作为优先考虑的因素，破除程序可有可无、程序错误无关紧要的老观念，逐步树立起尊重程序的现代司法理念，使程序的独立价值在检察活动中得以彰显，使检察活动更符合文明理性进步的发展方向。

2. 限制检察权恣意行使。正当程序原则的基点是对公权力进行限制，保证公权力行使的正当性，在检察活动中对检察权进行限制，是落实正当程序原则的必然要求。在诉讼活动中，检察机关处于优势地位，掌握着大量的司法资源，容易导致检察权的恣意行使。正当程序原则的适用，要求检察机关始终贯彻检察权行使的谦抑原则，严格检察机关自由裁量权的行使，着力限制法律监督权力滥用，最大限度地维护程序正义。在采取查封、扣押、冻结等强制性侦查措施和拘留、逮捕、取保候审等强制措施时要严格按法律规定的条件、步骤、时间等要求规范行使。

3. 全面保障诉讼参与人的权利。法律对诉讼参与人的权利、义务进行了详细的规定，特别是从诉讼平等、公平、正义的价值出发，对被追诉者的权利进行了更为周密和广泛的规定。正当程序原则要求检察机关在执法活动当中，在全面保障诉讼参与人权利的规定的同时，特别要把贯彻落实被追诉者的权利的程序规定当作重中之重。在诉讼活动中，诉讼参与人享有广泛的诉讼权利，正当程序原则对检察机关权力的限制正是基于赋予参与人广泛的诉讼权利而实现的。保障参与人诉讼权利的充分有效行使是检察机关在检察活动中的重要职责。参与人的诉讼权利与检察权的平衡对等，是诉讼公平的基本要求，检察机关在检察活动中要积极创造条件，充分保障诉讼参与人，特别是维护犯罪嫌疑人、被告人的各项诉讼权利，依法保障诉讼参与人的知情权、参与权、辩护权以及权利遭到侵害而享有的各种救济权。

① 参见马贵翔：《刑事司法程序正义探微》，载樊崇义主编：《诉讼法学研究》（第2卷），中国检察出版社2002年版，第69页。

检察权内部独立行使的模式选择[*]

向泽选

    检察权在检察机关内部的独立行使，既是依法独立行使检察权的题中应有之义，又是彰显检察权司法属性的必然要求。由于受"三级审批制"工作机制的影响，检察权在同一检察院的运行表现出浓厚的行政化色彩，办案检察官除了负责收集案件的证据和事实外，其独立意志很难体现。在上下级检察院"上命下从"关系之间，下级检察院依法独立行使检察权的主体地位受到检察一体制中"上命"的侵蚀。检察权是司法权，检察机关内部又实行一体化的领导，检察权的内部运行既要体现检察一体的特征，又要彰显其作为司法权的独立性特征。20 世纪末以来，围绕检察权在检察机关内部的独立行使，推行了一些改革措施，但这些改革措施并没有改变检察权内部运行的传统模式，检察权的内部运行依然保持着浓厚的行政化色彩。检察权的内部独立究竟应当选择怎样的模式？在主诉检察官办案责任制基础上诞生的主任检察官办案责任制能否弥补主诉制的不足，而完成凸显检察官作为相对独立的权力行使主体的使命？检察一体的领导体制还要进行哪些改革，才能实现既维护上级检察院的领导权威，又能凸显下级检察院作为独立执法主体的目标？以往在这些问题上的改革之所以达不到预期目标，缘由是多方面的。但有关改革理论储备不足，对改革中可能遇到的问题和困难认识不清是重要因素。笔者认为，要合理建构检察权内部独立行使的模式，必须先从理论上破解当前存在的现实问题，并按照检察权运行的规律设定好检察权内部独立行使的模式。

一、其他国家检察权内部独立的模式

    从其他国家法律所确立的检察独立的模式来看，检察独立包括外部独立和内部独立。检察权的外部独立，即检察权的运行过程遵循其自身的规律而不受外部的非法干涉，检察机关作为一个整体独立于其他机关。外部独立的模式大

    * 原文载《人民检察》2014 年第 10 期。

体包括类同审判独立型模式和在政府监督下的有限独立模式。① 检察机关的内部独立即在检察一体的前提下，检察官在检察机关内部具有相对独立的法律地位，亦即，在检察机关内部，检察官能够按照有利于实现司法目标的要求，相对独立地行使检察权。从各国的法律制度看，检察权的内部独立大体包含以下三层含义：

（一）检察官是检察权的行使主体

尽管大多数国家的检察机关设有内部领导、决策、咨议机构，检察职能机构和检察管理机构，② 但是，从其他国家检察机关履行检察权最基本的组织单元来看，几乎不存在以内设机构或者检察院的名义对外行使检察权的，大多都明确规定检察官是检察权的真正行使主体。德国、法国、意大利、日本、韩国等国家的刑事诉讼法都规定检察官是刑事诉讼的主体。在刑事诉讼中，承担检察职能的检察官作出的决定具有诉讼法上的效力，即便是根据上级的指示，作出了与自己信念不同的处理决定，也不准以依照上级的命令为由而逃避应承担的责任。检察官必须以自己的名义并由自己负责来处理分配给自己的检察事务。③ 可以说，检察官是以其个人的名义，而非以检察机关内设机构或者检察院的名义行使检察权，这是其他国家检察权运行的通例。

（二）检察官具有独立处理检察事务的权力

从检察机关内部管理体制和检察权的运行机理来看，各国法律制度均划定了检察一体与检察官相对独立之间的边界。日本法务省刑事局编著的《日本检察讲义》称："检察官在检察事务方面，是具有自己决定和表示国家意志的独立机关，而不是唯上司之命是从地行使检察权。检察官之所以被称作独任制机关的原因就在于此。"为确保检察官的相对独立性，在日本，上级检察官对下级检察官"主要运用审查、劝告、承认的方法，行使指挥监督权"，以确保"上级的指挥监督权和检察官的独立性相协调"。④ 日本前检事总长伊腾荣树先生指出："检察权的行使，如果受立法权或者检察权以外的行政权的不当干涉所左右，那么，司法权的独立就将完全成为有名无实。"⑤ 根据《法国刑事诉

---

① 参见龙宗智：《论检察》，中国检察出版社 2013 年版，第 61~65、66、69 页。
② 关于法国、德国、日本等国家检察职能机构与管理机构的介绍参见陈健民主编：《检察院组织法比较研究》，中国检察出版社 1999 年版，第 174、186 页。
③ 参见龙宗智：《论检察》，中国检察出版社 2013 年版，第 61~65、66、69 页。
④ 参见［日］法务省刑事局编：《日本检察讲义》，杨磊等译，中国检察出版社 1990 年版，第 18~21 页。
⑤ 参见［日］伊藤荣树：《日本检察厅法条逐条解释》，徐益初等译，中国检察出版社 1990 年版，第 57 页。

讼法典》第 35 条的规定，只要共和国检察官认为适当，就可以直接决定发动追诉，或者采取其他替代措施，或者决定不予立案。可见，法国的检察官也拥有依法独立处理检察事务的权力。在意大利，宪法有关法官独立的规定，适用于检察官。[①] 可见，尽管各国检察权内部行使的具体机制有差别，但都明确检察官在检察机关内部拥有独立决定和处理检察事务的职权，只不过有的是以明确检察官为诉讼法上的主体地位或者检察官为独立官厅的形式，确立检察官在检察机关内部的独立地位，有的则是从检察官责任制的角度肯定了检察官在"上命下从"体制中的相对独立性。[②]

（三）为保障检察官的独立性，法律赋予检察官抗命权

为确保检察官相对独立地处理检察事务，其他国家的法律制度赋予了检察官对上级指令的抗命权，包括消极抗命和积极抗命两种模式。消极抗命权即检察官对接到的违法指令，有权拒绝执行；而对于违反自己根据"良心与理性"而形成的内心确信的指令，有权要求上级行使事务承继和转移权。[③] 伊藤荣树先生指出："如果上司的指挥违背了法令，就可以不服从这种指挥，这是当然的。此外的情形，检察官应当向上司要求行使事务承继和转移权。"日本的伊东胜先生称："对上司的指挥监督虽然不容许积极的不服从，但容许消极的不服从。理由是只要存在着事务承继和转移权，消极的不服从就不会扰乱检察事务的统制。如果连消极的不服从也不容许的话，就等于否定检察官职务的独立性。"[④] 法国、德国、意大利等国家，为保障检察官的相对独立性，通过法律规定确立了检察官的积极抗命权，即检察官可以不服从上级的指令而自行作出决定，上级检察官不能更改这一决定。按照法国刑事诉讼法的规定，检察院的官员在没有上级命令的情况下或者不顾上级的命令，仍然可以进行起诉，并且在没有上级指令或者不顾其已接到的指令而开始进行的追诉，仍然是合法的、有效的；反过来，即使检察院的首长已接到上级下达的命令，如其仍然拒绝进行追诉，上级则不能取代他们并替代他们进行追诉。检察官在法庭上的诉讼活动在原则上不受上级指令的限制。《意大利刑事诉讼法》第 53 条规定，在庭审中，检察官完全自主地行使其职权。在法国、德国等国家，下级检察官虽然在其提出的书面意见中应当按照其接到的指令办理，但在法庭上仍然可以说明自己的感受与看法，并且可以提出与其书面意见不同的看法。这实质上赋予了

---

① 参见徐鹤喃：《意大利的司法制度》，载《人民检察》2000 年第 5 期。

② 参见龙宗智：《论检察》，中国检察出版社 2013 年版，第 61~65、66、69 页。

③ 参见龙宗智：《论检察》，中国检察出版社 2013 年版，第 61~65、66、69 页。

④ 参见［日］伊藤荣树：《日本检察厅法条逐条解释》，徐益初等译，中国检察出版社 1990 年版，第 59 页。

检察官对上级指令的积极抗命权。法律规范对检察官抗命权的明确，使得检察官相对独立处理检察事务的权力的行使有了根本性的保障，不至于因权力没有保障而使法律制度规范层面的职权在实际运作中落空。

二、检察官独立行使检察权的模式

检察官独立行使检察权，是指检察权在同一检察院内部要由检察官独立行使，对检察权在同一检察院内部的运行进行去行政化的改造。近年来，随着理论研究的不断深化，对外交往的扩大以及改革检察机关办案实践中"三级审批制"弊端的呼声日益高涨，上海、北京等地的部分检察院开始借鉴域外的做法，在主诉制的基础上，探索在检察机关内部统一实行主任检察官办案责任制。高检院审时度势，在调查论证的基础上，决定自今年开始，在部分地区的部分检察院实行主任检察官办案责任制的试点，下发了《检察官办案责任制改革试点方案》。主任检察官办案责任制是指在检察长和检察委员会的领导下，由一名主任检察官对授权范围内的事项依法独立行使决定权，并承担相应责任的制度。目前，各试点检察院正在紧锣密鼓地制定主任检察官办案责任制的具体实施方案。推行主任检察官办案责任制的本质，是要对检察机关内部传统的"三级审批制"办案模式进行改造，建立由检察官独立行使检察权的办案机制，体现检察官在检察机关的主体地位。主任检察官办案模式的建构，本应以检察人员的分类管理为前提，以内设机构的改革为配套。在检察人员分类管理没有推开的前提下，推行主任检察官办案责任制，在制度设计层面可以有以下三种模式选择：

（一）模式一：建构主任检察官办案机制，同时对现行的内设业务机构进行改革

这是一种比较彻底的推行主任检察官办案模式的改革思路。它要求重新改组检察机关现行内设业务机构的设置模式，在检察长和检察委员会以下，不再设置厅（局）、处、科等业务机构，直接设立主任检察官办公室，每一个主任检察官办公室由三名或者五名成员组成，配备一名主任检察官，二名或者四名检察官助理。主任检察官直接对分管检察长负责并报告工作，对本办公室办理的授权范围以内的案件相对独立地行使决策权，对本办公室的成员行使领导权。各检察院可以根据本院各业务口工作量的大小，决定设置主任检察官办公室的数量。每一个业务口的主任检察官办公室组成一个党支部或者党总支。支部（总支）书记的职责是负责各业务口主任检察官办公室行政、人事、队伍建设等方面的工作，组织召集案件办理以外的有关行政、人事、党务方面的会议，但不得过问各主任检察官办公室办理案件的情况。支部（总支）书记的

行政级别可配置为现行内设机构正职的级别，主任检察官的级别应当配置为现行内设机构副职的级别，少数优秀且任职年限较长的主任检察官，可晋升到现行内设机构正职，即与总支（支部）书记同等的级别。

在这种模式下，需要厘清主任检察官和分管检察长的职权界限。笔者认为，凡具有下列情形之一的，属于检察长的职权，主任检察官须报请分管副检察长审定：采取涉及限制或者剥夺犯罪嫌疑人宪法性权利的强制性措施；改变管辖；不起诉决定；涉案款物的处理；拟采取电视直播审理的案件的起诉；有重大政治、社会影响的案件的办理；对下级检察院提出抗诉意见的案件，经审查涉及变更罪与非罪、此罪与彼罪的；对下级检察院的抗诉意见不予支持的；对法院的生效裁判需要按照审判监督程序提出抗诉的；提出发回重审意见的；提出书面纠正违法意见或者检察建议的；等等。上述情形之外的其他事由则属于主任检察官独立决策的范畴。同时，需要明确的是，从各业务部门选举产生的检察委员会委员，只能从法律政策水平较高、政治素养较强、级别较高的主任检察官中选拔，各业务口的支部（总支）书记一般不能担任检委会委员。

（二）模式二：设立主任检察官办公室，适当改良现行的内设机构设置模式

这种模式原则上保留现行内设机构的设置状态，但要适当合并同类业务口的内设机构，一个业务口保留一个内设机构，如省级院以下的公诉口的几个处合并为一个处，各内设业务机构只配备一个行政领导，不再配备副职。再根据工作量大小在各内设业务机构下设若干主任检察官办公室，每个主任检察官办公室配备主任检察官一名，检察官助理二名或者四名，主任检察官的行政级别相当于内设机构副职的级别，担任主任检察官时间较长的，如担任主任检察官5年以上，并且工作业绩突出、法律政策水平高、政治表现良好的，可以晋升到与内设机构负责人同等的行政级别。

这种模式的主任检察官办案机制设置主任检察官联席会议，负责讨论各主任检察官办案中遇到的重大疑难问题，联席会议由主任检察官向内设机构负责人提请才能召开，即主任检察官在办理重大疑难复杂案件时，本办公室集体讨论中意见存有分歧，需要提请本部门其他主任检察官集体商议的，经该主任检察官提请，内设机构负责人才能召集本部门主任检察官联席会议，就相关事项提交联席会议讨论。内设机构负责人平时只能负责本部门的行政、党务和人事方面的事务，负责召集本部门的行政会议，不得过问其他主任检察官办理案件的情况。

在这种模式下，各主任检察官同样直接对分管副检察长负责并报告工作，相对独立地对本办公室办理的案件行使决策权。各主任检察官在办案中享有与

上述第一种模式中主任检察官相同的职权。分管副检察长应当将案件直接批给主任检察官，而不需要经由内设机构负责人批转。内设机构负责人担任主任检察官的，在案件办理上享有与其他主任检察官同样的职权。担任主任检察官的内设机构负责人，因其也负责某一方面案件的办理，在其他条件符合的情况下，具有与其他主任检察官同等的可以被选拔为检察委员会委员的资格。

（三）模式三：保留现行内设机构的设置模式，在内设机构下再设置主任检察官办公室

这是一种保守的主任检察官办案责任制的改革思路。这种改革模式保留现有内设机构的设置以及内设机构负责人的配备状态，只是在内设机构下面再根据本部门工作量的大小设置若干主任检察官办公室。主任检察官的职级要低于内设机构副职的级别，担任主任检察官时间较长的，如任职5年后，可晋升到与副职同等的级别。每个主任检察官办公室配备二名或者四名助理，主任检察官对授权范围内的事项相对独立地行使决策权。这种模式保留了传统"三级审批制"的运行模式，主任检察官不能直接对分管副检察长负责并报告工作，凡模式一中确定的由主任检察官直接报请分管副检察长决定的事项，在本模式中，主任检察官需要报请本部门负责人审核，再由部门负责人呈报分管副检察长决策。检察长批办案件也只能批给内设机构负责人，再由内设机构负责人根据各主任检察官办公室的工作情况，批给相应的主任检察官办理。内设机构负责人依然是本部门业务和行政的总抓手，主任检察官办公室只是内设机构下的子机构，主任检察官独立决策的空间有限。

建构主任检察官办案责任制的上述三种模式，第一种模式的改革比较彻底，建立的主任检察官办案模式能够实现检察官独立行使检察权的目的，能够达到彰显检察权的司法属性以及检察机关为司法机关的效果，但这种模式以彻底改变现行内设机构的设置为前提，涉及现有内设机构负责人的合理安排，牵涉面太广，改革的成本高、难度大，在没有成功经验可资借鉴、主任检察官办案模式还处于试点的情况下，这种模式可以暂时搁置一旁。第三种模式实质上是在现有内设机构的底部再增加一层机构，保留了内设机构负责人一定范围的审核权，没有从根本上改变传统的"三级审批制"的检察办案模式，也不能真正实现主任检察官相对独立行使检察权的改革目标，改革的意义不大，可采性不强。第二种模式在对现有内设机构进行改良的基础上，设置主任检察官办公室、内设机构只保留一名负责人并且不能过问主任检察官办案情况、由主任检察官直接向分管副检察长报告工作的改革思路，既考虑了改革的可行性和内设机构存在的必要性，又能去除传统"三级审批制"带来的行政化弊端，能够实现检察官独立办案并能彰显检察权司法属性的改革目标，具有很大程度的

可行性。笔者认为，可以用第二种模式进行试点，在试点成功的基础上，逐步向全国检察机关推广。经过一段时间的运行取得相应的经验后，再逐步过渡到第一种模式所设计的主任检察官办案机制，真正实现检察权由检察官依法独立行使，并且通过内设机构彰显检察机关司法属性的改革目标。

三、下级检察院独立行使检察权的路径

我国宪法和人民检察院组织法在规定人民检察院依法独立行使检察权的同时，规定上级人民检察院领导下级人民检察院，由此，依法独立行使检察权与检察一体同时成为行使检察权的基本原则。检察一体要求下级检察院服从上级院的领导，检察权的独立行使又意味着各下级检察院要依法独立行使检察权，两者在一定程度上似乎存在矛盾，既不能以独立行使检察权而排斥上级检察院的领导，也不能以检察一体制中的"上命下从"而否定下级检察院在行使检察权中的独立意志，如何才能找准两者的结合点，做到既能服从上级检察院的领导，又能确保各下级检察院的独立意志？笔者认为，检察一体制中"上命下从"的落实应当以不妨碍各下级检察院独立行使检察权为边界，各下级检察院独立行使检察权要以不侵蚀上级检察院的领导权威为前提，以此确定各下级检察院依法独立行使检察权的模式。

（一）合理划定上下级检察院各自的职权范围，厘定检察一体与独立行使检察权之间的合理边界

检察一体中蕴含的"上命下从"与独立行使检察权所体现的各下级检察院的独立意志是对立统一的关系，"上命下从"与下级检察院的独立意志在一定程度上是相对立的，但两者又统一于公正执法的目标。在"上命下从"与下级检察院的独立意志这一对矛盾中，下级检察院依法独立行使检察权应当成为矛盾的主要方面。上级检察院发出的指令和意旨要通过下级检察院具体的作为或者不作为得以实现，上级检察院的领导实质上是为下级检察院更好地行使检察权服务的，因此，各下级检察院依法独立行使检察权是主流和根本，检察一体是辅助和补充，检察一体中所蕴含的"上命下从"要受到法定主义的限制。这已经成为其他国家和地区在处理检察一体与检察独立关系时所遵循的基本准则。

笔者认为，在上级检察院的对下领导与下级院的独立意志两者的关系中，上级检察院的领导是确保检察工作坚持正确的政治方向、明确检察工作的重点、推动检察工作科学发展的保障，下级检察院自身的努力是提升检察工作质量的根本，在检察工作的发展进程中两者的地位和作用不可替代，缺一不可。同时，又要看到，检察工作向前发展的内在动力源自各级检察院扎实有效的工作，这意味着相比上级检察院的领导，各下级检察院依法独立行使检察权在检

察工作发展进程中的作用更胜一筹。而要凸显检察一体前提下各下级检察院独立行使检察权的重要地位，只有从制度规范层面厘清上下级检察院各自的职权界限，才能确定好检察一体与独立行使检察权之间的合理边界。如此，上级检察院就可以按照对下领导权中的各项权能进行领导，下级检察院则可以依照独立行使检察权包含的权能独立决策，避免"上命下从"中的"上命"与独立行使检察权中独立意志之间的矛盾。根据上级检察院对下行使领导权的内容和目的，以及下级检察院独立行使检察权的价值追求，上级检察院的领导权包含的具体权能可以概括为：信息知悉权、工作部署权、业务指导与考评权、检察培训和督察权；而各下级检察院独立行使检察权的权能则应当包括：独立办案权、业务决策权、建议质疑权等。① 如果通过规范性文件明确上下级检察院各自享有的上述权能，将为检察权在上下级检察院之间纵向运行的法制化创造条件，也将为建构各下级检察院独立行使检察权的模式奠定良好的基础。

（二）改革和丰富对下领导方式，尊重下级院在检察权行使中的独立意志

"领导"意即指挥、命令、协调、调遣等，领导与服从概念相对应。在领导与被领导之间，领导一般是主流和主导，被领导者应当服从领导者的指挥调遣，要屈从于领导者的意志。但在上下级检察院的关系中，在上级检察院享有对下级检察院领导权的同时，下级检察院还有独立行使检察权的自由。这就意味着上级检察院要在尊重下级检察院独立意志的基础上行使领导权，在下级检察院的独立意志和上级检察院的领导之间，上级检察院的领导可能要作出某些让步和妥协，以实现上级检察院的领导与下级检察院的独立意志的协调。具体而言，就是要做到，在下级检察院独立行使检察权的事项上，上级检察院不能采取传统的行政命令式的方法进行领导；而在下级检察院独立行使检察权范畴之外的事项上，上级检察院可以采用传统的行政命令式的方法进行领导。可见，上级检察院对下领导的方式大体包括传统命令式的刚性方式和现代的协商、劝告、建议、认可式的柔性方式。

对采取刚性领导方式的事项，下级检察院只能服从，而不能讲条件，更不能敷衍塞责，必须迅速结合本地实际贯彻落实，并将落实情况以及贯彻中遇到的实际问题向上级检察院报告；而对采取柔性领导方式的事项，下级检察院则可以客观地提出建议和意见，上级检察院在法定主义的框架内要充分尊重下级检察院的意志，采取协商、劝告和认可的方式予以领导。根据检察工作所包含的要素，笔者认为，对人员管理、经费管理、业务培训、队伍建设以及检察组织机构建设等带有保障性质的事项，以及检察工作部署和法律实施等涉及检察

---

① 参见向泽选：《检察权的宏观运行机制》，载《人民检察》2012年第1期。

政策方面的事项，上级检察院可以而且也应当采取行政命令式的方式对下行使领导权，下级检察院要服从上级检察院的统筹安排，因地制宜地贯彻落实，而不能消极应付或者抵触拖沓。对下级检察院独立行使检察权范畴之中的事项，尤其是涉及案件办理中的事项（包括程序和实体两方面），应当充分尊重下级检察院的独立意志，而采取柔性的协商式的领导方式，以建议、意见、批复的方式对下行使领导权。如此，就能按照方式服务目标的原理，从领导方式上协调好维护上级检察院的领导权威和尊重下级检察院独立意志之间的关系。

（三）赋予下级检察院以抗命权，确保依法独立行使检察权

上级检察院的领导是确保检察工作正确发展方向的组织保障，但如前所述，上级检察院的领导主要体现在工作部署、政策性指导、重大事项决策以及涉及检察政策的实施等事项上，而在涉及案件办理的相关事项上，只能采取协商式的指导性方式进行领导。事实上，依法独立行使检察权中检察权指检察办案权，亦即刑事诉讼法和人民检察院组织法中确立的检察机关依法享有的侦查权、公诉权、批准和审查逮捕权、诉讼监督权等。检察机关的办案活动属于司法活动，必须按照亲历性等司法规律的要求予以办理，据此，只有参与案件审查办理的检察院才有最终的决策权，上级检察院对下级检察院的办案工作，只能采取协商式的方式予以指导性的领导。这些是从正面确保上级检察院正确行使领导权，维持下级检察院独立意志的重要措施。而唯有借鉴西方国家赋予检察官对上级违法指令抗命权的做法，赋予下级检察院对上级检察院在案件办理上不规范的指令以抗命权，才是督促上级检察院正确行使办案领导权，确保下级检察院依法独立行使检察权的治本性措施。譬如，可以借鉴日本、法国、德国等国家的做法，赋予下级检察院对上级检察院违法指令的抗命权，包括消极抗命权和积极抗命权。消极抗命权即对上级违法指令不予执行的权力，或者向上级检察院提出更换管辖检察院，提请上级检察院以指定管辖的方式，将案件移交其他检察院办理。积极抗命权即对上级的违法指令不仅不予执行，并且有权依法根据案件情势作出其认为正确的决定的权力。譬如，在涉及是否应当进行刑事追诉等事项上，可以赋予下级检察院积极抗命权，对上级检察院指令予以立案追诉的，下级检察院经审查，认为不符合追诉条件而不应当立案的，可以独立作出不予立案的决定；对上级检察院指令不予追诉的，下级检察院经审查，认为符合追诉条件而应当追诉的，可以独立自主地作出立案追诉的决定，以此确保各下级检察院在案件办理中的独立意志，真正实现检察权在检察院内部的独立行使。

检察机关附条件不起诉裁量权运用之探讨[*]

刘学敏

修改后刑事诉讼法基于对未成年人的保护立场，在未成年人诉讼程序中增设了附条件不起诉制度，第 271 条规定"对于未成年人涉嫌刑法分则第四章、第五章、第六章规定的犯罪，可能判处一年有期徒刑以下刑罚，符合起诉条件，但有悔罪表现的，人民检察院可以作出附条件不起诉的决定"，从而针对未成年人这一特殊主体，在保留酌定不起诉的同时，进一步扩大检察机关的起诉裁量权。然而，起诉与否攸关未成年犯罪嫌疑人的个人权益及犯罪追诉的公共利益，检察机关如何妥适地运用此项裁量权？在酌定不起诉与附条件不起诉间如何选择适用？附条件不起诉附设的"条件"性质是什么，在具体个案中如何妥适运作？以及如何保障未成年人犯罪嫌疑人、被害人在程序中的参与权等，均是值得关注与研究的问题。

一、裁量权的行使基准

（一）裁量基础：预防综合理论

不问犯罪的具体情节，只要具备犯罪追诉的事实与法律要件，一律加以追诉，并不符合具体的正义，也有失刑事政策的具体妥当性。因此，是否发动刑罚，应依犯罪人的具体情况而定。基于犯罪处遇个别化的理论，刑事诉讼法赋予了检察官有起诉裁量的权限，即"法律授予检察官在合目的性的观点下，可以依自己的见解，有起诉与否行为决定的余地"①。然而，检察官起诉裁量权的运作在落实刑事政策的意义上究竟应该扮演怎样的角色，是以一般预防为优先考量，还是更应兼顾特别预防的作用？则是一个较具争议的问题。

特别预防刑事政策运用说认为，附条件不起诉处分较之缓刑、假释更为优越，更能鼓励犯人自新、复归社会，因为犯人没有被公开审判或贴上标签。刑

---

* 原文载《中国法学》2014 年第 6 期。

① ［日］大谷实：《刑事政策学》，黎宏译，法律出版社 2000 年版，第 182 页。

罚并非唯一能震慑罪犯、预防一般人犯罪的方法，有罪必罚的原则也非绝对。附条件不起诉通过"犹豫期间"及"附设条件"的设置，对个别犯罪人作特别预防以助其更生，从防止再犯的功能来说，也比刑罚威吓来得优越。

一般预防刑事政策运用说则认为，整个刑事诉讼程序，在侦查中要绝对考量一般预防；在起诉时仍然要以一般预防为主，只有在不妨害到公益的情况下，才能兼顾到特别预防的应用；审判时则应将一般预防与特别预防并重；刑罚执行时才以特别预防为主。整个诉讼程序流程，在刑事政策运用上，是从一般预防走向特别预防的。只有这样，才能有效维护社会秩序，兼顾刑罚处遇个别化的要求，所以检察官在决定是否追诉时，应该注意公众的一般利益，而不应太注重特别预防的机能，否则将违背检察官公益性的角色。[①]

附条件不起诉制度是"预防的综合思想"的具体实践。一般预防与特别预防在附条件不起诉制度中必须共存，通过对个人与对社会的作用，防止犯罪行为。而且，只要具体处分恰当，这两个目的是可以有效达成的。以特别预防为优先考虑，不致排除一般预防的刑罚作用，因为即使是轻微的处罚，也有一般预防的作用。另外，预防的综合理论，并不完全放弃应报理念。所有预防理论均有缺失，也即忽略了法治国家刑罚权必要的节制，这种缺失只有应报理论所强调的罪刑均衡才可补救。[②] 过去在法定原则下检察官被赋予的职能是依照法律所给予的条件，当犯罪嫌疑人起诉后足以获致一个有罪的判决就应当起诉，而对于行为人刑事政策上的考量则是由法官来行使裁量，分权制衡，一方面保障人权，另一方面防止检察官滥权。然而，两极化刑事政策的发展，为起诉便宜原则的介入提供了契机，检察官职能发生调整，通过分担法官在审判中的任务，特别是针对犯罪事实明确的案件，犯罪人事后表现影响罪责的判断时，实际上也没有必要等到审判阶段才去裁决，此时以替代审判程序或审判程序外的制裁措施，对行为人而言可以产生去标签化的实益，有助于行为人的再社会化，因此检察官在起诉问题上即有必要判断有无预防需求，对行为人作刑事政策或个别化的考量。

修改后刑事诉讼法增设附条件不起诉制度，对一些犯轻罪的未成年人，有悔罪表现的，人民检察院决定暂不起诉，对其进行监督考察，根据其表现，再决定是否起诉。全国人大法工委在立法理由中指出，附条件不起诉制度给犯轻罪的未成年人一次改过自新的机会，避免了执行刑罚对其造成的不利影响，有

---

① 参见朱朝亮：《如何妥适运用检察官起诉裁量权限》，载《月旦法学杂志》1996 年第 9 期。
② 参见［德］克劳思·罗科信：《刑事诉讼法》，吴丽琪译，法律出版社 2003 年版，第 42 页。

利于使其接受教育，重新融入正常的社会生活。① 可见特别预防理论在我国新设的附条件不起诉制度中占有支配性的地位，通过治疗或其他措施，实现对有轻微犯罪行为的未成年人再社会化。具体地说，附条件不起诉可以在两个层面对未成年人犯罪特殊预防发挥功效：第一，使有轻微犯罪行为的未成年人免于被追诉，免于被贴标签，从而助其复归社会。在这一层面上不起诉所附加的条件往往是赔偿被害人损失，向国家或社区履行一定的给付，如提供社区服务等。第二，对有轻微犯罪行为的未成年人的人格施加影响，帮助其成为遵纪守法的社会公民。在这一层面上，不起诉所附加的条件则是犯罪嫌疑人接受教育矫治、心理辅导、法制教育等内容。②

因此，为落实附条件不起诉制度刑事政策上的意义，检察机关应以特别预防作为附条件不起诉的裁量底线，判断有无追诉的必要，以未成年犯罪嫌疑人有无再犯的可能、保护更生的必要性等特别预防观点作为首要考量。这与我国检察机关准司法官属性的角色定位也是相符的。③ 但是，检察机关作为"公益代表人"，在附条件不起诉裁量之际，也不能仅单面侧重于犯罪嫌疑人个人特别预防。通过刑事程序具体实现国家刑罚权，仍具有维护社会秩序的机能。因此，检察机关裁量是否附条件不起诉时，还应同时斟酌个案情节及公共利益，在裁量的基准上，形成以特别预防为基础，而兼顾一般预防的模式。换言之，检察机关在为附条件不起诉裁量时，除应从未成年行为人本身判断有无再犯的可能、保护更生的必要性外，还应衡酌犯罪行为的危害性、民众情感及社会秩序维护等因素综合考量，视个案判断：第一，如果对有轻微犯罪行为的未成年人不科以刑罚是否反而更易促使其复归社会；第二，是否不科以刑罚也可确保社会秩序的维护，而不至于造成一般民众对于法律秩序的信赖受到动摇，详加审查斟酌。

（二）裁量标准

检察机关的不起诉裁量是"拘束下的自由"、"合义务的裁量"，而非任意性裁量。检察机关不起诉裁量权的行使，应依循一定的要件或符合制度目

---

① 参见全国人大常委会法制工作委员会刑法室：《关于修改〈中华人民共和国刑事诉讼法的决定〉条文说明、立法理由及相关规定》，北京大学出版社 2012 年版，第 331 页。

② 参见陈晓宇：《冲突与平衡：论未成年人附条件不起诉制度》，载《中国刑事法杂志》2012 年第 12 期。

③ 检察官的定位问题，即是"一造当事人"还是"准司法官"，将直接影响检察官运用起诉裁量的立场及裁量形态选择。在弹劾主义与当事人主义诉讼结构下，在起诉裁量的问题上，检察机关应立于一造当事人的地位，而以"起诉放弃"的裁量模式为主轴，避免择用具有司法官之职权色彩的附条件不起诉处分。附条件不起诉处分附有犹豫期间、甚至附带处分，已非属对立的一造当事人所为的公平性处分，因此在附条件不起诉制度中，检察官准司法官的色彩表现较为浓厚。

的才具有正当性。

关于附条件不起诉的裁量标准，我国修改后刑事诉讼法仅规定"有悔罪表现"，显然这一标准过于笼统，不具有实践操作性和指导意义。建立附条件不起诉的裁量标准，在积极面上，将提供检察机关较为明确的判断方向，有助于检察机关在裁量时能有所依循，对犯罪嫌疑人而言权益也可获得相对的保障；另外，通过裁量标准的客观化与具体化，也可防止裁量的恣意，并提供滥权裁量的审查基准。《日本刑事诉讼法》第248条明文规定："应依犯罪人之性格、年龄、境遇、犯罪的轻重与情状以及犯罪后的状况，认为无追诉必要的，可以不提起公诉"，除采行全面起诉裁量制度外，同时明文规定检察官裁量不起诉的衡量标准。①《德国刑事诉讼法》第153条a也对附条件不起诉的裁量标准作出明文规定，即"行为人罪责轻微"及"无追诉的公共利益"，并将"犯罪人的生活经历、其人身及经济的关系，以及犯罪后的态度，尤其补偿损害的努力"等有关行为人的性格、品行或生活方式，作为判断行为人罪责是否轻微的衡量要素之一。

为规范和指导实践中附条件不起诉裁量权的运用，给司法实践提供相对清晰、具体的操作准则，我国相关司法职能部门有必要以司法解释或内部规范的方式，明文例举或作除外规定附条件不起诉的裁量标准。具体地讲，应审酌以下事项：

第一，关于未成年行为人本身的事项，包括未成年人的品行、生活状况、人身及经济关系等，这是基于特别预防的考量。检察机关应斟酌行为人的年龄、求学状况、个性、品格、习惯以及生活经历、家庭环境等事项。

第二，关于犯罪的情状，包括犯罪的动机、犯罪的目的、犯罪时所受的刺激、犯罪的手段以及与被害人平日的关系等，这部分的判断含有一般预防的观点。检察机关应斟酌个案的犯罪动机、目的、方法、有无计划性、犯罪态样的残暴性、与被害人的关系以及对社会的影响、有无模仿性等事项，也即着眼于犯罪行为本身的价值判断。

第三，关于犯罪后的事项，包括犯罪所造成的危险或损害以及犯罪后的态度。应考虑的事项有属于行为人本身的，例如事后有无后悔之情、对被害人有无赔偿、谢罪或修复被害的努力情形以及有无逃亡或湮灭证据的情况等；关于被害人方面，有无宥恕行为人的意向；以及其他社会情势的变化等。

检察机关在为附条件不起诉裁量时，还应考虑公共利益的维护。虽然

---

① 参见陈运财：《日本检察官之起诉裁量及其制衡》，载《刑事诉讼之运作——黄东熊教授六秩晋五华诞祝寿论文集》，台湾台北五南图书出版社1997年版，第318页。

"公共利益"在解释上很难具体化其内容，这里必须从法政策的观点来理解，不只是考虑特别预防，还须兼顾一般预防，例如某类犯罪有显著升高的迹象，则可认为有公共的起诉利益。此外，是否违反追诉的公共利益，还应考虑一般民众对该附条件不起诉的观感，如附条件不起诉处分让一般民众产生严重违反正义的观感，则也不应作出附条件不起诉决定。不可否认，"公共利益"有时在认定上会让检察机关流于恣意，较好的解决方法应是，通过司法解释或内部规范形式，将"公共利益"用一客观的标准，例如损害的范围、犯罪行为是否为初犯、或未成年犯罪嫌疑人的社会处境来加以代替。

总之，附条件不起诉处分是否适当的实质要件判断，检察机关应以是否有助于未成年犯罪嫌疑人更生、防止再犯为首要考量，同时兼顾刑事司法正义需求，人民客观的道义感情及刑事政策取向，以实现符合最多数国民最大利益之司法正义。

二、裁量形态与处分内容的选择

修改后刑事诉讼法针对未成年人这一特殊主体增设的附条件不起诉制度，扩大了检察机关起诉裁量权，同时配合犹豫期间、附带处分等机制，提供了检察机关更多裁量形态与方式的选择空间。然而，检察机关虽多了处分案件的利器，但个别化的结果，却可能造成处分之间的不均衡、损害法的安定性等副作用。因此，检察机关如何进行个案的斟酌筛选，在酌定不起诉与附条件不起诉间如何抉择适用，如果裁量决定附条件不起诉，到底应否或附设何种指示、负担，这对于未成年犯罪嫌疑人的权益保障以及检察机关不起诉裁量目的的实现均有重大关系。

（一）附条件不起诉与酌定不起诉

修改前刑事诉讼法第 142 条第 2 款规定了酌定不起诉及其适用条件："对于犯罪情节轻微，依照刑法规定不需要判处刑罚或者免除刑罚的，人民检察院可以作出不起诉的决定。"修改后刑事诉讼法保留了酌定不起诉及其案件适用范围，针对未成年人特殊主体，又另行创设附条件不起诉及其适用范围，即"涉嫌刑法分则第四章、第五章、第六章规定的犯罪，可能判处一年有期徒刑以下刑罚"，将附条件不起诉限定于侵犯人身权利、民主权利罪、侵犯财产罪、妨害社会管理秩序罪案件，并在酌定不起诉范围的刑期基础上有所扩大，同时也包含了酌定不起诉某些适用情况。[①] 也就是说，对符合酌定不起诉条件

---

① 参见葛琳：《附条件不起诉之三种立法路径评析——兼评刑诉法修正案草案中附条件不起诉之立法模式》，载《国家检察官学院学报》2011 年第 6 期。

的未成年人某些案件，检察机关也可以根据具体情况作附条件不起诉处理，由此可能产生两种制度适用上的一定重叠。

从制度上看，附条件不起诉与酌定不起诉主要有三点不同：第一，附带处分不同。附条件不起诉处分，检察机关除了应定 6 个月至 1 年的观察期间外，并可以命未成年犯罪嫌疑人遵守或履行一定事项；而酌定不起诉，则纯属起诉放弃，不附设任何条件的放弃追诉。第二，是否需征得犯罪嫌疑人同意的要件不同。酌定不起诉，无须经犯罪嫌疑人的同意；相对地，检察机关作出附条件不起诉处分，则须经未成年人及其法定代理人的同意。如果有异议，人民检察院应当作出起诉的决定。第三，效果不同。酌定不起诉处分，因没有指令犯罪嫌疑人遵守或履行相关事项，因此该处分决定作出后即发生效力。而附条件不起诉处分于确定后，在观察期间内，如果未成年犯罪嫌疑人有违反应遵守或履行事项、或实施新的犯罪、或有未发现的犯罪等情形，仍可以撤销该附条件不起诉处分而再行起诉，因此从这个意义上说，附条件不起诉具有防止再犯的效能。

关于酌定不起诉的案件适用范围，由于我国立法规定及其法律定位不是很明确，理论上存在较大争议，司法适用中也较混乱，主要有三种观点：第一，酌定不起诉只适用于刑法有明确规定不需要判处刑罚或免除刑罚的情况，同时还须具备"犯罪情节轻微"的要件，因此，酌定不起诉的行为大多数是罪与非罪的边缘地带，比轻罪案件还要轻一些，即属微罪案件。[①] 第二，酌定不起诉可适用于法定刑为 3 年以下有期徒刑的轻罪案件。[②] 第三，酌定不起诉可以适用于所有犯罪，不论何种性质的犯罪，都可结合具体情况作出不起诉决定。[③] 酌定不起诉处分主要是针对有轻微犯罪行为的行为人，认为行为人的罪责轻微，对其诉追并无公共利益，欠缺处罚的必要，使犯罪嫌疑人尽快从刑事诉讼程序中解脱的一种刑事处遇处分，属于微罪的起诉放弃。[④]

从制度的发展沿革来看，酌定不起诉与附条件不起诉的性质是有所不同的。酌定不起诉可以说是在起诉法定原则之下，因无害于一般预防的刑罚目

---

① 参见张泽涛：《规范暂缓起诉——以美国缓起诉制度为界限》，载《中国刑事法杂志》2005 年第 3 期。

② 参见彭东、张寒玉：《检察机关不起诉工作实务》，中国检察出版社 2005 年版，第 76 页。

③ 参见唐若愚：《酌定不起诉若干问题研究》，载《人民检察》2003 年第 1 期。

④ 日本学者三井诚教授分析日本检察官起诉裁量实务运作的特征，将起诉裁量处分分为四种类型，这种分类也是当今各国（地区）立法例上起诉裁量形态的典型代表：第一，"微罪处分型"；第二，"起诉保留型"；第三，"起诉犹豫附保护观察型"；第四，"起诉放弃型"。参见［日］三井诚：《诉追裁量》，载高田卓尔、田官裕：《演习刑事诉讼法》，东京青林书院新社 1984 年版，第 183～184 页；张丽卿：《起诉便宜原则的比较研究》，载台湾《台大法学论丛》1996 年第 3 期。

的，兼顾司法资源的有效利用所容许的例外情形，因此强调适用范围必须限于
"微罪"；相对地，附条件不起诉则源于犹豫制度，着重于防止再犯、更生保
护的特别预防理念，基于此，允许起诉裁量的范围自然不局限于微罪案件。修
改后刑事诉讼法将附条件不起诉制度的适用主体局促于未成年人，适用客体仅
限于三类犯罪，适用刑期限于 1 年有期徒刑以下刑罚，也许立法方面基于过去
免予起诉等制度在适用中出现的问题，担心因执法不严或执法不当，附条件不
起诉在实践中被滥用，因而这次修改后刑事诉讼法谨慎地将附条件不起诉制度
控制在未成年人主体及微罪案件，显然这一适用范围过于狭窄，不利于充分发
挥附条件不起诉在落实刑事政策意义上所扮演的特别预防的积极角色和功能，
未来修法在附条件不起诉制度的适用范围上应采取更为开放的立场，在总结和
积累司法实践经验的基础上通过立法修改扩大附条件不起诉的适用范围。就修
改后刑事诉讼法"可能判处 1 年有期徒刑以下刑罚"的理解与适用来说，这
些案件不仅包括法定最高刑为 1 年有期徒刑的案件，也包括法定最低刑虽然在
1 年以上，但基于犯罪嫌疑人有法定减轻处罚的情节，可能因此判处 1 年以下
有期徒刑的案件。①

　　对于这两种法律效果明显不同的不起诉处分，司法实务在具体个案的筛选
适用上，必须回归至起诉裁量制度刑事政策的意义上进行判断。虽然均是检察
机关起诉裁量运作模式的一环，酌定不起诉可以说是在一般预防刑事政策主轴
下，基于诉讼理智原则的例外让步，反映在追诉制度上，则仅有在行为人仅具
极少的罪责，而其犯罪行为对公众利益也无影响时，刑事诉讼法才放宽对此种
微罪的强制起诉。② 但是不可否认，酌定不起诉也具有特别预防的附随效果，
通过使犯罪嫌疑人更早脱离刑事诉讼程序的负担，从而实现其再社会化的积极
意义。过去在司法实践中检察机关往往认为酌定不起诉不具备刑罚应报功能，
而较少适用，本文认为，对酌定不起诉未来实务应有更弹性的理解，使酌定不
起诉的运作也能建立在特别预防的基础上，无须过度着眼于"微罪"的一般
预防理念而采取保守的态度。而附条件不起诉处分，与缓刑制度、假释制度等
脱离刑事司法程序机制的性质一样，均属司法外或转向处遇，乃与特别预防刑
事政策相结合，通过去标签化以达保护更生的目的，同时通过"附设条件"
的设置，以兼顾一般预防与应报理念。

① 根据《人民法院量刑指导意见（试行）》的规定，对于未成年人犯罪，应当综合考虑未成年人
对犯罪的认识能力、实施犯罪行为的动机和目的、犯罪时的年龄、是否初犯、悔罪表现、个人成长经
历和一贯表现等情况，予以从宽处理。
② 参见朱朝亮：《如何妥适运用检察官起诉裁量权限》，载《月旦法学杂志》1996 年第 9 期；
[德] 克劳思·罗科信：《刑事诉讼法》，吴丽琪译，法律出版社 2003 年版，第 103 页。

基于起诉裁量以教代刑"司法外处遇"理念，检察机关裁量权的行使应贯彻谦抑原则，在合目的性、必要性与比例原则的要求下，本着特别预防、使犯罪嫌疑人尽早脱离刑事程序负担、减轻司法劳费及最小负担原则，使酌定不起诉和附条件不起诉的严厉程度呈梯级衔接，构建绝对不起诉—酌定不起诉—附条件不起诉—起诉的阶梯式的起诉裁量机制。在不起诉裁量型态的选择上，应优先适用酌定不起诉，附条件不起诉处分次之。具体的适用区隔如下：（1）绝对轻微案件，犯罪嫌疑人确有悔罪表现，且明显无再犯的可能，被害人已原谅或从公众的立场来看显然可以宽恕的，即依修改后刑事诉讼法第 173 条第 2 款规定直接作出酌定不起诉处分，使犯罪嫌疑人尽早脱离审判程序的负担，免于前科烙印，一方面符合特别预防的刑事政策，另一方面因仅限于微罪，故放弃追诉也不致破坏法的安定性，无碍于维护社会秩序的公共利益。（2）相对轻微案件，无法确信犯罪嫌疑人有无再犯可能，或是被害人的损害尚未回复等情形，宜依修改后刑事诉讼法第 272 条第 3 款第 1～3 项的规定，采取附观察期限的附条件不起诉处分，除苛以向被害人赔礼道歉、赔偿损失及遵守相关规定外，不宜做施以社区劳动等指示或负担，只是保留 6 个月至 1 年再诉可能的期间。（3）对于轻微案件有再犯的可能或是较重的案件，则依修改后刑事诉讼法第 272 条第 3 款第 4 项的规定，采取附履行事项的附条件不起诉处分，通过社区劳动或一定的措施，以预防再犯及协助犯罪嫌疑人复归社会。

（二）附带处分的运用

附条件不起诉制度的一大特色，是对犯罪嫌疑人苛以"负担"与"指示"。[①] 负担，是让犯罪嫌疑人通过支付赔偿金或从事公益劳动，以弥补对被害人或社会所造成的损害，从而恢复法律秩序的和平。指示，是为了实现特殊预防的功能，要求犯罪嫌疑人遵照指示行事，借此帮助犯罪嫌疑人回归社会。另外，为了保护被害人，检察机关可以指示犯罪嫌疑人不得作出危害被害人的行为。

关于附带处分的定位，理论上有较大争议，而厘清附设负担与指示的性质

[①] 附条件不起诉附设的"条件"，修改后刑事诉讼法第 272 条第 3 款表述是"被附条件不起诉的未成年犯罪嫌疑人，应当遵守下列'规定'……"，最高人民检察院 2012 年《人民检察院刑事诉讼规则（试行）》第 497 条表述是"人民检察院可以要求被附条件不起诉的未成年犯罪嫌疑人接受下列'矫治'和'教育'……"刑事诉讼法用"规定"，没有能表明"规定"的性质是什么，《人民检察院刑事诉讼规则（试行）》用"矫治和教育"，这是一个比较宽泛的定性。所以本文借鉴台湾学者的表达，把所附条件用"负担"与"指示"两词归纳定性。参见柯耀程：《缓刑与缓起诉附条件之分析与检讨》，载《军法专刊》2010 年第 4 期。

及意义，对于实务正确运用附条件不起诉处分具有重要意义。对此目前主要有以下两种观点：一种观点认为附带处分，不论是指示还是负担，其法律性质虽然不是"刑罚"，但仍然是一种特殊的"处罚"或"制裁"。[①] 另一种观点则将附带处分理解为民事上损害赔偿的性质，或为预防再犯、保护观察所为的特别处遇措施，而不是用于对犯罪嫌疑人的处罚和制裁。[②]

从学界立场来看，附随于不起诉处分的负担与指示，最令人质疑的即是有关"法官保留"与所谓"刑事司法商业化"的问题。[③] 本文认为在附带处分的定位上，我国宜采后说较能因应上述质疑。

从附带处分与法官保留原则的关系来看，我国修改后刑事诉讼法第 12 条规定"未经人民法院依法判决，对任何人都不得确定有罪"，如果将"负担"与"指示"视为一种具有罪责应报性质的"处罚"，则在程序上理应接受法院的审查，并由司法作出决定，才能符合法官保留原则。例如《德国刑事诉讼法》第 153 条 a 规定："经负责开始审理程序的法院和被指控人同意，检察院可以对轻罪暂时不予提起公诉，同时要求被告人：（1）作出一定给付，弥补行为造成的损害；（2）向某公益设施或者国库交付一笔款额；（3）作出其他公益给付；（4）承担一定数额的赡养义务。"[④] 德国在附条件不起诉处分上设定法院同意的立法机制，与其强调罪责原则，将检察官不起诉裁量权理解为法院的授权之立场是相一致的，从而"处罚"—"法官同意"—"罪责应报"—"禁止再诉"，附条件不起诉在理论与体系上能够获得合理、一致的基础。不同的是，根据我国修改后刑事诉讼法第 272 条的规定，检察机关作出附条件不起诉处分，及其附随的"负担"或"指示"，在程序上并不需要经过法院的审查和同意，在此之下，附带处分应是为了实现附条件不起诉处分预期的损害修复或特别预防目的下的特别处遇措施，只有这样，在未成年犯罪嫌疑人等自愿同意下，"负担"或"指示"以不具有强制性或涉及人身自由限制的方式行之，才不会有违反修改后刑事诉讼法第 12 条法官保留及无罪推定原则之嫌。不过，从最高人民检察院 2012 年颁布的《人民检察院刑事诉讼规则（试行）》第 498 条附带处分的内容来看，其中有不少"负担"与"指示"涉及未成年犯罪嫌疑人人身自由的拘束，那么，如果要通过法官保留原则的检验，则还有赖于未成年犯罪嫌疑人及其法定代理人同意的程序要件，以及具体个案中

---

① 参见林钰雄：《刑事诉讼法（下）》，中国人民大学出版社 2005 年版，第 63 页。

② 参见张丽卿：《评析新增订之缓起诉制度》，载《月旦法学杂志》2002 年第 10 期。

③ 参见朱朝亮：《如何妥适运用检察官起诉裁量权限》，载《月旦法学杂志》1996 年第 9 期；［德］克劳思·罗科信：《刑事诉讼法》，吴丽琪译，法律出版社 2003 年版，第 105 页。

④ 《德国刑事诉讼法典》，李昌珂译，中国政法大学出版社 1995 年版，第 73 页。

附带处分的内容与手段的正当性。

我国附条件不起诉制度的立法目的，也表明附带处分特别预防处遇措施的性质。第 272 条第 3 款附带处分的立法理由指出，为利于对有轻罪行为的未成年人认识错误，悔过自新，检察机关针对被决定附条件不起诉人的特点和情况，有权决定采取一定的矫治和教育措施。① 既然附条件不起诉的刑事政策意义在于特别预防，因而关于不起诉处分"附款"的附带处分，也不应超出"特别预防"的目的范畴。只有这样，不起诉处分与附带处分才能获得稳定合理的基础，从而避免以金钱或劳务换取不起诉处分之所谓"刑事司法商业化"问题的发生。因此，在附带处分的运用上，检察机关应以预防再犯、保护更生为目的的特别预防刑事政策为中心，不应偏离这一主轴，而企图通过附带处分的运作以达到罪责应报或以之作为以儆效尤的公示作用，否则不免背离附条件不起诉制度的本旨，而有裁量权滥用之嫌。

归纳修改后刑事诉讼法第 272 条第 3 款及《人民检察院刑事诉讼规则（试行）》第 498 条的规定，这些"负担"与"指示"大体可分为三种类型：第一，修复损害型，如向被害人赔偿损失、赔礼道歉；第二，社区服务型，如向指定的公益团体或社区提供义务服务；第三，保护观察型，即为保护被害人安全或预防再犯的目的，苛以未成年犯罪嫌疑人完成戒瘾、心理治疗或遵守检察机关指示的事项。需要指出的是，修复损害型的附带处分，是让未成年犯罪嫌疑人通过赔偿损失、赔礼道歉，以弥补对被害人的侵害，以此恢复法律秩序的和平，而不是以刑逼民的管道。由于自诉制度的存在，刑事诉讼常是民事纠纷中借力使用的工具，"以刑逼民"现象一直是刑事诉讼上挥之不去的问题。附条件不起诉制度的建立，则更容易使刑事诉讼与当事人的赔偿救济发生替代作用，也有可能提供更多以刑逼民的诱因。附条件不起诉如果成为被害人在民事诉讼程序以外，与检察机关联手寻求赔偿的途径，或是成为取代民事赔偿的机制，将偏离附条件不起诉的本旨，为此实践应当警惕。社区服务型及保护观察型的附带处分，乃是为了使未成年犯罪嫌疑人回归社会而具有教育目的的处分，因此必须考虑未成年犯罪嫌疑人的意愿，而且只有在采取开放性、不涉及人身自由的非强制性措施下，附带处分才能取得合法性的基础。有研究指出，如果社区处遇措施运用不当，而以控制为实，易使青少年在认识上将其等同于刑罚，迫使其从事非自愿性的劳役工作，反而可能使其产生

---

① 参见［德］克劳思·罗科信：《刑事诉讼法》，吴丽琪译，法律出版社 2003 年版，第 333 页。

排斥感而衍生反效果，① 值得实践注意。

虽然附条件不起诉附随的负担及遵守事项，通过前述限缩解释，并不构成刑罚或保安处分，无违反修改后刑事诉讼法第 12 条法官保留及无罪推定原则。然而，检察机关在个案的适用时，有关负担内容或遵守事项的决定等内容与程序，必须合法、正当。具体地说，应遵守以下原则：

1. 犯罪事实明确性原则

无论是起诉法定还是便宜原则的适用，都是以有罪事证明确为前提，也就是都过了起诉门槛，足以获致一个有罪判决的程度。尤其是附条件不起诉，因犯罪嫌疑人有履行一定负担或指示的义务，其前提更应具备犯罪事实明确性的要求，也就是真正的"明案"。此并非暂缓侦查，而是侦查终结后犯罪事实已经查清、证据已经充分的前提下，进入有无追诉必要的判断阶段。便宜原则不应容许在犯罪嫌疑不足的情形下适用，对已侦查终结的案件如果检察机关认为犯罪嫌疑不足以获致有罪判决时，仅仅只有一种效果，就是不起诉。起诉便宜不是通往结案的任意门，这是实践中必须坚守的底线。因此，检察机关不能在犯罪事实尚不清楚的情况下，利用附条件不起诉作为诱饵或胁迫，以逼取犯罪嫌疑人的口供；也不能对于嫌疑不足的案件，利用附条件不起诉作为脱手案件的捷径。

2. 合目的性原则

检察机关作出的指示或负担，应有助于防止未成年犯罪嫌疑人再犯、回归社会等具有教育功能的措施，而不能使用惩罚性或报复性的处分。

3. 比例原则

在可实现防止再犯的目的内，附条件不起诉期间的设定以及指示一定负担或遵守事项的内容，应选择最短期间以及对未成年犯罪嫌疑人负担最小的方式。

4. 平等原则

附条件不起诉是基于特别预防所设计的起诉裁量机制，具有个别化的色彩，为避免个案之间落差太大，附条件不起诉的处分内容应受到平等原则的规范。

此外，个案中具体指示、负担的设定，还应符合明确性、具体性、可行性、管考性等要求，使之切实可行并可施以监管。

---

① 参见张纫：《少年社区处遇的惩罚与矫治意涵的探讨》，载《刑事政策与犯罪研究论文集（二）》，台湾"法务部犯罪研究中心"1999 年版，第 205 页。

三、裁量权的行使与当事人参与

为保证起诉裁量的运用公正客观，获得当事人与民众的信赖，检察机关在起诉裁量的过程中，应充分听取犯罪嫌疑人及其辩护人、被害人的意见，调整当事人相互间的利益，积极而妥适地运用附条件不起诉裁量权。

（一）未成年犯罪嫌疑人等的参与

1. 附条件不起诉处分的同意机制

附条件不起诉属于检察机关起诉裁量权的运用，虽然是一种总体上有利于犯罪嫌疑人的程序处理，有助于犯罪嫌疑人复归社会、避免刑事审判程序负担及刑罚制裁，然而，对于主张遭受不当指控的犯罪嫌疑人，检察机关作出附条件不起诉处分，反而可能产生剥夺犯罪嫌疑人依正当法律程序接受公平审判的权利。因此，检察机关考量裁量不起诉时，基于犯罪嫌疑人在诉讼程序上为维护自身利益的观点，应以征得犯罪嫌疑人的同意，作为附条件不起诉的要件之一，[①] 且应保障犯罪嫌疑人在被附条件不起诉之前的听审机会。修改后刑事诉讼法第 271 条第 3 款规定"未成年犯罪嫌疑人及其法定代理人对人民检察院决定附条件不起诉有异议的，人民检察院应当作出起诉的决定"，其意即在于此。[②] 考虑到未成年人缺乏一定的独立判断能力，对附条件不起诉的后果可能缺乏深刻的认识，修改后刑事诉讼法并规定还需征得未成年人的法定代理人同意。在实务的运作上，检察机关在作出附条件不起诉处分前，宜先听取未成年犯罪嫌疑人及其法定代理人、辩护人的意见，在征得未成年犯罪嫌疑人及其法定代理人的同意后，才宜作出附条件不起诉决定。这一程序要件并非用来限制检察机关的裁量权限，而是保障未成年犯罪嫌疑人的基本诉讼权利，在未成年犯罪嫌疑人放弃接受公平公开审判的权利下，检察机关的附条件不起诉处分才能避免对权利侵害的疑虑，而更具正当性。反之，在未成年犯罪嫌疑人就附条件不起诉处分积极表示反对，此时附条件不起诉处分不但不具有刑事政策的功能，也剥夺了未成年犯罪嫌疑人的诉讼权，在此情形下应该提起公诉，以使未成年犯罪嫌疑人能在公平公开的审判程序中作无罪的辩明与争执。

需指出的是，根据《人民检察院刑事诉讼规则（试行）》第 493 条及第 494 条第 3 款的规定，人民检察院作出附条件不起诉的决定后，应当制作附条件不起诉决定书，并当面向未成年犯罪嫌疑人及其法定代理人宣布，告知考验

---

① 参见［日］加藤久雄：《刑事政策学入门》，载许福生：《刑事学讲义》，台湾台北国兴印刷厂 2001 年版，第 137 页。

② 参见［德］克劳思·罗科信：《刑事诉讼法》，吴丽琪译，法律出版社 2003 年版，第 331 页。

期限、在考验期内应当遵守的规定以及违反规定应负的法律责任，未成年犯罪嫌疑人及其法定代理人如果对附条件不起诉的决定有异议，人民检察院应当作出起诉的决定。此虽不失为救济检察机关忽视未成年犯罪嫌疑人诉讼权的一种方式，但如果事前即以取得未成年犯罪嫌疑人及其法定代理人的同意，作为附条件不起诉的程序要件，在程序上会更加简捷，对人权保障也更具意义。

当然，附条件不起诉并非协商程序，未成年犯罪嫌疑人等在附条件不起诉事宜上没有与检察机关协商的权利，具体个案中对未成年犯罪嫌疑人是否为附条件不起诉处分，乃是检察机关的法定职权，在法定要件内检察机关可以自由裁量。未成年犯罪嫌疑人及其法定代理人的同意在附条件不起诉中的意义，乃是基于对未成年犯罪嫌疑人刑事裁判请求权的保障，以降低附条件不起诉处分手段对于法治国冲击的疑虑，而不是协商，不能让未成年犯罪嫌疑人有协商的错觉。所以，未成年犯罪嫌疑人及其法定代理人的同意不是附条件不起诉程序的开端，而是属于决定附条件不起诉处分时的最后程序，是附条件不起诉正当性的由来。如果让未成年犯罪嫌疑人产生协商的错觉，连带影响其自白的任意性，附条件不起诉中又无相关程序保障的规范，未成年犯罪嫌疑人几乎是放弃所有防御权来求得附条件不起诉，其后如果起诉，更是造成未成年犯罪嫌疑人对公诉权的不信赖，对于审判的结果，也无信赖可言。所以实务中检察机关在决定附条件不起诉前，应充分考虑什么样的处分最能达到预防未成年犯罪嫌疑人再犯，再取得未成年人及其法定代理人对处分的同意，如果因思虑不周，导致以非正当的理由片面改变处分的条件，未成年犯罪嫌疑人等无法同意，而迳行起诉，会严重伤害公诉权的公正行使。

在可能面临检察机关提起刑事追诉的压力下，未成年犯罪嫌疑人等对附条件不起诉及其附随处分的同意，是否真正出于自愿，也是一个问题。关于犯罪嫌疑人自愿性的担保，可以通过犯罪事实明确性原则、比例原则、平等原则、救济机制以及辩护人的有效协助等正当程序的保障来落实，以避免出现不公正或不平等的结果。未成年犯罪嫌疑人等在决定附条件不起诉过程中所为的同意，也不得做为将来该项犯罪不利的证据使用。有实务经验表明，在附条件不起诉的诱因下，犯罪嫌疑人常常有无形的压力或臆测，而作出对自己最有利的选择，跟事实如何没有关联，甚至可能作出反于事实的同意，只希望能换得附条件不起诉处分，避免事情闹大。① 尤其在我国否认公诉权可以协议之下，关于未成年犯罪嫌疑人等的"同意"，立法也未设定充足的程序保障机制（除未

---

① 参见何赖杰：《检察官不起诉职权修法之总检讨——第一部分：缓起诉处分》，载《法学讲座》2002 年第 6 期。

成年人的指定辩护外，如告知义务、资讯权、任意撤销同意权等程序保障严重不足），其任意性难免会受到影响，如果承认未成年犯罪嫌疑人等"同意"的证据效力将来可进入审判程序，实非恰当。

2. 附带负担与指示的自愿性法则

基于个别预防、鼓励犯罪嫌疑人自新及复归社会的目的，自然应该赋予检察机关在作出附条件不起诉决定时，有指令犯罪嫌疑人遵守一定的条件或事项的权力。根据修改后刑事诉讼法第 272 条第 3 款第（四）项及《人民检察院刑事诉讼规则（试行）》第 498 条的规定，人民检察院可以苛以被附条件不起诉的未成年犯罪嫌疑人赔礼道歉、赔偿损失、义务劳动、适当处遇措施、维护被害人安全及预防再犯等应遵守的事项或负担。就上述指示、负担的内容来看，形式上不乏涉及未成年犯罪嫌疑人财产权与人身自由权的限制与拘束，是否接受一定的负担或指定的应遵守事项，应彻底尊重本人的意愿，即应贯彻犯罪嫌疑人同意的自愿法则。主要理由有三：第一，可以缓和附带处分人身自由遭受拘束的宪法疑虑。我国宪法第 37 条规定"中华人民共和国公民的人身自由不受侵犯"、"禁止非法拘禁或以其他方法非法剥夺或者限制公民的人身自由"。修改后刑事诉讼法第 12 条规定"未经人民法院依法判决，对任何人都不得确定有罪"。修复损害型附带处分，是犯罪嫌疑人与被害人双方在检察机关调解下，就损害赔偿达成和解协议，此一和解，自然应以双方当事人的同意为要件，并在检察机关依公正程序进行的担保下，赋予其执行力。而社区服务型及保护观察型的附带处分，不免涉及对未成年犯罪嫌疑人人身自由的拘束，正如前述，除内容上须符合特别预防的目的性，不得以之作为处罚、制裁之外，手段上还须符合比例原则、人道原则及非强制性原则，并应以未成年犯罪嫌疑人及其法定代理人的同意为程序要件，才能阻却附带处分所可能涉及的违宪疑虑。第二，从积极的意义来说，是否接受一定的负担或指定的应遵守事项，只有在取得未成年犯罪嫌疑人自愿性同意下，实施附条件不起诉，才符合防止再犯的特别预防的精神。第三，从消极防弊的角度来看，通过设立未成年犯罪嫌疑人及其法定代理人同意这一程序要件，可向检察机关宣示作出的暂不起诉及其附带处分，不得涉及使用强制力，以防止作出不当拘束未成年犯罪嫌疑人人身自由或剥夺其财产的处分。

需要探讨的问题是，当检察机关在征询未成年犯罪嫌疑人等的意见时，如果未成年犯罪嫌疑人或其法定代理人就指示或负担的内容有不同意见，应如何处理？本文认为，在特别预防的考量下，并不宜直接放弃附条件不起诉处分而迳行提起公诉，在此应先探究其原因，如果未成年犯罪嫌疑人等做无罪的辩护，基于当事人公平审判请求权的基本权利，检察机关理应提起公诉交由法院审判，使未成年犯罪嫌疑人在法庭上有辨明无罪的机会；如未成年犯罪嫌疑人等基于个人或家庭、职业等因素，对于损害赔偿金额或社区服务的期（时）间、方式有所异议，此时检察机关不妨在有助于实现特别预防目的的范围内与未成年犯罪嫌疑人及其法定代理人协议；反之，未成年犯罪嫌疑人如欠缺自愿性，或一味请求变更指示、负担的种类、内容，而背离防止再犯或欠缺特别预防的正当根据，此时应对未成年犯罪嫌疑人行使追诉权。

（二）被害人的参与

在两极化刑事政策下，现代刑事司法的一个转变是对于修复式正义的关注，从被害人学的兴起，刑事程序不得不重视被害人在程序中的主体性，而检察机关在这之中，就扮演起协助和解的角色，也就是在被害人—加害人调解程序中，促成被害人及其利害关系人与加害人直接面对面对话，让加害人明了对被害人所造成的伤害及如何赔偿的事宜。而在此发展下，如果有希望达成和解，消弭仇恨，并使加害人重建耻感，修复被害人的损害，使被害人能获得充分的理解，并因了解而原谅，刑罚就没有介入的必要。

根据修改后刑事诉讼法第 271 条第 1 款的规定，人民检察院在作出附条件不起诉决定之前，应当听取被害人的意见，表明检察机关在附条件不起诉的裁量过程中，应尽可能给予被害人参与及表达意见的机会。一方面从未成年犯罪嫌疑人的角度来看，与被害人达成和解、赔偿，并取得被害人的宽宥，有助于未成年犯罪嫌疑人回归社会与法秩序和平的恢复。实证研究也表明，将修复式正义理念运用于附条件不起诉，在犯罪嫌疑人耻感重建上具有相当理想的效果。[1] 另一方面从被害人的角度来说，被害人是犯罪行为的直接受害者，对于司法正义的实现具有强烈的感受与评价，如果被害人在检察机关起诉裁量的过程中欠缺适当的参与及沟通，其被害情感无法疏通，自然对整体刑事司法产生不合作与不信任的态度，其后的申诉与自诉也不免层出不穷。因此，检察机关在附条件不起诉的决定过程中，应顾及被害人的观感，给予被害人陈述意见的机会，并适当予以尊重为妥。

不过实践也应避免走偏锋，即在起诉裁量上完全受制于被害人的意愿。检察机关乃是代表国家追诉犯罪，而不是被害人的诉讼代理人。从诉讼的目的来看，检察机关启动国家刑罚权，必然存在一定社会客观的法价值判断，而此一法价值是以国家促进公共利益与维护法秩序的目的而为的利益权衡，[2] 不同于

---

① 参见许春金、陈玉书等：《从修复式正义观点探讨缓起诉受处分人修复性影响因素之研究》，载《犯罪与刑事司法研究》2006 年第 7 期。

② 参见陈宏毅：《追诉犯罪与法本质之研究》，台湾台北鼎茂图书出版公司 2003 年版，第 192 页。

犯罪被害人以满足被害的复仇心理或赔偿损害为目的而提起自诉的心理，① 故而检察机关在起诉裁量上应有其刑事政策目的的考量，而不受被害人意愿的拘束。修改后刑事诉讼法关于附条件不起诉裁量的法定标准，无论是实现特别预防刑事政策目的，或兼顾公共利益维护的一般预防，均不以满足被害人被害情感为要件，在程序要件上，附条件不起诉也不以被害人同意为必要。具体到实务的运作上，固然应重视被害人的程序参与及意见表达，但不应过度强调被害人应报情感的满足，否则将使刑事司法沦为被害人报复的工具，甚而利用附条件不起诉来处理民事纠纷，将会影响起诉裁量制度的常态运作。

根据以上理解，修改后刑事诉讼法第 272 条第 3 款及《人民检察院刑事诉讼规则（试行）》第 498 条各款的附带处分，除损害赔偿属民事和解的性质，应以被害人同意为要件外，其余指示或负担，则属预防再犯、保护更生的措施，是检察机关基于特别预防刑事政策考量下所作的特别处遇措施，是检察机关起诉裁量固有权的一环，无须经被害人的同意。

当然，附条件不起诉的裁量和决定过程仍然要兼顾被害人诉讼权益的保障。一方面，检察机关在作出附条件不起诉处分前，应给予被害人陈述意见的机会，就附条件不起诉处分及指定未成年犯罪嫌疑人遵守或履行相关事项，宜先征询被害人的意见，只有在顾及被害人情感并使其理解刑事政策意义之下，才能有效减少申诉或自诉的发生；另一方面，应保障被害人不服检察机关附条件不起诉处分的救济权利，以维护被害人的权益，并起到监督检察机关裁量的作用。

（三）舆论的影响

基于检察机关代表民众行使公诉权的理念，从理论上说，公众的态度应该是检察机关决定起诉与否的考量因素，实务上检察机关也往往很难完全忽略公众对案件的态度。② 检察机关在起诉裁量的运作上不应受制于舆论的影响。由于公众获取消息的途径主要来源为传播媒体，公众的态度易受媒体报道的影响，如报道的事实不实或不明确，民众的判断即会受到影响，尤其是如果传播媒体企图借此形成舆论以达到特定目的，则舆论未免失去了其真实，而有悖公益。因此，检察机关在起诉裁量时应立于"公益"的立场，探寻真正的"公意"所在，而不是随着舆论左右摇摆，确切地说，检察机关应主动发掘公益

---

① 参见刘秉钧：《自诉制度之研究》，载《司法研究年报第十辑（中）》，台湾台北"司法院" 1990 年版，第 1247 页；蔡墩铭：《审判心理学》，台湾台北水牛图书出版事业有限公司 1986 年版，第 425～426、440 页。

② 参见吴冠霆：《检察官起诉裁量权之研究》，台湾私立东海大学法律学研究所 1997 年硕士论文，第 174 页。

的所在，而非仅消极依市场与舆论来作为公益的依据。

结　语

修改后刑事诉讼法增设附条件不起诉制度，不仅使未成年犯罪嫌疑人能避免因起诉而受有罪判决的前科烙印，节省诉讼资源，更重要的是使未成年犯罪嫌疑人能于刑事设施外，依其自助的精神致力于自我的更生与自律，是一个值得推行和推广的理想刑事政策运作模式。我国今后应在总结和积累司法实践经验的基础上，通过修法扩大附条件不起诉的适用范围。附条件不起诉制度拓展了检察机关在刑事诉讼中的裁量权范围，然而权力扩大的本身，相对的却也伴随着权力滥用的风险，存在多样的选择，却也可能造成不知如何选择的窘境。检察机关如何在广泛而多样的裁量权限中，找到一套合目的、安定而可行的运作基准，仍是学术界与实务界需要共同进一步探索的课题。

检察环节刑事错案的成因及防治对策[*]

董　坤

　　刑事错案的发生是对社会公平正义的极大损害。对此，党的十八届四中全会指出"必须完善司法管理体制和司法权力运行机制，规范司法行为，加强对司法活动的监督，努力让人民群众在每一个司法案件中感受到公平正义"。最高人民法院和最高人民检察院的领导也相继撰文，"一定要坚守防止冤假错案的底线"。① 汲取错案教训，预防和纠正错案必须把好案件诉讼中的每一个关口，保证办案质量。我国检察机关是国家的法律监督机关，不仅承担对刑事诉讼的监督职能；同时还在诉讼中司职职务犯罪侦查、批捕和提起公诉，肩负重要的诉讼职能。日本学者平野龙一教授曾形象地描述道："按刑事诉讼全程，检察官在侦查中有'司法警察官'职能，起诉决定裁量时有'审判官'之职能，莅庭实施公诉时有'公益辩护人'之职能，刑罚执行时有'罪犯矫正师'之职能。"② 我国台湾地区学者陈运财教授进一步指出："检察官的职权范围从侦查乃至执行，贯穿及于整个刑事司法程序，兼具侦查主体、裁量者、追诉者以及刑之指挥执行的角色，与仅单纯担负审判工作的法官比较，检察官可谓是刑事司法的主控者、领航员。"③ 因为检察官的身影贯穿整个诉讼，是刑事诉讼全程的"主宰"④，"由此决定了不少刑事错案都与检察活动相关：不是在检察环节上发生，就是在检察环节上发展。"⑤ 对刑事错案的研究也必然会涉及检察环节，例如检察环节诱发错案的原因分析，如何优化和提高检察权能，填补执法漏洞，扫清监督死角以及完善刑事案件的质量监控体系等。本文

---

　　* 原文载《中国法学》2014 年第 6 期。

　　① 参见沈德咏：《我们应当如何防范冤假错案》，载《人民法院报》2013 年 5 月 6 日；朱孝清：《对"坚守防止冤假错案底线"的几点认识》，载《检察日报》2013 年 7 月 8 日。

　　② ［日］平野龙一：《刑事诉讼法概说》，有斐阁昭和 43 年，第 30 页。

　　③ 陈运财：《检察独立与检察一体分际》，载《月旦法学杂志》2005 年第 9 期。

　　④ 朱朝亮：《检察权之制衡》，载台湾《律师杂志》1999 年第 5 期。

　　⑤ 李建明：《刑事错案的深层次原因——以检察环节为中心的分析》，载《中国法学》2007 年第 3 期。

对于刑事错案的研究不再纠缠于错案概念的厘定，而是以诉讼程序为研究背景，将检察环节中可能催生错案的诱因，如体制、机制以及个体因素等予以梳理，通过归纳比较，汲取和借鉴他域的一些先进经验和失败教训，提出检察环节刑事错案防治的基本对策。

一、检察环节刑事错案的成因分析

检察环节刑事错案产生和发展的原因多种多样，有学者总结为："传统法律文化的影响、刑事诉讼机制、刑事司法机关工作机制和司法机关与外部关系。"[1] 还有学者总结为："一是办案人员自身的原因，包括办案人员自身的职业道德素质和业务素质两个方面。二是宏观层面的原因，主要包括检察机关诉讼机制、工作机制等。三是检察外部关系方面的原因。"[2] 借鉴前述错案成因的分析思路和研究成果，考虑到检察环节刑事错案的形成和发展很大程度上缘于检察权运行的畸变乃至异化。由此，笔者拟围绕检察权这一中心，从检察权行使的内外环境、检察权的行使主体两个层面来探讨检察环节的刑事错案。

（一）检察权行使的内外环境对错案的影响

检察权受到内外环境影响催生错案的诱因主要集中于检察权行使的独立性欠缺，"重配合、轻制约"的警检关系，以及检察权内部不甚科学、合理的绩效考核因素的影响。

1. 外部环境的影响——检察独立与检警关系

检察权行使的外部环境主要是指检察机关在宏观层面上与外部行政机关、人大或党委的权力关系，以及在刑事诉讼层面与公安、法院之间的关系。

（1）检察权独立性欠缺——外部的行政干涉。司法的独立性是确保司法公正的必要。作为司法权的一级——检察权，在司法实践中常常面临着独立性如何保障的问题。这不仅体现在媒体、舆论、受害人可能通过不同的方式给检察机关施压，更表现在地方行政机关对检察权的干涉，影响了案件的正常诉讼，公正处理。

我国宪法第 131 条、刑事诉讼法第 5 条都明确规定："人民检察院依照法律规定独立行使检察权，不受行政机关、社会团体和个人的干涉。"依法独立

---

　　① 李建明：《刑事错案的深层次原因——以检察环节为中心的分析》，载《中国法学》2007 年第 3 期。

　　② 刘志伟：《检察环节刑事错案现象的成因分析》，载《人民检察》2006 年第 9 期（下）。

行使检察权①是保证检察机关抵御外部干涉的重要原则，因为独立而不受干涉的司法，是实现司法公正的前提，是生成正确司法裁判的保障。然而实践中，检察权受外部干涉，检察地方化的现象明显。究其原因，检察机关领导的提名和任免，常常受制于同级地方党委，检察机关的人、财、物主要都由地方政府供给和管理，既有的现状使检察机关难以摆脱地方行政的牵制和影响，检察办案的各项决定如批捕、起诉或不起诉、是否抗诉等在对抗地方政府的干预时自然底气不足。在对于某些影响地方经济发展、社会稳定等重大影响的个案上，地方政府常常会通过开协调会的方式将行政意志强加于检察机关。最终，检察权的独立行使在某些案件中沦为检察为地方政府服务的尴尬结局，一些大要案件在检察环节的处理还要配合政府的行政意识。"就功能分配而言，法官虽然有终局确定案件的裁判权，但决定把什么被告及什么案件带到法官面前接受审判者，则为检察官，如果这个重要决定取决于行政首长，则无异于纵容行政权限制审判权。"②当传统的司法断案蜕变成行政治罪，错案便不可避免。

作为近年出现的典型错案——赵作海案中就暴露了上述问题。"1999年，当公安机关向检察机关移送审查起诉赵作海时，最初的承办检察官汪继华认为案件证据存在明显瑕疵，先后两次以'事实不清、证据不足'，将案件退回补充侦查。案件被一直拖到2002年，公安局未能提供新证据。2002年10月，当地市政法委召集公检法三方召开专题研究会，对案件进行协调、督办。会议最终意见是，要求市检察院必须于20日之内将赵作海案公诉到法院。此时，原承办检察官汪继华已辞职，接任该案承办检察官的郑磊，将自己发现的案件疑点向检察院领导汇报，得到的回答是：这个情况政法委已经都了解，但是三方会议上已经统一了意见，要快办。随后不到10天，检察院就向法院提起了公诉。"③

（2）检察监督对侦查权的迁就——检警关系"配合有余、制约不足"。除了宏观体制上，检察权会受制于地方的不当影响外，在具体的诉讼环境中，检察机关与其他机关，特别是公安机关的关系也过于紧密，"重配合、轻制约"的检警关系导致了检察权的监督刚性不足，制约乏力，错案的纠正与防控欠缺内在驱动。

---

① 检察权在我国主要包括两大权能：诉讼职能和诉讼监督职能。前者指侦查权、公诉权、批捕权；后者则包括了立案监督、侦查监督、审判监督、执行监督、民事诉讼与行政诉讼监督。这些权力的行使都应保持对外的独立性。

② Lambauer, juristische baltter 1985，328，330. 转引自林钰雄：《检察官论》，法律出版社2008年版，第81页。

③ 奚宇鸣：《当年赵作海案的公诉人讲述内情》，载《北京青年报》2010年5月15日。

　　立法上，我国"检警分立、侦诉分离"的权力格局保证了公安机关和检察机关分工负责，各司其职。然而，实践中由于检警之间相互牵扯的利益关系，两机关在案件处理上往往是"重配合、轻制约"。例如检察机关的自侦案件常常需要对犯罪嫌疑人拘留、逮捕。根据现行刑事诉讼法的规定，拘留、逮捕的决定和执行是相互分离的，即使检察机关作出了拘留、逮捕的决定，还必须由公安机关去执行，对于犯罪嫌疑人的通缉，检察机关也必须交由公安机关去发布通缉令。随着修改后刑事诉讼法的施行，对于指定居所监视居住、技术侦查这些重要的强制措施或侦查手段也同样存在检察机关交付公安机关去执行的问题。可以说，检察机关办理自侦案件的质量以及逮捕、起诉等诉讼流程的推进很大程度上依赖于公安侦查部门的大力协助。而这种"大力协助"所对价的则是检察机关在对公安侦查监督环节上的"弹性操作"。例如，对于公安机关的不立案监督，检察机关常常人为限定立案监督的数量，监督的方式也相当灵活地以口头监督替代书面的《纠正违法通知书》。[①] 而在具体的侦查中，公安机关为了办案需要有时会以捕代侦、押人取供，这种有求于检察机关的"配合"，也需要检察机关在"可捕可不捕的案件上"给予公安侦查一定的倾斜或关照。实践中，受制于"公检一家、追诉一体"的配合观念，检察机关对某些"打擦边球"，甚至违法的侦查措施或手段也往往会迁就隐忍，对侦查中收集的有罪证据是否涉嫌"非法取得"提出质疑和排除的频次极低，[②] 以致批捕、起诉率高，监督过于柔性，这就为一些违法侦查的滋生蔓延，错误侦查结果的出现埋下了隐患，生成错案的风险大为增加。

　　2. 内部环境的影响

　　检察权的内部环境主要是指检察机关内在的组织架构、权力配置以及运行管理等。良好的内部环境可以保障检察权自身的运转规范、科学高效，反之，则会抑制检察权的正常实施和充分发挥，以致行为失范、权力异化。

　　（1）"超检察一体"的内部运行环境——检察首长的"上命下从"。就检察权的内部运行而言，为了使检察权的行使整齐划一，有必要把每个检察机关组织在统一的体系中，采用由上而下的阶层式建构，即通称的"检察一体"。"在此依行政机关建构的组织下，上命下从，上级检察首长就下级检察官处理之检察事务，不但有指挥监督权，亦有职务收取权及职务移转权，下级检察官

---

　　① 参见谢小剑：《制约模式与配合模式：立案监督的模式转换》，载《犯罪研究》2006 年第 5 期。

　　② 笔者在调研中发现在修改后刑事诉讼法实施一年来，在审查逮捕环节检察机关因为公安机关违法侦查所取得的非法证据排除率极低，多数基层检察院仅有一件，有的院一件也没有。

则有相应的服从义务及报告义务。"① 之所以在检察内部设定一体化原则，其目的正如日本学者所评价，"这显著强化了检察活动的精密性，维持了严格的起诉基准，并最终表现为近乎完美的有罪率方面"②。除此以外，检察一体原则的设立还有提高打击犯罪效果、统一追诉法令、防范滥权的诸多效用。因此，众多国家都彻底贯彻了该原则。新中国成立以来，在检察体制的组织架构上也吸收了检察一体的内核，形成了我国特有的"检察一体"之基本内涵，"在上下级检察机关和检察官之间存在着上命下从的领导关系；各地和各级检察机关之间具有职能协助的义务；检察官之间和检察机关之间在职务上可以发生相互承继、移转和代理的关系"③。遵循这一理念，我国的检察一体体现在两个方面：一是强调上下级检察机关的体系统一性，建立我国上下级检察机关之间领导与被领导的关系；④ 二是建立检察机关内部检察官之间一体化的组织模式，实现办案模式的整体性，就一个检察机关而言，虽然其内部分设不同的业务部门，但是检察长可以领导所有部门的工作，从而使每一个检察院形成一个整体。而这种整体领导的具体途径就是在检察院组织内部实行以"检察人员承办，办案部门负责人审核，检察长或者检察委员会决定"的办案方式，简称"三级审批制"。该办案方式，区分承办、审核与决定三个环节，依上命下从的机制管理。⑤

应当说，检察一体的办案模式符合检察权内部运行的基本规律。但在实践中，却暴露出相关问题，主要是部分检察机关的检察首长以"检察一体"的名义将具体办案权与行政管理权都集中于自己手中，形成了所谓的"超检察一体"，以致具体承办案件的检察官权力被束缚或剥夺，常常要"奉命行事"，办案丧失独立性，但负责决定的检察长由于缺乏对案件的亲历性，不能全面、直接地知悉案情，在办理案件上往往以听从汇报为主，却又同时直接决定案件的走向和最终处理结果。结合前述外部环境中检察权独立性欠缺的现状，两相叠加形成了检察环节恶性的办案逻辑：外部——地方行政权通过召开政法协调会或其他会议的形式将地方意志强加给参会的检察首长，内部——检察首长再

① Lambauer, juristische baltter 1985, 328, 330. 转引自林钰雄：《检察官论》，法律出版社 2008 年版，第 97 页。

② ［日］松尾浩也：《日本刑事诉讼法》（上卷），丁相顺译，中国人民大学出版社 2005 年版，第 240 页。

③ 孙谦：《中国特色社会主义检察制度》，中国检察出版社 2009 年版，第 227 页以下。

④ 宪法第 132 条第 2 款规定："最高人民检察院领导地方各级人民检察院和专门人民检察院的工作，上级人民检察院领导下级人民检察院的工作。"

⑤ 参见龙宗智：《检察机关办案方式需要改革》，载《检察日报》2012 年 12 月 4 日。

通过上命下从的"超检察一体"机制将长官意志传达贯彻给具体的承办检察官。最终，在内外权力的"接续"干涉下承办检察官丧失了独立断案的能力和品质，未严格按照法律规定和诉讼程序的检察决定被作出。在这样一个怪圈中，检察权行使的内外环境交织叠错共同催生了错案的萌发。另外，"在某种意义上，这种检察首长指导决策机制还可能使错案的发生和发展得到权力支持，其错案纠正的难度也因此增加"①。

（2）不科学的内部绩效考核——隐形的"刑事诉讼法"。当前，我国的检察官与公务员一样，在检察机关内部都要接受上级的绩效考核。考核虽然一定程度上提升了办案人员的能力和效率，但也可能扰乱检察权内部运行环境的应有秩序，产生诸多负效应。首先，考绩间接成为了上级领导控制检察官的工具，对检察办案的独立性产生了相当大的伤害，这与检察权的司法属性相背离。其次，绩效考核结果直接与检察官奖惩、职务升降等职业利益相挂钩，一些检察官为了在绩效考核中获取考核利益、规避职业风险，往往倾向于遵行围绕考评指标所形成的"潜规则"，忽视法定程序和制度目的的实现。

绩效考核中的一些指标设置并不科学合理，对检察办案造成了不当的引导。例如，一些地区的绩效考评指标设置过分侧重于惩治犯罪，强调检察权的积极主动，欠缺对被追诉者权益的考虑，加剧了检察环节错案的形成和发展。还有一些指标设计则直接与诉讼规律抵牾，违背了检察规律。例如，根据诉讼认识论的原理，随着诉讼进程的推进，案件事实的认识是一个循序渐进、由模糊到逐渐清晰的过程，先前的认识会因为后续阶段对事实证据的深入调查被改变或推翻，侦查阶段认定的重点犯罪嫌疑人可能在审查起诉或审判阶段有被排除犯罪的可能，淡出诉讼程序，这本身是符合司法规律的。然而，实践中却常常出现所谓的"侦查中心主义"，"逮捕架空后续审查起诉和审判的现象"。其中一个重要原因就在于绩效考核的一些指标设置重视对办案结果的考评而忽视对办案过程的考量，以案件在后续程序的处理结果作为考评依据，要求检察机关一旦作出批捕决定，该案件就应努力在审判中做实刑判决；检察机关一旦决定起诉某人，那么该案在审判后就务必要做有罪判决。这就形成了"批捕绑架起诉、起诉绑架判决"、"逮捕是定罪裁判的预演，羁押是刑罚量刑的预支"怪象，审前程序的案件分流机制运转失灵，大量没有追诉必要的案件难以被及时过滤出诉讼程序，导致检察人员一方面承担着高负荷的办案量，另一方面还必须为前一环节的批捕或起诉决定"买单"，在相应的诉讼环节（批捕对应后续的审查起诉，起诉对应后续庭审中的出庭公诉以及一审抗诉）拼死控诉犯

---

① 万毅：《底限正义论》，中国人民公安大学出版社 2006 年版，第 361 页。

罪，为实现既定的目标需要，甚至将错就错或有错不纠。在"绩效考核"这部"地下刑事诉讼法"的引导下，检察官已然演变为追诉犯罪的热情斗士，漠视诉讼规律中所衍生的正当法律程序与证据法则，犯罪嫌疑人被错误定罪的可能性在检察环节增强。

（二）检察官的个体因素对错案的影响

作为检察权的行使主体——检察官，由于其个体因素的差异，对案件的走向和发展也会施加不同的影响。因此，对错案的成因剖析自然也离不开对检察官个体因素的研究。

1. 检察官角色定位的偏差——从法律守护人扭曲为狂热的追诉方

在英美法系国家，真正的司法官只有法官，检察官则处于"一造之当事人"的诉讼地位，他们同侦查机关一道对犯罪有着同仇敌忾般的天生痛恨感，往往从控诉角度去考虑问题并操作法律。正如美国哈佛大学教授、著名律师亚伦·德萧维奇所言，"我们总认为检察官是对正义最有兴趣的，司法部的墙上有句格言宣称：当正义实现时，就是对政府的褒奖。但在真实的世界中，许多检察官对这句话持保留的态度，他们相信当官方受到褒奖的时候，才是正义实现的时候。……虽然检察官立誓维护法律，但是他们仍然常用违法取得的证据将被告定罪。在这样的案例中，检察官并没有追求正义，他们和想要被释放的被告一样，只追求一件事情，就是打赢官司"[1]。类似的情况在大陆法系国家也有出现，"有调查显示，在德国和西班牙，许多无辜的人也被检察官起诉"[2]。

不同于西方国家三权分立的宪政架构，我国的根本政治制度是人民代表大会制度。国家权力统一由人民代表大会行使。在人民代表大会下，行政机关、审判机关和检察机关分别行使部分国家权力。在"一府两院"的权力结构中，中国的检察机关不再像英美西方国家那样仅仅是龟缩到行政系统之下，单为一个行政组织，而是与审判机关、行政机关处于平行站位、职能各分的并列关系，此时独立于行政机关之外的我国检察机关和审判机关一样，都已经"去行政化"，共同构成了审检双核的二元司法格局。因此，我国的检察官具有极强的司法属性，是司法官，在案件的处理中应秉承客观义务，做法律的守护人，这是我国检察官应有的角色定位。但随着当事人主义在我国的引进，受庭审对抗制以及英美国家对检察官角色定位的影响，我国的一些检察官忘记了客

---

[1] ［美］亚伦·德萧维奇：《最好的辩护》，李贞莹、郭静美译，南海出版公司2002年版，第7页以下。

[2] ［意］奈尔肯主编：《比较刑事司法论》，张明楷等译，清华大学出版社2004年版，第101页。

观义务，过分执着于诉讼中"一造当事人"对犯罪的追诉，角色定位出现偏差。打击、惩罚犯罪的目标"往往使检察官成为'热情的诉讼斗士'，不遗余力地争取胜诉"①，以致"许多检察官自命为打击犯罪的急先锋，而非兼顾被告利益的守护者，因而侦查中只管不利证据，不顾有利证据，大幅提高法官误判之风险"②。

2. 检察官办案的消极心理——有罪推定下的"隧道视野"

检察官由于自身职业的特殊性，常常与犯罪分子打交道，接触社会的阴暗面，长此以往容易形成刻板印象，产生固定的思维模式，即凡是被刑事追诉的人都不是"好人"，十有八九就是犯罪分子，即使不是也至少会有犯罪前科或不轨劣迹。一旦产生先验的"有罪推定"，检察官在工作中就极易形成心理学上的"隧道视野"（Tunnel vision），各种"消极办案心理"也会滋生蔓延。

在心理学上，"隧道视野"指的是选择性地集中于某一目标而不考虑其他可能性的一种倾向。其主要的表现包括：（1）在信息收集上，人们倾向于寻找那些能证实他们已有观点的信息，而对与他们已有观点不符的信息视而不见；③（2）在对已有信息进行解释时，人们倾向于赋予那些支持自己当前观点的信息以更高的证明力，赋予那些与自己当前观点不符的信息较低的证明力，甚至忽视、压制这些信息；④（3）一旦形成某一观点或某种信念后，人们会倾向于质疑与该观点或信念相冲突的信息，把那些模棱两可的信息解释成支持该信念而不是与该信念不符的材料。即使作为该信念基础的信息后来被证明是错误的，持该信念的人可能仍然坚持该信念。并且，信念越强烈，信念坚持的时间越长，就越难被挑战。基于有罪推定的先验，在"隧道视野"的心理影响下，检察官常常会产生如下的消极办案心理：

第一，刻意收集和审查"偏重有罪证据"的心理。和侦查人员一样，基于对犯罪嫌疑人"有罪倾向"的认同，追诉犯罪的目标和打击犯罪的热情常常使检察官更为重视能够证明犯罪嫌疑人有罪或罪重的证据，不去刻意关注和

---

① 龙宗智：《中国法语境中的检察官客观义务》，载《法学研究》2009 年第 4 期。

② Vgl. Kintzi, in: Richter and Staatsanwaltschaft fur den Burger, 1988, S. 309, 329; Roxin, DRiZ1969, 385. 转引自林钰雄：《检察官论》，法律出版社 2008 年版，第 23 页。

③ 这也被称作"确信偏见"（Confirmation Bias），即人们习惯于证实而不是证伪自己的观点。关于"确信偏见"，参见 Alafair S. Burke, Improving Prosecutorial Decision Making: Some Lessons of Cognitive Science, William & Mary Law Review, Vol. 47, 2006, pp. 594 - 1596。

④ 关于"隧道视野"表现的具体讨论，参见 Dianne L. Martin, Lessons About Justice from the "Laboratory" of Wrongful Convictions: Tunnel Vision, the Construction of Guilt and Informer Evidence, University of Missouri (Kansas City) LawReview, Vol. 70, 2002, pp. 847 - 848。

审查能证明犯罪嫌疑人无罪、罪轻的证据。在认定证据时，只认定有罪证据，对无罪证据常常心不在焉，无视其存在。

第二，"排斥辩解"、"迎合被害人及其近亲属陈述"的解释心理。无论是犯罪嫌疑人的辩解，还是被害人的陈述及其家属的证言都是法定的刑事证据种类。但是，在对待两者证明力的态度上，检察官却有所偏重，并未等量齐观。主要表现为：在办案实务中的审查批捕或审查起诉环节，对于犯罪嫌疑人否认犯罪，做出无罪申辩或反驳时，检察官持怀疑态度居多，时常会将辩解解释成犯罪分子狡辩抵赖的伎俩，心理上易有反感情绪，行动上则予以忽视，不去积极调查核实，甚至直接排斥。但同时，对被害人及其家属的控诉内容却十分关注，将被害人对案情的陈述解释为是遭受犯罪侵害后的自然流露，可信性高，证明力强，忽视了被害人可能有"夸大案情"、"有意栽赃"、"记忆障碍或认识错误"的可能。

第三，"固执己见、有错不纠"的偏执心理。具体办案中，当检察官依据案卷材料，以及自己的经验、阅历和知识累积，作出对犯罪嫌疑人"有罪"的预判后，这一"有罪倾向"会随着正向信息，即有罪证据的累积而愈发强烈，伴随着时间的推移甚至会根深蒂固。即使后续有足够的无罪证据出现，检察官也不会轻易改变自己的"有罪确信"，他们会想尽办法将这些"负面证据"解释成虚假或不可信的"伪证"。此种"隧道视野"下的偏执心理，使检察官自我纠错，特别是在案件中"及时刹车或转向"的能力大大弱化。

（三）小结

检察环节刑事错案的产生和发展原因是复杂多样的，既有体制机制的宏观层面，也有检察官个体因素的微观层面，甚至还有个案中某些偶然因素的作用力。梳理错案产生的原因目的是找出其中可以把握的具有普遍性、确定性的因果规律，然后对症下药，研究相应的对策和解决之道，以求最大限度地降低错案发生的风险。前文以检察权为中心，认为检察环节错案的产生和发展离不开检察权的失范运行和不当运用。而检察权的失范必然与其内外环境的影响有关，还同时牵涉到检察主体——检察官的个体因素。按照这一思路，笔者探究了干扰检察权行使的外在环境之因素——外部行政力量的干涉和"重配合、轻制约"的警检关系；而影响内在环境的因素则指向了"超检察一体"和不科学合理的绩效考核。检察官个体因素的影响则是从其角色认同、不当心理的角度进行论证。上述原因的梳理、整合具有一定的普遍性，如果能参照域外应对此类问题的先进经验，并结合中国的现实状况对症下药，可以探索出一些有价值的错案防治对策。

二、他域检察环节刑事错案的研究——成因与对策

（一）美国在检察环节错案防治的考察

美国很早就建立了刑事错案的研究机构和研究中心，在错案成因的分析上美国律师协会（American Bar Association，简称 ABA）归纳出七项主要原因，除了不实口供、证人错误辨认、司法证据错误、监所告密、辩护律师表现不足外，侦查人员和检方的（失当）行为也位列其中。[①] 在纽约本杰明 N. 卡多佐（Benjamin N. Cardozo）法学院最早开始无辜者计划的谢克（Scheck）、诺伊菲尔德（Neufeld）和德怀尔（Dwyer）也指出，在他们调查的 74 宗无辜者案件中有 33 件涉及检察官的不轨行为，占到误判案件成因的 44.6%。[②] 可以说，在美国的司法错案中检察官的不轨行为已经上升为一个重要诱因，检察官的行为操守开始受到美国社会和司法部门的强烈关注。

无论是理论研究还是实践归纳，在美国对检察官不轨行为的研究论著已是汗牛充栋，对这些不轨行为的归纳也是项目繁多，主要包括：隧道视野；法庭上的不端行为（在陪审团面前作出不适当的或煽动性的评论；提出、企图提出不可采的、不适当的、煽动性的证据；对案件证据或事实向法庭或陪审团做出错误概括；违反挑选陪审团的规定；作出不适当的案结陈词）；对物证处理不当（隐匿、毁灭、篡改证据、案卷材料或法庭笔录）；不开示无罪证据；威胁、引诱证人或唆使证人作伪证；使用虚假或误导性证据；骚扰或对被告人或其辩护人表示成见、宿怨（包括选择性起诉、报复性起诉，后者例如拖延迅速审判）；以及在大陪审团程序中行为不端。[③]

针对检察官的不轨行为，美国司法部门以起诉环节为中心从多个方面规范检察官的诉讼行为，以求最大限度遏制检察环节错案的诱发：

1. 提高意识，避免检察官产生隧道视野

为了避免检察官的隧道视野催生错案。美国各方提出了一些非常具有操作性的思路和应对策略。其一，检察官在指控犯罪时对于包括辩护律师在内的多方意见要保持一种开放的心态，积极接纳各种意见，避免一意孤行；其二，检察机关应当引导检察官多去换位思考，站在辩护方的立场去审查证据和审视案

[①] 参见张丽云：《刑事错案研究——兼及证据与刑事错案之关系》，载《山东警察学院学报》2009 年第 2 期。

[②] 参见刘品新：《刑事错案的原因与对策》，中国法制出版社 2009 年版，第 426 页。

[③] See Steve Weinberg & Center for Public Integrity, Breaking The Rules: Who Suffers When a Prosecutor Is Cited for Misconduct (2003), www. publicintegrity. org. 转引自 [美] 安吉娜·J. 戴维斯：《专横的正义：美国检察官的权力》，李昌林、陈川陵译，中国法制出版社 2012 年版，第 130 页以下。

件；其三，检察官应当坚持追求司法公益的终极目标，在与警方协同办案时要保持自身的独立性，避免与警方的角色混同；其四，建立对检察官的继续教育和培训制度，加强定期的预防性培训遏制检察官隧道视野的萌生。

2. 强化证据开示

遏制错案诱发，避免检察官办案质量下滑的另一方法就是强化证据开示制度。在美国检察官承担控诉犯罪的职责，实践中他们囿于职业习惯、强大的控诉压力和胜诉愿望，常常对警方移交的证据有选择地向法庭提供，一些对辩方有利的罪轻或无罪证据检察官常常秘而不宣，不向法庭提交。证据开示制度的建立一方面增强了检察办案的透明度，另一方面也便于辩护律师在检察环节充分了解控方证据，最大限度地行使辩护权。另外，辩护律师还可以通过证据开示从另一角度给检察官提供某一证据更为全面的证明作用和诉讼价值，避免检察官单方视角下孤立的看待某一证据。因此，完善和强化证据开示对于遏制检察环节错案的发生和发展确有必要。

3. 建立对检察官不轨行为的惩戒制度

检察官的不轨行为不但有碍于案件公开、公平、公正地解决，而且还可能使公众对检察工作心生不满，进而危及司法公正和社会稳定。因此，美国在纠正隧道视野、强调证据开示的同时，也对检察官的不轨行为展开纪律处分。《美国律师协会职业操守模范规则》第 3.8 条专门注明了"检察官的特定责任"（special responsibilities of aprosecutor），指出检察官如果违反其特定责任应当按照律师的惩戒标准进行处罚，具体包括吊销律师资格、暂停执业、临时暂停执业、谴责、不公开谴责以及留用查看等类型。[①] 联邦最高法院也曾建议，对检察官的不轨行为最适宜由州律师协会给予纪律处分，但目前由州律师协会对检察官做出纪律惩戒的案例实际上凤毛麟角。[②] 为此，美国司法系统正在积极制定规则和法案拟对检察官的不轨行为实施提出指控或特别审查等更为严厉的惩戒措施。

（二）德国检察环节错案防治的路径梳理——检察官客观性义务的坚守

任何国家都难以避免错案的发生，德国也不例外。如 1997 年哈利·沃尔茨故意杀人案、[③] 2001 年 10 月鲁道夫·鲁普被杀案、[④] 2005 年 10 月霍尔格·L 故意杀人案[⑤]等都曾在德国司法界产生轰动影响。对于德意志这一如此严谨的

---

① 参见青锋主编：《美国律师制度》，中国法制出版社 1995 年版，第 103 页以下。

② 参见张鸿巍：《美国检察制度研究》（第二版），人民出版社 2009 年版，第 335 页。

③ 参见郑明纬：《德国：错案促进刑诉法多次修订》，载《法制日报》2013 年 5 月 28 日。

④ 参见张建伟：《德国：再叫真的民族也有错案》，载《人民法院报》2013 年 6 月 21 日。

⑤ 参见周迪：《德国的"自由心证"与刑事错案》，载《人民法院报》2013 年 6 月 21 日。

民族，如何避免错案，降低错案产生和发展的风险也一直是德国司法系统所孜孜以求的目标。

　　如何防控检察环节的刑事错案，德国检察体系也有一套自己的理念，那就是检察官"客观性义务"的坚守。所谓"客观性义务"，是指检察官为了发现真实情况，不应站在当事人的立场，而应站在客观的立场上进行活动。① 作为"司法界的国王"，德国检察官在设立之初就摒弃了英美单独一造当事人的职能定位，而是将其设定为世界上最客观公正的官署。"检察院在刑事追诉时不仅必须对加重情节同时也必须对减轻情节进行侦查。检察机关（对犯罪嫌疑人）的这种'保护职能'，正是当初建立时所要达到的效果。"② 也正是基于对检察官职能定位的准确认定以及由此衍生的对客观性义务的坚守，德国检察机关能够在发现实体真实的同时，兼顾对被追诉者权益的保护，遏制错案发生。具体而言：

　　1. 对警察侦查权的控制

　　在德国，检察官在犯罪侦查程序中居于指挥指导地位，司法警察仅仅是检察官的辅助人员，需要依据检察官的命令实施犯罪侦查。③ 因此，检察官可以通过其对侦查活动的指挥和主导将其客观义务的遵循传达到警察对侦查的具体执行中。如《德国刑事诉讼法》第160条第2项规定："检察院不仅要侦查证明有罪的，而且还要侦查证明无罪的情况，并且负责提取有丧失之虞的证据。"同法第163条a第2项也规定："被指控人请求收集对他有利的证据时，如果它们具有重要性，应当收集。"④ 根据这两条规定，检察官、司法警察负有义务，应当不偏袒、公正地采取行动，特别是要全面地侦查事实真相，不仅有义务依职权调查收集有利于犯罪嫌疑人的事实和证据，而且有义务根据犯罪嫌疑人的申请保全有利于犯罪嫌疑人的证据，不得单方面地谋求证明犯罪嫌疑人有罪。

---

　　① 参见［日］松本一郎：《检察官的客观义务》，郭布、罗润麒译，载《法学译丛》1980年第2期。

　　② ［德］克里斯蒂安·瓦格纳：《德国检察机关》，载南京大学－哥廷根大学中德法学研究所主编：《中德法学论坛（第3辑）》，朱军译，南京大学出版社2005年版，第9页。

　　③ 有关检察官指挥命令权以及司法警察侦查报告的义务规定在《德国法院组织法》第152条，《德国刑事诉讼法》第161条、163条第2项中。另外，虽然依据《德国刑事诉讼法》第163条第1项规定，司法警察拥有独立的先行调查权，但德国学者Ruping认为这仅是协助检察官侦查犯罪，并非警察的独立权限。参见蔡碧玉：《检警关系实务之研究》，载台湾《法令月刊》1997年第1期。

　　④ ［德］约阿希姆·赫尔曼：《〈德国刑事诉讼法典〉中译本引言》，载《德国刑事诉讼法典》，李昌珂译，中国政法大学1995年版，第78页以下。

2. 决定起诉后，检察官追诉角色的平衡

"与在其他制度中一样，德国的检察官尽量避免提起日后将被证明不成立的指控。……一旦做出起诉决定，德国的检察官将抛开他们的中立态度，尽力去赢得诉讼，甚至不亚于美国的检察官。"① 为此，德国的法学理论通过科以检察官客观性义务去平衡这种可能的角色偏差，要求检察官在审判中不能片面地追求获得有罪判决和对被告人追求过重的处刑。对此，检察官应当遵循三个方面的义务："其一，检察官必须依法客观公正地向法院提供证明公诉犯罪事实的证据，不得故意隐瞒有利于被告人的证据；其二，检察官在'求刑'阶段，应当依据事实、法律和公共利益的需要提出公正、合理的量刑请求，不得基于个人好恶而提出明显缺乏依据的从重处罚要求；"② 其三，按照《德国刑事诉讼法》的要求，审判结束时，检察官如果认为证据不足以定罪，可以要求法院宣布被告人无罪。另外，检察官的客观性义务还延伸到了有罪判决后，根据其第296条第2款的规定，如果检察官认为定罪不公，或者法院施加的刑罚过于苛刻，检察院也可以为了被指控人的利益而提起法律救济的诉讼活动。这显然是出于维护公共利益的需要，体现了检察官的客观性义务，同时也为错案的救济提供了渠道。

检察官客观性义务的遵循与其在诉讼中追诉角色的扮演形成了一定的牵制，而且在德国的司法环境中，无罪判决对检察官的个人声誉不会产生负面影响，这也就避免了一些检察官基于声誉的压力对案件将错就错、一错到底。另外，德国检察官办案的独立性较强，一般工作不用向上级请示汇报，除非案件十分疑难复杂，以至于超出了自己的能力。办案的独立性保证了亲历案件的检察官能够作出准确及时的判决和决定，也排除了上级和外界权力的干扰，确保了案件质量。

（三）日本检察环节错案防治的研究

日本的刑事司法常被称为"检察官司法"，检察官素有"刑事司法脊梁"的美誉，其素质之高不仅向来为人所称颂，而且深得日本国民的信任。③ 然而，在"精密司法"的长期熏陶渐染下，日本检察官背负了过多追寻实体真实的压力，忽视了对正当程序的因循。日本刑事司法界有一句谚语，"一次无

① [德]托马斯·魏根特：《德国刑事诉讼程序》，岳礼玲、温小洁译，中国政法大学出版社2004年版，第41页。
② 孙长永：《检察官客观义务与中国刑事诉讼制度改革》，载《人民检察》2007年第17期。
③ 参见吴常青：《日本检察侦查权监督制约机制及其启示——以邮费优惠案为例》，载《中国刑事法杂志》2013年第4期。

罪判决检察官尚可生存，第二次则可能产生不利后果"①。实践中，无罪判决通常被认为是丢脸的事情，② 当事检察官不仅需要仔细检讨他们的错误，而且可能面临不利的工作安排。正是在日本这样的司法生态环境、法律文化背景以及国民信任期许的影响下，日本的检察官对于办案效果有着极高的期待。一方面，他们倾向于办理一些引起社会瞩目的大要案件；另一方面，他们专注于高定罪率的胜诉目标。也正是由于诸多因素的压迫，日本检察官的职权行使渐趋异化、办案理念和思路也发生了畸变。例如，"1967 年发生在茨城县利根町布川，某木工遭到杀害的'布川事件'中，被告樱井昌司（63 岁），杉山贞男（64 岁）虽然均依强盗杀人罪被判处无期徒刑，但 2010 年 12 月此案又启动再审。另外，在某 4 岁女童被杀害的'足利事件'中，被告菅家利和（64 岁）于 2000 年被判无期徒刑，但后因原来的 DNA 鉴定有误，2010 年 9 月被告经再审获判无罪"③。"而在 2009 年日本发生的大阪地检署特搜部篡改证据，错误逮捕、指控厚生劳动省局长村木厚子一案则是将错案背后日本检察官和检察制度所暴露出的问题推向了更热烈的讨论层面。日本发行量最大的新闻周刊《朝日时代》发表了封面文章《检察厅行将崩溃》，质疑在这起邮资不法案中日本检察制度存在的重大纰漏。"④

　　1. 日本检察环节的错案成因

　　根据上述典型错案以及日本学者对检察办案中所暴露出的问题分析，可以归纳出在日本检察环节催生或激化错案的直接原因主要集中在侦查和起诉环节。

　　（1）侦查中的违法取证。在日本，检察官作为侦查活动的主体，⑤ 其违法取证是铸成错案的重要原因。作为战后改革课题的"检察民主化"并没有在日本得到彻底实现，在刑事司法运作中检察官侦查的纠问性质也没有任何实质

　　① Ingram Weber, The New Japanese Jury System: Empowering the Public, Preserving Continental Justice, East Asia Law Review, Vol. 125, 2009, p. 6.

　　② 日本法院在宣告判决时，如果被告有罪，法官会说"被告处有期徒刑多少年"；若是无罪则说"被告是无罪"。对于检察官来说因为常常听判，如果听到被告"处"就知道是有罪判决，听到被告"是"就知道是无罪了。"处"和"是"两个字对检察官来说是天堂和地狱的区别。参见吕宁莉：《日本检察制度之介绍及与我国之比较》，载《检察新论》2008 年第 3 期。

　　③ ［日］三井诚：《日本检察制度之最新问题动向》，许家源译，载《月旦法学杂志》2011 年第 12 期。

　　④ 张超：《"大阪地检特搜部篡改证据案"余震未了，日总检察长引咎辞职》，载《法制日报》2011 年 1 月 11 日。

　　⑤ 根据日本《检察厅法》第 6 条第 1 项规定："检察官对任何犯罪都可以进行侦查。"参见［日］伊藤荣树：《日本检察厅法逐条解释》，徐益初、林青译，中国检察出版社 1990 年版，第 38 页。

变化。同时，侦查讯问中长期的密室文化①助长了检察官物理性暴行或胁迫性违法手段的运用。1993 年就在日本发生了"在关于所谓的总承包人（General Contractor）渎职案件的侦查中，由于检察官在审问时对嫌疑人、参加人施暴，而被判特别公务员暴行凌虐罪的案例"②。除了暴力、胁迫型的违法取供，检察官在与犯罪嫌疑人的对峙审讯中，基于突破口供的急切心情还常常会采取引供、诱供的非法讯问手段。另外，在日本，由于肩负着打击犯罪的任务和追求高胜诉率的偏执心理，一些检察官无视犯罪嫌疑人的辩解，为了获取有罪证据他们会使用刑讯逼供等违法手段，而当有罪证据不足时，一些检察官不惜铤而走险，篡改或伪造证据。

（2）公诉权的滥用。除了指挥和参与侦查，日本检察官还承担着重要的公诉职能。然而，公诉环节一系列的错误起诉直接加大了法官错判的风险。错误起诉的重要原因主要是检察官公诉权的滥用，这种情况在日本司法实务界主要表现为以下几种类型："其一，检察官在客观上没有足够的证据而进行起诉的情况（没有嫌疑的起诉、预定起诉）；其二，检察官超越了追诉裁量的基准而起诉的情况（有歧视的起诉、不平等起诉）；其三，检察官忽略侦查中的重大违法情节而起诉的情况（根据违法侦查而进行的起诉）。"③

2. 日本检察环节错案治理的努力

如何遏制检察环节错案诱因的继续发展，恢复检察官在日本国民心中的地位，提振当前检察官低迷的士气。其基本思路也是集中于侦查和起诉两个环节。

（1）增加侦查环节的透明性——录音录像制度的设立。长久以来，日本密室文化的盛行纵容了检察官不计代价、不问是非、不顾后果的违法取证。因此，必须打破侦查的秘行原则，引入第三方来监督规范检察官的侦查取证行为。为此，侦讯中的全程录音录像被不少学者所提倡。侦讯中的全程录音录像也叫作侦讯的可视化操作，目的是通过侦查讯问时全程录音录像挤压或扫清可能引发违法取供的时段或死角，形塑检察官讯问时的合规操作，同时也保证了犯罪嫌疑人自白的任意性，避免了虚假口供发生的概率。"日本最高检察署于2011 年 3 月 18 日起，对于检察系统内的特搜部独立处理的，且预期可能针对犯罪嫌疑人之检察官侦讯笔录声请调查证据之案件，在不损及侦讯所具有究明

① 在日本，实务部门常言，在密室中侦讯，才能建立信赖关系，犯罪嫌疑人才肯说出实话。由此，侦查讯问中的透明性在司法实践中常常受到抵制。参见［日］三井诚：《日本检察制度之最新问题动向》，许家源译，载《月旦法学杂志》2011 第 12 期。
② ［日］森际康友：《司法伦理》，于晓琪、沈军译，商务印书馆2010 年版，第 187 页。
③ ［日］森际康友：《司法伦理》，于晓琪、沈军译，商务印书馆2010 年版，第 175 页。

真相机能之范围内，选择检察官侦讯中认为适当的部分，实施侦讯录音、录影的对策。"①

（2）遏制公诉权滥用的理论构想——公诉权滥用无效论。对于检察官滥用起诉权的积极处分行为，日本实定法上并没有明确的制约规定。这是因为考虑到，作为检察官起诉处分的案件都要移交到法院进行公正的审理，只要具有诉讼的条件，即作出有罪或无罪的实体裁判，如此即可达到审查起诉正确与否的目的。但是，有学者认为对于起诉权滥用的制约如果仅仅交给法院裁判这最后一道关口，负担和压力过于厚重。为此，公诉权滥用无效论被提出，一些日本学者主张可以引用《日本刑事诉讼法》第 338 条第 4 款，作出驳回公诉的判决。另外，学者们还积极撰文，对前述三种公诉权滥用的情形从法理上进行分析，提出了充分的理论依据。"①对于没有嫌疑而起诉，现在的主流说认为无嫌疑而起诉违法。因此对这种起诉应驳回公诉、中止程序；"②"②对于超越追诉裁量权而起诉的反驳，由于起诉不是完全的自由裁量权而是基于第 248 条要件的羁束裁量（法定的便宜主义），不是积极的刑事政策上的处分而是有消极的释放犯人的处分（放弃起诉处分），因此，虽有客观嫌疑但具有起诉犹豫事由可以不起诉时，应作出不起诉处分而不允许起诉。在此情形下提起公诉是误用起诉便宜主义，因而否定其公诉效力；③由于不允许基于违法侦查而起诉，所以，以违法程序实施侦查在先而后提起的公诉应为无效。"③公诉权滥用无效的理论在日本学界引起了较大的反响，"该理论体系甚至得到了最高法院的认可（最决昭 55·12·17 形集第 34 卷第 7 号第 672 页）。但是最高法院把公诉权滥用无效规定在了'公诉提起自身就要构成职务犯罪'这样的极端情况，……检察实务家对该理论也进行了非常严厉的批评，④……认为公诉权滥用无效论是学者理论性的关心与律师作为一方当事人而采取的法庭战术病态

①　［日］三井诚：《日本检察制度之最新问题动向》，许家源译，载《月旦法学杂志》2011 第 12 期。

②　［日］田口守一：《刑事诉讼法的目的》，张凌、于秀峰译，中国政法大学出版社 2011 年版，第 139 页。

③　［日］土本武司：《日本刑事诉讼法要义》，董璠兴、宋英辉译，五南图书出版公司 1997 年版，第 180 页。

④　曾任日本法务大臣官房审议官的龟山继夫认为：对于缺乏犯罪嫌疑的公诉，通过终局的无罪判决和国家赔偿等措施更有利于对被告人的保护；对于应酌定不起诉而起诉的，法院离开对具体案件的审理是不可能对此作出正确判断的；至于侦查程序违法是否可导致起诉无效问题，应首先由检察官进行判断。与其通过立法增设对起诉权进行审查的制度，不如根据日本国情改革现有的检察审查会制度并充分灵活运用，使之对起诉权进行有效监控。参见［日］龟山继夫：《检察的机能》，载《现代刑罚法大系》（第 5 卷），日本评论社 1982 年版，第 48 页以下。

结合和夸大的产物。结果，这个理论没有对检察实务产生实质性的影响"①。立法上，该主张基本未有实质性推进，仅是一个学理上的构想。

虽然，公诉权滥用无效的理论没有直接被法典化。但是对于检察官滥用起诉的诟病，立法机关和实务部门还是作出了一些改良性的举措，这就是对检察审查会的改革。既往的检察审查会只是针对检察官作出的不起诉案件进行审查，提出"劝告"，而滥用起诉权的情形并不在审查范围之内。但是，"日本在最近一次的司法改革中决定加大检察审查会的权限，赋予其'劝告'的强制力"②。这一改革措施对于及时纠正错案有重要价值。

（四）小结

无论是英美法系还是大陆法系国家，以及具有混合诉讼模式的日本。检察官在各国错案的产生和发展中都负有一定的责任，防治路径也必须因情施策。

第一，"绝对的权力导致绝对的腐败"，检察官的权力如果过于膨胀就会导致其恣意枉为、集权擅断，破坏诉讼活动的应有规律，这在美国、日本等国家发生的错案中都已经有所体现。因此必须通过制度设计或体制、机制的完善去监督、控制检察权，形成有力的外部制约环境。

第二，侦查阶段常常是集中错案产生原因的"重灾区"，无论是检警分立型的英美法系国家，还是检警一体的大陆法系国家，检察官要么是侦查活动的直接参与指挥者，要么是审查起诉阶段侦查成果或目的的"把关者"、"评鉴师"③。因此，检察权必须对侦查权有强有力的制约作用和规范效果。当侦查活动涉嫌违法、证明犯罪的证据存在问题，犯罪嫌疑人可能蒙受不白之冤时，检察环节应起到积极的过滤、筛选"错案"的作用，而不是仅仅地走过场。加强检察机关的错案防治一方面是避免在检察环节制造错案，另一方面则是不要使已经在侦查阶段开始萌芽的错案种子在检察环节继续生长。

第三，基于对实体正义的追求和打击犯罪的热情，无论是大陆法系还是英美法系国家的检察官在追诉犯罪时都可能会偏执于一方的诉讼角色，即控诉犯罪的斗士，而忽略了对程序正当性的遵守。由此，一些打"擦边球"的不轨行为，甚至公然违背法律的行径（如伪造证据、刑讯逼供等）会滋生。同时，在偏执于追诉犯罪的情境下，检察官会产生一些消极心态，如漠视犯罪嫌疑人

---

① ［日］森际康友：《司法伦理》，于晓琪、沈军译，商务印书馆2010年版，第175页。

② 何宏杰、吕宏庆：《日本预防刑事错案的系列改革》，载《人民法院报》2013年5月17日。

③ 学说认为，"旨在发现犯人、收集证据的侦查机关的活动，其目的不是为了审判做准备，而是为了提起公诉，因此，侦查不是审判的准备阶段，而是公诉的准备阶段"。此为"公诉准备观"学说的主要观点，在日本，此学说为通说。参见万毅：《侦查目的论》，载《国家检察官学院学报》2003年第1期。

的辩解，以及对发现的对辩护方有利的各项证据或线索视而不见。这些都是导致错案发生的重要原因。因此，就检察个体而言必须通过培训或专门的辅导教育弱化其角色定位可能的偏差，例如德国的检察官客观义务的灌输，会促使检察官更加客观、中立，办案审慎和全面。

第四，国民期待或者是地域文化有时也会使检察官背负过重的压力，本土的法制生态环境，有时候也可能成为检察官被动制造错案的根源。如何在国民期许或文化塑造中树立一个检察官的合理形象对于检察环节错案的防治也至关重要。

三、借鉴与吸收——检察环节刑事错案的防治对策

通过分析总结他域法治环境下检察环节诱发错案的基本成因和防治策略，结合我国现实情境下检察机关诱发错案的多重因素，在借鉴与扬弃中笔者梳理出我国检察环节刑事错案的防治对策。

（一）检察权外部环境的改革——检察体制的改革和诉讼结构的调整

从外部环境而言，要确保检察权独立行使不受干扰，应从两个层面把握：第一，从国家的权力架构出发，严格按照宪法和相关法律的规定，检察权的行使应当排除地方党委、政府和人大对个案的干预和影响，力行检察活动的司法化。第二，从诉讼结构上而言，由于实践中检警关系特殊的利益纠葛，检察机关应当不断强化自身在审前程序中的优势地位，强化检察机关法律监督权的"刚性"，从"过度配合"走向"配合与制约的二重平衡关系"。

1. 检察办案的司法化——检察权的独立行使

随着《中共中央关于全面深化改革若干重大问题的决定》（以下简称《决定》）出台，确保依法独立公正行使检察权的一系列体制、机制改革构想被提出。《决定》指出，"应当改革司法管理体制，推动省以下地方法院、检察院人财物统一管理，探索建立与行政区划适当分离的司法管辖制度，保证国家法律统一正确实施"。由此，推动检察办案司法化的一系列改革构想和举措被提出，这对于检察机关去"行政化"，摆脱办案"地方化"的窘境提供了改革的进路和方向。结合《决定》中谈到的改革，笔者认为破除检察权行使不独立的现实困境可以从两个方面着手：第一，司法系统资源管理的省级化；第二，建立相对独立的司法区划。"然而，对于后者似乎当前的改革之路还较为漫长，而且官方和民间似乎存在不同理解。在民间话语系统中，学者们多将这一改革作为司法去地方化、去行政化的举措，视为建立中国审判独立与司法巡回制度的重要步骤。然而，在官方看来，这一改革的主要目的在于应对中西部地

区的司法资源不均，实现司法资源均等化、集约化和更大程度的司法公正。"①
有鉴于此，笔者将着重讨论前者，即司法系统资源管理的省级化，推动省以下
地方检察院人财物统一管理的相关问题。

如前所述，检察机关长期规训于地方政府党委的一个重要原因就是人事和
财政均受制于地方的管理和节制。为了进一步协调和理顺检察机关与地方政
府、地方人大以及地方党委之间的关系，在人、财、物方面摆脱受制于地方的
局面，《决定》将地方检察院的人事和经费交由省级检察机关统一管理。

在经费保障上，地方检察院的财政由省院统筹，改变以往由同级财政负担
司法经费的模式，具体有两种方案：其一是各地方按照原来承担的司法预算数
额统一缴存省级财政支配；其二则是由省级财政承担全部费用（通过调整某
些财政收入的分配比例以增加省级财政收入）。② 无论哪种，地方检察机关的
财政保障都不再由地方负担，检察机关不会再因"五斗米"而向地方"折
腰"。

检察官的任免权是人事管理权的核心。根据人民检察院组织法的规定：
"自治州、省辖市、县、市、市辖区人民检察院检察长由本级人民代表大会选
举和罢免，副检察长、检察委员会委员和检察员由自治州、省辖市、县、市、
市辖区人民检察院检察长提请本级人民代表大会常务委员会任免。"有学者就
指出："2006 年《中华人民共和国各级人民代表大会常务委员会监督法》出台
之前，尽管人大系统素有'橡皮图章'之嫌，但却在针对司法权时表现出
'个案监督'的强势姿态。"③ 因此，建立"省级统管"的人事管理模式，积
极探索检察官由省级检察院统一提名、当地人大任免可以将地方人大对检察权
人事的干扰降到最低，将司法系统的弱势转为强势，使其在权力结构体系中保
持应有的独立性。

2. 强化检察监督——检警关系向"配合制约平衡论"的转向

在既有的诉讼结构中，要想改变检察机关在检警关系中的尴尬境地，长远
来看，应当作出权力配置的调整，进一步强化检察机关在审前程序中的优势地
位，加大检察监督的"刚性"，提升其对审前诉讼的主导作用。对于公安机关
侦查部门不予配合、消极履行职责等不作为、乱作为的情形，根据修改后刑事
诉讼法第 55 条的规定，检察机关应当用好调查核实、纠正违法以及追究犯罪
的"三板斧"，以此形成法律监督的权威性。只有这样检察机关对违法侦查或

---

①　田飞龙：《司法区划改革或现跨省司法大区》，载《法制晚报》2013 年 12 月 17 日。

②　参见蒋惠岭：《司法体制改革面临的具体问题》，载《财经》2013 年第 34 期。

③　田飞龙：《司法区划改革或现跨省司法大区》，载《法制晚报》2013 年 12 月 17 日。

非法取证才敢于监督，不会纠结于检警之间内在的"利益纠葛"而忌惮排除后的"蝴蝶效应"。

另外，在诉讼结构中，应当进一步强化检警之间的互动关系，寻找检察监督的新机制。北宋法医学家宋慈在《洗冤集录》中写道："狱情之失，多起于发端之差，定验之误。"林钰雄教授也指出："侦查中所犯的错误往往具有不可弥补性，许多实证研究指出，错误裁判最大的肇因乃侦查错误，再好的法官、再完美的审判制度，往往也挽救不了侦查方向偏差所造成的恶果，因而，身为侦查主体的检察官如何主导进行侦查活动，或者说，如何指挥监督警察办案，实际上成为裁判结果的指标，关系着将来裁判的客观性与正确性。"① 有鉴于此，应当在现有的权力配置下探索检察对侦查的介入式监督，将检察环节刑事错案的防治合理有序地延伸到侦查阶段。当前，侦查中容易引发错案的原因主要有两个方面：一是侦查行为的盲目、草率或疏漏导致案件性质的判断、侦查范围的划定、侦查方向的选择出现错误；二是侦查行为违反法定程序，非法取证、侵犯人权，冤枉无辜。一般而言，前者会使侦查人员在案件性质、侦查范围或方向判断有误的前提下错误认定犯罪嫌疑人，而后者则会使侦查人员在对已认定的犯罪嫌疑人"有罪推定"的先验下，依赖刑讯逼供等违法取证行为弥补定罪证据之不足，完成证明活动。解决侦查中的上述两大顽疾，需要检察介入侦查，完善检察对侦查过程的监督机制。在我国，由于检警分立的权力设计和侦查格局，公安机关和检察机关在诉讼中"各管一段"、"互不参与"，检察机关不可能直接介入公安机关的侦查办案中，更谈不上指挥领导侦查。照搬大陆法系的侦查监督模式显然并不可取，但是倡导检察对侦查介入监督的基本理念并非不可行。结合我国宪法规定和诉讼结构中的检警关系，笔者认为检察对侦查监督的基本理念是"参与而不干预，参谋而不代替，引导而不主导，配合而不同化"。主要采取两种形式：一是对重大案件（如杀人等严重暴力性犯罪案件和放火、爆炸等严重危害公共安全的犯罪案件）和检察机关认为有必要提前介入的其他案件，及时介入案件的侦查过程中去。介入侦查的时间以审查批捕环节为宜，因为逮捕措施的适用通常是侦查工作全面开展的发端，而通过审查侦查机关报请批捕的案件，检察机关一般能发现侦查工作存在的不足和需要加强的重点，此时介入进行侦查引导，多与侦查机关沟通，可以起到对侦查方向"纠偏"，对错误侦查"刹车"的作用。二是根据案件提起公诉的证据要求与侦查机关共同制定案件的侦查工作规范，明确各类案件收集证据的范围、程序规则、证据初步审查的要求和证据保全的要求，避免侦查行

---

① 林钰雄：《刑事诉讼法（上册）》，中国人民大学出版社2005年版，第103页以下。

为违法取证。

（二）检察权内部运行机制的改良——检察一体的回归与绩效考核的完善

1. 建立"检察一体与检察官独立相结合"的办案机制

检察机关内部"超检察一体"的办案模式，将检察官的司法办案权全部上拢到检察长手中，行政色彩凸显，不利于诉讼规律和诉讼规则在检察环节的"伸展"和正常运转，不能保证司法的公正性和客观性。从严把案件质量，防治冤假错案的角度出发，应当对内部的检察权运行机制进行改良，从"超检察一体"回归"检察一体与检察官独立相结合"的办案机制。

（1）对检察首长的领导权作出必要的限制。第一，检察长指挥领导的透明化。为了获求法律适用的妥适以及追诉标准的统一，检察官应奉行检察一体，服从检察长的决定或指令，但如果有不同意见时，可以请求检察长以书面做成命令并附明理由，以避免检察首长个人意志的绝对膨胀。未来可以进一步考虑，检察首长全部决定或指令书面附卷化、网络录入化，杜绝指令或决定隐秘、无规律的弊端，还可以增强检察首长在检察权运作中的规范性，避免不必要的干预，提高检察长下达指令的审慎度。第二，明定检察首长指令权行使的法定化。在检察首长的指令权中，诸如职务承继权、职务移转权的使用直接关涉到检察官对案件承办权的剥夺。对于此等指令的运用应当极为审慎。为了避免检察首长个人意志的肆意妄为或是在外力干涉下检察首长成为其他利益集团、权力机关的"橡皮图章"，应当对上述关键权力的行使由法律作出限定，如明确检察首长指令的范围、适用情形以及指令的效力，同时对于此等重要命令必须叙明理由，书面附卷。

（2）推动主任检察官的办案机制。在对检察首长限权的同时，还可以考虑通过分权或放权来防止检察权的过分集中。近年来，主任检察官、主诉检察官和主办检察官办案责任制的推行就是一个很好的思路。如 2011 年上海市闵行区检察院首先在侦查监督部门试行主任检察官办案责任制，随后该项制度又推行到公诉、未成年人检察以及金融检察业务部门。2013 年 12 月 26 日最高人民检察院举行了检察官办案责任制改革试点工作部署会，决定在全国 7 省 17 个检察院试点，这其中就包括配备主任检察官办案责任制。以闵行区检察院为例，其具体的办案责任制有两种："第一种是主任检察官审批决定制，对一般的（低风险）案件由主任检察官办理并决定，或者由具有检察官资格的承办人员办理，并出具审查意见，由主任检察官审批。如果主任检察官不同意承办检察官的意见，可以更改决定，但是需要书面说明理由并签字。第二种是对疑难复杂（高风险）案件由主任检察官亲自办理，办案组其他成员完成辅助工作，主任检察官提出审查意见后直接提交分管检察长审批决定，对依照刑事诉讼法等法律制度规定需提请本院检察委员会讨论的，由分管检察长提出提交院检察委员会讨论决定。"① 通过主任检察官责任制的设置打破既往的"三级审批制"，通过减少办案部门负责人、检察首长或检委会的审批层级，实现了检察权的扁平化领导和管理，同时也将检察首长的部分权力予以切割分离。如此以来，具体承办或负责案件的检察官、主任检察官的权力更加自由，一定程度上做到了"让办案者决定，让决定者负责"的检察官独立办案目标。

2. 检察机关绩效考核的完善

不容否认，将管理学的绩效考核机制引入司法活动，对于检察系统的检察首长或上级检察机关有效监督与控制内部或下级组织成员的行动具有一定的积极意义。然而，绩效考核指标设定的不合理、考核流程的片面化往往会将组织成员的司法行为引向歧途，造成"扭曲激励"或"不当惩罚"。因此对于检察机关的绩效考核应当进一步完善，基本思路如下：

（1）绩效考核的指标设置应当符合基本的诉讼规律和检察规律。绩效考核的特点在于将组织成员的行为活动或工作内容量化为单纯的数据结果，并借此作出评价。然而司法活动中检察办案的诸多内容并非能够全部量化，以数据结果论英雄也恰恰忽略了诉讼活动本身的程序性作用、过程性价值。因此，对于检察人员司法活动的考察不能仅仅依靠绩效考核的数字，也不能仅仅以结果来倒推整个过程中检察人员的表现。既然是在司法活动中引入绩效考核，考核的内容或参数设置也应当包含诉讼活动或检察活动的规律性因子，例如对于案件的事实认定不能仅仅以最终的裁判结论来考评检察环节对案件的处理正误。作为刑事司法工作的重要一环，检察业务是"多重价值的复合体，整个过程充满了可变因素与特殊因素，是一个异质化程度非常高的过程"，② 此种反向控制的做法本身就与刑事司法工作相背离，合理的做法至少应当赋予办案检察官说理、救济途径，或者未来考虑逐步摒弃这种指标设计的做法。

（2）对绩效考核的认识应当进一步客观全面。发轫于美国公共行政管理的绩效考评制度能够相对客观化地度量、了解组织成员的实际行为，一定程度上解决组织控制中的一些问题。将其引入司法管理活动中来，所发挥的作用也是十分有限的。作为一种管理手段或激励机制，绩效考核不是"灵丹妙药"，不能解决中国司法活动中的所有问题，对于监督与激励司法人员的效果也存在一定的局限性。因此，正确而客观的认识绩效考核的态度应当是将其作为了解

---

① 潘祖全：《主任检察官制度的实践探索》，载《人民检察》2013 年第 10 期。

② 马明亮：《司法绩效考评机制研究——以刑事警察为范例的分析》，载《中国司法》2009 年第 9 期。

刑事诉讼程序运作状况、监督司法人员以及改进司法运作进程的一种重要手段，而那种将绩效考核结果作为评估司法人员行为表现或个人业绩排名的唯一标准或最终依据则有失偏颇。

（3）绩效考核的设计应当坚持多元化。最高人民检察院 2013 年 9 月下发的《关于切实履行检察职能，防止和纠正冤假错案的若干意见》中涉及如何设计绩效考评体系时就指出不应片面追求立案数、批捕率、起诉率和有罪判决率等。遵循这一思路，未来检察机关的绩效考核指标设计应当坚持多元化的考核体系建设。其一，指标设计的主体应适度多元；其二，设计的参数除了有对数据结果的反映外，还应当添入体现程序内涵的要素；其三，摆脱片面追求立案数、批捕率和有罪判决率等"数"、"率"指标，逐步完善"量"、"率"和"质"等多项考核指标的体系建设；其四，绩效考核中应加入各个环节错案考核的要素，提高检察办案者的错案防控意识。

（三）检察官角色定位的回归——客观义务下的法律监督者

不同于英美法制之检察官角色，中国的检察机关是法律监督机关，检察官作为法律的守护人，应当积极吸纳德国、日本的经验，秉持"客观性义务"。遵循客观义务，我国检察官在刑事诉讼中与法官同为客观法律准则及实体真实正义的忠实公仆，对被追诉者有利不利之情事要一律注意，唯有如此，我国的检察官才会在"勿纵"之外还会"勿冤"，"除暴"之外还会"安良"，不会退缩为一造之当事人，成为"片面追求攻击被告的狂热分子"。坚持客观义务对于我国检察官法律监督者角色之形塑，对于刑事司法领域最大限度地预防和减少错案意义重大：

1. 坚持客观性义务，可以保证我国检察官在具体办案中注重追诉犯罪与保障人权的价值平衡、力求案件处理上的勿枉勿纵。具体表现在：职务犯罪侦查中检察官既要收集不利于犯罪嫌疑人的有罪、罪重的线索或证据，还要收集有利于犯罪嫌疑人的无罪、罪轻的信息或证据，对于辩护方提交的犯罪嫌疑人不在犯罪现场等辩护证据也要公允对待。在审查起诉阶段，检察官对于证据的审查也会在有利与不利犯罪嫌疑人之诸事项上极尽注意义务。出庭支持公诉的审判过程中，检察官如果认为证据不足以定罪，可以要求法院宣布被告人无罪，对于辩护方提出的犯罪嫌疑人无罪、罪轻的事实或情节也应极力查证，并提出从轻、减轻的量刑建议。另外，检察官还可以为被告人利益提起抗诉或者请求再审。应当说，坚持客观性义务，我国的检察官可以从诉讼的各个环节注意到诱发犯罪嫌疑人、被告人被错判的因素，并通过行使检察权去积极纠正，"力求真实与正义，因为他知晓，显露他（片面打击被告）的狂热将减损他的效用和威信，他也知晓，只有公正合宜的刑罚才符合国家的利益！"①

2. 坚持客观性义务，可以调整检察官的"消极心理"，避免"隧道视野"的出现。客观性义务的本质内涵是"客观"，其强调的是一种价值中立、主观无涉。在诉讼中该义务要求检察官从正反两个方面去平衡推进案件的发展进程。所谓正反两个方面是指在围绕犯罪嫌疑人、被告人为中心的刑事案件中既有证明被追诉人有罪、罪重的各种证据或线索，还有反向的证明被追诉者无罪、罪轻的各种证据材料。这些线索、证据等信息材料在整个案件中交织叠错，需要检察官全面分析，客观应对，不应有先验的主观心态作事前预判，否则难免有办案"跟着感觉走"的跑偏风险。客观义务的恪守，还有利于检察官打破对被追诉人"有罪推定"的刻板印象，扩展以往隧道般视域的范围，一些消极的办案心理，如偏重有罪证据、排斥辩解的心理等也会在检察官客观中立和更为广阔的视野下慢慢消除。

---

① Lambauer, juristische baltter 1985, 328, 330. 转引自林钰雄：《检察官论》，法律出版社 2008 年版，第 26 页。

完善检察机关与侦查、审判机关
配合制约关系的域外启示[*]

夏　阳　陈龙环

　　侦查机关、检察机关、审判机关分工负责、互相配合、互相制约，是社会主义法治理念在我国刑事诉讼法中的重要体现。但当下检察机关同侦查、审判机关之间的配合制约关系并不完善，加强法律监督同时强化检察机关自身的有效监督之立法精神并未能得以践行。为完善我国检察机关同侦查、审判机关的配合制约关系，有效履行检察权能，本文拟考察域外处理检察机关与侦查、审判机关之间关系的有益经验，寻求符合诉讼规律的共识。

　　一、职权主义刑事诉讼模式下检察机关与侦查、审判机关配合制约关系的简略考察

（一）德国

　　德国法在功能上将警察列于检察官之下，这与"侦查程序是在为检察机关决定是否应提起公诉时所做的准备工作"[②] 的定位有关。实践中，侦查由警察进行，大多数情况下侦查终结后检察官才获知发生了刑事案件，之前只有审前羁押申请需要审批、询问顽固证人或是关系公共利益时才需要检察官的介入。只有谋杀案件和严重经济、环境犯罪案件，检察官才主动参与侦查。在一般犯罪案件中，检察官复审警察侦查的结果、提出建议或者要求补充侦查。此外，侦查法官对审前羁押、搜查等侦查行为行使审批权，以便保护人权并限制检察官的强制力。侦查终结时检察官应决定是否提起公诉或撤销案件。实际上，"该阶段大多数案件都被撤销"，[③] 理由是缺乏证据或是指控轻微犯罪案件

---

　　* 原文载《中国刑事法杂志》2014 年第 5 期。
　　② ［德］罗科信:《刑事诉讼法》，吴丽琪译，法律出版社 2003 年版，第 354 页。
　　③ ［德］托马斯·魏根特:《德国刑事诉讼程序》，岳礼玲、温小洁译，中国政法大学出版社 2003 年版，第 38 页。

浪费司法资源等，但这并不影响重罪案件仍适用法定起诉主义。法院无权裁决检察机关的决定，但强制起诉例外，被害人可申请法院审查检察机关是否遵守法定起诉原则。强制起诉程序以检察机关撤销案件的决定缺乏充分证据支持等作为适用条件，但裁量性撤销不在强制起诉之列。进入审判程序后，检察官将主导地位转交给法官。法院可以裁定审理；可以以指控不存在需维护的公共利益为由撤销案件，但须征得检察官的同意；可以以被告人无足够的犯罪嫌疑而裁定拒绝受理，但检察院有权抗告。法院受理指控后检察院就不能撤回起诉。起诉界定了审判的事实范围，但其中的法律适用对法院无约束力。检察官认为法院的定罪量刑不公正时，有权为被告人的利益提出上诉。不论是审判程序中或者之外，法院作出裁判前检察院均有权书面或是口头陈述意见。

（二）法国

在法国，法律上检察官有权领导、监督警察的侦查，必要时也有权侦查。"但在司法实践中，检察官和司法警察之间是存在职责分工的，两者所关心侧重点并不相同。检察官往往更关注证据信息的合法性，而司法警察则更关注证据信息的充分性。因此，检察官对司法警察行使指挥权时可能受到司法警察的抵制。"① 警察的侦查虽在检察官控制之下，但检察官的信息来源于警察。② 而预审法官除了在现行重罪或轻罪案件中可以主动实施警察行为以外，原则上在收到检察官的起诉意见书或者民事原告人的申诉书后才有权预审，并可委派警察按照其指示开展侦查。检察机关在预审中享有特定的权力，如检察官在侦查中可以随时提出补查意见书，要求预审法官进行其认为对查明事实有必要的行动，对预审有指挥、监督权；检察官可以对预审法官签发逮捕令提出意见等。案件侦查后，检察官在审查追诉是否具备法定条件及适当性后决定是否提起追诉。尽管控诉职能由检察机关承担，但是否追究刑事责任由检察机关和预审法官共同决定。预审对重罪案件和某些轻罪案件具有强制性，但违警罪案件原则上仅在检察机关要求时才预审。预审法官认为指控事实依法构成重罪时，将案卷通过检察官移送上诉法院起诉审查庭决定是否移交重罪法院。起诉审查庭向重罪法院宣告起诉的裁决，将产生审判法院受理案件的效力。两级预审法庭审查，弥补了重罪法院判决不能上诉的缺陷。检察官有权就预审法官的裁定向上诉法院起诉审查庭提出上诉，并对审判法院的某些裁判决定向上诉法院提出上

---

① 施鹏鹏：《法国检察理论研究的特点、方法及前沿问题——兼谈对中国检察学研究的借鉴意义》，载《人民检察》2010 年第 3 期。

② 陈卫东、刘计划、程雷：《法国刑事诉讼法改革的新进展——中国人民大学诉讼制度与司法改革研究中心赴欧洲考察报告之一》，载《人民检察》2004 年第 10 期。

诉。2000 年，法律修改了重罪案件一审终审制，重罪法庭宣布被告人有罪的判决可以上诉至最高法院指定的另一重罪法庭，还规定了预审法官直接向重罪法庭提出起诉的程序。2002 年，法律进一步规定检察官在重罪法庭宣布被告人无罪时可以上诉。此外，检察长有权为法律利益向最高法院提出非常上诉，但最高法院并非第三审法院，仅审查判决是否正确适用法律，检察长在非常上诉中的作用十分有限。

二、当事人主义刑事诉讼模式下检察机关与侦查、审判机关配合制约关系的简略考察

（一）英国

在英格兰和威尔士，"与其他国家的检察机关相比，皇室检察官在刑事司法体系中扮演着相对不重要的角色。他们没有权力控制警察的活动"[①]。这与其历史发展相关。1829 年，警察被组建时身兼侦查、起诉职能。虽然对警察滥用起诉权的质疑不断，但警察在检察机关 1985 年组建前仍被认为是必不可少的起诉机构。"那些牵涉其中并对刑事司法制度效率负责的官员们认识到，就实践而言，公诉人的设置将增加一层不必要的官僚机构，因为起诉人实际上需依靠警察取得必需的信息和证据。"[②] 即便设立检察院替代警察行使起诉权，侦查权也主要由警察行使。警察行使大多数强制性权力时，应当事先获得司法机构的授权，如治安法官的令状。警察侦查后有权分流案件，决定实行告诫、训诫、警告或移送起诉。实践中，警察不当扩张使用告诫，部分告诫被作为犯罪嫌疑人提供犯罪情报的交换条件。警察决定移送起诉后，由检察院审查决定是否起诉或终止诉讼。检察院审查的是警察选择后提供的证据而非所有证据，刑事案件具有明显的可诉性，起诉权行使的独立性受到警察的制约。"但这并不意味着犯罪嫌疑人就不能倚赖现在设立的王室检察院保护他们。检察官只要置于一个完全不同的检察官与警察的结构关系中，他就能成为证据或公共利益的恪尽职守的审查者。"[③] 检察官决定起诉与否时，要判断是否具备充分的证据以及起诉是否符合公共利益。"无视皇室检察官守则的有关原则作出的决定

---

① Mireille Delmas – Marty, J. R. Spencer, European Criminal Procedures, Cambridge University Press, 2002, p. 149.

② ［英］麦高伟、杰弗里·威尔逊主编：《英国刑事司法程序》，姚永吉等译，法律出版社 2003 年版，第 43 页。

③ ［英］麦高伟、杰弗里·威尔逊主编：《英国刑事司法程序》，姚永吉等译，法律出版社 2003 年版，第 147 页。

可以成为司法审查的对象。"① 随着警察与检察官的职业化，案件起诉后审判前，治安法官审查证据决定案件进入审判程序是否具备正当理由的做法逐渐被弱化。只要起诉书具有可审判性，治安法官未经证据审查必须将案件移交刑事法庭，特殊案件中允许检察官直接将案件移送法院审判。开庭前，召开答辩及指示听证会整理庭审争议焦点。案情复杂、疑难时，答辩及指示听证会可以决定举行预备听证会。听证会被视为庭审的一部分，听证会上作出的证据可采性等裁定可以上诉。对于无罪判决，总检察长可提请上诉法院审查法律问题，但陪审团的无罪判决是最终判决，无论上诉法院怎样裁决，都不会影响被告人无罪释放。对于限定的少数犯罪案件，控方认为量刑过轻有权提请总检察长决定是否上诉。量刑超出一审法官的自由裁量范围才会视为过轻。上诉法院的法官如果作为一审法官将会给出更严厉的量刑假设，并不说明量刑过轻。

（二）美国

美国检察机关的最主要职能是提起公诉，并无法律监督职能。"检察官与行使侦查权的警察官员的关系，在法律上没有明确的规定，司法实践中各司法系统差别较大，多数情况下二者之间属于分工协作的关系。"② 侦查与审查起诉的界限并不绝对分明。在实践中，警察在侦查中听取检察官的意见，检察官也根据提起公诉的需要给予警察取证意见。公诉分为大陪审团起诉与检察官起诉。目前部分州已废除大陪审团，而在保留大陪审团的州中该机制仅起到审查制约检察官起诉的作用。检察职能以个人负责制为基础，检察官在行使起诉职能时有极大的裁量权，在审前程序的罪行豁免、决定是否起诉和辩诉交易中难免独断，独断权在决定不起诉上尤为明显。在部分州中，检察官移交法院的案件将接受预审法院的听证，决定是否将案件交付审判，但对检察官起诉决定的制约作用有限。庭前，控辩双方可向法庭提出限制证据进入审判程序的限制动议，该动议在庭前会议中决定。控辩双方在审判中发现证据不应被采信，也可以提出反对。"法官可以利用多种手段影响案子的结果。其中最重要的是决定某些证据能否进入审判程序。在这方面，法官有很大的自由裁量权。"③ 检察官在庭审中无权监督审判活动。陪审团判决被告人无罪的话，即便检察官收集到证明有罪的新证据，也不能上诉或重新开审。这就是美国联邦宪法修正案第五条规定的"一罪不二审"原则。但该原则也有例外，如发生"吊死的陪审

---

① Mireille Delmas - Marty, J. R. Spencer, European Criminal Procedures, Cambridge University Press, 2002, p. 161.

② 宋英辉等：《外国刑事诉讼法》，法律出版社 2005 年版，第 159 页。

③ 李义冠：《美国刑事审判制度》，法律出版社 1998 年版，第 20 页。

团"而出现误审时，检方可以对被告重新起诉并审判；被告人动议法官宣布误审，法官认为动议成立，且动议不是检察官有意造成的，检方可以重新提出公诉；被告人上诉成功，上诉法院将案件退回初审法院，理由并非证据不充分，检方可以启动对被告进行重审；法官超出规定的裁量范围量刑，检察官可以上诉要求纠正。① 此外，检察官对法庭在审前限制动议中作出的排除非法证据裁定可以上诉。

三、混合式刑事诉讼模式下检察机关与侦查、审判机关配合制约关系的简略考察

（一）日本

日本的检察官与警察均有权实施侦查。检察官认为必要时可以自行侦查，检察官与警察互相协助，但侦查为公诉做准备，检察官指示、指挥警察的侦查。"由于刑事诉讼法重视建立在严密侦查基础之上的追诉裁量以及重视审判中检察官笔录，所以检察官侦查的必要性日益增加。"② 此外，强制措施实行令状主义，原则上无法官签发的令状，不得逮捕、搜查等，但从打击犯罪的需要出发，也承认紧急逮捕以及逮捕时搜查等例外。日本的公诉实行国家起诉主义。检察官精密司法，在充分侦查的基础上裁量后慎重起诉，直接影响刑事诉讼的进程。公民的检察审查会、准起诉程序或是交付审判请求程序、上级检察官行使指挥监督权等制度、机制的设立，监督不当的不起诉。但依照准起诉程序或交付审判请求程序纠正检察官裁量错误的案件并不多。③ 一审判决前，检察官从起诉裁量主义考虑判定具有不起诉事由时可撤回公诉。刑事诉讼实行三审制。检察官可以对一审、二审判决提出上诉，其中的控诉是指针对一审判决向高等法院提出的不服申请，上告是指针对一审、二审判决直接向最高法院提出的特别上诉，理由为违反宪法、判例。"最高法院无法在真正意义上发挥有效的司法监察作用，第二审法院对事实认定的审理也流于形式，形成一审续审化问题，为很多学者所诟病。因此，重新审视控诉审构造中存在的问题，建立更加有效、合理的上诉制度是日本刑事法学界面临的首要问题之一。"④

（二）俄罗斯

俄罗斯检察院具有法律监督的性质，但某些侦查活动以及正式羁押仍应通

---

① 杨诚、单民主编：《中外刑事公诉制度》，法律出版社 2000 年版，第 140～141 页。此外，"吊死的陪审团"指的是陪审团达不成一致意见。

② ［日］田口守一：《刑事诉讼法》，刘迪等译，法律出版社 1999 年版，第 106 页。

③ 《日本刑事诉讼法》，宋英辉译，中国政法大学出版社 1999 年版，第 14 页。

④ 彭勃著：《日本刑事诉讼法通论》，中国政法大学出版社 2002 年版，第 370 页。

过法院的决定，且除非存在紧急、特别的事由外，侦查人员、调查员应经同级检察长的同意才能向法院提出申请。侦查中已提起的某一部分未得到证实，侦查员应决定终止相应部分的刑事追究。在被告人逃避侦查或其他原因下落不明等情形下中止侦查的，侦查员应制作笔录并将笔录副本送交检察长。已中止的侦查行为也可因侦查员的有关决定被撤销而根据检察长或侦查处长的决定恢复。刑事案件根据侦查员的决定终止，决定的副本应送交检察长。检察长如果认定侦查员关于终止刑事案件的决定非法或无根据，则撤销该决定并恢复刑事案件。检察长审查侦查员移送的刑事案件后，有权对全部或部分被告人终止刑事案件或刑事追究。案件移送法院后，一审开庭前法官可庭前听证，解决非法证据排除等问题。庭前听证应制作笔录。法院决定排除证据时，该证据即失去法律效力，审理中不得审查、使用。庭审中，法院根据一方的申请有权再次审议被排除的证据可采信的问题。对于未生效的法院裁决，控辩双方可以提出上诉和抗诉，但法院审理中作出的审核证据程序的裁定或裁决不得申诉。审判监督程序实行禁止重复追究刑事责任的原则。检方对生效裁判行使法律监督职权受到多重限制，包括不允许以应适用关于更重犯罪的刑事法律、量刑过轻为由，或者按照可能导致恶化被判刑人状况的根据，对有罪判决以及法院的裁定、裁决进行复审，也不允许对无罪判决或法院关于终止刑事案件的裁定、裁决进行复审；因新情况或新发现的情况而恢复刑事案件的诉讼时，对有利于被判刑人而复审有罪判决的，恢复诉讼的提起无期限的限制。对于适用医疗性强制措施的诉讼程序，区法院的法官依法决定开庭审理，法庭调查从检察长叙述对被认定无刑事责任能力或发生精神病的人必须适用医疗性强制措施的理由开始，证据审核和控辩双方的辩论依照普通诉讼程序进行。对法院的裁决，检察长及被害人等可按照第二上诉程序提出上诉或抗诉。对医疗性强制措施的终止、变更和延长 6 个月的申请，法院审理时控辩双方必须出庭。

四、完善检察机关与侦查、审判机关配合制约关系的域外启示

不同刑事诉讼模式下的检察机关与侦查、审判机关配合制约关系的做法不尽相同，但却蕴含着共通性的刑事司法理念。探索总结这些司法理念，对于完善我国检察机关与侦查、审判机关的三者关系十分必要。

（一）刑事司法的理念启示

1. 侦查机关、检察机关、审判机关协同作业与诉讼职能各有侧重相结合的理念。刑事诉讼程序由侦查机关、检察机关、审判机关共同推进，但这并不影响三机关在各诉讼阶段因诉讼职能的不同而由其中一方处于主导地位，其他机关予以配合、监督或是配合监督并举。在侦查阶段，侦查机关负责取证，检

察机关积极引导并进行监督。在审查起诉阶段，检察机关审查决定应否提起公诉，补查时仍需发挥侦查机关的取证优势，但必要时自行侦查以便制约侦查取证行为。在审判阶段，审判机关主导庭审工作，检察机关积极参与庭审，充分发表意见，并进行审判监督。

2. 授权侦查机关、检察机关分流处理案件与其他司法机关对侦查机关、检察机关分流处理案件的权力进行制衡相结合的理念。侦查机关、检察机关有权在审前程序中分流处理案件，相当案件因证据等因素被侦查机关撤销案件、终止侦查或是被检察机关作出不起诉决定。这固然有利于协调犯罪态势恶化与诉讼资源短缺之间的矛盾，但侦查机关、检察机关在程序分流时难免不当行使或是滥用职权，对分流处理案件的权力进行监督极有必要。在法律监督体系中，与内部监督、当事人监督等相比，其他司法机关的法律监督是更有效的方式。如何在刑事诉讼构造中强化其他司法机关对侦查机关、检察机关分流处理案件权力的监督亟待关注。

3. 尊重刑事诉讼规律与坚持中国特色相结合的理念。完善检察机关与侦查、审判机关配合制约关系时，容易产生应当优先遵守诉讼规律或是更为注重中国特色的疑惑。"中国特色社会主义法治在本质上应当具有法治的属性。因此，我们应当更多地关注法治的一般原则和普遍规律。"[①] 完善三机关的配合制约关系时，应配合与制约并重，不能片面强调配合或是制约。不仅要注重三机关在刑事诉讼目标上的一致性，加强相互配合，保证刑事诉讼高质高效完成，而且要尊重诉审分离、司法独立等刑事诉讼原理，强化监督制约，确保刑事诉讼程序的正当性。在遵守法治基本原则的前提下，有效履行我国检察机关的法律监督职能，发扬社会主义法治的独有优势。

（二）加强检察机关与侦查机关配合制约关系的域外启示

1. 恰当定位检察机关与侦查机关的关系，为完善其配合制约关系奠定基础。二者关系定位的域外启示为：（1）职权主义、当事人主义、混合式刑事诉讼模式，均认同"侦查乃公诉程序之准备"。在强化检察机关与侦查机关业务协作的同时，注重检察机关对侦查取证行为的指导、监督乃至领导。（2）从法治现状看，"英国检察机关在1985年组建前被部分官员认为是不必要的官僚机构，因为起诉机构需要依靠警察收集的证据材料"中的结论不可取，但理由是不争的事实。侦查机关实乃取证活动的主要实施者，检察机关则侧重给予侦查取证的有关意见或是提出补查的意见，必要时自行侦查，如德国

---

① 孙长永：《"中国特色"的动态性和整体性与法治的普遍规律》，载《法制与社会发展》2009年第6期。

检察官主动参与谋杀案件、严重经济犯罪案件等侦查，日本检察官可以自行侦查并且检察官侦查的必要性日益增强等。结合上述启示，我国检察机关与侦查机关在体制独立的前提下，应当充分发挥侦查机关在取证上的主力作用，检察机关从审查起诉的需要出发给予侦查取证、补证的指导意见，必要时自行侦查，并实行侦查监督。

2. 着力强化检察机关在审查批准逮捕阶段对侦查取证工作的指导作用。德国、法国、美国、日本等国家的刑事诉讼活动均注重检察机关对侦查活动的指导、指挥乃至领导。相比之下，我国检察机关对侦查取证的指导主要在侦查终结后，且指导力度薄弱，造成检察机关与侦查机关在取证上的配合不够紧密，进而影响办案质效。为确保案件得以公正、高效处理，检察机关在提前介入侦查进行事前引导、在审查起诉阶段提出补查意见进行事后指导之外，在审查批准逮捕阶段对侦查取证进行事中指导也是加强侦查机关与检察机关配合关系的重要渠道。参照我国现行法之规定，检察机关在作出批准逮捕决定时"可以对收集证据提出意见"的授权性规定，可以明确为"应当对收集证据提出意见"的职责性规定；在作出不批准逮捕决定时，检察机关认为犯罪事实不清、证据不足，需要通知公安机关补查的，应当制作详尽、周密的补查提纲；检察机关在审查批准逮捕阶段对侦查机关提出收集证据的意见时，应适用"犯罪事实、情节是否清楚，证据是否确实、充分"的审查起诉证明标准，而非"有证据证明有犯罪事实"的逮捕证明标准。

3. 充分行使检察机关在审查起诉阶段的自行侦查权来制约侦查取证工作。法国刑事司法表明，检察官关注证据材料的合法性，警察更关注证据材料的充分性。法国、英国刑事司法还反映出，检察机关在履行起诉职责时常常受制于侦查机关提供的证据材料。该现象在我国现行刑事诉讼法施行前集中体现为侦查中心主义，检察机关过分依赖侦查机关收集的案卷，不注重审核证据材料的真实性与合法性，检察机关的侦查监督职能弱化，进而滋生冤假错案。为加强对侦查取证工作的制约，打牢案件质量的证据基础，检察机关复核关键证据极有必要。检察机关应做好提讯工作，听取犯罪嫌疑人的无罪、罪轻辩解及非法讯问线索，走访现场，询问关键证人，对存有疑点的鉴定意见进行文证审查，审慎判断关键证据的证据能力问题，评估控制提起公诉的风险，将不实证据、非法证据严格排除在提起公诉之前。

4. 进一步强化检察机关对侦查机关撤销案件及终止侦查的法律监督。英国警察在实践中不当扩张告诫的使用，说明了侦查机关分流处理案件在缓解高发犯罪形势与短缺司法资源之间矛盾的同时，也会不当、滥用分流处理案件的权力。如何监督侦查机关的分流处理案件权力，俄罗斯的做法值得借鉴：

（1）侦查机关应当及时向检察机关送达中止、终止侦查决定。（2）检察机关对侦查机关的中止、终止侦查决定进行审查后，认为不当时有权撤销决定并恢复侦查。对照我国现行法之规定，① 侦查机关撤销案件或是终止侦查，原犯罪嫌疑人未被逮捕的，不负有向检察机关通知撤销案件、终止侦查的义务，在该情形下检察机关的侦查监督处于盲区。为有效监督侦查机关的分流处理案件权力，侦查机关与检察机关应当建立电子信息共享机制，确保检察机关能够及时掌握侦查机关立案、撤销案件及终止侦查等情况，为侦查监督创设客观条件。

（三）加强检察机关与审判机关配合制约关系的域外启示

1. 赋予法院对公诉权进行司法审查的权力。对于起诉权的司法审查，德国法院有权在征得检察官同意后撤销案件，也可以拒绝受理案件，且受理指控后检察院不能撤回起诉；法国的检察机关和预审法官共同决定是否追究犯罪嫌疑人的刑事责任；而美国部分州的预审听证以及英国逐渐弱化的治安法官对起诉案件进行证据审查的做法，对起诉权的制约作用较为有限。与起诉权相比，不起诉权的不当行使更难以防范。对于不起诉权的司法审查，德国法院有权启动强制起诉程序；日本实行准起诉程序或是交付审判请求程序。参照我国现行法之规定，② 法院仅对检察机关的起诉进行形式审查，检察机关在宣判前有宽泛的撤回公诉权，而不起诉监督以内部审查为主，即便被害人在不起诉后有权向法院起诉，该权利也因需向法院提供证明被告人犯罪的证据而受限。可见，我国对公诉权的司法审查并不得力。为保证公诉权得以正当行使，在法院对起诉实行形式审查更符合我国法治现状的前提下，检察机关撤回公诉权应限缩于客观情势变更或是法律、司法解释变化造成起诉不当的情形，将检察官人为因素导致的不当起诉排除在撤回公诉之外，并赋予法院对撤回公诉的司法审查权；加强对不起诉的司法审查，将向检察机关申诉设置为前置性条件，并赋予

---

① 刑事诉讼法第161条规定，侦查机关在侦查过程中发现不应对犯罪嫌疑人追究刑事责任的，应当撤销案件；犯罪嫌疑人已被逮捕的，应当立即释放，发给释放证明，并且通知原批准逮捕的人民检察院。《公安机关办理刑事案件程序规定》第184条规定，公安机关决定撤销案件或者对犯罪嫌疑人终止侦查时，原犯罪嫌疑人被逮捕的，应当通知原批准逮捕的人民检察院。该规定第185条规定，公安机关作出撤销案件决定后，应当在三日以内告知原犯罪嫌疑人、被害人或者其近亲属、法定代理人以及案件移送机关；公安机关作出终止侦查决定后，应当在三日内告知原犯罪嫌疑人。

② 刑事诉讼法第181条规定，人民法院对提起公诉的案件进行审查后，对起诉书中有明确的指控犯罪事实的，应当决定开庭审判。《人民检察院刑事诉讼规则（试行）》第459条规定，在人民法院宣告判决前，人民检察院发现具有下列情形之一的，即"不存在犯罪事实的，犯罪事实并非被告人所为的，情节显著轻微、危害不大、不认为是犯罪的，证据不足或证据发生变化不符合起诉条件的，被告人因未达到刑事责任年龄不负刑事责任的，法律、司法解释发生变化导致不应当追究被告人刑事责任的，其他不应当追究被告人刑事责任的"，可以撤回起诉。另外，我国现行刑事诉讼法规定了公安机关向检察机关复议复核、被害人向检察机关申诉和向法院起诉、被不起诉人向检察机关申诉的做法。

不起诉的被害人申请适用强制起诉程序的权利。

2. 构建检察机关与审判机关在非法证据排除程序中的双向制约关系。美国刑事司法表明，审判人员行使证据排除裁量权对案件处理产生决定性的影响，而检察机关对审前动议或是审判中作出的非法证据排除裁定有权上诉。该做法的启示意义为：（1）非法证据排除程序可以在审前或是审判中进行；（2）审判机关可以行使证据排除裁量权来制约侦查取证行为，而检察机关可以上诉来反向制约审判机关的证据裁量活动。比较而言，在我国未实行强制性侦查行为司法审查的情况下，审判机关的非法证据排除程序对侦查取证行为合法性的监督作用更为明显，检察机关反向监督审判机关非法证据排除程序是否合法的必要性相应增大。对照我国现行法之规定，① 非法证据排除程序尚存纰漏，如被告人缺席庭前会议时诉讼权利如何保障不明；审判机关在庭前会议中听取意见的实施性细则不明等。因此，法律监督的范围不应限于审判机关非法证据排除与否的结论是否正确，还包括庭前会议以及庭审活动是否合法。为履行审判监督职能，检察机关发现审判机关在非法证据排除程序中实施了违法行为时，应当及时提出纠正意见或是依法抗诉。

3. 完善检察机关对刑事判决、裁定的法律监督。检察机关对刑事判决、裁定进行法律监督，应当综合考量案件真实、人权保障以及尊重司法独立等因素。以判定量刑是否适当为例，英国刑事司法主张量刑只有超出法官自由裁量权范围时才被视为不当，上诉法官如果作为一审法官将给出更严厉的量刑假设不能用于说明量刑过轻，美国刑事司法也基本认同该主张，均体现了检察机关在法律容许的限度内对司法独立性的充分尊重。又以检察机关因新情况按照审判监督程序提出抗诉的时限为例，俄罗斯立法规定对有利于被判刑人而复审有罪判决的，恢复诉讼无期限限制，而对无罪判决或量刑过轻判决，自发现新情况之日起一年内允许提起恢复诉讼，体现了对被告人权益的保护。我国检察机关在对刑事判决、裁定进行法律监督时，主要关注案件真实，对人权保障、尊重司法独立等价值未予充分的考量。在多元化的诉讼价值体系中，综合考量法应成为开展刑事判决、裁定监督的基本方法。

---

① 刑事诉讼法第182条规定，在开庭以前，审判人员可以召集公诉人、当事人和辩护人、诉讼代理人，对回避、出庭证人名单、非法证据排除等与审判相关的问题，了解情况，听取意见。最高人民法院《关于适用〈中华人民共和国刑事诉讼法〉的解释》第99条规定，人民检察院可以在庭前会议中通过出示有关证据材料等方式，对证据收集的合法性加以说明。该解释第100条规定，法庭审理过程中，当事人及其辩护人、诉讼代理人申请排除非法证据的，法庭应当进行审查；经审查，对证据收集的合法性有疑问的，应当进行调查；没有疑问的，应当当庭说明情况和理由，继续法庭审理。该解释第183条规定，召开庭前会议，根据案件情况，可以通知被告人参加。

4. 加强检察机关对强制医疗程序的法律监督。强制医疗的不当适用，可能危害社会秩序安全或是侵害公民的人身自由。俄罗斯立法关于强制医疗程序司法化的规定具有借鉴价值：（1）当事人、利害关系人和检察机关均能有效参与强制医疗程序，既能保障当事人、利害关系人的诉讼权益，又能实现检察机关对法院强制医疗程序的同步监督；（2）强制医疗程序实行开庭审理、当事人与利害关系人和检察机关以及审判机关共同参与审理、审判机关居中裁判以及控辩双方庭审对抗、对法院作出的强制医疗与否的决定可以上诉、抗诉等做法，为检察机关对强制医疗程序的法律监督创设了法律条件。参照我国现行法之规定，[1] 强制医疗程序有待完善，包括法院审理时检察机关有权在场参与并开展审判监督；检察机关对法院的决定有权抗诉；法院应定期复查强制医疗决定，并将变更、延长、终止强制治疗的决定及时送达检察机关等。

---

[1]　最高人民法院《关于适用〈中华人民共和国刑事诉讼法〉的解释》第 529 条规定，审理强制医疗案件，应当组成合议庭，开庭审理，但是被申请人、被告人的法定代理人请求不开庭审理，并经人民法院审查同意的除外。该解释第 542 条规定，对于强制医疗机构提出解除强制医疗意见或者被强制医疗的人及其近亲属申请解除强制医疗的，人民法院应当在作出决定后 5 日内，将决定书送达检察院。该解释第 543 条规定，人民检察院认为强制医疗决定或者解除强制医疗决定不当，在收到决定后 20 日内提出书面纠正意见的，人民法院应当另行组成合议庭审理。

论美国检察官在对抗制审判中
如何寻求和实现正义[*]

王　海

引　言

在美国，法律职业伦理蕴含着检察官有寻求正义或实现正义的职责。[①] 这一职责可以追溯到一个多世纪以前。早在 1854 年，George Sharswood 教授在《关于职业伦理》一文中写道，"检察官作为公众信任的代表，在指控犯罪、行使自由裁量权的过程中，要像法官一样公正"[②]。与此同时，美国一些州法院在一系列判例[③]中亦确认了检察官的准司法性作用，并将其作为检察官实现正义职责的来源。如 1872 年，美国密歇根州法院在 Hurd v. People 案的判决中写道，"检察官是公共利益的代表，对无辜者进行定罪绝非公共利益所允许。检察官应当像法官一样，其目标仅仅是实现正义"[④]。1889 年，宾夕法尼亚州法院在"纳斯里案"（Appeal of Nicely）中认为，"地区检察官系准司法官（quasi – judicial officer），代表着宾夕法尼亚州而非被害人。他只追求公平正义与不偏不倚，其职责除了不让有罪之人脱逃外，还不让无辜者受到惩罚"[⑤]。在联邦法院系统内，检察官这一职责的经典判例是 1935 年 Berger v. United States 案。在该案判决中，做出了被 Charles Wolfram 教授称作为"检察官职责的权威性表述"，即"美利坚合众国检察官代表的不是普通一方当事人，而是代表着国家。在刑事诉讼中，他的利益不是赢得案件，而是实现司法公正。他

＊　原文载《中国刑事法杂志》2014 年第 2 期。

① 该职责的英文表述为 "duty to seek justice" or "duty to do justice"。

② Hon. George Sharswood, An Essay on Professional Ethics（F. B. Rothman 5th ed. 1993）（1854）.

③ 除下文引用的案例外，还有加利福尼亚州 1889 年的 People v. Lee Chuck 案、1914 年的 People v. Tufts 案以及肯塔基州 1922 年的 Bailey v. Commonwealth 案等。

④ Hurd v. People, 25 Mich. 404, 415 – 416（1872）.

⑤ Appeal of Nicely, 18 A. 737（PA 1889）

具有惩罚犯罪和保护无辜的双重职责"①。1963 年，美国最高法院在 Brady v. Maryland 案②中，因检察官在指控时恶意隐瞒了对被告人有利的证据，美国最高法院在判决中写道："我们认为控方控制着对被告人有利的证据违反了正当程序的要求，证据本身是一种材料，它既不是一种犯罪，也不是一种惩罚。社会赢得审判不仅仅是犯罪受到惩罚，更重要的是审判是公正的。当任何被告人受到不公正的对待时，我们的司法行政体系都会受到损害。正如司法部墙上的格言一样'只有当公正在法院实现的时候，美利坚合众国才赢得了她的主旨'。"

　　同时，为确保这一职责的实现，检察官还受到特殊专业守则的规制。如《美国律师协会刑事司法准则》之《检察职能》第 3－1.5 条对检察官职能总的要求是："检察官的职责是寻求正义，而不仅是定罪。"③《美国律师协会职业操守模范规则》第 3.8 条则主要从规制检察官自由裁量权的视角明确了"检察官在起诉阶段的特定责任"。该条要求，"检察官应避免起诉那些缺乏相当理由支持的指控。检察官应尽力确保被告人被告知有获得律师帮助的权利与程序，以及获得律师帮助的合理机会。检察官应避免从无辩护律师的被告人处寻求诸如预审权等重要审前权利的放弃。检察官应当及时向辩护方公开那些可能否定或减轻被告人罪名的证据或信息；并向辩护方与法庭开示所有其掌握的减罪信息，除非法庭以保护令解除检察官这项责任。在大陪审团或其他形式程序中不传唤律师以获取其当事人以往或目前有关证据，除非检察官有理由相信：寻求的证据资料不受任何特权开示保护、寻求的证据资料对正在进行的调查或起诉的成功完结至关重要以及无其他可行的替代方式获得这些资料。除了向公众通报检察官行动性质、范围以及合法执法目的的必要陈述外，检察官不得作任何可能会极大提升公众对被告人谴责的法外评论；还必须采取必要措施以避免调查人员、执法人员或与检察官关系密切人等作出法外陈述"④。

　　从上述伦理和规则出发，我们可以看出，"避免无辜的人受到法律惩罚"是美国检察官寻求和实现正义的底线要求。因此，在起诉阶段，寻求和实现正义意味着检察官在履行这些职责的过程中，要谨慎、善意地行使自由裁量权，以便仅对其认为有罪的人以适当的罪名和方式向法院起诉。但问题是，美国采用的是对抗制诉讼模式，当案件进入审判阶段以后，"避免无辜的人受到法律

①　Berger v. United States，295U. S. 78（1935）.

②　Brady v. Maryland，373U. S. 83（1963）.

③　American Bar Association Standards for Criminal Justice（3rd Edition）：Prosecution Function：Defense Function；Prosecution Function，Part1. Standard3，§1.2（C）.

④　American Bar Association Model Rules of Professional Conduct（2002edition），§3.8.

的惩罚"已不再像起诉阶段那样具有重要的意义。因为，此时检察官已经善意地作出了被告人有罪的起诉决定。除非出现了新的证据和意外情况，否则检察官会继续进行有罪指控。显然，当案件延伸到审判阶段的时候，检察官寻求和实现正义的职责要比"避免无辜的人受到法律惩罚"有着更高的要求。那么，这种更高的要求是什么？检察官如何在对抗制审判过程中寻求和实现正义？检察官是否要转变积极追诉者的角色，以理性、中立的姿态来指控犯罪？是否要促使法院和陪审团去强调被告人的程序权利？是否有遴选对被告人有偏见的陪审团的自由？当控辩双方实力悬殊的时候，检察官应当作何选择？是否应当帮助缺乏辩护资源的被告人？当法官不当地限制了辩方权利的时候，检察官应当怎么做？检察官能否引导陪审员从自己提出的事实中推论出错误？检察官应当带着什么样的感情来影响陪审团？然而，这些具体的问题，美国的判例及职业规则并没有给出现成的答案。对此，要回答上述问题以及理解美国检察官在审判中"实现正义"的真正含义，就必须在对抗制审判的法律背景中进行讨论。

一、对抗制审判下公正的含义

（一）对抗制审判对律师的职业要求

在刑事审判中，尽管被告人是极为重要的当事人，但实际与检察官展开积极对抗并控制庭审程序的是他的辩护律师。辩护律师要在庭审中向陪审团充分阐释自己对案件事实和法律结论的观点，并通过提出己方的证据来证明上述观点，同时对控方的观点进行反驳。为说服陪审团，辩护律师要积极主动收集有利己方的物证、书证、证人证言、专家鉴定等证据，并以最有利于己方的方式向法庭展示。在交叉询问中，要从不利于己方的证人口中找出对己方有利的事实，揭露对方证人的虚假证词，使陪审团对证人的可信性及证言的证明力产生合理怀疑。正如美国著名律师伦纳德·穆尔（Leonard Moore）在其所著的《职业律师事务指南》一书中指出的那样："诉讼就像一场战争，双方的辩护律师担负着指挥战役的责任，决定着最终的胜负。"① 因此，在这种对抗制审判下，就催生了律师对委托人最重要的职业道德，那就是：律师必须最大限度地追求委托人利益，在所有时刻对委托人保持忠诚以及保守委托人的秘密，当律师的个人利益与委托人利益发生冲突时，要尽可能地考虑委托人的利益。

---

① ［美］杰罗姆·弗兰克：《初审法院——美国司法中的神话与现实》，赵承寿译，中国政法大学出版社 2007 年版，第 9 页。

（二）对抗制审判对检察官的特殊要求

正如舒哲思所言："刑事审判乃法律之中最高戏剧表演，检察官作为其中不可或缺之演员。"[1] 因此，作为政府律师的检察官，和其他私人律师一样，成为对抗制诉讼中必不可少的组成部分。他们和辩护律师一样，积极地提出有利于己方的事实和证据，对对方的主张进行有效地反驳和证伪，最终说服陪审团得出对己方有利的结论。但必须注意到，检察官和辩护律师除具有上述共同点外，还具有以下不同：第一，检察官是多维利益的代表，没有单独的委托人。检察官不仅要代表国家惩罚犯罪，还要关注被害人的诉求，并保障无辜的被告人不受到法律的追究。对刑事正义制度来说，国家需要的是有效地呈现正义。这就要求检察官在面对多方诉求时，要在各方利益间进行有效的权衡。第二，检察官具有广泛的自由裁量权。检察官在对谁进行指控、指控到什么程度、如何进行辩诉交易以及对不称职的辩护律师进行干涉等方面具有广阔的自由裁量权。因为检察官代表了整个社会，这使其比一般律师对陪审团有着更加强烈的影响，检察官可以依赖陪审员惩罚犯罪的本性，可以利用陪审员的倾向来惩罚犯罪。尤其要注意的是，定罪率成为衡量检察官成功与否的重要指标。为了得到有罪和获得社会上的威望，检察官可能会不顾被告人、被害人或者整个社会的利益。第三，检察官比律师拥有更多的资源。检察官有强大的国家后盾为支撑，可以充分利用国家的诉讼资源。如通过警察和大陪审团，检察官垄断了强迫证人作证和在调查犯罪中得到各方合作的能力，在实践中可能会导致权力的滥用。

由于检察官与辩护律师既有共性又有着独特之处，这为检察官在对抗制模式中提出了不同的要求，那就是既要像辩护律师一样积极地提出控诉主张，成为"热情的诉讼斗士"，不遗余力地争取胜诉，又要兼顾多方的利益，谨慎、善意的行使自由裁量权，努力履行寻求正义的职责。

（三）对抗制审判下检察官实现公正的含义

众所周知，"公平竞争理论"是对抗制审判程序得以建立的理论基础之一。根据这一理论，国家与被告人个人之间发生的刑事争端应由检察官与被告方通过直接的对抗或竞争来解决。但是，对抗制能够有效发生作用至少包括两个基本前提：一是平等武装，二是法官中立。平等武装，意味着控辩双方在资源、诉讼竞争等方面具有一定的等质和等价性，双方力量大体相当、能够达到基本对抗的程度。法官中立，则意味着作为事实裁判者的陪审团和法律裁判者

---

[1] Suthers, john. (2008). No Higher Calling, No Greater Responsibility—A Prosecutor Makes His Case. Golden, CO: Fulcrum Publishing. p. 15.

的法官，应当是客观公正、没有偏私和消极中立的，要平等的给控辩双方当事人发表意见的机会，而且法官只能根据双方当事人提出的事实和证据得出结论。当对抗制的上述两个前提满足时，通过双方积极的竞争和法官的中立裁决，从而达到对抗下的审判结果。那么，基于这种情况所产生的结果就达到了"公正"的要求，即实现了对抗下的正义或程序上的正义。因此，在这种情况下，检察官积极地同辩方进行竞争，努力地提出自己的事实和主张，对辩方的观点进行有效地反驳，说服陪审团和法官从而赢得案件胜利的过程中，就已经履行了客观公正的职责。

对抗制审判更像是"一场受规制的、各种竞争性解释何者胜出的讲故事比赛（a regulated storytellingcontest）"。当对抗制的前提发生故障时，我们无法期待通过各方竞争来实现对抗制所要求的结果。比如，当控辩双方实力悬殊，辩方无法对控方的指控作出积极的回应，也无法提出有力的辩护主张，或者法官没有做到客观中立，而是通过威胁辩护律师不对相关的问题进行提问，从而剥夺了被告人提出事实机会的情况下，为了实现正义，检察官有义务帮助重建正在失去或已经失去的对抗制平衡。检察官所具有独特的威望和强大的资源优势也有助于其恢复这种制度上的失败。通过引导陪审团揭示案件真相，可以在一定程度上弥补被告人辩护能力的不足；通过与法官有效的沟通，可以减少法官的偏见，给辩护方提供一个相对公平的辩护机会。当然，这并不是说检察官要帮助被告人赢得案件，检察官的职责是尽自己的努力来恢复对抗程序的前提，从而达到对抗制下的正义。可见，检察官在对抗制审判过程实现正义实际上包含着两个层次：一是当对抗制有效发挥作用的时候，实现公正意味着检察官要像"热情的斗士"一样，不遗余力的争取胜诉；二是当对抗制前提发生故障时，检察官既不是被动地接受制度上的错误结果，也不是帮助被告人赢得案件，而是作为制度的辅助人，在控诉的同时，进行一定的诉讼关照，尽可能地恢复对抗制的平衡。

二、对抗制失败下检察官如何实现正义

如前所述，当对抗制的前提发生故障时，检察官有恢复对抗制平衡实现正义的职责。那么，在恢复这种平衡的过程中，检察官应当作出什么决定、采取什么措施以及作出什么反应？对这些问题必须结合对抗制能够有效运作的基本前提进行具体分析。

（一）平等武装的缺失

1. 拙劣和不称职的辩护律师

当辩护律师与检察官的能力不相匹配或者不能代表被告人利益的时候，我

们能够清晰地看到，对抗制的前提已经发生了故障。辩护律师与检察官的这种不匹配性可以分为三种情形：第一种，辩护律师因醉酒、年事已高或缺乏职业精神，没有认真努力地准备辩护；第二种，辩护律师虽然进行了辩护，但是效果很差，没有对重要而相关的问题提出有效的质疑；第三种，辩护律师虽然进行了有效的指导和交叉询问，但没有调查事实，忽视了能赢下案件的潜在证据，也没有对辩护战术进行合理的安排。

在前两种情况下，法官可能已经意识到了律师的这种不充足辩护。如果法官对这种缺乏有效辩护的情况进行了纠正，那么当然就免除了检察官的职责。然而，如果法官没有注意到或者是有意地忽视了这一辩护瑕疵，那么检察官将会面临一个伦理困境，即检察官认为被告人应该是有罪的，但是检察官知道被告人没有得到"对抗的正义"。在第一种情况下，当被告人没有得到有效辩护的时候，检察官寻求和实现正义意味着检察官要采取必要的补偿步骤。在第二种情况下，答案并不是十分清晰，此时检察官有一定的自由裁量权。因为对抗制正义仅仅要求检察官进行适度的考虑。检察官知道如果辩护律师询问得当，关键证人将会提供对被告人有帮助的信息。但是，通常来说，"实现正义"并不要求检察官帮助律师赢得交叉询问。此时，如果检察官认为辩护律师的提问达到了"获得有效的律师帮助"这一标准，那么，检察官会认为这是符合对抗制原则的，是辩护律师所作出的策略选择。在第三种情况下，假定辩护律师获取了那份证据，会有助于赢得案件，没有获取那份文件，也不至于使被告辩护恶化。此时，对抗制依靠积极的辩护人已经最大限度地保护了被告人的利益，检察官不必再采取补偿措施。可见，"实现正义"意味着检察官要以一种敏锐的视角来审视对抗制度是否发生故障，并在裁判结果作出以前来决定是否对该故障进行适度的补偿，如促使律师消除错误、向法院报告律师不胜任职责或发动取消辩护律师资格的动议等。

当然，在每种情况下，检察官都能通过弱化指控来维持控辩双方的平衡。但弱化指控不仅不能消除对抗制的固有缺陷，而且在某种程度上又弱化了对抗制，与检察官寻求和实现正义的伦理职责也不相符。虽然，检察官有能力补偿被告人辩护的这种不充足性，比如辩护失败发生在审判阶段的早期，检察官在对己方证人进行交叉询问的过程中，可能会提出有利于被告人的问题；当辩护律师不能提出有效问题的时，检察官可以合并被告人的主张，也可以主动提出对被告人有利的问题。但是对抗制的核心理念是，法官应当听到控辩双方激烈的辩论。而且，如果检察官频繁地作出选择，辩护律师将会依赖检察官的帮助。辩护人可能变得懒惰或避免介绍证据，毕竟作为战术性考虑，由检察官提出证据将会有更大的影响。可见，从长远看来，弱化指控将会削弱对抗制审判的本质。因此，在认识到辩护律师能力不充足的情况下，检察官应在确保己方指控的同时，寻找可以选择的途径来消除这种不平等性。

　　2. 不平等的诉讼资源

　　通常，对抗制不需要帮助对手来准备审判，美国法律也没有强迫检察官来帮助被告人辩护。在对抗制平衡下，检察官有被告人难以获得的物质资源，比如能够促使警察调查证据、使用大陪审团迫使证人作证、有充足的时间审查案件、能够利用陪审员恐惧犯罪的本能等。但该套制度也为辩方设计了对抗优势，如无罪推定、排除合理怀疑、被告人沉默权以及从控方证据中排除证据的能力等。这些帮助控辩双方维持了一种对抗的平衡。同时，我们也要看到，资源上的不平衡能够破坏一个辩护律师的执行能力。假如辩护律师没有足够的时间为被告人服务，那么他准备审判的能力将会大打折扣，在这样的限制约束下，即使一个优秀的律师，可能也无法进行有效的辩护。再如，通过宪法上关于秘密调查和告知的规定，检察官会轻松地获悉了警察的不端行为和相关细节，但被告律师通常没有理由怀疑这个细节的存在。同样地，辩护人通常无法和警察调查证据的能力相匹配，即使辩护律师能派出一个相对平等的调查团队，但国家对证人的最初调查，导致证人更愿意和控方而不是和辩方合作。以上这些，从平衡的角度看，它使一方变得是不公平的。下面结合两种情况来分析，为了寻求和实现正义，检察官面对不平等资源的环境时，应当作出何种选择。

　　（1）当检察官在审查犯罪时发现"侦查人员进行了非法窃听"时，检察官是否应当向辩方开示？

　　一般来说，对侦查人员非法窃听的行为，如果辩方提出了适当的抵制动议，法院可能会对所有的交易信息作出抵制甚至将案件驳回。然而，美国的检察官职业规则并没有强制检察官将该信息开示给被告人，因为非法窃听并不能否定被告人的犯罪行为，检察官不开示也不违反"避免无辜的人受到法律惩罚"这一寻求和实现正义的底线要求。但是，当我们将案件放在对抗制审判中进行考虑，就会得出明确的结论。假如隐瞒该窃听信息，被告人仍有充足的机会提出证据和在公平、结构化的程序中被法官评判，仍有一个积极和胜任的律师为其辩护时，检察官也必须承认，辩方缺乏接触这些关键信息的途径。因为该信息被政府独一无二的拥有，辩方律师根本没有理由认为该信息是存在的。此时，在对抗制诉讼下寻求和实现正义的检察官，理应得出辩方资源无法和自己的资源相匹配、对抗制平等武装这一前提已经失去的结论。因此，为了实现对抗下的正义，检察官有义务向辩方开示其单独掌握的非法窃听信息。

　　（2）检察官能否控制运用关键证人？能否指示证人拒绝与辩方合作？能否向辩方隐瞒关键证人？

一般情况下，作为宪法上的义务，大多数的司法辖区都禁止检察官直接地指示证人不与辩方合作。但是，并没有明确的规则禁止检察官劝告证人消极合作。然而，在对抗制诉讼下，为了寻求和实现正义，检察官必须充分考虑证人合作与事实发现的关系，并区分以下不同的情况：一是假如证人是本案的唯一目击者，辩方律师也不知道该证人的存在。此时，按照宪法的标准，检察官不需要提及证人，除非证人提供的信息能够证明被告人无罪。然而，作为一个对抗制正义下的事实，检察官不能得出辩方有获取信息的平等机会或者公平竞争的结论。二是假如被告律师知道证人的身份。证人问检察官，当辩护律师和他见面时他应该做什么时，如果证人受到检察官的控制，建议不要和被告人合作，那么此时就切断了被告律师获得信息的机会。因此，为避免产生当事方获得事实的不平衡性，检察官需要忍耐和克制他们的优势。三是假如证人是个诚实、中立的人，那么，检察官在实现公正的作用变得会更加有问题。检察官可能不会建议证人不要和被告人合作，以免对辩护方制造侦查障碍。然而，作为一名国家检察官，他不得不对证人的要求作出回答。一方面，检察官的中立解释是，证人的陈述在交叉询问时容易受到攻击，然而这种回答并没有建立起一个对抗的平衡；另一方面，如果明确表达了制止合作的内容，这在事实上可能破坏了被告人调查证据的资源。四是假如本案有多名证人，一些和控方合作，另一方和辩方合作。此时，检察官可以得出辩方有途径获得必要的信息来准备充足辩护的结论。因此，检察官建议己方证人不与律师合作并没有破坏对抗程序的前提。

综上，可以得出结论，检察官在对抗制程序中并不需要承担辩方律师的工作。但是，检察官寻求和实现正义意味着其保证辩方有获取相关信息的机会。平等化资源的检察官仍然具有竞争性，在诉讼过程中仍要强烈地提出自己的主张。检察官不需要开示其拥有的所有信息和辩方要求援助的所有资料。在对抗制的模式下，如果被告律师有可供选择的方式得到特殊信息或者特殊资源，那么将由其自行完成。但是，检察官通常很难决定可供选择的合理理由是否存在。被告人不能找到关键信息，可能源于被告律师的不胜任，也可能源于其没有花费足够的时间和精力。同样，被告人要求检察官的实际援助，可能是真的无法获得，也可能出于战术上的考虑或避免花费辩护资源。这也给检察官寻求和实现正义留下了灵活处理的空间。

（二）对抗制程序本身的失败

1. 有偏见和过于活跃的法院

双方当事人有提出证据、说服中立被动裁决者的机会是对抗制正义的必备元素之一。通常，该裁决过程的缺陷能够进行自我修复。如阻止当事人提出主张、在诉讼中干涉过于积极或在行为方式上有偏见的法官，要受到上诉法院的审查；受损一方当事人，有提出合理主张进行上诉的机会。① 此时，检察官不需要采取行动，因为辩护律师通过其自身的行为能够维持这种对抗平衡。

然而，情况出现在，辩护律师在程序上不能够纠正错误的时候。比如，辩护律师可能没有意识到调查者存在偏见和采取了不合理行动，或者辩护律师害怕挑战法院权威，以至于没有履行质疑义务。当辩护律师没有意识到存在这种偏见时，实现正义的职责就要求检察官像所有律师一样，揭露法官、陪审员的偏见或他们的法庭外行为。当检察官知道辩护律师意识到这些司法偏见却因害怕法官的权威而不敢阻碍时，基于寻求和实现正义的职责，检察官就要考虑对抗制实际上是这样的吗？被告人是在一个中立的事实发现者这一令人满意的诉讼程序中进行审判的吗？如果检察官对上述问题得出了否定的回答，那么检察官就有必要修改这种不平衡性。检察官可以通过鼓励被告律师抵挡司法恐吓、同意为辩方作证来加强辩护律师的意志，甚至故意丧失一些证据、口头对法官的行为表示反对来抵消这种不平衡性。但检察官这样做的目标仅仅是恢复辩方律师的能力来进行争论，毕竟丧失证据或反对法官对整个国家来说可能不会实现正义。

2. 基于没有证据的考虑决定

（1）陪审团遴选程序

在陪审团遴选程序中，检察官通过对在陪审团中传播审判和提及可能不具有可采性的证据，来寻找赢得案件的机会。那么，检察官的前述做法是否满足了实现公正的职责？私人律师操纵陪审团遴选的目的不是挑选公正、有代表性的陪审团，而是利用陪审团审查资格来挑选那些对争论具有敏感性、意志坚定并对被告持有利偏见的陪审团。同理，检察官也可能以同样的方式来操纵陪审团。此时，基于实现正义的职责，不允许检察官操纵陪审团遴选。

此外，检察官在审查陪审团资格时能否提出可能不具有可采性的证据吗？通常，对辩护律师来说，为了被告人的利益，只要达到"合理的相信"标准就可以提出来，是否可采由法官最终决定。② 然而，在对抗制背景下，检察官肩负着实现正义的职责，因而仅仅达到上述标准显然是不充分的。检察官作为控诉者，其必须尽可能多的对证据的可采性进行描述。作为对抗制的辅助人，检察官又必须确保被告人在符合对抗制的前提下进行审判，并仅仅根据证据得

---

① See Quercia v. United States, 289U. S. 466 (1933)；United States v. Harding, 335F. 2d 515 (9th Cir. 1964).

② Cherry Creek Nat'l Bank v. Fidelity &Cas. Co., 207A. D. 787 (App. Div. 1924).

出结论。如果检察官故意向陪审员提及了不可采的证据，那么其行为已经破坏了对抗制下所要产生的结果。这种行为直接违反了检察官寻求和实现正义的伦理职责。因此，为了寻求和实现正义，检察官必须在证据可采性和提出该证据的必要性之间进行权衡：如果提出的证据可能不具有可采性的时候，检察官不应该冒着污染程序的危险；如果检察官相信该份证据将会被接受时，也不应该贸然地提出，而是要对提出该份证据的价值进行有效地评估。

（2）证人调查阶段

在证人调查阶段，检察官交叉询问证人时能否依赖证人提供的虚假信息？能否利用策略对辩方证人提供的真实信息提出质疑以误导陪审团？通常，作为辩护律师，最大的职责是尽可能地不惜一切代价实现胜诉。[①] 然而，作为检察官则要具体分析：

一般情况下，检察官不需要对证人的证词进行判断，除非确定证人是在作伪证。检察官也不应该谨慎地对待辩方证人，因为辩方证人和控方证人一样也是值得信赖的。在对抗制程序中，检察官作为控方起到了提出事实和证据的作用；辩护律师则要对控方的事实和证据提出质疑。因此，从理论上讲，对控方证人提出质疑，是辩护律师的职责，可疑的控方证人往往在交叉询问中露出马脚。同理，诚实的辩方证人能够抵挡住检察官的交叉询问。因此，检察官只需要善意地提出一系列的追问，对抗制的内在机制就保证了检察官公正职责的实现。但与此同时，实现正义的职责不允许检察官依赖可能提供虚假信息的证人，也不允许依赖对辩方证人的真实性产生疑问的证人。如果辩方律师为了其委托人的利益提供了虚假的证人或信息，检察官必须捍卫实现正义的精神。作为对抗制正义的辅助人，检察官有职责捍卫对抗制的事实发现程序。检察官必须确保陪审团仅仅依靠正确的信息作出裁决。无论辩护律师采取何种行为，检察官单方面实现正义的职责绝对禁止向陪审团提供不该考虑的信息。因此，在证人调查阶段，实现正义的职责要求检察官在通常情况下，要像狂热的追诉人一样不断地提出问题和质疑辩方证人；只有在极端的情况下，检察官才需要特别地承担起捍卫公正的职责。

（3）法庭辩论阶段

检察官在法庭辩论的行为最容易引起人们的注意。特别是在强调犯罪十恶不赦、诽谤被告人、引起陪审团对被害人产生同情以及具有偏见性意见的案件中。为便于理解在对抗制诉讼下，检察官寻求和实现正义的界限，我们要思考

① See generally M. FREEDMAN, supra note 115, at 79 - 89; Freedman, supra note 38, at 1033 - 1035.

以下三个案例：

案例一：在起诉一起残忍的杀人罪犯时，检察官向陪审团出示了大量的血腥图片，强调了被害人的所受的多个枪伤，描绘了一幅被告人像一个屠夫，冷静地屠宰了无辜羔羊的场景。①

法院可能认为，这种情形在总体上违反了正当程序，因为这唤起了陪审团对被害人的同情，对被告人来说是不公平的。但是，很难说检察官采取了非职业的行为。在对抗制模式下，被告人的无辜喊冤已经抵消了检察官的血腥描述。实际上，当检察官在口干舌燥地宣读起诉书的时候，被告人对陪审团的叫嚷已经阻碍了寻找事实真相。在对抗制背景下，检察官所做的评论是否正当，并不依赖于陪审团是否做出了同情的反应，而是在于陪审团作出反应的原因。比如当检察官起诉一名黑人被告人强奸一名白人妇女时，打算唤起具有种族偏见的陪审员的同情。那么此时，检察官所采取的行为并没有证据支撑，也就直接违反了实现公正的伦理职责。可见，建立在证据基础上的陪审团同情与对抗正义是一致的，只要检察官的评论有合理根据，其所做的指控所行为，便符合了公正职责对检察官的要求。

案例二：检察官认为贩卖毒品的被告人对社会来说是一种威胁，想要在陪审团中引起共鸣。② 此时，有两种选择。第一，检察官可以带着强烈的情感来讨论在大街上或学校里销售毒品的危害；第二，检察官可以生动的描述本案被告人销售毒品将使购买者也受到刑事指控。

上述两种选择都会促使陪审团对声称无罪的被告人产生偏见。但是第一种选择，会说服陪审团对检察官并未指控的"毒品犯罪的社会责任问题"定罪，而这些事实在本质上与被告人所犯的罪行并没有关系。相反，假设第二种选择完全有事实根据，购买毒品的人也受到了刑罚惩罚。此时，虽然检察官强调本案犯罪的严重性和对购买者的消极影响总体上减弱了被告人的辩护能力，但是辩护律师并没有丧失获得平等对抗的机会。

案例三：在一系列谋杀案中，检察官认识到证明被告人有罪的证据有些单薄。为了支持其论证，检察官计划将被告人比作历史上最坏的杀人犯，如希特勒等。③

本案和案例二的两个毒品假设有相似之处。从表面上看，检察官仅仅想通过夸张的指控来说明被告人的罪大恶极。陪审团可能承认希特勒犯罪是一个暗

---

① See United States v. Wexler, 79F. 2d 526, 530（2d Cir. 1935）.

② Cf. McFarland v. Smith, 611F. 2d 414, 419（2d Cir. 1979）.

③ Tucker v. Kemp, 762F. 2d 1496, 1507（11th Cir. 1985）.

喻，并不是被告人的犯罪行为。然而，陪审团可能将被告人的杀人行为和希特勒的行为进行了对比，基于并未指控的罪行对被告人进行定罪。本案也涉及了种族主义，提起德国希特勒能够唤起宗教和历史的情感，可能会影响到陪审团的推论能力，即使被告人再多的辩论也不能净化已经受到影响的陪审团。检察官的行为可能制造了一个不中立的事实发现者来进行审判，该做法已经远远背离了寻求和实现正义的主旨。

三、对抗制失败下检察官实现正义面临的难题

如前所述，当对抗制前提发生障碍的时候，检察官必须认真分析各种情况并作出艰难的选择。为了寻求和实现正义，一方面要求检察官必须是好胜的，另一方面又要求检察官必须是不好胜的。这复杂了检察官的自我形象。实际上，在对抗制前提失败的情况下，美国检察官可能很难达到"寻求和实现正义"的目标。这主要因为：

1. 对抗制前提本身具有模糊性，仍然需要具体的解释。在审判环境下考虑正义的时候，检察官所能看到最具体的路标是对抗制的前提。但是，对抗的前提也包含着各种解释。比如平等对抗、平等资源、中立消极的法官等概念，仍包含了极大的灵活性。相应地，我们同样会被一些问题所困扰，如什么样的对抗程度属于可以接受的范围？什么样的情况下达到了平等武装？法官在限制对手提出证据的时候是否走得太远？是否依赖一种与本案无关的情感和事实进行的争论？等等。

2. 检察官的思想状态也限制了对抗制标准的发挥。比如，在公开陈述中，对一份本来不具有可采性的证据，如果检察官善意的认为该证据具有可采性且在早期出示十分必要，此时检察官进行出示是正当的。相反，检察官出示了不具有可采性的证据以吸引陪审团的注意力，那么检察官的行为就破坏了对抗制正义。然而，检察官在本质上是否出于善意却难以界定。

3. 调查检察官违反公正职责需要耗费更多的资源。"实现正义"的职责本身是劝告性的，因为迄今为止，没有检察官因为在审判中违反了公正伦理而受到制裁。这在某种程度上反映了对检察官作为公务人员的认可。在尽可能地保持职业纪律的情况下，规则的制定者更愿意将有限的资源去关注律师的不端行为。而且，调查检察官的不端行为要比调查律师违反伦理需要更多的资源。调查律师主要依据委托人的抱怨和诉求。然而，检察官没有委托人，调查者往往以对方律师或法官的言行作为参考，这在庭审笔录中基本不会明显的出现。通常，是否违反了实现正义的伦理，只有检察官自己知道。

4. 实现正义规则存在内在的冲突，不太符合人的本能。一方面要求检察

官成为狂热的追诉人，另一方面要缓和检察官的热情成为理性的准司法官，这本身就是充满矛盾的。律师在审判中是富有竞争性的，追逐胜利是其固有的本能。然而，要求检察官在追逐胜利的过程中，冷静地提出自己的主张，可能是不现实的。至少在心理上，检察官会倾向于在实现正义规则的参考下，寻找更多定罪的机会。实践和机会的刺激亦加强了这种自然本性。因为，对自我限制过多的检察官可能不会有一个较高的定罪率，这反过来会限制他们晋级提升的空间。

四、结语

总体上讲，美国检察官寻求和实现正义的职责是缺乏强制力的，其含义也是模糊不清的，期待检察官能够自觉地实现这一职责似乎也是不现实的。但我们也不能因此而否定检察官寻求和实现正义职责的重要性。毕竟，对律师来说，很多职业要求都是劝告性的。比如，律师必须热情、忠诚行事、定期和委托人商量以及不欺骗法院等。实际上，很少有职业规则具有强制力。该规则的主要价值在于为检察官提供了一个有效的指导，存在于持续进行的法律和教育中，存在于促使律师限制他们的不端行为中。当职业规则和其个人利益发生冲突的时候，缺乏职业道德的律师，总是会忽视职业规则，而诚信的律师会尽可能地遵循职业规则。在对抗制审判下，这一职责排除了检察官们过分热心的义务，它似乎在告诉检察官们要"努力地打好游戏"，且仅仅服从职业规则确定的公平游戏规则。更为重要的是，该职责为检察官确立和描绘了一个如何寻求和实现正义的基本蓝图，即通常来说，检察官应当和律师一样富有竞争性的向法官和陪审团提出事实主张；当对抗制程序没有像预想的那样发挥作用的时候，检察官应该离开对抗制的模式；当对抗制程序遭到破坏的时候，检察官应该在一个独特的位置观察和控制对抗的形势，努力恢复对抗下的诉讼平衡。

人民检察院组织法对检察职权规定的修改建议[*]

王玄玮

总的来说，现行人民检察院组织法规定得较为原则，也不够全面。自颁布以来，人民检察院组织法一直没有进行过大的修改，只于 1983 年进行过一次小的"修补"。[①] 而与法律文本的"稳定"形成鲜明反差的是，1979 年以来我国政治、经济、社会、法治各方面的建设发生了翻天覆地的变化，中国特色社会主义检察事业不断发展，社会各界对检察机关法律监督职能的认识也在不断深化。显然，总体上十分陈旧的人民检察院组织法已经难以适应我国经济社会法治发展的新情况，确有修改必要。本文对人民检察院组织法中有关检察职权的规定进行思考，提出相关修改建议。

一、现行规定存在的问题

人民检察院组织法对检察机关的职权规定于第一章"总则"第 5 条中，其内容是：（1）对于叛国案、分裂国家案以及严重破坏国家的政策、法律、法令、政令统一实施的重大犯罪案件，行使检察权；（2）对于直接受理的刑事案件，进行侦查；（3）对于公安机关侦查的案件，进行审查，决定是否逮捕、起诉或者免予起诉；对于公安机关的侦查活动是否合法，实行监督；（4）对于刑事案件提起公诉，支持公诉；对于人民法院的审判活动是否合法，实行监督；（5）对于刑事案件判决、裁定的执行和监狱、看守所、劳动改造机关的活动是否合法，实行监督。现在看来，本条规定的检察职权模式存在一些明显弊端：

1. 职权内容不够完整。主要表现在两个方面：一是未能全面反映检察机关实际承担的职能。基于立法时的历史局限，现行人民检察院组织法只突出了

---

　　* 原文载《人民检察》2014 年第 7 期。

　　① 1983 年修订人民检察院组织法，只对该法第 2 条、第 20 条、第 22 条、第 23 条等四个条文进行了局部修改。参见《关于修改〈中华人民共和国人民检察院组织法〉的决定》（1983 年 9 月 2 日第六届全国人民代表大会常务委员会第二次会议通过）。

检察机关打击刑事犯罪的功能，第 5 条规定的全部是检察机关参与刑事诉讼的职权。对于检察机关的其他职能，组织法并未作出规定。检察机关目前实际行使的民事诉讼法律监督、行政诉讼法律监督、预防职务犯罪、进行司法解释等职能，组织法中只字未提。至于检察机关一些正在发展中的初具雏形的职能，如行政执法监督、参与规范性文件合宪性合法性监督等，就愈发处于组织法上缺乏依据的状态。二是缺乏手段性职权的规定。现行人民检察院组织法对检察机关行使职权所必须赋予的措施和手段基本未作规定，诸如最起码的知情权、调查权都未写入组织法，导致在过去较长时期实践中，检察机关履行法律监督职能所必要的手段和措施缺乏组织法上的保障。随着司法体制改革的进展，检察机关的知情权、调查权以及建议权、技术侦查权、检察长列席权等手段性职权逐渐得到落实，这些内容需要及时补充进组织法之中。

2. 部分表述不够合理。具体包括以下几个方面：一是"特种案件检察权"没有完全体现检察职权的性质。人民检察院组织法第 5 条第 1 项规定的职权，检察学界称之为"特种案件检察权"。① 这项职权的表述凸显了检察机关在打击危害国家安全的重大犯罪方面的职责，在字面上容易使人误认为检察机关的首要任务是维护国家安全和国家统一，但实际上检察机关的首要任务应该是维护宪法、法律的统一正确实施。另外，这一项中将"叛国案、分裂国家案"单独提出缺乏法理依据，这两个罪名只是危害国家安全犯罪中的两种，并且它们在现实中的适用十分罕见。二是"对于刑事案件提起公诉"的表述范围过宽，没有排除不需要检察机关提起公诉的刑事案件——依照刑法告诉才处理的自诉案件。三是第 5 项中"监狱"与"劳动改造机关"的表述重复。四是该条文中提到的"法令"这种规范性法律文件形式以及"免予起诉"这种处理方式已经取消。

3. 立法体例不够科学。主要表现在三个方面：一是检察职权相关规定的位置不妥当。现行人民检察院组织法没有专章规定检察机关职权，而是将其规定在总则之中。人民检察院组织法"总则"中规定的内容包括检察机关的性质、组织体系、检察院的人员构成、检察机关的任务、检察机关的职权、工作原则、领导体制等内容，总则部分显得内容十分庞杂。二是章节之间的关系不清晰。检察院组织法没有专章规定"人民检察院的职权"，却以专门一章（第二章）规定"人民检察院行使职权的程序"，与前一章"总则"之间的逻辑关系不够清晰。三是是否有必要规定"人民检察院行使职权的程序"存在较大争议。"程序"究竟是不是组织法应该规范的内容？同为人民代表大会产生的

---

① 孙谦主编：《中国特色社会主义检察制度》，中国检察出版社 2009 年版，第 224 页。

国家机构，人民政府组织法、人民法院组织法中就未规定"人民政府行使职权的程序"、"人民法院行使职权的程序"。

二、检察职权的应有内容

在研究修改人民检察院组织法时，对检察职权的规定应当综合考虑以下四种情况：

1. "特种案件检察权"应当保留，但内容应适当调整，使检察职权体系更加科学合理。现行人民检察院组织法规定的"特种案件检察权"在司法实践中的运用十分罕有，一般认为这一职权仅仅在 1980 年运用过一次。① 因此，建议将"特种案件检察权"表述为："对严重破坏宪法统一实施以及其他严重破坏法律统一实施的犯罪案件，行使检察权"。只有这样表述，才能凸显检察机关作为法律监督机关的性质和基本任务，使检察职权体系更加科学合理。

2. 已经成熟运用的检察职权，在组织法中进行科学表述。这种情况的检察职权包括四类：一是参与及监督刑事诉讼方面的职权。按照诉讼法理和立法传统，检察机关在刑事诉讼中的侦查、批准逮捕、提起公诉等主要职权可以单独表述，但刑事诉讼监督职权可以合并表述，不必逐项列举立案监督、审判监督、刑罚执行监督等程序，更不必一一提到 2012 年刑事诉讼法修改新增加的对指定居所监视居住、死刑复核、强制医疗等具体环节的监督。二是民事诉讼、行政诉讼监督方面的职权。虽然 2012 年民事诉讼法修改将检察机关监督范围从"民事审判"扩大到"民事诉讼"（增加了对民事执行活动的监督），监督对象增加了调解书等种类，但仍然用"诉讼监督"就足以概括。行政诉讼法目前正在修订过程中，检察机关的角色与在民事诉讼中十分相似，也可以用"诉讼监督"概括表述。三是预防职务犯罪方面的职权。目前，预防职务犯罪在检察机关业务格局中已经提高到与查办职务犯罪并重的高度，修改组织法时应当写入预防职务犯罪方面的职权。四是司法解释方面的职权。从 1981 年全国人大常委会颁布《关于加强法律解释工作的决议》开始，最高人民检察院已经就"检察工作中具体应用法律、法令的问题"发布过许多司法解释，这一重要职权也应当写入组织法。

3. 对于近年来司法体制改革取得的成果，应当及时纳入组织法。这方面的检察职权主要是一些手段性、保障性的检察职权，有必要把这些改革的成果

---

① "最高人民检察院特别检察厅对林彪、江青反革命集团案的检察起诉，是检察机关执行《人民检察院组织法》第五条第一项规定的检察职权的一次重要实践……"参见王桂五：《王桂五论检察》，中国检察出版社 2008 年版，第 50 页。

上升为法律，写入检察院组织法中，这些是保障检察机关发挥法律监督职能的必不可少的措施。另外，修改后的民事诉讼法已经赋予检察机关在履行法律监督职责时提出检察建议的职权，修改后的刑事诉讼法已赋予检察机关技术侦查权。为了组织法中检察职权体系的完整，这些已经入法的手段性职权也应当纳入组织法中。

4. 符合法理的"前瞻性职权"应当写入组织法，为检察机关法律监督职能的健康发展奠定基础。这类情况的检察职权包括四类：一是检察机关参与规范性法律文件合宪性、合法性审查的职权。根据立法法第 90 条第 1 款，最高人民检察院认为行政法规、地方性法规、自治条例和单行条例同宪法或者法律相抵触的，可以向全国人民代表大会常务委员会书面提出进行审查的要求。根据各级人民代表大会常务委员会监督法第 32 条第 1 款，最高人民检察院认为最高人民法院作出的具体应用法律的解释同法律规定相抵触的，可以向全国人大常委会书面提出进行审查的要求。虽然目前检察机关尚未开展这方面的业务工作，但应当将相关内容写入组织法。二是检察机关对行政执法行为进行监督的职权。在修改人民检察院组织法时，应当争取把检察机关对行政执法行为的监督职权纳入，至少应当明确检察机关有权对行政处罚、行政强制这两类最容易侵犯公民基本人权的行政行为进行监督。三是检察机关提起民事公诉、行政公诉的职权。目前，检察机关的检察建议职能已经基本配置完成，即在刑事、民事、行政领域一般而言都可以适用检察建议这种方式进行监督，但公诉职能仍然仅局限于刑事领域。2012 年民事诉讼法第 55 条已经为检察机关将来提起民事公诉留下了可能性。行政公诉也应当写入检察院组织法。四是检察长列席权。检察长列席有关会议是保障检察机关履行法律监督职能的知情权必不可少的措施。修改人民检察院组织法时，应当将检察长有权列席同级人民代表大会常务委员会会议、同级人民政府全体会议、常务会议写进法律。否则，检察机关对地方性法规、规章合宪性、合法性的监督将难以开展。

三、规定检察职权的立法技术

1. 应当专章规定检察职权。考察世界各国立法例，凡是检察机关承担法律监督职能的国家，其人民检察院组织法大多都用单独一章甚至几章，系统地规定检察机关的职权。如苏联《检察院法》第三章为"检察长的监督"；《俄罗斯联邦检察院组织法》第三编为"检察监督"（该编又细分为"执法监督"、"对人与公民的权利与自由恪守情况的监督"、"对侦讯、预侦、预审机关执法状况的监督"等四章），第四编为"检察长参与法庭的案件审理"；①《罗马尼亚检察院组织和工作法》第二章为"检察院职权"；《保加利亚检察院组织法》第三章到第六章分别为"一般监督"、"对预审机关执法的领导和监督"、"参加法院和其他立法机关对案件的审理及其权限"、"监督判决的执行情况和实行处罚、采取其他强制性措施以及监听的执法情况"。② 1992 年颁布的《越南社会主义共和国检察院组织法》，其第二章到第六章分别规定了"对政府各部委及其他同级机关、地方政权机关、经济组织、社会团体、人民武装部队和公民执行法律情况的检察工作"、"检察调查工作"、"检察审判工作"、"检察执行工作"、"对监禁和改造活动的检察工作"等。③ 这一特点最为鲜明的是 1993 年蒙古国大呼拉尔（国会）通过的《检察机关法》，在其第二章"检察机关的职权"中，除了用一个条文规定了检察机关的基本职权外，还用10 个条文分别规定了"对立案活动实行监督"、"对侦查活动实行监督"、"对执行活动实行监督"、"出席审判会议"、"总检察长的职权"、"与大呼拉尔的磋商"、"与总统的磋商"、"与政府的磋商"、"向宪法法院提交提议"、"向最高法院移送"，对检察职权的规定十分系统和完整。④ 修改人民检察院组织法时，这一特点应当借鉴，用专章对检察职权进行规定。

2. 应取消"人民检察院行使职权的程序"一章。笔者认为，现行人民检察院组织法第二章的内容，属于程序问题的部分基本上在三大诉讼法中已经有了更加完善的规定。另外，一些内容是监督手段和监督措施，属于检察机关职权范畴，可以从职权的角度作出规定。不过，这些内容按条文性质应放在"检察职权"一章中，故修订组织法时没有必要保留"人民检察院行使职权的程序"一章。

四、检察职权的具体表述建议

基于前文的分析，建议修改人民检察院组织法时设置"人民检察院的职权"一章，对检察机关的功能性职权和手段性职权进行系统规定。具体内容可以考虑由以下八个条文组成：

1. 人民检察院的基本职权。人民检察院行使下列职权：

（1）对严重破坏宪法统一实施以及其他严重破坏法律统一实施的犯罪案

---

① 参见《俄罗斯联邦检察院组织法》，赵路译，载《中国刑事法杂志》2010 年第 5 期。
② 参见陈健民：《检察院组织法比较研究》，中国检察出版社 1999 年版，第 91～92 页。
③ 参见米良、梁斌：《越南缅甸老挝现行法律选编》，云南人民出版社 1993 年版。
④ 参见薛伟宏：《中外检察法律研究》，中国检察出版社 2013 年版，第 242～243 页。

件，行使检察权；

（2）对于行政法规、地方性法规、规章、自治条例、单行条例以及行政机关发布的其他具有普遍约束力的行政决定、命令的合宪性、合法性，实行法律监督；

（3）对刑事诉讼、民事诉讼和行政诉讼活动，实行法律监督；

（4）对于法律规定由人民检察院立案管辖的刑事案件，进行侦查；

（5）对于侦查机关适用限制人身自由的刑事强制措施是否合法，实行法律监督；对于逮捕申请进行审查，决定是否批准；

（6）对于限制、剥夺人身自由的行政强制措施和行政处罚是否合法，实行法律监督；

（7）对于自诉案件以外的刑事案件提起公诉；

（8）对于涉及国家利益和重大公共利益的民事、行政案件提起公诉；

（9）预防职务犯罪；

（10）法律规定的其他职权。

2. 检察解释权。最高人民检察院对检察工作中具体应用法律的问题进行解释。

3. 对规范性文件的审查建议权。最高人民检察院认为行政法规、地方性法规、自治条例和单行条例与宪法或者法律相抵触的，可以向全国人民代表大会常务委员会书面提出进行审查的要求。

最高人民检察院认为规章以及国务院各部门、省、自治区、直辖市和较大的市的人民政府发布的其他具有普遍约束力的行政决定、命令同宪法、法律、行政法规相抵触的，可以向国务院书面提出进行审查的建议。

4. 对司法解释的审查建议权。最高人民检察院认为最高人民法院对具体应用法律问题的解释与宪法、法律不一致或者相抵触，可以向全国人民代表大会常务委员会书面提出进行审查的要求。

5. 调阅案卷材料权。人民检察院在履行法律监督职责过程中，为了查明案件情况或者调查核实违法犯罪行为，可以调阅人民法院、行政执法机关或者其他机关、单位的案卷和其他材料，人民法院、行政执法机关或者其他机关、单位应当予以配合。

6. 检察建议权。人民检察院在履行法律监督职责过程中，发现人民法院、行政执法机关或者其他机关、单位存在职务犯罪隐患或者发现违法情形的，可以向该机关、单位发出检察建议，有关机关、单位应当及时反馈处理情况。

7. 技术侦查权。人民检察院在立案后，对于重大的贪污、贿赂犯罪案件以及利用职权实施的严重侵犯公民人身权利的重大犯罪案件，根据侦查犯罪的需要，经过严格的批准手续，可以采取技术侦查措施，按照规定交有关机关执行。

人民检察院追捕被通缉或者批准、决定逮捕的在逃的犯罪嫌疑人、被告人，经过批准，可以采取追捕所必需的技术侦查措施。

8. 检察长列席权。人民检察院检察长可以列席同级人民代表大会及其常务委员会会议、同级人民政府全体会议及常务会议。当检察长因故不能列席上列会议时，可以委托副检察长列席。

组织法规范中检察职权的变迁及其规律[*]

刘　辉

检察职权是检察机关依其职责范围应具有的权力，权力的来源是检察机关的宪法定位。^① 检察机关的职权集中规定于组织法规范，随着法律体系的不断完备，也部分散见于诉讼法规范。新中国成立以来，我国颁布的四部人民检察院组织法，均有对检察职权的规定。通过历史叙事，而非单纯规范法学分析的研究视角，观察不同立法背景下，检察职权的增减变换；探寻不同历史时期组织法规范中检察职权变迁的规律性，对即将进行的人民检察院组织法修改工作应有所裨益。

一、《中央人民政府最高人民检察署试行组织条例》中的检察职权

新中国第一部组织法规范酝酿于 1949 年 6 月，1949 年 9 月，中国人民政治协商会议第一届会议通过了《中国人民政治协商会议共同纲领》和《中华人民共和国中央人民政府组织法》，《中央人民政府组织法》第 5 条和第 28 条至第 30 条的规定，意味着在国家基本法层面规定了检察机关的性质和职能定位。

1949 年 10 月 22 日，最高人民检察署宣布成立，罗荣桓被任命为共和国第一任检察长。1949 年 11 月 2 日，最高人民检察署第二次检察委员会议通过《中央人民政府最高人民检察署试行组织条例》（以下简称《试行组织条例》），这是新中国第一部关于检察制度的规范性文件，检察职权集中规定在第 2 条、第 3 条。从条文内容看，最高人民检察署的职权范围大部分承袭了1946 年《陕甘宁边区暂行检察条例》^② 关于检察职权的设计：超越刑事案件

---

* 原文载《人民检察》2014 年第 11 期。

①　参见徐益初：《修订人民检察院组织法的若干理论思考》，载《人民检察》2004 年第 12 期。

②　1946 年《陕甘宁边区暂行检察条例》是人民检察制度史上第一个关于检察制度的单行法规，也是人民检察制度史上第一部检察组织法规范。确立了审检分立的司法体制，规定了检察权法律监督的基本属性、一般监督的检察职权和垂直领导的检察体制。因为战争原因，条例未能实际实施，但对1949 年《中央人民政府最高人民检察署试行组织条例》的制定产生了重要影响。

侦查、公诉的范围，规定了检察机关的一般监督职权，即"检察全国各级政府机关、公务人员和全国国民是否严格遵守人民政治协商会议共同纲领及人民政府的政策方针与法律、法令"。该职权是实现第 2 条——"最高人民检察署为全国人民最高检察机关，对政府机关、公务人员和全国国民之严格遵守法律，负最高的检察责任"的职能的需要。同时，保留了检察机关介入民事诉讼的职权，规定"对于全国社会与劳动人民利益有关之民事案件及一切行政诉讼，均得代表国家公益参与之"。有所变化的是：增加了对不起诉的救济职权；删减了协助自诉、担当自诉、指挥刑事判决执行等职权规定。

二、《中央人民政府最高人民检察署暂行组织条例》、《各级地方人民检察署组织通则》中的检察职权

为加快推进检察工作发展，1951 年 9 月，中央人民政府委员会第十二次会议通过了《中央人民政府最高人民检察署暂行组织条例》（以下简称《暂行组织条例》）和《各级地方人民检察署组织通则》（以下简称《组织通则》）。《暂行组织条例》最突出的变化是检察机关的领导体制由垂直领导改为双重领导。对最高人民检察署检察职权的规定也有一些调整，内容较《试行组织条例》有四点变化：第一，将原来"对各级司法机关之违法判决提出抗议"中的"司法"改为"审判"，将"抗议"改为"抗诉"。第二，将原来职权的第三项"对刑事案件实行侦查，提起公诉"在排序上提升为第二项，且在刑事案件前强调增加了"反革命"案件。第三，对"对于全国社会与劳动人民利益有关之民事案件及一切行政诉讼，均得代表国家公益参与之"进行了限定，强调为"代表国家公益参与有关全国社会和劳动人民利益之重要民事案件及行政诉讼"，但是，对"重要"并未作出进一步解释。第四，对公安机关受委托履行检察职权的范围作出了明确的限定，不包括一般监督的职权和民事、行政检察职权。因此，《暂行组织条例》修改为"前项二、三两款之职权，在下级检察署尚未设立的地区，得暂委托各该地公安机关执行"，此两款职权的具体内容为："对反革命及其他刑事案件，实行检察，提起公诉"和"对各级审判机关之违法或不当裁判，提起抗诉"。同时，受委托的公安机关"执行检察业务时须受上级检察署的指导"。

《组织通则》第 2 条是对各级地方人民检察署职权的规定，与最高人民检察署检察相关内容基本相同，只是没有对"在下级检察署尚未设立的地区，得暂委托各该地公安机关执行"的规定。这一时期，在立法技术上的显著特点是将最高检察机关与各地方检察机关分开进行组织规范，而内容上并没有实质性差别。

三、1954 年人民检察院组织法中的检察职权

1954 年 9 月，第一届全国人民代表大会召开，通过了人民检察院组织法，较以往的组织法，在检察职权方面突出的变化有两个：

一是关于一般监督内容的调整。一般监督的职权移植于苏联检察制度。建国初期，在"以苏为师"的意识形态下，新中国检察制度建设无疑也借鉴了一般监督的职权。但 1954 年宪法和人民检察院组织法对一般监督的监督对象和监督方式的表述进行了调整。无论是缩减监督对象还是监督方式改"最高监督"为更谦抑的"行使检察权"，都体现了当时立法者对苏联经验所做的中国本土化努力。

二是规定了检察机关行使职权的程序。1954 年人民检察院组织法第 8 条到第 19 条，专章规定了人民检察院行使职权的程序。由于当时新中国刑事诉讼法尚未颁行，旧法已被废除，因此，这些程序性内容的规定有助于检察权的规范行使和检察职权的充分发挥。

四、1979 年人民检察院组织法中的检察职权

1978 年 3 月，宪法恢复设置人民检察院。1979 年 7 月 1 日，人大审议通过了《中华人民共和国人民检察院组织法》，这部组织法经过 1983 年、1986 年两次小的修改已经实施了三十余年，主要变化有三个方面：

首先，首次在第一条就开宗明义地规定了："中华人民共和国人民检察院是国家的法律监督机关"，但对于以往较为宽泛的一般监督职权范围却进行了比较严格的限制，并删去了 1954 年组织法中一般监督的内容。[①]

其次，以空白条款的形式区分公安机关的侦查管辖，规定检察机关："对于直接受理的刑事案件，进行侦查。"1979 年 12 月，最高人民检察院、最高人民法院、公安部联合发出《关于执行刑事诉讼法规定的案件管辖范围的通知》，相对明确地规定了人民检察院直接侦查的二十二种案件类型。

最后，取消了前三部组织法有关检察机关介入民事诉讼案件的规定。反"右倾"斗争开始后，对检察机关介入民事案件就出现了不同声音，1958 年 6 月第四次全国检察工作会议时，最高人民检察院已经决定检察机关不再参与民事诉讼。组织法取消检察机关介入民事诉讼案件的规定后，1982 年和 1991 年民事诉讼法立法在解决检察机关民事检察监督问题时，遇到了一定的障碍，不

---

① 参见孙谦主编：《人民检察制度的历史变迁》，中国检察出版社 2009 年版，第 335～337、259 页。

得不采用变通的方法加以解决。①

五、组织法规范中检察职权变迁的规律

组织法规范中的检察职权与组织法规范一道经历着由简到繁,由粗疏到精细的升华过程。探寻组织法规范中检察职权变迁规律,不仅要比较条文表述的变化,更应关注制度生成的历史背景。

(一) 从应然的职权设计到实然的职权整合

组织法变迁的历史背景揭示了,新中国的检察制度建立在废除一切旧法统的崭新起点之上。新中国成立之初组织法规范中检察职权的设计沿袭了1946年《陕甘宁边区暂行检察条例》的规定,规范制定的直接目的是实现机构创设。内容选择既有根据地时期的经验积累,更有"以苏为师"的应然设计。对此,可以从两个方面加以佐证:一是检察机构创建的过程。史料表明,新中国成立初期各级检察署的建立颇为曲折,从一开始就指望有一部职权规范完整,逻辑体系清晰的组织法并不现实。一般监督与法律监督,检察机关与公安机关职权划分,各项职权的内涵界定、外延列举,与其说是立法者制定的,毋宁说是由司法实践所逐步生成的。二是组织法职权规范的主体。从1954年人民检察院组织法开始,则是统一规范了检察机关全系统的职权,以及上下级机关之间的关系。这与清末检察制度创建之初组织规范的确立极为相似,② 一定程度反映了组织创设的辐射性规律。

由此,最初检察院组织法中关于职权的规定主要是从机构创建的角度,进行的应然设计。其后,随着新中国检察工作的发展、完善,实践经验不断积累,尤其是社会主义法律体系的日趋形成,制定职权规范不再以单纯的机构建立为目的,而是要兼顾从根本法到各诉讼法、诉讼规则之间检察机关全方位功能的整合。这一问题在1979年人民检察院组织法制定时就已提上日程,③ 目前随着三大诉讼法的修改,以及实践中检察职权大大丰富于组织法的规定,而组织法中尚有免予起诉等已经在诉讼法中删除的职权,通过组织法修改进行检察职权的全方位整合就显得更加迫切。

(二) 始终以检察职能和特定时期国家工作重心为调整依据

新中国成立六十多年来,检察职能从一般监督到法律监督、诉讼监督,对

---

① 参见顾昂然:《顾昂然讲述检察院组织法出台细节》,载《检察日报》2009年7月6日第5版。

② 1906年,清末大理院官制改革拉开了我国创建西式司法制度的序幕。同年颁行的《大理院审判编制法》正式确定立了检察制度。1907年出台《各级审判厅试办章程》,1909年12月批准颁行《法院编制法》。

③ 参见顾昂然:《顾昂然讲述检察院组织法出台细节》,载《检察日报》2009年7月6日第5版。

应的检察职权也不断随之调整，譬如，体现一般监督职权和介入民事诉讼职权的缩减。近年来，法学界和检察实务界也对法律监督的内涵、特征、功能，检察机关履行法律监督职能的合理性、必然性等问题，从宪政理论、诉讼理论等多个视角进行了比较深入的研究。但总的看，对涉及法律监督机制层面的问题研究重视不够，对法律监督问题的研究，更多地停留在法律监督基本范畴以及法律监督正当性的层面。同时，对检察权问题的研究基本侧重于检察权的概念、性质、功能和构造，对检察机关内部如何科学配置检察职权则研究较少，而这部分内容也是组织法中不可或缺的。同时，不同时期组织法规范中检察机关职权范围也要服务于国家的工作重心。新中国建立之初的检察制度明显受到了苏联社会主义法制中检察制度的影响，但也充分考虑了当时的实际情况，并吸收了根据地时期检察工作的历史经验。

（三）受到一定时期法制建设水平的制约

检察职权配置受制于特定时期检察机构设置和人员配置反映在：建国初期，由于检察机关的建立还极不完善，所以，《试行组织条例》不得不规定：前款各项之职权，在下级检察署尚未设立的地区，得暂委托各该地公安机关执行"的内容。此外，缺乏配套法规在一定时期制约着检察职权规范的内容。1954年人民检察院组织法规定了检察机关行使职权的程序，包括：一般监督程序、侦查程序、侦查监督程序、审判监督程序、执行监督和监所劳改监督程序。由于当时新中国刑事诉讼法尚未颁行，旧法已被废除，因此，这些程序些内容的规定有助于检察权的规范行使和检察职权的充分发挥。1979年人民检察院组织法继续保留了对检察机关行使职权程序的规定，仅仅由于将一般监督限缩在了刑事犯罪领域内，在程序中取消了原一般监督职权对应的前两项程序性条款。然而，将行使职权的程序规定于组织法并非最佳立法模式，现行人民检察院组织法中"人民检院行使职权的程序"除了免予起诉的内容已在1996年刑事诉讼法修改时删除外，其余条款的内容在刑事诉讼法中均有体现，而且内容更全面，表达更规范、结构更具逻辑性。时过境迁，随着检察监督职权的不断完善，配套的程序性内容会更加丰富，不仅是三大诉讼领域，而且行政监管领域也将有所涉及，将如此庞杂的内容规定于人民检察院组织法中难免有喧宾夺主之感，而且会与相关诉讼法的规定出现重复。况且，程序性的内容侧重于外部关系的调整，需要在诉讼结构中才能展开，人民检察院组织法的修改难以做到毕其功于一役。

职务犯罪侦查信息化与侦查模式转变研究[*]

陈重喜　　肖　力

21 世纪以来，现代科技日新月异，尤其是信息技术的飞速发展和广泛应用，全球进入了以信息技术为核心的知识经济时代。在反腐败形势日益严峻的今天，传统的"一张嘴、一支笔、一张纸"的侦查模式，与高智能、易隐蔽的职务犯罪相比，已处于越来越被动的地位。信息化的潮流正席卷各行各业、每个领域。凡是顺应信息化趋势，与信息密切融合的行业领域，都实现了跨越式的发展。因此，职务犯罪侦查工作要想破解制约自身发展的束缚，亦要向信息化求解——在侦查手段有限的情况下，如何通过进一步加强职务犯罪侦查信息化建设来达到最大限度地整合、利用现有资源，尽可能多地搜集情报信息，从而实现侦查模式从"由供到证"的被动、静态型向以信息为先导的主动、进攻型的转变。

一、职务犯罪侦查信息化概述

（一）职务犯罪侦查信息化的概念

一般认为，信息是指那些储存着某种特定内容的信号、标志、图像、表格、数据、记录和情况。[①] 在当今网络化的时代背景下，信息是指以计算机技术与网络技术为媒介的人类活动在虚拟空间所留下的痕迹的反映。在职务犯罪侦查中，信息是检察机关通过侦查活动采集、汇总和分析后，进行运用的、与犯罪或与犯罪嫌疑人相关的资料。

信息化一词最初是由 20 世纪 60 年代的一位日本学者提出的，而后被译为英文传播到西方。20 世纪 70 年代后期，西方社会开始普遍使用"信息社会"和"信息化"的概念。[②] 1997 年召开的首届全国信息化工作会议上将信息化

---

　　* 原文载《法学评论（双月刊）》2014 年第 6 期。

　　① 《辞海》，上海辞书出版社 1999 年版，第 702 页。

　　② 参见潘锦毅、黄奉文：《构建职务犯罪侦查信息化体系研究》，载《法制与经济（下旬）》2011 年 12 月 25 日。

定义为："信息化是指培育、发展以智能化工具为代表的新的生产力并使之造福于社会的历史过程。"信息化实际上是特定领域的现代化，其内涵非常丰富：（1）从信息技术的角度看，信息化就是计算机、通讯和网络技术的现代化；（2）从信息管理与利用的角度看，信息化就是通过计算机、通讯和网络技术的现代化，提升信息资源的搜集、管理和利用水平，促进信息的充分交流与共享，从而有利于组织决策。

所谓侦查信息化，是指侦查部门依靠现代科技，将信息技术（尤其是计算机网络技术）广泛应用于侦查工作，全面提升侦查工作效能的过程。它主要包括以下两个方面的内容：一是侦查机关构筑自有侦查信息平台，运用侦查信息平台侦查办案；二是侦查机关利用开放式的商业运作的信息网络开展侦查活动。①

职务犯罪侦查信息化，是指检察机关为了更好地履行法律所赋予的职务犯罪侦查职能，根据职务犯罪侦查活动的性质、特点和规律，在职务犯罪侦查工作中广泛应用信息技术（尤其是计算机网络技术），实现信息技术与管理利用的现代化，不断全方位地收集、分析、处理和利用侦查所需的信息资源，从而大大提高侦查效率和降低侦查成本的过程。主要包括以下三个方面的内容：（1）职务犯罪侦查工作办公自动化；（2）职务犯罪侦查手段信息化；（3）职务犯罪情报资料信息化。

（二）职务犯罪侦查信息在侦查工作中的地位

从实质上看，侦查破案的过程就是职务犯罪侦查部门对案件信息的采集、汇总、分析、运用的过程。在信息化时代，职务犯罪侦查部门通过侦查工作，有效处理和运用犯罪信息侦破职务犯罪案件，是其新的发展方向。侦查工作的过程就是侦查机关发现、接收、储存、处理、利用和反馈一切职务犯罪信息和职务犯罪侦查信息，并不断循环往复的信息流。信息在职务犯罪侦查中处于核心地位，通过对信息情报的收集、整理、分析、研判、应用等方法，实现信息情报在扩大线索来源、选择案件突破口、确定侦查方向、完善巩固证据等侦查环节的引导、决策作用，从而更好地实现对职务犯罪活动的查处、预防和控制。

在职务犯罪侦查过程中，职务犯罪侦查信息的地位至关重要：（1）它起于侦查初始阶段并贯穿于整个侦查过程；（2）它是侦查决策、侦查部署直至侦破案件的重要前提条件。只有夯实侦查信息工作基础，才可能形成反贪决策科学、侦查指导准确、指挥协调有力，侦查活动有序，办案效果良好的良性格局。

---

① 郝宏奎：《论侦查信息化》，载《中国人民公安大学学报》2005 年第 6 期。

（三）职务犯罪侦查信息系统的基本要素

职务犯罪侦查信息的结构体系——根据职务犯罪性质、特征和检察侦查权的特点、规律——应包含职务犯罪侦查情报信息、职务犯罪侦查诉讼信息、职务犯罪侦查管理信息，它是由平台、机构、人员、制度（机制）四大要素按照一定的规律、结构组合在一起的有机统一整体。

1. 平台

信息网络平台必须具备横向集成、纵向贯通、互联互通、高度共享的功能，以整合和盘活信息资源。职务犯罪情报信息系统平台建设，包括情报信息数据库建设和数据交换网络建设。职务犯罪信息平台，是检察机关依据情报信息，侦办案件的技术基础。职务犯罪信息平台一般包括：（1）基础信息数据库，主要收录党政机关、企事业单位、人民团体的基本信息，包括组织机构、人员信息、岗位职责、办事流程等。（2）案例库，主要收录能收集到的已决案件、典型案例、疑难案例，以及在新领域、新行业出现的，运用新手段、新方式实施犯罪的新型案例。（3）线索信息库，主要采集、汇总举报线索、移送线索、自侦发现线索、媒体报道线索和网络信息线索等多渠道收集到的各种职务犯罪线索。（4）数据交换网络平台，可以利用信息技术、网络技术，实现跨省、市职务犯罪侦查部门之间的信息共享。以上专有平台，前两点是基础性信息，为案件线索信息提供资源支持；第三点是专业工作信息，是侦查工作的主导信息；第四点是基本专业信息的运用，可以提高侦查效率。

2. 机构

职务犯罪信息系统的建设，必须以运行规范、流转畅通的专门机构为依托。香港廉政公署能够在世界范围内得享盛名，是与其组织完善、实力雄厚的专门信息机构分不开的。现代社会的分工有精细化和专业化进一步加强的趋势，但长期以来我国的检察机关一直缺乏专门的信息管理机构，严重影响了侦查效能。因此必须提高对设立专门信息管理机构重要性的认识，加快信息机构的建设，为反贪信息系统构建提供机构和人才保障。根据高检院"六侦会议"精神，反贪总局成立了反贪侦查情报信息处，并提出了在各省级院反贪局建立反贪侦查情报信息工作专门机构的要求。可以预见，建立反贪侦查情报信息专门机构是今后地方反贪局的重要工作之一。

3. 人员

专职分析人员的素质和能力，直接决定着职务犯罪侦查情报信息系统的信息分析和研判质量。由于信息具有形式多样、来源复杂和真假混淆的特点，需要专业人员从纷繁复杂的信息中筛选有价值者作为侦查资源。因此，职务犯罪侦查情报信息系统的有效运行，不仅要有专门的情报信息机构，更要有大量专业的分析人员的专业工作。专业情报信息人员的素质甚至直接影响着案件侦办的效率和质量。一支高素质的专业情报信息队伍应至少包含三类人才：（1）信息技术人才。这些人员必须政治素质过硬，精通信息技术和网络应用，责任意识强，专门从事软件开发和维护，以及系统运行、数据安全等信息管理。这些人员可以在严把门槛的基础上从社会上引进，也可以委托定向培养。（2）专业情报信息分析人员。这些人员必须业务精通，视野开阔，思维敏捷，推理能力强，专门负责情报的分析、研判和作出初步结论，只能由相关部门在办案实践中有针对性的发现和培养。（3）联络协调人员。这些人员必须政治立场坚定，社会基础广泛，专门负责联络和管理职务犯罪情报信息员，只能通过职务犯罪侦查部门的发掘和培养产生。

4. 制度

制度是系统运行的保障。职务犯罪侦查信息的制度建设主要包括两个方面：一类是规范信息业务流程的制度，主要包括信息资料采集、汇总、分析、运用过程中的行为规范；另一类是组织管理制度，主要包括涉及职务犯罪侦查情报信息工作的机构设置、人员配置、职权配置、指挥协调、业务培训、奖惩制度等规范。

情报信息主导侦查，还必须有一套完整的运行机制做支撑，这也是职务犯罪情报信息工作顺利发展的重要保障，包括建立健全情报信息的收集、管理和使用机制。职务犯罪的情报信息主导侦查运行机制，主要包括两个部分，即情报信息组织管理机制和情报信息工作机制。情报信息组织管理机制，主要任务是通过对情报工作的组织、指挥、控制、协调等管理活动，盘活各类业务信息资源，以发挥信息和信息系统的最大效能。情报信息工作机制，主要任务是形成在情报信息的采、汇、析、用等环节的工作原则和程序，规范组织架构及运作，进而固定业务流程，使情报信息工作有章可循。

二、职务犯罪侦查模式

（一）职务犯罪侦查模式的概念

职务犯罪侦查模式是在职务犯罪侦查实践中、在立法精神和侦查理念的指导下，通过对侦查程序和侦查行为的规律性认知、概括和抽象出来的类型和样式。

我国职务犯罪传统的侦查模式是"由供到证"的模式，即通过口供查找其他证据为其主要外在表现。口供在我国长期被认为是"证据之王"。侦查机关太过倚重口供，以致形成了以下办案的套路：（1）按照线索拘捕讯问犯罪嫌疑人，争取获得口供；（2）根据犯罪嫌疑人的口供，进一步查找、收集证据；(3) 口供与其他证据一致或者基本一致，就可以定案以致破案；(4) 口供与其他证据无法对应，就继续讯问犯罪嫌疑人，以期获得新的"有价值"的口供；(5) 根据新口供继续收集证据；由此循环往复。"由供到证"模式的首要任务是"掏口供"，然后据供查证，供证相符即"抓人破案"。"整个刑事侦查活动基本上都是围绕犯罪嫌疑人的口供进行的。侦查部门把这一侦查模式形象地比喻为'挤牙膏'，挤一点查一点，挤多少查多少。"① 客观上讲，重口供模式在侦办职务犯罪案件中有一定的现实基础，具体表现为收集证据有难度：第一，缺少被害人陈述。职务犯罪案件多数无具体的被害人，因此很少有被害人陈述。第二，难以勘查现场。职务犯罪行为一般不会有典型的犯罪现场，痕迹很少，因此一般很少会出现勘验、检查笔录。第三，缺少视听资料。由于职务犯罪的隐蔽性强和犯罪嫌疑人具有较强的反侦查能力，很少有目击证人，产生视听资料的机会很少。② 因此，传统的职务犯罪侦查过程主要围绕犯罪嫌疑人供述和辩解、证人证言进行，并由此形成"由供到证"的侦查模式。

(二) 职务犯罪传统侦查模式的困境

从历史发展的角度看，基于社会形态的不同，曾先后出现三种刑事侦查模式：一是神示主义侦查模式。这种侦查模式产生于人类社会的早期，由于人们对自然界的认知能力还处于蒙昧状态，没有能力客观地查明案件真相，只好以宗教的形式来探知神灵对案件的启示。二是由供到证侦查模式。这种侦查模式带有浓重的封建色彩，是与纠问式诉讼制度相适应的，尽管在侦查中也注意收集口供以外的各种证据，但却把口供作为证据的主宰，全部侦查活动围绕口供这一核心进行。三是由证到供的侦查模式。这是随着现代人权思想的发展和刑事侦查技术的提高而出现的一种侦查模式，在这种侦查模式下，口供虽然也被确认为证据的一种，但侦查中更重视其他各类证据的收集。但是，伴随信息时代而来的新的犯罪领域和犯罪手段，使得传统侦查破案模式难以为继。

一方面，新型犯罪横跨虚实空间，传统侦查模式显得捉襟见肘、左支右绌。传统模式的侦查工作必须依赖现实空间和长期积累的办案经验，属于经验型模式。它主要通过传统收集证据方式发现案件线索，即现场勘查、收集痕迹物证、调查访问、摸底排队等，进而锁定犯罪嫌疑人，最终侦破案件。信息时代到来，许多犯罪行为已经超越了单一的现实空间作案范畴，呈现出虚拟空间和现实空间交织，甚至直接表现为网络犯罪的趋势。现场勘查、痕迹物证等收集证据的方式往往难以取证，甚至犯罪空间和犯罪嫌疑人的身份都可以是虚拟的。

---

① 陈光中：《刑事诉讼法实施问题研究》，中国法制出版社 2000 年版，第 101 页。
② 上官春光：《职务犯罪侦查专业化的表现及途径》，载《法学评论》2009 年第 1 期。

另一方面，案件激增、手段现代、流动性大的现实突破了传统侦查模式的承载能力。传统侦查是一种人力密集型的侦查方式。在计划经济时代，案件数量少、"水平"低、流动性小、侦查工作压力较轻，靠群众路线、群专结合的侦查模式，基本能满足办案需求。但是在市场经济时代，无论中外，刑事案件都呈现出数量激增、现代化程度提高、犯罪的流动性加大的趋势，侦查人员数量严重不足。信息时代的到来，进一步凸显了传统侦查模式带来的人手不足的问题，加大了案件侦查的难度。

（三）强化信息化建设是职务犯罪侦查模式转变的重要途径

修改后刑事诉讼法非常重视对犯罪嫌疑人的诉讼权益保护。它规定，犯罪嫌疑人在被侦查机关第一次讯问后或者采取强制措施之日起，即可委托律师作为辩护人。该项举措虽然有利于保障犯罪嫌疑人在侦查阶段的合法权益，但是对打击职务犯罪会带来不小的冲击。同时，修改后刑事诉讼法将"证据确实、充分"的标准提升至"排除合理怀疑"、确立了非法证据排除规则，明确了侦查人员出庭证明证据合法性的义务。修改后刑事诉讼法规定的犯罪嫌疑人权利保障、证据采信规则等内容给职务犯罪办案工作带来限制的同时，也使得职务犯罪侦查部门特别是反贪部门改变侦查模式成为一种大势所趋。而通过情报信息工作的有效开展，可以将传统由线索到信息的模式，转变为由信息到线索的模式。一方面在初查阶段就利用信息优势把好证据观，顺利将办案中心前移，减少犯罪嫌疑人或被告人在修改后刑事诉讼法实施后翻供的概率；另一方面可以解决等案上门、被动受案的局面，牢牢把握职务犯罪侦查工作的主动权。

三、职务犯罪侦查模式转变的现实路径——信息引导侦查

信息引导侦查模式，其关键点在于强调信息在侦查活动中所起的主动和导向作用。该模式的推进必须注意两点：一是建立数据平台。通过加强各类案件信息的收集整理，建立反贪侦查信息数据平台。反贪侦查信息数据平台必须具备门类齐全、内容准确、检索方便的功能。二是信息技术和手段的运用。检察机关通过运用信息技术和手段，对涉案信息审查评估和综合分析研判，为判断发案部位和领域、突破案件、选择侦查方向、拓宽案源、作出侦查决策等提供信息服务，分析贪污贿赂犯罪动态、规律、趋势和特点，提高职务犯罪侦查工作的整体能力和水平。

（一）"信息引导侦查"职务犯罪侦查模式的含义

"信息引导侦查"职务犯罪侦查模式具有鲜明的工具价值，是职务犯罪侦查工作的一项战略性变革。它是指职务犯罪侦查部门以情报信息工作为基础，通过各种侦查手段，及时侦破职务犯罪案件，实现侦查工作的主动性、针对性

和有效性的一种侦查模式和理念。"信息引导侦查"职务犯罪侦查模式与传统模式相比，因为信息技术和网络平台的介入，更加重视信息在职务犯罪侦查工作中的引导作用。这里的"信息"应当从广义来理解，它并不局限于职务犯罪信息本身，还包括可为职务犯罪侦查利用的相关单位（如公安、工商、税务、海关、银行等）和重点行业、重点领域的管理信息。职务犯罪侦查部门通过对各类信息的采集、汇总、分析、运用，有助于提升职务犯罪侦查工作的科技含量，进而推动职务犯罪侦查工作的升级转型。对传统侦查模式而言，"信息引导侦查"职务犯罪侦查模式是一项革新，是一种新的侦查模式。

（二）"信息引导侦查"职务犯罪侦查模式的特征

在发达国家，"信息引导侦查"职务犯罪侦查模式已经被证明是一种行之有效的新的侦查模式。它是职务犯罪侦查部门利用信息系统和网络平台，以信息为核心开展侦查工作的侦查方式。"信息引导侦查"模式相比传统的侦查模式，差别非常明显：

1. 信息渠道广而活。传统职务犯罪侦查模式的信息渠道相对单一，往往单纯依靠举报。这在职务犯罪侦查中占有相当大的比例。"信息引导侦查"职务犯罪侦查模式的信息渠道则广而活，不仅有举报，还有媒体爆料甚至网上炫富、雷人雷语、人肉搜索等披露出来的信息，职务犯罪侦查部门可以据此开展多方位侦查，发现侦查线索，查明犯罪事实。

2. 案情分析更富有逻辑性。传统职务犯罪侦查模式往往是从线索较少甚至毫无头绪中寻找有价值的信息，进而取证、破案。"信息引导侦查"职务犯罪侦查模式，由于占据大量有价值的信息，办案人员可以最大限度地依据信息进行严密分析，形成完整、严谨的证据链，最终锁定犯罪嫌疑人，直至破案。

3. 侦查工作更突出点面结合。传统职务犯罪侦查模式是一种点式方式，几乎无法主动发现线索，只能依据举报内容开展侦查。侦查活动大多只能由点到面，很难由面到点。侦查活动带有明显的被动性而且效率低下。"信息引导侦查"职务犯罪侦查模式是一种点面结合的侦查方式，既可以通过受理举报查办案件，也可以结合国家反腐工作大局和网络信息等主动作为。侦查活动可以由面到点，再由点到面，该模式以信息为工作基础，信息渠道广、取证效率高，带有明显主动性。

4. 侦查范围拓展到虚实空间。传统职务犯罪侦查模式往往受制于地域范围、人员范围、行业范围的界定，主要精力集中在现实空间。"信息引导侦查"职务犯罪侦查模式突破了单一的现实空间，利用信息技术和网络平台的技术优势，结合现实和虚拟空间，开展专门性调查工作。

5. 侦查效率高、成本低。与以往职务犯罪侦查模式依靠人海战术的高成本、低效率不同，"信息引导侦查"职务犯罪侦查模式依靠信息技术和网络平台，一定程度上缓解了检力紧张问题，而且资源共享能大大提高侦办效率，降低侦查成本，在侦破案件中发挥了重要作用，并且有助于提升侦查质量，成为进一步发展案件规模的新的增长点。

四、信息引导职务犯罪侦查的境外立法及其经验

（一）境外立法与实践

发达国家对侦查信息在职务犯罪侦查中的重要作用认识早，动作快，不仅通过立法给予制度支持，确立了管理制度，还通过拨款支持本国信息引导侦查的网络平台建设和人员配置。发达国家因此在信息引导侦查方面走在了世界的前列。英国早在 2002 年就出台了《警察改革法案》，紧接着出台的《国家警务计划》确立了国家情报模式（The National Intelligence Model，简称 NIM），以及国家情报模式的法律地位。NIM 具有以下几个特点：（1）规范化。NIM 确认，情报信息基础建设的首要任务是业务流程规范化，即规范涉及情报信息的采集、汇总、分析、运用等方面的流程，进而确保情报信息资源真实、及时，使其真正发挥引导侦查的作用。（2）前瞻性。NIM 的情报信息工作，不仅包括对表象问题的识别、分析和定性，对潜在问题和趋势同样如此。（3）实效性。NIM 强调，无论是警务决策的依据，还是警力资源部署，或者是合理分享情报，这些实质性的工作，都是建立在警务情报信息的分析与解读基础之上。

美国在信息引导侦查方面的经验是专职化和高共享。（1）专职化。美国很早就建立了情报管理部门及专业化的情报分析队伍，近年来又建立了情报信息网络平台。专业队伍与网络平台共同推进，大大提高了侦查效率。（2）高共享。高共享的基础是警务信息化。主要体现在"两化"，即信息存储、传输电子化和信息运用网络化。其中，美国国家犯罪信息中心在信息引导侦查方面，流程规范，运转高效、信息全面，共享及时，为执法部门打击和预防犯罪提供了强大支持。美国警方情报引导警务模式（CompStat），也被称为"计算机化统计模式"，该模式理论上是由计算机化统计报告、分局领导简要报告和犯罪对策会议组成的统一体，[①] 以求达到情报信息共享、交流各地区犯罪模式和防控措施，并最大限度实现决策科学化、精确化。通过情报引导警务模式的广泛应用，使美国部分地区警察及警察部门的工作效率有了极大地提高，并能

---

① 李仙翠：《美国警方情报引导警务模式及其扩展系统的试行情况》，载《公安研究》2006 年第 5 期。

对之实行科学有效的监督和管理。

（二）信息引导职务犯罪侦查的境外经验

1. 分工明确，各司其职。发达国家组建的侦查情报部门共分两种：一种是集中管理型，即设立独立的综合性情报信息机构，在侦查首脑机关和地方各级侦查部门都是如此。其中，侦查首脑机关的情报信息机构，自身建立有强大的情报信息系统，还负责全国各相关侦查部门的情报信息建设的规划、管理、指导、协调和监督工作。另一种是分散管理型，不同职能部门分别承担情报信息的采集、汇总、分析、研判乃至系统建设等工作，侦查首脑机关设有情报信息部门，但并不负责地方侦查部门的组织管理，与地方侦查部门互不隶属，互相独立。从实施成效看，目前集中型模式更有利于信息主导侦查的组织保障，提高情报信息利用效率，增强侦查效能。

2. 依托平台，整合资源。发达国家（地区）推行该战略的价值追求，是依托信息网络平台，整合和盘活信息资源，并形成有效情报。最具代表性的英国的情报核心分析系统（ICAS）、美国的比较数据系统（COMPSTAT）、加拿大的自动化犯罪情报信息系统（ACIIS）和我国香港特区的警队刑事情报系统（FCIS）等，都是"情报信息主导侦查"运行较好的基础信息平台。

3. 流程规范，推行有力。如前所述，英国"国家情报模式"（NIM）在规范化方面确立了一个典范。其主要做法是：（1）法律推动。英国政府通过发动"警务现代化大讨论"，确定了新的国家情报模式，并借此推动议会审议、通过《警务改革法案（2002）》，最终确立了 NIM 的法律地位。（2）整体推广。《警务改革法案（2002）》出台后，英国成立了一个多方参与的项目管理委员会，专门负责总体协调该模式的推广工作。参与方包括国家警察局长协会、国家犯罪情报总局和高级警官。参与方的权威性，有助于确保推广工作的顺畅。（3）专家推进。英国为推广 NIM，由国家犯罪情报总局负责，组织、抽调专家成立国家级专家支援组，依据推广目标和专业要求，制定 NIM 的工作制度和规范。正因为有了法律推动、整体推广和专家推进，NIM 模式在全英警察局得以迅速推广和普及。

五、我国"信息引导侦查"职务犯罪侦查模式的不足及完善

（一）我国信息引导职务犯罪侦查模式的不足

按照最高人民检察院的部署，近几年来各地检察机关在职务犯罪侦查信息化建设方面陆续地开展了不少工作，取得了一定成绩。但是，职务犯罪侦查信息化建设，需要立足长远，整体布局，共同推进，统一实施，这些阶段性成果远未实现最高人民检察院所提出的目标，还存在许多不足，主要有：

1. 法律法规缺位。检察机关在职务犯罪侦查信息方面需要的法律法规，包括采集、汇总、分析、运用职务犯罪侦查信息方面的规范，也包括跨部门信息共享的规范。目前，规范检察机关收集、研判和应用（包括跨部门信息共享）职务犯罪侦查信息的法律法规尚未出台。检察机关信息引导职务犯罪侦查制度建设起步晚，参照少，多数情况下只能独自摸索、寻求突破。为解决制度缺位问题，近年来，最高人民检察院进行了内部探索，制定印发了《2009—2013 年全国检察信息化发展规划纲要》、《关于加强检察机关职务犯罪侦查信息化建设的意见》和《2011—2013 年全国检察机关职务犯罪侦查装备建设指导意见（试行）》等文件。这些文件为推进检察机关职务犯罪侦查信息化建设指明了方向，但是其重点放在检察机关收集、建立职务犯罪侦查信息，缺少职务犯罪侦查信息运用方面的具体规定，更无法涉及跨部门的信息共享。检察机关深受法律、法规缺位之苦，为此呼吁了多年，希望有法可依，但职务犯罪侦查信息化建设，尤其是信息共享问题的相关立法迟迟无法出台，严重制约了职务犯罪侦查信息化建设的顺利发展。

2. 规划与标准滞后。主要表现在：（1）最高人民检察院的指令不够具体。最高人民检察院对全国检察机关的信息化建设已经做出了规划。但是这些规划有一个明显的不足，都是有要求，无标准。其颁布的《2009—2013 年全国检察信息化发展规划纲要》即是如此。标准不统一、尺度难把握，实施起来必然是五花八门、各行其是。各地、各级检察机关甚至一个检察院内的各个部门（反贪、反渎、监所等）在信息化建设上，往往是重复建设多，统筹建设少；自成体系多，互联互通少；各自利用多，资源共享少，这就造成了事实上的信息隔绝和资源浪费。（2）地方检察院缺乏整体布局和实施标准。由于搭建信息数据库和信息操作平台没有统一的技术规范、数据标准和操作流程，导致下级检察院乃至各个部门都是八仙过海、各显神通。上述问题成了信息引导职务犯罪侦查工作科学、健康发展的最大障碍。

3. 发展不平衡。我国推进信息引导职务犯罪侦查工作的进展，由于认识和经费保障程度的不同，在各地存在明显差异。（1）认识差异。在那些主要领导高度重视、关系协调好的地方，检察院与工商、房产、银监、通信等部门容易实现信息资源共享，也容易开展信息引导侦查工作。检察机关利用各类信息资源系统频率较高、效果很好，已经借此破获了不少职务犯罪案件甚至是大案要案。但是，在那些主要领导重视不够、关系协调不好的地方，检察院借助信息资源系统侦办案件的工作开展得就不顺利，作用不大。（2）地区差异。有的地方检察院对上级检察院关于信息化建设的要求敷衍应付，只是将相应文件予以转发，但未作任何实际工作，或者在有条件的情况下投入少，进度慢，使"侦查信息化"成为一纸空文。① 还有一些地方检察院，由于未实现与相关机构的信息资源共享，在职务犯罪调查过程中，仍然需要人工查询（如查询户籍信息、调取银行凭证等），检察机关的情报信息收集仍然比较被动。

4. 忽视实效性。职务犯罪侦查信息化建设的实用性不强主要表现在：（1）注重上设备，忽视实效性。根据机构改革方案，职务犯罪信息中心设立之前，各级检察院都内设有技术处（科），负责本院的信息化建设。在上级强调职务犯罪侦查信息化建设时，一些地方检察院热衷于要经费、添设备，例如添置技侦车（侦查指挥车）、测谎仪、侦查包（取证勘查箱）甚至大要案远程指挥室等。对于某些地方检察院而言，配置到位后，似乎职务犯罪侦查信息化建设就到位了。随之而来的技术支持、技侦协同、使用规范、使用频率、设备保养、效果评估等等，都被忽视了。甚至在某些地方检察院，出现了一边增添设备，一边继续沿用老套路侦办职务犯罪案件的令人哭笑不得的状况。在此，技术侦查的革新举措、侦查信息化建设，成了某些地方检察院的形式主义"表演秀"。（2）重"技术性"工作，轻基础性工作。职务犯罪侦查信息化建设，只要经费有保障，地方检察院都愿意在技术上升级换代，而真正需要做的基础性工作，如内部信息的录入与整理、开发实用性的信息系统和操作平台、与社会各协作单位信息数据共连共享，却无人去做、无机构愿管。作为职务犯罪侦查部门——各级反贪部门是希望尽快地推动信息引导侦查工作，以科学的信息数据来引导侦查，提高侦办效率和质量，摒弃以往"审讯靠嘴、取证靠腿"的陈旧侦查模式。作为检察机关的内设机构，反贪部门因职权限制，无法独立承担与检察机关各部门、社会各协作单位共同做好信息共享、互联互通等工作。最高人民检察院反贪总局设有侦查信息处，但是，由于种种原因，地方检察院反贪局没有设立对应的负责信息工作的机构，这种机构设置上下脱节的情况，很容易导致在职务犯罪侦查信息系统应用上，系统开发、技术应用与侦查业务相互隔绝、严重脱节，这一弱点越到上级检察院越明显。

5. 技术侦查权不完整。我国对检察机关技术侦查权的规定，经历了两个阶段：（1）严格审批，公安协助（严格限制）阶段。1989 年，最高人民检察院、公安部共同签发了《关于公安机关协助人民检察院对重大经济案件使用技侦手段有关问题的答复》。根据该《答复》，在侦办重大经济犯罪案件和重大经济犯罪嫌疑分子时，必须采用技术侦查手段的，检察机关必须经过严格的审批手续，由公安机关协助执行。（2）检察机关决定，公安国安执行（决定

---

① 马方、刘挣：《论侦查信息化建设的发展与创新》，载《吉林公安高等专科学校学报》2008 年第 3 期。

权和执行权分离）阶段。2012 年修改后刑事诉讼法未同时赋予检察机关技术侦查措施决定权和执行权，而是将执行权分离出来，交由公安机关或国家安全机关实施。从司法实践来看，技术侦查决定权与执行权分离的做法有其弊端：一是效果难以保证。职务犯罪侦查的时机稍纵即逝。对检察机关而言，技术侦查决定权和执行权分离，不确定因素增加了。公安和国安侦办的案件，需要采取技术侦查手段的案件本身就不少，压力已经很大，因此对检察机关决定的采取技术侦查手段的案件能否及时执行无法保证。二是保密难以控制。一般而言，环节越多，保密难度越大。无论是检察，还是公安、国安，其技术侦查措施都是秘密进行的。职务犯罪侦查的对象由于其身份的特殊性，平时又刻意营造"保护网"，具有相当强的干扰力和反侦查能力，侦办此类案件，压力和阻力明显大于一般刑事案件。由公安机关或国家安全机关实施职务犯罪技术侦查措施，增加了侦办环节，不利于案情的保密。此外，2012 年修改后刑事诉讼法虽然明确规定了电子数据证据以及相关的技术侦查措施，[1] 但是，仍只赋予公安机关和国家安全机关有权使用控制下交付和卧底侦查等特殊技术侦查措施。从办案实践中看，目前将技术侦查决定权和执行权分离的规定，增加了职务犯罪案件的侦办难度。

（二）我国信息引导职务犯罪侦查模式的完善建议

以上分析可以得出这样的结论：传统职务犯罪侦查模式已经难以适应新时期的职务犯罪侦查工作需要，应当代之以信息引导职务犯罪侦查模式。通过信息化，职务犯罪侦查工作可以实现从"人力密集型"向"信息密集型"，从"强攻硬取型"向"精细智取型"，从"由供到证"向"由证到供、证供互动"转变。具体可从以下五个方面逐步完善：

1. 制定信息共享的法律规范。1994 年 2 月至 2007 年 4 月，我国陆续颁布了有关信息网络建设、信息技术应用、信息安全等方面的法律、法规，其中包括《中华人民共和国计算机信息系统安全保护条例》、《中华人民共和国政府信息公开条例》和《涉及国家秘密的通信、办公自动化和计算机信息系统审批暂行办法》等法律、法规。这些法律法规虽然对我国的信息化建设提供了有力保障，但是其重点不是国家机关之间的信息共享，而是强调对网络建设、信息系统的安全和保密。最高人民检察院与公安部等 15 部委联合印发了《关于建立实名制信息快速查询协作执法机制的实施意见》，这只是一个较宏观的指导意见，仍不具体。同时，全国各地检察机关纷纷在做有益尝试，如辽宁省

---

[1]　皮勇：《新刑事诉讼法实施后我国网络犯罪相关刑事程序立法的新发展》，载《法学评论》2012 年第 6 期。

院制定了《辽宁省检察机关信息引导侦查工作机制实施办法（试行)》、新疆自治区多个部门联合制定的《关于建立实名制信息快速查询协作执法机制的实施意见》、张家港市院出台了《职务犯罪初查信息搜集研判指导细则》等。但总的来说，这些探索仍不足以从根本上解决目前情报信息工作的地方化和部门化的问题。国家相关机关（权力机关和行政机关）应通过立法，为检察机关推进信息引导职务犯罪侦查，为检察机关侦查工作升级转型，提供制度保障。这种制度，要打破"条"、"块"分割的格局，促进检察机关和纪检监察、公安国安等部门充分共享在查办职务犯罪案件上的情报信息。只有打破"条"、"块"分割，才能实现检察机关在全国范围内整体的而非零散的、通畅的而非隔绝的情报信息共享和综合应用。

2. 制定检察机关采取技术侦查措施的实施细则。修改后刑事诉讼法对检察机关在技术侦查措施方面做出了明确规定，检察机关在今后一段时期不可能自行扩展适用种类和取得执行权，只能执行法律，不能越权。因此，最高人民检察院应尽快制定有关实施细则，就检察机关采取技术侦查措施的适用种类、实施条件、衔接协调等内容加以细化、明确，使各地检察机关能有所依凭，在制度没有新的调整之前弥补检察机关技术侦查权方面的缺陷。

3. 大力加强职务犯罪信息平台建设。近年来，地方检察机关非常重视职务犯罪情报信息平台建设，并将其视为开展信息引导职务犯罪侦查工作的基础。如湖北省已制定《全省检察机关职务犯罪侦查信息平台建设的总体思路》，重点解决当前侦查信息平台建设面临的"急而不动"、"建管脱节"等突出问题，有计划、分步骤的开展侦查信息平台建设。截至目前，湖北省院、武汉市院、黄石市院等十多个单位已完成侦查信息平台的开发建设，并已全部投入使用，取得初步成效。鉴于目前职务犯罪侦查工作转变模式、转型发展的需要，服务实战的职务犯罪情报信息平台建设，应加强以下三个方面的工作：(1) 确保情报信息来源实时。在信息时代，情报信息人员要通过对户籍信息、金融信息（应包括银行存款明细、交易对手信息、信用卡消费信息、投资理财信息等）、房产信息、车辆信息（包括产权、保险、违章、通行记录、维修保养等）、通讯信息、工商登记、宾馆住宿、社保医保、出入境记录、国内外航班信息、电子警察监控信息、其他违法违纪信息等以及公务人员档案、现金的持有和使用情况、直系亲属的财产、工作情况、需要特别说明的经济往来、收入、馈赠以及其他需要主动记录的信息的及时更新，并以专业角度整合分析，从中获取有价值的职务犯罪线索，并尽快进行动态情报信息库的建库工作。(2) 确保情报信息内容互联。包括外部互联，即检察机关应当通过组织协调，加强与公安经侦、工商以及税务、海关等其他行政执法部门的协作和配合，尽快建立信息共享"绿色通道"，实现跨部门联网查询，充分提高情报信息利用效率。内部互联，即在检察机关内部情报信息平台建设上，要做到：第一，打破隔阂，信息共享。检察机关内部要形成共识，在情报信息的使用上，不应该存在级别、部门、地域的屏障，完成职务犯罪侦查工作是第一要务，系统内部信息共享是当务之急。第二，同步建设，加强管理。同步建设是检察机关全系统内部要同步调、全方位建立统一的情报信息交流平台；加强管理是检察机关全系统内部实行访问权限分级管理，在保障内部情报信息交流顺畅的同时，确保情报信息网络及其运行的安全。（3）创新获取情报信息手段。如狱内侦查在防范和打击监狱内犯罪行为的同时，对于配合预审，突破重大案件或疑难案件有着重要的意义。检察机关职务犯罪侦查部门应积极主动与刑侦、看守所、法制等部门沟通，初步探索检察机关在看守所耳目、信息员的使用，逐步建立狱情信息平台。

4. 大力提升技术侦查队伍的整体素质。目前，职务犯罪侦查部门面临人才匮乏的难题，主要的表现就是技术侦查队伍整体素质相对偏低。对此，地方检察机关在推进信息引导职务犯罪侦查工作的过程中，既要增添技术装备，又要培养技术侦查队伍，力争使技术侦查人员成为全能型人才。建设侦查科技人才队伍，应专兼结合、缓急结合：可争取组织、人事部门支持，引进一批急需的专业技术人才；可有针对性的组织有侦查办案经验的侦查人员进行培训，将其培养成精通侦查技能和技术装备的复合性人才；可与技术部门共享技术人才优势。

5. 加快推进职务犯罪侦查信息规范化建设项目。对于上级国家机关已经确定的各种信息规范化建设安排，各级检察机关应紧紧围绕服务侦查办案，突出适用性、实用性原则，并充分考虑各级院需求的差异性，以项目建设方式，有计划、分步骤地推进。近一段时间应着力抓好以下重点项目：（1）加快对社会信息资源的开发利用。抓住贯彻十五部委《关于建立实名制信息快速查询协作执法机制的实施意见》的有利条件，由省级院和地市级院的侦查指挥中心牵头和为主负责、反贪、反渎部门积极配合、各级院积极协助的立体化格局，进一步拓展对社会信息资源的开发与整合。（2）不断强化和丰富反贪情报信息网络平台。除了与传统经侦、工商、银行、房产等部门沟通协作外，还应当与大型国有企业、事业单位等加大往来力度，积极探索建立情报信息联络员制度，不断强化和丰富职务犯罪情报信息网络，从而发现新的犯案环节和手法。同时，进一步加大与税务、海关、发改委等其他行政执法部门的信息共享和联网力度，增进信息查询的信息量和便捷性。（3）推进侦查装备建设。要根据各地办案工作的特点和实际需求，有计划地选配一批先进、高效、实用的侦查技术装备。并指导各级院按照统一规划、统筹建设、资源共享的原则，有重点地抓好侦查装备的配备和建设。如目前武汉市院正在抓紧将购买的移动互联网精准定位系统配置到各级院，并抓好应用配套，为线索评估、初查以及侦查办案提供新的技术分析手段。

六、结语

在信息化的时代背景下、在修改后刑事诉讼法实施的环境下，以及当前反腐败任务依然繁重的情况下，职务犯罪侦查工作应当与时俱进。这就需要各级职务犯罪侦查部门转变观念、制度引导、措施得力、各方配合，逐步形成"信息引导侦查"的新型工作方式，逐步实现职务犯罪侦查工作由传统的人力型、运动型向现代的科学型、专业型转变。作为检察机关业务建设的一项基础工作，职务犯罪侦查信息化建设，必将对提升职务犯罪侦查能力，探索侦查工作新机制，遏制贪腐，确保国家的长治久安以及国家治理的现代化，起到十分重要的作用。

量刑监督权与检察权关系刍议*

丁铁梅　曹　璨

　　要明晰量刑监督权与检察权之间的关系，首先必须厘清检察权的性质。检察权的性质是我国检察制度的核心，无论是在理论界还是实务界，都是争论的一个热点。目前对于检察权性质的认识主要存在以下四种观点：第一，行政权说。赞成行政权说的学者认为，检察机关的组织体制和行动原则具有行政性。我国宪法第 132 条规定"最高人民检察院领导地方各级检察院和专门人民检察院的工作，上级人民检察院领导下级人民检察院的工作"，从该条文可以看出，首先，下级检察院需服从上级的"命令"，其行政属性较为明显。其次，检察权不具有司法权的终局性、中立性和消极被动性。第二，司法权说。这种权说认为，首先，检察机关的公诉权是一种司法性质的权利。公诉人在审查起诉后所作出的是否提起诉讼的决定，和法官随后所作出的裁判极为相似，特别是检察官的不起诉决定，具有法律性、裁断性和终局性等司法特征。[①]其次，按照我国的法律规定，检察机关依法独立行使检察权，其他机关无权干涉，可以认为检察官与法官同质而不同职，具有等同性，检察官如同法官般执行司法领域内的重要功能。[②]第三，双重属性说。持这种观点的人认为，单一地把检察权划分为行政权、司法权都有失偏颇，均不能全面地反映检察权的性质，因此，把其定位为双重属性说更具有实际意义。第四，法律监督权说。这种权说认为，检察权之行政性质和司法性质的有机结合，构成了法律监督权所特有的属性，使它既不同于行政权，又不同于司法权，而成为国家权力分类中一种独立的权力。[③]

---

* 原文载《河南社会科学》2014 年第 3 期。
　① 刘立宪：《司法改革热点问题》，中国人民公安大学出版社 2000 年版，第 75～78 页。
　② 龙宗智：《论检察权的性质与检察机关的改革》，载《法学》1999 年第 10 期。
　③ 张智辉：《检察权研究》，中国检察出版社 2007 年版，第 126 页。

一、检察权的性质

笔者认为，检察权只是具有司法权、行政权的特点，但这些特点都不是其本质属性，本质上，检察权应当属于法律监督权。主要依据如下：

（一）从检察权的概念分析检察权是法律监督权

从一定意义上讲，要想厘清某个术语的性质、定位，必须首先明晰该术语的概念。澄清"检察权"在理论上的纷争，"就必须运用语义分析方法，找出同一词语、概念、命题的语义差异，并使同一词语所表达的实际思想内容的差别尽可能缩小，确认要回答什么问题，不是什么问题以及这个问题是否真的存在，有些争论是可以避免的或得到澄清和解决的"[1]。

检察权，即检察机关依法履行法律职责享有的权力。根据我国法律的相关规定，可以将检察机关行使的职权归纳为：侦查权、批准逮捕权、公诉权、监督权。有学者认为"我们可以按照各项检察职权的性质和特点，把检察权划分为三类：公诉权、职务犯罪侦查权和诉讼监督权"[2]。其中，提起公诉是审判的基础，公诉是形式，监督是内容，是检察监督权借以实体化、具体化的载体；职务犯罪侦查权是对国家工作人员怠于行使或滥用职权和利用职务之便收受贿赂贪污公款构成犯罪的，进行调查证实的权力，是法律监督的一种方式；诉讼监督更是对刑事诉讼整个过程进行的监督。由此可见，检察机关的职能虽然表现形式多样，但其本质、根本都属于法律监督，检察权的各项职能最终都体现了法律监督的属性。

综上所述，检察权是包括公诉权、侦查权、监督权在内的统称，但其本质上是法律监督权，而我国宪法第 129 条亦规定："中华人民共和国人民检察院是国家的法律监督机关。"检察机关是全国人民代表大会及其常委会授予行使法律监督权的专门机关，行使法律监督权。

值得注意的是，我国现行法律规定的检察权的含义仍不统一。我国宪法第131 条规定："人民检察院依照法律规定独立行使检察权，不受行政机关、社会团体和个人的干涉。"修改后的刑事诉讼法第 3 条、第 5 条规定："……检察、批准逮捕、检察机关直接受理的案件的侦查、提起公诉，由人民检察院负责……""人民法院依照法律规定独立行使审判权，人民检察院依照法律规定独立行使检察权，不受行政机关、社会团体和个人的干涉。"人民检察院组织法第 5 条规定："各级人民检察院行使下列职权：（一）对于叛国案、分裂国

---

① 张文显：《法哲学范畴研究》，中国政法大学出版社 2001 年版，第 19 页。

② 张智辉、杨诚主编：《检察官作用与准则比较研究》，中国检察出版社 2002 年版，第 73 页。

家案以及严重破坏国家的政策、法律、法令、政令统一实施的重大犯罪案件，行使检察权。（二）对于直接受理的刑事案件，进行侦查。（三）对于公安机关侦查的案件，进行审查……"可以看出，这些法律条文中虽然都使用了检察权这一概念，但是含义却不统一。宪法第 131 条、修改后的刑事诉讼法第 5 条中的"检察权"都可以理解为检察机关行使的职权，而修改后的刑事诉讼法第 3 条、人民检察院组织法第 5 条却将检察权与批准逮捕、提起公诉、直接受理案件的侦查等职权相并列，从语义分析角度来说，此语境下的检察权也只是检察机关职权中的一个部分。为了统一法律用语和更好地对我国的检察体制进行改革，我们有必要尽快地对这些法律用语进行梳理、修正和统一。

（二）从检察制度起源分析检察权是法律监督权

现代检察制度起源于中世纪的法国和英国，是以公诉制度的确立为前提，以检察官的设立为标志的，是由国王的法律代理人演化而来的，其目的是解释国王制定的法律，监督其在全国范围内的实施。[①] 正如有的学者指出，国王代理人在代理国王处理私人事务的同时，还负有在地方领主的土地上监督国王法律实施的职责，这种国王代理人，即为以后的检察官。从这个意义上说，检察官自 15 世纪起就承担有类似于现代的法律监督职能。[②] 后虽然因为国情的不同，各国检察机关的设置和职权并不完全相同，对于检察机关性质的定位亦有差别，但不能否认检察机关承担法律监督职能的本源。

以苏联为代表的社会主义国家检察制度诞生的理论基础则是列宁的法律监督理论。以该理论为基础的苏联检察制度有以下几个特征：一是在保留公诉权的基础上，赋予检察机关一般监督权，即对国家机关及其工作人员、社会组织、公民，就其所发布的文件或所实施的行为是否合法，实行监督；二是在国家政治结构中确立检察机关的独立地位，对外自成体系，对内实行高度统一的垂直领导，整个检察机关直接隶属于最高国家权力机关。

新中国的检察制度，是在新民主主义革命根据地的检察制度基础上，借鉴苏联的检察制度，并结合我国的国情建立起来的。可以说，我国检察权的思想观点及理论直接受到列宁的法律监督权理论的影响，与苏联的检察制度有许多共同的特征，检察权集中表现为法律监督权。但因为国情的不同，中国检察制度的建立主要还是在毛泽东、邓小平等国家学说和法治理论的指引下，立足于中国人民代表大会制度的宪政基础和法治实践基础，是经过本土化建设的，具

---

① 吕明：《论检察权的基本属性与检察改革的方向》，安徽大学 2006 年硕士论文。
② 吕明：《论检察权的基本属性与检察改革的方向》，安徽大学 2006 年硕士论文。

有中国特色，有别于苏联的检察制度。①

这种特殊性主要表现在三个方面：第一，检察机关的法律监督主要是运用诉讼手段针对具体案件的监督，而不是一般监督意义上的监督，不享有"一般监督"的全部职能。第二，中国检察机关的法律监督并非"最高监督"，而是人民代表大会下设的专门监督机构。第三，在领导体制上，中国检察机关实行双重领导。但这些特殊性都是基于我国的国情作出的适当修改，为的是更加适应我国经济社会的发展，并不能因此妨碍我国检察权的性质。从检察制度的起源分析，检察制度具有天然的法律监督属性，我国的检察权是法律监督权。

（三）从宪政角度分析检察权是法律监督权

如果说以上的分析是从实然的角度对我国检察权性质的一种定位，我们认为从应然的角度对我国检察权性质进行定位更加重要，更值得探讨。孟德斯鸠的三权分立理论，将国家权力分为立法权、行政权和司法权，这三种权力相互独立、互相制衡，以防止权力的滥用。社会主义国家不实行西方的"三权分立"。从马克思主义及社会主义国家权力制度构建的实践等角度分析，社会主义国家只是不实行西方"三权分立"制度模式下的权力分立与制衡，并不是不强调权力的分立和制约，在坚持人民主权原则的同时，可以依法对国家权力进行合理配置，实现权力之间的相互制约。邓小平特别强调设置专门机关来监督国家权力的行使。"各级干部的职权范围和政治生活待遇，要制定各种条例，最重要的是要有专门的机构进行铁面无私的监督检查。"②

议行合一的人民代表大会制度是我国的根本政治制度，该制度的根本特点是国家的一切权力属于人民，人民通过行使选举权选举代表组成全国和地方各级人大及其常委会统一行使国家权力。在人民代表大会下，我国设立了行政机关、审判机关、检察机关和军事机关，分别赋予其行政权、审判权、检察权和军事权。这些机关由人民代表大会产生，对其负责并受其监督。但人大的监督只能是宏观上、总体性的监督，其不可能对那些遵守和执行法律等个别情况进行常态化的专门监督，而在现实生活中又确实需要一个常态化的、具体的监督机构存在，在这种情况下，经过吸收和借鉴苏联把检察机关作为专门法律监督机关的体制，我国将常态化的、具体的监督权赋予了检察机关。

检察机关作为国家专门法律监督机关，依法独立行使检察权，履行法律监督职能，督促行政机关、审判机关、军事机关依法行使职权，防止权力的异化

---

① 齐康磊：《中国检察权及检察制度的法理学分析》，中国政法大学 2009 年硕士论文。
② 《邓小平文选》（第 2 卷），人民出版社 1994 年版，第 332 页。

和滥用。从这个角度分析，检察权是法律监督权，是监督其他权力规范行使的必然之选。

二、量刑监督与公诉权

所谓量刑，是指审判机关在查明犯罪事实，认定犯罪性质的基础上，依法对犯罪人裁量刑罚的审判活动。[①] 量刑监督的提出，正是基于长期以来，无论是法律的规定，还是检察机关在实践中，一般偏重于对案件事实认定的定罪监督，而对于量刑监督，则因为法律规定的限制等因素，没有给予过多的关注，但现实生活中，越来越多的同案不同判现象的出现，又亟须对量刑做进一步的监督规范。目前对量刑监督程序的设计主要体现为以下几个阶段：一是审查起诉阶段的量刑建议；二是庭审过程中的量刑辩论；三是对裁判结果的刑事抗诉、刑事再审。

根据我国法律规定，在刑事诉讼中，除了人民法院直接受理的告诉才处理和其他不需要进行侦查的轻微刑事案件外，其他案件均由人民检察院提出起诉。我国公诉权的内容主要包括：起诉权、不起诉权、出庭支持公诉权、公诉变更权和抗诉权[②]。我们认为，根据 2010 年 9 月 13 日印发的《关于规范量刑程序若干问题的意见（试行）》第 3 条规定，对于公诉案件，人民检察院可以提出量刑建议，量刑建议权也应纳入公诉权范畴。

而量刑监督权与公诉权的关系，或者说审判监督权与公诉权的关系纷争由来已久。有学者认为，检察机关在诉讼中充当监督者和控诉者的双重角色，不会破坏或者取缔司法裁判的独立地位，因为其是严格按照法律规定的程序和方式进行的，是为了维护司法公正，而不是为了"既当运动员又当裁判员"。而有的学者则认为，由检察机关行使法律监督权和控诉权，意味着赋予检察机关较高的法律地位，弱化了司法审判的独立性，破坏了控辩审三方的平衡性。所以，反对者多主张取消其法律监督职能尤其是审判监督职能，仅保留其公诉职能即可，只有这样才能确保检察权朝着正确的方向发展。[③] 两者关系的纷争，主要是对于公诉权的性质认定不同。将公诉权视为法律监督权的学者认为，公诉权作为法律监督权的重要组成部分，是法律监督的基本形态和主要手段，虽说检察机关在诉讼中充当监督者和控诉者双重角色，但其本质都是法律监督。

---

① 张明楷：《刑法学》，法律出版社 2007 年版，第 426 页。

② 孙谦：《检察：理念、制度与改革》，法律出版社 2004 年版，第 433 页。

③ 黄纯丽，向宽宇：《检察机关量刑监督现状的反思与理念重构》，载《南京工程学院学报》2011 年第 3 期。

而将公诉权认定为行政权或是其他某种权力的，则无法理顺公诉权与法律监督权的关系，所以产生各种权属的混乱。

笔者认为，无论从公诉权在国家权力结构中的定位，还是从公诉权的运作特征和表现来看，法律监督均是公诉权的本质属性及职能所在。[①] 其一，检察机关的法律监督是以诉讼的方式监督促使法院纠正错误裁判及相关问题的一种程序性制度设计，即使是对于公安提起的普通刑事案件做出的起诉或不予起诉的决定，亦是对公安侦查活动的一种监督，且在庭审过程中，公诉人直接参与庭审过程可以视为对法官的审判程序进行的程序监督，公诉人的公诉职能与法律监督职能并不冲突。其二，公诉人作为代表国家提起公诉的控诉一方，虽然缺乏作为一般法律监督者所必须具有的那种超然性、中立性和独立性，但是其对法官的审判监督更多的是程序上的监督，程序合不合法，有无严格的法律明文规定，公诉人的监督更多的是给予法官一种程序规范的压力，公诉人自身诉讼角色与监督角色并无冲突。

所以说，法律监督权与公诉权并不冲突，正如最高人民检察院（以下简称"最高检"）关于加强公诉人建设的决定指出的那样：公诉是我国检察机关核心的标志性职能之一，是法律监督的重要组成部分，法律监督权通过公诉权的具体行使得以落实和体现。具体到量刑监督权与公诉权的关系，两种权属有重合或是兼容的职能存在，主要表现为：第一，量刑监督通过公诉得以落实和体现。量刑建议权属于公诉权的下位权能，是公诉权的重要组成部分。庭审过程中的量刑建议与量刑辩论既是公诉职能不可分割的一部分，也是量刑监督的一种体现，是量刑监督的一个重要阶段。第二，庭审过程中，如果法官没有采纳公诉人所做的量刑建议，其所作的判决与量刑建议之间相差甚远，法官又不予说明理由，或者说明的理由不充分，公诉人所提的量刑建议就可能成为检察机关提起量刑监督的一个重要依据。第三，公诉过程中所体现的量刑监督程序，如量刑建议和量刑辩论程序，使控辩双方的意见和主张都在诉讼过程中得到充分展示，可以促进量刑过程的公开化，有利于完善刑事审判程序的科学化。

三、量刑监督与量刑建议

修改后的刑事诉讼法第 193 条第 2 款规定："经审判长许可，公诉人、当事人和辩护人、诉讼代理人可以对证据和案件情况发表意见并且可以互相辩

---

① 韩成军：《论法律监督与我国检察机关公诉权配置的改革》，载《河南大学学报（社会科学版）》2011 年第 5 期。

论。"从这条规定可以看出，公诉人在提起公诉或出庭支持公诉活动的过程中，不但可以对被告人的定罪发表意见，而且还可以根据犯罪的事实和情节，就被告人的量刑问题，即应当判处的具体刑种、刑期、罚金数额以及执行方法向法院提出具体的意见，也即我们所说的量刑建议。

量刑建议是随着人民群众对司法公正、量刑公正的要求越来越高、对量刑问题越来越重视而逐渐走进人们视野的。为此，最高检专门出台了一些对开展"量刑建议"工作具有指导性作用的规范性文件，各地检察机关亦相继开展"量刑建议"改革试点，并卓有成效。2005 年 7 月，最高检出台了《人民检察院量刑建议试点工作实施意见》，正式将量刑建议列为检察改革项目；最高人民法院（以下简称"最高法"）在 2009 年 3 月印发《人民法院第三个五年改革纲要》明确要求应当规范法官在量刑方面的自由裁量权，并研究制定《人民法院量刑程序指导意见》；2010 年 2 月 23 日最高检下发了《人民检察院开展量刑建议工作的指导意见（试行）》；2010 年 9 月 13 日，最高检、最高法、国家安全部、公安部、司法部（以下简称"两高三部"）联合印发《关于规范量刑程序若干问题的意见（试行)》，该《意见》第 3 条规定：对于公诉案件，人民检察院可以提出量刑建议。至此，量刑建议虽然仍没有上升到法律层面，但是检察机关的量刑建议权已经得以确认和强化，量刑活动在一定程度上具有了一致性和严肃性。

量刑建议是求刑权得以实现的载体，是量刑监督的一个程序性设计，其在庭审过程中对适用刑罚提出具体的意见，即对被告人应处的刑种和刑度提出主张，出发点是为了合理制约审判权，确保量刑公正，实现司法公平。在量刑监督的程序性设计中，量刑建议是开展后续程序如量刑辩论、刑事抗诉的基础和前提，庭审过程中的量刑辩论紧紧围绕量刑建议展开，其后的刑事抗诉亦很可能是依据量刑建议提出。除此之外，两者的不同之处主要在于：第一，量刑建议在本质上是一种建议，至于建议是否被采纳则不确定，而量刑监督的定位是监督权的行使，如果被监督的对象有明显不当或违法行为，检察机关有权采取具有法律意义的措施予以纠正。第二，量刑建议一般仅仅出现在庭审阶段，是诉讼的一个阶段，而量刑监督则体现在刑事诉讼的多个环节。量刑建议是量刑监督的一个重要组成部分，是量刑监督的具体体现，量刑监督包含的范围、涉及的诉讼阶段要远远广于量刑建议。

四、量刑监督与刑事抗诉

刑事抗诉是人民检察院依照法定职权通过诉讼程序，对人民法院作出的确有错误的刑事判决、裁定要求进行改判的监督活动。它是法律赋予人民检察院实行法律监督的一项重要职能，根据修改后的刑事诉讼法第 243 条第 3 款、第 4 款，"最高人民检察院对各级人民法院已经发生法律效力的判决和裁定，上级人民检察院对下级人民法院已经发生法律效力的判决和裁定，如果发现确有错误，有权按照审判监督程序向同级人民法院提出抗诉；人民检察院抗诉的案件，接受抗诉的人民法院应当组成合议庭重新审理，对于原判决事实不清楚或者证据不足的，可以指令下级人民法院再审"。

长期以来，刑事抗诉作为审判监督的一个重要手段，在司法救济、维护当事人权益等方面起到了重要的作用。但是随着社会主义法治的发展，传统刑事抗诉的局限性日益凸显。传统刑事抗诉主要体现在对案件定性错误以及事实认定上的监督，即对案件进行实体评判时发生错误，导致有罪判无罪、无罪判有罪或者混淆此罪与彼罪等，造成适用法律错误，罪刑不相适应的进行监督。而在量刑方面，主要体现在重罪轻判或者轻罪重判，量刑明显不当的，即量刑畸重畸轻的才提起抗诉，对于量刑偏轻偏重的，则认为"一般不宜提起抗诉"，再加上"慎用抗诉权"思想的存在，检察机关对于法官的监督往往只停留在定罪层面，对于量刑方面则涉及较少。而这显然已经不能满足人民群众快速增长的对公平正义的需求。人们不仅争辩此案的罪与非罪以及量刑轻重，而且广泛探讨涉及平等保护、有效辩护、程序正义、罪刑相适应等诸多现代司法理念。[1]

正是基于这种需求及认识，人们开始关注审判监督的另一手段——量刑监督，我们认为，求刑权，包括定罪、量刑两个方面，即定罪请求权和量刑建议权。[2] 两者不可分割，前者是后者的基础，没有定罪请求权，量刑建议权就失去了合理的依据，而量刑建议权是目的，没有它定罪请求权就失去了原本的意义，其定罪请求权也是不完整的请求权。[3]

量刑监督程序设计中，对裁判结果的监督方式仍是通过抗诉。[4] 不同的是，传统的刑事抗诉属于事后监督，只是对生效判决的监督，而且主要是定罪监督，主要集中在是否有罪及此罪彼罪上；量刑监督程序中的量刑建议，是刑事审判监督的前移，它在庭审阶段提出，直接作用于法庭审判，可以弥补以前审判前只有程序监督的不足，是刑事审判实体监督向判决监督的自然延伸，同时也弥补了仅仅依靠抗诉这种事后实体监督形式缺乏操作性和不具体性的不足，是对刑事审判监督的完善。[5]

---

① 黎齐武：《以科学方法实现量刑公正》，载《法制日报》2011 年 9 月 14 日。
② 张泽涛：《刑事诉讼的证明标准应为法律真实》，载《中国刑事法杂志》2003 年第 5 期。
③ 史海涵：《检察机关量刑建议权基本理论探析》，载《法制与社会》2008 年第 26 期。
④ 张泽涛：《中西司法与民主关系之比较》，载《河南社会科学》2012 年第 9 期。
⑤ 熊曦：《刑事审判监督语境下的量刑建议》，载《四川理工学院学报》2009 年第 S1 期。

论国家诉权理论的导入对检察权的
冲击与完善[*]

李　扬

一、国家诉权之理论导入

国家诉权是与个体诉权相对应的概念，指的是国家依法享有的，为了维持法律秩序而进行诉讼，追究犯罪者刑事责任的基本权利。[①] 对于国家诉权理论，本文拟主要从国家诉权的构成要素和双重属性两个视角进行论述。

（一）国家诉权的构成要素

1. 国家诉权是刑事诉权不可或缺的组成部分。国家诉权有广义与狭义之分。广义上的国家诉权是国家依法享有的，维护法律秩序和社会公共利益而参与诉讼的权利。例如新修改的民事诉讼法中，人民检察院或相关组织提起的公益诉讼就属于广义国家诉权的范畴。本文所研究的国家诉权专指狭义上的国家诉权，即刑事诉讼中国家享有的，追究犯罪者刑事责任的基本权利。国家诉权属于刑事诉权的一部分。刑事诉权的相关属性，例如诉权的平等性、可处分性、主体的多元性和行使的阶段性等，国家诉权都应当适用。而与民事诉权相比，刑事诉权最为突出的国家强制性在国家诉权属性中表现得最为淋漓尽致。

2. 国家诉权是国家享有的，为维护国家与社会利益而行使的权利。在刑事诉权的分类体系中，国家诉权是与个体诉权相对应的。这是国家诉权区别于其他刑事诉权的主要特征，即国家诉权是由国家享有的，是为了维护国家和整个社会的公共利益而行使的，是由国家强制力保障实施的诉权。在这里，有两点需要特别说明：其一，国家诉权与个体诉权的行使边界是依据刑法法益理论进行划分的。根据庞德关于利益的分类，刑法法益可以分为"个人法益"与"超个人法益"两个层次。而所谓"超个人法益"是指刑法规范和保护的国家

原文载《法学杂志》2014 年第 11 期。

　汪建成：《论诉权理论在刑事诉讼中的导入》，载《中国法学》2002 年第 6 期。

与社会的利益。① 也就是国家诉权力求维护的公共利益。其二，国家诉权不等于国家机关享有的诉权，即并不是所有的国家机关参与诉讼都是在行使国家诉权。例如在行政诉讼中，作为被诉方的国家行政机关属于一方当事人，可以行使其诉权。但这里的诉权属于个体诉权的范畴。因为其行使的诉权并非代表国家和社会的整体利益，而是为了维护其具体行政行为的合法性。

3. 国家诉权的具体表现是追究犯罪者的刑事责任。作为刑事诉权理论体系中的一部分，国家诉权行使的具体目标即追究犯罪者的刑事责任。国家诉权理论在刑事诉讼一系列现行制度和程序运行中，始终是以合法、适当地追究犯罪者的刑事责任，维护被犯罪行为侵害的国家利益为国家诉权行使的出发点。这是其与广义国家诉权的本质区别。

（二）国家诉权的双重属性

通常而言，诉权的构成包含两个要件：行使诉权的当事人适格和当事人具有诉的利益。② 自公诉制度取代自诉制度，控审分离原则成为刑事诉讼基本原则开始，国家控诉机关就取得了法定的国家追诉机关的地位，代表国家行使控诉职能。从诉的利益的角度分析，检察官参与刑事诉讼具有与民事诉讼当事人不同的目的，即"保障公众的利益"。德国诉讼法大儒施密特说，检察官作为法律的守护者，乃国家法意志的代表人。③ 其为了维护社会公共利益和正常的社会法秩序而参与刑事诉讼，保障人民利益免受侵犯。由此可见，检察官所享有的国家诉权符合诉权构成的基本要件，其从本质上属于刑事诉权的范畴。

此外，从民事诉权理论角度分析，国家诉权也符合诉权的基本特征。首先，从诉权与审判权的关系来看，国家诉权与法院的审判权相互对立，检察官通过提起公诉来启动刑事审判。其次，实体请求权是诉权的出发点和归宿。国家诉权的实体请求权主要表现为检察官的求刑权。最后，检察官的起诉自由裁量权表明国家诉权同样具有诉权的可处分性。

然而，不可否认的是，国家诉权虽然具有诉权的基本属性，但其与个体诉权之间仍存在较大的差别。这种差别主要源于国家诉权的权力属性，即国家诉权还可以被定位为一种国家权力。其权力属性主要表现在两个方面：其一，国家诉权的行使是以国家强制力为保障的。审前阶段强制措施的适用即国家以强制力保障诉权行使效果的主要措施。其二，国家诉权的行使以国家法治秩序和

---

① 丁后盾：《刑法法益原理》，中国方正出版社 2000 年版，第 75 页。
② 江伟、邵明：《民事诉权研究》，法律出版社 2002 年版，第 166～229 页。
③ 联合国《关于检察官作用的准则》第 13 条（b）。参见杨宇冠、杨晓春主编：《联合国刑事司法准则》，中国人民公安大学出版社 2003 年版，第 371 页。

社会公益的维护为前提。与公民个人诉权所追求的个人利益最大化不同，国家诉权的权力属性决定了其在行使诉权之时不得以侦查机关和检察机关的部门利益为重，而必须以国家利益的维护为己任。检察官承担的客观义务即是国家诉权权力属性的典型体现。

国家诉权的双重属性看似水火不相容，实则不然。仔细分析则不难发现，国家诉权的权利属性与权力属性是从国家诉权的来源和依托的角度进行考察的结果。卢梭在其名著《社会契约论》中曾经谈道："社会公约就是每个人都以其自身及其全部的力量共同置于公意的最高指导之下……每个人由于社会公约而转让出去自己的一切权力、财富和自由都仅仅是其用途对于集体有重要关系的那部分。"① 也就是说，从权力的角度进行考察，国家诉权是一种典型的契约性权力。从私诉到公诉的转化过程，实际上就是民众将自身享有的追诉权让渡给国家行使的过程。因此，国家诉权的权力来源和依托有二：其直接来源是诉权行使者对国家公共资源的控制力；其根本来源是民众以明示或者默示的方式将自己的起诉权委托和让渡给了国家，从而要求国家以强制力量保障自己让渡的起诉权的行使效果。

二、国家诉权理论在我国修改后刑事诉讼法中的体现

（一）凸显了国家诉权与个体诉权的平等性，强化检察机关在刑事诉讼中的诉权主体定位

2012 年新修改的刑事诉讼法关于检察权的制度改革中，有诸多条款都对国家诉权的平等性做了呼应和强化。这种制度与程序设计上的呼应与强化，一方面表现为国家诉权与个体诉权权利设置的对应性。例如，修改后刑事诉讼法第 39 条规定了"辩护人有权申请人民检察院、人民法院调取侦查、审查起诉期间公安机关、人民检察院收集的证明犯罪嫌疑人、被告人无罪或者罪轻的证据材料"，其在赋予辩护人一方获取控诉方相关证据材料权利的同时，也要求作为控诉方的人民检察院承担向辩护人展示有利于被告人证据的诉讼义务。与这一诉讼义务相对应，其第 40 条规定"辩护人收集的犯罪嫌疑人不在犯罪现场、未达到刑事责任年龄、属于依法不负刑事责任精神病人的证据要及时告知公安机关和人民检察院。"换言之，辩护一方也需相应承担将其收集或掌握的特定有利于犯罪嫌疑人、被告人的证据材料向人民检察院予以披露的义务。再如，其第 184 条和第 210 条关于人民检察院派员出庭支持公诉的规定都是本次刑事诉讼法新增加的内容。根据 1996 年刑事诉讼法的规定，对于刑事简易审

① ［法］卢梭：《社会契约论》，何兆武译，商务印书馆 2003 年版，第 195 页。

理程序，人民检察院是可以不派员出庭的。显然这样的制度并不符合控辩双方诉权对等行使的基本原则，无形之中将公诉检察官与法官的作用混同。笔者认为，无论 1996 年的立法者是处于何种立法考虑而做出的这一制度设计，探究其深层原因，从立法理念的层面而言，显然并未将人民检察院派员出庭支持公诉的权利作为国家诉权来看待。如若其将这一权利作为当事人享有的诉权来看待，则对于检察院不派员出庭的刑事案件，应与刑事自诉案件和民事诉讼案件一样，按照控诉方撤诉处理。2012 年刑事诉讼法在修订时也注意到了这一问题，不仅在第 210 条明确了刑事简易审理程序中检察院必须派员出庭，在第 184 条中还进行了原则性的概述，使人民检察院派员出庭支持公诉的规定与被告人出庭参与诉讼的相关规定相对应，不失刑事诉讼法强化国家诉权职能的又一例证。

此外，国家诉权与个体诉权的平等性在 2012 年刑事诉讼法修改中还表现为通过补强辩护方相关诉讼权利来调整控、辩双方的诉权对抗，保障个体诉权与国家诉权的平等性。例如其第 33 条明确将辩护律师介入刑事诉讼的时间提前至侦查机关第一次讯问或者采取强制措施之日；第 159 条和第 170 条分别赋予了辩护律师在侦查终结和审查起诉时提出书面辩护意见的权利。包括 2012 年刑事诉讼法中对辩护律师会见权、阅卷权等一系列诉讼权利的强化和保障，也都是秉持控辩平等的基本原则，促使被告方行使的个体诉权能够切实与强大的国家诉权相对抗的成果。

（二）扩大了国家诉权的可处分性，拓展了检察机关自由裁量权行使的广度

2012 年刑事诉讼法修改扩大了检察机关行使国家诉权的可处分范畴，为国家诉权理论的完善和其在司法实践中的进一步应用提供了良好的条件。最典型的例证即刑事诉讼法新增设的当事人和解的公诉案件诉讼程序。在这一程序中，虽然立法强调是以犯罪嫌疑人、被告人与刑事被害人及其近亲属达成和解协议为程序适用的前提，《人民检察院刑事诉讼规则（试行）》也规定了检察机关对于和解协议的自愿性和合法性有重点审查的职责。从这些表象来看，似乎检察机关在当事人和解的公诉案件程序中更多地是扮演了法律监督者的角色，即监督和审查被告人与被害人双方和解协议的合法性与执行状况。然而，事实并非如此。笔者认为，如果要考察检察机关是否属于该和解程序的一方当事人，最为根本的在于检察机关是否实质性地让渡了其诉讼利益，而非其是否参与了"交易"的谈判过程。根据刑事诉讼法第 279 条的规定，"对于达成和解协议的案件，人民检察院可以向人民法院提出从宽处罚的建议，对于犯罪情节轻微，不需要判处刑罚的，可以作出不起诉的决定……"可见，在当事人和解的公诉案件诉讼程序中，作为控诉方的人民检察院是以"从宽的量刑建

议"和"不起诉"作为促成起诉阶段和解协议达成的前提。

此外，在未成年人刑事案件诉讼程序中，我国刑事诉讼法也首次赋予了人民检察院在特定情形下的附条件不起诉权利。这是继酌定不起诉、证据不足不起诉之外，又一充分赋予检察机关起诉裁量权的制度设计，强化了人民检察院行使国家诉权的可处分性。

（三）初步确立了遏制国家诉权滥用的内部防御体系

2012 年刑事诉讼法修改在着力保障国家诉权的平等性和可处分性之外，还尝试确立了防止国家诉权滥用的相关制度设计。例如刑事诉讼法第 54 条关于"在侦查、审查起诉时发现有应当排除的证据的，应当予以排除，不得作为起诉意见、起诉决定"的规定，即是通过在侦查和审查起诉阶段建立我国的非法证据排除规则来防止国家诉权的滥用；再如，为了防止侦查机关和检察机关在与被告人一方诉讼博弈的过程中，滥用职权侵犯辩护人的合法权益，修改后刑事诉讼法明确规定，如果律师在刑事辩护的过程中存在违法犯罪行为，则必须由其他侦查机关另案侦查，不得由承办原案件的侦查机关一并办理。不难发现，上述新规定都是旨在国家诉权体系内部构建防范诉权滥用的相应机制，可谓修改后刑事诉讼法的亮点之一。

综上所述，仔细梳理 2012 年刑事诉讼法修改中与检察权相关的主要条款可以看出，绝大部分的修改内容都与国家诉权理论紧密相连。无论立法者在立法之初是已经秉持了国家诉权的基本理念并以此指导刑事诉讼法的修改还是刑事诉讼法的修改理念恰好与国家诉权理论不谋而合，笔者认为，随着国家诉权理论在刑事立法与司法实践中的进一步强化，其必然对传统的检察权理论形成冲击。而修改后的刑事诉讼法在实践运行的过程中又迫切地需要相关的检察权理论加以支撑和指导，因此从国家诉权的视角对传统检察权理论进行梳理和创新是十分必要的。

三、国家诉权理论导入对传统检察权理论的冲击

（一）从检察权配置的视角考察，国家诉权理论的导入对检察权内部权能进行了重新分配与梳理

在传统的检察权理论中，对检察权的配置及其与法律监督权的关系虽然也存在诸多争论，但概而言之，大致有如下两种主要观点：第一种观点认为，检察权就是法律监督权。持这一观点的学者认为，我国宪法第 129 条明确规定了人民检察院法律监督者的地位，以此为依据可以推断出，宪法明确了检察机关"法律监督机关"的性质。这就意味着法律赋予检察机关的权力——检察

权——在性质上是法律监督权。① 因而，刑事诉讼法赋予检察机关的所有权力都属于法律监督权的范畴。第二种观点认为，检察权与法律监督权性质各异，二者不能等同。原因在于检察机关的法律监督与公诉两个诉讼角色在实践中相互矛盾。一方面，"法律监督者的角色要求检察机关尽可能保持中立、超然和公正；而刑事控诉者的角色，却要求检察机关尽可能保持积极、主动和介入；另一方面，检察机关行使法律监督权会破坏司法中立与控辩平等的基本诉讼原则，使审判中理想的控、辩、审等腰三角结构遭受破坏，从而对司法裁判的公正性产生负面的影响。"② 因此，第二种观点通常认为，检察权与法律监督权二者之间是上位权与下位权的关系，除了法律监督权之外，检察权还包含公诉权、审查批捕权等一系列权力。

随着国家诉权理论导入到传统的检察权理论以及刑事诉讼法对国家诉权相关制度和程序的大力强化，笔者认为，对检察权、法律监督权与国家诉权三者之间的关系应当进行重新定位并得出如下三点结论：

1. 国家诉权是检察权的下位权力，属于检察权的组成部分。国家诉权的主要职能是参与刑事诉讼，代表国家追究犯罪者的刑事责任，而根据我国现行刑事诉讼体制，检察机关作为唯一的追诉机关，通过启动公诉程序，承担了国家追究犯罪者刑事责任的相关职能，因而，其是国家诉权行使的当然主体。

如果对现行的立法条文进行分析，同样可以得出上述结论。人民检察院组织法第5条规定："各级人民检察院行使下列职权：（一）对于叛国案、分裂国家案以及严重破坏国家的政策、法律、法令、政令统一实施的重大犯罪案件，行使检察权；（二）对于直接受理的刑事案件，进行侦查；（三）对于公安机关侦查的案件，进行审查，决定是否逮捕、起诉或者免予起诉；对于公安机关的侦查活动是否合法，实行监督；（四）对于刑事案件提起公诉，支持公诉；对于人民法院的审判活动是否合法，实行监督；（五）对于刑事案件判决、裁定的执行和监狱、看守所、劳动改造机关的活动是否合法，实行监督。"这一条文对我国检察机关的职权进行了列举式的规定，从中不难发现，除了对第5款执行程序合法性的监督之外，检察机关所享有的其余四项职权中都或多或少地包含了国家诉权追究刑事犯罪的内涵。

2. 国家诉权与法律监督权是平行权力，二者互不隶属。一方面，国家诉权的权力行使目标是追究犯罪者的刑事责任，恢复正常的社会法秩序，而法律监督权的行使目标则是监督和促使刑事诉讼程序合法、有序地推进，以此保障

---

① 孙谦：《中国检察制度论纲》，人民出版社2004年版，第55～56页。

② 陈瑞华：《刑事诉讼的前沿问题》，中国人民大学出版社2005年版，第530～531页。

当事人的合法权益不受侵犯，促使公安机关和人民法院正当行使国家公权力。因此，相互矛盾的权力行使目标决定了国家诉权与法律监督权不可能相互隶属。如果国家诉权隶属于法律监督权，则国家诉权追究犯罪的职能必将弱化甚至消失殆尽，如果将法律监督权划为国家诉权的范畴，则法律监督权无疑会沦为粉饰国家强力打击犯罪的工具。另一方面，法律监督权与国家诉权一样，都应当属于检察权的下位权力。将检察权等同于法律监督权的主要依据是宪法关于人民检察院法律监督机关地位的相关规定，但宪法的这一规定并不能当然地推导出检察权就是法律监督权的结论。笔者认为举一反例即可说明问题。我国宪法在规定了人民检察院法律监督机关地位的同时，也确立了人民法院审判机关的地位。如果依照前述逻辑，那么人民法院行使的所有职权都应当属于审判权的范畴。然而，根据我国人民法院组织法和刑事诉讼法的相关规定，人民法院所行使的职权中不仅包括了审判权，同时也包括了司法建议权、部分刑罚的执行权等其他权力。而司法建议权、刑罚执行权从权力属性而言，显然并不是审判权。由是观之，法律监督权虽然是人民检察院行使的主要职权，但其仅为人民检察院行使法定检察权的一部分，应当属于检察权的下位权力。

3. 公诉权与职务犯罪侦查权都属于国家诉权的基本范畴。在传统检察权理论的两种争论中，或者将公诉权与职务犯罪侦查权划归为法律监督权的范畴，或者认为二者与法律监督权是平行序位的关系。笔者认为，这样的两种定位都不准确。公诉权与职务犯罪侦查权作为刑事诉讼中检察机关所行使的核心权力，都应属于国家诉权的基本范畴。

公诉权作为人民检察院在我国现行刑事诉讼中行使的主要权力，其代表国家追诉犯罪，追究犯罪者的刑事责任，显然是国家诉权理论的核心组成部分，但并非国家诉权的全部内涵。除了公诉权之外，笔者认为，人民检察院行使的侦查权也属于国家诉权的一部分。这是因为，从诉权的基本属性出发，国家诉权的对等性和可处分性在人民检察院所行使的侦查权中都有淋漓尽致的体现。其一，在公诉案件中，侦查权的行使过程也就是国家侦查机关确定犯罪嫌疑人、收集犯罪证据的过程。在自诉案件中，整个侦查过程实际是由自诉人自行完成的，而自诉人确定犯罪嫌疑人、收集犯罪嫌疑人犯罪证据的权能显然是其行使当事人诉权的直接体现。同时，作为诉讼当事人的犯罪嫌疑人、被告人同样享有通过行使个体诉权合法获取有利于自己证据的权利。由此可见，证据的调查和收集权，虽然行使的主体在不同性质的诉讼中可能不同，但其权利的基本属性确是同质的，也是作为控辩双方的当事人对等的权利，其都应该属于诉权的范畴。其二，根据刑事诉讼法的规定，在侦查过程中，侦查机关发现有不应当追究犯罪嫌疑人刑事责任的，应当撤销案件。可见，在我国，并非所有进入法定侦查程序的案件都必须移送审查起诉，对于符合法定条件的案件，侦查机关可以在案件终结时作出撤销案件的决定，即侦查机关在行使其侦查权能时享有一定限度的诉权可处分权。

（二）从检察权外延的视角考察，国家诉权理论的导入扩大了检察权的理论外延，为检察权的重新定位提供了新的思路

从上文检察权配置的分析中不难看出，国家诉权理论的导入对传统的检察权理论进行了重新分类，人民检察院所享有的侦查权也划归在国家诉权的范围之内。由此，无疑会引申出一个新问题，即刑事诉讼中的其他侦查机关，如公安机关所行使的侦查权是否属于国家诉权的范畴。

笔者认为，从人民检察院行使侦查权的对等性、可处分性的角度考察，人民检察院行使的侦查权与其他侦查机关所行使的侦查权，在权力属性上并无二致，其根本区别在于行使主体上的差别。而回归到国家诉权的本源分析，国家诉权是国家享有的，为了维持法律秩序而参与到刑事诉讼之中来，追究犯罪者刑事责任所依法行使的权能。无论是人民检察院抑或是公安机关和其他法定侦查机关都是依据国家赋予的法定权力，代表国家行使侦查权。故而刑事诉讼法中所有法定侦查机关所行使的侦查权都应当属于国家诉权。

由是观之，国家诉权理论的导入极大地扩大了检察权的行使外延，再以"人民检察院行使的职权"作为检察权的基本定位显然已经无法涵盖检察权的全部内容。笔者认为，针对国家诉权理论对传统检察权理论的这一冲击，不妨换个思路，从检察权的权属范畴而非权力主体的角度来重新定义检察权。即检察权不是以检察机关的主体性来定位，而是指为维护国家和社会利益，代表国家追诉犯罪并保障刑事诉讼合法运行的全部法定权能。

四、国家诉权理论导入对现行检察制度的变革和完善

（一）借鉴"检警一体化"模式，重新塑造我国的侦检关系

在我国司法实践中，长期以来存在侦查机关与检察机关各自为战的体制格局。虽然刑事诉讼法赋予了人民检察院对公安机关立案和侦查程序的法律监督权，但其监督的是立案和侦查行为的合法性。对于具体侦查方向的确定及证据收集的标准，公安机关享有极大的自主权，检察机关无权直接干预公安机关的工作。这就必然导致我国司法实践中侦查与公诉的脱节。由于侦查人员是以侦破案件为目标，不注重证据的收集和保存，很容易导致侦查终结的案件无法达到提起公诉的证明标准，而待人民检察院提出补充侦查的意见后，检察机关期望获得的证据往往又因为时间的推移而无法取得，势必造成侦查和公诉工作的被动性，客观上不利于打击和控制犯罪。

　　国家诉权理论的导入极大地扩大了检察权行使的边界，将侦查权也纳入检察权行使的范畴之中。据此就必然要对我国现行的侦检体制进行梳理和变革。笔者认为，应当顺应检察理论发展的新要求，以刑事诉讼强化国家诉权为契机，推动我国的检警一体化改革。

　　关于"检警一体化"之含义，理论界大致有两种观点：一种是侦查机关与检察机关在组织机构上的一体化；① 另一种是侦查机关和检察机关在职能上的一体化。从国家诉权理论而言，其对检警一体化的要求必然是二者职能上的一体化。即在保留现有机构设置的格局下，建立两机关之间的有机联系，使检察机关集侦查权和控诉权于一身，成为法定的侦查机关；而警察机关作为实质的侦查机关，其任务是协助检察院侦查犯罪或受检察院的指挥、命令侦查犯罪。② 检警一体化模式的确立能够使检察机关实质地根据公诉的要求和标准来指导和指挥侦查工作，不仅顺应了检察权理论的发展，在实践中也有可能提高侦查效率，减少侦检思路不统一所造成的内耗和效率低下的难题。

　　（二）强化国家诉权职能与法律监督职能的分离，明确检察权的双重定位

　　在我国传统检察权理论中，法律监督权与检察权界定不明，检察权配置模糊。理论上的模糊性必然带来实践中的诸多问题。受法律监督权学说的影响，长期以来检察官往往将其行使的全部职权都视为是法律监督权。即使是出庭支持公诉，检察官也大多是以法律监督者的心态来行使。笔者认为，国家诉权理论导入到检察权理论之后，已经将检察权与法律监督权进行了明确的理论界定，在检察体制中，应当强化国家诉权职能与法律监督职能的分离，避免检察官在实践中随意将两种权能混同行使，设置严格的权力分离机制。笔者认为，要确实将这一理念落到实处，一方面要对检察机关内部机构的设置及机构的权限划分进行重新调整，绝不允许检察机关内部同一职权部门同时享有国家诉权和法律监督权两种职权，从组织机构层面强化二者的分离；另一方面要对现行刑事诉讼法进行修改，对其中可能混同法律监督权与国家诉权的条款进行重新的制度设计。例如，本次刑事诉讼法新增设的"依法不负刑事责任的精神病人的强制医疗程序"中，既赋予了人民检察院申请强制医疗的程序启动权，同时又明确检察机关享有对人民法院最终强制医疗决定的法律监督权。对于这一制度设计，如果是人民法院自行决定启动的强制医疗程序，则对人民检察院

---

　　① 此观点主张，"侦检一体化"是指将公安机关的行政职能与司法职能分离，将刑事司法警察从公安机关中剥离出来，交由检察机关节制。陈兴良：《诉讼结构的重塑与司法体制的改革》，载《人民检察》1999 年第 1 期。

　　② 万毅、毛建平：《我国检警关系的反思与定位》，载《检察论丛》（第 5 卷），法律出版社 2002年版，第 31 页。

行使法律监督权并无异议，不会造成国家诉权与法律监督权的混同，但是如果是人民检察院申请启动这一特殊程序，则对于检察院同时行使的法律监督权就要作出严格限制和细致区分。

（三）充分保障检察权的权属利益，扩大国家诉权的可处分性

现行检察制度除存在侦检机制不顺、检察权属模糊的问题之外，在国家诉权的运行机制中，最突出的问题即对国家诉权的可处分性限制过于严格，无法充分发挥检察机关行使国家诉权的积极性和主动性。虽然本次刑事诉讼法修改强化了国家诉权的行使力度，但笔者认为，随着国家诉权理论全面导入检察权理论之中，在现有基础上还应进一步扩大国家诉权的可处分性，赋予检察机关更多的自由裁量权。也只有如此，才能切实保障行使国家诉权所追求的诉讼利益最大化。具体而言，有两个改革思路：其一为扩大国家诉权可处分权的途径。现行刑事诉讼法中国家诉权的可处分权主要通过"当事人和解的公诉案件诉讼程序"、"未成年人附条件不起诉程序"和"传统的审查起诉"三种途径行使。在上述三种途径中，刑事诉讼法明确限定了"当事人和解的公诉案件诉讼程序"和"未成年人附条件的不起诉程序"的适用范围，这两种程序在刑事司法实践中运用较少，无法充分发挥国家诉权可处分性的优势。因此，笔者建议大力发展"控辩协商程序"，拓宽国家诉权的行使渠道，从而突出检察机关自由裁量权在刑事诉讼中的积极作用。其二为扩大国家诉权可处分权的权限。允许人民检察院在绝大多数的公诉案件中自由行使裁量权，进一步放宽刑事诉讼对检察官自由裁量权的适用限制，促使国家诉权与自诉人和被告人的个体诉权在诉权的可处分性层面达到基本一致的水平。

（四）确立检察权限权新模式，构建检察权分类监督体制

在国家诉权理论导入之前，关于检察权滥用的预防问题，立法与司法实践采行了自上而下的行政监督模式，通过上级机关的监督和指导来预防和遏制检察权的滥用。此外，刑事诉讼法所确立的"公安机关、检察机关与审判机关相互配合、相互制约原则"也是目前对检察权限权监督的一种途径。笔者认为，虽然存在上述诸多防止检察权滥用的制度设计，但我国刑事司法实践中检察权滥用的问题却长期存在，并有愈演愈烈之势。例如检察官对撤回公诉权的滥用直接导致了本应当作出无罪判决的刑事案件往往以检察官的撤回公诉而终结。刑讯逼供等非法取证手段的使用从广义检察权的视角考察，同样是其被滥用的直接表现。究其原因，根源在于检察权性质的模糊性导致了无论是对国家诉权还是法律监督权，刑事诉讼立法都是以遏制法律监督权滥用的行政权力思维模式来运作。显然，作为两种性质截然不同的权力，对其权力滥用的限定必然也应当秉承不同的限权理念。对于国家诉权滥

用的预防和遏制，可分为国家诉权的内部控制与外部控制。对于其内部控制，2012 年刑事诉讼法已尝试确立相关程序，在此不再赘述，对于外部控制，笔者认为，应从国家诉权的权利属性出发，保持与民事诉讼中遏制诉权滥用相一致的指导思想，更多地从裁判权和对方当事人诉权的视角加以规范和限制。而对于法律监督权的滥用，笔者认为则以其自上而下的内部监督体系予以预防和遏制可能更为合理和有效。

检察机关新增诉讼监督职能
实践运行的几个问题[*]

卢 希 卞建林 孙春雨

刑事诉讼法的修改无论是在推动诉讼监督理念的转变，还是在具体监督机制的构建上，都产生了重要的推动作用。实践中，检察机关在贯彻落实修改后刑诉法过程中，对于一些新增的诉讼监督职能落实还不到位，相关制度和机制仍有待进一步完善。

一、羁押必要性审查存在的问题与完善建议

（一）存在的问题

1. 执法观念和认识分歧制约审查工作的开展。首先，公、检、法等机关在执法观念上仍重打击、轻保护，且不同机关对变更强制措施的认识程度和标准把握不一。其次，对公安机关开展羁押必要性审查的难度较大。在当前公安机关强调破案率、绩效考核的情况下，其对羁押必要性审查工作并不重视，甚至有抵触情绪；同时，对处于侦查阶段的犯罪嫌疑人变更强制措施后，公安机关顾虑会对案件的继续侦查造成不必要的阻力和障碍，因而与检察机关产生一定的认识分歧。最后，社会公众对羁押必要性审查存在不同认识，有一部分公众认为这是司法不公的表现，特别是被害人及其家属对此更为敏感，易导致其到检察机关或政府机构上访申诉。

2. 不当羁押发现机制尚不完善。实践中，检察机关开展羁押必要性审查的案件较少，羁押必要性审查工作大多是因被动受理而启动的，这说明检察机关对不当羁押的发现机制尚不完善。

3. 审查内容、评估程序有欠具体。一是审查内容不全面。实践中，检察机关审查的内容，主要是案件事实和证据的变化、羁押后的日常表现等情况，缺乏对原批准逮捕决定是否正确、捕后社会危险性是否消除等重要方面的审查

* 原文载《人民检察》2014 年第 12 期。

判断。二是评估的程序不科学。目前检察机关在开展羁押必要性审查过程中，主要通过开展调查和评估程序来进行，但由于没有明确的评估对象和标准，导致评估缺乏具体操作性。另外，对于一些可能引发争议案件的评估，仍然实行书面审查，缺乏当事人及其家属、辩护人的有效参与。

（二）对策建议

1. 合理确定审查重点。虽然根据修改后刑事诉讼法第93条的规定，检察机关应当对所有被逮捕的犯罪嫌疑人、被告人进行羁押必要性审查。但是被逮捕的犯罪嫌疑人、被告人数量多，而且影响羁押的事实随时都有可能出现，在检察机关办案人员相对有限的情况下，需要确定审查重点。对于可能判处十年有期徒刑以上刑罚、人身危险性较大的犯罪嫌疑人、被告人，重点审查是否患有严重疾病；其他案件重点审查犯罪嫌疑人、被告人是否存在继续实施新的犯罪，毁灭、伪造证据，干扰证人作证、串供，对被害人、举报人、控告人实施打击报复，自杀或者逃跑等的可能性，并且进行全程、动态、多次审查。

2. 建立可行的审查标准。首先，应该明确羁押审查标准不同于逮捕标准。羁押除了要具备逮捕应有的社会危险性、人身危险性、诉讼可控性外，还应该具备羁押必要性。如果其他强制措施能保障诉讼的正常进行，在逮捕以后就要变更强制措施，而不是继续羁押。其次，羁押必要性的审查应该在逮捕的条件基础上以犯罪嫌疑人被羁押期间的表现作为评估因素。结合案件事实、证据和法律政策适用变化，案件证据固定及诉讼进展情况，犯罪嫌疑人犯罪性质、犯罪情节、主观恶性、悔罪表现、主体状况、监护帮教条件、以往遵守取保候审、监视居住规定等情况，综合评判犯罪嫌疑人、被告人有无逃避侦查、起诉、审判的可能性、重新违法犯罪的可能性、影响诉讼的可能性，然后作出结论。

3. 为保证人民检察院对羁押必要性审查的全面、公正，需要公、检、法以及监管场所等多个机关、部门之间实现信息共享。

二、指定居所监视居住的决定和执行中的不足与完善

（一）存在的问题

1. 与公安机关、法院缺少衔接措施。对公安机关、法院决定的执行活动如何主动接受检察机关监督没有具体规定，造成检察机关不能及时准确掌握有关信息，监督工作滞后。

2. 缺乏专门场所，被监视居住对象权利难以保障。由于指定居所监视居住案件数量较少，有的将旅馆、救助站等未设任何安全设施的公共场所临时充当执行场所，导致无法全程监控，无法保障被监视居住对象的合法权益。

3. 公安机关的执行活动不够规范。有的公安机关对执行过程无任何记录，也未设置监控设施，无法及时准确了解有关人员活动情况；警力明显不足，难以有效防范脱逃、自杀、自伤自残等监管事件；监视居住对象的日常生活待遇、医疗保障等均没有明确标准，医疗监护缺失；适用指定居所监视居住措施的随意性较大。

（二）对策建议

1. 建立内外部信息互通机制。在外部，检察机关应当与公安机关、法院建立指定居所监视居住执行的信息通报机制。在内部，对于自侦案件，建立监所检察部门与自侦部门指定居所监视居住执行的信息通报机制。监所检察部门与侦查监督部门要建立工作联动机制。监所检察部门在对指定居所监视居住的执行监督中发现适用条件不符合法律规定时，应及时向对指定居所监视居住的决定行使监督权的侦查监督部门通报，发挥合力保证指定居所监视居住依法进行。

2. 明确监督内容。一是指定居所监视居住的适用对象是否符合法律规定；二是场所是否合法；三是适用程序是否合法；四是期限是否符合规定。

3. 明确监督方法。一是法律手续审查。监所检察部门在收到办案机关通报的指定居所监视居住的案件信息后，应当对相关法律文书的合法性进行审查。二是定期、不定期结合进行巡视检查。监所检察部门在收到指定居所监视居住信息后，在3日内到指定居所地点进行现场检查，并不定期地到现场对执行机关是否依法管理进行检察监督。三是开展专门检察工作。对指定居所的条件是否符合规定进行专门检查，以防止变相羁押。指定居所的条件应当满足具备正常的生活、休息条件；便于监视、管理；能够保证办案安全这三项条件，不得在羁押场所、办案场所等执行监视居住。对指定居所的被监视居住人是否受到刑讯逼供、体罚和虐待进行专门检察。①

三、刑罚变更执行监督的问题与对策

（一）存在的问题

1. 检察机关对刑罚变更执行监督相对滞后。虽然修改后刑事诉讼法将监督关口前移，规定监狱、看守所等执行机关应当将暂予监外执行、减刑、假释建议书副本抄送人民检察院，人民检察院可以向法院或监狱管理部门提出书面意见，但检察工作人员仍然不能主动、提前介入监管机关办理减刑、假释的程序中。对监狱和监狱管理部门的内部讨论、提请呈报程序和暂予监外执行的病残鉴定以及呈报和审批程序的合法性无从知晓，只对收到的建议书进行审查。至于暂予监外执行，按照现行规定，保外就医无须经过法院的裁定程序，只需由监狱报主管部门批准即可，一经决定即可释放，纵使检察机关收到批准决定书后立即介入，执行对象可能早已不知去向。

2. 检察机关对刑罚变更执行的监督方式单一、力度不够。根据修改后刑事诉讼法等相关法律规定，检察机关发现刑罚变更执行存在问题时，所能采取的监督方式仅限于提出书面意见、书面纠正意见、通知纠正以及抄送等。监督方式过于单一，并且提出纠正意见的效力也仅限于法院重新组成合议庭进行审理或监狱管理机关进行重新核查，但其作出的裁定却是最终裁定，检察机关的法律监督也只能就此止步。

（二）对策建议

1. 不断加强刑罚变更同步检察监督。同步检察监督是指检察机关对假释、减刑和暂予监外执行的办理活动进行事前、事中和事后全过程的同步监督。一是从实体上细化"确有悔改表现"、"不致再危害社会"等减刑、假释和暂予监外执行的法定条件，增强操作性；二是从程序上明确检察机关可以通过受理控告举报、约见服刑人员、核查监狱考核计分等方式掌握罪犯的改造情况、悔改表现和身体健康状况等；三是通过参加会议的方式对监狱办理罪犯减刑、假释和暂予监外执行的研究、提请、呈报程序进行监督；通过参加会议和出席法庭等形式对减刑、假释的裁定程序和暂予监外执行的决定程序进行监督，从而实现刑罚变更执行的全过程监督。

2. 赋予检察机关在刑罚变更执行中的求刑权。可以考虑从立法上直接赋予检察机关对刑罚变更的求刑权，即规定检察机关有对减刑、假释、保外就医的程序控制权。具体而言，刑罚执行机关和被执行人具有求刑的申诉权，即执行机关或被执行人根据刑罚执行中出现的实际情况向检察机关提出减刑、假释或者暂予监外执行的意见，由监所检察部门向法院或监狱管理机关提出申请并由其作出裁决或决定。经过类似于"侦查—起诉—审判"式的程序过滤，可以确保刑罚变更的严肃性和公正性。

3. 加强刑罚变更执行的机制建设。首先，建立裁定前听证制度。对报请减刑、假释的罪犯，法院应在裁定前召开一次由检察院、执行机关、罪犯本人和人大代表等多方参与的公开听证会，参照庭审程序，法院对罪犯的悔改和立功表现情况进行调查核实，充分听取各方意见后居中作出裁定。其次，推行公示制度。将减刑、假释罪犯的拟呈报名单及最终决定名单在监狱、司法机关等进行张榜公布，赋予罪犯和社会公众知情权、参与权和申诉权，增强减刑、假释的透明度，为检察机关同步监督制约提供有效的线索。最后，应当赋予作为结果承受者的罪犯相应的参与权,如申请权、申诉权、辩解权以及司法救济权等。

4. 加大刑罚变更执行检察监督的科技投入。尽快与执行机关建立信息沟通平台,通过视频联网、微机联网等进行信息交流、互换,实现对刑罚执行、监管改造、教育工作等情况的动态管理和动态监督。同时,检察机关内部不断扩大综合信息平台的开发利用,使监所检察部门能够通过信息平台,第一时间掌握监管活动相关数据和情况,及时梳理苗头性、倾向性的问题,尽量把工作做在提请刑罚变更之前。

四、强制医疗的决定和执行监督中存在的问题与对策

(一) 存在的问题

1. 无合适的强制医疗机构。法律未明确规定对被决定强制医疗的精神病人实施治疗的医疗机构,造成适用中的混乱:医院人多且环境复杂,不适合对被强制医疗人进行安全看管;看守所无医疗条件,不能对被强制医疗人进行诊疗及诊断评估。另外,由于硬件差及保护意识淡薄,被强制医疗人进入相应机构后往往缺少后期的诊疗。

2. 强制医疗适用条件不细化影响申请效果。实践中,对实施暴力行为的精神病人是否有继续危害社会可能的证明标准没有明确规定,检察机关审查这一条件需要有一定的医学专业知识,是否具有继续危害社会的可能性较难把握,易造成检、法两家认识不一,可能导致检察机关提供的强制医疗申请得不到法院支持。

3. 证明标准及证据获取存在问题。在证据要求上,把强制医疗视为刑事处罚,事实认定方面适用定罪量刑标准,导致门槛过高;由于专家证人有畏难情绪,有关证据的获取遇到障碍。

4. 强制医疗程序规定不明确影响被申请人的权利保障。修改后刑诉法仅规定了人民法院审理阶段,被申请人或被告人没有委托诉讼代理人的应当通知法律援助机构指派律师为其提供法律援助,但在侦查、起诉阶段均无相关规定,导致实践中涉案精神病人辩护权利的缺失。

5. 经费无保障制约强制医疗顺利实施。一方面,临时保护性约束措施的费用承担问题尚未明确。在涉案精神病人被决定强制医疗前,公安机关往往会对其采取临时保护性约束措施,但由此产生的费用承担问题目前尚无明确规定,也未形成统一做法。另一方面,强制医疗期间的费用保障问题尚未解决。尤其是外来人员强制医疗案件中,强制医疗费用落实难问题会造成医院拒收的局面,成为强制医疗制度执行的一大障碍。

（二）对策建议

1. 构建强制医疗执行监督的协作机制。一是加强与公安机关、人民法院的外部联系。公安机关对实施暴力行为的精神病人采取临时保护性约束措施的，应及时告知同级人民检察院监所检察部门，并依法送达相关的法律文书，以便监所检察部门及时掌握情况加以监督。人民法院对实施暴力行为的精神病人决定强制医疗的，应将相关的法律文书抄送同级人民检察院监所检察部门。二是加强检察机关内部的联动。通过与公诉部门的信息沟通，监所检察部门可以及早掌握法院决定强制医疗的情况，提前做好强制医疗交付执行环节的监督准备工作。对执行监督过程中发现的贪污贿赂、渎职侵权等犯罪线索，监所检察部门独自或联合检察机关自侦部门进行立案查处，以监所职务犯罪检察权的行使来强化监督的效果。三是加强与强制医疗执行机构的沟通联系。强制医疗机构所在地的检察院监所检察部门可以参照监督看守所的模式，与强制医疗执行机构建立工作协调联系机制，完善联席会议制度，建立重大事项通报制度，构建监管信息共享平台，从而及时、准确地掌握被强制医疗人的执行情况。

2. 完善对精神病人的司法鉴定制度。精神病的鉴定结果对被申请人及被害人都有直接的影响。因此，在法庭审理过程中，被申请人及其近亲属有权委托司法鉴定机构进行精神病鉴定，并与公安机关委托的鉴定机构进行对质和辩论，从而达到开庭审理的效果。

3. 规范强制医疗的决定程序。一是法院对此类案件应一律开庭审理。应当允许当事人与检察官就是否符合强制医疗的条件进行辩论，由检察官承担证明被申请人符合修改后刑事诉讼法强制医疗条件的举证责任。二是被申请人应有律师为其提供辩护。修改后刑事诉讼法规定，在被申请人未委托诉讼代理人时，法院应当指定律师为其提供帮助，但是对“帮助”的性质没有明确界定，鉴于强制医疗具有剥夺人身自由的性质，应将其明确界定为辩护。法院如果未按照法律规定为被申请人指定辩护律师，应当承担审理程序无效的结果，这也可以构成被申请人及其近亲属上诉的理由之一。三是被害人及其近亲属可以参加法庭审理程序。法院在审理此类案件时，应当通知被害人及其近亲属参加，并听取其意见。

4. 明确强制医疗的相关费用承担问题。对于临时保护性约束措施所产生的费用，笔者认为，根据法律规定，临时保护性约束措施由公安机关执行，其功能不仅是为了维护公共安全，也是为了保障诉讼的顺利进行，且临时保护性约束措施的对象最终并不一定会被强制医疗，因此公安机关采取临时保护性约束措施所产生的费用应自行负担。关于强制医疗的费用，笔者认为，强制医疗的主要目的在于维护公共安全，应由财政全额保障。

刑事申诉检察及其法律监督功效[*]

罗庆东

根据我国宪法和法律规定，人民检察院是国家的法律监督机关，依法履行批准和决定逮捕、提起公诉、贪污贿赂、渎职等职务犯罪案件侦查、对诉讼活动的法律监督等重要职责。刑事申诉检察是检察机关法律监督工作的重要体现，但其事后监督的性质和监督手段的有限性，决定了其社会关注度一直不够高。随着检察机关法律监督工作的不断强化，特别是纠正和防止冤假错案工作力度的不断加大，刑事申诉检察的地位和作用日益彰显，本文从三个方面对此加以阐述。

一、刑事申诉检察的主要职责和基本功能

刑事申诉检察是我国检察机关的一项基本业务工作，是检察机关处理刑事案件的最后程序。

目前，刑事申诉检察部门承担的主要工作职责有五项：一是办理不服检察机关刑事诉讼终结处理决定的申诉案件，包括不服人民检察院不批准逮捕决定的申诉、不服人民检察院不起诉决定的申诉、不服人民检察院撤销案件决定的申诉，以及不服人民检察院其他诉讼终结的刑事处理决定的申诉；二是办理不服人民法院生效刑事判决、裁定的申诉案件，对确有错误的依法提出抗诉或者再审检察建议并出庭支持抗诉，监督纠正刑事审判中的违法行为；三是统一办理检察机关作为赔偿义务机关的刑事赔偿案件，对法院赔偿委员会作出的刑事赔偿决定、民事行政诉讼赔偿决定和法院作出的生效行政赔偿判决、裁定进行监督；四是对有关刑事被害人进行救助；五是对办理的上述案件做好善后息诉工作。

从以上工作职责可以看出，刑事申诉检察具有三个基本功能：

第一个功能，是权利救济保障。提出申诉、取得国家赔偿是我国宪法规定

---

* 原文载《中国法律》2014 年第 2 期。

的公民基本权利。检察机关依照宪法、法律和有关规定办理刑事申诉、国家赔偿等案件，对于保障公民合法权益、促进司法公正廉洁、维护社会和谐稳定具有重要意义。仅 2013 年 1～10 月，全国检察机关共审查结案不服检察机关处理决定的刑事申诉案件 1608 件，同比上升 75.7%，立案复查 4025 件，同比上升 44.9%；审查结案不服法院生效刑事裁判的申诉案件 2374 件，同比上升 42.8%，立案复查 6195 件，同比上升 30.7%。

第二个功能，是司法监督制约。检察机关通过办理刑事申诉、国家赔偿案件，确保公民合法权益不受侵犯；通过依法维持正确的判决、裁定和决定，维护司法权威；通过依法纠正法院错误的判决、裁定和检察机关的错误决定，有效发挥对外监督和对内制约作用。实践中，有时将刑事申诉检察的监督制约功能叫做"纠错功能"。近年来，云南孙万刚、湖南滕兴善等多个重大冤错案件通过再审检察建议得到纠正后，刑事申诉检察制度设置的优势令人瞩目。2013 年 3 月底，张辉、张高平强奸案经浙江省高级人民法院再审改判无罪，服刑近十年的叔侄二人得以昭雪，引发社会各界广泛关注。浙江省检察院为该案的成功改判做了大量工作，发挥了检察机关监督纠正冤假错案、维护社会公平正义的职能作用。坚持不懈为张氏叔侄二人伸张正义的新疆石河子市检察院退休检察官张飚被评为年度法治人物、被授予全国模范检察官称号。2013 年 8 月 13 日，安徽省高级人民法院对于英生故意杀人刑事申诉案进行再审，依法撤销了对原审被告人于英生以故意杀人罪判处无期徒刑的判决，已经服刑 17 年的于英生被宣告无罪，当庭释放，并很快恢复公职。这是最高人民检察院 2012 年对刑事申诉案件办案程序进行改革后，由高检院通过审查省级人民检察院提请抗诉案件，向最高人民法院提出再审检察建议后法院启动审判监督程序的第一起案件，也是在没有真凶再现、亡者归来的情况下，检察机关通过对再审案件的事实和证据全面细致地复查，认为原审判决存在错误，主动提出监督意见，促使案件得以改判的又一成功范例。令人欣慰的是，此案的真凶在于英生被改判无罪 3 个多月后被公安机关缉拿归案。

第三个功能，是社会矛盾化解。通过办理申诉案件，能够起到修复社会关系，缓和社会矛盾，平息矛盾纠纷的作用。检察机关坚持和发展"枫桥经验"，完善民生服务热线、加强检察长接待、视频接访、下访巡防、巡迴检察等工作，真诚解决群众反映的问题。2013 年，全国检察机关共办理群众信访 47.9 万件次，结合办案对 13681 名生活确有困难的刑事被害人及其近亲属提供了司法救助。

二、刑事申诉检察在冤错案件法律监督中的作用及主要做法

综观古今中外，均有冤假错案出现，可以说是难以根治的痼疾。冤假错案的危害极其严重：一是对当事人及其亲属无可挽回的伤害，有时会道致家破人亡；二是对司法形象、司法权威和司法公信力的伤害；三是对社会公众对法律和法治信仰的伤害；四是对司法人员自身的伤害。

为了最大限度地及时纠正、避免和减少冤假错案，长期以来，各方面进行了坚持不懈的努力。随着我国依法治国进程的深入推进，最近一段时期以来，不断有冤假错案得到曝光，云南杜培武故意杀人冤案、湖北佘祥林故意杀人冤案、河南赵作海故意杀人冤案、河南平顶山天价过桥费案、浙江张氏叔侄强奸杀人冤案、安徽于英生杀妻冤案等，在社会上引起了强烈反响，成为舆论关注的焦点。

党的十八大对司法改革作出了部署，十八届三中全会明确提出了司法改革的目标和任务，习近平总书记对坚守防止冤假错案底线作出重要批示，要求让人民群众在每一起案件的办理中都感受到公平正义。中央政法委就此出台了《关于切实防止冤假错案的规定》，最高人民检察院和最高人民法院也分别下发了专门文件。

检察机关作为国家专门的法律监督机关，在纠正和防止冤假错案工作中承担著重要职责。由于刑事案件侦破的客观困难，加上有时受执法办案人员素质、不正确的执法理念、错误政绩观等因素影响，实践中冤假错案的发现和纠正都是比较困难的，除了对执法办案人员从严要求外，更重要的还是要从制度、机制上解决问题。刑事申诉检察的制度设计和工作运行模式在冤假错案法律监督工作中发挥了独特的作用。经过多年的探索和实践，检察机关办理刑事申诉案件业已形成一些行之有效的机制和制度，主要有：

1. 坚持全面审查制度。对原案所认定的事实和采信的证据、适用的法律同时进行审查核实，不受申诉人提出的申诉理由、赔偿申请的限制。与只针对某一诉讼环节、诉讼活动实施法律监督的具体检察监督职能如侦查监督、监所检察监督不同，刑事申诉检察监督具有全面性和综合性，因而又被称为"监督的监督"。一是监督内容全面。涉及整个刑事诉讼活动各个诉讼环节，既包括侦查活动的合法性，也包括检察活动和审判活动的合法性；既包括批捕、起诉等决定的正确性，也包括生效裁判的正确性。二是监督对象多元。涉及整个刑事诉讼的所有主体，既包括公安机关、检察机关和审判机关，还包括刑事诉讼的当事人和诉讼参与人。

2. 坚持实事求是、有错必纠。一切从实际出发，全面审查证据，正确认定事实，准确适用法律，既慎重改变原处理决定和启动再审程序，维护生效司法裁判和决定的稳定性、严肃性，又依法坚决纠正错案，保障公民合法权益。一般情况下，一个案件经过侦查、起诉、审判等多道诉讼程序，依法作出的判决、裁定和决定，绝大多数都是正确的。但也不可否认，由于案件的复杂性，揭露、证实犯罪的艰巨性，以及人的认识能力的有限性，特别是可能存在的执法办案人员的违法行为，有时也难以避免发生错案。错误的判决、裁定或者决定，如果得不到纠正，不仅使当事人蒙冤受屈，而且损害国家利益和法律尊严，损害司法机关的执法公信力。依法纠错也正是刑事申诉检察制度安排的重要目的。

3. 坚持客观中立、公开公正。严格依法行使职权、办理案件，以事实为依据、以法律为准绳，客观中立、不偏不倚地处理当事人的申诉请求，确保将案件办成"铁案"，经得起法律和历史的检验。多年来，刑事申诉检察工作在摸索发展过程中形成了首办责任制、公开审查和"两见面"等工作机制。首办责任制，是指对于本级检察机关管辖的刑事申诉案件，严格责任，负责到底，把问题解决在基层，处理在首次办理环节，从而避免推诿塞责现象的发生，节约司法成本，减少当事人诉累，及时化解矛盾纠纷。对不服检察机关处理决定的刑事申诉案件实行公开审查，是检察机关深入推进检务公开，主动接受社会监督，保障检察权依法正确行使的一项制度创新。检察机关灵活运用公开听证、公开示证、公开论证和公开答复等多种形式公开审查申诉案件，公开表达诉求、公开办案过程、公开事实证据、公开审查结论、公开答复答疑，有效满足了公民对检察工作的知情权、参与权、表达权和监督权，是实现"看得见"的公平正义的重要途径。同时，通过向当事人公开并邀请案外人士参与申诉案件处理，打破了书面审查等传统的封闭办案模式，增强了检察工作透明度，避免了"暗箱操作"，促进了刑事申诉案件的公平公正处理。公开审查具有化解社会矛盾的"减压阀"作用。以公开审查的方式处理申诉案件，让当事人参与办案过程，充分听取各方面意见，同时加强释法说理、法制教育和心理疏道等工作，可以有效消除他们的误解和偏见，增强对检察机关处理结论的认可和信服，促使息诉罢访、案结事了，促进社会和谐稳定。"两见面"制度，即在立案复查和复查终结时都要与当事人见面，认真听取和解决申诉人反映的问题，妥善做好决定执行和善后息诉工作。

4. 建立健全有利于强化监督制约的工作机制。对外监督和对内制约是刑事申诉检察的两大基本职能。为了切实加强和改进不服法院生效刑事裁判申诉案件办理工作，2012 年年初，最高人民检察院决定将不服法院生效刑事裁判申诉案件的抗诉以及出庭支持抗诉职责由公诉部门划归刑事申诉检察部门。把不服法院生效刑事裁判申诉案件的受理、审查抗诉、出庭支持抗诉职能由未参与过审查起诉等诉讼活动的部门集中行使，由刑事申诉检察部门"一竿子插到底"，有利于整合内部资源，加强内部制约，强化刑事审判监督。目前，不服法院生效刑事裁判申诉案件呈现"一多三少"的现象，即申诉多、立案复查少、提出抗诉意见少、真正提出抗诉的更少；在办理不服法院生效刑事裁判申诉案件工作中，还存在不敢监督、不愿监督、不善监督、监督不到位的现象。要改变上述状况，一是要加强监督意识，做到敢于监督、善于监督、依法监督、规范监督。二是要进一步加大办案力度。根据不服法院生效刑事裁判申诉案件逐年增多的实际情况，及时调整工作重心和办案力量，着力推进、全面加强审查、复查、抗诉、出庭支持抗诉等各个环节的办案工作，形成规模效应。三是要注意突出办案重点。紧紧抓住群众反映强烈、社会各界高度关注申诉案件，有的放矢地开展监督工作。重点加强对申诉人反映的有罪判无罪、无罪判有罪、量刑畸轻畸重以及有枉法裁判案件的监督。四是要注重提高办案质量和效果。全面加强对申诉案件事实、证据和法律适用的审查，不受原案主张的影响。要充分听取各方面的意见，平等保护被告人和被害人的申诉权利，确保审查、复查工作客观公正。要恰当运用抗诉和再审检察建议手段，确保取得最佳的办案效果。在办理不服检察机关处理决定的申诉案件方面，一是要继续坚持办案回避制度，原案承办人不得参与办理该案申诉，对当事人再次申诉的，要另外指派复查人员，原复查人员不应再次负责该案复查工作；二是要切实发挥原案承办人和复查人在案件复查中的作用。原案承办人和复查人最熟悉案件情况，知道相关问题的来龙去脉，在办理申诉案件时，要向他们详细了解有关情况，在公开审查时，原案承办人、复查人要对案件事实、证据和法律适用等问题作出解释和说明，并接受质证。

三、充分发挥刑事申诉检察在防治司法腐败中的作用

司法不公问题是引发刑事申诉、国家赔偿案件的源头。刑事申诉检察工作要取得实效，必须健全权力运行制约和监督机制、加强法律监督、推进公正司法，更加注重加强司法监督制约，切实发挥刑事申诉检察的反向审视和"倒逼"功能，促进实施源头治理，有效惩治和预防司法腐败。

长期以来，检察机关在办理刑事申诉案件的过程中，注意有效延伸监督职能，加强对原办案人员执法行为的监督，深挖执法不严、司法不公背后隐藏的收受贿赂、徇私枉法、刑讯逼供、暴力取证等职务犯罪案件，有效惩治了司法腐败行为。

一是注重突出和正确把握司法监督职能定位。刑事申诉检察既是加强法律监督、维护司法公正的重要形式，也是加强自身监督、确保检察权正确行使的有效手段，一定要加强监督意识，充分发挥司法监督职能作用。要依法、公正、客观、理性地行使刑事申诉检察职责，既不能违法滥用监督权、充当申诉人的"代理人"，也不能因为原办案机关和办案人员是"自己人"而有所偏袒、放弃监督。

二是严格落实责任追究制度。无论是办理不服法院生效刑事裁判的申诉案件还是不服检察机关处理决定的申诉案件，发现职务犯罪线索的，必须一查到底，绝不姑息。一般情况下，刑事申诉检察部门不直接侦查案件，对于发现的相关职务犯罪案件线索，要及时向检察长报告，并将相关材料移送本院侦查部门。如果相关违法行为尚未构成犯罪的，要主动启动追责程序，通过发纠正违法通知书、检察建议书和检察意见书等方式，使相关责任人得到追究。

三是坚持纠错与防错并举。要切实从源头上预防和减少申诉案件和相关职务犯罪案件的发生，刑事申诉检察部门在充分履行纠错职能的同时，还应进一步强化其在防止错误发生、减少办案瑕疵、促进司法廉洁方面的作用。要积极探索防错方式的多样性和前瞻性，在容易发生申诉问题和职务犯罪的执法办案环节，完善监督制约的制度和机制，做到先期预测、先期防范、先期化解。

四是充分发挥检察建议和执法综合报告的作用。要进一步深化职能内涵，注重反向审视、深刻反思，结合办案深入剖析职务犯罪侦查和审查批捕、审查起诉等执法办案环节，努力发现原案办理工作中带有普遍性、苗头性、倾向性的问题，充分利用检察建议、执法综合报告等方式，有针对性地提出加强源头治理、促进规范执法、提升队伍素质的意见建议，从源头上加以预防。

民事调解书的检察监督[*]

李　浩

引言：民事诉讼检察监督中的新问题

经过 2012 年对民事诉讼法的修订，法院的调解书终于列入了检察监督的范围。根据修改后法第 208 条的规定，人民检察院应当采用抗诉或者检察建议的方式对损害国家利益、社会公共利益的发生法律效力的调解书实施监督。对调解书实施检察监督是民事诉讼法的新规定，① 也是民事检察监督工作面临的新问题。

检察机关对调解书实施监督，有一系列问题迫切需要厘清，包括如何界定调解书损害国家利益、社会公共利益，实施监督时是否需要具体指明损害了上述两种利益中哪一种利益，对于违反法律、违背社会公德、损害弱势群体利益的调解书应否监督，损害国家利益、社会公共利益的调解笔录、司法确认裁定书、仲裁调解书是否也属于监督的范围，等等。只有对上述问题进行深入探讨并形成正确认识，才能顺利实施对调解书的检察监督。

研究这一问题的意义还在于，如果通过广泛深入的讨论，在理论上能够明晰对调解书的监督范围，理论界和实务界对此问题能形成基本共识，即使无法完全避免检察机关认为属于监督范围予以监督而法院认为不属于监督范围拒绝监督的现象，也可以在相当大的程度上减少这一现象的出现。② 考虑到经过 2012 年对民事诉讼法的修订，调解愈益成为我国法院审理民事案件优先选择

　＊　原文载《法学研究》2014 年第 3 期。

　①　我国民事诉讼法经过三次修订，由此形成 1982 年民事诉讼法（试行）、1991 年民事诉讼法、2007 年民事诉讼法和 2012 年民事诉讼法。本文中如果没有特别说明，指的是 2012 年民事诉讼法。

　②　在民事诉讼法把调解书规定为监督对象之前，司法实务中曾出现过人民检察院对调解书提出抗诉，人民法院认为调解书不属于抗诉范围，对人民检察院提出的抗诉以于法无据为理由不予受理的情形。参见最高人民法院《关于人民检察院对民事调解书提出抗诉人民法院应否受理问题的批复》（法释〔1999〕第 4 号）。

的方式，① 我国民事诉讼实务中调解结案率已在相当程度上超过判决结案率，②研究这一问题也更具实践意义。

一、对调解书实施检察监督的特点

检察机关对判决、裁定实施监督始于 1991 年民事诉讼法，迄今已有 23 年的历史，已积累了丰富的经验，但是对调解书实施监督，则是一项全新的工作。尽管都是对民事审判活动的监督，对调解书的监督与对判决、裁定的监督在许多方面存在重大差异。只有充分认识两者之间的区别，把握对调解书实施检察监督的特点，监督工作才能卓有成效地进行。

（一）监督的对象是否超出法条字面含义不同

对判决、裁定实施监督，监督的对象是法院的判决与裁定，未以判决、裁定表现于外的法院行为，不在监督的范围。对调解书实施监督则不然，作为监督对象的调解书的范围可能会超出法条的字面含义。

民事调解书是法院司法文书的一种，是法院调解成功后为当事人出具的法律文书。调解书的内容是当事人达成的调解协议。由法院进行调解形成的调解书无疑是监督的对象，无论该调解书是一审案件的调解书、二审案件的调解书还是再审案件的调解书；一审案件的调解书中，也无论调解发生在起诉与受理阶段、审前准备阶段还是开庭审理阶段。如果法院按照民事诉讼法第 122 条的规定，在受理诉讼前就对当事人进行先行调解，哪怕法院采用的是委托调解的方式，只要达成的调解协议最终转化为法院的调解书，同样在第 208 条规定的监督范围之内。③ 即使是诉讼过程中当事人自行达成和解，只要法院根据当事人的请求，依据和解协议为当事人出具了调解书，该调解书也同样属于检察监督的范围。④ 总之，只要外观上存在一份已经发生法律效力的法院调解书，该

---

① 民事诉讼法第 9 条关于法院调解原则的规定，要求法院能够调解的，先进行调解，调解不成的，应当及时判决。在 2012 年的修订中，在起诉与受理阶段，增加了"先行调解"的规定，在审理前的准备阶段，增加了"开庭前调解"的规定，从而使调解的优先性更为突出。

② 自 2008 年最高人民法院提出"调解优先"的司法政策以来，法院的调解结案率开始超过判决结案率。2012 年，全国法院审结民事案件 7206331 件，其中调解结案 3004979 件，判决结案 1979079件，调解结案数占 41.70%，判决结案数占 27.46%。参见《2012 年全国法院司法统计公报》，载《中华人民共和国最高人民法院公报》2013 年第 4 期。

③ 为构建诉讼与非诉讼相衔接的纠纷解决机制，我国不少基层法院在法院内设置了人民调解工作室或人民调解窗口，受理诉讼前（也有的法院采用预立案的方式，因而是在受理诉讼后），把适合调解的案件交给工作室或窗口的调解人员调解，达成调解协议后，再根据当事人的要求由法院为当事人出具调解书。

④ 最高人民法院《关于人民法院民事调解工作若干问题的规定》第 4 条规定，当事人在诉讼过程中自行达成和解协议的，人民法院可以根据当事人的申请确认和解协议制作调解书。

调解书就属于监督的对象。

这里需要讨论的，是那些在外观上没有以法院调解书的形式表现出来，但在效力上与调解书相同的情形。

1. 调解笔录

法院调解成功后并非都要制作调解书。根据民事诉讼法第 98 条的规定，有四类案件法院可以不制作调解书，即调解和好的离婚案件、调解维持收养关系的案件、能够即时履行的案件以及其他不需要制作调解书的案件。对于这些案件，可以用调解笔录替代调解书。

应当说，在以上四种用调解笔录替代调解书的案件中，是不能排除调解笔录存在损害国家利益、社会公共利益的情形的。在上述四类案件中，能够即时履行的案件出现损害国家利益、社会公共利益的情形的可能性最大。在需要监督的调解书中，因虚假诉讼形成的调解书占有相当大的比例，而在虚假诉讼案件中，借款合同纠纷是常见的类型。① 一些当事人为了逃避强制执行或者为了在离婚时侵占原本应分配给配偶的财产，与其亲朋好友合谋虚构借贷关系，伪造借款合同，然后到法院进行诉讼。这类案件多数采用调解解决。在调解中，不仅原被告之间很容易达成调解协议，而且被告也常常在达成协议的同时即时履行调解协议。依照民事诉讼法的规定，此种案件是无须出具调解书的。

2. 司法确认裁定书

司法确认裁定书，是指人民法院对当事人于诉讼外达成的调解协议（主要是经人民调解达成的协议），根据双方当事人的申请，进行审查后，对符合法律规定的作出裁定，确认调解协议有效的司法文书。② 对人民调解协议进行司法确认，赋予其强制执行效力，是我国法院在构建多元纠纷解决机制过程中的一项创新。2010 年颁布的人民调解法第 33 条规定：人民法院可以根据双方当事人的共同申请，对调解协议进行审查后依法确认调解协议的效力，司法确

---

① 2007 年，浙江省高级人民法院对虚假诉讼进行了调研，发现虚假诉讼案件一般都是以调解方式结案。在虚假诉讼案件中，借款合同纠纷是常见的类型。参见魏新璋等：《对虚假诉讼有关问题的调查与思考——以浙江法院防范和查处虚假诉讼的实践为例》，载《法律适用》2009 年第 1 期。江苏省高级人民法院对 2011 年、2012 年经审判监督程序认定为虚假诉讼的 104 件案件进行了分析，发现在这些案件中，以判决方式结案的只占 7.7%，以调解或者确认调解协议方式结案的占 92.3%。借款合同纠纷也是一类常见的虚假诉讼案件。参见唐伯荣等：《净化诉讼秩序，维护司法权威——江苏高院关于治理虚假诉讼的调研报告》，载《人民法院报》2014 年 1 月 9 日。

② 2012 年民事诉讼法修订前，法院在实务中用决定书的方式进行司法确认，最高人民法院在《关于人民调解协议司法确认程序的若干规定》中也规定用决定书。2012 年民事诉讼法改为采用裁定书的优点在于，裁定是该法第 224 条明文规定的执行依据，而当事人申请司法确认，目的在于使调解协议具有强制执行效力。

认由此上升为法律规定的制度。2012 年修订民事诉讼法时，在特别程序中专门增设了确认调解协议案件的程序。随着新民事诉讼法的实施，司法确认案件会逐步增多。

　　司法确认裁定书虽然不是法院的调解书，但无论是从法理上说还是从法律的内在逻辑上说，都应当把这样的裁定书作为检察监督的对象。司法确认的对象虽然是诉讼外达成的调解协议，但这些由人民调解委员会主持调解达成的调解协议，经法院司法确认后，已打上了司法的印记，其效力也发生了质变，从原来具有高于一般民事合同的效力，① 变为具有强制执行的效力，在效力上与法院的调解书并无二致。另外，当事人请求确认的调解协议也可能存在损害国家利益或者社会公共利益的情形，而法院在审查中被当事人蒙混过关也是有的。现实生活中，有的当事人先进行虚假调解，骗取人民调解委员会的调解协议，然后利用司法确认制度，共同到法院申请司法确认。② 相对于那些法院自己调解都无从发现的虚假诉讼案件，没有理由认为法院在对人民调解协议进行审查时就能够发现当事人纠纷的虚假性。就危害性而言，这样的司法确认裁定与法院就虚假诉讼案件出具的调解书并无区别。

　　3. 仲裁调解书

　　调解是我国仲裁机构处理纠纷的一种重要方式，仲裁机构制作的调解书也可能存在损害国家利益或者社会公共利益的情形。事实上，无论在民商事仲裁中还是在劳动争议仲裁中，都出现过虚假仲裁。③ 虚假仲裁案件的裁决书、调解书损害了案外人的合法财产权益，同时也损害了仲裁机构的公信力，其造成的危害并不比虚假诉讼小。④ 就防范和打击虚假仲裁而言，检察机关实施监督

---

　　① 王亚新教授曾详细论证了经人民调解达成的调解协议在效力上高于一般的合同、低于法院的判决、裁定和调解书。参见王亚新：《〈民事诉讼法〉修改与调解协议的司法审查》，载《清华法学》2011 年第 3 期。

　　② 我国法律要求双方当事人共同向法院提出司法确认的申请。在实务中，由于债务人往往不愿意申请司法确认，所以人民调解协议申请司法确认的比例较小。但如果是虚假纠纷达成的调解协议，则双方当事人都愿意申请司法确认。

　　③ 例如，根据《人民法院报》的报道，仲裁员梁某在审理拖欠工资案时，明知刘某等人是在实施虚假仲裁，仍然采信了伪造的证据，作出了支持申请人的 26 份裁决书，金额达 200 多万元。针对虚假仲裁案件多发的情况，浙江省劳动人事争议仲裁委员会于 2013 年 11 月 8 日发布了《关于防范和查处虚假仲裁案件的若干意见》，金华仲裁委员会发出了《关于做好防范虚假仲裁案件有关工作的通知》。

　　④ 仲裁虽然不是国家的司法制度，但也是国家认可的纠纷解决制度。虚假仲裁破坏仲裁制度，也是对国家利益、社会公共利益的损害。

是必要的,① 但这与适用第 208 条无关,因为民事诉讼法第 208 条关于对法院调解书实施检察监督的规定,显然不是针对仲裁调解书的。

然而,如果认为虚假纠纷的仲裁调解书与检察机关的诉讼监督完全无关,显然也是不正确的。虚假纠纷的当事人在骗取仲裁调解书后,往往会向法院申请强制执行,案外人通常也只有在这个阶段,才发现仲裁调解书损害了自己的利益。此时,案外人可能向检察机关申诉,请求检察机关予以监督。对此种申请,检察机关应当受理并进行必要的调查。检察机关掌握了确实为虚假仲裁的确切证据后,完全可以向受理执行案件的法院提出检察建议,由执行法院作出不予执行的裁定。② 当然,这属于检察机关对执行行为的监督,不属于本文讨论的范围。

(二) 法律文书的内容、卷宗材料不同

检察机关的监督离不开查阅和分析法院的法律文书。虽然无论是对判决、裁定进行监督,还是对调解书进行监督,都需要查阅法律文书,但调解书与判决书、裁定书(尤其是与判决书)存在明显不同。判决书中包含了完整、丰富的案件信息。在判决书中,法院除了需要写明判决结果以外,还要写明原告的诉讼请求、被告的答辩意见、双方争议的事实和各自提出的理由与证据、法院归纳的争议焦点、质证和认证的情况以及法院对证据的分析和判决认定的事实和理由、适用的法律和理由等。而对于调解书,民事诉讼法只要求写明诉讼请求、案件的事实和调解结果。由于调解结果并非建立在法院对案件事实作出认定的基础之上,法院在调解书中往往只是写明双方争议的事实,然后说明经法院调解达成何种内容的调解协议,甚至只写明达成调解协议的具体内容。③ 法律文书的上述区别决定了判决书能够为检察监督提供重要的线索,通过仔细阅读和认真分析判决书,有可能发现判决书存在的错误,而调解书则无法起到同样的作用。

不仅如此,在判决书和调解书形成过程的法庭笔录和证据材料上,两者也存在相当大的差异。以判决结案的案件,法院对开庭会作详细的笔录,而调解

---

① 例如,在江苏省高级人民法院、江苏省人民检察院、江苏省公安厅、江苏省司法厅联合下发的《关于防范和查处虚假诉讼的规定》中,虚假仲裁也被列入了监督的范围。参见陈士莉:《打击虚假仲裁,亟待完善法律》,载《江苏法制报》2013 年 8 月 30 日。

② 参见屠春技、李平:《策划"虚假仲裁",栽在"执行监督"》,载《检察日报》2013 年 8 月 30 日。

③ 参见杜连重与汤阴县裕丰针织服装厂财权权属一案再审民事调解书,最高人民法院〔2013〕民提字第 179 号;王乔、湖北广电房地产开发有限公司与孙秀琴民间借贷合同纠纷申请再审民事调解书,最高人民法院〔2013〕民提字第 254 号。详情可见中国裁判文书网。

案件的笔录就非常简单，尤其是那些在立案阶段、审前准备阶段就调解结案的案件。以判决结案的案件，当事人之间对案件事实一般存在争议，因而法院的卷宗中会有相关的证据材料，不少案件的证据材料还相当多。在调解结案的案件中，当事人对事实往往并无争议，在一方当事人主张的不利于对方的事实为对方承认时，法院不再要求当事人举证，所以出现在卷宗中的证据材料相当之少。① 那些经先行调解结案或者在开庭前就调解结案的案件更有可能出现上述情况。

（三）监督的着眼点不同

民事诉讼法在确定检察监督的对象时，没有采用已经发生法律效力的"判决书"、"裁定书"的表述，用的是"判决"、"裁定"的表述，而在调解问题上，用的则是"调解书"的表述。这一表述使用上的细微差别绝非立法者的疏漏，也并非无关紧要，它表明了在立法者看来，对判决、裁定的监督并不只是针对法院审理案件形成的最终结果，案件审理的过程也在监督的范围之列。现代法律极为重视程序公正，认为程序公正不仅对实现实体公正具有重要作用，而且它本身也具有独立的价值和意义。有鉴于此，我国 2007 年修订民事诉讼法时，立法机关不仅把程序违法的再审事由（也是检察机关应当提出抗诉的情形）具体化、精细化，而且把程序性再审事由独立化，不再以程序违法可能造成实体裁判错误作为再审事由。② 立法对监督对象表述上的差异，表明在对判决、裁定实施监督时，法院的裁判结果和作出裁判的过程都在监督的范围之内，而对调解书的监督并不包括调解的程序问题。③

具体而言，对判决、裁定实施监督，检察机关的着眼点集中在以下四个方面，或者说会聚焦于以下四个方面的问题：一是诉讼程序问题，即法院在裁判形成过程中是否存在严重违反程序的行为，如是否把当事人从未主张的事实、未经辩论的事实作为判决的依据，原裁判是否遗漏或超出了原告的诉讼请求。二是认定事实方面是否存在严重的错误，如是否采信了一方当事人提供的虚假证据，是否在证据明显不足的情况下认定了案件的基本事实。三是在法律的适用上是否存在明显错误，如适用的法律与案件性质是否明显不相符，认定法律

---

① 在被称为"调解抗诉第一案"的大连市人民检察院办理的范某诉王某、李某借贷纠纷案中，法院卷宗中的唯一证据就是一份借条的复印件。此案详情参见王艺、李亚希：《民事调解抗诉：让正义的阳光照进现实》，载《大连日报》2012 年 9 月 12 日。

② 根据 1991 年民事诉讼法的规定，程序违法不是独立的再审事由，只有在违反法定程序可能影响法院作出实体上正确的判决、裁定时，法院才应当根据当事人的申请进行再审（第 179 条第 4 项）。

③ 与判决须严格按照程序作出不同，法律并未对调解的程序作出规定，法官在调解中可以根据案件的具体情况灵活地组织、安排程序。

关系性质或法律行为效力是否错误等。四是审判人员是否存在贪污受贿、徇私舞弊、枉法裁判行为。①

对调解书的监督则不同。检察机关在审查时无须关注法院在调解中是否采用了"以判压调"等强制调解的行为，无须关注调解协议的内容是否超出了原告诉讼请求的范围，也不必关注法院如何看待案件事实、如何为案件事实定性，不必关注法官是根据什么样的法律规定进行调解。对于检察机关来说，唯一需要关心的是，调解书的内容，也即调解协议的内容，是否对国家利益、社会公共利益造成了损害。只有确认损害了上述利益，实施监督才具有合法性和必要性。也只有充分论证了调解书是如何对上述利益造成损害的，提出的检察建议才会被法院采纳，提出的抗诉才会成功。

（四）法官应负的责任不同

无论是判决、裁定存在检察监督的事由，还是调解书存在检察监督的事由，通常都与审理案件的法官有密切的联系，或者说正是由于审理案件的法官没有依法履行职责，才导致案件出现了问题。不过，法官未能履行职责的情形，在调解和裁判中会呈现不同的形态。

在对判决、裁定实施监督的案件中，法官的责任主要表现为未能正确地认定案件事实，或者未能正确地理解和适用法律，或者未能依法组织、运作程序，而在对调解书实施监督的案件中，法官的责任主要表现在未能依法审查当事人达成的调解协议。

调解协议的形成有两种情况：一种是由法官根据案情提出调解方案，双方当事人在法官提出的方案的基础上进行协商，达成调解协议；另一种主要是由双方当事人自己进行协商，达成调解协议后告知法官，请法官制作调解书。无论调解协议是如何形成的，均应当符合合法性的要求。把调解协议转化为调解书的过程，也是法院对调解协议的合法性进行审查的过程。在此阶段，法官需要对调解协议的内容进行审查，对不违反合法原则的调解协议确认其效力。为明确和细化合法性的审查标准，最高人民法院在司法解释中明确规定：调解协议具有下列情形之一的，人民法院不予确认：（1）违反法律、行政法规强制性规定的；（2）侵害国家利益、社会公共利益的；（3）侵害案外人合法权益的；（4）损害社会公序良俗的。② 调解书出现损害国家利益、社会公共利益的

---

① 以上四个方面是对民事诉讼法第 200 条规定的 13 种应予抗诉或提出检察建议的情形的划分。这 13 种情形可分为四类：程序错误、认定事实错误、适用法律错误、其他错误。

② 参见最高人民法院《关于人民法院民事调解工作若干问题的规定》第 12 条、《关于人民调解协议司法确认程序的若干规定》第 7 条。

情形，要么是法官提出的调解方案本身存在问题，要么是法官让这样的调解协议通过了审查，与法官未能尽到审查的职责直接相关。

法官的责任具体来说有三种情况：一是法官对法律、法规研究不够，未能准确把握法律精神，未能意识到当事人的民事行为是无效的行为，把无效行为作为有效行为进行调解。① 二是对虚假诉讼警惕不够，在处理案件时未能及时发现当事人进行的诉讼是虚假诉讼。有些虚假诉讼案件，当事人在诉讼中已经露出了一些蛛丝马迹，如果法官足够警惕、足够细心，原本是能够发现当事人的不轨图谋，不让案件发展到形成法院调解书这一步的。② 三是法官明知当事人进行虚假诉讼，但由于接受了当事人的贿赂，和当事人一起炮制损害国家利益、社会公共利益的调解书。③ 在前两种情况下，法官存在过失，而在后一种情况下，法官存在故意。

当然，也存在尽管出现了损害国家利益、社会公共利益的调解书，但法官对这样的结果并无责任的情形。这主要发生在虚假诉讼案件中。有的虚假诉讼案件，当事人经过精心准备，无论是从当事人提供的诉讼资料、证据资料，还是从当事人在庭审和调解中的表现，法官都不会产生是虚假诉讼的怀疑。对此种因虚假诉讼而形成的调解书，不能归责于法官。

（五）是否依职权实施监督不同

如果判决、裁定存在应予监督的情形，原则上采用依申请监督的模式，除非这些应予监督的情形同时也损害了国家利益、社会公共利益。经过 2012 年对民事诉讼法的修订，当事人申请再审与申请检察监督已由原来的"并列型"改为"先后型"。根据第 209 条的规定，申请再审已经成为申请检察监督的前置程序，如果当事人认为存在再审事由，需要先向法院申请再审，只有在再审申请被法院裁定驳回，或者法院未在规定期限内对再审申请作出裁定时，当事人才能够向检察机关申诉，请求检察机关提出检察建议或者抗诉。

① 这主要由于在社会急剧变革的过程中，一些原先法律、政策界限清晰的问题变得模糊起来，人们产生了认识上的分歧，如企业之间拆借资金的问题。

② 为了应对虚假诉讼，一些法院已发出通知，要求法官警惕虚假诉讼案件，对疑似虚假诉讼的案件进行认真、细致的审查。如 2008 年 12 月浙江高院发布了《在民事审判中防范和查处虚假诉讼案件的若干意见》；2010 年 10 月广东高院发布了《关于强化审判管理防范和打击虚假民事诉讼的通知》；2012 年 12 月江苏高院发布了《关于在民事审判中防范和查处虚假诉讼若干问题的讨论纪要》；最高人民法院于 2013 年 6 月发出了《关于房地产调控政策下人民法院严格审查各类虚假诉讼的紧急通知》。

③ 例如，为了规避北京市出台的机动车摇号政策，北京某 4S 店的工作人员找到河北某基层法院的法官，与法官联合炮制虚假诉讼，让当事人虚构债务到法院进行诉讼，然后在法院的调解下达成用旧机动车抵债的调解协议。参见展明辉等：《假诉讼办车牌照，法院当事人被停职》，载《新京报》2011 年 12 月 20 日。

法律作这一修改的蕴意在于：在立法机关看来，生效裁判中如果存在再审事由，会损害其中一方当事人的利益，当事人为了维护自身的利益，会选择向法院申请再审。而当事人是否申请再审，则是当事人处分权范围内的事，完全听凭当事人决定。换言之，即使生效裁判确实存在再审事由，只要当事人认为裁判结果可以接受，或者考虑到申请再审需要付出的时间、精力、费用方面的成本而决定不申请再审，法律并不干涉。① 即使当事人决定继续寻求救济，在程序上也必须先向法院申请再审，只有在申请法院再审受挫的情况下，才能申请检察监督。这将显著减少检察机关介入那些无涉国家利益、社会公共利益的民事案件。检察机关对民事诉讼实施监督的案件信息，几乎完全依靠当事人以申请监督的方式向其提供，离开了当事人这一信息源，检察机关很难获悉需要监督的案件。申请再审前置的制度安排说明立法机关并不希望检察机关依职权启动对完全事关私益的民事诉讼案件的监督，即使是在当事人已决定寻求再审的情况下，也要推迟检察机关的介入时间。

对调解书的监督则不同，民事诉讼法选择的是依职权监督的模式。选择这一模式的原因在于：从法理上说，当民事诉讼中出现损害国家利益、社会公共利益的行为或现象时，作为这两种利益维护者的检察机关，应当采取与对待完全涉及私人利益的行为或现象截然不同的态度，应当主动采取措施来制止违法行为，消除违法现象，正如法院在民事诉讼中对涉及国家利益和社会公共利益的事项应当依职权采取行动一样。② 从实践层面看，在调解书损害国家利益、社会公共利益的案件中，双方当事人一般是此种调解协议的始作俑者，也是调解书的受益者，他们不可能就法院的调解书向检察机关申诉。

当然，这类案件的线索虽然不可能从诉讼当事人那里获得，但案外人却能够向检察机关提供案件的线索，如在国家经济利益受到损害的案件中，国有企业的职工；在起因于虚假诉讼的调解案件中，利益受到损害的案外第三人。为了使检察机关能够及时获得此类案件的线索，检察机关应当鼓励人们进行举报。

---

① 这实际上是法律把程序问题的选择权交给当事人，由当事人在权衡申请再审可能带来的实体利益和所支出的成本、承担的风险后再作出决定。

② 根据最高人民法院颁布的司法解释，对涉及可能有损国家利益、社会公共利益或者他人权益的事实，法院在审理中应当依职权主动收集证据（《关于民事诉讼证据的若干规定》第15条）；对当事人未申请再审、人民检察院未抗诉的案件，人民法院发现原判决、裁定、调解协议有损害国家利益、社会公共利益等确有错误情形的，应当依职权发动再审（《关于适用中华人民共和国民事诉讼法审判监督程序若干问题的解释》第30条）。

二、第 208 条中的国家利益、社会公共利益

　　法律并未授权检察机关对所有的法院调解书实施监督，只是规定了对损害国家利益、社会公共利益的调解书进行监督，这意味着立法者把损害这两种利益作为启动检察监督程序的必要条件。国家利益、社会公共利益（尤其是社会公共利益）是我国法律中常用的概念，是法律中的一般条款，具有相当的抽象性和不确定性。"对于一般条款，从字面意思上相对而言看不出多少东西，其内容要由司法判例和法学界来补充。"① 并且，当"国家利益"、"社会公共利益"出现在不同的法律中时，有着不同的意旨和功能。② 因而，如何恰当理解和把握对调解书实施检察监督语境下的国家利益和社会公共利益，便成为正确适用新规定的核心问题。

　　（一）国家利益

　　在汉语中，利益是指好处，经济利益指经济上的好处，政治利益指政治上的好处。根据享有利益的主体不同，可以把利益区分为个人利益、集体利益、社会利益、国家利益等。

　　国家利益一般是指能够满足国家的生存与发展的各方面需要并且对国家有好处的各种事物。国家利益涉及的范围很广。多数学者认为，国家利益包括国家的经济利益、政治利益、安全利益三个方面。"经济利益是整个国家利益的物质基础，政治利益是经济利益的集中表现，而安全利益在一定意义上也是政治利益，是政治利益在国际关系中的延伸。"③ 也有学者认为，国家利益具有双重含义，"一个涵义是国内政治范畴的国家利益，指的是统治阶级的利益或者政府所代表的全国性利益。另一个涵义是国际关系范畴的国家利益，是指在国际交往中，作为整体的民族国家的利益"。④ 就民事诉讼而言，同国家的政治利益、安全利益虽然并非完全无涉（如涉外民事诉讼程序中关于外国法院的判决、裁决的承认和执行，法院要对判决、裁决是否违反我国法律的基本原则、国家的主权、安全、社会的公共利益进行审查，不违反的，才裁定承认其效力，需要执行的，发出执行令），但多数情况下，民事调解书不会涉及国家的政治利益、安全利益，可能涉及的是国家的经济利益和其他方面的利益。就国内关系范畴中的国家利益和国际关系范畴中的国家利益而言，民事调解书所

---

　　① ［德］迪特尔·施瓦布：《民法导论》，郑冲译，法律出版社 2006 年版，第 75 页。

　　② 如物权法第 42 条关于征收规定中的"公共利益"、专利法第 49 条关于专利实施强制许可规定中的"公共利益"，与民事诉讼法第 208 条关于检察监督规定中的"公共利益"，就具有不同的功能。

　　③ 唐永胜等：《国家利益的分析与实现》，载《战略与管理》1996 年第 6 期。

　　④ 程晓勇：《国家利益的多维视角解读》，载《广州社会主义学院学报》2011 年第 2 期。

涉及的一般也是国内关系范畴中的国家利益。国家利益主要包括：

1. 国家的经济利益

国家为了生存与发展，为了提供公共服务，需要一定的资金。这些资金是通过税收、国有资源的使用费等方式获得的。国家的资金、国有的资产，虽然由国家有关部门占有和管理，但比起由私人直接占有的属于私人所有的财产，往往更容易受到侵害。社会主义国家的宪法往往规定社会主义公共财产神圣不可侵犯，其实是基于这一财产特别容易受到侵犯这一现实，不得不赋予它特殊的法律地位，试图通过在法律上强调它的神圣性，来加强对它的保护。① 在民事活动中，当事人为了自己获利而损害国家经济利益的现象大量存在。一些当事人会想方设法逃避依法应当缴纳的税费来为自己谋取更多的利益，如在商品房买卖中，双方当事人恶意串通，通过订立阴阳合同的方式，少交依法应当缴纳的税金；买卖走私物品，逃避关税，造成国家关税减少。利用民事诉讼造成国有资产流失的现象也是在损害国家经济利益，如国有企业改制中，企业的负责人与他人恶意串通，贱卖国有资产，造成国有资产流失；② 企业、事业单位的法定代表人与他人恶意串通，虚设或虚增债务后由他人把单位告上法院，然后利用法院的调解书侵吞国有资产。③

2. 国家的经济秩序

如果说税收、土地出让金是表现为货币形态的、属于国家的具体经济利益，经济秩序则属于国家抽象形态的经济利益。国家为了保证经济平稳有序地发展，需要制定和实施调控经济活动和经济关系的法律、法规。这些法律、法规的有效实施，契合了国家的利益，违反法律、法规的行为，不利于经济秩序的形成和维护，有损国家利益。如高利贷行为、伪装成合法借贷的赌债、非法集资等，损害了国家的金融秩序。破坏国家经济秩序的行为，当然也损害了国家利益。

3. 社会管理秩序

社会管理秩序是指国家、社会组织对社会生活的各个领域进行规划、指

---

① 我国宪法第 12 条一方面规定社会主义公共财产神圣不可侵犯，另一方面规定国家保护社会主义的公共财产，禁止任何组织或者个人用任何手段侵占或者破坏国家的和集体的财产。

② 在企业改制的过程中，一些地方存在相当严重的国有资产流失现象。如在检察机关与国有资产管理局共同调查的一个案件中，有一笔价值 1 亿元的国有资产，被以 300 万元的价格转让给一个私有企业。参见杨立新：《民事行政诉讼检察监督与司法公正》，载《法学研究》2000 年第 4 期。

③ 例如，青岛市某学院的法定代表人孙某就采用此种方法侵吞国有资产。参见黄曙、陈艳：《虚假诉讼问题的调查与思考》，载《人民检察》2011 年第 14 期。

导、组织、协调、监督、控制和通过上述活动形成的正常的生产、生活秩序。① 我国现阶段社会组织的力量还比较薄弱，社会管理主要表现为国家通过各级政府对社会的管理，所以，破坏了社会管理秩序，也就损害了国家利益。

现代社会的生产、生活日趋多样化和复杂化，新知识、新技术、新的生活方式不断涌现，国家对社会的管理也面临着改革和创新，需要根据社会管理中出现的新问题采取新的管理措施。例如，国家为履行社会保障方面的职责，为城市低收入人群提供经济适用房，为了落实经济适用房政策，政府对经济适用房的取得、买卖、使用需要作出特别规定。为了遏制城市机动车数量增长太快带来的交通拥堵、环境污染问题，一些城市的政府对机动车牌照采取摇号政策。非法获取、买卖经济适用房，恶意串通规避摇号政策，都会对国家的社会管理秩序造成破坏。此外，买卖管制刀具，买卖毒品，非法生产、销售窃听、窃照等专用间谍器材，明知是犯罪所得的赃物而予以收购或者代为销售等行为，也明显破坏了社会管理秩序。

（二）社会公共利益

与国家利益相比，社会公共利益是我国法律中更常见、在法律文件中使用更多的概念。② 我国立法对国家利益、社会公共利益这两个概念的运用，大体有两种情况：一种是国家利益与社会公共利益并用，另一种是只用社会公共利益，只用国家利益的则比较少见。相比之下，单独使用社会公共利益的法律较多，尤其是在民事法律中，我国民法通则、物权法、合同法都在基本原则中明文规定了不得损害社会公共利益。

对社会公共利益的理解并不完全一致。在我国，一般把它解读为全体社会成员的共同利益。③ 如果某项活动对个人有利或对小团体有利，而对社会公共利益有害，法律需要保护社会的公共利益，任何民事行为损害了社会公共利益，便不具有法律效力。但也有人认为，社会公共利益一般是指社会中不特定的多数人的利益，既可以是整个社会中不特定的多数人利益，也可以是指某一

---

① 广义的社会管理秩序，也包括对经济活动的管理而形成的秩序。本文之所以把经济秩序单独作为国家利益的一种形态，是由于我国民法通则、合同法、物权法都在立法目的中强调了维护社会经济秩序。

② 曾有人作过统计，在我国的宪法、法律、行政法规、行政规章以及规范性文件中，使用社会公共利益或公共利益这个概念共有 1259 件（次）。参见冯宪芬、王萍：《从法学视角探析社会公共利益的研究现状》，载《西安交通大学学报（社会科学版）》2011 年第 4 期。

③ 参见许崇德总主编：《中华人民共和国法律大百科全书：民法卷》，河北人民出版社 1998 年版，第 21 页。

区域中不特定多数人的利益。在英美法中，公共利益用"publicinterest"来表述，根据《布莱克法律词典》的解释，它有两种含义，一是指应予认可和保护的公众普遍利益；二是指与作为整体的公众休戚相关的事项，尤其是证明政府管制正当性的利益。① 在英美法中，还有一个与公共利益相近的词——公共政策（public policy），《布莱克法律词典》的解释是："公共政策，也称法律政策，是指被立法机关或法院视为与整个国家和社会根本相关的原则和标准，法院有时将其作为判决的正当理由，例如以合同'违反公共政策'为由宣告该合同无效。"② 本文认为，对第 208 条规定的社会公共利益，不宜仅仅理解为损害了整个社会的利益，虽然这无疑是对公共利益造成损害的一种极致形态。只要调解书损害了我国一定区域、一定范围内的不特定多数人的利益，就可以认定调解书损害了社会公共利益。

社会公共利益涵盖的范围相当广，可以说社会生活的各个方面都存在公共利益问题。如污染环境损害了一定区域的不特定多数人的环境利益，给人们的健康甚至生命造成损害。酒后驾车增加了交通肇事的风险，给不特定多数人的通行利益造成损害。生产或者销售质量不合格的商品，可能给不特定消费者的安全、健康或财产造成损害。

需要注意的是，国家利益与社会公共利益常常是难以清晰地区分和界定的。在具体的经济上的利益受到损害时，如国有资产被侵占、国家税收因逃税而减少，我们可以说调解书侵害了国家的利益。③ 但是，当抽象的、非物质的利益受到损害时，似乎就很难说清楚损害的究竟是国家利益还是社会公共利益。如良好的经济管理秩序、社会管理秩序产生的利益，既可以界定为国家利益，也可以界定为社会公共利益，因为经济管理秩序、社会管理秩序受到破坏，社会公众的利益显然也会受到影响。

鉴于国家利益、社会公共利益之间界限的模糊性，检察机关在进行监督时，可以笼统地说明调解书损害了国家利益、社会公共利益，而不必具体说明损害的究竟是哪一种利益，除非有把握分清损害的究竟是哪一种利益。④

---

① Black's Law Dictionary, 8th ed., p. 3883.
② Black's Law Dictionary, 8th ed., p. 3886.
③ 即使是国有资产受到损害，把它界定为损害了社会公共利益，也不能说定性错误，因为国有财产属于全体公民所有，国有财产的损失，会造成全体国民财产的减损，也就损害了全社会公众的利益。
④ 日本法院在适用违反公序良俗这一规定确认法律行为无效时，在判决书中常常笼统地说当事人的行为违反了公序良俗，而不去细分该行为究竟是违反了公共秩序还是违反了善良风俗。参见梁慧星：《市场经济与公序良俗原则》，载《中国社会科学院研究生院学报》1993 年第 6 期。

三、值得探究的几个问题

（一）内容违反法律的调解书是否属于监督对象

民事诉讼法第 201 条把"调解协议的内容违反法律"规定为当事人申请再审的事由，但在第 208 条中却没有把它规定为可以提出检察建议或者抗诉的情形。因此，就第 208 条的字面含义看，似乎内容违反法律的调解书不在检察监督的范围之内。不过，这种简单的结论可能是错误的。

民事纠纷所涉及的法律可能不只是民事法律，因而对于调解书违反法律，应当从广义上理解，不能只理解为违反了民事法律。当事人的民事活动大致有两种情况：一种是纯粹民事性质的，只同民事法律相关；另一种则是既有民事性质，又有其他法律属性，同时受到民事法律和商事、行政等法律的调整。因而，当事人之间的民事纠纷，也会出现两种不同的情况，即仅受民事法律调整的纠纷和受到两种甚至两种以上法律调整的纠纷。所以，讨论调解书内容违反法律，不能局限于物权法、合同法、侵权责任法、婚姻法、收养法、继承法等民事法律，还要把反垄断法、反不正当竞争法、环境保护法、产品质量法、食品安全法等法律考虑进去，甚至需要把刑法纳入考量的范围。

调解协议的内容不得违反法律，实际上体现了民事诉讼法第 9 条规定的调解合法原则的要求。对于调解中的"合法"，应当作宽松的解释，不应把"合法"解释为调解协议的内容应当符合民商事实体法相关条文的规定，而应当把"合法"解释为不触及法律的底线，也就是不违反法律的基本原则，不违反法律的禁止性规定，不损害国家利益、社会公共利益和第三人的合法权益。

法律规范可分为强制性规范和任意性规范。强制性规范，指法律规定当事人应当为或不为某种行为，不允许当事人违反或者变通法律的规定。强制性规范包括义务性规范和禁止性规范两种类型，前者要求当事人必须作出某种行为，后者则禁止当事人为某种行为，如不得买卖赃物、毒品、盗版音像制品，不得赌博、不得放高利贷等。在民事法律中，虽然也有一些强制性规范，违反了这样的规范，将导致民事行为无效，如合同法第 53 条关于造成对方人身伤害的、因故意或者重大过失造成对方财产损失的免责条款无效的规定，物权法第 211 条关于"质权人在债务履行期届满前，不得与出质人约定债务人不履行到期债务时质押财产归债权人所有"的规定。但是，就民事法律尤其是合同法而言，大多数规范是任意性规范。任意性规范允许当事人（多数情形是双方当事人协商一致）以自己的意思变更或者排除法律规范规定的内容，谈不上违反的问题。如果调解书的内容未遵循任意性规范的要求，则不存在调解书内容违反法律的问题。

应当看到，法律中的禁止性规定与国家利益、社会公共利益具有相通之处，对它们的违反往往会造成对国家利益或者社会公共利益的损害。例如，合同法第 52 条规定的合同无效情形中，有的本身就把"损害国家利益"作为认定合同无效的条件，如"一方以欺诈、胁迫的手段订立合同，损害国家利益"、"恶意串通，损害国家利益"，有的虽然未出现"国家利益"、"社会公共利益"的字样，但这类无效合同实质上也会对国家利益造成损害，如"以合法形式掩盖非法目的"、"违反法律、行政法规的强制性规定"。对于前者，如果法院在调解中没有认定合同无效，而是把无效合同误认为有效合同，在有效合同的基础上达成调解协议并出具调解书，检察机关可以直接根据第 208 条的规定提出检察建议或者抗诉。对于后者，检察机关可以通过合目的性的解释方法，把以合法形式掩盖非法目的的调解书、违反法律或行政法规强制性规定的调解书，解释为损害国家利益或者社会公共利益的调解书，实施检察监督。

事实上，法律、行政法规之所以作出强制性规定，往往是出于维护公共利益的考量。例如，反垄断法禁止具有竞争关系的经营者达成固定或者变更商品价格的协议、限制商品生产数量或销售数量的协议，是为了保护市场的公平竞争，提高经济运行的效率。产品质量法禁止伪造或者冒用认证标志等质量标志，禁止伪造产品的产地，禁止伪造或者冒用他人的厂名、厂址，禁止在生产、销售的产品中掺杂、掺假，以假充真，以次充好，旨在维护正常的生产经营秩序，保护公众的生命健康。没有人会认为法律中的这些禁止性规定与社会公共利益无关。如果调解书的内容违反了上述法律中的禁止性规定，检察机关以损害社会公共利益为由提出检察建议或者抗诉，恐怕不会有人提出异议。另外，违反法律的行为比损害公共利益的行为的范围要小，"违法是阐释公共利益更为严厉的方式，因此通常只有在公共利益受到较为严重的侵犯时才适用"，[①] 所以，只有当某一行为严重损害公共利益的时候，才会被法律规定为应当禁止的行为。

然而，也不能断言所有违反法律、行政法规的调解书都事关社会公共利益。也存在调解书的内容虽然违反法律、行政法规，但并未损害社会公共利益的情形。如债务人在调解中采取欺诈手段，使债权人误认为债务人的清偿能力已相当弱，只好在作出相当大的让步后同对方达成调解协议，诉讼结束后，债权人才知悉债务人调解时隐瞒了财产的真实情况。[②] 对此种情形，如果与国家

---

① ［英］P. S. 阿狄亚：《合同法导论》，赵旭东等译，法律出版社 2002 年版，第 338 页。

② 向债权人和法院表示自己经济上遇到严重困难，实在无力清偿债务，是债务人在调解中常用的策略。债务人的这种做法，违反了民事诉讼法规定的诚实信用原则。

的经济利益无关，检察机关就不需要实施监督。

由以上分析可知，违反法律的行为与损害社会公共利益的行为存在交叉、重叠。那些严重损害国家利益、社会公共利益的行为，同时也是被规定为违法的行为、法律所禁止的行为。因而，损害国家利益、社会公共利益的行为有两种情况，有的已经被法律所禁止，有的尚未被法律禁止。一方面，对一些已经出现的损害国家利益和社会公共利益的行为，其严重性和危害性还未充分显现，立法机关对于制定具体规范禁止这些行为还没有充分的把握；另一方面，随着社会生活不断发展和变化，还会出现新的损害国家利益、社会公共利益的行为，在立法上禁止这些行为需要时间。对于那些尚未为法律明文禁止的损害国家利益、社会公共利益的行为，司法机关可以根据不得损害国家利益、社会公共利益的原则性规定将这样的行为宣告为无效。从这个意义上说，损害国家利益、社会公共利益的一般条款，是对法律中已经作出的具体的禁止性规范的补充。

（二）违反社会公德的调解书是否属于监督对象

如同未把违反法律的调解书列入监督的范围一样，民事诉讼法第 208 条也未把违反社会公德的调解书规定为应予监督的情形。但这是否意味着违反社会公德的调解书就不属于检察监督的范围？

仅从字面上得出否定性结论显然是不可接受的。违反社会公德的调解书应成为监督的对象，这可以从民法通则、物权法、合同法中找到依据。民法通则把禁止权利滥用规定为民事活动应当遵循的原则之一，要求当事人在进行民事活动时应当尊重社会公德，物权法、合同法在基本原则中亦要求当事人在取得和行使物权、订立和履行合同时，应当尊重社会公德。在上述基本原则中，尊重社会公德与不得损害社会公共利益是并列关系，它们之间存在内在关联，尊重社会公德是对当事人民事活动的正面要求，而不得损害社会公共利益则是对民事活动的反面规制。它们之间的逻辑关系是，违反了社会公德就有可能损害社会公共利益。

从比较法的视角看，没有哪个国家（地区）的法律会容忍严重违背社会公德的民事行为。德国民法典明确规定了违反善良风俗的行为无效（第 138、139 条），法国民法典则同时用了公共秩序和善良风俗这两个概念，对违反公共秩序和善良风俗的行为作出否定性评价（第 6 条），日本民法典也规定"以违反公共秩序或善良风俗事项为目的的法律行为，无效"（第 90 条）。根据日本学者的解释，"公序和良俗，无法明确区分。两者的区别仅在于，前者着眼于国家社会的秩序，而后者着眼于道德观念。两者都是着眼于社会妥当性，应当统括在一起".① 我国台湾地区"民法"明确规定："法律行为有背于公共秩序或善良风俗者，无效"（第72条）。该条文的意思是，"判断法律行为无效者，不是具体的法律规范，而是存在于法律本身的价值体系（公共秩序），或法律外的伦理秩序（善良风俗）".② 善良风俗是一个社会公认的道德，善良风俗与我国法律中的社会公德是可以画等号的，是对同一事物的不同表述。

　　需要注意的是，在上述国家和地区的法律中，均未使用"社会公共利益"这个概念，但无论是"善良风俗"还是"公序良俗"，与我国法律中的"社会公共利益"在解释上和功能上大致是相同的。我国民法学者普遍认为，民法通则中"社会公共利益"的概念，相当于法、德、日及我国台湾地区法上的"公序良俗"概念。③ 起草物权法的机构对该法进行解释时，也把基本原则中应当遵守法律、尊重社会公德，不得损害公共利益和他人合法权益的规定解释为传统民法中的公序良俗原则。④

　　违反社会公德的行为，很可能是一种损害社会公共利益的行为。很难想象调解书严重违反了社会公德却未对社会公共利益造成损害的情形。所以，对公共利益作目的性扩张解释，⑤ 把严重违反公共道德的调解书解释为违反社会公共利益的调解书，是符合第208条的内在含义的。

　　当然，检察机关在以调解书违反社会公德为理由进行监督时，需要十分谨慎。首先，要正确把握社会公德的标准。"在这样做的时候，不应该把带有极端要求的树得很高的道德标准拿来做成法律规范，毋宁说，应当是更靠近中等水平的道德标准，即那种被推定在'大众意识'中生根落脚的道德标准。"⑥其次，要充分注意法律与道德的复杂关系。耶林曾说过："法律与道德的关系问题是法学中的好望角；那些法律航海者只要能征服其中的危险，就再无遭受

---

① ［日］山本敬三：《民法总则I》，解亘译，北京大学出版社2004年版，第179页。

② 王泽鉴：《民法总论》，中国政法大学出版社2001年版，第289页。

③ 我国一些民法学者把民法通则规定的禁止权利滥用原则称为"公序良俗"原则。参见魏振瀛主编：《民法》，北京大学出版社、高等教育出版社2000年版，第27页；马俊驹、余延满：《民法原论》（上册），法律出版社1998年版，第70页以下；梁慧星：《市场经济与公序良俗原则》，载《中国社会科学院研究生院学报》1993年第6期。

④ 参见全国人大常委会法制工作委员会民法室编著：《中华人民共和国物权法解读》，中国法制出版社2007年版，第16页。

⑤ 目的性扩张解释是补充法律漏洞的方法之一，指当法律文义所涵盖的案件类型，相对于该规定之立法意旨显然过窄，以至于不能贯彻该规范的意旨，因而有必要越过该规范的文义时，通过解释，将其适用范围扩张至原本不包括的案件类型。参见黄茂荣：《法学方法与现代民法》，中国政法大学出版社2001年版，第400页。

⑥ ［德］迪特尔·施瓦布：《民法导论》，郑冲译，法律出版社2006年版，第475页。

灭顶之灾的风险了。"① 最后，还应关注社会公德的流动性。社会公德并非固定不变，它的某些方面、某些内容会随着社会的发展、大众观念的变迁而变迁。例如，在 20 世纪 50～80 年代，结婚前先同居，然后视同居后的情形再决定是否结婚的试婚行为，还被认为是有违社会公德的行为，后来随着采取试婚方式的年轻人日益增多，社会对此种现象的看法越来越宽容。现在，人们更倾向于把此种行为看作是当事人之间的私事，无关乎社会公德。

但是，也有一些早已形成共识的违反社会公德的行为，如立遗嘱人为了使第三者与他长期保持不正当关系，把遗产全部或者部分指定由第三者继承；因妻子不能生育而与其他女子签订借腹生子的合同等。② 如果调解书把这类有悖社会公德的行为作为有效行为来处理，检察机关对此实施监督是必要的。

（三）损害集体利益的调解书是否属于监督对象

为了厘清对调解书实施监督的范围，还需要讨论检察机关对损害集体利益的调解书是否有权实施监督。

在讨论这一问题时，首先需要对集体利益作出界定。有学者认为，集体是对范围不等的人群共同体的理论抽象。在使用集体利益的概念时，要注意区分大集体和小集体。社会、国家、民族、阶级可以算作大集体，某一阶层、团体、企业、部门是小集体。③ 也有学者指出："单就利益主体的范围而论，集体利益可以是家庭或企业这一小集体的，也可以是地区性的，还可以是全国性的乃至世界范围内的。"④ 在谈到正确处理不同的利益关系时，一般会提到三种利益——国家利益、集体利益和个人利益。而在法律中，除个人利益之外，或者说与个人利益相对应的，会有三种利益，即国家利益、集体利益、社会公共利益。因此，法律中的集体利益，应当与国家利益、社会公共利益存在区别。⑤

集体利益复杂多样，多元的利益主体决定了集体利益本身的复杂性和多样

---

① ［美］罗斯科·庞德：《法律与道德》，陈林林译，中国政法大学出版社 2003 年版，第 121 页。

② 德国法院曾认定代孕合同是把婴儿降格为法律行为的客体，违反了善良风俗。在 2001 年，德国还在《领养中介法》中禁止代孕母亲的中介。参见［德］汉斯·布洛克斯、沃尔夫·迪特里希·瓦尔克：《德国民法总论》，张艳译，中国人民大学出版社 2012 年版，第 213 页。英国上议院在 1978 年裁定，代孕合同是买卖孩子的合同，不能强制执行。英国还通过立法，规定订立商业性的代孕合同是刑事犯罪行为。参见何美欢：《香港合同法》（上册），北京大学出版社 1995 年版，第 396 页。我国广东省中山市顺德区法院 2008 年曾对一起抚养权纠纷案作出判决，认定双方签订的代孕协议无效。

③ 参见梁禹祥：载《集体利益辨析》，载《道德与文明》1986 年第 3 期。

④ 曾军平：《集体利益：一种理论解说》，载《财经研究》2006 年第 9 期。

⑤ 在民法通则第 58 条关于无效民事行为的规定中，同时用了"国家利益"、"集体利益"、"第三人利益"、"社会公共利益"四个概念。合同法第 52 条关于合同无效情形的规定也同样如此。

性，民事诉讼法对调解书的监督又没有使用集体利益这个概念，我们似乎原本可以不去讨论调解书损害集体利益的问题。不过，如果以为可以完全忽略这一问题，则是不正确的。讨论集体利益的必要性在于：一方面，它同我国宪法确定的所有制有关，同我国的企业形态有关；另一方面，同实际生活中存在损害集体经济组织利益的调解书有关。

劳动群众集体所有制，是宪法规定的与全民所有制并列的社会主义公有制形式之一，城乡集体经济组织是宪法确认的经济组织形式。我国物权法把集体所有权作为所有权的一种形态，法律规定属于集体所有的土地和森林、山岭、草原、荒地、滩涂，集体所有的建筑物、生产设施、农田水利设施，集体所有的教育、科学、文化、卫生、体育等设施，集体所有的其他动产和不动产，都可以成为集体所有权的客体。我国合同法把恶意串通损害集体利益规定为导致合同无效的情形之一。

在民事活动中，双方当事人恶意串通损害集体利益的现象并不少见，这在集体企业的改制中表现得尤为典型和突出。① 进入 21 世纪后，我国开始了对集体企业的改制。对集体企业进行改制，离不开处置集体所有的资产，而正是在处置集体资产的过程中，有些集体企业的法定代表人与他人恶意串通，通过低价处置集体企业的资产来为自己谋取利益；也有的集体企业的法定代表人利用职务之便，化公为私，把集体的财产据为己有。② 低价处置或侵吞集体企业资产的行为，表面上都采用了合法的形式，尤其是会用合同这一法律形式，有的集体企业的法定代表人还会通过诉讼中的调解、和解来掩盖其损害集体利益的行为。于是，就出现了调解书损害集体利益的问题。

也许有人认为，调解书损害集体利益与损害国家利益、社会公共利益不同，可以由利益受损的那个集体向法院申请再审。仔细推敲，会发现这一观点难以成立。调解书损害集体利益，多发生在集体企业作为一方当事人的诉讼中，从调解书中获得利益的法定代表人显然不会向法院申请再审。在上述情形中，利益受到损害的是该集体企业的职工，而企业的职工又无权代表企业申请再审。所以，在企业改制中一旦出现此种情形，集体企业的职工往往会向政府有关部门反映情况甚至上访。由于侵吞集体财产也构成犯罪，所以政府有关部门会把材料转给检察机关；也有职工直接向检察机关举报的。通过这样的渠

---

① 在各地发现的虚假诉讼案件中，以改制中的集体企业为被告的案件是常见的一类。

② 如江苏涟水县集体企业白云棉麻公司的法定代表人黄某，为了把公司所有的一栋大楼据为己有，与亲属方某（方某系外商）恶意串通，以方某名义购买该楼，然后再由方某以赠与的方式，把该栋楼过户到黄某名下。参见于飞、樊离：《击碎"狱中富豪"梦，检察官追回千万大楼》，载《清风苑》2013 年第 12 期。

道，检察机关获得了需要监督的案件的材料。

当检察机关掌握了调解书损害集体企业利益的情况时，如果机械地认为集体利益不属于国家利益、社会公共利益，对此种调解书放任不管，显然不是正确的选择。由于恶意串通侵吞集体企业财产的行为常常造成集体财产大幅度减少，原本不必下岗的工人下岗、不必领救济金的工人需要领救济金，加重了社会的负担，同时增加了社会的不稳定因素。检察机关把这样的结果解释为损害了社会公共利益，① 然后再适用第 208 条实施监督，应当是符合立法宗旨的。

（四）损害弱势群体利益的调解书是否属于监督对象

弱势群体是相对于强势群体而言的。例如，相对于经营者，消费者是弱势群体；相对于成年人，未成年人是弱者；在劳动关系中，相对于用人单位，劳动者是弱势群体；在拆迁关系中，相对于拆迁方，被拆迁人是弱势群体。② 弱势群体需要更多的关爱和保护。切实有效地保护弱势群体的利益，对实现社会的公平正义，维护社会的和谐稳定，具有极其重要的意义。

在西方国家的法律中，一般会把向法律关系中处于弱势地位或者更容易受到损害的一方提供最低限度保护的规定解释为具有强制性的规定，对这种规定作出变通时，只能作出有利于受保护的弱势方的变通。③ 例如，德国的立法者把以高利贷剥削弱者的行为视为违反公序良俗的行为，在《德国民法典》第 138 条中把高利贷与违反善良风俗的法律行为并列，先在第 1 款中规定"违反善良风俗的法律行为无效"，接着在第 2 款中规定"特别是当法律行为系趁另一方穷困、没有经验、缺乏判断能力或者精神耗弱，使其为自己或者第三人的给付作出有财产上的利益的约定或者担保，而此种财产上的利益与给付显然不相称时，该法律行为无效"。在德国学者看来，《德国民法典》第 138 条第 2 款的规定明确指出高利贷行为是违反善良风俗的行为，即"该特别规定旨在进一步澄清第 138 条第 1 款的规定"。④ 再如，在美国，律师为贫困的当事人

---

① 比较法上也存在社会救济负担的加重会损及社会公共利益甚至违反善良风俗的观点（参见［德］迪特尔·梅迪库斯：《德国民法总论》，邵建东译，法律出版社 2000 年版，第 530 页）。在我国，集体企业资产被侵吞后，常常造成改制企业多数职工下岗，再就业如果不能顺利实施，就会损害广大职工的利益，就可能会形成新的社会不和谐、不稳定因素，对社会的公共利益造成损害。这在我国劳动法学界已基本达成共识。

② 例如，最高人民法院近期公布了人民法院保障民生的 7 个典型案例，第一个案例是"申请再审人河南省修武县郇封镇郇封村村民委员会与被申请人薛海金承包合同纠纷案"，该案的典型意义在于法院保护了处于弱势的被拆迁的养殖户的利益。参见《人民法院保障民生典型案例》，载《人民法院报》2014 年 2 月 18 日。

③ ［德］迪特尔·施瓦布：《民法导论》，郑冲译，法律出版社 2006 年版，第 39 页。

④ ［德］维尔纳·弗卢梅：《法律行为论》，迟颖译，法律出版社 2013 年版，第 449 页。

代理诉讼被视为是为了实现公共利益，即公共利益"这一术语指律师把他的时间用在民事诉讼中代理贫困的当事人"。①

在涉及弱势群体时，我国法律常常会强调保护他们的合法权益是全社会共同的责任。如未成年人保护法规定："保护未成年人，是国家机关、武装力量、政党、社会团体、企业事业组织、城乡基层群众性自治组织、未成年人的监护人和其他成年公民的共同责任"（第6条）。消费者权益保护法针对消费者、妇女权益保障法针对妇女，也作了类似的规定。这样规定的目的实际上是要强调，对未成年人、妇女、消费者的保护事关社会的公共利益。

为了保护弱者的权益，我国法律还作出了一些具体的规定。如为保护消费者权益，合同法规定：提供格式合同条款一方免除其责任、加重对方责任、排除对方主要权利的条款无效；对格式合同有两种以上解释的，应当作出不利于提供格式合同条款一方的解释（第40条、第41条）。这样的规定，从表面上看，只是保护格式合同条款的相对方，但由于该条款是为保护处于弱势地位的消费者而制定的，它的适用关乎社会公共利益。

民事诉讼常常发生在属于弱势群体的当事人与属于强势群体的当事人之间，这些诉讼也可能采用调解方式解决。如果调解书明显损害了弱势群体一方当事人的利益，检察机关以损害社会公共利益为由进行监督，也是符合第208条的精神的。

（五）损害案外第三人利益的虚假诉讼调解书是否属于监督对象

近年来，虚假诉讼在许多地方都有出现，一些地方的虚假诉讼还呈愈演愈烈之势。虚假诉讼案件多数甚至大多数是通过调解方式结案的。有的虚假诉讼直接损害了国家的经济利益，损害了社会管理秩序；有的虽未对上述利益造成损害，但损害了案外第三人的利益。

对损害国家经济利益、社会管理秩序的调解书，检察机关应当适用第208条进行监督。但对于损害案外第三人利益的调解书检察机关是否应当实施监督，有不同认识。一些人会认为，对此类调解书，可以由利益受损的案外第三人通过提起撤销之诉的方式来寻求救济，无须检察机关动用公权力实施监督。但是虚假诉讼的调解书损害的不仅仅是案外人的利益，它还给正常的民事诉讼秩序造成了极大的破坏。就此而论，它同时也损害了国家利益、社会公共利益，应当成为检察监督的对象。②

---

① ［美］彼得·G.伦斯特洛姆编：《美国法律辞典》，贺卫方等译，中国政法大学出版社版1988年版，第262页。

② 这一问题相当复杂，限于篇幅，本文只提出这一观点，详细的论证容笔者另行撰文。

结　语

对调解书实施法律监督是检察机关的新任务。立法机关将此项任务交给检察机关，是要让检察机关与法院共同承担起保证法院调解中的合法原则得到切实贯彻的任务，从而使调解这一最具中国特色的处理民事诉讼的方式能够充分发挥积极作用。

调解书是记载调解协议内容的司法文书。调解协议的达成，是当事人对其民事权益行使处分权的结果。民事诉讼法明确规定当事人有权处分其民事权利和民事诉讼权利，但同时也规定当事人须在法律规定的范围内行使处分权（第 14 条第 2 款），这意味着当事人的处分行为不能逾越三个方面的红线——不得违反法律的禁止性规定，不得损害国家的、社会的、集体的利益，不得损害其他公民的民事权益。对于后两个方面，民事诉讼法本身虽然未作规定，但这是根据宪法关于"中华人民共和国公民在行使自由和权利的时候，不得损害国家的、社会的、集体的利益和其他公民的合法自由和权利"的规定而得出的结论。[1] 另外，调解在我国民事诉讼中被定性为法院行使审判权的一种重要方式，调解书是法院的一种重要的司法文书，私人性质的调解协议转化为调解书时，法院对调解书的合法性即负有责任。如果调解书损害了国家利益、社会公共利益，就会对司法的公信力、司法公正产生严重的负面影响。[2] 因而，正确理解和适用民事诉讼法第 208 条关于对调解书实施检察监督的规定，对于维护司法公正意义重大。

---

[1]　参见柴发邦主编：《民事诉讼法学新编》，法律出版社 1992 年版，第 96 页。

[2]　在我国的制度设计中，法院不仅是裁判机关，而且是国家利益和社会公共利益的维护者。在诉讼中维护这两种利益是法院的职责。

行政诉讼检察监督新规的一种体系解释[*]

张步洪

2014 年 11 月，全国人大常委会通过了《关于修改〈中华人民共和国付政诉讼法〉的决定》。此次修法，总结吸收了实践经验、理论成果，强化了行政诉讼的监督与救济功能，细化了检察监督规范。十八届四中全会提出，健全行政机关依法出庭应诉、支持法院受理行政案件、尊重并执行法院生效裁判的制度。据此，修改后行政诉讼法强化了行政机关支持法院受理、审理行政案件的要求，增加规定被诉行政机关负责人出庭应诉制度，明确了行政机关拒绝履行判决、裁定、调解书时对行政机关负责人的制裁措施。对于行政诉讼中发现的涉嫌违纪违法和犯罪，实行行政诉讼与纪检监察、刑事司法直接对接。这些制度设计，都体现了行政诉讼制度作为审判权监督行政权的制度安排的性质。相应地，修改后行政诉讼法并没有明显增加检察机关监督行政诉讼被告的内容，而是突出了检察权监督审判权的功能。本文基于修改后行政诉讼法和修改后民事诉讼法中的相关规定，结合实践情况就行政诉讼检察监督新规谈一些个人观点。

一、行政诉讼诸环节的检察监督

修改后行政诉讼法第 101 条规定，检察院对行政案件受理、审理、裁判、执行的监督，本法没有规定的，适用民事诉讼法的相关规定。据此，修改后民事诉讼法中有关检察调查的规定、有关抗诉与再审的规则均适用于行政诉讼检察监督。至于检察机关如何监督案件的受理、审理、执行，修改后民诉法同样未作规定，而有待进一步明确。

（一）对行政案件受理的监督

长期以来，社会各界反映强烈的"告状难"、"立案难"等问题在行政诉讼领域表现得尤为突出。一些地方法院由于体制原因和自身原因，不愿、不敢

---

  * 原文载《人民检察》2014 年第 24 期。

受理行政案件。为此，十八届四中全会提出健全行政机关支持法院受理行政案件的制度。修改后行政诉讼法规定，不予立案或者驳回起诉确有错误的，法院依当事人申请进行再审，检察院依当事人申请抗诉或者提出再审检察建议。尽管 2001 年最高人民检察院规范性文件就已经规定将"法院对依法应予受理的行政案件，裁定不予受理或者驳回起诉"作为一种抗诉事由，① 但检察机关同样受制于体制和自身原因，在维护公民、组织行政诉权方面没有发挥明显的作用。

检察机关除运用抗诉方式监督法院受理案件之外，还可以基于行政诉讼法的授权、针对法院受理行政案件的特点，探索其他监督方式。在刑事诉讼中，检察机关依法对公安机关的刑事立案进行监督，公安机关应当立案而不立案的，检察机关通知其立案。检察机关制作的刑事立案通知书具有法律效力。在行政诉讼中，由于没有法律授权，检察机关不可以通知法院受理行政诉讼案件。修改后行诉法虽然规定以抗诉、再审检察建议启动再审，推动纠正法院不予立案、驳回起诉的错误裁定，但是，多数情况下，判断行政诉讼案件是否属于行政诉讼受案范围并不复杂，不一定必须都经过复杂的再审程序才能确定。修改后行政诉讼法第 91 条第 1 项规定的是针对法院所作的确有错误的不予立案、驳回起诉裁定的抗诉事由。如果法院对公民、组织的起诉既不受理也不出具收据，检察机关则无法通过抗诉进行监督。对于公民、组织向检察机关反映法院不受理行政案件，检察机关认为属于行政诉讼法确定的受案范围法院应当受理的，可以探索通过检察建议进行监督。

（二）对行政案件审理的监督

修改后行政诉讼法第 93 条第 3 款规定，各级人民检察院对审判监督程序以外的其他审判程序中审判人员的违法行为，有权向同级人民法院提出检察建议。检察机关如何监督案件的审理，民事诉讼法和行政诉讼法均未规定。先前，理论界基于行政诉讼法只规定了抗诉的做法，倾向于将行政诉讼检察监督理解为"法院完成诉讼过程后行使的监督权"，即"事后监督"。② 现在，法律则明确规定检察机关对行政诉讼的审理进行监督。然而，在正常进行的行政诉讼中，检察机关并没有承担诉讼角色，它不可能同步参与到所有行政案件的审理中。审判中的违法行为发生又具有即时性特点。实践中，当事人对行政案件审理过程的合法性提出质疑往往是在庭审结束之后，法庭不可能因为一方当

---

① 参见王鸿翼、张步洪：《〈人民检察院民事行政抗诉案件办案规则〉中的几个基本问题》，载《法律应用研究》2002 年第 1 期。

② 参见黎群：《行政诉讼检察监督的完善》，载《法制与经济》2014 年第 8 期。

事人提出异议就随意重新开庭审理。客观地说，检察机关同步监督行政案件审理并且同步纠正违法并不现实。为保障法院更好地接受检察监督、审级监督，法院审理行政案件的活动，应当实行全程录音录像。检察机关根据一方当事人的申请，可以查看录音录像。

庭审中的违法审判行为并不必然引起再审，但是，当事人反映审判人员在履行职责中违背法定职责主张追究纪律或法律责任，并向检察机关提供了证据材料或者证据线索的，检察机关应当按照最高人民法院、最高人民检察院、公安部、国家安全部、司法部《关于对司法工作人员在诉讼活动中的渎职行为加强法律监督的若干规定（试行）》赋予的措施进行调查，有充分证据证明审判人员违纪违法需要追究责任的，依法提出检察建议。

（三）对行政案件裁判的监督

检察机关对行政裁判的监督主要是通过启动再审纠正错误裁判。根据修改后行政诉讼法第 93 条第 1 款、第 2 款，检察机关启动再审有两种方式：抗诉和再审检察建议。抗诉是启动再审程序的刚性监督措施，由作出生效裁判的法院的上级检察院提出。检察建议由作出生效裁判的法院的同级检察院提出，是否启动再审由接收检察建议的法院审查后自行决定。

尽管人们习惯上把抗诉定性为监督措施，但对当事人而言，申请抗诉无疑是一种救济。行政抗诉制度的存在，正是为了保障当事人依法获得再审的机会。行政诉讼法规定当事人有权申请抗诉，实际上是承认抗诉具有救济功能。既然如此，检察机关应当依法保障当事人平等获得抗诉救济的权利。当然，这并不意味着满足所有当事人的抗诉申请，而是要求统一抗诉标准，平等对待所有当事人，同等情况相同对待，不同情况区别对待。在抗诉程序设计上，应当尽量避免上下级检察院在同一个案件上重复审查。

修改后民事诉讼法第 209 条压缩了再审检察建议的存在空间：当事人不服一审、二审生效裁判先向上一级法院申请再审，上一级法院驳回再审申请或者不予答复之后当事人再到检察院寻求救济。对此，实践中，原审法院通常会更加尊重上级法院的驳回申请裁定而不是同级检察院的再审建议。同时，由于检察建议并不具有当然启动再审的效力，当事人更愿意选择获得抗诉救济。为切实维护当事人依法寻求救济的权利，在规则设计上应当允许当事人选择申请抗诉或者申请再审检察建议。同时，为保障胜诉一方当事人合法权益、维护司法裁判既判力，基于检察机关上下级领导关系，下级检察院不得作出与上级检察院决定相冲突的决定。据此，对于上级检察院作出不抗诉决定的裁判，下级检察院不应当提出再审检察建议。

（四）对行政案件执行的监督

一般认为，执行行为属于行政性质的事实行为。检察机关对行政执行实行同步监督同样存在诸多困难，事后监督往往又遇到调查取证难等问题。因此，将来有必要明确要求执行机构在执行中使用执法记录仪等记录执行过程。对行政案件执行的监督主要涉及以下两种情况：

1. 对行政机关执行行为的监督。区分两种情况：一是行政裁判的强制执行。行政机关依据单行法授权和修改后行政诉讼法第 95 条规定对拒绝履行判决、裁定、调解书的公民、组织强制执行的，理论上属于修改后行政诉讼法第 101 条规定的"执行"，属于检察机关监督范围。二是行政行为的强制执行。行政机关对拒绝履行行政行为确定的义务的公民、组织强制执行的，不属于行政诉讼法规定的"执行"，不属于检察监督范围，公民、组织认为行政强制执行行为侵犯其合法权益的，可以依法提起诉讼。

2. 对法院执行行为的监督。也区分两种情况：一是执行行政裁判的活动。法院依据修改后行政诉讼法第 95 条、第 96 条对拒绝履行裁判、调解书确定义务的公民、组织或者行政机关强制执行，属于检察监督的范围。检察机关可以对法院的执行裁定、执行实施是否合法进行监督。二是非诉行政执行。① 我国实行以法院强制执行为原则、行政机关强制执行为例外的执行模式。行政机关自行强制执行需要法律明确授权。法院承担的非诉行政执行案件数量庞大。根据司法解释和实践情况，法院受理行政机关申请执行其行政行为的案件后，应当由行政审判庭组成合议庭对行政行为的合法性进行审查，并就是否准予强制执行作出裁定；需要采取强制执行措施的，由本院负责强制执行非诉行政行为的机构执行。如果将法院审查非诉行政执行所作的裁定纳入监督范围，实际上是对绝大多数行政行为是否具有执行力进行监督，等于重构检察权与行政权之间的关系。检察权与行政权的关系，是我国宪法关系的重要内容，不宜在缺乏广泛共识的情况下发生质的变化。因此，笔者认为，检察机关对非诉行政执行裁定进行监督还需要更加系统的论证和更加明确的授权。

二、行政抗诉事由及其适用规则

修改后行政诉讼法第 91 条分八种情形规定了法院依申请再审、检察机关依申请抗诉的事由；而第 93 条第 1 款则是检察机关依职权抗诉的直接法律依据。

---

① 公民、组织对行政行为在法定期间不提起诉讼又不履行的，行政机关可以申请法院强制执行，法院根据行政机关或者权利人申请强制执行行政行为，即非诉行政执行。

（一）依申请抗诉事由及其适用规则

1. 法院对行政起诉不予立案或者驳回起诉确有错误的。修改后行政诉讼法中的"不予立案"和1989年行政诉讼法中的"不予受理"相当。按照修改后行政诉讼法第91条第1项规定，检察机关认为法院所作的不予立案、驳回起诉裁定确有错误的，应依当事人申请抗诉。为解决法院对法定受案范围内的行政起诉不接收材料、不受理、不作出裁定等问题，修改后行政诉讼法规定实行立案登记制，对公民、组织的起诉，法院立案庭只进行形式审查，符合形式要件的起诉直接到行政审判庭进行审理。和立案审查制相比，立案登记制强调对于符合条件的起诉，应当接收起诉材料、及时转审判庭审理，不得长期搁置在受理窗口部门。实行立案登记制，并不意味着法院有求必应，对于不符合行政诉讼受案范围的案件，法院仍然会驳回起诉。检察机关监督法院依法受理案件，保障公民、组织诉权，需要准确把握法律修改后的行政诉讼受案范围。行政诉讼关涉行政权与审判权关系、关涉私权与公益。检察机关在保障公民、组织诉权，破解"告状难"方面既要有作为，又要拿得准，尽力避免因对法律理解不准给解决争议带来不必要的认识分歧。

2. 有新的证据，足以推翻原判决、裁定的。对于行政裁判生效后发现的"新证据"，应区分有利于被告还是有利于原告。一是作为被告的行政机关在行政程序中应当"先取证、后裁决"，行政机关于行政裁判生效后即使发现"足以"支持被行政裁判撤销的行政行为的"新证据"，也不能以此为由申请再审或申请抗诉。二是公民、组织在行政裁判生效后发现足以推翻原审行政裁判认定事实的"新证据"，可以向法院申请再审、向检察机关申请抗诉。公民、组织可否无视生效行政裁判直接申请行政机关重作行政行为，法律没有明文禁止，但理论上可能存在障碍。如果允许行政机关根据申请自行重新作出行政行为，可能会损害司法裁判的权威性。

3. 原判决、裁定认定事实的主要证据不足、未经质证或系伪造的。首先，原裁判认定事实主要证据不足。"认定事实的主要证据不足"是指判决、裁定对案件基本事实所作的肯定的认定没有足够的证据支持，[①] 对基本事实的认定不符合证据规则。基本事实，即对于确定行政法上权利义务和责任具有决定意义的事实。生效裁判认定事实缺乏证据证明，只有在影响到权利归属、义务承担、责任追究的情况下，才有必要抗诉与再审。其次，原裁判认定事实的主要证据未经质证。质证是在法庭上辨别证据合法性、相关性、客观性的重要制度安排。诉讼法历来要求，诉讼证据应当在法庭上出示，并由当事人相互质证。

---

① 参见张步洪著：《行政检察制度论》，中国检察出版社2013年版，第236页。

法院裁判认定事实的主要证据未经质证，不仅违反法定程序，而且具有导致裁判认定基本事实错误的高度可能性，依法应当抗诉。基于诉讼经济原则，单纯以原裁判认定事实的主要证据未经质证为由进入再审程序的案件，再审时可以视案情简化程序，以质证为再审重点，视质证情况作出判决。最后，原裁判认定事实的主要证据是伪造的。伪造证据具有一定的隐蔽性，无论法院在原审程序中是否尽到了核对证据材料的审查责任，只要一、二审环节没有将伪证作为非法证据予以排除，都有必要给予因此败诉的一方当事人提供再审救济。当事人主张诉讼证据是伪造的，通常需要借助专业的技术鉴定才能作出判断。如果在原审程序中一方当事人主张对方提供的证据是伪造的，法院应当委托鉴定而没有委托鉴定，检察机关可以在审查抗诉环节委托鉴定。如果法院在原审程序中已经作了鉴定，申诉人一方主张原鉴定错误或者违法的，检察机关应当对原鉴定进行形式审查，必要时可以听取原鉴定机构、原鉴定人和其他专业人士的意见，不可简单地以检察环节的鉴定去否定原审裁判中的鉴定。

4. 原判决、裁定适用法律、法规确有错误的。从理论上讲，判决适用法律、法规错误既包括适用实体法错误，也包括适用程序法错误，既包括对法律关系定性错误，也包括确定权利归属、义务承担、责任追究出现错误。在诉讼中，法庭需要适用程序法汇集、审查证据材料并且作出判断。程序上的错误可能导致事实认定错误进而导致适用实体法错误。作为一种抗诉事由，裁判适用法律错误，主要是指适用实体法错误，并不是诉讼中的任何差错都要用再审来补救。检察机关审查当事人主张原判决适用法律、法规错误的案件，不仅要依法给予公民、组织提供权利保障，而且要维护全国人大及其常委会制定的法律的权威，发现下位法与上位法存在冲突的，不可简单地以下位法是特别法为由主张适用下位法，认为下位法与上位法存在冲突的，应当依法推动有权机关对下位法进行审查。行政裁定适用法律、法规错误，通常是指在不符合作出某种裁定的条件下作出裁定，由于裁定在诉讼中用于裁断程序事项，裁定适用法律错误与违反法定程序存在一定的交叉关系。

5. 违反法定诉讼程序可能影响公正审判的。行政诉讼法规定，违反法定诉讼程序，可能影响公正审判的，才启动抗诉与再审。影响公正审判和影响裁判公正不是同一概念。在具体案件中，判决公正与否和程序违法并不总是表现为一定的对应关系。修改后行政诉讼法第 91 条第 5 项规定的抗诉事由，在1992 年民事诉讼法中也曾作过规定，最高人民法院 1992 年《关于适用〈中华人民共和国民事诉讼法〉若干问题的意见》据此列举了可能影响公正审判的程序违法情形：审理本案的审判人员、书记员应当回避未回避的；未经开庭审理而作出判决的；适用普通程序审理的案件当事人未经传票传唤而缺席判决的；其他严重违反法定程序的。这一司法解释明确列举的都是违反诉讼基本制度的情形。实践证明，违反诉讼基本制度造成错判的可能性并不比违反其他程序造成错判的可能性大。但是，严重违反法定程序，事实上已经影响了公正审判，无论裁判结果是否符合实体公正，都应当尊重和保障当事人获得公正审判的权利。检察机关审查当事人主张原审违反法定程序的行政案件，可以参照修改后民事诉讼法第 200 条第 7—10 项来把握。当事人主张原审违反其他程序规则的，检察机关有必要进行实体法上的预判与权衡，只有程序违法具有导致裁判不公的高度可能性的，才有必要抗诉。

6. 原判决、裁定遗漏诉讼请求的。基于司法审判的中立性、消极性原理，法院应当仅就原告提出诉讼请求的事项作出裁判。实践中，裁判超出或者遗漏诉讼请求的现象偶有发生，通过再审予以弥补纠正是必要的。行政诉讼法仅规定对遗漏诉讼请求的裁判应依申请再审或者抗诉，主要是考虑到行政诉讼中被告处于强势地位，法院不可能超出诉讼请求范围作出裁判。如果检察机关发现行政裁判超出诉讼请求范围的，可以基于修改后行政诉讼法第 101 条规定，参照修改后民事诉讼法第 200 条第 11 项提出抗诉，或者以行政裁判损害公益为由依职权抗诉。

7. 据以作出原判决、裁定的法律文书被撤销或者变更的。在诉讼中，法律文书确认的事实是当事人无须举证证明的事实之一。根据最高人民法院司法解释，已经依法证明的事实，可以直接认定；生效的法院裁判文书或者仲裁机构裁决文书确认的事实，可以作为定案依据。实践中，法院裁判认定的基本事实、案件性质如果是依据法院裁判文书、仲裁机构裁决文书，或者具有确定权利义务关系或者事实证明效力的其他法律文书作出的，该法律文书被撤销或者变更导致据此所作的生效裁判认定的基本事实、案件性质失去依据和基础，检察机关应当抗诉，再审程序中法院应当根据诉讼双方提供的证据依法作出事实认定。

8. 审判人员在审理该案件时有贪污受贿、徇私舞弊、枉法裁判行为的。根据法院组织法规定，审判人员包括院长、副院长、庭长、副庭长、审判员和助理审判员。审判人员无论在一审、二审还是再审程序中，无论是合议庭成员还是院长、副院长，只要在法院审理该案件时有贪污受贿、徇私舞弊、枉法裁判行为，都应当启动抗诉与再审。贪污受贿、徇私舞弊和枉法裁判是三种各不相同的违法犯罪行为，都可以单独作为抗诉事由。只要审判人员在审理案件时有贪污受贿行为，即使没有徇私舞弊或者枉法裁判，也应当启动再审。对此，最高人民法院倾向于对适用这类再审事由作严格限制，2008 年最高人民法院《关于适用〈中华人民共和国民事诉讼法〉审判监督程序若干问题的解释》第

18 条规定，民事诉讼法第 179 条第 2 款规定的"审判人员在审理该案件时有贪污受贿，徇私舞弊，枉法裁判行为"，是指该行为已经为相关刑事法律文书或者纪律处分决定确认的情形。

徇私舞弊与枉法裁判是两个既相互独立，又密切联系的抗诉事由。徇私舞弊是指为了自己或他人不正当利益，故意作不实的事实认定，以达到偏袒一方的目的。枉法裁判是指故意作与法律相悖的裁判，通过歪曲法律达到偏袒一方当事人的目的。舞弊的结果通常导致认定事实错误，枉法的结果导致适用法律错误。实践中，只有为徇私情，故意制造、采信虚假证据、证明力不足的证据导致认定事实错误，才属于作为抗诉事由的徇私舞弊；只有故意作违背法律的判决的，才属于作为抗诉事由的枉法裁判。因此，徇私舞弊与认定事实错误、枉法裁判与适用法律错误经常同时适用。①

（二）依职权抗诉事由及其适用规则

对于依职权的抗诉事由及其适用，有两个问题需要明确：

1. 检察机关能否依职权抗诉为公民、组织提供救济。修改后行政诉讼法第 93 条第 1 款列举了检察机关可以抗诉的两种情形：符合第 91 条情形之一的；调解书损害国家和社会公益的。仅从这一条规定看，只要符合依申请抗诉的情形，就可以依职权抗诉。但是，如果从整部法律关于抗诉与再审制度的整体设计来看，又会得出不同结论：法律明确当事人申请抗诉的事由，既是对当事人寻求检察救济的限制，也是对检察机关依职权抗诉的限制。如果对不涉及国家和社会公益的行政裁判也可以依职权抗诉，将会使申请抗诉制度形同虚设。

2. 当事人不服生效调解书可否申请检察机关抗诉。修改后行诉法在坚持法院审理行政案件不适用调解原则的同时，将适用调解的范围扩大到行政赔偿、行政补偿以及行政机关行使法定自由裁量权的案件；将调解书纳入抗诉对象，同时对抗诉事由作了严格限制。行政调解书只有在损害国家利益、社会公共利益的情况下，检察机关才提出抗诉。修改后行政诉讼法第 60 条第 2 款规定，调解应当遵循自愿、合法原则，不得损害国家利益、社会公共利益和他人合法权益。如果行政调解书内容违法或者违背自愿原则，法院可依法启动再审，但检察机关不可以据此抗诉。当事人向检察机关反映法院主持行政诉讼调解的过程违法的，检察机关查证属实后可以向法院提出检察建议。

---

① 参见张步洪：《行政检察制度论》，中国检察出版社 2013 年版，第 242、243 页。

三、职务犯罪侦查与行政审判相衔接

过去的实践中，行政诉讼程序与纪检监察、刑事司法程序没有衔接起来，行政裁判确定违法行政与公职人员个人责任没有衔接起来。修改后行政诉讼法第 66 条第 1 款规定，法院在审理行政案件中，认为行政机关的主管人员、直接责任人员违法违纪的，应当将有关材料移送监察机关、该行政机关或者其上一级行政机关；认为有犯罪行为的，应当将有关材料移送公安、检察机关。

我国先前的诉讼法从未明确规定法院向纪检监察和刑事司法机关移送其履行行政审判职责中发现的违法犯罪。由法院向公安、检察机关移送涉嫌犯罪案件，难免会有人质疑这是否会违背司法审判的中立性、消极性原理。笔者认为，将行政诉讼程序与纪检监察、刑事司法程序衔接起来，是构建权力监督体系、国家法治体系的客观需要。只要将移送对象限于行政诉讼被告一方的主管人员、责任人员，与行政诉讼旨在监督行政权的功能相协调，而不是将原告方作为移送对象，就不至于损害法院的中立地位。

在法院审理的行政案件中，违法的行政行为或者行政不作为情节严重构成犯罪的，同时引起行政法上的后果和刑事法上的后果，仅撤销行政行为或者宣告行政行为无效、赔偿相对人损失是远远不够的。过去的实践中，理论界普遍担心追究公职人员个人责任会影响整个公职人员群体的工作热情和进取精神，因而倾向于通过监督纠正行政行为来维护公民、组织合法权益。然而，行政职权必须通过行政公职人员来行使，行政机关的行为是行政公职人员职务行为通过组织程序发生作用的产物。如果忽视公职人员个人应当承担的违法行政的纪律或法律责任，必然导致违法行政屡禁不止。

我国检察机关长期查办职务犯罪，积累了丰富经验。但是，法院在行政诉讼中发现的职务犯罪案件线索，通常是以行政行为为表现形式的违法犯罪。这对于检察机关来说是一个几乎全新的课题。为确保检察机关有效履行这项职责，需要运用法治行政理论来充实和完善职务犯罪构成理论，厘清行政行为与公职人员个人责任的关系。

综上，修改后行政诉讼法强化了法院对行政诉讼被告的监督措施，相应地，检察机关监督行政诉讼的重点是法院受理与裁判、执行行政案件的活动。对法院受理、审理、裁判、执行行政案件进行监督，并不意味着全程同步监督，而是应当着眼于为当事人提供必要的权利保障和救济。至于检察机关应如何对法院审理、执行活动进行有效、适度监督，尚待进一步的理论求证和实践探索。笔者采用体系解释方法，与单纯文本解释难免会得出不同的结论。放

眼未来，行政诉讼法关于行政诉讼检察权的规定存在一定的解释空间，目前对行政诉讼检察监督权能的理解，需要立足于我国宪法确定的检察权与行政权、审判权基本关系框架，着眼于实现审判权、检察权合理分工，将这项制度和权能科学地融入我国社会主义法治体系之中。行政诉讼检察监督制度的成熟与定型主要取决于这项制度在保障法制统一、维护公平正义方面的总体而不是局部成效。

第三部分

检察制度

建立主任检察官制度的构想*

陈　旭

检察办案组织改革关系重大、涉及面广，是一项综合性的系统工程。改革能否成功，最终取决于检察机关以检察官为执法办案主体的有中国特色的基本办案组织能否构建，相关的管理保障、监督制约机制能否在法律上得到确认，否则只是停留在办案责任制的层面，难以达到预期的目标。

一、确认主任检察官在法律上的地位

主任检察官作为整个主任检察官制度的关键和中枢，在立法上确认其应有的地位对于我国检察办案组织改革乃至司法体制改革将产生重大而深远的影响。因此，确认主任检察官的法律地位，绝不能简单地理解为在法律上确定一个称谓而已，必须将其放置于主任检察官制度的大背景下去观察和分析。

（一）在法律上确认主任检察官的地位

所谓主任检察官制度，是指包括主任检察官、主任检察官办案组以及它们的组成、运行、管理等法律、制度的总和。① 主任检察官制度作为一完整的制度体系，是检察机关为改变现有办案组织模式的实践探索和制度创新，其所体现的是一种先进的执法理念、现代化的办案方式和科学的办案组织制度。

主任检察官制度的完善有赖于主任检察官法律地位的确立，有了法律地位才能名正言顺，才有执法中的权威。主任检察官这一特定称谓虽非行政职务，但作为检察官的一种特有的身份象征，应当纳入法定检察官的职务序列，从而成为检察机关中具有特殊性质和地位的优秀检察官的代表。特别是随着修订后的刑事诉讼法和民事诉讼法的实施，关于修改人民检察院组织法和检察官法的呼声日益高涨，全国人大也在酝酿此方面的修改工作，笔者认为可以此次修法

---

　* 原文载《法学》2014 年第 2 期。

　① 参见陈旭：《探索建立科学的检察办案组织》，载《检察日报》2013 年 8 月 19 日第 3 版。

为契机，在立法上明确主任检察官的法律地位。司法实践中，检察机关曾经试行过主诉、主办检察官办案责任制，目前一些业务部门如公诉部门仍在实行主诉制。我们之所以要确认主任检察官的法律定位并将其作为构建主任检察官制度的基石，主要基于以下两点原因：

一是主任检察官制度与主诉、主办检察官办案责任制有着明显的区别。前者是在后者基础上的深化和发展，相较于主诉（办）检察官，主任检察官的称谓更加贴切、更为科学且包容性更强。主诉检察官一般适用于公诉部门，其他部门不太适用；主办检察官的称谓可适用于许多业务部门，但仍有诸多局限。虽然在主诉（办）制中已有办案组织的因素，但给人以个案承办人的印象，更多地是强调对个案的办案责任，未凝固到办案组织层面，不具有检察办案组织所要求的相对固定性的特质。从国外特别是大陆法系国家的实践看，主任检察官也是较为通行的检察官称谓。①

二是主任检察官这一名称能更好地体现社会公众对职业检察官的认同感。主任检察官作为检察官中的精英，其本身所代表的就是具有良好职业素养、较强业务能力和丰富实践经验的资深检察官。确立主任检察官这个称谓，就是要为社会公众推出一批可以信赖并值得信赖的法律专家，而且这种职业荣誉感和责任感也将为所有检察官树立一个职业规划的目标和榜样，引导检察官以法律业务的精进为奋斗的动力，而不是以行政职务的晋升作为主要的价值取向。

（二）建立严格的主任检察官选任和遴选机制

立法赋予了主任检察官的崇高地位，与之相配套，必须建立起与主任检察官专业素养相匹配的选任、考核、奖惩、退出、遴选等机制。

主任检察官除了自己直接从事执法办案外，还对组内其他检察官实行办案指导、文书把关等办案管理并承担部分行政管理职能。相比于一般检察官，主任检察官的权力更大、责任更重、社会地位更高。因此，在主任检察官的选任上应当实行更少的员额、更高的选任条件和更加严格的选任程序。只有这样，才能始终确保主任检察官的人员质量，确保选出的是真正的人才，确保主任检察官真正具有丰富的实践经验和办案水平。

将主任检察官的年度考核结果作为其奖励、选任、晋升和解除职务的重要依据。当主任检察官出现不能继续担任主任检察官的职务情形时，应依照相关程序解除其职务。同时，实行主任检察官的任期制，任期届满经考核合格的方可连选连任。只有建立这种能上能下、有进有出的选人用人机制，才能确保主

---

① 参见朱孝清、张智辉主编：《检察学》，中国检察出版社 2010 年版，第 267 ~ 270 页。

任检察官始终是精英化、职业化的高素质检察官的代表。

要坚持主任检察官在检察官中遴选、上级检察院的检察官在基层检察院的主任检察官中遴选的原则，实现检察院内部"检察官—主任检察官—上级院检察官"这样的人才向上流动机制。该项机制对于主任检察官制度的构建具有非常重要的意义，不仅可以保障检察队伍的科学合理和良性循环，而且有利于拓展基层检察官的发展空间，有利于上级院的检察官积累更多的基层经验，有利于增进对群众的工作感情，有助于真正提高上级院检察官的业务水平，增强其对下级院业务指导的针对性和权威性。

二、以主任检察官办案组取代科层制，实现扁平化、专业化管理

当前，主任检察官制度改革的难点和重点就是要彻底改变现有的行政管理模式以及与之相对应的三级审批办案方式，还司法以本来的面目。用主任检察官办案组取代科层体制，对于实现管理的扁平化和办案的专业化，对于实现司法的公正和效率具有重大意义。

（一）构建以主任检察官办案组为基础办案单元的检察办案组织

所谓主任检察官办案组，是指检察机关业务部门中，在主任检察官的主持下，依法独立行使检察权的基本办案单元。其直接对检察长和检察委员会负责，中间不存在任何的层级，也就是说主任检察官制度内在地包含了取消行政科层设置的意蕴。各地在设置主任检察官办案组时，可根据需要建立不同的办案组，实行不同的专业化办案。当主任检察官办案组成为真正的办案单元并承担基本的办案任务时，其实也就意味着科层体制的取消。因此，今后基层的业务部门完全可以取消科层设置。

在取消科层设置后，如何构建主任检察官办案组是一个迫切需要解决的问题。我们设想将相同检察职能中同类型案件的办案检察官归为一组，每组设立1名主任检察官，配置3—5名检察官及若干名书记员。具体由以下三部分人员组成：一是主任检察官，其是组内的总指挥官，负责组织协调办案组内的事务，行使相应的职权；二是检察官，由检察员和助理检察员构成，其是案件的具体承办人，接受主任检察官的监督和指导；三是书记员，负责案件记录、档案管理以及其他安排、接待等办案辅助工作。每个办案组至少配备4名检察官，主要考虑办案民主评议的需要，而且检察官办案组也需要一定的规模，才能承接更多的业务案件。

（二）建立专业分工为主导的办案工作机制

当前，制约检察机关专业化发展的瓶颈在于内设机构过多，容易导致大量精力被行政事务所牵扯，难以实行"以办案为中心"。而取消科层设置，建立

以专业化为导向的主任检察官办案组，将为充分履行法律职能，加快专业化建设提供契机。

1. 实现捕诉合一的专业化办案组织。按照人民检察院组织法第 20 条的规定，最高人民检察院根据需要，设立若干检察厅和其他业务机构。地方各级人民检察院可以分别设立相应的检察处、科和其他业务机构。目前，最高人民检察院设置了 26 个内设机构和直属事业单位，地方各级检察院的内设机构往往也多达十几个，省市一级可达到 20 余个甚至 30 个以上，其中办案机构达到三分之二左右。这种情况在刑事检察职能部门表现得尤为明显，制度设计的初衷是为了加强检察机关的内部监督制约，将侦监、公诉、未检等部门分离，但这种体制不利于人员整合实行专业化分工。

实行捕诉合一是否会弱化内部监督，影响办案质量？笔者认为，这种担心是没有必要的，检察机关的办案性质具有明显的阶段性、程序性等特点，随着法律规定的不断完善，捕诉合一不仅不会影响办案质量，反而对于资源整合、实现办案的专业化具有积极的促进作用，也有利于减少重复劳动，提高检察工作效率，解决案多人少的矛盾，增强工作人员的责任心，有利于检察引导侦查工作，指导侦查人员收集并固定证据，提高办案质量。据对上海市检察院未成年人刑事检察工作的调查，未成年人刑事检察实行捕诉合一已经有 21 个年头了，所办案件没有一件判无罪的，没有一起错案，没有一个未检干部因办案被追责的。

2. 实行诉监分离，强化法律监督职能。取代原有科层设置后，可以建立专门的法律监督办案组，通过整合原侦监、公诉、二审检察、未检、社区检察中的监督职能，与监所、民行检察职能合并，形成刑事立案监督、侦查监督、审判监督、执行监督和民行检察监督等，以专业化分工的监督部门，实行诉监分离。监督职能从检察机关的其他业务中单列，必将对检察机关履行法律监督职能产生重大的影响。诉讼职能和监督职能是检察工作中两种不同的职能，具有不同的工作属性。诉讼职能主要是为了推动诉讼进程，这种职能虽然可能产生一定的制约效果，但这种制约是一种程序上的制约，是公检法之间的相互制约。而监督职能不同，它是国家授予监督机关代表国家政权行使的一项重要职能，而且这种职能在行使上更加强调职能的国家性和地位的权威性。作为监督主体，检察机关在诉讼中不是一方当事人，其始终代表国家，这样的监督才更具有权威性。

（三）因地制宜、灵活设置主任检察官办案组

取代原有科层设置，不仅解决了一些地方科室多、办案人员有限的矛盾，而且为主任检察官制度在全国范围内的推广奠定了基础、铺平了道路。主任检察

官办案组具有很强的灵活性和适应性，各地可结合区域实际、案件特点及各单位的人员配备情况，对专业办案组的分类予以相应的调整。因此，这种专业化的办案组在一些小的基层院可以实行，在一些大的院乃至省级院也可以实行。在较大的院可以建立较为完备的专业化的分组，在较小的院即使没有齐备的专业化办案组，也可通过设立专人的形式来满足专业化办案的要求。笔者认为，主任检察官制度建立的最终目标就是要将这种模式适用于全国，只有这样才能真正地把有限的办案资源集中到执法办案中去。

三、探索不同模式下主任检察官办案组织的办案责任制

按照检察官法的规定，检察官是我国对依法行使国家检察权的检察人员的统一称谓，尽管检察机关内部检察工作的职能属性各有不同，但是无论何种业务均由检察官来负责办理。而且按照宪法和刑事诉讼法的规定，即使职务犯罪侦查活动也是由检察官来履行。因此，主任检察官制度完全可以实现检察机关各业务部门的全覆盖。

主任检察官制度的核心是落实检察官的办案主体地位，核心是放权，使主任检察官办案组有职有权，做到权责一致。鉴于检察机关各部门工作性质的差异，履行职权的不同，笔者建议组建三种模式的主任检察官办案责任制，并实行不同的权力运行模式。

（一）刑事检察办案组实行主任检察官审核制模式

该办案组主要适用于目前的公诉、侦监、未成年人刑事检察等刑检部门，主要是采用主任检察官审核制，通过主任检察官对专业办案人员所办案件进行审核把关来确保办案的质量。该办案组的正常运转取决于以下两个方面的因素：

1. 确立检察官独立办案的主体地位，检察官独立行使检察权是检察权独立行使的重要内涵。长期以来，我国强调的检察权独立是指检察机关相对于外部而言的整体独立，忽视了检察权运行规律对检察官个体独立的要求。[1]

而作为检察机关内部司法化程度最高的刑检部门，是完全可以最大限度地授权给检察官独立办案的，原因如下：第一，刑检部门办案具有很强的临场处置性。在很多大陆法系国家，检察机关是侦查的负责机关，警察机关是检察机关的辅助机关，二者共同完成对所有犯罪案件的侦查，因此检察官在案发现场临场处理的独立性必须保证。即使在我国，随着刑事诉讼法的修改，进一步强化了控辩对抗，要求公诉检察具有临场处置一些问题的权力。例如，在法庭上

---

① 参见郊茂林：《"检察一体化"与检察官独立的博弈分析》，载《中国检察官》2006 年第 1 期。

遇到律师提出的新证据，作为控方应有自己的权力，而不可能向法庭申请请示检察长或检察委员会以后再作表示。诉讼模式的改革决定了行使诉权的检察官必须拥有独立的权力，承担独立的责任。① 第二，刑检部门的程序制约性更强。前有公安机关的制约，后有法院的制约，全程还有其他诉讼参与人的制约。比如，公安机关对于检察机关不批准逮捕的决定，认为确有错误的可以要求复议，如果意见不被接受的，还可以向上一级检察机关提请复核。同样，对于检察机关作出的不起诉决定，若被害人不服的，可以自收到决定书后 7 日内向上一级检察机关申诉；对检察机关维持不起诉决定的，被害人还可以直接向法院起诉。第三，法院对检察机关的制约主要集中在刑检部门。审判作为检察的后续程序，审判机关以审查公诉案件的材料和开庭审判对检察机关提起的公诉作出裁决。虽然检察机关的公诉活动具有启动审判程序和为审判活动设定范围的功能，但是检察机关的公诉活动必须受到法院审判活动的检验，必须服从法院经过审判所作出的终局裁判，这体现了审判权对公诉权的制约。②

2. 充分发挥主任检察官的审核把关作用，即主任检察官对组内检察官所办案件具有监督审核的权力。审核意见采取明示制，主任检察官不同意检察官案件处理结论的，应书面提出自己的意见，供检察官参考，但不能径行改变检察官的决定。检察官就主任检察官提出的意见可以选择接受也可以选择不接受，并对自己的决定承担相应的责任，主任检察官不同意检察官意见的，有权提交检察长讨论和决定。

发挥主任检察官的审核把关作用，在当前的司法实践中具有特别重要的意义。从全国范围看，我国检察机关的人员素质仍旧参差不齐，一些地方的基层检察院为缓解办案人手紧张的局面，对于新进人员试用期满后即任命为助理检察员，开始独立办理案件，因此由主任检察官对检察官包括助理检察官所办理的案件进行审核具有非常明显的现实意义。③ 但必须明确的是，主任检察官对检察官所办理的案件是进行审核而非审批。两者尽管一字之差却体现了完全不同的价值取向。长期以来，我国检察机关已经习惯了行政审批的办案方式，并认为这是保证案件质量行之有效的方式。客观上，行政审批也的确发挥了重要的作用，但这却是明显地违反司法规律，应进行改革的。而采用审核制，一方

---

① 参见余双彪：《论主诉检察官办案责任制》，载《人民检察》2013 年第 17 期。

② 参见孙谋主编：《中国特色社会主义检察制度》，中国检察出版社 2011 年版，第 98 页。

③ 对于检察官包括助理检察官能否独立办案，应经过一定的考核，只有那些具备独立办案资格的检察官和助理检察官才能接受检察长的授权，独立办理案件。

面尊重和保障了检察官独立办案的主体地位，另一方面也能够充分体现主任检察官对案件质量的审核把关作用，实现了检察官独立办案与案件质量保障机制的完美结合，并且彻底改变了传统上通过强化行政审批来保障案件质量的固有思维。

（二）法律监督办案组实行主任检察官主持下的合议制模式

建立专门的法律监督办案组，将极大地改变传统意义上的法律监督模式，对于强化检察机关的法律监督职能，维护国家法制的统一和完整具有重要的作用。由于法律监督是代表国家行使，具有权威性和严肃性的特点，因此必须慎重进行。

对于法律监督办案组内部管理的区分也应有别于其他办案组。对此，笔者认为可以考虑的意见是，对于口头的监督建议及一般的法律监督事项，可以授予检察官独立行使；对于重大法律监督事项，应当由法律监督办案组以合议的方式来行使。这里所指的重大法律监督事项，主要指那些具有司法救济性质的法律监督事项，如对经过法院审判委员会讨论决定的案件、二审终审后检察机关仍决定提起抗诉的案件以及对外制发检察建议等书面法律文书类法律监督事项等。对于这些监督事项，在主任检察官的主持下，按照少数服从多数的民主合议机制处理，合议结果层报检察长或者检察委员会审核签发。因为这些监督事项直接关系到案件当事人的重要权益处分或相关诉讼程序的启动和终结，为了确保严肃性和正确性，需要集中办案组人员的集体智慧，防止因主任检察官或检察官个人素质上的某些缺陷而导致监督失误，影响司法的公正与权威。

（三）职务犯罪侦查办案组实行主任检察官负责制模式

职务犯罪侦查权是检察机关的重要职能，主要适用于反贪、反渎等自侦部门。相较于刑检部门和法律监督部门，自侦部门的司法属性相对少一些，因此笔者认为该办案组的权力运行模式应采用主任检察官负责制的形式。

所谓负责制，即主任检察官对组内检察官的办案活动具有决定权，检察官对于主任检察官的决定应予执行。职务犯罪侦查办案组之所以由主任检察官负责，而非放权给检察官或者采用合议制的形式来办理案件，是与职务犯罪侦查职能的特殊性密切相关的。与其他检察工作相比，侦查工作具有两个特点：一是往往需要团队协同作战，尤其是在收集证据和突破案件阶段；二是个人的决定可能极大地影响甚至改变办案最终认定的案件事实。因此，侦查职能在办案组织的要求上更应强调团体的智慧，一些重要的问题需要集体讨论，确保侦破方向正确；更应强调团体的协作，一些关键环节需要集体的协同作战；更应强调办案效率，关键时刻特别注重办案效率，速战速决，否则可能错失良机，让犯罪嫌疑人逃脱或者因时过境迁而致证据湮灭或证言变化等。与刑检部门放权给检察官不同，侦查工作不注重强调主任检察官办案组内检察官的办案独立性，相反强调办案组侦查协同配合的整体性，办案组内的检察官具有主任检察官助手的性质。

　　为了避免在侦查工作中主任检察官的权力过大，笔者认为该办案组的主任检察官应在检察长的授权下开展侦查活动。实践中，可将侦查工作中程序性的权力，如实施初查、提请立案、搜查扣押、初审、调取有关证据、提请批准逮捕、决定依法终结移送审查起诉、决定律师会见犯罪嫌疑人、决定聘请专家鉴定以及提请申请技术侦查手段等权力，放权给主任检察官，而启动或终结诉讼程序、采取人身性强制措施、采取技术性侦查手段等决定权仍应由检察长行使。

四、建立检察官的职务保障机制

　　检察官是一个法律性、职业性和专业性很强的职业，需要较高的专业素养和长期的知识积累，因此需要建立一整套严格的检察官准入、培训、遴选、奖惩、薪酬等机制。但一段时间以来，我国对检察官套用公务员法对行政公务员的管理模式，因而司法官"行政化"倾向明显。尽管自 1995 年检察官法确立检察官等级管理制度、1998 年 11 月全国检察机关首次评定检察官等级以来，我国检察机关对检察人员实行了行政职级和检察官等级的"双轨制"管理，但从管理到待遇上，与行政机关的公务员并没有多大的区别，仍未能体现出检察官的职业特点。尤其是在基层检察院，由于检察官的上升空间有限，影响了其对工作的热情，与此同时，也造成了人员的流失。

　　实行主任检察官制度后，由于检察官作为检察办案的主体，依法独立办理案件和决定案件，检察官的权力和责任进一步加大，为保障办案质量提供相应的人才素质支撑，应当推进检察官的单独序列制度，实现检察机关内部检察官、检察辅助人员与行政人员的分类管理。

　　1. 建立检察官等级的单独序列，科学地划分检察官的职级层次，建立符合检察工作特点的职业管理模式，要逐步确立"检察官没大小"的理念，逐步取消检察官对应的行政职级。只要保留检察官的行政职级，就难以跳出"下级服从上级"的行政思维，就难免让检察官的管理带上行政色彩，因此在立法上应明确检察官按年资晋升的制度规定。

　　应当注意的是，主任检察官作为检察机关具有特殊身份地位和法律职务的检察官，并非独立于检察官之外的另一单独序列，也应按年资逐级晋升，并根据才能资格遴选至上一级检察机关担任检察官，享受更高的社会地位。

2. 对检察官、检察辅助人员和检察行政人员实行分类管理。检察机关应当根据其司法特点建立检察官、检察辅助人员和检察行政人员等不同序列，并且根据不同序列人员的管理要求，制定相应的招录、选任、培养和管理制度，明确各自的法律地位和职责范围。换言之，检察官主要在办案部门，检察官的职责就是办案；检察官与其他人员的角色不能随意转换。

行政检察制度初论[*]

田　凯

　　随着法治中国建设的不断深入，依法行政成为法治中国建设的关键环节之一，公众和社会对依法行政的期盼和要求愈来愈高，未来越来越多的行政纠纷将会通过诉讼方式予以解决，行政诉讼在行政法治中的作用更加凸显。因此，为了实现依法行政的法治目标，必须整合利用立法、执法、司法、监督等法治资源，由此而来，构建行政检察制度不仅是国家依法行政规划和实践过程中必须考量的内容，也是全面体现检察机关法律监督职能的必然要求。本文拟对我国的行政检察制度进行探讨，以期对科学构建我国的行政检察制度有所裨益。

一、行政检察制度的概念

　　我国宪法第 129 条规定，人民检察院是国家的法律监督机关。行政检察是指检察机关对行政诉讼开展的专门监督活动。这一概念的法律依据是我国行政诉讼法的规定，该法第 10 条规定："人民检察院有权对行政诉讼实行法律监督。"从规范语言层面理解，此规定所确立的行政检察监督的范围非常广泛。但是，我国行政诉讼法第 64 条规定："人民检察院对人民法院已经发生法律效力的判决、裁定，发现违反法律、法规规定的，有权按照审判监督程序提出抗诉。"这一规定对行政诉讼中检察监督的范围又非常具体明确：监督对象包括人民法院的判决、裁定，监督方式包括依审判监督程序提出抗诉，监督手段则没有具体规定。

　　对此，笔者认为，对行政检察制度的理解和把握，既不能把检察机关对行政行为的法律监督作为对行政行为的全方位监督，也不能把行政检察仅仅局限于行政抗诉是唯一手段的狭隘认识。行政检察制度是基于行政诉讼的监督制度，其监督对象应当包括人民法院及其审判人员，行政诉讼参加人、参与人，与被诉行政行为有关的其他行政机关、组织和个人；监督方式包括提起公诉、

---

　　* 原文载《人民检察》2014 年第 11 期。

支持起诉、参与诉讼、出席法庭、提出抗诉等；监督手段包括受理申诉、控告、检举，听取与案件有关的利害关系人的陈述、申辩，调阅法院案卷材料，向有关行政机关以及公民、组织了解情况、调取证据，必要时进行鉴定等。

当然，相对于刑事诉讼和民事诉讼而言，以政府为被告的行政诉讼制度在我国起步较晚，[①] 1988 年，检察机关在 1982 年民事诉讼法规定的基础上，对如何行使民事审判监督权进行了探索，最高人民检察院开始设立民事行政检察厅。但由于历史原因，长期以来，行政检察和民事检察归并在一起，称之为民事行政检察。事实表明，民事行政检察部门在开展工作时，由于民事案件占主体地位，行政案件总量偏少，加上部分人把行政检察仅仅理解为行政抗诉，致使行政检察工作长期依附于民事检察，难以得到良性发展，理论研究上也缺乏对行政检察制度基础理论的深刻思考和深入研究。

二、行政检察制度的必要性分析

由于对行政检察制度的重要性认识不够，导致认识上的模糊甚至偏差，在构建我国的行政检察制度必要性问题上产生怀疑。因此，在推进法治中国建设过程中，必须增强对构建我国行政检察制度必要性的认识，对此，笔者认为，需要从三个方面对行政检察制度的地位和作用重新加以思考。

（一）行政检察制度是法治中国建设的有力保障

改革开放三十多年来，我国的法治建设不断深入，十八届三中全会提出建设法治中国，成为当前我们政治改革的一个亮点和重点。因此，法治中国建设更多的不仅仅局限于司法领域，而应当从整体上进行通盘谋划，关键环节之一就是掌握庞大公共资源的政府能不能守法，能不能做到依法行政。在国家权力配置结构中，行政权既是国家权力中最动态、最有力的一种权力，也是对政治、经济、社会和公民民主权利和切身利益影响最直接、最关键的一种权力。然而，权力是一把"双刃剑"，用之不当也很容易对公民权利和利益造成损害，最容易被滥用和产生腐败。目前，中国特色社会主义法律体系已经形成，但是，行政机关和公职人员有法不依、执法不当、选择执法的现象依然不容忽视。因此，实现依法行政和法治政府的目标，除了增强执法者自身法治意识、提高法律素养和确保权力依法行使之外，建立严格有效的监督体系成为保证依法行政的有力保障。

---

① 1989 年 4 月 4 日，第七届全国人民代表大会第二次会议表决通过了《中华人民共和国行政诉讼法》，对行政诉讼程序作出了明确规定，从法律的高度为行政诉讼的正常开展提供了依据，行政诉讼开始独立开来，正式成为与刑事诉讼、民事诉讼平行的我国司法体制中的三大诉讼制度之一。

在我们国家行政权力运行中，已经构建了较为健全的行政监督体系，其中，行政体系内部的监督有上下级监督、行政监察、行政复议监督等，外部的监督有人大的权力监督、政协的民主监督、媒体的舆论监督、法院的行政诉讼监督等。因此，行政检察的必要性在于针对行政行为较为健全的监督体系中，立足诉讼，采取多种形式，利用司法手段加大监督力度，使司法权能够发挥制约监督行政行为的作用，保障行政权依法运行。

（二）行政检察是法律监督职能的应有之义

我国宪法将人民检察院定位于国家法律监督机关，检察机关依法行使法律监督权，保证国家法律统一、正确实施。笔者认为，法律监督的本意是通过国家权力对其他公权力进行监督，保证公权力在制度的范围内运行，这也是检察机关之所以成为专门法律监督机关的法理基础。尽管，我国的检察机关并不拥有一般监督权，检察机关只能依照法律法定的监督职权、法定监督方式履行监督职责。依据宪法和现行法律规定，检察机关对行政机关及其工作人员的法律监督仅限于对职务犯罪的查处和刑事责任的追究。但是，法律的滞后性特征表明，现行法律的规定并不意味着检察机关不应当开展行政检察工作；相反地，对行政行为进行专门的法律监督，正是法律监督职能的本质含义。我国的检察制度是一项具有中国特色的政治和司法制度，检察机关是国家的法律监督机关，其权力渊源于人民代表大会的监督权，是由国家权力机关的监督职能派生的专门监督职能。我国的检察机关独立于行政机关和审判机关，在行政机关滥用权力、不作为等情形下，由检察机关承担起对行政违法行为的法律监督职责，[1] 正是法律监督职能的应有之义。

实质上，刑事诉讼、民事诉讼和行政诉讼三种诉讼的诉讼对象不同，目的任务也各不相同。行政诉讼具有私权救济功能，但更是一种公权制约。行政诉讼建立的目的之一就是通过公民和社会组织的起诉来形成审判权对行政权的监督制约，对行政行为的司法审查是行政诉讼制度的立足之本。与行政诉讼制度一样，行政检察制度也是基于权力制衡理念而设置的法律制度，在对行政诉讼的监督中，检察权构成对审判权和行政权的监督制约。在某种程度上，检察机关介入行政诉讼对行政权进行监督，是权力制约关系的有效体现，与介入刑事诉讼、民事诉讼监督一样，法律监督的意义同样重要。

（三）行政检察制度是国外检察机关的成熟制度

人类历史上最早实行行政公诉制度的是 19 世纪末德国的巴伐利亚邦。该

---

① 参见孙谦：《设置行政公诉的价值目标与制度构想》，载《中国社会科学》2011 年第 1 期。

邦于行政法院内设检察官，负责对政府的违法行为向法院提起行政诉讼。① 检察长（检察机关）是公共利益的当然代表，有权阻止一切违法行为，代表公共利益可以主动请求对行政行为实施司法审查。② "为了公共利益而采取行动是检察总长的专利，他的作用是实质性的、合宪的，他可以自由地从总体上广泛地考虑公共利益。因而他可自由地考虑各种情形，包括政治的及其他。"③英国行政法规定："检察长的职责是保护国家和公共利益，为保护国家和公共利益，检察长有责任代表公众利益监督行政机关的行为，并提起诉讼。"另外，如果公民对行政诉讼存有异议，可以提请检察员提起行政诉讼；如果异议和提请要求得到总检察长的查实和支持，总检察长可以对该公民进行授权，获得授权之后，该公民就可以总检察长的名义，就该行政诉讼存在的异议事由向法院提起诉讼。

德国联邦最高检察官、州和地方公共利益代表人，参加联邦最高等行政法院、州高等行政法院和地方行政法院的行政诉讼，他们是行政诉讼中的法定代表人。④《德国行政法院法》第 35 条、第 36 条规定检察机关作为公益代表人，为了维护公共利益的需要，可以参加行政诉讼；第 64 条第 4 款明确将检察机关列为诉讼参与人，规定联邦行政法院要给予检察长发言机会。法国的检察机关也处于公益代表人的地位，当公共利益受到损害时，出于对国家利益和公共利益的保护，有资格负责对案件提起诉讼。在行政诉讼中，法国检察官除享有一般诉讼参与人的权利之外，还享有特殊的权利，为捍卫公共利益，对于行政法院违背公益的判决，不论原被告是否同意，可以对行政法院的判决、裁定提出上诉和要求变更。

三、我国行政检察制度的完善

行政检察制度是中国特色社会主义检察制度的有机组成部分，在厘清我国行政检察制度的含义和必要性之后，更有必要在行政检察监督的范围和方式等方面加以探讨，进而推动在行政诉讼法和人民检察院组织法修改时，进一步完善我国的行政检察制度。

（一）行政检察的监督范围

根据我国的法律规定和检察机关的职责任务，笔者认为，将检察机关对行

---

① 参见［日］清水澄：《行政法泛论》，金民澜译，商务印书馆 1912 年版，第 61 页。
② 参见胡卫列：《应赋予检察机关提起行政公诉权》，载《检察日报》2004 年 8 月 6 日。
③ ［英］威廉·韦德：《行政法》，徐炳译，中国大百科全书出版社 1997 年版，第 257 页。
④ 陈丽玲、诸葛：《检察机关提起行政公益诉讼之探讨》，载《行政法学研究》2005 年第 3 期。

政诉讼的监督仅局限于现行行政诉讼法第 64 条规定的行政抗诉是狭隘的理解，认为检察机关可以对行政机关进行全方位的监督也不符合法治精神。行政检察既应当立足于行政诉讼又要超越行政诉讼，行政检察监督的范围应包括行政诉讼的全过程，抗诉的对象不仅包括适用法律确有错误的裁决和裁定，而且包括行政诉讼过程中对诉讼当事人诉讼行为的监督，尤其是对行政机关在行政诉讼中的活动进行监督。

（二）行政检察的监督方式

检察机关对行政诉讼的法律监督应当是全过程的和全方位的，包括事前监督、事中监督和事后监督。要通过修改完善相关法律，补充完善以下行政检察监督方式：

1. 提起公诉。行政公诉是检察机关针对行政机关侵害公共利益的违法行为和不作为行为提起诉讼的制度。目前，我国的行政公诉制度仅停留在理论研究层面，构建行政公诉制度应当成为完善行政诉讼制度的一项重要内容。对此，笔者认为，建立行政公诉应当从理念和制度建构等不同层面予以设计。① 修改我国行政诉讼法时，应该赋予检察机关提起行政公诉的权力，明确规定检察机关的法律地位，提起公益诉讼的条件、范围、前置程序、方法；诉讼费的承担及败诉的后果。此外，可以在行政公诉制度中设计一个前置程序，在发动诉讼之前，检察机关通过提出检察建议的形式督促有关行政主体依法履行职责，使部分社会矛盾在非诉形式下得以解决，促进社会和谐，防止滥诉，节约司法资源，还能体现对行政自治的尊重，发挥行政主体的自主性和能动性。

2. 支持起诉。支持起诉是针对损害国家利益和社会公共利益、行政相对人权益的行政行为，作为受害人的单位、社会团体和个人由于某些原因未能起诉，检察机关依法支持其向人民法院起诉，请求司法保障的一种行政诉讼活动。我国民事诉讼法第 15 条规定：机关、社会团体、企业事业单位对损害国家、集体或者个人民事权益的行为，可以支持受损害的单位或者个人向人民法院起诉。民事检察实践表明，支持起诉、督促起诉正日益成为检察机关履行民事检察职能的有力方式，在维护国家利益和社会公益、保障和改善民生方面发挥了巨大作用。我国民事诉讼法对支持起诉的立法模式可以为我国行政诉讼法增加规定支持起诉提供借鉴价值。

3. 参与诉讼。参与诉讼就是人民检察院针对损害国家利益和社会公共利益等特定行政诉讼案件，参与诉讼过程的诉讼行为。参与诉讼促使审判人员增强责任感，独立行使审判权，严格依法审理行政诉讼案件。不仅可以排除诉讼

---

① 参见孙谦：《设置行政公诉的价值目标与制度构想》，载《中国社会科学》2011 年第 1 期。

障碍，保障诉讼的顺利进行，而且通过对行政诉讼实行法律监督，也可以使人民法院克服办案可能出现的片面性，通过诉讼中的配合与制约，纠正偏差，有利于保证人民法院公正执法，维护当事人的合法权益。检察机关参与诉讼的案件，应当将行使监督权的方式限制为事后针对审判中错误发出检察建议或者抗诉等，避免监督权损害审判权。

4. 提出抗诉。提出抗诉是指人民检察院对人民法院已经发生法律效力的行政判决或者裁定，发现其有违反法律、法规规定的，提请人民法院对行政诉讼案件重新进行审理的诉讼活动。行政诉讼案件的抗诉是人民检察院对行政诉讼活动实行法律监督的一种重要方式，是引起行政诉讼再审程序发生的一个重要原因。目前，我国行政诉讼法第 64 条对行政抗诉权的规定过于原则和抽象，缺乏可操作性，因此，修法尚需规定检察人员相应的职权，如阅卷权、复制摘录案卷权、调查案件、收集证据权、出席庭审权等。

5. 执行监督。行政诉讼的执行监督不仅仅限于诉讼结果的执行，还有大量的非诉行政执行的监督问题。非诉行政执行是指行政管理相对人对行政主体作出的具体行政行为既不起诉又不履行的情况下，法院根据行政主体的申请，通过执行程序实现生效具体行政行为内容的活动。我国行政诉讼法第 66 条是检察机关具体开展行政执行监督的具体法律依据——"公民、法人或者其他组织对具体行政行为在法定期间不提起诉讼又不履行的，行政机关可以申请人民法院强制执行，或者依法强制执行"。当前，我国法院受理的非诉行政执行中，房屋拆迁、土地出让金等类行政处罚案件占绝大部分，这些案件往往与国家利益和社会公共利益息息相关。同时，"执行难、执行乱"现象要求检察监督的适度介入，使执行活动中的公正和效率得到优化。

6. 诉讼程序监督。诉讼程序监督是指人民检察院发现人民法院的行政审判活动，确有违法可能的，有权提出检察意见。发现人民法院行政审判活动违法情况严重的，可能影响裁判结果的，人民检察院有权提出纠正违法通知。同时，人民检察院在参与行政诉讼活动过程中，发现审判人员有职务违法犯罪行为时，有权依法追究刑事责任；对尚未构成犯罪的，有权建议有关部门给予相应的纪律处分。

7. 关联行政行为的监督。人民检察院在办理行政诉讼案件中发现行政机关有违法行为的，可以提出检察建议，限期纠正违法行为。这一行为的界定，要严格和行政诉讼相关为限。2013 年 9 月 23 日，最高人民检察院第十二届检察委员会第十次会议通过的《人民检察院民事诉讼监督规则（试行）》第 112

条明确可以对民事诉讼关联行为进行监督的规定。① 行政检察可以据此规定设计对与行政诉讼相关联行为的监督。

---

① 该规则第 112 条规定："有下列情形之一的，人民检察院可以提出改进工作的检察建议：……（四）有关单位的工作制度、管理方法、工作程序违法或者不当，需要改正、改进的。"

论刑事诉讼中的监督检察[*]

张进德

一、导论

现代检察制度诞生于 18 世纪末大革命时期的法国，且在 1808 年的《拿破仑治罪法典》中趋于成熟。^① 当时的法国奉行纠问式刑事诉讼，此种诉讼模式积弊甚深。现代检察制度的主要创设目的，就是在于将纠问式诉讼革新为控诉式，赋予检察官主导侦查程序及提起控诉的权力，从而将纠问法官的权力加以削弱成为单纯的审判官，通过诉讼分权达到刑事审判程序的客观性与正确性。^② 可见，现代检察理念的核心便是分权与监督，防止法官独揽和滥用权力，当今德国、法国等欧陆国家的检察制度都具有强烈的法律监督属性。不过，检察权的监督属性应当是在分权与制衡语境下的监督，检察权自身同样需要制约。法国名宿孟德斯鸠曾言："一切有权力的人都容易滥用权力，这是万古不易的一条经验。有权力的人们使用权力一直到遇有界限的地方才休止……要防止滥用权力，就必须以权力约束权力。"^③ 因此，对检察权的监督同样应当成为现代检察制度中的一项重要内容。

在我国法学界，检察监督是一个传统的热点论题，但少有论著从反向角度关注对检察权的监督。在我国的法律体系内，针对检察机关的监督主要包括三个方面：上级检察机关对下级检察机关的领导、人大的监督和具体诉讼制度上的监督。林钰雄教授曾经在考察德国检察制度后进而指出："如果说德国检察官制逾两甲子以来运作顺畅，其秘诀不在于上命下从，也不在于国会监督，而在于诉讼监督。"^④ 从中可见诉讼监督对于检察制度的重要性。在此，我们旨

---

* 原文载《理论月刊》2014 年第 7 期。

① 何勤华：《检察制度史》，中国检察出版社 2009 年版，第 383 页。

② 林钰雄：《检察官在诉讼法上之任务与义务》，载《法令月刊》1998 年第 10 期。

③ ［法］孟德斯鸠：《论法的精神》（上册），张雁深译，商务印书馆 1961 年版，第 154 页。

④ 林钰雄：《浅介德国法制检察官的诉讼监督模式》，载《军令专刊》1999 年第 1 期。

在讨论我国刑诉法上针对检察机关权力的监督问题。立法对检察权力的监督有些原则性规定，例如公、检、法三机关的分工负责、互相配合与互相制约（刑事诉讼法第 7 条），以及诉讼参与人对检察人员侵权行为的控告（刑事诉讼法第 14 条第 2 款）等。我们不去涉及这些宏观视角的规定，而是从制度层面分为三个方面展开讨论：对起诉权的监督、对不起诉权的监督和对强制措施、侦查行为的监督。

二、对检察机关起诉权的监督

在刑事诉讼中，被告人是否有罪依赖于法院的最终裁判，此系无罪推定原则的基本涵义。控诉方对被告人的指控并不意味着罪行的必然成立，但是确实为被告人带来了极大的定罪风险。此外，提起公诉的程序必然会给被告人造成讼累，尤其会使得处于羁押状态的被告人在等待审判的过程中受到常人难以体会的煎熬。再者，起诉行为本身便足以造成被告人名誉和家庭等方面的重大不利。鉴于以上几点因素，诸多国家为了防止检察官滥诉，都会对其起诉权设定必要的监督机制。一般来说，起诉监督机制大致主要包括下述三大举措：

（一）对公诉的审查

我国刑事诉讼中对公诉的审查，包括检察机关的审查起诉程序和法院的庭前审查程序两个方面。检察机关的审查起诉属于自我审查，实质上并不属于针对公诉的外部监督机制。刑事诉讼法第 181 条规定了法院的庭前审查，法院只要发现"起诉书中有明确的指控犯罪事实"就应当开庭审判。可见，法院审查属于程序性审查，而且开启审判程序的准入门槛较低，对起诉的监督意义并不十分到位。

在一些西方法治国家，无论英美法系还是大陆法系，其公诉审查制度往往都较为完善。例如在美国，考察各州的情况，大致包括大陪审团审查和预审听证两类公诉审查模式。前者属于传统的审查模式，由大陪审团的过半数来决定起诉抑或撤销指控；一些废除大陪审团制度的州则普遍采用后一模式，即由法院的专门司法官员举行预审听证会，决定是否将案件交付审判。当然，少数州可能也会采取大陪审团审查与预审听证两者结合或者由检察官选择两者之一的审查模式。[①] 德国，主要通过中间程序对检察官的起诉进行监督。中间程序介于检察官起诉和法院审判程序之间，是由法院对起诉案件的卷宗进行审查并决定是否开启审判的程序。在检察官提起公诉之后，由审判庭的首席法官指定一名职业法官进行阅卷，并召开一个只有职业法官参加的评议会，由阅卷法官向

① 杨诚、单民：《中外刑事公诉制度》，法律出版社 2000 年版，第 113～114 页。

评议法官报告审查结果，然后评议会决定是否进入法庭审判程序。

借鉴国外的普遍做法，我国可针对公诉审查在刑事诉讼法上设立一种预审程序。由法院的预审法官专司审查公诉，并作出是否进入庭审的决定。这种审查首先是一种程序性审查，围绕起诉材料的齐备性、管辖问题、被告人是否在案以及是否具有法定不追究刑事责任情形等诸多方面展开。另外，还需要审查被告人是否有足够的犯罪嫌疑，即对控方的起诉证据是否达到一定标准进行认定，此处的认定标准当然应低于判决定罪的证明标准。预审法官应当与未来的审判法官区分开来，而且还要禁止预审法官同审判法官交流案件或者进行其他实质性的接触，以防止审判法官对案情产生先入为主的预断。针对可能判处死刑或无期徒刑的重大刑事案件，可考虑在预审程序中贯彻三方的诉讼构造，让控辩双方同时参加并陈述意见。针对预审法官作出的不予进入审判程序的决定，应当赋予检察机关一定的救济权力。

（二）出庭支持公诉

从检察机关行使公诉权的角度来说，出庭支持公诉属于检察官的一种论证起诉行为之正当性的行为，是起诉行为在开启审判程序之后的延续。换一角度来讲，检察机关出庭支持公诉同时又是对公诉行为的一种制约，这可以从以下两方面予以理解：一方面，检察官出庭陈述指控被告人构成犯罪的依据，并由辩方与其展开辩论，上述过程需在法官主持下完成，检察官如果存在滥诉的情况，则会在法官面前和辩方的质疑过程中展现出来。另一方面，刑事审判程序通常情况下又奉行审判公开原则，检察机关的滥诉行为也会受到旁听民众的监督。

我国 2012 年刑事诉讼法对于检察机关出庭支持公诉的规定有所强化。适用一审普通程序审理的公诉案件，要求检察机关必须派员出庭支持公诉；检察机关提出抗诉的二审案件或者二审法院开庭审理的二审公诉案件，检察机关也应当派员出席法庭。除此之外，2012 年刑事诉讼法又增加了两项规定。根据第 210 条和第 245 条之规定，在适用一审简易程序审理的公诉案件和人民法院开庭审理的再审案件中，同级检察机关都应当派员出席法庭。

为了更好地发挥出庭支持公诉机制对检察机关起诉权的监督作用，德国法学界有观点认为，出庭支持公诉之检察官当以原侦查起诉之检察官为宜，并可兼收诉讼经济的效用。[1] 德国刑事诉讼中的重大案件也奉行了这一观点。由原侦查起诉之检察官出庭，更能够准确充分地向法庭陈述和展现提起公诉的理由

---

[1] 林钰雄：《谈检察官之监督与制衡——兼论检察一体之目的》，载《政大法学评论》1998 年第 2 期。

与依据，对切实监督检察机关起诉权有重要意义。在我国的刑事诉讼中，检察机关并不享有德国检察官主导侦查程序的权限。检察机关对贪污贿赂犯罪等少数案件行使侦查权和审查起诉权，其他大多数公诉案件由公安机关等侦查终结后移送检察机关审查起诉。检察机关的侦查、审查起诉和出庭支持公诉，都是由完全不同的部门分别行使职权，当然具体也是由不同的检察官来完成。鉴于检察官人数限制、工作调配周转以及职权属性差异等诸多因素，强调多种职责集于同一检察官的做法显然不切实际。但是，前述德国法上的观点值得我们思考，并可以在可能判处死刑、无期徒刑等重大刑事案件中有所贯彻。

（三）通过法院裁判的制约

进入审判程序之后，针对检察机关公诉权的监督主要是通过法院来实现的。实际上，这也是现代检察制度和法院审判权之间进行分权与制衡的应有之义。对于检察机关的不当起诉，法院通过作出不同的裁判处理方式分别予以应对。

法院对起诉权滥用的最有力制约措施就是无罪判决。很多国家基于禁止双重危险原则或者一事不再理原则的要求，往往对于生效的无罪判决案件都不得再行起诉和审判，即使发现新的有罪证据也是如此。我国刑事诉讼法上没有规定禁止双重危险原则，对于错误的生效无罪判决可以比较容易地启动再审程序。另外，根据最高人民法院《关于适用〈中华人民共和国刑事诉讼法〉的解释》（以下简称《刑诉解释》）第181条第4项之规定，对于法院作出的证据不足的存疑无罪判决，日后检察院根据新的事实、证据还可以重新起诉。因此，无罪判决对检察机关滥用起诉权的约束作用就会大打折扣了。

另外，根据我国刑事诉讼法及相关司法解释，法院对于检察机关的瑕疵起诉还可采取下述几方面的处理方式：（1）如果法院认定罪名与起诉指控罪名不一致的，可以通过有罪判决改变指控罪名；（2）如果法院在审判过程中发现新事实可能影响定罪的，可以建议检察机关补充起诉或变更起诉；（3）如果检察机关在一审宣判前要求撤回起诉的，应当由法院予以审查理由之后裁定是否准许撤诉。初步分析上述处理方式，若置身于奉行当事人主义诉讼模式的英美国家，法院的做法已经超出了消极被动的裁判职权限度。但是，在我国的职权主义刑事诉讼语境之下，法院对瑕疵指控的制约措施尚属合理范畴。此外，法院职权的积极主动态势也得到了一定程度的抑止。例如，根据最高人民法院《刑诉解释》第241条第2款之规定，法院在作出改变指控罪名的判决前应当充分听取控辩双方的意见，必要时可重新开庭针对罪名问题进行重新辩论。

三、对检察机关不起诉权的监督

现代检察制度设立之初衷在于，通过检察官的分权以实现控审分离原则，结束纠问式诉讼中的法官独揽大权的局面。其中的制衡意义，一来为案件真相的发现多设一道关口，二来可以避免专权法官的恣意。然而，检察机关的不起诉决定使得案件无法进入审判程序，直接产生了终局的属性。被不起诉的案件只是经过了一道关口，而且逻辑上也无法避免前述的恣意，不同的只是检察官的恣意取代了法官的恣意。这可以认为是应当对检察机关不起诉权施以监督的主要理由。另外，如果检察机关滥用不起诉权，则在侵害作为刑法秩序的国家利益的同时，还侵害了被害人的利益。因此，对检察机关不起诉权的监督同样也是为了保障被害人利益。

（一）我国的不起诉监督机制

我国刑事诉讼法上的不起诉制度，包括法定不起诉、酌定不起诉、存疑不起诉和对未成年犯罪嫌疑人的附条件不起诉。其中，附条件不起诉是 2012 年刑事诉讼法在未成年人刑事案件诉讼程序中新创设的一个不起诉类型。综合考察我国刑事诉讼法的相关规定，对检察机关不起诉权的监督机制包括如下几个方面：

1. 公安机关的监督。公安机关对检察机关不起诉决定的监督包括复议和复核两种途径。检察机关的不起诉决定书应当送达公安机关，公安机关认为不起诉有错误时可以要求复议，如果意见不被接受则可以再向上一级检察机关提请复核。其中，复议是复核的必经程序。

2. 被害人的监督。被害人对检察机关不起诉的监督包括申诉和提起自诉两种方式。对于有被害人的案件，检察机关的不起诉决定书应当送达被害人，被害人如果不服可以自收到决定书后 7 日以内向上一级检察机关申诉，如果申诉无果被害人可以向法院提起自诉；被害人也可以不经申诉，直接向法院提起自诉。可见，申诉并非提起自诉的必经程序，完全取决于被害人的选择。但需指出的是，检察机关在对未成年犯罪嫌疑人作出附条件不起诉决定后，被害人如果不服只能申诉；当考验期满之后检察机关作出了正式的不起诉决定，被害人不服的才能选择提起自诉。

3. 被不起诉人的监督。从理论上来讲，不起诉决定似乎应当是对被不起诉人有利的处理方式，不存在被不起诉人的救济问题。但是，细究我国刑事诉讼中的不起诉种类，于被不起诉人利益而言确实有所区分。酌定不起诉是因为犯罪情节轻微、依法不需要判处刑罚或者免除刑罚从而由检察机关作出的不起诉。附条件不起诉是对于未成年人涉嫌刑法分则第四章、第五章、第六章规定的犯罪，可能判处 1 年有期徒刑以下刑罚，符合起诉条件，但有悔罪表现的，在考验期满后由检察机关作出的一种不起诉。可见，上述两种不起诉的前提都是认定被不起诉人的行为已经构成犯罪。如果被不起诉人认为自己根本没有构成犯罪，则上述不起诉实际上造成了对其的不利处分。因此，立法赋予了被不起诉人对上述两种不起诉的救济手段：其一，针对酌定不起诉，被不起诉人如果不服可以自收到决定书后 7 日以内向检察机关申诉；其二，针对附条件不起诉，只要未成年犯罪嫌疑人及其法定代理人对检察机关的附条件不起诉决定存在异议，检察院就应当改而作出起诉的决定。

（二）不起诉监督机制的完善

纵观我国的不起诉监督机制，可以发现一个突出的特点：虽然监督的启动主体比较广泛，但决定权主体却较为单一，基本上限于检察体系内部，且复议、复核与申诉等救济途径都具有强烈的行政属性。其中，唯一引入外部力量的监督就是被害人向法院的自诉。鉴于被害人对自身利益的关注程度，被害人对检察机关不起诉权的监督无疑是所有监督机制之中最有力的方式。因此，各国的不起诉监督机制都十分重视被害人这一环，且十分强调外部力量的导入。兹以德国和日本为例作一简介。

针对不起诉监督，德国在刑事诉讼立法之初就曾有过自诉扩张原则和强制起诉程序之争。自诉扩张原则主张检察官一旦不侦查或不起诉时，就应当容许被害人直接提起自诉。但是，最终的正式立法却采纳了强制起诉程序。在德国的强制起诉程序中，被害人对不起诉决定应当先向检察院的上级官员进行抗告，被拒绝后 1 个月内可向法院提出强制起诉的申请，为防止权利滥用，被害人的申请书必须经过律师的审查与签名。法院经过调查应当作出驳回申请或者准予提起公诉的裁定，若是后者，检察官此时必须提起公诉。在日本，不起诉监督机制主要包括检察审查会审查程序和准起诉程序两个方面。检察审查会有11 名成员，从拥有众议员选举权的公民中抽签选出，被害人等当事人不服不起诉决定时可向检察审查会提起审查，审查会的最终决议对检察官无强制力而只有建议的效力。但极为难得的是，检察审查会的审查引入了完全独立于检察机关的社会力量。另外，日本的准起诉程序适用于公务员滥用职权侵犯人权的案件，被害人针对不起诉处分可以请求法院予以审理，法院作出驳回请求或交付审判的决定，交付审判则视为已经提起公诉，此时应同时指定律师代行检察官职务。① 可见，日本的准起诉程序与德国的强制起诉极为相似，都是避开了完全由被害人提起自诉的做法。

---

① 〔日〕田口守一：《刑事诉讼法》，刘迪等译，法律出版社 2000 年版，第 112～113 页。

反观我国的被害人监督机制，采行了向检察机关申诉与向法院自诉相结合的模式，且重点在于自诉的救济途径。也就是说，我国选择了德日模式之外的自诉扩张模式。此种依赖于被害人自诉的监督模式，弊端有二：第一，被害人往往处于弱势地位，仅凭其一己之力，可能无法通过自诉途径很好地对检察机关的不起诉形成有力的制约；第二，法定不起诉等诸多不起诉案件中殊少体现检察官的自由裁量权，适用弹性不大，若将这部分案件的起诉权分割给被害人，会造成法院案件数量的剧增，不符合司法经济原则。因此，德国的强制起诉模式值得我们借鉴，它能够将真正需要起诉的案件遴选出来，且在之后的强制公诉程序中运用国家公力保障被害人权益，避免造成被害人的势单力薄和孤立无援。

除去上述根本模式方面的改革，我国的不起诉监督机制还可以从以下两个方面进行优化：

1. 设立不起诉听证制度。根据刑事诉讼法第 170 条之规定，检察机关在审查起诉时应当讯问犯罪嫌疑人，听取辩护人、被害人及其诉讼代理人的意见，并记录在案。我国许多地方的检察机关在实践中丰富了这一规定，施行了不起诉听证制度。不起诉听证，一般是指检察委员会对于审查起诉部门拟作出不起诉决定的案件，以听证会的形式，公开听取犯罪嫌疑人及其辩护人、被害人及其诉讼代理人的陈述和辩解，听取公安机关及其案发单位负责人以及主管部门、部分专家、群众代表的意见的一种内部工作制度。值得注意的是，近年来在最高人民检察院的主导之下，针对检察机关自侦案件的立案侦查程序实行了人民监督员制度。根据最高人民检察院 2010 年颁行的《关于实行人民监督员制度的规定》，人民监督员可以对检察机关自侦案件的不起诉决定实施监督，其监督方式中就包括由人民监督员参与检察机关的有关会议和听证活动的相关规定。这是不起诉听证制度与人民监督员制度的一种有益结合，但较大局限处在于，该项规定只是针对检察机关自侦案件的不起诉，而非所有的不起诉案件。我们认为，如果加以科学设置，不起诉听证可从两个角度发挥重大效用：一方面，听证制度导入了社会力量，可在一定程度上突破检察机关的封闭式决断模式；另一方面，鉴于不起诉决定在诉讼程序中的终局意义，可将法庭审判模式中的控辩对抗因素植入不起诉听证程序，让犯罪嫌疑人一方与被害人、公安机关一方形成论辩之势，增强不起诉决定的信服力。

2. 不起诉决定书的公开。近年来，最高人民检察院十分强调检务公开，颁行过这方面的系列规定，前述不起诉听证制度即是对检务公开的一种践行。向社会公开不起诉决定书，应当是更为深入地贯彻了检务公开。根据最高人民检察院《人民检察院刑事诉讼规则（试行）》第 412 条第 1 款之规定，不起诉的决定，应当由人民检察院公开宣布。这实际上已经完成了公开不起诉决定书的第一层面要求。在此基础上，建议进一步规定将检察机关的不起诉决定书汇集成册允许社会公众查阅，或者采用网络公开的方式供公众查阅。

四、对检察机关强制措施、侦查行为的监督

在我国刑事诉讼中，检察机关只对贪污贿赂犯罪等少数案件行使侦查权，绝大多数案件的侦查权归属于公安机关。检察机关能够采取强制措施的案件范围则要广泛得多，所有公诉案件的审查起诉阶段，以及检察机关自侦案件的侦查阶段，检察机关都具备采取强制措施的权力。逮捕、拘留等强制措施和搜查、扣押、技术侦查等诸多侦查行为往往会涉及到公民人身自由、住宅安全、财产及隐私等基本权利的限制或剥夺，对其进行制约和监督是极其必要的。当然，讨论对强制措施和侦查行为的监督，并非只是针对检察机关的一个论题，更重要者应当扩展至针对公安机关的监督，但囿于我们的论述主题，此处仅限于检察机关。

从比较法视角来看，西方各国在对侦查行为和强制性措施的监督机制中，都不约而同地极为强调法官的核心作用。法官的监督脉络主要可以分为三条：第一，法官对检察官侦查行为和强制措施的事先司法审查。对此，西方各国普遍奉行由法官事先颁发许可令的令状主义。无论逮捕、搜查、扣押、窃听还是羁押、保释或者其他强制性措施，司法警察或检察官都要事先向法官或者法院提出申请，后者经过专门的司法审查程序，认为符合法定条件后，才能许可进行上述侦查活动。① 第二，法官对检察官的羁押、扣押等措施的事后司法控制。各国大都允许犯罪嫌疑人、被告人对已采取的羁押与扣押等措施的合法性及合理性问题向有关法院提起申诉，并由法官对其进行司法审查。法官一般会适用类似于法庭审判的控辩对抗模式展开司法审查，自己居中裁断。此种事后的司法控制，也是属于对事先司法审查的一种保障机制。第三，法官对通过违法侦查行为所获取的相关证据的排除。各国刑事诉讼普遍奉行非法证据排除原则，法庭在审判中对检察官非法侦查所获证据进行排除，实际上也是对侦查行为违法情形的一种程序性制裁后果。

在我国刑事诉讼中，对检察机关强制措施与侦查权的监督机制在近年来有所发展。2012 年刑事诉讼法构建起了我国的非法证据排除规则，法院可以通过证据排除对检察机关的重大违法侦查行为有所制约。另外，针对检察机关在职务犯罪侦查过程中的讯问行为，设立了全程同步录音录像制度进行监督。最

---

① 陈瑞华：《比较刑事诉讼法》，中国人民大学出版社 2010 年版，第 280～281 页。

高人民检察院颁行的《人民检察院讯问职务犯罪嫌疑人实行全程同步录音录像的规定（试行）》，要求检察机关在办理直接受理侦查的职务犯罪案件中每次讯问犯罪嫌疑人时，都应当对讯问全过程实施不间断的录音、录像。但是，统观我国的监督机制，最大弊端在于极大程度上都要依赖于检察机关的自我监督，而缺乏充分的外部制约力量。检察机关在侦查过程中实施搜查、扣押、冻结等诸多侦查行为时，其批准程序是由检察长予以主导的。根据最高人民检察院的《关于实行人民监督员制度的规定》，人民监督员可以对检察机关自侦案件中的搜查、扣押、冻结和超期羁押等行为实施监督。这无疑是一种有益的外部力量。但是，人民监督员制度毕竟只是停留在司法解释层面，而尚未纳入立法范畴；另外，该制度仅仅是一种监督力量，相关措施和行为的批准权或决定权仍然局限于检察机关内部。检察机关在采取可能严重侵犯公民隐私权的技术侦查措施时，刑事诉讼法第148条规定了"经过严格的批准手续"，可见也只是检察机关的自我约束。对检察机关自侦案件犯罪嫌疑人之逮捕措施的决定权，仍然只是隶属于检察系统内部。根据最高人民检察院《关于省级以下人民检察院立案侦查的案件由上一级人民检察院审查决定逮捕的规定（试行）》第1条之规定，对自侦案件犯罪嫌疑人的逮捕，省级以下（不含省级）人民检察院应当报请上一级人民检察院审查决定，省级和最高人民检察院则由本院审查决定。该规定对检察机关之逮捕措施的决定机制有所优化，但未能导入科学合理的外部监督力量。

借鉴西方国家对检察机关强制措施与侦查行为的普遍监督模式，应当确立由法院对一些重大强制措施或侦查行为进行司法监督的制度。法院监督较之于检察机关的内部监督，至少具备以下两方面的优势：其一，鉴于检察机关的控方地位，与犯罪嫌疑人之间系对抗的利益关系，对强制措施与侦查行为的实施倾向于从宽把握，自我制约会流于形式，引入法官的外部监督便实属必要；其二，检察机关系实施强制措施与侦查行为的主动一方，犯罪嫌疑人则处于被动的弱势地位，两相抗衡的结构之中恰需中立第三方的监督，法院在整个刑事诉讼中处于居中裁判的基本地位，这一角色的介入能够构建起控、辩、审的三方参与模式，趋向于更加合理地完成关涉公民基本权利的刑事诉讼行为。法院对强制措施与侦查行为的司法监督职能，可以考虑由前述公诉审查程序中的专设预审法官予以承担。与审判法官截然分开，一来是基于不同职责分工的考量，二来可以有效防止审判法官提前介入案件所导致的先入为主。

五、结语

强化检察监督，是近年来我国司法改革的一个重大趋势，2012年刑事诉讼法的修改对此也是有所体现。检察监督在很大程度上保障了刑事诉讼公正，但却难以摆脱"谁来监督监督者"的制度困境。因此，监督检察与检察监督是同一问题的两个方面，如何更好地监督检察是进一步强化检察监督的重要前提，理应得到法学界的足够关注。宪法层面上的上级领导下级和人大对检察的监督，都是宏观的静态监督，对刑事诉讼中的检察权力无法产生良好的效果。只有通过刑诉法上具体制度的精确设计，形成法院、公安机关以及当事人等对检察机关的反向动态监督，才是刑事诉讼中监督检察之上策。其中，尤其要发挥法院的监督作用。从西方检察官的历史来看，检察官就是为约束与监督纠问式法官的专权而产生。于是，充分展现法院对检察机关的反向监督，恰恰能够在刑事诉讼中收到限权与制衡之效。

能动检察的新进路[*]

——以量刑建议种类探讨为视角

郑秋卉　陈立毅

所谓能动检察，是指检察机关在处理具体争议时，除了考虑法律规则外，还要考虑具体案件的事实、法律原则、案件的社会影响、道德、伦理、政策等因素，在综合平衡的基础上作出最后的决定。[①] 检察机关对量刑建议制度的实践与探索，正是其司法能动性的体现。能否实现能动检察是量刑建议制度能否有效发挥功效、实现强化法律监督，维护社会公平正义价值目标的关键所在。当前，在我国相对确定法定刑主义下，法官自由裁量权有其合理性和必要性。但是权力的本质要求必须对法官自由裁量权进行必要的规制，这已成为共识并已融入世界各国的刑事司法改革之中。因此，在我国法官拥有很大自由裁量权的情况下，赋予检察机关量刑建议权是检察机关行使审判监督制约的新能动。这是因为，在我国检察机关作为法律监督机关的性质决定了量刑建议权具有的司法监督性质。因此，完善好量刑建议制度，行使好量刑建议权是能动检察在审判监督上的新选择、新进路。量刑建议制度涉及的内容很多，理论界和实务界争议最大，也是难度最大的就是量刑建议的种类问题。解决好这个问题，无论是对量刑建议制度的完善和审判监督的科学化，还是对能动检察的实现，都具有重大意义。要有效解决这个问题，有赖于检察机关司法能动性的发挥。因此，检察机关在提起公诉和监督审判时，要将"能动检察"的理念运用到量刑建议的适用类型上，充分发挥检察职能。下面对量刑建议种类问题展开具体分析。

一、存在问题

关于量刑建议的适用类型，实践中各地的做法很不一致。有的采用概括型

＊　原文载《东南大学学报（哲学社会科学版）》2014 年第 6 期。

① 李和仁、王渊：《量刑建议的未来之路》，载《检察日报》2009 年 9 月 2 日第 5 版。

量刑建议，是指关于对被告人进行量刑的一般原则，轻重程度的抽象描述。采用此种类型的比较少。大多数试点检察院采用相对确定型量刑建议，指在法定刑幅度内进一步压缩量刑空间，提出一个相对的量刑幅度。也有的采用绝对型量刑建议，是指检察机关根据案件的具体情况提出法院应当判处何种刑罚、在何种刑罚幅度内判处具体的刑期以及应否免予处罚和判处缓刑等具体主张。典型的如浙江省北仑区检察院，该院经过几年的探索和实践，形成了以"绝对性量刑建议"为主的"北仑模式"①。其突出特点是向法院提出绝对性的量刑建议。也有的地方针对不同的案件种类采用不同的模式，如镇江市检察院提出并实施了三种量刑建议的形式，据统计：镇江市共提出量刑幅度建议计250件，占同期量刑建议数的95%。确定性刑罚建议一般适用于依法应当判处无期徒刑、死刑的被告人。② 虽然各地量刑建议试点取得的效果比较明显，但对于哪些案件适用概括型，哪些案件适用相对确定型，哪些案件适用绝对型，各地检察机关差异很大，甚至同一个机关内部在量刑建议适用种类上也很不统一。这种不统一制约着量刑建议工作的开展，极大影响了检察改革，也不利于能动检察的发展。

不仅如此，检察机关在量刑建议类型适用上往往具有倾向性。一些地方检察院在改革试点中，将量刑建议的采纳率纳入检察机关内部绩效考核。如果量刑建议不被法院采纳，那么对于出庭支持公诉的检察官而言，将构成一种负面的评价依据。所以在司法实践中，检察官为了避免不必要的职业风险，通常更倾向于提出一些带有一定幅度的量刑建议，甚至有些公诉人为了追求高采纳率，将本该确定的量刑建议改成幅度型提出，不恰当地扩大量刑建议幅度。但这么做显然有悖于量刑建议的初衷，不能充分发挥检察机关主动性和能动性，也无法达到审判监督的客观效果。

退一步讲，即使某些地方检察院在量刑建议的适用类型上比较统一或者相对统一、规范，但还是很难准确把握量刑建议幅度。为了充分发挥法官的主观能动性，保证个案的公正，我国刑罚采取了弹性规定，这种弹性规定为其留下了较大的自由裁量空间，也给准确地提出量刑建议造成了很大的困难。一个刑罚幅度内同一个刑种的刑期往往跨度比较大，并且同一个法定刑幅度甚至还普遍存在包容两个以上不同刑种的情况。对于这些案件，不仅很多检察机关很难准确掌握其标准和幅度，实践中很多审判机关也是。同时，对于一名被告人同

① 李和仁、王渊：《量刑建议的未来之路》，载《检察日报》2009年9月2日第5版。
② 江苏省镇江市人民检察院公诉处：《镇江市检察机关试行量刑建议制度的调研报告》，载《人民检察》2003年第9期。

时具有多个法定情节（如自首、立功、累犯）和酌定情节（如被害人过错、积极赔偿损失或退赃等）的案件，检察机关由于缺乏丰富的量刑经验和相对统一的内部量刑参照标准，对于这些复杂的案件，如何提出合理的刑期、怎样把握量刑建议的尺度，成为摆在检察机关面前的一大难题。

能动检察的使命在于"强化法律监督，维护公平正义"，但检察机关在把握量刑建议幅度时，主观上具有偏重性。其所依据的量刑情节主要是不利于被告人的从重情节，如主犯、累犯、拒不认罪等，这些量刑情节往往又以法定量刑情节为主，对酌定量刑情节则关注较少。因此，检察机关的量刑建议幅度往往偏重，忽略了对被告人正当权益的保护。检察机关量刑建议的偏重性显然有悖于其维护社会公平正义的使命，不利于能动检察的发展。

二、原因分析

从上述量刑建议实践中存在的问题来看，检察机关司法能动性发挥不充分、效果不理想是其中的主要问题。具体来说有以下几个方面：

1. 立法的缺位与滞后是实践中量刑建议适用类型把握存在问题的首要原因。虽然量刑实践活动在各地检察机关已开展多年，但是一直没有统一的法律或司法解释进行规制，致使各地量刑实践活动没有统一的法律标准，各行其道，呈现各自的特点，当然问题也是层出不穷。2010 年 10 月虽然出台了规范量刑的指导意见，但毕竟是新生事物，对很多检察机关来说还是很陌生，并不能立竿见影地解决问题，而且新立法标准过高。根据《人民检察院开展量刑建议工作的指导意见（试行）》（以下简称《指导意见》）第 4 条规定，提出量刑建议应同时具备以下条件：犯罪事实清楚，证据确实充分，各种法定、酌定情节查清。而犯罪事实清楚、证据确实充分、各种情节查清，是人民法院的判决标准，将判决标准作为提出量刑建议的标准，对于处于审查起诉阶段的检察官而言，实属从严、从高要求。因为在审查起诉阶段，辩方证据尚未完全展示，检察官所掌握的事实和证据还不全面，并且检察官对事实、证据、情节的核实是以审查方式进行的，这种审查的方式远远不及法官在法庭审理阶段以开庭质证、辩论方式对事实、证据、情节的查清更为透彻。显然检察机关在这一阶段，很难提出准确的量刑建议。

2. 司法机关的传统观念也常常制约着司法改革的开展。在我国，由于受重定罪、轻量刑的传统执法观念的影响，量刑被认为是法院的专有领域，量刑成为法院的家务事。在司法实践中，部分法院也认为量刑属于法院的权力，反对检察机关进行量刑建议的尝试和改革。有的法官就明确表示检察官不要提出具体的量刑建议，即使提了也没用。个别法官对量刑建议的排斥、不重视，甚至当庭制止公诉人发表量刑建议的情形出现，使得一些公诉人提出量刑建议的积极性受到打击，产生畏难心理。还有的公诉人认为量刑建议纯属"鸡肋"，既增加了工作负担，又会引起法院不满，故而消极应付式地执行上级院的量刑工作办法。

3. 检察机关还受所处的诉讼阶段的影响。《指导意见》第 18 条规定："对于人民检察院派员出席法庭的案件，一般应将量刑建议书与起诉书一并送达人民法院。"根据该条规定，检察机关应当在审查起诉结束时提出量刑建议，在这个阶段，检察机关对辩方所掌握的事实、证据、情节还不了解，而且检察机关所掌握的事实、证据、情节在庭审过程中可能被否定，也可能出现新情况、新问题。显然，在这一诉讼阶段要提出明确、具体的量刑建议尤其是绝对准确无误的量刑建议，对很多检察官来说还是有相当大的困难。

4. 检察机关的角色定位对其适用和把握量刑建议也有很大影响。长期以来，我国的检察机关在刑事诉讼中，行使控诉职能，扮演着控诉者角色，其基本职能是指控并证实犯罪，不包括具有裁判职能的具体适用刑罚问题。虽然量刑建议权是公诉权的一种延伸，但它毕竟不同于传统意义上单纯的公诉权，量刑建议要求检察官就被告人适用的刑罚种类、幅度及执行方式等向人民法院提出判决建议，因而，检察官必须考虑刑罚具体适用问题。这必然促使检察官从单纯的控诉者角色向模拟裁判者角色的调整，这种角色的变换是一个较长的过程，需要检察官发挥能动性、积极探索，总结检察经验。

同时，受法律素养、职业特性、司法经验、个案的复杂性等因素制约，检察官与法官对同一案件的事实和情节的认识是存在差异的，法院与检察院基于不同考虑会对量刑结果产生差异。

三、具体路径

笔者认为，在我国目前阶段，检察机关提出量刑建议，以相对确定型量刑建议为主，概括型量刑建议和绝对确定型量刑建议为辅比较适宜，这是能动检察的要求，也有利于充分发挥检察能动性，强化审判监督，实现公平正义。这是因为：

概括型量刑建议一般是对法条的简单重复，不能表达检察机关明确具体的量刑意见，达不到量刑建议的目的，因此实际意义不大。即便如此，也不等于机械地说此种建议没有存在的必要。在国外，英国检察官就不能提出具体的量刑建议，检察官可以提示法官关于量刑的刑法规定和高等法院的判例指导，但不能提出具体的量刑建议。① 在我国刑事司法实践中，面对千差万别的刑事案件，不能简单的"一刀切"，检察机关对于疑难、复杂或者控辩双方对于定性存在较大争议的案件，也可视具体情况提出概括型量刑建议。最高人民法院、最高人民检察院、公安部、国家安全部、司法部《关于加强协调配合积极推进量刑规范化改革的通知》中规定："对于敏感复杂的案件、社会关注的案件、涉及国家安全和严重影响局部地区稳定的案件等，可以不提出具体的量刑建议，而仅提出从重、从轻、减轻处罚等概括性建议。"换言之，概括型量刑建议一般可适用于不适宜提出具体量刑建议的情形。这就需要检察机关在具体的案件中充分发挥其能动性。这里不再具体展开。

对于绝对型量刑建议，反对者认为，绝对确定型量刑建议容易引起法官的反感，如果出现检察官的量刑建议与法官量刑差距过大，会挫伤检察官提出量刑建议的积极性。而赞同者认为，在量刑上，与责任相适应的刑罚只能是正确确定某个刑罚点，在确定了刑罚点后，为了预防犯罪的需要可以修正这个点，但不能偏离这个点。② 如果因为无法确定这个点而提出有幅度的量刑建议，而把确定这个点的任务交给法院，这实际上是不负责任的表现。

笔者认为，让检察官在审查起诉阶段提出绝对确定型量刑建议，有以下困难：（1）由于刑事案件纷繁复杂，对于同一案件不同的人会有不同的认识，检察机关在这一阶段所掌握的事实和证据可能不全面，甚至是错误的，而且随着诉讼的推进，案件情况经常会发生变化，其在这一阶段提出的量刑建议往往是片面的。（2）刑法分则相对确定的法定刑的立法技术造成了其难。我国刑法分则绝大多数罪刑条文采用相对确定的法定刑这一立法技术，要求检察官在任何案件中都提出一个精确的量刑建议具有相当大的难度。

不过，有困难不等于就不能提出绝对确定型量刑建议。绝对确定型量刑建议有其存在的合理性。在国外也有实践。例如在日本实行的是确定刑，检察官在发表量刑建议时要求有具体的刑名、刑期、没收物和价格，并且对附加刑也有要提出具体的建议。③ 那么，笔者认为，在我国现阶段，检察机关应充分发挥其检察职能，对于以下几类案件，提出绝对确定型量刑建议：

1. 刑罚种类比较单一或刑法规定了绝对确定的法定刑的犯罪案件。刑罚分则条文中，有些刑罚种类较为单一，如死刑、无期徒刑、剥夺政治权利、驱逐出境、没收财产，以及免予刑事处罚、缓刑、死缓等，案件在符合这类刑罚

---

① 朱孝清：《论量刑建议》，载《中国法学》2010 年第 3 期。
② 张明楷：《刑法学》，法律出版社 2003 年版，第 441 页。
③ ［日］松尾浩也：《日本刑事诉讼法》，丁相顺译，中国人民大学出版社 2005 年版，第 228 页。

种类的情况下，应当提出绝对确定型量刑建议，如建议判处死刑，或者对虽应判处有期徒刑或者拘役，但符合缓刑条件的，可以明确提出缓刑的建议。此外，由于刑法对某些犯罪规定了绝对死刑的条款，如劫持航空器最、绑架罪等，在符合相关条件时，检察机关也只能就被告人适用的刑罚提出绝对确定型量刑建议。

2. 对常见罪名有研究或有相对把握的案件。有些地方检察机关对某些常见罪名有较深的研究，并制定出量刑建议的参照标准。在这种情况下法院可适用的刑罚种类较为单一，犯罪的量与对应的刑之间有明确的对应关系，按照一般的量刑标准可以确定具体的量刑，可以提出绝对确定型量刑建议。同时，如果检察官全面掌握了量刑的法定、酌定情节，对适用某一绝对刑罚有相对把握的少数案件也可以提出绝对确定型量刑建议。如对于罪行极其严重的故意杀人、强奸、抢劫、绑架等暴力犯罪、重大毒品犯罪等案件，不杀不足以平民愤的，可以建议适用死刑。对于罪大恶极、应当判处死刑，但又不是必须立即执行的，可以提出死缓的建议。

3. 适用简易程序和普通程序简化审的案件。刑事诉讼的发展是以实现正义、提高效率为方向的。在国外的司法实践中，辩诉交易、处罚令程序、刑事和解程序等速决程序作为刑事程序的一部分，在提高诉讼效率和节约司法资源等方面发挥着举足轻重的作用。而在我国，刑事案件数量不断增加，法院审判程序繁杂，效率低下，法院也不堪重负。在这种情况下，更有必要借鉴其他国家的有益经验，在简易程序中赋予检察机关更为广泛的量刑建议权。在我国，速决程序的具体形式主要指简易程序和普通程序简化审程序，它们对实现案件分流，提高诉讼效率，节约司法资源具有重要作用。

《德国刑事诉讼法典》规定，在处罚令①程序中必须提出具体的量刑建议。处罚令程序是德国典型的速决程序，在德国的司法实践中，大约有一半的刑事案件是通过处罚令程序来处理的。② 我国相关法律也对简易程序的量刑适用做了规定，例如，《关于规范量刑程序若干问题的意见》（以下简称《量刑程序意见》）第 7 条规定："适用简易程序审理的案件，在确定被告人对起诉书指控的犯罪事实和罪名没有异议，自愿认罪且知悉认罪的法律后果后，法庭审理可以直接围绕量刑问题展开。"适用简易程序的案件，由于事实比较清楚，证

---

① 《德国刑事诉讼法典》第六编规定了一种特殊类型的处罚程序，检察官的量刑建议在这个程序中体现得非常明显。按照该法典的规定，在刑事法官、陪审法庭审理的轻微案件中，根据检察院的书面申请（申请应写明检察官的定罪及量刑建议内容），法官、陪审法庭必要时可以不经审判，无须听取被告人陈述，以处罚令的形式对被告人进行定罪和量刑。

② 杨诚、单民：《中外刑事公诉制度》，法律出版社 2000 年版，第 208 页。

据比较充分，检察机关对案件比较有把握，可以提出较为准确的量刑建议，也容易被法院采纳。而在适用普通程序简化审的案件中，被告人认罪、且事实清楚、证据充分，使得定罪问题没有大多争议，剩下的就是量刑问题。被告人认罪的效果是为了获得法院从轻量刑，因而具有辩诉交易的色彩，控诉方与审判方也比较容易达成一致的意见。因此，检察官提出绝对确定型量刑建议也是适合的。

相对确定型量刑建议也是实践中采用最多的一种类型。《量刑程序意见》第3条规定，量刑建议一般应当具有一定幅度。而根据我国目前的实际情况来看，笔者也倾向于量刑建议应以相对确定型量刑建议为原则。理由如下：（1）检察机关行使量刑建议权的初衷是规范法官自由裁量权，为法官量刑提供一定的参考。而相对确定型量刑建议完全符合了这个初衷，既满足对量刑问题的突出和重视，又使法官在量刑时能充分权衡、兼顾各方利益，做出合理公正的判决，而且也不容易招致法官的反感。（2）刑罚的弹性规定不可避免使得相对确定型量刑建议成为主导。我国刑罚的弹性规定，使很多法定刑幅度都很大，这为裁判者留下了较大的自由裁量空间，也因此使得检察机关提出的量刑建议也有一定的幅度。同时相对确定型量刑建议，可使法官的量刑取得一个比照，从而使量刑更加合理，更能体现检察机关法律监督职能。（3）诉讼阶段决定了检察机关往往更适合提出相对确定型量刑建议。检察机关应在提起公诉时提出量刑建议，在这个阶段，检察机关所掌握的事实、证据在庭审过程中可能会发生变化，辩方的事实、证据尚为完全展示，庭审中也可能出现新的事实、证据和情节。显然，在这一诉讼阶段很难提出绝对准确的量刑建议，所以，这一阶段应以提出相对确定型量刑建议为宜，这样不容易产生偏差。

《指导意见》第5条规定："除有减轻处罚情节外，量刑建议应当在法定量刑幅度内提出，不得兼跨两种以上主刑。"因此，根据该规定，相对确定型量刑建议应当在法定量刑幅度内提出，具体建议幅度不宜过大，否则就没有意义了，而且上下幅度要结合具体案件确定。其跨度应在3年以内较为合适。因为不同的人在量刑的认识在客观上也存在一定的差异，3年的跨度既有一定的弹性，也容易找到平衡点。具体标准可参照该《指导意见》来确定：建议判处有期徒刑的，法定刑幅度小于3年的，建议量刑的幅度不超过1年；法定刑幅度大于3年小于5年的，幅度不超过2年；法定刑幅度大于5年的，幅度不超过3年。建议判处管制的，幅度不超过3个月。建议判处拘役的，幅度一般不超过1个月。

建议判处附加刑的，可以只提出适用刑种的建议。这是因为判处附加刑要考虑的因素比较多，以罚金为例，罚金数额除了依据基本犯罪情节外，还要考虑被告人的财产状况，检察机关对被告人的财产情况很难全面掌握，而且法院还可根据案件的具体情况（如被害人的谅解等）考虑酌情减免，所以不宜对罚金的具体数额提出建议。

对数罪并罚的案件如何提出量刑建议有两种不同的观点：一种认为应依法先对每一个罪名提出量刑建议，然后根据数罪并罚的原则确定总得刑期；另一种观点认为对每一个罪名提出量刑建议后，可以不再提出总的量刑建议。[①] 笔者认为第二种观点较为妥当。根据《指导意见》第 6 条的规定，对于数罪并罚的案件，应当对指控的各罪分别提出量刑建议，可以不再提出总的建议，这样的规定是比较科学的。这是因为，如果数罪的建议都是幅度型，根据数罪并罚的原则提出总的幅度型建议，会遇到数个刑期幅度如何相加的难题，容易使量刑问题复杂化，使得检察机关的量刑建议与法官裁判出让较明显，从而导致公众对量刑建议或量刑裁判的质疑。

因此，在我国目前阶段，检察机关提出量刑建议，以相对确定型量刑建议为主，概括型量刑建议和绝对确定型量刑建议为辅，这是能动检察的重要体现。在量刑建议适用类型上，检察能动性的有效发挥将有助于保障当事人权益，发挥检察监督，实现公平正义的功效。量刑建议制度的完善需要经历一个过程，如何使量刑建议有效服务于我国检察改革、服务于刑事司法改革，需要结合我国的国情和现行的司法体制，不断地进行研究、探索。

---

① 赵骞：《检察机关量刑建议制度研究》，中国政法大学 2011 年硕士学位论文。

强化法官自由裁量权检察监督的路径探析[*]

路志强

　　法律的终极目标是实现实质正义，从形式正义到实质正义的实现有待于法官自由裁量权的介入，完成静态规则到动态事实的转变。① 然而，作为一种广泛存在于事实认定、证据审查、法律适用、责任承担方式选择、权利义务比例分配等整个诉讼过程中的选择权、判断权、决定权，法官自由裁量权的行使依赖于法官对法律原则和精神的理解、对特定阶层人物的前见态度、对案件中证据真实性的直觉和推断以及对证据证明事实的逻辑推理等，与法官的主观判断息息相关。这意味着一旦法官的自由裁量权在法官的主观意志下恣意行使，其法治功能便会异化，导致司法专横和腐败，甚至扼杀司法在裁量以外已经形成的其余部分的法治正义效果。因此，"问题的一半是要削减不必要的裁量权，另一半则是要找到有效的方式控制必要的裁量权。"② 关于如何控制必要的裁量权，相对于有限的、机械的、原则的立法规制和加强法官职业自律、强化法院内部制约等方式而言，检察监督这种法定的、专门的、通过个案监督发挥功能的外部制约更为刚性、全面、具体、公正、透明，具有较强的公信力，应充分发挥其效能，切实保障立法预期的法官自由裁量权维护社会公平正义功能的实现。

一、法官自由裁量权检察监督标准归述

　　在研究如何加强法官自由裁量权检察监督之前，应当明确检察机关对于法官自由裁量权的行使可以监督什么，由此才能明确监督的尺度、边界和切入点，既防止检察机关盲目监督、消极监督，又保障检察机关依法监督、规范监督，防止检察权不当干涉审判权。关于检察机关监督法官行使自由裁量权的标准，目前我国宪法和诉讼法等相关法律没有作出具体规定，根据宪法和法律有

---

　　* 原文载《河北法学》2014 年第 9 期。
　　① 郑晓东、蔡晓虹：《法律不确定性引出的冲突与补救》，载《河北法学》2001 年第 4 期。
　　② ［英］韦廉·韦德：《行政法》，徐炳等译，中国大百科全书出版社 1997 年版。

关检察机关监督审判权行使的内容，参考最高人民法院《关于在审判执行工作中切实规范自由裁量权行使保障法律统一适用的指导意见》（法发〔2012〕7号），笔者认为，检察机关至少应当从以下四个方面审查是否应对法官行使自由裁量权的行为进行监督：

（一）裁量的必要性

法官自由裁量权是法官或法庭对法律规则或原则的界限予以厘定①，是对法律的解释、推论和判断，有时也用以填补法律漏洞，具有造法功能，应以必要行使为原则，尽量减少司法权对立法权的侵蚀。我国法律在多处条文中用"有必要的"直接表述了法官行使自由裁量权的必要性原则，如我国刑事诉讼法第23条规定，"上级人民法院在必要的时候，可以审判下级人民法院管辖的第一审刑事案件；下级人民法院认为案情重大、复杂需要由上级人民法院审判的第一审刑事案件，可以请求移送上一级人民法院审判。"这里，下级人民法院管辖的第一审刑事案件，原则上应由该下级人民法院审判，只有在上级人民法院认为该第一审刑事案件由本院审判更适宜的情况下，上级人民法院才可以行使自由裁量权，决定由本院审理该案。

（二）裁量的合法性

我国刑事诉讼法、民事诉讼法等基本法均在总则中规定了人民法院依法行使审判权的基本原则，法官行使自由裁量权应以法律规定为依据，尽可能以适法的理念、方式、程序、时限、程度裁量。这意味着当法律以明文规定的方式明确规定法官自由裁量权的内容、行使方式、规则、程序时，法官应谨遵法律规定；当法律规定概括、原则甚至空白，无法直接适用，法官需要适用法律类推或依据学理解释、民间习惯、善良风俗以及一个国家特定时期的政策或自行对法律作出解释裁处案件时，必须符合立法的意旨和精神。任何情形下，法官行使自由裁量权均不得违反法律的禁止性规定。如我国刑法常规定某人犯某罪具备某种情节时，应当对被告人在某个量刑范围内量刑。这时，法官行使定罪裁量权应以刑法规定的该罪的犯罪构成要件为依据，行使量刑裁量权应以刑法规定的该罪的情节标准（数额、危害后果等）和对应的量刑范围为依据，不得违反刑法有关法无明文规定不定罪，法无明文规定不处罚的明文规定自行创设罪名、设立定罪的条件和量刑标准，或超越法律明文规定的量刑范围减轻处罚或加重处罚。又如因审判效率的实际需要，在法律无明确授权的情况下，法官有权决定诉讼各方辩论的次数，但不得违反诉讼法规定的辩论原则剥夺当事人的辩论权等。

---

① Black's Law Dictionary (5th Ed), West Publishing Co. 1979, p. 419.

（三）裁量的公正性

马克思说："法官的责任就是当法律运用到个别场合时，根据他对法律的诚挚理解来解释法律。"而法官对于法律的诚挚理解的思想基础就在于对公平正义的追求。法律赋予法官自由裁量权的初衷是为了更好地实现社会公平正义，法官在行使自由裁量权的过程中应始终以公正为衡量标准和最终追求的价值目标。一是应当恪守司法中立，行使裁量权时不受权力、利益、人情、偏见等因素干扰。二是应当尽可能实现司法平等，裁量过程中同等尊重涉案各方人员，给他们提供同等的机会参与诉讼、表达诉求，同等地对待各方的主张、意见，同等关注和平等保护各方利益。三是应当注重裁量效益和效率。"迟来的公正为非公正"，无法执行的裁判即使公正也同样只有纸面上的意义。因此，法官自由裁量权的行使应尽可能以积极的态度、高效的作风、智慧的裁量艺术、适当的裁量方式，降低资源消耗、提高办案效率、提升执法效益。对于那些消极裁量、裁量拖延、裁量方式错误，例如不考虑标的物性质，拖延裁判或错误裁量采用扣押、查封实物的方式，造成当事人收益损失甚至损害案外人合法权益的，检察机关应依法履行监督职能，维护当事人的合法权益。

（四）裁量的廉洁性

法官自由裁量权贯穿于审判活动始终，法官行使权力的空间最大，对被告人或当事人的影响也最大，而现行法律对法官消极、不当、违法行使自由裁量权又难以设置具体的可操作性强的规范，因此极易成为司法腐败的温床、权钱交易的载体。我国刑事诉讼法第242条、民事诉讼法第200条明确将审判人员审理案件具有贪污受贿、徇私舞弊、枉法裁判行为的情形规定为检察监督的法定事由，我国刑法更是将审判人员实行上述行为构成的职务犯罪作为打击对象加以规制。检察机关加强对法官行使自由裁量权的廉洁性审查，既是履行法定职责的应然要求，又是保障法官依法、公正行使自由裁量权的必要举措。

二、对法官行使自由裁量权检察监督的现状分析

当前形势下，检察机关监督审判权行使的现状并不乐观。据一些学者的调查，关于司法机关是否有能力或有权威处理诉讼案件，"完全相信"和"比较相信"的仅占53%，其余则"信心不足"或"不相信"①；截至2012年5月10日，天涯社区法律论坛中与法律相关的论题516380个，反映人民法院司法不公的帖子估算占到60%以上，且标题和内容极为刺目。部分群众对司法的

---

①　马骏驹：《当前我国司法制度存在的问题与改进对策》，载《法学评论》2008年第6期。

不信任感正在逐渐泛化成普遍社会心理。① 与此同时，据最高人民法院和最高人民检察院近年来的人大报告反映，法院审理检察机关抗诉案件与法院审理案件总数的比例在 1:700 至 1:1000 之间徘徊，审判监督主要依靠法院系统内部的自身监督进行。但是"自己刀削自己把"是有着相当难度的，审判权缺乏有效监督的现状，造成了审判权尤其是法官自由裁量权（因为较之审判权中的其他权力而言，法官自由裁量权的存在更广泛、内容更丰富、规制更困难）的恣意泛化和滥用，"不仅无法实现法之正常价值，而且从根源上扼杀人类追逐的公平和正义等价值理性"②。

当前，法官自由裁量权的检察监督主要存在以下问题：

（一）监督注重"有据"，造成了部分法官的自由裁量权不受监督

我国三大诉讼法只规定检察机关可以对确有错误的法院裁判进行抗诉，对法院的违法行为提出纠正意见，这就使实务界产生了以下普遍做法，即检察机关对于审判权力的监督，一般仅限于对法官明显违法的行为进行监督，且为了表明监督有据，违法性监督中的"法"，仅限定为"明确的法律规定"，造成检察机关监督法官自由裁量权势"真空"地带。如《证据规定》第 69 条规定，与一方当事人或者其代理人有利害关系的证人出具的证言不能单独作为认定案件事实的依据。这条规定，实质是为了防止与一方当事人或者其代理人有利害关系的证人受主观感情影响，不客观、如实作证，影响事实的正确认定。这条规定中的"证人"，从立法原意上解读，可以指一个证人，也可以是相互之间是朋友、亲属、可能统一口径作证的一组证人（这时，这组证人应被视为一个整体），但实践中由于《证据规定》第 69 条没有明确规定该条中的"证人"包括"相互之间是朋友、亲属、可能统一口径作证的一组证人"，法官行使自由裁量权，以《证据规定》第 69 条中的"证人"就是指一个证人为由，往往对与一方当事人或者其代理人有利害关系的一组证人统一口径后相互印证的证言不予排除，致使认定基本事实的主要证据不足，判决错误，而检察机关对于这种行为，往往以《证据规定》没有对这种情形明确予以规制为由而不予监督，加剧了法官自由裁量权行使的泛化、滥用，影响了人们对司法公正的信心。

---

① 转引自宋豫、李健：《"案结事了"：人民法院司法公信力的验算与实践》，载《河北法学》2013 年第 2 期。

② 李文杰：《法律原则、自由裁量与良法价值理念的构建》，载《北方法学》2010 年第 4 期。

（二）监督注重"形式"，使得法官在"潜规则"支配下的隐性违法裁量行为正常化

司法裁判的过程，其实是一种法律论证过程。[①] 在我国，法官自由裁量的范围广泛，法官违法裁量行为更多地以选择有利于一方当事人的法律论证等隐性形式出现，如个别法官或因徇情，或因徇私，在自由裁量权限内该用上限的用下限，该用下限的用上限，该适用此套法律体系的适用彼套法律体系等，但检察机关一般仅对显性的违法裁量行为进行监督，而不对此种形式合法，实质与司法"潜规则"（如一方当事人向法官暗中行贿，或与法官有私交）密切相关的隐性违法裁量行为进行监督。事实上，此类在"潜规则"支配下形式合法而实质违法的裁量行为往往对司法公正的损害更大。因为在此种情形下，法官往往运用其所掌握的法律知识选择有利于一方的权利、义务分配方式和责任认定方案，对于得到法官维护的一方当事人来说，法律成为可以逾越的规范，对于另一方当事人来说，法律成为侵害其合法权益的利器，无论对于涉案的哪一方，司法的权威都不会在其心中得以形成和树立。

（三）监督注重结果，纵容了法官以裁量的随意性损害公民合法权益的行为

法官的自由裁量必然包括选择不作为的情形，不作为的法官自由裁量权是一种巨大的裁量权，其在司法实践中发生违法的频率比作为的裁量权要高出几倍。可以说从案件的受理、审理到裁判，诉讼的各个环节上，法官不作为的裁量的随意性随时都会发生，随时都会对公民的合法诉讼权益造成侵害。如受案环节，不及时受理登记并分流，导致案件拖延，可能造成案件即使胜诉，标的物也难以执行；出庭通知书不及时送达，导致当事人出庭准备不充分，举证不足，最终败诉；拖延判决执行，导致当事人拿到胜诉文书也相当于一纸空文，合法权益在实质上始终得不到保护。但检察机关一般仅监督法官以作为的形式行使自由裁量权的情形，对于法官不作为的裁量行为，即使发现违法，也常因其对于裁判实体的影响不大，或其违法证据难以"坐实"而不予监督，无视法官不作为裁量权的一再滥用，其危害常比作为的裁量更大（例如，法官对当事人调取证据、要求鉴定、审计的申请拖延不答复，往往使当事人在期盼法院答复中，错失收集其他可以替代上述证据的良机而败诉，而法官以作为的形式违法不批准当事人的申请，至少还可以使当事人在得到法院的及时答复后及时予以应对，有可能免遭败诉的后果），将会纵容该类行为对公民权益的侵害，公民对在此类行为影响下进行的司法行为和形成的裁判文书的支持度可想而知。

[①] 唐丰鹤：《整体性的法律论证——兼论疑难案件法律方法的适用》，载《河北法学》2014年第1期。

三、强化对法官自由裁量权检察监督的具体路径

由上可见，检察机关监督法官行使自由裁量权在应然层面上具有较高的标准，而在实然层面上，检察机关监督法官行使自由裁量权的现状并不理想。究其原因，一方面与法官自由裁量权行使的规范不健全，造成检察监督的依据不足，检察机关对很多有失公正的法官自由裁量行为无法监督有关；另一方面则与现行检察监督制度不健全，对检察监督的规定单薄而概括，操作性不强，缺乏措施和效力保障，削弱了检察机关监督法官自由裁量权的效果，影响了检察机关监督法官自由裁量权的理念、态度、方式方法有关。当前，应在加强研究、呼吁立法完善的同时，注重检察机关内部挖潜，从以下几方面强化检察机关对法官行使自由裁量权的法律监督：

（一）端正监督理念，充分发挥检察监督保障法官裁量正义的职能作用

1. 要强化法律至上的监督理念。法律至上，即检察机关对于法官自由裁量权的监督，须以法律规定或理念为基本纬度，以法定的对象、范围、程序、手段、方式为监督权行使的界限，既不得放弃法定的监督权（如民事检察监督实践中放弃对实体权利影响不大的程序违法裁量行为的监督和对不作为的违法裁量行为不予监督等），怠于行使监督权，也不得将监督权异化为无节制、无限制的权力，妨碍人民法院独立行使审判权。对于后者，检察人员尤其要注意以法律和法官自由裁量权的应然价值而非自己的专业观点作为判断法官裁量权行使合法、合理与否的标准，防止监督裁量权滥用而造成检察权对审判权和公民合法权益的侵害。

2. 要强化全面监督的理念。法官自由裁量权渗透于诉讼过程的各个环节和法律适用的各个方面，检察机关的监督范围只有与此相对应，才能最大范围地以外部监督制约的方式防范法官自由裁量的专断、恣意。要将程序监督切实提升到一个重要的位置上来，善于从程序入手，发现法官自由裁量权行使过程中的司法不公和自由擅断，以程序正义保障实体正义。要加强对法官自由裁量权合理性的审查。检察监督权不是一种建议权，也绝不仅是一种纠正权，而是一种督促权。[①] 这意味着检察机关有获得被监督主体执法信息和素材并对之进行审查的功能，因此，检察机关不仅可以对法官明显违反法律的裁量行为进行监督，还可以对法官裁量行为的合理性进行审查。因为权力实施不合理往往恰恰是权力实施违法与不违法的边缘，如果不对法官自由裁量权行使的合理性进行监督，法官自由裁量权行使的合法性监督也就失去了认定基础。当然，对法

---

① 向泽选：《法律监督：理念、机制与改革》，法律出版社 2010 年版。

官自由裁量权行使的合理性进行监督，并不意味着必须以检察建议、纠正违法意见甚至抗诉的方式向人民法院提出监督意见，检察机关可以通过其他和缓的方式对法官自由裁量权行使的合理性进行监督。

（二）能动监督方式，不断提高检察监督保障法官裁量正义的效率效果

能动性是检察权的应然属性。[①]在检察监督保障法官裁量正义的过程中，能动监督方式就是要克服检察权行使时的畏首畏尾心理以及委曲求全意识，从各类检察监督方式的性质、权能、适用对象等方面出发，结合监督中发现的各种问题，能动、灵活地适用各种监督方式，并保持各种监督方式目标的一致性和功能的补充性，为自身争取有利资源，强化监督的效果和权威。事实上，出于检察机关与审判机关职能分工的考虑，为了防止检察监督权成为审判权之上的审判权，现行法律只赋予了检察机关监视审判权并督促审判机关自行改正的权力，不可能理想化地赋予检察机关强制审判机关按照其监督意见执行的硬性权力。因此，强化检察监督保障法官自由裁量权行使的正义效果，关键还是在于用足、用好法律赋予检察机关的监督权力，包括以合适的监督方式对应于法官违法自由裁量行为的程度。当前检察机关监督法官自由裁量权中存在的突出问题是孤立地使用各种监督方式，不能恰当地在监督的各个阶段将各种监督方式有机结合起来，发挥其相互为用、相互补强的效用，强化监督的效果。如民事检察监督中，孤立适用再审检察建议或检察建议，一味强调与被监督主体沟通协调，造成了监督的软化和建议的采纳率持续偏低。应能动地加强抗诉对再审检察建议的后续保障以及民事诉讼活动违法调查、职务犯罪侦查对检察建议的效力保障，以监督方式的合力保障检察监督的效果。

（三）保持谦抑态度，始终维护检察监督保障法官裁量正义的执法品格

检察监督权的谦抑性来源于权力谦抑原则，指检察机关行使监督权时，要保持克制，尽量避免与其他机关的冲突以及对于公民生活的过度干预。检察监督保持谦抑性并不意味着检察监督权的缩减，而旨在权力的理性回归和准确定位，避免由于权力的过度膨胀而干涉其他国家权力和公民权利的行使，因此，"要全面、理性、辩证地认识诉讼监督的功能和作用，防止把诉讼监督看成是无所不能、无所不为、无所不包的思想倾向，防止打着改革的旗号追求扩张监督范围、扩张监督权力的思想倾向"[②]。具体到监督法官自由裁量权中讲，一是要承认检察监督的有限性，避免以检察监督中的恣意裁量对法官自由裁量权的不当干涉。对于检察机关与法院对法官在判决中选择适用的法律，仅仅存在

[①]　童建明：《加强诉讼监督需把握好的若干关系》，载《国家检察官学院学报》2010年第5期。

[②]　程晓璐：《检察机关诉讼监督的谦抑性》，载《国家检察官学院学报》2012年第2期。

单纯的认识分歧，并且法官选择适用该法律并未背离法律规定和法律精神，检察机关就应当进行适度的收敛和节制，不应启动监督程序。二是要充分考虑检察监督对于公民人身、财产的保障性，不能因为行使监督权而不顾检察机关的客观义务。实践中抗轻不抗重，从部门政绩出发，僵化、教条地行使监督权，甚至对于法官保护弱势群众、维护社会稳定的裁量行为进行监督是不合适的，应当予以坚决纠正。

论程序性监督之嬗变[*]

——从违法性宣告到渐进式制裁

郭 晶

引 言

美国大法官本杰明·卡多佐曾说:"一方面,我们的社会希望犯罪应被抑制;另一方面,我们的社会不希望警察傲慢地轻视法律。"[①] 在 2012 年修订的刑事诉讼法及相关解释中,立法、司法部门从正当程序价值出发,规定了一系列旨在防范程序性违法行为的措施,强化了嫌疑人及其辩护律师在审判前阶段的诉讼权利。然而,修改后刑事诉讼法并未将法官引入侦查程序,仅是顺应公、检、法既有的权力格局,适度强化了检察官对侦查活动违法的监督。[②] 在审判前阶段,除部分取证程序违法可能引发审查逮捕环节、审查起诉阶段的非法证据排除之外,修改后刑事诉讼法为警察程序性违法行为设立的消极后果,基本仅局限于检察官所提出的纠正意见。[③]

检察官基于侦查监督权而对警察违反法定程序的行为提出纠正意见,引导其自行纠正违法行为的监督方式(即后文所称的程序性监督[④]),存在多方面制度缺陷,虽在我国刑事诉讼中行之有年,但却难生实效。2012 年修法,在进步与保守的激烈博弈与艰难妥协中,修改后刑事诉讼法通过新增第 47 条、

---

* 原文载《现代法学》2014 年第 1 期。

① [美] 本杰明·N. 卡多佐:《司法过程的性质》,苏力译,商务印书馆 1998 年版,第 171 页。

② 周长军:《语境与困境:侦查程序完善的未竟课题》,载《政法论坛》2012 年第 5 期。

③ 现行法赋予检察官的审前非法证据排除权,也内含检察官就警察取证程序违法提出纠正意见的要素。证据排除是否能够顺畅运行,也有赖于纠正意见的作用。

④ 检察官以提出纠正意见为主要监督方式的诉讼监督活动,涉及内容驳杂而缺乏针对性,比如对警察应当立案而不立案的监督、对侦查活动合法性的监督、对人民法院审理案件违反法律规定的诉讼程序的监督,对执行刑罚合法性的监督等。本文主要关注检察官就警察侦查活动程序性违法所实施的程序性监督,即以检察官法律监督权这种准司法权作为其权力基础,以警察的侦查程序违法行为作为规制对象,以指出程序性违法并提出纠正意见为结果和归宿的程序合法性审查机制。

55 条、115 条，大幅拓展了这一机制，试图克服其固有缺陷，激活其遏制程序性违法、提供权利救济的功能。然而，重装上阵的程序性监督，是否以及如何才能有效发挥其预期功能呢？委实值得商榷。

一、从沉睡到有限激活：程序性监督的历史与现实

（一）沉睡于旧法条文中的程序性监督

检察官就程序性违法提出纠正意见，督促违法主体自行改正的法律监督方式，曾是我国唯一具有程序性制裁色彩的制度设计。但是，数十年来的司法实践却显示出该种监督方式的疲软和乏力，其仅沉睡于条文层面而难以有效地遏制程序违法。首先，纠正意见以涉嫌违法者对意见的采纳和自行改正作为发挥作用的前提，强制力不足且未规定制裁后果。检察官顾虑意见不被接受而损害检察权威，也难以积极提出纠正意见。其次，检察官在理论上的中立与超然，实然仅止步于批捕之前。犯罪嫌疑人一旦被批捕，检察机关因承担错捕风险而与案件产生直接利害关系，中立性的不足导致其消极不作为。再次，纠正事由过于宽泛和庞杂，并未细分纠正意见对不同违法事由的效力区别，致使其整体走向形式化。最后，可操作性规则缺乏，违法信息获知渠道狭窄、启动方式过于职权化而缺乏诉权参与、缺乏调查核实权、缺乏事前或事中介入机制、复议与救济机制不完整等。

（二）修改后刑事诉讼法对程序性监督的有限激活

在修改后的刑事诉讼法中，除第 98 条仍可作为检察官在审查逮捕环节提出纠正意见的一般性依据之外，修改后刑事诉讼法以新增的第 47 条、55 条、115 条为中心，在五方面对程序性监督进行了显著拓展：第一，程序性违法类型的特定化。将程序性监督从已泛化的诉讼监督中抽离出来，明确指向三类程序性违法，分别是取证程序违法、侦查措施违法以及阻碍诉讼权利行使的程序性违法。① 第二，程序性监督启动时间的前置。修改前刑事诉讼法将检察官就警察程序性违法提出纠正意见的时间限制在审查逮捕工作开始之后。修改后刑事诉讼法并未限制程序性监督的启动时间，理论上可前置于程序性违法发生时。第三，强化由警、检、辩共同参与的"准诉讼化三方构造"，增强程序性监督的司法救济性。确定诉权与职权相结合的启动方式，提高利害关系人程序

---

① 关联非法证据排除问题的取证程序违法，基本条款是第 55 条，关联条款是第 132 条（参与勘验、复查）、第 171 条（要求对证据做出合法性说明）；损害诉讼参与人自由、财产等实体性权利的 5 种涉及侦查措施的程序性违法，基本条款是第 115 条，关联条款是第 73 条（对指定居所监视居住监督）、第 86 条（审查批捕阶段对程序合法性的审查）；阻碍辩护人、诉讼代理人权利行使的程序性违法，基本条款为第 47 条。

参与程度。并且，针对取证程序违法，检察官具有主动审查并以职权纠正的职责。① 第四，操作性规则的明晰化。明确刑事诉讼专门机关受理、审查和处理申诉、控告的职权、职责划分。② 对非法取证这类直接关乎案件程序公正和实体公正的程序性违法行为，明确赋予检察官调查核实权。第五，明确程序后果和实施方式。以检察官提出纠正意见作为程序性监督的程序后果，并借由《人民检察院刑事诉讼规则（试行）》细化了纠正意见的提出方式、警察的复议程序、检察官的督促执行等事项。

（三）相关解释对程序性监督要素的限缩与扩展

最高人民检察院《人民检察院刑事诉讼规则（试行）》、公安部《公安机关办理刑事案件程序规定》，细化了程序性监督的具体内容，但两者的应对态度却有着微妙不同。《人民检察院刑事诉讼规则（试行）》对程序性监督进行了较大幅度的扩展，修改后刑事诉讼法第 47 条的概括性规定做出了细化，且规定了检察官在受理此类申诉或控告后，应在 10 日内书面答复处理情况的义务。③ 将刑事诉讼法第 115 条所列举的违法事由全部纳入侦查活动监督范围，细化了对该类申诉、控告的处理程序④，明确了检察官如在审查逮捕、审查起诉中发现刑事诉讼法第 115 条规定的违法情形，可直接监督纠正，无须以申诉或控告为前提。此外，就取证程序违法，明确了检察官调查核实权的行使方式。⑤ 从程序性监督的程序后果来看，《人民检察院刑事诉讼规则（试行）》

---

① 除此之外，《人民检察院刑事诉讼规则（试行）》规定，检察官在审查逮捕、审查起诉环节发现案件有刑事诉讼法第 115 条所规定的侦查措施违法情形的，可主动审查并直接监督纠正。

② 一般情况下由违法机关的同级检察官受理申诉、控告，如违法机关是检察官，则受理申诉、控告机关为其上级检察机关。针对刑事诉讼法第 115 条规定的侦查措施违法的申诉、控告程序稍有不同，设置了由违法机关先行审查和自行纠正的前置程序。

③ 参见《人民检察院刑事诉讼规则（试行）》第 58 条，辩护人、诉讼代理人认为其依法行使诉讼权利受到阻碍向检察官申诉或者控告的，检察官应当在受理后 10 日以内进行审查，情况属实的，经检察长决定，通知有关机关或者本院有关部门、下级检察官予以纠正，并将处理情况书面答复提出申诉或者控告的辩护人、诉讼代理人。另据六部委《关于实施刑事诉讼法若干问题的规定》第 10 条，检察官依据刑事诉讼法第 47 条，受理辩护人、诉讼代理人的申诉或者控告后，应当在 10 日以内将处理情况书面答复提出申诉或者控告的辩护人、诉讼代理人。

④ 参见《人民检察院刑事诉讼规则（试行）》第 574 条，申诉权人依据刑事诉讼法第 115 条向检察官申诉的，检察官应及时受理。如申诉人未向办案机关申诉、控告，或者办案机关在规定时间内尚未做出处理决定的，若申诉人直接向检察官提出，检察官不予受理。

⑤ 参见《人民检察院刑事诉讼规则（试行）》新增添内容，第 68 条至第 70 条。

细化了两种纠正方式的适用条件和出具流程①，有限地强化了纠正意见的督促效力，即由上级检察机关通知其同级公安机关督促下级公安机关纠正的方式。②

然而，《公安机关办理刑事案件程序规定》却限制了纠正意见对警察的影响，淡化了修改后刑事诉讼法为强化程序性监督而做出的努力。依据旧《规定》第 269 条，在侦查权行使过程中，接到检察官的纠正违法通知后，警察应当及时查处或者纠正，并将情况书面回复检察官。但新《规定》却删除了该条，将警察的一般性回复义务限制在了检察官在审查逮捕环节发现警察有违法情形而提出的纠正意见和立案监督中认为警察不应立案而提出的纠正意见。③ 检察官纠正意见若不是依附于审查逮捕活动提出，则警察并不承担强制性的处理与回复义务。而且，警察对第 115 条所规定的违法情形的先行处理，《公安机关办理刑事案件程序规定》为其设置的期限长达 30 日，有恶意限制检察官及时介入的倾向。④

（四）制度层面的两个"空白"

1. 效力的空白："纠正意见"非强制性的维持

修改前刑事诉讼法格局下程序性监督的疲软，首当其冲的问题便是纠正意见的非强制性，"监督不力，流于形式，检察官空有监督之名，却无监督之实"⑤。实施效果完全取决于警察是否采纳，即使警察置若罔闻或敷衍应对，也难以引发宣告无效等程序性后果，徒然折损检察权威。反观此次修法，纠正意见的效力仍遵循传统观点⑥，建议性和非强制性特征并未得以改变。学界所

---

① 参见《人民检察院刑事诉讼规则（试行）》第 567 条，检察官发现警察侦查活动中的违法行为，对于情节较轻的，可以由检察人员以口头方式向侦查人员或者警察负责人提出纠正意见，并及时向本部门负责人汇报；必要的时候，由部门负责人提出。对于情节较重的违法情形，应当报请检察长批准后，向警察发出纠正违法通知书。构成犯罪的，移送有关部门依法追究刑事责任。

② 参见《人民检察院刑事诉讼规则（试行）》第 571 条规定，若警察不接受纠正意见，检察官应在 7 日内复查，坚持纠正意见的，报上级检察机关审查。纠正意见如获得上级检察机关支持，则上级检察机关应通知同级公安机关督促下级公安机关纠正。如若纠正意见经上级检察机关复审而撤销的，下级检察官应及时向警察说明情况，并及时将调查结果回复申诉人、控告人。

③ 参见新《公安机关办理刑事案件程序规定》第 143 条和第 180 条。

④ 参见新《公安机关办理刑事案件程序规定》第 191 条。

⑤ 樊崇义：《检察制度原理》，法律出版社 2009 年版，第 366 页。

⑥ 根据目前在检察体制改革中占据主流的观点，对诉讼活动中的违法情况提出监督意见，只是启动相应的法律程序，建议提出相应的建议或者意见，促使被监督对象再次审查，督促有关机关纠正违法，而不是直接纠正违法行为或者做出最终的裁判，不具有终局或实体处理的效力。诉讼活动中的违法情况是否得以纠正，最终还是要由其他有关机关决定。参见郑青：《诉讼监督规律初探》，载《人民检察》2011 年第 11 期；邱学强：《论检察体制改革》，载《中国法学》2003 年第 6 期。

提出的为拒不执行纠正意见的相关人员设定法律责任、明确警察将调查处理情况报告检察官的期限要求和内容要求、赋予检察官在警察不及时调查处理或报告时的直接纠正权和处分权①、赋予检察官对警察违法办案人员的建议更换权②和惩戒建议权等主张③，均未获采纳。除就取证程序违法所提出的纠正意见之外，其他纠正意见，无论警察消极处理还是拒绝接受，均难以引发行为撤销或证据排除的相关后果。

2. 证明的空白：程序性违法的事实认定规则

就程序性违法的认定，修改后刑事诉讼法第 47 条、第 55 条、第 115 条并未提供详细的规则，证明责任分配、证明标准设定也尚显模糊。检察官认定程序性违法的依据、申诉人提供事实信息的基本方法，也均未获得立法层面的明晰。程序性违法可能发生于侦查活动的任何时间，申诉、控告提出时，检察官很可能尚未掌握任何案卷材料，修改后刑事诉讼法也未就此问题赋予检察官调卷权。修改后刑事诉讼法及相关解释规定了检察官对取证程序违法进行调查核实的基本方式，但就其他两类程序性违法的审查，检察官却基本处于被动审查角色，不享有调查核实权。④ 就证明标准来说，阻碍诉讼权利行使与侦查措施违法等两类违法事由，均以"情况属实"为认定标准，取证程序违法的认定标准则为"确有以非法方法收集证据情形"，两种表述均较为笼统和抽象，给予了检察官较大的自由裁量空间。理论上，审前程序对程序性事实的证明一般

① 如检察官在侦查阶段直接决定释放、解除或变更强制措施，又如直接解除查封、扣押、冻结措施的纠正权。即对于查封、扣押、冻结违法的，如果返还财物不影响侦查工作，检察官可以制发纠正违法通知书，直接决定解除查封、扣押、冻结措施，返还公民合法财物。

② 检察机关广泛呼吁并且在最高人民法院、最高人民检察院、公安部、国家安全部、司法部《关于对司法工作人员在诉讼活动中的渎职行为加强法律监督的若干规定（试行）》第 2 条中规定的"建议更换办案人"的重要内容在修改后刑事诉讼法中也没有相应的规定。原本，修正案（草案）第一次审议稿第 54 条、第二次审议稿第 55 条规定了"检察官接到报案、控告、举报或者发现侦查人员以非法方法收集证据的，应当进行调查核实。对于确有以非法方法收集证据情形的，应当提出纠正意见，必要时可以建议侦查机关更换办案人。对于以非法方法收集证据，构成犯罪的，依法追究刑事责任"。但从修正案（草案）第三次审议稿开始，即删除了"必要时可以建议侦查机关更换办案人"的内容。

③ 参见朱立恒：《我国刑事检察监督制度改革初探——以刑事检察监督的弹性化为中心》，载《法学评论》2010 年第 1 期；李建明：《强制性侦查措施的法律规制与法律监督》，载《法学研究》2011 年第 4 期；马文静：《侦查监督工作中纠正违法制度的立法思考》，载《山西省政法管理干部学院学报》2012 年第 4 期。

④ 《刑事诉讼法修正案（草案）》第一次审议稿原本规定了检察官"对申诉应当及时进行审查，必要时可以对有关情况进行调查核实，情况属实的，依法予以纠正"，赋予检察官相应的调查核实权，但从修正案（草案）第二次审议稿开始，删去了"必要时可以对有关情况进行调查核实"的内容。

为自由证明，① 本无须适用严格的调查程序且仅需满足较低证明标准即可。在制度的上述"空白"空间内，检察官存在较为宽阔的选择余地，是否能够获得有效实施，基本取决于检察官是否发挥监督积极性。基于有限的事实信息，既可能适用较低证明标准以促进程序性违法的顺畅认定，也可能以事实信息不足为由拒不认定程序性违法。

二、止步于违法性宣告：对程序性监督的理论反思

（一）止步于违法性宣告的程序性审查

程序性监督内含三个逻辑环节：一是对侦查程序违法行为的核实和初步认定；二是以提出纠正意见的方式宣告程序性违法；三是督促纠正主体主动采纳意见并及时改正。学界以往的研究极为关注第三个逻辑环节，并以其实现与否作为评价程序性监督效果的重心，试求以强化"纠正意见"效力的方式，促使程序性监督转化为一种程序性制裁。然而，修改后刑事诉讼法对纠正意见非强制性地维持，已剥夺了程序性监督转变为程序性制裁的现实可能性。程序性监督仅止步于确认程序性违法并宣告谴责，并不具备程序性制裁的完整形态，② 不可能单独发挥遏制侦查程序违法的强效功能。

"在一个不尽如人意的法治环境中，在多方面条件的制约下，无论是制度改革还是程序操作，都只能追求一种相对合理，不能企求尽善尽美。"③ 在审判前阶段，检察官对警察程序性违法行为的制约，大多数时候仅能止步于违法性宣告，这是受我国"侦查中心"主义格局影响而产生的独特现象。程序性监督实际上是一种止步于程序性违法谴责的不完整程序性制裁，对其功能的关注不宜过分执着于程序性违法是否能成功地获得直接纠正，而应关注程序性违法是否获得顺利确认，做出的确认是否准确，以及是否以提出纠正意见的方式宣示了明确的谴责。以违法性宣告为基点重构程序性监督，才是该机制的科学发展方向，也是就其本身来说所能发挥功能的极限。

我国检察机关、法院虽承担对侦查程序合法性的审查职责，但该种职责的履行一般附着于检察官审查逮捕、决定起诉，法院法庭审理等实体性处理环节。一方面，对实体案情信息和证据情况的考量，往往干扰对程序性事实的审

---

① 参见［德］罗科信：《刑事诉讼法》，吴丽琪译，法律出版社 2003 年版，第 209 页；［日］田口守一：《刑事诉讼法》，张凌等译，中国政法大学出版社 2010 年版，第 269～270 页。

② 典型意义上的程序性制裁一般需经过程序性违法的审查确认、宣告违法并彰显谴责、宣告程序违法行为及其后果无效等三个层层递进的环节。参见陈瑞华：《程序性制裁理论》，中国法制出版社 2010 年版，第 104 页。

③ 龙宗智：《论司法改革中的相对合理主义》，载《中国社会科学》1999 年第 2 期。

查与判断，使后者被前者吞噬而屈居附属地位。[①] 另一方面，附着于实体处理环节的程序合法性审查，如若认定程序性违法，很难避免引发侦查行为无效或者证据被排除，这将影响案件的实体办理。检察机关和法院虽在应然上分别具有客观义务和中立性，但出于对宣告无效结果的畏惧，其很可能恶意忽视权利人申诉，自始不认定程序性违法行为的存在。

止步于违法性宣告的程序性监督，是一种相对独立的和更为纯粹的程序合法性审查机制，会将检察官的程序性监督职责和实体性办案职责相对割裂，也能最大程度减轻审查主体的压力和负担，促使其能够在不过多顾虑后果的情况下，相对积极地促成程序性违法的先期认定。[②] 首先，新法使纠正意见摆脱了对审查逮捕环节与审查起诉阶段的依附，其最早可前置到强制性侦查实施和侵权性事实发生的时点提出。其次，程序性监督的纠正事由，指向程序性违法这一相对纯粹的程序性事实，与实体案情并无必然关涉，具有一定的独立性和纯粹性。最后，纠正意见仅发挥程序性违法的先期确认和谴责作用，并不必然、直接地否定侦查行为及所获证据的效力，为司法实务的操作设置了较大的转圜余地。

（二）对程序性监督运作情况的实证观察

程序性违法的形态、轻重千奇百怪，不一而足，很难用简单的"违法 = 排除"公式来解决所有问题。[③] 遵循制度生长的逻辑，寻求程序性违法的顺畅认定并宣告谴责是第一步，第二步才是试求逐步将违法性宣告与制裁性后果关联起来。程序性监督虽不具有强制性，但这也减少了检察官的顾虑，使其可以较为自由地提出纠正意见。借由实证观察可以发现，随着程序正义理念的传播，即使程序性监督存在前述局限，其在司法实务中还是具有相当大的活力，能够较好地对程序性违法进行先期识别和宣告谴责。

---

① 如在审查逮捕活动中，检察官侧重于展开以保证逮捕率正确性为前提，以立案监督工作为拳头的工作局面，较少提出违法纠正意见等程序性监督。参见陈绍纯、汤饶光：《完善检察官刑事诉讼法律监督机制的思考》，载《国家检察官学院学报》1999 年第 4 期。

② 在诉讼活动的前期认定程序性违法并寻求纠正，具体来说有如下好处：（1）保障侦查活动的有效性。及时发现侦查程序不法性，从而及时纠正错误，避免其法律效力在后续程序中被推翻。（2）及时的权利救济。从程序违法发生到法庭审判一般具有较长的时间差，及时在审前纠正程序违法能使被侵权人获得及时救济。（3）违法认定成本的节约。时间的推移使认定违法的难度和所需耗费成本都大幅提升，及时在审前认定和纠正违法，符合诉讼经济原则。（4）定案压力的有限规避。审判阶段缺乏补正机会和可能性，但若排除非法证据则面临无法定罪的压力，审前的程序合法性审查因补救措施较多，且在很多情况下并不关涉对犯罪嫌疑人的实体处理，故压力较小。（5）避免非法证据的不利影响。在中国法律裁判与事实裁判一元化的审判组织架构下，审前解决程序合法性问题，能够避免事实裁判者对非法证据的接触。

③ 参见林钰雄：《刑事诉讼法（总论篇）》，元照出版有限公司 2010 年版，第 599 页。

根据笔者对《中国法律年鉴》、《中国统计年鉴》所记载的 1998 年至 2011 年间司法统计数据的分析，可提取历年公安机关刑事案件立案数、全国检察机关就侦查活动所提出书面纠正意见件次、全国检察机关书面纠正意见收到公安机关书面回复件次等 3 种有效数值（见表 1）。

表 1　1998 年至 2011 年全国检察机关对侦查活动
违法情况提出书面纠正意见数据统计

公安刑事立案数（件）	书面纠正意见（件次）	提出纠正率（%）	获得回复数（件次）	回复率（%）
1986068	10168	0.51	6507	63.99
2249319	13254	0.59	9130	68.88
3637307	13273	0.36	9130	68.79
4457579	11260	0.25	8139	72.28
4336712	9091	0.21	7043	77.47
4393893	8334	0.19	6527	78.32
4718122	7561	0.16	6622	87.58
4648401	7845	0.17	6712	85.56
4653265	11368	0.24	9901	87.10
4807517	15634	0.33	14173	90.65
4884960	22424	0.46	20676	92.20
5579915	25974	0.47	24229	93.28
5969892	34180	0.57	32599	95.37
6005037	39812	0.66	38217	95.99

在 1997 年刑事诉讼法修改后的 14 年间，全国检察官每年提出书面纠正意见件次在公安机关同年刑事立案件数中所占的比率（见表 1 "提出纠正率"），自 1998 年至 2004 年呈现逐年下降趋势，最低值仅为 0.16%。但该趋势自 2005 年逐年回升，至 2011 年已达 0.66% 的较高水平。目前，大致平均 200 件刑事案件中即有 1 件能获得书面形式的纠正意见（比率变化趋势见图 1）。

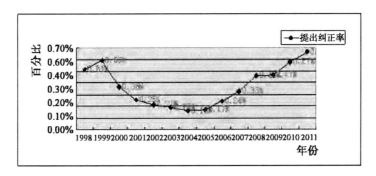

图 1　1998 年至 2011 年提出纠正率变化

程序性监督以纠正意见的提出为其归宿。提出纠正意见的具体方式有两种，分别是口头提出的纠正意见和书面的纠正违法通知书。具备正规法律文书范式的纠正违法通知书（即统计中的"书面纠正意见"），相较于口头的纠正意见而言具有更强的谴责效力，是程序性监督的主要形式。①

除纠正违法通知书之外，针对侦查程序的不规范，检察官往往还会向警察提出检察建议书，该类文书不具有确认和宣告程序性违法的谴责性，仅是对警察侦查活动不妥而提出完善建议。② 然而，检察建议书在司法实践中的适用有泛化趋势，检察官顾虑于警察的反感与抵制，有时会以检察建议替代纠正违法通知书，实施一种降格监督。③ 因此，检察建议书有时可视为"纠正意见"的变体。口头形式或检察建议形式的程序性监督，虽缺乏统计数据，但考虑到其

---

① 主要体现在三个方面：首先，书面形式的纠正违法通知书可识别性较强，即使遭受消极应对，其至少也必须纳入警察文件管理流程而为其内部各级负责人所知，因而其往往成为评价具体办案人员和具体办案部门工作质量的重要依据，引发违法主体的消极职业利益；其次，修改前刑事诉讼法格局下，检察官纠正违法通知书一般纳入检察内卷而不移送法院。但是，我国刑事诉讼法已恢复复卷移送主义，且借由非法证据排除强化了审判阶段对程序合法性的审查。因此，检察官应将涉及案件实体案情和程序办理的所有案卷资料移转至法院，纠正违法通知书应作为诉讼案卷的重要部分而附随案卷的流转在后续诉讼阶段发挥持续作用；最后，纠正违法通知书的内容较为翔实，一般包括对警察程序性违法事实的较详细记述，并且附随确认和认定程序性违法的基本论证过程，既可以发挥固定案件程序事实状况的证据作用，也可以作为后续程序合法性审查者的参考。

② 检察建议书主要适用以下方面：一是有关单位在管理上存在问题和漏洞，为建章立制，加强管理，向有关单位正式提出建议时；二是有关单位在管理上存在问题和漏洞，检察官认为应当追究有关当事人的党纪、政纪责任时。

③ 参见李翊：《公诉环节侦查取证活动法律监督的问题及措施完善》，载《中国检察官》2012 年第 1 期。

出具难度比书面纠正意见低①，其总数将更为庞大。

（三）违法性宣告与程序性处分之间的潜在递进关系

程序性监督仅止步于违法性宣告，并不直接引发侦查行为无效或证据被排除。除程序性监督之外，检察机关还有权实施多种影响侦查程序效力的程序性处分。在侦查阶段，检察官可以决定不予批准逮捕，在审查逮捕环节宣告非法证据排除②，在捕后羁押延期审查中不批准延期。进入审查起诉阶段后，还可以决定、变更、解除强制措施、退回补充侦查、决定不起诉、宣告非法证据排除等。程序性监督仅止步于程序性违法的确认与宣示谴责，与前述程序性处分之间，不宜解读为平行关系，而应解读为递进关系。

在侦查活动的任何时点，检察官均可以纠正意见的方式向警察宣示程序性违法，给予其纠正违法行为、补正所获证据的证据能力缺陷的机会。程序性处分仅是检察官的最终手段，相较纠正意见来说并没有优先性。程序性监督在前发挥程序违法先期认定功能，程序性处分权在后递补而提供违法行为的撤销、变更或是证据的宣告无效等消极后果。程序性监督与程序性处分之间的关系，并不是必然的引起与被引起关系。后续审查权主体，可以在程序合法性审查职责获得相对剥离和前置的前提下，专心考虑是否有必要为程序性违法施以程序性处分后果，此时，先期确认的违法性状况虽是考量的重要因素，但绝非唯一，还需综合考虑案件的实体案情和证据情况，这样可给予司法实务一定的裁量权与转圜余地。③

在法定的三种程序性违法中，检察官就警察取证程序违法而提出的纠正意

---

① 书面纠正意见的主要形式是纠正违法通知书和检察建议书，结合审批程序等因素观察，与口头纠正意见相较，出具难度依次为，书面纠正意见最难，检察建议书相对简单，口头纠正意见则较为随意化。关于"纠正意见"不同形式的关系问题，后文将有详述。

② 检察官在审查逮捕阶段的非法证据排除权首先由"两个证据规定"确立，修改后刑事诉讼法第 54 条淡化了该种权能，但《人民检察院刑事诉讼规则（试行）》又对此进行了重申，参见《人民检察院刑事诉讼规则（试行）》第 71 条。

③ 如就判断物证、书证是否需要排除，其标准有三：一是违法取证的手段是否严重，严重就排除，不严重就不排除。二是造成的后果有没有可能严重影响司法公正。这里的司法公正既包括影响结果公正，导致错案冤案，也包括程序公正，造成国家司法形象的降低。三是要考察经过补证是否能消除违法或做出相应的合理解释，如果得到有效的补证就可以采纳作为定案根据。此处需要注意的是，针对刑讯逼供等严重取证程序违法而提出的纠正意见。这类程序性违法虽说会直接引发非法证据排除且并无裁量余地，但是程序性监督仅是一种证明标准较低的先期认定，意义在于显示特定个案的该种违法情形具有引发证据排除的高度可能性。因此，即使对此类程序性违法，也因其违法性的可检讨性而具有转圜余地，并不必然引发强制性排除，需留待审查逮捕环节、审查起诉阶段和审判阶段的程序合法性审查阶段对程序性违法事实进行再次的审查与检讨。

见，作为审前非法证据排除机制的一部分，此种递进关系最为明显①，司法实践也出现了许多相关案例。② 目前的问题在于，除取证程序违法之外，针对其他两类程序性违法的违法性宣告和程序性处分之间，存在规范层面的"空白"。虽然检察官在审查逮捕环节和审查起诉阶段均有义务审查程序合法性③，但是立法就前述程序性处分权适用条件的设定，偏重于考量案件是否满足诉讼法实体性条件④而忽视其程序合法性问题。

法律层面其实并未严格限制上述程序性处分仅能因实体性问题引发，如变更或撤销强制措施的条件是"发现强制措施不当"⑤，又如检察官退回补充侦查的条件是"认为需要补充侦查"⑥，皆存在将程序性违法解释为程序性处分权启动条件的误解。立法的变革很难彻底且一蹴而就，两大法系程序性制裁的发展与完善均以判例的推动为其重要动力。⑦ 程序性监督对程序性违法在先期的认定和宣告，可借由司法案例的缓慢积累，逐步使其与程序性处分的潜在关联性转化为实质关联性，有机联系后续程序性处分。此外，取证程序以外的两种程序性违法，在一定程度上也具有解读为取证程序违法的空间，也有待于借助实务演进而拓展"取证程序违法"这一范畴。

先期的纠正意见，主要在后续环节发挥阶段性推定作用，具体包括违法性认定和程序运作两个层面：（1）违法性认定层面。有权机关对程序性违法的先期认定，有程序合法性证明责任的分配效力。如美国对有证逮捕与无证逮捕的区分，前者证明警方程序性违法的初始证明责任在辩方，而后者则相反。依据纠正意见对程序性违法的先期认定，后续审查主体可直接推定程序性违法成立，辩方可免除疑点形成责任，促使证明责任自始归于控方。此外，"纠正意

---

① 根据修改后刑事诉讼法第 55 条规定，检察官可以就其所发现的警察取证违法发出纠正意见，给予警察纠正违法情形，对所取得证据能力进行补正的机会。排除非法证据仅是审查批准逮捕和审查起诉中确认非法取证事由存在时检察官所做出的最终手段，其适用相较于纠正意见来说并没有优先性。

② 如 2013 年 3 月，四川省某检察院对一起警察违法提解犯罪嫌疑人出看守所进行讯问的案件，提出了书面纠正违法，并在审查起诉阶段就违法取得的犯罪嫌疑人供述进行了非法证据排除。

③ 参见修改后刑事诉讼法第 86 条（检察官因可能存在重大侦查违法而在审查逮捕阶段讯问犯罪嫌疑人），第 168 条（检察官审查起诉过程中应审查侦查活动是否合法）。

④ 如对犯罪嫌疑人罪责条件、案件证据情况等方面的考量。

⑤ 参见修改后刑事诉讼法第 94 条。

⑥ 参见修改后刑事诉讼法第 171 条。

⑦ 观察两大法系程序性制裁机制的发展历史可以发现，不仅英美法系以非法证据排除、撤销起诉、诉讼终止等程序性制裁的发展由判例推动和立法体现相结合，而且在大陆法系，审判实践和案例积累对于程序性制裁的确立和发展也有着重大的贡献，如法国诉讼行为无效制度、德国证据使用禁止制度均有大量体现为判例性质的规则。

见"文书存在相当的说理性①，能够较为有力地固定基础的程序信息，为程序性争议的查明发挥证据作用。（2）程序运作层面。在前的纠正意见可依法设定后续审查主体的强制性关注义务。后续审查主体需正视程序性违法的先期认定，以"纠正意见"文书为媒介关注案件的程序性违法状况，继续审查或督促纠正，并在其所出具的法律文书中记录为履行强制性关注义务所做出的工作，留待后续审查主体的检讨。

（四）以司法考评为重心的多元否定评价

在西方国家，对侦查程序违法的制裁机制一般包括排除规则、对违法人员的内部惩戒和民事赔偿责任的承担。② 在适用程序性处分的同时，附随内部惩戒机制或者民事赔偿责任制度，制裁的直接性将更有利于遏制程序性违法。③ 如前文所述，我国制度中的程序性监督与程序性处分之间的递进关系呈现潜在性，为发挥遏制侦查违法的预期功能，程序性监督除试求建立与后续程序性处分之间的联系之外，还有必要衍生多种其他的否定评价形式。④

对办案人员司法考评利益的损害，是程序性监督所引发的最主要和最常见的消极后果。在英美法系国家，检警关系较为松散，法庭裁判对审判前程序的监督，除了依靠检警合作的传导之外，往往借助警察机构内部较为强势的行政控制予以实现。⑤ 我国检警关系近似于英美法系检警合作模式，也有必要充分发挥警察机关内部管理机制的辅助作用。警察内部的行政控制，最突出的体现是上级机关对下级机关，各个机关对其具体办案人员所适用的严密司法考评体系。⑥ 检察官所提出的纠正违法通知书具有可识别性强、可量化性强的特点，

---

① 多年以来，司法实践中的纠正违法通知书由于完全依赖警察态度而发挥作用，因此检察官在提出之前需进行较为细致的论理，这样方能获得警察认可。

② 参见谢佑平：《检察官与非法证据排除》，载《中国检察官》2010 年第 11 期。

③ 宣告无效的程序性制裁手段虽然一般认为能有效遏制程序性违法，但是其在世界范围内也广受质疑，即使在其母国美国也存在适用其他不利于遏制警察违法，废除非法证据排除的呼声，比如说借助民事侵权之诉遏制警察侵权。

④ 比如，设置更为复杂的复议程序，提升警察排除违法性认定的成本，使其不得不顾虑为推翻违法性认定而付出的时间、人力、物力耗费；又如，加强程序性监督与民事侵权、国家赔偿之间的关系，赋予违法侦查主体以赔偿压力；还如，畅通信息资源共享，强化程序性监督作为职务犯罪立案和侦查的线索作用；等等。

⑤ 如美国"国家刑事司法标准和目标顾问委员会"提出举措，强调每个警察机构都应该制定相关的政策和程序，关注刑事案件的后继处理情况，该项工作应当在地方法院和检察机构的合作下运行。警察机关通过及时分析检察反馈信息而改进侦查效率，促进合作，提升刑事司法运作效果。参见刘静坤：《美国侦查制度研究》，中国人民公安大学出版社 2006 年版，第 423～427 页。

⑥ 就警察侦查活动工作质量考评指标的设定来说，往往内部指标与外部指标相结合，前者如拘留率、破案率等，后者如批捕率、退补率等，被纠正违法率是外部考评指标的一种。

即使具体办案人员有意消极应对，其至少也必须纳入警察文件管理而为公安系统内部的负责人所知晓。特定办案人员办理单位数量案件中所接到纠正违法通知书的比率，也可以量化为评价不同办案人员工作质量优劣的明确指标。因此，纠正违法通知书往往成为评价具体办案人员和具体办案部门工作质量的重要依据，并且被赋予了较高的权重系数。

如前文表1数据所示，1998年至2011年，警察对书面纠正意见的回复率变化，基本呈逐年上升的趋势，2011年已达95.99%（比率变化趋势见图2）。警察对纠正意见进行书面回复，仅能说明纠正意见获得了警察的正式接纳、回应，并不必然代表涉嫌违法者确然采取了真实的措施对违法状况进行了实际纠正。但是，回复率的上升至少能说明警察对检察官纠正意见给予了形式上的重视，书面纠正意见已成为对具体侦查人员及其部门进行司法考评的可识别指标。考评结果直接关系着警察的奖惩、工资福利、职务升降、培训、降职、辞退和调动等职业利益，纠正违法通知书对考评所造成的消极利益，无疑会对侦查人员及其所属的机关带来沉重的压力。[①]

三、渐进式的制度构造：程序性监督的范围、程序与证明

程序性监督仅是程序性制裁的开端，以此为始，整体意义上的程序性制裁被渐进式地分布于纠正意见提出后的所有程序合法性审查环节。在该种理念下，程序性监督的制度构造应尽量简单、快捷，力求实现程序性违法在诉讼早期的顺畅认定。相应地，针对不予认定程序性违法并拒绝出具纠正意见的决定，应设计较为复杂的审查程序和救济程序，为检察官的消极不作为设置程序障碍。

（一）程序性监督的适用范围：适度谦抑

一般认为，程序性违法是指警察、检察官、法官在刑事诉讼中违反法律程序的行为，可以具有侦查违法、公诉违法和审判违法等具体形式。[②] 但何者为"违反法律程序"，却存在解析的空间。就刑事诉讼专门机关适用诉讼法的行

[①]　如前所述，公安部新《规定》对旧《规定》269条的删除，取消了警察对纠正意见的一般性回复义务，在新刑诉法格局下，纠正违法通知书是否仍然能够在警察内部考评中占据如此重要的地位，令人担忧。就此，根本性的解决途径是，将警察纪律责任的查处和追究，逐步过渡到检、法、警共同参与的纪律性制裁，采取诉讼化的审查方式决定纪律性制裁的实施。如依据法国1808年《重罪审理法典》，当时的上诉法院评议庭无权宣告纪律性制裁，只能责令当事人"今后不得再有如此行为"，也仅有违法性宣告意义。后来在多年的司法演变中，上诉法院起诉庭对司法警察的纪律惩戒权才逐步拓展至今日的范围。

[②]　参见陈瑞华：《程序性制裁理论》，中国法制出版社2010年版，第405页。

为，存在裁量性违法与执行性违法之区分，前者涉及对刑事诉讼法实体性条件①的理解与适用，在裁量空间内不宜过分压制行为人主观理性，一定程度上的不妥甚至错误均可予以容忍，仅在行为人滥用裁量权，严重超出裁量范围，方可归入裁量性违法而遭受谴责，这是保障职权积极有效行使的前提。执行性违法仅涉及就程序性规则的严格执行，并不具有裁量空间，因而其具有显著的可谴责性。

　　鉴于性质的差异，有必要对两类不合法行为采取不同的规制方式。如在法国，预审法官在指挥侦查过程中的预审行为，被区分为有司法裁判属性和不具有司法裁判属性两种，区分裁量空间的有无而采取不同的评价标准与救济程序，即是此理。② 我国纵向诉讼构造呈现"侦查中心"格局，规范层面就侦查权的行使多制定实体性规范，少制定程序性规则。多制定授权性规范，少制定限权性规范。义务性规范少，且多为裁量性规范而非客观性规范。③ "认为有必要"、"有权"、"可以"等灵活掌握类用语被广泛运用，总体上为侦查权的行使设定了较多的裁量空间。

　　同时，检察机关、法院对警察在裁量空间范围内实施的行为，既缺乏介入宣告违法的威权④，也不具备准确认定违法的能力。⑤ 执行性违法因裁量空间较小，合法性基准相对明晰，一方面使违法性确认更具客观性和确定性，另一方面因基本不涉及对裁量主体经验、理性、良知的认可与尊重问题，其可谴责性更为显著。因此，这是程序性监督发挥作用的最主要和最有力领域，也是该种模式获得进一步拓展的基点。相较之下，裁量性违法则有必要顺应当前的

---

　　① 恰如有学者所指出的，刑事诉讼程序规则在结构上具体包括实体性规则和程序性规则，实体性规则实质规定特定主体在什么条件下实施什么诉讼行为的规则，功能在于确定诉讼行为实施的条件，基本结构形式（比如立案条件、逮捕条件、提起公诉条件等）；程序性规则是规定如何实现实体性规则的内容的规则，功能在于具体规定进行诉讼行为的程序、方式；此外还有技术性规则，技术性规则根据某一程序的具体特点而设计，是对典型程序规则的补充或者修正。

　　② 前者评价标准是行为"是否妥当"，借助向上诉法院预审庭提出上诉的程序进行监督，后者评价标准是行为"是否符合规定手续"，借助向上诉法院预审庭申请宣告无效的方式进行监督。参见［法］卡斯东·斯特法尼等：《法国刑事诉讼法精义（下）》，中国政法大学出版社 1998 年版，第 658 页。

　　③ 参见胡廷松：《论侦查权的控制路径》，载《时代法学》2013 年第 1 期。

　　④ 裁量空间内本无规则，因而也无规则可守，缺乏客观的合法性标准。检察官相对警察处于弱势地位，很难以其主观性过强违法性认定，强加于具体实施侦查的警察人员。我国政法机关领导人事安排出现了一种新动向：各级警察第一把手的行政级别至少与两院院长相同，都相当于同级政府的副职，但在党内，相当多的公安厅、局长担任着同级党委政法委员会的书记，有的还是同级党委的常委。在我国的政治体制和特殊国情下，这种人事安排显然意味着警察的实际地位高于至少不低于检察官。

　　⑤ 检方的法律素养或许高于警方，但未见得具有更高的侦查素质，裁量性违法的认定有可能干扰侦查策略。

侦、诉势力状况而需具备一定的谦抑性和被动性，先试求在法定范围内实现裁量性违法的确认与宣告，尤其不宜试求以认定裁量性违法的方式发挥检察引导甚至指挥侦查的作用，否则极易引发程序性监督模式的整体颠覆。

（二）程序性监督的启动程序：主体与时间

1. 程序性监督之启动

就侦查程序违法提起审查的主体，不同法系国家和地区的规定并不相同。① 修改前刑事诉讼法格局下的程序性监督以职权启动为主，具有浓厚的法律监督色彩，偏重国家公益而弱于权利保障。职权启动具有三个弊端：首先，检察官对侦查活动的职权控制极为有限，难以充分获知违法信息，"客观上造成了检察官难以监督的局面"②；其次，检察官难以及时筛选出存在程序性违法嫌疑的案件进行深入挖掘，监督力量铺陈过泛而缺乏针对性，仅能附属于实体案件办理而进行浅层的程序性审查；最后，检察官作为追诉机关，追诉意愿强烈而中立性不足，缺乏诉权制约致使程序性监督难以启动。就此，修改后刑事诉讼法赋予当事人及其辩护人、诉讼代理人、利害关系人等主体以申诉、控告方式提请启动程序性监督程序的权利，使程序性监督逐步呈现司法救济性特征，一定程度上可对上述三方面不足进行弥补。

申诉、控告人获得程序提请权的理论基础在于被侵权者的获得救济权③，然而，该种间接性救济是否有效，很大程度上取决于程序性监督在后续程序合法性审查环节是否能发挥作用。从学理上来说，程序性监督程序本身的启动仅是申诉、控告权的第一个环节，如果纠正意见已在先期顺利做出，申诉、控告权人可以纠正意见为据，向后续审查主体提出有利于己方的程序性处分请求，这是其获得救济权的应然延伸。

2. 提起程序性监督的时间

由于程序性违法的确认与宣告一般密切关联宣告无效后果的引发，西方国家刑事诉讼立法和实践往往奉行"及时性"原则，要求一旦出现侦查程序违法现象，相关主体应及时提出抗辩。这样有利于及时解决侦查程序的效力问题，避免在随后的程序中可能引发的程序紊乱。如在法国等大陆法系国家，

---

① 大陆法系国家和地区因奉行职权主义诉讼模式，法官附有维护诉讼秩序的职责，对于具有公共性质的侦查行为应当依职权主动进行审查，发现违法事由时应主动认定违法，并评价是否应宣告无效。英美法系遵循当事人主义，更为关注对程序性侵权进行救济，以当事人动议启动为原则，法官仅在刑讯逼供比更严重程序违法时才主动介入干预。

② 参见李建明：《强制性侦查措施的法律规制与法律监督》，载《法学研究》2011 年第 4 期。

③ 此处所指的获得救济权指公力救济，即被侵权人请求国家权力机关以强制力进行保护，使自己的权益得以实现的权利。

"向轻罪法院移送案件的裁定一经最终确定，不再准许各方当事人提出此前程序中存在的无效事由。"① 一般来说，仅有可能引发绝对无效的程序性违法不受"及时性"原则限制，可以在诉讼的任何阶段和任何审级提出。② 又如在美国，就侦查程序违法而提出的动议也有特定的时间限制，一般要求在庭前程序予以提出并解决，如果动议不及时，直到审判或者后来的审判程序阶段才提出，则通常不会被考虑。③

在我国，程序性监督相对于后续的程序性处分环节呈现前置性、独立性，其与宣告无效的程序后果之间并无西方国家那样的密切关系。而且，我国在立法层面也并未限制基于第 47 条、第 55 条、第 115 条所提出申诉、控告的时间，本无须刻意规制程序性监督的启动时限。但是，程序性监督的作用机理在于先期认定纠正违法，给违法主体以纠正机会，并就程序事实的发展变化在后续程序中进行持续关注。程序性违法事件发生后，申诉、控告提出时间越早，无疑越能发挥上述制度功能。

（三）程序性监督的审查程序：初始认定与渐进式复审

1. 初始认定程序

在西方国家的程序性裁判中，法官一般在获知双方意见的同时采取书面审方式审查，仅在其不能通过诉讼双方观点表述确定争议程序行为是否违法及无效或是诉讼双方主张存在较大冲突时，才应开庭审理。程序性监督之最大意义在于对程序性违法的先期顺畅认定，即使该种认定的准确性尚不充分。审慎地进一步考量，更适宜附随案件办理的后续程序环节进行，逐步寻求违法性事由的复查或纠正、对违法性行为的进一步谴责或宣告无效。因此，我国制度层面对程序性监督审查程序的"空白"，有必要以最简易、快捷的程序性操作进行填补。

（1）需严格限制审查期限，如若超过时限，则说明程序性事实存在复杂性，难以轻易排除违法性嫌疑，有必要继续予以关注。就此，可暂时推定程序性违法存在而先期认定违法。现行规定对检察官就诉讼权利阻碍和侦查措施违法的审查皆已有期限限制，分别为 10 日和 15 日。④ 不足在于：就取证程序违法未设立审查时限。另外，侦查措施违法以警察前置审查为原则，但现行规则对警察恶意拖延持宽容态度，前置审查以警察自行规定的长达 30 日的时限为

---

① 参见《法国刑事诉讼法》第 385 条。
② 参见《意大利刑事诉讼法典》第 179 条。
③ 参见［美］韦恩·拉菲弗等：《刑事诉讼法》，卞建林、沙丽金等译，中国政法大学出版社 2003 年版，第 581 页。
④ 参见《人民检察院刑事诉讼规则（试行）》第 58 条和第 575 条。

准，警察若超过时限而不对申诉人予以答复，则仅能作为检察官受理申诉的理由，而不能作为直接推定警察程序性违法的依据。①

（2）听证程序对程序快捷性限制过大，耗费过多诉讼成本与时间，且相对于"纠正意见"这一并不直接引发无效后果的程序结果而言，委实缺乏必要。因此，需最大程度限制听证程序的适用，原则上检察官根据利害关系人提供的书面材料和警察提交的卷宗信息进行书面审查即可提出纠正意见。相反，拒绝出具纠正意见的决定必须通过听证程序做出，从而为检察官的消极不作为设立程序障碍。

（3）在意见做出之前，现行法并未为检察官设立听取警察意见的强制性义务，且从法理上来说，因纠正违法仅具有间接效力，警察在后续程序中有对纠正意见寻求复议和撤销的充分机会。因此，检察官依据有限信息即可初步认定程序性违法并提出意见，特殊情况下，依据申诉控告人单方所提供的事实信息即可提出。检察官也可在纠正意见提出之前向警察征询情况，如警察不予回复或拖延回复，检察官也可直接推定程序性违法行为存在。

2. 后续的多元化复审程序

为限制后续各审查环节的诉讼成本耗费，每一环节的审查均无须过于复杂，力求人力、财力的节约和诉讼效率的提升。但相对地，涉嫌违法主体为排除违法性认定，在每次复审中均需付出额外的时间、大量的人力、物力。

（1）初始认定后的复查程序

2012年《人民检察院刑事诉讼规则（试行）》第571条对1999年《人民检察院刑事诉讼规则》第388条进行的拓展，丰富了警察就检察官所提出纠正意见的复议程序。② 原检察机关审查的前置，一方面增强了原检察官纠正意见的权威性，不能仅因警察不接受即告推翻；另一方面也增加了警察的时间成本，其至少应在7日内配合检察官进行审查。《人民检察院刑事诉讼规则（试行）》以警察要求复查作为启动条件，增加警察程序义务，且复查要求往往必须附随提供相关的案件信息资料，无形中强化了警察的证明责任。

就提出申诉、控告的一方来说，检察官受理申诉、控告之后，若不予认定程序性违法并拒绝出具纠正意见的话，现行法仅规定申诉、控告人有权获得告

---

① 参见《人民检察院刑事诉讼规则（试行）》第574条。

② 旧《规则》规定，只要警察表示对纠正意见不予接受，检察官即需向上一级检察官抄送复查。而新《规则》在保留"不予接受"要件之外，要求必须由警察主动要求复查，才能启动复查程序。并且，复查程序更为详细，由做出纠正意见的原检察官先在7日内复查，复查后维持意见的才报上一级检察官复查。

知，却并未规定救济机制。①　就此，笔者认为，只要利害关系人的损害未获救济，其就可在后续诉讼流程中多次申诉控告。出于诉讼效率考虑，没有必要就检察官拒绝出具纠正意见的决定为利害关系人设立独立的救济途径。当然，利害关系人提出申诉、控告次数或时间间隔也应有一定的限制②，避免检察官无休止地陷入讼累。

（2）附随于程序性处分的复审

程序性监督一旦认定程序性违法，纠正违法通知书或其他相关记录即应编入案件卷宗，如附骨之疽一般随案件流转，成为每一程序合法性审查环节的审查对象。依次可以附着于审查逮捕以及该环节的非法证据排除审查、捕后羁押延期审查、审查起诉阶段后的变更强制措施审查、退回补充侦查决定、审查起诉及该环节的非法证据排除等，特殊情况下，可在审判阶段的非法证据排除阶段。

每环节均可设置程序合法性审查主体对程序性监督的强制关注义务，在案卷审查的过程中关注"纠正意见"文书（如纠正违法通知书）所固定的程序信息、考察程序性违法发生后的纠正状况、分析是否具备基于纠正意见以启动程序性处分的可能性和必要性。程序性监督对程序违法的认定具有先期性，启动时间的相对前置、信息基础的相对不足，决定了其所做出的违法性认定必然仅是初步的、不准确的。在后续审查环节，审查主体可在复审后认为在先的违法性认定不准确而推翻之，也可结合案件办理的最新进展而重新认定程序合法。③

在每一环节，涉嫌程序违法的主体为避免程序性处分的引发，均需尽力向审查权主体提供证据资料、补充案件信息，从而使程序合法性审查趋向全面化、深度化。为强化程序合法性审查的连续性，有必要将附属审查意见设定为每一环节程序合法性审查主体的强制性义务。审查主体需将本环节审查所获知的新信息以及自身对程序性违法情况的评价意见及时形成书面材料，在"纠正意见"文书后背书或粘单，并在接缝处盖人名章④，留待后续审查

①　参见《人民检察院刑事诉讼规则（试行）》第575条第3款。

②　比如可以限制利害关系人提出申诉控告的时间间隔，若申诉、控告遭到拒绝，则利害关系人15日内不得以同一理由再次申诉，否则检察官不予受理。

③　比如说，程序性监督作为程序性违法的先期宣告，很重要的制度意义即在于给予违法主体补正的时间、机会与可能性，如果违法主体对行为上的错漏予以切实的纠正，嗣后的程序合法性审查当然可以肯定该种治愈而重新肯定程序的合法性。

④　刑事诉讼专门机关职权性活动附随与诉讼卷宗相关的各类操作，在大陆法系卷宗管理中本较为常见。该种方式可以在我国"案卷中心"诉讼模式下获得良性运转。

权主体继续审查。

（四）程序性监督的证明

就一般的程序性裁判来说，出于对提请权滥用的顾虑，申请启动程序性裁判的动议人一般需承担初步证明责任。然而，程序性监督不直接涉及效力问题，即使违法性获得确认，也不会过于干扰诉讼程序的进行。并且，从我国立法来看，程序性监督的审查程序目前存在相对的"空白"，总体上并不牵涉过高的诉讼成本。综上两点，在程序性监督程序中，申诉人仅需承担极为轻微的初步证明责任即可，只要申诉人在书面申诉材料中提出了明确的申诉理由和相对扎实的基本信息陈述，即应启动审查。对此有必要设定检察官的强制审查义务，除非申诉理由极度缺乏事实依据或不在法定范围内，否则不得拒绝。

我国侦查程序封闭性过强，就侦查程序违法的认定，在证据的发现、获取以及运用方面，警察具备先天优势，甚至超越检察机关、法院的职权调查。因此，有必要由涉嫌违法者在多重复审中承担排除违法性认定的证明责任。鉴于申诉人举证能力过低，相较警察而言根本不处于平等地位，因此，即使在程序性监督的程序违法性初始认定环节，也有必要设立大量的有利于申诉人的推定，降低其举证负担。比如说，只要申诉人提供最基础的事实信息和理由，并具有最基本的依据，即推定程序违法性成立；又如上文所论及的，就申诉人意见向警察征询意见，若警察拒绝回复或迟延回复，即推定程序违法存在。程序合法性的证明问题非本文关注重点，故不再赘述。

四、制度微调：走向渐进式制裁的程序性监督

为求实现程序性监督从违法性宣告到渐进式制裁的良性发展，首先，需试求形成以"纠正意见"文书[①]为基础的案例积累和经验提炼平台；其次，需试求在个案运作的流程中逐渐引导审查主体的职业利益，最大程度地避免相关主体的"消极不作为"。

（一）以案件卷宗为基础的制度拓展

在检察一体化原则引领下，层级明晰的纵向领导淹没了横向各部门间工作进度和办案情形的沟通和展示。检察机关过分关注纠正意见对警察的直接引导效果而忽视其在后续程序中所能发挥的作用，以纠正违法通知书为代表的"纠正意见"文书，在向警察提出后，检察官往往消极等待警察回复，并不将

---

①　此处所指的"纠正意见"文书，即检察官所提出纠正意见的书面表现形式，具体包括上文所提及的纠正违法通知书和部分检察建议书。此外，口头纠正意见也可形成书面记录的公文书形式，借由检、法系统内的备案制度而形成信息传递效果。

其纳入案卷而为后续审查主体所知，人为割裂了程序合法性审查的潜在连续性。程序性监督止步于违法性宣告，为转化为渐进式制裁，最基本的制度调整即是"纠正意见"文书在不同诉讼阶段间和不同审查权主体之间的顺畅流转。在我国"案卷中心主义"模式下，警察的强势地位，在某种意义上也体现为对案件"案卷"制作权的垄断。① 就此，有必要将"纠正意见"文书与侦查卷宗借由某种形式②捆绑在一起，并且使其在"案卷"顺序安排中位于前置位置。这样，一方面可使后续程序合法性审查主体在处理实体案情时充分关注案件的程序性违法嫌疑，并在案件办理过程中进行响应；另一方面，也可使侦查主体及时意识到案件已被刻上了程序性违法的标签，有必要时刻关注在后续侦查中排除合法性瑕疵，还要注意不要发生其他程序性违法，避免引发程序性处分。

　　以提出纠正意见为始点的渐进式制裁，意在借助实务演进的作用而逐步串联违法性宣告与制裁性后果。现行法对程序性监督的激活尚自留有制度层面的"空白"，刑事诉讼法已经大修，短期内不会有过多变化。然而，法条基础的存在已使司法实践的推动作用有所依凭，可试求在既有格局下最大程度地发挥实务演进的作用，缓慢地形成案例和规则以填补"空白"。"纠正意见"文书在未来可向裁判性文书的范式进行转化，围绕"纠正意见"文书的制度调整，可成为实务判例积累和司法实践经验提炼的平台，借由每一案件卷宗中的

---

　　① 由侦查机关制作完结的"侦查卷宗"是案卷的主体，审查逮捕、审查起诉、审判阶段对"案卷"补充的信息则相对较少，一般仅包括由专门机关所做出的诉讼文书，还有后续补充的零星证据资料。出于防止证据调换的目的，侦查卷宗一般加贴封条并加盖人名章，无论检察官还是法院均无权变动侦查卷宗内容。因此，检、法补充材料仅能在侦查卷宗外另行移送。出于职业利益，警察很可能自始不将"纠正意见"文书纳入侦查案卷。因此，若试求加强检察官法律意见与侦查卷宗的密切性，目前或许尚存障碍。

　　② 就具体的制度设计来说，由于每案的"案卷"均由多册卷宗组成，可由检察官制作专门的"检察卷"纳入"案卷"之中，内含"纠正意见"文书、调查报告以及其他补充的证据资料。由检察官制作专门的程序性监督图章，针对已提出纠正意见的案件，在每册侦查卷宗的封皮以及与程序性违法有关的证据页均盖印章，并由检察人员签字。这样一来，接触案卷的各主体均可立刻识别案件存在程序性违法的可能性，进而阅读"检察卷"中的"纠正意见"文书获知详情。此外，印章上可预留空间填写"纠正意见"文书编号，从而可保证印章与卷内"纠正意见"文书的同一性。除此之外，还有必要借助检察官内部，以及检、法之间的信息沟通机制，配合"纠正意见"文书的作用。检察官在提出"纠正意见"文书时应准备多份，以递交警察的"纠正意见"文书为正本，并嘱其纳入侦查卷宗。同时，还需向后续一个环节的程序合法性审查主体递交副本。在下一环节，审查主体接到案卷时以副本为依据审查案卷中正本"纠正意见"文书的存在，并且观察违法主体在接到"纠正意见"文书后的处理、纠正工作。进一步，将本环节的继续处理情况在"纠正意见"文书正本上副录或粘单。如若发现警察移送的案卷中不存在"纠正意见"文书正本，即应督促警察补充入卷并再次移送，如若警察以任何理由不予补充，则审查主体所持副本直接转换为正本使用，在本环节及后续流程中继续发挥作用。

"纠正意见"文书，以典型案例的"实践中的法"（行动）带动"书本上的法"（态度）得以真正实施，以司法的连续性、一致性来树立司法权威。[①]一方面，如上文所述，可借由司法实践的积累逐步建立先期违法性宣告与后续程序性处分的进一步联系；另一方面，程序合法性审查平台的顺利运作还能发挥规则生成作用，借由司法者逐案的个案考量和案例积累，逐步弥补现行法程序性规范的不足，促使其逐步发展和完善。

（二）程序性监督司法考评模式的优化

多年以来，检察机关内部一直以警察的回复状况作为评价程序性监督工作质量的考评基准，仅在警察接受意见、进行整改并书面回复纠正情况的前提下，检察官的工作成绩才能够获得认可。[②]如若警察置之不理，不仅检察官为提出纠正意见而付出的时间、精力皆付诸东流，而且无结果的纠正可能会被视为对检察权威的折损[③]，引发对检察官个人的消极评价。既有的效果评价模式，过度关注纠正意见的直接纠正效果，却忽视程序性监督的违法性宣告意义，根本无法调动提出纠正主体的积极性，必然导致其实施的疲软和虚化。更为严重的问题是，警察和检察官之间形成监督者与被监督者的利益串联，警察不进行任何纠正却书面回复纠正情况，为了照顾检察官职业利益而伪造积极的考评指标。

程序性监督以违法性宣告为基础，其效果评价应重在评估程序违法性确认的正确性，并非关注纠正意见是否被违法主体接受并执行。不可否认，说理明晰、论证有力、结论正确的纠正意见，确实更有可能获得违法主体的采纳与执行。但是，违法主体出于对消极利益的规避，很有可能对正确的意见置若罔闻，其拒绝回复的行为不能作为评价纠正意见正确性的唯一依据。评估程序性监督成效，更合理的思路是以后续审查逮捕、审查起诉、审判等环节或阶段对程序合法性的复审作为评价基准。程序性监督所做出的先期违法性认定，无论是否引发后续的程序性处分，只要该种认定不为后续机关所推翻，即应肯定提出纠正意见检察官的工作成绩。而且，程序性监督做出的违法性认定仅是一种初步的、先期性认定，其准确性必然有限。即使纠正违法的先期认定在后续阶

[①]　参见孙谦：《建立刑事司法案例指导制度的探讨》，载《中国法学》2010年第5期。

[②]　目前部分省市检察官在诉讼监督的考评中存在一种倾向，即将某类监督文书的数量作为考评指标，并规定收到回复的才能加分，至于监督是否真正起到实际效果，在考评机制中不作为考量因素，造成检察官在制作监督文书时，单纯追求制发和回复数量，而忽视监督文书的质量。

[③]　实践中有的被监督者当着监督者的面将纠正违法意见通知书当面撕毁，这种监督被有的学者称为"乞丐式监督"。参见张建伟：《从权力行使型到权力抑制型——刑事程序构造的重新设定》，载《政法论坛》2004年第3期。

段被推翻，也不应作为否定检察官工作质量的依据。

重新界定程序性监督的考评标准，提升程序性监督主体获取积极职业利益的可能性，最大限度降低其职业风险，有助于大幅提升检察官启动程序合法性审查并提出纠正违法的积极性。此外，鉴于审查逮捕环节、审查起诉阶段的复审主体均为检察官本身，有利于加强其因提出纠正意见获得正面评价的信心。退一步讲，即使纠正违法的意见被推翻了，也是检察官内部自行变更，基本不影响检察权威。

（三）检察官责任追究的有限豁免

与美国警察、检察官共同向法官承担保证侦查程序合法性责任不同，我国刑事诉讼遵循严格的三机关流水作业，审查起诉阶段割断了警察向法官承担程序合法性保障责任的关联性。案件一旦起诉，则由检察官为之前案件办理的实体正确性和程序合法性向法院负全责，承担证明程序合法性的公诉责任。① 然而，相较于同样存在"诉讼阶段化"倾向的德、法等大陆法系国家而言，我国检察官对警察的控制力明显不足。要求其在起诉后即对侦查合法性负责，实为强人所难。法律不宜强人所难，否则必然引发程序失灵。

司法实践中，审判阶段的非法证据排除必然引发公诉方的激烈抵抗。如果审判阶段发现证据合法性问题而引发无罪判决，公诉人将遭受严厉的职业谴责。为了缓解权责失衡的公诉责任，检察机关不得不投入公安机关的怀抱而与法院及辩方对立，与公安机关捆绑在一起共同抵制非法证据排除。检察官和法官均承担遏制侦查程序违法的职责，但在现行制度下，检、法不仅无法形成对抗强势公安机关的合力，反而发生了对抗和消减。②

检察官对程序合法性所承担的责任其实可以区分为其在审判阶段所承担的程序性应诉职责和其在审前所承担的监督责任等两个部分。对于后者，有学者认为，公诉部门排除非法证据效果较好，可以最大限度地避免一些类似公诉证

---

① 主要原因有二：其一，是我国实行诉讼阶段论，限制了庭审中心主义，从而加重了检察阶段审查证据包括审查其合法性的责任。即如果检察机关不能把关，法院审判时要否定控诉方的意见实际上是十分困难的；其二，我国检察机关是法律监督机关，不是单纯的公诉机关，因此，保证合法性包括程序合法、证据合法的责任更为突出，如果不能有效履行这种责任，检察机关就有负于法律的重托，就名不副实。参见龙宗智：《理性对待法律修改慎重使用新增权力——检察机关如何应对刑诉法修改的思考》，载《国家检察官学院学报》2012 年第 6 期。

② 修改后刑事诉讼法一方面加强了公安机关侦查人员就取证程序合法性问题在审理阶段的出庭义务，另一方面以赋予检察机关审前非法证据排除权、加强检察机关法律监督的方式增强其对侦查权的制约，试求双管齐下缓解该种权责失衡，笔者前文关于纠正意见的论述很多即围绕此展开，因此这里不再论及。

据体系的削弱、庭审公诉困难等不必要的问题。① 当然，检察机关对程序合法性的监督，若能引发宣告无效，则可最大程度保障威慑效果。但这是最高要求，不能要求每一案件皆能实现。根据检察机关对公安机关的现有制约能力，有必要适当限制检察机关的审前监督职责。

纠正意见止步于程序性违法的确认和宣告，恰是确定检察机关责任限度的最优选择。在审判前阶段，只要检察机关积极地进行审查，适时地认定和宣告程序性违法，无论是否在审前排除证据均应视为检察机关完成了程序合法性监督责任。② 在之后的审判阶段，即使非法证据被法庭排除，只要检察机关之前曾就相关问题以纠正意见做出过违法性确认和宣告，即可免除责任追究。③

只要检察官积极履行审前监督职责，即使程序性应诉职责难以实现，也可免除检察机关及公诉检察官的责任追究。责任追究的有限豁免，可以调整检察官的权责失衡，最大限度解除警、检之间的利益捆绑，促使检察机关与法院联合在一起共同制约警察。④ 实践中，法官不敢认定程序违法或不敢宣告证据无效，最主要的顾虑即是担心遭到警、检机关的强势反对，这极易导致消极不作为。若在审前阶段已存在先期程序性违法认定，法官无疑可以获得有力的支持，促使其更加积极地进行程序性裁判。

---

① 参见陈瑞华：《刑事诉讼法修改对检察工作的影响》，载《国家检察官学院学报》2012 年第 8 期。

② 根据《人民检察院刑事诉讼规则（试行）》第 71 条，检察机关在审查逮捕和审查起诉阶段排除的证据均应随案移送，因此，我国检察机关的审前非法证据排除无法实现非法证据与事实裁判者之间的阻断功能，即使证据被宣告排除，也仍需随案移送到审判阶段为裁判者所知。因此，检察机关审前证据排除与纠正意见之间的界限并不存在截然区分，均是检察机关就程序合法性问题的中间判断，偏向于一种"量"的不同，而非"质"的差异。

③ 最好的选择是，如若因证据排除而导致无罪判决，只要检察机关在先期已经对取证程序违法情况以纠正意见的方式进行了先期认定，那么即可免除公诉责任。

④ 除此之外，法院不敢认定程序违法或不敢宣告证据无效，最主要的顾虑即是担心遭到在先机关的反对，这极易引发法院的消极不作为。如果在之前的诉讼阶段已存在纠正意见的先期认定，法院无疑可以获得有力的支持，更加积极地进行程序性裁判。

论日本、韩国检察制度及其启示[*]

顾 军 温 军

日本、韩国两国检察制度产生、建立的路径虽不完全相同，但两国检察制度都与大陆法系国家的检察制度有着深刻的渊源，第二次世界大战后，两国又同时吸收融合了英美法系国家检察制度中的许多合理因素，建立了较为相似且独具特色的现代检察制度。日韩两国检察制度虽然各具特色，但兼具大陆法系和英美法系国家检察制度的双重特质，是两国现代检察制度中的共同特点，其中亦不乏许多可资借鉴的经验做法。为此，笔者通过对日韩两国检察制度及其检察官在刑事司法中角色与作用的考察，探索和揭示其中有益的经验做法，作为他山之石，以期对我国的司法体制改革有所裨益。[①]

一、日本、韩国检察制度基本概况考察

（一）日本检察制度基本概况

日本检察制度始建于明治维新前，并经历了由效仿中国御史制度到借鉴法国、德国检察制度再到第二次世界大战后融合美国检察制度等发展阶段，1947年最终建立起颇具特色的现代检察制度。

根据日本法律规定，检察厅既是统括检察官所从事的事务的场所，又是政府的特别机关，是具有行政性质和准司法性质的机关。[②] 日本检察机关的设置与法院相对应，分为四个层级：最高检察厅、高等检察厅、地方检察厅和区检

---

[*] 原文载《江汉论坛》2014 年第 12 期。

[①] 笔者于 2012 年 7 月曾赴日本、韩国对两国检察制度进行专门交流考察，并与东京地方检察厅、首尔中央地方检察厅进行了座谈，交流中二者对各自的组织体系、人员组成、检察官任职资格、检察职权及对检察权的监督制约、检察官在刑事司法中的作用等情况进行了较为详细的介绍，并提供了书面资料，本文关于日本、韩国检察制度的介绍系对该书面资料进行翻译后整理而成。

[②] 日本《检察厅法》第 1 条规定：检察厅是统括检察官所从事的事务的地方。《国家行政组织法》第 8 条第 3 款规定：检察厅是依照检察厅法设置于法务省（掌管法务行政的国家行政机关）内的特别机关。

察厅。① 其中，最高检察厅将高等检察厅、地方检察厅和区检察厅置于其管辖之下，高等检察厅将地方检察厅和区检察厅置于管辖之下，地方检察厅将区检察厅置于管辖之下。日本全国设有最高检察厅 1 处（设在东京），高等检察厅8 处（分别设在东京、大阪、名古屋、广岛、福冈、仙台、札幌和高松等市）和高等检察厅支部 6 处，在各督道府县分别设置地方检察厅 50 处及其支部203 处，区检察厅 438 处。除区检察厅不设部、局等部门以外，各级检察厅均设有事务局、总务部、刑事部、公安部、公判部、陪审员公判部、监察室等部门，东京、大阪、名古屋等地方检察厅还设有特别侦查部、交通部、特别刑事部等。日本检察厅职员分为：检察官、检事总长秘书官、检察事务官、检察技官以及其他专门职员等。其中，检察官是行使检察权的主体，是"独任制官厅"，即对于检察事务，检察官是拥有自行决定权的表达国家意思的独立官厅，而不受他力的左右。检察官是具有准司法性质的行政官，但检察官的资格是司法资格，被视为法曹一元。②

近年来，为提高司法人才素质，日本对司法工作者的资格取得及培养制度进行了改革。新的制度下，只有经过 2 年或 3 年的法科研究生课程学习并毕业后，才能获得司法考试资格。司法资格必须经过全国统一司法考试合格，并在司法研究所进行为期 1 年的讲课及实务进修后，毕业考试合格者才能获得。具备司法资格才有可能被任命为检察官。但获得检察官官职后，不能马上承担复杂、重大案件，还必须经过在职培训，且其办案要通过上司"审批"的指导以及前辈检察官的指点。

日本的检察官职权包括以下六个方面：一是就刑事案件实行公诉的权限，即检察官拥有提起公诉与不提起公诉的处分权以及支持和完成公诉进行的权限，此权限为检察官独占，不承认其他人享有公诉权；二是对犯罪进行侦查的权限，即检察官拥有对任何犯罪进行侦查的权限，是侦查的主导者，警察是检察官的辅助机关；三是就刑事案件请求法院公正地适用法律的权限，即对于公审案件，检察官拥有就案件的事实及适用法律陈述意见和求刑的权限；四是就刑事案件监督裁判执行的权限，特别是对于宣告刑罚的判决、裁定执行的指挥监督权为检察官独占；五是就属于法院权限的其他事项要求法院通知或者陈述意见的权限，即刑事事项以外，检察官拥有请求法院通知和陈述意见的权限；

---

① 日本《检察厅法》第 1 条第 2 款规定：检察厅分为最高检察厅、高等检察厅、地方检察厅及区检察厅；第 2 条规定：最高检察厅和最高法院、高等检察厅和各高等法院、地方检察厅和各地方法院、区检察厅和各简易法院相对应分别设立。

② 在日本，检察官与法官、律师需具备相同的资格，统称为法曹，或称三法曹，检察官是三法曹之一。

六是作为公共利益的代表人，进行其他法令规定的属于自己权限事务的权限，如民法、民事诉讼法、公职选举法、人身保护法、公证人法、律师法等赋予检察官的诸多权限。

为防止检察权行使出现失误，日本还建立起了内外部监督制约机制，内部坚持实行检察官同一体原则，设置检察监察室等，外部则设有法务大臣的指挥监督权以及检察审查会。其中，作为制约检察权的专门机构，检察审查会独具特色，审查会分别设置在日本全国地方法院或其支部内，审查会由 11 名审查员组成，审查员从有众议院选举权的国民中抽签决定，其职责是对检察官不提起公诉的处分是否适当进行审查，以及处理和检察事务相关的改善建议或劝告事项。审查会实行起诉决议制度，审查会决议具有法律效力，主要是对检察官不起诉的案件，在审查会两次作出应当起诉决议时，视为提起了公诉，由指定律师代为履行检察官的职务。①

（二）韩国检察制度基本概况

韩国的检察制度始于朝鲜末期的 1895 年，承继日本制度而建立，1945 年实行美军政后，受到美国制度的深刻影响，在此基础上建立起自己独特的检察制度。

根据法律规定，韩国检察厅是统辖检事事务的官署，即表示国家意思的公务所，虽然其是隶属于法务部的行政机关，但其职能和组织与司法权具有密切的联系，因此又可称为准司法职能或准司法机关，与其他国家行政职能机构相比具有不同的特点，是法务部的外厅。② 韩国的检察厅与法院相对应，分为三级，即大检察厅、高等检察厅、地方检察厅，此外在设置地方法院支院的地域，设置了对应的地方检察厅支厅。③ 韩国全国有大检察厅 1 个（设在首尔）、高等检察厅 5 个（分别设在首尔、大田、大邱、釜山、光州等地），另有包括首尔中央地方检察厅以及首尔东部、首尔南部、首尔北部、首尔西部以及议政府等在内的地方检察厅 18 个，其中首尔中央地方检察厅在级别上高于其他地方检察厅，但相互间无隶属和管辖关系，此外，全

---

① 检察审查会是日本在"二战"后，于 1948 年 7 月为推进日本检察民主化，根据《检察审查会法》而建立起来的一项专门对检察权运行进行监督制约的制度，也是日本独有的一项监督制约制度。作为日本司法改革的重要内容，日本于 2004 年对《检察审查会法》作出重大修改，并设立了起诉决议制度，并于 2009 年 5 月 21 日赋予审查会起诉决议以法律效力。

② 韩国《检察厅法》第 2 条第 1 款规定：检察厅是统辖检事事务的官署。

③ 韩国《检察厅法》第 2 条第 2 款规定：检察厅分为大检察厅、高等检察厅及地方检察厅；第 3 条第 1 款规定：大检察厅与大法院、高等检察厅与高等法院、地方检察厅与地方法院及家庭法院对应设立。

国还设有地方检察厅支厅 39 个。

韩国检察厅内部机构按职能设置有：刑事部，负责对警察等一线调查机关送达的普通刑事案件进行审查后决定是否予以提起诉讼的部门；特殊部，是特别调查部的简称，主要是对警察不宜直接处理的涉及侵害民生及腐败等案件而设置的部门；毒品、有组织犯罪调查部，负责有组织暴力犯罪或毒品案件的调查；公判部，负责起诉案件公诉维持事务，不参与直接的调查工作；外事部，负责外国人或与外国人有关案件的调查及处理事务的部门。同时在大检察厅还设有中央搜查部、监察部以及检察研究院等部门。但根据检察厅规模大小，其机构设置有所不同，上下级之间机构设置并不一一对应。以首尔中央地方检察厅为例，其内部设有包括公判部第 1、2 部，公安部第 1、2 部，刑事第 1—8 部，特别调查第 1—3 部、金融税制调查第 1—3 部，毒品及有组织犯罪搜查部以及高科技犯罪搜查第 1、2 部、外事部等 22 个部，各部以下还设有 16 个科，另设有 1 个事务局，反映出韩国检察厅在机构设置上有着较高的专业化程度。

韩国检察官被称为检事，检事作为公共利益的代表执行检察事务。检事是具有行使检察权的独立官厅。检事级别主要分为检察总长、检事，除检察总长外，检事是检察厅的主体。取得检事资格，应首先具备律师资格，律师资格取得必须通过全国统一司法考试，考试合格后要在大法院运营的司法研究院进行 2 年的正规课程培训，合格后取得律师资格，其中被任命为检事的人员还要进入法务研究院接受新任检察官的专门进修。

根据法律规定韩国的检察权主要体现在两个方面：一是作为刑事诉讼公共利益代表进行犯罪调查，收集证据，提起或维持公诉等。在犯罪调查中具有指挥监督司法警察的权限，请求法院正确适用法令的权限及判决执行的指挥、监督权。二是民事案件方面，检事具有禁治产、限定治产宣告的申请权，财产的管理参与权，公司解散命令的请求权，外国公司分公司关闭命令请求权等。

为确保检事按统一的标准公正行使检察权，韩国采取了与日本相似的做法，即坚持检事一体原则，全国检事作为独立官厅，以检察总长为顶点，通过检察总长、检事长、支厅长的指挥监督权，结合成金字塔形的阶梯式的统一组织体。检察总长、检事长、支厅长以其所具有的指挥监督权、职务承继权和职务移转权为媒介，将作为独立的单独官厅的特定检事事务，交给作为另外官厅的其他检事办理，其办理结果与前任官厅具有同样的法律效果。

二、日本、韩国检察官在刑事司法中的角色与作用考察

（一）日本检察官在刑事诉讼中的角色与作用

在日本，从刑事案件的侦查到提起公诉，从开庭审理到裁判的执行都能看

到检察官的身影，检察官广泛参与了刑事诉讼的全过程。检察官在刑事诉讼中的主要任务是负责对刑事案件进行侦查、追诉和维持公判。

1. 检察官的侦查权。日本《检察厅法》第 6 条规定，检察官有权对任何犯罪进行侦查，其与根据其他法令拥有侦查权的人的关系，依据刑事诉讼法的规定。检察官认为必要时可自行侦查犯罪，同时检察官有权对警察的侦查工作进行一般性的指示和具体指挥。就一般犯罪而言，警察负责刑事案件的第一次侦查，而检察官负责决定起诉与否的侦查。而且，检察官可以就侦查中应当注意的事项向警察发出指示，对检察官的指示警察必须听从。此外，检察官也可以就警察侦查后移送审查时发现的问题进行自行补充侦查。对于一些涉及贪污、企业犯罪、偷税类案件，由设在检察厅内部的特别搜查部自行独立侦查。① 但作为侦查主体，检察官只可以进行如讯问、询问证人及其他任意性侦查活动，其采取如逮捕、羁押犯罪嫌疑人以及扣押、查封、勘验等强制性侦查措施行为时必须向法官提出申请，经过法官批准并签发许可证后方可实施，即采取所谓的令状主义，其目的在于防止侦查权被滥用。

2. 检察官的追诉权。这指检察官对刑事案件的处理。关于刑事案件的处理大致可分为提起公诉的情况和不提起公诉的不起诉处分。根据日本法律规定，对于刑事案件，检察官具有提起公诉并要求裁判所作出公正判决的权力，而且公诉权限只有作为国家机构的检察官才有权行事，被害人和警察机关均不能起诉，即采取国家起诉主义。② 检察官在受理警察移送起诉的案件后，经过二次侦查，就应当作出起诉或不起诉的决定。提起公诉是指以检察官就特定刑事案件请求法院进行审判的意思表达为内容的诉讼行为，要想提起公诉必须向法院提交起诉书，根据案情检察官可以请求裁判所开庭审理或请求简易审理。如检察官认为不需要起诉，则可以作出不起诉处分。当被怀疑的事实、被怀疑的对象不是犯罪行为人或知道没有证据能够认定犯罪是否成立时，可作为"没有嫌疑"处理，当被怀疑事实以及认定犯罪成立证据不足时，应作为"嫌疑不足"处理。即使在认为证明犯罪的证据充足的情况下，检察官也可对犯罪人的性格、年龄、处境、犯罪的轻重、情节以及犯罪后的情况等进行综合考虑，认为没有追诉必要的情况下，也可以酌情不提起诉

---

① 在日本，一般在东京地方检察厅、大阪地方检察厅、名古屋地方检察厅都设有独立的侦查部门，即特别搜查部，负责特定案件的侦查。

② 国家起诉主义，又称国家追诉主义，根据《日本刑事诉讼法》规定，公诉由检察官进行，即表明检察官代表国家行使提起公诉和维持公诉的权限，并且唯有检察官是公诉的担当者。前者称为国家追诉主义，后者称为起诉垄断主义或称起诉独占主义。即原则上由检察官这一国家组织独占性地掌握公诉权。

讼，即所谓的起诉便宜主义。

3. 检察官在维持公判方面的权力。日本法律规定，检察官负有裁判执行、监督的职责，即检察官有权执行、监督徒刑、缓刑、拘役、罚金等刑罚。裁判所作出有罪判决后不能直接发生法律效力，需要将裁判书交给检察官，由检察官确认裁判书效力后，签发执行通知书，连同判决书副本交给执行裁判书的刑务所长，刑务所长根据检察官的指示对被告人执行具体刑罚。不仅如此，检察官还具有刑罚执行的变更和停止执行刑罚的权限。在刑罚执行过程中，如果犯人生病，检察官可以要求停止刑罚的执行。对于犯人是否可以假释，以及何时开始假释，检察官可以向刑务所长提出意见。同时，检察官对刑务所、对犯人的刑罚执行情况有监督权。

（二）韩国检察官在刑事诉讼中的角色与作用

韩国法律规定，检察官是行使检察权的独立官厅，代表公共利益执行检察事务。特别是在刑事程序上，检察官既是侦查机关和追诉机关，又是裁判的执行机关。

在韩国，作为侦查机关，检察官是侦查的主体，即《刑事诉讼法》第195条规定的侦查机关，在犯罪侦查方面，检察官作为搜查机关可以指挥和监督司法警察官吏；作为追诉机关，检察官是公诉权的主体，即《刑事诉讼法》第246条规定的追诉机关。关于刑事追诉，现行法律采取作为国家机关的检察官为追诉机关，也就是采取国家追诉主义以及由检察官独占公诉权的起诉独占主义。同时，在公诉权的行使方面，检察官依据判断能力进行，即采取《刑事诉讼法》第246条和247条规定的起诉便利主义；作为裁判执行机关，检察官同样是裁判执行的主体，根据《刑事诉讼法》第460条以及《检察厅法》第4条的规定，检察官享有裁判执行的权利和职责的指挥和监督权利及职责，若需要裁判执行时，检察官可发布刑罚执行状；作为公共利益的代表，检察官在刑事诉讼中处于公益地位，一方面检察官作为侦查的主体或诉讼当事方（追诉主体），与嫌疑人和被告人处于攻击和对立的地位，但另一方面为保护嫌疑人和被告人的利益，检察官在诉讼中也处于进行侦查和诉讼活动的公益地位。也就是说，检察官必须坚持客观公正的立场，在侦查过程中不但要收集对嫌疑人不利的证据，也应收集对嫌疑人有利的证据。

基于特殊的角色定位，韩国检察官在刑事诉讼中享有广泛的权力。一是犯罪搜查权。其中包括侦查权和搜查指挥权，检察官作为侦查机关，具有犯罪搜查权，即对犯罪认知的权力和任意侦查及强制侦查等权力。二是起诉和不起诉权。检察官对嫌疑事件有权作出不起诉处分，不起诉处分的权力不只是作为搜查机关的权力，也是追诉机关的权力。同时，作为公诉权的主体，为实现检察官的公诉执行权，检察官有提出公诉和公诉执行的权力，韩国立法上认可检察官作为当事方所具有的各项诉讼权力，包括公判厅出席权、证人审问权、证据提出权、证据调查申请权、证据调查参与权、异议申请权、被告审问权、公诉状变更申请权、论告权与求刑权、辩论重开申请权和上诉权，等等。三是裁判执行权。检察官有权指挥和监督裁判执行的权力，为执行裁判，检察官在必要时可发布刑罚执行状。

三、日本、韩国检察制度中的几点启示

虽然由于政治体制、司法制度的不同，日韩两国检察制度与我国检察制度之间存在较大差异①，但两国检察制度中仍不乏有益经验，值得借鉴。

（一）检察官培养教育方面

检察官是检察权行使的主体，是关乎检察权能否依法正确行使的根本。日本与韩国在检察官培养教育方面均采取任职前的司法职业培养与任职后岗位培养并重的方式。我国检察官的任命，虽以通过国家统一司法考试，取得司法资格为前提，但在培养教育方面，仍以任职后的岗位培养教育方式为主，且由各级检察机关自行承担，缺少职前的司法职业培养。这种单一的培养教育方式，既不利于选拔和培养优秀司法人才，又过多地占用了司法机关有限的在职岗位培养资源，更不利于对检察官等司法人员在职岗位培养的深化，有碍司法队伍整体素质的提升。

（二）实现专业化机构建设方面

机构建设是检察权运行的重要载体，是检察机关组织体系建设的重要方面。日本、韩国检察机关在专业化机构建设方面的主要做法是，两国检察机关除坚持按业务职能进行机构设置外，还比较注重内设机构的专业化建设，兼采取"因地制宜、按需而设"的方式，这既能保持检察一体原则的实现，又反映了各级各地检察厅开展检察工作的实际，具有较强的灵活性。例如，韩国检察机关的机构设置，在上下级检察机关之间并不要求一一对应，各级检察厅在检察职权范围内根据其规模大小以及开展检察事务实际情况，机构设置有所不同。近年来，我国检察机关在此方面进行了一些积极有益的探索，并都取得成

---

① 日韩两国是实行三权分立的国家，两国的检察机关都隶属于行政机关，但由于其职务活动具有较强的司法属性，因而又被称为准司法机关，两国的检察机关不具有独立的法律地位。而我国实行的是"议行合一"的人民代表大会制度，宪法明确规定了检察机关的法律地位，即检察机关是国家的法律监督机关，是独立于行政机关和审判机关的专门的法律监督机关，行使法律监督职权。

效①，但与经济社会发展需求相比，仍有较大差距。

（三）刑事诉讼中的检警关系方面

检警关系是各国刑事诉讼中最基本、最重要的法律关系。在侦查中指挥和监督司法警察是日韩两国检察官的共同职权，但在具体检警关系上却有较大区别。韩国检警关系是典型的主辅关系，即检察官主导侦查，司法警察应当接受检察官的指挥和对检察官的侦查给予配合。检察官有权向法官申请逮捕、羁押、扣押、搜查等令状，司法警察只能通过检察官才能申请上述令状。日本的检警之间是相互独立、相互协作的关系。检察官和警察都有权进行侦查，检察官可以侦查任何案件，但主要侦查工作还是由警察进行。检察官认为有必要时可以进行侦查，检察官的侦查只是补充和修正性的，但检察官对侦查活动具有一般性和具体指挥监督权，一旦检察官介入，警察必须服从。日韩两国检警关系的共同特点在于强调检察官对警察侦查权严格的法律控制，防止警察侦查权滥用。两国均采取令状主义，较好地实现了对侦查权的法律控制。我国检警之间是互相分工、相互配合、相互制约的关系。但检察机关作为国家法律监督机关，除享有侦查、公诉等诉讼职能外，还有权对侦查活动实施法律监督。因此，实现对侦查权的法律控制同样是我国检察制度中的重要内容，但我国的法律控制的方式上与日韩两国有所不同，我国采取的是事后监督纠正型的法律控制方式，与日韩两国注重对侦查过程的指挥、监督、批准的法律控制方式相比，对侦查权的实际法律控制程度相对较低，其结果是侦查活动违法现象时有发生，却难以得到纠正。② 因此，检察机关应进一步加大对侦查活动的法律监督力度，特别是以贯彻实施修订后的刑事诉讼法为契机，切实加大对警察侦查权的法律监督力度。在未来司法改革中，一是学习借鉴指挥、监督侦查权的法律控制方式，积极探索建立对侦查取证活动的引导体制；二是学习借鉴令状主义中的合理因素，探索建立对其他强制措施以及强制性侦查措施的检察机关审查批准方式，实现事后纠错型的法律监督方式向事后纠错与事中防错并重型的法律监督方式转变。

---

① 以北京市检察机关为例，西城区检察院设立了金融检察处、海淀区检察院设立了知识产权检察处、其他部分分院还设立了未成年人检察处等专业化办案机构。

② 我国强调对侦查活动的法律监督，但事后纠错是我国目前检察机关实现对侦查权法律控制的主要方式。在这种方式下，警察机关除采取逮捕强制措施需要提请检察机关批准以外，有权自行决定并采取任何强制措施和强制性侦查措施，其中的违法行为往往难以被发现并得到及时纠正。近年来，不断引起媒体曝光和炒作的司法个案正说明了这一点。日韩检察官对警察侦查权的法律控制则是以对侦查活动的指挥和监督，或审查司法警察关于采取逮捕、羁押、扣押等强制措施及强制性侦查措施司法令状申请等方式实现对警察侦查权的法律控制，而这种法律控制方式我们可以称之为严格的法律控制方式。

（四）实现对检察权自身监督制约方面

加强对检察权自身的监督制约是保障检察权正确行使的根本，"应当赋予检查官'相对'独立而非绝对独立的权力"[1]，日韩两国在实现检察权自身的监督制约方面的主要经验做法：一是实行检察一体原则；二是设立专门的监察机构；三是赋予法务部长指挥监督权；此外，日本还设有专门负责对检察权运行进行监督的检察审查会。其中，检察一体原则以及检察审查会制度值得我国借鉴。如前所述，所谓检察一体，就是在检察权行使方面明确上司对部下的指挥监督权、事务调取权和转移权以及部下对上司职权的代理权，同时，明确前后所办理的检察事务具有同等的法律效力。检察审查会是日本独有的监督制约制度，虽与我国的人民监督员制度相似，但较之我国检察机关当前全面推行的人民监督员制度在成员资格、人员选任、工作职责、审查内容、决议效力等方面有许多不同。特别是，当前我国推行人民监督员制度的民主化、法治化程度以及在规范检察权运行等方面都有待进一步完善。

---

[1]　汪习根：《新一轮司法改革的理念创新与制度构建》，载《中南民族大学学报（人文社会科学版）》2014 年第 2 期。

独联体国家检察制度比较研究[*]

耿玉娟

正如宪法学者黄东熊所言："一切制度系受各时代之社会客观条件，与各时代为维持其政治、社会体制之存续所需达成之目的而产生变换，检察制度完全属于历史性、政策性之社会产品。"[①] 作为法治国家不可或缺的组成部分，检察制度在国家司法制度中起着不可替代的重要作用。人、社会与国家之间的相互关系原则，公民的法律水平和一般文化水平，权力制度的发展和运行程度直接决定一个国家法律制度的存续和效率。

检察制度是国家法律制度体系的重要组成部分，在维护国家法律的权威和尊严以及保障法律统一正确的实施中，发挥着积极而重要的作用。国家权力结构、政治体制的变化乃至政治文明的转型，都深刻影响着检察制度的设计。一国检察制度的发展和存续深深根植于其国家权力结构和社会构成的土壤之中，这是我们认识不同国家检察制度的一个前提。

一、独联体国家检察制度的历史性审视

列宁曾经指出："为了解决社会科学问题……最可靠、最必要、最重要的就是不要忘记基本的历史联系，要看某种现象在历史上怎样产生，在发展中经过了哪些主要阶段，并根据它的这种发展去考察它现在是怎样的。"[②] 从认识论角度看，要认识事物的性质必须首先了解它的历史渊源。对于独联体国家检察制度的研究，首先应充分了解、认识甚至批判其历史、变革和发展。

对当代独联体检察制度的发展和形成进行研究必须从历史的、社会经济的和社会发展相应阶段的客观条件去考察。独联体国家具有各自不同的主体民族，各大主体民族的历史文化背景存在差别。各国不同的社会势力围绕着检察制度的设置展开了不同的探讨，改造苏联时期遗留下来的检察制度模式，司法

---

[*] 原文载《俄罗斯东欧中亚研究》2014 年第 4 期。

[①] 转引自晏向华《检察职能研究》，中国人民公安大学出版社 2007 年版，第 55 页。

[②] 《列宁全集》（第 29 卷），人民出版社 1985 年版，第 430 页。

改革提上日程。因此，研究独联体国家各成员国检察制度的历史发展离不开对苏联时期检察制度的研究。

（一）旧俄国时期的检察机关之确立——基于政治现实之考量

对独联体国家而言，检察机关是 18 世纪初国家机构改革的产物，当时在专政制度统治下，国家集权化管理要求设立特别监督机构。这一时期内，中央高度集权统治遭遇了以不同封建主为代表的分权主义运动和各种反对中央集权势力的抵制。

旧俄国时期包括四个发展阶段，时间跨度从 1862 年到 1917 年。从历史的角度来看，在独联体地区，检察制度的渊源可追溯到沙皇时代。[①] 早在 18 世纪，彼得大帝就从德国率先引进了检察制度。分析俄罗斯检察制度的发展历史，必须强调的是，作为国家机构的检察院办公室是在 14 世纪作为一个特殊的执法权威机构面世的，它的创始人是法国国王菲利普四世，1302 年 3 月 25 日，代表国王的检察官办公室设立了。[②] 旧俄国检察制度延续了法国检察官办公室的制度模型，诞生后几经变化，甚至经历了 1864 年的司法改革，但它从总体上来说仍然还是一个高度集中的国家机关体系，俄罗斯旧俄国检察机关这样的法律定位，一直在延续，基本没有什么变化，直至 1917 年十月革命爆发。

（二）苏联时期的检察制度——监督机关的多元向一元的转化

1917 年十月革命后，沙俄检察制度随着沙俄政权的摧毁而被废除，但对执法情况实施监督和同犯罪组织作斗争的职能被随后建立的苏联国家检察机关所承继。

苏联作为世界上第一个社会主义国家，在建立社会主义检察制度方面进行了长期的、深入的探索。第一次世界大战后期，沙皇俄国境内的阶级矛盾和民族矛盾迅速激化，人民革命运动和民族解放运动蓬勃发展。1917 年十月革命胜利直到 1991 年年底苏联解体这一历史时期，包括两个阶段。

1. 十月革命后初期的检察制度（1917—1921 年）

在 1917—1921 年，对法制实施监督的专门机关处于缺位阶段，而其应当承担的监督职能，则由许多国家权力机关和管理机关共同承担。[③] 国内战争胜利后，关于建立苏维埃检察机关的问题迫在眉睫。1921 年年底，苏维埃俄国的领导人围绕着关于检察机关设置什么样的领导体制，亦即采用双重领导制还

---

① См: Прокурорский надзор: учебник для вузов/Подред. засл. гориста РФ, д. ю. н., проф. А. Я. Сухарева. М., 2004. С. 55～59.

② 刘向文、高慧铭：《俄罗斯联邦的司法改革及其对我国的启示》，载中国人民大学法学院：《宪法与行政法评论》，中国人民大学出版社 2007 年版。

③ См: Прокурорский надзор: учебник для вузов. С. 90～99.

是实行一长制出现了争议，争论持续了几个月，最后，列宁主张的对检察机关实行集中统一的领导思想在党内获得了一致通过，检察机关得以恢复。在这种制度下，检察机关各级体系都有对地方当局的任何决定提出异议的权利。[①] 同年，白俄罗斯、乌克兰、阿塞拜疆、格鲁吉亚等共和国，先后制定了各自的检察机关条例。总之，新型的实行垂直领导、具有一般监督职能的苏维埃检察机关体系诞生了。

2. 加盟共和国阶段的检察制度（1922—1991 年）

1923 年 11 月 23 日，苏联最高法院成立检察官办公室，这反映在 1924 年的宪法中，在该宪法上列明了检察官办公室的权力，但是检察院是一个独立的国家机构，并不属于司法系统。与此相关的是，苏联最高法院对检察官办公室的基本活动问题已被确定，其主要性质定位如下：第一，对合法性的一般监督；第二，司法监督；第三，是对苏联人民委员会国家政治保安总局的合法性进行雌督。随之，1936 年，自成体系的检察制度在苏联得以确立和巩固。但是，在当时法制并不健全的特定历史条件下，检察机关没有也不可能真正发挥其应有的作用。

1936 年苏联宪法生效后，苏联总检察长由国家最高权力机关直接任命，各加盟共和国的检察院纷纷宣布独立于各自共和国的司法体系，只服从于苏联检察长。检察机关在组织上隶属于审判机关的历史宣告结束，具有了相对的独立性。至此，苏联检察机关体系开始成为一个相对独立的体系。检察机关只服从检察长，下级检察长只服从上级检察长，总检察长领导整个检察机关体系[②]。

1977 年，苏联修改了宪法，苏联检察机关的法律地位首次以宪法的形式得以确定，在此基础上，进一步规定了苏联检察机关监督的效力，即具有最高权威性，苏联总检察长及其领导的最高检察院代表国家行使最高检察权[③]。此后，相对独立并实行垂直领导的检察体制运行了半个多世纪，整个检察制度运行期间并没有发生太大的变化。

20 世纪 80 年代中后期苏联开始全面改革，但由于国家政治体制改革的思

---

① 刘向文：《苏联宪法和苏维埃立法的发展（立法汇编）》，法律出版社 1987 年版，第 239～264 页。

② См: Клочков В. В. Создание и развитие российской прокуратуры. Советская прокура. Очерки истории. - М. , 1993. С. И. Приемы и задачи прокуратуры. Собрание сочинений. В 8т. Т. 4. М. , 1967. С. 196.

③ См: Коротких М. Г. Судебная реформа 1864 года вРоссии（сущность и социально - правовой механизм формирования）. Воронеж, 1994. С. 202.

路没有体现在检察制度上，所以，一直到 90 年代初苏联解体，苏联的检察制度实际上并没有体现当时苏联改革的思路，变化不大。

苏联检察制度的确立，开创了新型的检察体制模式，并被其他社会主义国家所继受。在通常所讨论的检察制度类型上，除大陆法系检察制度与英美法系检察制度之外，又增加了社会主义的检察制度。这种类型的检察制度不仅保留了公诉制度，还赋予检察机关监督法律统一正确实施的职责，在国家政治结构中确立检察机关的独立地位，隶属于最高国家权力机关，对外自成体系，对内实行集中统一。

（三）独联体各成员国现行检察制度的确立——超越社会制度

根据俄罗斯苏维埃联邦社会主义共和国最高苏维埃 1991 年 12 月 25 日颁布的法律《改变俄罗斯苏维埃联邦社会主义共和国的国家名称》，它正式改名为俄罗斯联邦（俄罗斯）。1991 年 11 月 15 日俄罗斯苏维埃联邦社会主义共和国最高苏维埃主权国家发表宣言通过一项决定，苏维埃社会主义共和国联盟苏联检察机关不复存在。苏联解体后，一些独联体国家明确宣布废除苏联的社会制度包括司法制度，但很快又在俄罗斯等主要独联体国家建立了类似的检察制度。

20 世纪 90 年代初苏联解体，苏联的社会制度发生重大变化，独立后的各国组建了独立国家联合体（简称独联体），独联体 12 个国家先后制定出新宪法。新宪法的问世大都经历了十分艰难、曲折的痛苦历程，有的国家新宪法是在各种政治力量的激烈斗争中降生的。独联体各成员国大多以根本法形式确认和巩固变革的结果，以便进一步推进司法制度改革，各国检察制度也随之进行了重大变革。独联体各国开始着手改造和重建检察制度，但难度很大，各国对检察制度的认识也不一致，改革进度普遍很慢。苏联检察机关分别被改组，进而组成了独联体各成员国检察机关。负责对特殊制度主体遵守法律情况实施监督的苏联总检察院被改组，其职能也转交给独联体各成员国的检察长。经过十多年的努力，独联体各成员国检察制度已经基本确立，司法体制改革已经取得一定成效，并且在模式上体现出各自的特点。在历史大背景完全相同的情况下，独联体各国国情不一，检察制度的改革也存在一定的区别。

1992 年年初，即苏联解体后仅一个月，俄罗斯联邦议会人民代表大会通过了联邦性法律《俄罗斯联邦检察机关法》，赋予检察机构监督的职能、起诉的职能，区别于其他类型的国家机关。但是，检察机关的新体制与原有体制相比并没有产生什么太大的变化。当时，在俄罗斯社会政治生活中正在形成的检察制度存在的一些弊端，使得俄罗斯联邦检察机关的威望急剧下滑。1993 年年底通过的新宪法，有关检察制度的条款被列入《司法权》一章之中。① 根据新宪法的法义，俄罗斯联邦议会对 1992 年年初通过的现行检察机关法进行了重大的修改和补充。

随之，独联体其他成员国也颁布了各自的检察机关法。但即便如此，由于经济等多重原因，独联体各成员国检察制度没有达到所预期的效果。

应该而且必须看到，现阶段的独联体国家司法改革，发生在俄罗斯的转型期，因而该阶段的司法改革具有其特殊的一面。由于其司法改革还处在不断发展阶段，所以需要不断地总结经验教训。具体地说，从独联体成员国批准检察机关法到现在，各成员国都对本国的检察机关法进行了多次修改补充。② 正是这些修改、补充，使得独联体成员国检察制度的发展和改革逐步地趋于完善。

二、联体国家检察制度的内涵之比较分析

（一）独联体国家检察机关性质定位之比较

检察权是一种特殊的权力，是检察制度的"精髓"，从人具有社会性的本能出发，从对权力的本质属性进行规范开始，各国对权力制约模式的探索就一直没有间断过。随着独联体各成员国宪法的颁布，关于检察机关在国家中的性质定位产生了很多的说法，也出现了严重的分歧。关于独联体检察机关的性质定位，独联体成员国法学界的意见和观点也是多种多样。

俄罗斯的观点大致包括两种主要的流派：一种流派倾向于认为，把俄罗斯联邦检察机关定位为一种护法机关；另一种流派则认为，俄罗斯联邦检察机关属于司法权力机关。③ 综合分析以上两种观点我们认为，独联体各成员国检察机关从性质上来说区别于一些英美法系和大陆法系的国家，应该指出的是独立国家联合体检察院执法各有其自己特定的质的规定性，它是一个国家权力保护机关，它的执法活动具有双重属性，实施执法是保护性的法律关系，检察院的执法工作重点是确保独联体国家法治的统一、保护人的权利和自由。④ 独联体成员国检察机关活动的目的和任务，是由独联体成员国现行宪法、独联体成员

---

① Cм: Рябцев В. П. Принципы и организация деятельности прокуратуры Российской федерации//Прокурорский надзор：Учебник для вузов/под ред. А. Я. Сухарева. М.，2004. C. 55.

② Cм: зубрин В. В. Конституционная законность имехаиизм её обеспечения в федеральном округе. CПб.，2004. C. 84.

③ 刘文:《俄罗斯联邦检察制度》，载《中国检察制度宪法基础研究》，中国检察出版社 2007 年版，第 325 页。

④ 刘文:《俄罗斯联邦检察制度》，载《中国检察制度宪法基础研究》，中国检察出版社 2007 年版，第 329 页。

国检察机关法予以规定的。

在乌克兰，国家独立后的司法体制改革，因整个宪法制度和政治体制改革进展缓慢而步履维艰，直到 20 世纪 90 年代中期才最终明确下来。这期间经历了无数次重大的政治力量的博弈。但总的看来，与俄罗斯联邦相比，乌克兰更加重视检察机关的独立地位和作用。1996 年通过的乌克兰宪法，将"检察机关"单立为一个部分，体现出检察机关的独立性，而不是像俄罗斯联邦宪法那样，将其作为司法权力的组成部分。①

在白俄罗斯共和国，白俄罗斯政府也进行了一定程度的司法体制改革，在此过程中进一步提高了检察机关的地位、作用。白俄罗斯检察机关不再仅仅是国家司法权力的一个组成部分。1996 年修订后的宪法，将有关检察机关和国家监察委员会的条文归为独立的一编。修订后的白俄罗斯宪法明确规定，白俄罗斯共和国总检察长领导白俄罗斯共和国检察机关，是一个统一、集中的机关体系。

独立后的乌兹别克斯坦共和国，继承了苏联检察制度的一些管理模式，继续实行统一的中央集权的检察体制，乌兹别克斯坦共和国总检察长领导乌兹别克斯坦共和国各级检察机关，负责本国内全部检察监督工作。乌兹别克斯坦共和国检察机关的法律监督职能是全方位的，所有主体的行为都处在检察机关的监督范围之内。乌兹别克斯坦共和国检察机关的基本任务就是维护本国法律的最高权威，强化不同主体的法制观念，最终目标是保护公民的合法权利和自由。②

在哈萨克斯坦共和国，检察机关被称为"向哈萨克斯坦共和国总统负责的国家机关"。哈萨克斯坦在确定检察机关的地位和作用时，首先突出它对总统负责，这一点区别于其他独联体国家，反映出该国整个宪法制度旨在全面加强总统制的重要特点。

在高加索地区，无论格鲁吉亚、亚美尼亚还是阿塞拜疆，检察机关法律地位被定性为是司法机关的一个组成部分。在格鲁吉亚，这一认识被明确载入共和国宪法。它规定"格鲁吉亚检察院是司法权力机关"。

在阿塞拜疆，检察机关的性质、地位、职权与其高加索邻国大体相近。

（二）独联体各成员国检察机关的体系之比较

1. 独联体国家检察机关的组织系统

1993 年以全民公决形式通过的俄罗斯联邦宪法，对俄罗斯检察机关的设

① См：Руденко У. В. Прокуратура Украины в свете реапизации положений Конституции Украины//Госудрство и право. 1997. С. 55.

② См：Рахимов Ф. Х. Основной закон Республики Узбекистан и оряаны прокуратуры//Право и политика. 2001. С. 56.

置做出了明确的规定，即首先把俄罗斯联邦检察机关定位为独立的国家机构，其管理模式是实行垂直管理，即下级检察长在上级检察长和俄罗斯联邦总检察长双重领导下进行工作。俄罗斯联邦检察机关法是根据俄罗斯宪法制定的调整俄罗斯联邦检察制度的专门法律。俄罗斯联邦检察机关法非常清晰明了地规定了俄罗斯检察机关体系的构成。从纵向上看，俄罗斯联邦检察机关有三个不同的层次：遵循一般惯例，最高一级为俄罗斯联邦总检察院；中间的一级，起着承上启下作用的是俄罗斯联邦各主体检察院；第三级为区（市）一级的基层专门检察院。法律还规定，不允许在俄罗斯联邦境内设立不属于检察院统一体系的检察机关。①

乌兹别克斯坦共和国检察院系统的组成由乌兹别克斯坦共和国检察机关法规定，由四级组成：第一级，乌兹别克斯坦共和国总检察院，第二级，位于乌兹别克斯坦共和国的自治共和国卡拉卡尔帕克检察院、州和首都塔什干市检察院；第三级检察院，是乌兹别克斯坦共和国军事检察院和运输检察院；第四级检察院，是乌兹别克斯坦共和国各军区、区域性军事检察院、运输和其他专门检察院。②

阿塞拜疆共和国检察机关包括地区检察院和专门检察院，是一个以上述两类检察院均服从总检察长为基础的集中统一的体系。在阿塞拜疆共和国，根据阿塞拜疆共和国宪法、阿塞拜疆共和国检察机关法和阿塞拜疆共和国的其他法律，在阿塞拜疆共和国检察体系内可以创建同区（市）检察院相同级别的地区检察院以及专门检察院和其他的检察院。

在摩尔多瓦共和国，宪法规定，检察机关作为一个统一的系统，它包括最高检察院、地区检察院和专业检察院三大部分。

2. 独联体各成员国总检察院的内部机构

独联体各成员国总检察长负责领导独联体各成员国总检察院的工作。在独联体各成员国检察机关的组织管理体系上，首先是总检察长职务的设置。为了配合总检察长的工作并实现具体的分工负责，在总检察长职位之下配备一名第一副总检察长，第一副总检察长区别于其他的副检察长。此外，在第一副总检察长职位之下还配有若干名副总检察长。而且各国的检察机关法规定，由其中的一名副总检察长兼任独联体各成员国的检察局局长。关于第一副总检察长和副总检察长的任命程序，由独联体各成员国总检察长提名，由各国议会根据法定程序进行任免。独联体各成员国总检察院长配有高级助理和助理。独联体各

---

①　См：Прокурорский надзор：Учебник для вузов. С. 45～46.

②　См：Рахимов Ф. Х. Основной закон Республикн Узбекисган оряаны прокуратуры. С. 59.

成员国总检察院还设有检察委员会，独联体各成员国总检察长担任检察委员会主席，独联体各成员国总检察院还设有科研和教育机构。

根据独联体各成员国检察机关法的规定，独联体各成员国总检察院设有管理总局、管理局和行政处。各局局长、处长是独联体各成员国总检察长的高级助理，副局长、副处长是独联体各成员国总检察长的助理。

3. 独联体各成员国区域性检察机关的组成

独联体各成员国检察机关体系的设置，也没有脱离一般的原则，遵循的是按照行政区划设立的原则，设有两级检察机关体系：一级是各主体检察院，比如阿塞拜疆共和国纳希切万自治共和国检察院，另一级是区（市）检察院，比如亚美尼亚共和国的埃里温市检察院。

白俄罗斯共和国检察机关体系为总检察院，州检察院（各州下设市辖与区辖检察院），明斯克市检察院，运输检察院，军事检察院（下设区军事检察院）。

4. 独联体各成员国的专门检察机关

独联体各成员国专门检察制度是在对苏联专门检察机关逐步发展、承继和移植的基础上完善成形的。目前，独联体各成员国专门检察制度所设置的专门检察机构发展程度是不一样的，绝大多数成员国主要有两类专门检察院：第一类为设置最多的军事检察院，第二类为运输检察院。① 目前独联体各成员国除了格鲁吉亚共和国以外都设有军事检察院，在俄罗斯和哈萨克斯坦设有自然保护检察院，在阿塞拜疆、白俄罗斯、格鲁吉亚、哈萨克斯坦、摩尔多瓦、塔吉克斯坦、土库曼斯坦设有运输检察院。

（三）独联体各成员国检察机关的职能之比较

确定独联体国家检察机关具体职能的法律依据是独联体各成员国宪法、独联体各成员国检察机关法。根据上述二者的规定，独联体国家的检察机关承担职能的范围非常广泛。主要包括：（1）执法监督职能；（2）参与法院审理案件职能；（3）刑事侦查职能；（4）协调职能；（5）参与法的创制职能。检察机关所具有的这些职能决定了检察机关在独联体各成员国社会中的重要地位。

随着独联体各成员国刑事诉讼法的改革，独联体各成员国检察机关在刑事诉讼中的职能和地位发生了重大改变：（1）取消检察机关实行强制措施的权力；（2）检察长与被告人法律地位平等；（3）检察长仅为刑事诉讼活动的一方当事人。独联体各成员国检察机关的法律地位随着刑事诉讼法的颁布，不同程度地发生了一定的变化。

---

① 刘向文：《俄罗斯联邦检察制度》，第189页。

俄罗斯联邦检察机关法第三编对俄罗斯联邦检察机关的职能作了明确规定：对联邦执行法律的情况，对保障人和公民权利与自由的情况，对实施侦查搜查、预审活动、执行惩罚和适用强制性措施情况，对刑事侦查活动情况进行监督。乌克兰检察机关的职能根据乌克兰检察机关法的规定，具体体现在四个方面：（1）代表国家提起公诉；（2）维护公民个人和国家的合法利益；（3）对侦查机关执法情况实行监督；（4）对执行法院关于刑事案件的判决以及采取限制公民人身自由的其他强制性措施的合法性进行监督。

在白俄罗斯共和国，检察机关的职能范围在下述白俄罗斯法律中得以具体规定，即白俄罗斯共和国检察机关法、白俄罗斯共和国反腐败法以及公民待遇法与人口改善法。白俄罗斯检察机关的职能，概括起来，包括以下几项：一是负责对公民、法人、机关、团体准确一致地执行法律、法令与命令实行监督；二是涉及刑事诉讼中的职权，回归本位，即对刑事诉讼程序中执行法律的情况实行监督；三是在法律规定情况下，开展预审侦查；四是在法庭上支持公诉。白俄罗斯共和国检察院除上述基本职能外，还有其他的辅助职能。

在哈萨克斯坦，检察机关的职权具体规定为，"以国家名义，对准确一致地执行法律和总统令以及哈萨克斯坦境内其他规范性文件的情况，对行政和执行机关的侦查——搜查活动、预审调查的合法性实行最高监督，在法庭上代表国家利益"。

摩尔多瓦共和国检察机关的职权被具体规定为三个方面：一是根据法律对公共管理机关、法人和自然人及其团体准确一致地执行法律实行监督；二是保卫法制、公民的权利与自由；三是协助职能。

哈萨克斯坦共和国检察机关的职权范围具体界定为，有权对与国家宪法和法律相抵触的法律和其他规范性文件提出异议，检察机关还可按照法律规定的情况、程序和范围，开展刑事侦查活动。但是，这种活动必须遵守国家宪法的要求，不能采取违背国家关于保护公民权利和自由、捍卫国家秘密的方式或手段来进行。

格鲁吉亚检察院其职权被简单地概括为："从事刑事——法律侦查活动，对预审和刑罚的执行情况进行监督，支持国家公诉。"

在亚美尼亚共和国，宪法关于检察机关职权的规定也比较简单。宪法除载明亚美尼亚检察机关是总检察长领导的集中统一的系统外，还规定了检察院的职权：（1）按照法律规定的情况和程序展开刑事侦查活动；（2）对预审侦查和初步调查的合法性实行监督；（3）为维护国家利益在法庭上代表国家提起公诉；（4）对法院做出的裁决、判决和决议提出抗诉；（5）对采用惩罚和其他强制性措施进行监督。

（四）独联体各成员国检察机关的领导体制之比较

独联体各成员国宪法对总检察长的相关规定，一是任命程序，二是向联邦会议和国家元首报告工作。

俄罗斯联邦总检察院由俄罗斯联邦总检察长领导全面工作，俄罗斯检察机关法赋予俄罗斯联邦总检察长在管理本系统工作方面的权限，并有权颁布检察院机关工作人员必须执行的命令、指示、条例等文件，用以调节俄罗斯联邦检察院系统的具体管理工作，规范检察人员的行为。[①] 就俄罗斯联邦总检察长、联邦主体检察长的任免程序、缺位代理和任期的问题，《俄罗斯检察机关法》也有明确的规定。俄罗斯联邦总检察长的任职期限为 5 年。联邦总检察长每年向议会两院和总统述职，报告有关俄罗斯联邦守法和法制的情况。

按照宪法规定，乌克兰检察机关是一个统一的系统，由乌克兰共和国总检察长领导。乌克兰总检察长的任职期限为 5 年，由共和国总统进行任免，但要经过议会的同意。议会有权对国家总检察长表示不信任，当议会对总检察长表示不信任时，总检察长必须辞职。[②]

白俄罗斯检察机关法规定，白俄罗斯共和国总检察院是以总检察长为首的集中、统一的检察机关系统。像俄罗斯联邦、乌克兰一样，白俄罗斯总检察长也要由总统任命产生，但要征得本国议会的同意，总检察长与其下属检察长遵循法律的规定独立履行职权。与俄罗斯联邦、乌克兰不同的是，白俄罗斯宪法特别强调，白俄罗斯总检察长的活动要对国家总统负责。

摩尔多瓦共和国总检察长也由共和国总统进行任命，与其他独联体各成员国不同的是，在摩尔多瓦共和国，向总统推荐总检察长候选人的既不是整个议会，也不是其他任何特别机关，而是议长。这是摩尔多瓦共和国议会地位较高的一个重要标志。

格鲁吉亚总检察长由议会根据总统推荐任命产生，任期也是 5 年。

阿塞拜疆总检察长与其他独联体国家不同，由总统与议会协商进行任命，包括副总检察长、专门检察长和纳希切万自治共和国检察长也都由总统任命，但要以总检察长的推荐为依据。

只有吉尔吉斯斯坦共和国总检察长的任职期限是 7 年。

检察机关是否具有实质的独立性，往往被视为衡量一个国家法治水平高低的重要标志。在独联体地区，这种认识也已被越来越多的国家所认同和接

---

① 刘向文：《俄罗斯联邦检察制度》，第 199 页。

② См：Руденко У. В. Прокуратура Украины в свеге веапизации положений новой Конституции Украины. С. 38.

受。而且已经通过宪法或专门的法律，规定检察机关独立于任何其他国家机关，独立于任何官员、政党和社会团体。有的国家，如塔吉克斯坦，宪法和法律规定检察官不得成为政党和社会团体的成员，不得担任任何其他职务，不得成为代表机关的代表，亦不得从事企业活动。摩尔多瓦的宪法和法律规定，检察官不得兼任任何其他的国家职务或私人职务。保障检察机关实现检察工作的独立性，保障检察权的独立是检察机关实现检察监督职能的先决条件。

三、独联体各成员国检察制度对我国的启示

综上所述，独联体各成员国检察制度改革的经验，对我国目前正在进行的检察制度改革，具有相当重要的研究和借鉴价值。从目前独联体各成员国就检察制度制定颁布的法律来看，绝大部分都保留了原继承国——苏联的 2/3 的法律技术、法律方法以及法律传统。其余 1/3 变化的部分是根据本国国情进一步发展了一些基本原则和一些具体的制度。独联体各成员国检察制度的产生和发展，是一个循序渐进、不断完善的过程。对独联体各成员国检察制度改革进行研究，实际上是探讨独联体各成员国检察制度法治实践的经验、难题及其发展轨迹。这对我国检察制度建设和法治建设的推进，无疑具有极其重要的意义。

（一）进一步扩大检察机关的职权范围

从世界范围来看，检察机关职权范围的大小、多寡，受很多因素的影响，比如检察机关设立的模式，检察机关的法律定位等。我国由于特殊的国情及借鉴苏联的一些做法，将检察机关定性为既具有司法属性又具有行政属性的法律监督机关。将苏联检察机关、独联体各成员国检察机关和我国的检察机关作一个横向对比，不难发现我国检察机关的职权范围比前两者窄得多。更具体地说，同为法律监督机关，俄罗斯联邦检察机关的监督职能范围比我国广泛许多，包括对执法的监督、守法的监督、侦缉活动的监督、司法警察执法活动的监督。与俄罗斯联邦相比，由于我国检察机关不具备"一般监督"职能，所以不能承担对有些机关进行监督的任务。

由此可见，我国检察机关"一般监督"性质定位的不完整，也进而导致我国检察机关定位为"法律监督机关"性质不全面，从而也不利于检察机关发挥其应有的职责。

不断地扩大检察机关的职权范围，强化其对社会生活的监督职能，不仅有助于将社会秩序完全纳入法制轨道，最终也有利于促进我国依法治国的实现。从世界目前的发展趋势来看，我国检察制度在以下两个方面的职权还需要强

化：一是在民事诉讼和行政诉讼领域，检察机关介入的深度还不够；二是在社会事务的其他方面，检察机关监督的普及性还不够。

（二）强化检察系统的独立性

包括检察机关独立在内的司法独立，是现代法治国家的重要标志之一。从检察制度诞生之日起，检察机关独立就是检察制度改革亘古不变的话题。根据革命导师列宁倡导提出的确立地方检察机关仅服从中央的原则，独联体各成员国沿用了苏联时期的检察机关领导机制，并通过改革进一步强化了检察机关的独立性，全国范围内的检察机关直接受上级检察机关的领导，不再受行政机关的干涉。相比之下，新中国刚刚建立之时，曾学习苏联的检察制度，实行垂直领导体制。后来，中苏两国关系恶化，我国在恢复一度中断的检察机关时，改垂直领导体制为双重领导体制。考察中国与苏联多年的检察实践路径，可以得出结论，双重领导体制不能充分保障检察机关的独立性，不利于检察机关开展工作，不利于检察机关提高监督的效率。我们建议我国采取逐步放开的方法，在检察系统实行垂直领导体制，采取分层过渡的方法，即在当下中国司法制度改革的一个相当长的时间里，可以先在省级以下检察机关率先试行垂直领导体制。

（三）构建具有中国特色的专门检察制度

在独联体各成员国设有专门检察院，这些专门检察院是独联体各成员国检察系统不可分割的一部分。独联体各成员国的专门检察制度，是在发源国历史发展的基础上，根据独立后实践的需要而逐步积淀、继承并完善起来的，追根溯源，独联体各成员国专门检察制度的建立，可以追溯到苏联成立的专门检察院，苏联解体后，独联体各成员国继承了这一制度设置。多年的法制实践经验表明，专门检察制度的设立是地方检察院有效实现检察机关任务的又一种模式。可以说，专门检察制度在俄罗斯联邦检察实践活动中占据重要的地位，并且日益发挥着重要的作用。由于我国目前生态环境恶化，环境污染呈严重发展态势，与此相配套的是必须加大对环境保护管理，这无疑必须要求加大监督的力度。值得借鉴的是独联体各成员国设立了专门检察机关，我国也有此类实践发展的迫切需要。最后，独联体国家军事检察制度的发展也比较完善，也是值得我国要进一步改革和完善的方面。

独联体国家检察制度是一种内在价值理念和外在制度设计的有机结合，不仅指向一种宪法上的基本制度安排，还指向这种基本制度安排背景的价值和理念。在独联体国家脱离苏联体制模式独立的过程中，法律体系和国家权力制度的变化和发展起到了主导作用。

当前，世界很多学者把更多的注意力放在发达资本主义国家，对作为发展中的我国来说，在地理位置上与俄罗斯联邦等独联体国家是邻国，对独联体国家检察制度的深入分析研究，能够丰富我们的学术视野。中国检察制度的下一步发展应注意借鉴域外检察制度的有益做法，同时必须兼顾中国社会国际化的发展趋势，落实党的十八届三中全会的精神，落实科学发展观的必然要求。因而检察制度比较研究的实际意义或者价值，或者其目的和立足点，始终都在于中国特色社会检察制度的科学发展。

俄罗斯自然保护检察制度及其对我国的启示[*]

刘向文　王圭宇

　　早在 20 世纪 80 年代后期，自然保护检察制度的创建和改革便受到俄罗斯联邦（苏联）的高度重视。20 世纪 90 年代，俄罗斯联邦（苏联）便建立起了世界上独一无二的、复合式的自然保护检察制度。之后，自然保护检察制度一直是俄罗斯联邦（苏联）专门检察制度的重要组成部分。[①] 时至今日，经过不断的建设与改革，俄罗斯联邦的自然保护检察制度逐步趋于完善，且成效显著。

　　目前，我国正在深入进行检察制度改革，其中包括专门检察制度的改革和完善。认真研究俄罗斯联邦自然保护检察制度的历史发展和现实状况，分析俄罗斯联邦自然保护检察制度改革过程中的经验教训，能对我国现实社会发展中的生态环境保护以及专门检察制度的改革与完善提供有益的启发和借鉴。

一、俄罗斯联邦自然保护检察制度的历史发展

　　在 20 世纪 60—70 年代，苏联在政治和经济领域进行了一系列的改革。适应政治和经济上变化的需要，当时颁布的 1977 年苏联宪法大大提高了公民的法律地位，首次赋予公民健康保护权。[②] 为此，国家应当采取各种措施，以改善环境（第 42 条）。同时，该宪法也首次规定了苏联公民爱护自然、保护自然财富的义务（第 67 条）。[③] 一方面是工业化进程加快，粗放型的生产增长方式导致生态环境恶化；另一方面是苏联将环境保护提到宪法原则高度，公民的

---

　　* 原文载《国外社会科学》2014 年第 2 期。

　　① Система и структура органов прокуратуры//Правоох ранителвные органы ВСССР（издание первое）. под. ред. В. М. Семёнова. М.： Изд. Юридическая литература，1990. C. 249 – 264.

　　② 详见刘向文和赵晓毅合译的 1977 年《苏维埃社会主义共和国联盟宪法（根本法）》，载孙谦、韩大元主编：《世界各国宪法（欧洲卷）》，中国检察出版社 2012 年版。

　　③ 详见刘向文和赵晓毅合译的 1977 年《苏维埃社会主义共和国联盟宪法（根本法）》，载孙谦、韩大元主编：《世界各国宪法（欧洲卷）》，中国检察出版社 2012 年版。

环境意识明显增强。在这种氛围下，苏联政府对生态环境问题的重视程度日益提高。

（一）苏联自然保护检察制度的初步建立

20 世纪 90 年代，全球生态环境面临危机。环境保护这一"全球性问题"，受到世界各国政府和民众越来越多的关注和重视。作为世界上生态资源最丰富的国家之一，当时的苏联清楚地认识到，必须利用一切可以利用的法律机制，其中包括检察监督手段，来保护自然环境。①

特别引起苏联政府高度重视的，是俄罗斯联邦伏尔加河流域的自然环境保护问题。伏尔加河流域地区②集中了大量的石油化工企业、汽车制造企业等重工业和国防工业的企业，也集中了俄罗斯联邦一半的工业潜能。由于上述工业企业实施粗放型增长方式，污水、废气等净化设施未能及时配套建设，伏尔加河流域的生态环境开始恶化。鉴于伏尔加河流域是一个整体，客观上需要及时而全面地掌握有关整个流域自然保护法治状况的信息，需要协调流域多种国家机关实施的治理生态违法行为的活动。③ 在这种情况下，1990 年 4 月 27 日，苏联总检察长 А. Я. 苏哈烈夫签署了《苏维埃社会主义共和国联盟关于成立伏尔加河自然保护检察院的第 443 号命令》，决定成立伏尔加河自然保护检察院。④ 伏尔加河自然保护检察院成为俄罗斯联邦境内第一个全流域性的自然保护检察院（州级检察院），其驻地为加里宁州的首府加里宁市（苏联解体前夕已更名为特维尔州的特维尔市）。依照上述命令的规定，伏尔加河自然保护检察院是对位于伏尔加河流域的，或在伏尔加河流域发挥作用的各级国家机关、自然保护监督机关、企业、机构、组织履行维护环境职能的情况和维护公民生态权的法律执行情况实施检察监督的机关。

需要指出的是，除俄罗斯联邦伏尔加河流域之外，其他加盟共和国的自然环境保护问题也同样引起苏联政府的高度重视。

（二）苏联自然保护检察制度的进一步完善

苏联自然保护检察制度的进一步完善，主要是指苏联复合式自然保护检察

---

① 王贵林等：《俄罗斯的环境保护立法与执法》，载《中国环境科学学会学术年会论文集（2009）》，第 633 页。

② 位于莫斯科州西北部的加里宁州是伏尔加河的发源地。从加里宁州到阿斯特拉罕州的整个伏尔加河流域，分布着 500 个城市，占俄罗斯联邦城市总数的 40%。См.：Консультант Плюс〔Электронный ресурс〕：справочно - правовая система.

③ Валерий Виноерадов Волжская межрегионалвнан природоохранная прокуратура создана 19лет назад. http：//tver. Rfn. ru/rnews. html？id =33065.

④ Приказ Прокуратуры Союза ССР оr 27. 04. 1990No443 "Об образовании Волжской природоохранной прокуратуры".

制度的初步呈现。其主要表现有三个方面：一是俄罗斯联邦的伏尔加河全流域性自然保护检察机关体系的逐步建立；二是在伏尔加河自然保护检察机关体系之外，苏联全境还设立了一些独立的区（市）级自然保护检察院；① 三是在未设立自然保护检察院的地区，由区域性检察院负责对自然保护和自然利用立法的执行情况实施监督。

1. 伏尔加河全流域性的自然保护检察机关体系逐步建立

1990 年 10 月，苏联总检察长签署命令，决定成立隶属于伏尔加河自然保护检察院的 12 个跨区自然保护检察院（区、市级检察院）。它们分别驻扎在生态状况受到重大威胁的 12 座城市。② 1991 年 11 月，苏联总检察长又签署命令，决定成立梁赞跨区自然保护检察院（区、市级检察院），将伏尔加河流经的梁赞州列入伏尔加河自然保护检察院的检察监督范围。该检察院成为伏尔加河自然保护检察院下辖的第 13 个跨区自然保护检察院，驻地为梁赞州首府梁赞市。③

2. 苏联全境还设立了一些独立的区（市）级自然保护检察院

到 1991 年，苏联境内区（市）级自然保护检察院的数量已经达到了 110 个。④ 俄罗斯的面积占整个苏联面积的三分之二，其境内的（市）级自然保护检察院的数量也达到苏联区（市）级自然保护检察院总数的三分之二。在其他加盟共和国里，也设立了一些独立的、隶属于本加盟共和国检察院的区（市）级自然保护检察院。

3. 由区域性检察院负责对自然保护和自然利用立法的执行情况实施监督

哈巴罗夫斯克边疆区检察院下辖 27 个区（市）级检察院。其中，包括 2 个区（市）级自然保护检察院，即哈巴罗夫斯克跨区自然保护检察院和阿穆尔河畔共青城跨区自然保护检察院。⑤ 在未设立自然保护检察院的其他地区，仍然由区域性检察院负责对自然保护和自然利用立法的执行情况实施监督。

---

① 1991 年底前，苏联是由 15 个加盟共和国组成的统一的联盟国家。但是，15 个加盟共和国的面积、人口规模差别很大。例如，俄罗斯联邦的面积占整个苏联面积的三分之二。亚美尼亚的面积则相当于俄罗斯联邦面积的五百七十七分之一。См.：Административно－территориалное устройство союзных республик СССР. Президиум Верховного Совета СССР. М.：Известия. 1987.

② 它们分别是：奥斯塔什科夫市、加里宁市、切列波韦茨市、雅罗斯拉夫尔市、科斯特罗马市、伊万诺夫市、切博克萨雷市、喀山市、萨马拉市、萨拉托夫市、下诺夫哥罗德市、乌里扬诺夫斯克市。См.：Консультант Плюс〔Электронный ресурс〕：справочно－правовая система.

③ См.：Там же.

④ См.：Там же.

⑤ См.：http：//prokuror. hbr. ru/rayonprok. php.

（三）俄罗斯联邦现行的自然保护检察制度

1991 年底，苏联解体，俄罗斯联邦独立。俄罗斯联邦在继承苏联复合式自然保护检察制度的基础上，进一步完善了本国的自然保护检察制度。

1. 继续完善伏尔加河自然保护检察机关体系

在 1990—1999 年期间，俄罗斯联邦的经济连续 10 年滑坡。与政局动荡、经济困难相适应，俄罗斯联邦的生态环境也逐渐恶化。伏尔加河流域的环境污染程度更为严重，其各项平均指标比全国高出 3—5 倍。1994 年，俄罗斯联邦总统曾下令把伏尔加河流域列入生态环境恶化地区。① 在这种背景下，俄罗斯联邦采取了两大措施：一是在 1992 年 3 月之后，将位于斯捷潘科娃市的里海北部水上检察院更名为阿斯特拉罕跨区自然保护检察院，将伏尔加河下游水上检察院更名为伏尔加格勒跨区自然保护检察院。上述两个检察院，成为伏尔加河自然保护检察院下辖的第 14 个和第 15 个跨区自然保护检察院（区、市级检察院）。② 二是在 1998 年 1 月 26 日，时任俄罗斯联邦总检察长职务的 Ю. И. 斯库拉托夫签署了《俄罗斯联邦总检察院关于伏尔加河自然保护检察院的第 34 号命令》，将伏尔加河自然保护检察院正式更名为伏尔加河跨地区自然保护检察院。③

2. 建立新的独立的跨区自然保护检察院

2010 年 2 月和 8 月，俄罗斯媒体报道，在诺夫哥罗德州、阿尔泰共和国和阿尔汉格尔斯克州分别成立了一个跨区自然保护检察院，即诺夫哥罗德跨区自然保护检察院、戈尔诺—阿尔泰跨区自然保护检察院和阿尔汉格尔斯克跨区自然保护检察院。它们均为区（市）级自然保护检察院。④

二、俄罗斯联邦现行自然保护检察制度的主要内容

目前，俄罗斯联邦实行复合式的自然保护检察制度。其主要内容是，在三种不同的地区，实行三种不同的自然保护检察制度：一是在伏尔加河流域建立跨地区自然保护检察院（联邦主体级检察院），由其对伏尔加河流域 15 个联

---

① См.: Защита экологических прав гражданв рф. Деятельность Волжской межрегиональной природоохранной прокуратуры. http://archive. svoboda. org/programs/Law/2003/law. 091503. asp.

② См.: Консультант Плюс 〔Электронный ресурс〕: справочно - правовая система.

③ См.: Приказ Генералвной прокуратуры РФ от 26января 1998г. No 34 "О волжской природоохранной прокуратуре".

④ См.: В Республике Алтай создана специализированная межрайонная природоохранная прокуратура—горно - алтайская межрайонная природоохранная прокуратура. http://fedpress. ru/feder-al/pobt/vlast/id - 195704. html.

邦主体内执行生态法律的情况实施监督；二是在生态环境受重点保护的地区，或者是在生态环境遭到严重破坏的地区，建立隶属于本联邦主体检察院的跨区自然保护检察院（区、市级①检察院），以负责对本地区执行生态法律的情况实施监督；三是在俄罗斯联邦三分之一强的地区里，即在 32 个联邦主体里，未成立专门的跨区自然保护检察院（区、市级检察院）的，仍然由当地的区域性检察院负责对本辖区内生态法律的执行情况实施监督。实践证明，上述复合式自然保护检察制度符合俄罗斯生态保护的实际情况和现实需要，成效显著。

（一）复合式自然保护检察制度的组成结构

1. 在母亲河流域建立跨地区自然保护检察院

伏尔加河跨地区自然保护检察院下辖伏尔加河流经的 15 个联邦主体。目前，除马里—埃尔共和国外，伏尔加河跨地区自然保护检察院在其余 14 个联邦主体境内设立了 15 个跨区自然保护检察院（区、市级检察院）。这 15 个跨区自然保护检察院自伏尔加河上游往下游里海方向依次是：奥斯塔什科夫跨区自然保护检察院（特维尔州②）、特维尔跨区自然保护检察院（特维尔州）、雅罗斯拉夫尔跨区自然保护检察院（雅罗斯拉夫尔州）、切列波韦茨跨区自然保护检察院（沃洛格达州）、科斯特罗马跨区自然保护检察院（科斯特罗马州）、伊万诺沃跨区自然保护检察院（伊万诺沃州）、梁赞跨区自然保护检察院（梁赞州）、下诺夫哥罗德跨区自然保护检察院（下诺夫哥罗德州）、切博克萨雷跨区自然保护检察院（楚瓦什共和国）、喀山跨区自然保护检察院（鞑靼斯坦共和国）、乌里扬诺夫斯克跨区自然保护检察院（乌里扬诺夫斯克州）、萨马拉跨区自然保护检察院（萨马拉州）、萨拉托夫跨区自然保护检察院（萨拉托夫州）、伏尔加格勒跨区自然保护检察院（伏尔加格勒州）、阿斯特拉罕跨区自然保护检察院（阿斯特拉罕州）。

2008 年 5 月 7 日，俄罗斯联邦总检察长签发的第 84 号命令进一步指出，伏尔加河跨地区自然保护检察院"领导下级自然保护检察院的工作"。③ 据此，

---

① 俄罗斯是联邦制国家，只有在 83 个联邦主体内，才有区、市和市镇村两级行政区域单位。区、市级相当于我国的县和县级市。

② 由于特维尔州是伏尔加河的发源地，又由于伏尔加河流经特维尔州的长度为 700 公里，占伏尔加河全长的四分之一，所以俄罗斯联邦总检察院在特维尔州境内设立了两个隶属于伏尔加河跨地区自然保护检察院的跨区自然保护检察院，并选定特维尔州首府特维尔市为伏尔加河跨地区自然保护检察院的驻地。См.：Консультант Плюс〔Электронный ресурс〕：справочно – правовая система.

③ См.：Приказ Генералвной прокуратуры РФ от 7мая 2008г. No 84 " О разграничении компетенции прокуроров территориальных，военных и других специализированных прокуратур" （в ред. Приказ Генеральной прокуратуры России от 31марта 2009г. No 98）.

伏尔加河跨地区自然保护检察院（联邦主体级检察院）所属的 15 个跨区自然保护检察院（区、市级检察院），接受伏尔加河跨地区自然保护检察院的领导，并对其负责。伏尔加河跨地区自然保护检察院接受俄罗斯联邦总检察院的领导，并对其负责。伏尔加河跨地区自然保护检察院及其所属的 15 个自然保护检察院，均实行检察长负责制。

2. 在生态保护的重点地区建立独立的跨区自然保护检察院

在俄罗斯联邦，除了在伏尔加河流经的 15 个联邦主体建立全流域性的跨地区自然保护检察院外，还在其他 36 个联邦主体的生态环境重点保护地区或生态环境遭到严重破坏的地区，建立了隶属于本联邦主体检察院的 42 个跨区自然保护检察院（区、市级检察院），以负责对本地区执行生态法律的情况实施监督。

（1）在生态环境的重点保护地区建立跨区自然保护检察院

在生态环境的重点保护地区，建立隶属于本联邦主体检察院的跨区自然保护检察院（区、市级检察院）。例如，2010 年 8 月 11 日，在阿尔泰共和国境内成立了一个跨区自然保护检察院，即戈尔诺—阿尔泰跨区自然保护检察院。阿尔泰共和国检察院新闻局发言人指出，成立戈尔诺—阿尔泰跨区自然保护检察院的原因，主要有以下三点：一是阿尔泰共和国生态环境优美。阿尔泰共和国 11% 的领土都是特别自然保护区，还有五个世界自然遗产。其境内不仅森林覆盖率高，而且有 7000 个大大小小的湖泊。二是近期以来实施了一系列的大工程。例如，通往中国的石油管道贯穿该共和国境内；该共和国还计划建立经济特区，建立容纳 7000 人的滑雪场，以发展旅游事业等。三是实施上述大规模的工程，不排除会出现大量违反自然保护立法的行为，从而破坏当地的生态环境。为了保护阿尔泰共和国的生态环境和维护阿尔泰共和国公民的生态权，[①] 俄罗斯联邦总检察长于 2010 年 7 月签署了关于成立该跨区自然保护检察院的命令。阿尔泰共和国图罗恰克区检察院原副检察长阿尔扎·巴奇舍夫被任命为戈尔诺—阿尔泰跨区自然保护检察院的首任检察长。[②]

---

① 俄罗斯联邦现行宪法第 42 条规定，每个人都有获得良好环境的权利，并有了解环境状况的真实信息，要求赔偿因实施生态违法行为而对其身体健康或财产造成损失的权利。第 58 条规定，每个人都有保护自然和环境、珍惜自然资源的义务。详见刘向文和赵晚毅合译的 1993 年《俄罗斯联邦宪法》，载孙谦、韩大元主编：《世界各国宪法（欧洲卷）》，中国检察出版社 2012 年版。

② См.: В Республике Алтай создана специализированная межрайонная природоохранная прокуратура—горно-алтайская межрайонная природоохранная прокуратура. http://fedpress. ru/federal/pobt/vlast/id-195704. html.

（2）在生态环境遭受严重破坏的地区建立跨区自然保护检察院

俄罗斯联邦还在生态环境遭受严重破坏的地区建立独立的跨区自然保护检察院。这一点明显地体现在奥伦堡州和亚马尔—涅涅茨自治专区成立跨区自然保护检察院这一问题上。例如，奥尔斯克跨区自然保护检察院检察长 B. A. 别洛库罗夫指出，在俄罗斯联邦七分之一的领土上，即在居民人口和工业企业稠密的地区里，生态状况恶化了。一半以上人口被迫饮用不达标的水。奥伦堡州下辖的奥尔斯克地区，就属于上述地区。因此，在奥尔斯克地区成立了一个跨区自然保护检察院，即奥尔斯克跨区自然保护检察院。① 该跨区自然保护检察院有在编工作人员 4 人，负责对其辖区（奥尔斯克等 4 个市和阿达莫夫斯基等 7 个区）内执行生态法律的情况实施监督。② 又如，亚马尔—涅涅茨自治专区的面积为 76.9 万平方公里，居民人口总数为 50 万人。该自治专区虽然地处西伯利亚的极北地区，地广人稀，但它每年生产俄罗斯联邦 90% 的天然气和 12% 的石油等。正是由于大量工业企业的存在，加之实施粗放型的生产增长方式，排出的大量废气、污水致使该自治专区内的居民人口和工业企业稠密地区的生态环境受到威胁、趋向恶化。因此，亚马尔—涅涅茨自治专区检察院下辖的 15 个区（市）级检察院中，有 1 个是跨区自然保护检察院。③

在这些下辖有个别跨区自然保护检察院的联邦主体检察院里，设立有自然保护立法执行情况监督处。例如，克拉斯诺亚尔斯克边疆区检察院下辖的 59 个区、市级检察院中，设有 1 个跨区自然保护检察院，即克拉斯诺亚尔斯克自然保护检察院。克拉斯诺亚尔斯克边疆区检察院检察长下设 4 个检察长高级助理和 4 个局。后者分别为组织局、联邦立法执行情况监督局、检察长参加法院案件审理保障局、各级检察机关活动保障局。而在联邦立法执行情况监督局中，设有包括经济和自然保护立法执行情况监督处在内的 8 个处。④ 其中的经济和自然保护立法执行情况监督处不仅负责指导克拉斯诺亚尔斯克自然保护检察院的工作，而且指导边疆区其他 58 个区域性检察院对生态保护的检察监督工作。

3. 在三分之一强的地区里仍然由区域性检察院负责生态保护的检察监督

目前，俄罗斯联邦是由 83 个联邦主体组成的统一的联邦制国家。在三分之一强的地区里，即在 32 个联邦主体里，未成立跨区自然保护检察院，仍然

---

① Cм.：http://www.Opskprirodprok.ru/.

② 俄罗斯联邦总人口是 1.4 亿人，相当于我国人口的十分之一。所以，俄罗斯联邦每个跨区自然保护检察院的在编工作人员人数大大少于我国每个县级检察院的在编工作人员人数。

③ Cм.：http://www.Prokyanao.ru/14.php.

④ Cм.：http://www.Kraspros.ru/? sostavi-struktura.

由当地的区域性检察院负责生态保护的检察监督。[①] 例如，在俄罗斯联邦中部联邦区下辖的 18 个联邦主体中，有 11 个联邦主体未设立自然保护检察院或跨区自然保护检察院。只有莫斯科市、莫斯科州、布良斯克州等 7 个联邦主体各设立了 1 个自然保护检察院或跨区自然保护检察院。

（二）复合式自然保护检察制度框架内检察长职权范围的划分

如前所述，在俄罗斯联邦三种不同的地区里，实行三种不同的自然保护检察制度。俄罗斯联邦复合式自然保护检察制度的运转是否有效，关键在于能否正确划分区域性检察院、自然保护检察院和其他专门检察院检察长的职权范围。

1. 伏尔加河跨地区自然保护检察院和区域性检察院的职权范围划分

伏尔加河跨地区自然保护检察院和区域性检察院及其他专门检察院之间的关系，大致包括以下两个方面：第一，伏尔加河跨地区自然保护检察院和区域性检察院之间的关系，主要是指伏尔加河跨地区自然保护检察院和辖区内与之平级的 15 个俄罗斯联邦主体检察院之间的关系。[②] 这 15 个联邦主体检察院也享有自然保护监督职能，[③] 所以它们和伏尔加河跨地区自然保护检察院之间的关系是一种协调与合作的关系。第二，伏尔加河跨地区自然保护检察院和辖区内其他专门检察院之间的关系。例如，和辖区内与之平级的军事检察院、运输检察院等之间的关系，同样是协调与合作的关系。为了明确上述各类检察院之间的职权范围，防止多头监督、重复监督，提高监督工作效率，俄罗斯联邦总检察长曾于 2008 年 5 月 7 日签发了《关于划分区域性检察院、军事检察院和其他专门检察院检察长职权范围的第 84 号命令（附 2009 年 3 月 31 日作出的修改）》。[④]

2. 跨区自然保护检察院和区域性检察院的职权范围划分

还应指出的是，在俄罗斯联邦，除伏尔加河跨地区自然保护检察院及其所属的 15 个跨区自然保护检察院之外，在其他 36 个俄罗斯联邦主体内也分别设

---

① 〔俄〕Ю. Е. 维诺库罗夫主编：《检察监督》，刘向文译，中国检察出版社 2009 年版，第 145 ~ 151 页。

② 依照俄罗斯联邦宪法规定，俄罗斯联邦主体的形式共有六种类型，即共和国、边疆区、州、联邦直辖市、自治州、自治区。但是，伏尔加河流域的 15 个俄罗斯联邦主体只有两种类型，即共和国和州。

③ 〔俄〕Ю. Е. 维诺库罗夫主编：《检察监督》，刘向文译，中国检察出版社 2009 年版，第 145 ~ 151 页。

④ См.: Приказ Генералвной прокуратуры РФ от 7мая 2008г. No. 84 " О разграничении компетенции прокуроров территориальных, военных и других специализированных прокуратур" （в ред. Приказ Генеральной прокуратуры России от 31марта 2009г. No 98）.

有 1—2 个跨区自然保护检察院。例如，在弗拉基米尔州检察院的辖区内，不仅设有众多的区域性检察院，也设有 1 个跨区自然保护检察院，即弗拉基米尔跨区自然保护检察院。在这里，存在着弗拉基米尔跨区自然保护检察院和弗拉基米尔州检察院之间的关系，也存在着弗拉基米尔跨区自然保护检察院和辖区内与之平级的区域性检察院、专门检察院之间的关系。为了优化俄罗斯联邦检察机关的活动，以及划分区域性检察院、军事检察院和其他专门检察院的职权范围，保障区域性检察院、军事检察院和其他专门检察院之间的协调行动，俄罗斯联邦总检察长 2008 年 5 月 7 日第 84 号命令规定，"俄罗斯联邦主体检察院的检察长应当采取必要措施，以领导和保障下属专门检察院（区级专门检察院）检察长的活动"（第 2 条）。"俄罗斯联邦主体检察院的检察长与俄罗斯联邦主体检察院检察长平级的军事检察院检察长和其他专门检察院的检察长应当根据检察机关体系统一的原则，并兼顾俄罗斯联邦总检察院组织命令文件关于区域性检察院和专门检察院应当进行协调行动和合作的要求，对下级检察院实施组织方法上的领导"（第 8 条）。此外，依照俄罗斯联邦总检察长 2008 年 5 月 7 日第 84 号命令的规定，弗拉基米尔州检察院检察长 B. M. 切博塔列夫于 2008 年 7 月 31 日签发了《关于弗拉基米尔跨区自然保护检察院监督客体和监督方向的第 82 号命令》。① 该命令规定，弗拉基米尔跨区自然保护检察院和与之平级的区域性检察院、其他专门检察院之间的相互关系包括：（1）在实施监督时，跨区自然保护检察院的检察长和区域性检察院、其他专门检察院的检察长彼此之间应当协调行动。在弗拉基米尔州检察院作出明确指示的情况下，上述区级检察院应当实施联合行动。在必要时，跨区自然保护检察院的检察长应当在组织和实施检查方面，向市检察院、跨区检察院和其他专门检察院提供帮助。（2）跨区自然保护检察院检察长、市检察院检察长、跨区检察院检察长、其他专门检察院的检察长应当在作出每个季度（累计）总结的那个月的 10 日之前，向弗拉基米尔州检察院报告其检察监督的实施情况。（3）分管生态立法执行情况检察监督工作的州副检察长应当保障各市检察院、跨区检察院、专门检察院的检察长在该方向活动中的协调一致。

（三）复合式自然保护检察制度的工作成效

俄罗斯联邦复合式自然保护检察制度的工作成效显著。笔者仅以伏尔加河跨地区自然保护检察院（联邦主体级检察院）的工作成效为例说明。在伏尔加河流域建立统一的自然保护检察机关体系，是在组织检察监督方面的重要措施。正是伏尔加河跨地区自然保护检察院下辖 15 个跨区自然保护检察院

① 　См.：Консультант Плюс〔Электронный ресурс〕: справочно - правовая система.

（区、市级检察院）的组织结构，使该检察院能在分析区域性自然保护监督机关①和护法机关②统计信息和资料的基础上，全面、准确、及时地掌控整个伏尔加河流域自然保护领域的法治状况。而后者保证了预防和制止生态违法行为工作的系统性和连贯性，并保证在自然资源利用方面有效抵制狭隘的地方利益和部门利益。③

可以说，伏尔加河跨地区自然保护检察院在其成立后的 20 多年里，积极履行了对生态立法和自然资源利用立法执行情况实施检察监督的职能，成为俄罗斯联邦保护生态环境、维护公民生态权、防止生态违法行为进一步泛滥的骨干力量。实践证明，它对位于辖区 15 个俄罗斯联邦主体境内的各级权力机关、地方自治机关、自然保护监督机关、企业、机构和组织执行水法、森林法、土地法、生态鉴定立法、工业和生活废料的埋藏和利用立法、动物立法、渔业资源立法、地下资源立法、大气立法情况的监督，都是很有成效的。④ 但是，应当指出的是，伏尔加河跨地区自然保护检察院检察监督的上述方向，尚不是该检察机关活动的所有方向。目前，伏尔加河流域的生态环境形势总的来说是好的，伏尔加河跨地区自然保护检察院的检察监督工作功不可没。

三、俄罗斯联邦自然保护检察制度对我国的启示

俄罗斯联邦自然保护检察制度的建立、发展乃至完善，是一个循序渐进、不断推进的过程。在这个过程当中，俄罗斯联邦自然保护检察制度的改革与创新，都是依据现实国情和实际需要进行的。从比较法的角度而言，俄罗斯联邦自然保护检察制度的改革与实践，对我国专门检察制度的改革和完善，以及对我国生态环境的保护，都具有重要的启示和借鉴意义。

（一）尽快在我国创建自然保护检察院，强化生态环境的保护

俄罗斯联邦自然保护检察制度的运转实践表明，设立专门的自然保护检察院，以在环境保护领域实施检察监督，能够有效地预防和及时地发现、解决环

---

① 区域性自然保护监督机关，在我国是指各级环保局等。

② 在俄罗斯联邦，护法机关体系包括司法权力机关体系（各种联邦法院和联邦主体法院）、各种护法机关（检察机关体系、安全机关体系、内务机关体系、麻醉品流通监督机关体系、海关机关体系、司法行政机关体系）、法律适用机关。法律适用机关又分为国家法律适用机关（税务机关和其他财政机关、司法鉴定机构、公证机关、婚姻登记机关及其他身份登记机关）和非国家法律适用机构（各种民间仲裁机构、同志审判会、律师事务所、私营公证机构、私营侦探和保安机构、非国家的司法鉴定机构）。См.：Правоохранительные органы（третье издание, переработанное и дополнённое）. Под редакцией О. А. Галустьяна иА. П. Килзлыка. М.：Закон и право. 2006.

③ См.：Консультант Плюс〔Электронный ресурс〕：справочно - правовая система.

④ См.：Там же.

境污染和环境破坏问题。[①] 中俄两国是邻国，面临着相似的生态环境保护重任。特别是伴随着改革开放 30 多年的"经济腾飞"，我国的生态环境遭到严重破坏，"有法不依"、"执法不严"、"违法不究"等现象十分严重。近年来，虽然我国在生态环境保护领域取得了不少成绩，但生态环境保护依然面临巨大挑战。[②] 党的十八大报告提出，要"把生态文明建设放在突出地位"，"大力推进生态文明建设"。2013 年 11 月召开的党的十八届三中全会，再一次提出"要加快生态文明建设"。这些都反映出在我国对生态环境进行保护的迫切性和重要性。笔者建议借鉴俄罗斯联邦自然保护检察制度的经验，尽快在我国创建自然保护检察院，[③] 发挥检察机关在生态环境保护领域的检察职能，以此消除环保机关、政府其他机关司空见惯的"不作为"，强化对生态环境的保护，维护我国的稳定局面。

特别需要指出的是，我国现行宪法第 130 条规定，"中华人民共和国设立最高人民检察院、地方各级人民检察院和军事检察院等专门人民检察院"。我国现行的人民检察院组织法第 2 条也依据宪法作出了相应规定。宪法和人民检察院组织法的上述规定已经为自然保护检察院或环境保护检察院这种专门人民检察院的创建奠定了宪法和法律基础。人民检察院组织法第 2 条进一步规定，"专门人民检察院的设置、组织和职权由全国人民代表大会常务委员会另行规定"。上述规定，进一步简化了我国创建自然保护检察院或环境保护检察院的程序。

（二）在我国创建自然保护检察院，应当遵循本地区的现实情况等原则

在涉及"如何"在我国创建自然保护检察院或环境保护检察院的问题上，笔者建议，应当遵循我国的实际情况和现实需要等原则，并兼顾当地的自然地理条件。笔者认为，可以考虑在生态环境问题比较突出、现实需要比较急迫的地方首先建立自然保护检察院。以我国目前水和大气污染为例。长江、黄河、淮河、海河四大流域聚集着众多的工业城市，水和大气的污染形势严峻；松花江、珠江等流域水和大气的环境保护也亟待加强。此外，在即将启动或已经启动大规模工程建设、旅游项目建设的地区，出于保护原始生态环境的考虑，也可以优先考虑创建自然保护检察院或环境保护检察院。最后，2013 年 1 月以

① 王树义、颜士鹏：《论俄罗斯联邦检察院在俄罗斯生态法实施中的监督功能》，载《河北法学》2006 年第 6 期。

② 国务院发展研究中心"十二五"规划研究课题组：《中国生态环境现状及其"十二五"期间的战略取向》，载《改革》2010 年第 2 期。

③ 刘向文、王圭宇：《俄罗斯联邦运输检察机关体系的改革》，载《俄罗斯中亚东欧研究》2010 年第 6 期。

来乃至目前，京津冀豫等地区持续存在的大范围强雾霾天气，已经引起广大民众的高度关注。

在创建自然保护检察院的方式方法上，需要因地制宜，循序渐进。笔者建议国家采取先"试点"取得经验，而后普遍推广的办法。可以先考虑在北京、石家庄和郑州三个城市创建市自然保护检察院或环境保护检察院，在长江流域创建全流域性的自然保护检察院。然后，通过改革"试点"，及时地总结自然保护检察院或环境保护检察院创建和运转实践中的经验教训。待时机成熟的时候，再在全国范围内创建和实施自然保护检察制度。

（三）赋予检察机关以"一般监督"职能是自然保护检察院高效运转的关键

自然保护检察院或环境保护检察院能否高效运转的关键，首先在于能否赋予检察机关以"一般监督"职能。在俄罗斯联邦，宪法和法律赋予检察机关以检察监督职能，即对执行法律情况的检察监督对洛守人和公民权利与自由情况的检察监督；对侦查搜查活动中执行法律情况的检察监督；对审判前程序中执行法律情况的检察监督；对执行刑罚和法院所指定强制措施的机关和机构的行政部门，被拘留、监禁者羁押场所的行政部门执行法律情况的检察监督；对检察长参加法院案件的审理、对司法警察执行法律情况的检察监督等职能。① 其中，对执行法律情况的检察监督职能，传统上又被称为"一般监督"职能，被列为俄罗斯联邦检察机关检察监督职能的首位。② 对执行法律的情况实施检察监督，也是俄罗斯联邦检察机关大量从事的日常工作。具体地说，《俄罗斯联邦检察机关法》第 21 条规定，检察机关不仅对各联邦部和主管部门、③ 联邦主体的立法（代表）机关和执行机关、地方自治机关、军事管理机关、监督机关以及它们的公职人员，而且对商业组织和非商业组织的管理机关和领导人遵守俄罗斯联邦宪法和执行俄罗斯联邦境内现行法律的情况实施监督。同时，它还对上述机关和人员颁布的法律文件是否符合法律实施监督。④ 自然保护检察机关作为俄罗斯联邦检察机关的重要组成部分，与区域性检察机关一样

---

① 〔俄〕Ю. Е. 维诺库罗夫主编：《检察监督》，刘向文译，中国检察出版社 2009 年版，第 113 ~ 394 页。

② 新中国成立初期，我国颁布的 1954 年宪法以及依据该宪法制定的人民检察院组织法赋予检察机关以"一般监督"职能。"文化大革命"后颁布的宪法和法律，在重新恢复检察机关设置的同时剥夺了检察机关的"一般监督"职能。

③ 各主管部门是指俄罗斯联邦政府中除联邦部之外的各种联邦局，相当于我国国务院各直属局等。

④ Федеральный закон 《О прокуратуре Российской Федерацин》（с изменениями идопонлнениями）. См.：Приложение. Под ред. Ю. Е. Винокурова. Прокурорский надзор. М：Юраит, 2008.

拥有"一般监督"职能。

　　我国要创建自然保护检察院或环境保护检察院，就应当首先从宪法和法律上明确赋予人民检察院以"一般监督"职能，使其有权对其他国家机关、企业和组织执行法律的情况实施检察监督，从而及时地发现并依法纠正生态环境领域里的各种违法行为（乱作为或者不作为）。至于如何从法律上规定我国人民检察院的"一般监督"职能，可以借鉴《俄罗斯联邦检察机关法》的立法经验，在人民检察院组织法中明确规定检察机关"一般监督"的对象、客体、权限、检察监督文件等内容。① 而这需要在未来对我国的人民检察院组织法进行补充和完善。

　　（四）划分好自然保护检察院和其他类型检察院的职权范围

　　自然保护检察院或环境保护检察院能否高效运转的关键，还在于能否划分好自然保护检察院或环境保护检察院与其他类型检察院的职权范围。只有厘清和划分好各自的职权范围，才能使自然保护检察院高效、畅通地运作，实现它和其他类型检察院之间的联动合作。如果将来在我国设立自然保护检察院或环境保护检察院，需要特别注意以下两个问题：一是借鉴弗拉基米尔州检察院的经验，严格划分自然保护检察院和与之平级的其他类型检察院之间的职权范围，避免出现它们之间的权限纠纷；二是当自然保护检察院和其他类型检察院之间出现职权纠纷时，可以由（跨省级）自然保护检察院在会同相应省、自治区和直辖市人民检察院协商的基础上，本着有利于生态环境保护的原则予以解决。

　　应当指出的是，根据现代法治精神，以上这几个职权范围的划分还需要相应的法治化保障。这既可以在创建自然保护检察院时颁布法律或法规统一划分职权范围，也可以在未来人民检察院组织法的修改中予以补充规定。在这方面，俄罗斯联邦的经验尤其值得关注。考察和研究包括《俄罗斯联邦检察机关法》② 以及与此相关的检察长命令等规范性法律文件，可以为我国下一步制定、修改和完善自然保护检察监督领域的相关法律法规奠定基础。

----

　　① 刘向文、王圭宇：《俄罗斯联邦检察机关的"一般监督"职能及其对我国的启示》，载《行政法学研究》2012 年第 1 期。

　　② 《俄罗斯联邦检察机关法》文本，参见〔俄〕Ю. E. 维诺库罗夫主编：《检察监督》，刘向文译，中国检察出版社 2009 年版，第 426～472 页。

第四部分

检察政策

论检察政策及其实施[*]

王守安

  检察政策，是检察机关根据国家政策以及检察制度和检察工作发展的需要，制定并实施的规范和指导检察工作的准则。检察政策包括检察工作的目标、方针、原则、策略等。^① 按照检察政策的概念，检察政策是围绕着检察活动展开的，而检察活动，也称检察行为，是检察机关依照法律规定行使检察权的司法活动。^② 在我国，宪法第 129 条明确规定，检察机关是国家的法律监督机关。这表明，检察机关所行使的检察权在国家权力体系中被定位为法律监督权，检察权在本质上具有法律监督的性质。换言之，在我国，检察权和法律监督是一体的。检察机关行使检察权是实行法律监督的具体表现形式，法律监督则是检察权的本质属性。所以，检察政策的制定和实施实际上是实现法律监督的一种手段。所有的检察政策都是为了实现法律监督，因而，是否有利于实现法律监督也可以作为检验和评估检察政策总的标准。

一、检察政策与法律的关系

  党的十八大报告指出："法治是治国理政的基本方式。"检察机关作为国家的法律监督机关，它的法律监督工作只能是根据法律的授权，对于法定的监督对象，运用法定的手段，依照法定程序进行的监督。检察机关在国家权力架构中被定位为法律监督机关，这本身就意味着检察机关是履行司法职能的国家机关。法律监督主要是在具体案件中适用法律的手段，因而检察权更接近于司法权而不是行政权，检察机关可以说是主动行使司法权的司法机关。^③ 检察活动是司法行为的表现形式之一。

  检察机关既然是司法机关，就必须严格依照法律行使检察权，这是法治的

---

  * 原文载《河南社会科学》2014 年第 2 期。

  ① 朱孝清、张智辉主编：《检察学》，中国检察出版社 2010 年版，第 547 页。

  ② 朱孝清、张智辉主编：《检察学》，中国检察出版社 2010 年版，第 437 页。

  ③ 朱孝清、张智辉主编：《检察学》，中国检察出版社 2010 年版，第 210 页。

基本要求。那么，在依法行使检察权的前提下，为什么还需制定检察政策？检察政策的空间何在？在法律之外，另行制定并实施检察政策，是否会把法治变成政策之治？当法律与检察政策存在矛盾时，应当如何处理？这些问题是关于检察政策与法律关系的经常性疑问。

由于检察政策是围绕着检察权而制定的，而按照法律的授权，在检察权的内容里，除了民事审判监督权和行政诉讼监督权之外，绝大多数的检察权如职务犯罪侦查权、批准逮捕权、公诉权等，都是刑事权力，因此，检察政策几乎可以被称为刑事检察政策。而且，由于检察行为是司法行为的表现形式之一，故以指导、保障检察行为正确实施为己任的检察政策，几乎可以作为刑事司法政策的一个分支，与刑事侦查政策、刑事审判政策、刑事执行政策等一起构成刑事司法政策的全部。因此，检察政策与法律的关系，可以概括为以下两点：

第一，检察政策必须合法，即检察政策必须限制在法律的框架内而不能超越法律的框架。法律在检察工作的适用中必须得到尊重和遵守，即使在法律规定缺失的情况下，也不能通过制定检察政策来"补充"法律的"空白"，这是法治的基本要求。"检察机关在制定检察工作的政策时要充分考虑有关法律的规定和精神，检察政策的任何内容都不得违背法律的精神。"①

第二，检察政策是在具体检察工作中适用法律的方式。具体检察工作在适用和解释法律的过程中，应当在合法的前提下，充分运用检察政策，针对当时、当地以及具体案件的具体情况，争取做到法律效果、政治效果和社会效果的有机统一。"政策是介于法律制度与行为之间的一种调整方式，是对法律制度确定的行为模式的一种因时制宜和因地制宜的补充和说明。"②

能够较好地说明检察政策与法律关系的例证是规范性司法解释的制定。规范性司法解释是对既有法律的解释，不是法的创制活动，因而司法解释的前提是必须依照法律，不能超越法律的规定。同时，司法解释与法律相比，由于制定的程序较为简便，因而相对灵活，可以对社会状况的变化作出较之法律更为迅速的反应，而且，司法解释由最高人民法院和最高人民检察院制定，通常以规范性的形式发布，故又具有相对较高的权威性和确定性。当社会状况发生变化，引起国家政策或者检察政策的发展和变化，但这种变化又不需要立法予以回应，同时具体检察工作需要体现某种新的国家政策或者检察政策时，最高人民检察院就可根据既有法律的规定，同时按照新的检察政策的要求，运用扩张解释、限制解释、反对解释等解释方法和解释技术，制定司法解释或者修改已

---

① 朱孝清、张智辉主编：《检察学》，中国检察出版社 2010 年版，第 552 页。
② 朱孝清、张智辉主编：《检察学》，中国检察出版社 2010 年版，第 549 页。

有的司法解释，从而使司法解释在合法的前提下成为新的检察政策的载体，以指导和规范检察工作实践。

二、检察政策的层次

如前所述，检察政策是为了实现法律监督，检察政策是围绕着检察活动展开的，而检察活动是检察机关依法行使检察权的司法行为。虽然所有检察活动都是为了实现法律监督，但因为检察权的具体内容不同，故检察政策也应分为不同的层次。

如果按照检察政策发挥作用的范围对检察政策进行分类，检察政策可以分为总体检察政策、基本检察政策和具体检察政策三类。总体检察政策是指对整个检察系统和全部检察工作具有指导意义的政策。基本检察政策是指对某个方面的检察工作具有普遍性指导意义的政策。具体检察政策是指总体检察政策和基本检察政策以外的所有的检察政策，具体检察政策是根据总体检察政策和基本检察政策，针对某项具体工作或者当前面临的具体任务或者一定范围内存在的实际问题制定的，既包括检察业务管理方面的政策，也包括检察队伍建设和检务保障等方面的政策。①

（一）总体检察政策

总体检察政策是检察政策体系中最高层次的检察政策，也是目标的综合性最强、能统摄其他所有检察政策的检察政策。总体检察政策是基本检察政策的出发点和基本依据。总体检察政策的基本功能在于保障其他检察政策遵循同一的检察政策理念、谋求实现统一的政策目标。因此，总体检察政策在检察政策体系中实际上处于检察战略的地位。同时，由于总体检察政策是用以指导全部检察工作的指针，故总体检察政策具有全局性、原则性和纲领性的特点。总体检察政策的这一特点，决定了总体检察政策的内容只能是高度概括性的，需要基本检察政策和具体检察政策予以具体化，从这个意义上讲，总体检察政策对具体检察工作的指导是间接的。

（二）基本检察政策

基本检察政策衍生于总体检察政策，基本检察政策要服从和体现总体检察政策，贯彻总体检察政策的要求，是总体检察政策在某一检察工作领域的延伸

---

① 在检察政策中，除了检察业务政策之外，还包括检察政工政策和检务保障政策等。由于检察政策的核心是检察活动，故检察业务政策在检察政策中也具有核心位置，限于本文的宏旨及篇幅，本文所指的检察政策均专指检察业务政策。参见朱孝清、张智辉主编：《检察学》，中国检察出版社2010年版，第555页以下。

和具体化，同时又是该领域的具有普遍意义的检察政策。在检察政策体系中，基本检察政策处于检察策略的地位。在检察政策体系中，基本检察政策具有至关重要的作用。这是因为，"基本政策是总政策的具体化，是具体政策的原则化，是连接总政策和具体政策的中间环节"①。基本检察政策的重要性不仅在于它是连接总体检察政策和具体检察政策的纽带，还在于根据检察工作的特点，各方面和各领域的检察工作虽然都具有法律监督的属性，但各方面和各领域的检察工作的内容相差较大，例如，侦查监督工作与民事、行政检察工作，其内容、特点和工作规律就大相径庭。而总体检察政策由于是对特定时期的检察战略的总体要求，其内容是原则性的和高度概括的，对具有不同特点和规律的具体检察工作的指导作用只能是间接的和总体方向性的，所以，反映某一方面、某一领域检察工作的基本规律，解决这一方面和领域的普遍性、基础性问题的基本检察政策就显得特别重要。正因为如此，从某种意义上甚至可以说，如果没有齐备的基本检察政策，就没有检察政策体系，总体检察政策所规定的检察战略这种"宏大叙事"也只能停留在纸面上。

（三）具体检察政策

具体检察政策是基本检察政策在具体问题上的具体对策和行动方案。具体检察政策具有反应敏捷、针对性强、见效快等特点。② 在检察政策体系中，具体检察政策处于对策的地位。

按照政治学的理论，政治决策分为战略性决策和策略性决策。战略性决策是制定策略性决策的依据，策略性决策是实现战略性决策的保证。③ 显然，在检察政策体系中，总体检察政策是战略性决策，基本检察政策是策略性决策，而具体检察政策是针对具体问题的对策。如果说，总体检察政策是检察政策体系的灵魂，那么基本检察政策则是检察政策体系的骨架，而具体检察政策是检察政策体系的血肉。因此，在检察政策体系中，总体检察政策是一元的，基本检察政策是多元的，而具体检察政策则是繁多的。

三、检察政策的内容

（一）总体检察政策的内容

从内容上看，总体检察政策是指检察机关在履行法律监督职能的过程中，提出的宏观层面的指导思想、工作方针。从历史上看，总体检察政策在不同时

① 王福生：《政策学研究》，四川人民出版社 1991 年版，第 48 页。
② 朱孝清、张智辉主编：《检察学》，中国检察出版社 2010 年版，第 558 页。
③ 王邦佐等主编：《新政治学概要》，复旦大学出版社 1998 年版，第 273 页。

期冠以不同的名称，如"检察工作方针"、"检察工作总的思路"、"检察工作总体要求"、"检察工作主题"、"检察工作总体思路"，等等。但不管冠以何种名称，只要是总揽全部检察工作，体现检察工作在特定时期的总体发展战略，对于其他检察政策的制订和实施都具有指导作用的指导性、原则性、规划性和战略性的内容，都属于总体检察政策的范畴。

1978 年，检察机关开始恢复重建，同年的第七次全国检察工作会议提出，新时期检察工作的方针是"党委领导、执法必严、保障民主、加强专政、实现大治、促进四化"①。这一工作方针与当时检察机关边恢复工作边逐步开展工作的现实状况是相适应的，不过也存在着较大的历史局限性，主要表现为，检察机关宪法定位模糊、检察工作特点反映不足，等等。

1988 年 11 月 12 日，为了有力地贯彻党中央关于严厉打击严重经济犯罪的方针，保障改革开放健康发展，履行宪法、法律赋予检察机关的职责，在全国检察长工作会议上，刘复之检察长提出了"坚持一要坚决，二要慎重，务必搞准的原则"②。这个工作方针是针对查办具体案件提出的工作方针，对于强化检察机关办案意识和办案自觉，加强检察机关办案能力和业务队伍建设有着显著的意义，但是，"一要坚决、二要慎重、务必搞准"的方针，能否被称为总体检察政策值得斟酌。从近年检察机关工作发展看，"一要坚决，二要慎重，务必搞准"逐渐成为职务犯罪侦查工作的基本检察政策。

1993 年 4 月 13 日，张思卿检察长在全国检察机关法纪检察工作会议闭幕式上指出，检察工作必须紧紧围绕经济建设这个中心，一心一意地为社会主义市场经济建设服务。当前要下大力气狠抓严格执法这个法制建设的中心环节，以推动各项检察工作的发展，树立人民检察院作为国家法律监督机关的权威。要突出查办发生在领导机关、领导干部以及经济管理和执法监督部门工作人员中的犯罪案件，集中力量查办大案要案，不论涉及什么人都要一查到底。此次会议正式提出了以"严格执法、狠抓办案"的工作方针统揽各项检察活动。③在"严格执法、狠抓办案"的工作方针中，"办案"不仅限于职务犯罪侦查等检察机关的自侦案件，而且包括检察工作的各个环节。"我们要全面理解八字方针中'办案'的含义，其不是仅仅限于自侦办案，而是在公诉、批捕、民行、监所等各个环节都要严格执法、狠抓办案。用办案理念来统一全国检察干

① 谢鹏程、李勇：《检察工作方针和总体要求的历史发展》，载《人民检察》2008 年第 13 期。
② 孙谦主编：《人民检察制度的历史变迁》，中国检察出版社 2009 年版，第 367 页。
③ 孙谦主编：《人民检察制度的历史变迁》，中国检察出版社 2009 年版，第 380～381 页。

警的意志与行动。"① "严格执法、狠抓办案"的提出，抓住了检察工作的纲，统一了检察机关的执法思想和全体检察人员的行动方向，在全检察系统很快形成了上下一心，集中精力抓办案的工作局面，检察工作面貌为之一新。不过，在"严格执法、狠抓办案"方针中，检察机关作为法律监督机关的法律属性仍然不够清晰。

在 1997 年 11 月召开的全国检察长工作会议上，张思卿检察长提出今后一个时期检察工作总的任务是，高举邓小平理论伟大旗帜，紧密团结在以江泽民同志为核心的党中央周围，坚持党在社会主义初级阶段的基本路线和基本纲领，坚持"严格执法、狠抓办案、加强监督"的工作方针，重点抓好查办贪污贿赂、渎职等职务犯罪大案要案，打击严重刑事犯罪活动和执法监督三项工作。"加强监督体现了检察机关的根本性质和任务，也是国家法律统一正确实施的重要保障，是严格执法、狠抓办案的出发点和落脚点。"② 至此，"严格执法、狠抓办案"工作方针被修正为"严格执法、狠抓办案、加强监督"。这是法律监督首次成为检察机关的工作方针。从总体检察政策发展的角度看，"加强监督"也可以看作"强化法律监督"最终成为检察工作主题的先声和雏形。

1999 年 1 月，在全国检察长工作会议上，韩杼滨检察长代表最高人民检察院提出了"公正执法、加强监督、依法办案、从严治检、服务大局"的检察工作方针。韩杼滨检察长指出："公正执法，是社会主义法制的根本要求，是检察工作的永恒主题，也是人民群众的强烈呼声；加强监督，是检察机关在国家政治、社会生活中履行宪法和法律赋予职责的主要体现；依法办案，是检察机关全面履行法律监督职责的主要手段和内在要求；从严治检，是建设高素质专业化检察队伍的基本要求，是完成各项检察任务的重要保障；服务大局，是检察工作的政治方向和根本目的，是全部检察活动的出发点和落脚点。"③ "公正执法、加强监督、依法办案、从严治检、服务大局"的检察工作方针继承了以往工作方针的合理成分，丰富和发展了工作方针的内容，加深了对检察权的性质和功能的认识，至此，总体检察政策逐渐清晰起来。

2003 年 5 月 30 日，最高人民检察院召开全国检察机关开展"强化法律监督，维护公平正义"教育活动电视电话会议。2004 年，最高人民检察院根据党的十六大关于"社会主义司法制度必须保障在全社会实现公平和正义"的

---

① 王松苗主编：《共和国检察人物》，中国检察出版社 2009 年版，第 239 页。
② 王松苗主编：《共和国检察人物》，中国检察出版社 2009 年版，第 246 页。
③ 王松苗主编：《共和国检察人物》，中国检察出版社 2009 年版，第 266 页。

要求和宪法、法律的规定，进一步将"强化法律监督，维护公平正义"提升为检察工作主题，并提出了"加大工作力度，提高执法水平和办案质量"的总体要求。① "强化法律监督，维护公平正义"这一工作主题的确立，使得检察机关作为国家法律监督机关的宪法定位更为明晰，而且突出了检察工作的"维护公平正义"目的，使全部检察工作都明确了法律监督性质，有力地推动了检察机关全面履行法律监督职能，使检察工作得到了全面、均衡的发展。

2011 年 7 月 16 日，在第十三次全国检察工作会议上，曹建明检察长作了题为《强化法律监督、维护公平正义、推动科学发展、促进社会和谐，不断开创中国特色社会主义检察事业新局面》的报告。在报告中，曹建明检察长指出，在"十二五"时期，检察工作的总体思路是：高举中国特色社会主义伟大旗帜，以邓小平理论和"三个代表"重要思想为指导，深入贯彻落实科学发展观，紧紧围绕科学发展的主题和加快转变经济发展方式的主线，以强化法律监督、强化自身监督、强化队伍建设为总要求，以执法办案为中心，以深化三项重点工作② 为着力点，以改革创新为动力，推动检察事业全面发展进步，为顺利实施"十二五"规划纲要、加快建设社会主义法治国家作出新贡献。全国检察机关和广大检察人员要增强政治意识、大局意识、忧患意识、责任意识和法治意识，努力实现检察职能作用发挥更加充分，科学合理、协调发展的法律监督工作格局基本形成，检察队伍素质能力和执法公信力明显提升，基层基础工作持续加强，中国特色社会主义检察制度进一步完善五大目标③。

随后，为落实第十三次全国检察工作会议的精神，2011 年 9 月，最高人民检察院印发《"十二五"时期检察工作发展规划纲要》，这一《规划纲要》除了重申"十二五"时期检察工作的总体思路以外，还根据第十三次检察会议成果，提出了检察工作应遵循的"六观"和"六个有机统一"以及"四个必须"。"六观"为：牢固树立推动科学发展、促进社会和谐的大局观，忠诚、公正、清廉、为民的核心价值观，理性、平和、文明、规范的执法观，办案数量、质量、效率、效果、安全相统一的业绩观，监督者更要自觉接受监督的权力观，统筹兼顾、全面协调可持续的发展观。"六个有机统一"为：坚持高举中国特色社会主义伟大旗帜，努力实现检察工作政治性、人民性和法律性的有机统一；坚持以科学发展观为统领，努力实现检察工作服务科学发展与自身科

---

① 孙谦主编：《人民检察制度的历史变迁》，中国检察出版社 2009 年版，第 404～405 页。

② "三项重点工作"是指深入推进社会矛盾化解、社会管理创新、公正廉洁执法三项重点工作。

③ 肖玮等：《第十三次全国检察工作会议在银川开幕》，载《检察日报》2011 年 7 月 17 日第 1 版。

学发展的有机统一；坚持围绕"四个维护、两个促进①"的根本目标，努力实现打击、预防、监督、教育、保护职能的有机统一；坚持贯彻检察工作总要求，努力实现强化法律监督、强化自身监督、强化队伍建设的有机统一；坚持以执法办案为中心，努力实现法律效果、政治效果和社会效果的有机统一；坚持解放思想、实事求是、与时俱进，努力实现继承、创新、发展的有机统一。"四个必须"为：检察权必须严格依法行使，检察权必须受到监督制约，检察职能的发挥必须与经济社会发展相适应，适应人民群众日益增长的司法需求以及执法环境、执法能力、执法保障方面的新变化新要求，努力形成重点突出、布局合理的法律监督工作格局，检察机关的法律监督必须遵循法治原则和司法规律，符合诉讼原理。

我们认为，"十二五"时期检察工作的总体思路和"六观"、"六个有机统一"和"四个必须"的提出和确定，对于总体检察政策而言，具有两个重要意义：

1. 我国检察机关的总体检察政策的基本成熟和稳定

自1978年检察机关恢复重建以来，我国检察机关的总体检察政策变化较为明显。从内容的角度看，有的是对检察工作的总体要求，有的则只涉及主要检察工作，而且早期（1978—1993年）的总体检察政策的内容差别明显，互相之间的衔接和继承关系模糊；从时间角度上说，总体检察政策基本上每5—10年就经历一次大的变化。但是，自从2003年"强化法律监督、维护公平正义"的检察工作主题确定至今，检察机关一直坚持这一总体工作方针，总体检察政策没有像既往一样，发生较大的变化，这表明我国检察机关对总体检察政策的认识逐渐明晰，基本形成共识，总体检察政策的内容基本稳定。

2. 我国检察机关的总体检察政策在基本稳定的前提下继续发展和完善

虽然总体检察政策内容基本稳定，但随着形势的变化和认识的深入，仍有相当重要的发展和完善，而且，可以预见的是，总体检察政策的发展和完善的过程不会停止。这表现在两个方面：

第一，在总体检察政策的内容基本稳定的情况下，随着对检察工作认识的深入，总体检察政策内涵更加明确。2003年，"强化法律监督、维护公平正义"的提出，确定了总体检察政策的基本内容，但这一总体政策只是确定了检察工作的方向和目的，基本上属于理念的范畴。到2011年，"十二五"时期检察工作的总体思路和"六观"、"六个有机统一"和"四个必须"的提出

---

① "四个维护、两个促进"是指维护人民群众合法权益、维护社会公平正义、维护社会和谐稳定、维护社会主义法制统一、尊严和权威，促进反腐倡廉建设，促进经济社会发展。

和确定，涉及检察工作方向理念、业务开展、队伍建设和制度创新等方方面面，是一个有机统一的整体，是总体检察政策具体化的表现，"强化法律监督、维护公平正义"得到了显著的深化和发展。例如，在强调"强化法律监督"的同时，"十二五"时期检察工作的总体思路把"强化自身监督、强化队伍建设"放在了特别重要的地位，明确了"强化自身监督、强化队伍建设"是"强化法律监督"重要的手段、方法和途径，这同样表明了人们对总体检察政策认识的深入。

第二，在总体检察政策的内容基本稳定的情况下，总体检察政策随着国家形势和国家政策的发展变化而发展变化。检察工作只是国家政治生活的一个方面、一个部分，总体检察政策也只是国家政策的一部分，是国家政策的具体化表现，总体检察政策必须以国家政策为指导，反映国家政策的内容，因此，国家形势和国家政策的发展变化必然引起总体检察政策的发展和变化。总体检察政策和国家政策的这种关系，在总体检察政策的发展变化中得到了清晰体现。例如，随着"科学发展观"重要思想和"建设和谐社会"国家政策的提出，总体检察政策也应当遵循"科学发展观"和"建设和谐社会"的要求，故"十二五"时期检察工作的总体思路和"六观"、"六个有机统一"和"四个必须"中，明确提出了"强化法律监督"的目的在于"维护公平正义、推动科学发展、促进社会和谐"，使得"强化法律监督"的目的性更强，与国家的政治形势和国家总体政策更为契合，同时，也使得"强化法律监督"和"推动科学发展、促进社会和谐"之间成为一种互为表里的关系，更具可操作性，更易于把握和衡量。

通过对1978年检察机关恢复重建以来总体检察政策的梳理，我们可以得出的结论是，总体检察政策经历了一个从初创到完善，从模糊到明晰，从只涉及或者突出部分检察工作到对全部检察工作都有所关注，从只有检察工作部署到基本掌握检察工作内在规律、明确检察机关和检察工作的性质、目的，从只有总体方针到有方法、措施、保证等的细化过程。可以说，目前正在实施的总体检察政策是一个较为成熟、稳定的检察政策。我们可以得到的启示是，总体检察政策作为检察工作的总的工作方针，相对于国家政策和党的政策而言，只具有局部意义，因此，总体检察政策必须以国家政策和党的政策为导向，以满足人民群众对司法的新要求和新期待为目的，随着国家政策和党的政策的发展而发展；总体检察政策只是一个特定历史时期的检察政策，因此，总体检察政策必须能够反映时代精神和时代特色，反映检察制度和检察工作发展的阶段性特征；总体检察政策必须深刻认识和把握检察工作的性质和规律，全面、正确地概括检察工作方针和总体要求，才能全面指导检察工作，完成法律赋予检察机关的工作任务。

（二）基本检察政策的内容

客观地说，收集、整理、概括基本检察政策是一项十分困难的工作。这不仅是因为收集和占有资料的困难，更重要的原因是，在我国的检察实践中，基本检察政策甚至检察政策在检察工作中的作用和意义并未成为检察机关的共识，相应地，制定并实施基本检察政策在大多数情况下也就不是一种自觉的、有意的行为，所以，相当多领域的基本检察政策的内容是模糊不清的。

事实上，由于各方面、各领域的基本检察政策是检察政策体系中极为重要的一个方面，即使不是有意为之，但基本检察政策在各方面、各领域的检察实践中一定会有所体现，而基本检察政策具体内容最集中的体现应当在最高人民检察院召开的各种检察业务工作会议中，如全国检察机关公诉会议、全国检察机关侦查和预防职务犯罪工作会议等。因此，为反映目前基本检察政策的实际状况，下文以最近召开的各种检察业务工作会议为切入点，以《检察日报》对各次会议的报道为分析资料，尝试归纳和概括各方面、各领域的基本检察政策的内容。

按照目前检察权配置的基本分类，可以大体确定目前有 9 种基本检察政策，即公诉政策、侦查监督政策、职务犯罪侦查政策、职务犯罪预防政策、监所检察政策、控告申诉检察政策（又可分为控告检察政策和申诉检察政策）、民行检察政策（又可分为民事检察政策和行政检察政策）、死刑复核监督政策、未成年人刑事检察政策。在这九种基本检察政策中，死刑复核监督政策和未成年人刑事检察政策与其他的基本检察政策略有不同。死刑复核检察工作，是专项法律监督工作，它的监督对象只是最高人民法院的死刑复核工作；而未成年人刑事检察工作，其工作对象是未成年人犯罪案件，但其涉及的检察工作则具有综合性，既包括批捕、起诉，也包括监所检察等。

1. 公诉政策

2010 年 6 月 30 日，全国检察机关第四次公诉工作会议召开。曹建明检察长在会议上指出，必须始终保持对严重刑事犯罪的高压态势。要依法履行好指控犯罪职责，严厉打击各种严重危害国家安全、社会治安和市场经济秩序的犯罪，确保社会安定有序、人民安居乐业。要依法严厉打击境内外敌对势力特别是民族分裂势力、宗教极端势力、暴力恐怖势力的犯罪活动，依法从重从快打击侵害学前儿童和师生安全的犯罪活动，深入推进打黑除恶专项斗争。要积极参与正在开展的"严打"整治行动，与公安机关、人民法院密切配合，依法严厉打击严重影响政权稳固和社会治安的犯罪、严重危害人民群众安全感的犯罪、严重危害人民群众健康的犯罪、严重破坏社会主义市场经济秩序的犯罪，确保社会大局持续稳定。必须更加注重公诉职能的延伸和内涵的深化。要向修复社会关系、预防和减少犯罪、防范办案风险、社会治安综合治理等方面延伸职能、深化内涵。必须切实强化诉讼监督，把监督的重点放在社会各界反映强烈的司法不公案件上，放在容易发生司法人员执法不严、违法犯罪现象的薄弱环节上，放在严重侵犯公民人身、财产权利的突出问题上。必须全面贯彻宽严相济刑事政策。要进一步研究各类案件在不同情况下的宽严标准，提高公诉环节贯彻宽严相济刑事政策的水平。对初犯、偶犯、未成年犯、老年犯中犯罪情节轻微、社会危害性不大的人员依法从宽处理，可诉可不诉的尽量不起诉，能不逮捕羁押的尽量变更为其他措施。要善于综合运用宽与严两种手段，对不同的犯罪行为和犯罪分子，对严重犯罪中的从宽情节和轻微犯罪中的从严情节，对实体处理和适用程序，都要体现宽严相济、公平正义的要求。[1]

通过对上述会议精神的解读和归纳，可以把当前正在实施的公诉政策概括为，全面贯彻宽严相济刑事政策，严厉惩治严重刑事犯罪，对轻微刑事犯罪宽缓处理；注重公诉职能的延伸和内涵的深化，努力做到公诉工作的法律效果、政治效果和社会效果的有机统一；在办理案件过程中注重诉讼监督。

2. 侦查监督政策

2013 年 6 月 21 日，全国检察机关第四次侦查监督工作会议召开。曹建明检察长在会议上指出，各级检察机关要进一步加大侦查监督工作力度，依法从重从快审查逮捕各类严重刑事犯罪，始终保持高压态势。检察机关侦查监督部门在保证对严重犯罪加大打击力度的同时，要着眼于社会和谐，对于轻微犯罪以及初犯、偶犯、未成年犯、老年犯等，积极发挥刑事和解制度的作用，加强社会危险性和羁押必要性审查，倡导和推行非羁押诉讼，促进社会关系早日修复。要重视纠正在立案、侦查活动等方面存在的突出问题，促进严格公正规范文明执法，围绕维护社会公平正义推进侦查监督工作。要着眼于案结事了和社会和谐，努力在侦查监督环节做好矛盾纠纷化解工作，促进社会关系的修复，围绕化解矛盾纠纷推进侦查监督工作。要更加注重发挥检察机关在加强和创新社会管理中的法治保障作用，促进提高社会管理法治化、科学化水平，围绕加强和创新社会管理推进侦查监督工作。[2]

通过对上述会议精神的解读和归纳，可以把当前正在实施的侦查监督政策

---

①　肖玮：《切实把公诉工作纳入三项重点工作的总体格局，充分发挥公诉职能作用推动公诉工作全面发展》，载《检察日报》2010 年 7 月 1 日第 1 版。

②　王治国等：《紧紧围绕平安中国法治中国建设，全面加强和改进侦查监督工作》，载《检察日报》2013 年 6 月 22 日第 1 版。

概括为，依法从重从快审查逮捕各类严重刑事犯罪；对于轻微犯罪以及初犯、偶犯、未成年犯、老年犯等，可捕可不捕的不捕；注重对侦查过程的违法行为的监督；做好矛盾纠纷化解工作，促进社会关系的修复。

3. 职务犯罪侦查政策

2012 年 6 月 28 日，全国检察机关侦查和预防职务犯罪工作会议召开。曹建明检察长指出，要围绕服务保障经济发展推进职务犯罪侦查和预防工作，进一步加大查办和预防国家重点投资领域、资金密集行业以及房地产开发、土地管理和矿产资源开发、国有产权交易、政府采购中的职务犯罪力度，继续深化商业贿赂和工程建设领域突出问题等专项治理，坚决遏制一些行业和领域职务犯罪易发多发的势头。正确处理执法办案与服务大局的关系，既认真履行职责、坚持依法办案，防止和克服脱离职能搞服务，又要坚持把执法办案放在大局中审视和判断，防止和克服就事论事、就案办案、机械执法。坚持把化解矛盾贯穿始终，通过有针对性的查办案件，促进群众信访和群体性事件的妥善解决，防止因自身执法不当激化矛盾和影响社会稳定大局。要围绕保障和改善民生推进职务犯罪侦查和预防工作，突出查办和预防征地拆迁、社会保障、矿产资源开发、教育、就业、医药购销等民生领域的职务犯罪，"地沟油"、"毒胶囊"等重大食品药品安全事件背后的职务犯罪，国有企业领导人员侵占国家、集体利益和侵害职工群众权益的职务犯罪，农村基层政权组织中发生的贪污、挪用强农惠农富农资金、扶贫资金、救灾救济资金等职务犯罪，以及其他严重损害群众经济权益、人身权利、民主权利的职务犯罪，继续抓好查办和预防涉农惠民领域贪污贿赂犯罪、危害民生民利渎职侵权犯罪等专项工作。[①]

通过对上述会议精神进行总结和归纳，可以看出，在职务犯罪侦查政策中，"一要坚决、二要慎重、务必搞准"仍不失为其中的重要内容。此外，现行的职务犯罪侦查政策中，还包括正确处理执法办案与服务大局的关系和把化解矛盾贯穿职务犯罪侦查始终的内容。

4. 职务犯罪预防政策

在前述全国检察机关侦查和预防职务犯罪工作会议上，对于职务犯罪预防的基本检察政策，曹建明检察长重申了坚持标本兼治、综合治理、惩防并举、注重预防的方针，提出在加大查办案件力度、保持惩治腐败高压态势的同时，

---

① 肖玮等：《全面加强和改进职务犯罪侦查和预防工作》，载《检察日报》2012 年 6 月 29 日第 1 版。

更加注重治本，更加注重预防，更加注重制度建设。① 这说明，现行有效的职务犯罪预防政策仍为"标本兼治、综合治理、惩防并举、注重预防"。

5. 监所检察政策

2011 年 11 月 15 日，全国检察机关派出派驻监所检察机构建设工作会议召开。曹建明检察长指出，要牢固树立维护刑罚执行和监管活动的公平公正、维护监管秩序稳定、维护被监管人合法权益有机统一的监所检察工作理念。既要坚持严格、公正、廉洁执法，又要坚持理性、平和、文明、规范执法，使被监管人既感受到法律的尊严权威，又感受到法治文明和司法人文关怀。②

归纳上述会议精神，可以把当前正在实施的监所检察政策概括为维护刑罚执行和监管活动的公平公正、维护监管秩序稳定、维护被监管人合法权益有机统一。

6. 控告申诉检察政策

2012 年 5 月 29 日，全国检察机关举报暨涉检信访工作座谈会召开。最高人民检察院副检察长柯汉民强调，各级检察机关要以群众路线为根本，充分发挥举报工作在惩治职务犯罪中的职能作用。要以化解矛盾为主线，切实加强举报初核和答复工作。③ 据此，控告检察政策可以概括为，以群众路线统揽控告工作全局；以化解矛盾为目的加强举报初核和答复工作。

2013 年 1 月 18 日，全国检察机关第二次刑事申诉检察工作会议召开。最高人民检察院常务副检察长胡泽君要求，坚持以执法办案为中心，全面加强和改进刑事申诉检察工作，不断提高司法公信力和群众满意度。充分发挥刑事申诉检察职能，着力解决群众申诉反映的突出问题。④ 因此，当前正在实施的申诉检察政策可以概括为，以执法办案为中心，提高司法公信力和群众满意度。

7. 民事行政检察政策

2010 年 7 月 22 日，全国检察机关第二次民事行政检察工作会议召开。曹建明检察长指出，要坚持把工作的重点放在依法办理民事行政申诉案件上，在加大监督力度的同时，进一步提高办案质量；特别是要从深入推进三项重点工作出发，更加注重化解社会矛盾、推动社会管理创新、促进公正廉洁执法，努

① 肖玮等：《全面加强和改进职务犯罪侦查和预防工作》，载《检察日报》2012 年 6 月 29 日第 1 版。

② 肖玮等：《全面加强和改进新形势下监所检察工作，着力提升刑罚执行和监管活动监督水平》，《检察日报》2011 年 11 月 16 日第 1 版。

③ 徐日丹等：《以群众工作为统揽扎实做好新时期举报和涉检信访工作》，载《检察日报》2012 年 5 月 30 日第 1 版。

④ 徐盈雁等：《着力解决群众申诉反映的突出问题》，载《检察日报》2013 年 1 月 18 日第 1 版。

力实现办案数量、质量、效率、效果有机统一。要着力构建以抗诉为中心的多元化监督格局，把抗诉与再审检察建议有机结合起来，把纠正错误裁判与纠正违法行为有机结合起来，把办理民事行政申诉案件与发现、移送司法不公背后的职务犯罪线索有机结合起来。要着力加大办理民事行政申诉案件力度，进一步畅通申诉渠道，重点加大办理不服二审生效裁判的申诉案件力度，大力推进检察一体化办案机制建设，加快推行网上办案。要着力提高抗诉案件质量，探索实行合议制度，全面推行抗诉书说理制度，完善跟踪监督机制，健全办案质量评查机制，建立民事行政诉讼监督案例指导制度。要着力发挥民行检察工作化解社会矛盾的职能作用。办理民事行政申诉案件，不仅要纠正错误裁判、维护司法公正，还要把化解矛盾贯穿于执法办案的始终，牢固树立抗诉与息诉并重的观念，对所受理的申诉案件既不一抗了之，也不一推了之，在民行检察工作各个环节，重视做好深入细致的化解矛盾工作，促进社会和谐稳定。要着力加强和改进对行政诉讼的法律监督，认真总结经验，深入研究规律，不断提高行政诉讼监督能力和水平，更好地维护司法公正，促进依法行政，促进社会建设，推进社会管理创新。①

通过对上述会议精神的归纳，可以把民行检察政策概括为依法办理民事行政申诉案件，注重化解社会矛盾，抗诉与再审检察建议有机结合，纠正错误裁判与纠正违法行为有机结合，办理民事行政申诉案件与发现、移送司法不公背后的职务犯罪线索有机结合。

8. 死刑复核监督政策

最高人民检察院死刑复核检察厅是最高人民检察院目前最晚成立的检察业务机构。按照最高人民检察院《关于成立最高人民检察院死刑复核检察厅的通知》（高检发政字〔2012〕61号）规定，死刑复核检察厅的具体职责为：（1）对最高人民法院复核的死刑案件，认为确有必要的，向最高人民法院提出意见；（2）对最高人民法院通报的死刑复核结果进行分析研究；（3）负责对省级人民检察院审查的死刑二审案件工作进行业务指导；（4）承担检察机关办理死刑案件适用死刑政策和死刑标准的研究工作；（5）承担院领导交办的其他相关工作任务。

2013年，死刑复核检察工作的总体思路是：以邓小平理论、"三个代表"重要思想、科学发展观为指导，全面贯彻落实党的十八大、全国政法工作会议、全国检察长会议精神，以贯彻落实修改后刑事诉讼法为契机，着力强化死

---

① 肖玮等：《准确把握民行检察工作的法律监督属性和职能定位，努力在更高水平上推动民行检察工作健康深入发展》，载《检察日报》2010年7月23日第1版。

刑复核法律监督、强化对检察机关适用死刑政策和把握死刑标准的指导、强化死刑复核检察队伍建设，不断提高办案质量和效率，促进死刑的公正慎重适用，努力开创死刑复核检察工作新局面。①

如前所述，死刑复核检察工作，是专项法律监督工作，它的监督对象只是最高人民法院的死刑复核工作。实际上，从广义上说，死刑复核监督是死刑适用的一部分，相应地，死刑复核监督政策也应是我国死刑政策的一部分。这从前述最高人民检察院死刑复核检察厅的工作职责和 2013 年工作思路上也可以得到印证。

自 1949 年中华人民共和国成立以来，我国的死刑政策就一直是"保留死刑，严格限制死刑，坚持少杀慎杀"②，其中，"保留死刑"主要是刑事立法政策，"严格限制死刑"既是刑事立法政策，也是刑事司法政策，"坚持少杀慎杀"则是刑事司法政策。死刑复核监督政策只涉及死刑的刑事司法政策，故可将死刑复核监督政策概括为，严格限制适用死刑，坚持少杀慎杀，强化对死刑复核的监督。

9. 未成年人刑事检察政策

修订后的刑事诉讼法第 266 条第 1 款规定："对犯罪的未成年人实行教育、感化、挽救的方针，坚持教育为主、惩罚为辅的原则。"实际上，在刑事诉讼法修订以前，国家对未成年人犯罪即有"两减少、两扩大"政策，即"对初犯、偶犯、未成年犯、老年犯中一些罪行轻微的人员，依法减少判刑、扩大非罪处理；非判刑不可的，依法减少监禁刑、扩大适用非监禁刑和缓刑"。"两减少、两扩大"政策和刑事诉讼法、未成年人保护法中的相关内容构成了国家关于未成年人犯罪的基本刑事政策，未成年人刑事检察工作是未成年人犯罪治理工作的一部分，故未成年人刑事检察政策也是未成年人犯罪刑事政策的一个组成部分。

2012 年刑事诉讼法修改后，最高人民检察院即于同年 10 月颁布了《关于进一步加强未成年人刑事检察工作的决定》（以下简称《决定》），从这一文件中可以概括出未成年人刑事检察政策的基本内容。《决定》规定："要综合犯罪事实、情节及帮教条件等因素，进一步细化审查逮捕、审查起诉和诉讼监督标准，最大限度地降低对涉罪未成年人的批捕率、起诉率和监禁率。对于罪行较轻，具备有效监护条件或者社会帮教措施，没有社会危险性或者社会危险性较小的，一律不捕；对于罪行较重，但主观恶性不大，真诚悔罪，具备有效监

---

① 叶峰：《积极应对新形势，开创死刑复核检察工作新局面》，载《人民检察》2013 年第 1 期。

② 刘仁文：《刑事政策初步》，中国人民公安大学出版社 2004 年版，第 317 页以下。

护条件或者社会帮教措施，并具有一定从轻、减轻情节的，一般也可不捕；对已经批准逮捕的未成年犯罪嫌疑人，经审查没有继续羁押必要的，及时建议释放或者变更强制措施；对于犯罪情节轻微的初犯、过失犯、未遂犯、被诱骗或者被教唆实施犯罪，确有悔罪表现的，可以依法不起诉；对于必须起诉但可以从轻、减轻处理的，依法提出量刑建议；对于可以不判处监禁刑的，依法提出适用非监禁刑的建议。要把诉讼监督的重点放在强化对涉罪未成年人刑事政策的贯彻落实上，防止和纠正侵犯未成年犯罪嫌疑人、被告人合法权益的违法诉讼行为和错误判决裁定。对未成年人轻微刑事案件的立案监督、追捕、追诉以及对量刑偏轻判决的抗诉，要严格把握条件，充分考虑监督的必要性。要重视对诉后法院判决情况的分析，进一步改进工作方式，完善质量规范，不断提高审查批捕、审查起诉、提出量刑建议的能力和水平。"据此，可以将未成年人刑事检察政策概括为依法少捕、慎诉、少监禁。

　　如前文所述，基本检察政策在检察政策体系中处于极为重要的地位。但是，通过对目前正在实施的基本检察政策的归纳和梳理，可以得出的结论是，基本检察政策实际上处于一种"隐性状态"，即对某一方面、某一领域的检察工作部署中，经常提到的是"体制"、"机制"、"制度"，很少或者基本不提的是"策略"和"对策"，尽管"体制"、"机制"、"制度"等隐含着政策、策略和对策的基本目标和方法，但"体制"、"机制"、"制度"等绝不是政策或者策略的全部。这种状况表明，尽管基本检察政策实际存在，并发挥着连接法律和检察实践，指引各方面、各领域检察工作行为方向的作用，但基本检察政策甚至检察政策这一概念尚未成为检察实践中被经常使用的工具。以至于"检察政策在司法实务中的适用有时存在着'形无实存'的矛盾现象，检察人员在司法实践中不直接援引检察政策作为裁定司法个案的依据，但是在考虑个案的时候，仍然会不自觉地考虑检察政策的运用，只是这种适用掺杂了较多的主观因素。检察人员对检察政策的适用在一定程度上表现得比较随意：既可以选择适用，也可以选择不适用"①。事实上，正是由于检察政策特别是基本检察政策处于一种"隐性状态"，才会导致检察政策的权威性不足，导致在检察实践对检察政策适用的随意性。所以，在当前，在检察实践中，应当强化检察政策特别是基本检察政策的意识，即在最高人民检察院和省级人民检察院进行工作部署时，在严格执法的前提下，要提高基本检察政策的权威，明确基本检察政策的作用；各级检察人员在办理具体案件时，要自觉适用检察政策，使检察政策成为"检察文书说理"的依据之一，并以检察机关的案件质量绩效考

---

　　①　卢希起：《检察政策的价值功能及其运行规范》，载《检察日报》2011 年 5 月 9 日第 3 版。

核指标作为督促各级检察人员适用检察政策的手段；同时要加强对检察政策特别是基本检察政策和具体检察政策的检验和评估，当发现"情势变更"时，应当及时调整基本检察政策的内容。

（三）具体检察政策的内容

与总体检察政策和基本检察政策相比，具体检察政策更具灵活性、时效性和地域性，因而也更能体现检察政策对法律所确定的行为模式的一种因时制宜、因地制宜的补充和说明的特点。

同时，如前所述，具体检察政策的数量是繁多的。可以毫不夸张地说，制定并组织实施具体检察政策是各级检察领导机构如各级人民检察院党组、检察委员会和检察长的日常工作之一，而制定并组织实施具体检察政策也是各级检察领导机构领导和管理检察机关各项业务工作的重要手段之一。[①]

由于具体检察政策的数量繁多，本文不可能对所有的具体检察政策一一列举，在此仅举一例说明具体检察政策与总体检察政策、基本检察政策的关系。

在职务犯罪侦查工作的基本检察政策中，正确处理执法办案与服务大局的关系是其中的重要内容。这是职务犯罪侦查基本检察政策对总体检察政策中"强化法律监督、维护公平正义、推动科学发展、促进社会和谐"以及牢固树立推动科学发展、促进社会和谐的大局观和坚持以执法办案为中心，努力实现法律效果、政治效果和社会效果的有机统一等内容的贯彻和落实。正确处理执法办案与服务大局的关系就要求在具体检察政策的制定中，对于职务犯罪侦查中的"涉企"案件，需要根据形势、地域等特点，因时制宜或者因地制宜把握好法律政策的界限和尺度，既要依法惩治犯罪者，又要保障企业的正常生产经营。在 2008 年下半年到 2009 年，严重的金融危机席卷全球，我国经济发展受到了极大威胁，相当多的企业经营困难。以山东省、浙江省、广西壮族自治区等人民检察院为代表的各级各地人民检察院纷纷发布"关于服务和保障经济平稳较快发展的意见"等具体检察政策，发挥检察职能，支持企业渡过难关。例如，浙江省人民检察院于 2008 年 11 月 10 日发布的《关于服务加快经济转型升级的若干意见》就规定："在办理'涉企'案件时，坚持做到'五个不轻易'，即不轻易扩大案件的知情面，不轻易传唤企业公司经营管理者，不轻易查封、冻结企业账目和银行账户，不轻易追缴涉及企业的生产经营款物，不轻易报道有损企业形象和声誉的案件，全力维护企业正常的生产经营秩序。

[①]　毛泽东说："领导者的责任，归结起来，主要地是出主意、用干部两件事。一切计划、决议、命令、指示等等，都属于'出主意'一类。"由此可见，所谓出主意，就是制定政策，决定行动方向。参见《毛泽东选集》（第2卷），人民出版社1991年版，第27页。

在办理企业牵涉到非法集资、侵犯知识产权、危害资源环境、商业贿赂、资金借贷等方面的刑事、民事案件时，尽可能通过执法维持、优化有发展前景的困难企业、劳动密集型中小企业的生存，努力通过办案化消极因素为积极因素。""五个不轻易"是一种典型的具体检察政策，是地方检察院依据总体检察政策和基本检察政策，根据本地的实际情况和当时特殊的经济形势作出的具体检察政策。

对于能够较好地贯彻落实总体检察政策和基本检察政策的具体检察政策所收到的良好的法律效果、政治效果和社会效果，最高人民检察院给予了充分的肯定。例如，针对前述各级各地人民检察院作出"五个不轻易"等具体检察政策，曹建明检察长在2013年"两会"工作报告中，在对过去五年检察工作回顾时提道："依法妥善办理涉及企业案件，注重改进执法办案方式，加强与企业或其主管部门沟通，慎重使用强制措施，慎重扣押涉案款物，保障企业正常生产经营。"

四、检察政策指导检察实践的途径和环节

（一）检察政策指导检察实践的途径

检察政策作为指导检察工作、推进检察改革的重要载体，其内涵丰富、形式多样。检察政策的制定必须以执政党的政策为指导，以检察实践的需要为基础，同时还要考虑司法工作全局的配套性和协调性。"对于检察工作而言，检察制度是基础，检察政策是指导。因此，检察政策作为检察管理的一种方式，对于检察工作的科学发展具有重要意义。"① 从总体上看，检察政策对检察实践的指导可以通过以下两条途径实现，即整体指导与个案指导。

1. 整体指导

由于检察政策一般是由检察机关的领导机构制定的指导检察工作的规范、方针和意见，具有权威性、普遍性、灵活性等特点，其目的是调整检察工作关系，并以解决检察工作中的一般性问题为导向。因此，它对检察工作的指导主要体现在整体性的指导上。不管是最高人民检察院制定的国家检察政策，还是省级人民检察院、分州市人民检察院制定的地方检察政策，通常情况下，都是针对特定时期检察工作的总体发展战略或者某一方面的检察工作而制定的。如前所述，检察政策具有明显的体系性和层次性。在检察政策体系中，总体检察政策具有最高的权威性和指导性，但因为总体检察政策在整个检察政策体系中处于检察战略的地位，所以总体检察政策具有全局性、原则性和纲领性的特

① 谢鹏程：《论检察政策》，载《人民检察》2011年第3期。

点。总体检察政策的这一特点，决定了总体检察政策的内容只能是高度概括性的，需要基本检察政策和具体检察政策予以具体化，从这个意义上讲，总体检察政策对具体检察工作的指导只能是间接的，总体检察政策对检察实践的指导必须通过基本检察政策和具体检察政策才能实现。例如，对于公诉工作而言，2005 年召开的全国检察机关第三次公诉工作会议就较好地说明了这一点。在这次会议上，邱学强副检察长就明确指出，当前和今后一个时期公诉工作的总体任务是：坚持以邓小平理论和"三个代表"重要思想为指导，认真贯彻落实"强化法律监督，维护公平正义"的检察工作主题，依法指控犯罪，强化诉讼监督，提高办案质量，积极推进公诉改革，加强公诉队伍专业化建设，全力维护社会稳定，切实保障人权，为构建社会主义和谐社会作出积极贡献。①"用检察工作主题统揽全部公诉工作，关键是要按照强化法律监督、维护公平正义的要求，统筹兼顾，科学确立公诉工作的格局，全面正确履行指控犯罪和诉讼监督职能，努力提高办案质量。……指控犯罪和诉讼监督是公诉工作的基本职能，确保办案质量是公诉工作的基本要求，三者互相联系、辩证统一，共同构成了公诉工作的整体。在新的历史时期，以检察工作主题为统揽，加强和改进公诉工作，就必须坚持依法指控犯罪、强化诉讼监督、提高办案质量三者并重的格局，进一步加大工作力度，提高法律监督水平。"②

2. 个案指导

由于检察政策的内容非常广泛，包括检察工作的目标、方针、原则、策略等。在其调整的职能活动中，最为关键的就是业务工作，体现的就是检察政策对个案的指导作用。尽管检察政策在制定时只是针对检察工作中面临的一些问题作出一般性的规定，主要涉及一般性、长期性、多发性的问题，解决的方式也是以规则包括理念、原则、规范等形式来表现，但是检察官在办理业务处理个案时，必须以这些理念、原则和规范来指导自己的日常工作，只有这样，才能取得良好的办案效果和社会效果，才能真正实现检察职能在实现社会公平正义中的价值。

（二）检察政策指导检察实践的环节

一般认为，检察政策对检察实践具有引导功能、管制功能、调控功能和分配功能等，要实现这些功能，最为关键的是实施和执行环节。检察政策制定后，若想达到预期效果，其前提条件是这些政策必须得到不折不扣的执行。检

---

① 袁正兵等：《全面加强公诉工作深入推进法律监督》，载《检察日报》2005 年 5 月 26 日第 1 版。

② 特约评论员：《用检察工作主题统揽全部公诉工作》，载《人民检察》2005 年第 7 期（下）。

察政策能否得到有效执行，关键在于政策的内容能否转化为检察人员（特别是检察长）的思想观念和行为规范，而"检察政策能否转化为检察人员的思想观念和行为规范又取决于两个因素：一是执行检察政策的机构是否具备必要的执行力；二是检察政策执行过程中是否具备必要的信息反馈和调整机制"①。也就是说，检察政策的执行首先要让检察人员理解和把握检察政策的内涵及要求，并将之细化到自己的日常工作中，而这些日常工作也就是实现检察职能的过程。因此，从检察机关在诉讼过程中实现检察职能的程序来看，检察政策指导检察实践的环节可以分为侦查、起诉、审判和刑罚执行几个环节。限于篇幅，本文着重讨论刑事司法主要环节。

1. 侦查环节

检察政策对侦查环节的指导作用，既包括检察机关自身对职务犯罪的侦查活动，也包括对公安机关侦查活动的监督。无论是检察机关自身的侦查活动还是对侦查活动的监督，都必须以检察政策中所声明的一系列的检察理念和检察工作目标为指导。

值得注意的是，在有了一定的线索要决定某一具体案件是否应该立案侦查时，相关检察政策的指导作用就更加显现。此时，检察政策的指导作用主要体现在侦查某一案件是否具有必要性或者说是否符合整个社会的发展方向。另外，公安机关在侦查刑事案件过程中，提请批捕时，检察机关是否批准公安机关提请逮捕的申请，也应在相关检察政策的指导下，就个案作出适当的决定。也许，不少检察人员在平时工作时甚少会主动想起有关检察政策中的具体规定，但检察政策中隐含的理念、观念、规则等会以潜移默化的方式发生作用。比如说"三个效果有机统一"这样的理念，虽不像犯罪构成要件理论那样体现在每一起犯罪案件中，但检察人员在办理案件时，必须以此来指导自己的具体工作，而且在办理案件时还要以此为标准作出决定。

2. 起诉环节

随着刑事司法制度的完善，为确保刑事司法的公正性和一致性，侦查权与起诉权的分离已成为刑事诉讼程序的必然结果。起诉权在整个刑事诉讼过程中的价值越来越显现，而且经过长时间的司法实践后，人们也已达成共识：并不是所有的刑事犯罪都必须自然而然地要以刑事起诉而告终。这自然就涉及审查起诉的标准问题，即符合什么样的条件，案件被起诉并继续进行诉讼是合理的。由于可用于起诉活动的司法资源是有限的，只起诉那些合适的、有价值的值得起诉的案件而不将资源浪费在不合适的案件上，无疑是审查起诉的核心价

---

① 谢鹏程：《论检察政策》，载《人民检察》2011 年第 3 期。

值所在。因此，检察政策对起诉的指导作用直接体现在起诉标准上，即起诉什么样的案件是值得的、是合理的？

在起诉环节，检察政策对检察实践的指导作用主要体现在起诉政策中。而起诉政策主要规定起诉的准则及标准问题。例如，《澳大利亚联邦起诉政策》在总则中明确规定：通过起诉，检察官必须确保自己的行为能够维护、促进和保障公正的利益。从最终的结果来分析，检察官既不是政府的奴仆，也不是个人的奴仆，他或她应是公正的奴仆。而且规定：检察总署追求的标准是公正性、公开性、一致性、负责性和高效性，在实现这些标准的过程中，维护其所服务的公众的信任。可见，公正是起诉的最高指导原则，同时还要实现公开性、一致性和高效性等标准，从而获得公众对司法的信任。

从英美法系国家的起诉政策来看，"公共利益"在起诉中占有相当的分量。无论是英国的皇家检察总署（the Crown Prosecution Service），还是澳大利亚的联邦检察总署（the Commonwealth Director ofPublic Prosecutions）在其起诉政策中都对公共利益的所包含的因素作了详细而全面的规定。[①] 与此同时，他们还明确规定起诉案件要符合两大标准：一是证据标准；二是公共利益标准。也就是说，一个案件即便证明犯罪的证据充分，但如果不符合"公共利益"这一标准，也不应该起诉。有关"公共利益"的标准也不是空洞无物的，他们在起诉政策中详细地罗列了案件中可能遇到的种种情况。这一详尽而细致的规定，可以从各个方面提醒检察官在证据条件具备的情况下，考虑公共利益是否要求起诉时，可以从案件所涉及的各种因素进行衡量。由于每个案件的具体情况五花八门，在每个案件中，需要考虑的有关公共利益的侧重点有所不同，但检察官在考虑一个案件是否应该起诉或继续进行时，必须从公共利益出发，细致考察案件的方方面面，如犯罪者的个人情况，如其背景、年龄、智力、身体健康状况、心理状况或者特殊的弱点等，同时还要考虑犯罪本身，如其严重性、加重情节或者相反情况，以及是否愿意在侦查或起诉中与其他人合作或者合作的程度如何等；另外，还要考虑案件在处理过程中，对社区和谐和公众信任度的影响，等等。总之，要对整个案件及其所涉及的各种问题进行全面的审查，并综合这些情况后，才能对案件作出是否起诉的最后决定。当然，一个案件是否应该起诉，首先要看其证据是否达到起诉的标准，即是否有足够的证据证明有"定罪的现实可能性"，只有在满足第一阶段的证据检验标准（theevidential test）后，接着才考虑第二阶段的公共利益检验标准（the public interest test）。但在决

---

① 有关公共利益的详细规定，可参见季美君：《中澳检察制度比较研究》，附录六《澳联邦检察总署起诉政策（全译文）》，北京大学出版社 2013 年版，第 327～328 页。

定一个案件是否应起诉时，上述这些因素以及其他因素的适用及分量，都要视每个案件的具体情节而定。不过，需要注意的一点是，在起诉一个案件时，这两个检验标准必须同时满足，否则不管案件有多重要、犯罪有多严重，如果没有收集到足够的证据，该案件自然不应该被起诉；但是，即便已收集到足够的证据，要是公共利益不支持其起诉，该案件也不应该起诉。公共利益在决定案件是否起诉时的分量是不容忽视的，它完全可以让一个案件停止诉讼。

事实上，类似于英美国家起诉的"公共利益检验标准"在我国的公诉工作中也是存在的。例如，在对案件决定是否作出相对不起诉决定时，刑事诉讼法规定的"犯罪情节轻微，依照刑法规定不需要判处刑罚或者免除处罚"相对不起诉条件中，就隐含着要求检察机关对公共利益的考量。"法律赋予检察机关的起诉斟酌权是限制在法定条件之内的选择权。该项权力的运用完全取决于检察官能否正确理解立法原意、能否真正从公益的角度进行利弊权衡。"①事实上，我国法学理论对公共利益衡量的精神一直都是予以认同的，而且检察机关在司法实践中做出不起诉裁量时也都考虑了公共利益原则。② 在这里，所谓起诉斟酌权、裁量权和公共利益的考量实际上主要是检察官在公诉工作中对检察政策的理解和运用。不过，有实证研究表明，检察官在处理涉及经济发展与社会管理公诉政策的案件中"不愿意"裁量性地处理案件。③ 造成这一现象的一个重要原因就是由于我国的公诉基本政策处于"隐性"状态，对于在公诉裁量中，公诉政策模糊、分散、操作性差，有些具体的公诉政策，只有口号式的政策要求，而缺乏明确、细致的政策界限和操作规范，无法最大限度地保障检察官的职业利益，甚至对于公共利益的考量标准和要求没有任何规范性文字，一线检察官根本不清楚甚至都没有听说过有"公诉政策"，所以一线检察官为求自保，对有些公诉政策避而不用。

由此可见，作为检察政策中重要内容之一的公诉政策对起诉工作的指导应当是直接而强有力的，起诉政策中规定的标准直接决定一个案件应该起诉还是不起诉。④ 因此，起诉政策制定的是否合理，是否明确、具体、可操作直接影

---

① 陈光中、[德] 汉斯·约格·阿尔布莱希特主编：《中德不起诉制度比较研究》，中国检察出版社 2002 年版，第 105 页。

② 王东：《论不起诉裁量中的公共利益原则》，载《广西政法管理干部学院学报》2008 年第 4 期。

③ 左卫民等：《中国刑事诉讼运行机制实证研究（二）：以审前程序为重心》，法律出版社 2009 年版，第 165 页以下。

④ 韩红兴：《论我国新刑事诉讼法下的公诉方式变革》，载《中国刑事法杂志》2013 年第 4 期。

响着具体的公诉政策的运用，也强烈地影响着案件的起诉质量和法律效果、社会效果和政治效果的统一。

3. 审判环节

从检察机关的职能来看，在审判环节，检察机关的功能是支持公诉，而公诉的目的是惩罚犯罪、伸张正义。因此，在审判过程中，检察政策对检察工作的指导主要从检察官履行职责的理念和信念上来体现，检察官在法庭上支持公诉的最终目的是实现个案的公平正义，检察官要忠于职守，切实履行自己的客观公正义务。"检察官客观公正义务是指检察官为了实现司法公正，在刑事诉讼中不应站在当事人的立场、而应站在客观立场上进行活动，努力发现并尊重事实真相。其基本内涵是：坚持客观立场、忠实于事实真相、实现司法公正。其中坚持客观立场是基石，忠于事实真相是核心，实现司法公正是目的。"[①]这也是我国检察政策中的应有之义，与检察官作为"国家与公共利益代表"和"准司法官"的角色定位相一致，也与我国检察机关是法律监督机关应履行的职责相吻合。有关这方面的检察政策多是最高人民检察院制定的指导检察工作的方针、主题和总体要求等，是检察政策中最高层次的总体检察政策所要涵盖的内容。

4. 刑罚执行环节

刑罚执行是实现刑罚目的的重要阶段，是刑法真正发挥其威慑力的不可缺少的组成部分，刑罚执行的恰当与否直接影响到刑罚功能的发挥及对犯罪人人权的保护。刑罚执行权是指依法享有执行权的人民法院、监狱、公安机关等刑罚执行机关，根据人民法院依法做出的生效刑事判决、裁定，依法执行刑罚的权力。而刑罚执行监督与侦查监督、审判监督共同构成了检察机关刑事诉讼监督的基本框架，对保障刑事诉讼目的的最终实现具有不可忽视的作用。检察政策中的业务政策自然包括刑罚执行监督方面的内容，刑罚执行监督权也是检察机关的重要职能之一。[②]

目前，我国的刑罚执行监督存在着监督手段软弱、监督措施乏力、监督程序粗疏等诸多问题[③]，且在监督中侧重于保障刑罚报复性功能的发挥，相对忽视了对服刑罪犯个人权利的尊重与保护，因此，监狱内虐待体罚罪犯、侵犯罪犯合法权益甚至造成被监管人员伤残或死亡的现象时有发生，同时也限制了检

---

①　朱孝清：《检察官客观公正义务及其在中国的发展完善》，载《中国法学》2009 年第 2 期。

②　黄京平、王烁：《论刑事政策的评估——以建立指标体系为核心》，载《中国刑事法杂志》2013 年第 7 期。

③　陈坚：《刑罚法律监督的立法完善》，载《法学》2006 年第 8 期。

察机关刑罚执行监督功能的有效发挥。要想改变这一现状，首先需要从检察政策层面予以重视，同时还应加强政策的执行力。毫无疑问，同样的检察政策、同样的条件，在不同的检察机关或者不同的内设机构可能产生截然不同的结果，其原因就是在执行力上存在差异。

五、检察政策指导检察实践的障碍

检察政策的执行是政策周期理论中的一个中间环节，政策的制定、执行、评估、监控以及政策的终结一起构成了一个完整的政策周期。[①] 同时，执行的过程也是检验政策正确与否的唯一标准。一方面，检察政策的妥善执行与否，是衡量各级检察机关工作质量和效能的一个重要因素；另一方面，检察政策是提高检察机关执法水平的管理手段。但要是检察政策在现实中不能得到有效的执行，其功能自然就无法全面发挥。从实证调研来看，主要存在以下两个方面的障碍：

（一）虚置化

由于检察政策是关于检察工作的目标、方针和策略的思想理念，多从宏观上对检察实践进行指导，在不少情况下，与具体的检察工作存在一定的距离，甚至是相当遥远的距离，普通的检察人员在日常工作中并不在意检察政策这一根本性的要求，因而，检察政策就容易被虚置化。检察政策制定得再合理、再科学，若在检察实践中得不到切实有效的执行，而是被虚置化，那也是形同虚设。

检察政策被虚置化的原因主要是检察工作人员的政策意识不够强。作为检察政策的具体执行者，检察人员在日常工作中，多注重立法的规定与诉讼规则的解释，少关注检察政策对自己工作职责的要求。诚然，检察政策的内容也要反映立法的精神与要求，但在不少时候，则是根据一定时期的政治形势和任务，结合当时的社会条件、社会期待与检察工作的实际情况，针对检察工作中存在的问题，以解决问题为目标制定的。因此，检察政策对检察工作的指导更具直接性、灵活性和现时性，因而对个案的影响作用也更具效果。但是，如果检察工作人员的政策意识不强，在办理案件时，并不知晓当前检察政策的导向，检察政策的作用自然也就无从谈起。

目前，我国检察政策在执行过程当中，虽然已形成了以注重政策宣传、重视政策实验等有效的经验和模式，但随着法治的推进和时代的变化，仍需要进一步创新检察政策的执行模式。另外，从政策周期理论来看，目前，我们对检

---

① 陈振明：《政策科学——公共政策分析导论》，中国人民大学出版社 2003 年版，第 387 页。

察政策的评估、监控以及终结的重视程度、实践操作都比较薄弱，要想提高政策的执行力，必须从倡导理念、加强制度建设与大胆实践探索等三方面着手，完善对检察政策的评估、监控与终结程序。①

（二）选择性适用

检察政策在执行中，除了被虚置化这一问题外，还面临着被选择性适用问题。经调研发现，检察政策在司法实践中的适用有时存在着"形无实存"的现象，因检察政策的表现形式是讲话、意见、措施、规范等，内容并不像法律规定那样明确。因此，在司法实践中，检察人员并不直接引用检察政策作为裁定个案的依据。但是，在考虑个案的处理时，不少检察人员还是会不自觉地考虑检察政策的规定而加以运用。但这种运用带有很大的随意性，同时也掺杂了较多的主观因素，检察人员可以选择适用，也可以选择不适用，并不像适用法律那样带有强制性。如"宽严相济"、"未成年人犯罪"等司法政策等，在司法实践中不同程度地存在着被"虚置"和"选择性适用"等问题。从调研中了解到，某些地方的检察机关及检察人员对检察政策的实践价值并没有恰当理性的认识，部分检察人员对检察政策的认识也不够清晰，甚至对相关检察政策是否存在都不够确信，因而就导致了司法过程中，检察政策这一环节的知识链条缺失。② 因此，一旦选择适用的概率不大，那检察政策能产生的各种功能自然也就大打折扣，而效果也就不那么尽如人意了。如何避免检察政策的选择性适用，并充分发挥检察政策的正向引导功能，应当是当前亟须深入研究的问题。

六、强化检察政策指导作用的对策与出路

从检察政策的功能来看，检察政策对检察实践具有全方位的指导作用是毋庸置疑的。但是，在司法实践中，检察政策所能发挥的现实作用却相当有限，这一点也不可否认。尤其是在社会转型时期，检察工作所面临的机遇与挑战是并存的，其角色定位也具有一定的复杂性，检察政策因其具有即时性和灵活性的特点，可以更好地指导检察实践，为检察工作的良性循环提供切实有效的指导，为此，我们认为首先要从以下几个方面入手：

（一）加大学习动员力度

尽管检察机关自恢复重建以来，特别是近十年来，最高人民检察院出台了一系列的检察政策，内容丰富，涉及面广。毫无疑问，这些政策性文件对检察

---

① 卢希起：《检察政策的价值功能及其运行规范》，载《检察日报》2011 年 5 月 9 日第 3 版。
② 卢希起：《检察政策的功能》，载《国家检察官学院学报》2012 年第 4 期。

实践，尤其是当前的检察工作具有直接的有针对性的指导作用，但事实上，平时主动认真阅读深入了解这些文件的检察工作人员并不多。尽管在各检察机关内部都有文件传阅制度，但真正花时间去仔细翻阅的人寥寥无几。另外，从根本上来说，检察权是公权力，"检察政策不仅是检察机关内部的工作性文献，也是检察机关面向大众的法治宣言，它承担着向公众传递检察权行使的原则、重心、方式和程序等方面的信息"①，而且，从检察工作的根本要求来看，检察工作也"应当把追求公共政策的实现作为司法的基本导向之一，一方面旨在从宏观上调校检察权在中国政治结构中的定位，把检察工作自觉融入到社会全局的运行之中，通过检察工作所特有的功能和作用的发挥，推动社会的发展和进步；另一方面，在实际运作层面上，引导和启示检察机关及检察人员超越单一的法律思维以及对案件简单化认识的视野局限，关注社会总体目标的要求，关注社会发展与变化的趋势，关注社会现实矛盾和纠纷的复杂性，关注民生、民情和民意的总体状态，特别是注重检察工作的社会影响和社会效果，把个别化的检察工作放置到社会目标的实现以及社会发展的大背景下予以认识和考虑，即是在司法过程中确立并践行'大局观'"②。要做到这一点，最为重要的就是学习领会检察政策中所蕴含的思想、理念及法治精神。

因此，为了让精心制定出来的检察政策能够深入人心，都应该让相关的检察人员知晓，检察政策只有得到检察机关和检察人员的认可，才会自觉地把检察政策运用到日常工作中，才会在检察工作中遵循检察政策的指引并乐意全力执行检察政策，从而真正发挥检察政策应有的种种功能。

（二）重视对检察政策的评估和监控

从政策的周期理论来看，一个完整的政策要经历制定、执行、监控、评估、反馈调整以及终结这几道程序，这些程序中无论缺哪一道，都会影响检察政策发挥应有的作用。目前，从实际情况来看，检察机关比较重视检察政策的制定与执行，但对评估、反馈调整和终结等程序不够重视。事实上，一项政策出台以后，对检察实践的作用究竟如何，有没有达到预期的目的，是否存在未曾预料到的负面作用，这些信息都只有通过评估程序才能取得。而政策执行中的反馈调整程序更是评估的后续步骤，只有科学地评估政策执行的效果并准确地反馈给检察政策的制定者，才能判断政策的内容是否符合客观实际，是否达到预期的效果以及是否出现预期之外的效果，从而对评估结果进行理性分析并在合适的范围内予以适当调整以便对政策的未来走向作出基本判断。

---

① 卢希起：《检察政策的价值功能及其运行规范》，载《检察日报》2011年5月9日第3版。
② 顾培东：《能动司法若干问题研究》，载《中国法学》2010年第4期。

（三）修改绩效考评机制

检察机关建立绩效考评机制的目的是调动检察人员的工作积极性和主动性，并对工作质量的好差进行评价以持续提高执法水平和办案质量，是检察机关绩效管理的核心目标。检察工作要想全面、协调、可持续的发展，必须建立一套长期适合检察工作发展的考核机制，用机制来规范并促进检察工作的健康发展，因而，建立以绩效考评为核心的考核制度是绩效管理的重要内容之一。检察政策对检察工作具有管制功能，可以通过政策性文件来改变或者修正检察机关和检察人员既有的行为模式，这种改变或者修正途径，既可以是积极性的管制，也可以是消极性管制，而几年前在各检察机关内部建立的绩效考评机制可以说是积极性的管制。但这种管制带有强制性的特征，它要求检察政策的目标群体必须做什么或者不做什么，因而绩效考评机制中所规定的考核的具体内容将直接引导并影响检察人员的努力方向和工作目标。

但是，由于当前绩效考评机制中将考核对象进行量化，考评指标缺乏科学性和良好的导向作用，绩效考评机制并没有如愿地发挥应有的作用，相反，却带来不少负面后果，使检察工作发生偏差甚至出现考评数字弄虚作假的现象。比如，在立案监督工作中，目前的考评多以立案监督的数量记分，同时又要求监督后立的案件能诉得出、判得下，有些部门为了加分，就造假立案监督的数量，如将检察机关自身办理的案件全算在立案监督的名下，或者为了各部门的名声和利益，部门之间产生摩擦或矛盾，如侦查监督部门与起诉部门在统计立案监督案件数量上常会出现矛盾等，甚至对其他重要检察政策的落实产生消解作用。

因此，针对当前检察机关内部绩效考评机制所出现的问题，应当对绩效考评机制进行修改完善，使其更具科学性和合理性，从而充分发挥绩效考评机制应有的积极作用，对各项检察工作质量的好差作出客观如实的评价，让被考评者心服口服，真正达到调动检察人员工作积极性和主动性这一目的，最终使检察工作走上全面、协调、可持续发展的快车道。

事实上，"检察政策是静态的检察制度向动态的检察制度转化过程中的调节工具，也是在检察制度基础上调控检察活动的规范系。它对于检察制度的发展和完善以及检察活动实现法律效果、社会效果和政治效果的统一都具有重要的调控作用"[1]。毫无疑问，检察政策在指导检察实践良性运作中的重要价值是显而易见的，但要想在司法实践中真正地实现这些价值，除了要对上述提到的几个方面进行修改完善外，在我国目前的检察体制下，最为关键的是领导层

---

[1] 朱孝清、张智辉主编：《检察学》，中国检察出版社 2010 年版，第 552 页。

面的重视，因各级检察机关的领导不仅是检察政策的制定者，同时还是最为有力的检察政策的执行者，他们不但善于把握政治形势、政治需要和政治目标，而且也是检察工作中思想观念和行为规范的引导者。总之，若想在司法实践中，充分发挥检察政策对检察实践在本源意义上的多方面、多层次的作用，必须调动全体检察人员的智慧和积极性，尤其是领导们的决策智慧和强大的执行力。

中国未成年人刑事检察政策[*]

苗生明　程晓璐

据统计，近五年来，全国检察机关平均每年批准逮捕未成年犯罪嫌疑人71000 多人，提起公诉 85000 多人，犯罪总量仍在高位徘徊。特别是随着城镇化、工业化、信息化的推进，流动、闲散和留守未成年人犯罪、未成年人涉网犯罪问题日益突出，未成年人犯罪组织化程度增强，犯罪低龄化和作案手段成人化、暴力化倾向明显，恶性极端案件时有发生，给社会和谐稳定带来了消极影响。[①] 为了应对形势严峻的未成年人犯罪，2012 年 10 月，最高人民检察院颁布《关于进一步加强未成年人刑事检察工作的决定》，明确指出要"确保对涉罪未成年人的'教育、感化、挽救'方针、'教育为主、惩罚为辅'原则和'两扩大、两减少'政策[②]在刑事检察工作中有效落实。""以是否有利于涉罪未成年人教育、感化、挽救为标准，慎重决定是否批捕、起诉、如何提量刑建议、是否开展诉讼监督。""最大限度地降低对涉罪未成年人的批捕率、起诉率和监禁率，坚持依法少捕、慎诉、少监禁。"作为我国第一个专门针对未成年人刑事检察工作的系统性、政策导向性文件，该《决定》一出台便引起社会热议。虽然有不少民众赞同和支持最高人民检察院的立场，但也有相当多的民众指责这是司法机关对未成年人的"溺爱"和"纵容"，因为如此一来，未成年人犯罪可能会更加肆无忌惮。有学者则认为，目前的政策着力成效缓慢，对刑罚的预防功能产生冲击，缺乏弥补措施，当前的未成年人刑事司法在注重事后"轻缓化"处理的同时，应切实做到"当宽则宽，当严则严"。[③]

* 原文载《国家检察官学院学报》2014 年第 6 期。

① 朱孝清：《关于未成年人刑事检察工作的几个问题》，载《预防青少年犯罪研究》2012 年第 6 期。

② 所谓"两扩大、两减少"，指对罪行轻微的涉罪未成年人，依法减少判刑、扩大非罪处理；非判刑不可的，依法减少监禁刑、扩大适用非监禁刑和缓刑。

③ 李奋飞、邱江华：《宽容的底线：中国未成年人刑事司法的理性反思》，载《〈新刑诉法背景下未成年人刑事检察工作的理论与实践专题研讨会〉论文集》。

　　这一分歧涉及如何准确理解和把握未成年人刑事检察政策的问题。相比于未成年人刑事检察特殊办案程序如火如荼的探索，未成年人刑事检察政策的理论研究则相当匮乏，使得未成年人刑事检察工作的开展始终缺乏对未成年人权益的真正保护而停留在表层难以深入。因此，有必要对未成年人刑事检察政策的相关问题进行系统梳理和研究，探索和构建我国未成年人刑事检察政策体系。

一、未成年人刑事检察政策之界定

（一）未成年人刑事政策的内涵

　　未成年人刑事检察政策的上位概念是未成年人刑事政策。在对未成年人刑事检察政策进行系统梳理前，有必要首先界定刑事政策及未成年人刑事政策。

　　关于刑事政策的内涵，一般分为广义说和狭义说。"广义的刑事政策并不限于直接地以防止犯罪为目的之刑罚诸制度，而间接的与防止犯罪有关的各种社会政策，例如居住政策、教育政策、劳动政策（事业政策）及其他公共保护政策等亦均包括在内。……狭义之刑事政策，得谓为国家以预防犯罪及镇压犯罪为目的，运用刑罚以及具有与刑罚类似作用之诸制度，对于犯罪人及犯罪危险人所作用之刑事上诸政策。"① 笔者认为，应当采广义的刑事政策说来界定未成年人刑事政策。从价值判断上说，预防未成年人犯罪比惩罚更重要，刑罚之外的其他旨在消除犯罪原因与条件的反犯罪策略和手段——尤其是公共政策或称社会政策，优于刑罚；而未成年人刑事社会政策就是在未成年人犯罪立法、司法措施之外实施的社会性犯罪控制和预防措施的策略体系。实际上，我国第一部研究少年犯罪的专著②虽然没有就什么是少年犯罪之刑事政策进行具体界定，但是首次对少年犯罪之刑事立法政策、少年犯罪之刑事司法政策、少年犯罪之刑事社会政策等问题进行了初步研究。可见，我国对少年犯罪刑事政策的研究从一开始就是广义视角上的，并不仅仅局限于犯罪与刑罚。

　　国内学者在开展未成年人刑事政策研究时多称之为"未成年人犯罪刑事政策"，笔者主张应去掉"犯罪"二字，直接称"未成年人刑事政策"更为适宜。理由有三：一是从犯罪的规范学概念上分析，就实体法而言，犯罪是刑法所规定的应受刑罚处罚的行为，就程序法而言，犯罪是法官通过公正的诉讼程序确定并宣告为犯罪的事实。从未成年人刑事政策的立场出发，我们不能仅仅盯住未成年人的"已然之罪"，而应该体现"提前干涉"和"向后延伸"的

---

① 张甘妹：《刑事政策学》，三民书局 1979 年版，第 2～3 页。
② 赵琛：《少年犯罪之刑事政策》，长沙商务印书馆 1939 年版。

特征，因此未成年人刑事政策所针对的未成年人行为，不再只是传统意义上的犯罪行为，还包括轻微越轨甚至是有可能犯罪的"虞犯行为"等。二是从日常生活用语的角度，人们常常将能够引起强烈愤怒并应受强烈谴责的行为统称为犯罪，可见"犯罪"二字带有强烈的标签效应。正因如此，传统少年司法不把未成年人犯罪叫"犯罪"，而称为"罪错"或"非行行为"、"触法行为"。三是"未成年人刑事政策"的提法符合广义说的研究立场，有利于摆脱传统上从狭义刑事政策的角度研究犯罪与刑罚导致的藩篱，并形成独立的理论体系，进而对司法实践产生深远影响。

笔者认为，未成年人刑事政策是指国家在预防和控制未成年人犯罪的直接目的的推动下，以保护未成年人合法权益、实现未成年人个体和群体正常的社会化，保障社会和谐、安全、秩序为目标而制定、实施的各种方针、原则、观念及具体措施的总称，包括未成年人刑事立法政策、未成年人刑事司法政策和未成年人刑事社会政策。未成年人刑事立法政策，是指国家立法机关在进行未成年人违法犯罪的治理及预防的刑事立法时，所应遵守的、具有指导作用的价值观念和政策原则，是制定、修改、补充和完善有关未成年人犯罪刑事法律的重要依据；未成年人刑事司法政策，是指司法、行政机关（公安、检察院、法院、司法行政机关）针对未成年人犯罪及不良行为的处置与矫正时所遵循的方法、观念、原则等的总称；未成年人刑事社会政策，则指国家有关部门实施的与控制、预防未成年人违法犯罪有关的增加未成年人社会福利、营造未成年人健康成长的发展环境，并对不利于未成年人的社会环境因素进行控制的观念、措施的总称。

（二）未成年人刑事检察政策的内涵

关于"未成年人刑事检察政策"这一提法，曾有学者提出质疑，认为"如果未成年人刑事检察政策这个概念成立，那么是不是还应该有未成年人刑事侦查政策、未成年人刑事审判政策？刑事政策就是刑事政策，没有必要将未成年人刑事政策割裂表述，然后再加以研究"。笔者认为，"未成年人刑事检察政策"既不等同于检察视野下的未成年人刑事政策，又不能简单地理解为未成年人刑事政策在检察机关的贯彻运用，在中国语境下应当对其进行概念化，并赋予其独特的内涵。

具体言之，未成年人刑事检察政策是指国家检察机关在履行对涉罪未成年人审查批捕、审查起诉、诉讼监督和犯罪预防等职能的过程中，为贯彻落实未成年人刑事政策的总体目标而制定、实施的各种策略、方法、原则及具体措施的总称。对其内涵，应注意从以下几个方面把握：

1. 未成年人刑事检察政策是未成年人刑事政策的重要组成部分，服务并服从于未成年人刑事政策的总体价值目标。预防和控制犯罪只是未成年人刑事政策的初层次目的，其最终目标是保护未成年人合法权益，实现未成年人个体和群体正常的社会化，并保障社会和谐、安全、秩序，即"双保护"原则。尽管如何协调"双保护"两方面内容的矛盾是少年司法制度的难题，也有部分国家如美国、日本等，在因过多关注少年利益而忽视社会的一般正义观念乃至被害人的权利保护而广受非议后，开始将本国传统的少年司法政策适度调整为"严罚主义"，① 但这并不妨碍"双保护"原则成为联合国所确立的一项少年司法准则。1985 年《联合国少年司法最低限度标准规则》（以下简称《北京规则》）规定，"少年司法应视为是在对所有少年实行社会正义的全面范围内的各国发展进程中的一个组成部分，同时还应视为有助于保护青少年和维护社会的安宁秩序"。

2. 未成年人刑事检察政策主要是刑事司法上的政策，但同时也要通过司法实践活动和适当延伸检察职能来促进未成年人刑事立法政策和社会政策的完善。检察机关作为司法机关，如何通过检察职能的充分行使来实现未成年人刑事政策的总体价值目标正是未成年人刑事检察政策研究的核心所在。未成年人刑事检察职能主要包括未成年人刑事案件的审查批捕、审查起诉、诉讼监督和犯罪预防工作，而审查批捕、审查起诉和诉讼监督主要体现为司法活动，其有益的实践经验经过提炼、总结可以转化为立法政策。例如，修改后刑事诉讼法增设的附条件不起诉制度，一定程度上是对司法实践探索成果的吸收和肯定，认可了其在诉讼经济、诉讼分流、教育矫治方面的价值，体现了对涉罪未成年人进行教育、感化、挽救的方针。未成年人刑事检察政策对社会政策的完善主要体现在未成年人犯罪预防工作上，因为犯罪预防工作不能依靠一家之力，而应当发挥政府、司法机关、社会等多方合力、共同参与，实行综合防治。

3. 未成年人刑事检察政策强调的是如何在检察环节贯彻落实宽严相济刑事政策和未成年人刑事政策的总体指导方针，是具有一定操作性的具体的未成年人刑事政策。宽严相济刑事政策是一项基本的刑事司法政策，对于未成年人刑事司法政策具有指导作用，我国有必要在宽严相济刑事政策的指引下，对罪错少年实行有别于成年犯罪人的刑事政策。然而，未成年人刑事司法政策并非简单的"宽"、"严"关系所能概括。从西方各国未成年人刑事政策的发展和演变路径来看，未成年人刑事司法政策存在钟摆效应，其会根据社会治安状

---

① 所谓的"严罚主义"是一种历史纵向的比较，并不代表对犯罪的未成年人实行成年人犯罪意义上的严厉处罚。总体上，各国司法对未成年人仍然采取一种区别于成人的刑事政策，使其朝着轻缓方向发展。

况、公众安全感、未成年人犯罪率的增减、社会舆论等因素，在"严罚"与"福利"两大理念之间不断调整。从这个角度上说，未成年人刑事司法政策主要应体现宽严相济刑事政策中"宽"的一面，即"教育、感化、挽救"、"教育为主，惩罚为辅"的六字方针、八字原则。但因其本身不具有可操作性，具体落实中还要转化为更具可操作性的未成年人刑事政策，如"可捕可不捕的不捕"、"可诉可不诉的不诉"、"少捕慎诉少监禁"、"注重矛盾化解，坚持双向保护"等刑事检察政策，这是对"六字方针、八字原则"在检察环节的具体贯彻落实。

二、中国语境下未成年人刑事检察政策研究之必要性

和域外检察机关仅为公诉机关不同，中国的检察机关既是追诉犯罪的公诉机关，又掌握审查逮捕权，同时又是法律监督机关。这种特殊定位及立法要求检察机关和公安机关、人民法院分工负责、互相配合、互相制约的权力运行模式决定了，检察机关对于未成年人刑事司法制度的运转和完善及对罪错少年的教育、感化、挽救，势必起着至关重要的作用，司法实践也已经证明了这一点。因此，对未成年人刑事检察政策进行研究，具有特殊价值。

1. "少捕慎诉"的未成年人刑事检察政策使得检察机关可以通过不捕、不诉实际掌握部分少年涉罪案件的先议权。从国际视野来看，未成年人刑事政策具有与普通刑事政策二元分立的特点。传统少年法院程序赋予少年法院对少年案件的先议权，排斥检察官的参与。所有的少年案件都必须首先由少年法院预先进行审查、审判并裁决，如果认为可以适用保护处分，则由少年法院迳行审理（检察官不参与）；只有认为触法少年罪行严重不适宜少年法院审理时，才通过"弃权"程序逆送至检察机关，由检察机关向普通刑事法院起诉，此即所谓"保护优先主义"。对于少年法院逆送的案件，检察机关必须提起公诉。这实际上是将检察机关审查起诉的权力，划归给了少年法院。据统计，真正经逆送程序交检察院起诉的少年案件所占比例很小，绝大多数少年案件都由少年法院直接审理了。在这样的程序设计中，检察机关被强有力地边缘化了，[1] 检察官出席少年法院的审判被认为会阻碍"以恳切为宗旨，在亲切及温和的环境下"进行的审判，严重违反少年法的理念。[2] 在这种背景下，检察机关可作为的空间狭小，因此没有专门研究、制定未成年人刑事检察政策的必要。

---

① 姚建龙：《少年法院试点对未检制度的影响》，载《法学》2010 年第 1 期。
② 陶建国：《日本少年法与检察官参与制度》，载《国家检察官学院学报》2007 年第 6 期。

与域外少年司法领域"法院中心主义"有所不同，我国并不存在少年法院（或其他法院）对少年犯罪案件行使先议权、检察机关对少年案件的管辖表现消极的司法传统。相反，宪法和刑事诉讼法都赋予检察机关审查逮捕权、审查起诉权，表明检方实际掌握部分少年涉罪案件的先议权。具体表现为，检察机关通过不批捕，可以将部分情节显著轻微不认为是犯罪或定罪证据不足的少年涉罪案件排除在刑事司法程序之外，还可以通过对部分犯罪情节轻微、不需要判处刑罚的涉罪少年决定相对不起诉以及对部分犯罪情节较轻、符合起诉条件、可能判处 1 年有期徒刑以下刑罚的未成年人决定附条件不起诉的方式，阻止法院对部分少年涉罪案件行使审判权和定罪权，而"少捕慎诉"的未成年人刑事检察政策为检察机关不捕、不诉权的充分行使提供了政策指引。

2. 中国未成年人刑事检察"捕诉监防一体化"的特殊定位为检察机关"国家监护人"的角色担当提供了理论和法律上的支撑。国家亲权理论是少年司法制度的理论基础，其在赋予国家对未成年人享有最终监护人地位——国家是儿童的最高监护人——的同时，也要求国家积极行使这一权力，并在行使这一权力时以保护未成年人权益为目的。这一理论强调的是国家对未成年人保护享有高于家长监护权的责任与权力，在必要情况下，国家可以超越父母的亲权对未成年人进行强制性干预和保护，其最大影响在于促使传统刑法放弃对犯罪少年的报应刑观念，而树立教育、保护的观念。

与域外少年司法领域存在的"弱检察"现象不同，我国检察机关对包括未成年人犯罪案件在内的所有刑事案件都享有较广泛的权力，而且有关政策文件还针对未成年人犯罪案件，将分散在不同部门的各项权力加以整合集中。最高人民检察院《关于进一步加强未成年人刑事检察工作的决定》明确规定，"设立未成年人刑事检察独立机构的检察院，一般应实行捕、诉、监（法律监督）、防（犯罪预防）一体化工作模式，由同一承办人负责同一案件的批捕、起诉、诉讼监督和预防帮教等工作"。可见，我国检察机关在少年司法程序中所享有的权力范围之广、内容之丰富，世界上大多数国家都难以比肩；与公安、法院相比，检察机关在少年司法程序中跨越时间最长，参与诉讼阶段最多，帮教责任也最重。检察机关秉承何种理念、遵循何种政策处理少年案件，对涉罪少年的成长与发展将产生关键性甚至决定性的影响。从这个角度上说，少年案件的检察官不仅仅是国家公诉人，更要立足于国家监护人的身份，承担起保护者和教育者的角色。而这恰恰也是未成年人刑事检察政策的题中应有之义。

3. 我国少年司法制度的滞后性所带来的司法改革的迫切需求亟待未成年人刑事政策的科学指引，检察机关应当在未成年人司法改革中发挥更为积极主动的作用。与西方国家相比，我国少年司法制度发展相对滞后，目前仍没有跳出刑罚中心主义的思路，儿童最大利益原则、教育刑主义、个别化原则等现代少年司法基本理念远未建立。修改后刑事诉讼法虽新增专章规定未成年人刑事案件诉讼程序，但仍没有摆脱成年人刑事司法程序的影响；而且刑法、刑事诉讼法也没有规定保护处分措施，对未成年人犯罪要么动用刑罚加以惩罚，要么不起诉，缺乏介于惩罚和放纵两种对策之间的中间性干预措施。新一轮司法改革更加强调检察院依法独立行使检察权、司法去地方化和行政化以及司法的中立性和消极性，但司法官的积极能动、非中立性以及公检法司互相配合的司法一条龙和依托区域社会资源的社会支持一条龙等因素对于未成年人司法来说，则更有积极意义。因此，如何在司法改革中设计出有别于普通刑事诉讼程序的未成年人刑事诉讼程序，更好地促进检察职能的发挥，是一项值得研究的课题。这个过程，离不开对未成年人刑事检察政策的研究和贯彻。

从三十年的少年司法改革探索之路来看，未成年人检察制度的产生虽晚于未成年人审判制度，但近几年未检机构独立、机制创新、未检一体化改革以及一系列政策性、规范性文件的出台都表明，未成年人检察制度的完善显然有赶超未成年人审判制度之势。检察机关"捕诉监防一体化"的未检职能定位，使得检察机关无论进行"提前干预"还是进行"事后延伸"都有充分的法律依据，从而使检察机关在少年司法改革领域有了更广阔的发展空间和更高的角色期待，理应在未成年人保护方面发挥更加积极主动的作用，而这也是未成年人刑事检察政策的研究价值所在。

三、中国未成年人刑事检察政策之衍变

新中国成立之初，由于未成年人犯罪率比较低，因此未成年人刑事政策主要着眼于未成年犯的矫治和改造，与检察机关关系不大。目前有据可查的涉及检察机关的最早的政策性文件是1960年最高人民检察院、最高人民法院、公安部《关于对少年儿童一般犯罪不予逮捕判刑的联合通知》。该通知指出："今后的少年儿童除犯罪情节严重的反革命犯、凶杀、放火犯和重大的惯窃犯以及有些年龄较大，犯有强奸幼女罪，情节严重，民愤很大的，应予判刑外，对一般少年儿童违法犯罪的人，不予逮捕判刑，采用收容教养的办法进行改造。"从1979年开始，鉴于未成年人犯罪人数所占比重日益加大，国家先后出台了一系列有关未成年人犯罪的政策文件、法律法规，对我国未成年人刑事检察工作的理念与实践产生了重大影响，也促进了未成年人刑事检察政策的发展衍变。

（一）未成年人刑事检察政策的依附期（1979 年至 2002 年 4 月）

这一时期的总体特点是，在以"严打"为主格调的司法背景下，对未成年人从宽的刑事政策主要体现在未成年犯的矫正和预防未成年人犯罪的综合治理上。检察机关对"教育、感化、挽救"、"可捕可不捕的不捕"、"可诉可不诉的不诉"等政策的贯彻更多地停留在口号宣传层面，政策着力效果缓慢，处理未成年人刑事案件的方针、政策实际上依附或服从于"严打"刑事政策的需要，导致对未成年人采取不捕、不诉等措施都非常谨慎，甚至受到严格控制。

这一时期，有关机关颁布了许多指导未成年人刑事检察工作的法律、法规和政策性、规范性文件，如 1985 年《中共中央关于进一步加强青少年教育，预防青少年违法犯罪的通知》、1991 年《中华人民共和国未成年人保护法》、1991 年最高人民法院、最高人民检察院、公安部、司法部《关于办理少年刑事案件建立互相配套工作体系的通知》、1995 年公安部《公安机关办理未成年人犯罪案件的规定》、1999 年《预防未成年人犯罪法》、2000 年中共中央办公厅、国务院办公厅转发中央社会治安综合治理委员会《关于进一步加强预防青少年犯罪工作的意见》、2000 年最高人民法院《关于审理未成年人刑事案件的若干规定》等。这些文件要求将"教育、感化、挽救"、"教育为主，惩罚为辅"作为处理未成年人犯罪的指导方针，强调公安机关、人民检察院、人民法院办理未成年人犯罪案件应当照顾未成年人的身心特点，可以根据需要设立专门机构或指定专人办理，并强调预防未成年人犯罪应各部门共同参与，各负其责，实行综合治理。其中，尤为重要的是 1992 年最高人民检察院《关于认真开展未成年人犯罪案件检察工作的通知》，因为其集中体现了最高人民检察院在未成年人刑事检察工作方面早期的政策性主张，包括要求建立和健全办理未成年人犯罪案件的专门机构或指定专人负责；提出"两可"方针及区别对待的原则，即"在办理未成年人犯罪案件中，要注意正确运用法律、政策、划清罪与非罪的界限，坚持可捕可不捕的不捕，可诉可不诉的不诉方针"；对于犯罪情节较轻的初犯、偶犯以及对被教唆而犯罪的未成年人，可以依法免除处罚；对于犯罪情节较重，但确有悔改表现，也应依法从轻处理，可以提请人民法院减轻或免除处罚。

但是，由于这一时期处于"严打"阶段，实践部门迫于压力导致"严打"对象泛化，干扰了对未成年人犯罪"六字方针、八字原则"的贯彻，出现了对未成年人犯罪惩罚扩大化、重刑化的倾向，妨害了犯罪未成年人的教育与矫治。① 而在未成年人刑事政策以及与此相关的规范性文件或多或少的影响下，最高人民检察院于 1992 年设立了少年犯罪检察处，专门负责指导未成年人刑事检察工作。但由于 1996 年刑事诉讼法并未设置未成年人犯罪诉讼程序，再加上"严打"及机构改革等因素，未成年人刑事检察机构和队伍建设出现停滞，大部分地区的未检工作并没有明显起色，未成年人刑事检察政策也一度难以贯彻落实。

（二）未成年人刑事检察政策的显现期（2002 年 4 月至 2011 年 4 月）

这一时期的总体特点是，在总结"严打"刑事政策经验教训的基础上，随着宽严相济刑事政策和中央三项重点工作的提出，改革未成年人司法制度成为构建社会主义和谐社会的若干重大问题之一，使得未成年人刑事检察政策逐渐开始显现并明晰化。为保证对涉罪未成年人的权益保护和教育挽救落到实处，各地检察机关开始结合本地实际，不断进行探索和尝试；最高人民检察院围绕宽严相济刑事政策出台或修订了一些规范性或政策性文件，明确提出一系列有关未成年人刑事检察政策的新主张。这些新主张主要围绕未成年人刑事案件诉讼程序本身的完善而展开，未成年人刑事检察政策对司法实践的导向功能开始显现。

这一时期，有关未成年人刑事检察工作的法律、法规及一些政策性、规范性文件主要有：最高人民检察院 2002 年 4 月印发《人民检察院办理未成年人刑事案件规定》；2006 年 10 月十六届六中全会通过的《中共中央关于构建社会主义和谐社会若干重大问题的决定》要求，"实施宽严相济的刑事司法政策，改革未成年人司法制度，积极推行社区矫正"；2006 年 12 月 28 日最高人民检察院《关于在检察工作中贯彻宽严相济刑事司法政策的若干意见》、《人民检察院办理未成年人刑事案件规定》；2006 年最高人民法院《关于审理未成年人刑事案件具体应用法律若干问题的解释》；2008 年 12 月 17 日全国政法工作会议提出"两扩大、两减少"；2010 年最高人民法院、最高人民检察院等六部门《关于进一步建立和完善办理未成年人刑事案件配套工作体系的若干意见》；《刑法修正案（八）》有关未成年人不构成累犯及免除前科报告义务等规定。

上述文件对"严打"时期形成的有关如何处理涉罪未成年人的各项政策性主张进行了细化和改进。检察机关为贯彻宽严相济刑事政策明确对未成年人犯罪从宽处理的政策精神和"两扩大、两减少""教育、感化、挽救"的方针，并对"可捕可不捕的不捕、可诉可不诉的不诉"的政策性主张进行阐释

---

① 陈兴良：《宽严相济刑事政策研究》，中国人民大学出版社 2007 年版，第 3~4 页。

和深化，主要包括如下内容：第一，对未成年人犯罪案件依法从宽处理，可捕可不捕的坚决不捕，可诉可不诉的不诉；对确需起诉的，向人民法院提出从宽处理、适用缓刑等量刑建议；未成年人犯罪案件，人民法院处罚偏轻的，一般不提出抗诉。第二，改革完善未成年人犯罪案件的办案方式，设立专门工作机构、专门工作小组或者指定专人办理，建立适合未成年人特点的审查逮捕、审查起诉工作机制。

在这些政策性主张的指引下，全国各地检察机关积极探索，未成年人刑事检察工作取得明显进展，主要表现在如下方面：第一，专门机构建设方面，上海不再一枝独秀，其他不少地方如北京、福建、重庆、江苏等省、直辖市的一些基层或市级检察院也在积极筹建，实现了未检机构从无到有、从依附到日益独立的转变，并呈现星火燎原之势。第二，以"捕诉防一体化"为代表的未检职能（工作）模式在质疑与反质疑声中被逐渐认可并初步形成。第三，特殊办案机制的探索创新不断，未成年人检察制度尝试着从成人检察制度中分离出来，初步形成了一系列适合未成年人身心特点并行之有效的办案制度和工作机制，包括附条件不起诉、非羁押措施可行性评估、法定代理人到场、合适成年人参与刑事诉讼、亲情会见、社会调查、分案起诉、快速办理、量刑建议、庭审教育、法律援助、诉中考察、诉后帮教等，许多工作制度、机制已被2006年《人民检察院办理未成年人刑事案件规定》、2010年《关于进一步建立和完善办理未成年人刑事案件配套工作体系的若干意见》吸收确定。第四，未成年人刑事检察政策的成效初显，未成年人犯罪不捕率和不诉率都有所提升，重新犯罪人数逐年递减。2007年至2011年，全国检察机关共不批准逮捕未成年犯罪嫌疑人626747人，不捕率为14.23%，比同期成年人刑事案件的不捕率高2.64%；共不起诉17866人，不起诉率为3.72%，比同期成年人刑事案件不起诉率高1.29%。不捕率从2007年的12.55%提高到2011年的17.7%，不起诉率从3.45%提高到4.44%，其中无逮捕必要不批准逮捕、相对不起诉人数分别占未成年犯罪嫌疑人不批准逮捕、不起诉总人数的60.58%和86.64%。未成年人重新犯罪的人数也在逐年递减，2011年较2007年下降24.19%，许多涉罪未成年人因得到及时的帮教重新回归社会。① 第五，一些地方立足检察职能，放大办案效果，初步形成了检察机关参与未成年人犯罪预防及未成年人权益保护的社会化格局。例如，北京市海淀区人民检察院在2010年9月成立北京首家少年检察处，探索实行"4＋1＋N"工作机制，"4"

---

① 朱孝清：《关于未成年人刑事检察工作的几个问题》，载《预防青少年犯罪研究》2012年第6期。

就是捕、诉、监、防四项检察职能，整合未成年人案件的审查批捕、审查起诉、监所检察、犯罪预防四项检察职能统一归少年检察处；"1"就是依托一支司法社工队伍；"N"就是联合政府、社会多方力量。

总体来看，在这一时期内，未检机构建设、未检办案程序、未检特殊办案制度、未检预防社会化格局等均有进一步规范和发展，但未成年人刑事检察工作的社会支持体系还很不健全。除少数地方外，大部分省市的未成年人检察工作总体上还只是被视为创建优秀青少年维权岗的一项"活动"，而不是检察制度建设的重要组成部分，更未发展成为检察制度中的一个独立组成部分。[①] 检察机关对未检特殊办案机制和诉讼程序的探索主要依赖于检察官的亲力亲为，导致检察官受制于时间和精力只能有选择地针对一些个案开展，而效果的好坏则依赖于检察官个人情感的投入和自身魅力。但值得肯定的是，未成年人刑事检察政策的积极效用开始展现出来，很好地促进了未成年人刑事检察工作的进一步发展。

（三）未成年人刑事检察政策的成型期（2011 年 4 月至今）

这一时期的总体特点是，以 2011 年 4 月上海未成年人刑事检察工作创建 25 周年为契机，以刑诉法修订设立未成年人刑事案件诉讼程序专章为大背景，以 2012 年 5 月召开的全国第一次未成年人刑事检察工作会议为转折点，最高人民检察院有关领导针对未成年人刑事检察工作连续发出强有力的声音，并自上而下地积极进行统一部署，首次推出专门针对未成年人刑事检察工作的政策性文件《关于进一步加强未成年人刑事检察工作的决定》，全方位、多层次、具体地指导了未成年人刑事检察工作，使得未成年人刑事检察政策开始系统化、体系化，并逐渐向国际通行的少年司法理念靠拢。

这一时期，有关未成年人刑事检察工作的法律法规和政策性、规范性文件主要有：2011 年《朱孝清副检察长在上海未成年人刑事检察工作创建 25 周年上的讲话》、2012 年《刑事诉讼法》、2012 年《曹建明检察长致全国检察机关第一次未成年人刑事检察工作会议上的信》、《朱孝清副检察长在全国检察机关第一次未成年人刑事检察工作会议上的讲话》、2012 年最高人民检察院《关于进一步加强未成年人刑事检察工作的决定》、2013 年《人民检察院刑事诉讼规则（试行）》、最高人民法院《关于适用〈中华人民共和国刑事诉讼法〉的解释》、《公安机关办理刑事案件程序规定》、2014 年《人民检察院办理未成年人刑事案件的规定》等。

从内容上看，这一时期有关未成年人刑事检察的政策性主张较前一时期更

① 姚建龙：《少年法院试点对未检制度的影响》，载《法学》2010 年第 1 期。

为全面、具体和深化。第一，坚持把"六字方针、八字原则"和"两扩大、两减少"政策贯穿于办案始终，并把"教育、感化、挽救"的成效作为评价工作的根本标准。第二，坚持依法少捕、慎诉、少监禁，即坚持依法能不捕的坚决不捕，能不诉的坚决不诉，必须起诉、符合判非监禁刑条件的，建议判非监禁刑，最大限度地降低涉罪未成年人的批捕率、起诉率和监禁率；把诉讼监督的重点放在强化对涉罪未成年人刑事政策的贯彻落实上，防止和纠正侵犯未成年犯罪嫌疑人、被告人合法权益的违法诉讼行为和错误判决裁定；对未成年人轻微刑事案件的立案监督、追捕、追诉以及对量刑偏轻判决的抗诉，要从严掌握，充分考虑监督的必要性。第三，注重矛盾化解，坚持双向保护。化解涉罪未成年人与被害人之间的矛盾，取得被害人对处理涉罪未成年人方针政策的理解，是落实依法少捕慎诉少监禁要求的重要前提。第四，在犯罪预防方面，一方面要求整合社会力量，促进党委领导、政府支持、社会协同、公众参与的未成年人权益保护、犯罪预防帮教社会化、一体化体系建设，实现对涉罪未成年人教育、感化、挽救的无缝衔接；另一方面要求认真落实检察环节社会管理综合治理各项措施，如开展法制宣传、参与校园周边环境整治、对重点青少年群体教育管理、发挥检察建议的作用等。

可见，未成年人刑事检察政策并非简单的捕、诉、监禁"尺度"指导意见所能概括，而是呈现出全面性、体系化、"整体发力"的特点。在这一政策的指导下，未成年人刑事检察工作也取得了历史性发展。第一，未成年人刑事检察工作的规范化、制度化、专业化建设等取得突飞猛进的发展，有效保障了未成年人刑事检察政策的贯彻落实。2012年刑事诉讼法吸收了未成年人刑事诉讼程序前期的探索成果，包括限制适用逮捕强制措施、社会调查、法律援助、听取律师意见、法定代理人合适成年人讯问、询问在场制度、附条件不起诉制度、犯罪记录封存等特殊诉讼程序被纳入其中，《人民检察院刑事诉讼规则（试行）》、《人民检察院办理未成年人刑事案件的规定》又予以细化，进一步提高了未成年人刑事检察工作的规范化程度。与此同时，最高人民检察院《关于进一步加强未成年人刑事检察工作的决定》、《人民检察院办理未成年人刑事案件的规定》等规定更是明确要求省级、地市级检察院和未成年人刑事案件较多的基层检察院设立独立的未成年人刑事检察机构，实行捕、诉、监、防一体化工作模式。2011年11月，最高人民检察院公诉厅专设了未成年人犯罪检察工作指导处，专门负责指导全国未成年人刑事检察业务及参与青少年维权、未成年人犯罪预防等工作，一些省级院也成立了专门的未检处，并不断加强未成年人刑事检察业务培训、理论研究和经验交流，不断健全专业化工作模式和方法。① 第二，促进政法机关办理未成年人刑事案件配套工作体系建设和未成年人犯罪社会化帮教预防体系建设取得进展。一是各地加强与侦查、审判、司法行政机关之间的协调配合，完善配套诉讼衔接机制和工作体系，如建立未成年人刑事司法联席会议制度、逮捕必要性证明制度、分案起诉制度、法律援助制度等。二是各地检察机关促进建立健全社工制度、观护帮教制度等机制，引入社会力量参与对被不批捕、不起诉的未成年人进行帮教，加强与教育等相关职能部门和社会组织的联系与衔接，积极促进未成年人犯罪社会化帮教预防体系的建立，以实现对涉罪留守未成年人和涉罪外来未成年人的平等保护，如北京、江苏等地一些检察院探索通过热心社会公益事业的爱心企事业单位建立社会观护基地，为教育挽救不捕、不诉的涉罪未成年人提供考察、帮教、矫治的场所。第三，"少捕、慎诉"的未成年人刑事检察政策在实践中的成效凸显，涉罪未成年人的不捕率、不诉率显著提升。以北京为例，2011 年，北京市未检部门共受理公安机关提请批准逮捕的未成年人案件 666 件 1113 人，不批捕 398 人，不捕率 35.8%；2012 年，全市未检部门共审结公安机关提请批准逮捕的未成年人案件 666 件 1152 人，不批捕 465 人，不捕率 40.4%，而 2008 年至 2010 年的不捕率仅为 13%、11.4%、27.8%。2011 年，北京市检察机关共审查起诉未成年人案件 1073 件 1517 人，不起诉 114 人，不诉率为 7.5%；2012 年共审查起诉未成年人案件 919 件 1358 人，不起诉 195 人，不诉率为 14.3%；2013 年共审查起诉未成年人案件 842 件 1106 人，作出附条件不起诉 53 件 73 人，不起诉 290 人（含附条件不起诉考察期满后作出不起诉决定的 31 人），不诉率为 26.2%。

四、未成年人刑事检察政策蕴含的少年司法理念及核心内容

（一）未成年人刑事检察政策所蕴含的少年司法理念

目前我国未成年人刑事检察政策开始向国际通行的少年司法理念靠拢，司法实务部门有必要充分理解和准确把握其中所蕴含的少年司法理念。

1. 以未成年人权利为本位的儿童利益最大化理念

得到国际社会广泛认可的联合国《儿童权利公约》将儿童界定为"18 岁以下的任何人"，并在第 3 条第 1 款明确规定："关于儿童的一切行动，不论是由公私社会福利机构、法院、行政当局或立法机构执行，均应以儿童的最大利益为一种首要考虑。"作为签约国，我国理应树立儿童利益最大化的理念。

---

① 黄河：《刑事诉讼法修改与未成年人刑事检察制度建设》，载《预防青少年犯罪研究》2012 年第 5 期。

2012 年 6 月，最高人民检察院副检察长朱孝清在全国第一次未检工作会议上谈到当前和今后一个时期未成年人刑事检察工作的思路时指出，要"最大限度地保护未成年人合法权益，最大限度地教育挽救涉罪未成年人，最大限度地预防未成年人犯罪，"强调将保护未成年人合法权益放在首位，要求将"教育、感化、挽救的成效作为评价工作的根本标准"。这就充分体现了以未成年人权利为本位的儿童利益最大化理念。具体到办案中，就是要体现人文关怀，尊重、保护涉罪未成年人的合法权益、人格尊严和个人隐私，力所能及地帮助他们解决生活、学习、工作上的困难，真诚地给予关怀与温暖。在案件办结后，对有罪不诉的未成年人，要加强与家长、有关部门和社会力量的配合，认真落实帮教措施。

2. 国家亲权理念

国家亲权理念的核心含义是国家居于未成年人最终监护人的地位，在未成年人的父母或监护人无法有效监护或保护未成年人合法利益时，国家可以超越父母的亲权对未成年人进行强制性干预和保护，其精髓在于以"保护"优于"刑罚"的立场来处理问题少年之犯罪与偏差问题。① 我国未成年人刑事检察政策尚未体现国家亲权理念，但鼓励地方探索的观护帮教制度在某种程度上带有国家亲权理念的意味，即对于外来流浪、打工，在外地无有效监护条件或者父母外出打工，在本地留守的涉罪未成年人，检察机关积极寻求党委、政府有关部门的支持，依托爱心企事业单位作为临时监护人，提供食宿、技能培训及进行心理辅导、行为矫治的场所，以实现对涉罪留守未成年人和涉罪外来未成年人的平等保护。

3. 非犯罪化、非刑罚化、非监禁化的处置理念

国际通行的少年司法理念往往把未成年人的犯罪行为视为"罪错"，强调"转向"处理，尽量减少司法干预，不提交法院正式审判，以达到教育和矫正犯罪人的目的，因此羁押和刑罚只有在为教育犯罪人目的所必需的情况下方可适用。这也是《联合国少年司法最低限度标准规则》的要求。我国未成年人刑事检察工作中遵循的"两扩大、两减少"政策和"少捕、慎诉、少监禁"正与此相契合。

4. 恢复性司法理念

各国少年司法制度无不起源于福利原型模式或者刑事原型模式。在百余年的演变过程中，各国少年司法基本上都摇摆于福利与刑事之间，试图寻求符合本国特点的最佳模式。近些年来，一些西方国家开始探索恢复性司法模式，试

---

① 张鸿巍：《少年司法通论》，人民出版社 2008 年版，第 304～305 页。

图走出第三条道路，其重要特征之一就是调解制度的广泛运用。① 我国未成年人刑事检察政策的亮点之一就是要求"注重矛盾化解，坚持双向保护"，强调"对于符合刑事和解条件的，要发挥检调对接平台作用，积极促进双方当事人达成和解，及时化解矛盾，修复社会关系"。因此，检察机关在处理未成年人刑事案件时，都努力追求少年最佳利益、被害人合法权益及社会安宁秩序三者之间的平衡，并以此促进社会安全和涉罪少年的复归。

5. 宽容而不纵容的理念

为了应对少年司法太过"温情化"和司法纵容论的质疑，一些成立少年法院的国家和地区通过扩大弃权程序搭建起少年司法与成人刑事司法沟通的"桥梁"，典型的模式是：一般的未成年人涉罪案件交由专门的审理未成年人案件的司法机构按照未成年人司法程序来处理；但是如果未成年人罪行太严重，则可以通过设置一定的弃权程序将其当作成人看待，由普通刑事法院（或少年法院、家庭法院内的"刑事庭"）审理。这既保证了少年司法的纯洁性和保护色彩，又可以切实做到"宽容而不纵容"。我国目前尚未形成少年司法与成人司法的二元分立，但未成年人刑事检察政策已经体现出宽容而不纵容的思想。最高人民检察院副检察长朱孝清在全国第一次未检会议上就提到"不是简单的不捕不诉，而是要做到宽容而不纵容，既不能不教而罚，也不能不教而宽。对于一些涉嫌严重犯罪的未成年人，基于其人身危险性大、矫正难度大，仍应依法批捕、起诉，该依法判监禁刑乃至重刑的仍应依法建议判监禁刑和重刑。但这也是为了教育、挽救而不是单纯的打击"。

（二）未成年人刑事检察政策的核心内容

综上所述，我国未成年人刑事检察政策蕴含了丰富的少年司法理念，呈现出全面性、体系化的特点，其核心内容可浓缩为十一字原则，即少捕、慎诉、少监禁、双向保护。与之前所贯彻的"两可"方针相比，这一未成年人刑事检察政策立场更为坚定，内涵更为丰富，范围更为广阔。

1. 立场更为坚定。"两可"方针只是提出了一种倾向性建议，强调检察官对自由裁量权的一种自我把控，约束性不强，可捕可不捕的即使捕了、可诉可不诉的即使诉了也不为过。而少捕、慎诉则充分体现了检察机关对未成年犯罪嫌疑人限制适用逮捕措施以及用好用足附条件不起诉制度、充分运用不起诉自由裁量权的坚定态度，是对未成年人刑事检察工作的明确要求。

2. 内涵更为丰富。"两可"方针强调的是检察机关批捕、起诉裁量权的合理运用，针对的是相对不捕和相对不诉的情形。而少捕、慎诉则涵盖了不捕、

---

① 姚建龙：《恢复性少年司法在中国的实践与前景》，载《社会科学》2007 年第 8 期。

不诉的所有情形，一方面仍着重强调检察机关对未成年人犯罪案件相对不捕、相对不诉、附条件不起诉的大胆适用，另一方面更强调对未成年人犯罪案件要严把证据关、法律关、事实关，对情节显著轻微危害不大不认为是犯罪的要坚决适用法定不捕、法定不诉，而不能以相对不捕、相对不诉代替；对证据不足的要坚决存疑不捕、存疑不诉。

3. 范围更为广阔。"少监禁"的提出拓宽了检察机关教育、感化、挽救涉罪未成年人的作用空间，从只限于审查批捕、审查起诉阶段延伸至法院审判阶段甚至刑罚执行阶段，涵盖了刑事诉讼的全过程。这一方面要求检察机关对必须起诉、但符合判非监禁刑条件的未成年人犯罪案件，要大胆、果断提出非监禁刑的量刑建议，同时加大对检察机关建议适用非监禁刑而法院判处实刑案件的监督力度；另一方面通过对未成年犯刑罚执行情况的调研分析，强化检察机关对未成年犯减刑、假释工作的监督。

五、贯彻未成年人刑事检察政策应注意的问题

在当前形势下，如何更加有效地贯彻未成年人刑事检察政策的各项要求，促进未成年人刑事检察工作健康科学发展成为摆在检察机关未检部门面前的重大课题。笔者认为，应当注意以下几个方面的问题：

（一）未成年人刑事检察政策应当在一定时期内保持相对稳定

未成年人刑事检察政策的具体内容往往需要从中央政法委、最高人民检察院一些领导的讲话精神中总结和提炼，其具体工作成效也往往与高层领导的重视程度密切相关。在最高人民检察院只在公诉厅内设未成年人犯罪检察工作指导处，而未成年人刑事检察工作和普通刑事检察工作在理念、工作方法、职能设置、制度规范、干部素质的要求等方面都存在巨大差异的情况下，未成年人刑事检察政策一旦确定，就必须在一定时期内保持稳定，不能重视一时，热闹一时，而必须常抓常新，从国家和民族未来的高度重视未成年人犯罪问题，充分认识未检工作的重要意义。

同时，未成年人刑事检察政策总体上应实现福利性和惩戒性相结合，防止未成年人刑事检察工作走极端。未成年人刑事政策奉行儿童利益最大化、国家亲权的少年司法理念，注重的是对罪错少年康复的需要，而不是追求定罪量刑的准确性。因此，未成年人刑事政策具有一定的福利属性，但并不否定对未成年人犯罪行为施以惩罚手段，只是强调惩罚应当作为最后手段，对于那些行为危害性较大，主观恶性较重，用教育、感化、挽救的方法仍不能拯救的涉罪未成年人，应果断施加刑罚。这并不违背未成年人刑事政策的基本要求，相反却使未成年人刑事政策保持了必要的刚性，但也不能因为涉罪未成年人的犯罪性

质较为严重，主观恶性、人身危险性较大，就背离"教育、感化、挽救"、"教育为主、惩罚为辅"的总体政策精神。要注意的是，对部分主观恶性大、矫正难度较大的涉罪未成年人依法提起公诉，"该依法判监禁刑乃至重刑的仍应依法建议判监禁刑和重刑。但这也是为了教育、挽救而不是单纯的打击。"①即便要加以刑罚处罚，也应注意对未成年人的量刑仍然要区别于成年人。

（二）充分认识和妥善处理检察官在办理未成年人刑事案件中的角色冲突

传统刑事诉讼观念认为，检察机关主要是犯罪的追诉机关，检察官则是国家公诉人，因此检察机关看到的只是需要追诉的犯罪嫌疑人，而不是需要教育、感化和挽救的未成年人，更不会对未成年人的权益保护施以特别关注。但未成年人刑事检察工作20多年的发展表明，未成年人检察机构和检察官应当逐渐淡化其追诉犯罪的国家公诉人身份，而应突出其作为触法未成年人及其他受侵害未成年人的保护者、教育者的角色。实践中，触法少年不是被少年司法制度所感化，而是被具体办案的检察官所折服。但必须指出的是，检察官需要淡化的只是其公诉人身份，而非淡化检察职能。而且，"淡化"不等于不履行。在一个未成年人刑事案件中，检察官不可避免地面临着"国家公诉人"与"国家监护人"的角色冲突，如何妥善处理这种角色冲突，考验着未成年人案件检察官的智慧和能力。

基于国家公诉人的身份，未成年人案件检察官要做到以下三点：第一，恪守客观公正义务。全面收集分析、研判证据，查明案件事实，既要注意有利于涉罪未成年人的证据、事实和法律，又要注意不利于涉罪未成年人的证据、事实和法律，不偏不倚地处理案件。第二，确保未成年犯罪嫌疑人获得正当法律程序的保障。包括获得法律援助、律师帮助、充分行使辩护权、法庭阶段举证质证、法庭辩论等正当法律程序的权利，并对侵犯未成年人合法权益的违法诉讼行为和错误判决、裁定进行监督和纠正。第三，作为国家公共利益的代言人，必须在保护少年利益的同时，也要保护社会的利益。将确保社区及被害人之安全及福利作为检察官主要关注点，检察官在不与前者过度妥协前提下亦应尽可能考虑涉罪少年之特殊利益及需要。

而基于"国家监护人"的身份，检察官应承担起保护者和教育者的角色，遵循国家亲权原则和儿童利益最大化的理念。即以"保护"优于"刑罚"的立场来处理问题少年之犯罪与偏差问题，尽可能不提交正式的法庭审判，而更多地采用审前分流措施，同时应提供有效的抚育、教导及矫正等

---

① 朱孝清：《关于未成年人刑事检察工作的几个问题》，载《预防青少年犯罪研究》2012年第6期。

措施。在具体案件处理上，要坚持寓教于审，针对每一个涉罪未成年人制定帮教方案，加强与他们的沟通交流，耐心实施有针对性的帮助教育和心理矫正。要营造平等、温馨的诉讼环境，借助社会支持体系，力所能及地帮助他们解决生活、学习、工作上的困难。

（三）用好用足附条件不起诉制度，充分实现案件分流

正如前文所述，在部分国家和地区，享有先议权的少年法院可以对未成年人案件进行分流。在我国，新刑诉法设立的附条件不起诉制度则使检察机关实际上拥有了部分少年案件的先议权。有学者就认为，"附条件不起诉制度实质是给检察机关审查起诉工作增加了矫治失足未成年人的新职能。这项职能的产生在整个刑事诉讼法理论上是一个重大变化——即将执行中的改造罪犯的矫治功能提前到了起诉阶段。"① 可见，附条件不起诉制度的设立对检察机关未检部门来说既是机遇也是挑战，能否用好用足附条件不起诉制度关系到"慎诉"这一政策能否得以有效贯彻。检察机关应进一步解放思想，建立健全附条件不起诉监督考察工作机制，完善观护帮教制度，充分发挥检察机关在"教育、感化、挽救"未成年人方面的作用。这不仅关系到检察机关在未成年人刑事司法领域中的作为空间，更直接反应了未成年人刑事检察政策对实践的指导力度。

（四）处理好检察官主导帮教和专业社会力量参与帮教之间的关系

当检察机关有关未检办案机制和诉讼程序的实践探索上升为规范性要求后，一些原来可做可不做的探索工作就变成一项项应当履行的法定义务，检察官不能再有选择性地进行帮教，也不可能对所有案件都开展帮教工作。同时，涉罪未成年人的教育和矫正更需要专业力量的介入，只有法律背景的检察官难以胜任，必须引入司法社工、心理咨询师等专业社会力量开展社会调查、心理干预、行为矫治等帮教工作。《关于进一步加强未成年人刑事检察工作的决定》就规定，"有条件的地方要积极建议、促进建立健全社工制度、观护帮教制度等机制，引入社会力量参与对被不批捕、不起诉的未成年人进行帮教。"

由此导致的问题是检察官还要不要帮教以及如何帮教。实践中有人认为，既然目前要求检察机关推动帮教社会化，由社工等专业力量对涉罪未成年人进行考察帮教，检察官只要做好转介服务工作，帮助寻求社会支持体系解决涉罪未成年人的困难，不必亲自参与帮教。这就导致一些检察官在履行完告知诉讼权利、取保候审手续、讯问完犯罪嫌疑人、打完审查报告后，就将案件束之高阁，极少和涉罪未成年人及其监护人联系，只在案件快到期时催促司法社工或心理咨询师出具调查或帮教报告，对于嫌疑人的家庭及个体状况反而一无所

---

① 陈瑞华：《刑事诉讼法修改对检察工作的影响》，载《国家检察官学院学报》2012 年第 4 期。

知。笔者认为，在帮教过程中，社会力量只是参与，而非主导。检察官应当主导帮教过程，而非做甩手掌柜，将帮教活动完全交由社会力量开展。引入专业社会力量进行帮教的意义在于发挥社工、心理咨询师的专业优势，运用科学专业的方法对涉罪少年的犯罪原因进行深刻剖析，并开展心理和行为矫正，引导其作出积极回归社会的有益行动。而检察官应当从国家监护人的身份出发，通过（告）训诫式教育让涉罪少年明确触犯法律所应当承担的责任，并接受适当的惩罚。检察官的（告）训诫教育应当与社会力量的专业帮教相结合，发挥各自优势和特点，实现帮教效果的最大化。

（五）妥善解决贯彻未成年人刑事检察政策的配套制度，完善不捕不诉相配套的社会化帮教预防体系和绩效考评体系，积极推动政府在儿童福利上的主导作用

少年司法具有一定的福利属性，在一些少年司法制度比较完善的国家，少年司法制度与儿童福利制度几乎同步发展，互为补充。近年来，非犯罪化、非机构化、正当程序化及分流处理已成为欧美少年司法改革的重要动向，和我国少捕、慎诉、少监禁的政策有契合之处。但这些国家之所以在未成年人犯罪案件中推动不捕、不诉、不判时未面临社会较大负面反应，实则是因为儿童福利政策的落实对实现这些目标所起到的重要保障作用。可见，对未成年人犯罪的特殊处理不单单只是检察机关或者刑事司法机关的责任，因为检察机关的司法职能不可能无限度延伸，涉罪未成年人早晚要重返社会，政府的社会管理及福利职能必须及时全程跟进，不能缺位。比如，检察机关对未成年犯罪嫌疑人决定不捕、不诉时，除了考量其犯罪情节、人身危险性及脱逃等因素外，还要考虑是否具备监护或帮教条件等。同时，检察机关还要科学设定不捕不诉的绩效考评机制，不能鼓励各院单纯追求降低批捕率、起诉率、监禁率，关键要考量检察机关是否落实不捕、不诉后的帮教措施，观护单位是否起到观护、帮教责任，不捕、不诉期间是否出现脱逃、妨害作证、报复他人的情况，等等。倘若在儿童福利配套机制、绩效考评机制尚不健全的情况下一味追求对未成年人犯罪批捕率、起诉率的降低，不但有违背司法规律之嫌，亦可能揠苗助长、欲速不达，甚至可能会促发司法作假及司法腐败。[1] 因此，检察机关必须积极主动加强与教育等相关职能部门和社会组织的联系与衔接，推动政府及有关部门在建立、完善预防帮教社会化体系建设方面发挥作用，共同构筑未成年人犯罪的综合防控和教育挽救体系。

---

[1]　张鸿巍：《刑事诉讼法修订后的未成年人刑事政策》，载《预防青少年犯罪研究》2012年第5期。

法律监督统一立法的现实与理想[*]

——立足于法律监督地方性立法的定性与定量分析

李　斌　张云霄

宪法第 129 条宣告了人民检察院作为法律监督机关的宪法地位，党的十八大报告中更是将法律监督作为健全权力运行制约和监督体系的一个重要方面。这一原则性的规定落实到司法实践中，需要细密化的规则予以配合。遗憾的是，在上位法层面，法律监督的规定仍乏陈可数，只是在宪法、人民检察院组织法中对检察机关的法律监督职能、工作内容进行了简要概括，更多的内容散见于三大诉讼法中，以及《看守所条例》、监狱法、海关法和人民警察法等相对孤立的原则性规定之中，而三大诉讼法均没有也无法以专章或专节形式规定检察机关的法律监督权。名不正则言不顺，作为法律监督主体的检察机关在行使法律监督职能时也遇到了上述掣肘问题，近十几年来各地检察机关一直积极推动法律监督的地方立法活动，正如浙江省人民检察院陈云龙检察长在 2010 年两会时提出《中华人民共和国法律监督法》立法议案的初衷，法律监督统一立法的目的就在于解决法律监督概念缺位、法律监督权限设定薄弱、手段不足、法律监督后果规定缺位等现实问题。[①] 但从纸面到现实仍有很大距离。

一、法律监督立法素描：以各省级地区的法律监督立法为模板

最早的一部地方性法律监督决定出现在 1999 年 9 月，吉林省第九届人民代表大会常务委员会第十二次会议通过了《关于加强检察机关法律监督工作切实维护司法公正的决议》，用短短 7 个条文拉开了地方性法律监督立法的大幕。这种立法活动自 2008 年开始进入加速完成阶段，全国九成省市的法律监

---

[*] 原文载《西南政法大学学报》2014 年第 3 期。

① 陈云龙：《关于提出"制定《中华人民共和国法律监督法》立法议案"的说明》，http://www.jcrb.com/zhuanti/szzt/lianghui2010/jjjch/gzh/201004/t20100402_339602.htm，访问时间：2013 年 6 月 23 日。

督地方性法规均是在 2008—2011 年三年内完成的（参见图 1），随着 2011 年 9 月底江苏省《关于加强对诉讼活动法律监督工作的决议》的出台，全国除港澳台的 31 个省市自治区均有了自己的地方性法律监督立法，从地方权力机关的角度，对检察机关的法律监督工作予以进一步明确和规范。

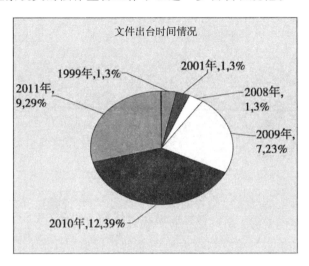

图 1　地方性法律监督立法文件出台时间情况对比

（一）立法内容具有高度同质性

这 31 个省市自治区的地方性法律监督立法不仅在创制时间上具有一定的重合性，在题目和条文内容上也具有高度的相似性。从题目来看，31 个地方立法中，17 个采用了"决议"的形式，另外 14 个则采用了"决定"的形式①；全部采用了"加强"……的状语；绝大多数（30 个）在题目中限定为"检察机关"、"检察院"的法律监督（诉讼活动监督），例外的是最后制定的《江苏省人大常委会关于加强对诉讼活动法律监督工作的决议》，在题目中并未限定为是检察机关的法律监督工作，这些共同点可以用甘肃省的《关于加强检察机关法律监督工作的决议》一言以蔽之。

从条文内容来看，这些地方性法规少则 5 条（比如安徽省），多则 21 条（比如广东省），以平均九条半的内容，基本涵盖了法律监督的主要方面，如

---

① 有论者对决议、决定的适用进行了研究，认为法律监督立法，不是具体执行某项工作，而是确立诉讼监督的重点、方式、机制等规则。它的效果不是源自"决定"的权威（即一经认定或确认就立即产生效果），而是取决于相关机关的贯彻落实与执行。从这个意义说，不论就诉讼监督还是法律监督进行地方性立法，均应使用"决议"的形式。参见邹开红、鲁俊华：《诉讼监督地方立法的比较研究》，载甄珍：《人大监督与诉讼监督》，法律出版社 2010 年版。

监督重点、监督渠道、监督方式、监督机制、被监督单位的责任和义务、自身
建设、相关方面的支持与参与、人大监督、相关细则的制定等，从内容到题目
均有较大的同质性，许多内容存在相似之处。此处，以法律监督重点为为例，
绝大多数地方立法将对诉讼活动（具体表述为刑事诉讼、民事审判、行政诉
讼）作为法律监督的主要内容，例外的是湖北省的《关于加强检察机关法律
监督工作的决定》，将法律监督的视角已经扩展到了"执法及司法活动中违反
法律规定的行为"。①

　　（二）立法条文宣言化、口号化，可操作性不高

　　31 个地方立法中，29 个采用了纲领性、宣言式的立法模式，最为典型的
是安徽省《关于加强人民检察院诉讼活动法律监督工作的决定》，用五个"进
一步……"条文，即"进一步提高对诉讼活动法律监督工作重要性的认识"、
"进一步加大对诉讼活动法律监督的工作力度"、"进一步强化对诉讼活动法律
监督的配合与支持"、"进一步提升诉讼活动法律监督的能力和水平"、"进一
步营造有利于诉讼活动法律监督的法治环境"，与其说是法律规范，更加类似
于宣言式的纲领性文件。另外 2 个较为细则化的立法出现在广东和重庆，以广
东省的《关于加强人民检察院对诉讼活动的法律监督工作的决定》为例，全
文 21 条，对法律监督的各个环节、监督机制、各机关的配合措施、监督能力
建设等重点问题进行了分项列举，较为细致地梳理了诉讼监督工作的具体内
容。但广东省的立法模式在全国的地方立法中的特立独行，也反映出法律监督
地方立法普遍缺乏细化措施，多为泛泛而论的纲领性文件，缺乏可操作性。

　　（三）监督视角集中在诉讼活动，监督手段较为单一

　　从题目就可以得出这一结论，超过半数（17 个）的地方法规都是将题目
中的法律监督限定于对诉讼活动的监督。另外 14 个虽然题目中限定是诉讼活
动的监督，但在正文的监督内容表述中，仍有 9 个省市将监督内容表述为对刑
事、民事、行政诉讼的监督，基本上也等同于对诉讼活动的监督，仅有湖北、
甘肃、宁夏、山东、西藏 5 个省市采取了广泛的法律监督范围，将职务犯罪查
办、行政违法线索移送等也纳入监督范围。

　　监督手段的设置也具有相似性，绝大部分地方立法都将发送检察建议、纠
正违法通知书、提起抗诉作为履行监督职能的主要手段，如九成地方立法将检

---

　　① 湖北省人民代表大会常务委员会《关于加强检察机关法律监督工作的决定》第 1 条规定：全
省检察机关应当始终坚持国家法律监督机关的宪法定位，自觉将法律监督工作置于党的领导和人大及
其常委会的监督之下，进一步增强监督意识，忠实履行法律监督职责，加强宪法和法律规定的检察机
关各项法律监督工作，依法监督和纠正执法及司法活动中违反法律规定的行为，保障法律的统一正确
实施。

察建议、纠正违法等监督手段明确列举（28个、90.32%），八成地方立法同时指出了抗诉手段对于监督职能形式的重要性（25个、80.65%）；其次较常采用的监督手段有查办案件、调查核实（13个、41.94%）或者建议再审（11个、35.48%）、建议更换承办人（11个、35.48%）等，三分之一以上的地方立法都列举了上述监督方式；另外在少部分地方立法中列出的监督手段有：引导侦查、提前介入（4个、12.90%）、通知立案（4个、12.90%）、民行案件中的公益诉讼、督促支持起诉（3个、9.68%）、量刑规范化改革（2个、6.45%）、类案监督（1个、3.23%）等。

二、法律监督立法效用考察：以北京市检察机关的司法实践为样本

法律监督的地方立法是否起到了强化检察机关法律监督职能的作用，需要通过实践中法律监督的运行情况进行对比分析，本文选取了北京市的立法和司法实践作为样本。北京市的《关于加强人民检察院对诉讼活动的法律监督工作的决议》（以下简称《决议》）出台于2008年9月，属于较早出台的省份之一，而且《决议》出台距今已有5年多，对其效果进行定量分析足矣。鉴于立法对司法的作用有一定的滞后性，故将2008年也记为地方监督立法前的年份，之后2009—2012年4年记为地方监督立法后年份，在对比分析中既有《决议》出台前后四年法律监督情况的比较，也有对2005—2012年8年间法律监督工作开展的连续分析，进而分析出地方法律监督立法对司法实践的影响大小。[①]

（一）对法律监督工作重视程度日益提高，但监督能力并未随之加强

最高人民检察院曹建明检察长在工作报告中曾指出：检察机关"法律监督职能作用发挥得还不充分，不敢监督、不善监督、监督不到位的现象仍然存在"[②]。基于此，北京市的《关于加强人民检察院对诉讼活动的法律监督工作的决议》要求"全市各级人民检察院应当加强自身建设，切实提高法律监督能力。要提升检察队伍的整体素质，做到严格、公正、文明、清廉执法，正确行使法律监督职权"，出台《决议》的目的在于"进一步加强诉讼监督意识"、"进一步突出诉讼监督重点"、"进一步健全诉讼监督机制"、

---

① 以下数据如无特殊说明均来源于《北京市检察年鉴》（2006—2012年）以及北京市检察机关历年的工作报告。

② 曹建明：《2010年全国两会〈最高人民检察院工作报告〉》，http://www.xinhuanet.com/2010lh/100311a/wz.htm，访问时间：2013年6月23日。

"进一步提高诉讼监督能力"①。

　　这种对法律监督工作的重视和强调在检察工作中也有所体现。以审判监督的重要手段抗诉为例，从北京市检察机关 2005 年至 2012 年的 8 年抗诉情况来看，基本上是上升趋势，尤其是在 2006 年至 2009 年保持了较高的增长率，自 2010 年、2011 年、2012 年开始有所下滑，但仍与 2008 年的抗诉数据持平（参见图 2）。从前后两个四年的平均情况来看，2005—2008 年的地方监督立法前四年（以下简称前四年）中年均抗诉案件 53 件，与同期年均起诉案件 18595 件相比，抗诉率为 0.29%；2009—2012 年的地方监督立法后四年（以下简称后四年）中年均抗诉案件 75 件，与同期年均起诉案件 19899 件相比，抗诉率为 0.38%。从抗诉案件的绝对数量来看，后四年比前四年增长了 41.5%，增长幅度较大（参见表 1）。

　　但思想的重视并不等同于能力的提升。从前后四年检察机关上下级之间对审判监督手段行使的态度来看，检察机关的审判监督能力也没有因地方监督立法的出现而有较大改观。在检察一体制的制约下，一审检察机关提起的抗诉还有被上级检察机关撤回的可能。从这八年来看，共计撤回抗诉 107 件，撤抗率达到 20.94%，有的年份（2005 年）撤抗率甚至达到 37.78%，也就是说 1/5 的提抗案件被上级机关否定。前四年北京市检察机关年均撤抗 13 件，同期年均提起抗诉的案件 53 件，撤抗率为 24.53%；后四年年均撤抗 14 件，同期年均提起抗诉的案件 75 件，撤抗率为 18.39%，虽然撤抗率的小幅下降反映出检察机关自身法律监督能力有了一定提升，但撤抗率始终保持在二成左右的现实，也意味着检察机关上下级之间尚有统一提高法律监督能力的空间。而且从抗诉案件占同期起诉案件的比例来看，由于同期提起公诉的案件也有着 7% 的增长速度，审判监督数量的增加有水涨船高的因素，从抗诉率来看，前四年抗诉率为 0.29%，后四年抗诉率为 0.38%，增长程度甚至不到 0.1%，总体而言，以抗诉手段进行的审判监督工作任重而道远，并未随着地方监督立法的生成而有较大改观（参见表 2）。

----

　　① 慕平：《2008 年 9 月在北京市第十三届人民代表大会常务委员会第六次会议上所作的〈北京市人民检察院关于开展诉讼监督工作情况的报告〉》，http：//www.bjrd.gov.cn/27925/2008/09/24/301@22193.htm，访问时间：2013 年 10 月 11 日。

图2　抗诉工作年度变化对比

表1　2005—2012 年北京市检察机关抗诉职能履行情况

年度	起诉（件）	二审提抗（件）	再审抗诉（件）	抗诉合计（件）	抗诉占同期起诉比例（%）
2005	17579	43	2	45	0.26
2006	18171	45	3	48	0.26
2007	19929	56	1	57	0.29
2008	18700	61	1	62	0.33
2009	19619	85	5	90	0.46
2010	19354	74	6	80	0.41
2011	19657	57	5	62	0.31
2012	20965	59	8	67	0.32

表2　2005—2012 年北京市检察机关提抗及撤抗情况

年份	提抗（件）	撤抗（件）	撤抗率（%）
2005	45	17	37.78
2006	48	10	20.83
2007	57	18	31.58
2008	62	7	11.29
2009	90	24	26.67

年份	提抗（件）	撤抗（件）	撤抗率（%）
2010	80	14	17.5
2011	62	13	20.97
2012	67	4	5.97
合计	564	120	21.28

（二）监督手段薄弱，监督效果差强人意

虽然北京市检察机关已经认识到"现行法律对某些方面的诉讼监督规定的较为原则，法定程序不健全，缺乏实践操作性，在很大程度上制约了诉讼监督工作深入开展"，但北京市的《决议》也未能改变上述局面，对监督手段并未明确列举，只是强调"创新监督工作机制，改进监督工作方法，增强监督实效。要充分运用法律赋予的监督手段，全面加强对诉讼活动各环节，尤其是诉讼活动中执法过程的法律监督"，在向被监督对象提要求时，才对监督手段稍有提及，即要求各被监督对象充分重视、配合检察机关提出的"纠正违法通知书和检察建议"、"民刑事案件的抗诉、建议再审"、"列席审委会"等，监督手段的设定基本上与三大诉讼法的规定一致，较为笼统，而且对监督对象不配合监督工作的后果没有规定。立法的粗疏，在司法上的反映也很直接。

以立案监督为例，根据刑事诉讼法的规定，检察机关发现公安机关应当立案而不立案的可以要求公安机关说明不立案理由，发出《要求说明不立案理由通知书》，认为不立案理由不成立的，可以通知公安机关立案，公安机关接到通知后，"应当"立案。《人民检察院刑事诉讼规则（试行）》中又增加了对不应当立案而立案的监督，可以通过制作《要求说明立案理由通知书》的形式进行监督。监督的过程就是采用制发《要求说明（不）立案理由通知书》、《通知立案书》/《撤销立案书》的形式，对公安机关不执行立案监督意见的，可以继续采取发出《纠正违法通知书》的形式予以纠正，如果公安机关仍不纠正的，可以报上一级检察机关协商同级公安机关处理。上述监督环节虽然环环相扣，但监督的手段也无外乎发送文书、纠正违法等保守手段，导致实践中的监督效果并不理想。从北京市检察机关2005—2012年的立案监督情况来看，对公安机关应当立案而不立案的监督（以《要求说明不立案理由通知书》形式）逐年增长，2005—2009年的数量基本稳定在年均120件左右，

2010 年之后几乎连年翻番，最高 2012 年 636 件比最低的 2006 年 110 件，增长了六倍之多，三年年均增幅达到 131%。相对于检察机关高涨的立案监督热情，公安机关的配合程度并不令人满意：要求说明不立案理由后公安机关主动立案的比例一直未超过半数，只在 2012 年取得了刚不到七成的成绩；再之后采取的通知公安机关立案，虽然法律规定，公安机关"应当"立案，这种强制性的规定在实践中仍有落空的可能，如 2007 年、2009 年、2010 年、2011 年均有少则 1 件、多则 5 件的案件，公安机关因各种原因未执行立案通知。总体而言，对公安机关应当立案而不立案的监督成功率在 2009 年之前一直处于两成不到的低谷，2010 年之后成功率开始大幅提高，最高（2012 年）取得了84.28% 的成功，8 年来进行立案监督 1825 件，监督成功 956 件，监督成功率刚刚过半数，54.03%，监督效果差强人意（参见表 3）。

表 3 2005—2012 年北京市检察机关立案监督工作情况

监督类型 / 年度	对应当立案而不立案的监督（件）							不立案监督成功率	对不应当立案而立案的监督（件）		不当立案监督成功率
	要求说明不立案理由	公安机关主动立案	要求说明不立案理由成功率	通知公安机关立案	公安机关执行通知情况				提出纠正	已纠正	
					立案	未立案	执行通知成功率				
2005	132	7	5.30%	9	11	–	122.22%	13.64%	–	–	–
2006	110	7	6.36%	12	12	–	100.00%	17.27%	–	–	–
2007	119	5	4.20%	12	10	1	83.33%	12.61%	–	–	–
2008	123	13	10.57%	7	13	–	185.71%	21.14%	1		
2009	129	12	9.30%	18	16	–	88.89%	21.71%	1	2	200.00%
2010	218	74	33.94%	45	44	–	97.78%	54.13%	30	29	96.67%
2011	358	157	43.85%	74	69	1	93.24%	63.13%	115	104	90.43%
2012	636	443	69.65%	61	93	–	152.46%	84.28%	346	310	89.60%

（三）各项监督工作并未随地方监督立法出台而显著提升，反而因业务考评的开展而有了质的突破

虽然审判监督工作地方监督立法的前后四年变化不大，但其他法律监督内容如立案监督、民行监督、侦查监督、监所检察监督等在后四年尤其是 2010

年之后有了质的飞跃。如前所述，对公安机关应当立案而不立案的监督在2005—2009 年一直保持在年均 120 件左右的数量，但 2010 年开始，数量几乎翻倍增长，年均增幅达到 64％以上；对公安机关不应当立案而立案的监督在2008 年之前几乎没有，只有 2008 年的 1 件，即使是在《决议》出台后的 2009年，也仍为 1 件，并未显示出《决议》在改变监督薄弱环节的作用，同样是自 2010 年开始，对不当立案的监督有了十数倍的增长，2010 年提出纠正 30件、2011 年纠正 115 件、2012 年更是攀升至 346 件，几乎是每年翻番式增长。同样的现象也出现在侦查监督、民行监督、监所检察监督中，如对刑罚执行和监管活动的监督中，监所检察部门在 2005—2009 年采用书面纠正违法通知书、检察建议的形式进行监督的寥寥无几，尤其是书面纠正违法的情形更是每年只有一两件，这也与监所检察部门与被监督对象长期共处，无论是办公处所还是日常的办公活动，甚至用餐问题都有赖于被监督者的配合和解决，由此也导致了刚性监督手段行使阙如，对监督中发现的问题多采用口头检察建议的形式，监督的随意性大、强度不够。这种情形也是一直延续到《决议》出台后的 2009 年，直至 2010 年才有了较大改观：2010 年、2011年、2012 年的书面纠正违法情形较之 2009 年的 2 件增长的四五十倍，一举升至年均 102 件。

　　这种法律监督实践质效提升与地方监督立法出台的时间间隔性，在一定程度上排除了地方监督立法对实践的作用力，加之 2005—2012 年均未有大规模的立法修改活动，修改后刑事诉讼法、《刑法修正案（八）》的生效实施基本上是在 2012 年 5 月之后，可以说，立法的变化并非法律监督工作在 2010 年之后发生显著变化的原因。通过考察北京市检察机关的工作实践，发现造成2010 年之后各项法律监督工作均取得显著提升的一个重要原因，就是检察机关自 2010 年开始实施的基层检察机关建设考核工作，按照最高人民检察院的意图，这项工作的目的在于"通过考核引导和督促基层检察院全面履行法律监督职责，推进基层检察院执法规范化、队伍专业化、管理科学化和保障现代化建设，促进基层检察院建设科学发展"①，其中检察业务建设中的重要组成部分就是对"履行各项检察职能"以及相应的"执法质量"、"执法效果"的考核。虽然北京市早在 2009 年就出台了《北京市基层人民检察院建设考评实施办法》，但无论是在考评内容还是具体项目上都较为粗疏，导致最终考核效果不明显，与诉讼监督职能行使相关的各项工作在 2009 年并没有出现明显变化，直至 2010 年最高人民检察院《基层人民检察院建设考核办法（试行）》

---

　　①　参见《基层人民检察院建设考核办法（试行）》（2010 年 3 月 26 日颁行）第 2 条。

的出台，北京市据此修改了相应内容、细化了考核重点和评价标准，尤其是完善了考评结果的运用机制——考核成绩优秀或者考评总成绩排名连续上升且进步幅度最大的基层检察院，可被评选为"首都先进检察院"，而"年度考评排名下降幅度最大且降幅达到三名以上的基层检察机关，考评领导小组将安排与该院领导班子集体谈话，分析原因，并将该院列为帮促院，提出改进意见"。①可以说，业务考核工作不仅将提高检察机关的监督能力作为重点内容，最终考评成绩与基层检察机关尤其是基层检察机关领导班子的利益相关性，也促使各基层检察机关开始重视与考核得分点有关的工作，如立案监督中"监督侦查机关或检察机关侦查部门立案的，每立案一人计 1 分；判处不满 3 年有期徒刑的，每人加 1 分；判处 3 年以上不满 10 年有期徒刑的，每人加 2 分；判处 10年以上有期徒刑的，每人加 4 分；判处无期徒刑、死刑的，每人加 10 分"②，相较于捕后质量不高等导致的减分，这种可能大幅提升考评成绩的加分项深得人心，也是各院在履职工作中的重点工作内容，于是体现在监督数据的变化上，就是 2009 年之前各项数据大体稳定或者增幅有限，而到 2010 年考核办法正式实施后，各项数据就出现了大幅度的上升，呈现跳跃式增长。

（四）刚性监督手段的拓展空间不大，柔性监督生命力更强

虽说考核的指挥棒效应带来了各项监督工作节节攀升，但监督手段性质的不同，也造成各项监督工作并非齐头并进。如抗诉作为有着严格要求的监督方式，不同于检察建议、纠正违法、通知立案等弹性较大、标准较为灵活的监督手段，并未因考核标准的出台而有突出变化。以刑事抗诉监督权的行使为例，《决议》规定，"人民法院对人民检察院依法提起的刑事抗诉案件和民事、行政抗诉案件，应当依照程序及时审理，原判决、裁定确有错误的，要依法纠正"，用宣言式的条文要求法院对检察机关以抗诉手段行使诉讼监督职能予以支持、配合，但这种宣言式的条文落实到司法实践中，并未起到立竿见影的效果。北京市检察机关 2005—2012 年间采用二审程序、审判监督程序提抗 511件，年均 64 件左右，提抗率也在千分之二到千分之四左右小幅波动，提抗数、提抗率都较为稳定，并没有因《决议》出台、考评工作等因素而有明显变化。从抗诉成功率来看，八年间法院共计审结抗诉案件 406 件，其中 191 件被改判或发回重审，另有 215 件维持原判，抗诉意见被采纳率仅为 47%，仅有不到半数的抗诉得到了法院的认同。即使考虑到《决议》出台、考评工作开始对抗诉工作的正向促进作用，对前后四年的抗诉成功率进行对比分析，发现前四

① 参见《2010 年度北京市基层人民检察院建设考评实施办法》第 31 条。
② 参见《2013 年度北京市基层人民检察院建设考评细则》第 3 条。

年年均抗诉成功 17 件，占同期法院审结抗诉案件的 43.13%，后四年年均抗诉成功 30 件，虽然绝对数量几乎翻了一倍，但占同期法院审结抗诉案件的比例即抗诉成功率仍不到五成，为 49.59%，从这个角度来看，前后四年的审判监督效果（获得法院改判、纠正法院错误判决）并没有明显的提升，在半数以下徘徊（参见表4）。

　　与抗诉这一刚性监督手段的有限行使不同，检察建议、纠正违法通知书等弹性较大的监督手段，无论是作用范围还是监督效果都略胜一筹。以侦查监督中的书面纠正违法活动为例，2005—2012 年北京市检察机关在审查批捕阶段针对侦查机关违法行为发出纠正违法通知书 228 件，年均 28.5 件，除 2005—2009 年数字较为稳定外，自 2010 年开始翻番增长，近三年的年均增长率达到193.33%，占同期审查批捕案件的数量也从最低的 0.19%，增长到 3.17%，增长了 16 倍之多。伴随监督数量增长的还有监督效果的提升，8 年间收到侦查机关回复、违法行为得以纠正的有 182 件，监督成功率为 79.82%，甚至不乏有的年份（2010 年）取得了 100% 的监督成功率（参见表5）。较之数量稳定、成功率低的抗诉手段，柔性监督手段的适用范围更广、可拓展空间更大，而且也有着更好的监督效果。

表4　2005—2012 年北京市检察机关抗诉结果情况

年份	起诉（件）	提抗（件）	提抗率（‰）	撤抗（件）	撤抗率（%）	提抗成功	改判（件）	发回重审（件）	维持原判（件）	抗诉成功	抗诉成功率（%）
2005	17579	45	2.56	17	37.78	28	6	0	34	6	15.00
2006	18171	48	2.64	10	20.83	38	10	5	14	15	51.72
2007	19929	57	2.86	18	31.58	39	20	2	22	22	50.00
2008	18700	62	3.32	7	11.29	55	19	7	21	26	55.32
2009	19619	90	4.59	24	26.67	66	23	11	32	34	51.52
2010	19354	80	4.13	14	17.5	66	18	5	31	23	42.59
2011	19657	62	3.15	13	20.97	49	23	6	32	29	47.54
2012	20965	67	2.96	4	5.97	58	29	7	29	36	55.38

表5　2005—2012年北京市检察机关审查批捕阶段书面纠正违法情况

年度	审查批捕阶段发出书面纠正违法案件数（件）		
	提出纠正	已纠正	监督成功率（％）
2005	7	4	57.14
2006	2	2	100.00
2007	2	—	0.00
2008	11	4	36.36
2009	15	8	53.33
2010	33	33	100.00
2011	56	43	76.79
2012	102	88	86.27

　　综上，地方监督立法的出台一方面促进了检察机关对法律监督工作的重视，但由于监督手段的单一化、监督保障的白条化，地方检察机关对推进法律监督工作心有余而力不足，无论是监督能力还是监督效果未随着立法的诞生而发生质的飞跃，只是随着刑事诉讼执法的规范化、文明化尤其是检察业务考评重点的变化而产生了些微的进步，监督立法对司法实践的影响不大。而且从监督效果来看，刚性的监督手段由于法律后果的缺失、监督者与被监督者之间关系的微妙化，导致适用少、效果小，比较而言，柔性监督手段由于法律后果并不严重，也未过多触及被监督者的利益，从而更容易被接受而产生一定的监督效果。

三、法律监督统一立法的瓶颈：以业务考评办法与法律监督地方立法的对比为视角

　　不仅三大诉讼法对法律监督的内容规定概括、宣言化，范围狭窄，缺乏具体、操作性强的法律规范，就连上述试图对法律监督问题进行细化的地方性法律监督文件也同样存在一个共性的问题，即总则规定的监督权力的广泛性与分则规定的具体监督方式的狭窄性之间的矛盾，所谈及的监督方式无外乎抗诉、检察建议、纠正违法等，对监督对象不执行监督意见的，缺乏硬性的罚则，多是宣言性、倡议性的规定，要求各个被监督机关认真配合、积极整改等，没有牙齿的法律，往往也发挥不了应有的威慑力和影响力。一部统一的法律的缺位，往往意味着对某一类事项规制的缺乏，从另一个角度说，也往往意味着对某一类公权力的运行缺乏必要的制约与监督。法律监督统一立法任重而道远，

在立法的必要性不存异议的前提下，如何立，就是一个现实问题。对照对上述法律监督立法的定性及定量分析，汲取检察机关绩效考评工作的有益经验是一个该当选项。

（一）立法模式的选择

北京市的《决议》全文共 7 条、1400 余字，对监督范围、监督重点、监督工作机制、自身监督能力建设、被监督对象的配合、行刑衔接工作、人大常委会对检察机关监督等七个方面对检察机关的法律监督工作，主要是诉讼监督工作进行了简单的白描，如上所述，无论是监督手段、监督范围还是监督后果上都缺乏可操作性的规定，这种宣言式、粗线条的立法模式也是其 2008 年出台后未能产生如期效果的一个重要原因。对比北京市的《基层院考核工作办法》，自 2009 年出台以来，年年有更新，尤其是所附的《考核工作细则》以及相应的评分标准，使以法律监督为重要内容的检察机关工作有了具体的操作指南，并且在考核指挥棒的指引下，触及监督的薄弱环节、监督的重点环节，大大加强了监督的方向性和可操作性。以 2013 年 7 月新修改的《北京市基层人民检察院建设考评实施办法》为例，全文共 38 条、5700 余字，并辅之以三个考评细则和三套考评表，将分院、基层院、派出院作为不同主体，量体裁衣，分别制定了相应的考评细则和考评表，其中对区县院考评细则共 126 条、对分院考评细则共 130 条，对派出院考评细则共 17 条。无论是考评细则还是考评表的设计，均将法律监督的重点内容予以关注，监督工作是否履行、效果是否良好，对应了相应的考核分数、考核比重。如在侦监工作的考核中，法律监督工作仅次于对审查逮捕质量（分值比例 42%）的要求，将其细分为监督立案（分值比例 13%）、监督撤案（分值比例 8%）、纠正漏捕（分值比例 7%）、监督侦查活动违法（分值比例 12%）四个方面，共占考核总分的 40%，其中监督侦查活动违法又细分为制发纠正违法通知书和建立公检联席会议两种形式，前者适用于侦查活动中的严重违法情形，后者适用于轻微违法情形予以通报的，而且均要求确实产生效果的（违法行为得以纠正、监督建议得到认可并整改），才能获得相应的考核加分，甚至对后者的监督形式、监督效果体现都进行了明确要求，即必须形成相应的会议纪要、会议通报。①

两相对比，地方监督立法的宣言化、纲领化，使其的诞生并未能带来法律监督工作的革新，反而是细致入微、繁而有物的考评办法更有效、更高效地促进了法律监督工作的进步。因此，在探讨统一的法律监督立法时，有必要参考这种有效、有用的立法模式，防止法律监督法的大而无当。

---

① 参见《2013 年度北京市基层人民检察院建设考评细则》第 6 条。

（二）法律监督手段的补强

通过对实践中法律监督手段发挥作用的考察，发现监督手段薄弱导致监督效果差，其中刚性手段（如抗诉、通知立案）发挥作用的空间有限、成功率低，不及柔性手段（如纠正违法、检察建议）等。地方监督立法中往往仅对监督手段进行粗略、与法条一致的描述，对如何行使、如何发挥效用并未提及，如在民行案件监督问题上，北京市的《决议》只是规定了法院对于"民事、行政抗诉案件，应当依照程序及时审理，原判决、裁定确有错误的，要依法纠正；对人民检察院建议再审的，应当及时审查决定是否启动再审，符合再审条件的，要依法再审。应当会同人民检察院进一步落实并规范检察长列席同级法院审判委员会的制度"，具体如何行使民行抗诉权，如何监督民行案件，并未过多涉及。而在北京市的考评办法中，针对民行案件的监督问题，不仅区分了提请抗诉、提出抗诉、再审检察建议等不同方式，对于检察建议适用的范围又区分为针对诉讼程序的监督和针对执行的监督，均包括审判程序（执行）违法情形或审判人员（执行）违法行为、裁判（执行文书）笔误等瑕疵问题两类重要程度不同的问题。可以说这种针对性、时效性更强的法律监督手段的确立和完善，是促进法律监督工作有效进行的重中之重。

（三）法律监督效果的评估

法律监督权的行使贵在有效，即能带来法制统一、公平正义的良好社会效果。但考察中发现地方监督立法并未重视监督效果的评估工作，仅将人大常委会对检察机关的监督、定期或不定期听取检察机关报告，作为评估的主要手段，缺乏科学有效、直观便捷的评估标准和评估体系，容易导致法律监督工作看上去做了，实际上却没有什么效用的尴尬局面。对比考评工作的要求，通过百分制、排名制的考核体系，用分值大小、权重、各个检察机关的横纵对比，作为评价法律监督工作是否做到实处的标准、杠杆，起到了很好的效果。同样以民行监督中的检察建议制发为例，考评细则中对检察建议的监督效果有明确要求，检察建议的提出必须"正确适当且必要，并要求人民法院书面采纳回复了本检察建议，采取了撤销、变更、更换承办人、对责任人员进行违纪处分等纠正方式，方能计分。针对裁判笔误提出的检察建议，仅限于较为严重的、对当事人权利义务产生影响的笔误问题。仅针对裁判或执行文书中校对不细致产生的笔误发出检察建议的，不计分。发出检察建议错误或没有必要的，不仅不能计分，还应减分。"错误"指检察建议指出的审判程序或执行问题不存在或指出的问题不准确，"没有必要"指检察建议所指监督事项无监督价值，提出检察建议损害了检察建议的权威性。① 对检察建议的法律后果——撤销、变更、更换承办人、对责任人员进行违纪处分等纠正方式——进行了明确，而且要求检察建议的提出必须确有必要，如果没必要的，滥用监督权，反而要被扣分。以此来强调、规范法律监督权的行使，也是法律监督统一立法的可借之鉴。

结　语

宪法总则规定地位的无上性与法律监督细则的分散性、无序性，造成了实践中对法律监督的有用性、效用性的种种质疑。对照指导基层院工作重点、工作方向的业务考评工作，法律监督立法应当从立法模式的细则化、法律监督手段的补强化、监督效果的评估化等方面有所突破，使法律监督工作有章可循、有据可依，真正将宪法规定落实到司法实践中。

---

① 参见《2013 年度北京市检察机关民事行政检察工作考评表》。

检察权威研究[*]

孙洪坤

党的十八届三中全会提出："深化司法体制改革，加快建设公正高效权威的社会主义司法制度……确保依法独立公正行使审判权检察权。"① 在作为司法体制改革重要一环的检察体制改革进程中，检察权威是其追求的一种内在目标，是保障检察机关依法独立公正行使检察权的重要基础和必要条件；同时，检察权依法独立公正行使也能增强检察权威。为了使检察制度发挥其应有的功能，保障检察机关依法独立公正地行使检察权，检察机关怎样树立检察权威是迫切需要解决的问题。检察权威理论理应纳入检察学研究的基本范畴，成为检察学理论体系②的重要组成部分。

一、检察权威的基本内涵

托克维尔指出："法学家之爱秩序甚于爱其他一切事物，而秩序的最大保护者则是权威。"③ 但何谓权威（authority）？按照现代汉语词典的解释："权威意指（1）使人信服的力量和威望；（2）在某种范围里最有威望、地位的人或事物；（3）具有使人信服的力量和威望。"④ 法学、政治学上使用的"权威"，源于拉丁文的"auctoritas"，含有尊严、权力和力量的意思，指人类社会实践

---

* 原文载《东方法学》2014 年第 3 期。

① 《中共中央关于全面深化改革若干重大问题的决定》（2013 年 11 月 12 日中国共产党第十八届中央委员会全体会议通过），载《光明日报》2013 年 11 月 16 日第 2 版。

② 笔者于 2007 年 11 月在上海召开的首届全国检察学理论体系研讨会上首次提出，将检察权威作为检察学理论体系的一个重要组成部分，并应邀作了大会主题发言。目前理论和实务界关于检察权威的讨论往往只是作为附属于司法权威的一个方面加以阐述，将检察权威作为一个独立的课题加以研究的却鲜有提及。

③ ［法］托克维尔：《论美国的民主》（上卷），董果良译，商务印书馆 2004 年版，第 305 页。

④ 中国社会科学院语言研究所词典编辑室编：《现代汉语词典》，商务印书馆 2012 年版，第 1076 页。

过程中形成的具有威望和起支配作用的力量。① 美国社会学家马尔库塞正是在这一传统基础上界定了权威的本质："权威是一种力量，它把社会关系和政治关系团结为一个整体，整个制度通过服从、义务和默许发挥作用。"② 从"权威"的一般内涵进行推论可知，检察权威是检察机关自身所蕴含的地位、价值、尊严等内在力量以及在检察权运行过程中形成的外在影响力的总和。有鉴于此，笔者认为，检察权威应包括结构性、要素性、状态性三个层面的含义。

（一）结构性检察权威

所谓结构性检察权威，是指检察机关在国家宪政结构中享有的独立地位以及其拥有的一种其他国家机关、社会团体和个人必须尊重的权威力量——检察权。结构性检察权威是检察权威的基石和生成基础。

首先，结构性检察权威来自于检察机关在国家宪政结构中享有的独立地位。我国实行的是一元多立的权力架构，即在一元权力——人民代表大会下，分出立法权、行政权、审判权、检察权、军事权，其中立法权由人民代表大会自己直接行使，而将行政权、审判权、检察权、军事权分别授予行政机关、审判机关、检察机关、军事机关行使，这些机关都由人民代表大会产生，向人民代表大会负责，受其监督。③ 换言之，我国检察机关是国家机关构成中的基本组成部分，是序列独立的国家机关，即单独设置，自成体系，除权力机关以外，在宪法和法律上和其他国家机关是一种并列的关系。与此相适应，我国的法律监督采取了由上而下的监督和平等主体间的双重单向法律监督模式：权力机关对其产生的其他国家机关的对下法律监督和权力机关授权的职能机关对同级的其他国家机关进行平行法律监督，即纵向监督和横向监督相结合、权力机关监督和专门机关监督相结合的国家监督体系，而这专门的法律监督机关就是检察机关。④ 我国宪法第 129 条和人民检察院组织法第 1 条都规定："中华人民共和国人民检察院是国家的法律监督机关。"宪法和法律规定了人民检察院在整个国家宪政结构中的地位，它依法接受国家权力机关的监督，而不附属于任何其他国家机关。总之，在我国的宪政结构中，宪法和法律赋予了检察机关的独立地位，是国家专门的法律监督机关，是代表国家并以国家的名义对法律的实施和遵守情况进行监督的。这种监督具有很高的国家性、专门性、强制性和权威性的特征，否则难以起到法律监督的效果。因为，法律监督主体的权威

① 《辞海》（缩印本），上海辞书出版社 1989 年版，第 1411 页。

② ［美］马尔库塞：《理性与革命——黑格尔和社会理论的兴起》，程志民等译，重庆出版社 1993 年版，第 335 页。

③ 参见朱孝清：《中国检察制度的几个问题》，载《中国法学》2007 年第 2 期。

④ 参见陈正云：《法律监督和检察职能改革》，载《法学研究》2008 年第 2 期。

地位是保证法律监督行为顺畅运行的基石，没有权威的主体难以完成法律监督的任务，也不能称之为真正的主体，而这种权威性正是宪法和法律所赋予的。一言以蔽之，厘正我国检察机关的宪法地位是认知检察权威的第一步。

其次，结构性检察权威来自于检察机关拥有的一种其他国家机关、社会团体和个人必须尊重的优位的权威力量——检察权。关于检察权的性质定位问题，学术界一直争论不止，主要有以下几种观点：行政权说、司法权说、行政司法双重属性说、法律监督权说。笔者认为，法律监督权说是从我国的宪法结构来审视检察权的，以为它是我国宪法体制下特有的一种新型的国家权力，该说是完全符合我国国情且具有现实意义的检察权定位。第一，我国检察机关享有独立的宪法地位，其权力属于一种特殊的、独立的国家权力类型，因此行政权不能涵盖检察权，审判权也不能代替检察权。对检察权作法律监督权的特殊定位，确保了检察权行使的自主性、独立性，对于检察权行使的公正性具有积极的意义。第二，这一定位使检察权与行政权和审判权分开，保证检察机关实施有效的法律监督，为检察机关控制和约束其他国家机关提供了坚实的理论后盾。第三，将检察权定位于法律监督权也是对我国监察御史传统制度的继承和吸收。现代中国检察制度的特殊建构，其法律定位、职能设置等可以从中国御史制度中找到源远流长的文化传统，其与御史制度所包含的代表中央集中统一实行法律监督、独立行使职权、监督审判权以及纠举官吏犯罪等内容，有历史相通性。① 御史制度的建立是为了维护统治机器正常高效运作、保障封建中央集权，现行的检察制度汲取了古代御史制度的合理内核。我国的法律监督权具有护法、维权、监督的功能，担负着制衡警察权（行政权）与审判权、保证国家法律统一实施、保障人权的重任。正如有学者所言，检察官之职责不单单在于刑事被告之追诉，并且也在于"国家权力之双重控制"：作为法律之守护人，检察官既要保护被告免于法官之擅断，亦要保护其免于警察之恣意。换言之，检察官制自创设以来，自始具有处于警察、法官两种国家权力的中介性质，此一命题，同时暗寓检察官在国家权力上定位问题之解决方向。②

（二）要素性检察权威

要素性检察权威是指检察机关权威的运行机制，主要包括检察机关独立行使检察权，检察官在智识和人格方面所具有的令人尊重、信任、敬仰的素质和品格，以及检察机关（检察官）行使检察权程序的正当化。要素性检察权威是检察权威的关键和保障，是结构性检察权威得以发挥的保证。如果没有权威

---

① 参见孙谦主编：《中国特色社会主义检察制度》，中国检察出版社 2009 年版，第 58～59 页。

② 参见林钰雄：《检察官论》，法律出版社 2008 年版，第 9 页。

的运行机制，结构性检察权威也就会成为"真空权威"。

首先，要素性检察权威体现在检察机关依法独立行使检察权。如前所述，我国法律监督权是与行政权和审判权相并列的，那么依法独立行使当是法律监督权题中应有之义。我国宪法第 131 条规定："人民检察院依照法律规定独立行使检察权，不受行政机关、社会团体和个人的干涉。"依法独立行使检察权具有十分重要的意义。第一，是实现控制其他国家机关权能正常运行的现实性要求，这种独立性提升了检察机关行使职能的地位，是检察机关行使法律监督职能必不可少的要素。第二，依法独立行使检察权是保证行使检察权不受其他权力和外界因素的无理干涉和影响，使检察机关真正成为维护法律统一、保障人权、实现社会公平正义的一道重要法律屏障。

其次，要素性检察权威来自于检察官在智识和人格方面所具有的令人尊重、信任、敬仰的素质和品格。检察官是依法行使检察权的检察人员，其职责是依法进行法律监督工作，并直接代表检察机关的对外形象。无论构建何种制度，都需要人这一关键因素才能起到作用，权威的检察制度亦如此。从本质上而言，制度创造人，同时也腐蚀人，但人又是制度形成的基础。因此，人与制度的关系在相互制衡中互相制约、互相影响，但根本而言，是人决定和制约制度的发展。在权威的检察制度下，人们对检察机关以及行使检察权的信服和尊重，在很大程度上是基于对检察官的尊重、信服和认可，因而检察权威在相当程度上表现为检察官的权威。或者说，检察官的权威是检察权威不可或缺的内在要素。因此，检察官应当具有很高的素质和品格，包括强烈的责任感与敬业精神、充分的法律知识与专业技能、优秀的操行品格及人格魅力等。否则，就难以承担客观、公正、高效地行使检察权的重任。

最后，要素性检察权威来自于检察机关（检察官）行使检察权程序的正当化。有时，正义本身不能赢得权威，而是看得见的正义才能赢得权威和服从。以程序化作为其运行机制的检察权活动，通过分化、规制等方法无疑可以克服个人所无法摆脱的感性因素的影响，现代检察权威是以其在程序上受到诸多限制为基础的。因此，检察权行使的程序正当化就成了维护检察权威的最直接手段。可见，惟有通过正当的程序，检察机关（检察官）行使检察权才容易获得人们的支持和信赖，即使他们在某种程度上对执法办案的结果不满意，也不得不接受程序化了的结果。反之，如果程序不正当，当事人则会产生强烈的不公正感，公众亦难以对检察机关执法办案产生信服，检察亦就无从获得权威的力量。

（三）状态性检察权威

所谓状态性检察权威，是指在人们心中享有崇高威望的检察机关及检察官的执法过程和执法结果，能够得到人们的信任、尊重和自愿服从。也即检察机关享有较高的公信力，暗含着人们对检察机关及检察官的社会心理认同、信赖乃至信仰。状态性检察权威是检察权威的根本价值诉求与理想状态。权威尽管与权力有直接联系，但并不是权力的逻辑结果，而是建立在权力合法性的基础之上，民众对权力认可的产物。因而状态性检察权威的形成或获得不是一蹴而就的事情，它不仅要求检察官公正廉洁执法、具有高尚的职业道德与职业操守，而且要有过硬的化解社会矛盾、不偏不倚地处理纠纷的业务素质与能力，通过人性化的执法，不枉不纵地把案件办成一件件能经得起历史检验的"铁案"。当事人及普通民众通过自己的观察、判断，形成对检察制度和检察活动的理性认识与心理认同，感受到了不可抗拒、不可侵犯的检察机关及检察官的尊严和神圣时，引发并促使其信赖和内心的自愿服从。使人信服的力量和威望，正是检察权威所给予的，也是检察权威所需要的理想状态。这种理想状态的权威需要以结构性权威为基石，以要素性权威作保障。反过来，只有树立了状态性的检察权威，才能巩固结构性检察权威，促进要素性检察权威不断发展和完善。总之，三者之间相辅相成、相得益彰，构成了检察权威相生共存的完整内涵。

二、检察权威的价值取向

"没有法律思想指导的法律制度，是一种没有方向和灵魂的法律制度，法律思想的境界和视野将直接赋予法律制度以生命特征和生命活力，直至决定其命运。"[1] 人类的一切活动都是在追求某种价值，而价值取向则是这种追求的方向和内在驱动力。检察权威的价值取向是对检察制度和检察活动等产生影响的超越检察制度和检察活动本身的思想因素。它们由一些符合检察发展规律的理念或原则所组成，体现了检察制度和检察活动的发展方向和灵魂。庞德曾说："在法制史的各个经典时期，无论是在古代和近代世界里，对价值准则的论证、批判或合乎逻辑的适用，都曾是法学家们的主要活动。"[2] 所以，只有深入理解和探讨检察权威的价值取向，才能更好地发展和完善检察制度以维护和实现这些价值。一言以蔽之，检察权威不仅应当反映整个社会价值观的现状，而且应当反映检察制度和检察活动的发展方向，才能指导检察改革的定势与走向，从而更好地服务于建设我国公正高效权威的社会主义检察制度。任何

---

① ［德］阿图尔·考夫曼：《后现代法哲学——告别演讲》，米健译，法律出版社2000年版，第2页。

② ［美］罗斯科·庞德：《通过法律的社会控制》，沈宗灵译，商务印书馆2009年版，第62页。

价值观的形成和发展都有其特定的政治、经济和社会文化背景，不同国家不同时期的价值观既存在共性又存在个性。因此，在当今价值多元化的社会，要想把社会的所有价值都概括在检察权威里是不现实的，检察权威只能反映社会上大多数人认同的共通价值以及对我国检察制度和检察活动发展起至关重要作用的价值。笔者认为，最具有普遍意义的是公正、高效、法治与和谐，它们共同构成了检察权威理论的四大价值取向。

（一）公正

公正，即公平和正义，历来被视为人类社会的美德，是人类孜孜以求的崇高理想。虽然关于永恒公正的观念不仅因时因地而变，甚至也因人而异。也就是说，不同的人对公正的内涵有不同的理解。但随着人类社会的发展，人们通常将公正视为法律制度应当具备的优良品质，法律只能在公正中发现其适当的内涵和具体的内容，而理想的法律往往又成为公正的化身。因此，公正是检察权威的首要价值取向，是检察权威生成的基石价值范畴，是支撑检察权威的生命和灵魂，同时追求公正也是检察工作永恒的主题。诚如美国最高法院常常引用的一番陈述："检察官不是争议的普通一方当事人的代表，而是主权的代表，他负有行使职权的义务，但同时也必须公正地行使职务。所以，他在刑事诉讼中的利益不是赢取案件，而是保证司法的公正。"① 司法公正包括实体公正和程序公正两方面的内容。所谓实体公正，是指通过司法活动就犯罪嫌疑人、被告人的实体权利和义务所作出的裁判结果是公正的。所谓程序公正，是指司法活动中诉讼主体严格遵守诉讼法的规定，按正当的程序办理案件。"一个确定的、互动的和公正的程序使每一个程序参与者对程序的结果产生高度的认同感，从而赋予程序所产生的结果以正当性，这种正当性是结果的权威性的来源，它使程序结果得到自觉的或强制的实现。"② 因此，就检察执法活动来说，公正一方面要求严格执法，即检察人员在执法活动中，要严格依程序办案；另一方面要求在客观准确认定案件事实的基础上作出正确的结论。也就是说，只有执法的过程和执法的结果都是公正的，才算是真正的公正，两者缺一不可。公正有助于检察机关（检察官）发挥法律守护神的作用，有助于赢得当事人及公众对检察活动的认同和支持，增强检察权威，最终实现社会的公平正义。

"检察机关作为国家的法律监督者，并不局限于代表某一主体的利益，而

---

① ［美］爱伦·豪切斯泰勒·斯黛丽、南希·弗兰克：《美国刑事法院诉讼程序》，陈卫东、徐美君译，中国人民大学出版社 2002 年版，第 230 页。
② 姚莉：《司法公正要素分析》，载《法学研究》2003 年第 5 期。

是以是否违反法律、涉嫌犯罪为标准来决定自己的行动，立场超脱。"① 法律监督的本意就是对行政执行和审判活动进行监督和制约，检察机关依法独立行使法律监督权正是体现了"法律面前人人平等"的公正价值，尤其是在强化职务犯罪案件侦查、立案监督、侦查监督、审判监督、刑罚执行监督以及检察机关行使法律监督权的制约机制等方面彰显了公正价值的要义精神。

公正是检察机关（检察官）严格执法和文明办案的正当理由。作为国家法律监督机关，判断其形象的基本标准就是看其执法是否公正。权威是公正的结果，如果公正尚不能保证，就没有条件和资格谈什么权威了。正是公正的价值取向促使了检察机关（检察官）严格遵循实体公正和程序公正的要求来执法办案。

（二）高效

高效，是指检察权的运行必须以尽可能少的投入产生尽可能多的收益，即投入资源的最小化、产出效益的最大化。② 公正和高效是理想型检察制度的两大价值取向，同时也是理想型检察权运行机制所必备的两个基本要素。公正和高效这两种不同的价值取向，似乎彼此存在一定的冲突。这表现在：当人们一味地追求高效时极可能导致不公正。因此，罗尔斯主张高效应当服从于正义。他说："正义是社会制度的首要价值，某些法律和制度，不管它们如何有效率和有条理，只要它们不正义，就必须加以改造或废除。"③ 相反，经济分析法学则更加注重高效，主张"效率或财富极大化应是法律的唯一目的"。④ 前者把正义（公正）当作牺牲高效的绝对理由，后者把高效视为法律的唯一目的，都具有一定的片面性。事实上，公正和高效并非完全势不两立，公正是高效的基础和保障，同时又以高效为衡量标准。公正、高效、权威之间是具有内在联系和高度统一的整体。首先从内容上看，公正是灵魂，高效是要求，而权威是保证。其次从逻辑关系上看，公正是体现检察公信力的现实基础，高效是实现执法为民的外在形式，而权威是发挥检察制度优越性的客观需要。没有公正，检察权威就无从谈起，高效也就成了空中楼阁；没有高效，公正不是真正的公正，检察权威也要大打折扣；没有检察权威，公正不仅难以实现，更难以高效实现，最终反过来又影响到检察制度的公信力。

---

① 朱孝清：《检察的内涵及其启示》，载《法学研究》2010 年第 2 期。

② 参见孙洪坤：《刑事诉讼法的时代精神》，法律出版社 2009 年版，第 17 页。

③ ［美］约翰·罗尔斯：《正义论》，何怀宏、何包钢、廖申白译，中国社会科学出版社 1988 年版，第 1 页。

④ ［美］迈克尔·D·贝勒斯：《法律的原则》，张文显、宋金娜、朱卫国、黄文艺译，中国大百科全书出版社 1996 年版，序言第 1 页。

（三）法治

法治，是相对于人治而言的，意指依法律的统治，其基本价值追求是通过规范和控制国家权力以保障人权和公民权利。亚里士多德关于法治的定义被世人视为经典，他认为："法治应包含两重意义：已成立的法律获得普遍的服从；而大家所服从的法律又应该本身是制订得良好的法律。"① 这实质上是从"守法"和"良法"两个角度阐释了法治的含义。现代法治具有更为丰富的内涵，"法治应是以民主为前提和目标，以严格依法办事为核心，以制约权力为关键的社会管理机制、社会活动方式和社会秩序状态，是包括着形式法治和实质法治、法治国家和法治社会在内的统一整体"。② 法治是社会发展的必然，是民主时代的标志。固然，作为刑事司法制度重要组成部分的检察制度也必然坚持法治的价值取向，而"刑事法治的基本精神在于约束公权力，防止其专横和腐败，以维护公民个人作为自治主体的尊严"。③ 所以检察权威的基本精神也就是要求检察权（法律监督权）保持适度的张力，既要充分发挥护法和监督权力的功能，又要依法受到规范约束，以维护当事人和其他诉讼参与人作为诉讼主体的尊严。可见，两者都是在强调某种特定的内容为其内涵，即含有防止权力滥用和保障人权的价值意蕴。因此，法治蕴含了检察权威价值取向的本质属性。

法治的价值取向要求检察机关（检察官）在行使检察权时必须注意做到以下几个方面：第一，必须转变执法观念，树立法律至上的观念。树立检察权威，实现法治社会，必然要求检察工作人员认识到法律是神圣的，使其内心深处认同法律的至上性和权威性，在执法过程中只服从宪法和法律。第二，在执法过程中完善和发展检察制度，进一步为依法独立、公正、高效行使检察权提供制度保障，从而树立检察权威。第三，严格公正地行使检察权。严格公正执法是检察官职业道德的重要内容，是社会主义民主法治建设的客观要求，更是检察权威外化的重要途径。惟有严格依法行使检察权，检察权威才能取得公众的认同，才能真正树立起来。

（四）和谐

"文明意味着秩序，秩序又意味着协调。在这层意义上说，追求和谐乃是人类共通的性格。"④ 社会和谐是中国特色社会主义的本质属性，而和谐作为

---

① ［古希腊］亚里士多德：《政治学》，吴寿彭译，商务印书馆 2009 年版，第 202 页。
② 卓泽渊：《法治国家论》，法律出版社 2008 年版，第 3 页。
③ 熊秋红：《解读公正审判权——从刑事司法角度的考察》，载《法学研究》2001 年第 6 期。
④ 梁治平：《寻求自然秩序中的和谐》，中国政法大学出版社 2002 年版，第 214 页。

检察权威的价值取向，体现了检察机关及检察官应在求真和至善之间作出理性的价值选择。社会主义和谐社会是民主法治、公平正义、诚信友爱、充满活力、安定有序、人与自然和谐相处的社会，这六个方面的特征无一不凝结了检察权威的价值取向。全面履行公诉、职务犯罪侦查、诉讼监督等各项职能，切实贯彻宽严相济刑事司法政策，是人民检察院作为国家法律监督机关服务于构建社会主义和谐社会的基本途径和立足点。发挥好追诉犯罪、保障人权、维护法制统一和实现司法公正的职能作用，是检察机关在构建社会主义和谐社会中的基本角色定位。在构建社会主义和谐社会的进程中，检察机关必须坚持法律监督这一特性和宪法定位，依法独立公正地行使检察权，最大限度地增加社会和谐因素、减少不和谐因素，保障社会公平正义，维护社会和谐和稳定。但是，我们在求真的同时，更要注重至善，检察权威追求的是一种着眼于消除犯罪发生的土壤、防患于未然的更深层次的和谐，而不仅仅是依赖于事后的惩罚。

总之，公正、高效、法治与和谐是构建检察权威的价值取向，只有理解了检察权威的价值取向，才能从科学理论的高度来审视我国检察权威的现状、不足和实现途径，才能更好地指导检察实践活动不断的发展和完善。

三、我国检察权威的现状及其成因

近年来，我国的检察改革工作取得了较大的进步和成功，但纵观整个检察改革的历程，还有许多地方值得我们去加强和改进，其中突出的一点是检察权威并没有因检察改革的推进而加强，而是停留在起步阶段。检察权威面临着来自多方面的挑战与压力，具体表现为以下几个方面：

（一）检察权的独立公正行使受到干预

1. 检察权独立行使受到外部环境的干预，检察权还尚未真正独立

首先，来自行政机关的干预。按照宪法和法律规定，检察机关是法律监督机关，有权监督行政机关是否依法行政，并对其职务犯罪行为进行侦查、起诉。但目前的大量执法办案实践表明，行政机关对检察活动进行干预的情形却普遍存在，特别在一些基层人民检察院显得尤为突出，形成了监督者反被被监督者干预的法治悖论。一些地方行政机关往往从地方利益、部门利益和短期的效益考虑，以其在行政上掌控检察机关的经费来源、人事编制、物质保障为筹码来对检察机关进行施压，检察机关迫于压力只好牺牲了自己依法独立行使的法律监督权，客观上反而形成了对行政机关的依附关系。

造成上述情形的原因主要有：其一，在机构设置、规格上，检察机关只相当于同级政府的一个下属机构或部门。如地方检察院在机构设置、规格上与同

级政府的一个部门相当，在人员数量、内设机构方面可能属于一个较小的部门。有的地方政府在许多方面实际上是将检察机关作为自己的一个下属部门看待。其二，检察机关的经费、工资、基本建设、基础设施都主要由同级政府负责管理。检察机关在物质保证方面受制于同级政府，政府中负责计划、财政管理的部门对检察机关的工作往往具有实际的影响和作用。[①] 其三，检察机关法律监督权名不副实。在理论上，检察权规范性来源没有得到很好的澄清。[②] 在实践中，检察机关主要是一个刑事案件的办案机关，并不对所有国家机关和公民遵守宪法和法律的行为实施全面的法律监督，并且法律监督的手段不完善且缺乏力度，对侦查、审判和执行中违法行为提出的纠正意见没有法律上的约束力，这对检察机关履行法律职责造成了一系列障碍。[③] 其四，地方行政机关的利益观和法律观的冲突，使其选择了追求短期的有形利益而施加了对法律监督权长期"无形利益"追寻的干预。

其次，来自党政领导的干预。在实践中，少数党政领导介入检察活动中，也是目前困扰检察权独立公正行使的一大障碍。

部分党政领导对检察机关工作的干预主要因素有：其一，传统的"官本位"、特权思想根深蒂固，往往以权压法、以言代法、以权制法，认为党是领导检察机关工作的，可以插手检察机关一切事务；其二，对检察机关认识的误区，一些党政领导以其惯性领导思维模式把检察机关也纳入了行政领导的序列中，认为检察机关仅是一个普通的行政职能部门而已；其三，认为检察机关与本级党委具有组织上的隶属关系，党委领导可以直接向检察机关下达指示或命令，可以包办、干涉任何检察事务。

2. 检察权独立公正行使受到内部环境的干预，检察权独立地位受损

首先，来自检察机关系统内部隶属关系的干预。上下级检察机关之间、同一检察机关的上下级之间的领导主要体现为一种业务工作上的指导关系。但在实践中，往往会因个案的利益关系而对下级检察机关和下属检察官给予超越常规的领导，这使得处于下级地位的检察机关和检察官在无形中会完全听从上级机关和领导的意见与指示，从而使检察权得不到独立公正的行使。其次，来自检察机关系统内部同事的干预。虽然在一定程度上没有了上下级隶属的制约，但由于内部工作人员的熟识关系，碍于人情和情缘的影响，导致检察官徇私枉法。

[①] 参见陈国庆：《检察制度原理》，法律出版社 2009 年版，第 96 页。

[②] 参见田夫：《论"八二宪法"对检察院的"双重界定"及其意义》，载《东方法学》2013 年第 6 期。

[③] 参见陈国庆：《检察制度原理》，法律出版社 2009 年版，第 8 页。

　　导致以上情形发生的因素主要有：其一，在人民检察院的内部管理上，具有隶属关系的上下级检察机关及检察官之间错误的权位认识，认为上级检察机关和领导能够直接影响甚至决定自己的升迁等前途，受制于人，以致在办案时不能独立公正；其二，在观念上，由于受权力至上、以服从上级命令为天职的传统"官本位"思想观念的影响，下级检察机关和检察人员形成了对权力本位的畏惧，难以形成独立的人格品质和崇法精神；其三，在制度和社会环境上，由于没有建立检察官异地任职交流制度以及受人缘、地缘的人情关系熏染，检察人员难以摆脱内部熟识的人事环境的影响。

　　（二）检察机关及检察官在社会公众心目中地位偏低

　　我国的检察机关及检察官在社会公众中的威望和地位都处于较低水平，没有像西方国家的检察官那样具有优越的社会地位和崇高的威信，社会公众对其身份是十分敬仰和向往的。在我国社会中，检察官在社会公众中的威信力没有表现出来，长期以来，公众一直将检察官视同于一般行政干部，而忽视了检察官是神圣的法律捍卫者，那就更不用说去关注检察官的个人魅力人格和品德操守了。

　　公众对检察官的身份和社会认知度低下的因素有：其一，检察官整体的法律素养、执法能力与执法水平较低，造成检察官在社会公众中的威信降低；其二，检察官的职业准入机制过于宽泛，在检察官队伍中有相当一部分是未受过系统法律知识教育的退伍转业军人、社会招干等；其三，一些检察官没有树立起严格公正的执法形象，故公众首先从内心对其就加以了排斥；其四，法律信仰的缺失，正如田成有教授所言："不是我们没有很好的法律和制度，而真正困扰我国法治建设的深层次障碍是来自中国民众法信仰的缺失，是我们对法律的严重不相信。"[1]

　　（三）检察队伍的整体素质不高，缺乏民众的信赖基础

　　检察队伍是代表国家行使检察权的主体，检察队伍的素质高低直接决定着执法活动质量的优劣，而执法活动质量的优劣又直接影响了检察权威的生成与发展，故提升检察队伍的整体素养和质量尤为重要。而现阶段我国的检察队伍的整体素质还不能完全适应法律监督职责的需要。有些检察人员执法观念陈旧，法律意识、群众意识淡薄，执法不公，为检不廉，导致检察权的滥用和狂妄自大并背弃其职业道德，在检察环节造成杜培武、佘祥林、赵作海、张氏叔侄等一系列冤假错案。有的检察人员包括个别领导干部执法犯法、贪赃枉法。比如最高人民检察院在开展"反特权思想、反霸道作风"专项活动中，严肃

---

　　[1]　田成有：《质疑与创新——法学边缘处的深思》，云南民族出版社 1999 年版，第 217 页。

查处违法违纪检察人员 1122 人，依法追究刑事责任 124 人。① 检察队伍的整体素质不高，严重影响了检察队伍在民众中的执法神圣的权威形象。

检察队伍的整体素质不高的原因主要有：其一，长期以来我国检察官职业准入制度的门槛过低，吸纳了相当数量的不具有系统法律经验和知识的非法律人才；其二，检察队伍缺少定期长效的培训机制，仅仅零散地对检察工作人员进行短期的培训，很难形成系统的执法观念和执法意识；其三，一些检察官个人素质的低下，难以整合为高质量的检察队伍；其四，检察队伍老化严重，未能及时地吸收优秀法学毕业生，尤其在西部一些基层检察机关，检察队伍已青黄不接，出现断层现象。

四、走向检察权威的路径

通过对我国检察权威的现状及其成因的分析，可以发现我国的检察制度以及实践方面仍存在很多问题和不足，严重影响了检察权威的树立。检察权威的弱化和减损不仅影响了我国法律的权威和尊严，还严重阻碍了我国依法治国的进程。为了顺利推进法制现代化和检察制度的现代化之路，我们应找出相应的解决办法与措施来树立和强化检察权威。笔者认为，检察权威的树立，一要检察权本身民主，二要检察制度本身设计的科学，并要解决谁来监督监督者这一社会和理论难题。

（一）完善立法，拓展法律监督权

"在法律统治的地方，权力的自由行使受到了规则的阻碍，这些规则迫使掌权者按一定的行为方式行事。"② 中国检察机关的宪政地位决定了其法律监督的性质，然而，宪法仅仅原则性地规定了检察机关是国家法律监督机关，而对检察机关法律监督的具体内容和强制力未作出明确的规定。③ 关于检察机关法律监督权方面的内容，主要是规定在与诉讼有关的基本法律中，这种形式的规定实际上是把检察机关的法律监督权限定在诉讼活动范围内。因此，实践中很自然地产生了认为检察机关的法律监督权等同于诉讼监督权的片面观点，这与我国宪法所确立的检察机关是国家法律监督机关的宪政地位是很不相称的。

---

① 参见曹建明：《2013 年最高人民检察院工作报告》，载《检察日报》2013 年 3 月 22 日第 3 版。

② ［美］E. 博登海默：《法理学：法律哲学与法律方法》，邓正来译，中国政法大学出版社 1999 年版，第 358 页。

③ 对此，也有论者"通过揭示'八二宪法'框架下'检察机关'与'法律监督机关'两者的关联，论证了检察院对自侦案件的检察权在检察权体系中的重要位置，进而论证了检察院享有独立宪法地位的原因"。参见田夫：《论"八二宪法"对检察院的"双重界定"及其意义》，载《东方法学》2013 年第 6 期。

而即使在专门规定诉讼职能的法律中，关于检察机关法律监督权的内容也很不完整。我国的三大诉讼法，在诉讼监督的程序设计上都欠合理性，缺乏刚性，失之于软，都没有从法律监督者的监督角度去规定，导致很多诉讼活动中检察机关在履行法律监督权时有职无权、监督内容空泛、监督措施无力、监督效果不理想的尴尬，使其应有的监督成为立法上的摆设。早就有学者倡议"在相关行政法律程序中具体规定检察机关监督、制约行政权的内容，才能真正实现行政检察监督的法律价值"。[①] 笔者也撰文强调，检察机关应按照修改后民事诉讼法第55条的规定，积极参与环境公益诉讼，并探讨其参与环境公益诉讼的具体路径。[②] 因此，应当合理地完善和拓展检察机关的法律监督权，制定专门的"检察机关法律监督法"，以强化法律监督的功能和作用，使之成为名副其实的国家法律监督机关。惟有如此，检察机关才能真正发挥护法、维权、监督的作用，从而树立检察权威。

（二）积极推进检察体制改革，完善检察体制和工作机制

"制度好可以使坏人无法任意横行，制度不好可以使好人无法充分做好事，甚至会走向反面。"[③] 因此，科学合理地进行检察体制改革，是目前树立检察权威亟须解决的问题。

1. 改革现有检察体制，建立独立的财政预算体制，使检察机关彻底独立于行政机关的给养

"就人类天性之一般情况而言，对某人的生活有控制权，等于对其意志有控制权。"[④] 检察机关的财政经费来源、人事编制、物质装备供给都受制于行政机关，使得行政机关掌控了检察机关意志的砝码，而使检察机关迫于"生计"不得不顺从行政的干预。因此，党的十八届三中全会提出，改革司法管理体制，推动省以下检察院人财物统一管理。在检察经费上，应当本着行使权力与承担义务相统一的原则，检察经费由省级财政统一拨付。只有检察机关真正脱离了对地方经济的依附，在经济上完全剥离了地方行政权力对检察权的财政控制，地方保护主义才可根治，独立、公正、权威的检察权格局才会形成。打破两者之间的给养关系，不仅能实现检察机关与行政机关之间关系的正常化、有序化，而且也是检察机关在我国宪政体制下依法独立公正行使法律监督

① 唐光诚：《中国检察制度面临的矛盾与宪法价值回归》，载《东方法学》2010年第1期。
② 参见孙洪坤、陶伯进：《检察机关参与环境公益诉讼的双重观察》，载《东方法学》2013年第5期。
③ 《邓小平文选》（第二卷），人民出版社1994年版，第333页。
④ ［美］汉密尔顿、杰伊、麦迪逊：《联邦党人文集》，程逢如、左汉、舒逊译，商务印书馆2004年版，第396页。

权的前提和保障，进而实现检察权威的必由之路。

2. 理顺党的领导与检察权的关系，确保检察权依法独立公正行使

在我国政治体制中，中国共产党作为执政党，是建设中国特色社会主义各项事业的领导核心，坚持党对检察工作的领导是一项不可动摇的基本原则，也是中国特色社会主义检察制度的政治优势和重要特征。但宪法和法律规定党对检察机关的领导主要是政治、思想和组织领导，而绝不是代替检察机关办案，更非包揽具体检察业务。各级党委要发挥"总揽全局、协调各方"的领导核心作用，保证检察机关正确地贯彻党的路线和方针政策，配合与协调公检法司之间的关系，保障检察机关依法独立公正地行使检察权，同时要防止各级地方党委干预包揽检察机关具体的办案，影响检察机关公正办案的现象。要理顺地方党的领导与检察机关依法独立行使法律监督权的关系，明确分清各自的权责与职能分工，使检察机关能在党中央的正确领导下，统一部署，依法独立公正地行使检察权。

3. 改革和完善检察机关的内部制约机制

加强"检察一体化"的内部制约机制的建设。"检察一体化"又称"检察一体制"，是为了保证检察权行使的整体统一，是在肯定检察官相对独立的同时，将其组成统一的组织体，即采取检察官所有活动一体化的方针。① 检察一体化，是大陆法系国家实行集中制的检察机关所实行的基本组织原则。在上命下从的领导关系中，上级检察官就下级检察官处理的检察事务，不但有指挥监督权，也有职务收取权及职务转移权；下级检察官则有相应的服从义务和报告义务。"检察一体化"原则对我国检察制度的发展具有重要意义。从宪政体制和理论上讲，我国检察机关具有独立于行政机关和审判机关的特定地位，实行"检察一体化"并不会产生像西方国家因检察机关从属于行政而导致行政机关对检察机关的干预问题，却有助于检察机关不受地方行政干涉。同时，"检察一体化"也具有防范下级检察官滥权的功效。在制度上强化"检察一体化"中上级的领导权时，应通过人事任免、奖惩制度改革，使检察机关的管人和管事统一起来，保证检察权行使的高度协调统一。"检察一体化"使检察系统上下一体、分工合理、权责明确、相互配合、相互制约、运行高效，有效整合检察资源，形成法律监督合力，增强法律监督的效能和权威。

当然，在"检察一体化"下对上级检察官的指令权也需要限制，以免上级滥用指令权。在大陆法系国家对指令权的限制主要是通过法定主义、检察官的客观义务、程序公开和外部的间接制约等措施实现的。笔者认为，有必要辩

---

① 参见龙宗智：《检察制度教程》，法律出版社 2002 年版，第 158 页。

证地看待"检察一体化"和检察权独立行使的关系，赋予检察官在职权范围内独立行使检察权。我国目前推行"主任检察官"制度的关键就是在于保证检察官在一定程度上的独立性。只有辩证处理好"检察一体化"和独立行使检察权的关系，才能做到公正、高效地履行检察权。

4. 改革和完善检察机关的外部制约机制

检察权威的确立和维护，除了要不断完善其自身的体制外，还需要完善自身的监督，解决谁来监督监督者这一理论与社会难题。因此，应当在法律监督权环节建立行之有效的外部监督制约机制。首先，加强人大及其常委会的宏观监督和人民监督员的微观监督机制；其次，深化检务公开，对检察机关的工作制度、办案规程等规定，依法能公开的向社会公开；最后，完善诉讼参与人权利义务的告知、检察人员违纪违法的投诉制度，推行不起诉案件公开审查听证等制度，健全特约检察员、专家咨询委员会制度，建立保障律师在刑事诉讼中依法执业的工作机制，增强执法透明度，促进检察权威。

（三）提高检察队伍整体素质，完善职业保障机制

检察人员的社会地位认同感普遍不高的根本原因就是检察队伍的整体质量不高，检察人员素质参差不齐，从而导致了检察人员的社会影响力低下，故有必要加强对检察队伍的素质提高和个人品德操守的建设以及完善的职业保障机制。这既是提升检察队伍形象的要求，又是提升检察权威形象的要求。

1. 加强检察队伍的思想政治建设和纪律作风建设

一是组织开展"强化法律监督，维护公平正义"的主题教育、社会主义法治理念教育等活动，把维护社会公平正义作为检察工作的首要价值追求，"公生明，廉生威"。要信仰法治、坚守法治，做知法、懂法、守法、护法的执法者，站稳脚跟，挺直脊梁，只服从事实，只服从法律，铁面无私，秉公执法。[①] 真正树立严格执法、公正司法的理念。二是制定检察人员纪律规范，建立执法档案制度，修订《检察人员执法过错责任追究条例》，加大对"吃拿卡要"、玩忽职守、贪赃枉法、徇私舞弊等问题的查处力度，促进执法作风的改善。"制度纪律的生命力在于执行，制度出台后，采取措施将制度贯彻落实到所涉及的每个检察人员和每一项工作中，确保所有检察人员都受到制度纪律的约束，没有人能够凌驾于制度纪律之上或游离于制度纪律之外。"[②] 总之，廉洁清正的检察队伍是树立检察权威的重要保证。

---

① 参见习近平：《坚持严格执法公正司法深化改革　促进社会公平正义保障人民安居乐业》，载《法制日报》2014 年 1 月 9 日第 1 版。

② 朱孝清、张智辉主编：《检察学》，中国检察出版社 2010 年版，第 668 页。

2. 提高检察官职业的准入机制

1990 年联合国通过的《关于检察官作用的准则》第 1 条规定："获选担任检察官者，均应为受过适当的培训并具备适当资历、为人正直而有能力的人。"因此，应提高检察官职业的准入机制，使检察官趋于"职业化"、"精英化"。严格的检察官职业准入机制，是实现检察官精英化的基础和前提条件。在西方法治发达的国家，对检察官的选任条件，都作出了较高的要求。如美国法律规定：担任检察官职务者，一般应是法学院毕业，通过州律师资格考试，取得律师资格并任律师 2 年以上。在法国的任职条件是：在高中毕业后进行了为期至少 4 年的高等院校学习，具备毕业文凭，通过司法考试并必须在国家司法官学院进行为期 31 个月的培训。在德国，任职者必须在大学里进行法律专业学习，通过第一次司法考试，之后考生进行 2 年的预备培训，再通过第二次司法考试；然而能否被任命为检察官，并不只是取决于他们通过两次司法考试，而是取决于两次考试的成绩，只有中等水平以上的考生才有希望成为检察官，而一般只有 15% 的考生被评定为"中等水平以上"。① 过去我国过低的门槛使得大批缺乏法律知识与法律素养的人员进入检察系统，影响了检察人员的整体质量，在社会中没有形成公信力和威望。因此，检察官的职业化与精英化是现代法治社会发展的必然趋势，是维护社会公平正义的现实需要，也是公众对检察官职业产生敬仰和向往的前提条件。

3. 完善检察官执业保障机制

检察官的职业化与精英化离不开良性的制度保障。检察权独立公正行使的需要决定了这种职业保障对检察官尤为重要。西方国家检察官素质优良，检察官执业人员稳定，在很大程度上取决于国家对他们的良好的执业保障。在职务免除方面，西方国家规定了相当严格的法律标准和法律程序。如在法国，为了使检察官不受政治变动的影响与干扰（如政府更迭），法律规定，对检察官的免职，要经最高司法会议设立的专门机构讨论提出，由共和国总统决定。在物质保障方面，西方国家大都采取了高薪制。如美国在检察官工资方面强调，检察官的报酬应与其担负的重大职责相称，在条件相同的情况下，检察官的收入应比得上执业律师。良好的执业保障机制对于实现司法公正，维护社会公平和正义，实现检察权威具有十分重要的意义。因此，笔者认为，只有完善我国检察官在身份和物质保障等方面的执业保障机制，才能充分保证检察权独立、公正、高效的行使，有效地树立检察权威。

---

① 参见魏武：《法德检察制度》，中国检察出版社 2008 年版，第 132～133 页。

（四）培养公民的法律信仰

"法律必须被信仰，否则它将形同虚设。它不仅包含有人的理性和意志，而且还包含了他的情感，他的直觉和献身，以及他的信仰。"① 在我国，由于历史传统文化的原因，公民的法律意识淡薄，往往从法外途径寻求权利救济的实现，仍具有浓厚的"青天情结"；对法的不信任，自然就不会对法产生崇尚和信仰，而作为法律捍卫者——检察机关及检察官的权威就更无从谈起。可见，培养公民的法律信仰也是构建检察权威的一项重要工程。

五、结语

"伟大的实践需要科学理论的指导，这一人类实践活动与科学理论之间关系的经典表述"，② 同样适用于检察权威的建构和塑造中。检察权威的建构和塑造是一项具有艰巨性、系统性的庞大工程。树立检察权威，我们必须厘正我国检察机关的宪政地位和检察权性质的合理定位，立足于国体、政体、国情，深刻理解检察权威的科学内涵，全力追寻公正、高效、法治、和谐四大价值取向，积极推进我国检察体制改革，同时也离不开检察官素质和人格魅力的提高以及公众法律意识信仰的培养。总而言之，只要坚持以科学发展的眼光来审视我国的检察体制，在检察权威理论的指导下来推进我国的检察体制改革，循序渐进，由上而下，总体规划，分步进行，我国的检察权威目标是能够实现的。也只有树立了检察权威，才能更充分地发挥我国社会主义检察制度的优越性，保证法律正确统一实施，维护社会公平正义，保障和尊重人权，真正做到检察工作的法律效果、政治效果和社会效果的有机统一。

---

① ［美］伯尔曼：《法律与宗教》，梁治平译，中国政法大学出版社 2003 年版，第 3 页。
② 张晋藩：《中国法律的传统与近代转型》，法律出版社 2009 年版，第 575 页。

检察机关预防职务犯罪的边界与形式[*]

吴建雄

职务犯罪预防包含着对构成犯罪的职务行为"打击"和"防范"两个方面。"打击"是通过对已然犯罪人的惩罚，发挥"以儆效尤"的特殊预防作用；"防范"则是依托打击的震慑效果，延伸执法触角，综合运用教育、制度、监督、咨询等各种措施阻隔未然犯罪。在强化反腐倡廉、全面深化改革的时代背景下，检察机关职务犯罪预防工作正在向"深度和广度"拓展，如何把握检察机关职务犯罪预防工作的基本定位，如何提高职务犯罪预防工作的法制化水平，如何增强职务犯罪预防工作的实际效果等，有必要进行进一步研究。

一、我国检察机关职务犯罪预防工作的基本成效

我国对职务犯罪的预防最初体现在"打击"特殊功能上。新中国成立初期刘青山、张子善特大贪污案的查处，曾产生巨大的预防效果，此后很长时间内，职务犯罪预防均由打击的特殊手段来实现。自 20 世纪 80 年代末职务犯罪预防作为一项专门工作以来，经历了预防职能由附属走向单列，预防业务由单一走向多元，预防工作机制从无到有，预防工作格局从检察融入社会的发展过程。

进入 21 世纪以来，各级检察机关按照党中央关于反腐败要坚持标本兼治，努力从源头上遏制腐败现象滋生蔓延的要求，在不断加大查办职务犯罪案件力度的同时，更加重视预防职务犯罪工作，按照最高人民检察院的部署，针对新形势下职务犯罪的新特点、新动向，创新预防工作方法，完善预防工作机制，职务犯罪预防工作从总体上适应了党和国家反腐败斗争的深入发展。其主要表现在：其一，预防工作集中体现司法工作之大局观念，各级检察机关以强烈的政治责任感自觉地把预防工作放在发展大局中去谋划；其二，预防工作推进了

---

* 原文载《人民检察》2014 年第 15 期。

职务犯罪综合治理格局的形成，即党委领导、检察机关专门预防与纪委、审计、监察等各预防成员单位、部门参与的社会预防相结合的工作网络，加强与纪检监察机关、审计机关及行政执法机关的沟通与联系，实现信息共享，良性互动，并通过联系协商，建立职务犯罪预防联席会议制度，在各自的职责范围内，加强监督指导，共同做好职务犯罪预防工作；其三，预防工作强化和拓展法律监督的职务犯罪防范功能，实践证明，职务犯罪预防工作并不仅仅是简单的事前的预防性监督；而且是事前、事中、事后的综合性的预防，覆盖了法律监督工作的整个过程，检察机关的法律监督职能得到强化和拓展。①

二、检察机关职务犯罪预防工作的法律边界

（一）检察机关预防职务犯罪的法治思维

法治思维，简而言之就是以法律作为判断是非和处理事务的思维。检察机关预防职务犯罪的法治思维，是以国家刑事法律为依据、以国家工作人员职务行为罪与非罪为尺度的法治思维。

1. 正确评价防范职务犯罪的法律效果。预防职务犯罪的法律效果，是依法适用惩治和防范诉讼和非诉讼措施后，取得的犯罪得到控制、生产力蜕变受抵御的直接效益。它是预防职务犯罪政治、经济、社会等效益的基础，是开展职务犯罪预防工作的首要价值。防控国家工作人员作为生产力要素的蜕变，必须从行为人的罪与非罪为基点，这就需要厘清预防腐败与预防职务犯罪的关系，明确预防职务犯罪的职能定位。预防职务犯罪与预防腐败是两个终极目标一致、但职能定位不同的概念，前者是以司法机关为轴心的、相关部门和社会各界参与的综合治理活动，后者则是党委领导、政府组织、纪委协调、部门各司其职的反腐大格局；前者既是后者的组成部分，又是后者的司法保障，前者的司法属性决定了预防职务犯罪是以国家强制力为后盾的、结合查办案件进行的、以惩治、震慑为依托的具有针对性、实在性、可操作性的思想教育、整章建制等预防活动。因而预防职务犯罪的直接价值应定位在对犯罪的有效控制和消减上。

2. 用法律事实评价实践效果。长期以来，预防职务犯罪的效果评价因存在犯罪"黑数"实际处于虚化状态。职务犯罪的"黑数"是指检察机关对职务犯罪案件的立案侦查数与实际发案数之间存在的数量差距。②"黑数"论者认为，由于客观上存在潜伏的、未被发现的案件，就不能认为某单位查出了多

---

① 参见何秉松主编：《职务犯罪的预防与惩治》，中国方正出版社1999年版。

② 参见孙昌军、庄慧鑫：《论职务犯罪黑数》，载《湖南大学学报》2003年第5期。

个案件，该单位的实际发案就多；某单位没有查出案件，该单位就没有发生案件。因此，对预防效果的评价只能以"上了多少警示课"、"写了多少案例分析"、"提了多少预防建议"等预防措施为依据。这种预防效果的虚化，不仅阻碍预防措施的落实，而且成为制约预防工作发展的瓶颈。不可否认，"黑数"论者追求客观存在的职务犯罪，是深入查办案件的内生动力，也是侦查活动的努力方向。但是，要完全掌握和彻底消灭"黑数"恐怕谁也无法做到，能做到的就是控制和减少犯罪"黑数"，而这也正是查办和预防职务犯罪的目的。

预防职务犯罪出生产力，不仅是对预防工作价值的肯定，更是对预防工作实效的明确要求，内含着防止了、减少了、控制了职务犯罪的意蕴，昭示所有的预防措施和手段，都必须在减少和防止职务犯罪发生上见成效。既然以客观存在的职务犯罪为依据无法评价预防工作，特别是无法确定预防职务犯罪的具体成效，那么，以职务犯罪的查处数来检验预防工作的成效便成为必然选择。因为这种选择是建立在法律事实之上的。对职务犯罪的查处，标志着有证据证明其犯罪事实存在。

（二）检察机关预防职务犯罪的职责边界

用法治思维审视当下预防工作，在履行查案预防、警示预防、建制预防、咨询预防等法定职责中，必须正确认识和把握以下法律边界：

1. 查案预防的法律边界。其包含三个要素：一是案件侦处中揭露、证实犯罪，发挥刑罚的惩处、警戒功能；二是严格掌握罪与非罪的标准，确保不构成犯罪者免受刑事追究；三是结合调查取证，查找发案"漏洞"、掌握导致案件发生的制度原因和监管缺口。坚守查案预防的法律边界，要坚持"一要坚决、二要慎重、务必搞准"[1]和"以打促防"[2]思想。一方面，慎重对待经济社会发展中的新情况、新问题，正确区分和处理改革探索中工作失误与违法犯罪的界限，执行政策出现偏差与钻改革空子实施犯罪的界限，合法的劳动、投资收入与贪污受贿、私分、侵占、挪用等违法所得的界限，经济纠纷、经济活动中的不正之风、违反财经纪律行为与经济犯罪的界限。坚持罪刑法定原则，严格区分罪与非罪，对于法律没有明确规定的，不作犯罪处理；对于法律规定不明、罪与非罪界限不清的，加强调查研究，依法慎重处理。另一方面，始终

---

[1] 刘复之：《最高人民检察院工作报告——在八届全国人大一次会议上》，载《中国反贪调查》（第1卷），中国检察出版社2003年版，第141页。

[2] 韩杼滨：《在全国检察机关预防职务犯罪经验交流会议上的讲话》，载《中国反贪调查》（第1卷），中国检察出版社2003年版，第240页。

保持查办案件高压态势，使犯罪者最大限度地受到揭露与制裁，形成"伸手必被捉"的环境氛围，震慑心存侥幸的人，使其不敢犯罪；把查找制度漏洞摆在与查办案件同等重要的位置，给予同等重要的对待，并形成侦查证据与制度漏洞情况两个方面的案卷材料，不仅为下一个诉讼环节提供可靠依据，而且为有效开展警示预防、建制预防和建言预防打下坚实的基础。

2. 警示预防的法律边界。它是依托办案开展的以威慑为主的思想教育和释法说理活动。它像一根主线贯穿于立案侦查、审查起诉、公诉庭审、刑罚执行等各个办案环节，是对执法办案所蕴含的教育价值的挖掘和彰显。警示预防以发案单位的预防教育为基本职责，并向发案单位系统、行业适度延伸，从而达到"办理一案，教育一片，治理一方"的目的。积极开展警示教育，特别是警示教育基地，可以成为国家工作人员的心灵净化之地，自律自省之所。运用预防调查和犯罪分析的成果，适时在一定区域、行业、单位开展警示教育。组织专人在特定地点，面向特定或不特定群体，如新进公务员、单位"一把手"等，开展警示讲座，或组织腐败分子现身说法，或发放廉政手册等，并将在当地有影响的典型案件进行详细梳理和深入剖析，制作成警示教育片，有针对性地进行巡回播放，用身边的事教育身边的人。

3. 建制预防的法律边界。它是以检察建议为手段，帮助发案单位分析犯罪产生的原因，总结监督管理中存在的漏洞问题，完善规章制度和廉政措施，进一步规范权力行为的检察职能活动。实践证明，没有以制度为依据的预防只能是暂时的、表面的、局部的和不稳定的，制度预防具有长期性、根本性和全局性意义。因此，建制预防作为针对发案漏洞而采取的预防措施，更能体现制度本身的规范性、约束力和可操作性，是对构建"不想为""不敢为""不能为"机制、"把权力关进制度笼子"的具体落实。坚守建制预防的法律边界，要提高检察建议的有效性和规范性，在实体上至少包括职务犯罪发生的原因、特点，应当消除的隐患和违法现象，以及治理防范的意见、建议等。程序上采用最高人民检察院规定的检察建议文书格式，经检察长审核签发，同时报上一级人民检察院职务犯罪预防部门备案，并主动了解落实情况。预防建议因其广泛适用性和相对实用性，已成为检察机关开展职务犯罪预防的重要方式和抓手。

4. 咨询预防的法律边界。作为检察机关从宏观上推进预防效能建设的重要手段，咨询预防要适应公开透明的信息化时代要求，重视使用计算机信息技术，实现预防工作数据科学分类和分析运用。坚守咨询预防的法律边界，要坚持以完善行贿犯罪档案查询制度为重点，落实最高人民检察院《关于行贿犯罪档案查询工作的规定》运用计算机技术实现对职务犯罪作案方法、特点、规律的信息的存储、管理，为预测预警和预防对策研究提供信息保障，提高分析问题、解决问题的准确性、系统性和科学性，提高为党委政府当好反腐败决策参谋的水平与实效。此外，作为此项职能延伸，检察机关通过与有关行业、系统、部门、单位建立信息共享机制，一定程度上使预防咨询常态化，如及时为行政执法案件提供刑事法律咨询等。开展好预防咨询，要求预防部门不断提高自身业务能力，全面了解咨询事项的法律、法规和政策规定；咨询对象的主要工作职能和范围；咨询对象制定、实施的内部管理制度和业务流程；咨询对象面临的职务犯罪隐患等问题，为咨询单位提供高质量的预防预案。

（三）检察机关预防职务犯罪的运行边界

长期以来，我国在打击刑事犯罪、维护社会稳定，惩治职务犯罪、促进反腐倡廉的司法实践中，在国家刑事法律框架内，实际形成了两个方面的综合治理格局：一是以公安（政法）机关为轴心的社会治安综合治理，其直接目标是控制、减少刑事犯罪、维护社会治安秩序。二是以检察（司法）机关为轴心的职务犯罪综合治理，其直接目标是控制、减少职务犯罪，促进国家工作人员廉政勤政。这两个方面的综合治理，前者是国家主导的平安建设的组成部分和法治防线，后者是国家反腐倡廉建设的组成部分和司法保障。预防职务犯罪的运行具有以下边界特征：

1. 从预防对象的特定性看，职务犯罪预防围绕"职务"和"犯罪"而展开。职务犯罪预防对象与社会治安综合治理的预防对象不同，前者主要在国家机关、国有企事业单位并围绕"职务"和"犯罪"进行；后者预防对象为"社会治安"，直接涉及各行各业、千家万户，具有群众性、自治性和民主性，实行"条块结合、以块为主的属地管理"原则。预防职务犯罪与预防腐败的对象也不尽相同，预防腐败的对象包括国家机关、企事业单位等公共权力运行的场域及其工作人员或与之相关的公民。① 而预防职务犯罪的工作对象主要为两个方面：一是已经发生和可能发生职务犯罪的领域和部位；二是法律规定的诉讼环节，如侦查监督、民行监督等检察业务所涉及的领域。要善于根据职务犯罪发生的可能性做到有所为，有所不为。这正是检察机关职能预防与纪委、监察职能预防不同分工的体现，是改进和加强检察预防工作特别是职务犯罪预防专业化建设的关键。

2. 从预防手段的法定性看，预防职务犯罪是具有法律监督职能的职权活动。预防腐败主要采取思想教育、宣传引导、纪律训诫、整章建制等非法定手

---

① 参见《全国人民代表大会常务委员会关于加强社会治安综合治理的决定》，载中国人大网，ht-tp：//www. npc，gov. cn/wxzl/wxzl/2000 - 12/05/content 4548. htm。

段和措施方式，预防职务犯罪则是以执法办案为依托、以减少和限制职务犯罪的发生为目的而采取的各种防范性、控制性、警示性、预测性的措施和行为，是具有法律监督职能的职权活动，其主要措施有检察建议、法律咨询、预防调研、法制宣传和警示教育。

3. 从预防效果的法律性看，职务犯罪预防的效果具有相对的确实性和可判断性。法律性是法律适用的基本特性。职务犯罪预防效果的法律性是以刑事司法对犯罪行为的抑制价值为基础的。刑事司法的任务是查清案件真实情况，运用法律制裁犯罪，恢复被犯罪破坏的法律秩序。作为刑事司法组成或延伸部分的职务犯罪预防，其效果与一般腐败预防相比，具有相对的确定性和可判断性，即由群众举报职务犯罪的数量高低、立案侦查职务犯罪的数量多少、起诉判决职务犯罪的数量多少、发案单位职务犯罪再度发生的数量多少等具体数据的比较中，实现对预防效果的价值判断。而预防腐败的效果，一般靠民意测验、问卷调查等方式，而最能令人信服的是法律效果，即要看职务犯罪的发案率是否降低。

4. 从预防价值的多元性看，预防职务犯罪有利于防控国家工作人员职务犯罪，促进反腐败斗争深入开展，彰显检察机关的宪法定位。首先，职务犯罪预防的直接价值，就是防控国家工作人员职务犯罪的风险，实现对生产力的保护。职务犯罪的主体都是国家机关和国有企事业单位的工作人员，而且很多是被现代知识、科技、理念武装了的劳动者，是最具知识才干和能量释放的劳动者，预防职务犯罪就是要保护这些干部不受腐败的侵蚀，让他们在社会主义建设事业中发挥才干、释放能量。其次，预防职务犯罪的核心价值，是促进对反腐败斗争的深入开展。职务犯罪作为最典型、最严重的腐败行为，引发社会矛盾，激化公众情绪，危害社会稳定，对国家的长治久安产生影响，是涉及党生死存亡的重大问题，严肃查办和有效预防职务犯罪，无疑是对社会稳定和反腐倡廉建设的推进。最后，预防职务犯罪的制度价值，凸显了我国检察机关法律监督的宪法定位。① 检察权的"控权性"在国家政治体制的层面表现为对公共权力的监督制约。惩治和预防职务犯罪就是这种监督和制约的具体体现，较之参与诉讼环节约权力运行的监督方式，对职务犯罪的有效预防，更为全面和直接地体现了保障权力运行的合法性，维护国家法律统一实施的制度价值。

---

① 检察监督实务中主要是采取提出纠正意见或者通知纠正等形式，不能引发程序性法律后果，导致检察监督的实效大受损害。参见朱立恒：《我国刑事检察监督制度改革初探——以刑事检察监督的弹性化为中心》，载《法学评论》2010 年第 1 期。

三、检察机关职务犯罪预防工作的基本形式

（一）预防工作职能化是法律监督属性的基本要求

法律监督是我国司法职能的重要组成部分，其基本方式是通过对具体案件的法律适用，维护公平正义和法制统一，因而检察预防工作必须以查办职务犯罪案件为基点，与查办案件结合起来，实现由个案到类案的适度延伸，借以强化法律监督预防功能，为此，检察机关强化了内设机构的分工合作，形成检察长领导下的预防职务犯罪工作协调机制、各业务部门工作责任制、查办案件和预防工作的联动机制，将预防职务犯罪的任务落实到法律监督和查办案件工作的各个环节。协调机制要求预防机构集中精力抓好预防对策研究，协调内外各部门各司其职，开展系统预防、专项预防。责任机制要求各业务部门结合办案，开展法治警示教育、检察建议纠正违法、查处职务犯罪等工作。联动机制要求预防部门和办案部门密切配合，充分利用检察资源，发挥职能优势，坚持以打促防，通过查办案件形成预防和治理职务犯罪的氛围，为预防职务犯罪提供法律监督职能支持；用预防成果巩固查办案件的成果。通过对检察机关内部预防资源的整合，扭转以往预防部门单打独斗、力量薄弱的不利局面，提高预防工作的整体能力。

（二）预防工作效能化是"出生产力"价值的具体体现

所谓效能化，就是所有的预防措施和手段都必须在减少和防止职务犯罪的发生上见成效。也就是说，各种预防措施和手段都要把能够实际应用作为基本要求，深入细致扎实地寻求效果、发挥作用，显示检察预防"出生产力"的价值目标。在反腐败走向法治的当下，预防工作要更"接地气"，更具有可操作性，使每一项对策措施都能落地生花。一是深入了解职务犯罪行为的演变过程。有针对性地进行剖析，写出个案分析报告，包括犯罪原因、手段、存在问题及预防对策；要通过对不同行业、不同岗位、不同类型、不同群体职务犯罪的分析，确实找出当前职务犯罪中普遍性的、深层次的东西，寻求发案规律，为预防和遏制职务犯罪提供依据。二是深入发案单位调查研究。针对职务犯罪涉及的机制、制度、管理、教育等问题，提出检察建议并协助单位整改，把预防对策落到实处。三是深入隐蔽部位、群体。对职务犯罪多发、易发部位、环节，与有关单位积极配合，搞好防范措施，通过实在、具体、形象地讲事实、摆证据、明是非、释法理，使其受到警示告诫。

（三）预防工作专业化是推进预防职能化、效能化的现实需要

预防职务犯罪工作以犯罪学为学科基础。犯罪现象的发生，与社会政治、经济、文化、道德因素密切相关，涉及机制，体制、管理等诸多问题。这不仅

要求预防工作有很强的思辨性、实践性和专业性，也决定了从事预防职务犯罪的干部，要具有相应的专业素质能力。不仅要熟悉检察业务，而且要了解掌握从事预防工作所需的相关理论、知识、方针、政策，以及完成任务、推动工作的本领。因此，必须提高队伍的专业化水平。检察机关通过集中培训、实践锻炼等，培养一批预防工作的行家里手，形成以专业骨干为主体的队伍架构。在预防部门大兴学习之风、研究之风，善于对工作实践进行归纳提炼，随时发现不足，有针对性地改进，把理论与实践紧密结合起来。要重视预防业务特有能力的养成，不断提高探索掌握犯罪特点、规律的能力，增强发现线索、妥善控制处置的能力，提高科学的预警、预测能力，提高综合运用预防手段，防患于未然的能力等，以较强的专业素质，推进以法律监督为职能特征的预防工作深入开展。

（四）预防工作法制化是检察机关依法反腐的必然选择

法制化就是通过修改相关法律、向人大提立法建议和出台司法解释等方式，从职能和工作层面上规范职务犯罪预防活动，使预防工作的责任主体有法可依，有规可循。一是立法赋予检察机关的预防职责，应在人民检察院组织法中明确规定预防职务犯罪的法律监督性质，并赋予检察机关预防调查、检察建议等相应权力，以司法解释的形式规范各业务部门的预防职责。二是将网络反腐纳入法治化轨道，建议全国人大在决定中，设专章规范网络反腐的制度衔接，通过建立统一、权威的网络举报和揭露平台，保障举报受理的权威性和高效性；通过网络反腐的救济保障，保证举报信息的秘密性，对不实散布信息的违法行为进行规制；通过加强网民自律，发挥"软法"的作用，引导网络舆论理性反腐；通过建立公权力机关与网民自律性组织之间网络反腐的互动机制，整合社会反腐资源。三是加强人大对职务犯罪预防工作的监督，建议立法规定各级人大应有计划地听取检察机关职务犯罪预防工作报告，开展预防犯罪执法检查，帮助解决预防工作中遇到的困难，督促纠正存在的问题，为职务犯罪预防工作提供监督保障。

第五部分

检察机构与组织体系

检察机关上下级领导关系的规范化[*]

谢小剑　张玉华

1982 年宪法正式确定了检察机关的"双重领导体制",既要接受上级检察院领导,又要接受同级人大及其常委会监督。然而,尽管明确了上级检察院对下级检察院的领导关系,但是如何实现领导并无相应的具体、细化的规范。由于"党管干部"的基本要求,地方党委、人大决定检察机关的人事任命,同时,检察机关的经费受制于地方政府、人大,检察机关在面临上级业务"领导"与同级"领导"的冲突中,往往选择接受同级的领导,而不是服从上级的指令,这可能带来严重的地方保护主义,进而出现司法的地方化问题。1999 年,最高人民检察院开始推动检察一体化改革,以强化上下级领导关系。但是,强化上级检察院对下级检察院的领导也产生了一些新的问题,值得反思。

一、我国检察机关上下级领导关系的实现方式

自 1999 年最高人民检察院推动检察一体化工作机制以来,首先以侦查一体化为主要标志,到 2006 年逐步形成了较为完备的侦查一体化制度。2006 年最高人民检察院发布《关于进一步加强公诉工作强化法律监督的意见》(以下简称《强化法律监督的意见》),开始推动公诉一体化建设。2007 年最高人民检察院发布《关于加强上级人民检察院对下级人民检察院工作领导的意见》(以下简称《意见》),从范围、力度上全面完善了上级检察院对下级检察院的领导,这是一个重大的转折点。当前,我国上级检察院对下级检察院的领导主要有以下实现方式:

(一)侦查一体化

具体表现为:其一,对重大贪污贿赂、渎职侵权等职务犯罪线索的管理,实行重大案件线索分级备案审查制度。其二,采取专案侦查、专项侦查行动等

* 原文载《人民检察》2014 年第 12 期。

方式，在案件管辖上，上级检察机关有提办、交办、督办、参办和指定管辖的权力，使得一些特殊案件的侦查可以不受级别管辖和行政区划的限制，根据侦查工作的需要来确定承办的检察院。其三，成立侦查指挥中心，负责组织、指挥、协调职务犯罪大案要案的侦查活动。其四，建立侦查协作机制，加强与纪检、公安、审计等执纪执法部门在线索移送、协助调查的协作配合，推进横向检察院之间的侦查协查、协作。① 其五，建立检察机关侦查人才库，实行侦查人员一体化。其六，为了加强上级对未能直接指挥的案件的监督，建立了重要侦查行为的备案或者批准制度。此外，根据 2005 年最高人民检察院《关于省级以下人民检察院对直接受理侦查案件作撤销案件、不起诉决定报上一级人民检察院批准的规定（试行）》规定，省级以下（含省级）人民检察院办理直接受理侦查的案件，拟作撤销案件、不起诉决定的，应当报请上一级人民检察院批准。从这些内容来看，我国侦查一体化的主要功能在于实现对职务犯罪案件的有效侦查，而不仅在于强化上级对下级的领导，因此具有比领导权更加广泛的内容。值得强调的是，虽然规范没有明确是否可以直接对下级办理的案件作出指令，但是完全可以通过侦查指挥监督实现这一目的。

（二）公诉一体化

具体表现为：其一，上级检察院有权撤销、变更下级检察院对公诉业务所作的决定，或者纠正下级检察院错误的决定。其二，公诉案件请示报告制度和备案制度。公诉工作中的重大事项和办理的重大疑难复杂公诉案件，要按照最高人民检察院相关文件规定的要求，在规定的时限内，如实向上级检察院报告。同时，《强化法律监督的意见》规定，办理一些重大、敏感案件都要报上级检察院备案。其三，公诉案件指定管辖制度。《意见》第 14 条规定，上级人民检察院对认为有必要指定管辖的审查起诉案件，也可以直接商同级人民法院依法指定管辖。其四，上一级检察院可以指令下级检察院依法提出抗诉，认为抗诉不当的，应当向同级人民法院撤回抗诉，并且通知下级人民检察院。同时，建立职务犯罪案件判决同步审查制度。其五，通过建立公诉人统一调配制度和组织公诉人跨区域交流，实现公诉人的一体化。

（三）变更逮捕决定权

2005 年《人民检察院直接受理侦查案件立案、逮捕实行备案审查的规定（试行）》规定，上级检察院"认为下级人民检察院的立案或者逮捕决定错误的，或者发现下级人民检察院有应当立案而未立案或者应当逮捕犯罪嫌疑人而未决定逮捕情形的，应当在报经检察长或者检察委员会决定后，书面通知下级

---

① 参见陈波：《职务犯罪侦查一体化机制建设思考》，载《人民检察》2005 年第 6 期。

人民检察院纠正，或者由上一级人民检察院直接作出相关决定，通知下级人民检察院执行"。可见，上级检察院可以直接变更下级检察院逮捕与否的决定，下级检察院并没有决定是否逮捕的相对独立性。而对于公安机关侦查的案件，根据我国现行刑事诉讼法规定，对于下级检察院的不逮捕决定，可在公安机关申诉的基础上，由上级检察院作出逮捕决定。但是，法律并未允许直接指令下级检察院作出逮捕或者不逮捕决定。

二、我国检察机关上下级领导关系的特点

（一）事后纠错型为主，事前命令型为辅

我国检察院内部领导关系的立法主要采取事后纠错型而非事前命令型。1998年《人民检察院刑事诉讼规则》第7条规定，在刑事诉讼中，上级人民检察院对下级人民检察院作出的决定，有权予以撤销或者变更；发现下级人民检察院已办结的案件有错误的，有权指令下级人民检察院纠正。可见，上级命令是针对"作出的决定"或"已办结的案件"。这一时期，由于并未明确规定上级在下级作出决定前的指挥命令权，主要通过下级作出决定之后，由上级审查是否合法、合理，并进而决定是否纠正。这种方式对于保障上下级检察院之间的相对距离，保障正常的审级具有重要意义，但是使上级领导权的实现方式受到限制。《意见》第2条改变了这一做法，规定上级检察院可针对"正在进行的执法活动"进行指挥，从事后走向了事前。其规定："上级人民检察院认为下级人民检察院作出的决定确有错误的，应当指令下级人民检察院纠正或者依法直接予以撤销或变更；发现下级人民检察院已办结的案件有错误，或者正在进行的执法活动违反法律、司法解释以及上级人民检察院有关规定的，应当指令下级人民检察院纠正。"而且，我国检察院的请示报告制度要求作出重要决定前进行请示，意味着上级检察院可以对下级检察院正在办理的案件发布指示、建议，同时，对备案审查的案件，发现问题及时纠正并没有限制时间，这也意味着可以介入下级正在办理的案件，事前发布指令。

（二）未对检察权内部不同性质的权力区别对待

我国的检察权包括了多种不同的权力，比如侦查权、逮捕权、公诉权、监督权等，不同的权力遵循不同的司法规律。在领导力度上，侦查权的领导力度应当最大，公诉权次之，逮捕权最弱。但是，《意见》却未注意到这种规律，而是采取普遍规范的方式，根据《意见》第2条规定，上级人民检察院发现下级人民检察院已办结的案件有错误，或者正在进行的执法活动违反法律、司法解释以及上级人民检察院有关规定的，应当指令下级人民检察院纠正。这样，对所有的决定、活动都可以予以提出纠正意见或指令撤销的做法，反而可

能造成其他的负面问题，比如，在逮捕与否问题上，办案单位完全接受上级指令不符合逮捕权的司法性质。

（三）上命下从绝对化

我国的检察机关内部领导关系呈现出绝对化的特征。1998 年《人民检察院刑事诉讼规则》第 7 条规定，"下级人民检察院对上级人民检察院的决定应当执行，如果认为有错误的，应当在执行的同时向上级人民检察院报告。《意见》中第 2 条再次重申，上级人民检察院发现下级人民检察院相关决定、活动、文件有违反相关法律规定的，应及时向下级人民检察院提出纠正意见或指令撤销，下级人民检察院如认为上级人民检察院的决定有错误，应当在执行的同时向上级人民检察院报告。这在事实上形成了即使错误也要执行的绝对化的上命下从体制。

（四）受限制的下级检察院的案件管辖制度

在我国，对于刑事案件上下级侦查机关之间的管辖分配并无明确的规则。1998 年《人民检察院刑事诉讼法规则》第 14 条规定，上级人民检察院在必要的时候，可以直接侦查或者组织、指挥、参与侦查下级人民检察院管辖的案件，也可以将本院管辖的案件交由下级人民检察院立案侦查。第 18 条还规定，上级人民检察院可以指定下级人民检察院立案侦查管辖不明或者需要改变管辖的案件。可见，我国上下级检察院的侦查管辖非常模糊，并不存在明确的级别管辖规范，并未充分保障下级管辖的独立性，上级可以侦查其认为重要的下级管辖的所有案件。对于公诉而言，也无明确的管辖规则，上级人民检察院对认为有必要指定管辖的审查起诉案件，可以直接商同级人民法院依法指定管辖。综上，由于我国并未限制指定管辖的条件，上级检察院完全可以通过指定管辖的方式实现职务移转与收取。管辖上的模糊性为上级检察院直接通过指定管辖变更下级检察院的办案权提供了条件。然而，由于无须事先听取下级检察院异议，没有公开的正式程序，也没有赋予当事人申请管辖权救济的权利，这一作法不利于对公民权利的保障。

（五）外部指令权被废除但仍受制于非业务方面的地方化

我国检察机关内部领导关系的构建尊重了我国的宪法体制，主要体现在业务性权力的行使方面：其一，1979 年中共中央废除了党委审批案件的做法。尽管我国还存在政法委协调案件的制度，但其只能提出参考建议，而不能作出指令。其二，我国宪法已经明确检察机关独立行使职权，不受行政机关的非法干预，政府无权对检察机关办案进行指挥。所以，在我国，检察机关办理案件不接受外部行政指令，这与一些域外检察机关受司法部长指令的制度存在重大差异。其三，早期人大可以对检察院进行个案监督，我国 2007 年实施的监督法未授权人大常委会以个案监督的方式监督司法，这导致人大对司法的监督不再针对个案展开。正是上述改革，废除了外部对检察院办案业务的指令权，为上级检察院强化对下级检察院的业务领导提供了可能和充分的条件。

但是，当前仍存在检察机关受制于地方的问题，这主要是由于检察院的人事和财政等非业务事项受制于地方所造成的。检察院的编制、检察官的晋升基本上都由同级党委、人大主导，检察院的经费主要由同级财政保障，除检察长的任命外，对于非业务方面，上级检察院的领导难以体现，这间接导致业务上上级领导下级的关系难以落实。2013 年，十八届三中全会提出建立省级以下法院、检察院人财物的统一管理制度，检察机关内部领导关系的进一步强化又面临新的重大转折。

三、检察机关上下级领导关系的完善建议

（一）规范上命下从的限度

我国检察机关是法律监督机关，更应当保障下级检察机关的办案独立性。如果要求绝对服从命令，上级检察院的指令可能违反下级检察院的客观公正义务，而且这种绝对化的上命下从也使检察机关的司法属性弱化，行政属性扩张，最终导致检察机关的法律监督属性缺乏制度的支撑。因此，其一，上级检察院领导，应当是一种柔性领导，通过柔性的方式实现，应先听取下级检察院的意见，沟通之后再作出决定，并且要充分保障下级检察院的异议权。在发出指令时，应当遵循法定义务，同时，遵循客观义务，不得违反事实作出指令。其二，下级检察院依法不服从上级检察院指令时，上级检察院应行使事务承继权和移转权，可通过指定管辖变更案件管辖。其三，对于故意拒不执行上级合法命令的行为，应有切实可行的措施加以惩戒。其四，为了避免上级检察院越级指挥，打破上下级之间的平衡，应当要求上级检察院只能对其下一级检察院检察长发出指令，不能直接向下级检察院、检察官发出指令。其五，为了更好地接受外部监督，应当规定，上级检察院的指令应当采取书面化的方式发布。

我国保障下级检察机关的独立性，主要的路径是保障上下级检察院在案件办理上的相对独立。其一，检察官在行使是否逮捕、是否起诉等司法性权力时，必须依据其对法律的理解和对事实的判断来作出决定，所以，下级检察院有一定程度的消极抗命权，认为上级命令不合法或者违反其对事实和证据的确信和良心时，可以拒绝服从，要求上级行使事务承继权和移转权。但是，下级检察院不得拒绝服从上级的指令而自行积极作出相反的决定。庭审支持公诉的检察官有权独立发表公诉意见。服从上级命令不能免除下级检察院、检察官的

责任，不服从合法命令则构成惩戒理由。其二，弱化我国检察院内部办案的行政审批模式，主任检察官办案责任制有必要继续完善和加以落实。其三，在司法人事管理上，推进财政人事制度改革，为检察一体化创造必要条件。虽然需要强化上级检察院对下级检察院检察官的人事任命权，但司法惩戒方面却应当通过职业自治、内部民主、外部参与，保障下级检察院检察官的独立性，为其相对独立性提供制度保障。

（二）尊重下级检察院的管辖权

应当明确上下级检察院之间管辖的分配规则，一旦下级检察院立案侦查、审查起诉后，上级不能轻易变更承办案件的检察院，如果需要变更必须说明理由并以法定的方式作出。采取"交办"、"提办"或"指定管辖"的方式主要是针对情况特殊的案件，一般情况下不要轻易适用，确需改变案件管辖的，应当报上一级人民检察院备案，接受上级人民检察院的监督。① 同时，赋予当事人对变更管辖申请救济的权利。

（三）明确逮捕与否不受上级指令

在检察业务上，存在侦查、起诉、逮捕等不同业务产生的指令权效力不同的问题，至少在起诉问题上，上命下从的力度要弱于侦查。而逮捕是最具司法性的权力，在许多国家都属于司法保留的范围，属于中立性的权力，不应当在控辩双方未申请的情况下主动行使，所以对于逮捕与否上级检察院不宜直接发布指令。

（四）以事前救济为主，事后纠错为辅

检察院作出相应决定，通常会对当事人产生影响，甚至可能损害犯罪嫌疑人的权利。根据检察一体化原则，检察院代表整个检察机关作出决定，一旦检察院作出决定，就发生法律效力，则需要维持其必要的稳定性，以保障犯罪嫌疑人权利。因此，应当本着事前救济为主、事后纠错为辅的理念，尽量事前行使指令权。为了保障上级检察院领导权的实现，我国设计了许多配套制度，比如上级审批制度、下级请示报告以及备案制度等，这些制度使上级检察院可以随时了解下级检察院办理案件的进度及其即将作出的决定，并对其予以指挥，这是有中国特色的检察制度，应当予以坚持、完善。

（五）强化非业务方面的领导权

检察院上下级领导关系也体现在政策、人事、财政等司法行政事务方面，而不仅是业务上的领导，前者表现为对检察政策的统一规范权，对下级检察院部分领导人事任命的建议权，对下级检察院经费来源保障的参与。我国在此方

---

① 参见王建明：《论检察机关职务犯罪侦查工作一体化机制》，载《人民检察》2006 年第 22 期。

面已有一定的试点改革，比如上级检察院对下级检察院党组成员的提名权，对下级检察院业务经费保障的转移支付。当前，我国仍一定程度上存在地方保护主义，为此，2013 年十八届三中全会提出省级以下地方检察院、法院人财物统一管理，省以下检察院在上述方面的领导权必将进一步强化。这是我国改革的方向，需要通过强化非业务方面的领导权，来削弱地方保护主义，也使上级检察院对下级检察院的业务领导权得以最终落实。

人民检察院组织法修改若干问题研究[*]

李乐平

一、制度、体制与机制：修法应解决的技术问题

（一）人民检察院组织法解决的是体制层面的问题

不同层级法律需要解决问题的层面不同，就检察制度而言，宪法解决的是制度层面的问题，组织法解决的是体制层面的问题，诉讼法解决的是机制或方式层面的问题。理论上，检察制度、检察体制、检察机制及方式应分别体现于宪法、人民检察院组织法和诉讼法及其相关法律文件中。因此，人民检察院组织法应重点解决以什么样的检察体制来落实宪法层面的检察制度。检察制度与检察体制关系密切，一方面，检察制度对检察体制具有决定作用。检察制度要求检察体制能反映、体现其本质内容，适应并服务于自己。另一方面，检察体制对检察制度产生巨大的制约作用。体现检察制度发展要求的检察体制，可以使检察制度的优越性得到充分发挥；不符合检察制度的检察体制，则阻碍着检察制度优越性的实现。检察体制是检察制度得以在社会中实现的介质，它的选择和确定，既要遵循和体现检察制度，又必须着眼于当前及今后中国的司法供求，根据不同情况将制度的原则规定和目标要求体系化为检察体制，以更有利于检察制度的贯彻实施，促进检察制度的巩固、发展和完善。我国宪法在制度层面规定，法律监督是检察机关的主要职能，它决定了人民检察院组织法在检察权独立行使、检察权优化配置及检察领导体制等重要方面如何进行体制选择。

（二）现行立法及理论研究没有遵循立法规律

1. 现行人民检察院组织法未能立足体制层面

首先，体制性内容与机制性内容不分层次地并存于人民检察院组织法中。人民检察院组织法具有检察机关"根本法"的地位，其应以实现检察机关在

＊ 原文载《河南社会科学》2014 年第 11 期。

国家权力体系中的宪法定位，以及解决检察机关与其他国家机关的关系框架为己任，对于检察机关行使职权的程序规则不应直接作出规定。现行人民检察院组织法以 1/3 的篇幅独立成章来规定检察机关执法办案的程序，将应由诉讼法规定的程序性规定纳入人民检察院组织法的体制性范畴。与此对照，对于检察机关职权等人民检察院组织法应重点规范的体制性内容，现行立法无论在内容还是形式方面均未形成标准体系，这反映了人民检察院组织法在立法体例和立法技术方面未能遵循基本的立法规律。其次，人民检察院组织法中的体制性设计远未达到体系化要求。作为上承宪法下启诉讼法的人民检察院组织法，其立足体制层面的程度只有达到体系化的程度才能为检察制度的运行提供顺畅的渠道，才能为机制创新提供规范的框架，才能承担贯彻宪法和统领诉讼法的重任。现行人民检察院组织法条文总数仅 28 条，关乎检察体制的设计更是少之又少，无法支撑人民检察院组织法在立法层次中的角色担当。最后，未能及时将司法改革和检察改革体制性成果法律化。现行人民检察院组织法在其实施的 30 多年时间里，只对个别条文进行了两次修订，而这 30 多年正是我国司法改革最频繁的时期。现行立法未能结合中央司法体制改革的重要部署以及最高人民检察院有关检察工作体制机制改革的探索实践，对检察改革体制性成果进行系统总结、提炼并以法律形式加以固定。

2. 现有研究成果未能立足体制层面

首先，研究论证缺乏对立法规律的基本认知。先前关于人民检察院组织法的修改多围绕"如何入法"而展开，对于"是否入法"的论证鲜有涉及。立法之良莠与立法技术运用之巧拙关系密不可分，倘若对于立法规律缺乏基本的认知，修法将再度偏离其居于体制层面的定位。修法同样讲究方法论，针对人民检察院组织法与宪法、检察官法、诉讼法甚至实体法之间差异的技术性论证是人民检察院组织法修改必须解决的前提问题。其次，错位的研究方法对检察制度基本理论产生一定的破坏力。当下，理论研究中对于源与流的问题错误定位，对于检察权运行中存在的体制性、机制性障碍甚至是非正确的权力行使方式，不加区分地加以批评直至质疑现行宪法层面的检察制度。最后，机制入法的研讨仍在继续，仍然未能把握人民检察院组织法在体制层面的定位，建议将诸如检察环节防止和纠正超期羁押机制、检察机关职务犯罪侦查内部监督制约机制以及保障律师在刑事诉讼中依法执业机制等应由更低位阶法律来规定的检察机制建设的成果充实到现行人民检察院组织法第二章中。

（三）立足体制层面的修法建议

首先，修法设计应立足体制层面而非制度、机制或方式层面。应正确处理以宪法为依据和设置宪法性规范之间的关系，正确处理统筹诉讼法和设置诉讼法程序规则之间的关系。宪法对于"法律监督机关"可以原则性表述，组织法则应侧重于对"法律监督"范围的分解细化以及对于检察机关"法律监督"与其他类型监督的界限、边界问题的框定。其次，以人民检察院组织法统领三大诉讼法。人民检察院组织法与三大诉讼法之间不是衔接或互补的关系，其应以完备的体制设计统领三大诉讼法。刑事诉讼法、民事诉讼法的修改对于完善检察制度、健全检察体制、创新检察机制和方式等方面的影响将是长期而深刻的，人民检察院组织法修改时应对影响因素进行扬弃并升华至组织法的体制层面，以居于更高站位统领三大诉讼法。最后，应以"组织"为要义对人民检察院组织法进行体制化设计。人民检察院组织法是紧紧围绕检察机关"组织"方面的体制进行规范的，要专门对检察机关的组织制度、组织体系进行体制化设计。检察机关在国家权力格局中的法律地位及与其他国家机关的关系框架，检察机关的组织原则、组织机构的具体设置以及组织机构的具体职责、权限等内容均应在体制层面进行明确。

二、一体化、行政化与地方化：修法应解决的法理问题

（一）一体化与检察机关领导体制

1. 检察一体化原则产生的特定背景

检察一体化原则是在检察权缺乏独立的情况下为形成有效合力抗衡外来力量而产生的，是与西方国家检察机关地位较低的历史背景和制度背景密不可分的。西方国家三权分立政治体制下，检察权不属于三权之一，大多检察机关隶属于政府的司法行政部门，具有行政权的性质。大多西方国家的检察机关在国家组织结构中具有二级性，与立法、行政、司法机关不处于同一位阶，仅作为政府中司法行政部门的隶属机关。[①] 同时，西方多党制国家党派以及行政首长对于检察权的干预，使得检察权难以独立，也使得检察一体化原则成为必要。

2. 检察一体化原则下的检察机关领导体制

尽管检察一体化原则产生于检察机关地位较低、检察权缺乏独立的西方国家，但是，长期以来，检察一体化原则对于我国检察体制产生了广泛而深刻的影响：一方面，在上下级检察机关之间的关系方面，检察权的集中统一行使被强调，检察机关的整体独立缺失。对于上级检察机关的领导权力，宪法和人民检察院组织法均未作出明确规定，上级检察机关拥有的实际权力非常广泛。上级检察机关有发布指令和进行工作部署的权力。有交办、参办、提办案件的权

① 邹绯箭、邵晖：《"检察一体"与中国上下级检察院组织关系构建》，载《中国刑事法杂志》2013年第8期。

力等。另一方面，在同一检察机关内部，检察官的个体独立缺失。"我国检察机关内部实行的是以层层审批式行政模式为特点的办案体制。"① 这种体制淡化了检察权的司法性特征，违背了检察权行使的内在要求，检察官的个体独立难以得到有效保障。

3. 检察一体化原则与检察机关领导体制的协调设计

我国的检察权无论在国家权力结构中的地位还是与其他国家权力的关系方面，都与西方国家的检察权有本质区别。在人民代表大会下，我国设立了行政机关、审判机关和检察机关，分别行使国家职能中的行政权、审判权和检察权，即"一府两院"，检察权与行政权和审判权同一时间产生，同处一个位阶，均为人民代表大会制度服务，其完全具备宪法上的独立品质。② 人民代表大会制度是我国的根本政治制度，是政权组织的基本形式，是构建国家政权体系的前提和基础，作为宪法制度重要组成部分的检察改革不能也不应该违背人民代表大会这一根本政治制度而独立进行。③ 而源于西方国家的检察一体化原则是在检察权不独立的情况下为形成合力抗衡外来力量而产生的，我国是在检察权存在地方化倾向的情况下强调检察一体化原则的。④ 但在省级垂直管理改革的今天再强化检察一体化原则不但无益于检察权的独立反而会加速检察权力的过度集中。在有利于实现检察职能的同时，检察一体化机制也会带来权力集中和权力滥用问题，检察一体化的过度强调也将致使检察官个体能动性的减损。正是由于检察权独立在司法运行中的重要作用，在许多实行检察一体化原则的国家，检察官独立的价值被不断强调，上级检察机关的指令权被不断削减。⑤ 当前中国受检察一体化原则影响，检察权运行过程中已经出现内部干预大于外部干预以及上级对下级权力不断扩张等倾向，因此，检察一体化原则在当前检察改革中的地位需要我们重新考量。

我国的检察权具有司法权的属性，同时，我国上下级检察机关又是领导与被领导的关系，检察权的运行既要遵循司法权的运行规律，又要在一定程度上贯穿检察一体的精神，但是，检察一体化原则应严格受到法治原则的限制。据此，检察一体化原则与检察机关领导体制在修法时应进行两条线设计：各级检察机关拥有对案件证据采信、事实认定及法律适用等司法性行为的独立决定权；在检察工作的部署、总体思路的决定、法律政策的运用方面，上级检察院

---

① 韩成军：《检察机关的宪法定位与检察权的配置》，载《江西社会科学》2012 年第 5 期。

② 韩彦霞：《宪政制度是研究检察权性质的逻辑起点》，载《江苏法制报》2010 年 10 月 11 日。

③ 李乐平：《坚持宪法定位　推进检察改革》，载《检察日报》，2014 年 2 月 7 日。

④ 魏建文：《检察权运行内部监督制约机制的构建》，载《中国刑事法杂志》2012 年第 4 期。

⑤ 冀祥德：《论司法权配置的两个要素》，载《中国刑事法杂志》2013 年第 4 期。

拥有对下级检察院的指导权。

（二）行政化与检察机关职能机构

1. 作为成熟权力形态的行政权及检察权的复合运行

行政权作为产生时间最早、运行时间最长、运行机制最为成熟的权力形态，其不仅成为对外获取资源最有力、最直接的手段，而且成为对内配置资源最有效、最经济的方式。三权分立学说区分了司法权与行政权，然而司法权与行政权绝非非此即彼的关系，严格划分司法权与行政权的界线只是一种理论假设。司法权与行政权的分立并不意味着权力作用方式的断然决裂。权力的实现机制存在共通和交融，规则预设、规则判断与规则实现等权力运行的基本要素同时存在于司法权与行政权中。判断的组织与实施并不能仅凭判断自身，司法权的运作离不开行政方式的参与配合，行政方式为司法权运作提供必要的保障。司法权与行政权的区分体现的仅是国家职能的划分，绝非权力实现机制的分立。因此，以权力复合运行原理审视检察权，国家检察职能的实现不仅依托单一的判断过程抑或诉讼关系，同时必须依赖行政方式的支撑来对内配置资源与对外获取资源。

2. 检察权与行政权的异化结合

检察行政事务的自治和自理注定了检察机关不是单纯的"法律监督机关"，检察权管理与检察行政权管理，共同构成了检察机关管理的完整内涵。检察机关管理的双重内涵与检察机关的职能定位并不冲突，二者统一于检察权的权力特质之中。但是，长期以来行政主导一切的制度传统与制度惯性，导致了检察权与检察行政权关系的异化。检察行政权的扩张与渗透，使检察权距离其权力特质渐行渐远并产生运转困境，检察权行政化弥漫在整个检察体制内：检察系统内部，科层制的行政内控机制被套用，检察系统的组织机构、管理方式、运行机制等，均呈现明显的行政化和官僚化特征；检察系统外部，检察机关为获取生存资源，必须积极向资源分配者靠拢，对作为资源占有者和配置者的权力主体，特别是行政权力系统产生过度依赖，检察系统被行政系统渗透、牵制、支配，构成了检察权外部行政化的主要特征。由于以检察权为中心、以检察行政权为辅助的权力生态遭到破坏，致使检察机关呈现系列异常表现：其一，检察机关的业务机构和行政机构设置不均衡；其二，检察决策受控制于检察行政首脑；其三，检察行政权对检察权的过度渗透；其四，检察独立缺乏体制性前提。

3. 检察权的运行不能完全去行政化

当下，对"检察体制行政化倾向"的批评是所有问题中最集中也是最尖锐的。有学者明确指出，检察体制行政化倾向就是检察机关组织体系在程序的设置和管理方面采取了类似行政机关的模式。对于把检察体系中存在的主要问题归纳为"检察体制的行政化倾向"的观点，笔者认为应一分为二地看待这个问题。上述观点虽然在一定程度上揭示了检察体系中存在的部分突出问题，但是，这种研究方法和研究结果实际上阻碍了对检察体制问题的深入讨论。严格地说，把检察机关的问题简单化为"检察体制行政化倾向"恰恰掩盖了检察机关存在的真实问题。当前，无论检察职能机构如何改革都无法在本质上脱离行政特点的事实说明，检察权内含检察行政权的权力本质决定了检察权的运行不能完全去行政化。因此，我们应该深刻把握权力本质，充分尊重权力运行规律，一方面，实现检察组织体系和检察行政组织体系的分立。现行的检察组织体系中没有对检察组织体系和检察行政组织体系进行分立，检察组织体系内的机构设置和程序安排缺乏理论基础和法律依据。按照权力运行规律与权力构造相互作用的观点，检察组织体系内应建立两套相对独立的组织体系，确保检察权和检察行政权在各自的组织体系内运转，实现各自的价值和功能。另一方面，确立检察官控制检察机关的组织模式。检察官享有对整个检察组织体系的最终决定权，检察组织体系内的检察行政体系处于服务和隶属地位。在检察机关内成立由检察官组成的检察官委员会，选举出首席检察官作为检察组织体系的代表。首席检察官与检察官委员会的关系方面，应强化检察官委员会权力的实体化运作，限定首席检察官的集权。在以首席检察官为代表的检察官委员会领导之下，设立秘书长，专门负责处理检察行政事务。

（三）地方化与检察机关组织架构

1. 检察权地方化与司法不公

检察权地方化是近年被学术及司法界频繁提及的一个概念，从法理学的角度讲，地方化只是一个中性词。司法权地方化，是指司法机关或者其工作人员在司法活动过程中受到地方党政机关或者地方利益团体的不当控制和干扰，导致司法机关及其工作人员丧失应有的独立权力和地位，从而出现一种在个案审判中司法屈从于行政的权力异化现象。① 缘于经济、文化等诸方面差异，当前对于检察权地方化的解释褒贬不一，但检察地方保护主义说显然以绝对优势压倒检察权因地制宜说。检察地方保护主义说认为，检察权地方化是地方保护主义在检察领域的反映，主要体现为地方党政机关将国家赋予的检察权力当做谋取地方不正当利益的工具。检察权地方化的主要诟病在于导致以下两方面的问题：检察权地方化导致地方权力对检察机关执法办案的不当干预，造成司法不公；检察权地方化削弱了检察权对行政权的监督和制约，导致行政权扩张。

---

① 胡夏冰：《司法权：性质与构成的研究》，人民法院出版社 2005 年版，第 281 页。

2. 检察权的因地制宜与检察权中央化的逻辑冲突

检察权地方化是一种检察权的因地制宜，属于检察改革常态，强调社会环境的不断变化和法律规范的具体实现。检察权因地制宜是一种检察职能履行方式的地方化、多样化、实效化的表现，是应被当代法制建设所推崇的行为。我国目前的国情决定了我们的司法改革与任何国家都不一样，求同存异是必须表明的态度。针对司法地方化产生的司法不公、削弱司法对行政权的监督和制约等问题，当前主流观点认为，只有实行司法中央化才能从根本上解决这一问题。事实上，司法不公问题是由司法腐败、法律自身局限及司法人员能力较低等多种因素造成的，司法地方化仅是诱因之一，对司法公正的影响有限，也不会严重削弱对行政权的监督，因此，颠覆式的改革对于理顺我国的司法体制，并不是理性的选择。而且，即便实行司法中央化，司法存在的社会环境仍然无法改变，地方行政权为发展地方经济和维持社会稳定而干预司法的动因依然无法消弭，相反，由于减少了地方对司法的监督、制约有时甚至是配合、支持，反而会增加司法腐败的风险，加大司法运行难度，带来更多的司法不公问题。

3. 省直管体制下组织架构的适度地方化

在中国这样单一制国家中应该具有统一的国家司法体制，但我国各地区经济社会发展存在巨大差异，这种差异必然会影响到上层建筑，这不仅合乎政治经济理论与实践，也合乎当前社会管理的需要。这也是国务院、国家发改委在制定《苏南现代化建设示范区规划》的时候，提出"在南京鼓楼区、无锡江阴市开展基层司法体制改革试点"要求的社会基础。十八届三中全会决定提出"推动省以下地方法院、检察院人财物统一管理，探索建立与行政区划适当分离的司法管辖制度"的举措，即在检察权地方化与中央化之间寻求到最佳的平衡点，既避免地方化对检察权运行产生的不良影响，又兼顾检察权地方化的合理之处。尽管省级垂直管理的路径选择还有诸多争议，但省以下检察院、法院人财物的统一管理的规划已释放出强有力的改革信号，省级垂直管理体制下组织架构的适度地方化必然成为今后改革的方向。

三、释权、分权与收权：修法应解决的现实问题

（一）检察权释权体制与检察权弱化

1. 检察机关的宪法定位与检察权结构体系

我国宪法监督体系分为三个层面：全国人大及其常委会的宪法监督，国务院对其各部委与地方各级国家行政机关的行政监督以及人民检察院的法律监督。这三个层面的监督范围具有特定性与专属性，均属于专门监督，共同构成我国的宪法监督体系。针对宪法监督和行政监督，宪法均作出明确的授权，对

于法律监督，宪法只作出原则规定。检察机关的监督属于法律监督，法律监督应包括对立法活动、执法活动和司法活动这三项公权力行使活动的监督，排除全国人大及其常委会和国务院的专门监督，检察机关的法律监督权力仍应是十分广泛的。

现行人民检察院组织法在条文中以穷尽方式列举了七项检察权，以落实宪法关于"人民检察院依照法律行使检察权"的原则规定，但是，"组织法对于检察权的细化与检察机关的宪法定位是极不相称的"①。"检察权"在本质上是"法律监督权"，各检察职权的设置皆应基于"法律监督"的国家性、法律性和监督性。因此，宪法定位中的我国检察权仍然具有内部构造紧密、外部运行独立及监督制约有力的特质。当代中国正处于法治转型期，立法、执法和司法都存在突出问题。这些问题无论对于法治进程还是国家发展、个人利益都构成严重损害，通过行使检察权实现对其他国家权力的监督和制约，维护国家法制的统一，这才符合检察权的逻辑结构原则。因此，以完备的检察权结构体系落实宪法关于法律监督机关的制度定位，是人民检察院组织法修改不能回避的问题。

2. 检察权弱化突出体现在对行政权监督的乏力和缺失

尽管我国的检察权能日趋完善，已形成不仅包含刑事检察权还包括支持、督促起诉和公益诉讼等包含现代检察理念的先进民事检察制度等样态丰富的"权力包"，但是，我国检察权的法律监督职能实际上还仅局限在"小三权"领域，与大陆法系国家控权型检察权的地位相似。当前，检察权弱化突出体现在对行政权监督的乏力和缺失，无法有效遏制行政权力滥用以及行政权侵犯国家利益、社会公益、个人利益等违法行为的产生。

3. 健全检察权释权体制

宪法中以抽象形式表现的检察权，必须在人民检察院组织法修改时以具体法律授权的形式进行具体构建和配置。构建以双重权力监督为特点的中国检察权，既要巩固固有的法律监督职能，又要强化对行政权的监督。在今后的修法活动中，建议扩充检察权的非讼行政监督和行政公益诉讼等职能，落实检察权的宪法定位，以此保障宪法和法律的统一实施，充分发挥人大政体的优越性，促进依法行政。

（二）检察权分权体制与检察权垄断

1. 建立检察权分权体制的必要性

目前，检察机关内部职能部门虽然权责明晰，体现了刑事诉讼法"权力

---

①　韩成军：《俄罗斯检察制度改革的经验与教训》，载《贵州社会科学》2011 年第 2 期。

制衡"的原则，但仍存在诸多不合理之处，尤其是侦监、公诉、自侦等部门之间的制约力度不够大，内部监督效果不显著，这些问题的存在主要在于检察机关自身监督制约机制的失灵。检察机制隶属并内含于检察制度和检察体制中①，检察机制的失灵部分源于检察体制的缺陷，因此，在检察机关内部建立检察权分权体制十分必要。

2. 建立检察权分权体制

分权作为防止权力滥用最有效的手段，同样适用于检察权自身，作为检察权主要职能的公诉权和职务犯罪侦查权等子权力，分权体制的建立对于这些权能的健康发展是必要的。当前，我国检察机关垄断公诉权的行使，同时以整体的检察机关而不是个体的检察官行使公诉权，导致检察机关的内部分权不足，容易诱发公诉权滥用。现代刑事起诉制度在欧美等国家多趋向分权模式。在美国联邦和保留大陪审团制的州，被告人有权要求由大陪审团决定是否起诉，大陪审团批准起诉的案件将由检察官具体负责法庭控诉。分权模式的设计原理，实质是将诉讼中的权力予以分立，以权力制约权力。人民检察院组织法修改时建议将公诉权进行分解，借以达到防范滥用权力，保障被追诉人人权的目的。

对于职务犯罪侦查权的分权，实践与司法解释早已做出探索，作为包含职权配置职能的人民检察院组织法，在修法时应将此进行体制化设计。2009 年 9 月，最高人民检察院下发了《关于省级以下人民检察院立案侦查的案件由上一级人民检察院审查决定逮捕的规定（试行）》，规定"省级以下人民检察院立案侦查的案件，需要逮捕犯罪嫌疑人的，应报上一级人民检察院决定"。该项改革旨在以较为彻底和相对经济的方式优化检察职权配置，充分发挥审查逮捕的法律监督职能，推进检察权的依法公正行使，防止检察权滥用。职务犯罪审查逮捕权改革虽仅是上下级检察机关对于职务犯罪逮捕权配置的调整，但其同样承载着法治成本，同样会因配套机制不健全而存在影响改革预期的情况。如改革中出现的"立案下沉"等问题。因此，在人民检察院组织法修改之际建议将此进行体制化设计。

（三）检察权收权体制与检察权扩张

1. 检察机关的法律定位与检察权行使的边界

宪法、法律均未对检察权的具体权能作出规定，但不能由此认为检察机关可以任意解读检察权或者创设检察权，检察权的行使一定是以检察机关的法律定位为边界的。检察机关的法律定位，主要基于两点：其一，检察机关在国家权力格局中的定位。检察机关作为国家法律监督机关，其专门监督是被严格限

---

① 李乐平：《厘清制度体制机制方式四者关系》，载《检察日报》2012 年 8 月 12 日。

定在法律的框架之内的。其二，检察机关在诉讼结构中的定位。宪法规定，"人民法院、人民检察院和公安机关办理刑事案件，应当分工负责，互相配合，互相制约，以保证准确有效地执行法律"。同时，诉讼法又分别规定，检察机关有权对刑事、民事和行政诉讼活动实行法律监督。因此，检察权的主要任务是确保诉讼活动的顺利进行以及法律监督职能的实现，检察机关无论承担怎样的权力职能，都不应超出法律的边界。

2. 检察机关社会管理角色应被适度限制

检察机关参与社会管理创新是作为"三项重点工作"之一，在我国社会转型的特殊时期提出的，其本身蕴含着浓厚的政治意味。检察机关作为国家机构之一，具有社会管理的职责。检察机关社会管理者的身份与责任可以根据"社会管理创新"的定义得出，"在现有社会管理的条件下，对现行社会管理理念、方法和机制进行改造、改进、改革，构建新的社会管理机制和制度，健全社会管理体系，以实现社会管理目标及一系列活动的过程"[1]。由此，检察机关作为社会管理者的角色与行政机关扮演的社会管理者的角色不可相提并论，检察机关作为社会管理者的角色应以法律之方法实现，同时是为实现法律之目的。检察机关配合行政机关频繁参与社会管理活动的做法将产生下列负效应：其一，检察机关与行政机关合作的表象会增加公众对于"检察行政一体"的误解，必然为实现检察独立增加舆论阻力；其二，"社会管理中行政机关的主导地位会演化成行政行为渗透、干扰、介入检察行为，严重影响检察独立"[2]。因此，检察机关参与社会管理角色应被限制在法治的框架之内，以法治理念为社会管理提供理论先导；以法治手段为社会管理提供内控机制；以法治形式推行社会管理创新成果。

3. 完善检察权收权体制

检察权的核心价值是实现对行政权、审判权的监督，为适应社会转型需要，中国的检察权被赋予更多的内涵，被寄予更多的期待，但不论具体的权能构建呈现怎样的差异，法律监督的属性都不应被改变。[3] 现行法律规范尚未对检察权具体权能作出规定，人民检察院组织法修法时应对检察权具体权能作出回应，在体制层面确保检察权的宪法定位不发生变异，完善以法律监督为取向的检察权收权体制。

---

① 杨建顺：《社会管理创新的内容、路径与价值分析》，载《检察日报》2010 年 2 月 2 日。
② 周永坤：《政治当如何介入司法》，载《暨南学报（哲学社会科学版）》2013 年第 11 期。
③ 杨迎泽、薛伟宏：《检察诉讼监督的概念、特点与种类》，载《中国刑事法杂志》2012 年第 7 期。

边界与结构：人民检察院组织法
修改方向之探讨[*]

罗 军 刘 毅

无论是从条文拟定的规范化和科学化，抑或是结构安排的合理胜和有序性来看，立法方向的明晰和确立都必然成为立法初衷现实转化和立法目的有效实现的必要条件。具体而言，对人民检察院组织法修改方向的探讨，需将立法边界作为探讨之根基，而以文本结构作为探讨之主线。

一、人民检察院组织法边界的廓清与入法标准的界定

对人民检察院组织法立法边界的合理把握需从四个层面展开：其一，在法律性质上，辨明其宪法性法律之属性。人民检察院组织法旨在保障检察机关的顺利运作，以有效落实以法律监督为核心的宪法职责。这也决定了其条文设计应更多地围绕法律监督这一中心而展开。其二，在调整范围上，洞察其与诉讼法律之分野。其中，人民检察院组织法应着眼于"静"，更多地倾向于职能授予和职责划分；诉讼法应着眼于"动"，即如何通过程序性的规定保障检察机关职能的有效行使。对超出诉讼范畴的检察职能应在组织法中予以明确，但不宜规定行使职能的程序问题。其三，确定其在检察组织规范体系中之地位。对人民检察院组织法与其他检察组织规范之间的关系应树立纲目关系的认识。其中前者为"纲"，而其他检察组织规范则作为"目"分别对前者的主体内容予以延伸和细化。因为从立法逻辑上讲，修改人民检察院组织法并非旨在"拾遗补阙"；相反，更应通过确立"纲"的标尺，以把握"目"的完善所应致力的方向。其四，在检察改革背景下，辩证看待改革与入法之关系。深化司法体制改革将检察体制改革推入了深水区，使其直面影响司法公正、制约司法能力的体制性、机制性、保障性障碍，这就要求立法者立足于司法体制改革的背景，在对改革之"变"和法律之"定"关

* 原文载《人民检察》2014 年第 21 期。

系的妥善处理之中实现对人民检察院组织法边界调整的控制。

以此为基础，在人民检察院组织法的入法问题上应同时坚持实质标准和形式标准、前者系对规范条文组织性之考量。一方面，应注意对检察组织体系、检察管理体制、检察职权体系、检察制度设计等内容的构建与完善；另一方面，必须将不具有组织法性质的程序性规定排除在外。后者则要求对条文规范性予以审定，即在法的语言表述技术上做到条文表述的规范化。换言之，相应的条文表述原则上以刻画出检察组织的整体框架为已足，注意避免与其他法律规范内容的重复，要排除具体的操作性规范，因为人民检察院组织法"原则上不能作为检察机关执法办案的直接依据。它规定的检察职权、检察措施要通过相关法律或者另行制定的规范作为事实依据。组织法的这一特点表明，组织法不必涉及细枝末节的问题"。① 立法者不能希冀单靠一部组织法来包举所有的问题，而要认识到其调整作用的有限性，注意发挥其他检察规范的承载作用，形成纲目有序的规范体系。

二、人民检察院组织法结构之检视

（一）规范承继：人民检察院组织法内容结构之文本梳理及规律考察

新中国成立初期，我国先后制定了《中央人民政府最高人民检察署试行组织条例》、《中央人民政府最高人民检察署暂行组织条例》、《各级地方人民检察署组织通则》等检察组织法律规范，并于1954年制定了第一部人民检察院组织法，随后于1979年修改制定了现行人民检察院组织法，并分别在1983年、1986年进行过两次小幅度调整。上述检察组织规范在内容结构体系方面呈现以下发展趋势：一是总则性条款趋于丰富和科学。1979年人民检察院组织法在总则部分增设了组织性质（第1条）、组织任务（第4条）条款，对工作原则条款进行了丰富（第7条）；删除了一般监督权的规定，并对检察领导体制作了适当修正。二是在立法重心上，1954年以前的人民检察组织法律规范侧重于对职权、机构、人员设置等问题进行规制，而1979年以后的法律文本则将目光集中于职权行使的程序和人员任免两大领域。

不同时期检察组织规范内容结构特征的衍变，实则源于特定的时代背景。新中国成立之初，制度草创，按统一标准来建立地方各级检察机关的条件尚不成熟。如具有普遍适用性的《各级地方人民检察署组织通则》直至新中国成立后的第三年才制定出台。这就决定了早期检察组织规范必然会花费较大比重来规定职权、机构、人员设置等方面的问题，以利于各级检察机关及时组建。随后制定的人民检察院组织法之所以将目光转向职权行使的程序这一领域，则主要为履职所必需。其内在规律是，在诉讼法律规范缺位的情况下，检察组织规范的立法重心必然会经历由静态的权力授予向动态的权力运作转换的过程。这就引起一个值得思考的问题，在相关诉讼法律规范逐渐完善的背景下，是否还有维持这一结构重心的必要？对这一问题的解答，实则决定了人民检察院组织法在内容和体例结构上的修改方向。

（二）粗疏与失衡：对现行人民检察院组织法结构的再审视

1. 横向组合之反思。首先，总则部分的内容结构未尽合理。一是对检察机关组织任务规定得不够全面。如只规定了对公有制经济进行保护等。二是对工作原则的规定不够科学。如未能及时吸纳一些新的内容，如人权保障原则等。三是混入了一些非总则性条款。如检察人员设置、检察领导体制、检察职权等，内容略显繁杂。四是立法目的、立法根据以及有关基本法定制度等总则必备条款缺失。其次，同种类规范未能获得有效整合。一方面，总则第3条和第10条均涉及检察领导体制方面的问题，而位于两个条文之间的第4条至第9条却夹杂规定了检察机关的职权、工作原则等内容；另一方面，在检察人员管理问题上，分散规定在总则以及第三章之中，未能集中设置。最后，在内容结构上设置不均，比例失衡。一是关于检察职权的规定较为滞后，却规定有行使职权的程序。二是检察组织体系方面缺乏对检察机关内设机构的统一规定，关于直属检察事业机构的规定几乎空白，对检察派出机构的规定过于简单。三是对检察人员分类管理问题缺乏直接规定。

2. 纵向构造之检讨。其一，条文设置过简，各部分之间缺乏严谨性和周密性。该法仅有3章28个条款，难以涵盖检察组织的方方面面，且各部分之间缺乏承接关系。如将机构设置和人员任免两类问题规定于同一章，却将检察院行使职权的程序单列一章；第二、三章之间缺乏内容逻辑上的层次性。其二，未尽到对章、节等立法设计的充分利用。检察改革的深入势将对检察组织体制产生全方位的影响，检察组织体系、检察管理体制、检察职权体系都将伴随着相应条文的丰富而各自形成有机整体，由于其内部仍存在一级下位概念，故往往需要在修改过程中注重"节"的引入和利用，这恰恰是现行文本在体例设置上的薄弱之处。其三，对某些特殊问题如军事检察机关缺乏专章规定。在组织法中设专章对这一问题予以规范的呼声由来已久，在某种程度上甚至形成了国际立法通例，这也反衬出我国的立法模式是值得及时调整的。

三、人民检察院组织法的修改方向

（一）立法的边界控制：基于学科交叉之视野

人民检察院组织法的修改在学科体系上横跨检察学和立法学两大范畴，而司法体制改革的深入无疑将使检察制度处于持续性的变革之中，因此，做到对检察制度的变动性与立法活动的稳定性的兼顾，就需要从恪守人民检察院组织法的边界中寻求最佳着力点。

方向一：检察权配置的合理性和谦抑性。首先，突出检察监督权的核心位置，构建检察监督职权体系。一是基础性职权的入法，即在规定职务犯罪侦查、逮捕、起诉权的基础上，明确检察机关对三大诉讼活动的监督权。二是配套性职权的完善。主要包括：赋予检察机关在三大诉讼法律监督中的调查权和阅卷权；明确检察机关所享有的行政公诉权，赋予检察机关公益诉讼主体资格；明确监督手段，在将检察建议制度入法的同时，细化检察建议的类型、适用条件、追踪反馈方式以及相应的法律后果，化柔性监督为适度的刚性监督。其次，将预防职务犯罪职能入法，以充实检察机关的其他职能。明确检察机关行使预防职务犯罪职能的方式，有助于与建立健全惩治和预防腐败体系的要求相呼应。最后，在系统内部合理配置上下级检察机关的权限。在规定上级检察机关有检察指令权、检察事务移转权的同时，也要同时注意对权力行使的程序进行明确规定，并采用禁止性条款对权力行使条件进行严格限制。从而在坚持检察一体化的同时，避免因人财物统一管理模式导致检察管理体制内部行政化的异化和加剧，在执法办案过程中追求检察一体和检察独立的最佳统一。必须同时被强调的还有检察权配置的谦抑性。"检察改革，核心问题是科学合理地配置检察权……增加对检察权的必要限制，使法律监督职能的行使处在一个合理的限度内……"[①] 由于诉讼职能和诉讼监督职能具有较为明确的权力来源，故这一"合理的限度"主要由非诉讼监督权和其他检察职能所决定。立法者在考虑遵循检察职能设置的谦抑性原则的同时，对检察职能的设置也要具有一定的前瞻性，把握好谦抑性和前瞻性的度是对检察权边界进行设定的一项重要原则。

方向二：条文规定的衔接性和非重性。涉及检察制度的不同法律规范应有各自的调整范围，而不能因为将目光聚焦在某一区域，造成针对该区域的重复立法，或形成对其他领域的共同忽略，出现相应的立法空白。首先是与诉讼法律规范的衔接。将三大诉讼法所确认的检察职权及时入法，对于某些尚未为立

---

① 孙谦：《论检察》，中国检察出版社 2013 年版，第 148 页。

法所明确但确有入法必要性和可行性的内容（如行政执法监督权、公益诉讼起诉权），也可提前入法，追求立法发展中的衔接。与此同时，将"行使职权的程序"的相应内容剔除出人民检察院组织法。其次是与其他检察组织规范的衔接问题。现行有效的单行检察组织规范包括针对检察业务领导机构的人民检察院检察委员会组织条例，针对检察官、司法警察的检察官法、人民检察院司法警察暂行条例和涉及检察人员管理问题的检察官等级暂行规定、检察官培训条例，上述文本主要涉及检察内部领导体制与检察人员管理体制两方面的内容。这就为人民检察院组织法的修改提供了如下方向：一是在某些检察内设机构方面，可参照检委会的规范方式，将具体运作机制交由单行检察组织规范予以调整；二是在检察人员管理体制上，组织法只需对人员分类和管理体制作出纲领性规定，同时针对各类检察人员制定相应的管理条例；三是修法工作应关注当前立法所未涉及的问题，如直属检察事业机构、检察派出机构管理等内容，充分发挥单行检察组织规范的载体作用，及时制定人民检察院派出机构条例、人民检察院直属事业机构条例等规范。

方向三：规范设计的确认性和前瞻性。首先，规范设计的确认性要求充分吸收和完善已为检察实践所反复检验的制度设计：一是将人民监督员制度入法。人民监督员制度在强化检察机关外部监督、提升检察公信力起到了重要作用。相应选任制度和监督程序的完善，使这一制度入法条件基本成熟；二是将防止和纠正超期羁押等人权保障机制入法，将与其相关的投诉、纠正以及责任追究机制纳入总则的"相关工作机制"部分；三是完善关于检察委员会制度的相关规定，确立检委会活动原则、决策机制和责任追究机制；四是明确检务公开制度，坚持"公开为原则、不公开是例外"的基本原则，从载体、程序和救济等方面增强信息公开的规范性，兼顾检察信息公开的梯度性，推进检务公开法制化进程。其次，对具有适度前瞻性的制度设计也可以适当吸收，从而以法律化的手段助推检察改革不断深化。必须强调的是，对于一些尚处于论证过程、入法条件尚不成熟的规范，在入法问题上必须慎之又慎。法律不能朝令夕改，立法的过度超前往往会扼杀法律本身的生命力。

（二）立法的结构取舍：基于立法规律之分析

作为一个完整的组织系统，人民检察院组织法的"各个组织要素要能够构成纵向的层次结构和联系、构成横向的分工结构和联系，这种横向和纵向的组织体系构成要科学、合理，方能有效发挥检察机关作为国家政权组织的功能、达到其组织的目的"。① 这就需在立法规律的指引下对立法结构进行适当的取舍。

方向一：规范条文的块状化和集中化。首先，优化总则部分的结构设置。其一，修正某些总则性条款的表述。在组织任务条款上，增加对非公有制经济的保护、保障人权等规定，以"人民民主专政"和"危害国家安全"取代"无产阶级专政""反革命"等表述；明确将职务犯罪预防作为检察机关的一项重要任务。在工作原则条款上，采用"尊重事实与法律"等法律表述；增加检察机关工作原则，如"以证据为根据，以法律为准绳原则"、"全面监督原则"等。其二，增设某些总则必备条款。（1）增加立法目的、立法依据条款，如可作如下规定："为规范检察机关活动，正确履行法律监督职责，惩治犯罪，保障人权，根据宪法，结合我国检察工作实践经验和具体情况，制定本法。"（2）增加基本法定制度条款。如可规定"各级人民检察院实行人民监督员制度，保障职务犯罪侦查权的正确行使"、"各级检察机关推行检务公开制度，自觉接受社会监督"。其次，其他部分结构上的整合设置。其一，将总则第3条第1款和第三章整合为"检察人员管理体制"一节，对相关内容予以丰富。其二，将总则第3条第2款、第10条整合于"检察领导体制"一节，并对相关内容予以填充。其三，在总则第5条的基础上，完善检察职权的规定，形成"检察职权体系"专章。

方向二：章节架构的层次化和递进化。一是章与节之间纵向的层次化设置，即根据内涵外延的包容关系形成层次鲜明的结构。总则由条款直接组成，检察组织体系由检察层级设置、检察内设机构、检察派出机构、直属检察事业机构组成，将检察人员管理与检察领导管理体制并列，统一设置于"检察管理体制"之下，根据检察职能的划分将检察职权体系一章区分为三节，特殊检察机关一章分设数节，分别就"交通运输检察机关"和"军事检察机关"进行规定。二是章与章之间纵向的递进式设置，实现各章之间结构上的逻辑性。具体可遵循如下顺序：总则列于篇首；考虑到检察组织体系是介绍检察管理体制尤其是检察领导管理体制的基础，故将其作为第二章，而将检察管理体制作为第三章，然后是对检察职权体系的介绍，最后则是特殊检察机关一章。

方向三：特殊章节的法定化和协调性。第一，宜使用"特殊检察机关"的称谓。1983年的人民检察院组织法修改使用了"军事检察院等专门人民检察院"的表述，使得"铁路运输检察院属于专门检察院还是派出检察院的性

① 卞建林、田心则：《论我国检察院组织法结构体系的立法完善》，载《人民检察》2007年第2期。

质和地位就失去了法律依据"。① 但这并不能否认铁路运输检察机关确有区别于一般检察机关的属性。在此问题尚存在争议的情况下，适用"特殊检察机关"较为妥当。第二，本章系专为特殊检察机关"量身定制"的组织规范，故在内容的择取上应注意对特殊组织规范的摄入。具体包括：在特殊辖区内所形成的检察组织体系；领导体制；特殊的组织工作原则；特殊的检察人员管理体制。

---

① 童建明、万春主编：《中国检察体制改革论纲》，中国检察出版社 2008 年版，第 403 页。

检察机关内设机构设置改革问题研究[*]

孔　璋　程相鹏

在关于检察体制改革的研究中，检察机关内设机构的改革问题是近十年来法学理论界一直比较关注的热点问题之一，相关论著比较多。但是具体如何改革检察机关内设机构设置，学术界并未达成共识，可以说观点纷呈。检察机关内设机构是检察权运行的组织载体，也是检察机关的基本组成单元。理论上来讲，内设机构应当包括派驻监所检察室和派驻乡镇的基层检察室，由于派驻检察室的规范建设问题可以作为一个专题探讨，所以本文研究的内设机构就不包括派驻检察室，仅指检察机关内设的各厅（处、科）、局、部、室、队。

一、检察机关内设机构的设置现状及存在的问题

（一）设置现状

新中国成立六十多年来，检察机关内设机构的设置在不同的历史时期也有一个历史变迁。大致经历了四个发展阶段："建国初期的初建、1978 年检察机关恢复重建至 1983 年内设机构进一步发展和规范、1983 年至 2000 年内设机构调整，以及 2000 年至 2003 年检察机关集中改革完善内设机构设置。从规范方面看，1979 年强调上下相对一致，1983 年则突出灵活性，2000 年始进行综合调整。"[①] 从历史沿革看，自 1949 年《中央人民政府最高人民检察署试行组织条例》施行以来，我国检察机关内设机构就一直分为三大类，即领导决策机构、业务办理机构和综合管理机构。

目前的内设机构设置现状是 2000 年至 2003 年中央和地方检察机关内设机构改革的结果。近两年来随着新一轮检察改革的推进，在此基础上又设置了案件管理部门、未成年人刑事检察部门等。检察机关内设领导决策机构无论是最高检察机关，还是地方检察机关设置都是一致的：检察长和检察委员会。内设

---

　　[*] 原文载《西南政法大学学报》2014 年第 6 期。

　　[①] 徐鹤喃、张步洪：《检察机关内设机构设置的改革与立法完善》，载《西南政法大学学报》2007 年第 1 期。

业务办理机构和综合管理机构的设置根据层级的不同则有不同，最高人民检察院设置了侦查监督厅、公诉厅、反贪污贿赂总局、渎职侵权检察厅、监所检察厅、民事行政检察厅、控告检察厅、刑事申诉检察厅、铁路运输检察厅、职务犯罪预防检察厅、法律政策研究室、案件管理办公室、死刑复核检察厅 13 个业务办理机构，办公厅、政治部、监察局、国际局、计划财务装备局、机关党委、离退休干部局、司法体制改革领导小组办公室 8 个综合管理机构。不包括领导决策机构，内设机构有 21 个。省级检察院大体上同最高人民检察院的内设机构相对应，业务办理机构方面不设铁路运输检察部门、死刑复核检察部门，控告与刑事申诉检察部门一般不分设，但是现在公诉部门一般分设 2—3个：公诉一处、二处、三处，设置未成年人刑事检察处；综合管理机构方面不设置国际外事部门和司法体制改革领导小组办公室，但是设置警务处（法警总队）、检务督查处。统算起来，不包括领导决策机构，一般有 20 个左右。市级检察院内设机构一般与省级检察院大致对应设置，公诉部门一般分设一处、二处，不如省级检察院多，一般不设置离退休干部处、检务督察处，内设机构大概有 18 个左右。县级检察院内设机构相对较少，但也是"麻雀虽小，五脏俱全"，不包括领导决策机构，一般也有 10—15 个左右。近年来，个别省份探索改革，实行大部制整合，打破上下级对应机构设置模式，将县级检察院批捕起诉合一、职务犯罪侦查预防合一、诉讼监督合一，案件管理部门统合控申、内部监督、法警和人民监督员工作，以综合管理部门统合办公室、政治处、纪检监察室、行政装备科、研究室和技术科，内设机构大概为 5 个左右。①

（二）存在的问题

客观地讲，检察机关内设机构分为领导决策机构、业务办理机构和综合管理机构三大类，是比较科学合理的，符合管理学要求，内设机构改革应当坚持这种三分法设置模式。但是具体到每一类内设机构内部以及三大类内设机构之间，几十年的运行实践以及机构变迁表明也是存在很多问题的，主要问题表现在以下几个方面：

1. 内设机构设置行政化。检察机关内设机构在设置上的行政化主要体现在业务办理机构名称上。人民检察院组织法第 20 条规定：最高人民检察院根据需要，设立若干检察厅和其他业务机构。地方各级人民检察院可以分别设立相应的检察处、科和其他业务机构。在司法运行中，从中央到地方各级人民检

---

① 湖北省人民检察院检察发展研究中心：《努力构建更加健全完善的检察工作体系——湖北检察机关的实践探索》，湖北人民出版社 2011 年版，第 333～378 页。

察院设立的业务办理机构全部采用了厅、处、科、局、室等称谓，如公诉厅（处、科）、反贪污贿赂局、案件管理办公室等，这些称谓与国家行政机关及其内设机构的称谓没有什么区分，纯粹是一种行政性的设置。其内设业务办理机构主要负责人职务也是厅（处、科、局）长或者主任，对应相应的行政级别和待遇，与行政机关首长也没有什么两样。检察机关内设的综合管理机构也是如此。但是我们认为，综合管理机构完全可以采取行政化设置模式，因为综合管理机构本质上就是行政机构，负责检察机关行政管理事务，行政化设置没有什么不妥，这也符合检察人员分类管理要求。可是业务办理机构也按照行政化设置，则抹杀了检察机关的司法机关性质，体现不出其应有的司法属性，违背了宪法精神。

2. 内设机构设置不规范。就全国范围而言，检察机关内设机构在设置上缺乏规范性，比较混乱。一是设置标准不统一。目前检察机关内设机构特别是业务办理机构设置的标准不统一，有的以刑事诉讼程序阶段为设置标准，如公诉部门、控告申诉部门等；有的以案件管辖性质为设置标准，如反贪污贿赂部门、反渎职侵权部门等；还有的以法律监督职能为设置标准，如侦查监督部门、监所检察部门等。二是机构设置不统一。有的检察院将反渎职侵权部门与反贪污贿赂部门合一成立职务犯罪侦查局，而绝大部分检察院则是将二者分设；一些检察院设置案件管理部门，而一些检察院不设置案件管理部门；有一些检察院设置未成年人刑事检察部门，全面负责未成年人犯罪的批捕、起诉、监督、预防工作，一些检察院不设置，把对未成年人犯罪的刑事检察职能分散设置在侦查监督部门、公诉部门；有一些检察院设置法律政策研究室，一些检察院将其合并在办公室；有的检察院专门设置刑事诉讼监督部门，更多的检察院则是不设置刑事诉讼监督部门。机构设置的不统一也造成了不同的检察院内设机构的数量不一致，即使是同一级别的检察院内设机构的数量也不一致。三是机构级别不统一。作为同一个检察院的内设机构的行政级别也不统一，各地检察院一般将反贪污贿赂部门、反渎职侵权部门、政治部门行政级别高于一般的业务部门；有的检察院反贪污贿赂部门、反渎职侵权部门级别不高于一般业务部门，但是对主要负责人实行行政级别高配；也有的检察院将反渎职侵权部门和其他一般业务部门行政级别一致，但是比反贪污贿赂部门低半级。这种将自侦部门高规格设置的状况虽然提升了检察机关在我国反腐败斗争中的地位和作用，但从检察机关法律监督宪法定位的角度来看，作为法律监督权派生的侦查权的行使机构，其规格和级别高于其他法律监督机构是缺乏科学性和合理性的。①

3. 内设机构名称不统一。一是不同检察院内设机构的名称不统一。对于同一职能基本相同的内设机构，从理论上分析，作为检察机关的内设机构应该是同一个机构名称。但是实践中却是在不同的检察院有不同的名称，如对反渎职侵权部门，有的检察院称为反渎职侵权局，有的检察院则称渎职侵权检察局；对于检察教育宣传部门，有的检察院称为宣传处，有的称为宣传教育处，有的称为组织宣传处等。二是同一检察院内设机构的名称不统一。如以地市级检察院为例，有的称为某某处，有的称为某某局，有的称为某某室，有的称为某某支队，有的称为某某部；有的含有检察二字，如监所检察部门、民事行政检察部门等，有的则不含，如侦查监督部门、公诉部门等。其他级别的检察院也是如此。

4. 内设机构结构不合理。一是内设业务办理机构和综合管理机构之间的结构不合理。综合管理机构设置过多，在整个内设机构中所占比例过大。以最高人民检察院为例，除领导决策机构外，内设机构 21 个，其中综合管理机构 8 个，占比 38%。省、市、县三级检察院也大致占比 30%—40% 之间。如此设置，大量的检察人员配置到了综合管理部门，严重影响了检察业务开展，导致案多人少的矛盾迟迟不能有效解决。二是内设业务办理机构之间的结构不合理。民事诉讼法、行政诉讼法与刑事诉讼法并列我国三大诉讼法，三大诉讼法均规定人民检察院依法对刑事诉讼、民事诉讼、行政诉讼进行法律监督。在检察机关内部也都设置了业务办理机构负责法律监督职责，但是在内设业务办理机构之间，监督三大诉讼法的内设机构结构却严重失衡，对刑事诉讼监督的内设机构明显占比过大，对民事诉讼、行政诉讼监督的内设机构基本上设置 1 个部门——民事行政检察部门，其余业务办理机构基本上都与刑事诉讼有关。如此设置，极不利于民事行政检察业务发展。三是内设机构级别不一，结构失调。反贪污贿赂部门甚至包括反渎职侵权部门高于其他业务办理机构半级的设置格局的长期存在，影响了内设机构的"生态平衡"，不利于检察机关法律监督机构之间的平等协作和相互制约，甚至影响了检察人员工作积极性的发挥。

5. 内设机构数量与人员编制不协调。目前，从全国各地情况看，检察机关内设机构的数量除了个别地区实行大部制改革以外基本差别不大，但是各地各级检察机关的人员编制并不完全一致，在检察人员编制数量比较少的检察院特别是基层检察院，出现了大量的"一人科室"、"二人科室"现象，例如，同一级别的基层检察院，有的检察编制 100 余人，有的 50 余人，但是内设机

---

① 吴建雄：《检察机关业务机构设置研究》，载《法学评论》2007 年第 3 期。

构数量基本相等，50 余人编制的小院设置 10 多个内设机构，除院领导外，很多内设机构都是"一人科室"、"二人科室"，这些"一人科室"、"二人科室"乃至"三人科室"开展工作的难度可想而知，甚至达不到执法的最基本要求：调查取证、询问讯问等检察业务工作均需要 2 名以上检察人员才能一起执法，严重制约了检察工作发展。之所以造成这种现象，原因之一就是内设机构数量与人员编制规模之间缺乏科学的测算，也没有一定的科学的测算标准，内设机构设置过多，但人员编制规模并没有相应增加，二者之间发展就显得不协调。

另外，也存在着不同层级检察机关的内设机构的功能定位体现不明显、内设领导决策机构特别是检察委员会决策机制不完善等问题。

二、关于当下检察机关内设机构改革的几种学术观点评析

关于检察机关内设机构设置改革，近十多年来，学术界有很多种改革观点，其中比较有代表性的观点主要有以下几种：

第一种观点主张：各级检察院的业务机构统一称为"厅"，内部综合管理机构的名称统一改为"局"、"部"和"室"，县一级检察院业务机构设置分为三个类型：第一种类型为简化型业务机构，如同国外检察长加检察官模式，业务机构仅设若干检察官并配置若干名助理，这种模式可适用于西部偏远、经济欠发达地区的检察院；第二种类型为普通型业务机构，按检察职能设公诉厅、诉讼监督厅和职务犯罪侦查厅等业务机构，也可考虑按照案件性质，分别设置刑事检察厅、民事行政检察厅和职务犯罪侦查厅，这种模式可适用于大部分检察院；第三种类型为复杂型业务机构，可以按照省一级检察院的业务机构设立相应的业务机构，这种类型主要适用于少数经济特别发达地区、案件数量特别多的地区的检察院。[①]

第二种观点认为：具体设置上，坚持三分法设置内设机构，不同层级的检察机关内设机构在数量和模式上分别设置，最高人民检察院基本不变，地县两级检察机关按照"三局两部"或者"三局两部一办"模式设置，即刑事检察局、职务犯罪侦查局、诉讼监督局、政治部、检察事务部、检察长办公室，并对内设机构的二级机构进行规范，建立办案组合；重点规范刑事检察业务机构设置，侦查部门在最高人民检察院层面分设，在省市县三级检察院合设，原则上将预防部门并入侦查部门，在最高人民检察院、省级检察院单独设置刑事审判监督职能部门，将审查逮捕部门并入诉讼监督职能部门；民行检察机构实行三级设置，地市级检察院可以设在诉讼监督部门，基层检察院可以在诉讼监

---

① 谢鹏程：《论检察机关内部机构的设置》，载《人民检察》2003 年第 3 期。

部门指定专人负责接受公民、组织对民事行政裁判提出的申诉移送市级检察院；法律政策研究室原则上实行三级设置，基层检察院并入检察长办公室。①

第三种观点主张：把检察机关业务机构设置为反贪局、公诉局、诉讼监督局三个。其中反贪局包括现行的反贪污贿赂、反渎职侵权、职务犯罪预防、控告（举报）等4个部门的职能。公诉局包括现行的侦查监督、公诉两个机构的审查逮捕、审查起诉职能以及民事行政部门的民事公诉和行政公诉。诉讼监督局是将现行的监所检察、民事行政检察和刑事申诉检察三个机构予以整合。

第四种观点主张：建议自侦部门、民行检察、监所检察在基层检察院可以不设或者采取集中管辖模式，若不设，原有的配置可上提到地市级检察院，审查批捕与审查起诉合一，依案件类型或犯罪主体类型分设多个专业化的办案机构，实行捕诉合一，综合性部门可进一步合并。②

第五种观点认为：内部机构改革的总体思路应当是进一步加强检察委员会的机构建设，有效精简综合管理机构，重点加强和完善业务机构的建设。重点是对业务机构整合，将反贪污贿赂部门、渎职侵权检察部门、职务犯罪预防部门整合成立职务犯罪侦查局；将刑事审判监督职能和侦查监督职能从刑事公诉部门剥离，使刑事公诉部门专门承担对刑事犯罪的公诉；将审查逮捕职能从侦查监督部门剥离，成立单独的审查逮捕部门，专司审查逮捕职能；成立刑事诉讼监督部门，并将其按职能划分为三个部门，称作刑事诉讼监督一厅（处、科）、二厅（处、科）、三厅（处、科）其中三厅（处、科）由监所检察部门变更而成，也可分别称作刑事侦查监督部门、刑事审判监督部门、刑罚执行监督部门；将现行的民事行政检察部门一分为二，成立民事审判监督厅（处、科）、行政检察厅（处、科）；保留现行的法律政策研究室，扩充职能，将立法建议权、法律解释权、法律文件的提请审查权以及检察委员会管理职能一并交由其行使；将刑事申诉与控告检察部门合并为控告申诉检察部门，剥离其对不服法院生效裁判的刑事申诉案件的审查职能（因为该项职能已整合到刑事诉讼监督部门）。③

第六种观点主张：统一内设业务机构名称为某某检察厅（处、科），如侦查监督厅改为侦查检察厅。调整机构，撤销职务犯罪预防部门，分解刑事公诉检察部门分别承担不同类型案件的公诉职能和刑事审判监督职能；分解民事行政检察部门，成立民事检察厅（处、科）和行政检察厅（处、科）；合并刑事

---

①　向泽选：《检察职权的内部配置与检察机关内设机构改革》，载《河南社会科学》2011年第3期。

②　甄贞：《检察机关内部机构设置改革研究》，载《河南社会科学》2013年第1期。

③　向泽选：《检察职权的内部配置与检察机关内设机构改革》，载《河南社会科学》2011年第3期。

申诉检察部门和控告检察部门，成立控告申诉检察部门；设立案件管理部门；规范派出机构，明确哪些检察院可以根据审批程序派出检察院或检察室。分级设置，刑事公诉检察部门，最高人民检察院和省级检察院可以设置一至四个刑事公诉检察厅（处），市级检察院可以设置二个，县级检察院可设置一至二个；民事行政检察部门，最高检察院和省级检察院应设置民事检察厅（处）、行政检察厅（处），市级检察院可以分设也可以合并，县级检察院一般应合并设置；法律政策研究部门，最高人民检察院、省级检察院、市级检察院应当设置，县级检察院一般设置，也可以不设置，相关工作放在办公室。内设非业务机构，最高人民检察院和省级检察院可以保留现有的综合管理部门，市县级检察院整合，将纪检监察部门与政治部门合并，财务部门、后勤装备部门与办公室合并。[1]

上述六种改革方案都有其合理性，但是也有其弊端。第一种与第二种、第三种观点的核心观点都是主张采取内设机构实行大部制设置模式的改革，而且内设机构基本一致，业务办理机构基本上是公诉、职务犯罪侦查和诉讼监督三大部门，称谓上略有差异，称"厅"或者"局"，这种改革方案参考了国家行政机关的大部制模式的改革，虽然大大减少了内设机构数量，实现了精简、统一，但是我们认为抹杀了检察机关作为司法机关、法律监督机关的特色，虽然去行政化是理论界与实务界关于检察改革的理论共识，但是在实际具体的改革措施上往往又不由自主地陷入行政化的窠臼，按照行政化的轨迹设计改革方案，如参考大部制模式以及内设业务机构名称等，行政化似乎成为摆脱不了的魔咒。第四种改革方案主张综合管理部门进一步合并是可取的，但是主张捕诉合一，则"损害了公诉对批捕的监督和制约，不符合诉讼规律的内在要求，可能导致权力滥用而侵犯公民人身权利的严重后果"[2]；基层检察院一般不设自侦、监所检察、民行检察部门，那么这些机构承担的职能，基层检察院就不能再行使了，这不符合宪法法律的规定，基层检察院作为国家设置的四级检察机关最基础的一环，除了法律明确规定应当由上级检察院行使的权力外，宪法法律赋予检察机关的权力，基层检察院都有权力行使。再者，基层检察院作为执法一线，行使自侦、监所检察、民行检察权力可以节省司法成本。所以该种观点并不可取。第五种观点实际上是主张强化检察业务机构，我们深表赞同，

①　邓思清：《检察权内部配置与检察机关内设机构改革》，载《国家检察官学院学报》2013 年第2 期。

②　邓思清：《检察权内部配置与检察机关内设机构改革》，载《国家检察官学院学报》2013 年第2 期。

而且改革总体思路值得肯定，但是对于建立纯粹的审查逮捕、审查起诉部门，单独设置刑事诉讼监督部门观点认为值得商榷。这种观点是"在逻辑上预设了检察机关是视控诉为唯一立场，且高高在上并拥有可以左右裁判权的监督者，然后通过纯粹的理论推理提出上述设置主张"①。检察机关"在履行诉讼监督职能过程中，不宜将职能等同于部门，在诉讼部门之外设立单一的诉讼监督部门，而要在维持现有部门格局的基础上，通过正面的激励措施和管理上的优化提升监督效果"②。如果将刑事诉讼监督职能单设一个部门，集中行使刑事诉讼监督权力，那么刑事诉讼监督部门以何种形式介入立案侦查活动和审判活动就值得考虑，而且一旦脱离审查逮捕、审查起诉和出庭公诉的诉讼过程，立案监督、侦查监督、审判监督效果和力度就会大打折扣，甚至名存实亡。换言之，诉讼监督与诉讼活动是"皮之不存，毛将焉附"的关系。诉讼监督一定要嵌入诉讼活动中才能发挥应有作用。而将二者简单分离，客观上或者事实上也会造成诉讼监督与诉讼活动两张皮的现象。第六种观点总体上比较科学合理，分级设置是可取的，但是机构调整后数量偏多，特别是刑事公诉机构分解过多，不符合精简原则；机构名称均含有"检察"二字虽然不错，但是有点机械，搞形式主义，例如侦查监督部门称为侦查检察部门，公诉部门称为刑事公诉检察部门，是否有点不伦不类，而且厅、处、科的叫法依然是行政式称谓；机构设置与目前现状基本吻合，而且机构设置标准不统一、机构级别不统一也没有改变。

三、检察机关内设机构改革方案之确定

如何科学合理地改革检察机关内设机构设置，我们认为，在确定改革方案之前应当考虑改革设置需要注意的一些问题，如设置前提、设置原则等。

（一）设置前提

如何改革完善检察机关内设机构的设置，首要问题是解决对检察权进行科学分解的问题。"检察机关内设机构设置的基础和根据是法律赋予检察机关的职权在检察机关内部如何进行二次分配。因此要科学合理地设置检察机关的内设机构，其前提是对检察权进行科学的分解。"③ 关于检察权配置，近些年来，法学理论界探讨的比较多，部分课题组成员也曾经撰文探讨。④ 我们认为，当

① 邓思清：《检察权内部配置与检察机关内设机构改革》，载《国家检察官学院学报》2013 年第 2 期。

② 石少侠：《检察权要论》，中国检察出版社 2006 年版，第 20 页。

③ 张智辉：《立足司法体制改革检察学应重点研究四个问题》，载《人民检察》2013 年第 9 期。

④ 黄生林、程相鹏：《检察权配置的路径选择》，载《宁夏社会科学》2011 年第 2 期。

下内设机构设置改革的基础和根据应该是依据现行法律赋予检察机关的职权，即是检察权的实然状态，而非是检察权的应然状态，因为检察权的应然状态究竟包括哪些职权，学术界并未完全达成共识，形成一致观点，我们无法依据现实并不存在的职权设置内设机构，但是改革设置时可以保持一定的前瞻性，预留一小部分空间，以保持改革后内设机构的稳定性。

关于检察权的分解与配置，法学理论界存在不同观点。有的学者将检察权分为侦查方面的检察权、公诉方面的检察权和诉讼活动监督方面的检察权三大类。① 有的学者将检察权分为四大类，即调查权、追诉权、建议权、法律话语权。② 有的学者将检察权分为五大类职权：检察侦查权、批准和决定逮捕权、公诉权、诉讼监督权、其他职权（包括司法解释权、检察建议权、参与社会治安综合治理和预防职务犯罪的职责）；③ 或者分为公诉权、侦查权、侦查监督权、审判监督权、执行监督权。④ 有的学者将检察权分解为六大类，职务犯罪侦查权、批准和决定逮捕权、刑事公诉权、对刑事诉讼的法律监督权、对民事审判和行政诉讼活动的法律监督权、其他职权。⑤ 有的学者甚至将检察权分解为七大类：职务犯罪侦查权、审查逮捕权、刑事公诉权、刑事诉讼监督权、民事审判监督权、行政公诉与行政诉讼监督权、法律话语权。另外邓思清研究员根据目前我国法律的规定，对检察权进行四级逐级分解与配置，第一级分解为检察领导权、检察业务职权、检察非业务职权；第二级分别分解为检察行政领导权、检察业务领导权、检察人事领导权，检察侦查权、批准和决定逮捕权、刑事公诉权、诉讼监督权、其他职权，检察人事管理权、检察财务管理权、检察装备管理权、检察综合管理权；第三级把业务职权进一步分解为贪污贿赂案件侦查权、渎职侵权案件侦查权、普通案件补充侦查权，批准逮捕权、决定逮捕权，起诉权、不起诉权，刑事诉讼监督权、民事审判监督权、行政诉讼监督权，司法解释权、行政执法监督权、立法建议权、法规提请审查权；第四级由于没有据此设置内设机构，所以不赘述；并且认为应当依据第二级、第三级分解权力设置内设机构。⑥

我们认为，上述观点均有其合理性，但是相比较而言，邓思清研究员的四

① 邓思清：《检察权研究》，北京大学出版社 2007 年版，第 47 页。
② 张智辉：《检察权研究》，中国检察出版社 2007 年版，第 111～113 页。
③ 朱孝清等：《检察学》，中国检察出版社 2010 年版，第 325 页。
④ 石少侠：《检察权要论》，中国检察出版社 2006 年版，第 112 页。
⑤ 孙谦：《中国特色社会主义检察制度》，中国检察出版社 2009 年版，第 152 页。
⑥ 邓思清：《检察权内部配置与检察机关内设机构改革》，载《国家检察官学院学报》2013 年第 2 期。

级分解更为科学、合理，因为这种方式既有法律依据，也符合检察权的程序性权力特征。① 但是，对检察权进行科学分解，似乎没有必要对检察领导权和检察非业务职权进行分解，因为这些所谓的权力并不能称之为检察权，有些法律也并没有明确规定。检察权是一种与审判权相对应的法律权力。领导权和非业务职权是无论审判机关还是行政机关都应当具有的天然性权力，是一种附随性权力。在对检察权分解时没有必要对此予以分解，但设置内设机构时应当全面统筹安排。根据现行法律，检察权主要是一种程序性法律权力，主要规定在三大诉讼法中，检察机关依法对刑事诉讼、民事诉讼、行政诉讼予以法律监督，相应检察权一般应当分解为刑事检察权、民事检察权、行政检察权，还有法律或者法律性文件赋予的司法解释权、立法建议权、法规提请审查权等法律话语权力。鉴于我国法治发展的现实，对于检察机关民事检察权和行政检察权，民事诉讼法和行政诉讼法规定得并不够具体，民事检察权基本可以分解为民事检察建议权、民事抗诉权、其他民事诉讼监督权，但均是民事诉讼监督权，行政检察权也是类似，都是行政诉讼监督权；毋庸讳言，检察机关的权力主要集中在刑事诉讼法中，所以有必要对刑事检察权作进一步分解以作为设置内设机构的重要参考。刑事检察权可以分解为职务犯罪检察权、批准和决定逮捕权、刑事公诉权、刑事诉讼监督权，其中刑事诉讼监督权按照诉讼阶段可以再次分解为立案监督权、侦查监督权、审判监督权、刑事执行监督权以及刑事申诉检察权。

（二）设置原则

内设机构设置应当遵循一定的原则，关于检察机关内设机构设置原则，理论界有着不同的认识。有的论者将其归纳为三项原则：保障依法独立行使检察权原则，精简、统一、效能原则，优化队伍结构、提高人员素质原则；② 或者保证检察权全面公正高效行使原则、优化检察权内部配置原则、统一分级设置原则。③ 有的归纳为四项原则：全面履行法律监督职能原则、保障检察官相对独立行使检察权原则、依检察院层级区别设置内设机构原则和精简、高效原则，优化检察人员结构原则。④ 有的学者认为应当有五项原则：系统性原则、

---

①　程相鹏：《检察权的概念、性质与特征》，载《法制与社会》2009 年第 9 期。

②　甄贞：《检察机关内部机构设置改革研究》，载《河南社会科学》2013 年第 1 期。

③　邓思清：《检察权内部配置与检察机关内设机构改革》，载《国家检察官学院学报》2013 年第 2 期。

④　徐鹤喃、张步洪：《检察机关内设机构设置的改革与立法完善》，载《西南政法大学学报》2007 年第 1 期。

统一性原则、发展性原则、高效性原则和法治性原则。① 有的学者认为有六项
原则：全面履行法律监督职能原则、检察一体化原则、检察官相对独立原则、
内部制约原则、地县两级检察院内部机构设置因地制宜原则和加强业务部门、
精简非业务机构原则。②

我们认为，无论是三项、四项原则，还是五项、六项原则，都有其一定的
合理性，可取之处，但是也存在一定的问题。例如保障依法独立行使检察权原
则，似乎不应当是内设机构设置的原则，内设机构是检察权行使的组织载体，
对外行使检察权均是以检察院名义行使，而非以内设机构对外。内设机构的设
置状况如何又怎能保障检察权依法独立行使，保障检察权依法独立行使应当是
检察体制在司法体制中乃至政治体制中如何改革配置要解决的问题。检察机关
内设机构设置改革的原则应当从内设机构作为检察职权运行载体的视角出发确
定，我们原则上赞成谢鹏程研究员的六项原则主张，但是认为内部制约原则应
改为分工负责、相互配合、相互制约原则，取消检察一体化原则和地县两级检
察院内部机构设置因地制宜原则，增加二项统一分级分类设置原则和诉讼规律
原则。即应当坚持六项原则：第一，全面履行法律监督职能原则。该项原则很
容易理解。内设机构设置首先要确保宪法法律赋予检察机关的各项检察职权或
者说法律监督职能在检察机关内部都应当有专门的机构去承担。第二，加强业
务机构、精简非业务机构原则。检察机关作为法律监督机关，内设机构设置应
当突出强化检察业务，对于领导决策机构和综合管理机构应当遏制其扩张，这
也是强干弱枝原则，确保检察职权高效行使，检察人员结构合理。第三，分工
负责、相互配合、相互制约原则。该项原则是宪法法律界定公安机关、检察机
关和审判机关三者关系的基本原则。我们认为，同样适用于检察机关内设业务
机构之间的关系。首先，各内设业务机构之间应当分工明确，职责权限界定清
晰，不能相互交叉，不同的检察职权由不同的内设业务机构行使，各负其责，
杜绝推诿扯皮。其次，各内设业务机构之间的职责权限应当相互衔接，相互配
合，共同完成检察权的整体行使。最后，各内设业务机构之间更要互相监督和
制约，这是权力制约理论在检察机关内部的必然要求，也是刑事诉讼规律的反
映。第四，检察官相对独立原则。内设机构是检察官的组合体，特别是业务机
构。根据检察人员分类管理的要求，检察官的办案主体地位越来越突出，检察
官的专业化、职业化建设成为检察改革的共识，在检察一体化下应当捍卫检察
官的相对独立。设置内设机构必须考虑如何保证检察官相对独立，发展方向应

①　冯中华：《我国检察机关内部机构设置改革研究》，载《青海师范大学学报》2005 年第 3 期。
②　谢鹏程：《论检察机关内部机构的设置》，载《人民检察》2003 年第 3 期。

当是内设业务机构逐渐倾向于机构事务性管理工作。第五，统一分级分类设置原则。所谓"统一"就是要求检察机关在内部机构的设置上，坚持统一的设置标准、统一的机构名称、统一的机构级别和统一的设置模式。"分级设置"就是区分不同级别的检察院，根据其职责、管辖区域和工作量的大小，分别设置数量不同的内设机构。[①] "分类设置"是指我国地域广大，各地区经济社会发展极不平衡，人口密度分布差别巨大，大致形成了东部、中部和西部三大类地区，在对基层检察院内设机构设置改革时应当充分考虑因地制宜，分类设置。第六，诉讼规律原则。我国法律赋予检察机关的各项职权基本上是诉讼职权，检察机关是各种诉讼活动的主体，其依法对刑事诉讼、民事诉讼和行政诉讼进行法律监督，其内设机构特别是业务办理机构的设置改革必须要遵循诉讼规律原则。如果不遵循诉讼规律原则，任意改革设置业务办理机构，合并或者分立，可能会因为违反诉讼规律而导致适得其反，损害检察机关的宪法定位。

国外检察机关也是随着国家的不同，设置的内设机构也不同，设置模式不一。根据各国检察机关设置内部组织机构所冀求达到的功能不同，设置模式大致可以分为三种类型：以追求案件事实真相为目的的机构设置模式、以实现诉讼功能为目的的机构设置模式和混合式设置模式。[②] 总体上来看，国外检察机关内设机构设置模式有两个特点：一是内设机构基本上分为两类，即业务机构和非业务机构，有的（如俄罗斯）还有领导机构一类；二是检察机关的职能、检察权的性质和特点决定内设机构设置类型。[③]

我们认为，确定检察机关内设机构设置改革方案应当合理吸收上述几种代表性改革方案的科学合理之处，借鉴域外法治经验，遵循内设机构设置原则，根据检察权在检察机关内部的科学分解，予以通盘考虑。本文确定改革方案总体思路是：按照内设机构设置三分模式改革，对于领导决策机构，重点是完善检察委员会人员组成、议决程序和办事机构，形成科学的决策机制；[④] 对于综合管理机构，建议参考国家行政机关大部制改革模式，充分体现精简原则，大幅压缩机构数量；对于业务办理机构，根据检察权分解，科学界定部门权限，根据诉讼规律适度整合职能，精简机构。

[①] 邓思清：《检察权内部配置与检察机关内设机构改革》，载《国家检察官学院学报》2013年第2期。

[②] 李哲：《中国检察机关组织机构设置研究》，载《中国刑事法杂志》2010年第9期。

[③] 徐鹤喃、张步洪：《检察机关内设机构设置的改革与立法完善》，载《西南政法大学学报》2007年第1期。

[④] 邓思清：《论我国检察委员会制度改革》，载《法学》2010年第1期。邓思清：《再论我国检察委员会制度改革》，载《人民检察》2010年第1期。

四、检察机关内设机构设置改革具体设计

检察机关内设机构应当按照领导决策机构、业务办理机构和综合管理机构三分模式设置，具体改革方案也按照三分模式逐一设计。

（一）领导决策机构设置改革设计

领导决策机构包括检察长和检察委员会，检察院实行检察长负责制和检察委员会集体决策制度。关于检察长和检察委员会的名称没有什么不妥，无须改变，中央、省市县四级检察机关统一设置。当下最重要的是改革完善检察委员会决策机制。具体可从以下几个方面完善：

1. 科学选任委员。目前流行的检察委员会一般是由检察长、副检察长、其他院领导、检察委员会专职委员、部分部门主要负责人等人员组成，属于行政化的组成方式，并不符合司法机关的专业化职业化要求。而且部分部门主要负责人主要是业务部门的，也包括个别的综合管理部门的主要负责人，如监察室主任等。建议明确委员组成为检察长、副检察长、检察委员会专职委员、部分业务机构主要负责人、部分资深检察官。其中检察长、副检察长、检察委员会专职委员是当然的检察委员会委员，业务机构主要负责人和资深检察官具体应当是由哪些人组成？我们认为无论是主要负责人还是资深检察官，一般应为大家公认的检察业务专家，选任程序可由全体干警直接投票表决或者提出候选人由全体干警表决。因为检察委员会是检察业务最高决策机构，实行的是民主集中制决策原则，必须集思广益，尤其是应当充分听取检察业务专家关于检察业务特别是重大案件的意见，充分实现民主，体现尊重知识、尊重人才，有利于检察官专业化职业化建设。人数应当占整个委员人数的四分之一以上，形成合理的委员结构。

2. 健全决策程序。检察委员会实行的民主集中制也是一种司法议决形式，相当于合议庭合议案件，各委员发表观点，按照多数意见形成决议。为避免居于领导地位的委员意见干扰资深检察官作出客观独立的判断，发表意见顺序建议应为：资深检察官、业务机构主要负责人、检察委员会专职委员、副检察长、检察长。如检察长在重大问题上不同意多数人的决定，改变原来的可以报请本级人大常委会决定，建议改为可以报请上一级检察院决定。由于检察委员会负责讨论决定重大案件和其他重大问题，这些事项具有专业性，并不适合请示权力机关决定，请示上一级检察院可能更为合理。

3. 加强办事机构建设。关于加强办事机构建设，有论者认为，应当单独

设置检察委员会办事机构，作为一个实体性的内设机构存在。[①] 我们认为，虽然专设办事机构，突出了检察委员会的业务领导地位，但是无形之中又增加了内设机构设置，检察委员会并不是每天都在运作，只是在符合条件和程序时才召开，没有必要单设一个机构专门负责这项工作，多年来的运行存在的问题并不是有没有专门机构，主要是决策机制问题。所以本文建议不单设办事机构，可以将办事机构统一设在法律政策研究室或者案件管理办公室，不管哪一个机构但是一定全国上下四级检察机关一致。改变目前办事机构设置不规范的局面，目前有的专设，有的挂靠在法律政策研究室，有的挂靠在案件管理办公室，有的在办公室，有的在监察室，等等，极不规范。

（二）业务办理机构设置改革设计

1. 统一设置。首先，统一业务办理机构名称。关于业务办理机构名称，当下的改革建议中可以说观点纷呈，厅、署、局、部、庭、司、室等，不一而足，但是均未达成共识。最高人民检察院关于人民检察院组织法修改的历次草拟稿主要提出了四个方案：方案一，最高人民检察院根据需要，设立若干检察厅、局和其他业务机构，省级检察院设立相应的检察局和其他业务机构，省辖市级检察院设立相应的检察处、局和其他业务机构，县级检察院设立相应的检察科、局和其他业务机构。方案二，检察院根据需要，在内部设立若干检察业务部门和其他业务机构。各级检察院内设机构设主任检察官一人，副主任检察官若干人。方案三，检察院根据需要，在内部设立若干检察业务局和其他工作机构。内设机构设局长一人，副局长若干人，局长负责召集、主持检察官会议和处理相关行政事务，副局长协助局长工作。方案四，从最高人民检察院到基层检察院，分别使用厅、局、处、科的称谓。[②] 这四个方案中，其中一、二、四方案完全是一种行政化的名称，和现在流行的设置方式并无多大不同，方案三回避了机构名称。我们认为，内设业务办理机构名称应当全国上下四级检察机关统一，应当充分体现检察机关的法律监督性质、特征以及承担的职能。建议从中央到地方四级检察机关业务办理机构名称统一为"某某检察署"，名称中既要含有"检察"二字体现国家法律监督机关性质和本质特征，又要使用"署"体现其司法机关属性，去行政化称谓。

其次，统一业务办理机构行政级别。各级人民检察院各内设机构包括业务

---

① 任海新、霍琳：《基层检察机关机构设置中的矛盾及化解》，载《国家检察官学院：第七届国家高级检察官论坛会议文》，国家检察官学院自版 2011 年版，第 1005～1014 页。

② 张步洪：《检察院组织法修改的基本问题与主要观点评介》，载《国家检察官学院学报》2011年第 6 期。

办理机构和下文论述的综合管理机构都应当设置同一个行政级别。虽然检察机关作为司法机关要实行去行政化改革，但是作为国家机关，它必须有一个机构规格，而这个机构规格需要有一个标准来衡定，目前来看，还是行政级别比较容易接受，易于理解。例如，县级检察院目前是正科级国家机关建制，其内设机构应当为股级。虽然从发展的观点看，随着国家法制建设的推进，未来有可能落实宪法地位，实现"一府两院"的真正平起平坐，而不是目前的实际上的相当于政府下属行政机关。建议当下各级检察院各内设机构统一设置为低于本级检察院行政级别半格，即县级检察院内设机构行政级别统一为副科级规格，市级检察院内设机构统一为副处级行政级别，省级检察院内设机构统一为副厅级行政级别，最高人民检察院内设机构统一为副部级行政级别，各内设机构不再有级别高低之分。

2. 业务办理机构调整。根据检察机关依法对刑事诉讼、民事诉讼、行政诉讼实行法律监督的一般规定，依照检察职权的分解，遵循诉讼规律等设置原则，可以将业务办理机构按照管辖案件的性质的设置标准分为三大类：刑事检察部门、民事检察部门和行政检察部门。再对刑事检察部门按照刑事诉讼程序阶段的设置标准进行分设，具体调整如下：一是设置刑事检察一署，将控告部门（举报中心）、反贪污贿赂部门、反渎职侵权部门和职务犯罪预防部门等职能及现有监所检察部门、民行检察部门享有的职务犯罪侦查权能整合为一个业务办理机构，全面负责职务犯罪的控告、立案、侦查和预防。二是设置刑事检察二署，将现有的侦查监督部门予以更名即可，并把现有未成年人刑事检察部门的批捕、立案监督、侦查监督职能整合进来，负责审查批准和决定逮捕、立案监督、侦查监督。三是设置刑事检察三署，将现有公诉部门、死刑复核检察部门（最高人民检察院设有）以及未成年人刑事检察部门的公诉职能整合成一个统一机构，负责刑事公诉和刑事审判监督。四是设置刑事检察四署，将监所检察部门、刑事申诉检察部门的职能（其中监所检察部门的职务犯罪侦查权能、刑事申诉检察部门的国家刑事赔偿权能除外）整合为一个统一业务办理机构，全面负责刑事执行监督、刑事申诉案件。对不服法院已生效刑事裁判申诉的案件事实上也是属于刑事执行的监督范畴，故将其职能合为一个部门，从而拆解了控告申诉检察部门，不再单设控告申诉检察部门，将其权能根据诉讼规律、检察职权的法律属性和价值目标进行归类。五是设置民事检察署，将现有的民事行政检察部门分解为两个机构，民事检察署即为其一，全面负责民事诉讼监督。六是设置行政检察署，从现有民事行政检察部门中分解而出，全面负责行政诉讼监督。七是设置法律政策研究室，即现有的法律政策研究室，全面负责司法解释、立法建议、法规违法审查提请、法律政策调查与研究。八是设置案件管理检察署，将现在案件管理部门更名为案件管理检察署，同时将刑事申诉部门负责的国家刑事赔偿职能和检察委员会办事机构职能统一整合进来，全面负责案件管理、国家刑事赔偿和检察委员会办事机构工作。

3. 分级分类设置。根据人民检察院组织法的规定，检察机关设置为最高检察院、省级检察院、市级检察院和县级检察院四级。遵循分级分类设置原则，建议：最高人民检察院设置刑事检察一署、刑事检察二署、刑事检察三署、刑事检察四署、民事检察署、行政检察署、案件管理检察署、铁路运输检察署和法律政策研究室等 9 个业务机构。其中铁路运输检察署，由目前铁路运输检察厅直接更名设置，全面负责专门人民检察院——全国各级铁路运输检察院工作管理。省级检察院设置刑事检察一署、刑事检察二署、刑事检察三署、刑事检察四署、民事检察署、行政检察署、案件管理检察署和法律政策研究室等 8 个业务机构。原则上与最高人民检察院内设业务办理机构相对应设置，但是不主张设置铁路运输检察署。虽然铁路运输检察院目前由省级检察院统一管理，但是根据人民检察院组织法第 10 条第 2 款"最高人民检察院领导地方各级人民检察院和专门人民检察院的工作"之规定，由于铁路运输检察院是作为专门人民检察院设置，所以主张由最高人民检察院统一管理，具体职能部门铁路运输检察署，全国一盘棋进行统筹领导。省级检察院不予设置铁路运输检察署，这样也可以少设置一个内设机构。

市县两级检察院，从全国来看，在分级设置基础上，可以按照中东部地区和西部地区两大类区分设置，中东部地区市县两级检察院一般设置刑事检察一署、刑事检察二署、刑事检察三署、刑事检察四署、民事检察署、行政检察署、案件管理检察署等 7 个业务机构。关于市县两级检察院，主张不单独设置法律政策研究室，将其职能并入案件管理检察署。因为法律政策研究室职能在市县两级检察院基本上是本地域范围内检察法律政策调查与研究，研究任务较少，为精简机构，可以将其职能并入案件管理检察署。从广泛意义上讲，案件管理可以包含对案件等检察业务事项适用法律政策情况进行调查研究，目前最高人民检察院对案件管理部门的定位包括对具体业务机构的管理、监督和服务等功能，是一个综合性业务部门，法律政策研究室也是定位为综合性业务部门，完全可以合并一起。对于地处西部偏远落后地区的市县两级检察院尤其是县级检察院，可以将民事检察署和行政检察署予以合并，统一设置为 6 个业务办理机构。

统算下来，业务办理机构最多设置 9 个（最高人民检察院），省级检察院设置 8 个，市县级检察院一般设置 7 个，最少可能 6 个，总体上比现在流行的内设业务办理机构至少减少 4—5 个，占比大概 30%—40%，完全符合宪法规定的一切国家机关实行精简的原则。

（三）综合管理机构设置改革设计

由于检察机关内设的综合管理机构是一种行政后勤管理部门，是保障检察机关行政事务正常运转的综合性部门，其与行政机关无异，并没有什么司法属性。我们建议对其实行行政机关的大部制改革模式，重新组合设置。这也与检察人员分类管理相适应，检察人员将分为检察官、检察官辅助人员和行政管理人员，综合管理机构的人员就是检察机关的行政人员，按照国家公务员的管理模式进行管理。所以建议四级检察机关内设综合管理机构分别命名为"部"、"局"、"处"、"科"，体现行政上的隶属性，上下级关系一目了然。

关于最高人民检察院，建议设置4个综合管理机构，分别为办公厅、政治监察部、计划财务装备技术部和司法体制改革领导小组办公室。其中办公厅整合了现有的办公厅、国际局的工作职能，政治监察部整合了现有的政治部、监察局、离退休老干部局和机关党委的工作职能，计划财务装备技术部即现有的计划财务装备局和检察技术信息中心（直属事业单位）的工作职能整合，司法体制改革领导小组办公室为临时性机构，暂时保留。办公厅是一个国家机关最基本的内设机构，国务院等机关都设置办公厅，所以办公厅保留原来称谓，不称为"部"，一般都可以接受，也不存在机构设置不统一问题。单独设置计划财务装备技术部门，是因为最高人民检察院作为全国最高检察机关，计划财务装备技术任务比较重，特别是为未来实现全国检察机关人财物由最高人民检察院统一管理留下伏笔，可谓属于前瞻性配置。至于司法体制改革领导小组办公室，是因为目前司法体制改革任务比较繁重，在最高人民检察院层面单设一个机构专职负责司法改革任务，有利于全国统筹，一旦机构改革任务完成即完成历史使命。所以此机构不称为"部"，也不影响机构统一设置。一般正常情况下，最高人民检察院应为3个内设综合管理机构。

关于省级检察院，建议与最高人民检察院相对应设置，内设综合管理机构应当设置4个，分别为办公室、政治监察局、计划财务装备技术局和司法警察总队。由于省级检察院即将展开省级以下检察院人财物统一管理，所以计划财务装备技术局任务比较繁重，应当单设设置。司法警察是一个单独的警种，属于人民警察法规定的人民警察的一个警种，与其他任何机构都无法合并，所以单独设置，按照人民警察序列单独管理，这也符合检察人员分类管理的要求。

关于市县两级检察院，建议设置检务保障处、科，政治监察处、科和司法警察支队、大队3个综合管理机构。由于市县两级检察院计划财务、装备技术任务较轻，所以将其与办公室合并成立检务保障处、科，压缩综合管理机构数量。

　　综合管理机构改革设置之后，最高人民检察院设置3个，省级检察院设置4个，市县两级检察院设置3个，与目前流行的内设综合管理机构相比，减少大概50%左右。通过这种改革方案设计，可以有效减少非业务办理机构的设置，提高综合管理机构的综合服务保障能力，将有限的检察资源集中在业务办理机构，突出检察办案业务的重要性，提高检察权的运行效率，促进检察机关法律监督职能的全面发展。

再论检察机关领导体制的改革[*]

张兆松

检察机关领导体制是否科学、合理，直接关系检察机关的性质、地位及检察权能否有效行使等重大问题。因此，根据我国检察机关的宪政地位以及政治制度和司法制度的特点来构建具有中国特色的检察机关领导体制，是新一轮司法改革的重要内容，也是人民检察院组织法修改中必须着力解决的核心问题之一。

一、现行检察机关领导体制存在的问题

现行检察机关的领导体制是"双重领导、一重监督"的领导体制。双重领导是受同级党委的领导和上级人民检察院的领导，一重监督是指受同级人大及其常委会的监督。这种领导体制的不足表现在：第一，以"块块"领导为主的体制，容易导致检察权的地方化。长期以来，我国检察机关实行的是地方党政领导为主，上级检察院领导为辅的领导体制。在这种体制下，检察机关的人、财、物受制于地方，检察权的行使无法从根本上摆脱地方的影响。第二，以"块块"为主的干部管理体制，管人与治事相脱节，使上级检察机关对下级检察机关的领导失去组织保障。第三，上级检察院对下级检察院的领导，缺乏人、财、物方面的有力保障。特别是当地方检察机关进行法律监督时遇到上级检察院和地方领导对案件的处理意见不一致时，往往按地方领导的意见行事；碰到一些有保护层和关系网的案件，也往往难以冲破。第四，经费管理上的"分灶吃饭"体制，使检察机关经费得不到保障。目前地方各级检察院的经费是由同级政府财政部门拨款解决。这种财政管理体制，不仅使检察机关上下级领导关系失去了坚实的基础，而且使检察工作的正常开展失去有力的物质保障。

---

* 原文载《人民检察》2014 年第 13 期。

二、进一步强化上级检察院对下级检察院的领导符合司法体制改革精神

第一，符合宪法规定。宪法第132条明确了检察机关上下级之间是领导关系。第二，符合司法改革的精神。司法改革的关键在于司法体制改革，司法体制改革的目的在于确保司法机关能够依法独立公正行使司法权。人民检察院是国家的法律监督机关，只有检察一体，才能确保检察机关不受地方利益的影响和掣肘，从而公正行使检察权。第三，符合党的领导的要求。宪法和法律是党的路线方针政策的条文化、规范化和法律化，坚持宪法法律至上就是坚持党的领导，依法独立行使检察权就是依照党的主张履行检察职责。检察工作中严格执法，就是自觉维护党的政策和国家法律的权威性，就是从根本上坚持党的领导。第四，符合检察一体化的客观需要。虽然各国检察机关在领导体制上各具特色，但是基本上都实行检察一体化。上命下从的领导关系是检察一体的核心。

三、强化上级检察院对下级检察院领导的路径及立法确认

第一，实行司法机关人财物统一管理，改变目前地方司法机关人财物受制于同级地方，导致司法权地方化问题。我国是单一制国家，司法职权是中央事权。考虑到我国将长期处于社会主义初级阶段的基本国情，将司法机关的人财物完全由中央统一管理，尚有一定困难。司法体制改革应当坚持循序渐进原则，先将省以下地方人民法院、人民检察院人财物统一管理。等条件成熟时，再由中央统一管理。第二，细化人民检察院领导体制。建议在人民检察院组织法总则中，除保留"最高人民检察院领导地方各级人民检察院和专门人民检察院的工作，上级人民检察院领导下级人民检察院的工作"外，另行明确规定："最高人民检察院可以改变或撤销地方各级人民检察院和专门人民检察院的决定，上级人民检察院可以改变或撤销下级人民检察院的决定；最高人民检察院的决定，地方各级人民检察院和专门人民检察院应当执行，上级人民检察院的决定，下级人民检察院应当执行。"第三，全面修改关于检察人员任免的规定，明确赋予上级检察机关的人事管理权。在检察官的任免方面，各级院检察长、副检察长、检察委员会委员必须从相应等级的资深检察官中选出，由上级院检察长提名，层报相应的省级或者全国人大任命。上级检察院对下级检察院的检察官有人事调动权和惩戒处分权，检察官流动性进一步增强。第四，修改人民检察院组织法第3条第2款的规定，吸收2009年颁布的《人民检察院检察委员会议事和工作规则》的规

定，即地方各级检察院检察长在讨论重大案件时不同意多数检委会委员意见的，可以报请上一级检察院决定；在讨论重大问题或事项时不同意多数检委会委员意见的，可以报请上一级检察院或本级人大常委会决定。在报请本级人大常委会决定的同时，应当抄报上一级检察院。这样可以强化上级检察院对重大疑难案件的决定权。

中外检察机关组织结构比较研究*

刘国媛

　　检察机关组织结构是指检察机关在国家权力体系中的位置和检察机关自身的系统架构。前者涉及检察体制问题，是检察权运行的制度依托和保障，后者涉及检察工作机制层面的影响和保障。在以往的检察理论研究中，关于检察机关组织结构是一个相对边缘化的问题，但这个问题涉及检察制度的基础，关乎检察改革的进路，不应该被忽视。笔者从比较法的视角出发，对比考察中外检察机关组织结构的异同及成因，以期厘清我国检察机关组织结构的实然困境并探寻其应然的发展路径。

一、法国、德国检察机关组织结构

（一）法国检察机关的组织结构

　　现代法国检察制度继承和延续了拿破仑法典以来的体制，在组织体系上呈"金字塔"型结构，在机构设置上实行"审检合署"模式。法国是单一制国家，在"三权分立"的政体结构中，检察权归属于行政权，检察官从属于司法部。司法部部长处于权力体系的顶端，下位检察官原则上必须服从上位检察官的命令或指示。① 检察官在履行检察职责时受总检察长指挥；总检察长在履行检察职责时受司法部部长指挥；代理检察官或代理总检察长在履行职责时受共和国检察官或总检察长指挥。就组织体系而言，严格地讲，法国没有单独的检察官组织系统，它并存于普通法院系统内，即分别设置于最高法院、上诉法院、大审法院、初审法院等四级法院系统内。

　　尽管法国没有独立的检察组织机构，但这并不影响法国的检察机构及检察权行使的独立性。其检察系统的独立性主要体现在三个方面：其一，检察系统独立于立法机构，作为立法机构的议会和议员无权干预或者施压检察机关和检

　　* 原文载《人民检察》2014 年第 15 期。
　　① 参见法国 1958 年 12 月 22 日第 58 - 1270 号法令第 5 条，转引自樊崇义、吴宏耀、种松志主编：《域外检察制度研究》，中国人民公安大学出版社 2008 年版，第 129 页。

察官；其二，检察系统独立于行政机关，即使是与检察系统有隶属关系的司法部也只能针对检察系统发布一般性指令，在个案中不得干预或者指使检察官，其他行政机关则更加无权干预检察系统和检察官；其三，检察系统独立于法院系统。尽管检察机关设置于法院内部，但并不意味着检察系统依附于法院系统。也就是说，法国的普通法院是由法官和检察官两个群体组成的，院长和检察长只有分工不同，地位完全平等，待遇相同，同为该法院的最高首长，即实行二元首型行政管理体制。① 因此，在法国，检察官被称为"站着的法官"，法官则是"坐着的法官"。②

法国的检察权由检察机关统一行使，在检察院系统内的每位检察官在履行职责时均代表整个检察机关。驻各级法院的检察院构成一个不可分割的整体，由统一的部门首长（共和国检察官或总检察长）指挥。检察官依法定职权所实施的行为均视为检察首长的行为，也视为检察机关的行为。同时，检察权行使的统一性并不影响检察官的独立性。法国的检察官享有"推进权"和"抵制权"等专属权，也即在具体个案中，任何机构包括检察系统的直接上级机构都不得对检察官的行为进行事先控制或替代检察长强制推行某一其拒绝履行的指示和命令。由是观之，法国检察系统的金字塔形等级机构在职权运行中并非简单地命令和服从，而是蕴含了丰富的权力互动内容。这也是法国维系检察系统统一、有序、准确履行职责的重要技术设计。③

（二）德国检察机关的组织结构

德国的检察制度是继受法国检察制度并结合自身历史传统形成的。因此，在机构设置上也实行"审检合署"模式，检察机关都设在相应级别的法院内。同时，德国属于联邦制国家，其组织体系由联邦和州两个部分组成，实行三级双轨制。联邦检察院设于联邦法院内，由一名联邦总检察长和若干副总检察长组成，受联邦司法部部长的领导。各州设高级检察院和州检察院，州高级检察院检察长领导全州检察机关的工作，州检察机关从属于州司法部。④

德国的联邦最高检察院与州检察院之间不存在领导与被领导的关系，甚至

---

① 参见樊崇义、吴宏耀、种松志主编：《域外检察制度研究》，中国人民公安大学出版社2008年版，第125～130页。

② 参见何家弘主编：《检察制度比较研究》，中国检察出版社2008年版，第366页。

③ 参见樊崇义、吴宏耀、种松志主编：《域外检察制度研究》，中国人民公安大学出版社2008年版，第125～130页。

④ 参见黎敏：《西方检察制度史研究——历史缘起与类型化差异》，清华大学出版社2010年版，第434页。

在职能分工上也不一样。但州高级检察院与州检察院及其下属检察院之间则具有领导和被领导的关系，上级可以向下级发布有约束力的指示，如接受案件或指定移送案件。联邦最高检察院和州检察系统之间虽然没有领导与被领导的关系，但还是存在一些联系，如联邦最高检察院检察长必须从州检察院检察长中产生。

德国检察官在履行检察职责方面具有高度的独立性。检察机关虽然附设于法院体系内，但却完全独立于法院。虽然受司法部的领导，但司法部部长不得干预检察官处理具体案件，不得侵犯检察官的具体职权。为保证执法上的总体平衡，司法部部长发现检察官对该起诉的案件没有起诉的，可以指示检察官起诉；但对于检察官已经决定起诉的案件，则不能指示检察官不予起诉。检察院的检察长和检察官之间，以及检察官个人之间并不存在命令和服从关系。检察官基于其在职务上的完全独立性，对自己的职务行为也要负完全责任。对于检察长的命令和指示可以不予服从，但在遇到疑难案件时也可以主动征求检察长的意见。检察长在下级检察官不听从指令时，可以亲自办理相关案件，也可以指派其他检察官办理，但不能强迫检察官按照自己的指示行事。

二、英国、美国检察机关组织结构

（一）英国检察机关的组织结构

英国作为世界上最早建立检察制度的国家之一，也是英美法系国家检察制度的发源地。但在漫长的历史过程中，英国一直以"私诉"或者"自诉"为其刑事诉讼的基本形式，绝大部分刑事案件都是以私人名义或者警方名义进行起诉，检察机关代表国家起诉的案件并不多见，刑事检控权的分散性是长期以来英国检察制度的一大特点，这种分散性导致了英国刑事诉讼的诸多缺陷，同时也引起了英国社会的普遍批评。直到 1985 年，英国颁布《犯罪起诉法》，设立皇家检控署，现代意义的检察制度才在英国确立。[①]

英国的皇家检控署是英格兰和威尔士的主要起诉机构，负责所有刑事案件的出庭诉讼，并可以随时向警察部门提出建议。皇家检控署分为中央和地方两级检察机关，总检察长监督皇家检控署的工作，接受检察长报告工作，并对议会负责。依据英国的宪法惯例，总检察长在履行检察职责时，不能考虑任何政治因素，同样，国家也不介入刑事案件的证据收集和起诉决定权，中央政府的自我克制被视为公众对政府司法保持信心所必备的前提条件。检察长是皇家检

---

① 参见甄贞等：《检察制度比较研究》，法律出版社 2010 年版，第 64 页。

控署的具体负责人，也是最高领导，负责决定刑事案件的起诉工作，对警方的刑事事务提出建议，并履行任何其他由总检察长分配的职责。首席执行官主要负责皇家检控署法律建议和案件工作之外的日常管理等行政事务，向检察长负责并报告工作。皇家检控署的检察官则由有经验的大律师和律师担任，负责刑事案件的起诉工作。助理检察官则由非法律背景的雇员担任，负责审查一定范围内的刑事案件并在治安法庭出庭公诉等。①

与大多数国家起诉权专属于检察机关不同，英国的刑事起诉权相当分散。除皇家检控署外，英国有起诉权的机构还包括反严重欺诈局、税务和海关起诉署、财政律师部等。较之其他国家和地区检察机关而言，检察官制度在英国还是一个新近发展的事物，检察官的组织体系也是一个比较有争议的问题。大致而言，检察官在法律上是公务员，作为个体对皇家检察官负责，皇家检察官对检察长负责，检察长的工作受到总检察长的监督。总检察长代表皇家检控署就政策问题向议会负责。英国检察机关还需要向被害人和被告人负责，向法律负责。这主要通过法院对检察机关决定的司法审查来实现，司法审查是控制公共权力的重要方式。②

（二）美国检察机关的组织结构

美国的检察制度是最具特色的检察制度。这种独具特色的检察制度源于美国是一个移民国家，多元的文化融合反映在司法制度上表现为多样性。联邦制的政体结构，使得其司法系统呈现出二元化的双轨制结构。美国的检察系统非常分散，存在联邦和州两套相互独立的检察系统，无论是联邦、州还是地方各级检察机关之间，彼此独立，互不隶属，而且在机构设置、人员组成和业务范围等方面也各具特色，并不统一。

美国的联邦检察系统由联邦司法部中具有检察职能的部门和联邦地区检察署组成，主要负责调查、起诉违反联邦法律的行为，并代表联邦政府为当事人的案件参与诉讼。联邦检察长是联邦检察系统的首脑，同时也是联邦司法部长。联邦检察官包括联邦检察长都由总统直接任命，但必须经联邦参议院同意。联邦检察长参与诉讼的案件，一般仅限于联邦最高法院和联邦上诉法院审理的案件。美国的联邦司法系统分为 94 个司法管辖区，每个管辖区设立一个联邦检察署，由一名联邦检察官和若干检察官助理组成。他们是联邦检察工作

---

① 参见［英］里约瑟·J. 爱德华兹：《皇家检察官》，周美德等译，中国检察出版社 1991 年版，第 150 页。

② 参见张千帆、包万超、王卫民：《司法审查制度比较研究》，译林出版社 2012 年版，第 7 ~ 8 页。

的主要力量。联邦检察官助理可以自行决定侦查和起诉一般刑事案件，但必须遵守检察长制定的方针政策。对于涉及国家安全的案件或者重大的政府官员腐败案件，他们必须得到联邦检察长或主管刑事处工作的助理检察长的批准才能提起公诉，不得自行决定提起公诉。

美国的地方检察系统以州检察机构为主，通常由州检察长和州检察官组成。州检察长一般情况下由所在州的选民直接选举产生，市镇检察官的产生方式则有选举、任命和聘任。州检察长的职责范围在各州也不尽相同，有的州检察长没有公诉职能，也不干涉检察署的具体事务，甚至有的纯粹是民事法律事务官。有的州检察长则直接负责刑事案件的起诉工作，各地区的检察人员都是他的助手并在他领导下工作。州检察官的名称也极不统一，有的称检察官，有的称公诉律师、法务官、地区检察长等。州检察官领导的机构一般称为检察署，主要负责调查和起诉违反本州法律的行为。在美国的市级建制中，检察机构并非一个必须存在的机构，在有的州，市和镇没有自己的检察机构，全部检察工作都属于州检察官的职权。

三、日本、俄罗斯检察机关组织结构

（一）日本检察机关的组织结构

日本的检察制度受到法国、德国和美国的影响，在引进、吸收和改造的过程中得到发展进而形成日本现行检察制度。日本检察机关实行的是"审检分立"的设置模式，即检察机关与审判机关分别设置。从组织层面来看，检察机关是一个以检事总长为顶点、全国统一的中央集权化的"金字塔"型官僚体系。全国检察机关设为四个层级，即最高检察厅、高等检察厅、地方检察厅、区检察厅，分别对应最高裁判所、高等裁判所、地方裁判所和家庭裁判所、简易裁判所等。检察厅是日本检察官从事检察事务和检察行政事务的官署（地方），但检察厅本身不是国家机关，也正因此，在诉讼法上和法院相对应的不是检察厅，而是检察官。也就是说，检察官在日本是具有行使检察权权限的政府机关，每一位检察官都定位为代表国家意志的独立的政府机关，这也是日本检察制度的特别之处。检察官隶属于某一个检察厅，在该检察厅管辖范围内行使检察权，但在法律上又不完全接受该检察厅长官的指挥。也就是说，检察官在行使检察权时拥有法定的自主决定权，这也是日本的检察官被称为"独任制机关"的原因所在。①

---

① 参见裴索：《日本国检察制度》，商务印书馆 2003 年版，第 25 页。

（二）俄罗斯检察机关的组织结构

俄罗斯检察制度奠基于彼得一世时期，历经"十月革命"，在苏维埃政权建立之后予以废除，进而确立苏联检察制度，20 世纪 90 年代又经历苏联解体，如今俄罗斯基本承继了苏联时期的检察制度。《俄罗斯联邦检察机关法》第 11 条规定，俄罗斯联邦检察机关体系由三级组成：第一级是俄罗斯联邦总检察院；第二级是俄罗斯联邦主体检察院，以及相当于该级别的军事检察院和其他专门检察院；第三级是区（市）检察院，其他的区域性检察院，以及相当于该级别的军事检察院和其他专门检察院。在领导体制上实行上级领导下级，下级服从上级。联邦总检察长由联邦委员会根据总统的提名任命或解除。联邦总检察长每年向联邦议会和联邦总统报告工作。俄罗斯联邦检察机关是联邦统一而集中的机关体系，下级检察长服从上级检察长和俄罗斯联邦总检察长，并对他们负责。俄罗斯联邦检察机关（其中包括军事检察机关）独立地行使权限，不受联邦国家权力机关、联邦主体国家权力机关、地方自治机关和社会联合组织的干涉。

四、中外检察机关组织结构类型及其特点

以上六个国家加上我国的检察组织结构基本上代表了当前世界上检察组织结构的五个基本类型：第一种类型仅指英国的检察机关组织结构，第二种类型仅指美国的检察机关组织结构，第三种类型包括法国和德国的检察机关组织结构，第四种类型包括日本、俄罗斯的检察机关组织结构，第五种类型指我国检察机关组织结构。

第一种类型检察机关组织结构的基本特点。英国检察机关的组织结构总体上是非常分散而繁杂的，从有关英国检察制度的资料来看，笔者大致能够得出两个结论：一是英国检察机关根据地域和案件管辖的不同分立了若干检察系统，这些系统之间彼此独立，互不隶属；二是英国皇家检控署内部存在着上下级领导关系；从法律规定来看，法律所授权的对象为检察长，而不是检察院或检察官，这种授权模式意味着皇家检控署的检察长有权以自己的意志决定和影响各分支机构的检察权行使。

第二种类型检察机关组织结构的基本特点。总体而言，美国检察机关的组织结构是分散而多元的，没有统一的组织体系，没有统一的管理制度，没有统一的产生方式，甚至没有可以依照执行的统一政策法律体系，连检察官的称谓也不统一。各级各地检察机构之间彼此独立，互不隶属，互不干涉，检察机构和检察官拥有相当大的独立性和自主性。但联邦检察机关系统内存在一定的领导关系，联邦地区检察机关之间在管辖地域上不可避免发生交

叉，但是彼此在管辖事项上都有明确的法律规定，并不会发生重合。所以它们之间根本无所谓上下级关系，而是并行不悖，各行其道，相互之间也不存在隶属关系。

第三种类型检察机关组织结构的基本特点。法、德两国检察组织结构方面的共同点是：中央检察机关对地方检察机关无领导权，地方检察机关之间存在着明确的上下级领导关系。不同点主要表现在两个方面：一是法国中央检察机关对其地方检察机关没有任何权限，而德国中央检察机关对其地方检察机关在案件管辖上具有一定权力；二是法国地方检察机关之间的领导关系不包括职务移转和调取权，而德国地方检察机关之间具有这种关系。

第四种类型检察机关组织结构的基本特点。日本、俄罗斯虽然政权结构不同，检察机关层级设置不一，但在检察机关之间的关系上都存在着一个共同点，即实行全面的检察一体化原则，上级领导下级，中央检察机关对地方各级检察机关具有明确统一的领导权，地方各级检察机关之间也存在着明确的上下级关系。

第五种类型检察机关组织结构的基本特点。我国检察机关按照行政区划的划分，分为四个层级，同层级检察机关之间一般存在案件管辖范围的竞合和检察业务工作上的协作关系。检察组织结构通常表述为"双重领导体制"，也即检察长的产生要受双重制约。在检察职权的行使上则实行上下级之间领导与被领导的关系，即最高人民检察院领导地方各级检察院和专门检察院的工作，上级检察院领导下级检察院的工作。

五、对完善我国检察机关组织结构的启示

比较的目的是要找出各国（地区）检察组织结构共性的东西，发现不同社会环境下制度运行的共同规律，进而检视我国检察组织结构存在的争议与问题，并探寻未来的发展路径。通过分析，可以得出以下三点启示：

第一，世界上很难找到完全一样的检察组织结构模式甚至检察制度、各国（地区）检察组织结构都是在立足本国和本地区的社会环境、政权体制与社会文化等基础上建立和发展起来的，有其历史的继承性和现实的适应性。

第二，影响和决定各个国家检察组织结构的因素是多方面：一是国家的历史和文化传统影响着检察组织结构形式。二是国家的结构形式影响和决定着检察组织结构。三是检察首长的任免制度直接影响检察机关的组织结构。检察机关的首长是检察机关的第一责任人，其任免机制自然会影响到检察机关的组织结构。

第三，需要澄清几个基本观念：一是没有一成不变、一劳永逸的制度建

构。任何制度都存在历时性和共时性特点，检察组织结构也不例外。二是没有绝对优越和正确的检察组织结构模式，适合本国国情，能在实践中有效并且良性运行的模式就值得重视和选择。三是实践层面存在的执行问题不能等同于制度本身的问题，检察权在实践运行中存在的各种问题，不能完全归咎于检察体制或者组织结构，毕竟再好的制度也是由人来执行的。就我国而言，我国检察机关的组织结构会对检察权行使的公正性产生一定的影响．但不是导致司法不公或司法腐败的根本性原因。要实现检察权的公正行使，要有效避免司法腐败，关键还在于检察机关和检察官的司法品质与公信力的形成。

第六部分

检察改革

认真学习贯彻全面推进依法治国战略部署
推动检察工作全面发展进步

——党的十八届四中全会精神学习体会

敬大力

党的十八届四中全会是在全面深化改革、全面建成小康社会的重要历史时刻，召开的一次具有里程碑意义的会议。以习近平同志为总书记的党中央统筹党和国家事业发展全局作出了又一重大战略部署，开启了依法治国"2.0"版新征程，形成了"全面深化改革"和"全面推进依法治国"双轮驱动的局面。全会审议通过了《中共中央关于全面推进依法治国若干重大问题的决定》（以下简称《决定》），明确提出了全面推进依法治国的指导思想、总目标、基本原则和重大任务，回答了党的领导和依法治国关系等一系列重大理论和实践问题，回应了人民呼声和社会关切，是加快建设社会主义法治国家的纲领性文件。全省检察机关要迅速掀起学习贯彻全会精神的高潮，努力以全会精神统一思想、凝聚力量，推进社会主义法治国家和法治湖北建设，推动全省检察工作全面发展进步。

一、深刻领会全面推进依法治国的指导思想、根本保证和重大意义，牢牢把握检察工作正确发展方向

《决定》对全面推进依法治国的指导思想、根本保证和重大意义进行了科学归纳和深刻阐述，正确而深刻地领会这些问题，是学习贯彻全会精神的首要前提，是把握法治中国建设前进方向的鲜明旗帜。

（一）深刻领会全面推进依法治国的指导思想

《决定》明确提出了全面推进依法治国的指导思想，深刻阐明了依法治国的根本遵循和价值追求。一要以深入学习贯彻习近平总书记系列重要讲话精神特别是法治思想为指导推进依法治国。党的十八大以来，习近平总书记系列重要讲话提出了许多关于法治建设的新思想、新论断、新要求，从"法治是治国理政的基本方式"到"坚持依法治国、依法执政、依法行政共同推进，坚持法治

国家、法治政府、法治社会一体建设"；从"坚持党的领导、人民当家作主、依法治国有机统一"到"依法治国和以德治国相结合"；从"依法执政"到"法律的生命力在于实施，严格执法、公正司法，努力让人民群众在每一个司法案件中感受到公平正义"；从"重大改革要做到于法有据"到"善于运用法治思维和法治方式反对腐败"等一系列重要思想，高扬法治精神、发展法治理论、运用法治思维、创新法治方式，推动了依法治国在前所未有的广度和深度上不断展开。我们只有牢牢把握这些重要思想，才能坚持全面推进依法治国的前进方向，才能坚持全面推动检察工作发展进步的前进方向。二要坚定不移地按照中国特色社会主义法治道路推进依法治国。中国特色社会主义法治道路是中国特色社会主义道路的重要组成部分，是实现法治中国的正确路径选择。道路与理论、制度紧密相关。坚持中国特色社会主义法治道路，要以中国特色社会主义制度为根本保障，以中国特色社会主义法治理论为行动指南，形成相互联系、互为支撑、辩证统一的有机整体。为了确保全省检察工作始终沿着中国特色社会主义法治道路阔步前进，我们必须坚定不移地走中国特色社会主义检察事业发展道路，全面落实深化司法体制改革和检察改革部署，大力推进理论创新、体制创新和机制创新，着力解决影响和制约检察工作发展进步的体制性、机制性、保障性障碍，发展和丰富中国特色社会主义检察理论体系，使中国特色社会主义检察制度更加成熟、更加定型、优越性得以更加充分的发挥。

（二）深刻领会全面推进依法治国的根本保证

《决定》突出强调，党的领导是中国特色社会主义最本质的特征，是社会主义法治最根本的保证和根本要求，是我国法治建设的一条基本经验，是党和国家的根本所在和命脉所在，是全面推进依法治国的题中应有之义。党的领导和依法治国的关系是法治建设的核心问题。党的领导和社会主义法治是一致的，社会主义法治必须坚持党的领导，党的领导必须依靠社会主义法治。加强法治建设就是加强党的建设，不能以加强法治为名脱离或削弱党的领导。坚持党的领导、人民当家作主和依法治国有机统一，是我国的法治与西方所谓"宪政"、"法治"的根本区别，对此我们一定要有清醒的认识和坚强的定力，决不能在这个根本问题上犯错误。全省检察机关在推动全面依法治国和检察工作发展进步的进程中，一定要旗帜鲜明、坚定不移地坚持党的领导，坚持执行法律和执行党的政策的统一性，正确理解和把握党的领导和确保检察机关依法独立公正行使职权的统一性，始终在思想上、政治上、行动上与习近平同志为总书记的党中央保持高度一致。

（三）深刻领会全面推进依法治国的重大意义

全面推进依法治国，对于全面建成小康社会、实现中华民族伟大复兴的中国梦，具有极其重要的意义。第一，全面推进依法治国有利于保证国家统一、法制统一、政令统一、市场统一，使法治在国家治理体系中的重要性更加凸显；有利于提高科学立法、民主立法水平，实现良法善治；有利于提高严格执法、公正司法水平，通过法律的统一正确实施促进国家治理体系和治理能力现代化；有利于提高党的执政能力和执政水平，增强各级领导干部运用法治思维和法治方式深化改革、推动发展、化解矛盾、维护稳定的能力。第二，全面推进依法治国可以在维护宪法法律权威过程中，更好地弘扬社会主义法治精神，引领信法、尊法、守法、用法的社会风尚，使法治信仰上升为国家信仰、扎根于全体人民；可以更好地统筹社会力量、平衡社会利益、调节社会关系、规范社会行为，调动各类主体的积极性、创造性，搭建起更牢固的框架、更规范的轨道，使我国社会在深刻变革中既生机勃勃又井然有序。第三，全面推进依法治国可以保证国家和社会的长治久安。法治是改革发展稳定的压舱石。在改革攻坚期、发展机遇期、社会风险期"三期叠加"的今天，只有依靠法治、践行法治、充分发挥法治的保障作用，才能有效维护人民权益、维护社会公平正义、维护国家安全稳定，才能让各项改革蹄疾而步稳地前行，才能让各项事业行稳而致远的发展。

全面推进依法治国，对于检察事业发展进步具有重要的指导意义和保障促进作用。《决定》确定的指导思想、总目标以及重大任务，进一步指明了检察工作的发展方向、发展目标和实现路径，为我们不断调整完善新时期检察事业发展战略、制定加强和改进检察工作的措施，指明了方向，提供了基本遵循。《决定》明确提出要加强对司法活动的监督，完善检察机关行使监督权的法律制度，健全行政执法与刑事司法衔接机制；完善司法管理体制和司法权运行机制；完善确保依法独立公正行使检察权的制度；优化司法职权配置，探索设立跨行政区划的检察院，探索建立检察机关提起公益诉讼制度；进一步推动法治专门队伍正规化、专业化、职业化，等等。这些要求进一步拓展了检察机关职责范围，从制度、人才等方面为检察事业发展提供了坚强保障，创造了难得的"黄金发展期"，必将极大地促进检察改革不断深化、队伍素质整体提升、执法环境更加优化、职能作用充分发挥，必将极大地促进检察工作体制机制进一步健全完善、中国特色社会主义检察制度更加成熟和定型。

二、深刻领会全面推进依法治国的总目标，努力构建更加健全完善的检察工作体系

《决定》提出全面推进依法治国的总目标是建设中国特色社会主义法治体系，建设社会主义法治国家。鲜明提出要形成完备的法律规范体系、高效的法

治实施体系、严密的法治监督体系、有力的法治保障体系，形成完善的党内法规体系。

（一）深刻理解"法治体系"的内涵和外延

"法治体系"这一概念，是第一次出现在中央文件当中，是我们党在法治理论上的一次重大飞跃。要正确理解法律体系、法制体系与法治体系的区别与联系。新中国成立以来，我们在治理国家的方式上经历了从主要依靠政策到主要依靠法律、从法制到法治的转变过程。法律、法制与法治之间既有联系，也有明显的区别，法治不仅要求制定出良好的法律，也要求这些法律得到普遍的实施，更要求运用法治思维和法治方式治理国家、调整社会关系。法律和法制是一个相对静态的概念，而法治则更加强调有法必依、执法必严、违法必究，更加强调宪法法律权威性，是相对动态的概念。从法律体系、法制体系到法治体系，这一字之差的变化，表明了我们党对法治建设认识的进一步深化，标志着我们党在推进国家治理体系和治理能力现代化的道路上迈出了实质步伐。中国特色社会主义法治体系是一个全面的、系统化的概念，具体包括"五个体系"。每一个体系既各有侧重、各自独立，又相互联系、互为支撑、彼此促进，共同构成了这一体系的有机统一整体。检察机关既是司法机关，也是国家法律监督机关，肩负着保障宪法和法律统一正确实施的职责使命，在法治体系建设进程中的地位和作用必将更加突出。我们一定要深刻认识、准确把握法治体系建设的新目标新要求，努力找准服务和促进法治体系建设的切入点和着力点。

（二）深刻认识检察工作体系是法治体系的重要组成部分

毋庸置疑，检察工作体系是法治体系中的重要一环。近年来，我们在检察工作实践中，逐步总结形成了检察工作方针政策体系、执法办案和法律监督工作体系、检察机关自身建设体系等"三个体系"。这"三个体系"在总体上是符合法治体系建设要求的、具有一致性。例如，"四个维护"的根本目标（即维护社会主义法制统一、尊严、权威，维护社会和谐稳定，维护人民权益，维护社会公平正义），与全面推进依法治国指导思想中提出的"坚决维护宪法法律权威，依法维护人民权益、维护社会公平正义、维护国家安全稳定"的要求相一致。又如，我们强调坚定政治方向、服务大局，与坚持党对全面推进依法治国的领导、坚持中国特色社会主义法治道路的精神是相符合的。再如，我们坚持把诉讼监督工作作为硬任务、作为主业来抓，不断明确监督思路，健全完善监督格局，与构建严密的法治监督体系要求十分契合，等等。

（三）全面发展、健全和完善检察工作体系

我们要深入贯彻全面推进依法治国的战略部署，按照法治体系建设的总目标和新要求，在中国特色社会主义法治体系总体布局中进一步发展、健全和完善检察工作"三个体系"，使之更加符合中国特色社会主义法治道路，更加符合法治体系建设要求，更加符合检察权运行规律和检察事业发展的阶段性特征，努力形成更加健全完善的检察工作体系。要以习近平总书记重要讲话精神为根本指针，更加强调坚持党的领导，坚持"三个走在前列"，自觉做到"五个适应、五个更加注重"，切实承担起"三项主要任务"，进一步完善检察工作方针政策体系。要深化司法改革和检察改革，深化检察工作机制创新，深入推进执法办案转变模式转型发展，大力加强诉讼监督"四化"建设，进一步完善执法办案和法律监督工作体系。要贯彻"五个过硬"要求，深入实施检察队伍"六项建设"，深化规范文明执法长效机制和自身监督制约体系建设，推进新型检察院建设，努力打造"五个检察"，进一步完善检察机关自身建设体系。

三、深刻领会全面推进依法治国的重大任务，把握进一步"提高检察工作法治化水平"和"提高检察机关执法公信力"两个主基调

全会明确提出了全面推进依法治国的六大任务：完善以宪法为核心的中国特色社会主义法律体系，加强宪法实施；深入推进依法行政，加快建设法治政府；保证公正司法，提高司法公信力；增强全民法治观念，推进法治社会建设；加强法治工作队伍建设；加强和改进党对全面推进依法治国的领导。这六大任务符合我国经济社会发展和法治进程现状，是全面推进依法治国换挡提速、转型升级的抓手，描绘了法治建设整体推进、协调发展的路线图。

（一）牢牢把握依法治国重大任务的精神实质

从内在本质上看，依法治国重大任务集中体现了法治和公信力的要求。法治是治国理政的基本方式，是推进国家治理体系和治理能力现代化的重要依托。要实现建设中国特色社会主义法治体系和法治国家的总目标，就必然要求每一项立法活动、行政行为、执法司法活动都符合法治精神、符合法律规定、在法治轨道内运行，树立法治的权威。无论是加快建设法治政府，还是保证公正司法，亦或是推进法治社会建设，加强法治工作队伍建设等重大任务都明确地将法治精神贯穿始终，都彰显着法治的内涵。公信力来源于社会公众对法治的认同、信任和尊重，法治是公信力最坚实的基础和保障。缺少法治的支撑，公信力就难以确立和提升；而没有公信力的法治，也必将难以实施、缺少权威，无法获得来自人民群众的内心崇尚和信仰，就不是真正的法治。依法治国重大任务既充分体现了法治精神、法治原则、法治要求，又充分体现了提高政

府公信力、执法公信力、司法公信力的要求。湖北省检察机关提出并坚持的加强法治建设和提高执法公信力"两个主基调"的工作思路，与四中全会法治精神相符合，与部署六大任务的精神相一致。我们一定要以坚持"两个主基调"促进依法治国重大任务贯彻落实到位，以落实依法治国重大任务推动"两个主基调"更加深入发展，更加健全完善。

（二）以"两个主基调"为根本狠抓依法治国重大任务的贯彻落实

要牢牢把握法治和公信力"两个主基调"，以此为总抓手，主动把检察工作放在社会主义法治建设全局中谋划和推进，充分发挥促进、服务、保障全面依法治国的职能作用，自觉肩负起中国特色社会主义法治体系建设者、捍卫者的职责使命。总体而言，要把握两个方面：一方面，要增强坚持"两个主基调"的自觉性和坚定性。要不断增强法治观念，坚守法律信仰和职业良知，把法治精神当做主心骨，养成运用法治思维和法治方式看待问题、解决问题的习惯。要坚持把执法公信力作为检察机关的立身之本、战略任务和检察权运行的重要规律来抓，持之以恒、坚持不懈地深入推进。另一方面，要把"两个主基调"落实到检察工作各环节，推动依法治国重大任务全面落实。要深刻认识全面推进依法治国本身就是大局，发挥检察职能促进各项事业法治化就是服务大局，切实把加强法治建设贯穿检察工作全过程，强化法律监督，监督纠正司法不公，深化行政执法与刑事司法衔接，提高职务犯罪侦查法治化水平，积极提出相关立法建议，深化法治宣传教育，促进加快建设社会主义法治国家，提升执法司法整体公信力。要强化自身监督和过硬队伍建设，打造"法治检察"，保证自身严格公正规范文明廉洁执法，确保检察权在法治的轨道上规范运行，切实让人民群众在每一起案件中体会到公平正义，提高自身执法公信力。

四、深刻领会健全法治监督体系的要求，进一步加强检察机关法律监督制度建设

全会首次明确提出要建立严密的法治监督体系，强调检察机关在履行职责中发现行政机关违法行使职权或者不行使职权的行为，应该督促其纠正；探索建立检察机关提起公益诉讼制度；加强对司法活动的监督，完善检察机关行使监督权的法律制度，加强对刑事诉讼、民事诉讼、行政诉讼的法律监督。这些重大决策部署把强化法治监督和检察机关法律监督提到一个新的高度。

法律的生命在于实施，法律的实施离不开监督。只有加强对法律实施的监督，才能防止执法不严、司法不公，才能树立法治的权威，增强全社会厉行法治的积极性和主动性。法治监督体系的建立和完善，关系到法律能否很好地实

施，关系到公权力能否在法律的框架内行使，关系到全社会能否遵守法律、信仰法律。严密的法治监督体系是一个多方面、全方位、系统化的有机整体。检察机关法律监督是法治监督体系中的重要一环，是法治监督的主力军。对此，习近平总书记在庆祝全国人大成立 60 周年重要讲话中明确强调要加强检察监督，这次全会又明确提出要完善检察机关行使监督权的法律制度，这些都为我们加强和改进法律监督工作提供了根本依据和制度保障，同时也设定了新目标、带来了新的重大机遇。

（一）全力推动诉讼监督"四化"建设

去年以来，我们深入贯彻党的十八届三中全会关于"健全司法权力运行机制，加强和规范对司法活动的法律监督"的要求，着力推进诉讼监督制度化、规范化、程序化和体系化的"四化"建设，不断完善配套制度和措施，取得了积极成效。这项机制创新与"完善法治监督体系、完善检察机关行使监督权的法律制度"的要求高度契合。全省检察机关要始终坚持以"四化"建设为抓手，从更高起点、更高层次、更高水平上思考如何完善法治监督体系，找准结合点、切入点、着力点，努力构建完整的检察机关行使监督权的法律制度体系。要严格落实规范诉讼违法线索管理、明确诉讼监督立案标准、统一规范诉讼监督文书等九项措施，切实做到敢于监督、善于监督、依法监督、规范监督、理性监督，真正担负起宪法法律赋予检察机关的责任。要针对检察机关行使监督权的相关制度缺位、原则、抽象等问题，在法律制度层面、工作机制层面加强探索，研究编制诉讼监督规程，争取制定专门的诉讼监督规则，推动诉讼监督工作专门立法，进一步明确检察机关的监督权限、监督范围、内容、程序、手段，明确监督机构的分工和相互关系，形成系统完备、科学规范、运行有效的法律监督制度体系。

（二）探索加强对行政权力运行的监督和制约

四中全会决定提出强化检察机关对行政权力的监督和制约，这对加强检察机关法律监督来说是重大的制度性突破。要加强实践探索，积极推动完善配套保障措施，拓展检察机关对行政机关及行政人员乱作为和不作为的法律监督，总结以往湖北省检察机关的实践经验，建立工作机制，组建工作机构，在履行检察职责中发现行政机关及行政人员违法履行职责或者不履行职责的，可以检察建议或者督促令等形式，督促其纠正。行政机关及行政人员应当纠正而拒不纠正，且属于行政公益诉讼的，检察机关可以向法院提起行政公益诉讼。检察机关发现行政人员违法履行职责或者不履行职责构成渎职犯罪的，应当立案侦查追究刑事责任。要探索推进检察机关提起公益诉讼制度，明确检察机关公益诉讼职责范围、诉讼程序、审理方式等内容，加强对公共利益的保护。要推动完善相关立法，明确检察机关对行政权力监督的范围、方式、程序和效力，规定行政主体接受检察监督的法定义务，为检察机关实施行政检察监督提供明确的法律依据和操作机制。

（三）探索建立与以审判为中心的诉讼制度相适应的诉讼监督制度

四中全会决定提出推进以审判为中心的诉讼制度改革，目的在于确保侦查、审查起诉的案件事实证据经得起法律检验。以审判为中心的诉讼制度改革，相对于卷宗中心主义，主张审判特别是庭审活动的实质性，参加诉讼的各方更集中注意在法庭上发挥作用，意味着整个诉讼制度和活动围绕审判而建构和展开，审判阶段对案件的调查更具有实质化的特征。检察机关要主动适应这一制度改革的新形势新要求，有针对性地对检察机关诉讼监督工作进行必要的调整：一要明确这一制度改革是以审判为中心，不是以法院为中心，公检法三机关在刑事诉讼活动中各司其职、互相配合、互相制约的原则不能变、不能丢。二要明确这一制度改革是以审判活动为中心，不是以审判职能为中心，注意把握审判职能与监督职能、诉讼活动的联系和差异，不能将相互间的定位和职能混为一谈。三要明确这一制度改革所带来的新变化新要求，对诉讼监督要有所侧重、有所调整，在坚持多元化监督工作格局的基础上，逐步将诉讼监督的重心转移到审判活动上来，着力在审判活动中发现、核实和纠正有关司法机关和司法工作人员的诉讼违法行为，确保诉讼活动公正高效。

对司法体制改革的几点思考[*]

朱孝清

当前完善司法人员分类管理、完善司法责任制、健全司法人员职业保障、推动省以下地方法院检察院人财物统一管理（以下简称"人财物统管"）等四项改革试点的框架意见（以下简称《改革框架意见》）已经通过，上海、广东、吉林、湖北、海南、青海 6 省市的试点工作也在陆续展开，① 笔者试就这几项改革中的几个问题，谈几点思考意见。

一、要重视人财物统管可能带来的法院、检察院内部行政性强化问题

省级以下人财物统一管理有利于排除地方对司法机关执法办案的不当干预，防止司法权地方化，对于保障司法权依法独立行使，促进司法公正，具有重大意义。省级统管后，根据党管干部原则，人事由省级党委及组织部管理，经费由省级政府财政部门统一管理。②

但由谁协助省级党委、政府管理，当前有多种主张：有的主张在中央和省级成立国家和省级司法委员会，与党委政法委合署办公，"一套人马、两块牌子"，对外作为国家的一个机构，由该机构负责管理该省司法机关的人财物；有的主张在省人大常委会设立司法委员会（或依托目前的内司委）负责管理；有的主张由省级政府的司法行政部门负责管理；有的主张由省级法、检协助管理，具体由省级法、检共同或分别成立事务管理局从事这一工作。③ 笔者认

---

* 原文载《法学杂志》2014 年第 12 期。

① 参见《坚持顶层设计与实践探索相结合，积极稳妥推进司法体制改革试点工作——访中央司法体制改革领导小组办公室负责人》，载《法制日报》2014 年 6 月 16 日。

② 参见《坚持顶层设计与实践探索相结合，积极稳妥推进司法体制改革试点工作——访中央司法体制改革领导小组办公室负责人》，载《法制日报》2014 年 6 月 16 日。

③ 参见徐汉明：《中国法治发展与社会治理咨询报告——深化司法改革，加快建设公正高效权威的社会主义司法制度若干问题》，来自研究报告（未公开发表）；蒋惠岭：《未来司法体制改革面临的具体问题》，载《财经》杂志 2013 年第 34 期。

为，上述主张都有一定道理，但如由与省委政法委合署办公的司法委员会管理，会使得政法委集监督指导司法机关执法办案与管理人财物于一身，恐有不利于司法机关依法独立行使职权之虞；如由省人大常委会下的司法委员会管理，则与人大作为权力机关且监督法院、检察院工作的职责定位不尽相符；如由政府的司法行政部门管理，则与司法机关依法独立行使职权，不受行政机关干涉的宪法原则不符。由省级法、检协助管理，具有对基层司法机关的经费和人才需求、对法官检察官的素质能力较为了解的优势，有利于贯彻管人与管事相一致原则，且目前省级法、检实际上就具有一定的人财物管理职责，故由其管理可能性较大。

然而，由省级法、检协管（含市、地级法、检承担相应的协管之责，下同）必然会强化法、检系统内部的行政化，如不采取防范措施，就有可能出现以下三个方面风险：

1. 利用人财物协管权干预下级依法办案的风险。上级司法机关拥有人财物协管权后，就使人财物协管权和司法业务监督（领导）权二者结合起来。众所周知，人事权关涉人的政治前途，政治学原理告诉我们，权力授受关系是决定公职人员行为取向的决定性因素，即权力由谁授予，就对谁负责；财权则关系机关的生存和运行，"就人类天性之一般而言，对某人的生活有控制权等于对其意志有控制权"。[①] 当上级利用这种事关政治前途和生存运行的协管权对下级司法业务进行不当干预时，下级慑于权势违心屈从就难以完全避免。分析以往对司法不当干预的来源，主要有三个方面：一是来自地方党政机关；二是来自司法系统内部包括上级司法机关和司法人员；三是来自社会。当人财物由省级统管，地方党政领导人利用人财物管理权不当干预司法的渠道被切断后，一些地方党政领导人对司法的干预会由原来的直接干预转为间接干预，即通过向上级司法机关领导人打招呼进行干预，这样，由外转内、来自本系统上级的干预就会增多。以往对地方党政领导人利用人财物管理权干预司法的问题，尚可通过司法系统纵向的报告、协调机制予以制衡；人财物省级统管后，对上述由外转内、由上而下的干预如何防范和应对，就很值得重视。

2. 法院审级制度被破坏的风险。人财物省级法、检协管跟检察系统的体制是协调的，但跟法院系统的审判监督关系却不协调，因为审判监督是以严格的审级制度为前提的。法院的审级制度要求各级法院依法独立审判，不受有关方面包括上级法院的干预；上级法院则非经当事人上诉（申诉）或检方抗诉，

---

① ［美］汉密尔顿等：《联邦党人文集》，程逢如译，商务印书馆 1982 年版，第 398 页。

就不得主动过问下级法院的具体案件。而人财物省级统管后，如前所说，上级法院干预下级的情况可能增多，干预的威力也会增大。在这种情况下，上级法院对案件处理的任何一个意思表示，都有可能使案件"一锤定音"，从而使审级制度破坏殆尽，当事人上诉（申诉）和检方抗诉及二审、再审徒具形式，审级所具有的防止司法专断、给当事人以救济机会、维护司法公正的功能就无从发挥。

3. 利用人财物协管权谋私的风险。为了争取经费和提拔使用，有的基层司法机关和司法人员有可能搞不正之风甚至送钱送物，协管者则有可能以权谋私。这种情况在省级统管前也存在，只不过统管前它发生于党政人员与司法机关、司法人员之间，统管后则有很大一部分转而发生于司法机关内部。

以上说明，司法权行政化和司法权地方化都不利于司法机关依法独立公正地行使职权。为了防范司法权行政化所可能产生的上述风险，笔者建议采取以下措施：

1. 实行人财物管理与司法业务相分离。

"司法行政与司法业务相分离是现代司法行政管理的基本原则，也是西方国家通行的体制安排。"[①] 为了保障司法权依法独立行使，防止人财物管理权对司法权造成冲击，一些国家（地区）一般实行人财物管理（或称司法行政管理）与司法业务相分离的制度。以法院为例，人财物管理大多由司法部负责，如在德国，法院行政管理权由司法部行使，负责提请任命联邦法院法官和联邦检察院检察官；管理联邦法院、联邦检察院经费；负责联邦法院的资产购置、设备管理、财务管理、司法助理员和书记员管理等行政事务。联邦普通法院、行政法院的经费由司法部与法院协商后提出预算，报议会批准。在法国，司法部统一负责法院系统的行政组织、人事调动、经费预算编制和管理等方面的事务。在英国，法院的行政管理经历了大法官事务部到宪法事务部到司法部的转变，2007 年后，由司法部法院管理署负责管理。[②] 在我国台湾地区，法院的人财物由"司法院"管理，检察院的人财物由"法务部"管理。除了由法院外部的司法行政等部门管理之外，也有的采取司法机关内部分离的方式，即由法院内部非业务部门管理。如在美国，法院的行政管理原较多地由国会下属的联邦司法委员会负责，1939 年联邦法院司法行政管理局建立后，法院行政管理职能就逐步转移给该局，现该局基本上负责联邦法院的日常运行，包括制

---

① 谢鹏程：《司法行政事务省级院统管路径研究》，载《人民检察》2014 年第 8 期。

② 参见梁三利、郭明：《法院管理模式比较研究——基于对英国、德国、法国的考察》，载《长江师范学院学报》2010 年第 1 期。

定并向国会提交联邦法院预算，审核并分配法院的经费，接受法院书记官和其他法院辅助人员的报告并对他们进行监督等。此外，美国法院的建筑和办公设施的购置和维修则由全国总务行政管理局负责。①

　　除了人财物管理与司法业务相分离外，外国（地区）一般还实行人财物具体管理与人财物决策相分离。在经费方面，一般由具体管理部门协同财政部门编制独立预算，报议会批准，财政部门拨付，然后由具体管理部门监督管理。也就是说，经费管理权归具体管理部门和财政部门，决策权则在议会。在人事管理方面，日常管理由管理部门负责，但决策权则在由法律共同体代表和社会贤达组成的相对独立的社会性机构。以我国台湾地区为例，该地区的"司法院"设法官人事审议委员会、法官遴选委员会和法官评鉴委员会，其中人事审议委员会由"司法院"院长和有关方面经严格程序产生的代表共 27 人组成，② 负责审议法官任免、转任、解职、迁调、考核、奖惩、专业法官资格认定或授予、法院院长庭长延任等事项；遴选委员会由"司法院"院长、"考试院"代表、法官检察官律师代表、学者及社会公正人士共 19 人组成，负责法官遴选；评鉴委员会由法官、检察官、律师代表和学者及社会公正人士共 11 人组成，负责对法官违法违纪行为的评鉴并提出处分意见，报由"司法院"移送"监察院"审查或交付"司法院人事审议委员会"审议。跟"司法院"相适应，台湾"法务部"也设立检察官人事审议委员会、检察官遴选委员会和检察官评鉴委员会。外国（地区）之所以分别由议会和相对独立的社会性机构来决定法院经费和法官人事问题，一是为了防止人财物管理权对司法的干预，因为在管理权中，决策权比日常具体的管理权重要得多，由议会和相对独立的社会性机构行使决策权，有利于防止人财物具体管理部门及人员对司法的干预；二是无论是议会还是社会性机构，其成员人数众多，产生程序严格，即使有个别人接受了说情甚至被收买，也不至于对结果产生大的影响，有利于司法经费和司法人事决策的公正；三是由相对独立的社会性机构审议、决定法官人事问题，体现了管理的社会化和民主化，有利于防止少数人暗箱操作和凭个

---

　　① 参见何家弘主编：《中外司法体制研究》，中国检察出版社 2004 年版，第 116～117 页。
　　② 据我国台湾地区"法官法"第 4 条规定，该 27 人构成如下："司法院"院长；"司法院"院长指定 11 人；法官代表 12 人，其中"最高法院"法官代表 1 人，"最高行政法院"法官及"公务员惩戒委员会"委员代表 1 人，高等法院法官 2 人，高等行政法院及智慧财产法院法官代表 1 人，地方法院及少年及家事法院法官代表 7 人，由各级法院法官选举产生；学者专家 3 人，由"法务部"、律师公会全国联合会各推荐检察官、律师以外之人 3 人，送"司法院"院长遴聘。"司法院"院长为该委员会主席。另外，法律还规定："司法院"为向"司法院人事审议委员会"提出人事议案所设置之各种委员会，其委员会成员应有法官、学者专家、律师或检察官代表参与。

人好恶决定人事问题，有利于法官坚持原则、秉公执法、依法独立公正行使职权而不受任何人包括人事具体管理人员和法院领导人的不当干预。

借鉴国外（地区）的做法，我国也应实行人财物管理与司法业务相分离。对此党的十六大报告就已提出："逐步实行司法审判和检察同司法行政事务相分离。"笔者认为这个分离的措施主要包括横向分离和纵向分离两个方面：横向分离是人员和职能分离，即由不同人员分别负责人财物管理和司法业务，双方不得混岗，不得插手、过问对方事务。这个分离可结合人员分类管理予以落实。纵向分离是指坚决切断上级法院主动过问下级法院案件和下级法院请示案件的渠道，以防上级法院利用人财物管理权干预下级法院办案。其途径主要是严格规范上级过问案件和下级请示案件的制度，明确规定除极个别全国有重大影响或涉及国防、外交等国家重大利益的案件外，其他案件上级法院及工作人员一律不得主动过问，下级一律不得请示，以保证下级法院依法独立审判而不受上级干预。

在实行人财物具体管理与人财物决策相分离方面，我国在人事管理上已经实现了一定的分离，如省管干部，由省级法、检党组协助省级党委组织部负责日常管理，省级党委负责决策；省级法、检党组管的干部，由省级法、检政治部负责日常管理，省级法、检党组负责决策。建议借鉴国外（地区）的做法，引入相对中立的社会性机构参与管理的机制，即由法律共同体代表和社会公正人士组成有关机构，对人事日常管理部门提出的方案进行审议并提出意见。根据党管干部原则，人事的决定权在党委（党组），故该机构的职责是审议提出意见，报党委（党组）决定，而与国外（地区）主要行使决策权有所区别。目前《改革框架意见》已决定成立法官（检察官）遴选委员会，负责对法官（检察官）遴选。但遴选只是人事管理中的部分工作，建议还要探索设立有关的社会性机构，用于审议法官（检察官）任免、迁调、奖惩等事宜和法官（检察官）惩戒事宜。在经费管理上，建议借鉴国外通行的司法经费由议会决定预算、财政负责拨付的做法，加强省级人大对法、检经费的预算管理，即由省级法、检协助省级财政部门编制法院、检察院独立的经费预算，报省人大批准后，由财政予以拨付。也就是由省级财政部门和省级法、检行使建议权和日常管理权，省人大行使决策权。该思路不仅符合我国的政治制度安排，而且有利于司法经费管理的制度化、规范化，保证经费的稳定提供和增长；有利于司法机关减弱对省级财政部门的依赖，促进司法机关依法独立行使职权不受行政机关干涉的宪法原则的落实。

2. 实行人财物管理标准化、规范化和透明化。①

这也是防止前述"三个风险"的重要措施。要在探索、实践和总结研究的基础上，逐步实现人财物管理"三化"目标。一是标准化。明确不同地区司法机关经费的保障标准，明确各级各类司法人员和职责岗位的使用条件和标准，最大限度压缩管理人员自由裁量权空间。二是规范化。用制度的形式对人财物管理的方法、程序等明确加以规定，防止主观随意性。三是透明化。把各种标准、制度以及人财物管理的重要事项、重要环节和结果等最大限度地予以公开，提高透明度和公开性，保障广大司法人员的知情权、参与权和监督权，防止暗箱操作和设租寻租。

3. 规范"检察一体、上命下从"体制，防止上级检察机关和人员利用领导地位和人财物管理权干预下级依法办案。

检察机关上下级是领导关系，遵循"检察一体、上命下从"原则，由省级检察院协管人财物符合该体制。但长期以来，检察机关行政属性本就较强，司法属性体现得不够，人财物省级统管后，行政属性会进一步增强。故检察机关也需谨慎地防止行政属性增强后可能带来的弊端，规范"检察一体、上命下从"体制，防止上级利用该体制包括人财物管理权干预下级依法办案。一是上级检察院和领导人对案件的指示要一律采用书面形式并附理由，以便事后检查和明确责任，并防止以公权塞私货；二是规定下级检察院或检察官在不认同上级指示时提请复议、复核的办法和程序，以使上级违法、错误的指示能通过法定程序得到纠正；三是遵循"法律高于'上命下从'"的原则，对明知上级指示违法仍予执行的，要依照公务员法第54条的规定，一并追究上级和执行者的责任；四是规范上级检察院职务收取、职务移转等权力，明确其条件和程序，防止上级利用这些权力干预下级依法办案。至于具体内容，笔者在《检察官客观公正义务及其在中国的发展完善》一文中作过阐述，② 这里不予细述。

4. 大力推进审务、检务公开。

利用人财物管理权干预司法的行为最终都表现为对案件不公正地处理，故推进审务、检务公开是防止腐败、保证司法公正的重要措施。要通过网上公开办案信息，强化法院裁判文书、检察院终结性法律文书说理并推动上网，完善人民陪审员制度和改革人民监督员制度以加强民众参与和监督司法等措施，提高司法工作的透明度和公信度。在英美法系国家，不仅裁判文书

---

① 谢鹏程：《司法行政事务省级统管路径研究》，载《人民检察》2014年第8期。

② 朱孝清：《检察官客观公正义务及其在中国的发展完善》，载《中国法学》2009年第2期。

要公开，而且合议庭各成员对所审案件的意见都直接写在判决书上并予公开，这就把每个参审者对案件的意见和理由都置于阳光之下，并接受案件当事人和社会公众的评判和考问，我国在条件具备时也可借鉴这一做法。

二、司法人员的工资待遇既要承认差异，又要"提低填谷"

《改革框架意见》关于"经费上收省级管理时，要考虑各地经济社会发展实际，使各地办公经费、办案经费和人员收入不低于现有水平"的规定，明确了经费保障的两个原则：一是"要考虑各地经济社会发展实际"原则，或曰承认差异原则；二是"不低于现有标准"原则。其中前一个原则是基点，后一个原则是底线。之所以要承认差异，而不是全省实行同一个保障标准，其理由：一是差异是客观存在，有些省份在本省范围内经济社会发展水平、物价消费水平差异明显，特别是房价有的差距甚大。我们是唯物主义者，必须承认客观存在，以此为基点进行改革。二是司法人员在当地生活，接受的是当地的物价和消费水平，如果一省实行同一个保障标准，经济发达地区就会吃亏。三是司法人员入职门槛明显高于公务员，工作的要求和难度也大于许多部门的公务员，如果全省实行同一个工资标准，从而使经济发达地区司法人员不是高于而是低于当地公务员，他们就会产生严重的挫败感和不平衡心理，一些骨干就会向党政部门或律师职业流动，从而影响积极性的发挥和骨干队伍的稳定。这样，经济发达地区法院、检察院工作的发展进步就会成为一句空话，"走在前列"也就无从谈起。

在承认地区差异的同时，还要看到经济欠发达地区工作艰苦，法官、检察官断层情况本就突出，特别是律师职业相对丰厚的收入和流动较为方便的实际，给司法队伍的稳定带来严峻的挑战。没有欠发达地区的小康就没有全国的全面小康，没有欠发达地区的法治就没有全国的法治。为了经济欠发达地区司法队伍的稳定和司法工作的发展，需要给欠发达地区司法人员以更多的关心和支持，给其收入"提低填谷"至该省中等以上水平，使他们能相对体面地有尊严地生活，这既是促进欠发达地区经济社会发展和法治进步的需要，也是保证欠发达地区司法人员廉洁公正司法的需要。否则，如果欠发达地区司法人员收入过低，就会促使一些骨干向发达地区流动，包括跳槽去外地当律师，那这些地区司法工作的进步和经济社会的发展就无从谈起。

三、人财物统管后，省级法、检正副院长、检察长人选的建议权（提名权）要作相应调整

人财物省级统管，等于把原来分散在省以下各级党委、政府的管理权统一

到了省里，这样，省级的权力更大、更集中了。如果司法权行使中遇到省级地方利益与国家全局利益相矛盾的情况，省级有关方面同样有可能运用人财物统管的权力来维护地方利益，抗衡全局利益，而且用以抗衡的筹码会比人财物统管前大，所造成的消极作用也有可能比统管前大。因为统管前其权力还主要限于省本级，统管后就关系到全省。当然，省级领导机关和领导干部的政治素质、法制水平比基层要高得多，因而以言代法、以权压法的情况要比基层少得多，但"屁股指挥脑袋"的情况恐难完全避免，以前在工作中也不鲜见。故人财物统管后，司法权地方化的风险仍然存在。根据现行规定，省级法院、检察院正副职人选的建议（提名）权以省级党委（组织部）为主，"两高"党组为辅，这不利于法、检机关对省级有关党政领导以言代法、以权压法的抵制和抗衡。为此，除了前述的需规范省级统管的办法、程序，使之标准化、规范化和透明化外，还要将省级法院、检察院正副职人选的建议（提名）权由原来的以省级党委为主、"两高"党组为辅，调整为以"两高"党组为主、省级党委为辅，以便强化中央和"两高"对省级司法权行使情况的监督。

四、对"两官"（法官、检察官）的改革要合法

根据法官法、检察官法的规定，法官包括审判员和助理审判员，检察官包括检察员和助理检察员。同时，法官和检察官都"非因法定事由、非经法定程序，不被免职、降职、辞退或者处分"。但有的地方的改革方案却规定，法官、检察官仅指审判员、检察员，而不包括助理审判员和助理检察员，助理审判员和助理检察员一律改任法官助理和检察官助理。据此，原来被依法任命、并被法律明确规定属于法官、检察官的助理审判员和助理检察员，非因法定事由、非经法定程序，一夜之间被排除在了法官、检察官之外，变成了法官助理、检察官助理，这是违反法律规定的，也不符合中央关于改革必须合法的原则。况且，助理审判员、助理检察员是能独立办案的，而法官助理、检察官助理是不能独立办案的，二者有质的区别；现有的助理审判员、助理检察员大多学历较高、年龄较轻，大多在办案的岗位上，特别是在"两高"和省级院工作的助理审判员、助理检察员，很多已经是院里的办案骨干，只是由于审判员、检察员的级别门槛较高，而一时当不上审判员、检察员。对他们，应采取激励的方法使之不断积累经验、增长才干，促其成才，而不能违反法律规定，使他们由法官、检察官变成非法官、非检察官。因此，建议按照"老人老办法、新人新办法"的原则来对待过去已被依法任命为助理审判员、助理检察员的同志，对他们仍按法官、检察官管理；对目前不在办案岗位上的，可以规定一定的过渡期，根据岗位条件和本人意愿，在过渡期内回到办案岗位的，该

提级的仍予提级。而决不能因分类管理就不承认他们是法官、检察官。

五、还审判权于独任制法官和合议庭，赋予检察官以相对独立性

根据法律及有关司法解释规定，我国审判实行合议制，简单的民事案件、轻微的刑事案件和法律另有规定的案件实行法官独任制；对于重大疑难复杂等案件，合议庭认为难以作出决定的，可以提请院长决定提交审判委员会讨论。据此，行使审判权的主体是独任制法官和合议庭，在特殊情况下，行使审判权的主体是审判委员会。但在审判实践中，庭长、院长如不同意法官或合议庭意见，往往有权予以否定。故在改革中，首先要取消未参与审案的庭长、院长决定案件的权力，依法还权于独任制法官和合议庭，并在此基础上进一步完善审判责任制，切实解决审者不判、判者不审的问题，做到让审理者裁判、裁判者负责。

就检察官来说，要赋予其相对独立性。所谓检察官相对独立，是指检察官在行使国家检察权中，有权以事实为根据、以法律为准绳，在职权范围内自主处理有关事务，不受行政机关、社会团体和个人的干涉。

根据法律规定，"人民检察院依法独立行使检察权"中的"独立"，指的是人民检察院作为整体的独立，而非检察官独立；代表人民检察院决定案件的权力在检察长，而不在检察官。但经深入研究就能发现，检察官相对独立，既具有我国检察制度内在的必然性，又具有现实的必要性。第一，检察院整体独立必须以检察官个体相对独立为基础，因为"检察官是依法行使国家检察权的检察人员"，[①] 只有检察官相对独立，排除一切非法干预，做到以事实为依据，以法律为准绳，客观公正地办好每一个案件，检察机关的整体独立才有坚实的基础，否则，检察机关整体独立就会成为空中楼阁。同时，检察机关对外整体独立必须以检察官对内相对独立为条件。因为"外"和"内"是一对范畴，离开了"内"，就无所谓"外"，离开了"外"，同样也就无所谓"内"。在检察权行使过程中，经常会遇到权的压力、钱的诱惑、情的干扰和关系网的阻挠，这些干涉无论是来自外部还是内部，都只有通过办案的检察官才能达到干预办案的目的。只有让检察官具有相对独立性，坚决地予以抵制，人民检察院对外整体独立才有可靠的保证。第二，检察官相对独立既是"检察一体"的基础，又是防止"检察一体"弊端的重要措施。检察机关实行"检察一体"的体制，该体制是使整个检察系统成为协调统一整体的一种组织体制。"检察一体"与检察官相对独立表面上似乎是对立的，但实际上"检察一体"是以

---

① 检察官法第 2 条。

检察官相对独立为前提的，只不过是对检察官独立作一定的限制，使其服从人民检察院统一意志而已。因此，"检察一体"是在承认检察官相对独立基础上的一体，检察官独立是"检察一体"下的有限独立。可见，检察一体与检察官相对独立二者相辅相成，缺一不可，统一于检察制度之中。任何离开"检察一体"讲检察官独立或离开检察官相对独立讲"检察一体"的观点都是片面的。同时，检察一体有时也会产生某些弊端，因为上级是人而不是神，也有可能犯错误，出现恣意滥权、发违法或明显不当指令、利用职权不当干预下级检察院或检察官依法办案等情况。赋予检察官相对独立性，有利于抵制上级违法或错误指令，增强检察官的责任心和主观能动性，从而确保执法办案公正，并提高检察工作的效能和质量。第三，检察官相对独立是检察官法律地位、活动原则、司法特性和诉讼规律的必然要求。检察官是国家检察权行使的主体，在依法履行检察职能时对外代表人民检察院，这一法律地位决定了检察官应当具有相对独立性。我国检察机关是法律监督机关，维护法制是检察官的天职，忠实执行宪法和法律，以事实为依据、以法律为准绳、秉公执法、公正履职，既是检察官活动的准则，也是检察官必须履行的义务，这也决定了检察官必须相对独立。我国检察官是司法官，所从事的是司法工作，依法独立既是司法规律的必然要求，也是司法官的重要特性。司法人员对案件的认识是随着诉讼程序的推进而不断深化的。随着诉讼程序的推进，有时需要一线检察官根据诉讼中变化了的情况临场自行作出决策，这也决定了检察官应当具有相对的独立性。第四，检察官相对独立是深化司法体制改革的必然要求。当前，新一轮司法改革正在深入进行，某些改革已迫使我们对检察官是否具有相对独立性及其相关问题从理论上作出回答。如检察官办案责任制改革，要求"突出检察官办案的主体地位，明确检察官办案的权力和责任，对所办案件终身负责，严格错案责任追究，形成权责明晰、权责统一、管理有序的司法权运行机制"，①这自然要求检察官具有相对独立性。因为"独立性与责任直接关联，检察官的相对独立性正是确立办案责任制包括错案追究制的前提"，② 如果检察官不具有相对独立性，检察官办案责任制改革就失去理论基础。第五，检察官相对独立是世界各国的共性，也被有关国际文件所确认。世界各国检察机关都兼具行政权和司法权的双重属性，决定了检察机关既要实行"检察一体"制，又

---

① 参见《坚持顶层设计与实践探索相结合，积极稳妥推进司法体制改革——访中央司法体制改革领导小组办公室负责人》，载《法制日报》2014 年 6 月 16 日。
② 龙宗智：《论依法独立行使检察权》，载《中国刑事法杂志》2002 年第 1 期。

要实行检察官相对独立制；检察官作为准司法官或司法官，^① 也要求检察官具有相对独立性。在刑事诉讼法规定诉讼主体是检察官而非检察院的国家和地区，如法国、意大利、日本、韩国等国及我国台湾地区，检察官都具有相当程度的独立性。在不以检察官而以检察院或检察长作为刑事诉讼主体的国家如德国等国，也从检察官办理案件必须承担案件处理责任出发，根据权利和责任相一致的原理，肯定检察官在上命下从的体系中具有相对独立性。此外，国际社会的有关法律文件也规定了检察官的相对独立性。如联合国《关于检察官作用的准则》第 4 条规定："各国应确保检察官得以在没有任何恐吓、阻障、侵扰、不正当干预或不合理地承担民事、刑事或其他责任的情况下履行其专业职责。"国际检察官联合会《关于检察官的职业责任标准和基本义务与权利》第 2 条规定："在承认检察官自由裁量权的国家里，检察官自由裁量权应当独立地行使。"

检察官独立之所以是相对的，因为它是依照法律规定的独立，是党的领导和人大监督下的独立，是"检察一体、上命下从"体制下的独立。因此，检察官相对独立，是"独立"与"受制"的有机统一。检察官相对独立的主要内容：一是检察官有权对承办案件独立提出自己的意见，任何机关、团体和个人都无权干涉或要求改变。即使检察官所提的意见后来被检察长否定，但检察官载于办案报告中的意见有权不作违心修改或不被他人修改，以便事后查验，分清责任。当前，有的地方当部门负责人或部门集体讨论后不同意承办人意见时，就要求承办检察官修改自己意见的做法，明显不当。二是检察官除服从本院检察长、检委会的决定和其他上级领导外，有权不受任何干涉。这里的"不受任何干涉"，决不是说检察官可以不接受党的领导、人大监督和上级检察院的领导，而是说党委、人大和上级检察院关于个案的意见要通过本院检察长下达，而不能越过检察长直接通知检察官，这是领导科学中的"统一指挥（领导）"原则的必然要求。检察长是检察院的法定代表人，负责"统一领导检察院工作"，上级指示通过检察长来传达贯彻，既是上级对检察长起码的尊重，也便于检察长知悉上级意图并把它作为统一领导全院工作的重点内容加以贯彻落实。否则，如果上级指示越过检察长直接通知检察官，那势必造成指挥系统的混乱。同时，把检察院的上级领导与一线检察官作适当区隔，也有利于防止上级对检察官办案的不当干预。因此，在"服从本院检察长或检察委员会决定和其他上级领导"中，已经包含了党的领导、人大监督和上级检察院的领导。况且，党的领导主要是政治领导、思想领导和组织领导，是"管方

---

① 多数国家认为检察官是准司法官，也有的国家如意大利等，确认检察官为司法官。

向、管政策、管原则、管干部，而不包办具体事务"；人大对检察工作的监督
也主要是对重大事项的监督，而不监督个案。随着依法治国的全面推进，党和
人大对司法工作的领导和监督会进一步加强和改进，党委对办案工作的领导及
对具体案件发指令也会按照前述的领导原则进一步得到规范。三是检察官有权
拒绝服从检察长和检委会违法的指令和会造成冤假错案的错误指令。根据检察
机关的领导体制和"上命下从"原则，检察长和检委会对案件的决定，检察
官应当服从，但对违法的指令，检察官有权拒绝执行。因为守法是任何一个公
民的义务，法律是谁也不能触碰的底线，检察官以维护法制为使命，更不能违
反法律。如果上级指令违法，检察官应当拒绝执行，否则，就有违检察官的职
责使命，应对此承担责任，而不因执行上级指令而免责。对于会造成冤假错案
的错误指令，检察官也有权拒绝服从。因为冤假错案严重侵犯当事人人权，损
害司法公信力，影响党和政府形象。"一个错案的负面影响，足以摧毁九十九
个公正裁判积累起来的良好形象，执法司法中万分之一的失误，对当事人就是
百分之百的伤害。"防止冤假错案，是检察机关和每一位检察官必须坚守的底
线。当检察官认为上级指令会造成冤假错案时，当然有权拒绝服从。如果检察
长坚持己见，检察官有权向检察长提出不继续承办该案的要求，由检察长行使
职务收取权或职务移转权，改由检察长自己办理或交其他检察官办理。检察官
还有权对违法或会造成冤假错案的指令一事向发指令的上一级领导人反映，以
使违法或错误的指令得到纠正。四是检察官有权对一定范围内的事项依法自主
作出决定。根据现行法律和《人民检察院刑事诉讼规则（试行）》规定，刑事
诉讼的主体是人民检察院而非检察官，因而办案中重要事项的决定权都属于检
察长，如职务犯罪侦查中的初查、立案、采取或变更强制措施、侦查终结、移
送起诉等；批捕、公诉中的逮捕、起诉、提出量刑建议、不诉等；诉讼监督中
的抗诉、发纠正违法通知或检察建议、纠正错案等。这无法体现检察官在办案
中的主体地位和检察官的相对独立性，故下一步要对法律和规则作必要的修
改；在修改前，检察长可通过授权的方式，赋予检察官对一定范围内的事项自
主作出决定的权力。从而使检察官有职有权有责。具体地说，对于制约型法律
监督，如审查批捕、审查起诉，由于其司法属性强，且要接受侦查机关、审判
机关和当事人、辩护律师等诉讼参与人的制约，因而可把较多的权力授予检察
官，除重大疑难复杂案件、认定的案件事实和性质与侦查机关有重大分歧的案
件仍由检察长决定之外，其余的决定权可赋予检察官，从而使其具有较大的独
立性。对于侦查型法律监督，如职务犯罪侦查，由于其行政属性较强、司法属
性较弱，且该权力的行使还关涉公职人员的政治生命和自由权利，故赋予检察

官自主决定的权限可小一点，如对一般线索的初核、任意性侦查措施的采取、①　紧急情况下非重大的临场决策等，一般不必报检察长，而对于侦查程序的启动和终结、强制性侦查措施的采取、案件的处理等，则必须由检察长决定。对于督察型法律监督即诉讼监督，它具有被动、中立的特点，但监督程序一旦启动，又具有主动性和进攻性，受制约程度不如制约型法律监督。由于所监督的行为的性质较轻，跟职务犯罪侦查关涉当事人政治生命和自由权利有质的区别，故赋予诉讼监督检察官的独立性应大于侦查检察官，除重要违法线索调查的启动、发书面纠正违法通知或检察建议、对裁判的抗诉需经检察长批准外，其余的可由一线检察官自行决定。

---

① 　任意性侦查措施是与后文的强制性侦查措施相对的侦查措施，它是指不采用强制手段，不对相对人的权益强制性地造成损害，而由相对人自愿配合而实施的侦查措施。强制性侦查措施则是采用强制手段并对相对人的权益强制性地造成损害的侦查措施，它包括对人的强制（如各种强制措施）、对物的强制（如搜查、扣押、冻结）和对隐私的强制（如技术侦查）。

司法改革之中国叙事[*]

陈卫东

不断持续推进的司法改革是改革开放以后转型中国法治的一大特色。改革开放以后，中国政治、经济、文化、社会等各个方面都发生了结构性变化。伴随着传统利益分配格局的打破，各方面的社会问题也逐渐凸显，传统的社会治理方式已经不能够适应新的社会实际。这些问题大多具有中国本土特色，既没有先前的历史经验可资参考，也没有可行的域外模式以供效仿。特别是随着法治建设的不断推进，人民群众思想观念得以转变，权利意识不断增强，对司法公正也提出了更高要求。在法治领域进行革新成为转型中国不得不面对的现实难题，也使得司法改革成为政治体制改革的"桥头堡"。与经济体制改革相适应，中国的司法改革逐渐走出了一条摸着石头过河的渐进式自我革新之路。

改革开放之后，中国首先经历的是法治建设的拨乱反正期。在这个时期，中共中央发布了《关于坚决保证刑法、刑事诉讼法切实实施的指示》（简称"64号文件"），其中最重要的就是明确党和司法之间的关系，即加强党对司法工作的领导，最重要的一条，就是切实保证法律的实施，充分发挥司法机关的作用，切实保证人民检察院独立行使检察权，人民法院独立行使审判权。

现在我们所谓的司法改革一般是以20世纪90年代初期进行的审判方式改革开始起算的。在此之后，我国的司法改革经历了以下几个主要阶段：

一、司法改革的起步阶段

从改革开放到20世纪90年代初，历经十余载，改革开放的成效已经显现。与经济领域的改革相较，司法的现代化之路却并未有多大的起色。实践中在民事经济领域，由于法院经费问题而导致的不规范办案方式给司法公正蒙上了阴影，最终导致了1991年民事诉讼法修改对举证责任分配进行了重新规定，削弱了法院的职权色彩，强化了当事人的举证责任。除了民事诉讼法的修改之

外，人民法院就民事经济案件审判程序问题先后制定了一系列的司法解释。这些文件主要有《第一审经济纠纷案件适用普通程序开庭审理的若干规定》（1993 年）、《经济纠纷案件适用简易程序开庭审理的若干规定》（1993 年）、《关于在经济审判工作中严格执行〈中华人民共和国民事诉讼法〉的若干规定》（1994 年）。审判方式的改革也随着对司法改革的讨论逐渐扩大到刑事审判领域，并最终导致 1996 年刑事诉讼法修改时实现了控辩式庭审方式的转变，法官的职权色彩得到淡化，诉讼的对抗性得以加强，诸如法官庭前预断等问题也得到一定程度的解决。随后，审判方式的改革引发了"蝴蝶效应"，对审判方式的改革最终导向了整个司法体制的改革。以此为契机，拉开了司法改革的序幕，也由此开启了后续不断推进的中国式司法改革的先河。

此外，这一阶段的改革也逐渐体现出系统性、计划性等特点。根据 1992 年全国政法工作会议上提出的"积极改革政法管理体制"精神，法院系统在 1995 年召开了第 17 次全国法院工作会议上，明确了审判方式改革、法院体制改革等方面的改革任务，1996 年还召开了第一次全国审判方式改革会议，系统地提出了审判方式改革的目标和要求。

二、司法改革的全面展开阶段

1997 年党的十五大正式明确了"依法治国"的治国方略，并首次提出了"推进司法改革"。这既是对以往司法改革的肯定，也是对后续司法改革的部署。根据十五大报告精神，最高人民法院、最高人民检察院陆续颁布了《人民法院五年改革纲要》（1999 年）、《检察工作五年发展规划》（1999 年）、《检察改革三年实施意见》（2000 年），对下一步的司法改革进行了详细部署，指明了司法改革的方向、任务。

总结来看，人民法院的改革主要集中于两大方面：一是法院、法官制度的改革；二是审判制度的改革。就前者而言，主要包括法院机构改革、领导干部管理制度改革、法官队伍建设。作为改革成果的法律文件主要包括：《最高人民法院机构改革方案》（2000 年）、《地方各级人民法院及专门人民法院院长、副院长引咎辞职规定》（2001 年）、《关于加强法官队伍职业化建设的若干意见》（2002 年）。就后者而言，主要进行了审判组织、审判程序、证据制度等方面的改革。作为改革成果的法律文件主要有：《关于严格执行公开审判制度的若干规定》（1999 年）、《人民法院审判长选任办法（试行）》（2000 年）、《关于人民法院合议庭工作的若干规定》（2002 年）、《最高人民法院裁判文书公布管理办法》（2000 年）、《关于民事诉讼证据的若干规定》（2001 年）、《关于行政诉讼证据问题的若干规定》（2002 年）、《法院刑事诉讼文书样式》

（1999 年）、《关于刑事再审案件开庭审理程序的具体规定》（2001 年）、《关于办理不服本院生效裁判案件的若干规定》（2001 年）、《关于人民法院对民事案件发回重审和指令再审有关问题的规定》（2002 年）、《关于规范人民法院再审立案的若干意见（试行）》（2002 年），等等。

　　就人民检察院的改革而言，主要集中于检察方式、检察官制度、检察组织等方面。最高人民检察院于 1998 年发布了《关于在全国检察机关实行"检务公开"的决定》，在全国推行检务公开，从而开启了检察改革的序幕。1999年，最高人民检察院首先在审查起诉部门推行了主诉检察官制度改革。2000年，最高人民检察院进行了内部机构改革，将审查批捕厅、审查起诉厅、法纪检察厅分别变更为侦查监督厅、公诉厅和渎职侵权厅；撤销机关事务管理局，将其职能划入办公厅和机关服务中心；设立职务犯罪预防厅。同年 7 月，最高人民检察院还把控告申诉检察厅分设为控告检察厅和刑事申诉检察厅，地方上也相应地进行了改革。根据《检察队伍建设三年规划》的部署，最高人民检察院还加大了人事改革的力度，推行内设机构领导职位竞争上岗和一般干部双向选择制度。

　　此外，法律共同体的改革也是此次司法改革的一项重要内容。九届全国人大常委会于 2000 年进行了法官法、检察官法的修改，并进行了律师制度的改革，统一了司法考试制度。2000 年 6 月，九届全国人大常委会第 22 次会议通过了《关于修改〈中华人民共和国法官法〉的决定》和《关于修改〈中华人民共和国检察官法〉的决定》；2001 年 7 月，司法部作出关于废止《律师资格考试办法》的决定，司法部、最高人民法院、最高人民检察院联合于同年 7月联合发布了《关于国家统一司法考试若干问题的公告》，10 月又联合发布了《国家司法考试实施办法（试行）》，此外还对律师法做了相应修改。

　　与前一阶段的司法改革相比，这一阶段的司法改革体现出两个明显的不同特点：其一，司法改革由最初的审判方式改革扩展到司法制度与审判方式两方面的改革；其二，司法改革由人民法院一家推动变为由法、检两家共同推动。此外，最高人民法院、最高人民检察院涉及经费的改革等还呈现出较强的体制改革的特点。

三、司法改革的统一推进阶段

　　2002 年，党的十六大报告提出要"推进司法体制改革"。其中指出："社会主义司法制度必须保障在全社会实现公平和正义。按照公正司法和严格执法的要求，完善司法机关的机构设置、职权划分和管理制度，进一步健全权责明确、相互配合、相互制约、高效运行的司法体制。从制度上保证审判机关和检察机关依法独立公正地行使审判权和检察权。完善诉讼程序，保障公民和法人的合法权益。切实解决执行难问题。改革司法机关的工作机制和人财物管理体制，逐步实现司法审判和检察同司法行政事务相分离。加强对司法工作的监督，惩治司法领域中的腐败。建设一支政治坚定、业务精通、作风优良、执法公正的司法队伍。"2003 年 4 月，中央政法委员会向中央提出了《关于进一步推进司法体制改革的建议的请示》；5 月，中央听取了上述建议，并作了重要指示，决定成立中央司法体制改革领导小组，全面领导司法体制改革工作。中央对司法体制改革的指导思想、原则、目标、重点及工作方法作了重要指示，并决定在中央直接领导下，成立由中央政法委员会、全国人大内务司法委员会、政法各部门、国务院法制办及中央编制办的负责人组成的中央司法体制改革领导小组。中央司法体制改革领导小组办公室设在中央政法委员会，负责司法体制改革的具体组织、协调工作。自此以后，司法改革呈现出一个新的特点，即司法改革不再单纯是各个机关部门自行展开的一项改革，而是统一到党的领导之下，作为司法体制改革的重要组成部分统筹规划、统一推进。

中央司法体制改革领导小组办公室于 2004 年年底形成了《中央司法体制改革领导小组关于司法体制和工作机制改革的初步意见》，提出了 10 个方面共 35 项改革任务。这一阶段的改革主要包括改革和完善诉讼制度，改革和完善诉讼收费制度，改革和完善检察监督体制，改革劳动教养制度，改革和完善监狱和刑罚执行制度，改革司法鉴定体制，改革和完善律师制度，改革和完善司法干部管理体制，改革有关部门、企业管理"公、检、法"体制等 10 个方面。该文件经中央批准下发后，各机关、部门相继成立了司法改革领导小组，并出台了相关文件作出具体部署。最高人民法院、最高人民检察院、公安部、司法部相继成立了本部门的司法改革领导小组，并分别出台了《人民法院第二个五年改革纲要（2004—2008）》、《关于进一步深化检察改革的三年实施意见（2005—2008）》、《公安部关于落实〈中央司法体制改革领导小组关于司法体制和工作机制改革的初步意见〉的分工方案》，对落实中央司法改革任务的具体措施和步骤作出安排部署。最高人民检察院、最高人民法院等也都按照意见精神作了工作部署。根据该文件的部署，最高人民检察院于 2005 年 9 月发布了《关于进一步深化检察改革的三年实施意见（2005—2008）》，提出了六大方面的改革计划，主要包括：改革和完善对诉讼活动的法律监督制度，切实维护司法公正，保障人权；完善检察机关接受监督和内部制约的制度，保障检察权的正确行使；创新检察工作机制，规范执法行为；完善检察机关组织体系，改革有关部门、企业管理检察院的体制；改革和完善检察干部管理体制，建设高素质、专业化检察队伍；改革和完善检察机关经费保障体制，切实解决基层人民检察院经费困难问题等。最高人民法院于同年10月发布了《人民法院第二个五年改革纲要（2004—2008）》，提出了8个方面共50项具体改革计划，主要包括：改革和完善诉讼程序制度、改革和完善审判指导制度与法律统一适用机制、改革和完善执行体制与工作机制、改革和完善审判组织与审判机构、改革和完善司法审判管理与司法政务管理制度、改革和完善司法人事管理制度、改革和完善人民法院内部监督与接受外部监督的制度、继续探索人民法院体制改革等。公安部、司法部也分别发布了《公安部关于落实〈中央司法体制改革领导小组关于司法体制和工作机制改革的初步意见〉的分工方案》、《司法部办公厅关于贯彻落实中央司法体制和工作机制改革社区矫正专题分工方案的安排意见》。总体来看，这次改革主要推进了法律制度的改革完善，也有部分涉及体制改革问题。例如，最高人民法院的改革主要包括了刑事审判方式改革，审判委员会制度，人民陪审员制度，民事、行政审判监督制度，人民法庭工作机制，未成年人司法制度以及执行工作机制等方面。而最高人民检察院的改革则主要包括深化侦查工作机制、审查逮捕方式和公诉方式改革，建立审查逮捕中讯问犯罪嫌疑人制度，健全刑罚变更执行裁决监督机制，积极探索开展死刑复核法律监督，推动完善民事抗诉制度，促进法律监督职能的强化，开展人民监督员制度等。

四、司法改革的逐步深化阶段

2007年10月，党的十七大报告提出："深化司法体制改革，优化司法职权配置，规范司法行为，建设公正高效权威的社会主义司法制度，保证审判机关、检察机关依法独立公正地行使审判权、检察权。"按照十七大的总体要求，中央司法体制改革领导小组提出了《中央政法委员会关于深化司法体制和工作机制改革若干问题的意见》。2008年12月，中共中央转发了该意见。该文件围绕优化司法职权配置、落实宽严相济刑事政策、加强政法队伍建设、加强政法经费保障4个方面，提出了60项改革任务。这60项改革任务主要包括：加强对刑事、民事和行政诉讼的法律监督，进一步明确监督的范围、程序和措施；改革现行民事行政案件执行体制，切实解决判决、裁定"执行难"的问题；改革和完善看守所管理和监督机制，切实防止发生刑讯逼供和超期羁押现象；优化侦查权的配置，切实加强对侦查活动的制约监督；规范司法机关上下级之间的关系，切实防止和克服司法行政化倾向；从立法上完善对司法权的保障制度，切实维护社会主义法制的严肃性；改革劳动教养制度，切实解决对办理治安违法案件监督制约不够的问题；完善快速办理轻微刑事案件的工作机制、适应未成年人案件实际特点的办案机制，建立刑事和解、暂缓起诉、前科消灭等符合宽严相济刑事政策要求的制度；建立刑事被害人救助制度，明确救助的原则、对象、申请条件、发放主体、救助标准和具体工作制度；完善刑罚执行制度，逐步扩大减刑假释的覆盖面；积极推行社区矫正试点，进一步明确范围，严格职责，建立完善相关制度，确保社区矫正与刑罚执行、安置帮教等工作有机衔接；改革和完善法律院校招生分配制度，培养造就政治业务素质高、实战能力强的复合型法律应用人才，从根本上规范政法机关的进人体制；建立符合政法干警职业特点的在职培训制度；建立区别于一般公务员的政法机关职务序列和职数比例，完善司法人员职业保障制度；改革和完善律师管理制度，真正把律师作为社会主义法律工作者来管理；进一步落实"收支两条线"规定，实现政法经费由财政全额负担，建立分项目、分区域、分部门的分类保障政策，规范基础设施建设的经费保障，改革和完善政法经费管理制度等。由此，司法改革进入重点深化、系统推进的新阶段。随后，最高人民检察院、最高人民法院等机关部门分别对司法改革的任务作了具体细化。2009 年 2 月，最高人民检察院制定下发了《关于深化检察改革 2009—2012 年工作规划》及工作方案，提出了优化职权配置、改革和完善接受监督制约制度、落实宽严相济刑事政策、改革和完善组织体系和干部管理制度、改革和完善政法经费保障体制 5 个方面的任务。最高人民法院也于同年发布了《人民法院第三个五年改革纲要（2009—2013）》，提出了优化人民法院职权配置、落实宽严相济刑事政策、加强人民法院队伍建设、加强人民法院经费保障、健全司法为民工作机制 5 个方面 30 个任务的改革方案。公安机关、司法部也都按照司改意见进行了部署。从改革的内容来看，这一阶段的司法体制改革首先集中于各项法律机制的改革。例如，最高人民检察院的改革主要包括建立和完善行政执法与刑事司法相衔接的工作机制，改革和完善对侦查活动的法律监督机制，开展量刑建议试点，改革和完善对刑罚执行活动的法律监督制度，优化职务犯罪审查逮捕权配置，建立和推行讯问职务犯罪嫌疑人全程同步录音录像制度，建立健全规范检察机关扣押、冻结款物工作的长效机制等。最高人民法院的改革则主要包括刑事被害人救助制度改革，民事行政案件执行制度改革，司法公开制度改革，人民陪审员制度改革，审判委员会制度改革，量刑规范化和审理程序改革，民事、行政诉讼制度改革，加强司法职业保障制度改革，完善有关犯罪的定罪量刑标准改革，司法警察体制及法官制度改革，完善上下级法院审判监督关系改革，完善死刑复核程序改革等。在体制改革方面也取得重要进展，实现了铁路公检法划归地方。2012 年，国务院新闻办公室发布了《中国司法改革白皮书》，总结了改革成果，司法改革任务基本完成，达到了预期效果。而且，司法改革的成果也大多被吸收到法律之中。例如，此一阶段探索的刑事和解制度、社区矫正制度、量刑规范化改革、侦查讯问录音录像制度等大都被吸收转化到 2012 年修改的刑事诉讼法之中，以法律的形式加以固定。

五、司法改革的进一步深化阶段

2012 年，党的十八大报告提出要进一步深化司法体制改革。按照十八大精神，新一轮司法改革将在纵深方向得到进一步深化，体制改革也将成为此次改革的重心。目前，有关机关正在对司法改革方案进行研究论证。从改革的趋势来看，确保人民法院、人民检察院依法独立行使审判权、检察权将有更为具体的改革方案，劳动教养制度、涉法涉诉信访等都将成为改革的重点内容，法官制度、检察官制度也都有相应的改革，等等。可以说，司法改革即将迎来新的发展契机。

总结既往是为了更好地展望未来。回顾二十多年的司法改革历程，是一个从启动到展开以至不断推进、深化的过程，也是一个耕耘的艰辛与收获的喜悦并存的历程，更是一个"权利"战胜"权力"的法治发达过程。从程序改革到制度、工作机制改革以至体制改革，司法改革正在一步步迈向改革的"深水区"。尽管改革之路荆棘丛生，改革也会伴有"阵痛"，但改革没有回头路，解决体制性问题，从根本上革除司法的弊端已经是摆在我们面前的一个躲不开、绕不过的根本问题。未来的司法改革之路依旧漫长，仍需我们法律人以及社会各界的不懈努力。

制度内生视角下的中国检察改革[*]

徐鹤喃

　　检察制度及其改革是我们这个时代的一个大题目，它摆在每一个关心国家法治的思想者面前。^① 作为社会主义国家制度重要组成部分的中国检察制度，自 1949 年创建至今走过了六十余年的发展历程，其间改革相生相伴，构成了制度发展的重要路径依赖。检察制度与检察改革的发展同时也是中国法治实践进程的真实展现。《中共中央关于全面深化改革若干重大问题的决定》指出，改革开放是当代中国最鲜明的特色，必须在新的历史起点上全面深化改革。全面深化改革的总目标是，完善和发展中国特色社会主义制度，推进国家治理体系和治理能力现代化。这一历史总结和发展要求是检察制度与实践发展的根本指引。深入理解和科学贯彻这一发展要求，需要对其中包含的改革、制度、中国特色、国家治理等关键词作贯通思考，这也是检察制度与实践发展留给我们的重要课题。历史孕育着未来，检察改革的历史发展是中国检察制度内生演化的实践展开。制度内生性是检察制度中国特色的客观证成，也是中国道路的技术寻证。检察改革蕴含了怎样的制度内生过程，以及如何遵循制度内生规律检视和推动改革发展，是一个有待系统研究的课题。本文基于制度内生之观察视角，侧重刑事检察领域对检察改革进行宏观回顾，通过界定检察改革，总结改革的实践样态、背景推动、发展阶段与成果，对中国法治建设的经验价值等，试图展现检察改革的实践发展逻辑和发展场景，检视检察改革研究与发展，为经由内生性证成和推动中国特色检察制度的创新发展，奠定研究基础。

一、检察改革的界定

　　什么是检察改革？早在十年前关于司法改革的讨论中曾经提及这一"改革观"问题。当时有学者指出，"司法改革中存在着什么是改革、改革意味着

---

　　* 原文载《中国法学》2014 年第 2 期。

　　① 参见信春鹰：《检察：理念、制度与改革之序（二）》，载孙谦编：《检察：理念、制度与改革》，法律出版社 2004 年版。

什么这个问题。有认为改革是自我完善，有认为是自我创新、推陈出新，有讲改革等同于变法。我们今天推行的改革是一种什么性质，我认为，既不是体制的自我完善，也不是变法，而是一种制度创新。如果从制度创新的角度来谈司法改革（检察改革）的话，可能思路会比较清楚一些。"① 近十几年来，司法改革得到了全面发展，什么是改革的追问似乎不再突出。然而，当我们继往开来、面对新一轮改革之际，什么是改革，如何看待改革，这样的原初问题显得依然重要。回顾历史可以看到，相对于理论界定，实践发展对改革本身做了更全面生动的诠释。对其历史样态进行抽象和描述，是对改革进行整合研究的前提，也是从生成的角度进行制度研究的重要基础。

（一）检察改革是制度内生发展的实践场景

什么是检察改革，这涉及两个问题，一是检察改革的范围；二是涉及检察的改革还是检察机关推行的改革？前者认为涉及检察制度与实践的改革都是检察改革，不仅指改革实践还包括相关立法修改，可以说是广义的检察改革概念；后者则将"检察"视为改革主体而认为检察改革仅限于检察机关发动的改革。本文认同第一种理解，认为这种广义概念涵盖实践与相关立法，有助于统揽分析改革的历史与贡献。按此，涉及检察的改革不论改革的发动主体是谁都是检察改革，地方检察机关自己推行而没有被中央司法改革之顶层设计规划吸纳的、游离在主流改革话语之外的改革创新，也在其中。为讨论方便起见，这种概念使用暂不涉及合法性条件的判断。这一定义涉及的另一问题是制度生成以及改革的价值分析。即从制度生成角度看，检察改革是制度创新发展的路径和动态过程展现，这个过程是多元素的互动集合过程。该视角有助于从中确定分析元素，建立新的分析框架。

（二）检察改革是检察制度创新发展的手段和过程

这是检察改革的功能定义。这要提及两点：一是概念区分。改革与制度发展在现实层面有重合，特别是当我们持广义改革观，即认为改革是包括立法修改在内的涉及检察的改革的时候。为揭示改革的贡献以及制度发展过程，需要侧重将改革作过程性观察，因此其有别于抽象意义和结果意义上的制度发展，是手段和过程。二是功能界定。中国检察制度创建本身是典型的国家制度创新成果。由于制度创建在当时呈现框架性和相当的制度移植特征，缺乏具体制度

---

① 2002 年 4 月，国家检察官学院与中国政法大学诉讼法学研究中心、珠海市人民检察院共同主办了"中国法治之路与检察改革"理论研讨会，张文显教授等提出了"改革观"的问题。参见孙谦、樊崇义、杨金华主编：《司法改革报告：检察改革、检察理论与实践专家对话录》，法律出版社 2002 年版，第 33 页。

的支撑，缺乏实践经验的积累，决定了当时以至今日检察制度发展的探索性以及改革的同步性。六十年中国检察制度的发展历程同时也是检察改革的历程。检察改革承载着制度定型化建构与发展运行的使命，这是六十年检察改革的基本动力和内在发展逻辑，也是其核心价值所在。中央两轮集中推动司法改革以来，检察改革完成了司法改革规划任务，奠定了刑事诉讼法、民事诉讼法修改的实践基础，并通过立法修改实现了以诉讼监督为重心的法律监督职能的巩固与强化，而这正是中国特色社会主义检察制度创新发展的集中体现。

（三）检察改革的内容涉及制度创新、体制改革和工作机制创新

首先要区分改革、创新、改良等词语。改革，是把事物旧的、不合理的部分改成新的、能适应客观情况的，如改革管理体制等。创新，是抛开旧的，制造新的，或者指创造性。改良，则指去掉事物的个别缺点，使其更适合要求，以及改善的意思。可见，改革与改良语义上相近，只是应用领域和改变程度上有所不同，前者通常用在制度和机制等社会制度方面，后者则多强调技术性问题或者总体效果上的评判。改革与创新的差别在于改革强调改造，创新强调抛开旧的和强调创造性。由此，改革（含改良）与创新是相连也相对的概念。笼统地讲，制度创新可以是改革的前提和基础，改革通常可以包含局部的制度创新。从该角度看，新中国检察制度的创建是典型的国家制度建设意义上的制度创新，是宏观检察改革的开端、前提和基础。后续的一系列改良和发展包括体制改革和工作机制创新等可用检察改革统称之。[①]

再来观察改革的内容。以新中国成立初期为例，这是检察改革十分频繁和活跃的时期，其中较为全面地展现了检察改革的基本样态和内容：一是制度创新。1949 年颁布的《中国人民政治协商会议共同纲领》和《中华人民共和国中央人民政府组织法》，规定了我国检察机关的性质、体制和在国家体系中的地位。1949 年 12 月 20 日颁布试行的《中央人民政府最高人民检察署试行组织条例》作为新中国第一部有关检察制度的单行法规，较为全面地规定了包括检察机关的职权、领导体制、内部领导制度、内部机构设置以及检察权行使与其他有关机关的关系等我国检察制度的基本内容，标志着社会主义中国检察制度体系和基本工作制度的正式确立。自此建立了我国前所未有的新型检察制度，为以后检察制度的发展和改革提供了制度依托和前提。可以说，此后没有

[①]　制度主要指一定的历史条件下形成的政治、经济、文化等方面的体系，或者指要求大家共同遵守的办事规程或行动准则；体制主要指国家机关、企事业单位等的组织制度。从检察制度来看，新中国成立初期的制度建设成就是以检察体制的建立为重点。这种情况至今有所体现。因此，在研究检察改革的时候通常会用"体制"来概括制度。用"检察体制改革"来概括"检察改革"。参见童建明、万春主编：《中国检察体制改革论纲》，中国检察出版社 2008 年版。

这种意义上的制度创新。这是宏观中国检察改革的开始。① 二是检察体制改革。彼时检察工作以探索发展为主要内容，体制改革和机制创新十分活跃。如1951年通过的《最高人民检察署暂行组织条例》和《各级地方人民检察署组织通则》将检察机关的领导体制从《试行组织条例》规定的垂直领导改为双重领导体制，可以称之为较早的检察体制改革。三是机制创新。例如在1954年镇压反革命运动中处理反革命分子投案自首工作中，创造了"免予起诉"这一新的法律处理形式。该制度在1956年经由中华人民共和国全国人民代表大会常务委员会《关于处理在押日本侵略中国战争中战争犯罪分子的决定》确认，正式成为一项中国特有的法律制度。② 这是较早的工作机制创新。③ 上述三种改革内容在此后的检察改革中得到延续和呼应，成为检察改革的主要内容。

（四）检察改革的样态包括立法修改、实践创新、典型试验等

这是从分析角度所做的抽象区分，因为三者总体上并不能截然分开。立法修改是检察改革的最终也是最高形态，是最有效的改革创新，是制度发展的合法性标志。实践创新即通常所说的改革实践。典型试验则是一种特殊的改革形式，自始有之，如新中国成立初期，1954年最高人民检察署召开第二届全国检察工作会议，强调要积极地有计划有步骤地建设各项检察业务制度，提出要认真进行检察工作的重点试验，切实培养出一大批具有基点示范作用的地方人民检察署，以取得系统经验，全面推动。1954年6月12日中央批准了第二届全国检察工作会议文件，并在批文中强调了检察工作的典型试验等问题。④ 彼时的典型试验属于检察系统内部发动的探索，而近十年来，有学者参与的改革试验在两轮司法改革过程中风生水起，表现出更为广泛的主体参与性，影响深及立法与实践，是制度创新发展的重要路径之一，是检察改革的重要样态。

（五）改革的发动主要有上下和内外两种观察角度

一是将改革主体视为一个集合体，改革采取自上而下或者自下而上两种方式推进。二是将改革主体大致分为内外两部分，按此，改革分为三种发动路径，即来自体制内部的改革、来自体制外部的改革和内外结合的改革。如学者和社会参与的改革试验等是典型的内外结合的改革。依第一种观察角度看，新

---

① 历史地看，这是中国检察制度的重大变革，其改革的对象是旧的检察体制。所以，新中国的检察改革，应包含这一制度创新，并以此为开端。

② 参见王桂五主编：《中华人民共和国检察制度研究》，中国检察出版社2008年版，第48页。

③ 在当时，免予起诉作为一种法律处理形式在特定的范围内建立和适用，因而是工作制度层面的创新。至后来基本法律将其规定为检察机关的一项权能，以及又将其取消，涉及了制度改革。

④ 参见王桂五主编：《中华人民共和国检察制度研究》，中国检察出版社2008年版，第45页。

中国成立初期的体制改革、以及近年来的中央关于司法体制与工作机制改革的部署，都是有组织的自上而下地发动改革。自下而上的探索，是检察改革的常态，早如新中国成立初期的免予起诉制度之产生和发展，近如主诉检察官办案责任制、附条件不起诉、附条件逮捕、刑事和解等，都属于自下而上形成和推进的工作机制创新，属于内生形态的检察改革，是典型的制度内生模式。这类改革尽管有些没有被中央的改革规划所包含，但是对于检察制度特别是检察实践发展具有更为实际的影响。第二种观察，是进一步分析改革主体及其对改革的发动作用。这两类各有意义，前者是封闭系统的观察，也是传统的研究方法，对于技术分析更为方便。后者则更为开放，有助于在实践场景下对改革做制度生成之现实分析。尽管这其中会有交叉，但是依此大致可以对检察改革的演进过程进行解析，发现其中的交互关系、各自的价值与局限，以及不同历史时期改革的发展规律及走向。

（六）检察改革的主体是多元复合体

检察改革主体可以分为发动主体、参与主体两部分。一般而言，发动主体主要包括国家主体和检察机关自身，前者包括立法机关和党的领导，是国家主体的代表，后者指检察系统。参与主体包括，相关的司法机关和部门，社会和学界，以及诉讼参与人等。这些主体在改革中的地位和作用以及对于改革的期待均有所不同。从合法性的角度看，检察改革的发动主体只能是作为国家代表的立法机关、党的领导以及检察机关自身，其中党的领导主要体现在方向和政策指引上，检察机关的改革一般限于工作机制创新，涉及体制改革的内容则只能由立法机关决定。就参与主体而言，有关司法机关和部门主要是基于其工作制度与检察制度的相互关联而参与改革，是检察改革的配合与制约力量，是第一类参与主体。第二类参与主体是学界，主要是基于理论研究成果、学术视野优势以及研究取向而参与改革。有鉴于实际参与程度和影响力及本身与改革结果没有直接的利害关系等因素，学者参与改革创新受到越来越多的重视，一定程度上提高了检察改革的理论自觉性，同时也对近年检察改革的特质有相当的影响。第三类参与主体是包括犯罪嫌疑人和被告人在内的诉讼当事人以及其他诉讼参与人。他们可能是参与者，更是相关人和直接受益者。

（七）检察改革是在宪法制度和诉讼制度二元维度上推进的法治实践探索

检察职能作为现代传统的司法职能之一，主要在诉讼中实现。检察体制改革和工作机制创新问题大多属于诉讼程序完善范畴，受到诉讼原理和诉讼规律的支配。这些诉讼原理和规律或者通过域外立法的引入与实践印证，或者通过对改革实践的理论指引和检讨，发挥对检察改革的规制作用，决定了检察改革的合法理性和合普适规律性。另外，基于我国检察制度的特殊性质及其在国家政治制度中的重要地位，检察改革在根本上受到宪法制度的规制。这构成了中国检察改革的政治特性。国家政治体制改革的目标、原则等总体框架和思路、进程对检察改革具有深刻影响，检察改革在推进方式和界限方面的政治性和合法性要求较为突出，客观上决定了中国检察改革一定程度的保守性。与审判制度等其他司法制度改革不同，检察制度建立之初的制度移植特性、后续发展中面临的西方法治模式的影响，使得中国化问题始终是检察制度发展的核心问题，坚持中国道路成为客观发展逻辑。因此，检察改革更加强调宪法定位和中国国情。在合理性与合法性、国际司法通例与中国特色之间寻求平衡，决定了中国检察改革的禀赋和走向，也展现了中国法治实践的特色。这也正是对检察改革和检察制度进行内生性观察的价值所在。

二、检察改革的背景推动

学界对检察改革的分析主要集中在改革开放后 20 年的发展。有学者专门对改革开放 20 年检察改革进行了背景分析，认为始于 20 世纪 80 年代初，起步于农村包产到户，继而迅速扩展到城市及所有经济社会领域的中国改革，促成了中国最大的社会变迁。作为现代法制重要组成部分，检察制度的功能定位、功能实现以及检察改革本身，都是在社会变迁中实现的。① 这是对改革开放 20 年检察改革之社会背景的深刻揭示。有助于揭示制度发展的社会推动力。延展这一分析，本文认为，中国检察改革六十年的发展，主要有三个方面的背景推动，即社会发展变迁、中国检察制度的实际发展状况以及中央对于司法改革的政治发动。这些背景在不同的方面决定了检察改革的禀赋与成就。

（一）国家发展与社会变迁推动检察改革取得三段论发展

检察改革肇始于检察制度创建之时，推动检察制度以及检察改革发展的根本力量是国家与社会发展，这可以分为三个历史阶段进行观察：

第一个时期是新中国成立以后至 1978 年的三十年。新中国成立初期，国家在政治上建立了新民主主义的国家制度，为巩固人民民主政权而开展了镇压反革命、"三反"、"五反"、新解放区的土地改革等一系列政治斗争和社会改革运动。经济上，对在旧中国遭受严重破坏的国民经济进行了迅速恢复，并在 1953 年进入有计划的经济建设时期，开始进行工业化建设和对农业、手工业和资本主义工商业的社会主义改造。法制领域，1954 年制定颁布了第一部宪法和人民检察院组织法等重要法律，基本完成了宪法制度的建立。伴随着这一发展过程，中国检察制度从无到有，至 1957 年上半年，被称为我国检察制度

---

①　参见孙谦：《检察：理念、制度与改革》，法律出版社 2004 年版，第 3 页。

发展历史上的第一个"黄金时期"。确立了苏联模式的检察制度框架，强调了检察机关在国家建设和政治、经济发展中的服务和保障功能。发动了包括体制改革、机制创新和典型试验等形式的改革活动，是检察改革的第一个活跃期。1957年下半年开始，全国范围开展了严重扩大化的反右派斗争，受"左"的思想的影响，法制建设遭受冲击，在法律虚无主义的思想冲击下，以维护国家法制为专门职责的检察机关的组织建设和业务工作都遭受严重挫折，1966年"文化大革命"期间检察机关被撤销，检察制度开始了十年的中断时期。①

这三十年是国家探索建立新的国家制度的过程，检察制度面临同质发展诉求。制度选择、探索发展和建设、乃至后来的思想混乱与倒退直至制度取消，展现的是新中国发展对于检察制度的选择和孕育，以及法律制度移植后的现实发展要求。这一时期检察改革虽然没有在政策层面被突出提及，却在实践中通过制度选择的反复、工作机制的全面探索、业务工作的探索试验、组织机构的摸索建立等典型的改革创新形式演绎了检察改革历史上的第一个活跃时期，推动中国检察制度完成了经由制度移植的模式选择任务。

第二个时期是1978年党的十一届三中全会以后至党的十五大之前。此时国家实行改革开放，经济社会和文化领域都发生了重要的历史变迁。十一届三中全会以后，国家做出了把党的工作重点转移到社会主义现代化建设上来的战略决策，开始大力推进社会主义法制建设，颁布了宪法、人民检察院组织法、刑法、刑事诉讼法等七部法律，国家进入了现代化发展时期。此后20年的时间里，中国社会发生了持续性变迁，推动了包括司法制度在内的社会制度深刻变革。检察制度迎来了新的创新发展时期，改革获得了深刻的社会推动力。首先，经济改革促成了公民在经济关系中主体地位的确立和多元利益主体的形成，客观上要求法制建设和司法工作尊重市场规则，加强权利保障，确立最终解决社会争端的权威以增强法制的可预测性，检察制度面临如何遵照现代司法规律，在制度建设和具体实践中实现发展的重大挑战。其次，经济改革引发了社会结构的变化。"改革后中国意义最深刻的变化在于，伴随着改革的发展，社会正发生着一场重大的社会结构转型。"② 国家、社会与个人之间的关系发生了持续的变化，促成了中国社会秩序的重新确定。旧的社会结构控制系统的逐渐消失和新的控制机制尚未建立的过程中，社会秩序出现了某种程度的危机，构成了对司法功能的重大挑战，促使国家的法制建设和司法工作进行改革，以强化对新的社会结构的保障功能，满足社会变迁对于社会控制功能的需

---

① 参见王桂五主编：《中华人民共和国检察制度研究》，中国检察出版社2008年版，第40～52页。
② 张树义：《中国社会结构变迁的法学透视》，中国政法大学出版社2002年版，第9页。

　　求。再次，以张扬权利的理性思考为核心内容的意识形态领域的改革开放构成了检察改革的文化背景。20 年间，经济、社会和文化等方面的变革与发展推动检察制度实现现代化转型发展。1978 年检察制度恢复重建以后，顺应社会发展需要，持续推进检察改革。与社会变革的动因及其由内而外的、摸着石头过河的发展道路相适应，检察改革在该时期也呈现出与前三十年不同的特点，更偏重工作机制的创新，自下而上的改革十分活跃。改革的核心成就，是进一步巩固了检察制度的基本架构和社会功能，完善了检察权运行程序，基本完成了现代化转型建构。

　　第三个时期是党的十五大以来。1997 年党的十五大召开，提出要继续推进政治体制改革，进一步扩大社会主义民主，健全社会主义法制，依法治国，建设社会主义法治国家。提出要推进司法改革，从制度上保证司法机关依法独立公正地行使审判权和检察权。1999 年，依法治国被写入了宪法，国家进入建设社会主义法治国家的历史进程。在中国特色社会主义理论体系和社会主义法律体系建立的过程中，司法改革得到中央的集中推进。检察改革从中得到了前所未有的、自上而下的发动。与此同时，国家的经济、社会进一步发展，社会转型加剧，工业化、信息化、城镇化、市场化、国际化的进程使得社会结构出现急剧变化和分层，出现了许多新的社会矛盾，司法面临的新问题越来越多，建立稳定和谐的社会主义法治秩序的要求更加迫切。为回应社会需求，中央提出科学发展观、构建社会主义和谐社会等一系列重要指示，检察机关自觉推进了旨在增强检察工作社会功能的一系列改革创新，如刑事和解、附条件不起诉、不起诉听证、刑事被害人救助、取保候审制度改革试验等。另外，这一时期社会民主和文化大发展，以新兴媒体为代表的民意传达渠道越来越丰富，公民的权利意识、监督意识、参与意识进一步增强，促使检察机关根据中央的总体要求加强自身监督和制约，探索发展了如人民监督员制度、职务犯罪案件审查决定逮捕上提一级、职务犯罪讯问犯罪嫌疑人全程同步录音录像等工作机制创新。社会主义法律体系建设给检察改革带来发展机遇，使改革实践成果得到了法律修改的直接固化。这十几年的检察改革，是国家深化经济和政治体制改革，实践依法治国和建设社会主义法治国家的重要体现，成为常态检察工作方式。以巩固检察制度的宪法定位、强化检察职能的法治功能、加强法律监督和自身监督为核心，检察改革得到全面推进。以刑事诉讼法和民事诉讼法修改为标志，以诉讼监督为重心的法律监督职能的巩固和强化构成了中国检察制度创新发展的最新历史成就，由此实现了检察制度现代化发展过程中的中国化发展。

（二）中国检察制度的特殊性决定了检察改革的价值目标和发展逻辑

中国检察制度的创建是带有制度移植特性的制度选择，其发展始终面临本土化建构的任务，经由不断的探索改革完成制度建设，成为一种历史必然。

新中国成立初期，检察制度创建之后，检察改革频繁进行，体制改革多有涉及且出现反复选择的状况。随后至今的发展过程中，无论是自下而上自觉发动，还是自上而下统一推动，完成检察制度的中国化建构始终是核心驱动力和价值取向。20世纪80年代，检察前辈王桂五先生在阐述检察改革的必要性和目标时曾分析指出，由于"左"倾错误的干扰和封建主义残余的影响，我国检察制度曾经几起几落，一直处于不稳定和不健全状态。1979年制定的人民检察院组织法是一部比较好的法律，但是也有不足之处。现行检察制度存在职能单一、缺乏抵抗和排除干扰的机制、管理制度尤其是干部管理制度在某些方面已经老化、缺乏民主精神和竞争机制等诸多缺陷和弊端，导致检察制度的现状与现实的需要极不适应。他进一步指出，检察制度是国家关于检察机关的组织与活动的法律规定的总和，包括检察机关的设置、在国家机构中的地位、职权、行使职权的程序、领导体制、组织与活动原则等。在此范围内，凡是有缺陷和弊端的，均应进行改革……鉴于我国检察制度还处于幼年时期，在许多方面都需要从头做起，而不是单纯的改革，因此检察制度的改革应当和建设相结合，应兴应革同时进行。[①] 这一阐述明确指出了检察改革的制度背景和发展逻辑。具体而言，中国检察制度建立的特殊性对检察改革的影响可作如下分析：

1. 检察改革始终以巩固宪法关于检察机关的定位为重心。根据宪法规定，检察机关是国家的法律监督机关，在人民代表大会制度之下，检察制度具有与行政和审判平行的独立宪法地位。六十年的发展中，制度的本土化完善和证成始终是核心的任务。检察改革在不同的历史时期尽管有所侧重，但是它所面对的挑战和任务根本上始终在于是否坚持宪法定位。尊重并巩固宪法关于检察制度的基本定位，在此基础上完善检察权配置及其运行机制建设，是检察改革的基本进路。面对宪法制度和诉讼制度的双重规制，检察改革在过去六十年的发展中表现出以制度定位为重心的发展战略，具体改革举措坚持了高于诉讼制度改革的站位和出发点，这是检察改革独立性的体现。

2. 检察改革以制度建构为核心价值目标。检察制度发展中的"应兴应革同时进行"，说明了制度发展的探索性和改革的必然性，反映了检察改革的制

---

① 参见王桂五：《关于检察制度改革的初步研究》，载王桂五：《王桂五论检察》，中国检察出版社2008年版，第398～402页。

度构建取向。从纵向发展来看，新中国成立之后的三十年检察改革表现为不断反复的体制改革和大量自生的工作机制创新，完成了包括检察机关的地位、领导体制、基本职权等内容的检察制度基本建构；此后的二十年，在国家改革开放的历史进程中，检察机关迎接了制度现代化发展的挑战，改革有相当的内容是自发进行并且以工作机制创新为主。立法修改直接指向了制度建构，即参照国际刑事司法惯例，进一步完善了检察制度与审判制度、律师辩护制度之间的现代法制关系，规制检察权能等，发展了检察制度的基本架构。党的十五大以来，依法治国视野下如何完善检察制度发挥其功能成为核心任务，改革得到集中推进，诸如刑事和解、附条件不起诉、量刑建议、诉讼监督等改革创新进一步丰富了检察权能，以刑事诉讼法和民事诉讼法修改为标志，检察机关的法律监督地位和诉讼监督职能有了重要发展，检察改革基本实现了检察制度中国特色建构的发展目标。

3. 检察改革中形成了强化法律监督和强化自身监督并重之"双强化"发展趋向。在巩固宪法地位、着力制度建设过程中，检察制度中国特色的合理性证成始终是重大挑战。理论上，否定或质疑中国检察制度及检察职能正当性的思想始终伴随着检察制度和检察改革的发展，如，从新中国成立后50年代末反对直至取消检察制度；20世纪90年代有观点提出改造检察制度使之成为公诉机关；在司法改革过程中提出将审查批准逮捕权等从检察机关剥离，等等。与此同时，也顺应中央关于加强权力监督制约之法治建设要求，检察机关在推进改革的过程中提出了双强化的目标要求，即强化法律监督与强化自身监督并重。这种思路经由司法改革顶层设计的吸纳，对于改革的推进有重要指导。围绕这一要求，检察改革推出了包括上提一级、同步录音录像等新举措以强化自身监督，这种双向推进的改革思路构成了近年来检察改革的一个特色，也在实践和理论两方面发展了法律监督制度本身。

（三）中央对于司法改革的政治发动决定了检察改革的目标、边界与成就

政治发动是检察改革的重要背景。历史上，中央对司法改革的集中发动主要体现在新中国成立初期和党的十五大以来两个时期。新中国成立初期中央对于改革的推动主要体现为对于体制改革的直接领导，以及对检察功能定位的指引等方面，改革的直接目标是建立中国检察制度的基本架构。党的十五大以来，在推进依法治国的进程中，中央集中发动和推进司法改革，着力完善社会主义法治国家中的中国特色司法制度建构，以及发展司法能力。党的十五大报告指出，要"从制度上保证司法机关依法独立公正地行使审判权和检察权。"十六大报告提出，社会主义司法制度必须保证在全社会实现公平和正义，要按照公正司法和严格执法的要求，完善司法机关的机构设置、职权划分和管理制

度，进一步健全权责明确、相互配合、相互制约、高效运行的司法体制，"从制度上保证审判机关和检察机关依法独立公正地行使审判权和检察权"。十七大报告进一步提出深化司法体制改革，优化司法职权配置，规范司法行为、建设公正高效权威的社会主义司法制度，"保证审判机关、检察机关依法独立公正地行使审判权、检察权"。及至十八大报告提出进一步深化司法体制改革，坚持和完善中国特色社会主义司法制度，"确保审判机关、检察机关依法独立公正行使审判权、检察权"。可见，中央对于司法制度之中国特色建设高度强调并且有明确具体的要求。

十六大以后中央成立了司法体制改革领导小组，开始加强对司法体制改革的统一领导和统一部署。2004 年 12 月 28 日，中共中央转发中央司法体制改革领导小组《关于司法体制和工作机制改革的初步意见》，确定 35 项改革任务。其中明确涉及检察改革的任务 26 项。要求检察机关要充分发挥法律监督的职能作用，保证司法部门的权力受到有效的监督和制约，并就完善检察机关对刑事立案、侦查、审判、执行、监管活动和民事、行政诉讼活动的法律监督制度，加强对司法工作人员渎职行为的监督，完善对办理职务犯罪案件的监督制约机制，加强对检察机关内部和外部的监督制约等提出了一系列明确具体的改革要求。2008 年 12 月中共中央转发《中央政法委员会关于深化司法体制和工作机制改革若干问题的意见》，提出要围绕优化司法职权配置、落实宽严相济刑事政策、加强政法队伍建设、加强政法经费保障等四个方面深化改革，并确定了 60 项改革任务，其中检察机关牵头完成 7 项。由此，司法改革实践了顶层设计，在以下方面对检察改革有重要指导：

1. 明确了检察改革的政治目标。加快建设社会主义民主政治，加快建设社会主义法治国家，是十五大以来中央推动司法改革的战略出发点。依此，坚持和完善中国特色社会主义司法制度，保障司法机关依法独立、公正地行使审判权和检察权，保障司法权力受到有效的监督制约成为改革的目标要求。检察改革突出职权配置和监督制约机制建设，以强化检察机关的法律监督为核心，同时坚持"两个强化"之改革思路，都是这一时期检察改革服从于政治改革目标的直接体现。

2. 决定了检察改革的制度建设成绩。历史上，司法改革的政治发动主要体现在涉及检察体制的内容方面。最近十几年，经过中央集中推动的司法改革，特别是经过两大诉讼法的修改，遵循顶层设计，检察改革逐步完成了以权力配置为主要内容的一系列改革实践。通过对检察机关法律监督性质和职能的巩固和强化，中国特色社会主义检察制度建构取得了全面发展。

3. 强化了检察改革中的理性建构进路。中央的发动使得检察改革作为国家政治体制改革的一部分，开始了强有力的集中推进。按照中央的部署和要求，最高人民检察院于 2005 年 8 月 24 日下发了《关于进一步深化检察改革的三年实施意见》，2009 年 2 月制定下发了《关于贯彻落实〈中央政法委员会关于深化司法体制和工作机制改革若干问题的意见〉的实施意见——关于深化检察改革 2009—2012 年工作规划》及工作方案，统一部署落实各项改革措施。这些部署加强了对改革的组织领导，但同时也使得改革在一定时期内集中体现了其主观推动之特质。这种理性建构进路，对于制度演进而言具有相当的优势效能，是中国检察制度内生发展的重要决定力量。

4. 为检察改革带来了更广泛的社会参与。中央的发动使检察改革成为政治改革的一部分，带动了更加广泛和多元的社会参与。特别是近年的改革，除了相关权力部门的协调配合，学术界也更加广泛和深入地参与。2004 年中央集中推进司法改革以来，结合刑事诉讼法和民事诉讼法的修改，检察改革中的学者参与成为其推进特点之一。中央的推动在一定程度上引导了学术界对检察改革的态度，较之以往，学者们较少地停留于对检察机关宪法定位和基本职权的学术质疑和重构，而更多地转入实践主导的论证或者参与各种改革试验、试点，对深化改革发挥了重要作用。这使得近十几年检察改革同时表现了政治发动性、开放性和社会参与性特征。

在检察改革六十年的发展中，上述三个方面的背景发挥了重要的推动作用，保障了改革的进行，也内在地决定了检察改革的特有禀赋与经验。

三、检察改革的历史发展阶段及成果

在现有研究中，我国检察制度的产生与发展被归纳为四个历史时期[①]，其中认为中国检察制度真正开始探索自己的发展道路，寻找应有的制度定位，是 1978 年恢复重建以来的事情。据此，重点对 1978 年以后 20 年的检察改革进行深入研究，并将其划分为四个发展阶段进行分析。[②] 此外，有关专题研究中偶有涉及检察改革发展阶段的分析。[③] 本文认为，检察制度的发展与检察改革

[①] 中华人民共和国检察制度的创建初期（1949—1953 年）；中华人民共和国检察制度的发展与波折时期（1954—1966 年）；中华人民共和国检察制度的中断时期（1967—1977 年）；中华人民共和国检察制度的重建和发展时期（1978 年以来）。参见王桂五主编：《中华人民共和国检察制度研究》，中国检察出版社 2008 年版。

[②] 边工作、边建设，自觉探索改革的阶段（1978—1987 年）；开始实施检察改革阶段（1988—1992 年）；发展检察工作、被动改革阶段（1993—1998 年）；深化检察制度改革阶段（1999—2002 年）。参见孙谦：《检察：理念、制度与改革》，法律出版社 2004 年版，第 36～40 页。

[③] 如对中国检察基础理论研究的回顾与述评等。参见张智辉：《中国特色检察制度的理论探索——检察基础理论研究 30 年述评》，载《中国法学》2009 年第 3 期。

相生相伴，改革展现了检察制度的内生场景和进程，是制度发展的途径和路径依赖，对其进行完整的过程性梳理，是揭示中国检察制度演化发展规律的必然要求。为此，试从改革发动之角度，将检察改革60年历程划分为四个发展时期进行归纳，即：检察制度创建和发展初期的改革创新（1949—1966年）；检察制度恢复重建10年的改革创新（1978—1987年）；检察机关正式发动和自觉推进检察改革时期（1988—1997年）；中央统一部署集中推进司法改革时期（1998—2012年）。

（一）检察制度创建和发展初期的改革创新（1949—1966年）

1949年9月21日《中国人民政治协商会议共同纲领》和《中华人民共和国中央人民政府组织法》颁布，确立了最高人民检察署的性质及其在国家机构中的地位和设置，新中国检察制度正式建立。这是国家制度创新成果，也是检察改革的开端。至1966年，检察制度完成了基本的制度选择、持续推进了业务和机构建设，并经历了阻碍和波折。其间，改革创新自始得到开展，其内容体现在两方面：[1]

1. 涉及检察体制方面的改革创新。包括：（1）1954年宪法将各级人民检察署改为各级人民检察院，从而形成了全国人民代表大会及其常务委员会之下的国务院、最高人民法院、最高人民检察院的"三院"体制。（2）对检察机关组织体系进行调整。1953年起最高人民检察署提出逐步建立铁路、水运等专门检察署。1954年宪法和人民检察院组织法增加了专门人民检察署的设置。（3）改革检察机关的领导体制。1949年颁布的《中央人民政府最高人民检察署试行组织条例》（以下简称《试行组织条例》）规定，各级人民检察署均独立行使职权，不受地方机关干涉，只服从最高人民检察署指挥，即在国家机构体系中实行垂直领导体制。1951年9月3日中央人民政府审议通过了《最高人民检察署暂行组织条例》和《各级地方人民检察署组织通则》指出，鉴于原《试行组织条例》规定的垂直领导体制因各方面条件尚不成熟，在实践中感到"有些窒碍难行之处"，而将其改为双重领导体制，即各级地方人民检察署既受上级人民检察署的领导，又是同级人民政府的组成部分，受同级人民政府领导。1954年宪法和人民检察院组织法颁布时，又重新确定了检察机关的垂直领导体制，即规定地方各级人民检察院均独立行使职权，不受地方国家机关的干涉；地方各级人民检察院和专门人民检察院在上级人民检察院的领导下，并且一律在最高人民检察院的统一领导下进行工作。（4）调整检察机关

---

[1] 以下内容主要参见王桂五主编：《中华人民共和国检察制度研究》，中国检察出版社2008年版，第40页以下。

内部领导制度。1954 年宪法和人民检察院组织法将原来的"检察委员会议"改为"检察委员会"，在检察长的领导下，负责处理有关检察工作的重大问题，并明确实行基于民主集中制原则的合议制。（5）调整检察机关的职权。1949 年的《试行组织条例》规定检察机关对于全国社会与劳动人民利益有关之民事案件及一切行政诉讼，均得代表国家公益参与之。后鉴于当时没有行政审判机构的设置，1954 年宪法和人民检察院组织法取消了检察机关参与行政诉讼的职权。同时，取消"处理人民不服下级人民检察署不起诉处分之声请复议事项的职权，增加对侦查机关的侦查活动是否合法、对刑事判决执行的监督权"等。

2. 涉及工作机制的改革创新。检察机关按照中央的要求，坚持边建设、边工作的方针，重点建立健全检察机关的组织和工作系统的同时，建设各项检察业务制度和工作机制。其中包括：（1）通过进行工作试验来建立各种工作制度。如 1954 年第二届全国检察工作会议提出，要积极地有计划有步骤地建设各项检察业务制度，建立重要刑事案件的侦讯及侦讯监督制度程序、建立审判监督制度、监所检察制度等。提出要认真大力进行检察工作的重点试验，切实培养出一大批具有基点示范作用的地方人民检察署，以取得系统经验，全面推动。随后，最高人民检察院根据人民检察院组织法的规定和典型试验中取得的经验，研究草拟了各项检察工作的试行办法。（2）创造了"免予起诉"等工作机制。在处理反革命分子投案自首工作中，检察机关创造了"免予起诉"这一新的法律处理形式。1956 年全国人大常委会通过《关于处理在押日本侵略中国战争中犯罪分子的决定》将这一法律处理形式以立法加以确认，为检察权能建设做出了贡献。

政策层面，检察改革在这段历史时期没有被突出提及，但实践中却频繁进行。其中展现了体制改革、机制创新内容，出现了自下而上的探索和自上而下的立法推动以及探索实验等检察改革的基本样态，使得这一段时期成为历史上涉及体制改革最为活跃，也是第一个体现国家顶层设计的改革时期。改革的发动，体现国家主导的特征。1957 年下半年开始，检察工作进入了波折时期。"大跃进"过程中提倡公检法联合办案，实行"一长代三长"等，是一种负面变革，是制度和实践发展的历史教训。

（二）检察制度恢复重建 10 年的改革创新（1978—1987 年）

1978—1987 年，是检察机关恢复重建，边工作、边建设时期。1978 年我国颁布了第三部宪法，恢复了检察机关的设置。1979 年颁布了《逮捕拘留条例》、人民检察院组织法、以及刑法、刑事诉讼法等六部法律，民主法制建设进入新的发展时期。此后 10 年，是检察制度重建和发展的重要时期，其中以加强基层和基础建设、探索工作制度建设和拓宽法律监督领域为主要内容。实践中初步提出了中国检察制度的发展方向问题，并对"一般监督"问题给予了很大的关注和讨论。① 彼时扩大检察职能，增加检察机关参与和监督民事诉讼和行政诉讼的职能，增加检察机关在保障宪法实施方面的监督职能，赋予其违宪审查权，削减一些不属于检察机关法律监督职能的职权等观点十分活跃。② 检察改革的主要内容包括：

1. 对检察体制进行改革。经由 1978 年宪法和人民检察院组织法等，检察体制进行了重要改革，包括：（1）明确规定了检察机关的性质是国家的法律监督机关。（2）将检察机关的领导体制再次改为双重领导。（3）调整了检察机关的职权，增加了对于叛国案、分裂国家案，以及严重破坏国家的政策、法律、法令、政令统一实施的重大犯罪案件的检察权；取消了"一般监督"职权；增加了对于刑事裁定执行的监督权等；明确了检察机关对劳动教养机关的活动、对民事审判活动和行政诉讼试行监督的职权，以及司法解释权等，并对检察人员的任免程序作了修改。

2. 探索建立健全检察工作制度。随着法制的不断健全，检察工作全面发展，检察机关的法律监督职能在实践中得到了很好的发挥，检察机关相继制定了《人民检察院刑事检察工作试行细则》、《人民检察院直接受理侦查的刑事案件办案程序（试行）》、《人民检察院劳改检察工作细则（试行）》等，规范了检察工作程序。

从发动规律上看，这十年中的检察改革基本延续了新中国成立初期的方向，即国家立法在改革中占重要地位，改革的价值取向依旧是完成制度建构，检察制度定位、领导体制和检察职能等基本问题进一步明确。之所以将其作为一个独立阶段进行观察，主要是考虑该时期对于机制创新做出了丰富的贡献、对制度发展方向在理论层面逐渐酝酿，积蓄了自觉改革的实践动力，决定了此时的改革带有一定的过渡性，潜在的变革力量值得关注。有研究者指出，这一时期检察制度的发展具有明显的粗犷性和依赖性特征，制度建设主要集中于宏观层面的问题，主要依赖宪法、人民检察院组织法等基本立法的引导，缺乏内在积极地自生性发展。③ 这一分析反映了当时检察改革自上而下发动的特征。

---

① 参见孙谦主编：《检察理论研究综述（1979—1989）》，中国检察出版社 2000 年版，第 385～386 页。

② 参见孙谦主编：《检察理论研究综述（1979—1989）》，中国检察出版社 2000 年版，第 379～384 页。

③ 参见林贻影：《中国检察制度发展、变迁及挑战——以检察权为视角》，中国检察出版社 2012 年版，第 91 页。

实际上，随着国家民主法制建设的发展，检察制度进入与实践磨合阶段，立法和实践逐渐暴露出一些不太适应的情况，比如检察机关的监督职权如纠正侦查活动和刑事审判活动中的违法行为、对民事审判活动和行政诉讼试行监督等，还缺乏完善的法律程序和有效的监督措施；检察机关的领导体制也有待改进；检察工作中创造的一些工作方法如"检察建议"等有待立法上的确认，等等。这些问题的集聚，使得这时期的改革将机制建设推到了重要位置，内在地决定了今后检察改革的发动及方向。

（三）检察机关明确发动和自觉推进检察改革时期（1988—2003 年）

党的十三大提出改革是社会主义生产关系和上层建筑的自我完善，加快和深化改革是全党的重要任务。1988 年 2 月，最高人民检察院召开了第八次全国检察工作会议，从"检察体制的改革是政治体制改革的一个组成部分"这个高度出发，开始部署检察改革问题。明确提出了检察体制改革的方针、任务和初步方案，第一次明确了"以充分发挥检察机关法律监督职能"为中心的改革设想，检察改革正式提上了检察机关的议事日程。

这时期的改革可以分为两个阶段：第一个阶段是 1988—1997 年，检察机关明确发动改革阶段。当时提出检察体制改革的目标是，建立具有中国特色的、法律监督功能完备、富有效力的、与整个社会主义法制建设相协调的检察制度，充分发挥检察机关在健全社会主义民主政治和法制建设中的作用，更好地为社会主义物质文明和社会主义精神文明建设服务。改革目标明确指向制度建设。从内容方面提出的改革框架包括：（1）增强法律监督职能，健全法律监督程序。（2）完善检察系统的领导体制，加强上级检察机关对下级检察机关的领导。（3）建立检察干部管理体制。（4）改善执法条件，为实施法律监督提供经费和物质保障。（5）增设派出机构，加强基础工作。① 1993 年以后，根据十四大关于建立社会主义市场经济体制的改革目标和"要严格执行宪法和法律，加强执法监督，坚决纠正以言代法、以罚代刑等现象"② 的要求，检察机关提出了"严格执法、狠抓办案"的总体工作思路。以此为中心，检察改革自觉发动的这十年取得了很多实质性的成果。

其中，涉及检察体制的改革包括：（1）推进了机构建设。在打击国家工作人员职务犯罪的过程中，建立健全了相应的专门机构。最高人民检察院设置

① 参见《1988 年最高人民检察院工作报告》，载 http://www.spp.gov.cn/site2006/2006 - 02 - 22/00018 - 279.html，访问时间：2012 年 3 月 15 日。

② 参见中国共产党第十四次全国代表大会上的报告：《加快改革开放和现代化建设步伐，夺取有中国特色的社会主义事业的伟大胜利》，载《中国共产党第十四次全国代表大会文件汇编》，人民出版社 1992 年版，第 34 页。

了法纪检察厅，各级检察院也健全了法纪检察机构，同时，全国各级检察院相继建立了举报机构。推广广东省人民检察院设立反贪污贿赂工作局的经验，在原经济检察机构的基础上组建反贪污贿赂局，最高人民检察院将经济检察厅改名为贪污贿赂检察厅，并设立了预防处。1995 年 11 月，最高人民检察院建立了反贪污贿赂总局，至 1995 年底，全国有 28 个省级检察院、296 个市级检察院建立了反贪污贿赂局。① 基本建立了集举报、侦查、预防功能于一身的反贪污贿赂专门机构，为惩治职务犯罪提供了组织基础。（2）调整了检察职权配置，经由 1996 年刑法和刑事诉讼法的修改，缩小了检察机关自侦案件的范围，废止了免予起诉制度，相应扩大了不起诉的适用范围。（3）初步建立了检察官管理制度。颁布检察官法，制定了《检察官等级暂行规定》、《检察官培训暂行规定》、《检察官考评委员会章程（试行）》等七个配套规定，尝试将检察官从一般的国家公务员中分离出来，作为司法官进行管理。

涉及检察工作机制的改革包括：初步建立了内部制约制度。对检察机关自行侦查的犯罪案件实行内部制约，把侦查、预审与决定逮捕、起诉分开，由两个部门分别管理；实行免予起诉由检察委员会决定，并实行备案、备查制度；实行申诉由上一级检察院审查处理的制度等；② 建立了举报、侦查、预防一体、提前介入对重大刑事案件的侦查、预审活动等工作制度，拓宽了监督途径，确定刑事诉讼监督、民事审判监督和行政诉讼监督重点等。制定了《人民检察院实施〈中华人民共和国刑事诉讼法〉规则（试行）》，会同有关部门制定了《关于刑事诉讼法实施中若干问题的规定》等，对检察工作机制做了进一步的规范。

第二个阶段是 1998—2003 年，检察机关开始对改革进行顶层设计，以此推进自觉改革。党的十五大之后，司法改革成为国家政治和法律生活中的重大议题。在认真领会中央精神和反思恢复重建后检察工作及制度建设的经验教训后，检察机关提出"不改革，检察工作就没有出路；不改革，检察事业就不能发展；不改革，检察机关就没有活力；不改革，中国特色社会主义检察制度就难以完善和发展"③。2000 年 1 月 10 日，最高人民检察院通过了《检察改革三年实施意见》，提出并推动进行了检察业务工作机制、组织体系、检察官办

① 参见《1996 年最高人民检察院工作报告》，载 http：//www.spp.gov.cn/site2006/2006 – 02 – 22/00018 – 279.html，访问时间：2012 年 3 月 15 日。

② 参见《1989 年最高人民检察院工作报告》、《1991 年最高人民检察院工作报告》，载 http：//www.spp.gov.cn/site2006/2006 – 02 – 22/00018 – 279.html，访问时间：2012 年 3 月 15 日。

③ 和育东、王琰：《韩杼滨检察长在全国检察机关深化改革座谈会上强调：解放思想大胆实践，务求检察改革取得实效》，载《中国检察改革报告》，中国检察出版社 2003 年版，第 6 页。

案机制、干部人事制度、内外部监督制约机制、经费管理机制等 6 个方面 35
项具体改革。经由这种系统内的自上而下的全面有计划地推动，检察改革在这
一时期积累了大量的实践经验和改革成果，取得了较好的实际效能，如加强了
检察权运行机制建设，促进了机构设置、内部制约机制、以及检察官管理制度
等检察制度重要内容的发展。主诉检察官办案责任制等工作机制改革，直指检
察权运行方式以及检察权主体之核心问题，时至今日仍然具有重要的制度建设
和实践价值。专家咨询委员会、检务公开等措施受到各界的广泛关注。与此同
时，检察机关实践了通过办案发展法律监督职能的思路。基本完成了检察机关
法律监督的范围、途径、手段、制度、主体等内容的构建过程，健全了以职务
犯罪侦查制度、公诉制度、诉讼监督制度等为基本内容的检察制度基本框架。
值得提及的是，1996 年刑事诉讼法修改取消了免予起诉权，限制了检察机关
侦查权，这是检察制度的重要变革，因此有研究称之为检察机关"被动改革"
时期。实际上，尽管这种变革对检察制度的发展带来了深刻影响，但检察机关
自主推进改革仍然是这一时期的主流。

　　这十五年，检察机关明确发动和自主推进改革，系统内部自上而下与自下
而上的改革创新相互结合，其中自下而上的内生性改革占有相当比例，改革的
实践面向十分突出，检察制度的发展与实践密切关联，呈现出立足实践，由实
践探索到顶层设计提升的发展进路。"对于检察制度的发展来说，这一时期的改
革在理论上是有深入的思考的，而在改革内容上也是有经验教训值得总结的。"①

　　（四）中央统一部署司法改革时期的检察改革（2004—2012 年）

　　党的十六大进一步明确司法体制改革的目标和任务之后，中央成立了司法
体制改革领导小组，自 2004 年起至 2012 年近十年间，集中部署和推进了两轮
司法改革。检察改革再次进入国家层面的顶层设计时期。

　　2004—2008 年，中央开始统一领导和部署司法改革。② 2004 年 12 月 28
日，中共中央转发了中央司法体制改革领导小组《关于司法体制和工作机制
改革的初步意见》，其中确定了 35 项改革任务，涉及检察机关的改革任务有
26 项。2006 年 5 月中共中央又下发《关于进一步加强人民法院、人民检察院
工作的决定》，就加大检察机关法律监督力度，促进依法行政和司法公正，推
进司法体制改革提出要求。按照中央关于推进司法体制改革和加强法律监督的
要求，最高人民检察院制定了贯彻落实《关于司法体制和工作机制改革的初

---

　　① 孙谦：《中国的检察改革》，载《法学研究》2003 年第 6 期。
　　② 以下内容参见万春：《党的十五大以来检察改革的回顾与展望》，载《国家检察官学院学报》
2008 年第 4 期。

步意见》的工作方案和三年工作计划，于 2005 年 8 月 24 日下发了《关于进一步深化检察改革的三年实施意见》（以下简称《深化改革三年实施意见》），明确了对诉讼活动的法律监督制度、检察机关接受监督和内部制约制度、创新检察工作机制规范执法行为、完善检察机关组织体系、检察干部管理体制、检察经费保障体制等 6 个方面 36 项具体改革任务。

至第一轮改革结束，检察改革在工作机制创新方面取得了丰富成果，包括：（1）建立了行政执法与刑事司法相衔接的工作机制。（2）进一步健全了审查逮捕、审查起诉工作机制，强化对刑事侦查和审判活动的法律监督。建立了审查逮捕听取犯罪嫌疑人及其律师意见制度、介入侦查引导取证工作机制、审查逮捕、审查起诉中的证据审查和排除非法证据制度、当事人权利义务告知制度和保障律师依法执业权利制度[①]、完善办理死刑案件的公诉程序和监督机制等。[②]（3）建立对减刑假释暂予监外执行裁决工作的同步监督机制。（4）完善民事抗诉制度。（5）协调侦查、诉讼监督等职能，推进职务犯罪侦查一体化机制建设。（6）贯彻宽严相济刑事政策，完善对未成年人犯罪案件办理程序，探索对轻微刑事案件的快速办理机制，探索刑事和解等。（7）试行人民监督员制度。[③]（8）建立查办职务犯罪案件报上一级检察院备案、批准制度。[④]（9）推行讯问职务犯罪嫌疑人全程同步录音录像制度。[⑤]（10）深化检务公开。（11）建立检务督察制度。[⑥]（12）深化主诉检察官办案责任制、对

---

① 2004 年最高人民检察院下发《关于人民检察院保障律师在刑事诉讼中依法执业的规定》，2006 年下发《关于进一步加强律师执业权利保障工作的通知》，对保障律师会见犯罪嫌疑人、查阅案卷材料等作出具体规定。

② 最高人民检察院先后下发了《关于进一步加强公诉工作强化法律监督的意见》和《关于进一步加强刑事抗诉工作强化审判监督的若干意见》。同时，为配合死刑核准制度改革，还会同有关部门制定下发《关于进一步严格依法办案确保办理死刑案件质量的意见》等一系列规范性文件，加强了对办理死刑案件全过程的法律监督，保证了死刑案件公诉质量和出席死刑案件第二审法庭工作的顺利进行。

③ 为落实宪法和法律关于检察机关应当倾听人民群众意见、接受人民群众监督的规定，最高人民检察院报经党中央批准，并报告全国人大常委会，从 2003 年 9 月起开展了人民监督员制度试点工作。至 2007 年底，全国已有 86% 的检察院开展试点。

④ 最高人民检察院于 2005 年先后下发了《关于省级以下人民检察院对直接受理侦查案件作撤销案件、不起诉决定报上一级人民检察院批准的规定（试行）》和《人民检察院直接受理侦查案件立案、逮捕实行备案审查的规定（试行）》，进一步强化了上级检察院对下级检察院办案工作的监督。

⑤ 最高人民检察院从 2006 年 3 月起在全国检察机关分步推行讯问职务犯罪嫌疑人全程同步录音录像制度。截至 2007 年 8 月，占全国检察院总数的 81.7% 的检察院对职务犯罪案件在讯问时实行了全程同步录音录像。

⑥ 2007 年 10 月，最高人民检察院下发了《检务督察工作暂行规定》，在全国检察机关推行检务督察制度，突出了对检察人员履行职责、遵章守纪的事前和事中监督。2008 年初，又出台了《检察人员执法过错责任追究条例》，强化内部监督。

诉讼违法行为进行调查、被告人认罪案件普通程序简化审理、扩大简易程序适用范围、量刑建议、检察文书说理等改革。

涉及检察体制建设的改革主要集中在两方面：（1）推进检察管理制度改革。包括推行公开招考、竞争上岗、双向选择、干部交流、岗位轮换、定岗定员等干部人事制度改革；改革检察官遴选制度，逐步推行上级检察院检察官缺额从下级检察院检察官中遴选以及从符合检察官任职条件的专家、学者中选拔制度；开展检察人员分类管理改革试点；建立检察官检察津贴制度；完善检察官培训制度；推进部门、企业管理检察院体制的改革；完善检察机关司法鉴定机构和鉴定人的登记管理制度等。（2）改革和完善基层检察院经费保障机制。

这五年的改革，主要围绕诉讼监督工作机制建设全面展开，为下一轮检察改革向体制改革和立法修改发展奠定了基础。

2009—2012年，中央部署深化司法改革。2008年底，中共中央转发了《中央政法委员会关于深化司法体制和工作机制改革若干问题的意见》（中发〔2008〕19号），从优化司法职权配置、落实宽严相济刑事政策、加强政法队伍建设、加强政法经费保障等四个方面，就深化司法改革进行了总体部署。随后，中央司法体制改革领导小组做出了《关于贯彻实施〈中央政法委员会关于深化司法体制和工作机制改革若干问题的意见〉的分工方案》（以下简称《分工方案》），将中发〔2008〕19号文件确定的改革归纳为60项任务并进行了分工。其中，最高人民检察院牵头7项，协办53项任务。2009年2月，最高人民检察院下发了《关于贯彻落实〈中央政法委员会关于深化司法体制和工作机制改革若干问题的意见〉的实施意见——关于深化检察改革2009—2012年工作规划》（以下简称《深化检察改革规划》）及工作方案，统一部署落实各项改革措施。据报道，截至2012年2月，最高人民检察院牵头的7项改革任务基本完成，协办的53项改革任务和《深化检察改革规划》确定的各项改革任务大部分完成，出台了一批改革文件。①

深化改革的这几年，检察改革取得了重要发展，主要体现在：

1. 强化法律监督职能。最高人民检察院制定了《关于进一步加强对诉讼活动法律监督工作的意见》，单独或者会同协办单位出台了一系列改革措施，对完善监督范围、明确监督手段、健全监督机制、提高监督效力等提出了明确要求。包括：（1）完善了诉讼监督范围，会同公安部制定下发了《关于刑事立案监督问题的规定（试行）》，会同最高人民法院会签下发了《关于对民事

---

① 以下参见最高人民检察院胡泽君副检察长于2012年2月9日在全国检察改革推进会暨经验交流会上的讲话。

审判活动与行政诉讼活动法律监督试点工作的通知》，明确和完善了民事、行政诉讼检察监督的范围和程序，将生效调解和民事执行明确纳入检察监督范围。（2）增加了诉讼监督手段。会同最高人民法院、公安部、国家安全部、司法部会签下发了《关于对司法工作人员在诉讼活动中的渎职行为加强法律监督的若干规定（试行）》，明确规定检察机关对司法工作人员在诉讼活动中的渎职行为可以采取调查核实、建议更换办案人等方式进行监督，调查核实可以询问当事人、知情人，查阅、复制、摘抄、调取有关材料等。"两高"关于民事审判与行政诉讼监督及民事执行监督的会签文件也明确了再审检察建议、检察建议等监督手段，丰富了监督手段体系。（3）健全诉讼监督工作机制。会同有关部门联合发布的一系列改革文件，明确、规范了检察机关调阅审判卷宗材料的程序；建立了案件情况通报、信息共享平台、同步抄送备案、列席相关部门会议等制度，进一步建立非法证据排除机制、监管场所和刑罚执行监督机制；开展了量刑建议工作等。

2. 完善对自身执法活动的监督制约机制。推出了一系列强化自身监督制约的改革措施。包括：（1）推行职务犯罪案件审查逮捕程序改革。从 2009 年 9 月起在省级以下（不含省级）人民检察院有步骤地推行逮捕职务犯罪嫌疑人报请上一级人民检察院审查决定的制度。① （2）侦查权与抗诉权相分离，完善内部分权制约机制。（3）完善对执法活动的内部监督制度。（4）全面推行人民监督员制度。在充分总结 2003 年以来试点经验基础上，2010 年 10 月起全国检察机关全面推行了人民监督员制度，并改革了人民监督员的选任方式，扩大了人民监督员范围。② （5）深化和拓展检务公开。完善了接受人大监督、民主监督、社会监督的机制和措施，完善不起诉、申诉案件听证制度，推行检察法律文书释法说理改革。

3. 贯彻宽严相济形势政策，健全工作机制。推进三项重点工作、贯彻宽严相济形势政策成为深化检察改革的重要指导：（1）探索健全体现宽严相济的案件办理工作机制。包括：提前介入引导侦查取证、办理未成年人犯罪案件工作机制、快速办理轻微刑事案件工作机制、轻微刑事案件建立检调对接机制、对当事人达成和解的轻微刑事犯罪案件从宽处理机制等。（2）建立健全被害人救助制度，完善检察机关国家赔偿工作机制。（3）健全举报工作机制

① 2010 年 1 月至 6 月，职务犯罪"上提一级"案件不捕率为 8.5%，比 2009 年上升 4.4 个百分点；捕后不诉率 1.6%、判无罪率 0.06%，分别比 2009 年下降 0.6、0.03 个百分点。

② 截至 2011 年，全国共选任人民监督员 41000 多名，监督案件 33000 多件。改革后的人民监督员制度进一步增强了公信力与监督活动的公正性。

和执法办案风险预警评估机制，提高化解涉检信访矛盾纠纷的水平。（4）推进侦防一体化机制建设，完善行贿犯罪档案查询系统等，完善职务犯罪惩治和预防工作机制。

4. 推进组织体系和干部管理制度改革。包括：（1）健全基层院建设和干部培训制度。① （2）健全检察委员会会议制度，修改完善了检察委员会议事和工作规则，制定了检察委员会专职委员选任及职责暂行规定，加强检察委员会办事机构建设。（3）推进干部管理体制改革，完善检察人员工资待遇和执业保障制度。② （4）开展铁路检察院管理体制改革。

5. 推进检察经费和保障体制改革。以落实政法经费保障体制改革为重点，提高了全国检察机关的检务保障水平。制定人民检察院司法鉴定实验室建设规划，完善检察机关司法鉴定管理和工作制度，完成了国家级司法鉴定机构建设，规范了法医、文检、司法会计、电子物证、理化、心理测试等专业技术工作。推进检察机关信息化建设，启动电子检务工程，加快开发检察业务统一应用软件，检察工作科技含量进一步提升。

6. 两大诉讼法修改，巩固和发展了检察机关的诉讼监督职能。2012 年刑事诉讼法和民事诉讼法相继修改颁布，巩固司法改革成果是其重要的立法指导思想之一。立法吸收了检察改革的诸多实践成果，同时新规定了一些检察职能与程序，集中巩固和发展了检察机关的诉讼监督职能。

中央集中推进两轮司法改革以来，检察改革得到全面发展，取得了丰富的成果，并由此达到了一个历史高点。检察制度建设完成了一个中国化的实践发展过程。其集中体现在，经由两大诉讼法的修改，进一步坚持和完善了检察机关的法律监督性质和地位，检察机关的诉讼监督职能得到了全面巩固和发展，包括羁押必要性审查职能、非法证据排除的职责、对于当事人以及律师等其他诉讼参与人控告申诉的审查处理职责等新规定，体现了诉讼监督职能的拓展和监督机制的完善，以法律监督为根本性质的检察制度中国特色建设取得了新的

---

① 最高人民检察院制定了《2009—2012 年基层人民检察院建设规划》等文件，完善了以执法规范化、队伍专业化、管理科学化、保障现代化建设为目标的基层院建设工作机制。探索开展派出检察室、巡回检察等工作，推动检察工作中心下移、检力下沉，促进法律监督触角向基层延伸。推进教育培训工作的科学化、规范化和制度化建设。制定出台了一系列旨在加强检察人员职业道德体系和执法行为规范建设的改革文件，规范检察人员执业行为和职业道德操守。

② 最高人民检察院会同有关部门下发了政法干警招录培养体制改革试点方案，拓宽基层检察机关人员准入渠道。出台公开选拔初任检察官的实施意见，会同有关部门联合下发了解决法官、检察官提前离岗、离职问题的通知，为有效缓解检察机关案多人少的突出矛盾提供政策依据。会同中组部制定下发《检察官职务序列设置暂行规定》，研究制定检察人员分类管理框架方案。明确司法警察的职责和权限，规范警务运行和人员管理机制。

发展成就。在这一发展过程中，检察改革实践了国家顶层设计，从权力配置、职能拓展、机制建设，到自我约束，都严格贯彻了中央的改革要求和发展方针，国家主导是该时期检察改革推动的主要特征。同时，顺应现实发展需要自下而上内生的改革成果发挥了重要推动作用。加之尚有大量不在中央司法改革方案中的实践探索，共同展现了作为制度发展之现实途径的检察改革场景与进程。应当说，依循中央司法改革部署，检察改革在全面探索的基础上，积累了实践经验，提供了立法渊源，搁置或超越了理论纷争，实现了制度发展。这是制度内生演化的实践展开，是进行制度分析的现实基础，其中蕴含的制度内生性发展规律、以及内生发展力量是检察制度中国化发展道路、中国特色本身的证成与检验，更是未来制度发展的渊源与推动。

四、中国法治建设视野下检察改革的价值

作为一项复杂的、有多元主体参与的法律实践发展过程，检察改革同时也是中国法治实践探索的具体展现。放在中国法治建设之场景看，检察改革具有多方面的贡献与价值，值得进一步分析。

（一）检察改革实现了中国检察制度的创新发展

六十年检察改革的核心成就是巩固和发展了以诉讼监督为重心的检察机关法律监督制度。法律监督是检察制度中国特色的集中体现，其坚持和完善是中国特色社会主义司法制度乃至中国特色社会主义国家制度的重要发展要求，是中国法治建设的发展成就。检察改革的特殊性，使得其对于中国法治建设的实践进程具有重要的说明意义。改革贯穿了制度建构的核心发展逻辑，体现了理性建构与经验推动、顶层设计与自觉改革交互作用的运行规律，展现了中国检察制度内生发展的实践场景、动态过程与生成结构，为深化制度生成和正当性分析提供了丰富的实践样本。面向改革实践，深化制度演化和变迁发展研究，总结检讨以往改革实践，对于发展未来司法改革战略研究，具有重要意义。

（二）检察改革为检察理论和法治理论研究提供了新课题

如何在中央主导的顶层设计与相关理论质疑、国家意志与社会公众认识、司法机关与诉讼参与人、理论与实践等诸多方面，实现有效沟通，形成制度创新发展的基本共识，为未来发展提供理论支撑，是检察改革要面对的重要课题。检察理论研究需要增强其实践面向，解决如下问题：（1）如何经由中国检察机关法律监督性质和职能的现实合理性证成其理论正当性，进而在本土化与全球化的和谐中证成中国检察制度的发展成就。（2）检察改革及其评价中的主体结构问题。（3）强化法律监督与强化自身监督制约这一"双强化"的发展对于建立科学的检察权运行机制的实践、理论和制度发展价值。（4）平

衡自觉改革与顶层设计之间的关系，关注内生性改革成果，在诸如主诉检察官制度、行政执法与刑事司法衔接、附条件逮捕等改革创新中寻找制度与实践发展的内生力量。（5）厘清诸如检察一体、客观义务、法律监督等基础检察理论，整合发展检察理论研究范式，确定理论范畴及发展重点，为实践发展提供扎实的理论指导。（6）推动改革评价研究，等等。

（三）检察改革为诉讼制度的发展提供了实践检验

检察改革与诉讼改革的发展具有密切联系，二者不仅具有内在的制度关联，还具有实践发展的同质性。在过去的发展中，二者交互进行，相互影响，相互说明，也互为检验。以刑事诉讼为例，检察改革的贡献主要体现在两个方面：一方面是诉讼法的许多修改直接来源于检察改革成果，特别是近十年的改革成果[①]。包括完善立案监督制度；审查逮捕讯问犯罪嫌疑人制度[②]；讯问职务犯罪案件嫌疑人全程同步录音录像[③]；规范强制侦查行为，防止超期羁押[④]；以及刑事和解、未成年人诉讼程序、对简易程序审理案件的法律监督、对减刑假释的检察监督等，几乎涉及了刑事诉讼的全过程。另一方面，检察改革成果为刑事诉讼制度的发展提供了实践检验。诉讼制度的发展有些就是检察改革的内容，面临实践的进一步检验。同时，有些检察改革成果没有被新刑事诉讼法吸收，有些没有完全吸收，新法同时还规定了一些新的制度。这些不交叉部分更加需要进行实践对比分析。如简易程序的修改，对照检察改革来看，其立法进步是有限和保守的。最高人民检察院从 2007 年 2 月颁布《最高人民检察院关于快速办理轻微刑事案件的意见》，探索对案情简单、事实清楚、证据确实充分，被告人认罪案件实行简化工作流程缩短办案期限的快速办理机制。2008年颁布了《认罪轻案办理程序实施细则》、《认罪轻案办理程序实施方案》，并逐步在全国进行认罪轻案办理程序试点。与新法规定相比，试点有三个重要补

---

① 参见张智辉：《检察改革与刑事诉讼制度的完善》，载《国家检察官学院学报》2012 年第 5 期。

② 最高人民检察院从 2005 年起要求改革审查批准逮捕方式，实行审查逮捕时讯问犯罪嫌疑人的制度。

③ 这项改革早在 2004 年就在北京海淀、河南、宁夏等地检察机关开始试点。最高人民检察院 2005 年 11 月制定并下发了《讯问职务犯罪嫌疑人实行全程同步录音录像的规定（试行）》。2006 年 12 月，又印发了《人民检察院讯问职务犯罪嫌疑人实行全程同步录音录像系统建设规范（试行）》和《人民检察院讯问职务犯罪嫌疑人实行全程同步录音录像技术工作流程（试行）》。

④ 2003 年 5 月开始，最高人民检察院在全国范围内开展集中清理纠正超期羁押专项监督行动，会同最高人民法院、公安部下发了《关于严格执行刑事诉讼法，切实纠防超期羁押的通知》、《关于人民检察院对看守所实施法律监督若干问题的意见》等文件，又单独制定了《关于在检察工作中防止和纠正超期羁押的若干规定》，建立了羁押期限告知、期限届满提示、检查通报、超期投诉和责任追究等八项制度。其中很多探索和规定都被写入刑事诉讼法，完善了我国羁押审查制度。

充：一是试行在侦查、批捕、起诉环节都设置简易程序，使简易程序贯穿整个诉讼过程，实现诉讼全程提速；二是推出了一套包括程序全程简化、律师参与、制作认罪答辩笔录和确认认罪答辩、证据开示、收集核实证据简化、证明标准降低等内容的完整程序机制；三是探索了简易程序集中起诉、集中出庭模式等。这些探索，更加着眼于诉讼分流制度的建立，对于诉讼制度的发展具有重要参考。新建立的羁押必要性审查制度，与检察实践中的附条件逮捕之工作机制创新相比，显现出其制度投放特点以及缺乏实践融合性之局限。诸如此类，检察改革与诉讼制度发展的关联分析有待推进。

（四）检察改革在民主化建设方面取得了重要经验

基于法治建设要求，遵循检察权的功能定位，经过近年中央对司法改革的推动，加强权力制约和强化人权保障成为检察改革的重要价值目标。改革取得了民主建设的宝贵经验：一是通过强化诉讼监督，加强了对司法权行使的监督制约。二是通过完善程序，提高了司法透明度和公众参与度。包括，加强了对律师执行职务的保障。如2005年以来检察机关试行审查批准逮捕阶段讯问犯罪嫌疑人和听取律师意见；探索附条件逮捕、不起诉听证、职务犯罪案件讯问犯罪嫌疑人实行同步录音录像、试行多媒体举证示证、量刑建议等，加强对当事人的权利保障；未成年人的特殊程序、刑事被害人的司法救助、诉讼中的告权制度、释法说理等。三是探索建立了强化自身监督的工作制度和机制。包括人民监督员制度、职务犯罪案件逮捕上提一级、职务犯罪案件一审判决上下级同步审查等，对于加强检察权运行的社会监督和自身监督，做了重要的探索。四是检察改革本身加强了社会参与，包括改革论证、试点试验、评估等都广泛吸收了社会各界的意见，对于实现司法制度的民主化发展积累了经验。

（五）检察改革中的学界参与提供了中国法治建设的新经验，具有多元研究价值

一定程度上，检察改革中的学者参与较之法院系统的改革更为广泛和深入，是近年来检察改革的特点之一，值得关注。其中涉及理论与实践关系的发展、中国法治建设进程中理论研究的状况与作用、法学理论研究范式的转型发展等问题。我国学界认为，法律与社会脱节，法律与文化脱节，是当代中国法的最大困境。① 近年来，国内法学理论与实践相脱节的问题仍很严重：一方面，理论研究工作接触实践、深入实践、服务实践不够；另一方面，实际法律

---

① 参见梁治平：《中国法的过去、现在与未来》，载《梁治平自选集》，广西师范大学出版社1997年版，第67页。

工作忽视理论研究成果，将理论研究成果用以指导实践严重不足。① 法学研究越发成为疏离社会现实而自闭、自治和价值自证的文化活动。受此影响，中国法学对法治实践的贡献度和影响力正不断减弱。② 这种情况在近年检察改革过程中展现了不同的趋向。近十几年来，相关学科的理论研究正在深入实践、服务实践、指导实践，检察工作也更加重视理论研究，自觉运用理论研究成果指导改革，二者出现了良性互动。以刑事诉讼法学研究领域为例，随着研究范式的转型，实证研究受到空前关注。2004 年中央统一推进司法改革以及司法改革意见出台以后，学者开始了众多以试验、试点、证成为主要内容的研究项目，通过与地方检察机关合作，指导、策划、推动改革试验和评估，协助建立相关的工作制度，制定相应的法律文件，或者提出立法建议。③ 这是检察改革推进中的一个新样态，或可称之为学者主导型改革创新，对于制度完善和立法发展发挥了重要作用。

检察改革中的这种互动弥足珍贵，其中包含了学界对于改革的"顶层设计"。改革成果经过学界的宣传和推动，对立法修改产生了重要影响。同时较好地提升了检察机关的理论自觉和检察工作品质。这种互动有助于消解基于制度移植特征所产生的实践逻辑与制度规定性之间的错位；促进立足于本土实践的法学知识的形成；促进包括检察理论研究在内的法学研究范式的转型，通过对中国现实问题的切实关注，形成内在化的价值核心和自我认同；以及消弭法律体系建构过程中，理论与实践相互疏离，乃至实践发展的理论准备不足等问题。而这些，对于中国法治建设具有重要意义。

五、制度内生视角的检察改革展望

一个完整的制度理论须包含对制度生成和制度演变的内生性解释。我国的法制发展和司法改革研究需要加强实践面向，关注制度发展的动态分析，揭示其生成规律，发展制度理论，推动实践科学发展。

制度是内生的，这是制度经济学关于制度研究理论的重要观点。制度的内生性表明，研究制度必须考察制度在其存在的时域范围内的被需要和有效性。与仅仅把制度停留在机械移植的外生考察不同，制度的内生性让人意识到国情因素、历史与文化传承、社会结构、发展阶段、社会管理系统、人的心理和行

---

① 参见张文显主编：《世纪之交的中国法学》，高等教育出版社 2005 年版，第 228 页。

② 参见顾培东：《也论中国法学向何处去》，载《中国法学》2009 年第 1 期。

③ 据不完全统计，近十年来，刑事诉讼法学研究会的会长、副会长中，大多有主持过一项或者多达八九项的实证研究项目。

为方式等条件对于制度生成和演变的重要意义。没有内生性支撑的制度形同虚设。正是在这个意义上，有学者指出，不顾人的需要和经济社会现实，单纯"通过修改法律制度去强制性地改变各类主体行为的做法不会有多少效果"，因而主张"用内生性法律理论研究法律制度与经济体系"①。

人是制度主体，制度有效性最终表现为人的行为选择，传统制度博弈论研究方法，将制度的发展视为历史过程的结果，通过关注均衡和自我实施，为研究制度内生演化规律提供了概念装置和分析结构与方法。进一步发展的主观博弈理论、归纳博弈理论试图通过把均衡和演化统一纳入分析框架中，进而分析制度的内生演化问题。② 也有学者提出了制度分析的动态方法。③ 这些理论从不同的层面证明和研究制度的内生性。还有同样关注制度发展动态研究的如经济学中的路径依赖等研究方法，提供了制度分析的诸多理论工具。为发展检察制度和检察改革研究提供了借鉴和理论资源。

制度内生性理论，制度的被需要和有效性问题，为我们研究检察改革和检察制度提供了新视角。依此重新审视改革历程，可以有两个话题域，一是从国家制度发展来看，中国检察制度的历史演进完全展现了一个制度内生演化的过程，是制度内生结果。制度内生性是中国特色的一个寻证途径。二是作为中国检察制度内生演化的重要路径之一，检察改革本身展现了怎样的制度内生过程，以及如何尊重制度内生理论检讨和发展检察改革。

依此视角，正在推进的新一轮检察改革应当重点关注以下两方面：

首先，对以往检察改革加强动态和结构性研究，以系统分析检讨中国检察制度的内生演变过程，为新一轮改革提供理论指导。检察改革的历史包含了制度发展的实践场景、影响因素、内生或外生变量及其相互关系等诸多内容，如何在此基础上建立一个新的分析框架，确定制度内生演化的分析结构和分析方法，进而把握其发展规律，有待深入研究。传统的改革研究过于注重政策导向的正当性，忽略了其有效性研究。这遗留了诸多问题，如我们要在一个什么样的范围和结构中来看待检察改革，是仅仅将其视为一个封闭系统内的自上而下或者自下而上的简单推进过程，还是要充分关注改革主体的复合结构性，增强有效性分析；如何确定其中主要的内生决定力量，以把握制度发展走向，等等。利用制度经济学、博弈论等理论分析工具，加强过程性和结构性研究，将

① ［日］鹤光太郎：《用"内生性法律理论"研究法律制度与经济体系》，载《比较》2003 年第 8 辑。

② 参见黄凯南：《主观博弈论与制度内生演化》，载《经济研究》2010 年第 4 期。

③ 参见阿夫纳·格雷夫、戴维·莱廷：《内生制度变迁理论》，孙涛译，载《制度经济学研究》2005 年第 2 期。

有助于弥补政策性研究或者政治性分析的不足，有效应对未来发展中的各种问题。

其次，未来检察改革应当加强实践面向。应增强对改革的理性认识，避免泛改革观和消极改革观两种极端，提高理论自觉性，增强实践面向。

第一，突出改革发展的效能追求，着力提高执法能力和执法效果。为推进国家治理体系和治理能力现代化作出贡献。如前所述，以往检察改革无论从推进规律还是发展内容来看，都突出了制度建构之核心价值取向，带有明显的"制度建构"特征。这同时也是我国法治建设中的主观或者理性建构特征的具体体现。法律体系建构中所体现出来的"理性主义的建构思路"①，需要进一步的实践检视，检察改革亦如此。诸如羁押必要性审查等新的法律规定，要增强生成性研究，加强经验主义的观照和实践分析，进一步健全工作机制，以弥合制度与实践与经验之间的差距，避免新法制生成之后的成本和新问题的增加，保证新规定的有效落地运行。② 最高人民检察院新近提出了"充分发挥检察职能，为全面深化改革服务"，"把检察工作放在全面深化改革大局中谋划和推进"的要求，指出了当下检察改革的现实背景，"提高执法水平和服务能力，争取最好的办案效果"③ 等要求在根本上体现了新时期检察改革应更加注重社会效果的价值取向。

第二，关注自下而上的内生性改革。要正确处理顶层设计与摸着石头过河的关系。检察改革经历了大致四段发展轨迹，即国家的制度选择——制度和机制发展的实践摸索——自下而上自觉改革创新——自上而下的顶层设计改革。其中，顶层设计与自下而上的改革探索交替进行，互动发展。二者的区分尽管不是严格的，但它揭示了改革的进路和发展动力，是重要的制度内生因素。无论是历史发展惯性分析，还是从制度演进规律解析，乃至现实需要都表明，未来检察改革应当对那些自下而上的、内生的改革探索给予更多关注。一方面，实践中尚有一些不在中央司法改革意见中的探索，比如主诉（主任或者主办）检察官办案责任制，从诞生至今有十多年的实践运行经验，其在应对两次刑事诉讼制度发展带来的挑战过程中都发挥了重要的作用。理论上该制度指向了检察权行使主体、检察权内部运行机制等问题，有待充分关注。实践中还有如派驻基层检察室等诸多改革。这些改革顺应了现实需要，蕴含着制度的内生发展

① 张志铭：《转型中国的法律体系建构》，载《中国法学》2009 年第 2 期。

② 参见徐鹤喃：《中国的羁押必要性审查——法制生成意义上的考量》，载《比较法研究》2012 年第 6 期。

③ 最高人民检察院《关于充分发挥检察职能，为全面深化改革服务的意见》（2014 年 2 月 21 日发）。

力量，同时也可能包含着不同程度的自我便利性倾向，因而有待理论和立法层面的顶层关注和规制，以保障其能够实现普遍性价值以及融入法治体系中。这既是统一规范执法的需要，更是进一步落实顶层设计的必然要求。

第三，从改革管理和内容两方面强调去行政化。改革管理方面，检察改革要继续坚持党的领导，坚持自上而下的集中管理，加强立法保障，这是中国检察制度内生发展规律的重要体现，是中国道路和中国特色必然要求。在此前提下，改革要更加尊重实践，克服对于制度投放和行政管理的依赖性，尊重司法规律，尊重来自于基层实践的改革创新自觉性及其成果。改革内容方面，按照中央关于深化改革的要求，检察权行使的去行政化应当成为未来改革的主要发展逻辑，要重视检察权行使主体之制度建设，统筹推进检察人员分类管理、内设机构建设与主任（主诉或主办）检察官办案责任制等改革，系统加强检察权行使的组织建设；要加强检察权运行机制研究、从理论和实践两方面检讨和完善检察业务评价考评体系；要进一步融合检察权运行规律和职业纪律，立足于中国实践，结合域外检察官职业伦理的经验总结，发展我国检察职业伦理体系。去行政化，还意味着要增强社会参与，加强社会监督，关注检务公开，特别是将释法说理贯穿在具体检察权运行环节，以提升检察工作品质，提高检察执法公信力，回应社会需求。

超越地方主义和去行政化[*]

——司法体制改革的两大目标和实现途径

张建伟

　　司法改革的长远目标是实现司法公正，要实现这一目标，不能不把司法体制改革放在一个主要位置。司法体制是广义的政府体制和国家政治体制的组成部分，涉及到国家、政府的组织结构和国家、社会的治理形式，并直接作用于司法。事实表明：司法体制的良莠对于实现司法公正的目标起着促进或者促退作用。党的十八届三中全会确立的司法改革方案在司法体制改革方面作出了总体布局，当前的具体目标是超越地方主义。为了实现这一目标，改革的途径主要有：一是省级以下地方法院、地方检察院人财物统一管理；二是探索司法辖区与行政区划适当分离。这两项措施旨在"保证国家法律统一正确实施"，对于司法机关摆脱省以下地方控制是必不可少或者行之有效的，超越地方主义不等于实现了去地方化的目标，省级控制仍然是地方化的表现形式，未来要深化司法改革还需要实现全面去地方化的目标。超越地方主义应当避免顾此失彼，防止在弱化省级以下地方控制的同时强化了省级司法机关对于下级司法机关的行政控制，从而强化了司法机关的内部统制，去地方化与去行政化应双管齐下。

一、司法地方化与超越地方主义的改革

　　地方主义是为了地方利益而牺牲国家整体利益的倾向和作为，司法上的地方主义表现为控制并干预司法以维护地方利益和破坏法制统一的行为。地方主义是一种权力作用的形态和表象，背后是权力的控制作用。一旦失去权力控制，地方主义很难存在下去，带来的弊害也将消除。地方主义在司法领域的弊害主要体现为：

---

　　* 原文载《法学杂志》2014 年第 3 期。

一是破坏法制的统一。对于单一制国家来说，法制是统一的国家制度，平等适用原则要求法律得到正确理解和统一适用，不允许因地域不同、人的符号性差异①不同而在适用法律上有所不同，但地方主义却看重地方利益的保护，妨碍司法机关作出不利于本地"利益"的裁判和案件处理结果。不仅如此，当地方控制形成习惯以后，对司法横加干预的范围还会进一步扩大，因此地方主义不限于地方利益的维护，这种干预可能出于掌握权力人的各种动机和目的，而发生更大范围的破坏法制的现象。

二是形成地方割据局面，法制维护国家统一的功能遭到破坏。法制的统一目的在于国家的统一，司法地方化势必导致各地存在司法割据局面，不利于法令的施行，逐渐形成国家的诸侯割据局面，中央政府失去权威导致失去控制全国的能力，直至破坏国家的统一。司法的中央节制，有利于树立中央的权威，避免地方势力的膨胀，因此有利于维护国家的统一。

三是容易加剧司法地方化腐败。司法地方化容易产生司法机关与地方利益的联接，形成地方利益向司法机关的输送并使司法机关对地方利益输送产生依赖性（对于当前的司法改革方案，一些经济发达地区司法机关态度不积极，已经显现出了对于地方利益输送的依赖性），这种利益输送虽然不属于贿赂性质（属于地方经济发展成果的共享性质）或者主要不属于贿赂，但势必影响司法机关处理相关案件的中立性，何况确有部分利益输送（如提供者为某些企业、商家等经济实体）含有贿买司法的意图。不切断司法机关与地方经济利益的脐带，司法公正和廉洁程度难以提升。司法人员与地方过于亲密的来往，将自己同化于地方利益，使司法腐败在行业腐败之外形成地域性腐败，司法人员成为腐败的地方势力。

四是地方司法机关受到地方权威部门的钳制，难以坚守司法的独立品格。长期以来，司法人员一直抱怨司法机关没有独立的人事权和财政权，这两项权力都由外在于司法机关的其他地方权威部门加以控制。这就为某些部门影响乃至干预司法提供了空间。各个地方的司法机关沉潜在各个地方，难以获得超然的司法状态，地方司法机关不敢得罪所在地方的相关权威部门，有时还要讨好他们，就使自身难以坚守司法的独立品格，遇有一些特殊案件实难做到严格执法而不曲法迎合。

五是不利于司法人员的地域流转。司法地方化造成沟壑纵横，司法人员固置在各个所属地域，地域流转不灵活，不利于司法人员的合理布局。法官和检察官固然应该享有不被任意调任的职务保障，但有利于他们的地域流转制度与

---

①　这些符号性因素包括性别、年龄、职业、民族等，但法律有特别规定的除外。

这种职务保障并不矛盾，任意调任意味着贬谪，亦即带有惩罚性质的调任，地域流转应当是有利于司法人员的制度安排。

对于司法体制设计上的地方主义倾向，列宁从统一法制的角度给予过措辞尖锐的抨击，他认为："关于法律制度一层，不能有加路格省或嘉桑省的法制，而只应是全俄罗斯统一的，甚至是全苏维埃联邦共和国统一的法制"，"法制应当是统一的"。他指出："无疑义的，我们处在到处都是目无法纪的环境中，地方影响对于确立法律制度与文明性来说，即令不是唯一有害的障碍，也是最有害的障碍之一。""未必有人敢来否认，我们党要找到十个法律学识充分和能够对抗一切纯粹地方影响的可靠共产党员容易，要找到几百个这样的人就难得多了。"① 因此，检察机关只服从中央法制，是对抗地方影响、地方的和其他一切的官僚主义的保证。

在我国，地方化不仅是检察体制面临的需要解决的弊端，而且是审判体制遭遇的需要扫除的障碍。检察机关受制于地方的局面，审判机关原样复制，两种体制可谓同病相怜。在苏俄以及后来的苏联，起码在宪法层面和法理层面不存在司法机关地方化问题。检察机关采取垂直领导体制，不受地方节制，这是列宁亲自确定的体制。至于法院，依宪法规定本属于审判员独立体制，十月革命后最初的《俄罗斯苏维埃共和国宪法》没有规定司法机关和司法体制，但同期的《远东②宪法》（1921 年 4 月 17 日）第 3 节法院第 95 条规定："法院对于其他政府机关，处于独立地位，而以远东共和国名义，行使裁判权"，承认司法机关独立于其他政府机关。后来苏联宪法明确规定"审判员独立审判，只服从法律"，更没有地方化之虞。这就是列宁专注于检察体制设计的原因，非地方化从来不是苏俄乃至苏联关于审判体制有争议的问题。对于检察体制，列宁从法制统一的高度坚决主张实行垂直领导体制，反对双重领导体制。列宁认为，农业、全部工业和整个行政方面或管理机关等难免有区别存在。"两重"从属制是必要的，"在这样的一切问题中，若不估计到地方特点，就会陷入官僚主义的集中制等等，就会妨碍地方工作人员去估计地方区别，这种估计乃是合理工作的基础。"但是，检察机关与之不同，列宁特别指出："应该记住，检察机关与一切政权机关不同"，"检察长的唯一职权是：监视全共和国内对法律有真正一致的了解，既不顾任何地方上的差别，也不受任何地方的影

_____

① 本节列宁引文均引自《列宁论苏维埃国家机关工作》中译本，人民出版社 1957 年版，第 242～246 页。

② 领土包括前俄罗斯帝国领土内西哥河及贝加尔湖以东至太平洋。远东共和国后来成为苏联的一部分，其领土如今在俄罗斯领域内。

响"，"检察长的责任是要使任何地方当局的任何决定都不与法律相抵触，……必须设法使对法制的了解在全共和国内，都是绝对一致的"，"如果我们不来绝对施行这种规定全联邦统一法制的最起码条件，那就根本谈不上对文明性有任何保护和任何建树了。"遗憾的是，在中国一边倒学苏联时，第一代领导人无意于全面移植苏联的法制，再加上人员匮乏、素质有差等因素，列宁为检察机关量身定制的垂直领导体制没有机会被引入中国；等到中国走向改革开放、建立法制之时，苏联法制很快成为明日黄花，列宁的谆谆教诲成了少人问津的冷饭，垂直领导体制直到现在仍然没有在中国检察体制中出现。

令人欣慰的是，党的十八届三中全会《中共中央关于全面深化改革若干重大问题的决定》为司法改革勾勒了方向。该决定为司法体制改革制定的方案使司法机关向独立行使职权的体制跨出了重要一步，若能实现，可以取得司法机关摆脱省级以下的地方控制的效果，但方案并未确定审判员独立和检察机关垂直领导的体制，也没有为将来实现全国各级司法机关人财物统一管理画出蓝图。即使目前的改革方案得以实现，在省级层面，司法机关仍然呈现双重"领导"（上下级法院名为监督关系实为领导关系）。不过，中央政法委书记孟建柱同志在《深化司法体制改革》一文中就司法体制的未来发展发出信号："考虑到我国将长期处于社会主义初级阶段的基本国情，将司法机关的人财物完全由中央统一管理，尚有一定困难。应该本着循序渐进的原则，逐步改革司法管理体制，先将省级以下地方人民法院、人民检察院人财物由省一级统一管理。"① 从语意推断，未来条件成熟时应进一步实现司法机关的人财物完全由中央统一管理。1951 年 9 月 3 日时任中央人民政府法制委员会代理主任委员的许德珩在《关于〈中华人民共和国人民法院组织条例〉的说明》中对于法院体制有过更为详细的解释："关于各级人民法院与同级人民政府的领导关系，即'垂直领导'还是'双重领导'问题，曾有过不同的意见，我们经过多方面的研究和交换意见的结果，认为下级法院应该受上级法院和该级人民政府委员会的双重领导。现在，只有这样才行得通，只有这样才能有利而无弊，至少是利多而弊少。这不仅因为中国的革命政权是由地方发展到这样，而且因为中国是一个大国，现在中国革命才刚刚取得基本的胜利，对于由帝国主义和封建主义的长期统治所造成的政治经济不平衡，以及我们现在工作上的不平衡，在短时间还很难完全克服。各地方不同的情况，和目前各种困难的条件，要求我们的最高法院分院以下各级人民法院除受其上级人民法院垂直领导外，同时，还需要因地制宜受当地人民政府委员会的统一领导，否则，最高人民法

---

① 孟建柱：《深化司法体制改革》，载《人民日报》2013 年 11 月 25 日。

院在具体工作上就不可能对全国司法工作实现其正确的领导。"① 许德珩的说明透露出这样的讯息，即选用"双重领导"体制具有暂时性，与当前的情势相适应，未来情势有所变化，不排除司法体制作出相应调整的可能。如今，司法体制改革向"垂直领导"迈出了最初且相当重要的一步。当然，对于法院来说，"垂直领导"也非法院体制的应然选择，法院本应无领导体制的问题。

另外，这一改革方案目前只是一个粗坯，还有许多细节需要刻镂。诸如：

1. 省级以下地方法院、地方检察院人财物统一管理，地方法院院长、地方检察院检察长是否还由同级人大选举产生？法官、检察官是否还由本级人大常委会任命？笔者认为，司法体制改革要实现人财物统一管理的改革目标，需要将地方法院院长、地方检察院检察长改由省级人大选举产生，法官、检察官改由省级人大常委会任命。上述配套改革涉及相关法律也应当及时加以修改。

2. 地方法院院长、地方检察院检察长是否还向同级人大作报告？笔者认为地方法院院长、地方检察院检察长在各自司法辖区要受到人民的监督，可以继续保留地方法院院长、地方检察院检察长向同级人大作报告的制度，但是同级人大对于该报告只评议、不表决，评议意见应当提供法院、检察院作为改进司法工作的参考，对于法院、检察院工作确有强烈不满的，应当提请省级人大进行审查、评议和作出决议。这个问题还牵涉到另一问题，即司法辖区与行政区划适当分离之后，司法机关的司法辖区可能涉及两个不同的同级人大，向两个人大均作报告还是向主要辖区涉及的人大作报告，都是需要给予明确答案的问题。

3. 地方法院、地方检察院已经融入所属地方利益圈，司法人员待遇和司法活动经费也存在地区差异，地方经济发达地区的司法机关对于人财物统一管理颇为焦虑，担心经费保障转为不足，司法人员担心待遇会有所下降。笔者建议人财物统一管理后，各地方经费保障和人员待遇标准应当"就高不就低"，维持高收入地区司法机关经费保障和人员待遇标准不变，将低收入地区司法机关经费保障和人员待遇拉高到本省最高标准，借此实现司法人员的高待遇。

4. 一些地方法院、检察院在编制外聘用了数量可观的编外人员，这些人员的薪水来自地方政府的财政拨付，切断与地方的利益关联后这些人员的存留需要认真解决。笔者建议根据几年平均的年受案数量确定司法机关中法官、检察官的员额，并根据这些员额确定司法机关中司法行政人员和辅助人员的员

---

① 许德珩：《关于〈中华人民共和国人民法院组织条例〉的说明》，载《人民日报》1950年9月5日。

额，并在未来根据几年平均的年受案数量调整这些员额，淘汰冗员，协调组织部门另行安排。

5. 解决好财政预算和保障，这是司法体制改革成功与否的物质保障。孟建柱指出："地方各级人民法院、人民检察院和专门人民法院、人民检察院的经费由省级财政统筹，中央财政保障部分经费。"① 这一要求需要得到落实，经费不能得到妥善解决，司法体制改革就难免失败的可能。

现有的司法改革方案要顺利推动，有许多配套措施需要统合设计，没有这些配套措施预先布置或者同时跟进，司法体制改革可能窒碍难行。当前许多司法人员有所期待，也有困惑和疑虑，如何在司法人员以及外围人士中取得共识，将大家的意志化为推动改革的力量，减少改革的阻力，都是摆在改革主导者面前的难题。

二、行政强化的隐忧：司法体制改革双管齐下

司法体制改革本有两个直接目标，除"去地方化"之外，还有"去行政化"的目标。去地方化的第一步是"减地方化"，即司法改革方案中的省级以下地方法院、地方检察院人财物统一管理和司法辖区与行政区划适当分离。这两项措施中的第一项措施显然是主要改革措施，这一改革措施如果不能与司法机关"去行政化"同步推行，有可能导致省级司法机关与下级司法机关的实际行政化体制得到空前强化，造成司法体制的另一痼疾越加严重。

司法机关行政化的弊端主要作用于法院，检察机关本来就是行政体制（大陆法系国家的检察一体原则是上命下从关系的行政体制，苏联的垂直领导体制也是一种行政体制），行政化对于检察机关来说危害性尚在可容忍范围。不过，检察体制发展趋势是在检察一体化的原则框架内赋予检察官独立处理分配给他的检察事务的权力。

（一）司法机关的高度行政化痼疾

从上下级法院关系看，我国审判机关和检察机关各自的组织结构只有名义上的差别——审判机关依监督关系建构而检察机关依领导关系建构——但实际上，这种组织结构上的差别并非现实：审判机关上下级之间实质关系的行政化泯去了它应有的司法机关特征，不承认法官为独立行使审判权的主体的制度安排使审判机关建立起严格的法官统属结构，法官与检察官、行政机关的官员一样被配置在层级结构中；审判体制中实行的是首长负责制，混淆了司法属性与行政属性、司法机关与行政机关的区别；司法人员与非司法人员不分。这些使

---

① 　孟建柱：《深化司法体制改革》，载《人民日报》2013 年 11 月 25 日。

得审判机关具有明显的行政特性。至于具体承办案件的审判组织，往往没有独立处断自己承审的案件的权力。除具体承办案件的审判组织外，法院院长和审判委员会掌握着实际裁决权。法院院长中不少人在就任院长之前并无司法经验甚至不具有法律知识，往往是行政机关或者党务机关的负责人，担任院长后一般不参与案件的庭审活动，只以听取汇报、签发判决和参加并主持审判委员会等方式介入对案件的处理，很多精力用在抓行政管理和党务工作，从而出现各法院"首席法官"不开庭审理案件的司法现象。审判人员的等级是按照行政级别套用的，分科处厅部等数级，这种套用强化了司法机关的行政化，使法官法设立的不同于公务员体制的法官的十二等级制度空转、闲置，无法实现"去行政化"的初衷。

　　检察机关的领导关系本来就是命令－服从的行政化体制，省级以下地方检察院人财物统一管理可以使检察机关的领导关系得到强化，向实现检察权的整体独立走出重要一步。不过，检察权的整体独立是我国司法体制改革的直接目标，但这种整体独立并不是检察体制改革的终点，行政化体制存在着对于领导者个性和人格的严重依赖，呈现"将怂怂一窝"的弊端，因此检察体制改革未来还需要向检察官办案的相对独立性迈进来加以纠偏。

　　（二）司法的分权化改革远景

　　当前司法体制改革"省级以下地方法院、地方检察院人财物统一管理"的方案是在司法机关行政化没有得到解决的情况下提出的，如果司法体制改革不双管齐下解决行政化问题，超越地方主义改革的同时可能使得省级以下司法机关上下级的行政化关系进一步强化。省级法院、省级检察院对于下级法院、下级检察院的人财物的控制权使其对于下级机关的内部控制能力得到扩张，如果这对于检察机关来说还不至于是一场灾难的话，对于法院却绝不是值得期待的前景。要避免司法体制改革可能带来的行政化得到强化的危险，应当将司法机关进行分权化改革：

　　1. 将审判体制改革下潜到法官独立审判层面

　　现代法治要求的司法独立体制与之协调一致。在我国司法体制改革中，要避免强化司法机关的行政化，应认真落实宪法确定的"监督"关系，厘清上下级法院的各自独立地位，并将司法体制改革深化到法官独立审判的层面。

　　当今世界，许多国家的宪法确认法官独立的分权式结构，并为其提供了宪法保障。联合国的一些文件确认了法官独立作为司法独立的标准并呼吁各国为法官独立提供保障。不仅如此，连社会主义国家在这一方面的规定也毫不逊色，这表明法官独立体制并非西方国家的专利。《苏维埃社会主义共和国联盟宪法基本法》（1977 年 10 月 7 日苏联第九届最高苏维埃非常第七次会议通过）

第 155 条也规定："审判员和人民陪审员独立，只服从法律。"1936 年该部法律第 112 条规定："审判员独立，只服从法律。"苏联宪法规定的审判员独立的含义是"任何人无权干涉审判员和陪审员客观地弄清刑事案件或民事案件的材料，无权指示他们应当作出何种民事判决和刑事判决，无权对他们施加压力。法院作出民事判决或刑事判决，依靠法律和自己的内心信念。"1969 年 6 月 30 日苏联最高法院全体会议在"关于刑事判决"的指导性决议中强调："对一切应在刑事判决中解决的问题，审判员根据法律，根据社会主义法律意识和崇高的共产主义道德原则，根据自己基于全面、彻底和客观审理案件一切情况而形成的内心信念，在排除对审判员外来影响的情况下予以解决。"① 苏联宪法的这一规定对东欧以及其他社会主义国家产生了很大影响。在现存的社会主义国家宪法中可以清晰地发现这一影响，如《古巴共和国宪法》（1976 年）第 125 条规定："法官独立行使司法职权，法官只服从法律。"《越南社会主义共和国宪法》（1992 年）第 130 条也规定："在审判时，审判长与陪审员是独立的，只按照法律行事。"② 作为具有开放姿态并在世界上日益发挥重要作用的泱泱大国，我国有必要建立起与国际标准相一致的司法体制。从条件上分析，新中国成立以来我国建立这一体制的条件现在最为成熟，司法改革应将确立法官独立体制纳入改革体系，使我国的司法现代化迈出关键的一步。

在我国当前的条件下，改革开放和社会主义现代化建设的发展为司法改革提供了良好的政治条件。社会总的精神结构发生了变化，为司法体制精神结构的改变提出了要求，从而为司法独立体制的建立提供了推动力。长期的司法实践活动提供了大量的经验和教训，为司法独立体制的确立和配套措施的完善提供了经验资源。法学教育已经能够源源不断地提供各类高级的司法人才，实施多年的法律业务活动也能够提供可供选用的人才，已经建立的国家司法考试制度为法律人才的筛选提供了机制，这就为司法体制的改革提供了人才条件。我国刑事诉讼法已经赋予了合议庭较大的独立性。如果司法实践能够使法律规定的这种独立性得到落实，就为司法官独立体制的确立提供了实践基础。以上诸因素不难看出，实行法官独立体制既有必要，也有可能。确立法官独立体制及其保障机制的问题是不应回避的。

---

① ［苏］B. H. 库德里亚夫采夫等：《苏联宪法讲话》中译删节本，群众出版社 1983 年版，第 216 页。

② 朝鲜宪法的规定与中国 1954 年宪法相同，只规定法院独立，但其宪法第 140 条规定："法院独立进行审判，彻底依靠法律进行审判活动。"连朝鲜宪法的这一规定显然也优于我国宪法的相应规定。

2. 检察机关弱化行政化体制的分权措施

检察体制的上命下从关系并不意味着检察官在处理检察事务时只能集体作业而不能有独立处理案件的权力，实际上检察机关虽然采取集权结构，但在集权结构的总框架内也赋予检察官一定的独立权力，承认检察官在履行职权时具有一定的独立性。比如在日本，检察官在执行检察事务时被称为"各自独立的官厅"，① 即检察官是以自己的名义并由自己负责来处理分配给其的检察事务的。

当然，检察官的独立性通常是在检察一体化的框架内行使的，受检察一体化原则的限制，检察官独立性的前提在于上级检察官不对履行职务的该检察官行使指挥、调取等权力，这与法官的独立存在着明显的差别。当检察官与其上级检察官在检察事务上发生意见分歧的时候，检察一体化原则会要求承办案件的检察官接受上级检察官的指令或者由上级检察官行使事务调取权和事务转交权。西班牙《检察部组织章程》第 40 条规定：检察官与自己的检察长发生严重分歧的，可以将该检察官调离工作。在日本，解决这一冲突的办法通常是受指挥的检察官改变自己的意见，或者辞去自己的职务。在法国，检察机关行政性的等级制度"并不排除检察官行动的自由，假如他们在书面上必须服从上一级领导的命令时，但在开庭审理案件时，却可以表达与之相反的意见，就如同一句古老的格言所说：'笔头上可以服从，口头上可以表示异议'。其《法官章程》第 5 条明确规定：'开庭时，检察官讲话是自由的。'"② 在我国台湾地区，检察官对于检察长的指令权予以承认，但对于该权力有两方面限制：一是检察长指令权范围有明确限制；二是发出指令须要以书面方式进行。这两项限制为检察官办案具有一定自主性提供了一定空间。

我国当前的司法体制改革正在朝着这样的方向迈进。针对司法行政化问题，党的十八届三中全会《中共中央关于全面深化改革若干重大问题的决定》就健全司法权力运行机制提出的改革措施之一是"改革审判委员会制度，完善主审法官、合议庭办案责任制，让审理者裁判、由裁判者负责，明确各级法院职能定位，规范上下级法院审级监督关系"。具体措施包括：

（1）权责结合，"建立主审法官、合议庭办案责任制，探索建立突出检察官主体地位的办案责任制，让审理者裁判、由裁判者负责"。

---

① 按照日本学者田边庆弥原的说法，"官厅"的含义是"处理国家行政事务之义务之一个人或者数个人组织之机关，曰'官厅'。即有职权之主体。"［日］田边庆弥原：《日本法律经济辞典》，王我臧译，商务印书馆 1909 年版，第 49 页。

② 原载《法国司法机构》一书中《检察院》一节，转引自司法部外事司：《欧洲十国司法制度概况》，法律出版社 1987 年版，第 33 页。

（2）改革审判委员会制度，"审判委员会主要研究案件的法律适用问题"，事实和证据问题由合议庭把握。

（3）让法官职称实至名归，"推进完善院长、副院长、审判委员会委员或审判委员会直接审理重大、复杂、疑难案件的制度"，使行政审批者的角色复归审判者的角色。

（4）明确四级法院职能定位，形成以下司法格局："一审法院明断是非定分止争、二审法院案结事了、再审法院有错必究、最高人民法院保证法律统一正确实施"，使上下级法院的审级监督关系得到落实，"确保审级独立。"①

这些措施有明确的针对性，孟建柱同志就此在《深化司法体制改革》一文中解释说："近年来，司法机关为完善司法权力运行机制，进行了许多积极探索，但一些地方仍不同程度存在司法行政化的问题。主要表现在：判审分离，审者不判、判者不审；审判工作内部层层审批，权责不明，错案责任追究难以落实；上下级法院之间的行政化报批，影响审级独立，必须遵循司法规律，着力健全司法责任制，理顺司法权与司法行政事务权、司法权与监督权的关系"② 就这些改革措施所作的文字表述是相当克制、内敛的，但这些文字背后还是能够让人们捕捉到对司法中存在的行政化弊端的清醒体察，今后将这些改革措施一一加以推行，能够实现两方面目标：一是向合议庭独立乃至法官独立靠近了一大步，为将来实现法官独立审判的制度打下基础；二是将四级法院的职能有所区隔，实现上下级法院独立司法，纠正宪法上的体制在司法实践中的扭曲。司法体制改革中减弱行政化的这些措施，是否能够真的得到贯彻，需要在今后的改革推进中缜密观察，我国司法行政化问题根深蒂固、积重难返，官本位的社会基础和强固的长官意识以及司法人员对于司法规律的陌生、蔑视，都需要在司法体制改革中加以克服、扭转。

三、结论

司法体制改革兹事体大，会给司法带来明显而重大的影响。司法体制改革措施若能落实到位，司法面貌会有明显改观。

我国当前的司法体制改革方案将改革目标锁定为司法中存在的两大症结：一是司法地方化；二是司法行政化。这两个症结由来已久，日益显现其阻碍司法健康发展和妨害司法独立品格养成的弊端，将它们作为改革对象切准了我国司法的脉搏，值得肯定。

---

① 孟建柱：《深化司法体制改革》，载《人民日报》2013 年 11 月 25 日。
② 孟建柱：《深化司法体制改革》，载《人民日报》2013 年 11 月 25 日。

　　司法超越地方主义只是司法体制改革进程中最初的一步，这一步得到顺利实现，并不意味着司法改革臻于完善，甚至未来实现全国司法机关人财物统一管理，也不意味着司法体制可以"止于至善"，因为司法机关统由中央节制的司法体制只是实现了司法的中央集权，不等于建立了符合司法规律、与现代法治原则相一致的司法体制，司法体制还需要向分权制继续迈进。

　　超越地方主义的改革措施与去行政化的改革措施，前者要强化司法机关整体独立行使司法权的能力，体现的是对司法机关对外关系的调整；后者要破除司法机关行政化结构和行政式运行的弊端，体现的是对司法机关内部关系的调整。两者应双管齐下，不能顾此失彼——主要是在实现对省级以下地方控制的超越之后，切莫强化省级审判机关对下级审判机关的行政化控制，损害了"去行政化"改革的统一布局。

　　另外，司法体制改革方案既定，需要将其改革细节进行精确设计并加紧跟进配套措施，如作为司法体制改革前提的人民法院、人民检察院内部人员分置改革一直难以推展，阻力主要来自司法机关内部。这类司法机关自身改革不能跟进，其他改革很容易遭遇瓶颈，因此，没有改革方案的具体化、细致化，以及没有相关措施的紧密配合，司法体制改革就可能难以顺利展开，容易成为镜花水月，乃至有被闲置、流产的危险，对此应有高度警惕。

人民监督员制度的运行与完善[*]

卞建林　褚　宁

导　言

党的十八大报告提出，要"进一步深化司法体制改革，坚持和完善中国特色社会主义司法制度，确保审判机关、检察机关依法独立公正行使审判权、检察权。"这是我们党从发展社会主义民主政治、加快建设社会主义法治国家的高度作出的重大战略部署。十八届三中全会通过的《中共中央关于全面深化改革若干重大问题的决定》，进一步明确了深化司法体制改革的具体要求，我国的司法改革随之掀开新的篇章。

作为深化检察改革的任务之一，人民监督员制度是我国弘扬司法民主、推进检察改革的重要举措，对加强检察机关的自身监督、规范检察人员的执法司法行为发挥了积极作用。该项制度的创立与施行，不仅弥补了长期以来检察机关办理职务犯罪案件缺乏外部监督的不足，促进检察机关严格依法办案，也为人民群众参与司法工作、促进司法公正开拓了新的路径。然而，溢美之词难掩制度自身的缺陷，在基层检察院实务工作中，人民监督员制度日益被边缘化、花瓶化，滑向虚置。为切实了解人民监督员制度的实际运行状况，以便发现问题，分析原因，寻找对策，我们承担了最高人民检察院重点课题"人民监督员制度实证研究"，对人民监督员制度运行现状进行了较为广泛深入的调查研究，并对关涉人民监督员制度的若干理论问题予以了探索，本文拟对有关情况与成果予以梳理剖析。

一、人民监督员制度实证研究项目调研情况

2010 年 10 月 28 日最高人民检察院第十一届检察委员会第四十五次会议通过了《最高人民检察院关于实行人民监督员制度的规定》（以下简称《规

---

* 原文载《国家检察官学院学报》2014 年第 1 期。

定》），旨在扭转人民监督员制度运行中的种种缺陷。《规定》施行至今已经三年，适逢修改后刑事诉讼法及《人民检察院刑事诉讼规则（试行）》相继出台。本课题选取了 S 省、Y 省检察机关，以及 B 市、BZ 市 ZP 县、C 市、D市、L 市、LF 市 Z 县、M 市、S 市、T 市、Z 市 E 区十家检察机关（以下简称"两省十市检察机关"）展开调研，以问卷调查、采集数据与个别访谈为主要研究方法，考察了人民监督员制度运行十年来的情况，特别针对《规定》出台前后人民监督员制度的运行状况进行了比较研究，从人民监督员制度的定位、人民监督员的监督范围、选任方式以及配套制度同步化进程等方面探讨了《规定》出台后对制度运行起到的促进作用及存在的弊病，以期为人民监督员制度的进一步完善提供实证资料和数据支持。

课题组于 2013 年 7 月 1 日至 8 月 31 日期间对两省十市检察机关进行了调研，采用统计档案、问卷、访谈等形式。实证调研部分问卷分为人民监督员管理机构版本、检察机关办案人员版本以及人民监督员调查版本，从不同角度对人民监督员制度施行至今的效果，以及存在的问题进行了归纳梳理。课题组于调研期间向人民监督员涉及主体包括人民监督员管理办公室、检察机关办案人员（含承办过人民监督员监督的案件与未承办过人民监督员监督的案件两类对象）、人民监督员发放了调查问卷。其中接受问卷调查的人民监督员管理机构为 39 家[①]，回收的有效问卷为 39 份；检察机关办案人员 273 份，回收有效问卷 273 份；人民监督员 169 人，回收有效问卷 169 份。针对人民监督员存在的各种问题，课题组专门选择了 C 市、D 市、L 市 E 区人民检察院的人民监督员管理机关、相关办案人员、人民监督员进行了访谈。

二、人民监督员制度运行效果的评价

如何评价人民监督员制度施行的效果一直是困扰实务部门与学界的问题。据最高人民检察院有关同志介绍，单纯以人民监督员参与监督案件的数量以及被采纳率作为评判人民监督员制度施行效果的依据已被摒弃。[②] 目前的评价机制多停留于宏观层面，如从人民监督员制度对执法办案质量的提高促进、对检察干警规范执法办案意识的提升，以及是否符合机制设计的初衷等层面加以考量。

[①] 由于各检察机关负责人民监督员事务的机构不同，故调查对象涉及检察机关的人民监督员管理办公室、研究室、办公室等。

[②] 各地检察机关办理人民监督员监督案件的数量，很大程度取决于当地检察机关受理七种情形范围内案件数量的多寡，单纯以监督数量判断监督效果难以以偏概全。

从监督案件数量看，人民监督员制度施行近 10 年来取得显著成效。根据最高人民检察院人民监督员办公室提供的数据，截至 2013 年 7 月，全国检察机关先后选任人民监督员 48040 人次，人民监督员共监督"犯罪嫌疑人不服逮捕决定"（2010 年 10 月全面推行后不再纳入人民监督员监督范围）、"拟撤销案件"和"拟不起诉"等三类职务犯罪案件 41166 件，其中不同意检察机关拟处理意见的 1996 件，检察机关采纳人民监督员意见的 1066 件（见图一）。对"应当立案而不立案或者不应当立案而立案的"、"超期羁押或者检察机关延长羁押期限决定不正确的"、"违法搜查、扣押、冻结或违法处理扣押、冻结款物的"、"应当给予刑事赔偿而不依法予以赔偿的"、"检察人员在办案中有徇私舞弊、贪赃枉法、刑讯逼供、暴力取证等违法违纪情况的"等五种情形提出监督意见近 2000 件，绝大多数已经办结并向人民监督员反馈。

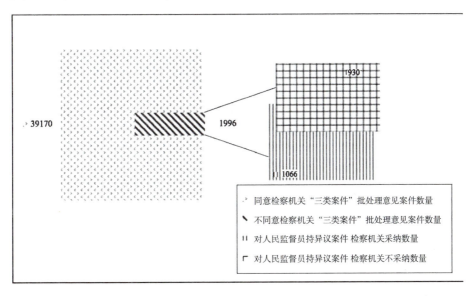

39170　　　　　1996

1930

1066

同意检察机关"三类案件"批处理意见案件数量

不同意检察机关"三类案件"批处理意见案件数量

对人民监督员持异议案件 检察机关采纳数量

对人民监督员持异议案件 检察机关不采纳数量

图一　我国人民监督员监督"三类案件"数量图示（2003－2013 年）

为了对人民监督员制度施行效果获取相对客观的评价数据，课题组采用了问卷调查与个别访谈相结合的方式，问卷调查对象分为自评与他评两组群体。前者由人民监督员以参与主体身份对制度进行自评，后者则由检察系统内部较为了解人民监督员监督案件情形的办案人员对制度进行他评。通过数据反馈，课题组发现了一些有趣的现象：

现象一：数据调查与个别访谈形成悖论。人民监督员以及办案人员对制度施行效果的总体评价呈正面积极态势。55%（123 人）的受访人民监督员认为人民监督员制度施行效果非常好，40%（78人）的人民监督员选择运行效果一般。61.90%（169人）的办案人员认为效果一般，20.80%（57人）的办案人员认为效果非常好，仅有2.93%（8人）的办案人员认为运行效果不理想（见图二）。根据数据反馈，课题组可以得出的结论为：人民监督员制度运行虽存在问题但总体效果尚可。

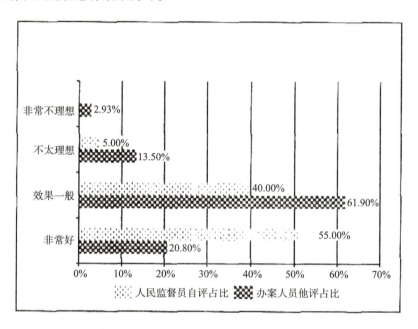

图二　"两省十市检察机关"人民监督员制度施行效果自评、他评占比

　　然而，课题组在选取C市、D市、L市E区检察院所进行的访谈中，却无一不从人民监督员以及办案人员处感受到他们对于人民监督员制度施行效果的疑虑及其未来发展的担忧。受访对象大多认为人民监督员制度目前承担的宣示、宣传作用大于实质功效，边缘化程度日益严重。特别在市级以上检察机关，人民监督员几乎处于虚置状态，甚至有办案人员对本院人民监督员制度几乎一无所知。

　　现象二：检察机关采纳人民监督员监督意见比例保持增长态势。自2003年至2010年，"两省十市检察机关"人民监督员共监督案件1690件，其中人民监督员对办案人员拟处理意见提出异议的55件，占监督案件的3.25%。人民监督员对拟处理意见提出异议的案件中，检察机关采纳意见21件，占38.2%（见图三）。2011年至2013年7月，"两省十市检察机关"人民监督员共监督案件478件，其中人民监督员对办案人员拟处理意见提出异议的40件，占监督案件的 8.37%。人民监督员对拟处理意见提出异议的案件中,检察机关采纳意见 29 件,占 72.5%(见图四)。通过数据判断,2010 年《规定》出台后人民监督员在监督案件方面较从前呈现出更高的热情,对检察机关原拟定意见提出异议的比例增幅为 5.12%,而检察机关面对人民监督员提出的异议呈较强肯认态度,采纳比例上升了 34.3%。

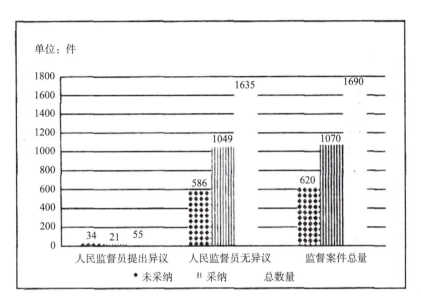

图三　2003 - 2010 年"两省十市检察机关"检委会采纳
人民监督员监督意见情况概览

现象三:案件监督数量在不同地区及城市差距较大。在 S 省的调研活动中,课题组得到的一组数据从间接层面证明了人民监督员运行效果中的掣肘部分。以 S 省各市检察院人民监督员监督案件数量为例,接受调查的 C 市 208件、X 市 128 件、S 市 110 件、P 市 39 件、J 市 34 件、L 县 15 件、Y 区 24 件、Z 市 13 件、D 县 3 件、A 县 1 件、ZG 市 0 件。从案件监督数量看,同一省份内不同地区的人民监督员制度开展情况呈明显差异。开展情况最佳的 C 市监督案件数量占至全省的 34.44%,若将其他几个主力城市 X 市、S 市的监督总量加进来,则占整个 S 省人民监督员监督案件总量的 73.84%。其余案件则以迅速递减的方式四散于其他各地市,尤为引人注意的是其中 A 县 1 件、ZG 市0 件(见图五)。

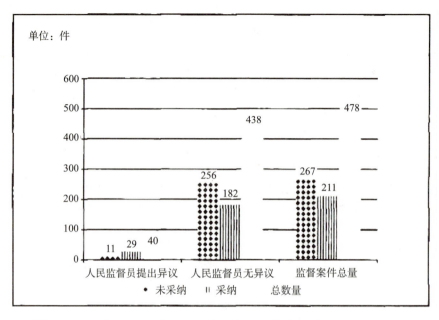

**图四　2011 年－2013 年 7 月"两省十市检察机关"检委会采纳
人民监督员监督意见情况概览**

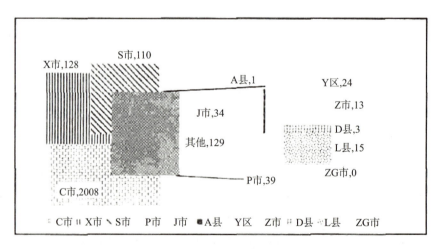

图五　2003 年－2013 年 7 月 S 省各地区人民监督案件数量对比

现象四：人民监督员制度适用最多的两类案件恰为办案人员最排斥人民监督员监督的案件。如前述数据反映，自人民监督员制度施行以来，"拟不起诉"与"拟撤销案件"的两种情况便成为了人民监督员制度发挥功能的主要阵地。2003 年至 2010 年，"两省十市检察机关"的人民监督员共监督拟不起诉案件 1007 件，占监督案件总量 62.4%；监督拟撤销案件 531 件，占监督案件总量的 32.9%。2011 年至 2013 年 7 月，人民监督员共监督拟不起诉案件 297 件，占 56.3%；监督拟撤销案件 156 件，占监督案件总数的 29.5%。不难看出，这两类案件成为人民监督员监督案件中的绝对主力。然而，课题组在进行问卷调查中发现了一种怪像，即人民监督员发挥功能越多的领域反而成为检察机关办案人员"攻击"最多的目标之一。关于"现有不宜由人民监督员进行监督"的案件调查中，高达 26.1% 与 24.9% 的办案人员选择了这两种类型的案件。在人民监督员办案数量数据统计中排名最靠前的两类案件，也在办案人员最排斥人民监督员参与监督的案件类型中位居前位。

调查至此，数据呈现给我们的人民监督员制度似乎是一个完全的矛盾体，在数据显示检察机关对人民监督员意见的采纳率呈增长态势，我们应当对该制度的施行效果拍手称颂时，访谈却反映出这是一项日益边缘化的制度；当我们为某些地区案件监督数量不断上升感到欣慰时，却有一些地区用"0"监督率回应了我们对该制度的乐观态度；当人民监督员监督的拟不起诉、拟撤销案件占监督案件总数的八、九成时，办案人员却希望将这两类案件纳入取消监督的范围之列。调研为我们呈现出的乱象，恰是人民监督员制度运行至今尴尬与矛盾的困境之真实写照。

三、人民监督员制度发展困局剖析

（一）关于人民监督员制度定位的争论

要对人民监督员制度予以准确定位，需厘清以下问题：

1. 人民监督员制度存在的必要性。上述实证研究立体、完整地呈现出了人民监督员制度运行的基本情况，伴随着赞许喝彩，也夹裹着质疑与争议。一方面，人民监督员制度作为独具中国特色的社会主义法制建设的创举，彰显了我国人权保障的巨大成就；另一方面，该制度也背负着欠缺法理、法律依据，形式意义远胜于实质意义等种种非议。有些学者甚至担心某些地区为了规避人民监督员制度，将本应作出不逮捕、不起诉决定的案件作出相反处理决定，从而将人民监督员制度推向了违法办案"推手"的危险境地。[1] 学界为此曾一度出现了对人民监督员制度存在必要性的质疑。然而，任何一项新制度的诞生与培育都需要时间与宽容。十年实践，人民监督员制度在理论层面适当回应了困扰检察机关的"谁来监督监督者"的质疑，使我国人民主权的宪政理念在检

---

[1]　陈卫东：《人民监督员制度的困境与出路》，载《政法论坛》2011 年第 4 期。

察制度中以具体制度的形式得以呈现，其设计宗旨紧密贴合我国公民参与司法活动的民主潮流。

从深化我国新一轮司法改革层面分析，人民监督员制度更具有重大意义：首先，人民监督员制度的践行是公民参与司法的具体表现形式。有学者提出，单纯依靠司法体制自身改革的力量，解决司法不公、司法公信力降低等问题已略显疲态。让社会民众参与司法，并做到了解、影响、监督进而改良司法，不失为司法改革的另一有益途径。① 人民监督员制度作为一项完善检察机关自侦案件接受外部监督的改革举措，体现出检察工作机制中的群众参与性，是公民参与司法的重要表现形态。其次，人民监督员制度的发展是司法改革蕴藏的价值诉求的体现。现代法治语境下，司法改革的目的即为"确立一种合理的司法体制以实现通过司法所追求的调控社会的功能，中国司法制度改革的目的也正是为了使司法体制更加趋于合理"②。人民监督员制度的产生，一方面解决了一段时期以来人民群众反映集中的检察机关办理职务犯罪案件缺乏外部监督的问题，给人民群众参与司法工作开拓了新平台，另一方面也为监督检察机关严格办案、发挥人民群众促进司法公正的重要作用增加了一项保障。最后，深化人民监督员制度改革是党的群众路线在检察实践中的具体体现。群众路线的开展是推进中国特色社会主义伟大事业的重大举措，群众路线的具体工作方法是"从群众中来，到群众中去"，做到虚心向人民群众学习，向群众做调查工作，然后将从群众中集中起来的意见回馈到群众中去。人民监督员制度的具体实施为，让一部分公民以人民监督员的身份对具体个案行使监督权，针对国家司法权行使中出现的问题行使批评、建议权，同时包含了某些特殊情形下的控告检举权和申诉权，最终由司法机关指定部门汇总人民监督员对所监督案件的各种意见，作出决定。人民监督员制度是人民群众基于宪法赋予的权利，并为实现这些权利实施的监督，体现了人民对司法活动的直接监督，也是党的群众路线在检察工作中的具体体现。

2. 人民监督员监督权的属性及效力。2010 年《规定》取消了上一级人民检察院关于人民监督员对检委会决定异议的复核程序，将人民监督员监督效力的问题再次推向争议。笔者以为，关于监督效力的争论实为对人民监督员权利属性的探究。普遍观点认为："力"则刚，"利"则柔。当学者们在"力"与"利"之间徘徊犹豫时，有观点指出人民监督员行使的监督权为"准公权"，

---

① 陈卫东：《完善公民参与司法：司法改革的又一路径》，载《检察日报》2011 年 8 月 29 日。
② 张志铭：《司法改革背后的价值意蕴与情感诉求》，载《检察日报》2013 年 6 月 27 日。

即公民权利属性向国家公权力的转化形态，① 因此仍应具有刚性约束力。然而，这种将介入国家司法活动的公民权利演变为公权力的论断是否成立呢？有学者指出，公民权作为一种复合性权利，需要其每个组成要素分别与相应的制度机构联系，方能使每种权利获得现实的保障，即以某种载体作为其实现的物质条件。然而，该具体的制度并不为此而改变了公民权利的属性，从而将其由权利转化为权力。② 人民监督员制度为公民参与司法提供了载体，但公民权并未因此转化成为公权力。

此外，有观点认为，人民监督员制度是运用社会外部权利对国家权力进行制约的体现，为此具有"体外监督"的趋势。所谓体外监督，具体表现为监督的内容、范围、方式、程序以及效力方面，应当由法律明确赋予，并具有确定性与强制性，换言之，监督应具有刚性效力。对此观点，笔者持怀疑态度，理由如下：首先，从实践中的运行机制分析，人民监督员制度仍在现有检察体制内发挥作用，是检察机关完善自我管理和监督机制的举措，③ 具备检察机关"体制内监督"的特征。④ 其次，从职能属性分析，人民监督员制度是人民群众基于宪法规定的权利和为实现这些权利而实施的监督，是直接监督的特殊形式。⑤ 其宪法意义决定了，人民监督员制度应被视为权利性社会监督，而非权力性监督，再次，人民监督员所做的监督决定形式表现为意见和建议，并非对案件处理起决定作用的程序，因而不具有终局性。⑥ 为此，其约束力只是相对而非绝对，从监督效力上讲为柔性监督。综上，根据《规定》以及十年来各地践行情况，人民监督员制度应被定性为一种权利性、规范化，并具有相对约束力的柔性监督机制。

（二）关于人民监督员监督范围的调整

1. 监督范围的扩大与缩小。2010 年《规定》后，人民监督员监督范围由之前的"三类案件"和"五种情形"调整为"七类案件"。对于人民监督员

---

① 陈卫东：《人民监督员制度的困境与出路》，载《政法论坛》2011 年第 4 期。

② 参见陈鹏：《公民权社会学的先声》，载《社会学研究》2008 年第 4 期。

③ 韩大元、王晓滨：《人民监督员制度的宪法学思考》，载《国家检察官学院学报》2005 年第 1 期。

④ 卞建林、田心则：《人民监督员制度立法刍议》，载《人民检察》2006 年第 15 期。

⑤ 韩大元、王晓滨：《人民监督员制度的宪法学思考》，载《国家检察官学院学报》2005 年第 1 期。

⑥ 2010 年《规定》第 30 条第 3 款：人民监督员在评议后，应当形成表决意见，制作《人民监督员表决意见书》，说明表决情况、结果和理由。第 34 条：检察委员会的决定与人民监督员表决意见不一致的，应当向参加监督的人民监督员作出必要的说明。通过这两条规定可见，真正对案件享有最终决定权的是人民检察院检察委员会，人民监督员的意见并不会被当然地接受。

监督范围的合理性，学界一直颇多争议，由此形成了"扩大论"、"缩小论"和"维持现状"三类观点。"扩大论"认为目前规定的七个方面尚不能完全代表整个职务犯罪案件的办理，也无法代表所有的检察工作，仅可视为过渡阶段的工作机制范围。[①] 持该观点的学者认为，从对公共利益的平等保护及制度的现实发展看，监督范围的扩大是不可逆转的趋势。然而，反观 2010 年《规定》不仅未保留原范围，反而将犯罪嫌疑人对逮捕决定不服的案件排除于监督范围之外，某种程度上支持了"缩小论"，并表明了检察机关对于监督范围的基本态度，即，群众的意见主要集中于职务犯罪案件，没有扩充至普通案件的必要性。

在"乱花渐欲迷人眼"的种种论断中，判定监督范围合理与否的核心日渐模糊，我们有必要回归该制度创建的原点一探究竟。追本溯源，人民监督员制度是检察机关对党的十六大确定的推进司法体制改革进程方针的贯彻，以解决人民群众反映意见集中的检察机关反腐不力问题为着眼点。办理职务犯罪过程中，由于缺少外部监督制约，与人民群众严重脱节，潜在着权力误用甚至滥用的风险。为弥补外部监督的缺失，最高人民检察院决定邀请人民群众参与监督检察机关的反腐工作，人民监督员制度就是在此大背景下产生的。归纳之，人民监督员制度的创立本意在于对检察系统内封闭运行的检察权的外部制约，以应对各界对检察机关办理职务犯罪案件过程中"谁来监督监督者"的质疑。针对将监督范围扩展至非职务犯罪案件的观点，因为检察机关对这类案件的审查已构成外部监督，不存在寻找监督者对其监督的问题，因此没必要适用人民监督员制度。而针对"犯罪嫌疑人不服逮捕决定的"情形，由于司法改革中职务犯罪案件的决定逮捕权被上提，从而不再需由人民监督员进行监督，如此选择也有利于缓解诉讼时效的压力。综上，人民监督员制度的创立本意在于解决检察机关办理职务犯罪案件缺乏监督、人民群众反映检察机反腐不力的问题，其他可能由人民监督员制度带来的功能仅为该制度的"附随价值"，其实现仅依附于该制度，而不应主导制度的走向。为此，人民监督员的监督范围在现阶段适宜维持现状。实证调研数据支持了该观点，接受调查的人民监督员有142 人，84% 认为现行案件监督范围合理，接受调查的办案人员 201 人，73.6% 认为现行案件监督范围合理。

---

① 文盛堂等：《检察机关全面推行人民监督员制度的现实路径与未来展望》，载《人民检察》2010 年第 23 期。

2. 关于"五种情形"① 的去留之争。《规定》将现有人民监督员范围重新整合为"七个方面"，将原来"三类案件"中的"拟不起诉"与"拟撤销案件"，以及原"五种情形"保留了下来。关于"五种情形"的保留是否合理，颇具争议。有观点认为，"五种情形"案件发生的随机性特征决定了它无法通过事前防范和强制监督的方式进行监督，其监督程序启动的前提是人民监督员知情，即发现和了解到存在着"五种情形"。当前，实践中几乎只能借助当事人的申请来发现这五种情形，因此，监督的"入口"实际上是受限的。根据课题组调研结果显示，自 2003 年至 2013 年调研截至日，各受访检察机关人民监督员对五种情形案件进行监督的案件为 151 件，占监督案件总数的 7.05%。根据最高人民检察院统计，自人民监督员制度实行以来，人民监督员监督"五种情形"案件占监督案件总量的 4.63%，调研组区域性数据还高于全国平均数值 2.42 个百分点。可见，无论从全国或是区域范围看，"五种情形"在监督范围内都扮演着"陪衬"角色。然而，也有论者表明，从司法公正的评价对象来看，"三类案件"属于检察环节司法结果方面的内容，"五种情形"则属于司法程序和司法行为的范畴。从监督的程序和形式上看，前者是对"事"的监督，后者则主要是对"人"的监督。② "五种情形"监督旨在对犯罪嫌疑人人权的保障，对检察队伍的廉洁性也有重要意义。为此，保留"五种情形"的监督是合理的。不容回避的是，缺少明确的发现机制、人民监督员知情权的滞后，以及对于"五种情形"没有具体的监督程序，仅以口头告知的形式运作，均令人对"五种情形"监督的未来之路充满担忧。以何种配套机制破解监督程序启动的难题，成为下一步工作探讨的重心。

与此同时，我们要警惕人民监督员的监督活动不但不能起到监督检察权运行的制衡作用，反而可能会沦为检察机关执法合法化的符号，这一点在其参与的侦查讯问活动中尤应引起注意。制度试点过程中，各地检察机关多有主动邀请人民监督员参与侦查讯问活动的探索，在人民监督员参与后，检察机关都会形成一份文字性资料并要求其签字。③ 然而，人民监督员制度的根本功能在于对检察院封闭运行权力的外部监督，防止其权力异化和滥用。邀请人民监督员参加是否可以反过来说明检察机关行为的合法并使人民监督员间接成为追诉犯

---

① "五种情形"包括：检察机关应当立案而不立案或者不应当立案而立案的；超期羁押或者检察机关延长羁押期限决定不正确的；违法搜查、扣押、冻结或者违法处理扣押、冻结款物的；应当给予刑事赔偿而不依法予以赔偿的；检察人员在办案中有徇私舞弊、贪赃枉法、刑讯逼供、暴力取证等违法违纪情况。

② 于增尊：《人民监督员监督范围评析》，载《临沂大学学报》2013 年第 2 期。

③ 于增尊：《人民监督员监督范围评析》，载《临沂大学学报》2013 年第 2 期。

罪的力量，如此做法是否存在法理依据，需要进一步的研究和论证。

（三）关于人民监督员选任方式的考问

以适当的方式选任出能够代表广大人民群众，并能充分行使监督权的人民监督员，是人民监督员制度得以顺利、有效运行的核心。然而，调研结果显示，人民监督员的监督能力却因人民监督员在选任、管理等方面的缺漏而存在不足，即便 2010 年《规定》出台后，依旧未能从根本上解决这一问题，这也由此成为检察官在办案过程中不信任人民监督员的原因。

一方面，人民监督员选任权上调后有得有失。《规定》颁布后，基层人民监督员工作面临边缘化、形式化困局。根据《规定》，人民监督员选任调整为由上级检察机关选的人民监督员监督下级检察机关的工作，即将人民监督员的选任权上调，以避免"熟人化"弊端。有观点认为，该做法落脚点为防止人民监督员被同化，此方式短期内能在一定程度保障人民监督员选任的公正客观性。[①] 然而，原有模式下，人民监督员多由本辖区选任，对本地检察工作较为熟悉，便于通过各种渠道了解检察工作，开展监督。但自人民监督员选任权上调后，由上级院主导人民监督员选任工作，加之随机抽取的操作模式，人民监督员不再仅限于本区域范围内，使人民监督员难以及时对除"拟撤销案件"和"拟不起诉"两种情形外的"五种情形"实施监督，[②] 可能会进一步导致监督工作在基层检察院的边缘化与形式化。[③] 选任权的上调如若导致人民监督员在基层检察机关作用的削弱，将是该项制度的巨大损失。

另一方面，"自荐"方式未能发挥充分作用。根据《规定》第 9 条要求，公民个人可以向本人工作单位所在地或者住所地的人民检察院自荐报名。相较于 2003 年最高人民检察院《关于实行人民监督员制度的规定》中人民监督员的产生方法，增加了公民自荐的方式。目的是为回应制度实施以来关于人民监督员"人民性"不足，不具有民意广泛性的质疑。人民监督员选任中以公民自荐为辅助的方式，将有利于优化人民监督员的代表性和公信力。但是，2010 年《规定》颁布已近 3 年时间，课题组对"两省十家检察机关"几年来以自荐方式成为人民监督员的数量和比例进行了统计，结果显示：接受调查的人民检察机关共选拔人民监督员 832 人，其中以推荐方式产生的为 679 人，占 81.61%，以自荐方式产生的人民监督员为 153 人，占 18.39%。其他学者对

---

① 文盛堂等：《检察机关全面推行人民监督员制度的现实路径与未来展望》，载《人民检察》2010 年第 23 期。

② 导致该现象的原因将与人民监督员监督范围部分结合进行分析。

③ 龚晓峰：《基层院人民监督员工作的角色转换及应对》，载《法制与社会》2012 年第 12 期。

2010 年后选任的人民监督员产生方式所作实证调研得出类似结果，自荐产生的人民监督员比例过低，无法对选任的人员总体构成实质性影响。[①] 单位推荐仍是人民监督员产生的绝对来源。而推荐单位仍主要集中在"国字号"单位，真正来自民间的"自荐"途径所产生的人民监督员却是寥寥无几，这意味着人民监督员在构成上仍然存在着民意代表性和广泛性的严重不足。[②] 课题组调研结果显示，受访检察机关的人民监督员 41.37%（344 人）来自国家机关，24.4% 来自国有企事业单位。其中所反映的不仅是制度设计本身的缺陷，还有人民监督员制度在人民群众中的认知程度以及检察机关对于公民自荐选任方式的不信任。为此，何以强化"自荐"功能，发挥其实质功效，也是未来课题研究的重点之一。

四、人民监督员制度的改革路径

（一）应在厘清相关理论问题和总结实践经验的基础上，推进人民监督员制度的立法进程

目前，人民监督员制度运行的具体依据为最高人民检察院 2010 年《规定》。此规定仅是检察机关的部门性规定，不属于国家法律范畴。试点中个别地方人大常委会制定的规范性文件的效力及其合法性仍有待考证。从立法机关方面的态度看，针对人民监督员制度的立法态度较为消极。据立法机关工作人员反映，人民监督员制度已经具备了基本原则方面的法律依据，而由于该制度涉及领域宽泛，对立法技术提出的要求较高，目前尚不具备将其纳入刑事诉讼法律体系的条件。然而，缺少法律依据，一直是困扰办案人员的难题。例如由于人民监督员的介入对案件程序时限设置造成的冲击等。人民监督员制度在全国范围内普遍展开已十年，最高人民检察院先后出台的规定也有三个版本，然而各地各检察机关的做法仍不十分统一。直至 2010 年 10 月前，仍然有地区尚未实行人民监督员制度。此外，依据我国宪法和人民检察院组织法相关规定，上下级检察机关为领导与被领导关系。然而，司法实践中地方检察机关的做法突破上级检察院规范内容的情形屡见不鲜，甚至许多被作为先进典型而推广介绍的试点行为，均是建立在突破现有规定基础之上方为成行的。没有法律的依托，对于人民监督员制度本身的可持续发展极为不利。为此，法制化进程将是人民监督员制度下一步发展的重要课题。

在推行人民监督员制度进程中，如何将保障公民参与司法与确保司法独立

---

① 陈卫东：《完善公民参与司法：司法改革的又一路径》，载《检察日报》2011 年 8 月 29 日。
② 陈卫东：《完善公民参与司法：司法改革的又一路径》，载《检察日报》2011 年 8 月 29 日。

性相结合值得关注和研究。有学者将两者归结为辩证关系：公民的参与和介入能够防止司法受到行政方面的干预，发挥的是制衡作用而非妨碍司法独立。[①] 反之，强调公民参与司法、加强权力监督制约的改革取向，必须构建于尊重司法规律的基础之上。不受限制的群众监督与制约又可能减损本已低下的司法独立程度，进而削弱司法公信与司法权威。[②] 从公民参与司法层面理解人民监督员制度，公权力为公民参与搭建了良好的制度平台，实现公民对检察环节司法活动的参与。敦促立法部门尽快以法律形式将人民监督员制度加以确认方为治本之方。

关于人民监督员制度的立法，不仅涉及到人民检察院组织法的修改，也涉及到刑事诉讼程序的完善。其中需要明确人民监督员的性质、组织、产生和职权，以及人民监督员行使职权的具体路径和方式。然而此次刑事诉讼法的修改并未涉及人民监督员制度。目前，人民检察院组织法修改已纳入立法议程，最高人民检察院也在为人民监督员制度立法做准备，在充分调研、论证的基础上，积极推动该项制度的法制化。10 年来，最高人民检察院先后三次向中央专题报告了人民监督员试点工作情况，三次向全国人大常委会专题报告了人民监督员试点工作情况及取得的成效，建议在法律修订中加入人民监督员制度的内容。最高人民检察院还就人民监督员制度写入人民检察院组织法问题向全国人大内司委、全国人大常委会法工委进行了汇报。

（二）应确立合理的人民监督员选任程序，选任程序合理化是解决人民监督员适格性的有力保证

2010 年《规定》虽然有意防止人民监督员被同化而将选任权上调，然而，"被监督者挑选监督者"的问题依然存在。只要检察机关仍旧掌握着人民监督员的选任权，这个问题就不会消失，唯有将选任程序"外部化"方为解决问题的根本。《规定》试点的"人民监督员选任委员会"不失为一种可行性举措，让检察机关能够在选任中保持中立。

一直以来，学界及实务界就人民监督员是否应具有专业知识问题展开了其应走向"精英化"还是"大众化"之路的争论。2010 年《规定》将人民监督员专业知识方面的要求限定在"公道正派，有一定的文化水平"。[③] 可见，专业知识并不成为当选人民监督员的必要条件。"精英化"侧重于监督的质量，

---

① 张志铭：《司法改革背后的价值意蕴与情感诉求》，载《检察日报》2013 年 6 月 27 日。

② 徐昕、卢荣荣：《中国司法改革年度报告（2009）》，载中国高校人文社会科学信息网，http://www.sinoss.net/2011/0422/32265.html，访问时间：2013 年 8 月 23 日。

③ 参见《最高人民检察院关于实行人民监督员制度的规定》第 4 条。

而"大众化"更契合人民监督员制度设计的根本目的，由精英回归大众将是大势所趋。为此，下一步如何完善群众自荐的选任方式，将成为检察机关以及学术界共同研究努力的问题。

（三）应保障人民监督员对"五种情形"的知情权

倘若继续保留人民监督员对"五种情形"的监督，势必应当建立对犯罪嫌疑人等的权利告知制度，赋予其明了对哪些情形可以启动监督程序的知悉权。鉴于有学者担心过于宽松的准入条件，可能导致对"五种情形"监督的"井喷"，可以考虑由人民监督员审查是否受理该启动申请。

此外，适逢修改后刑事诉讼法出台，其中增加了诸如技术侦查手段、特别诉讼程序、非法证据排除等多种情形，为此，人民监督员的监督范围是否应当延伸至上述新增内容，成为讨论的另一焦点。根据调查问卷反馈，51.2%（131 人）的人民监督员赞同将涉及非法证据排除的案件纳入监督范围，43.6%（140 人）的人民监督员赞同将适用特别程序的案件纳入监督范围。

结　语

人民监督员制度是我国民主法制建设发展到特定阶段的产物，也是司法改革深入发展的重要内容。深化人民监督员制度改革，作为加强对检察院自身执法活动的监督制约的重点内容，也是 2008—2012 年检察工作机制 60 项改革任务之一。时值党的十八届三中全会，确保检察权依法独立公正行使成为新一轮司法改革的重要任务。在推行人民监督员制度进程中，如何将保障公民参与司法与确保司法独立性相结合值得关注和研究。实证研究为我们呈现了一个良莠并生却不乏盎然生机的制度，它以强烈的中国本土特色，成为连接普通公民与国家权力的纽带，从微观层面实现了"国家权力属于人民"。给此新生制度以宽容和时间，在尊重司法规律、保障检察权独立行使的前提下探讨如何进一步完善人民监督员制度，是深化检察改革的重要课题。

加强司法责任制*

——新一轮司法改革及检察改革的重心

龙宗智

　　根据党的十八届三中全会的决定，新一轮司法体制改革已经拉开序幕，内容涵盖司法管理体制和司法权运行机制的一些基本方面。加强司法责任制是新一轮司法改革的重心和关键，这里主要围绕这个主题，结合现实的一些情况，尤其是司法改革目前存在的一些问题，谈谈我的看法。我认为，作为学者应该具有反思的精神，要透过某一法制现象看到制度设置的不足以及应该注意的问题。

一、对上一轮司法改革的反思

　　我认为，本轮司法改革与上一轮司法改革的思路不太一样，上一轮强调外部监督，本轮强调司法本身建设的加强，如司法责任制的构建。两轮改革有所区别，当然也有互补的作用。为什么本轮改革要做内部（改革）文章？这和上一轮改革的思路有关。

　　上一轮司法改革着重于优化司法职权配置、落实宽严相济刑事政策、加强司法队伍建设和加强司法经费保障等四个方面。采取中央统筹、自上而下、有序推进的方式，完成了各项改革任务。在改善司法机关的某些工作机制、完善刑事诉讼程序制度、加强政法经费保障等方面成效比较显著。特别是刑事诉讼法的修改，可以说明显前进了一步。

　　然而目前司法状况并不令人乐观：一是司法公正受到质疑；二是司法公信力不高。这两方面的问题都比较突出，但对这些问题的认识并不一致。法治建立的标志，是法律被人们所普遍信赖。而当前无论是社会精英，还是普通民众，对我们的法治和司法都存在信赖不足的问题。如果不能有效解决这一问

　　* 原文载《人民检察》2014 年第 12 期。

题，将对强化国家治理能力，建立"三个自信"，实现"中国梦"形成障碍。可以说，建立公正、高效、权威的司法制度仍然任重道远。

上一轮司法改革以加强权力监督制约为重点，采取了一系列的措施，包括加强检察机关的法律监督，加强法院自身的审判监督，以及加强党委、政法委对司法的监督等。从表面上看，加强权力的监督制约，针对我国权力运行机制的固有弊端，既体现现实需要，也反映民众呼声，同时具有法理上的正当性，其"政治正确"毋庸置疑。而且加强司法权监督制约的系列举措，对防止裁量权滥用，促进司法廉洁与公正，应当说确实发挥了积极作用。但另一方面，在改革的部署与实施中，也出现了某些不足。最突出的问题是注重外部监督而忽略司法自身建设，在加强权力监督制约时对司法运行与司法建设的规律尊重与遵循不够，使改革措施产生了某些负面的效应，主要表现如下：

一是加强监督的同时，外部干预司法的情况加重，司法机关依法独立行使职权得不到保障；二是司法机关内部司法行政化趋势明显加重，有悖于司法规律；三是诉讼机制不平衡的加剧，对检察机关而言，主要是诉讼职权与监督职权未能适当分离，导致诉讼机制紊乱，诉讼构造失衡，法院的中立性、权威性也受到影响。由于强调外部监督，而加强司法自身建设不足，改革存在治标而不治本的问题，导致司法机关一线办案人员积极性不高、责任感不强，司法基础较弱的问题比较突出。

上一轮司法改革的局限性同时还表现在：工作机制调整，基本格局未动，具体包括司法管理体制未动；各机关职能、权力和资源配置的基本格局未动；公、检、法三机关分工负责、互相配合、互相制约的司法构架未动。综合以上问题，可以看出，上一轮司法改革力度不够，本轮司法改革可以适当调整方向，加强司法机关自身内部建设。

二、新一轮司法改革的关键及其意义

新一轮司法改革的重心是加强司法责任制。在今年4月上海司法改革调研工作会议上，中央政法委书记孟建柱同志强调，司法责任制是司法体制改革的关键。要按照让审理者裁判、让裁判者负责的要求，完善主审法官责任制、合议庭办案责任制和检察官责任制。同时，加强对司法权行使的监督制约，认真探索更具针对性的监督机制，确保司法权依法公正运行。这是对司法责任制的一个解读。

为什么要推行司法责任制改革？理由主要有以下几个方面：

其一，司法责任制符合司法运行规律。这一规律突出体现于司法运行的几个基本属性，即司法的亲历性、判断性与独立性。加强司法责任制，就是要求实现"审理者裁判、裁判者负责"，从而实现司法的亲历性与判断性。行政活动可以幕后决策，延伸指挥，但司法则必须要求司法者亲身经历程序，直接审查证据，从而有效建立心证、认定事实并在此基础上正确适用法律。只有建立司法责任制，才能实现司法的亲历性、判断性与独立性要求。

其二，司法责任制体现了司法专业主义与程序正当性精神。司法活动是一个技术化的作业，需要实现职业化和专业化。尤其是现代社会司法问题日益复杂。错综复杂的法律关系，似是而非的事实认定，如果不要求司法人员具有高度的专业能力并由其操作高素质的司法，司法的公正与公信力不可能实现。同时，司法责任制也是程序活动的要求。由审理者裁判、让裁判者负责，是法律程序的基础和基本要求。以行政化的方式解决司法问题，既不专业，也不符合基本的程序要求。当然，专业化并不排斥司法的民主化与大众化。从国际上看，高度专业化的司法往往伴随着民众参审，包括采用陪审团制度。

其三，加强司法责任制针对的是我国司法的固有弊端，有很强的现实意义。我国司法活动长期存在的一个弊端就是以内部报告代替司法亲历，以行政决策代替司法审判。而且还存在倚重内部行政性汇报拍板、未审先定的问题。这些弊端违背了司法活动的亲历性、判断性与司法官独立裁判的要求，审理者不裁判，裁判者不负责的问题十分突出。建立司法责任制，才能从根本上克服这种弊端，从而提高司法质量，建立司法公信力。

三、司法改革可能遇到的问题与矛盾

首先，司法责任制改革与我国的国家权力结构及其运行机制可能发生某些冲突。这种冲突可以表述为司法逻辑与社会逻辑的矛盾。具体而言，执政党统揽全局，协调各方，执政党领导的原则是国家权力运作最根本的原则，这是我国宪法规定的。这种集中与统揽，形成一种整体协调、上下联动的全面体制，亦可称"举国体制"。集中性、统揽型体制之下，以上命下从为特征的行政逻辑，是不同国家权力运作中共同的行为逻辑。由此可见，司法行政化在于基本体制的行政性要素进入司法，这是一个基本的现实条件。因此，无论是司法管理制度的改革，还是司法权运行机制的改革，都是在宪法框架内探行。

其次，改革与司法资源配置的有限性可能发生冲突。由于司法资源配置的有限性，可能难以实现权责利相统一，或者权责位利相统一。目前，这个问题还很难解决。高薪养司法在我国还很难实现，微调可以，要实现大的调整，实现权责位利相统一，还比较困难。除了受到国家资源限制之外，司法的地位，司法在社会治理中的作用，以及整个体制的限制也是很重要的原因。这导致保障改革成效的前提条件——"增量改革"难以实现。具体说来，存在两个主要问题难以解决：一是司法官地位、待遇、保障应有的增量问题；二是法院、检察院改革后的资源增量问题。

由于司法资源配置的有限性，使司法个体的责任能力较弱，还常常使司法必须以行政的方式聚合整体力量，以抗衡行政干预、社会不遵法等外部挑战。因此，法院以审委会机制转移压力，检察机关以检察一体化来增强办案能力，抵御地方的不当干预，有其合理性。在这种情形下，去行政化可能会受到阻碍。如果司法体制改革不改革司法官制度，司法官高素质不能得到保障，福利、待遇、地位问题不能得到解决，改革就很难推动并取得成效。

再次，改革可能与司法的外部制度存在一定矛盾。如刑事诉讼构造中，虽然公、检、法三机关分工负责，但相互制约时又讲"互相配合"，司法独立与中立易受冲击。这对实现真正的司法负责制，对通过司法负责制实现司法的独立、中立和有效的司法审查会带来不利影响。且有党政领导与协调，角色交叉与角色混同很难避免，司法与行政势必相互渗透，彼此间关系也容易纠缠不清，真正实现司法责任制可能还十分困难。

最后，"社会断裂"与"社会分裂"对改革有不利影响。"社会断裂"问题是社会学家孙立平教授提出来的，主要是指改革没有解决社会整合问题和社会关系协调问题，社会结构断裂导致贫富不均；地区断裂导致东西部差距加大；城乡断裂导致三农问题突出；还有文化断裂导致信仰缺失等。对本轮改革的看法，也有不少疑虑和担心。我们常说的"法律共同体"实际上也远未形成。

"断裂"与"分裂"现象对司法改革会带来不利影响，主要体现在以下两个方面：一是社会矛盾突出，"维稳"任务很重，集中化方式、超常规方式常常难以避免，司法改革的社会环境条件不是很有利。二是认识不统一，有效推动司法改革可能存在困难。与上一轮司法改革遇到的情况相比，认识不统一在此轮改革中要大得多，很多司法人员对改革前景有担心，对改革后怎么办有疑虑。

然而，我们应当认识到：一方面，不改革没有出路，不改革就不可能实现依法治国，也就无从实现国家长治久安；另一方面，不改革，就没有市场经济的协调稳定可持续发展。这是规律，也是共识。因此，应当树立法治理想，尊重司法规律，坚定不移地推动改革，同时注意条件约束，采取"相对合理主义"的改革策略，循序渐进，稳步推进司法改革。

四、加强司法责任制与检察权运行机制的改革

我国检察建设的一个大弊端就是行政化过重，司法化不足。检察权既有司法性又有行政性，具有双重属性，有司法性就要相对独立，有行政性还需要上

命下从，需要检察一体制。所以，检察机关司法化改革要适度，完全的司法化不行。但现在的问题是行政化过重，司法化严重不足。实际上，我国检察机关所具有的批捕权、不起诉权、司法救济权都是一种司法权，检察院还有监督法院的法律监督权，这就导致了一个悖论：最有司法权的检察机关最不以司法方式办案。过度的检察行政化又形成以下弊端：一是一线办案缺乏精英；二是部分检察官缺乏荣誉感与责任心；三是叠床架屋，效率低下；四是机构林立，人浮于事。我曾和台湾地区检察官一起交流，他们的检察官全在谈业务，而我们发言写文章的大多是年轻检察官，因为检察骨干都当了领导，就不怎么写文章了。与台湾地区检察官相比，我们的检察官在业务上还存在差距。针对这些弊端，怎么改？

首先，确认骨干检察官的相对独立性，塑造一线责任主体。具体办法是建立检察官责任制。什么是检察官责任制？就是检察官有职有权有责。能够相对独立地办理案件，作出决定。谁承办谁负责，检察官责任制也可以称为承办负责制。以我国台湾地区为例，案件由承办检察官负责。设主任检察官，也是负责协调监督，而不是指挥命令承办检察官工作。即使在团组作战的情况下，也是谁承办谁负责。同时，检察长和主任检察官要提供协助。检察长指挥权依法行使，对于重要的法律文书有审核权，但指挥权受法律限制。在检察官依法独立行使职权而与检察长意见不一致的情况下，一般是劝说、解释、要求重新审查处理等，如果解决不了问题，检察长可以实行职务收取与职务转移，即依法收取案件，另行指派其他检察官办理，但职务收取、职务转移过程要采取法律和制度规定的方式，否则就会受到弹劾。

这里还要提出一个问题，近来，派员出庭制度受到某些质疑，起诉书上落名的检察员不出庭，派其他检察员出庭，被认为不合法。我认为，从现行法的合法性上看，没有多大问题。这种指派出庭制度为最高人民检察院司法解释所确认，也是检察机关的惯常做法。而且从检察一体制来讲，检察官调配、代理也没有大的问题，这和法院有很大不同。但是这一制度也有问题需要反思，如果要实行检察官承办责任制，公诉检察官相对独立办案，检察长在缺乏程序约束的情况下，随意指派他人出庭，可能也不太符合检察官责任制的要求。因为，公诉检察官的责任一般包括审查起诉和出庭公诉，不像台湾决定起诉检察官和出庭公诉检察官是分开的，各自有其职责。我们这个制度下，根据需要改换出庭检察官是可以的。但最好能有一个理由和必要的程序，以保证检察官责任制的贯彻。此外，三级审批制也需要反思。简而言之，检察官承办责任制如何体现，三级审批制如何限制，检察长的指令权如何约束，这都是检察改革包括人民检察院组织法修改需要考虑的问题。

如果从当前司法的实际情况分析，还会遇到一个突出问题：目前检察院的状况能不能支撑一个司法化改革？能不能支持检察官负责制或检察官责任制的有效运行？我认为条件不是十分具备。当前的情况是，人员多、素质较低导致管理模式上以数量换质量，以强化审批权代替独立性，这里讲的以审批权代替独立性实际上就是以行政化代替司法化。为什么司法行政化不能去除，除了大体制原因外，与这种客观现实也有很大关系。解决这种问题的路径：一是要求在检察官责任制与检察长负责制之间寻求平衡点，这是改革的基本思路；二是按照"主诉检察官改革"的思路，搞一点"软淘汰"，培养一批骨干检察官，使其待遇好一点，地位高一点，权力多一点，同时责任重一点。今后再过渡到普遍的承办负责制。

培养骨干检察官，改革检察权运行机制的一个具体办法是试行主任检察官制度。通过这一制度，促进分类管理和检察官职务体系的合理构成。当前要注意解决的问题是主任检察官与检察长、与科处长的关系问题，包括主任检察官与检察长的分权，可大体上按照区分大小和上下的原则处理。所谓"大小"，是指大事情由检察长决定，一般事情由主任检察官决定。所谓"上下"，是指案件按正常程序顺向发展的时候主任检察官说了算，逆向发展的时候，如不起诉、撤案等由检察长来决定。与科处长的关系，要求注意主任检察官与科处长在业务方面要解决"虚实"问题。主任检察官主导业务，科处长在业务问题上就要虚化，否则就会增加层级，行政化更为严重。

其次，要有配套改革，就是由不同业务方向的办案组群，形成"多点式办案单元"和"扁平化"管理模式。一些地方检察院已经在探索，而且颇有成效。国外也有类似做法，因为这种模式能够提高办案效率，符合检察规律。不过，有一些具体问题需要探讨，此处不再展开。

最后，区别不同业务性质和需要，可以考虑引进对审听证程序要素，建构审前程序的弹劾制构造。这也是对检察官负责制的配套改革措施，对重要程序事项进行听证，通过司法化构造，以更为公正的方式来解决复杂疑难问题。由于检察机关不同业务的性质和要求不同，这种司法化必须适合该项业务的具体情况和实际需要。采用司法化措施的必要性标准，可以设定为以下两点：一是具有司法性质的决定，即案件的终局性处理决定属于司法审查的事项等，应当采用司法化方式处理，如不起诉案件的听证程序。二是重大且有争议的程序性决定。为防止片面性，应充分考虑影响作出决定的相关因素，采用或借鉴对审听证的方式，在听取相关各方意见包括相互抗辩的基础上再作决定。如重大有争议案件的批准逮捕，羁押必要性审查，民事抗诉，当事人或辩护人、代理人因权利受损害要求司法救济等。

检察官办案责任制的比较法考察及启示[*]

韩彦霞　李乐平

总体上看，不同政治制度下检察制度发展历史中形成的趋同是检察制度固有特质和共性特征的体现，是检察制度历经历史抉择和不断扬弃的结果。因此，检察官办案责任制的比较法考察对于我国检察官办案责任制的改革在发展规律、问题意识以及具体构建等方面具有借鉴意义。

一、检察官办案责任制的域外模式及启示

（一）检察官具有诉讼主体地位

域外检察官的个体独立程度相对较高，这一点在其刑事诉讼法中有专门规定。法、德、日等国都在刑事诉讼法中规定，检察官为诉讼法上的主体，或者作为"独立官厅"，以自己的名义处理检察事务并承担案件办理的责任。检察官以个体名义而不是内设机构或检察机关名义独立行使检察权是域外检察官独立性的主要标志。

在日本，检察官个体是行使检察权的意思决定机关，"对于检察事务，检察官是拥有自行决定权的表达国家意思的独立官厅，而不是作为上司的部下行使检察权"。[①] 德国检察官对法定主义范围内的案件有完全独立的处分权。法国刑事诉讼法则明确规定，检察机关首长拥有摆脱上级指令的绝对权力。虽然大陆法系的一些国家部门负责人对检察官承办的案件负有监督和审核的职责，但部门负责人通常都会尊重检察官的个体意见。我国台湾地区检察官个案处分权的内部制衡主要通过送阅制度实现，但是送阅的目的是通过经验丰富的主任检察官与检察长对检察官进行指导，其更类似于以咨询为目的意见征询，而非上命下从的事前审批，也不能改变主任检察官的决定。日本的审批制亦如此，日本上级检察官对下级检察官"主要运用审查、劝告、承认的方法，行使指

---

[*]　原文载《人民检察》2014 年第 20 期。

[①]　甄贞等：《检察制度比较研究》，法律出版社 2010 年版，第 374 页。

挥监督权"①。在英美法系国家，检察官个体负责制是一项基本的原则，英国皇家检察官虽然在检察长的指挥下工作，但其在机构和程序上享有检察长所有的权力。美国实行检察官（长）负责制，检察官对于案件是否起诉以及以何种罪名起诉享有完全的自由裁量权，也因此美国"检察官普遍被认为是刑事司法制度中最有影响的人"②。

（二）对"上命"进行限制

各国（地区）依据指令权的不同性质将"上命"限制在特定范围内。德国、我国台湾地区均将指令权分为外部指令权和内部指令权。我国台湾地区检察首长享有的内部指令权包括检察事务和检察行政事务指令权，"法务部长"的外部指令权则不包括检察事务指令权。德国虽然规定法务部长拥有检察事务指令权，但指令权只是在非常特殊的案件中才发挥作用。在实践中，检察官已经获得了很大的独立性，其地位几乎与法官相同。"③ 日本将指令权分为一般指令权和个案指令权，法务大臣可以对检察总长发布指令，但不能对承办案件的检察官直接发布指令。

（三）"下从"体现法治规则

域外检察官对于上级指令的服从不是惟命是从，体现着服从过程中对于法治规则的遵循。日本充分尊重检察官的个体意志，如果出现与上级意见相左的情况，"检察官应就自己的信念和造成这种信念的理由，充分地向上司陈述意见……"④ 在法国等大陆法系国家，检察官在出庭时可基于内心确信而改变公诉意见。并且，当检察官接受上级指令承办案件时，有权将指令存入案卷，体现出指令接受的程序要求。

为进一步保障检察官的个体独立，一些国家还规定了检察官在一定条件下的消极抗命权和积极抗命权。根据《法国刑事诉讼法典》的规定，检察官在刑事追诉中，可以违抗上级指令自行决定，且该决定具有法定效力，上级检察官不得更改。

（四）具有较为完备的独立保障机制

在赋予检察官个体较高的独立性的同时，检察官也需承担与其权力一致的责任。在日本，"即使根据上级的指挥，作出了与自己的信念不同的处理，也不准许以依照上级的命令为由而逃避应承担的责任。也就是说，检察官是以自

① ［日］法务省刑事局编：《日本检察讲义》，杨磊等译，中国检察出版社1990年版，第57页。
② 马跃：《美国刑事司法制度》，中国政法大学出版社2004年版，第256页。
③ 魏武：《法德检察制度》，中国检察出版社2008年版，第171页。
④ 张智辉、杨诚主编：《检察官作用与准则比较研究》，中国检察出版社2002年版，第420页。

己的名义由自己负责来处理分配给自己的检察事务，这是根据检察官职务的独立性作出的当然结论"①。

为保障司法权的独立行使，许多国家为司法人员营造了一个比较宽松的环境，只在某些特定的情况下，规定了司法人员应承担的责任，主要起到预防滥用职权的作用。为保障检察官独立办案，许多国家在要求检察官独立承担责任的同时赋予检察官豁免权。

二、检察一体与检察官独立的制度冲突及启示

（一）境外检察一体的发展

检察一体是在检察权缺乏独立的情况下为形成有效合力抗衡外来力量而产生的，是与西方国家检察机关地位较低的历史背景和制度背景密不可分的。西方国家三权分立政治体制下，检察权不属于三权之一，大多数检察机关在国家组织结构中具有二级性，与立法、行政、司法机关不处于同一位阶，仅作为政府中司法行政部门的隶属机关。同时，西方多党制国家党派以及行政首长对于检察权的干预使得检察权难以独立，也使得检察一体成为必要。

但是，检察一体与检察制度创设之初防范警察滥权和监督审判权力的制度初衷是矛盾的。为解决检察一体产生的制度冲突，一些国家（地区）创设法定主义对检察一体进行限制。德国、我国台湾地区的刑事诉讼法乃至刑法都对法定主义作出规定，表面看，法定主义乃是为了制约检察官个体，但追究其立法背景，法定主义的真实用意在于捍卫检察官的个体独立。当代检察制度的发展史亦表明，正是法定主义在平衡着检察一体与检察官独立之间的微妙关系。现代意义的检察一体不仅没有背离保障检察权整体独立的制度初衷，而且在法定主义的平衡之下，彰显着检察官个体独立行使检察权的检察现代价值。

（二）我国检察官独立的制度障碍

我国的法官审判权独立是法律明确授权的，而我国人民检察院组织法和刑事诉讼法只对检察院和检察长依法独立行使检察权作出规定，对于检察官的执法主体地位目前尚未明确。在"三级审批"体制下，检察官个体对案件没有决定权，只有建议权，检察官不具有独立行使检察权的主体地位。"检察官作为鲜活的个体从刑事诉讼法的条文中消失了，取而代之的是给人一种庄严、威严但难以实定化的人民检察院。刑事诉讼法规定的行使检察权的主体为人民检察院，仅仅在个别地方出现了检察人员应当履行职责的字眼，给人一种检察官

---

① ［日］伊藤荣树：《日本检察厅法逐条解释》，徐溢初等译，中国检察出版社1990年版，第44页。

在刑事诉讼中无足轻重的感觉。"①

　　检察官、检察机关的性质、定位及上下级之间的关系问题，历来没有法官、审判机关关系清晰，我国现行人民检察院组织法、检察官法和刑事诉讼法等法律文本中确定的检察官制既未按照行政官制亦未按照法官制来规定。我国的检察官、检察机关是在高度完备的检察一体体制下行使法律监督权的，我国的检察权独立是整体独立，这与检察权运行的司法规律性是不符的，与检察官客观义务的要求是对立的，检察一体与检察官个体独立存在制度冲突。

　　（三）检察一体不应被过度强化

　　理论上，如果检察一体的法定主义行使界限被遵守，检察一体与检察官独立的制度冲突将得到相对合理的处理，但在制度执行的过程中，二者的关系时常变得更为复杂。以我国台湾地区和德国为例，我国台湾地区的检察官制系仿造德国而建，其完全承继了德国检察官制的精神内核，以法定主义与客观义务限制检察一体。然而制度在移植的过程中掺杂了太多的非制度因素，在我国台湾地区，政党常常以曲解组织法中检察一体与刑事诉讼法中法定主义的关系来达到操纵司法的目的。从德国、我国台湾地区两地检察一体的实践状况可以看出，保障检察官独立的微妙之处更在于准确把握检察一体与法定主义的度，不能任意对检察一体进行扩展。

　　当前，受检察一体化原则影响，我国检察权运行过程中已经出现内部干预大于外部干预以及上级对下级权力不断扩张等倾向，严重削弱了检察官的个体独立。鉴于检察官个体独立在司法运行中的重要作用，即使检察一体较为分散的国家均已认识到检察一体的弊端，以法定主义对其进行限制，检察官的独立性相对凸显。国外尚且如此，我国的检察一体更不应被过度强化。

三、主任检察官办案责任制改革的内在需求

　　（一）实现上级指令权法治化

　　上级指令权的法治化与检察官的法定义务是一个问题的两个方面。长期以来，检察一体化原则对于我国检察体制产生广泛而深刻的影响：在上下级检察机关之间的关系方面，上级检察机关有发布指令和进行工作部署的权力；有交办、参办、提办案件的权力等；在同一检察机关内部，"三级审批"的行政模式淡化了检察权的司法性特征，违背了检察权行使的内在要求，使检察官的个体独立难以得到有效保障。因此，实现上级指令权的法治化可以克服检察一体与检察官独立的制度冲突，保障检察官的个体独立。上级指令法治化要求检察

---

　　①　陈卫东、李训虎：《检察一体与检察官独立》，载《法学研究》2006年第1期。

长和检察委员会只能就法定范围内的案件和事项对主任检察官发布决定和指令，且决定和指令应当以书面形式并记录在案；检察长和检察委员会的决定和指令存在违法情形时，应当赋予主任检察官一定的异议权；检察长和检察委员会不改变该决定或指令并要求立即执行的，主任检察官应当立即执行，但明显违法的除外。

（二）明确主任检察官的执法主体地位

当前，各地在试行主任检察官办案责任制的过程中，对主诉检察官的权力下放还停留在欲放不放、想放不敢放的状态，以至于出现了从开始的有限授权到实施过程中逐步收权、限权的改革逆转的情形，主任检察官在这种制度夹缝中难以独立。因此，无论是将主任检察官作为办案岗位还是办案组织，改革的关键都是要赋予主任检察官在法律授权范围依法独立行使决定的权力并承担相应责任，确保检察官独立行使检察权有明确的法律依据。改革中，应强化检察委员会的地位功能，落实检察官的主体地位。应加强检察委员会的实体性地位，可以参照政府的常务会议制度进行重构；应在一定范围内明确主任检察官执法主体地位，赋予主任检察官授权范围的决定权。

（三）主任检察官应成为一线责任主体

在赋予检察官个体较高的独立性的同时，检察官也需承担与其权力一致的责任。有权必有责，只有权责统一才能确保权力不被滥用。

日前，中央全面深化改革领导小组第三次会议审议通过的《关于司法体制改革试点若干问题的框架意见》和《上海市司法改革试点工作方案》将司法责任制作为改革试点的重点内容之一，突出检察官执法的主体地位，明确检察官办案的权力和责任，对所办案件终身负责，严格错案追究。以上司法体制改革举措必然要求主任检察官个体成为一线责任主体，必然要求形成"谁办案谁定案、谁定案谁负责"的以主任检察官个体为主体的权责体系。今后，主任检察官对其授权范围内的案件和事项作出的决定应独立承担终身责任；需由检察长或者检察委员会决定的案件和事项，如果检察长或检察委员会决定与主任检察官一致，主任检察官也应承担终身责任；如果检察长或检察委员会决定与主任检察官决定存在实质差异，则主任检察官不承担责任。

检察官办案责任制改革的三个问题[*]

谢鹏程

2013 年年底最高人民检察院出台了《检察官办案责任制改革试点方案》，确立了 17 个第一批试点单位，主要是基层检察院。虽然这项改革是在十八届三中全会全面深化改革的大背景下推行的，但是在其试行的过程中，各界的认识分歧屡见不鲜，各地实际做法的差异也层出不穷。笔者试就有关检察官办案责任制的几个争议问题略述己见，参与讨论。

一、主任检察官的名与实

近来，有一些学者和检察官质疑"主任检察官"这个提法，认为改革试点方案中设立的主任检察官这个职务是对台湾地区主任检察官的误读、误解、误用。[①] 更有甚者，有的检察院还按照台湾地区主任检察官的概念和制度模式进行改革探索，把主任检察官作为管理机构而非办案机构来设置。那么，"主任检察官"这个概念到底有没有受到误读、误解、误用呢？笔者将结合台湾地区的作法加以讨论。

（一）我国大陆与台湾地区在主任检察官设置上的比较

现在，我国大陆与台湾地区都有"主任检察官"这个概念，但两者在主任检察官的设置背景、条件、目标、功能和定位等方面，都存在显著差别。

第一，两地设置主任检察官的目的和意义不同。大陆的主任检察官是在检察院已有内设业务机构的背景下设置的，目的是要建设办案组织，加强一线办案力量，下放办案权力，确立检察官的主体地位，明晰办案责任；而台湾地区的主任检察官是在检察院没有内设业务机构而享有独立办案权的检察官数量大增的背景下于 1980 年代设置的，目的是要在检察长与众多检察官之间建立中

---

* 原文载《国家检察官学院学报》2014 年第 6 期。

① 万毅：《主任检察官制度改革质疑》，载《甘肃社会科学》2014 年第 4 期。

间的管理环节（6 名以上检察官可设一名主任检察官①），其主任检察官是检察长管理职能的延伸和强化，主任检察官办公室是业务管理部门，而不是办案组织（台湾地区检察署的常规办案组织是检察官加书记员，大要案的办案组织可以根据需要配备多名检察官和书记员）。

第二，两地主任检察官的职责和任务不同。大陆的主任检察官是办案组织的负责人，可以领导一至五名辅助人员（包括检察官助理和书记员，配备检察官助理的数量视业务部门和案件性质而定）办案，一个主任检察官实际上领导一个办案组织，享有一定的办案决定权，而在主任检察官领导下的辅助人员是没有办案决定权的，哪怕他们具有检察官的身份，也只能协助主任检察官办案，从事特定工作，完成指定的任务。台湾地区的主任检察官指导和监督若干检察官，其指导和监督下的各个检察官都具有独立的办案决定权，同时，主任检察官仍然要亲自办案，是一线办案人员，所不同的只是主任检察官是资深检察官，对其他检察官兼有指导和监督的职责。比较而言，大陆的主任检察官是在存在业务部门这一管理机构的前提下设置的，因而其不是办案审批者或者管理者，而是直接办案人和办案决定者；而台湾地区的主任检察官既是自己办理的案件的决定者，也是其辖下检察官办案的监督和指导者。换言之，大陆的主任检察官只是办案机构而不是管理机构，台湾地区的主任检察官首先是管理机构，其次是办案机构。

第三，两地检察官的法律地位不同。在大陆，检察官只是依法行使检察权的资格和身份，并不是独立的行使检察权的主体，也不是独立的机构或者官署，非经检察长指派或者授权并以人民检察院的名义对外进行的活动不具有法律效力；在台湾地区，每一位检察官都是独立的官署或者检察机构，是行使检察权的主体，以本人名义进行的职务行为对外都具有法律效力。大陆设置主任检察官是在现行法律的空白处寻找突破口，试图从检察官中优选出素质好且具有独立办案能力的人，然后由检察长打包授权，赋予其相当于原来副检察长的办案决定权，以此来废除检察院内部的办案审批制和过度行政化的管理模式，突出主任检察官的主体地位，加强其办案责任。因此，主任检察官的权力和地位目前都不是法律赋予的，是改革方案设计的，是走向检察官独立办案并负责的过渡形式。换言之，目前大陆的主任检察官不具有台湾地区检察官那样独立的法律地位和完整的办案主体资格。

第四，两地检察官的总体素质存在一定差异。虽然 2002 年以来大陆的检

① 台湾地区"法院组织法"（2010 年 11 月 24 日修订）第五章第 59 条第 2 款规定："各级法院及分院检察署检察官员额在六人以上者，得分组办事，每组以一人为主任检察官，监督各组事务。"

察官法要求取得检察官资格必须具备一定的学历并经过考试、培训和实习，但是，两地考试录取的比例、培训的时间和方式、实习的过程等都有所不同，在大陆取得检察官资格比在台湾地区容易一些。在台湾地区，获得了检察官职务的人都具有独立办案的能力；在大陆，获得检察官资格的人不一定具有独立的办案能力。由于历史原因（特别是在 2002 年前取得检察官资格比较容易），现在大多数检察院里有 70% 左右的人员是检察官，其中有一部分是不办案的，还有一部分是不会办案的，能够独立办案的大概只有检察人员总数的 30% 左右。如果让所有的检察官都像台湾地区的检察官那样独立地行使检察权，那么检察机关的办案质量就无法保证，"奇葩"执法事件可能会经常发生。因此，大陆的检察官选拔机制需要进一步改革，获得检察官职位的人必须是能够独立办案的人。这不仅涉及检察人员分类管理制度的改革，而且涉及检察官考试、培训和实习等制度的改革。

概括而言，大陆推行检察官办案责任制改革面临的基本情况是，具有检察官资格或者称谓的人较多（约占 70%）而具备独立办案能力的人较少（约占 30%），需要从中选拔素质好且具备独立办案能力的检察官来相对独立地担负办案责任，授予其一定的办案决定权。改革的主要任务是，淡化副检察长和内设机构负责人的领导职责，将其行政性管理职能转化为业务指导和监督职能，将其办案审批职能转变为一线的办案职能。换句话说，我们要通过改革，把副检察长和内设机构负责人都转变为主任检察官，把他们原来的办案决定权转移给主任检察官，只保留副检察长和内设机构负责人对其他主任检察官办案的指导和监督权。经过这样的改革之后，大陆的副检察长和内设机构负责人虽然可以保留原来的职务和称呼，但其身份和职位已经相当于台湾地区的主任检察官，即既是一线办案的检察官，也兼有对其他检察官办案的指导和监督职责；而主任检察官则相当于台湾地区的检察官，只是一线办案力量，是办案组织的负责人，因而不具有审批案件的职能。

大陆推行检察官办案责任制，把办案组织的负责人称为"主任检察官"，既是从现有检察官中选优择能的结果，也是现行体制下便于检察长授权的需要。换言之，在相关法律修改之前，我们必须给那些具有相对独立办案资格且经过"打包"授权的检察官一个特别的称呼。十五年以前，人们称之为"主诉检察官"或者"主办检察官"，现在如果仍然如此称呼，就难以区分这轮司法改革的特点和意义了。当主诉检察官办案责任制在全国大部分地方已经式微甚至名存实亡的时候，北京、上海等地的一些检察院不但没有放弃办案责任制改革，反而借鉴台湾地区"主任检察官"这一称谓，把主诉检察官办案责任制改革推进到一个新阶段。譬如，北京市人民检察院第一分院从非业务部门挤出一些副职职数，用于业务部门设置相对独立办案的主任检察官职位。虽然"主任检察官"这一称谓本身带有比较浓厚的行政色彩，在某种程度上有违检察官的司法性质或者过分凸显了检察一体，但是，在当前历史条件下，这个称谓有其积极意义，即使这些具备独立办案能力的检察官获得特别的授权并享受特别的政治待遇，便于检察官办案责任制的推行。因此，大陆选择"主任检察官"这个称谓是经过理性思考之后做出的选择，而不是简单地模仿台湾地区的制度设计。

从长远目标或者理论设想来说，大陆的主任检察官只是一种过渡性的称谓。它是从以人民检察院为办案组织过渡到以检察官为办案组织的一种组织形式和特定称谓，其制度内涵和组织模式，类似于台湾地区的检察官，是办案组织的负责人，而台湾地区的主任检察官则类似于大陆的检察机关内设业务机构的负责人。所不同的是，台湾地区的主任检察官仍然以亲自办案为主职，兼有指导和监督其他检察官的职责。现在，大陆的主任检察官在法律上仍然没有独立地位（比不上台湾地区的检察官），只是经检察长授权而享有一定的办案决定权。将来，国家立法可能确认"主任检察官"这个称谓，直接赋予这些主任检察官以相对独立行使检察权的资格和法律地位；也可能与国际接轨，提高检察官的选任标准和程序，以"检察官"替代"主任检察官"，赋予检察官以相对独立行使检察权的主体地位，将人民检察院内设业务部门的负责人改称为"主任检察官"。

（二）检察官办案责任制与权责利相统一原则

有人说，2014 年实行的检察官办案责任制改革试点不如 2000 年最高人民检察院推行的主诉检察官办案责任制的改革，[①] 因为那时的改革考虑并落实了权责利相统一原则，这一次只考虑到了权与责的统一，对"利"没有充分考虑，所以这次改革比上一次更容易失败。为此，有改革试点的检察院向当地党政部门争取主任检察官津贴，甚至要求最高人民检察院向中央要政策。笔者认为，这些主张和要求与现行财政制度和工资制度相冲突，即使勉强获得支持，也是数量有限，难以持续，因而不是长久之计，也不是治本之策。

任何改革只有在让一部分人获益而不致另一部分人受损的情况下，才会阻力最小，才能顺利进行。这就是所谓的"增量改革"策略。大家知道，1985 年 10 月 23 日，邓小平同志在会见美国时代公司组织的美国高级企业代表团时，第一次提出了让一部分人先富起来的主张。他说："一部分地

---

① 2000 年最高人民检察院《关于在审查起诉部门全面推行主诉检察官办案责任制的工作方案》。

区、一部分人可以先富起来，带动和帮助其他地区、其他的人，逐步达到共同富裕。"① 这个改革策略是突破现有体制机制障碍的有效方式，其要害就在于打破原来权、责、利相分离的大锅饭体制机制，鼓励能者先上，多劳多得。这是过去三十多年改革开放成功的法宝，策划检察改革当然要传承和用好这个法宝。问题主要在于我们如何看待和设置检察官办案责任制改革中的"利"。

检察官办案责任制改革应当如何考虑权责与利的结合呢？首先，经过三十多年的立法发展和制度建设，我国的法律制度基本健全，包括工资的国库支付制度在内的财政制度已经成为刚性约束，检察院可以自主决定工资和福利的时代一去不复返了。其次，检察官办案责任制所要设置的"利"不是涨一点工资或者增一点福利的事，而是检察官职业保障机制建设问题。明确检察官相对独立地行使检察权并承担相应的责任，就必须建立与之相适应的职业保障体系，使检察官足以过上有尊严的生活，足以抵制各种诱惑和干扰。因此，这种职业保障之一是建立单独的工资系列，使其工资远远高于普通公务员的工资（在台湾地区大约高一倍），或者相当于执业律师的中等偏上的收入。这不是某个检察院或者某个区域的检察院的事，而是全国各级检察院的事，而且职业保障也不仅仅局限于工资制度，还有许多与职务相关的非经济待遇的保障。最后，检察长向当地党委争取一点经费或者几个职数的做法不值得提倡，因为这些传统的做法与新一轮司法改革的核心理念存在冲突。新一轮司法改革的核心理念就是保障司法机关依法独立公正地行使职权，通过人财物的省级统管从外部去地方化，通过办案责任制建设从内部去行政化。我们不能为了内部去行政化而去争取外部的地方化，这是自相矛盾的。

有人说，现在检察官职业保障体系还没有建立起来，先搞检察官办案责任制是不合时宜的。这个观点是有道理的，但是现在搞的是检察官办案责任制试点，是探索检察权的新的运行方式，我们只有完全搞清楚了新型的检察权运行方式，才能在全国推行，才能推进检察官职业保障机制的建设。相比而言，检察权运行方式是本，是核心，检察官职业保障是辅，是从属性的。只有新型的检察权运行方式可以证明检察官需要特殊的职业保障，我们也必须根据新型的检察权运行方式的内在要求来设计检察官职业保障机制。譬如，检察机关的人员分类管理改革把检察人员分为检察官、检察辅助人员和检察行政人员这三类，但是各类人员应当占多大的比例？现有人员如何归

---

① 《邓小平文选》（第3卷），人民出版社1993年版，第149页。

类？现有人员如何配置？回答和解决这些问题都不能凭主观想像，必须有实证依据。这个实证依据从哪里来？只有靠检察官办案责任制改革试点。如果没有充分试验和深入研究检察官办案责任制，就在一些地方搞人员分类管理和经费保障机制改革，难免出现争议。如果设置不科学，不仅难有进展，而且走不远。原则上，职业保障机制改革与检察权运行机制改革应当基本同步，但是，检察权运行机制改革稍微先行一步，更有利于检察官职业保障机制改革的推进。

（三）照搬照套台湾地区主任检察官制度是方向性错误

有的人认为最高人民检察院的改革方案学习台湾地区的主任检察官制度不到位，主张在检察院直接套用台湾地区的主任检察官制度，或者保留内设机构，增设主任检察官作为一个管理层级来审批案件，或者废除内设机构，设立主任检察官以代之。这种照搬照套的做法是不科学的，也不符合大陆司法改革的大方向。我们可以向台湾地区学习，正如韩愈在《师说》中所言："道之所存，师之所存也。"而且不仅要向台湾地区学习，向香港特区和澳门特区学习，还要向其他国家学习。一切先进的、文明的、科学的检察制度和检察文化都值得我们学习和借鉴，问题不在于该不该学，而在于怎样学。学习和借鉴必须联系实际，不能简单地模仿或者照搬照套。

如前文所述，大陆推行检察官办案责任制，设置主任检察官的背景、条件、目标、定位都与台湾地区不同。大陆是在有了内设业务部门后设置主任检察官，是要淡化内设机构的管理职能，取消其审批职能，加强检察官的权力和责任，因而主任检察官是办案组织的负责人，是一线的办案机构；而台湾地区设置主任检察官是要建立检察长与检察官之间的管理层级，强化对检察官的指导和管理，因而其主任检察官是二线的管理机构。如果我们不顾现实条件，照搬照套台湾地区的主任检察官制度，在内设业务部门之下再设一个管理层级，那是在管理上和机构设置上叠床架屋，增设了检察权运行的审批环节，加剧了检察机关内部管理的行政化；如果废除原来的若干内设机构，改换成主任检察官审批案件，那也只是增加几个内设机构而已，对原来行政化的业务管理机制没有实质性的改革。这两种情况都不符合新一轮司法改革的大方向，即增强司法的独立性、亲历性和责任性。

当然，有些检察院试图一步到位，直接套用台湾地区检察署的设置来改造检察院内部的业务运行和管理机构。如果结合新的员额制来设置检察官和主任检察官，并赋予检察官以相对独立的办案主体地位和权力，固然是比较理想的，也是符合检察权运行规律的。但是，当前我国检察机关的内部情况和外部环境（主要是政治和法律环境）提供的条件和可能性是十分有限的。首先，副检察长和部门负责人（包括正职和副职）是否可以都改造成台湾地区的那种主任检察官，即既当一线检察官，亲自办案，又当主任检察官，发挥指导、监督和管理的职能？实际上，阻力很大。这些领导干部已经习惯了过去的审批式办案，不愿意亲临一线办案受苦了。其次，具有独立办案能力且品行良好的检察官的数量是否足够？实际上，大部分具有独立办案能力且品行良好的检察官已经晋升为部门负责人和副检察长了，这部分人不到一线当检察官，一线检察官的数量就会严重不足。从情理上讲，副检察长和部门负责人就像医院的专家和主任医师一样，都应当是亲自办案的检察官。问题是现在能做到吗？

当然，我们反对照搬照套台湾地区的主任检察官制度，并不意味着我们做出了谁好谁坏的价值判断。这里既没有谁是正统、谁不是正统的问题，也不存在谁是谁非、谁优谁劣的问题。大陆的主任检察官与台湾地区的主任检察官都是各自在特定历史条件下的理性选择，都有其现实合理性和历史必然性，问题在于一些人把它们搞错位了，或者像学者所说的，"误读、误解"了台湾地区或者大陆的主任检察官制度。

二、检察官办案责任制改革的合法性和可持续性

检察官办案责任制改革是否合法、是否具有可持续性是两个事关改革成败的重大问题。我们只有正视并深入研究，才能真正解决问题。

（一）检察官办案责任制的合法性问题

在中国特色社会主义法律体系基本建立的历史条件下，有重大意义的改革难免要突破现行法律，但是法治原则要求任何改革必须具有合法性。检察官办案责任制改革到底是否具有合法性呢？在"第十届国家高级检察官论坛"上，有一位权威的宪法学家认为宪法第131条关于人民检察院依法独立行使职权的规定可以解释为包含着检察官独立行使职权的意思。虽然检察官是人民检察院的组成部分，而且按照国外的立法例和学理，检察官就是检察机关，但是我国宪法确认的行使检察权的主体是人民检察院而不是检察官，检察官的主体地位仍然有待法律予以明确。尽管如此，但这种学理解释及其对检察改革的善意和支持值得珍惜，也为未来宪法有关条款的修改完善提供了契机，铺平了道路。

检察官办案责任制改革的法律障碍除了宪法，还有人民检察院组织法、刑事诉讼法、行政诉讼法、民事诉讼法。这些法律都规定行使检察权的主体是人民检察院。显然，这种情况反映了一种司法理念，与司法体制具有内在联系，而不是个别概念的界定等技术性问题。这一方面说明通过简单的学理解释不能解决问题，必须进行观念更新和体制改革；另一方面说明这项改革意义重大，

具有全面深化司法改革的作用。我们所要做的，是在法律未作修改的情况下，化解检察官办案责任制改革与现行法律的冲突。

　　按照人民检察院组织法的规定，人民检察院是行使检察权的主体，是办案组织、办案单位，也是办案主体，检察长、副检察长、业务部门负责人、检察员、助理检察员都是依照人民检察院内部分工来具体行使检察权能的人员，其中只有检察长是人民检察院的唯一法定代表，依法可以独立行使检察权。然而，检察权运行的基本模式是："由检察人员承办，办案部门负责人审核，检察长或者检察委员会决定。"① 实际上，由检察长或者检察委员会直接决定的案件是比较少的，大部分案件是由分管副检察长决定的。法律和规章制度并没有赋予副检察长这样大的权力，他们的权力是从哪里来的呢？合理的解释是检察长委托或者授权。既然检察长可以委托或者授权副检察长行使大部分案件的决定权，那么检察长也可以委托或者授权主任检察官行使部分案件的决定权。这样，检察长就可以把原来授予副检察长的办案决定权转授给主任检察官。办案部门负责人"审核"的职能还可以保留，但不必经他提请副检察长决定了；原来的副检察长不审批案件了，但还可以保留审查、指导和监督的权力。同时，这些副检察长、办案部门负责人都要转变为主任检察官，直接负责办理具体案件，而不仅仅只负责审核、指导和监督。这不仅化解了检察官办案责任制改革与法律的冲突，而且取消了两级审批程序，解放了一批办案能力强的副检察长、业务部门负责人，显著地充实了一线办案力量。

　　在法理学上，这样的改革属于在法律空白处创制，只是改变了原来由习惯或者规章制度确定的工作机制，因而并不违法。在当代中国，这种不违反现行法律又能大幅度改善体制机制的做法是推行改革的最佳路径。当然，我们也要清醒地认识到检察官办案责任制改革的局限性：它只是为人民检察院内的办案组织建设和检察官办案主体地位的确立开辟了一条道路，并没有改变以人民检察院为办案主体和办案组织的基本格局，也没有为检察官或者主任检察官确立办案主体的法律地位。一方面，这种改革毕竟缺乏直接的法律依据，不在法制轨道上运行，因而非长久之计；另一方面，这种改革只是为立法探索道路、积累经验，其目的是促进立法完善。因此，我们希望通过这项改革为人民检察院组织法修改完善提供实践基础和思想素材，从法律上确立检察官的主体地位，明确办案组织是检察官实现其办案权力的组织形式和途径。

---

① 2010 年版和 2013 年版的《检察机关执法工作基本规范》都在第 1.9 条作了同样的规定。

（二）检察官办案责任制的可持续性问题

有人说，十几年前全国轰轰烈烈地推行主诉检察官办案责任制，后来大部分地方不了了之，慢慢地回复到原来的办案模式，现在推行的检察官办案责任制也会有同样的命运即重蹈覆辙。这是一个很好的警示，但是它的表述或者概括是不全面的。客观的情况是，大部分地方的主诉检察官办案责任制失效，小部分地方的主诉检察官办案责任制得到了强化。的确，我们应当深入研究主诉检察官办案责任制改革的经验和教训，透彻分析这种两极分化现象的产生原因，努力避免类似的失败。

为什么大多数地方检察院未能坚持实行主诉检察官办案责任制呢？通常有两种解释，一种解释（多为检察院领导的说法）是，主诉检察官津贴等待遇因工资制度改革被取消了，主诉检察官没有积极性；另一种解释（多为主诉检察官的观点）是，本来办案决定权下放的就不多，在体制环境没有变革的条件下，主诉检察官的权力很容易被部门负责人和副检察长收回。其实，这两种解释都没有抓住要害。表面原因是，部门负责人和副检察长对主诉检察官办案不放心，要求通过审批来加强管理，以保证办案质量；实质原因是，权力配置的调整减少了部门负责人和副检察长的权力，甚至使其有被架空的感觉，损害了他们的权威性和在当地的影响力，自然心有不甘。部门负责人和副检察长在检察院内是比较有发言权和影响力的，而大多数主诉检察官所奋斗追求的正是部门负责人和副检察长甚至检察长的职位，他们怎敢与其对抗和争权？这样一来，主诉检察官的办案权收回去比下放还要容易得多。

为什么有少数地方的主诉检察官办案责任制不但没有被废弃反而得到了进一步发展呢？笔者调研了几个保留并发展了主诉检察官办案责任制的检察院，发现它们有一个共同特点，那就是这些检察院的案件数量特别多，基本上在3000件以上。一来案多人少，人手紧张，必须简化审批程序，提高办案效率；二来案件数量庞大，副检察长审批不过来，难以负责，只能下放权力，以减轻责任。其实，当初实行主诉检察官办案责任制的主要目的就是提高办案效率，虽也有对办案责任明晰化的要求，但是并不强烈。因此，办案压力不大的检察院就没有必要坚持主诉检察官办案责任制了。现在，我们经常听到一些检察长抱怨案多人少，实际上往往不是检察院的人数少，而是办案岗位上的人少，具有独立办案能力的人更少。与外国相比，我国检察官的人均办案数量是很低的。① 在办案压力和案件总量都不大的情况下，检察院当然没有实行主诉检察官办案责任制的积极性，自然就很难坚持下来。

虽然大多数检察院的办案压力和案件总量都不大的情况没有改变，权力调整可能损害副检察长和部门负责人利益的条件和社会环境仍然存在，但是大环境和形势正在发生重大变化。一是新一轮司法改革强力推进去行政化和去地方化，明晰和强化办案责任，需要进一步提升检察工作的法治化水平。二是推行检察人员分类管理，建立和加强检察官职业保障。这两个方面的变化意味着我国检察权的运行机制和保障机制都要发生显著的甚至根本的变革，必须按照检察工作特点和规律来管理和保障检察工作，以往那种"层层审批难以杜绝层层舞弊，集体决策难以避免无人负责"的办案模式将难以为继。在这个意义上，实行检察官办案责任制是大势所趋，也是小势所逼。尽管在实行检察官办案责任制的过程中，我们还会遇到这样或者那样的阻力和障碍，但是历史的洪流不是少数人所能阻挡的。因此，我们有理由对检察官办案责任制改革的前途充满信心。

三、主任检察官与检察委员会办案决定权的划分

主任检察官作为办案组织的负责人应当具有一定的办案决定权，但是在检察一体原则下，特别是在当前我国的检察体制中，检察长或者检察委员会应当保留哪些案件和哪些环节的办案决定权而不交给主任检察官来行使呢？或者说，主任检察官与检察长和检察委员会的办案决定权应如何划分？这是一个认识有分歧的问题。一方面，我们担心一些主任检察官不敢负责任，把过多的案件提请检察长或者检委会来决定，使检察长和检察委员会不堪重负；另一方面，我们也担心主任检察官对应提交给检察长或者检察委员会决

---

① 简单地比较，中国检察官约16万人（检察人员23万人），每年提起公诉130万人左右（参见《最高人民检察院工作报告》），人均约8件；2001年，德国约有检察官5300人（不包括辅助人员），提起公诉的案件有54万件，人均办案约102件，相当于中国检察官人均办案量的12.75倍。参见王禄生：《德国检察官惊人办案数背后的五大真相》，载 http://www.21ccom.net/articles/qqsw/qyyj/article_2012122973988.html，访问时间：2014年9月30日。如果按照办案总量来比较，德国检察官每年办理案件650万件左右，人均1226件左右；中国检察官办案（包括职务犯罪侦查、公诉、批捕、诉讼监督等）250万件左右，人均15.6件，不到德国的1.3%。当然德国检察官处理的案件中有大量的轻罪或者非罪案件，而且辅助人员没有计入检察官人数之内。中国有检察官16万人，实际具有办案能力和在办案岗位上的检察官人数不到10万人。可见，中国的人口不到德国（8200万人）的15倍，检察官人数却是德国的30倍。即便按照人口比例来配备检察官，中国也比德国多一倍多。这意味着我国需要精简检察人员，提高人员素质和办案效率，同时大幅度提高检察官待遇。

定的案子不提交，自己擅作决定，导致执法办案的法律效果、社会效果和政治效果不好，甚至造成恶劣的影响。因此，两者办案决定权如何划分非常重要。

（一）司法的亲历性原则与民主集中制原则

主任检察官的办案意见和办案决定权应当得到充分尊重，这是司法亲历性原则的要求。在最高人民检察院的改革方案中，主任检察官是亲自办案的人员而不是以往的审查案件的部门负责人。虽然有若干检察人员在主任检察官领导下办案，但这些人员都是主任检察官的辅助人员，没有办案决定权。"司法是一种讲求亲历性的活动，对当事人言词的判断、对证人所作证词可信性的判断，都离不开判断者对于被判断者的近距离观察。"[①] 司法的亲历性要求主要体现在两个方面：一是直接、言词和集中原则，即当事人直接参与并用口头方式表达，办案者连续不断地审理和裁决。只有在司法人员主持下，有诉讼参与人的直接、不间断的意见交流，裁决结果才是令人信服的。二是审理者与裁判者主体同一原则，即由亲自审理者直接裁判。案件裁决过程是一个全面了解冲突事实、充分听取当事人双方意见的过程，裁决者亲自感受各方举证和辩论的情势，对于裁决者形成对事实认定和法律适用的内心确信和保持中立地位都是极为重要的。亲历性也是确立检察官独立地位的主要理论依据。

在我国大陆，检察官的独立性还没有得到法律的确认。我们通常讲检察独立与检察一体的关系，其中的检察独立主要是指人民检察院的独立，不包括检察官的独立。从世界大多数国家的检察制度和检察理论来看，检察官应当具有独立的法律地位，是行使检察权的主体。尽管如此，检察官的独立性也不是绝对的，它应当受到检察一体原则的制约。这种制约主要有两种：一种是上级的领导和监督，包括上级检察机关和本院检察长、副检察长、部门负责人的监督和指导，他们的意见都具有一定影响力，检察官必须慎重考虑；另一种是上级检察机关的决定、本院检察长或者检察委员会的决定，这些决定都具有否定检察官办案决定权的效力。实现检察一体的途径主要是提出书面意见和职务移转，检察官接受意见的，可以继续办理此案，不接受意见的，上级检察机关或者检察长可以指派其他检察官或者亲自接替该检察官。不论是提出书面意见还是职务移转，都有一个同样的结果，那就是责任转移，即谁决定，谁负责。

在我国大陆的司法体制中，检察委员会是民主集中制原则在检察组织中的体现，也是集体领导的组织形式，是重大案件和重大问题的决策机构。检察委

[①]　贺卫方：《司法的理念和制度》，中国政法大学出版社 1998 年版，第 122 页。

员会实行民主集中制，少数服从多数，检察长可以不同意多数人的意见，但是要推翻多数人的意见必须提请同级人大常委会或者上级人民检察院决定。从现行法律和制度上说，主任检察官对检察委员会的决定只有服从的义务，没有对抗检察委员会的权力和程序，除非他赢得了检察长的支持，通过检察长来对抗检察委员会。当然，主任检察官还有一个非正规的手段，那就是不将案件提请检察委员会决定，但是如果检察长要求提请检察委员会决定，主任检察官就必须服从。

（二）个人决策与组织决策的优劣和互补

从体制上解决哪些案件在什么情况下必须提交检察委员会决定，这是近年来检察机关一直在研究和探索的问题，并初步建立起了规章制度。实行检察官办案责任制后，办案的流程发生了重大变化，主任检察官不再是层层审批的办案机制的一个环节了，大部分案件由他决定，也由他负责，他就是办案组织的负责人，就是行使检察权的主体。这实质上就是由原来的集体办案转型为个人办案（虽然仍然以办案组织的形式实现办案过程）。原来办案是经过部门负责人审查后，副检察长或者检察长决定，副检察长和检察长不能决定的案件再提请检察委员会决定，现在是主任检察官不能或者不宜决定的案件才提请检察委员会决定，问题就简化为个人（主任检察官）决策与集体（检察委员会）决策的合理分工了。

从科学决策机制上看，组织行为学和组织社会学都从理论上回答了个人决策与集体决策的优劣和范围划分。一般来说，凡是面临多项选择需要做出最优选择即多选一的决策都比较适合于组织或者集体决策；凡是需要经过逻辑推理特别是逻辑链条比较长的推理来做出的决策则比较适合于个人决策。个人决策的优势是逻辑严密、前后连贯，容易发现独特的处理方式，其劣势是容易产生片面性、受到外部干扰；集体决策的优势是激发多人智慧、穷尽可能的解决方案，做出比较理性的选择，其劣势是容易产生话语霸权、信息交流不充分。①

---

① "桑代克的一项试验指出，集体在解答填词游戏时占优势，而个体在制作填词游戏上占优势，这两个任务都很复杂，这两者之间的重要区别是什么呢？在解答字谜时，只存在一个正确答案，向解答迈出的每一步要么对要么错。……但是在制作填词游戏时，正确的答案并不是唯一的。而问题的解答并不是要找到一个正确的词语，而是要将前后的步骤协调起来。……个体带入到集体中的不同参考模式，对于从若干备选中找寻正确的解答方案是有帮助的，但却不利于将不同的观点协调成一个一致的整体。……在一个完成同一任务的集体中，社会交流提供了一个各种观点的战场，这个战场激发思考，尤其便利了误导的发现，但同时也妨碍了协调。因此，集体的绩效是优于还是次于个体的表现，要依赖于根本的任务要求是找出一个问题的最佳解决方案还是实现有效的协调。"参见［美］彼得·M.布劳、W.理查德·斯科特：《正规组织——一种比较方法》，夏明忠译，东方出版社2006年版，第136～137页。

比较个人决策与集体决策的优劣，我们发现，检察业务中大多数决策属于单方决定和逻辑推理，而且作为控方和监督者的决策大多都不具有鲜明的司法属性，比较适合于主任检察官个人决策；只有少数决策，譬如逮捕与否、疑难案件的起诉与否或者抗诉与否的决定，属于多项选择的决策，具有司法裁决的性质，通过合议和集体讨论有助于作出合理的判断，适合于检察委员会决策。把这个原理用到主任检察官与检察委员会决策的分工上来，我们就可以提炼出一项简单的划分标准：凡是疑难案件，即有不同认识或者有争议的案件，对证据采信、事实认定或者法律适用有不同意见、面临多种选择的案件或者案件处理环节，都应当提交检察委员会集体研究决定。其他的案件，不管涉案金额或者涉案人员数量多大，只要没有认识分歧，没有多种选择，就不必提交检察委员会来决定。

（三）检察委员会的管理职能要加强而办案职能要淡化

检察委员会作为人民检察院内设的集体决策的领导机构，享有很高的权威，在保障决策的理性和排除内外干扰等方面发挥了重要作用，是检察权正确行使的一个重要的决策机制和保障机制。然而，我们也应当清醒地认识到，检察委员会决策的合理性是有前提条件的。第一个前提是交流充分。所谓交流充分，就是在这个决策集体中，没有人具有凌驾于其他人之上的权威，没有人实际享有话语霸权，所有参与集体决策的成员都能充分地表达自己的意见，进行平等的交流，使所有的判断得到全面的检验，使正确的、明智的判断凸显出来。第二个前提是信息全面而真实。集体决策是否具有合理性和优越性取决于提供给集体决策的相关信息是否全面、真实。如果案件承办人和主任检察官向检察委员会提交的案件信息是不真实的，或者汇报信息是选择性的、片面的，那么检察委员会作出的决策就难以保证其合理性，甚至产生错误决策。实际上，这两个前提条件通常难以同时具备。

我们应当尊重并善于运用检察委员会决策机制，但是不能迷信检察委员会，迷信集体决策，更不能滥用检察委员会这一集体决策机制，借以规避法律责任。从长远的发展趋势看，随着检察改革的深化、检察官办案责任制的完善和检察官素质的提高以及职业保障机制的健全，主任检察官或者检察官的办案能力和排除干扰的能力越来越强，检察委员会在办案决策机制中的地位和作用将会逐步淡化，即使要保留对疑难案件的讨论和决定权，也应当把大部分案件的决策意见定位于决策咨询性质，即给主任检察官或者检察官提供咨询意见。这既是防止主任检察官或者检察官推卸责任的需要，也是避免违反亲历性原则，出现办案者无决定权、有决定权者不办案等现象的需要。同时，检察委员会在检察政策的制定和执行方面以及对检察人员的业绩考评、选拔任用、纪律处分等方面的作用应当进一步加强，使检察委员会从办案决定机构转变为检察工作的管理机构，可能更能发挥检察委员会的作用，更加符合检察工作的特点和规律。当然，这只是关于检察委员会未来定位的一种设想或者理论假说，不符合现行法律和体制，因而不能作为检察工作的理论依据。

主任检察官制度改革质评 *

万　毅

　　"主任检察官制度改革"，是我国当前检察改革的热词之一。自 2013 年 12 月最高人民检察院发布《检察官办案责任制改革试点方案》以来，主任检察官制度改革试点工作已经正式在全国范围内推开。据媒体报道，目前有 7 个省份 17 个检察院参与了此次改革试点工作。① 可以说，这是我国目前工程量最大、涉及人员最多、对我国检察制度发展影响最深的一项检察制度改革，必须谨慎规划和实施。

　　我国的主任检察官制度改革，发轫于北京、上海等地，借鉴自日本、韩国以及我国台湾地区的主任检察官制度。启动这一改革的预期目标，是希望通过办案组织模式的重构，突出主任检察官的办案主体地位，弱化检察机关内部的行政化层级审批体制。② 与之前试行的主诉（办）检察官制度相比，主任检察官制度的最大"特点"，也是本轮改革的最大"亮点"，在于厘清了主任检察官与科、处、局等内设机构的关系，并理顺了主任检察官与主管副检察长、检察长、检委会的关系。按照目前的改革试点方案，主任检察官及其所属检察官、检察官助理，将被"打造"为一个相对独立的办案组织，业务上不再受内设机构科、处、局长的领导；经检察长授权，主任检察官将享有一般案件的定案权，疑难、重大（包括上级交办、督办及专案等）、复杂的案件，则由主管副检察长、检察长、检委会行使定案权，主任检察官享有建议权。③

　　较之过去的行政化层级审批制，应当说，主任检察官制度作为一种办案模式的优势是比较明显的：一是在一定程度上确保了主任检察官的办案独立性；

---

　　* 原文载《甘肃社会科学》2014 年第 4 期。

　　① 徐盈雁、许一航：《最高检在 7 个省份 17 个检察院试点检察官办案责任制》，载《检察日报》2013 年 12 月 27 日。

　　② 陈菲：《最高检：检察机关将试点开展检察官办案责任制改革》，载新华网，http://news. xinhuanet. com/2013 - 12/26/c_ 118726947. htm，访问时间：2013 年 12 月 26 日。

　　③ 潘祖全：《主任检察官制度的实践探索》，载《人民检察》2013 年第 10 期。

二是有利于提高办案效率。正因为如此，自主任检察官制度改革问世以来，理论界和实务界一片"叫好"之声，鲜有人提出质疑。但是，若认真审读和检视当前各地检察机关推行的主任检察官制度改革试点方案，便不难发现，这些试点方案在主任检察官的定位、地位、权限等基本问题的设计上，均程度不同地存在着背离检察制度原理之处。照此方案所进行的改革，不仅难以实现改革者的预期目的，还可能滋生新的问题并妨碍我国检察制度的长远发展。有鉴于此，笔者特地撰写本文试图厘清主任检察官制度改革中涉及的若干基本理论问题，以期通过理论层面的研讨和辩论，校正改革中的一些错误认识和错误作法，推动改革中的主任检察官制度进一步发展、完善。

一、改革的逻辑起点有误：主任检察官办案组并非一级办案组织

从我国主任检察官制度改革的历程来看，主任检察官制度一开始就是被作为检察机关内部的办案组织建设来推动的，原因是改革的推动者们认为我国检察体制过度行政化，以至于缺乏司法化的办案组织。例如，积极推动主任检察官制度改革的上海市人民检察院陈旭检察长就曾经在接受媒体采访时明确指出："办案组织是司法机关最基本的'组织单元'。但在目前，除了检察委员会作为最高业务决策机构的办案组织性质较为明确外，各级检察机关的基本办案组织尚无法律明确规定。实践中，检察机关的基本办案组织是由科、处、局等内设机构来替代的，具有明显的行政化特点，不利于司法运作的公开透明和司法公信力的确立。"① 基于此，他提出建立主任检察官制度并将之作为检察机关内部的基本办案组织。此后，这一制度定位获得了理论界和实务界的普遍认可。最高人民检察院 2013 年 12 月发布的《检察官办案责任制改革试点方案》中也明确提出，主任检察官制度改革的主要目标和内容之一是建立办案组织，整合内设机构，探索设立相应的主任检察官办公室。② 从目前各地检察机关的试点方案来看，虽然采用的名称不一，如有的称"主任检察官组"，有的则称"主任检察官办公室"，但无一例外在组织结构上都是由一名主任检察官牵头，整合部分检察官和检察官助理，从而形成一个相对固定、独立的办案

---

① 《利于专业化分工：陈旭代表建议设立主任检察官制度》，载 http：//www. legaldaily. com. cn/rdlf/content/2013 - 03/15/content_ 4276892. htm。

② 陈菲：《最高检：检察机关将试点开展检察官办案责任制改革》，载新华网，http：//news. xinhuanet. com/2013 - 12/26/c_ 118726947. htm. 访问时间：2013 年 12 月 26 日。

组①，而主任检察官则被定位为该办案组的负责人及办案第一责任人。

但问题在于，办案组是否就等于办案组织？这一改革方案将"主任检察官组"或"主任检察官办公室"定位为检察机关的一级办案组织，是否符合检察法理？

笔者认为，第一，从法理上讲，所谓办案组织，就是具体行使办案权的主体。对于法院而言，就是具体行使审判权的主体，根据刑事诉讼法和人民法院组织法的有关规定，我国的刑事审判组织包括合议庭、独任庭审判员和审判委员会三种②；对于检察机关而言，办案组织就是具体行使检察权的主体，但法律除明确规定检委会为最高业务决策机构外，确实未规定检察机关的基本办案组织形式，但法律上未予规定并不等于实践中即没有。由于检察机关本身奉行检察一体原则，因而，检察机关办案不宜也不能采用合议制，只能采用独任制，亦因此，独任制检察官就是检察机关的基本办案组织，在我国检察实务中长期以来实行的承办人制度，实际上就是独任制检察官运作的具体形式。③ 基于此，笔者认为，检察机关实际上是有基本办案组织的，这就是独任制检察官（承办人）。

至于所谓"实践中由科、处、局等内设机构替代了基本办案组织"的说法，笔者认为值得商榷，因为，如前所述，办案组织是具体行使检察权的主体，也是人民法院或人民检察院与其他专门机关、当事人和诉讼参与人发生诉讼权利义务关系的具体代表。④ 作为法律关系主体，办案组织的典型特征是能够以自己的名义对外作出法律处分。在我国检察实务中实行的承办人制度下，案件的处理包括立案、侦查、（不）起诉等法律处分，无论是否经过上级审查批准，最终都是以承办人的名义作出的（以承办人名义出具的相关法律文书），因而，至少在形式上，承办人才是适格的办案组织。虽然实践中内设机构的领导如科、处、局长等事实上行使着案件的审批权（定案权），但却没有任何一个案件的法律处分是以科、处、局的名义作出的，因此，科、处、局并

---

① 目前有两种主任检察官办案组织模式——"大组制"和"小组制"：大组制由 1 名主任检察官和若干名检察官、书记员共 6—7 人组成；小组制由 1 名主任检察官、1 名检察官和 1—2 名书记员共 3—4 人组成。参见潘祖全：《主任检察官制度值得进一步探索》，载《检察日报》2013 年 6 月 28 日。

② 一般均认为审委会也是审判组织之一。但笔者认为，审委会实际上仅行使定案权，而未行使办案权，且审委会讨论决定案件后，仍然是以合议庭或独任庭的名义对外作出判决，因此，审委会究竟是否属于审判组织形式之一，尚需要进一步推敲。检委会同此理。

③ 即便是职务犯罪侦查部门，在办案组织形式上实践中采行的也是承办人制度。参见刘超：《回顾及展望我国检察机关职务犯罪侦查权》，载 http://www.jcrb.com/procuratorate/theories/practice/201202/t20120217_806964.html。

④ 樊崇义：《刑事诉讼法学》，法律出版社 2013 年版，第 109 页。

不能视为检察机关的一级办案组织。这就如同法院内设的刑事审判庭、民事审判庭等各种业务庭，虽然在我国审判实务中，庭长、副庭长往往也在行使案件审批权，但我们绝不会认为，上述业务庭是法院的一级办案组织，这是因为，至少在名义上，具体行使审判权并独立作出判决的，仍然是合议庭和独任庭，而非业务庭，因而，合议庭和独任庭才是审判组织，而各种业务庭只是法院的内设机构。

在主任检察官制度下，虽然在主任检察官办案组内部，主任检察官行使一定的案件审批权，案件处理决定须经主任检察官签字确认，但该处理决定最终仍然是以承办人的名义对外作出的①，因此，办案组织仍然是承办人（独任制检察官），而非主任检察官，亦因此，主任检察官办案组并不能构成一级办案组织，将主任检察官办案组定位为检察机关内部的一级办案组织，显然与上述司法原理不符。

第二，将主任检察官定位为一级办案组织，缺乏比较法上的依据。积极推动主任检察官制度改革的陈旭检察长曾经在不止一个场合提及该项改革借鉴自日本、韩国以及我国台湾地区的主任检察官制度。但是，根据笔者的研究，目前试点方案中将主任检察官办案组定位为一级办案组织的作法，与日本、韩国及我国台湾地区的主任检察官制度大相径庭。主任检察官制度，在日本、韩国以及我国台湾地区，并不是作为一级办案组织来设定的，而是检察机关的一种内设机构，类似于法院内设的各业务庭。以我国台湾地区的作法为例，台湾地区"法院组织法"第 59 条规定："各级法院及分院检察署检察官，最高法院检察署以一人为检察总长，其他法院及分院检察署各以一人为检察长，分别综理各该行政事务，各级法院及分院检察署检察官员额在六人以上者，得分组办事，每组以一人为主任检察官，监督各组事务。"据此，台湾地区的法院内设有业务"庭"，而检察机关则内设有办案"组"②，两者在性质、地位和功能

---

① 实践中有两种模式：第一种是主任检察官审批决定制，对一般的（低风险）案件由主任检察官办理并决定，或者由具有检察官资格的承办人员办理，并出具审查意见，由主任检察官审批。如果主任检察官不同意承办检察官的意见，可以更改决定，但是需要书面说明理由并签字。第二种是对疑难复杂（高风险）案件由主任检察官亲自办理，办案组其他成员完成辅助工作，主任检察官提出审查意见后直接提交分管副检察长审批决定，对依照刑事诉讼法等法律制度规定需提请本院检察委员会讨论的，由分管副检察长提出提交院检察委员会讨论决定。参见潘祖全：《主任检察官制度的实践探索》，载《人民检察》2013 年第 10 期。对于主任检察官亲自办理案件的情形，此时的主任检察官实际上就是承办人，因此，仍然是一种承办人制，即独任制检察官。

② 在台湾司法实务中，检察机关内部一般根据业务类型而分设三类"组"：（1）侦查组；（2）公诉组；（3）执行组。其中，业务量较大的侦查组，又分设若干组，如侦查甲组、侦查乙组等。因此，"组"系台湾检察机关的内设机构，地位相当于法院的"庭"。

上均极为接近，都是作为司法机关内设的一级办事（行政事务）机构而非办案组织，主任检察官在该机构中的角色，相当于法院业务庭的庭长。只不过，由于台湾地区法院强调"独立审判"，"庭长"一职几乎没有领导、统御功能，而检察官办案则强调主动侦查及协同办案，因而需要主任检察官扮演指导统御之角色。① 由此可见，在台湾地区的检察体制中，主任检察官办案组并不是作为一级办案组织来设计和定位的，其办案主体仍然是检察官，办案组织形式是独任制，所谓"组"其实是其内设机构，主任检察官则是该机构之行政负责人。

其实，不独我国台湾地区的检察制度如是，日本、韩国等采大陆法系检察制度的国家，在检察机关的办案组织形式上都强调独任制。例如，日本法务省刑事局所编的具有权威性的《日本检察讲义》称："检察官是独任制机关，本身具有独立的性质。这对保障检察权的行使及绝对公正，不受其他势力操纵，以及检察官的职位行为必须直接产生确定的效力，都是必不可少的。检察官的这种准司法性质，从职务的内容看是理所当然的。""检察官在检察事务方面，是具有自己决定和表示国家意志的独立机关，而不是唯上司之命的行使检察权。检察官之所以被称为独任制机关的原因就在于此。"② 而在韩国，根据法律之规定，韩国检察机关实行的是检察官独任制原则，也就是说检察官对于自己负责的案子独立侦查、独立判断并作出决定，也要自行承担责任。③ 由此可见，我国的主任检察官制度改革，将主任检察官办案组定位为一级办案组织的方案和思路，从根本上讲是对日本、韩国以及我国台湾地区主任检察官制度的一种误读、误解。

综上所述，笔者认为，我国检察实务中其实并不缺乏基本办案组织，长期以来实行的承办人制度，即检察官独任制，就是我国的基本办案组织，也符合检察制度法理上对检察机关办案组织的要求。只不过，由于"三级审批制"

---

① 台湾地区"法务部"：《检察改革白皮书》，1999年版。但要注意，这里的"指导统御"并不是指批案、定案，而是指在案件处理的技术和策略问题上进行指导和指挥，办案中的法律处分仍然是由承办检察官独立作出的，主任检察官不能干预。具体而言，如果承办检察官决定要实施搜查、扣押的，主任检察官可以在搜查的技巧和策略上进行指导、指挥，也可以调配检力予以配合、支援，但搜查、扣押的法律处分，仍然要由承办检察官自行作出。

② ［日］法务省刑事局编：《日本检察讲义》，杨磊等译，中国检察出版社1990年版，第18页。

③ 林捷：《韩剧中的检察官》，载《检察日报》2007年7月20日。

这一行政化层级审批体制的确立①，使得办案权和定案权分离，承办人办案却不能定案，名不副实。因此，笔者认为，我国检察机关办案体制改革的关键是逐步弱化直至废除层级审批制，"还（定案）权"于承办人，使承办人作为独任制检察官既能办案也能定案。

二、改革的目标定位有误：主任检察官不应行使定案权

我国的主任检察官制度改革，由于将主任检察官定位为一种办案组织，并强调主任检察官系办案第一责任人，势必走向主任检察官对案件定性（事实认定和法律适用）"大包大揽"的权力分配格局，因为，对于主任检察官来说，既然自己是办案第一责任人，那么责任所系，自己当然有权对组内所有案件进行质量把关，包括在案件定性上如果承办检察官与自己意见不一致的，承办人必须服从自己的决定，这符合权责一致的原理。从目前各地检察机关的主任检察官制度改革试点方案来看，对主任检察官的权力配置，基本也是按照上述逻辑展开的，即主任检察官作为"主任检察官组（或办公室）"的负责人，普遍被赋予了三项权限：一是指导办案，二是组织案件讨论，三是决定案件处理。② 换言之，在主任检察官与组内其他检察官的权责关系上，主任检察官系办案责任人同时亦居于领导地位，他对本组内其他检察官承办的案件享有决定权，而其他检察官则仅享有办案权而无定案权。

但这一制度设计在检察制度原理上面临着如下质疑：第一，在主任检察官与组内其他检察官（承办人）的权责关系设定上，让承办人行使办案权，却又让主任检察官行使定案权，人为地造成了办案权和定案权的分离，变相剥夺了承办检察官的定案权，不符合司法规律。前已述及，检察官之所以被称为独任制机关的原因，就在于检察官在检察事务方面，是具有自己决定和表示国家意志的独立机关，而不是唯上司之命的行使检察权。因此，从检察独立原则和检察官独任制的司法原理出发，对于检察官而言，"承办"一词的含义，本身即意味着检察官对于自己负责的案件有权独立查办并独立作出处理决定。换言之，办案权和定案权本来应当是合而为一、不可分离。但现行的主任检察官制度改革试点方案，却将定案权集中于主任检察官，这等于变相剥夺了组内其他

---

① 所谓"三级审批制"，是指自 1980 年最高人民检察院印发试行《人民检察院刑事检察工作试行细则》起逐步确立起来的一项办案审查制度。根据这一制度，一个案件要经过承办人提出初步意见、部门负责人审核以及检察长或检委会讨论决定三个环节，才能形成最后的结论。这一制度在检察实践中沿袭至今，2013 年 1 月 1 日施行的《人民检察院刑事诉讼规则（试行）》第 4 条仍然规定："人民检察院办理刑事案件，由检察人员承办，办案部门负责人审核，检察长或者检察委员会决定。"
② 陈宝富：《探索主任检察官办案组织制度》，载《检察日报》2013 年 4 月 2 日。

检察官的定案权,使得承办检察官退化为唯上司之命是从的检察"手足",将承办检察官"矮化"为主任检察官的助理,有违检察独立原则和检察官独任制原理。

从日本、韩国以及我国台湾地区的主任检察官制度来看,主任检察官虽然负有监督该组事务之权力,有权对承办检察官的案件处理决定进行审查,但却并不能直接行使定案权,更不能擅自改变承办检察官对案件的定性,而只享有异议权,即在两者意见不一致时,主任检察官有权将分歧意见报请检察长核定。还是以我国台湾地区的主任检察官制度为例,台湾地区"地方法院及分院检察署处务规程"第 20 条规定:"主任检察官掌理左列事项:一、本组事务之监督。二、本组检察官办案书类之审核。三、本组检察官承办案件行政文稿之审核或决行。四、本组检察官及其他职员之工作、操作、学识、才能之考核与奖惩之拟议。五、人民陈诉案件之调查及拟议。六、法律问题之研究。七、检察长交办事项及其他有关事务之处理。"由此可见,台湾地区主任检察官的主要职权是在组内行政事务的管理上,而不包括定案权,对此,该"规程"第 26 条第 2 款专门规定:"主任检察官与检察官有不同意见时,应报请检察长核定之。"这意味着,对于承办案件的检察官作出的案件处理决定,主任检察官即使持有不同意见,也不能直接要求承办检察官服从自己的意见,而只能报请检察长核定。换言之,主任检察官并不享有定案权,办案权和定案权都掌握在承办检察官手中,主任检察官仅享有审查权和异议权,制度上之所以如此设计,主要是基于对检察独立原则和检察官独任制的尊重。

第二,主任检察官审批、决定案件,背离了主任检察官制度改革"去行政化"的目的和初衷,可能导致改革"走回头路",在检察机关内部形成新的行政层级审批制。如前所述,主任检察官制度改革的目的和初衷,是"去行政化",即通过办案组织模式的重构,突出主任检察官的办案主体地位,弱化检察机关内部的行政化层级审批制,增强检察权运行的司法化特征。然而,试点中的主任检察官制度,却在"撇清"了主任检察官组与科、处、局等内设机构的关系,否定了科、处、局长案件审批权的同时,又再次赋予主任检察官审批、决定案件的权力,这无异于又走回到案件审批制的"老路"。试问,主任检察官审批、决定案件,与过去旧体制下科、处、局长审批案件有何实质性差异?无外乎都是上级审批下级、办案权和定案权分离,这样的改革,不过是"旧瓶装新酒"、"五十步笑百步"!

诚然,中国有中国的国情。在我国,检察官作为一个群体,其任职资格的获得并不十分严格,导致检察官的数量庞大而又未实现精英化。就检察官的人员结构来看,目前留在一线办案的检察官中资历尚浅、经验短缺的年轻人占了多数，这一状况在基层检察机关表现尤为突出。基于这些实际情况，要一步到位的实现所有检察官的个体独立，既不现实又将蕴含着巨大的风险。① 因此，现阶段的主任检察官制度改革，实际上带有一种过渡性质，即首先从"矮子里面选高子"，遴选出部分经验相对丰富、办案能力相对较强的检察官担任主任检察官，再"以老带新"，培养年轻检察官的成长。在这一过渡阶段，主任检察官必须承担起办案责任，对案件质量进行把关，为此，赋予主任检察官定案权似乎在情理之中。笔者也认为稳妥的渐进式改革应当尊重历史和现实，但问题是，应对现实的改革方案是不是只有这一种？是不是只有这一条路可通罗马？有没有更优的替代方案？以日本、韩国以及我国台湾地区的主任检察官制度为例，其主任检察官仅行使案件的审查权而不决定案件的处理，有分歧意见时报请检察长核定。这一制度设计同样可以实现主任检察官对案件质量的把关，但却可以同时彰显对承办检察官独立性的尊重，为什么不能成为我们改革的替代方案呢?!

正基于此，笔者主张调整目前的主任检察官制度试点改革方案，程序上不应再赋予主任检察官定案权，仅赋予其对案件的指导权、审查权和异议权足矣！实务操作流程上，承办人拟出案件处理意见后，报主任检察官审查。若主任检察官同意承办人的处理意见，签字确认；若主任检察官不同意承办人意见的，则上报主管副检察长、检察长核定。换言之，为把案件质量关，主任检察官基于检察一体原则，可以行使案件审查权，但基于对检察独立原则的尊重，主任检察官在意见不一致时不能直接更改承办人的决定，而只能将双方的分歧意见提交上级检察首长核定，再由检察长行使指挥监督权或职务收取权、移转权（下文详述）。当然，主任检察官毕竟是承办检察官的前辈，经验相对更为丰富、办案能力相对更强，是年轻检察官学习的榜样。司法实务中，若年轻的承办检察官在办案中遇有疑问或对案件定性把握不准，主动向主任检察官请教、求援的，则根据"疑问排除不法"的原则②，例外地允许主任检察官行使定案权。

三、改革的路径选择有误：主任检察官制度缺乏"润滑剂"、"平衡器"

检察改革难，难就难在检察官本身兼具行政与司法双重属性，其中，行政

---

① 陈宝富：《探索主任检察官办案组织制度》，载《检察日报》2013 年 4 月 2 日。

② 所谓"疑问排除不法"，即承办人因为法律疑问而主动请示的案件，上级可以给予指示。参见林钰雄：《刑事诉讼法（上册总论编）》，中国人民大学出版社 2005 年版，第 111 页。

属性要求整个检察体系形成上命下从、上下一体的金字塔型阶层结构，即施行检察一体原则，但其司法属性又要求这个阶层中的每一个个体对于上级保持相对的独立性，即奉行检察独立原则。问题是，一体与独立，本系两种对立、冲突的权力配置和运作模式，而今检察官却要集两者于一身，制度上如何平衡、协调，遂成为检察改革最大之难题，亦为检察改革永恒之主题。

　　如果将我国现行的主任检察官制度改革放置在这一背景下进行观察和省思，我们就会发现，改革中的主任检察官制度，在检察官—主任检察官—主管副检察长、检察长、检委会这三者的关系处理上，缺乏了一些关键性的制度设计，以至于过于偏重检察一体而有损检察独立。

　　目前的改革试点方案，在检察官—主任检察官—主管副检察长、检察长、检委会这三者的关系处理上，强调的是单方面的服从，即一般案件，检察官必须服从主任检察官的决定；疑难、重大、复杂案件，主任检察官又必须服从主管副检察长、检察长或检委会的决定。换言之，承办案件的检察官或主任检察官对案件的处理意见并不受尊重和保障，上级可以直接改变其处理意见并指令其按上级决定行事。显然，这一方案强调的是检察一体原则。在这一办案模式下，曾经广为世人所诟病的"奉命起诉"或"奉命不起诉"等检察痼疾，将难以完全根除。

　　然而，从同样实行主任检察官制度的日本、韩国以及我国台湾地区的做法来看，检察官、主任检察官和检察长之间虽亦为上、下级关系，但却不是单方面的服从关系。基于检察独立原则，每名检察官均为独立的办案主体，享有独立的办案权和定案权，即所谓"每一检察官，皆为一独立之官署"。以日本为例，日本检察官在行使检察权上，被置于受上级指挥、监督的地位，但这并不否定每个检察官是行使检察权的意志决定机关的原则。即使处于上级的指挥和监督之下，但行使检察权的权限，仍由各检察官自己掌握。因此，上级的指挥和监督权必须和检察官的独立性相协调。① 尤其是当承办案件的检察官对案件的定性，与主任检察官之间存在不同意见时，制度上并不是一味强调承办检察官对主任检察官的服从，而是赋予主任检察官异议权，即，主任检察官有权将分歧意见提交检察长，由检察长核定；若检察长亦不同意承办检察官的意见，也并非直接行使指令权，强行要求承办检察官服从检察长的决定，而是沟通、

---

① 袁索：《日本国检察制度》，商务印书馆 2003 年版，第 29 页。

劝告、说服①，如果办案检察官仍然坚持自己的观点、不愿改变，那么，检察长将会行使职务收取权和移转权，将该案件收回由自己承办或转交由其他检察官承办。如此一来，既实现了检察一体的目的（检察长的意见和决定要得到贯彻），又彰显了对检察独立的尊重（不强行改变承办检察官的意见）。

显然，在这一制度设计中，检察长的职务收取权和移转权是关键。所谓职务收取权和移转权，是指检察长有权亲自处理所属检察官的事务，并有权将该事务转交其所属其他检察官处理。② 职务收取权和移转权，是检察长基于检察一体原则而享有之专属职权。一般认为，该权力具有两项功能：一是统一法律解释适用，避免个案检察官法律见解歧异；二是调节既定事务分配，尤其是在原先承办检察官执行职务显有违法不当时，该权力可以发挥内部监督控制的作用。③ 但从前文分析可以看出，检察长的职务收取权和移转权，还具有协调、平衡检察一体和检察独立原则的功能，正是因为这一权力的存在，使检察长在处理上、下级关系以及检察一体与检察独立的关系时，有了回旋的余地而游刃有余，实际上起到了一种"平衡器"、"润滑剂"的作用。例如，在德国，虽然根据《德国法院组织法》第146条之规定，检察官原则上受其上级官员指令的约束。但实务中，上级一般不会发出任何违反检察官意愿的指令，而是通过职务收取权和移转权来消除两者之间的观点冲突。④

但是，由于我国现行检察制度立法中，并未明确规定检察长的职务收取权和移转权，虽然人民检察院组织法第3条规定："检察长统一领导检察院的工作。"但此处的检察长"领导"权一般解释为检察长的"指挥监督权"，是否包括职务收取权和移转权，并不明确。这就使得改革中的主任检察官制度，在处理上、下级关系以及检察一体与检察独立的关系时，缺失了这一"平衡器"、"润滑剂"，只能将检察官、主任检察官和检察长三者的关系，僵硬地处理为单方面的服从关系，从而使得检察一体与检察独立之间失去了平衡。基于此，笔者建议，在正式实行主任检察官制度之前，应当先行修改人民检察院组织法和检察官法，通过修法明文赋予检察长以职务收取权和移转权，明确设定

---

① 检察机关上、下级之间的这种沟通、劝告、说服非常重要，它可以"软化"法律上等级森严的命令服从关系，转变为平等的商谈合意关系。日本检察实践中，上级检察机关实际上主要是通过审查、劝告、承认的方法，行使指挥和监督权，而不是硬性要求下级服从上级。参见裘索：《日本国检察制度》，商务印书馆2003年版，第29页。

② 黄朝义：《刑事诉讼法》，一品文化出版社2006年版，第70页。

③ 林钰雄：《刑事诉讼法（上册总论编）》，中国人民大学出版社2005年版，第112页。

④ 魏武：《法德检察制度》，中国检察出版社2008年版，第173页。

检察长行使职务收取权和移转权的条件、程序①，再在主任检察官制度改革方案中注入这一剂"润滑剂"，从而将承办检察官、主任检察官和检察长三者的关系调整为：一般案件，由检察官承办，承办检察官对案件的处理结果必须报主任检察官审查，主任检察官不同意承办人意见的，可提交主管副检察长决定，主管副检察长不同意承办人意见，而承办人又坚持自己意见的，主管副检察长报检察长决定行使职务收取权和移转权，将案件移交其他检察官办理；疑难、重大、复杂案件，由主任检察官承办，其他检察官、检察官助理协助，主任检察官作出案件处理意见后报主管副检察长、检察长、检委会审查，若主管副检察长、检察长、检委会不同意主任检察官的意见，而主任检察官又坚持自己的意见，检察长可行使职务收取权和移转权，将案件交由其他主任检察官承办。这一制度设计，既能实现检察一体的目的，又能确保一线办案检察官的独立性，彰显对检察独立原则的尊重，应当说，更有利于主任检察官制度改革目标的达成。

同时，在相关责任机制构建上，也不应当一味强调主任检察官作为办案第一责任人，而应当根据权责一致原则，具体设计办案责任的承担：原则上谁办案谁负责，既然承办人的办案独立性已经得到充分保障，那么办案责任原则上应当由承办人自行承担。即使主任检察官、主管检察长或检察长不同意承办检察官的意见，但经由沟通、劝告、说服，承办检察官接受了上级的意见，则承办人仍应自行承担办案责任（你可以坚持而没有坚持）。但若承办人、主任检察官坚持自己的意见，而检察长行使了职务收取权和移转权的，则检察长承担相应的责任。

---

① 关于职务收取权和移转权行使的条件和程序，不属于本文论述的重点，在此不予详述，笔者另有专文予以论述。

主任检察官制度的理论前瞻[*]

吴 轩

  十八届三中全会明确提出，建设法治中国，必须深化司法体制改革，确保依法独立公正行使审判权检察权，健全司法权力运行机制。而在新一轮深化司法体制改革的背景下，以检察官办案责任制改革为契机，建立以检察官为办案主体的"办案者决定，决定者负责"的检察权力运行机制是实现上述目标的关键一环。为了深化和落实检察官办案责任制改革，我国多地检察机关正在实践探索主任检察官办案责任制，比如上海、北京、湖北等地，主任检察官制度必然会引起越来越多的关注。

一、主任检察官制度的理论前提

  主任检察官制度的核心之一就是"放权"，即赋予主任检察官办理案件的高度职权，使主任检察官以自身的专业、经验、司法理性和职业道德确保案件质量，防范刑事冤假错案的出现，防止传统办案机制的请示审批、重大案件通过检委会规避风险、错案无人承担的现象，处理好案件的责任主体和检察委员会集体决策的关系。因此，如何正确把握独立行使检察权的原则，是分析探讨主任检察官制度的理论前提。

  （一）检察权独立

  从历史演变的角度看，检察权分离自行政权，并成为一种独立于行政、审判的权能。在我国，司法与行政经历了漫长的混沌一体的状态，地方行政长官即司法官，兼理行政与司法事务。近代以来，检察权逐渐从行政权中分离出来，并发展成为国家最高权力下与审判权并列的法律监督权。在英美法系国家，刑事案件起诉权在本源上是个人请求权，没有经过纠问制的发展阶段，直接演变为一种国家请求权，出于对国家权力行使的不信任，对刑事案件的起诉设定了严格的限制条件，实行预审听证和大陪审团起诉制度防止检察官任意追

---

  * 原文载《山东社会科学》2014 年第 12 期。

诉。在大陆法系国家，刑事案件起诉权经过了纠问制的发展阶段，是司法权的一部分，在当代与审判权相分离，制约审判权的行使，成为司法监督权，防止法官滥权。① 我国宪法第 131 条规定，人民检察院依照法律规定独立行使检察权，不受行政机关、社会团体和个人的干涉。表明在我国检察权是一项独立的权能，不同于行政权，亦不同于审判权。

（二）检察机关独立行使检察权

我国法律保障各级检察院依法独立行使检察权，除了法律明确规定只能由最高人民检察院或上级人民检察院行使的职权外，每一级人民检察院都有权行使。讨论检察机关独立行使检察权，不得不提到列宁关于检察机关领导体制的重点论述。1922 年 5 月，列宁电话口授了致斯大林并转政治局的《论"双重"领导和法制》的信件，就检察机关的领导体制问题作了专门论述。②

列宁的观点，归纳起来就是："双重"领导体制，严格说来是一种破坏"建立法制和建立起码文明"的原则性错误。列宁指出，所谓"双重"领导，只能存在于"那些需要好好考虑确实存在着无可避免的差别的地方"，"法制只能有一种"，不能在不同地区实行不同的法制；而检察机关的职责就是在全国各地保证社会主义法制的统一试行，"不管任何地方差别，不受任何地方影响"③。针对俄国的现状，列宁认为，"地方影响对于建立法制和文明即使不是最严重的障碍，也是最严重的障碍之一"④。因此，列宁得出结论："注重对检察机关实行'双重'领导，取消它对地方政权机关的任何决定提出异议的权利，这就不仅在原则上是错误的，不仅妨碍我们坚决实行法制这一基本任务，而且反映了横在劳动者同地方的和中央的苏维埃政权以及俄共中央权力机关之间的最有害的障碍——地方官僚和地方影响的利益和偏见。"所以，列宁建议：中央委员会在目前情况下否决"双重"领导，规定地方检察机关只受中央机关领导，保留检察机关从地方政权机关的一切决定或决议是否合乎法制的观点对它们提出异议的权利和义务。⑤ 就这种中央垂直式的领导体制，是否会

---

① 参见周理松、蒋剑伟：《试论按司法规律优化配置检察权》，载《华中科技大学学报（社会科学版）》2008 年第 6 期。

② 胡玉鸿：《列宁的检察理论与中国的检察制度》，载《检察研究》2013 年第 1 卷（总第 043 期），中国检察出版社 2013 年版，第 15 页。

③ 列宁：《论"双重"领导和法制》，载《列宁选集》（第 4 卷），人民出版社 1995 年版，第 702 页。

④ 列宁：《论"双重"领导和法制》，载《列宁选集》（第 4 卷），人民出版社 1995 年版，第 703 页。

⑤ 列宁：《论"双重"领导和法制》，载《列宁选集》（第 4 卷），人民出版社 1995 年版，第 704 ~ 705 页。

形成"中央检察权"过大的弊端，列宁认为，这种担心是多余的，因为党的监督可以使中央检察权在法律规定的范围内行事，而不得随意超越法律的职权滥用权力。①

（三）检察官独立行使检察权

检察官独立行使检察权是检察权独立行使的重要内涵。我国检察官法规定的检察官，是指依法行使国家检察权的检察人员，包括最高人民检察院、地方各级人民检察院和军事检察院等专门人民检察院的检察长、副检察长、检察委员会委员、检察员和助理检察员。因此，宪法规定人民检察院依照法律规定独立行使检察权，不受行政机关、社会团体和个人的干涉，有学者将独立行使检察权从权力操作上区分为三个层次：一者可以是检察机关独立行使检察权；二者可以是检察长、检察委员会独立行使检察权；三者可以是检察官独立行使检察权。② 同时，检察官法规定的检察官职责表明行使检察权的主体是检察官，并且检察官法还保证了检察官行使职权的相应条件和工作保障。

当然，检察官独立行使检察权，还需要把握好两个方面的关系：一是与群众路线的关系。人民检察院依照法律规定独立行使检察权，不受其他行政机关、团体和个人的干涉，并不是说检察机关在处理案件中可以不用听取其他机关、团体和个人的意见。总体上看，依法独立行使检察权与检察工作的群众路线是内在统一的。二是与党的领导的关系。中国共产党是全中国人民的领导核心，党的领导已经庄严地写在了我国宪法上。过去在"左"的思想体系下，错误地将依法独立行使检察权同党的领导对立起来，指责为反对党的领导，是完全没有道理的。③ 事实上，党的各级组织对检察机关的领导，同党对其他国家机关、人民团体的领导一样，属于党对非党组织的领导，不属于国家领导体制的范围。④ 党的领导是绝对的，不论检察机关实行双重领导或者实行垂直领导，均应接受党的领导。正如彭真同志在《开好人民代表会议，改善党对政权的领导》一文中指出的："政权机关对党委不是组织上的隶属关系。相反，对政权机关的决议，所有的人都要服从，共产党员也不例外，党委也不例外。"⑤

---

① 列宁：《论"双重"领导和法制》，载《列宁选集》（第4卷），人民出版社1995年版，第704页。

② 余双彪：《论主诉检察官办案责任制》，载《人民检察》2013年第17期。

③ 王桂五：《王桂五论检察》，中国检察出版社2008年版，第97页。

④ 王桂五：《王桂五论检察》，中国检察出版社2008年版，第215页。

⑤ 王桂五：《王桂五论检察》，中国检察出版社2008年版，第216页。

二、主任检察官制度的构建原则

（一）司法化原则

检察机关办案，是根据证据判断个案实情并在此基础上决定法律适用的诉讼活动，裁断性、独立性、亲历性和法律适用性是其本质属性，因此检察办案具有明显的司法属性。然而，而现行的办案模式仍不同程度地保持着行政化色彩，最突出的就是"三级审批"的办案方式，以及由此导致的"定者不审、审者不定"的矛盾，这明显违反了司法化办案原则，所以构建主任检察官制度必须以司法化为原则，在遵循司法规律的前提下，呼应检察办案的司法化运作需求，"谁办案、谁决定、谁负责"，体现司法化办案的亲历性、中立性、公开性、独立性等特征，做到审定合一、权责一致。

（二）精英化原则

主任检察官本身是一种职位，是通过检察权的重新配置来重新确定检察官的内涵，是检察官序列的一个细化。对主任检察官的定位，意味着主任检察官必将成为一种业务专家序列的职位，这为检察官中的业务人才开辟了一条职级上升的通道，让业务人才专心于业务攻坚，把这个职位当成是终身的职业来追求，从而与检察人员中的行政管理人员、辅助人员、后勤人员分开，顺应了检察官分类管理的理念。并且，随着人事制度分类管理的改革，主任检察官应成为检察官专业化和细化分类的一种职位。所以，构建主任检察官制度必须以精英化为原则，打造一支高素质的懂业务、会办案、能办精品案的检察官队伍。这些检察官必须具备深厚的法律功底、丰富的办案经验、优秀的职业素养和高尚的道德情操等。

（三）专业化原则

目前，检察机关基本按照职能进行分案，有的也按区域进行分案。这些分案方式缺乏有效合理的分工，致使检察官承办的案件类型繁多，却缺乏专业性，办案效率低下。随着社会的发展，专业化分工趋向于细化，在案件数量日益增长的前提下，必然求术有专攻、学有专长、经验丰富的检察专业人才，而非"万金油"式的检察官。因此，构建主任检察官制度必须以专业化为原则，建立科学合理的专业化办案队伍，实现办案的专业化。专业化的办案需要专业化的分案来支撑，对主任检察官进行专业化分组，既要考虑到案件的特色，也要顾及办案人员的特长与优势。应根据人员特点、案件特点以及案件数量等综合分析的情况下，探索建立综合运用案件类型、办案主体特点，兼顾涉案特殊主体分类标准于一体的分案模式。

（四）扁平化原则

主任检察官制度通过对检察办案组织体系和运行模式的重构，将独立办案的权力赋予主任检察官组内的办案检察官，主任检察官对组内事务的定位为监督者而非行政领导者，检察官在办案决定上直接受检察长的领导，有利于真正实现"谁办案、谁决定、谁负责"的司法化要求。因此，构建主任检察官制度必须以扁平化为原则，减少了管理层次、压缩了职能部门和机构，实现办案业务管理的扁平化，以执法办案为中心，实现纵向到底、横向到边的管理方式。所谓纵向到底，是指尽量减少管理层级，使决策权最大化延伸至办案一线，实现检察长直接领导下的主任检察官制度，主任检察官、检察官直接对检察长负责。所谓横向到边，是指检察机关内部非办案部门以执法办案为中心，主动配合、协调、服务、保障执法办案活动。同时，非办案部门要发挥对办案部门的服务保障支持作用，本着全院一盘棋的方针，将实行主任检察官制度业务部门的行政事务逐步剥离出去，由非办案部门予以承担，争取实现"司法的归司法、行政的归行政"。

三、主任检察官制度的运作模型

主任检察官制度，是指在检察长和检察委员会领导下，以主任检察官主持下的办案组作为办理案件基本单元的方式，以此确立并发挥检察官的独立办案主体作用。主任检察官根据检察长的授权，依法独立行使检察权。但是，主任检察官制度仍应当根据检察业务性质不同，采取不同的运作模型。

（一）刑事检察业务运行模式

刑事检察业务应当严格区分出业务管理与行政管理两根主轴，形成行政事务与业务管理并行的体系。检察业务管理轴线由检察长、主任检察官、检察官、书记员构成；行政事务管理轴线由检察长、部门负责人、主任检察官办公室构成。通常情况下，刑事检察部门的检察官以自己名义独立办案，主任检察官负责指导组内的检察官办案；遇有重大案件，则由主任检察官亲自办理，其他检察官协助办理。主任检察官有权决定组内其他检察官的案件办理，并对案件质量承担责任，组内其他检察官应当服从主任检察官的决定。业务部门负责人掌控部门的行政工作，监督主任检察官办理案件，检查、协调主任检察官、其他检察官、书记员的执法办案工作，通过思想政治工作、业务培训、案件评查、执法考评、绩效考核、办案管理等检查主任检察官行使职权情况及廉洁自律情况，但不对部门内设的主任检察官办公室办理具体案件行使职权。主任检察官的职权来自于检察长的授权，其承办的业务工作向检察长和检察委员会负责，适用强制措施、不批准逮捕、撤销逮捕、不起诉、变更起诉、撤回起诉、抗诉等法律规定应当由检察长、检委会决定的法律处分或程序事项，以及检察长、检察委员会认为应由其行使的职权，应当提出意见，报请检察长决定。

（二）职务犯罪侦查业务运行模式

职务犯罪侦查业务与刑事检察业务明显不同，较为突出案件侦办过程中的统一指挥。采取协调办案制，职务犯罪侦查部门的主任检察官均应工作在侦查第一线，原则上所有侦查案件均应由主任检察官担任案件主办人，其他检察官作为主任检察官的助手，作为案件协办人，办案组内的各项法律处分由主任检察官决定。侦查部门的负责人具有统一指挥案件侦破，协调主任检察官、检察官和书记员的职责。主任检察官的职权同样来自于检察长的授权，其承办的业务工作向检察长和检察委员会负责，但决定立案、采取强制措施、撤销案件等法律规定由检察长、检委会决定的法律处分或程序事项，以及检察长、检察委员会认为应由其行使的职权，应当提出意见，报请检察长决定。同时，在地市级检察院范围内，需要适当整合各基层院的侦查部门的检察官，在职务犯罪侦查活动中，由地市级检察院侦查部门的负责人在全市范围内统一调派检察官，形成上下一体的工作合力，充分发挥侦查活动的效能。

（三）综合法律监督业务运行模式

综合法律监督业务运行模式主要适用于控申、监所、民行等部门。此种模式，按照少数服从多数的民主合议机制处理法律监督事务，一般法律监督事务由主任检察官办案组民主合议决定，而对于那些重大复杂和社会关注度大的敏感案件，及上级机关和领导交办、督办案件等，仍由检察长或检委会讨论决定。法律监督中涉及执法办案的，分别参照刑事检察业务运行模式和职务犯罪侦查业务运行模式。按照刑事诉讼法以及司法解释的规定，监所检察等部门在履行法律监督职责的过程中还会涉及自行侦查、审查批捕、出庭应诉等多项诉讼职能，因此综合法律监督业务运行模式应保持一定的灵活性，平时无案件时，各检察官依职权合议处理法律监督事务；有办理案件的任务时，由主任检察官召集组内成员审核办案。具体专业化的发展落实到每个检察官身上，有所侧重、有所专长。

（四）专项事项办理运行模式

专项事项办理中主任检察官办案机制较为简单，可以由检察长授权相关部门的任意主任检察官，组成临时主任检察官办公室办理。实践中，主任检察官应当既可以办案，也可以办事，特别是针对重大问题的调查研究、重大专项活动策划筹办等，检察长可以临时指派相关部门的主任检察官配备一定数量的检察官及辅助人员，成立临时检察官办公室负责办理，并就事项办理结果对检察长负责。

　　主任检察官制度的改革只是检察权行使机制的调整，并不改变检察权行使主体的法定性。因此，主任检察官制度与既有的法律体系并没有硬性冲突，是在现行法律框架内对检察权配置和运行方式的改良。实践中，如何完善和落实主任检察官制度度，凸显检察官的主体地位和独立性，使检察官朝着专业化的道路发展，进而推动检察权的优化配置和检察人员的科学分类，是新一轮检察改革乃至司法改革的重要课题。

湖北省主办检察官办案责任制探索[*]

郑　青

完善检察机关执法办案责任体系、健全检察机关执法办案组织形式，是当前和今后一个时期检察改革的重点任务。2013 年 8 月，湖北省人民检察院在反复调研论证的基础上，制定下发了《关于开展主办检察官办案责任制试点工作的实施方案》，在全省 59 个检察院开展主办检察官办案责任制试点工作。本文拟结合湖北省检察工作实际，就实行主办检察官办案责任制的主要依据、主旨要求和制度设计谈几点看法。

一、主办检察官办案责任制的主要依据

我们理解的主办检察官，是指经检察长授权，依法履行执法办案职责，在一定范围内享有办案决定权并承担相应责任的检察官。实行主办检察官办案责任制，目的在于完善办案基本组织形式和运行模式，解决影响司法公正、制约司法能力的突出问题，提高执法办案的质量和效果。在现行法律框架内推行主办检察官办案责任制，有其正当性基础。

（一）改进检察办案方式的必然要求

主办检察官办案责任制是基于检察实践，为解决实际问题而提出并推行的改革措施。当前，我国检察机关办案实行以"检察人员承办，办案部门负责人审核，检察长或者检察委员会决定"的"三级审批制"。这种办案方式在避免检察权的滥用或误用、保证国家法律的统一正确实施方面发挥了重要作用。特别是在检察官素质相对较低、法治化水平不高的时代，这种办案方式的合理性、有效性比较明显。但是，随着法治建设的深入推进和检察官专业素质的显著提升，"三级审批制"办案方式已不能完全适应社会发展，也不符合司法规律的内在要求，主要体现在四个方面：一是审批层级过多，办案效率不高。传统办案模式审批环节较多，程序烦琐，超期办案、案件积压现象时有发生。一

* 原文载《国家检察官学院学报》2014 年第 2 期。

些事实清楚、适用法律简单的案件，仍然要经过层层审批，无法实现繁简分流，不符合诉讼效率的要求。这一问题，在修改后的刑事诉讼法、民事诉讼法改变审查逮捕工作模式、扩大简易程序适用范围、增加检察机关法律监督职能的情况下，更显突出。二是"审而不定，定而不审"，不符合诉讼活动规律。诉讼活动要求亲历性和直接性，即承办人亲身经历整个程序，直接审查证据和事实并作出判断。与审判权不同，检察权强调上命下从、一体运作，其行使具有统一性、整体性和层级性，检察官的职务行为可以承继转移，并不要求检察官严格贯彻直接言词原则，不要求严格的亲历性，但必须承认，亲身经历对于正确判断事实问题、法律问题，对于正确作出诉讼决定、诉讼行为至关重要。①特别是修改后的刑事诉讼法增加设置了审查逮捕听取意见、羁押必要性审查等制度，赋予检察机关以程序性救济权，对承办检察官的司法亲历性、判断性提出了更高要求。在原有办案机制下，直接办理案件的检察官没有决定权，而不直接办理案件的检察长、检委会却享有决定权，造成审定脱节，难以保证案件处理的准确性，难以适应执法办案的新形势、新任务。三是执法责任分散，责任追究难以落实到人。"三级审批制"导致实践中出现"办案的不负责、负责的不办案"的现象，使承办人员产生了依赖情绪，办案积极性不高、责任心不强；而"层层把关、集体负责"的制度看似是人人负责，实际上却是无人负责，执法责任难以落实到执法个体。四是承办人办案责任意识不强，队伍整体素质难以提升。在"三级审批制"下，检察官不是相对独立的办案责任主体，一些检察官习惯了案件由领导层层把关的惯性思维，易于形成盲从和随大流的行为模式，职业化水平难以改进提高。这些问题的存在，严重制约了检察机关办案质量和效率的提升，客观上需要我们对检察机关传统办案方式进行改革完善，通过推行主办检察官办案责任制，优化案件审批程序，发挥检察官主体作用，提高执法办案质效。

（二）符合检察官的地位界定

经检察长授权，主办检察官在其职权范围内可以对相关事项做出决定，这是主办检察官办案责任制相较于以往检察工作机制做出的一项重大调整。现行法律并没有关于检察官办案责任制的明确规定，而宪法、人民检察院组织法和三大诉讼法均要求由人民检察院行使检察权，这看似给实行主办检察官办案责任制带来一定的法律障碍，但深入分析，主办检察官办案责任制具有法理上的正当性，符合对检察官的地位界定。

---

① 陈卫东、李训虎：《检察一体与检察官独立》，载《法学研究》2006年第1期。

1. 主办检察官办案责任制没有突破现行法律规定

首先，检察官享有案件决定权不违背职权法定原则。职权是代表国家行使的权力，应当由国家法律予以规定，这是现代法治的基本要求。虽然现行法律只规定了检察机关的职权范围，没有明确检察官的具体权限，但主办检察官办案责任制是检察机关在现行法律框架下调整内部权力结构的尝试，并不涉及扩张检察权或者限制私权。从这个意义上讲，主办检察官是否享有、在多大范围内享有案件决定权，是一个合理性而非合法性的命题。其次，检察官法为实行主办检察官办案责任制提供了一定依据。检察官法第 2 条、第 6 条、第 9 条规定，检察官是依法行使国家检察权的检察人员，享有相应职权和工作条件。通过检察长授权，赋予主办检察官一定的办案决定权，正是落实检察官法要求的具体体现。

2. 主办检察官办案责任制与检察长统一领导相互兼容

主办检察官办案责任制强调检察官的独立性，注重发挥个体检察官的作用，与检察长统一领导检察院工作相互兼容。有学者指出，没有检察官独立的检察一体制是一种纯粹的行政体制，没有检察一体的检察官独立是一种纯粹的司法体制，都不符合检察工作的特点与要求。[1] 增强检察官的独立性和贯彻检察一体原则是检察改革的双向任务，统一于依法独立行使检察权的目标之下。在坚持检察机关领导体制和检察工作一体化要求的前提下，实行主办检察官办案责任制，可以较好地处理两者关系。首先，主办检察官办案责任制虽然赋予主办检察官一定的独立性，但这种独立是检察长、检察委员会领导下的相对独立。主办检察官的办案决定权来源于检察长授权，检察长不仅可以改变主办检察官的决定或者撤销授权，还可以变更承办案件的主办检察官。[2] 其次，主办检察官办案责任制改变了检察官被动履职和检察长、检委会包揽案件决定权的现象，以及"审者不定、定者不审"的传统做法，有利于高素质检察官发挥业务专长、实现自身价值，强化其职业责任感和荣誉感。最后，主办检察官办案责任制强调在合理划分事权的基础上，完善程序、健全制度，规范检察长、检委会的指令权和决定权，有助于克服检察工作一体化的弊端。

3. 主办检察官办案责任制与检察院行使检察权并不矛盾

我们认为，检察机关是宪法、法律意义上的检察权行使主体，检察权必须以人民检察院名义整体对外行使，才能产生法律效力。但人民检察院行使检察权不能否认这样一个现实，即检察机关作为一个组织本身不可能去审查决定案

---

① 谢鹏程：《论检察官独立与检察一体》，载《法学杂志》2003 年第 3 期。

② 即根据检察工作一体化要求，将在办案件移交其他主办检察官办理。

件，只能由个体——承办案件的检察官去实施。主办检察官办案责任制只是将做出这一决定的权力具体地交由主办检察官去行使，并没有赋予其独立的诉讼主体地位，主办检察官在作出决定时，仍然需要以检察院名义对外，权力行使的具体方式不会导致权力主体的变更。

二、主办检察官办案责任制改革的主旨要求

探索实行主办检察官办案责任制，需要把握突出办案主体作用、健全基本办案组织、优化规范办案审批、强化执法办案责任四个方面的主旨要求。

传统执法办案机制强调层层把关、层层负责，检察官的执法办案主体作用得不到尊重与体现，难以激发办案人员的责任心和自主性。因此，实行主办检察官办案责任制，要强调通过明确权限、严格责任、优化保障来实现权责利相统一，突出检察官执法办案的主体作用。明确权限，就是依照现行法律规定，通过检察长授权形式，明确主办检察官的职责权限，使一线检察官有职有权，成为相对独立的执法办案主体。严格责任，就是在明确权限的基础上，科学界定检察长、检察委员会、主办检察官各自担责范围，健全完善相关制度机制，使责任追究落到实处。优化保障，就是为主办检察官及其办案组提供充足必要的办案条件，建立相关激励和执法保障机制。

探索开展主办检察官办案责任制改革，是检察机关组织体系建设的重要方面。检察机关组织体系，是指检察机关的构成形式及其相互关系、运转模式问题，主要包括组织结构、组织机构、基本办案组织形式三个层面。其中，检察机关组织结构是指各级检察机关的设置及相互关系；检察机关组织机构是指检察机关内设机构及其职能的具体配置；基本办案组织形式是指一线检察官进行执法办案的基本工作形式，是检察机关执法办案最基本的"组织单元"，直接影响办案质量和效率。实行主办检察官负责制，就是要建立检察机关科学的基本办案组织形式及工作模式，形成符合检察工作规律，职权明确、协作紧密、制约有力、运行高效的专业化办案组织，通过微观层面的办案组织形式建设推动检察机关组织体系的健全完善。

当前，理论界对检察机关案件审批制提出了诸多质疑，认为检察机关的性质、职能与其"三级审批制"的行政化办案方式存在突出矛盾。我们认为，检察机关作为国家法律监督机关，其权力性质具有复杂性。这一点反映在检察权运行方式上，表现为既有检察工作一体化、上命下从等行政化的运行方式，又有中立性、客观性、亲历性、裁量性等司法性的运行方式，具有多样性、复杂性的特点。案件审批制度正是检察领导体制和检察工作一体化规律在检察机关执法办案活动中的重要体现。但同时，现行"三级审批制"办案方式的确

存在办案效率不高，制约检察官和检察队伍素质提升以及与当前刑事诉讼法、民事诉讼法修改后检察机关承担的繁重任务不相适应的问题。因此，简单否定甚至完全取消案件审批制并不可取，而是要在检察长授权检察官，突出检察官主体地位的同时，从工作机制层面规范和优化办案审批程序，使之更加符合执法办案规律，适应当前执法办案的需要。

有权必有责、用权受监督、违法受追究，是建立健全执法办案责任体系的应有之义。当前制约检察机关执法办案质量提升的一个关键因素就是责任分散、追责不严。因此，明确各级执法主体的负责范围，健全并落实执法办案考核、过错责任追究、办案责任终身负责等制度，强化检察官执法办案的责任意识，解决办案不负责、把关不严格、追责不到位的问题，也是此项改革的主旨之一。

三、主办检察官办案责任制改革的主要内容

主办检察官办案责任制是一项涉及面广、综合性强的改革举措，核心是明确主办检察官的"权责利"，主要内容包括主办检察官的定位、组织形式、选配考评、权限划分、审批流程、监督制约、责任界限、履职保障等方面。

（一）主办检察官的定位

准确把握主办检察官的职能定位，是确保改革沿着准确轨道深入的基本前提。我们认为，在现行法律框架之下，主办检察官是检察机关内具有较高业务能力的专业人才，其性质是一种执法岗位和能力席位，而不是检察职务或者内设机构。首先，主办检察官是检察机关根据执法办案需要设置的一种执法岗位，而不是职务。根据检察官法，检察长、副检察长、检察委员会委员、检察员都需要提请国家权力机关任命。检察机关不能违反法律规定，在人大任命之外再行任命新的检察官职务。其次，主办检察官是一种能力席位，而不是一个机构，主办检察官的能力素质与岗位要求应当相适应，做到人岗相适，因此，不会成为新的办案审批层级。最后，主办检察官的办案决定权来源于法律规定、检察长授权。人民检察院组织法规定了"检察长统一领导"、"检察委员会民主决策"和"人民检察院行使检察权"等原则，检察官法则规定检察官是依法行使国家检察权的检察人员，享有履行检察官职责应当具有的职权和工作条件。现实中，检察权的行使体现为检察官的具体办案活动，不必也不可能将一切权力集中于对外代表检察院、对内行使领导职能的检察长。因此，检察长可以依法授权主办检察官行使一定权力，并由主办检察官承担相应责任。这种授权实质上是检察长行使职权的一种具体方式，既没有突破法律规定，也符合办案工作的实际需要。

（二）基本办案组织形式

实行主办检察官办案责任制，应当建立"主办检察官＋其他检察官、检察辅助人员"的主办检察官办案组，由主办检察官主持、组织办案组工作，并承担相应责任。根据检察官法和《人民检察院工作人员分类管理制度改革意见》，主办检察官办案组成员中的"其他检察官"是指依法行使国家检察权的检察人员，包括检察员、助理检察员；"检察辅助人员"是指协助检察官履行检察职责的工作人员，包括检察官助理、书记员、司法警察、检察技术人员等。在办案组的具体构成形式上，鉴于不同地区间人员力量、素质差异较大，可以考虑采取固定办案组、临时办案组以及临时指派办案三种形式：一是固定办案组形式，由主办检察官配若干固定成员组成办案组；二是临时办案组形式，办案组成员不固定，不同案件可进行不同的人员组合，由若干检察人员，包括承办其他案件的主办检察官组成办案组，并明确具体承办案件的主办检察官；三是临时指派办案形式，人数较少的基层院，可以将现有机构整合为若干业务部门和案件管理、综合管理部门，并将其他检察官、检察辅助人员归口案件管理部集中统一管理，形成"人力资源池"，根据办案需要，临时指派其协助主办检察官工作。以上三种形式均有其自身的特点与优点，实践中可以根据人员情况、案件特点，以有利于提高办案质量及办案效率为原则灵活确定。在工作模式上，办案组承办案件可以采取有分有合的模式进行，一般案件由一个办案组在主办检察官的主持下具体推进；需要集中力量、抽调人员、专案办理的案件，可以由多个办案组分别承担一定任务，并由检察长、反贪局长、反渎局长或者内设机构负责人统一指挥。

（三）主办检察官的选配和考核

第一，实行员额制。合理确定主办检察官员额，就是要保证检察权主要由检察官中的精英来行使。主办检察官过多，难以保证执法办案质量，与改革初衷相悖，失去改革意义；主办检察官过少，又难以完成繁重的执法办案任务。综合办案总量和检察官队伍结构等因素，按照本院检察官总数的30%—50%配备主办检察官是比较科学的。

第二，严格选配条件。选配主办检察官，应当以能力席位要求为重，兼顾法律职称、从事本业务工作年限等资格条件，综合政治素质、学历条件、业务资历、履职能力等方面。政治素质方面，要遵守宪法和法律，严守检察纪律，秉公执法，清正廉洁，有良好的职业道德和品行；身体条件方面，要身体健康，能够正常履行职责；学历条件方面，一般应当具有大学本科以上学历；法律职务方面，一般应当具有检察员身份，对于政治过硬、业务精通、综合能力强、作风优良的助理检察员，也可以选任为主办检察官，① 担任主办检察官业绩突出的助理检察员，应当适时提请任命为检察员；业务资历方面，应当担任检察官满3年，并具有3年以上相应业务岗位工作经历；履职能力方面，必须有深厚的法律功底，精通检察业务，有比较丰富的检察业务实践经验，能够运用所掌握的法律专业知识解决检察业务中的实际问题，能够熟练主持办案工作，具有较强的组织协调能力，并有较强的语言和文字表达能力，能够规范、熟练制作诉讼文书。

第三，严格选配程序。主办检察官的选配应当坚持党管干部原则，严格按照组织推荐、检察官竞岗、讨论决定、颁发证书等程序步骤进行。被选配为主办检察官的，颁发统一印制的主办检察官证书，作为主办检察官履行职责的依据。

第四，规范考核程序。对主办检察官的考核实行年审制，形成能上能下的用人机制，突出对执法数量、质量、效率、效果、规范和纪律等业务实绩的考核，年审合格方可继续履行职责。

（四）主办检察官的工作职责

依法合理授权，明确主办检察官在执法办案工作中的职责权限，是优化审批程序、明确执法责任的基础，是主办检察官办案责任制必须解决的核心、关键问题。

1. 明确主办检察官职责权限的主要原则

一是合法性原则。主办检察官行使权力，应当有法律依据，不能违反法律规定越权办案。属于法律明确规定应当由检察长、检委会行使的职权，原则上应当由检察长、检委会行使；除经检察长、检委会明确授权外，主办检察官不得越权行使。

二是合理性原则。在符合法律规定的前提下，综合考虑案件影响、权力性质等，合理确定主办检察官的职责权限。既要强化检察长、检委会对重大案件、重大事项的领导和指挥，确保检察工作的统一性和整体性；又要突出检察官执法办案主体地位，赋予主办检察官与其履职相对应的执法权限。对于重大疑难复杂案件的处理，如上级交办督办案件、具有较大社会影响的案件，应当由检察长、检察委员会决定；重大、复杂、疑难以外的案件，检察长可以授权主办检察官决定和处理。是否属于重大疑难复杂案件，由检察长确定，或者由主办检察官提出后报检察长确定。对于具有撤销诉讼行为或终止诉讼活动性质

---

① 从我们调研掌握的情况看，部分基层检察院检察官断档的情况突出，助理检察员实际上已经成为办案骨干力量。

的权力，如不批捕、不起诉、撤案等，应当由检察长、检委会决定。对于一些具有监督性质的权力，如法律监督调查、提出书面纠正违法意见、检察建议等，因其行使直接影响其他执法机关，也要强调集中统一，原则上由检察长或检委会决定；但情节轻微的诉讼违法行为，可由主办检察官依法决定提出口头纠正意见。对于办案中的非终局性事项、事务性工作，如讯问、询问、查询、鉴定等，主办检察官有权决定并负责处理，以体现司法活动的亲历性、直接性要求。考虑到职务犯罪侦查、民事诉讼监督工作与审查逮捕、审查起诉工作的区别，应赋予负责审查逮捕和审查起诉业务的主办检察官相对较大的案件决定权。

三是检察长授权原则。主办检察官的决定权均来源于检察长的授权，包括一般授权和特别授权两种形式。前者指检察长以概括授权形式，如向检察官颁发主办证书，将执法办案工作中的非终局性事项和事务性工作授权其决定；后者指在办案过程中，检察长以"一案一授"形式，将重大、复杂、疑难案件以外的其他案件的处理决定权授予主办检察官行使，主要包括部分案件的批准逮捕和决定逮捕、批准延长羁押期限、对除职务犯罪和重大复杂案件以外的一般性案件和简易程序案件决定起诉、对部分民事申诉案件决定提请抗诉等。

2. 各业务部门主办检察官的职责权限

在具体权限方面，我们对现行法律、司法解释有关检察长、检委会权限的规定进行了梳理，按照以上原则明确了主办检察官决定并负责处理的事项。

职务犯罪侦查工作中，主办检察官经检察长授权有权决定的事项包括：（1）研究提出初查工作方案，组织、指挥初查；（2）制定侦查方案、安全防范预案、风险工作预案；（3）组织、指挥办案组成员实施讯问犯罪嫌疑人、询问证人等具体的侦查活动；（4）调取书证、物证和视听资料、电子数据；（5）勘验、检查；（6）侦查实验；（7）鉴定；（8）查封、扣押物证、书证和视听资料、电子数据材料；（9）辨认；（10）提出适用强制措施和强制性侦查措施的意见；（11）提出延长侦查羁押期限和重新计算侦查羁押期限的意见；（12）根据检察长或检察委员会的决定，对搜查、查封、扣押、冻结等强制性侦查措施具体组织实施；（13）其他经检察长授权由主办检察官决定并负责处理的事项。

审查逮捕工作中，主办检察官经检察长授权有权决定的事项包括：（1）讯问犯罪嫌疑人、询问证人等诉讼参与人、听取辩护律师意见；（2）要求侦查机关（部门）对证据收集的合法性作出说明；（3）要求侦查机关（部门）补充完善证据；（4）对需要引导取证的案件提出意见，并制作继续侦查取证提纲或补充侦查提纲；（5）对普通刑事案件介入侦查引导取证；（6）对符合和解条件的案件建议当事人进行和解，对和解的自愿性、合法性进行审查并主持制作和解协议书；（7）对情节较轻的诉讼违法行为提出口头纠正意见；（8）对案件进行风险评估和制定风险工作预案；（9）对符合逮捕条件的一般性案件批准或者决定逮捕（市州分院决定逮捕的自侦案件除外）；（10）决定延长侦查羁押期限；（11）其他经检察长授权由主办检察官决定并负责处理的事项。

公诉工作中，主办检察官经检察长授权有权决定的事项包括：（1）对证据材料进行复查、勘验、鉴定；（2）退回补充侦查、自行补充侦查；（3）对普通刑事案件介入侦查引导取证；（4）传唤未被羁押的犯罪嫌疑人接受讯问，讯问在押犯罪嫌疑人，询问证人等诉讼参与人，听取辩护律师意见；（5）对符合和解条件的案件建议当事人进行和解，对和解的自愿性、合法性进行审查并主持制作和解协议书；（6）在审查起诉中追加漏罪及增加罪名；（7）在审查起诉中改变案件定性或者减少原认定的事实，但对量刑会产生较大影响的除外；（8）制作、发送起诉书、补充侦查函等法律文书；（9）移送涉案赃证物；（10）建议或者同意适用简易程序；（11）在法定量刑幅度内提出量刑建议；（12）建议法庭延期审理；（13）要求侦查机关（部门）对证据收集的合法性作出说明；（14）对被告人不服一审判决提出上诉的案件，建议二审法院维持原判或从轻处罚；（15）对下级院提出抗诉的案件，调取新的证据、重新勘验、鉴定等，要求提起抗诉的单位协助完成上述工作；（16）对情节较轻的诉讼违法行为提出口头纠正意见；（17）对案件进行风险评估和制定风险工作预案；（18）除职务犯罪案件和重大、复杂、疑难案件外，对于符合起诉条件的一般性案件和所有简易程序案件提起公诉。（19）其他经检察长授权由主办检察官决定并负责处理的事项。

民事诉讼监督工作中，主办检察官经检察长授权有权决定的事项包括：（1）对本院直接受理的当事人不服同级人民法院生效裁判、调解申请监督的案件调查核实证据，制作审查终结报告；对应当由检察长或者检察委员会决定之外的案件，提请抗诉并出席再审法庭，对不提请抗诉、不发再审检察建议书的案件做好服判息诉工作；（2）对本院直接受理的当事人不服下级人民法院生效裁判、调解申请监督的案件调查核实证据，制作审查终结报告，出席再审法庭；对不提出抗诉的案件，做好服判息诉工作；（3）对下级院提请抗诉的案件调查核实证据，制作审查终结报告；对应当由检察长或者检察委员会决定之外的案件，提出抗诉；出席再审法庭；对不提出抗诉的案件，做好服判息诉工作；（4）对民事审判活动监督案件和民事执行活动监督案件进行线索评估，提出调查方案，组织实施调查；对轻微违法行为提出口头监督意见；（5）其他经检察长授权由主办检察官决定并负责处理的事项。

（五）听取意见、公开审查和听证程序

在实行主办检察官办案责任制、减少中间审查环节的情况下，有必要改革传统的办案方式，由主办检察官主持听取意见、公开审查、听证等程序，增强办案亲历性、判断性，同时强化对检察官执法办案的监督制约。主办检察官主持听取意见的案件有两类：一类是修改后的刑事诉讼法、民事诉讼法明确规定检察机关应当听取意见的情形，主要包括主办检察官在办理审查批捕、审查起诉、羁押必要性审查、延长侦查羁押期限、重新计算侦查羁押期限、抗诉审查、未成年人刑事案件、当事人和解的公诉案件时，听取侦查人员以及犯罪嫌疑人、辩护人、被害人、申诉人等诉讼参与人意见。另一类是根据刑事诉讼法第47条、第115条和民事诉讼法第208条、第235条的规定，受理审查当事人、辩护人、诉讼代理人、利害关系人对司法机关及其工作人员侵犯其诉讼权利或者违法侦查行为提出的申诉、控告。检察机关行使此类刑事、民事诉讼程序性监督权、救济权，目的在于判断是否存在诉讼违法行为，具有司法审查性质，在审查方式上应当进行诉讼化改造，兼听各方意见。主办检察官主持公开审查、听证的案件包括：认定事实、适用法律存在较大争议的案件，具有较大社会影响的案件，拟作出不批捕、不起诉、不抗诉等决定的案件以及重大信访申诉案件。

（六）监督制约

在突出检察官主体地位、合理放权的条件下，必须充分考虑、高度重视监督制约问题，通过工作机制层面的安排，确保检察权依法正确行使。对主办检察官的监督制约主要包括以下几个方面：一是检察长、检察委员会对执法办案活动的领导和监督。检察长、检察委员会可以随时监督、检查主办检察官办案组工作，有权变更、撤销主办检察官的决定；检察长和检察委员会的决定，主办检察官应当执行。二是内设机构负责人对执法办案活动的监督。在实行主办检察官办案责任制的情况下，内设机构负责人应当转变职能角色，负责本部门的执法办案管理工作，监督、检查、协调主办检察官、其他检察官及检察辅助人员的执法办案工作，通过思想政治、业务培训、案件评查、执法考评、绩效考核、办案管理等工作，监督检查主办检察官行使职权及廉洁自律情况。三是主办检察官与办案组成员之间的相互监督。主办检察官负责组织、指挥办案组工作，办案组成员不服从主办检察官的工作安排，或者由于严重不负责任致使工作出现重大失误的，主办检察官有权向内设机构负责人申请更换。办案组成员可以对主办检察官的履职行为进行监督，对于主办检察官承办的案件，可以向主办检察官提出自己的意见建议；对于主办检察官在办案中存在的滥用职权、徇私舞弊等违反检察官法第 35 条规定的行为，应当及时向检察长、纪检监察部门或者内设机构负责人报告。四是案件管理、纪检监察等专门监督管理机构对执法办案活动的监督制约。

（七）责任划分

权力是履行职责的保障，责任是正确行使权力的条件，只有当主办检察官所承担的工作责任与其职权相适应时，才能调动和激发检察官的工作积极性和责任感。如果责任大于权力，往往导致责任不明、责任心不强、积极性不高、效率低下等问题；如果权力大于责任，则容易产生滥用权力的现象。因此，探索实行主办检察官办案责任制，应当根据主办检察官、检察长、检委会在执法办案中的职责权限，明确各自担责范围。属于检察长或检察委员会决定的事项，主办检察官对事实和证据负责；检察长或检察委员会作出的决定，主办检察官对决定不承担责任；检察长或主管检察长对主办检察官的决定改变或部分改变的，主办检察官对改变的部分不承担责任。同时，为进一步完善执法办案责任体系，有必要建立执法责任终身制，即检察人员对其办理的每一起案件终身负责。①

（八）履职保障

主办检察官理应享有必要的履职保障和待遇，这是由主办检察官所享有的权力和承担的责任决定的。如果主办检察官的权责与其得到的执法保障、相关待遇不匹配，必然会挫伤其工作积极性，降低主办检察官岗位的吸引力。主办检察官的履职保障主要包括两个方面：一是主办检察官在办案过程中的履职保障；二是主办检察官的激励机制和保障机制，包括落实主办津贴、优先晋级提职等。

---

① 我们认为，诉讼活动虽是从现象到本质的思考过程，但思维的对象一般都是发生过的事实，只能根据符合程序要件的主张和举证，以及依照法定程序收集的信息和证据进行分析判断，只能达到程序要求的法律真实，不可能完全再现客观真实。因此，在落实执法办案责任制方面，主要是追究检察官在办案中存在的滥用职权、徇私舞弊等违反检察官法第 35 条规定的行为，以及因严重不负责任致使事实认定和法律适用出现重大失误的行为。

主任检察官制度的探索与展望[*]

——以上海市闵行区人民检察院试点探索为例

谢佑平　潘祖全

　　"努力让人民群众在每一个司法案件中都感受到公平正义"，[①] 是检察机关正在践行的司法领域"中国梦"。通过履行法律监督职能来实现司法的"中国梦"不仅是检察机关的神圣职责，同时也对检察机关更新执法办案观念，转变执法办案方式提出了更高、更新的要求。"工欲善其事，必先利其器"，检察机关要在各项法律监督工作中取得"让人民满意"的执法效果，其先决条件就是如何在总结以往经验的基础上，通过构建更加科学高效的办案制度使检察工作的模式构架更加符合司法办案工作规律和检察活动规律的现实需求。显然，在修改后刑事诉讼法全面贯彻实施，司法体制改革纵深推进的时代大背景下，对主任检察官制度探索实践及完善路径的探讨，不仅具有重大的理论价值，更将产生深远的实践影响。

一、当前主诉（办）检察官办案责任制遭遇的发展瓶颈

　　主诉（办）检察官办案责任制作为我国检察制度改革的一大产物，至今已走过了十余个春秋。1997 年，我国刑事诉讼法修改后，庭审方式由原来的纠问式变为抗辩式，对公诉人提出更高的要求。2000 年，最高人民检察院在其制定的《检察官改革三年实施意见》中明确要求改革检察官的办案机制，由此主诉（办）检察官改革正式拉开了序幕。同年，最高人民检察院办公厅制定下发了《关于在审查起诉部门全面推行主诉（办）检察官办案责任制的工作方案》，自此，主诉（办）检察官办案责任制开始在全国推行。改革之初，主诉（办）检察官办案责任制也取得了一些成效，但是经过近十年的实

---

　　* 原文载《法学评论》2014 年第 2 期。
　　① 《习近平：努力让人民群众在每一个司法案件中都感受到公平正义》，载中国日报网，www. chinadaily. com. cn/micro – reading/politics/3013 – 02 – 24/content – 8335289. html。

践，主诉（办）检察官办案责任制由于受制于法律规定不明、配套机制欠缺、人事制度支撑不足等客观原因，制度设计之初便具有的弊端逐渐暴露，进而使改革未能达到预期效果。主诉（办）检察官办案责任制的深入发展遭遇了瓶颈，无法继续进行，主要表现在以下方面：

（一）没有达成去行政化的目的

由于主诉（办）检察官办案责任制并没有最终赋予主诉（办）检察官相对独立的办案职权，使得日常执法办案中的行政领导色彩依然存在。在实施主诉（办）检察官办案责任制度中，一些检察机关的决策层的领导、办案部门负责人，以及办案人员仍受传统思维和习惯做法的禁锢，使主诉（办）检察官办案责任制度改革成为没有生机的死水。研究其根源主要有三个方面原因：其一，放权不彻底。受中国封建社会官本位的思想影响，认为有权才有位，放权就是对自我否定，没有了权力何存位置？因此不肯彻底放权；其二，不放心。认为主诉（办）检察官权力增大了，会出问题。把放权于主诉（办）检察官与主诉（办）检察官滥用权力联系在一起，对主诉（办）检察官独立办案不放心，对于拥有相当大权力的主诉（办）检察官们能否适应新的办案机制的要求，能否用好手中的权力，会不会滥用权力、以权谋私等心存疑虑；其三，不接受。一方面，许多办案人员认为原来办案体制不担风险，不担责任，缺乏创新精神；另一方面，在相应的权力还不充分，利益还没有真正到位的情况下，一些主诉（办）检察官也不愿意承担如此大的责任，办案中遇到问题便主动向领导汇报，听候领导定夺，怠弃本应该自己独立行使的权力。正是由于这些因素的存在，致使试行主诉（办）检察官办案责任制后，越试行收权的趋势越明显，致使一些公诉部门的主诉（办）检察官办案责任制度改革可以说是穿新鞋，走老路，流于形式，收权和放权进退维谷。

（二）没有规范严格的人员准入

由于主诉（办）检察官办案责任制没有建立统一、高效的人员选任机制，没有建立科学的人才梯队，致使高素质公诉人才后备乏力。实践中主诉（办）检察官往往变成主诉（办）检察官办案组，一个主诉（办）检察官就是一个办案组，与主诉（办）检察官办案责任制度背道而驰。另外，从公诉队伍状况看不容乐观，优秀公诉人才储备不足。主要表现：一是公诉部门人员流动较大，司法工作讲究经验积累，一名优秀的主诉（办）检察官不是一两天能培养出来的，培养出来后就更需要在公诉岗位上发挥作用。但受现有的人事制度限制，每一名主诉（办）检察官都面临着职务的升迁及岗位的变动。强调稳定则有可能损害主诉（办）检察官个人的发展，突出流动则有可能违背司法规律。二是公诉工作压力大，工作标准高，没有相应激励机制或待遇，致使公诉人员"跳槽"的现象时常存在。以上原因造成了公诉部门人员短缺，主诉（办）检察官队伍参差不齐的状况，也直接影响着主诉（办）检察官办案责任制度的持续深入发展。

（三）权责利未能统一

权责的有机统一是实行主诉制的初衷，但经过一段时间的运行，出现了权力、责任、利益相脱节的情况，主诉（办）检察官办案责任制的试点未能有效提高主诉（办）检察官待遇，反而成为制约主诉（办）检察官办案责任制度发展的一大桎梏。权、责、利相结合是公诉部门开展主诉（办）检察官办案责任制度改革的一项基本原则。主诉（办）检察官承受的工作强度大，担负责任重、工作标准高，有必要为主诉（办）检察官提供甚至是提高工作条件和利益保障。但由于地方经济条件限制或检察机关内部开展工作总体状况等其他因素，主诉（办）检察官待遇一直得不到很好的解决，成为主诉制改革过程中实践部门"老生常谈"的话题。一些公诉部门的主诉（办）检察官待遇，在实施主诉制前后没什么差别。而在实施该制度，研究给予主诉（办）检察官增加待遇时，公诉部门以外的各部门又会纷纷提出质疑，争相取之，作为掌握全面工作的领导无法决策权衡，主诉（办）检察官待遇就此作罢。作为一项司法体制的改革，相关制度的建构和完善与否直接影响着改革的深入发展。主诉（办）检察官办案责任制度改革更是如此，权、责、利不结合或结合得不好，很难使主诉（办）检察官办案责任制度优越性、主诉（办）检察官的积极性发挥出来。

（四）社会认同与制度规制双重缺失

普通民众缺乏对主诉（办）检察官的认知，影响着主诉（办）检察官办案责任制发展的社会基础的确立。谈到公诉人，公众就会联想到法庭上慷慨陈词，端庄凛然，代表国家指控犯罪的检察官形象，而谈到主诉官则不知主诉官是什么"官"。在社会活动和社会交往中，人们更热衷于是什么职务、什么职级，漠视主诉（办）检察官独立司法权。实际上，在主诉（办）检察官办案责任制框架下，科（处）长、主管检察长等职务的内涵已完全或部分转化了。主诉（办）检察官是职业化的司法官，享有相对独立的对公安机关侦查引导权、自行侦查权、对侦查和审判活动的监督权、提起公诉决定权，特别是具备优秀的出庭公诉能力和表现。这很容易与公众心目中期待的抑恶扬善、匡扶正义的检察官形象联系在一起，主诉（办）检察官应享有更鲜明的个性特征，但多年来在社会公众中并没有形成这种鲜明的个性化司法官形象。一方面，是因为舆论媒体宣传报道少，偶尔可见一些影视作品、文学作品中有所提及。许多媒体报道涉及案件审查起诉环节的专访报道多采用"公诉科科长"、"案件承办人"等称谓。

另一方面，仍是制度层面的问题。由于检察人员管理长期参照国家公务员管理，在这种行政化管理之中是找不到主诉（办）检察官定位的。公诉权属于司法权，有其自身的运行规律。主诉制改革的一个重要目标就是按照司法规律办案，但由于现有行政管理体制的强大惯性，挥之不去的行政管理思维和行政管理模式成为制约主诉制发展的瓶颈。一是职务职级晋升重行政轻司法，检察机关实行的是司法职务和行政职务并行的体制，主诉（办）检察官既面临着司法职务的晋升，也面临着行政职务的晋升，但由于行政职务的强势，官衔携带着更大的利益信号，一些主诉（办）检察官把行政职务职级的晋升作为个人发展的追求和衡量自身价值的标准，而对检察职务的晋升则可有可无，主诉（办）检察官岗位的专业色彩逐步淡化。二是对主诉（办）检察官的监督、考核、奖惩机制，很大程度上是套用对行政公务员考评模式。对主诉（办）检察官及其所从事的司法业务特性考虑较少，忽视了行政工作和司法工作、行政人员与司法人员的职业差别。三是有的主诉成主管。由于案件量激增，主诉（办）检察官似乎变成办案组长，行政管理职责增加而业务领域发挥的作用相应减少，"定而不审、审而不诉"在组内形成了新的审批制。因此，上述公众认同与制度规制的双重缺失，同样均是制约主诉（办）检察官办案责任制可持续发展的重要因素。

二、构建新型检察官办案责任制模式——主任检察官制度

（一）上海市闵行区人民检察院试点主任检察官制度的实践动因

上海市闵行区人民检察院（以下简称"我院"）实行主任检察官制度改革，有着深刻的实践动因，这也是主任检察官制度试点的改革推动力。本文以我院在 2011 年主任检察官初步探索时期的相关实证数据为参考，选择具有代表性的问题进行阐释。

1. 案多人少的多重办案压力

近年来，我院的工作面临着各种与日俱增的要求和挑战：一是工作任务越来越重，办案量的持续增加和办案力量的不足产生的"人案矛盾"使得检察官长期处于超负荷劳动之下；二是工作要求越来越高，无论是从案件质量、程序公正、化解社会矛盾还是人民群众的期待来看，对检察机关执法办案方式和检察官个体执法能力都提出更高要求；三是工作难度越来越大，无论是对检察权的规范限制，疑难复杂新类型的认定，新类型、新手段的犯罪，涉众型经济犯罪、大型团伙犯罪频发，以及修改后刑事诉讼法实施的一系列新增职能，都对检察机关的办案提出更高的标准，也使得工作的难度大幅提升。

例如，从近三年我院的办案数据看，每年案件量以不低于10%的增幅增长：

年度	批捕		起诉			
	受理批捕人数（人）	上升比例（％）	受理起诉数（件）	上升比例（％）	人数（人）	上升比例（％）
2010	2017	/	1714	/	2522	/
2011	2350	13.5	1941	13.2	2801	11.1
2012	2854	21.5	2916	50.2	4021	43.6

案件量大幅增长的同时，人员配备并未同步增加，办案人员人均办案量达百余件。虽然之前主诉（办）检察官办案责任制在办案力量的分配上起到一定的作用，但在案件量高增长的态势下也仅是疲于应付，要想根本上改变现状还需要新的办案制度的变革。

2. 审批权限划分较为模糊

在主诉（办）检察官办案责任制模式中，我院已经开始将简单案件"主诉审批"模式与复杂案件"三级审批"模式结合起来，形成审批双轨制。具体来说，就是制定《审查批捕、起诉案件质量风险控制实施办法》，通过风险等级划分确定风险等级和审批事项范围。对简单案件（低风险案件）多由普通检察官承办，报主诉（办）检察官审批决定，即"主诉审批模式"；对疑难案件（高风险案件）由主诉（办）检察官承办为主，普通检察官承办为辅，经科长、检察长或检委会审批，即"三级审批"模式。这套体制意在探索权力的部分下放，但在决策层面，主诉（办）检察官决定了风险等级及是否属于三级审批范围等，使得案件决定权并未完全按照预想的方式划分。一方面，资深检察官一般对自己的办案能力较为自信，不希望三级审批后的决定意见与自己相左，故通常会怠于三级审批，对高风险等案件仍直接起诉；另一方面，新主诉对案件把控较为谨慎，希望通过三级审批分摊风险，故通常会积极报请三级审批，或对稍有争议的案件全部报请三级审批。

3. 集体决策，主体模糊、责任分散

原有主诉（办）检察官"三级审批"模式中，最终决策者长期脱离办案一线，后道审批程序效力高于前道程序，而审批层级越高，决策者对案件全面性审查越弱，科长审批或许还会翻阅案卷，到检委会讨论的案件，通常仅由承办检察官口头汇报案情，委员们即需作出判断。决定者不办案，办案者无权决定，造成了主体模糊，责任分散。以我院检委会为例，组成人员为正副检察长、检察长助理、办案部门主要负责人，讨论模式为在听取承办人案情汇报的情况下轮流发表意见，并形成会议纪要。而一旦发生错案、不诉、撤回起诉等案件质量问题，有关人员共同承担责任。这种框架下，对责任的划分似乎有据可循，但人人负责即相当于无人负责，在责任的层层上移甚至在检委会这种集体决策的形式中，责任被过度分散，导致了权责不分明的矛盾。

（二）上海市闵行区人民检察院主任检察官制度的运行模式

我院试行的"主任检察官制度"，是集主任检察官办案责任制度、任职管理制度、考核奖惩制度等多项制度为一体的综合性配套改革。目标在于建立适应检察业务属性要求的检察机关基本办案组织。在办案模式上，变原有的行政领导审批制为主任检察官审核制，强调办理案件主体的独立性、亲历性，去除办案过程中的行政化色彩，回归检察业务的司法化本质。为确保新旧制度的平稳过渡，我院采取了循序渐进的工作方法，加强实践、不断总结、由点及面逐步铺开。

1. 组织模式

按照办案专业化和管理扁平化，在不突破原科（局）机构的情况下，设置主任检察官办公室，作为基本办案组织模式。以侦监、公诉为例，在内部构成上，为每名主任检察官配备配合办案的检察官与书记员，人员相对固定，形成较为稳定的办案组织。其中，主任检察官应当组织与指导所带领的办案组完成部门分配的办案数量。主任检察官根据检察长的授权，审核其他检察官承办的案件，组织案件讨论、合议，牵头主任检察官办公室的各项办案事务。各主任检察官办公室对受案范围进行一定的专业化分工，比如简易程序类、侵财犯罪类、金融、未检和侦查办案等。

2013 年以来，深化主任检察官制度的相关工作有序推进，《上海市闵行区人民检察院主任检察官考核办法（试行）》、《主任检察官办案责任制实施办法的补充规定》等一系列制度相继出台，构建了"三位一体"的主任检察官案件质量保障体系，通过深化案件质量评查工作机制对主任检察官办案实行立体监督，进一步理顺分管检察长、主任检察官与部门负责人之间的权责关系。同时，在试点实践的基础上，将主任检察官制度的实施范围进一步扩展到自侦、案管、研究室等业务与综合部门。

2. 任免条件

为了加强主任检察官队伍的专业化、精英化建设，我院对主任检察官的任职资格设置了较高的门槛。根据院有关规定，主任检察官应当具备四项条件，即具有坚定的政治立场和良好的职业道德；具有大学本科以上学历；具有省市级以上"优秀公诉人、优秀侦查监督员、未检办案能手"称号的检察员；具有三年以上刑事检察工作经历。

主任检察官的选任采取个人申报、科室推荐和组织审定的方式进行。由院党组决定根据办案实际提出拟设主任检察官的职数及选任要求；政治部对个人申请和科室推荐的拟任主任检察官候选人进行资格审查；对拟任主任检察官候选人进行考评后提交院党组会议审议，择优选任；主任检察官由检察长任命，任职期限一般为两年。

3. 职权配置

在现行法律体系框架内，主任检察官的权力还是来源于检察长的授权，并非法律的直接授权。虽然还具有一定的局限性，但是对于促使检察官成为真正意义上检察权的行使主体，体现司法属性特征来讲，无疑是一个很大的进步。由于检察权是一种综合性的权力，具有不同的属性，因此行使不同职能的主任检察官也应当具有不同的职权。当然，目前对于不同职能的主任检察官到底应当享有什么样的权力，尚无定论，我们也在逐步探讨、完善的过程中。在主任检察官职权配置上，主要分为三种：

一是行使刑检职能（批捕、公诉职能）的主任检察官，享有对绝大多数案件的决定权，同时对组内其他检察官办理的案件进行审核把关，可以提出意见，但决定权仍在办案检察官。主任检察官不同意办案检察官的意见，可以与办案检察官进行充分的沟通，由于主任检察官经验更丰富，业务能力更出众，一般情况下，办案检察官会采纳主任检察官的意见。如果办案检察官坚持自己的意见，主任检察官可以提议召开主任检察官联席会议，拿出意见供办案检察官参考。仍然不能达成统一意见的情况下，应当提交检察长或检委会决定，对于检察长或者检委会的决定，办案检察官、主任检察官都应当执行。二是行使侦查办案职能的主任检察官，由于侦查权具有行政权的属性，更加注重高效、团队合作和上命下行。在改革试点阶段，我们把其中程序性的权力和一部分比较轻微案件的实体决定权力下放给主任检察官。对于重大的、复杂的，有社会影响力的案件，由主任检察官审查后提出处理意见，报请检察长或者检察委员会决定。三是行使法律监督职责的主任检察官。基本原则是比照检委会议事议案工作机制，实行主任检察官主持下的"听案合议制"，按照少数服从多数的民主集中制处理法律监督事务，将每个人的意见记录在案，但是按照多数人的意见执行。

（三）主任检察官制度的实践价值

我院自 2011 年以来试点实行的主任检察官制度，有利于保障检察权依法独立、公正、公开行使，优化检察权配置和检察权运行方式，培养专业化、职业化的检察人才队伍，其价值至少体现在以下几个方面：

1. 去除办案过程中的行政化色彩，使检察工作体现司法属性

我国检察机关既是法律监督机关，也是司法机关。2006 年《中共中央关

于进一步加强人民法院、人民检察院工作的决定》明确指出："人民法院和人民检察院是国家司法机关。"党的十七大报告、十八大报告对此均予以明确。从我国宪法和法律赋予检察机关的职能看，检察办案是一种司法活动，审查逮捕、审查起诉、抗诉等都具有较强的司法属性。具体来看：一是亲历性，办案人员必须亲身经历，亲自提审，面对面地接触犯罪嫌疑人、被告人，亲自查看案件材料，亲身了解案件的事实和证据，才能对案件事实、定性和量刑作出全面准确判断。二是公正性，要求办案人员认真倾听案件当事人、律师等的意见，依照法定程序和条件收集、审查判断证据，正确认定事实，准确适用法律，是一种确保司法公正的制度保障。三是独立性，要求办案人员有独立的思考和判断，既是司法人员的一种权力，更是司法人员的一种责任。但是，检察机关长期以来实行的行政审批制与上述检察权的性质、职能存在冲突，决定权的向上集中使得检察机关在实践中具有典型的行政化特征。主任检察官制度，是克服办案工作行政化的有效措施，使得办案责任模式发生根本变革，有利于确立和强化检察权的司法权属性，加强适度司法化改革。

2. 建立与法院审判庭相对应的检察机关基本办案组织

主任检察官制度是根据司法权属性和司法工作规律进行的制度设计，具有中国社会主义特色，也具有检察机关特色。从检察制度的历史变迁看，我国检察机关具有最强的司法功能，[①] 主任检察官制度的构建有利于探索以"办案为中心"的机构改革。从检察制度与法院审判制度比较来看，法院庭长和审判长的称谓，具有鲜明的法院特色，检察办案组织改革就是要探索一套符合检察办案特点的组织形式和职务序列，取代目前的科层结构和办案方式。一是将资深检察官选任为主任检察官。主任检察官既是检察机关中优秀检察官的代表，又是检察机关特有的称谓和身份象征。主任检察官不仅亲自办案，还应承担检察管理的职责。二是将主任检察官办案组作为规范的、稳定的、常态的基本办案组织，在检察长的领导下，在主任检察官的主持、指导和管理下，对案件行使决定权并承担办案责任的制度。

3. 建立专业化和职业化的检察官队伍

构建主任检察官制度有利于检察队伍专业化建设。随着社会的发展，专业分工越来越精细化。一个人的精力是有限的，不可能精通各个行业，许多专业知识如金融犯罪、知识产权犯罪、单位犯罪、职务犯罪、有组织犯罪、网络犯罪等需要长期的知识和经验的积累、严格的专业培养，才能达到专业化办案的水平。目前检察机关实行的是分案制、轮案制，缺乏有效合理的分工，即使有

---

① 龙宗智：《检察机关办案方式的适度司法化改革》，载《法学杂志》2013 年第 1 期。

分工也多是粗放型。一名检察官往往承办的案件类型繁多，犹如全科大夫，看似面面俱到，但结果可能是难以办出精品案件。实行主任检察官制度后，按照各主任检察官的专长将案件进行分类，比较固定地将某一专业的案件交由特定的主任检察官办案组办理。促使主任检察官集中精力，加速特定专业知识的学习和经验的积累，成为办理某些专业性案件的行家里手。

三、当前主任检察官制度的完善方向

（一）在制度上，建立检察权规范化运行机制

在同一检察机关内部，主任检察官制度应当遵循检察官—主任检察官—检察长（检委会）的权力运行轨迹，检察机关上下级之间的领导关系以检察一体为原则，并以规范化的检察一体原则保障检察官的独立。我国检察机关内部究竟应该如何行使领导关系，一直以来都没有引起足够重视。上级检察机关应当如何领导下级检察机关，检察长、主任检察官应当如何领导办案检察官，没有清晰而明确的规则可循。纵然，主任检察官制度的改革不能动摇检察一体的检察权运行规律，但是为了使主任检察官制度改革有效发挥其推动检察业务管理科学化、检察工作司法化的作用，必须建立检察机关内部规范化的权力运行机制和体系，比如建立规范的分案制度，杜绝分案的随意性，防止权力滥用和分案过程中可能蕴藏的司法腐败风险；建立规范的案件移转制度，案件一旦分配给某位检察官办理，其办案权力不能被随意剥夺，特定的情况下，可以由检察长决定指派其他的检察官办理，但仅限于事先明确的特定事项，以保障检察官基本的办案权力，等等。在规范化的检察一体的框架下，保障主任检察官制度下的检察官能真正独立行使检察权力。

（二）在实践中，妥善处理检察官独立地位与全局工作的关系

从实践情况来看，检察长、科层领导与办案人员由于其所处位置的不同，工作侧重点也有所不同。具体而言，办案人员的工作重心更偏向于个案的处理，且在处理时更注重案件的法律效果，而领导层则更注重工作的全局性，且对于案件的政治效果与社会效果往往保持更高的关注。主任检察官制度强调主任检察官个人的独立性与独立地位，这种突出与强调必然伴随着科层领导甚至检察长权力的削弱，而这种削弱对于全局性的工作难免会带来一定的负面影响。以办案为例，在所有案件均需经三级审批的情况下，由于所有案件最后都集中到检察长一人手中，因此，对于案件类似情节的处理尺度基本是统一、均衡的。而在主任检察官制度下，各主任检察官由于个人情况、资历、好恶、价值观、司法理念、法律认识的不同，对于案件的把握尺度与处理方式也会有所不同，从而导致同案不同处理。

在办案工作之外，领导控制力削弱的负面影响可能就更为突出。检察工作不仅包括办案，还包括监督、调研、宣传、综合治理等各方面。在原有体制下，科层领导能全面掌握科内工作走向，充分利用各种资源，并根据各办案人员的长处合理进行工作安排。在主任检察官制度下，科层领导无法第一时间掌握案件情况，而各主任检察官由于性格、兴趣、擅长领域的不同，很难全面利用本办案组内的案件资源，从而出现组内资源浪费、科内资源不足工作难以开展的情况。对于这一问题，我院采取了多种解决方法。以公诉科为例，在案件受理时由内勤统一输入案件信息，并对公安机关移送起诉意见书进行阅看，发现亮点信息及时上报科室；法律文书付印前统一交由专职文书审核员进行审核；案件判决后填写三书一表进行三级审批。这一系列的措施确有一定效果，但对法律文书和"诉判一致"的严格要求，也可能影响到主任检察官作出判断的独立性。如何在主任检察官独立性与领导对全局工作的掌控之间取得平衡，还需要持久的探索与研究。

（三）在愿景上，建立科学化的岗位激励机制

与普通检察官相比，主任检察官无疑承担了更加繁重的工作，承受了更加巨大的压力。为鼓励优秀检察官担任主任检察官，我院明确没有行政职级的主任检察官享受不低于部门副职的待遇，且在选拔、晋升时享有优先权，任职满一定年限可以晋升副处级非领导职务。这一规定在干警中取得了良好的反响，并极大地鼓舞了青年干警争获"三优一能"的积极性。但仍有需要进一步思索之处。就享受不低于部门副职待遇而言，我院作为基层检察院，在职级待遇上，部门副职待遇即副科级待遇。以公诉科为例，该科共有两名主任检察官，一名为副处级检察员、一名为正科级检察员，部门副职待遇起到的激励作用实际上相当有限。而晋升副处级非领导职务的规定由于未明确需要任职满多少年限，也让人有可望而不可即之感。实际上，在确定任职年限时也存在着一种两难：如果规定的任职年限过短，主任检察官可能在取得副处级后即辞去主任检察官职务，出现"培养一个、流失一个"的情况；而如果规定的年限过长，又难以体现出选拔制度对于主任检察官的优先。目前情况下，比较可行的方案是待遇与职级相分离，主任检察官任职满一定年限后，不晋升副处级职务但享受副处级待遇，而一旦离开主任检察官岗位，则仍享受与其职级相匹配的待遇，从而鼓励主任检察官长久驻守在本岗位上。但是，这一方案需要相应的区级财政、人事等各方面的支持，需要各方进行协调，并以制度化的方式确定下来。

主任检察官制度改革应理顺"一体化"与"独立性"之关系[*]

张　栋

深化司法体制改革，确保检察机关依法独立公正行使检察权就必须深刻理解检察权的司法属性和独立公正的内容。改革检察权的运行方式、内部机构设置，以及对检察机关基本办案组织进行有效变革，并以此为基点完善检察人员的分类管理，强化检察官的职业保障就成为现今检察改革和实践探索的又一重要内容。设立主任检察官，以主任检察官办案取代科层制，实现扁平化与专业化管理，并以此来整合内设机构，目前已成为改革的方向。在全国多地试点推进的过程中，如何正确认识这样的变革，试点中的成败得失有哪此，遇有怎样的阻力以及如何突破制约瓶颈等内容，是必须解决的重要问题。

一、自下而上推进的主任检察官制度改革的基本情况

办案组织是司法机关最基本的"组织单元"。1980 年，最高人民检察院确立了"三级审批制"检察办案模式，处、科、组成了检察机关最基本的办案单元，这种模式一直沿用至今。这样的组织单元及由此架构的办案方式对于防止检察权的滥用和误用，保证国家法律统一实施发挥了非常重要的作用，但由于上命下从的行政化特质过于凸显，遮蔽了检察权运作的司法属性，弱化了检察官在办理案件中的主导地位，不利于办案的公开性和透明性，也不利于落实执法责任和调动办案人员的积极性、主动性。所以这种组织架构和办案模式一直饱受争议，"检察权曾一度被部分学者划入行政权的范畴，与检察权的基本运转单元的行政化色彩不无关联"。^①

为真正解决长期以来检察机关以行政方式管理司法办案的现状，增强一线办案人员的责任意识，提高办案质量，在吸收借鉴其他国家和地区有关基本办

*　原文载《法学》2014 年第 5 期。

① 　向泽选：《新时期检察改革的进路》，载《中国法学》2013 年第 5 期。

案组织的经验基础上，① 各地在检察职权配置改革和创新执法方式的大背景下，开始探索试行主任检察官制度。所谓主任检察官制度，是指主任检察官与多名检察官组成的办案组在检察长及检委会领导下，对授权范围内的案件依法独立行使决定权并承担相应办案责任的制度。这一制度的核心是检察机关要实现以案件为中心的扁平化与专业化管理，从而有效去行政化，在确保和提升案件质量的基础上，做到权责明晰，并为优秀检察人员的培养畅通路径。

2007 年北京市人民检察院第一分院率先在全国实行主任检察官办案责任制，打破以往三级审批的行政化办案模式，采取主任制与专业化办案组相结合的方式实现案件的流转与管理。上海则先在浦东新区检察院和闵行区检察院进行试点，并随后扩大到静安区等其他基层检察院。由于没有统一的制度模式，所以各试点单位对于主任检察官的适用范围、任职条件、选任程序、职责权限、保障机制等方面都有或大或小的差别。此外，湖北、辽宁大连、江苏镇江等地也都较早进行了主任检察官制度的试行和改革，如湖北省检察院自 2013 年 8 月开始在全省 59 个检察院开展改革试点。② 2013 年底，最高人民检察院印发《检察官办案责任制改革试点方案》，就建立以主任检察官制度为主要内容的检察官办案责任制改革试点工作进行具体部署。方案要求自 2014 年 1 月至 2014 年 12 月，以保障检察机关依法独立公正行使检察权为目标，以突出检察官办案主体地位为核心，以建立权责明确、协作紧密、制约有力、运行高效的办案组织模式为基础，以落实和强化检察官执法责任为重点，检察机关在全国 7 个省份的 17 个检察院试点开展主任检察官办案责任制。至此，主任检察官制度在全国更大范围内开始试点推进。而基本办案单元的有效转轨，对于保障检察机关依法独立行使检察权，提升检察机关的法律监督能力等方面都具有重要的意义，因此，它也成为当下司法体制改革的重要内容之一。

如今，改革已逐渐取得了预想中的部分成效：（1）由于简化了案件的行政化审批程序，办案效率获得显著提高。以上海市浦东新区检察院刑检部门为例，2012 年浦东新区检察院受理批捕案件数 3713 件，同比上升 37.4%；受理公诉案件数 5625 件，同比上升 72.8%，均为历史最高。在如此庞大的案件量之下，不仅没有错捕、错诉案件，反而在业绩上有了新的进展：全年追捕同比上升 126%，移送涉嫌犯罪线索同比上升 178%。而北京市检察院第一分院公

---

① 在大陆法系国家（地区），包括我国台湾地区，在一个检察院内部，比较普遍地实行检察长—主任检察官—检察官这样的权力配置方式与责任链，实行相对独立性与行政隶属性的协调统一。

② 湖北省检察院的改革将基本办案单元称为"主办检察官"，参见郑青：《关于实行主办检察官办案责任制的几点思考——以湖北检察机关实践为范本》，载《中国刑事诉讼法学研究会文集（2013 年卷）》，中国人民公安大学出版社 2014 年版。

诉二处的数据显示，2009 年该处结案率为 82.86%，2010 年为 92.6%，2011 年达 98.73%，2012 年在收案率上升 79.7% 的情况下，结案率达 97.9%，改革逐渐深入取得的效果较为明显。① （2）进一步提升了案件质量。以上海市闵行区检察院为例，该院自试行主任检察官制度以来未发现一起错案，2012 年公诉案件的审结率达到 99.5%，审查逮捕案件期限由平均 6.5 天降至 5.4 天。② 而北京市检察院第一分院公诉部门办理的 A 类案件，自实行主任检察官制度以来也在逐渐上升，2008 年为 30 件，2009 年为 35 件，2010 年为 37 件，2011 年为 63 件，2012 年则达到 118 件。此外，在提升专业化办案水平，调动检察官工作积极性，增强职业荣誉感和责任感以及优化人才培养等方面，主任检察官制度改革都初见成效。

二、主任检察官制度改革面临的核心问题是如何去行政化

在取得成绩的同时，各地试点工作也反映出一些值得关注的问题，这些问题归结到底是如何去行政化的问题，具体而言：

（一）主任检察官与部门行政负责人的关系问题

主任检察官制度改革的重点和难点就是要彻底改变现有的行政管理模式以及与之相对应的三级审批办案方式。主任检察官作为基本的办案组织单元，直接对检察长和检察委员会负责，中间不存在任何的层级，也就是说"主任检察官制度内在地包含了取消行政科层设置的意蕴"。③ 由于行政科层的取消牵连的内容过多，因此，各地在试点推进中基本都采取了较为折中的方式，即原有科层继续保留，原科、处长继续作为部门行政负责人管理本部门的行政事务；当然如果其本人也是主任检察官的话，他也负责案件的办理。而其科层内的其他主任检察官主要负责案件的流转与推进。简单理解就是内设机构负责人管行政，主任检察官管业务。这样的折中处理，初看起来似乎既适应了当前的现实状况，又较好地对行政与司法事务进行了剥离，但在具体运行中，由于主任检察官与检察长之间存在一个具有行政职务的部门负责人，而其在行政管理过程中又不可避免地与这些主任检察官以及他们负责的案件产生某种关联。如科、处长负责本部门的执法办案管理工作，监督、检查、协调主任检察官、其他检察官及检察辅助人员的执法办案工作，进行案件分配以及组织主任检察官联席会议，等等。虽然各地都进一步明确了二者的权限范围及遇有争议时的处

---

① 数据来自于 2013 年 4 月 2 日在上海召开的"检察机关基本办案组织"研讨会的会议材料。
② 刘建：《主任检察官制度试行两年无错案》，载《法制日报》2013 年 4 月 15 日。
③ 陈旭：《建立主任检察官制度的构想》，载《法学》2014 年第 2 期。

理，如部门负责人对主任检察官办理的案件，认为主任检察官作出的决定不当时，可以提出本人的倾向性意见，有些还进一步规定，可以将本人的倾向性意见同主任检察官的意见，以及主任检察官联席会议意见一并呈报检察长，供检察长参考，等等。但由于各种配套制度目前还不是特别完善，在干部任用、激励上，传统的行政晋升通道没有改变的情况下，关于具体的职责范围还存有模糊理解的情况下，主任检察官与部门负责人的关系问题始终没有办法完全理顺。而这样的双规制运行，一旦长时间持续下去，很容易使行政化管理模式和一种异化了的三级审批制重新回归，主任检察官不敢，甚至不愿意独立办案，而重新回到行政化的旧有格局中去。对此，笔者认为主任检察官的推行，必须在基层检察机关取消科层设置，既从内容上也从形式上根本切断三级审批的既存层级。只有这样主任检察官制度才能真正富有生命力地蓬勃发展起来，而不是走回以前"主诉制"的老路上去。①

（二）主任检察官与组内其他检察官之间的关系问题

设立主任检察官，如果化繁为简地去理解，就是如何有效去行政化，凸显司法性以提高办案质量的问题。在主任检察官的办案模式下，主任检察官并不亲力亲为组内的所有案件，但他们又要为这个组内的所有案件负最终责任；他们既要对组内行使必要的领导和指挥权，又要尊重办案检察官起码的独立性。所以如何正确界定主任检察官和其他检察官之间的关系十分重要，目前实践部门对此问题的理解还较为混乱。对此，笔者认为，检察独立和一体化的领导之间并不存在一个实质的冲突，问题的关键就在于，我们应设置怎样具体的规

---

①　2000 年，最高人民检察院《关于印发〈检察改革三年实施意见〉的通知》中强调，在 3 年内实现 6 项改革目标：（1）改革检察业务工作机制，强化法律监督的职能和作用；（2）改革检察机关的机构等组织体系，加强上级检察机关对下级检察机关的领导；（3）改革检察官办案机制，全面建立主诉、主办检察官办案责任制；（4）改革检察机关干部人事制度，调整人员结构，提高人员素质，实行检察官、书记员、司法警察、司法行政人员的分类管理，建立充满生机与活力的用人机制；（5）改革检察机关内、外部监督制约机制，保证公正、廉洁和高效；（6）改革检察机关经费管理机制，实行科技强检，为检察机关依法履行检察职能提供物质保障。其中，改革检察官办案机制，建立主诉检察官制度被理论界和司法实务界认为是 6 项改革中影响最具深远意义的一项内容。所谓主诉制，是在检察委员会和检察长领导下，在审查起诉部门实行以主诉检察官为主要责任人的检察官办案制度，其基本内容是以主诉检察官为核心组成办案组，在检察委员会和检察长的领导下相对独立地承担案件的审查起诉、出庭支持公诉和履行法律监督职责，它实质上是一种相对独立的主诉官办案制度。然而，由于长期受行政化管理模式的惯性影响，以及相关配套制度的缺位，主诉检察官办案模式并没有实现预想中的去行政化。这项一度被法学界和司法实务界认为是 6 项改革中影响最具深远意义的改革并没有完成其承载的历史使命。主诉制在有些地方检察院试行一段时间后即被摒弃，而在继续采用主诉制的检察机关，虽然主诉制对办案检察官实行了一定意义的"放权"或"还权"，对案件的处理具有了一定程度的掌控性，但距离当初预设的"独立性"和"司法性"还有不小的差距，其更多是一种符号意义。

则，来为二者划定边界。如我们要强调主任检察官对案件的指导应着重于法律适用的统一，而不应过于频繁和常态地存在于具体案件的处理中。我们遵循检察一体原则，也重视监督指挥权，但规则要限制这种指令必须是后置的。也就是说办案检察官必须先要有自己的承办意见，主任检察官才能对案件进行指导和把关，而不能在承办人还没有自己意见的时候就事先去征询主任检察官的意见，然后将这个意见作为自己的原始办案意见来使用。如果主任检察官不同意承办人的意见，他/她可以行使指挥权进行更改，承办人也必须遵从这种更改。但是要在规则中明确，这种指挥行为本身要依严格的程序来进行。我国台湾地区对此就规定，这种意见必须以书面形式进行，同时办案检察官的最初意见应一并附卷，以备日后检验。只有设置明晰且具体的规则，各主体的行为才不会僭越边界，主任检察官制度才能较好地运行。而这些规则，可以为主任检察官的考核和淘汰提供依据。因为每次不同意见的碰撞，都是对主任检察官办案能力的一次考验，如果主任检察官的意见被反复多次地最终证明是错的，那这个主任检察官的地位就岌岌可危了。同时，这样的规则又能够让那些有才华、有抱负、有思想、有热情的年轻检察官脱颖而出，在有经验、高水平的主任检察官的带领下，形成一个精英团队。我们要防范形成一个强势的主任检察官带领一组唯唯诺诺的检察官的这样一种弱势格局。

（三）适用范围和规模问题

在以主任检察官为基本办案单元的改革中，主任检察官办案责任制应该涵盖的范围到底有多大？是涵盖所有业务部门，还是应该按照业务属性和司法职能进行区分式选择？各业务部门是否需要差异化设立？民检和行检部门的设立是否应具有同一性？围绕主任检察官在多大范围适用以及其具体的选任标准等，目前并没有统一的规定，而各地试点也做法不一。如上海市浦东新区人民检察院在派出院、反贪局、反渎局、侦监处、公诉一处、公诉二处、未检处、控申处、民行处、监所处、驻监狱检察室等几乎所有业务部门均以主任检察官为基本办案组织单元，同时根据不同部门和业务工作的实际情况和办案需要，分别确定了人员配置。刑检部门中的侦监、公诉和未检部门为每名主任检察官配备 2—4 名检察官、书记员（或检察辅助人员）为助手；自侦部门则区分反贪局和反渎局各配置 6—7 名和 3—4 名助手，民检部门配备 2—3 名助手；监所、控申和驻监狱检察室的主任检察官则配备 1—4 名助手。① 与之不同，上海市闵行区人民检察院则在侦查监督、公诉、金融检察、未成年人刑事检察 4个主要业务部门进行深化应用。闵行区检察院主任检察官的组织形式主要分为

① 参见陈宝富：《论主任检察官制度的创新实践》，载《检察风云》2013 年第 10 期。

两种：第一种形式是由 1 名主任检察官、若干名检察官（或者助理检察官）和书记员共 6—7 人组成的办案大组，第二种形式是由 1 名主任检察官、1—2 名检察员（或者助理检察员）和 1 名书记员共 3—4 人组成的办案小组。① 相较于前两种适用范围，北京市人民检察院第一分院则有着更为特定化的适用指向，该院自 2007 年在全国率先实行主任检察官制度，其主要在刑事检察的公诉部门适用。在队伍建设中，通过考试与考评相结合的选任原则，两次面向北京市公开选拔主任检察官，先后将 11 名具有较高政治素质，通理论、精实务的专业化人才任命为公诉部门主任检察官。严格的选任制度为推行主任检察官提供了可靠的人力资源保障，奠定了坚实的专业基础。②

　　综合各试点单位的实践做法，笔者认为，检察机关各业务部门虽然职责不同，权能属性也有所差异，但各业务部门均应实行主任检察官办案责任制，并以此为基点进行基本办案组织单元的转变。在具体的制度设计时，应根据"侦查"、"刑检"、"民检"等不同业务要求作差别化处理，不能千篇一律。而在主任检察官的人数设定上，应注意精英化是主任检察官最重要的身份标签，一定意义上也是这一制度能否顺利实现变革的重要保障。因此设定的门槛要高，人数不宜过多，原主诉检察官和一定级别的部门负责人不宜与主任检察官进行无差别直接转化。③ 虽然这种转变带来的动荡最小，也最容易进行实践操作，但原有身份的简单转换，很可能会异化主任检察官的定位和功能。在这一方面，要注意吸取主诉制试行的教训，比如截止到 2005 年，广东省实行主诉检察官办案责任制的公诉部门有 136 个，占公诉部门总数的 87.7%；全省检察机关共任命了 509 名主诉检察官，占全省公诉干警总数的 29.2%。④ 这种接近三分之一的比例，让人难免会质疑这一主体的精英化程度，甚至会质疑这一群体的办案能力。在主任检察官制度的推行中，过多的人数总量会使得这一称谓不再与办案能力和特殊身份画等号，而更像是某种可以通过非业务能力评价而获取的一种身份福利。

（四）基本办案单元及最小责任主体的明确问题

　　此即在主任检察官办案责任制下，其基本办案单元应该如何确立的问题。在目前进行的改革中，增强办案主体的独立性，合理去除其行政化色彩，有效

---

　　① 参见潘祖全：《主任检察官制度的实践探索》，载《人民检察》2013 年第 10 期。

　　② 数据来自于 2013 年 4 月 2 日在上海召开的"检察机关基本办案组织"研讨会的会议材料。

　　③ 有个别检察院规定，原主诉检察官和部门的正副职负责人可以当然成为主任检察官，而不需要进行新的考核和考评。笔者认为，这一做法需要慎行。

　　④ 参见肖萍：《关于深化主诉检察官办案责任制改革的调研报告——以广东省检察机关的试点为例》，载《人民检察》2007 年第 12 期。

放权和还权已基本达成共识。但这种独立应该到什么程度，是谁的独立，是以主任检察官为核心而组成的办案团队的独立，还是以检察官为基本办案单位而确立的一通到底的独立，则还存有不同看法。在我国台湾地区，一个检察官就是一个办案单位，五六个以上的检察官组成一个组，主任检察官是作为"组"的领导存在，其本身并不完全是办案单位。在我国目前进行的各试点单位中，这一问题相对模糊。对此，笔者认为，以主任检察官为核心组成的办案单元，虽然以"办案组"的形式打破旧有行政化色彩浓厚的三级审批制，主任检察官对组内的所有案件有了一定的案件责任，并在一定意义上实现了权、责、利的统一，但检察机关的基本办案单元应明确为检察官，检察机关办案责任制的性质或定位应以检察官为主体，并最终确立其独立的内涵和边界。因此，从这个意义上来说，虽然主任检察官制度肩负着去行政化的改革重任，但其本身的运作机理仍有一定的行政意蕴，这点不能被忽视。我国基本办案组织的转变，不是一场单纯的去行政化变革，检察权属性所兼具的行政与司法的特质，决定了任何一项改革如果忽视这样的权力特质将无法取得预想的改革效果。因此，我们要做的就是还司法以司法，还行政以行政，而不是二者的简单替换。

（五）主任检察官办案团体整体能力的提升问题

就检察官办案而言，对案件的处理不外乎两个方面的内容：一个是事实认定，另一个是法律适用。经过多年的发展和努力，检察官群体的法律适用能力已经获得了很大程度的提升。这与检察官的入门门槛逐年提高，大量高学历人才，包括硕士研究生甚至博士研究生充实检察官团队有很大关系，当然检察系统内部有针对性和系统性的强化培训也是其中重要的因素。但是我们反观事实认定方面，也就是对证据的认定上，其实还在沿循老路。我们关注的重点还是集中在证据显现的结论上，是运用结论在证明结论，而对于支撑结论的证据的产生和流转环节，比如现场的勘验，检材的提取、检验、转移、交接、保管，等等，我们的检察官并不是十分清楚。笔者曾经跟一些有着多年办案经验的一线干警交流（包括一些准主任检察官们），发现他们中的很多人对此都缺乏直观的理解，他们对有些专业性很强的领域更加存在知识性的盲区，而这些环节往往就是错案的生成点和隐藏点，也是决定办案质量的潜在关键点。2002 年最高人民法院通报的青海李建林案，检察院最后撤回起诉就是因为法医工作失误，把从被害人身上提取的检材当作被告人的，又把从被告人身上和住处提取的血迹当成被害人的，从而作出了错误的鉴定结论，将一个"铁案"变成了一个错案。而检察机关之所以在逮捕、起诉阶段的多重环节都没能及时发现和纠错，就是因为只盯住了证据的结论，注重结论和结论之间的联系，而没有看证据的产生和流转过程是否出现了问题。而像赵作海案、佘祥林案、张氏叔侄案等这些震动全国的错案其实很少是法律适用出现了问题，基本上是对事实认定，对证据的审查判断出现了重大瑕疵。所以主任检察官要真正确保案件质量，就一定要打通检察官同证据之间的关联。对此，检察机关应当同公安取得某种常态式的联系，让干警们更加熟悉证据的收集和流转过程，如通过进行短期业务交流等形式，有专业化分工的办案组也可以考虑引人专业人才，来破除因专业难点而面临的证据困境。此外，相较于其他国家的司法警察，我国的法警职责显得过于单一，可以考虑借鉴国外成熟做法，将有一定能力的（比如金融、电子等方面）专业人才作为高级法警增加到办案团队中来，作为主任检察官办案组的一员，这样就可以避开司法考试的高门槛和专业限制，通过特定人员的招录、培训来有目的地让他们辅助完成一些证据的搜集、认定和审查，等等。

三、去行政化首先要审视检察一体与检察独立的关系

主任检察官制度改革能否去行政化首先涉及如何处理检察一体与检察独立的关系问题。检察官制度滥觞于 18 世纪的法国，当时是为了改变法官集追诉、审判于一身的纠问制度，确立"追诉与审判分离"的控诉原则，而创设了检察官制度。检察官是刑事诉讼中唯一全程参与的机关，其任务在于实践国家的法意志，其监督与守护法律的意义非常重大。他们既要保护被告免于警察的恣意，又要使其免于法官的擅断。检察制度自创设以来，自始处于警察、法官两种国家权力的承上启下的中枢位置。检察官并非是在单纯地执行法律，而是直接参与刑事裁判的形成。检察官的特殊地位决定了其职权行使必须具有一定的独立性，不能以外在的权力意志强加其上。

1. 检察官的独立性，是指其职权的行使，不受法律以外的因素的干扰，特别是行政因素的影响。不论涉案人员的身份、地位，也不论案件所涉的价值高低、影响大小，一切均严格遵循法律。国际检察官协会（IAP）于 1999 年制订了《检察官专业责任标准与权利义务准则》作为检察官起诉活动的国际标准，第 1 条对于检察官的行为，提出检察官必须努力实现独立、客观及具有一贯性。第 2 条涉及"独立"，除强调不具侦查权限的上级对检察官下达一般或具体指令时，必须透明、合法，且不能影响检察的独立性；此外，对允许有追诉裁量的案件，必须独立、无政治干预地行使检察权。第 3 条涉及"公正"，要求检察官不带畏惧、偏好和偏见地履行职责，不受个人或局部利益、公众或媒体的影响，只关注公众利益；客观行事，寻求真相，无论对嫌疑人有利或不利的事项均应加以注意，澄清被告是否有罪。

同时，检察独立与审判独立有着明显的区别，审判权强调的是被动性及稳

定性，而追诉犯罪强调的是主动性和合法性，由于其主动积极的特点，检察权的行使客观上存在着侵害人权和权力滥用的重大危险，由此，建构一套不同于行政体系的上命下从的指挥监督机制，以避免检察权的不当行使，就成为检察权的一个重要组成部分，这就是检察一体原则。

2. 检察一体乃大陆法系检察官制度的核心原则，英美法国家虽无明文规定，但在实务运作上也遵循此原则。对于检察一体的目的，向来见仁见智。我国台湾地区的林钰雄教授在他的《检察官论》一书中，详细地罗列了"打击犯罪"、"防范误断滥权"、"国会监督"、"统一追诉法令"等方面，并在最后认为检察一体原则的积极功效，主要在于便宜主义案件的"裁量"标准。① 总体而言，笔者认为检察一体原则的目的主要在于：（1）规范检察机关的法律适用，维护法制的统一性。检察的独立性不应以标新立异、独树风格，不顾社会普遍感受的突兀行为或偏激做法来彰显，应当追求社会整体对司法体系的客观中立的信赖感。（2）促进检察机关形成合力，协同办案，充分运用检察资源来打击犯罪。（3）防止检察官滥用权力，使拥有强大的侦查等权力的检察权得到有效制衡。

3. 检察一体与检察独立的冲突一直是检察制度中一个非常值得关注的命题。以我国台湾地区为例，就发生过多起影响深远的典型案例。20世纪50年代，台湾当局曾在南投县的中兴村征购大量地皮。事后，有人向省政府告发，说前南投县县长李国桢与科长及其他经办人员，在征购地皮的时候集体受贿。省政府收到指控后，当即移送台中地方法院办理。根据台中地院检察官黄向坚的侦查结果，提起公诉。该案于1958年5月15日判决，除前县长李国桢之外，其余人均判处有罪。黄检察官收到判决书后，对于李国桢被判无罪这一点，表示不服，于是拟依法提起上诉。上诉书状送到首席检察官延宪谅处时，该首席检察官留中不发。黄检察官向其催询，延的答复是"上面"授意不要上诉。黄检察官仍然不服，到了上诉期限最后一天，又去催问，延仍劝他不要上诉。黄检察官便请首席检察官明白批示，延便将"奉命不上诉"五个字批在附卷上，这就是轰动一时的奉命不上诉案。② 此外，1989年新竹地检署检察官侦办"司法院"厅长夫妇司法黄牛案，首席检察官依据检察一体原则指令承办检察官交出案件；1989年桃园地检署检察官侦办高尔夫球场舞弊案时，台湾高等法院检察署下令将案件移转至基隆地检署侦办；1994年12月，台中地检署检察官在侦办台湾省议会议长贿选案时，愤然公布所谓"上上级"关

① 林钰雄：《检察官论》，法律出版社2008年版，第107页。
② 林钰雄：《检察官论》，法律出版社2008年版，第208、209页。

于收押被告的指令，引发舆论大哗；1997 年 7 月，高雄地检署检察官侦办某集团虚开发票案时，检察长增派一名主任检察官及一名检察官加入侦办，且要求三人的侦查行动必须一致，引起原承办检察官不满，并有立法委员声援该检察官，认为检察长影响"独立办案"；2004 年花莲地检署检察官因花莲县长补选民进党开出"头目津贴"涉嫌贿选案，越过上级，自行送传票传讯当时"总统"陈水扁以党主席身份作证，并于同年 12 月 1 日，未经检察长核可，迳向法院起诉民进党花莲县长候选人；等等。① 这些案件都引发了广泛的争论，深刻揭示了检察一体与检察独立在司法实务中客观存在的紧张关系。

4. 如何真正实现检察一体的目的，同时维护充分的检察独立，在大陆法国家中，德国的做法具有一定的代表性。依照德国的《法院组织法》第 145 条，检察首长有权监督和带领所辖检察官，拥有指令权、移转权以及收取权。所谓移转权，是检察首长可将特定程序中的检察官换下，而由其他检察官履行职务。所谓收取权，是指检察首长换下原检察官，由自己来履行特定程序中的检察职权。移转与收取的法理依据是在刑事诉讼中有"法定法官"原则（《德国基本法》第 101 条第 1 项），但不存在"法定检察官"，也就是说检察官在审判中的参与不是特指某一个检察官，而是指检察机构，在这一点上检察官与法官是不同的。指令权的行使，只有在诉讼中存在事实和法律上的瑕疵的情况下方可为之。

当检察官与检察首长对于指令的合法性产生争议时，按照检察一体原则，检察官提出异议后，上级仍然坚持原有指令，此时，该检察官必须遵守指令，否则会受到纪律处分。但在德国的司法实践中，检察首长在指令产生争议时，一般不会勉强下级检察官在违背其个人观点的情况下履职，会采取职务的移转或收取的方式处理这种冲突，也就是指派其他检察官或者本人亲自处理此案。② 当然，检察官原则上有遵守指令的义务，但如果认为指令与本人理念严重冲突，也可申请免予继续办理该案。

为了保证检察一体的透明和公正，德国刑事诉讼中所有的检察指令都必须以书面的方式作出，以明确责任归属，并且，在程序结束之后，接受指令的检察官有权公开这一指令。这种要式的程序设计，确保指令的下达者谨慎行事，严格自我约束，因为他必须对指令的合法性承担完全责任，即使是在紧急情况下，上级可以口头下达指令，但也必须在事后立即用书面的方式予以确认。③

①　以上案例参见陈文琪：《"检察一体"之实践》，载《检察新论》2007 年第 1 期。

②　Vgl. Satzger, a. a. 0.（Fn. 4），S. 133.

③　参见《德国刑事诉讼法》第 170 条第 2 项。

5. 检察独立在各国立法中一般也都有较为严密的保障性的制度设计。以日本为例，日本采"检察官独任官厅制"，亦即每个检察官都是一个独立行使职权的国家机关，检察权的行使不是检察署的首长所独有。虽然在检察署内部为保持检察事务处理的统一性，检察官的决定必须经过首长同意后，才作起诉或不起诉。但对外，检察官的起诉并不以检察长的同意为必要条件。也就是说，没有经过检察首长的同意的起诉书送达法院之后，仍然是有效的，可以作为审理的对象。检察官个人为独任制的官署，各自执行法律所赋予的职权，并不是检察总长、检察长及其他上级的辅助者，亦无须以上级名义行使职权，这与一般行政机关的上命下从是不同的。① 同时，为确保检察官的独立，日本在法律层面上有两项重要的制度设计：（1）身份的保障。依《检察厅法》第25条规定，检察官除有因届龄退官、依检察官适格审查会的决议罢免以及检察官之冗员外，不得违反其意思予以去职、停止职务或减薪，但受惩戒处分者，不在此限。（2）对于法务大臣的指挥监督权的限制。在组织法上，检察官为行政官，受法务部长的指挥监督。《检察厅法》第14条但书规定，关于具体案件的侦查与处分，法务部长仅得指挥检察总长，不可直接指挥各级检察官。②

四、建立主任检察官制度要防止一体性对独立性的侵扰

触及检察机关基本办案单元的变革，无论是 20 世纪末启动的主诉制，还是今年开始扩大试点推进的主任制，成败的关键都在于能否真正有效地去行政化，能否真正抵抗既得利益的干扰，在以业务为主导和案件办理为核心中，凝聚成有战斗力且权责明晰的办案组织。③ 如何彻底改变现有的行政管理模式以及与之对应的三级审批办案方式，并实现与主任检察官制度的平稳过渡，如何进一步理顺主任检察官制度的内部运行与管理方式，建立与改革初衷一致并能实现改革目标的具体制度，是各地在建立主任检察官制度中都着力解决的问题。这其中就涉及如何处理检察一体与检察独立的关系问题，而从多地改革中反映出的成效、问题和困惑可以看出，目前对二者关系的理解还存有误区。根据我国宪法和人民检察院组织法的规定，检察权在上下级检察院之间的运行，既要体现一体化的特征，又要兼顾各级检察院依法独立行使检察权的要求。然而一体和独立，虽然在理论上可以兼容，可以共存，可以明晰界域，但在具体

---

① 参见吕宁莉：《日本检察制度之介绍及与我国之比较》，载《检察新论》2008 年第 3 期。

② 参见陈运财：《检察独立与检察一体之分际》，载《月旦法学杂志》2005 年第 9 期。

③ 这里的既得利益可以理解为在"三级审批制"下和以"科、处、局"为基本办案组织单元下，具有一定的案件控制权和具有一定行政职级的中层部门领导。

的案件处理中，生于司法但无往不在行政中的检察权，其权力运行本身就为二者的僭越预留了一定的空间。尤其是在我国当下，检察一体和检察独立都承载了特别的保障职责时，二者的协调和可能失重的选择就成为改革能否顺利前行的重要理论指引。

1. 检察一体中，其复合性内涵容易遮蔽和异化"独立"的真正要旨，过于泛化和具有含属关系的丛生概念容易使其中的"独立"内容失去特有的品格。检察一体是对近代大陆法系检察制度内部组织构建以及权能运行的原理性概括和总结。对于我国而言，检察制度的总体设计，从上下级检察院之间的关系，检察长与具体办案检察官之间的关系等内容无不体现了检察一体的精神和思路。在具体的检察一体的内容解读中，很多学者都曾指出，检察一体的完整内涵当然包含一定意义的检察独立。① 亦有论者在考察了法国、德国、日本、中国有关检察一体的定义后指出：检察制度内部指令权、上命下从等内容是标示检察一体之所谓"一体"的根据，同时它们也是认识和理解检察一体的前提；如果根据对检察一体概念的直观解读，将其仅仅理解为强调检察官之间的上命下从关系或等级性要求，显然遮蔽了对检察一体的整体与正确的把握。这是因为各国检察实务界与理论界在强调检察制度中上级对下级拥有指令权、检察制度内部等级性等特征之外，更是着重要求检察官在履行检察权能的过程中必须承担严格依照法律行使职权的客观义务，以使其具有相对独立之特征。这就导致检察一体在具有等级性、统一性等含义之后，又包含了检察官相对独立、检察官客观义务的概念。② 日本前国家检察长伊藤荣树也曾指出：检察一体原则的创建就是因为承认检察官的独立。③ 对此，笔者认为，从世界各国检察实践的经验来看，检察一体的内容确实包含了一定程度的检察独立，但这种独立与我国当今所存有的独立，无论是在理念意义上，还是在制度确立上都不是等同概念。从贯彻检察一体有助于形成合力共同抵制外来干预的角度来讲，检察一体有助于检察机关的集体独立，但是，在检察官独立行使职权这样一个层面上，检察一体与检察官独立则会存有一定意义的对抗，对检察一体的过分强调完全有可能侵蚀检察官的个体独立。由此，在当下检察机关基本办案组织的变革中，我们必须对检察独立所具有的非依附价值有正确的认知，防止在检

---

① 参见冯中华：《论中国语境下检察一体化的实现》，载《中国刑事法杂志》2011 年第 7 期；邹绯箭、邵晖：《检察一体与中国上下级检察院组织关系构建》，载《中国刑事法杂志》2013 年第 8 期；张志铭：《对中国"检察一体化改革"的思考》，载《国家检察官学院学报》2007 年第 2 期；等等。

② 参见邵晖：《检察一体的历史与现实》，载《国家检察官学院学报》2013 年第 1 期。

③ 参见［日］伊藤荣树：《日本检察厅法逐条解释》，徐益初、林青译，中国检察出版社 1990 年版，第 57 页。

察一体的视角和范围内界定和适用独立。

2. 对于检察一体和检察独立的关系，笔者认为二者是一种体用关系，即检察独立是"体"，是根本和目的，检察一体化是"用"，是保障和手段，检察一体是为检察独立服务的。为什么这样说，我们首先看一下检察独立，检察官独立与法官的独立不同，检察官独立，它的核心和精髓是独任制，它不同于法官的合议制。从各国检察业务实践来看，除了我国的检委会以外，检察官没有多数决这个程序。这是由检察官对打击犯罪负最终的国家责任这一职权所必需的权威与效率决定的，从这个意义上来讲，这种独立是一种更充分、更彻底的独立。而检察一体，其监督指挥、职务收取和职务转移其实是为了防范和救济这种独立可能带来的弊端而设置的。没有检察一体反而体现不出检察独立来。因为检察一体实际上是为了保证法律的统一适用和防止检察权的恣意妄为而设置的一种更高层次的检察独立形式，是上级检察官依照严格程序（比如发出书面命令），并对这种指挥负个人完全责任的一种检察权运作模式。因此，在对主任检察官内部运行与管理进行制度设计时，应充分尊重和体现检察独立和检察一体的体用关系，明确何者为体，何者为用，何为根本。如果在我们的改革中，检察一体最终淹没了检察独立，那么主任检察官的制度运行很难实现司法化办案模式的转变，很可能是我们只搭了个架子，但并没有填充进去实质性的内容，甚至又面临走回行政化老路的风险。

3. 受眼前和短期现实需求的影响，妥协衡量检察一体容易遮蔽检察独立。尤其在目前，我国司法独立还缺乏有效保障，地方干扰还较为普遍的情况下，上级检察机关的一体化领导和监督对保障严格依法办案与正确处理案件具有积极意义。目前检察机关已经探索实行自侦案件决定逮捕权上提一级，以及职务犯罪案件的判决审查由上下级公诉部门同步进行等加强监督的措施，发挥了一定的积极作用。有的省级检察机关采取改革措施，努力实现检察工作一体化，以减少执法的地方影响并增强检察合力，也有正面效用。由此，面对高强度的检察一体所带来的诸多利益，容易使检察独立的部分内容让渡于检察一体的实际需求，从而形成以检察一体的视角来分析、观察和运行检察独立，而如若以此为基点进行改革，那改革之初其实就已经偏离了预想目标，为最终的改革结果埋下了安全隐患。"检察工作的基础在基层检察单位，各检察院是区域性负独立检察责任的执法机构，必须保障各检察单位独立负责地履行职能，应当充分信任和鼓励下级单位的积极性与负责精神，因此，权力上收要慎重，检察一体也要有限度。"① 这不仅要体现在上下级检察机关之间，也要反映在检察机

---

① 龙宗智：《理性对待检察改革》，载《人民检察》2012 年第 5 期。

关的办案主体——检察官之间的关系上。否则，检察权运行中的行政属性会无形中削弱司法属性，从而使去行政化的改革遭遇重大阻力。

五、结语

随着民主法治进程的发展，我国的司法体制改革已经进入"深水区"，如何在符合诉讼规律和中国实践的基础上，进一步推进司法独立，关乎整个司法体制改革的成败，是我国刑事程序正当化的核心问题。但在改革过程中，我们总是不免有来自不同社会群体的这样一种疑虑：如果司法体系获得了长期以来所希望的独立的财政支持和身份保障，而司法人员的专业化却没有相应提升，司法资源不是一种精英化的配置，对司法权制约的某种程度上的松动不是在正面意义上提升案件的质量而是导致了司法恣意的泛滥，这样如何能够保障司法体系的良性发展，保障司法权运行的公正公平？由此可见，基本办案组织的专业化、精英化和去行政化，是我们整体改革能够自圆其说的关键！而主任检察官制度又是我国当前检察制度顺应司法独立潮流进行改革的一个非常重要的探索，可以说，其成败必然对我国今后一段时期的检察制度产生深刻影响，从而影响我国的整体司法体制改革。而当前理论界对这一制度的理论研究并不充分，希望本文能够抛砖引玉，在更广的范围和更深的层面上引发更多的人对这一问题的关注。

实行主任检察官制度，其最终目的一定是要提升办案质量。如果基本办案组织的变革，对于案件质量不升反降，那这一改革的正当性就值得商榷，而在当下的我国，受制于国情的制约，怎样合理和放心地放权和还权是必须慎重对待的一个现实问题。厘清检察一体和检察独立的相互关系，厘清以主任检察官为核心的办案组的职权职责，在确保法制统一性和司法权有效制衡的基础上，排除外部干扰，依法履行职责，独立行使职权，是主任检察官责任制能够安身立命的根本，也是这一制度能够获得长久生命力的基础和保障。

总之，主任检察官制度要真正有效运行，能够具有蓬勃发展的生命力，组建一个真正能够独立起来，而且能够真正驾驭证据的办案团队是运行的基础，也是保障。在这个团队中，处于核心和灵魂人物的主任检察官必须是精英检察官，而组内的其他检察官也都行进在培养精英的路途当中，这才是我们希望看到的良性运行的主任检察官制度。

论主任检察官的定位、选配与管理[*]

金 鑫

近年来，根据最高人民检察院部署，各地检察机关相继开展了检察官办案责任制改革试点工作，通过确立主任（主诉、主办）检察官的执法主体地位，建立主任（主诉、主办）检察官办案组，明晰权责对应关系，实行扁平化管理，推动了检察队伍专业化、职业化建设。在人民检察院组织法和检察官法没有修改之前，主任检察官如何依法定位、选配与管理，直接关系这项改革的成败。

一、主任检察官的定位

将主任检察官办案组作为检察机关基本办案组织应当是符合我国国情和实际的合理选择。主任检察官作为这一基本办案组织的主持者，在现有法律制度框架内准确定位是搞好选配与管理的前提。

（一）主任检察官目前应当定位为一种执法岗位

在主任检察官办案责任制改革探索中，有的观点认为，主任检察官应当是一种职务；有的观点认为，应当是一种机构。笔者认为，在相关法律没有修改之前，将主任检察官作为执法岗位对待比较合适。

1. 对比考察不同国家或地区检察机关的做法，检察官及类似主任检察官在法律上的定位各不相同。例如，在德国和我国台湾地区，主任检察官是介于检察长与普通检察官之间的法定职务。德国检察官分为检察官、主任检察官、首席主任检察官、总检察长和联邦总检察长，主任检察官实际上就是检察机关的部门负责人，检察官"一般要到55岁左右才能升任主任检察官，负责一个业务部门的工作"、"主任检察官空缺的，在产生新的接任者之前，由相近的部门负责人代管"。[①] 我国台湾地区"法院组织法"规定，"各级法院及分院

---

* 原文载《人民检察》2014 年第 9 期。

① 樊崇义、吴宏耀、种松志主编：《域外检察制度研究》，中国人民公安大学出版社 2008 年版，第 186 页。

检察署检察官员额在六人以上者，得分组办事，每组以一人为主任检察官，监督各组事务"；负责本组事务之监督，本组检察官办案书类之审核，本组检察官承办案件行政文稿之审核或决行，本组检察官及其他职员之工作、操行、学识、才能之考核与奖惩之拟议，陈诉案件之调查及拟议，法律问题之研究，检察长交办事项及其他有关事务之处理，该主任检察官类似大陆检察机关科长、处长等中层职务，"按照台湾地区检察界的惯例，地检署的检察长一般均由高等法院及分院检察署主任检察官调任"。[1] 又如，日本检察官是"具有行使检察权权限的政府机关"，"在检察事务方面，是具有自己决定和表示国家意志的独立机关"，因而被称为"独任制机关"；[2] 同时，日本《检察厅事务章程》规定，检察机关首长"应分别从该厅的检察官中，指定一名以上的主任检事"，职责是"对属于其担任的事务范围内的事项，负责案件的处理，法令的配备和解释，资料的收集整理，以及其他各种调查研究和有关机关的联络协调"。[3] 由以上情况可以看到，无论是德国、我国台湾地区还是日本的主任检察官或主任检事制度，都是建立在成熟的检察官制度基础之上作为一种职务形式而存在的，其主要职责是对所属的检察官进行事务上的监督与管理，形成了检察官职务晋升的台阶，执法地位与普通检察官并无二致，这与我国探索建立的主任检察官制度具有根本的不同。

2. 与我国法院相比，我国检察机关尚无法律上的基本办案组织。法律规定，法院审理案件可以采用合议制和独任制的方式进行，合议庭和独任庭就是法院的基本办案组织，审判长或主审法官是法院基本办案组织的主持者，但我国检察机关的基本办案组织在法律上是缺位的。同时，现行法律规定我国检察官的职务类别只有检察员和助理检察员两种，检察机关不可能在此之外将"主任检察官"作为一种职务进行任命，否则，构成违法任命。另外，不能把主任检察官设置为一种机构，因为包括检察机关在内的各级各类机构编制管理也需要遵循法定原则，受机构编制管理条例的调整，在机构编制管理部门没有法定文件规范的情况下，主任检察官目前在组织制度上是无法建立的；同时，如果将主任检察官设计为一种机构，发展下去还可能成为检察机关内部新的带有行政级别的官员，就会异化成小科室制，或者成为原有内设机构科（处）长与检察官之间的新层级，变相增加管理层次，违背了改革的初衷。为避免检察权运行最基本的组织单元的行政性特征给检察权的司法属性带来损害，确保

---

[1]　万毅：《台湾地区检察制度》，中国检察出版社 2011 年版，第 5 页。

[2]　日本法务省刑事局编：《日本检察讲义》，中国检察出版社 1990 年版，第 18 页。

[3]　裘索：《日本国检察制度》，商务印书馆 2003 年版，第 282 页。

推动检察权运行的最基本的组织单元彰显司法属性，必须对现行行使检察权最基本的组织单元进行改革。一方面，尽管检察机关的工作呈现程序性和阶段性的特征，但对证据和事实的审查判断贯穿检察办案的全过程，无论审查逮捕、审查起诉（尤其是不起诉），还是诉讼监督，都要求检察官站在中立的立场，或者以第三者的身份，对案件的事实和证据进行审查判断，并与法定的逮捕、起诉条件，或者与法定的诉讼裁定条件进行对比，这些都说明检察办案具有司法的特性。另一方面，检察工作的本质特点要求推动检察权运转最基本的组织单元要有一定的灵活性，既要体现检察办案的效率性特征，又要彰显检察工作的公正性和准确性。为此，必须建立类似于法院的合议制或独任制式的运转灵活的办案组织，遇到重大疑难复杂案件需要集体智慧和慎重把关时，能够采取由多名检察官参与讨论的方式办理案件；对于案情简单的案件，需要体现办案效率时，则可以由一名检察官独立办理。① 因此，在检察院组织法和检察官法修改之前，暂时将主任检察官定位为一种执法岗位、能力席位，是一种审慎而可行的做法。

（二）主任检察官应当具有相对独立的执法主体地位

有一个值得关注的现象，世界上大多数国家和地区，都在刑事诉讼法等法律中明确规定了检察官、检察长的执法主体地位，但甚少规定检察机关的执法主体地位。如在日本检察制度中，"检察厅是统管检察事务的官厅"，"行使检察权的不是检察厅，而是各个检察官"，"检察官根据检察官一体化原则行事"，"检察官的权限贯彻整个刑事程序"。② 在美国刑事诉讼制度中，也只有检察官的执法主体地位而没有检察院的执法主体地位，这是因为"美国没有'检察院'或'检察署'之类的专门检察机关，而是实行检察官（长）负责制，其他人员只是他的助手，并不组成一个机构。因此，检察官办公室的地方只是一个场所而不是一个机关"。③《法国刑事诉讼法典》规定，"检察官负责提起公诉，要求适用法律"、"共和国检察官受理申诉和告发，并作出相应的评价和处理"、"共和国检察官自己或使他人采取一切追查违法犯罪的行动。为此，他有权指挥所在法院辖区范围内的司法警官或司法警察的一切活动"、"检察长负责监督在上诉法院管辖区内所有刑事法律的实施"、"检察长对上诉法院管辖区内的所有检察官都有支配权"等，④ 但与日本、美国有所不同，法

① 参见向泽选：《检察办案组织的改革应当彰显司法属性》，载《人民检察》2013 年第 22 期。

② ［日］田口守一：《刑事诉讼法》，张凌、于秀峰译，中国政法大学出版社 2010 年版，第 126 页。

③ 张鸿巍：《美国检察制度研究》，人民出版社 2011 年版，第 40~42 页。

④ 《法国刑事诉讼法典》，余书通、谢朝华译，中国政法大学出版社 1997 年版，第 20~22 页。

国刑事诉讼法在规定检察官执法主体权力的同时，规定了一些检察院作为执法主体的权力。我国台湾地区"刑事诉讼法"明确规定了检察长、检察官、检察事务官的执法主体地位，但基本上没有规定检察署的执法主体地位，比如"检察官是刑事诉讼法规定的侦查权法定主体"、"检察官负责发动、进行以及终结侦查程序"、"检察官享有部分强制处分决定权"、"检察官依侦查所得之证据，足以认定被告有犯罪嫌疑者，应提起公诉"等。① 《俄罗斯刑事诉讼法典》中没有规定检察机关的执法主体地位，也没有出现"检察官"的字眼，只是非常详尽地规定了检察长的执法主体权限，但其检察长是指"俄罗斯联邦总检察长和副总检察长、其下属检察长和副检察长，以及其他参加刑事诉讼并享有联邦检察院法赋予的相应权限的检察机关公职人员"。② 由以上情形以及很多其他国家的类似情形不能看出，"检察机关依法独立行使检察权本身就包括检察官依法独立行使检察权，这是国际上的通例。"③

相比而言，我国刑事诉讼法和《人民检察院刑事诉讼规则（试行）》只规定了人民检察院、检察长的执法主体地位，而没有关于检察官依法独立行使检察权的具体规定。虽然使用了检察人员、公诉人、办案人员、侦查人员、承办人员等诸多称谓，但没有一处明文规定"检察官"的权限。可以说，我国检察官法关于"检察官是依法行使国家检察权的检察人员"的规定，在具体法律形式上是落空的。有学者据此指出，"检察官作为鲜活的个体从刑事诉讼法的条文中消失了，取而代之的是给人一种庄严、威严但难以实定化的人民检察院。刑事诉讼法规定的行使检察权的主体为人民检察院，仅仅在个别地方出现了检察人员应当依法履行职责的字眼，给人一种检察官在刑事诉讼中无足轻重的感觉"。④ 虽然我国检察院组织法规定"检察长统一领导检察院的工作"，明确检察院实行检察长负责制，但这并不意味着就要否定检察官在检察机关内部的相对独立性。因为检察权的独立性必须依靠检察官的亲历性和司法判断、法律适用来落实，如果缺失检察官的独立性和执法主体地位，必然难以实现检察权的依法独立公正行使。因此，在构建主任检察官制度时必须对检察机关内部权力结构进行适当调整，积极构建主任检察官享有一定独立性的有关职权行使规则。在现有法律框架内，特别是依据检察官法第 6 条关于检察官职责的四项规定，可以考虑将一些非终局性决定的权力，由检察长授权主任检察官去行

---

① 万毅：《台湾地区检察制度》，中国检察出版社 2011 年版，第 72~85 页。

② 黄道秀译：《俄罗斯刑事诉讼法典》，中国人民公安大学出版社 2006 年版，第 8 页。

③ 谢鹏程：《论检察官独立与检察一体》，载《法学杂志》2003 年第 3 期。

④ 陈卫东、李训虎：《检察一体与检察官独立》，载《法学研究》2006 年第 1 期。

使，解决主任检察官权力来源的合法性问题，但法律明文规定应当由检察长、检察委员会行使的权力暂时不得放权。

（三）主任检察官应当突出办案责任制的确立

主任检察官改革的要义首先是"放权"，其次是"限权"，二者是主任检察官改革实施中的一对基本矛盾，需要用对立统一论来统筹设计。"就检察权的配置及其在刑事诉讼中的行使方式看，目前的改革还只是在现有制度下对检察权的一种重新配置，也就是在院、科处和检察官三级之间重新配置检察权。应当说这还主要是以加强责任机制为中心的一项体制内的改革。"① 长期以来，检察机关办理案件实行的是检察人员承办、部门负责人审核、检察长或者检察委员会决定的"三级审批制"。这种办案机制虽然有利于强化对办案人员的监督并保证检察活动的统一性，但导致了"审者不定、定者不审"、规则不清、责任不明、效率低下等问题，与检察权的司法属性以及检察权运行规律的内在要求存在矛盾。因此，有必要按照司法活动直接性、亲历性的要求，改革原来的办案责任制模式，在符合现行法律规定的前提下，明确主任检察官的职责权限，科学界定检察长、检察委员会、主任检察官各自的职权范围，放权于一线检察官，使他们有职有权，成为相对独立的执法办案主体；设立主任检察官后，反贪局、反渎局不再设立二级内设机构，公诉、侦查监督、民事行政检察等部门不再设立办案组；在坚持检察长案件审批权、签批权的基本前提下，规范、优化办案审批、签批程序。

但是，必须指出的是，为了保障主任检察官一定的相对独立性，特别应当处理好对其履职监督问题，尤其是在检察官整体素质不高、执法环境不优、司法腐败多发易发、司法保障与问责机制均不健全的当下。"一切有权力的人容易滥用权力，这是万古不易的一条经验。"② 改革的实践表明，一项改革如果监督机制不健全，可能一个事件就会毁灭改革的公信基础，致使好的制度设计陷入僵局。因此，在推行主任检察官办案责任制改革时一定要把握好改革的主旨，一开始不能简单地把改革的着眼点过多用于片面强调扩权、放权和提升主任检察官的职务职级、福利待遇，必须按照先主后次的原则逐步推行，在厘清主任检察官职权边界的同时，建立责权相配套的工作机制，使主任检察官有权必有责，用权受监督，通过权责机制的完善、工作模式的转变、组织体系的健全，形成一种倒逼机制，水到渠成地带动检察官办案责任制改革。

---

① 龙宗智：《为什么要实行主诉检察官办案责任制》，载《人民检察》2000 年第 1 期。
② ［法］孟德斯鸠：《论法的精神》（上册），张雁深译，商务印书馆 1995 年版，第 104 页。

二、主任检察官的选配

既然现行法律语境下，主任检察官应是一种执法岗位而不是法定职务，主任检察官的产生就不是对检察官进行职务上的重新选任，而是通过设置一定的程序，在现有检察官中优中选优，选配适格检察官，使之从能力、资历等方面能担负起相对独立的办案职责，这种选配应当把握以下几点：

（一）体现职业化走向

检察官的职业化不仅指质上的优秀，而且应该是量上的少数。"员额制"是检察官职业化的重要内容，就是让优秀的人做职业的事。主任检察官权力大、责任重，必须由优秀的骨干力量来掌握，体现"少而精"的特点。我国拥有世界上最为庞大的检察官队伍，与其他国家相比，德国共有检察官5000多名，日本共有检察官2000余名，韩国检察机关共有检察官1000余名，其中，日本、韩国检察官所占检察人员比例分别仅为21%、13.3%；[1] 我国检察官所占比例远远高于其他国家和地区，高达66.5%。[2] 检察官来源渠道杂，门槛低，素质参差不齐，如果主任检察官配备过多，难以保证执法办案质量；主任检察官过少，又难以完成繁重的执法办案任务。因此，应当探索实现科学的员额制，即根据执法办案总量、检察官队伍结构、辖区面积和人口、经济发展水平等因素综合确定主任检察官的配备数量。总体而言，应多于现有内设业务机构正副职负责人的数量，少于业务部门检察官的数量。根据各地试点的情况和主诉（办）检察官改革积累的经验，员额比例原则应按照所在院检察官总数为基准，按照总数的30%—50%掌握为宜。

（二）体现专业化素养

专业素养影响、制约着检察官的思维和行为，检察职能对社会的影响渗透程度，要求检察官具有丰富的法律知识内涵、深厚的人文修养和社会知识经验，能理性睿智地权衡法律与权力、道德、情感之间的冲突，最大限度地彰显法律精神。主任检察官作为执法办案的组织者、领导者和骨干力量，应该有较高的素养，经历过较长时间的专业历练。在英国，具有7年以上大律师或律师资历者，才可被任命为检察官；德国大学法律专业毕业生必须通过两次考试才能取得检察官任职资格，第一次考试及格者，要先接受为期两年半的法律实务训练；日本要求拟任检察官职务者除了通过两次统一司法考试取得资格后，必

---

① 最高人民检察院国际合作局编：《全国检察机关因公出国（境）访问和培训成果报告集（2012年）》，中国检察出版社2013年版，第109、132页。

② 参见《中国检察年鉴》，中国检察出版社2012年版，第621页。

须经过一年半司法研修所的学习，然后才能担任检察官。① 相较而言，我国对检察官的专业素质要求较低，制约了检察职能的充分发挥和检察队伍素质的提高。因此，应建立主任检察官能力席位标准体系，在政治品行、职业操守、法学素养、司法经验、业务能力等方面为主任检察官设定较高的门槛。政治品行方面，要遵守宪法和法律，严守廉政纪律和检察纪律；职业操守方面，要秉公执法，清正廉洁，有良好的职业道德和品行；法学素养方面，受过良好的法学教育，有深厚的法律功底，精通检察业务；司法经验方面，主要要求有比较丰富的检察业务实践经验；业务能力方面，能够运用所掌握的法律专业知识解决检察业务中的实际问题，能够熟练主持办案工作，具有较强的组织协调能力，并有较强的语言和文字表达能力，能够规范、熟练制作诉讼文书。将来法律修改以后，可以考虑以省为单位建立主任检察官统一考试制度或集中评审制度，逐步提高主任检察官任职门槛。

（三）体现区域性差异

鉴于我国不同地区、不同类型检察院检察官队伍规模、素能结构等方面存在的差异，目前还不可能对主任检察官采取"一刀切"的选配标准，在上述资格条件的基础上，应采取差异化的选配政策。如在履职身份方面，一般要求主任检察官应当具有检察员身份。东部地区或人数较多的检察院，必须在检察员中优中选优来担任主任检察官；中西部地区或人数较少的检察院，如果缺少适合担任主任检察官的检察员，可以选配少量特别优秀的助理检察员担任主任检察官，但在条件成熟时，应当及时依法提请任命为检察员。在履职年限方面，最基本的要求是担任检察官满 3 年。检察官在成长中无论是对案件事实的认识确定、证据的审查判断，还是对所适用的法律的选择，都会受到执法办案实践经验的影响和限制，一般而言，1—3 年时间只能培养一个初级工，5—8年才能培养一个能够独立担责、业务娴熟的检察官。在省级、市州级和东部发达地区检察院，案件数量多、案情复杂程度高，要求主任检察官历练更加丰富，检察官数量也具备了更严格的选配条件，可以将主任检察官担任检察官的职务年限提高到 5—8 年。在履职经历方面，一般要求具有 3 年以上相应业务岗位工作经历。对东部发达地区检察院，可以要求必须在同一业务部门担任检察官 3 年以上方能选配为主任检察官；对于中西部地区，可以根据检察官的队伍实际状况作放宽掌握，不必绝对强求在同一检察业务部门工作经历。

---

① 参见李喜春、王小霞：《论检察官精英化及检察官制度改革》，载《国家检察官学院学报》2001 年第 3 期。

（四）体现正当性程序

在法律定位没有明确之前，对主任检察官只能适用选配程序，不能采用任命方式，否则，与人大常委会对检察员的任免相冲突。一是要坚持党管干部原则。各级检察院党组和政治部门的职责不能缺位，政治部门应当根据选配条件和资格，深入考察，酝酿比对，认真听取业务部门意见，提出主任检察官建议人选；各级院党组应当对拟任人选进行研究，按照宁缺毋滥的原则，慎重讨论决定主任检察官人选。二是要与检察工作特点相结合。各级院应当成立检察官管理委员会参与选配和综合评议，但要做好程序设计，注意处理好与党组、检察长在选配中的职责关系。三是要与本地队伍实际相结合。对于符合条件的业务部门正副职领导，[①] 可以经过考核后直接过渡为主任检察官；新选配的主任检察官，可以通过检察业务考试、考核、公开述职等方式实行竞争性选拔。四是可以采取一定仪式。由本级院检察长颁发统一制式证书，向主任检察官进行履职授权，增强其职业神圣感、荣耀感。将来在法律修改、条件成熟后，应由省级院成立专门的检察官选任委员会，根据资格条件集中统一选配主任检察官，强化其履职保障。

三、主任检察官的管理

加强主任检察官的管理应当体现新的办案模式和管理方式的结合，并在检察工作一体化机制的前提下，解决好主任检察官"放权"与"限权"的矛盾问题，着力建立四项机制。

（一）分层管理机制

解决相对独立履职条件下主任检察官的管理主体问题，一般包括三个层次：检察长作为法定的领导者、管理者，权力主要体现在：对主任检察官的提名；批准选配；执法岗位调整；以及通过业务指令对主任检察官实施管理等。部门负责人的管理权主要体现在：主任检察官人选的建议；通过案件评查、执法考评、绩效考核、办案管理进行日常管理监督；部门检察官会议召集；提出业务工作意见等。检察官管理委员会的管理权主要体现在：参与主任检察官选配，日常管理与考评。

（二）激励保障机制

当前，公务员大多实行"阳光工资"，难以设定新的岗位津补贴，检察人员分类管理改革尚未取得实质性进展，检察官的总体待遇偏低，职业保障制度

---

① 对于湖北省等地实行了内部整合改革的检察机关，因为取消了原有内设机构，所以，不存在中层部门负责人的配备及其管理。

不够健全，有必要在主任检察官改革中进行探索加强。一是协调党委政府争取先行先试政策。主任检察官办案责任制作为一项改革，应允许试点单位成为"小试验区"，落实主任检察官享受中层级别待遇，至于是中层正职待遇还是副职待遇，应当根据具体情况而定，不能搞一刀切；同时，在合理范围内采取适当的经济保障政策，设立主任检察官特别岗位津贴，相对实现责权利相一致，提高主任检察官的职业荣誉感。二是结合检察人员分类管理改革，特别是利用检察官职务序列改革契机，研究解决好主任检察官的职级晋升方式，可以探索建立与主任检察官履职相适应、相对独立的晋职渠道，而不再把关注点放在担任具体的领导职务上。三是用事业激励主任检察官。提升政治、经济待遇并不是唯一的激励方法，更重要的是要培养主任检察官的职业信仰，唤起职业责任感、职业使命感和职业荣誉感，引导主任检察官更好地追求对宪法法律的遵从和对公平正义的维护。四是健全职务保障机制。建立身份保障制度，赋予主任检察官执行职务期间依法享有司法豁免权、无正当理由不得被免职和调整的权利；营造尊重主任检察官的氛围，尊重主任检察官公平公正的意见主张；建立主任检察官与外在不当压力的制度"隔离带"，赋予其对上级非法指令的抗命权。

（三）监督约束机制

在管理方式上，应强化案件管理部门职责，运用信息化手段，加强对执法办案的统一、归口、专业化管理；在制度机制上，应完善检察长、检察委员会对案件的审批决定制度、检察官会议制度、办案组织内部监督制约机制、执法检查、案件评查制度，结合权责机制的完善，建立主任检察官过错责任追究、执法办案终身负责制；在纪律监督方面，强化检务督察等，加强对主任检察官执法办案行为的规范；在外部监督方面，应强化人民监督员的监督，畅通对主任检察官执法行为的申诉渠道，并推行阳光检务。

（四）动态管理机制

任何绝对固定的职位都容易产生履职懈怠，因此，必须形成一种优胜劣汰的动态管理机制，探索建立主任检察官定期适格审查制度。在高检院作出统一规定以前，适格审查可以是年审，也可以2年或3年为期，主任检察官审查合格方可继续履行职责。要以主任检察官能力席位和目标责任为基础，配套建立业绩档案制度，组织开展主任检察官适格审查工作，突出对检察业务实绩的考核。在执法数量方面，主要审核办理各类案件的件数、人数，办理重特大案件、疑难、复杂案件的件数、人数等；在执法质量方面，主要审核执法办案活动的合法性和准确性，包括对案件事实关、证据关、法律适用关的把握是否全面客观、合法准确等；在执法效率方面，主要审核执法办案是否在法定时限内完成，是否按时间要求完成有关工作目标任务等；在执法效果方面，主要审核执法办案是否达到法律效果、社会效果和政治效果的有机统一，是否建立执法办案风险防控机制、有效防范和化解矛盾纠纷、妥善处置群体性事件和突发性事件等；在执法规范方面，主要审核执法办案是否遵守规范执法任务要求，是否严格遵守法定办案程序，是否做到文明执法，是否落实办案安全防范各项规定等；在执法纪律方面，主要审核是否严格遵守办案工作纪律、安全纪律、保密纪律、廉洁纪律等方面的情况等。审查不合格的，应将主任检察官证书予以注销。适格审查工作由所在院检察官管理委员会负责实施，审查结果报上一级院备案，上级院以抽查的方式进行复核，发现主任检察官不合格的，予以督促注销。主任检察官有执法办案严重不负责任、违反执法行为规范造成一定后果，受党纪、政纪处分，年度考核被确定为不称职等次，因身体状况难以继续履职等情形之一的，实行审查否决。

需要注意的是，主任检察官仍然只是当前我国检察官制度不成熟的改良之策。建立完备的检察官制度，这还并非长远根本之计，还有赖于我国检察制度的日臻完善，还需要长期的探索。

北京市人民检察院第一分院
主任检察官办案责任制及其运行[*]

高保京

检察机关的办案方式是指检察机关履行职能、办理案件时形成的组织关系、工作机制和行为样态。长期以来，检察机关以"层级审批"为主要形式的办案工作机制行政化色彩较浓，在一定程度上影响了执法办案效率的提高和专业化办案人员的培养。修改后刑事诉讼法进一步凸显了检察机关的诉讼职能，也对检察机关办案提出了更高要求。因此，在可为空间中推动检察机关办案方式的司法化，推行以"完善办案组织形式、深化检察官办案责任制改革"[①] 为内容的工作机制改革势在必行。北京市人民检察院第一分院（以下简称"一分院"）立足于自身业务实际，结合大要案办理工作实践，在主诉检察官办案责任制（以下简称"主诉制"）的基础上，于 2007 年在公诉部门施行主任检察官办案责任制（以下简称"主任制"），初步形成了系统的运行、管理机制，取得了较好的成效，也面临一些问题。下文将对此作一总结，以求教于业内方家。

一、主任制的改革背景

一分院自建院以来，先后办理了原全国人大常委会副委员长成克杰受贿案，原国家药监局局长郑筱萸受贿、玩忽职守案，原黑龙江省政协主席韩桂芝受贿案，房广成等三十余人黑社会性质组织犯罪案等一批大要案，在实践中形成了以规范化、专业化为特点的团队式大要案办理模式，在提升案件效率、保证案件质量方面的效果非常明显。2007 年以前，一分院公诉部门办理案件主

---

　* 原文载《国家检察官学院学报》2014 年第 2 期。

　① 最高人民检察院 2013 年 9 月 9 日印发的《关于切实履行检察职能防止和纠正冤假错案的若干意见》强调，完善防止和纠正冤假错案的工作机制，要深化检察官办案责任制改革，建立健全办案质量终身负责制，要明确各层级的办案责任，特别是完善办案组织形式、深化检察官办案责任制改革。

要采用的是副处长、处长、检察长逐级审批的办案责任制，其间按照最高人民检察院和北京市人民检察院的部署，试行了主诉检察官办案责任制，但其在实际运转中，始终存在一些比较突出的问题，主要表现在如下三个方面：

（一）办案效率不高

层级审批是传统案件质量监控体系的核心内容，试图通过尽可能多的审批和管理环节发现案件办理过程中可能存在的质量问题，从而确保案件经过层层打磨、精雕细琢后成为无懈可击的精品。然而，这种多层级的审批必然会影响案件办理的效率，特别是在副处长、处长、检察长等具有较为浓厚行政色彩的语境下，这种层级审批不仅会大大降低办案效率，也会在相当程度上弱化对案件质量的监控效果。这一问题在直辖市检察院分院体现得更为突出。在直辖市检察院分院，公诉部门受理的职务犯罪案件、经济案件和普通刑事案件都具有犯罪嫌疑人职务高、涉案金额大、疑难复杂程度深、政治敏感性强、社会影响广等特点，被告人动辄可能被判处无期徒刑乃至死刑的重大办案责任及案件对国家政治、安全、舆情影响深远的特殊社会责任对检察官的专业素质、办案经验和社会阅历提出了相对更高的要求。如果单纯依靠层级审批来保证案件质量，则大部分案件需要经过承办人→主诉检察官→副处长→处长→主管检察长→检委会六道关口，不仅办案效率不高，层层书面或口头汇报也使得这种近乎臃肿的案件审批结构不能很好地实现提升案件质量的初衷。

（二）办案责任划分不明晰

长期以来，我们较多地强调司法机关依法独立行使司法权，对司法官个体独立的必要性认识不足。主诉制尽管开创性地赋予了主诉检察官对审查起诉案件的决定权，但检察机关长期以来存在的类行政化管理模式，还是为作为审查起诉部门负责人的副处长、处长保留了一定的案件决策权，[①] 主诉检察官所拥有的权力并没有达到独立办案的程度，反而因为受部门行政负责人的领导和制约，这部分决定权在实际运行过程中很容易自觉或不自觉地被"架空"。直辖市检察院分院受理案件的特点，决定了检察官所承受的工作压力、办案责任、诉讼风险更大，导致权责利这一主诉制无法解决的矛盾在分院更为突出。疑难案件的责任压力和行政领导分权的限制，导致主诉检察官最终选择集体决策这一避责途径，使该项改革在分院名存实亡。

---

① 最高人民检察院 2000 年 1 月发布的《关于在审查起诉部门全面推行主诉检察官办案责任制的工作方案》规定，审查起诉部门负责人对主诉检察官承办案件有意见时，应主动同主诉检察官交换意见，或者提出自己的意见报检察长。需要由检察长决定或者由检察长提交检委会讨论决定的案件或者事项，主诉检察官应当提出意见，经审查起诉部门负责人报检察长。

（三）专业化人才稳定性不足

目前，检察机关依然沿用行政化管理模式，检察官衔级评定也与行政职级相对应。主诉制施行初期，实践中曾经采用办案津贴的形式给予主诉检察官一定的物质激励，但随着公务员工资制度改革，这些补助也被取消，主诉检察官制度设计中的给予其相当的待遇这一目标没有最终实现。而且现有体制没有为主诉检察官提供一条在本岗位上发展的途径，主诉检察官的提拔晋升只有通过行政途径解决。因此，大多数年轻有为的公诉人把进入管理层看作是实现个人价值的途径，对追求"公诉成就"缺乏积极性，造成公诉人才流失快、骨干调动多，不利于传承公诉经验、延续公诉规范和稳定公诉队伍。这无疑阻碍了精英公诉人的培养，制约公诉人队伍向"高、精、尖"方向发展。

正是基于实践中主诉制面临的这些瓶颈问题，为了提高办案质量和效率，淡化检察工作行政色彩，实现公诉队伍专业化、职业化，经过充分调研论证，一分院在大要案办理机制和主诉检察官办案责任制的基础上，率先在公诉部门推行了主任检察官办案责任制的改革。

二、主任制的框架设置

主任检察官办案责任制的实质是建立以检察官为中心的基础办案单元（办案组），办案单元内部形成以职位为核心的业务责任机制，从而达到提升案件办理效率和质量的效果。具体构建模式如下：将公诉部门划分为若干办案组，以一名主任检察官为办案组组长，配若干名检察员、助理检察员与若干书记员；主任检察官具有副处长的行政职务，是案件第一责任人，对一般案件的办理享有决定权，对上级交办、督办及专案等重大案件的办理享有建议权，原则上只接受检委会、检察长的领导；由主任检察官根据案件难易程度、组内人员办案经验、办案数量等因素统筹安排和分配案件的办理。这一机制主要包括以下三个方面：

（一）主任制与主诉制的关系

主任制是主诉制改革的深化，因此，二者衔接性比较明显：主任检察官领导的办案组可以配置主诉检察官和普通检察官，分别担任相应的工作任务，主诉检察官可以独立承办案件，对案件事实与证据的认定负责，并就案件提出处理意见报主任检察官审批。主任检察官的意见与主诉检察官意见不一致时，或是主诉检察官认为需要由主管检察长决定提交检委会讨论决定的案件或事项，经主任检察官报主管检察长决定。

但就设置初衷而言，相较于主诉制，主任制还是有着明显的不同。一是制度定位不同。主诉制改革遇到瓶颈，就是因为其仍然囿于"办案责任制"而未解决"官制"问题，主诉检察官只是一种岗位名称。而主任检察官是一种职位，是依据检察官法通过检察权的重新配置进而对检察官序列的细化，随着检察人员分类管理制度的改革，主任检察官将成为检察官专业化和细化分类的一种职位，职位级别最高可以达到正处或副局级。二是权力配置不同。根据主诉制的相关规定，在案件办理上，检察长与主诉检察官之间仍有部门负责人行使权力的空间，部门负责人对主诉检察官承办的案件具有一定的领导权。而主任检察官原则上只接受检委会、检察长、主管检察长的领导，处长不干预案件具体办理过程，公诉行政管理活动与公诉业务活动绝对分离。三是选任要求不同。选任主诉检察官更接近于资格选任，注重素质考察，而主任检察官是检察办案单元的领导，是检察长以下具体组织和承担检察业务的中坚力量，其选拔是一种精英选拔，需要对品行、能力、业绩进行综合性考量。

（二）主任制的特点

推行主任检察官制度既是进一步促进办案方式专业化的要求，更是对检察人事管理制度的探索，因此与传统的层级审批以及主诉制相比，主任制的最大特点是办案管理机制的去行政化、业务决策的扁平化以及办案主体的职业化。

1. 去行政化：业务与行政管理分权

检察权与行政权在行使上是有区别的。检察权的行使强调尊重检察官个人判断和流程监督；行政权的行使强调集体创制和层层报审。在行为方式上，检察工作强调检察官直接办理案件，确定事实和法律适用，因此具有亲历性、判断性和独立性等特点；在行政化办案方式下，听汇报、看报告的间接审查难以形成准确有效的心证。因此，对检察机关业务工作而言，应当在相当程度上明确审查与决定的统一性，仅允许在重大决定方面增加决策把关，防止决策失误。

在主任制下，主任检察官虽然兼任副处长，但与处长在权责划分上，体现了行政权与司法权相分离的原则。主任检察官只对组内的业务工作负责，对组内案件的处理以及专业化的研究课题有绝对的权威。以一审案件为例，案件受理、审查起诉、起诉、出庭支持公诉、审查判决等环节的事项全部由主任检察官在权限内决定或建议，建议的对象是主管检察长，而非处长。处长在处室内行使行政管理权，即在处室发展计划、思想建设、队伍建设、行政管理、后勤保障等方面运筹帷幄，对案件一般不过问。这样的分权，有利于处长与副处长各司其职，大大提高管理效能与办案效能。

2. 扁平化：业务决策权责集中

行政机关行政职能的落实得益于各组成部门及其内设机构职能的一一实现。司法权不同于行政权，它以公正为价值取向，以独立为保障，与行政机关在人员资质、权力属性及其运作规律等方面均有相当大的区别。检察官是检察机关职能的人格载体，检察职能的落实不依靠检察机关各内设机构职能的实现，只需检察官即可依法履行检察权。从这个意义上讲，检察官在业务上应具有相对独立性，通过建立以检察官为中心的办案模式，可以使检察权能的行使主体落实到检察官身上，而不是抽象的"机构"上。① 因此，在具体办案中，除法律明确规定由检察长或检察委员会决定的事项外，承办案件的检察官应当具有决定权。

主任制改革的核心是"放权"，即针对传统办案机制层层负责、层层把关导致的效率低下、责任不明确以及错案责任无人承担的问题，赋予主任检察官一定的独立办案权。主任检察官作为一般事项的承办与决定相统一的责任主体，通过践行办案的亲历性、判断性要求，实现检察官的相对独立。在这种分工之下，检察官—主任检察官—检察长成为检察权行使的载体和责任链条，权责明确，关系清楚，检察一体与检察独立易于较好结合，而基层院乃至分、市院的内设部门不再成为检察权的载体。肯定主任检察官相对独立、有职有权，才能调动其积极性，增强其责任心和荣誉感。从长远看，这是案件质量最重要的保证。而且，承认主任检察官相对独立的判断和决定权，有利于贯彻法治原则，防止不当行政干预损害司法公正。

3. 职业化：强化办案主体的专业素能

行政化管理模式下，有限的行政职级不仅封闭了检察官的自我发展空间，而且误导了检察官对职业发展方向的追求，专业化人才队伍稳定性差的问题在相当程度上影响了检察队伍的专业化进程。在传统的案件审批制之下，检察人员实施的诉讼活动，只是承办具体事务，既要受业务部门负责人的审查，又要服从检察长的决定。在这种纵向层级体制中，通过晋升争取获得案件审查权乃至决定权，是检察官实现事业目标及个体价值的唯一路径。一旦成为骨干，且能力被上级认可，检察官就会脱离办案一线，成为二线的监督者。由于近年来司法行政化发展倾向的影响，留在一线办案的检察官往往是资历较浅、经验不足的年轻人。但司法活动作为高度技能化的法律活动，需要操作者有丰富经验和较高的法律素养及品德修养，一线欠缺这样的操作者，司法质量就难以保障。

实行主任制，将主任检察官设定为一种有职有权的检察官职务等级，有助于选拔和培育检察精英，在检察机关尤其是办案一线留住检察业务骨干，从而

---

① 这种以检察官为主体的责任落实模式，能够为最高人民检察院提出的"建立健全办案质量终身负责制，明确各层级的办案责任"提供现实可行的操作平台。

实现检察事业的可持续发展。主任检察官专业化、独立化的定位，意味着主任检察官必将成为一种业务专家序列的职位，从而为检察官中的业务人才开辟了一条职级上升的通道，让业务人才专心于业务攻坚，把这个职位当成是终身的职业来追求，从而将其与检察人员中的行政管理人员、辅助人员、后勤人员分开，顺应了检察官分类管理的理念。

（三）主任检察官的具体责权归属

在主任制施行的过程中，一个必须面对的现实问题就是如何界定主任检察官的办案权力，通过正确处理主任检察官和检察权其他行使主体之间的关系，解决检察办案责权归属问题。从办案实践出发，明确主任制下的责权归属要处理好以下几对关系。

1. 主任检察官与检察长和检察委员会之间的关系

主任检察官的权力来源于宪法和法律的规定，由检察长授权。两者的关系在法律上及法理上都较为清晰，是领导与被领导的关系、业务上的决定与建议的关系。当两者不一致时，主任检察官有将案件提交检委会讨论的权力，但对检委会的决定必须无条件执行。

2. 主任检察官和部门行政领导之间的关系

为保证追诉权行使的统一性，检察官有必要服从上级的指令。对于检察事务，应当贯彻法定主义，规定检察官独立行使职权的范围，严格防范上级对下级权力的侵分与限制。主任检察官在职责范围内享有自主决定权，对此部门领导没有指令权，如发生分歧，应报请检察长决定。对于检察行政事务，应当贯彻检察一体、上命下从的原则，以期形成和谐稳定的部门关系。

3. 主任检察官小组内部关系

为了发挥办案工作的团队性，办案组应当以主任检察官为核心。在办案组内部，主任检察官应发挥领衔、定断等职能，享有对案件的调度权、决定权、指导权，并对其职责范围内的处理决定承担全部责任。根据工作实际需要，考虑到工作便宜性，一般应为主任检察官设立 2—3 人的助手队伍，再配以若干检辅人员，这样既有利于助手相互搭档办案，提高工作效率，也使主任检察官能集中精力办理大要案和审批案件，提高办案质量。

4. 主任检察官与外部的工作关系

根据相当性原则，主任检察官作出决定的权力应与该决定事项的性质和重要程度相适应。这一方面是为了保证重大事项的处理质量，通过监督制约防止出现误差，另一方面也是考虑到我国刑事司法受多种因素影响，对某些问题的处理需要从社会政治角度全面分析。这点对于公诉部门来说尤其重要。因此，在职责范围内，主任检察官享有代表检察院作出决定的权力，但对容易引发社会影响的工作则不具有决定权，如不起诉等。

三、主任制的运行方式

经过六年来的实践与调研，一分院逐步明确了主任制的选任标准、人员构架、办案规程等问题，将主任制纳入良性规范的运行轨道。

第一，从优严格选任主任检察官，保证主任检察官的专业化水平。一分院针对主任检察官承办重大疑难复杂案件的职责定位，两次面向全市公开选拔主任检察官，先后将 11 名具有较高政治素质和政策水平，通理论、精实务的专业化人才任命为主任检察官，其中全国十佳公诉人 2 名，北京市十佳公诉人 2 名，十优公诉人 3 名。严格的选任制度为推行主任制提供了可靠的人力资源保障，奠定了坚实的专业基础。

第二，提高主任检察官职级待遇，为制度的推行与发展创造良好的外部环境与保障。为了给主任检察官办案责任制的推行创造积极条件，一分院将主任检察官与行政级别挂钩，在现有行政编制下，依靠自身内部调整，削减政工部门的副职职数，按"一正四副"配备公诉部门处职，让被选任为主任检察官的助理检察员直接晋升为副处长，使主任检察官责权利日趋均衡。

第三，合理科学配置主任检察官办案组的成员，优化人力资源配置。采取主任制与专业化办案组相结合的方式，两个公诉处以案件类型各划分为四个办案组，办理的案件类型相对固定。每个办案组由主任检察官、检察员、助理检察员和书记员四级人员组成，根据人员专业、技能特点按照"1 + 2（1）+ 2（1）+ 1（2）"的模式配备。例如，一般由熟悉未成年人性格特点、富于亲和力的女检察官负责办理未成年人案件；由政治敏感性强、外语水平高的检察官负责办理外国人犯罪案件。在案件办理过程中，根据难易程度有所侧重地发挥各级办案人员的作用，如督办、交办或重大疑难复杂案件由主任检察官亲自或带领部分组内成员办理；对于案件事实简单、证据情况较好的案件一般由新任助理检察官办理，由主任检察官审批把关。

第四，注重不断总结经验、规范化管理，积极稳妥地推进主任制改革。一分院采用实践探索与调研论证相结合的方法，不断优化主任制的办案模式，并制订了《公诉部门主任检察官使用与管理暂行办法》、《主任检察官办案工作规则》等一系列规范性文件，使主任制的总体目标、运行模式、人员构架、选任标准、办案规程和监督、奖励程序等问题有规可循，保证主任制的规范有序运行。

四、主任制的主要成效

一分院推行的主任检察官办案责任制，有效改善了原主诉制的一些瓶颈问题，在案件质量、办案效率、人才培养、队伍建设等方面取得了一定的成效，体现出较大的制度优势。

第一，进一步明晰了主任检察官的责任，案件质量逐年上升。主任检察官作为案件的第一责任人，不仅对案件的事实和证据负责，还要对案件的定性、法律适用等问题全面负责，普遍具有更高的工作积极性和职业责任感。由于业务与行政管理的相对独立，主任检察官从处内的管理事务中解脱出来，能够专心于案件的办理和业务工作的指导，把更多的精力投入案件质量的提高和精品案件的打磨上，办案质量逐年上升。主任制推行以来，一分院公诉部门办理的A类案件数量逐年上升，2008年为30件，2009年为35件，2010年37件，2011年达63件，2012年达118件。

第二，简化了行政化的案件审批程序，办案效率和结案率显著提高。主任制弱化了案件办理的行政化色彩，有效克服了传统的层级汇报、层级审批的行政化办案模式导致的办案效率低下的弊端。案件由主任检察官独立决定，或直接向主管检察长请示、汇报，大大提高了案件办理的效率。此外，由主任检察官对组内案件进行全程指导与质量监控，能避免出现滥用补侦、补侦效率不高等现象，大部分问题在主任检察官的指导下可以通过及时与侦查机关沟通、开展自行侦查等省时、高效的方式解决，一次、二次退补率逐年下降，结案率逐年提高。公诉一处2007年结案率为96.5%，2008年为98.4%，2009年与2010年均为105.2%，2011年为107.4%；公诉二处2009年结案率为82.86%，2010年为92.6%，2011年达98.73%。2012年，在收案数上升79.7%，涉案人数上升103.3%的情况下，公诉部门结案率达97.9%。

第三，强化了案件指导与研讨，推动公诉创新工作纵深开展。主任检察官都具有较高的业务能力和丰富的实践经验，能够对业务创新工作保持高度敏感性，根据个案具体情况决定、指导并督促本组成员积极开展业务创新，带领组内成员总结办案规律，有序开展专题调研，不断推进工作创新的深度与广度。如在主任制的带动下，一分院近年来以关键证人出庭、量刑建议改革、公诉引导侦查为代表的公诉创新实践不断深入发展，取得了较好的社会效果与法律效果，与刑事诉讼法修改相关的庭前会议、量刑数据库构建等业务创新工作也得到了上级相关部门的肯定。

第四，营造了良好的人才培养氛围，高层次、专业化人才不断涌现。通过主任制优化配置主任检察官和办案组成员，使组内成员的知识结构、经验、特长等形成互补，有效发挥了人才的辐射引领作用，提高了人才的使用效能，一批年轻的高素质专业检察人才脱颖而出。自推行主任制以来，一分院公诉部门在全市两届检察技能比武中，取得了四名"十佳"、三名"十优"的好成绩。在主任检察官的悉心指导下，12人被北京市人民检察院评为公诉业务骨干，逐步成为办理疑难复杂和重特大案件的中坚力量，人才培养的梯次结构初见规模。

第五，平衡了主任检察官的责权利，增强了公诉队伍的吸引力和凝聚力。主任制推行以来，通过主任检察官的选拔、培养和使用，提高了专业人才的政治待遇、法律职务和行政职级，逐步形成了用事业留人、用感情留人、用待遇留人的局面，增强了公诉队伍的吸引力和凝聚力，公诉部门干警的荣誉感和使命感明显增强。职位由政工部门向公诉部门倾斜，拓宽了公诉专业人才的晋升渠道，在构建科学合理的公诉队伍，保持公诉队伍的稳定性等方面起到了积极的保障作用。

五、主任制运行中的实际问题

主任制是在法律规定的范围内改革和完善检察机关诉讼办案机制、合理配置检察权的一项新制度。它改变了传统的办案模式，提高了办案质量和效率，调动了广大主任检察官的积极性，比较符合现代司法规律的要求。但是，作为一项尚处于探索阶段的工作机制，因涉及办案机制和人事制度等诸多方面，在相关工作的开展过程中，主任制也存在一些实际问题，亟须加以研究和解决。

第一，对主任制的性质认识不到位。主任制改革的初衷就是淡化公诉部门的行政色彩，培养一批高素质的职业化公诉人，建立一套符合诉讼规律的责权利相统一的诉权运行机制。然而，实践中检察官个人尚无法摆脱权力化的价值取向，很多检察工作人员尚未形成专业认识和职业意识。囿于检察机关内部人事制度，主任制尚无法彻底实现去行政化的初衷。一分院通过给予主任检察官副处长的行政职级，虽在一定程度上解决了主任检察官权责不对等的问题，但从根本上而言，这种探索是在扩充公诉部门行政职级、挤占其他部门职级资源的前提下进行的，一方面并不具有可持续性，另一方面也容易使主任检察官更认可副处长这一职务而逐渐脱离办案，成为"小处长"，有悖于主任制去行政化的初衷。

第二，主任制实践与法律认可之间存在一定距离。主任制的推行存在法律认可的先天不足，由此产生诸多问题。首先，主任制的法律地位不明确。尽管主任制具有法理与实践的双重合理性，但由于缺乏法律确认，主任制从一开始实施便存在先天不足：由于没有明确的法律规定，主任制的运行缺乏统一的程式，具有较大随意性而且权责配套措施跟不上，保障机制不完善，对这一制度良性作用的发挥都造成很大的限制。其次，主任检察官的法律地位不明确。现行人民检察院组织法、检察官法和相关法律均没有关于主任检察官的规定，修改后刑事诉讼法也没确定主诉检察官的法律地位。法律规定的滞后使得主任检察官这一职位在组织上和"官制"上的地位不明确，职责缺乏权威。《人民检察院刑事诉讼规则（试行）》第 4 条规定："人民检察院办理刑事案件，由检察人员承办，办案部门负责人审核，检察长或检察委员会决定"。这一规定将案件决定权集中赋予检察长和检察委员会，同时赋予中层领导——部门负责人以案件审核权，与目前推行的主任制改革是相冲突的。在相关规定出台前，主任检察官诉讼权力的行使缺乏制度上的保障。

第三，主任检察官的权力需要和责任意识存在矛盾。主任制是对检察权能的重新配置，赋予主任检察官在案件处理上的充分权力。放权于检察官是主任制改革的核心，是推行主任制的首要前提。但面对突如其来的案件决定权，主任检察官还缺乏必要的心理准备和行使权力的信心，因为传统公诉方式造就了公诉检察官在责任承担上的依赖性，对享有超出公诉部门负责人的案件处理权的局面没有足够的勇气，承担错案责任成为主任检察官最大的担心。由于对主任检察官放权不充分，而责任要求又十分严格，主任检察官权力与义务的不对等导致其在一些疑难问题上不敢或不能坚持自己个人的意见，从而影响了主任检察官自主权的行使，其直接后果是主任制流于形式，主任检察官在事实上仍然扮演"承办人"角色，大量工作仍然依赖部门领导和主管检察长。

第四，主任制体系建构和实践操作不甚合理和完善。主任检察官承办案件主要以办案组为基本单位，实践中出现了主任办案组办案形式不统一的问题，有 4 人组合、5 人组合及 7 人组合等不同组合方式。这一方面是受传统办案机制的影响，另一方面也受各组成员间的私人关系以及主任检察官自身办案习惯的影响。这种情况有相对合理的地方，但是就整个改革的目标看，模式不确定必然导致权力和责任划分的不明确。

六、进一步深化主任制的思考

通过主任制六年来的探索实践，我们认识到，检察业务创新机制建设，一方面要契合司法改革方向，另一方面要立足自身工作实际。因此，进一步完善主任制建设，一方面需要充分总结已有的探索经验，另一方面还有赖于上级机关给予相应的制度保障，推动这一改革向纵深发展。具体而言，相关制度建设应着力关注如下几个方面：

第一，构建主任检察官职业发展通道。根据中央关于深化司法体制改革的工作要求，只有建立契合检察工作实际的人事管理机制，特别是要根据检察业务工作特点，统筹一线办案单位、岗位的职级资源，突出专业化特征，打通主任检察官的职业上升通道，才能有效调动专业化人才的积极性，将一批高层次人才吸引在办案一线，真正实现主任制去行政化的制度构建初衷。

第二，给予主任检察官相对宽松的履职环境。结合公诉部门的业务特点，在向主任检察官放权的同时，建立科学的绩效考核体系，正确认识和对待办案风险，通过团队工作效能、人才培养成果、业务创新水平等综合评价体系对主任检察官的工作业绩进行全面评价，给予主任检察官更多的信任，形成相对宽松的履职环境，最大限度地调动主任检察官团队运用才智开创工作的积极性。

第三，完善主任检察官任免、调整机制。将主任检察官定位于公诉等一线办案岗位中的领军型业务人才，以宁缺毋滥的精神设定主任检察官的选任标准，坚决摒弃"能上不能下、能进不能出"的干部单向输送模式。在主任检察官数量相对固定的前提下，着力构建有进有出、优胜劣汰的主任检察官任用机制，保证队伍具备持续的活力和令人信服的业务优势。

第四，整合助力主任检察官素能提升的各类资源。立足于拓宽主任检察官的知识结构和专业水平整合相关资源，按照高层次人才培养的要求有针对性地开展理论研修、岗位练兵、外出考察，使主任检察官及时掌握法学理论前沿和司法实践难点问题，充分思考和调研，切实保持优异的专业素养。与此同时，着力发挥主任检察官的辐射作用，注重相关领域专业化人才的储备，促进主任检察官队伍的可持续发展。

论主任检察官办案责任制改革的困境与出路[*]

——以主任检察官的角色定位为切入点

彭智刚　粟英会

党的十八届三中全会提出深化司法体制改革后，主任检察官办案责任制进入全国检察机关的视野，成为新一轮检察改革的焦点。目前，最高人民检察院就主任检察官办案责任制改革试点划定了蓝图，但并未就具体改革措施给出明确意见，原则性规定较多。北京市西城区人民检察院作为全国一个试点单位，在制定方案、起草规范过程中，对诸如主任检察官选任范围、职权范围或授权大小、主任检察官的角色定位以及主任检察官与检察长之间关系等难题进行了潜心思考并进行了相关制度构建。但笔者认为，主任检察官角色定位问题的解决是主任检察官办案责任制改革的难点和关键所在。

一、主任检察官办案责任制改革的现状与困境

（一）主任检察官办案责任制改革试点的现状

主任检察官办案责任制是在总结主诉、主办检察官办案责任制改革的基础上提出的。2007 年北京市人民检察院第一分院施行主任检察官办案责任制，2011 年上海市闵行区人民检察院开始在侦查监督、公诉等主要业务部门试行主任检察官制度，2013 年 8 月湖北省检察院在该省 59 个检察院开展主办检察官办案责任制试点，随后，上海浦东、重庆、四川成都等相继推行了主任检察官制度试点探索。各地探索各种主任检察官办案责任制是希望就此解决主诉、主办检察官责任制下的责权利不统一、检察官处置权限较窄、保障措施不健全等问题。2013 年最高人民检察院根据中央司法改革的总体要求，发布《检察官办案责任制改革试点方案》，该方案明确了改革的基本原则，并要求各试点单位根据本单位情况选配主任检察官、建立办案组织、确定主任检察官职责权

＊　原文载《中国司法》2014 年第 11 期。

限、完善监督制约机制、落实主任检察官待遇。2014 年最高人民检察院再次发布《检察官办案责任制改革试点实施工作指导意见》，该指导意见督促各试点单位出台改革方案，起草规范文件、尽快运行主任检察官办案模式。至此，主任检察官办案责任制改革在北京、河北、上海、广东、重庆、四川等十七个检察机关进行试点，这些试点检察机关在试点工作中的经验与教训、得失与成败，将作为全国检察机关今后推行主任检察官制度的借鉴。

纵观各地改革规范文件，本轮主任检察官改革试点呈现以下特点：首先，配置范围广，试行涉及公诉、反贪反渎、侦查监督、民事行政检察等主要业务部门；其次，放权力度大，主任检察官对直接办理的案件享有较多的处置权，可决定起诉、退回补充侦查，有的地方可以对轻型案件决定批捕；最后，该轮改革试点的相关配套措施较齐全，甚至与人员分类管理、机构整合、考核选任、监督制约等制度同步推进。

（二）主任检察官办案责任制改革中的冲突与困惑

首先，改革创新与现有法律规定的冲突。从制度层面上看，主任检察官制度的设计不必然会触动现有的刑事、民事程序法。但是，在具体的改革细节上，尤其是深化主任检察官的权限改革，对刑事诉讼法和民事诉讼法的许多规定的突破，就很有可能与现行法律冲突。比如闵行区试点改革，将部分案件逮捕决定权下放给主任检察官，这与刑事诉讼法明文规定必须由检察长决定的内容相冲突。可以想见，本轮主任检察官改革试点，随着改革的深入，实现改革的初衷，将越来越会与现行法律相冲突。当主任检察官改革与法律相冲突时，应当如何取舍？针对这一点，有一种观点认为，主任检察官改革必须坚持合法性原则，即主任检察官办案责任制改革，应当在现行法律规定的框架内进行，比如主任检察官的权力须有法律依据，法律规定应当由检察长或者检委会决定的事项，主任检察官不得行使，否则会冲击法律权威，导致法律适用的混乱，容易造成权利的侵害。但另一种观点认为，改革是对现有制度的修正和完善，对不合理的制度就应当大力革新，畏首畏尾则改革难以取得预定成效。况且，此次改革目的就是增强检察办案司法属性，保障诉讼当事人的各项权利，以试点改革适当突破现有法律换取未来司法公平正义是值得的。总之，何去何从关系到主任检察官改革的方向和力度，需要慎重考虑。

其次，主任检察官选任资格如何确定的困惑。广义上讲，检察机关是行使一定裁判权力的司法官员，其拘留、逮捕、起诉与否，关系到犯罪嫌疑人的权益，使无罪的人受到追诉且采取羁押措施限制人身自由或者使有罪的人免于追诉，都将导致司法不公。主任检察官是行使司法权力的主体，其选任至关重要。因此改革中，各试点单位对选任资格争论不休。改革试点单位，围绕选任资格问题广泛征求意见。资历浅、年轻的检察官认为，从事检察工作年限不宜过长，业务水平和能力并不必然与年龄和从检年限成正比，改革应当给年轻同志一些机会，况且主任检察官处理事务繁多，需要年富力强的同志。资历深、检龄较长的老同志则认为，主任检察官手握权力，需要富有经验、深谙司法理念的检察官，这样，办案组织才能运行良好，避免权力滥用。据了解，检察机关的多数人普遍认为，主任检察官选任应当以部门为限，以本部门综合素质优秀的检察官为选任对象，但检察机关内部的综合部门同志认为，同样是检察官，都应当有选任资格，综合部门很多同志曾经也是办案能手，不能因综合部门或其他部门而剥夺参选权利，有失公允。不可否认，选任检察官必须坚持择优原则，既要有经验又要有能力，综合设定选任资格。但是改革初期，改革策划者应当积极争取部门支持，争取改革能顺利开展，这就不得不考虑各方利益，择优与争取支持成为改革的矛盾之一。

再次，主任检察官权限如何安排的艰难。赋予主任检察官案件处置权，即办案检察官在检察长授权范围内独立行使检察权力，不受部门领导干预。但是，应当赋予其多大权力成为改革中的难点。是给主任检察官的权力多一点，更多地体现其独立性，还是适当地给予其一定处置权力，更多地体现其隶属性？目前，理论界尚未对此进行深入研究，未有定论。改革试点中，各地主任检察官权力大小不一。就处置案件范围而言，有的试点单位建立了案件风险等级，主任检察官只能对风险等级较低的案件享有处置权力，有的地方直接列举了主任检察官须报检察长决定的案件或事项范围，除此之外由主任检察官独立处置。就处置权力而言，有的地方赋予主任检察官较大处置权力，包括一定范围批捕权、提出口头纠正意见权力等，将法律规定应由检察长审批的案件处置权下放到主任检察官，而有的试点单位则无此项权力。

最后，选任主任检察官的范围如何界定问题。应当在哪些部门设置主任检察官是一个令改革试点单位困惑的问题。学术界的主流观点认为，检察权力应具有司法属性，此乃主任检察官诞生的理论基石。检察机关将检察权授予各部门行使，有的部门检察权行政属性强，有的部门则司法属性强，是在所有行使检察权的部门实行主任制改革，还是仅在司法属性强的部门实施？有的观点就认为，公诉、批捕、职务犯罪侦查、民行检察部门，与刑事诉讼、民事诉讼当事人权利处分联系最紧密，且都需要对案件事实、证据作出自己的判断，司法属性远远强于行政属性，因此，建议在这些部门开展改革试点，即可以保证改革目的实现，又节约改革成本。但也有观点认为，检察机关的其他部门诸如控告申诉、监所检察、案件管理、研究室、检察委员会办公室、检察技术等部门，以及法警等检察辅助业务部门也应当选任主任检察官，因其权力也有部分司法属性。虽然存在争议，但目前各地的改革试点中，大部分单位都将前述公诉、侦监、侦查、民行检察等四个部门作为改革试点部门。也有例外，如上海闵行区仅在侦察监督处、公诉部门施行。也有的单位尝试在更大的范围内进行试点，比如上海浦东新区，就将控申、监所、驻所检察处纳入了主任检察官选任试点范围。

二、主任检察官办案责任制改革困境产生的原因分析

（一）改革初期经验不足

主任检察官的制度尝试是检察机关近年来深化检察体制改革，不断修正和完善检察权运行机制的产物。它是在主诉检察官、主办检察官试点改革基础上发展起来的。尽管主诉检察官制度为主任检察官制度的改革提供许多可资借鉴的经验，但是主任检察官办案责任制毕竟是新生事物，如何构建和完善该制度仍处在探索阶段。许多改革面临的问题尚缺乏理论的支撑和成功经验的支撑。可以说，主任检察官制度的改革初期经验不足，包括理论和实践两个方面，它也是检察改革许许多多困惑产生的客观原因。

理论研究不够深入，应该说，2000年全国检察机关开始推行主诉（办）检察官制度，主诉检察官办案模式的改革，在本质上符合检察权运行规律，克服了"处、科、组"这种模糊办案组织的行政化特征，在彰显办案组织检察权的司法属性上表现出了一定的优越性，但其在实际运行中也存在一些较为突出的问题，例如实际办案效率不高、办案责任划分不明晰、专业化人才稳定性不足等问题。必须承认，在全国试点主诉检察官办案责任制以来，学术界主要围绕主诉检察官的角色定位展开了一定的研究，但相关理论成果甚少。可以说主诉制改革阶段并没有给主任检察官制度的改革提供丰富的理论成果借鉴。目前，理论界对主任制研究仍是摸着石头过河。对我国台湾地区及国外（如德国）主任检察官借鉴研究也处于初步阶段，相关比较研究落后。主任检察官办案责任制研究缺乏理论引导，只能寻求实践探索积累经验，不断完善制度建构。

实践经验不足，目前真正运行改革试点制度的单位较少，多数处于试点准备阶段，选任主任检察官，筹备办案组，探索建立主任检察官办案主体、办案责任、任职管理、考核奖惩等配套制度。上海市闵行区人民检察院从2011年开始试点，已运行三年时间，积累了宝贵经验。实务界十分关注该试点运行情况，就该地主任检察官办案责任制改革做了一些实证调研，但多数是对制度的描述及对问题的思考，没有就制度中存在的问题进行深入分析，解决之道仍需探索，实践经验积累更是言之过早。

（二）行政与司法属性碰撞的结果

主任检察官属性之争，即行政属性和司法属性何为第一属性。这点是主任检察官办案责任制改革者困惑产生的根本原因。属性决定了主任检察官职责权限、办案组织形式及与检察长之间的关系。

主任检察官属性之争缘起检察机关的属性之争。目前学界，关于检察机关属性主要有三种观点：检察机关是行政机关；检察机关是司法机关；折中说认为检察权力运行兼具司法和行政属性，因此检察机关兼具两种属性。我们认为检察机关兼具司法和行政双重属性。根据宪法第 134 条规定，最高人民检察院领导地方各级人民检察院和专门检察院，上级人民检察院领导下级人民检察院，可知检察机关实行上令下行的一体化运行模式，充满了行政化色彩。但是，检察权运行中，尤其是公诉权、侦查监督权、民行检察监督权又有着判断、亲历、独立的特性，充满了司法特性。因此，作为权力的行使主体，主任检察官兼具两种属性。

检察独立和一体化领导之间并不存在实质性冲突，问题的关键在于如何设置一个具体的规则来为二者划定一个边界[1]，也就是说司法属性与行政属性是兼容的，都是为了检察权科学运行，提高检察办案的质量和效率，但是主任检察官两种属性的边界界定仍需要深入研究。比如，主任检察官与检察长意见不一致时，应当如何处理，如果主任检察官擅自对应由检察长决定的事项作出决定，这种决定对外是否具有法律效力。

（三）角色定位模糊

如前所言，改革的经验不足、主任检察官的行政属性与司法属性的碰撞，导致了主任检察官角色定位的模糊。最高人民检察院指导文件、各试点单位规范文件，均未明确主任检察官的概念，也未明确其性质、特征。主任检察官作为检察官办案责任制改革的核心，其定位的模糊性必然给整个制度架构带来困惑。各地试点单位主任检察官制度差异很大，有的试点单位，部门负责人兼任主任检察官，既是监督者又是办案者，如闵行区人民检察院，规定"'四部门'科长兼任主任检察官"[2]；有的单位主任检察官不得兼任部门负责人，主任检察官职责主要是办案、指导小组办案，部门负责人专司行政和监督职责，如重庆渝北区检察院；有的地方，主任检察官直接处置案件或直接报检察长审批案件，如北京市西城区人民检察院；有的地方，除主任检察官直接处置的案

---

① 潘祖全：《主任检察官制度的实践探索》，载《人民检察》2013 年第 10 期。

② 源于《上海市闵行区人民检察院主任检察官任职管理办法》第 12 条规定，四部门指侦查监督科、公诉科、金融检察科、未成年人案件刑事检察科。

件外，仍保留三级审批制，如四川省成都市人民检察院。可以看出，有的地方将主任检察官定性为司法官员，有的地方仍然保有很重的行政色彩，体现了不同地区改革者对主任检察官角色有不同的定位。

三、主任检察官的角色定位

（一）主任检察官以司法属性为主导

首先，根据最高人民检察院《检察官办案责任制改革试点实施工作指导意见》，主任检察官主导执法办案，以其亲历性的具体执法活动和相对独立的裁判权力办理案件，承担执法主体责任，可知主任检察官目的是增强检察官的司法属性。同时，要求全体人员按检察官、检察辅助人员、司法行政人员进行分类，可推测其目的是加强专业分工，即行政专司行政，司法专司司法，由此可见主任检察官第一位属性应为司法属性。其次，主诉检察官办案责任制沿革，主诉检察办案责任制是负责起诉的部门为凸显检察官办案主体地位，为保证起诉的司法质量和效率而展开的改革。主任制是对该制度适用范围、主诉检察官权限的进一步扩张，以增强检察官的司法属性。最后，大陆法系检察制度发展趋势，20世纪末，为加强检察官的司法独立性，各国开始了限制检察指令权运动，法国限制了司法部长对检察官办理具体案件的指令权，德国限制各级检察机关首长对检察官的指令权，在日本检察官违背上级意旨所做侦查和起诉决定，不认为是违法、无效的，纵观大陆法系国家将检察官司法属性置于主导地位已经成为司法改革的趋势。

（二）主任检察官既是案件亲历者、指导者，又是指挥者、决策者

司法属性为主导决定了主任检察官在办案小组中应当是亲历和裁判案件的角色，主任检察官更多的精力应当是承办案件，独立审核证据、判断事实、做出决定。办案组其他检察官应当协助主任检察官办理调查核实证据、起草法律文书等辅助工作。但是，检察官资源有限和办案数量多之间的矛盾决定主任检察官没有精力亲力亲为每一个具体案件，这就需要办案小组其他检察官承担部分案件办理，但需要主任检察官对其承办案件进行指导。因此，主任检察官是案件亲历者和指导者。同时，主任检察官还是办案组内的指挥者、决策者，保留着一定的行政属性以保证检察指令运行畅通、检察权统一行使。但是指挥与决策是建立在组内其他检察官相对独立办案基础上的。主任检察官指挥办案必须尊重承办检察官相对独立的办案地位，在作出决策之前，必须认真阅读卷宗等材料、听取承办检察官意见，更多地体现一种把关角色，以其丰富经验、较高的业务能力、对上级指示的把握来保障承办检察官办案质量。指挥、决策就要对办案风险承担责任，某种意义上讲，这种角色定位明确了责任追究主体，

有助于提高主任检察官办案积极性。同时，指挥、决策使主任检察官主体地位得到凸显，检察官中的主任检察官办案独立性得到凸显，在这个层面上来讲，检察官的司法属性得到了保障。

（三）主任检察官相对独立行使权力

检察机关代表国家行使检察权力，为了有效追诉犯罪，各级检察机关及上下级检察官之间形成了上下一体的权力统一行使模式，以应对复杂、疑难案情和外界的干扰，尤其是公权力滥用滋生的职务犯罪。主任检察官也不例外，其独立性受检察一体原则的限制，一方面，一体化有利于检察权力统一行使，以检察机关整体之力与犯罪行为对抗；另一方面，也有利于对职务犯罪承办主任检察官的保护，避免其在打击重大贪污贿赂案件、渎职案件中受到权力滥用者的打击迫害。

主任检察官权力来源于检察长授权，其独立性受检察长限制。检察官法第12条规定副检察长、检察委员会委员和检察员由本院检察长提请本级人民代表大会常务委员会任免，人民检察院组织法第3条规定检察长统领检察院工作，实践中也已经形成了由检察长统领全院业务的工作模式。检察长对主任检察官任免、业务的统领已然可以决定主任检察官可以行使哪些检察权，可以说主任检察官权力来源于检察长授权。但是授权并不妨碍其独立行使检察权力，主任检察官在授权范围内独立行使权力，即使检察长也不能对之进行干涉，以保障其司法独立性、亲历性的实现。但是授权范围以外的职权行使，需经检察长同意，服从检察长决策领导。司法属性主导特性决定，检察长应当放权更多，给予主任检察官更大空间，但是考虑到检察实务现状，如主任检察官办案责任制改革刚刚开始，各方面条件还成熟，不宜给主任检察官太大空间。因此，应当在探索改革中，逐渐增强主任检察官独立性。

检察人员分类管理制度研究[*]

马英川

一、检察人员分类管理的动因及存在的问题分析

实行检察人员分类管理，目前理论界和实务界对此已经形成比较一致的看法，即检察机关队伍管理模式长期以来存在的泛行政化管理、多元化管理、无区分管理等问题，严重影响检察队伍的职业化、专业化发展，制约了检察权公正、高效、权威行使，实行检察人员分类管理势在必行。于是，最高人民检察院分别在重庆、山东选择了基层检察院为目标，开始了有组织、有计划地实施检察人员分类管理改革试点。

党的十八届三中全会审议通过的《中共中央关于全面深化改革若干重大问题的决定》，其中在推进法治中国建设部分中提出要确保依法独立公正行使审判权、检察权。进一步改革司法管理体制，推动省以下地方法院、检察院人财物统一管理，探索建立与行政区划适当分离的司法管辖制度，保证国家法律统一正确实施。要求建立符合职业特点的司法人员管理制度，健全法官、检察官、人民警察统一招录、有序交流、逐级遴选机制，完善司法人员分类管理制度，健全法官、检察官、人民警察职业保障制度。① 不过，在我国全面实行检察人员分类管理还面临诸多现实困难。诸如体制局限问题、现实利益问题、心理适衡问题、能力冲突问题等等。

二、检察人员分类管理试点情况综述

（一）重庆部分区县院试点情况综述

2003 年最高人民检察院确定重庆部分区院作为首批检察人员分类管理改革试点后，其渝中区、渝北区等基层院先后在人员分类、职责，内部结构设置

---

* 原文载《法学杂志》2014 年第 8 期。

① 《中共中央关于全面深化改革若干重大问题的决定》（2013 年 11 月 12 日中国共产党第十八届中央委员会第三次全体会议通过）。

等方面进行了试点，并完成了过渡。其试点情况概述如下：

1. 试点前后人员的分类及职责情况。以渝中区检察院为例，该院定编总数为 148 人，实有在职检察人员 135 人，现有检察官 37 人，占实有人数的 27.4%；检察事务官 54 人，占实有人数的 40%；检察行政人员 24 人，占实有人数的 17.8%，试用期未定职公务员 20 人，占 14.8%。该院现有助理检察员以上法律职务的 81 人，占实有人数的 60%，分类后其中有 44 人没有担任检察官职责。检察官中检察长、副检察长 4 人，占检察官的 11%。① 该院将检察人员划分为三大类：检察官、检察事务官、检察行政官。检察官职位，是指依法行使国家检察权的检察人员。包括检察长、副检察长、检察官。其中检察官仅指在检察长领导下真正行使检察权的检察员，是精英化的检察员。按照最高人民检察院"规划方案"、职位编制和实际工作需要，检察官的人员比例为全院干警总数的 30%。检察事务官职位，是指在检察活动中协助检察官履行检察职责，从事辅助性、技术性工作的人员。检察事务官既可以是检察官法中的检察员，也可以不是检察员。按照职责分工，检察事务部划分为检察官助理、检察技术人员、司法警察等。检察事务官的比例为 45—50%。检察行政官职位，是指检察机关从事政治工作、综合管理工作和行政事务工作的检察人员。检察行政人员的比例为 20%—25%。②

2. 试点前后的机构设置情况。试点前，该院共有政治处、研究室、侦监科、监所科、职侦局、民行科、控申科、办公室、公诉科、技术科等 10 个内设机构，是办案人→副科长→科长→副检察长→检察长的层级管理模式。改革后基本设立了"四局二部一办"的机构设置，即侦查监督局、公诉局、诉讼监督局、职务犯罪侦查局，政治部、检察事务部，检察长办公室。侦查监督局负责刑事犯罪案件的审查批捕、公诉局负责审查起诉和检察监督工作。诉讼监督局主要负责监所检察、民事行政检察、控告申诉检察和国家赔偿工作。职务犯罪侦查局主要负责职务犯罪案件的举报、侦查和犯罪预防工作。实现业务由办案人→副检察长→检察长的领导格局。检察长办公室主要负责检察委员会日常工作、检察业务目标管理与案件质量监督、应用法律理论研究和监察工作。政治部主要负责人事工作、思想宣传工作、党建工作。检察事务部主要负责文秘调研、综合管理、技术装备工作等后勤保障工作。

---

① 2010 年 5 月《重庆市渝中区检察人员分类改革试点简要汇报材料》。

② 参见重庆市渝中区人民检察院《关于实施检察人员分类管理改革试点工作的总体方案》。

3. 试点后检察人员分类管理的配套制度比较。

（1）更加突出检察官主体地位的工作机制。一是确定了检察人员权限分配原则；二是对各职位设置目的、权责等进行明确；三是修订完善一系列履职流程和案件质量标准，形成责任明确的办案责任体系。

（2）建立了相对制衡有效的监督机制。一是明确了监督管理主体；二是明确了监督管理内容及程序；三是明确了监督管理后果。

（3）建立了奖惩结合的评价机制。一是实施目标管理；二是严格责任追究；三是进行动态管理。①

（二）山东省部分地市试点情况

山东省平邑县检察院是最高人民检察院、山东省人民检察院确定的分类管理改革试点院之一。该院试点工作自 2003 年 9 月开始，历经两年的考察论证，于 2005 年 4 月顺利完成了三类人员的分类管理过渡。改革前，该院共有在编人员 76 人。包括检察长、副检察长、检委会委员在内的检察员 48 人，助理检察员 1 人，书记员 15 人，司法警察 3 人，工勤人员 9 人；内设反贪、渎侦、侦监、公诉、民行、预防等 22 个科室。改革后，将 76 名在职人员划分为检察官、检察事务官、检察行政官三个职务序列：检察官 25 人，占总人数 32.9%；检察事务官 27 人，占总人数 35.5%；检察行政官 24 人，占总人数 31.6%。将内设机构整合为刑事检察局、职务犯罪侦查一局、职务犯罪侦查二局、控告申诉检察室、民事行政检察室等 10 个部门。从 48 名检察员中产生 25 名检察官，意味着全院将近一半的检察员退出检察官行列，这对干警本人和改革者都是很大考验。该院争取县委、县政府和临沂市检察院的强力支持，优先解决了多数干警的职级待遇，对干警起到了稳定作用。在此基础上，该院进行竞争上岗、双向选择，使分类方案和程序透明化，公布职位说明书和岗位目标责任书，通过个人报名选择职位、资格审查、民主测评、考试、答辩，第一轮优先产生了检察官。然后，严格依照程序产生了事务官、行政官人选，选定了中层正副职人员。通过明确检察官、检察事务官、检察行政官在检察业务中的不同地位和作用，突出了检察官的主体地位和检察业务的中心地位，检察官的主体意识、责任感、职业自豪感得到了强化。改革后，案件质量得到了有效保证，无错案、无涉检上访，无起诉后判无罪的情况，无办案安全事故，促进了检察权内部运行的规范化。针对三类人员，初步试行了不同的考核标准和

---

① 参见杨洪梅：《凸显司法属性彰显检察特质——在市院分类管理改革调研会上的发言》（2005年 12 月）。

绩效评价体系。[①]

（三）检察人员分类管理试点取得的经验

1. 人员分类管理使得人力资源得到优化配置。检察人员分类管理使得检察官核心地位进一步巩固，以渝中区检察院刑检业务部门为例，检察官有了独立履行检察权的职责和权力，工作责任心极大增强，工作效率和案件质量都相应提高。2008 年 3827 件，自办 28.9%，自行决定 83%，提请检委会 79 件中程序性占 94%，2009 年 4565 件，自办 32.5%，自行决定 86%，提请检委会77 件中程序性占 95.5%[②]，分别上升 3.6、3 和 1.5 个百分点。

2. 业务分工整合，淡化行政色彩凸显司法属性。通过检察人员分类管理，实现检察业务工作与行政管理事务相分离，在业务决策上淡化行政色彩，进一步凸显了检察机关的司法属性。

3. 案件审批环节减少，办案质量提升。"四局二部二室"的工作模式是渝中院因地制宜的机构创新，以检察长办公室为重心的检察官履职管理机制是改革中的一个亮点，在工作中反映出减少审批环节、提高办案效率、保证案件质量等方面的突出效果。另外，通过强化内部监督也对案件质量的保证起到了促进作用。[③]

三、检察人员分类管理相关配套制度的完善

检察人员分类管理是一个系统工程，涉及选拔和遴选、考核、权限设定、职务保障等相关配套制度的建立和完善。

（一）选拔和遴选制度

对现有检察官进行二次选拔，是分类管理改革面临的首要问题和重要环节。一方面，二次选拔设计科学与否直接决定新的检察官人选，同时，由于受检察官员额限制，相当一部分原来的检察官会分流为检察辅助人员或司法行政人员，涉及利益格局调整，需要谨慎。按照"新人新办法，老人按新办法过渡"的思路，对新录用检察人员按照分类后的职位要求"对口"录用；对现有人员，在充分做好思想政治工作、转变观念的基础上，采取一次性分流过渡，即根据职位员额设置要求和任职资格条件以及现有人员的具体情况，使现有检察人员分别过渡到检察官、检察辅助人员和司法行政人员的类别，原任职

---

① 参见高峰：《山东平邑：检察人员分类管理改革遇到七个问题》，载《检察日报》2011 年 1 月11 日第 8 版。

② 参见 2010 年 5 月《重庆市渝中区检察人员分类改革试点简要汇报材料》。

③ 参见 2010 年 5 月《重庆市渝中区检察人员分类改革试点简要汇报材料》。

务不属于过渡后职位类别的，应当免去原任职务，并按照职位类别任命与本人原任行政职级相适应的职务。原任检察官职务的人员免去其所任检察官职务后，检察官任职资格予以保留，当检察官职位空缺时，可以依照法定程序任命其检察官职务。但要重点考虑以下三个方面：

1. 选拔标准统一且相对稳定。标准设计时，既要考虑二次选拔，同时也要考虑后续检察官的递补，两者应该适用同一标准，以保持检察官任职标准的统一性和稳定性。在具体选任标准上，要进一步提高检察官准入门槛，细化检察官的任职条件，着重考察知识、经验、能力、道德四个方面的素养。即选任的检察官应当参加过系统的法律学习和培训（一般应具有全日制法学本科以上学历），具有扎实的法学理论知识；从事检察工作至少达到一定年限（如基层检察院满 4 年、市级检察院满 6 年、省级检察院满 8 年），具有非常丰富的检察实践经验；办理案件达到了一定的数量和质量，具备相当高超的司法能力；政治素质过硬，具有高尚的职业道德素养。

2. 选拔方式、程序要体现科学性、透明性。在选拔方式上，可以采取考试与考核相结合的方法。考试可以包括笔试和口试，内容应当涵盖法学理论、检察实务、法律文书制作等内容，考核可包含工作实绩、职业道德、廉洁自律等方面。为此应当设计一套考试、考核各占 100 分的双百分考核机制，按照考试考核得分情况从高到低确定检察官人选。在实际操作时，可以通过调整考试考核内容的比重，来维持原来在岗的检察官与新招录检察官之间的平衡。①

3. 建立上级检察官逐级遴选制。在我国上级检察院领导下级检察院，上级检察院的检察官要承办重大疑难案件，指导下级检察院的工作，要求其必须具有更高的职业素质，具备更丰富的检察实务经验和司法实践积累。借鉴国际上的通行做法，我国也应当建立检察官逐级遴选制度，最高人民检察院和省级人民检察院一般不再直接面向社会招录检察官，上级检察院出现检察官职位缺额，主要应当公开从下级检察院符合相应条件的检察官中择优遴选，以保证上级检察院检察官的职业素质，并为下级检察院的优秀检察官拓宽职业发展的空间。为此，应规定担任地市级以上检察院检察官，应当具有在下一级检察院一定年限的工作经历。

（二）分类考核制度

从人力资源管理的角度加以考虑，绩效考核和人员激励应当是分类管理改革不可或缺的环节。从各地试点的情况看，适应人员分类管理的绩效考核制度

---

① 参见李立新：《法院人员分类管理改革探析——以新一轮司法体制改革为背景》，载《法律适用》2010 年第 5 期。

普遍尚未建立。分类管理有助于梳理出检察机关内部不同职位包括检察官的工作特性和工作要求，从而建立起同检察业务特点和司法工作规律相适应的评价机制。在分类管理的框架下，绩效考核在相同职位的人员之间比较，不同职位之间不进行比较，即分类考核。

1. 科学合理设置考核指标。考核指标设计是绩效考核的基础和核心，科学的考核指标是避免考核流于形式化、缺乏可操作性的保障。首先，要分序列设置考核指标。检察官、检察辅助人员、司法行政官类别不同，考核的指标也应有所差别，检察官侧重于检察业务、办案数量、质量、效果的考核，检察辅助人员必然侧重于事务性工作、技术性工作的考核，司法行政人员则要重点考核其管理水平和服务意识，并突出工作效率的考核。其次，分类别设置考核指标。绩效考核的内容分为业务类（管理类）、综合类两类，由各绩效考核指标构成。绩效考核采取百分制和加、减分计分法。基本分总值为 100 分，业务类（管理类）基本分占 70%，综合类基本分占 30%，加分的总值不超过基本分的 50%，减分不超过基本分。综合类考核指标适用于所有检察人员。不同业务部门的检察官考核，可以根据不同业务部门的业务特点和业务要求制定相对独立的评价体系，检察官兼任业务部门负责人的，要根据办案情况合理确定管理、监督权重。最后，分权限设置考核指标。拥有什么权限就承担什么责任，权限大的责任大。检察官和检察官助理的权限不同，其考核指标也必定有差别。[①] 如检察官的职责更侧重于对事实的认定、案件的定性、决定是否批捕、起诉，而检察官助理只是为检察官从事协助性工作，他不能对上述事项负责，但必须对文字性工作负责。

2. 突出对检察官的考核。检察官业绩考评可采取年终考评与经常性考核相结合的办法，考核内容包括检察工作实绩、思想品德、法学理论水平、工作态度和执法作风，重点考察检察官的办案质量和效率，同时还要考虑案件的社会效果。对于检察官的业绩考察，不仅要在检察官所在部门进行，而且还要注意倾听其上下级院的有关意见，同时还要听取有关律师、法官等业内人士对检察官的评价。建立检察官执法档案，将检察官业绩评价结果纳入检察官执法档案并予以公开。

3. 确保考核结果的充分运用。一旦确立系统的检察官考核评价机制，就要保证它的长期性、权威性。首先，检察官的选任、升任以及各项待遇都要与考核评价结果挂钩，达到一定标准（业务水平及年限）及时晋升，违反有关

---

① 参见章俊程：《积极推行以检察官为责任主体的人员分类管理》，载《中国机构改革与管理》2013 年第 6 期。

规定进行惩处；其次，确立任职评价的主导地位，对检察官的考评要以此为主，尽量减少其他行政性评比、考核；最后，保证任职评价的客观公正性，尽量减少行政力量的干预。可以考虑成立相对独立、专业的检察官考评委员会，独立完成考核评价工作。

（三）检察官权限设定

确立检察官在检察活动中的主体地位与核心作用是分类管理改革的重要目标。要建立以检察官为核心的履行检察权的工作机制，必须对现有检察组织机构体系、检察权运行机制、检察官权限以及监督进行明确界定。

1. 检察官行使检察权的工作机制。分类管理后，在检察机关内部检察官依法相对独立行使检察权。检察权运作的基本模式是"检察官—分管检察长（检察长）—检察委员会"，以有效减少审批层级，强化执法办案活动的司法属性。在具体权限划分上，应坚持适度分权、规范授权、强化责任相统一的原则，根据审查批捕、公诉、职务犯罪侦查、法律监督等不同特点，分别予以设定。在坚持检察长、检委会对重大案件、重大事项的领导和组织指挥的前提下，对部分事实清楚、证据确实充分、无太大争议的审查逮捕、审查起诉、民事抗诉案件，检察长可以授权检察官决定和处理。对贪污贿赂、渎职侵权案件线索的初查、立案、侦查、采取强制措施和侦查终结决定等事项，报职务犯罪侦查部门负责人审批，再由职务犯罪侦查部门负责人报本院分管副检察长直至检察长决定。检察官相对独立行使检察权的权力来源于检察长的授权，必须接受检察长或分管副检察长领导，并对其负责。在授予的职权范围内，检察官对自己承办的案件和所作的决策负责，不受其他人员的干涉。按照谁决定谁负责的原则，检察官对其在职权范围内所作出的决定承担责任。需由检察长或者检委会决定的事项，检察官对事实和证据负责。

2. 检察官与助理检察官的关系。从工作职责上看，检察官主要负责行使检察权，对所有案件的证据进行把握和适用法律进行判断，对事实和适用法律负责。检察官助理协助检察官履行检察权，受检察官指派审阅案卷，制作阅卷笔录，提讯犯罪嫌疑人，询问证人，拟定案件审查意见，在检察官领导下对审查案件的事实和证据负责。检察官拥有最终的决定权，对定性负责。从两者关系上来看，检察官与检察官助理在业务工作上是主导与从属，独立与协助的关系，检察官起主导作用，对检察官办案组（或办公室）承办的所有案件承担责任，检察官助理辅助检察官行使检察权，必须服务于检察官办案，所承办的案件由检察官负责。

3. 内设机构调整与整合。对现有内设机构特别是业务机构进行整合和精简，以理顺检察官行使检察权的工作机制，是分类管理的题中之义和必然要求，必须与分类管理同步推进。建议以刑事检察、职务犯罪侦查和诉讼监督三大块为依据设置检察业务机构。

总体上可按照"三局两部一办"，即刑事检察局、职务犯罪侦查局、诉讼监督局、检察事务部、政治部、案件管理办公室。刑事检察局，负责公诉、批准逮捕等业务工作的协调、管理，并为行使这些检察权的检察官办案组（或办公室）做好服务工作。诉讼监督局，负责控告申诉、民事行政诉讼监督、刑罚执行监督等业务工作的协调、管理，并为行使这些检察权的检察官办案组（或办公室）做好服务工作。职务犯罪侦查局主要负责职务犯罪案件的举报、侦查和犯罪预防工作。案件管理办公室作为专门的案件管理督查部门，主要负责对检察官行使检察权的监督，保证办案质量。"三局"突破现有的行政架构，建立以部门负责人（局长）为管理中心、以检察员为业务中心的机构模式；综合管理部门"两部一办"的设置与原有的基本相同，设置政治部、检察事务部（或院办公室）分别负责检察队伍管理和检察行政事务管理。

对现有机构整合后，内设机构所起的作用是管理、监督、调控业务工作，对人员的行政管理和业务培训等负责。业务部门负责人负责本部门的行政管理和队伍建设，包括案件分配、日常行政管理、办案的监督管理等；检察官在办案中是独立的，不受部门负责人的制约。而综合管理部门所承担的管理职责决定其应与政府机关一样，采取行政模式进行管理。

4. 对检察官的内部监督。在授予检察官较大自主决定权的同时，必须相应完善防止检察权不当行使的内部监督制约机制。在目前各级案件管理部门普遍建立的情况下，可行且便捷的做法是，依托现有的案件管理部门，实现管案与管人的有机统一，形成制度化的监督机制，以确保检察官正确行使检察权。案件管理办公室主要负责对所有检察官办案组所承办的案件进行督导、评查、监督和预警，并具体负责考核和评估检察官的办案质量。为确保监督的质量和效果，案件管理办公室应配备专门的检察官。同时，应建立部门负责人对检察官的日常监督检查机制，赋予部门负责人对办案效率、执行制度规范、依法办案等方面的管理权限。[①]

（四）分类后检察官保障机制

1. 身份保障。检察官的身份保障是指检察官依照严格的法定程序任命，非因法定事由、非经法定程序不被免职、降职、辞退或者处分。出于专业化和职业化的考虑，应建立检察官任职终身制，检察官一经任命，其职业地位和职业身份非因法定事由、非经法定程序，无重大过错不得免职，其履职行为不受

---

① 参见蔡雅奇：《主任检察官制改革探索调查》，载《人民检察》2013 年第 14 期。

追究。实行检察官任职终身制，一方面，可以解除检察官的后顾之忧，使其免受外部干扰而能依法行使职权。另一方面，可以增强检察官队伍整体稳定性，确保检察官素质得到不断提升。

2. 职权保障。一方面，要保障检察官在检察长的统一领导下依法独立公正地行使检察权，独立于行政机关、社会团体和个人，坚决排除地方保护主义和部门保护主义的干扰。检察官履行职责过程中，对任何来自行政机关、社会团体和个人的干涉，有权予以抵制。对行政机关、社会团体或者个人干涉检察官依法履行检察职责的，应当依法追究其责任。另一方面，要保障检察官能独立于其他检察人员，并主导检察工作，杜绝检察机关内部的行政干预。

3. 职业收入保障。分类管理为逐步提高检察官的经济待遇奠定了基础，在现有省以下检察机关人、财、物统一管理的检察体制改革背景下，省级院在编制经费保障计划时，应根据不同的岗位，坚持责、权、利相统一的原则，建立起与检察官和检察辅助人员、司法行政人员工作职责相适应的工资制度，突出对检察官工资收入的保障，建立检察官津贴序列，合理拉开检察官与其他人员的收入档次，激发工作责任感和热情。要建立检察官的工资福利定期晋升机制，以适应社会发展水平和物价水平变化，增强检察官职位的吸引力和竞争力。

论我国检察人员分类管理改革*

李美蓉

就文理而言，检察官者，乃行使检察权之官吏。我国检察官法第 2 条明确规定，检察官是依法行使国家检察权的检察人员。由此推论，检察官乃是"受宪法委托，依据法律，客观、公正行使检察权者"①。然而实践中，我国对检察人员的管理制度，既不是品位分类制度，也不是职位分类制度，而是一种以行政级别区分为主体的独特分类模式。"检察官"这个称号很多情形下并不是一种"职务"的代表而是一种"待遇"的象征，许多没有行使检察权的人，却由于年限或者行政职务等被任命为检察官，而真正在一线办案或者能够办案的检察官却少之又少，单一的行政管理与多元化的检察职位形成矛盾，法律职称与职位脱节，各类工作人员之间没有明确的界限，岗位之间也可以相互转换，在一定程度上阻碍了检察制度的正常运转。因此，在检视我国现行检察官范围的基础上，提出可行的分类管理方案，从而将检察官的范围限定在行使检察权、从事检察官工作的人员，就成为化解当下检察改革困境的必由之路。

一、我国检察官范围之检讨

我国对检察人员的管理制度与多数国家和地区不同，既不是品位分类制度，也不是职位分类制度，而是一种以行政级别区分为主体的独特分类模式，受整个国家统一的干部制度的影响，检察院内所有的工作人员被统称为"干部"或"干警"，单一的行政管理与多元化的检察职位形成矛盾，造成法律职称与职位脱节，各类工作人员之间没有明确的界限，岗位之间也可以相互转换。由于"检察官"这个称号在很多情形下并不是一种"职务"的代表，而是一种"待遇"的象征，且没有严格的任职资格限制，因此绝大多数书记员甚至很多从来没有参加过检察业务工作的后勤、人事甚至党务、会计等部门的

---

  * 原文载《河南社会科学》2014 年第 11 期。
① 李清辉：《统一解释法令制度之研究》，辅仁大学法律学研究所 1987 年硕士学位论文。

人员，只要达到了相应的行政级别或工作年限后，都可以被任命为检察官，使得相当一部分检察官徒具虚名。由此出现办案品质差、办案效率低的情况，也属情理之中了。

除了检察官外，其余的辅助、行政人员如书记官，没有自己的发展晋升空间和管理制度（检察官虽有单独的职级体系可实践中却不实行，仍然是按照行政职级管理），唯有当上检察官，才能取得行政官职，进而得到待遇的提升。因此人人都希望拥有检察官的职务，造成千军万马过"检察官"这个独木桥的局面，严重压制了他们对本职工作的责任心和进取心，导致检察辅助人员长期缺乏，使得检察官不得不"事必躬亲"，把许多精力耗费在复印案件材料、诉讼文书归档等勤杂性、事务性的工作上；通过晋升取得了检察官职称的却有相当一部分长期任职在非检察业务部门而不能甚至根本不具备履行检察官职能的能力，浪费司法资源；检察业务部门的处室领导，大部分都是办案主力，但却要将精力耗费在审案、批案和行政事务上。以上因素最终导致检察业务部门的检察官长期紧缺，案多人少矛盾越发突出。正因如此，反过来又逼迫一些书记官不得不去做检察官的工作，成为代理检察官。而这时同工不同酬，势必会造成书记官等辅助人员的心理失衡，只好再次挤向检察官、行政"长"字这个独木桥，如此循环往复。

二、我国检察人员分类管理改革

检察人员分类改革是检察改革的重要内容，是检察发展和检察官制度建设的关键一环，是检察制度史上一个划时代的人事改革。早在 1999 年，最高人民检察院制定的《检察工作五年发展规划》中就对检察人员的分类改革进行了初步规划。其后在 2003 年 6 月和 11 月两次进行了检察人员分类管理的专题研究，并在重庆、山东选择了部分基层检察院进行试点。2007 年发布了《检察人员分类管理改革方案》，将检察人员分为检察官、书记官、司法警察、司法行政人员和专业技术人员五类。理论界有赞成四分法的即检察官、检察官助理、检察技术人员、检察行政人员；还有赞成三分法，认为检察人员分类管理的核心是要突出检察官的主体地位，因此职位分类应当以检察权为中心，即将"是否行使检察权"作为划分检察官职位与非检察官职位的客观标准，分为检察官、检察官助理（或称为检察事务官，包括书记官、技术人员和司法警察）、检察行政人员。

对此，笔者赞成三分法，但是其类别名称有待商榷。首先是第二大类，称之为"检察官助理"也好，"检察事务官"也罢，其实学者们无非是想要表达"辅助"即"非检察官"这个意思，但这往往很容易被误解，引起歧义。因为在欧陆国家和地区，"检察官助理"或"检察事务官"是指具体的某一职位，但两者之间还有区别，而非一类人，如我国台湾地区，并没有"检察助理"这个词，而是称为"检察事务官"，是在 2000 年才产生的新职务角色，但法院方面既有"司法事务官"也有"法官助理"。因此，不宜用"检察官助理"或"检察事务官"来指代一个职组，对于第二大类，将其称为"检察辅助人员"似乎更为妥当。其次是第三大类，若将其称为"行政人员"，则很容易与第二大类相混淆，因为这两类人员所行使的职权性质都是非检察权而是行政权，也都服务于检察权，因此，将第三大类称为"综合管理人员"应更为贴切。以检察权为中心，将检察人员具体分类如下：

（一）检察官

检察官是指依法行使国家检察权的人员。检察官法第 6 条规定，检察官的职责是依法进行法律监督、代表国家进行公诉、对法律规定由人民检察院直接受理的犯罪案件进行侦查、法律规定的其他职责。笔者认为，检察官职务应当包括检察长、副检察长、主任检察官、检察官。应转变检察委员会的功能，取消助理检察官的职务设置，加设主任检察官一职。

1. 转变检察委员会功能。根据人民检察院组织法关于检察委员会的规定，检察委员会委员参加检察委员会，按照民主集中制的原则，讨论决定重大案件和其他重大问题。可见，检察委员会委员这一职务的职责与权力仅是参加检察委员会议，发表意见和表决，并不能以检察委员会委员的身份单独办理或决定案件，也不对案件承担个人责任。因此，检察委员会委员应是议事性、兼职性职务，应由检察长、副检察长或检察官这些已经具备检察官身份的人兼任，而不应当成为专任性职务，因此，建议取消将检察委员会委员作为检察官职务层级之一予以单列的做法。此外，对于检察委员会讨论决定案件之功能，笔者持否定态度，建议转变检察委员会的功能，弃讨论决定案件之权，转而作为检察人事审议之主体，可称为"检察人事委员会"，以决定检察官之任免、调动、升迁、连任、惩戒、考绩核定、监督异议等人事事务，实现检察官之人事自治。[①]

2. 取消助理检察官的职务设置。根据现行的人民检察院组织法第 27 条规定，各级人民检察院均设置助理检察员。助理检察员协助检察员工作，经检察长批准可以代行检察员职务。也就是说，助理检察员既可以做检察员的助手，也可以经检察长批准以代理检察员的身份独立办案，行使检察员的一切职权。因其职权性质上与检察官几无区别，从而可以很好地解决检察官不足的现状，

---

① 苏力：《送法下乡：中国基层司法制度研究》，中国政法大学出版社 2000 年版，第 113 页。

且因本院检察长即可任命而无须经过人大，从而成为等待缺额、等候人大任命的绝佳途径。笔者认为，如果想表达实习检察官之意，应改称为"候补检察官"，可以规定候补期间为 5 年，候补期满经检察人事委员会审查合格者，予以任命检察官；如果想表达"辅助"之意，则可改称为"检察官助理"，与书记官一起列入第二大类即检察辅助人员职务系列。对于现任助理检察员，只要具备了检察官的任职资格，就应当转任为检察官；不符合检察官条件但符合事务官条件的应定位为检察事务官；若符合书记官条件的应定位为书记官，至于完全不具备法律专业学历的人员，应彻底归为检察行政人员，坚决杜绝混编混岗的荒谬现象。①

3. 加设主任检察官一职。受行政化管理模式影响，法院、检察院的内设机构负责人被称为"局长、处长或科长"。在法院，每一审判庭的负责人还是有法律称谓的，即"庭长"，且被作为法官职务层级之一。② 然而在检察院，业务部门负责人无论是称谓还是管理则完全行政化，且不作为检察官职务层级之一。检察人员分类管理不仅仅是对检察人事制度的重大改革，同时也会对检察办案模式产生重大影响。③ 通过分类管理，使得检察官与检察辅助、行政人员形成明确的主辅关系，实际上就是形成以检察官为核心的办案组织单元。同时检察官应当有明确的专业分工，采取分组办案模式。亦即，每个检察官为一个作业单位（一股），领导该股成员。其中每一个检察官，配置一个书记官负责该股检察官案件的笔录制作及卷宗整理；若干名检察官为一组，加设"主任检察官"一职，由其担任组长，负责监督该组事务。主任检察官只对分管副检察长和检察长负责，形成检察官—主任检察官—分管副检察长—检察长的结构体系，取消旧有的案件层层审批制，发挥检察官主动性，这不仅可以取消不必要的若干内设机构，减轻编制负担，而且有利于阻挡外界对检察办案的不当干涉，保证检察官办案的独立性。

（二）检察辅助人员

检察辅助人员是指各级检察院中依法协助检察官履行检察职责，在检察官的指挥之下，从事辅助性工作，保障检察活动有序开展的人员。检察辅助人员包括检察事务官、书记官、法警、检察技术官。至于任职资格，除了应当具有国籍条件、身体素质条件外，还应当具备履行辅助工作的相关专业知识和专业

---

① 王桂五主编：《中华人民共和国检察制度研究》，中国检察出版社 2008 年版，第 469 页。

② 刘辉：《刑事司法改革试点现象》，载《中国刑事法杂志》2013 年第 8 期。

③ 关于"非正式制度"，参见苏力：《送法下乡——中国基层司法制度研究》，中国政法大学出版社 2000 年版，第 427～441 页。

技能，具备相关专业学士及以上学位，通过国家专门的入职资格考试者。检察辅助职务由各级检察院检察长依法任免。我国检察官法第 6 条规定检察官的职责是依法进行法律监督、代表国家进行公诉、对法律规定由人民检察院直接受理的犯罪案件进行侦查、法律规定的其他职责。可见，一个刑事案件从开始侦查（检察院自侦案件）、起诉、审判直至执行，都有检察官的参与，检察官可以说是刑事诉讼程序的唯一全程参与者。除此之外，检察官还需要参与非刑事业务如国家赔偿、被害人补偿等民事求偿工作。如此繁重的工作及多元的角色，自我国检察制度重建实施以来，一直是由检察官一人独撑大局，相较于多数外国检察机关多设有检察事务官以协助检察官办案，我国检察官显得过于"全能"。因此，长期以来，检察官们不断呼吁要增加搭配辅助人员特别是检察事务官以协助办案，减轻办案负荷。① 此外，尽管从目前来看，检察官与书记官等辅助人员工资待遇似乎差别不大，但是一旦实施分类管理，因为职务的不同、保障及待遇的不同，人力使用成本就会有极大的差别。② 因此，即使是从减少检察官的员额编制，控制检察院成本支出的角度出发，也必须给检察官搭配充足的辅助人力，以确保检察官顺利完成各项法律上的职权及任务。

1. 检察事务官。在检察官指挥之下，检察官助理有权处理下列事务：一是在检察院自侦案件的侦查过程中实施搜索、扣押、勘验或执行拘传、逮捕；二是询问告诉人、告发人、被告、证人或鉴定人；三是协助检察官实施检察官法第 6 条规定的职权。检察事务官的职权应当明确规定于未来的刑事诉讼法中，除了不能像检察官那样独立行使办案职权以外，其职权范围应当与检察官相同，并且隶属于各级检察院，直接听命于检察官的指挥，不仅可以独立处理大部分简易案件的证据收集以及各类文书的草拟，而且可以协助检察官对复杂案件做好先期的证据收集以及分析，甚至可以协助检察官做好开庭公诉前的准备工作，成为检察官最重要、最得力的办案助手，从而使得检察官不必事必躬亲，只要集中力量做好最核心的工作如侦查策略布局以及法律问题的分析等即可。③ 检察事务官一职的增设，不仅会大大减轻检察官的工作负荷，而且可以提高办案质量和效率，对检察制度的建设无疑具有突破性的推动作用。

2. 书记官。人民检察院组织法第 27 条规定，各级人民检察院设书记员，负责办理案件的记录工作和有关事项，由各级人民检察院检察长任免。检察官

---

① 蔡碧玉：《我国检察机关人力运用之研究》，台湾大学社会科学院政治学系 2008 年硕士学位论文。

② 邹绯箭：《"检察一体"与中国上下级检察院组织关系构建》，载《中国刑事法杂志》2013 年第 8 期。

③ 蔡碧玉：《我国检察机关人力运用之研究》，台湾大学社会科学院政治学系 2008 年硕士学位论文。

法第 55 条规定书记员的管理办法，由最高人民检察院制定。"书记官是检察官的重要辅助职位，承担着不同于检察官的专门职能，是检察院的核心人力之一。"① 但书记官在我国一直是被视为检察官的后备军，书记官没有独立的职级和晋升渠道，绝大多数书记官晋升的唯一途径就是成为检察官，换句话说书记官不是能够干一辈子的职位，它只是暂时的，没有前途，以致出现了一个检察院基本都是检察官的荒谬局面；书记员也一直被作为检察官职前培训的过渡性法律职务，即书记员的工作是检察工作的基本功，不学会这门功课就无法做好检察官，以致所有新进检察官，都要先担任一段时间的书记员，才可以晋升为检察官，乃至更高的职务。笔者认为以上做法是值得商榷的。强调书记官专业的重要性是可以理解的，但是，如果像现在这样，将其视为担任检察官的前提条件，显然也不合适。② 检察人员分类管理，不是暂时的应急之策，而是一个必然选择，所以不能仅仅看到目前检察官们的素质状况，还要考虑到其素质得以提高之后的规划，更为重要的是取消助理检察官，将检察官与书记官划清界限，这是分类管理的核心步骤，在这个问题上必须具有清醒认识。此外，书记官职务之执行，不如检察官之独立，应服从长官的命令，即听命于检察官，在检察官的指挥领导下履行职责；但在行政上，书记官服从检察长和业务部门长官的领导和调动，与检察官不发生关系，实行单独管理。一直以来，我国将书记官配置于检察官群体内，也就是配置于检察业务机构内，与检察官同样受到部门负责人的统一管理。但实行分类管理后，应将书记官单独管理，置于书记官长之下。

　　3. 法警。法警，乃辅助检察官以办理刑事案件之辅助人员。凡刑事案件，检察官侦查犯罪（自侦案件）常须逮捕人犯，送达文件，取保传人。此类事项，复杂而烦琐，自非检察官所能躬亲行之，故不得不设辅助机关为之协助③。人民检察院组织法第 27 条规定："各级人民检察院根据需要可以设司法警察。"此为法检系统设立司法警察的法律依据。人民警察法主要对公安机关的职权作出规定，监狱法对监狱系统的人民警察职权作出规定，但对于检察院司法警察的职权，现行法律则未作规定。目前对检察院司法警察职权规范只见于最高人民检察院《人民检察院司法警察执行职务规则（试行）》，但此条例作为司法解释，效力位阶过低且严重滞后，因为检察院司法警察直接限制人身自由、剥夺他人生命，以"条例"司法解释来规范警察权，显然是违背了

---

　　① 韩成军：《检察权配置的制度环境探析》，载《河南大学学报（社会科学版）》2013 年第 6 期。
　　② 王桂五主编：《中华人民共和国检察制度研究》，中国检察出版社 2008 年版，第 469～470 页。
　　③ 蔡荫恩：《法院组织法新论》，三民书局 1978 年版，第 77 页。

"犯罪和刑法"及"限制人身自由的强制措施和处罚"只能由法律规定的宪法精神。[①] 此外,我国是将司法警察——作为警察的警种之一,按照人民警察法授予警衔,实行编队管理。[②] 既然如此,司法警察的职级及其晋升也就应当按照警察法实行独立序列,以脱离现在的行政管理模式。司法警察作为检察官的辅助人员,职级应当低于检察官,但是目前我国司法警察相对于其他警种的职级过低,实行分类管理之后,应当适当予以上调,以激发司法警察的积极性,做好编队统一管理。

4. 检察技术官。检察技术官是指检察机关中运用专业知识和专门技能对检察活动中涉及专门性技术问题提供技术支持的人员,其主要职责是辅助配合侦查和审查案件,通过检验、鉴定、翻译等活动,解决案件中的专业问题。检察技术官是检察官的重要辅助力量,纵然检察官素质再高,也不可能独立应对纷繁复杂、千变万化的案件,特别是现在高科技犯罪猖獗,如果没有技术官提供技术支持,检察官是不可能成功办理案件的。但是,我国目前为止仍然没有关于检察技术官的法律规定。检察技术官是被作为检察院的行政人员安排对待的,没有独立的职级晋升,也没有独立保障,更无司法荣誉感,造成人员的流动性极大。[③] 而在国外,检察技术官的设置是普遍做法。如《日本检察厅法》第 28 条规定:"检察厅设置检察技术官。""检察技术官受检察官指挥,掌理技术。"《韩国检察厅法》第 40 条规定:"检察厅可以设置翻译即担任技术部门业务的公务员。"《西班牙检察部组织章程》第 71 条规定:"检察机关配备一定数量的技术人员和其他人员,他们归相应的检察长领导,并在不影响其他机关行使职权的情况下从事本职工作。"[④] 为与国际接轨,推动检察活动的顺利开展,我国应当设置检察技术官,接受检察官的指挥命令,按照公务员专业技术类职务晋升,在检察机关内部实行统一管理。

(三)综合管理人员

各级检察院中从事综合管理事务的人员,性质上与检察辅助人员一样,都是行政人员。之所以称之为"综合管理",是为了与检察行政职务相区别。检察行政职务应当仅指检察长、副检察长和主任检察官,且这三种职务都只能是由检察官来担任,以避免外行管理内行,保障检察权的运行。至于目前负责人事工作的政治处,其办事人员包括其处长,都应只是行政人员,处长是行政系

---

① 沈太霞:《立法合理性问题研究》,载《暨南学报(哲学社会科学版)》2012 年第 12 期。

② 托马斯·魏根特:《检察官作用之比较研究》,张万顺译,载《中国刑事法杂志》2013 年第 12 期。

③ 韩成军:《检察机关的宪法定位与检察权的配置》,载《江西社会科学》2012 年第 5 期。

④ 龙宗智:《检察制度教程》,法律出版社 2002 年版,第 333 页。

统中的职务，而检察长、副检察长、主任检察官则是司法行政职务，二者完全不同，互不相干，从而使综合管理人员与检察长、副检察长、主任检察官完全隔离、分开，也只有如此，才能实现真正的检察人员分类管理。

对于行政辅助人员，我国目前的做法是与检察官混同管理：确实有着检察官任职资格且检察业务能力较强的人员，有很大一部分都在行政岗位上任职（如法律政策研究室、政治处的人员），而那些可能一辈子都在行政岗位上任职而未曾做过检察业务的人员，却同时有着检察官的职务，这不仅造成混编混岗，大量占用检察官的专项编制，而且使得检察官与行政人员区分不开，行政化管理模式尤为明显。此一矛盾自当反映于重要资源分配之检察官人事升迁调动上，检察官本应是检察院的主体，不管是案件事务分配，还是人事任免、升迁，都应当由检察官自己做主或至少应当尊重检察官的个人意愿。但是我国检察院内部实行首长负责制，形成了检察长、副检察长、处（科）长、副处（科）长、检察官、助理检察官、书记官的科层制体制，检察官的一切事务都要由行政领导和后勤行政人员负责，检察官本身被客体化为"行政管理"的对象。

目前，行政机构在检察院内部占很大比重，甚至在人数上和规模上超过了检察业务机构，一般的基层检察院要占全院总人数的30%以上。各级检察院一般都设有院党委（组）、办公厅（室）、政治部（处、科）、法律政策研究室、纪检监察局（处）、职务犯罪预防厅（处）、计划财务装备局（处）、检察技术处、法警局（大队）以及检察官培训与教育机构等行政机构。由于机构分工过细，导致人浮于事。行政事务应当是服务于检察官，为的是确保检察官能够更好地行使权力。尽管检察院内的行政人员不完全等同于政府的行政人员，但是毕竟与检察官南辕北辙、毫不相干。相比之下，检察院内的行政人员职务应当依据公务员法有关综合管理类职务的规定设置，按照公务员职级晋升管理。但应当注意的是，并不能因为检察内部分类管理制度，就轻看检察辅助、综合管理人员。

三、结语

古希腊先哲苏格拉底在描述其"正义"社会的实现时指出，有三件事情是必须认识清楚的：一是每个人在从事工作上具有不同的资质；二是每种工作对人的资质要求也是不同的；三是要将最合适的人安排到最适合他的工作上，即人与工作要契合，以此才能实现社会效益的最大化。换言之，不是任何人都适合做检察官这项工作，检察官这项工作也不是任何人都可以做的；适合并且能够做的被称为检察官，而那些不适合、不能够做检察官工作的人，就应当被冠以其他的职位名称，干着其他的事情，当然也应当遵行其他的管理模式，这些人可能被称为检察官助理、书记官、综合管理人员等。但反观我国，做着检察官工作的人却被行政管理模式套牢，可做着行政工作的人却被称为检察官。因此，检察人员分类管理改革势在必行。与此同时，检察分类管理制度虽然已经酝酿许久，但毕竟是一项新的制度，而每项改革都需经过长时期的调研并不断修正，在检察系统内外部培养共识，争取支持，才能持久，切不可推行过猛，甚至对现职人员的权利造成过大伤害；要从整个检察制度面进行修订，虽然幅度很大，但是确定整体架构、找准航向之后，会给民心以稳定感，再逐渐依环境的变化以及回应改革，既能减少实施的阻力，也能表现国家在改革上的政治号召力，可以说是一种进步稳妥的做法，有利于确保改革顺利成功。[1]

---

① 彭锦鹏主编：《文官体制之比较研究》，中研院欧美所1996年版，第5~34页。

第七部分

综述

贯彻中国特色社会主义法治理论
探索推进检察制度发展完善[*]

——第四届中国检察基础理论论坛观点综述

王　磊　　阮志勇

　　党的十八届四中全会刚刚开过，10 月 25 日至 26 日，由中国检察学研究会检察基础理论专业委员会主办、安徽省人民检察院承办的第四届中国检察基础理论论坛在安徽省合肥市召开。最高人民检察院有关部门负责人、国内知名专家学者以及来自全国各地的检察官 90 余人参加了会议。与会代表紧扣"新一轮检察改革与检察制度的发展完善"的论坛主题，围绕"确保依法独立公正行使检察权"、"健全检察权运行机制"、"完善检察机关人权司法保障制度"三个专题进行了深入研讨，形成了普遍共识，取得了丰硕成果。中国检察学研究会检察基础理论专业委员会主任、湖北省人民检察院检察长敬大力在开幕式上强调指出，党的十八届四中全会里程碑式地开启了依法治国 2.0 升级版，确立了全面推进依法治国的指导思想和基本原则，明确了建设中国特色社会主义法治体系和社会主义法治国家的总目标，而且鲜明提出要完善检察机关行使监督权的法律制度，这为全面推进依法治国、全面深化检察理论研究指明了方向、提供了基本遵循。改革是这个时代的主旋律。在全面深化改革的历史进程中，司法改革深入推进、破冰前行，检察改革不断深化、亮点纷呈，与建设公正高效权威的社会主义司法制度、检察制度的目标渐行渐近。在这种大背景下举办此次论坛，十分契合当前建设法治中国、深化司法改革的实际需要。依法治国离不开制度保障，深化改革离不开理论支撑。检察改革必须遵循规律，理论研究重在探求规律。要通过检察基础理论研究，不断加深对检察工作的规律性认识，推动中国特色社会主义检察制度更加成熟、更加定型，优越性更加充分地发挥。

---

　　* 原文载《人民检察》2014 年第 23 期。

一、关于确保依法独立公正行使检察权

依法独立公正行使检察权，是我国宪法规定的检察机关履行法律监督职能的一个重要原则。十八届四中全会对此提出了十分明确和具体的要求。与会代表普遍认为，这一原则既是司法活动规律对检察工作的必然要求，也是实现司法公正的现实需要。与会人员普遍认为，当前检察官队伍专业化、职业化水平不高，检察机关人、财、物由同级地方政府管理，排除外部不当干扰的阻力很大，这些突出问题亟待通过改革加以解决。中国政法大学教授、博士生导师樊崇义指出，要重点研究和关注三个问题：一是坚持党的领导与依法独立公正行使检察权的关系，两者是统一的；二是"以审判为中心"同加强法律监督的关系，两者都要加强；三是健全人权司法保障制度与保护私权的关系，两者同等重要。同时要加强社会公众对检察机关宪法定位的共识，为解决司法改革中财物保障问题清除障碍。

建立符合职业特点的检察官管理制度，是新一轮检察改革中牵一发而动全身的核心项目。北京师范大学教授、博士生导师宋英辉建议，要根据办案数量确定检察官员额，进而确定辅助人员员额、司法行政人员员额；要成立检察官遴选委员会、伦理惩戒委员会、预算保障委员会，但具体机构不宜设在检察机关内部。上海市人民检察院副检察长陈辐宽认为，现行检察官管理体制不适应检察工作的固有属性和检察官的职业特性，阻碍了依法独立公正行使检察权总体目标的实现。建议推进检察人员分类管理，实行检察官员额制，建立检察官专业职务序列管理制度；实行检察官的省级统一管理，改革检察官的选任、遴选、考核、惩戒制度；实行检察官的等级制度，对检察官等级实行按期晋升与选升相结合；改进和探索检察官职业培训和研修制度；落实和完善检察官职业保障制度，实行以专业等级为基础的薪酬制度。湖北省武汉市人民检察院检察长孙应征指出，省以下地方检察院人财物统一管理，为推行检察人员分类管理创造了契机和条件，建议根据检察权能的不同特点，探索建立检察官办案组、主任检察官办案组两种不同形式的办案组织模式；明确检察官权力范围和追责条件，明确责任主体，健全和完善司法责任制；加强检察职业保障制度、检察权监督制约制度等相关配套机制建设，确保检察人员分类管理的顺利实施。

探索建立与行政区划适当分离的检察司法管辖制度，对于确保检察权的依法独立公正行使具有重要的意义。关于如何建立科学的司法管辖制度，四川省人民检察院副检察长夏黎阳认为，构建跨区划的统一的交通运输检察体制，符合我国交通运输发展基本趋势和交通运输领域刑事案件的共同特性，有利于发挥铁路检察队伍的专业特长，加强对交通运输领域的法律监督。同时，对交通

运输检察机关的成立方式、机构设置、管辖范围以及法院对应建制等一系列问题提出了具体对策。湖北省人民检察院汉江分院检察长罗堂庆认为，探索建立与行政区划适当分离的司法管辖制度，不仅必要，而且可行。建议按照坚持党的领导、依法推进、适当分离、合理配置资源等原则予以推进，短期可立足于省以下法院和检察院在地域管辖、级别管辖、专门管辖规定方面进行完善，从长远来看，需要逐步建立跨省级行政区划的管辖制度。湖北省襄阳市人民检察院检察官简乐伟认为，检察司法管辖区与同级别行政区重合，易导致检察权力运行的地方化、检察案件负担的失衡化、内部机构设置的僵硬化等三个方面的问题，而现实中一些检察司法管辖区与行政区在一定程度上的分离，又导致检务保障乏力、无对应公安机关、法律监督案源不足等问题。建议坚持全面配套改革、合理配置检察资源、降低当事人参与司法成本等原则，稳步推进检察司法管辖区与行政区适当分离。

我国行政诉讼领域对跨行政区划司法管辖制度改革的需求最为明显，与会代表对此高度关注。最高人民检察院法律政策研究室民事行政法律研究处处长王莉介绍了审判机关在行政诉讼管辖范围与行政区划相分离方面所进行的积极尝试，认为建立与行政区划适当分离的司法管辖制度是行政诉讼管辖制度改革的方向。但需要与当前司法体制改革的其他措施相结合，对各种方案的优劣进行充分论证，同时应保持管辖法院相对稳定、方便行政相对人诉讼、保证法院行政审判职能的正常发挥。安徽财经大学法学院副教授葛先园认为，当前行政诉讼管辖制度改革存在两大不足，即改革与司法行政化结伴而行，未凸显原告权利在行政诉讼法权结构中的基础性地位。行政诉讼法修正案扩大了行政诉讼原告选择管辖的范围，将其作为我国行政诉讼管辖制度改革的方向，能够克服当前行政诉讼管辖制度的缺陷，在"隐性"中实现司法管辖之跨行政区划的目标。

与会人员认为，新一轮检察改革应当坚持检察机关的宪法地位，运用法治思维、创新法治方式推进各项检察改革。武汉大学法学院教授、博士生导师周叶中指出，我国宪法文本的多值逻辑使检察制度具有多重复合结构，有必要对我国宪法检察制度中"检察权"、"检察机关"、"法律监督机关"和检察院的领导体制等关键问题进行新的理论探索。他指出，宪法文本中的检察权属于司法权，检察权和法律监督权虽然存在交叉，但不属于同一视角的概念；法律监督机关是检察院的组织性质和宪法定位，而检察机关只是对从事检察工作的国家机关的概括性意指；检察院的纵向宪法定位是国家性，但在组织结构上则属于双重性配置，各级人大只对本级检察院有监督权。安徽省芜湖市人民检察院检察官陈广计认为，要运用法治思维和法治方式推进新一轮检察改革，在省级以上的人民检察院设立主管检察改革的职能部门，取消市级（设区的市）以下检察机关自行推进检察改革的权限，实行检察改革的申报制、立项核准制、跟踪监督制、考核验收制等制度，真正做到规范有序地推进检察改革。

二、关于健全检察权运行机制

检察权运行机制是实现检察职能和检察价值目标的重要载体。按照十八届四中全会提出优化司法职权配置的要求，就是要进一步健全检察权运行机制，提高检察机关司法公信力。与会人员指出，当前检察权运行中存在职责不清、运转不畅、效率不高、监督不力等突出问题。遵循检察权运行规律、优化配置检察职权，是检察理论研究和实践探索应予关注的课题。

深化检察官办案责任制改革，突出检察官执法办案主体地位，是新一轮检察改革的重要内容。四川大学教授、博士生导师龙宗智指出，在台湾地区，独任制是检察机关的基本办案组织形式，协同制、团队制是独任制的重要补充。我国大陆检察机关当前的基本办案组织形式是承办制，检察改革要凸显独任制，确保检察官对案件有决定权并负责。主任检察官办案责任制与员额制在目的、功能上是重复的，是一种过渡性的制度安排，主任检察官在团队办案中主要履行业务指导、监督职责。在内设机构设置上，市级院以上检察机关应以业务部门为主导，基层院则以办案组为主导。关于办案责任制下检察权的划分，建议遵循以下原则：重大决定由检察长作出，非重大决定由检察官作出；依法律程序由上往下的指令由检察长作出，由下往上呈报的指令由检察官作出；书面决定由检察长作出，临场指挥由检察官作出；有争议的决定由检察长作出，无争议的决定由检察官作出；强制性决定由检察长作出，非强制性决定由检察官作出。中国人民大学教授、博士生导师陈卫东指出，检察改革和法院改革在外部去地方化、人权保障司法化等方面是一致的，但在司法权力运行机制特别是在内部去行政化方面存在很大不同。要研究如何遵循检察权运行规律和特点来推进改革。为此，建议科学划分检察机关内部执法办案权限，既要坚持检察官独立办案，又要实现检察长决定的法治化、书面化、责任化。检察官不同意检察长决定的仍要执行检察长决定，并将检察长的决定附卷，作为追责的依据。检察工作一体化原则的适用，要区分检察职权的行政属性和司法属性，对具有行政属性的侦查权要遵循检察工作一体化原则；对具有司法属性的权力（如批捕权、公诉权）可授权由检察官负责。湖北省人民检察院副检察长郑青认为，办案责任制是一项关乎检察工作基础和全局的改革举措，建议实行综合配套改革，具体包括建立检察官办案责任制、主任检察官制度、检察官助理参与办案制度、检察机关领导人员直接参与办案制度、健全基本办案组织、实行基层院内部整合改革、优化审批审核、指挥指令、健全监督制约制度、健全工作运行机制等九个方面的内容。主任检察官应兼顾能力条件和资格条件，更加注重能力条件，在经过一定的选拔程序后，由检察长指定，无须由法律规定其任免程序。现在试行的主任检察官制度只是过渡性措施。因为目前检察官素质能力不能完全适应办案责任制改革的要求。随着改革深入和检察官数量精简、素质提高，可不再设主任检察官，逐步过渡到检察官办案责任制。北京市昌平区人民检察院检察长邹开红认为，检察官的办案主体地位，要求主任检察官在行使权力、享受权益的同时，承担不当履行职能而应产生的责任。对"执法责任"内涵的理解，应当从职责、追责两个方面全面把握，构建权责明晰、运转规范的检察官执法办案责任体系。四川大学法学院教授、博士生导师万毅认为要防止检察改革的三个倾向性问题：一是法官化的问题。法官审理意见不一致时通过合议制的机制解决。而检察官是有上司的，不适用合议制，检察改革不能套用法院的相关制度。二是手足化的问题。检察官权力是法律赋予的，而不是检察长授予的，是"还"权而不是"放"权于检察官。在常态下检察官依法行使检察权，特殊情况下依检察长指令行使检察权。三是专门化的问题。对于需要金融、医疗等方面专门知识的，应设置具有专门知识的检察事务官职位，以弥补检察官专门知识的不足。最高人民检察院检察理论研究所副所长谢鹏程深入分析了主诉（办）检察官与主任检察官之间的异同。在历史背景方面，前者产生于推进庭审制度改革、解决案多人少的突出问题，后者是基于落实办案终身负责制、明确办案责任。在改革目标方面，前者主要是为了提高效率，后者是为了突出检察官主体地位、建立检察机关办案组织。在权力配置方面，两者并无质的区别，只存在量的差别，赋予主任检察官的办案权更多。在工作机制方面，前者虽然形成了办案组，但主诉（办）检察官同部门负责人、检察长、检委会之间的领导关系依然存在；后者试图调整部门负责人、检察长、检委会的领导方式，淡化检察权行使的行政化色彩，主要通过指导和监督来规制主任检察官的权力行使。在组织结构方面，前者的组织结构和形态是多样化的，后者强调办案组织的建设，形成相对固定的两种类型，即复合型的办案组织（主要适用于职务犯罪侦查部门）和单一性的办案组织（主要适用于公诉、批捕等司法属性较强的部门）。湖北省随州市人民检察院副检察长邱高启认为，现行检察机关的办案方式极易陷入违背司法亲历性的诟病之中，陷入缺乏活力、素质与能力不相适应的现实困境之中，陷入冤假错案、权力寻租的责难之中，陷入诉讼效率不高、难以缓解案多人少的矛盾困境之中。对此，建议完善检察业务运行机制，以独立行使检察权、彰显检察机关司法属性、实现权责利的有机统一作为重要指导原则，不断健全完善检察权的结构模式、关系模式、运行模式和管理模式。

　　检察委员会制度是我国社会主义检察制度的显著特色，是检察机关组织体系建设的重要内容，是检察工作贯彻民主集中制的重要载体。湖北省恩施州人民检察院副检察长谭明认为，检委会决策必须遵循群体决策的一般原理，但受群体决策局限性的制约，检委会决策主体的中立性和专业性不足、决策风险转移，司法属性难以彰显。建议采取有效措施，消除角色冲突，引入辩论制度，给予检委会委员独立表达的机会，建立健全责任追究机制，扩大检委会决策的透明度。江苏省南通市通州区人民检察院检察长黄凯东分析指出，人民检察院组织法有关检察委员会制度的规定过于原则、笼统，从实际运行的角度看，检察委员会议事规则仍带有较为浓厚的行政色彩。建议进一步完善立法，明确检察委员会决策地位、职能和活动原则；改革检察委员会工作机制，加强规范化建设；完善责任追究机制，强化检察委员会决策责任。北京市人民检察院检察官李荣冰认为，提高检察委员会议案工作司法属性，可从增强亲历性、完善程序入手提高决策方式的司法属性，从增强独立性、保持中立性和提高专业性入手提高决策主体的司法属性，并完善对检察委员会委员办案责任和履职责任的追究制度。

　　检察机关内部机构设置是否科学，职权配置是否合理，直接关系检察机关法律监督职能的充分有效发挥。甘肃省人民检察院副检察长高继明分析认为，我国检察机关现行内部机构设置不统一、不规范，职能重叠，行政层级繁多，派出机构的法律地位不明确等问题凸显。为此，建议检察机关内部机构科学设置应以实现强化法律监督、维护公平正义的价值为目标，按照优化配置、整体强化、协调发展等原则，通过对业务机构和非业务机构的科学整合，规范派出机构，建立检察官办案责任制等措施来推进。海南省人民检察院第二分院检察员王帮元认为，应根据检察权行使规律，着眼检察机关管理需要，对检察机关现行机构设置进行检视。建议以提高人力资源利用效率、全面履行法律监督职责、建立制约有力、运行高效的工作机制为目标和方向，统筹推进检察机关内设机构改革。

　　检察机关执法办案考评机制，对检察机关、检察官充分发挥职能作用、维护社会公平正义具有重要的指导意义。山东省淄博市人民检察院检察长黄静波、山东大学法学院副教授胡常龙通过实证研究认为，检察机关执法办案考评机制存在的不科学、不合理因素以及对刑事诉讼活动和检察职能作用的消极影响，应引起足够重视，进行改革完善。上海市闵行区人民检察院副检察长杨慧亮建议从完善案件管理大数据采集体系、培养专门的社会学统计人才队伍、设计大数据统计分析的工作模式、搭建大数据预测结论的运用平台、争取与外部大数据的合作等方面入手，有序推进大数据在案件管理中的运用。中南财经政法大学法治发展与司法改革研究中心主任徐汉明认为，"一元二分法"检察权理论视野下诉讼监督职权运行规范的探索，彰显了制度创设的前瞻性，遵循了司法规律。推进法律监督体系与监督能力现代化，需要健全检察权运行机制，完善党对检察工作的领导方式与人大的监督方式，推进检察制度的科学化、法治化和现代化。而检察指令权的规范行使已成为检察制度改革"被遗忘的角落"，建议把规范检察指令权作为改革的重要任务之一，建立检察指令权清单制度，规范检察指令权运行程序，建立包括检察指令权的法律监督权评价指标体系与考评标准，发展完善检察权体系及其运行机制。

三、关于完善检察机关人权司法保障制度

完善人权司法保障制度是推进法治中国建设的重要组成部分。十八届四中全会突出强调了加强人权司法保障问题。与会人员普遍认为，依法治国的要义在于尊重和保障人权，而人权保障则有赖于国家司法体制的发展和完善，检察机关无疑在尊重和保障人权方面承担着重大使命。中国社科院研究员王敏远认为，尊重和保障人权，是法律共同体一致关注的问题。在维护公平正义方面，检察机关同法律共同体在立场上应当是一致的，有特殊的职责而没有特殊的利益；问题可以独自研究，但思想不能封闭、观念不能保守。

实行错案责任追究机制，是保证检察人员依法正确行使检察权、实现公正规范文明执法的重要措施。安徽省人民检察院研究室检察官张鹏涛认为，检察机关的错案是检察机关工作人员在执法办案过程中，因故意或者重大过失导致认定事实错误或事实不清、适用法律不当、办案程序严重违法，造成处理错误，依法应当通过启动法律程序予以纠正或重新作出处理的案件。错案责任追究存在责任认定难、线索发现移送难、调查取证难、问责难等四大难题，建议从细化错案认定标准、健全错案调查程序、改进错案问责方式等方面完善错案责任追究机制。辽宁省人民检察院研究室调研员周习武从证据意识的内涵及把握的规则、违反程序发生错案的原因及认定标准、规范取证的程序和步骤、防范因证据适用不当而发生错案的措施等方面切入，详实地论述了新形势下如何通过强化证据意识，严格规范取证程序，依法守规办案，努力防止错案的发生。上海市徐汇区人民检察院检察长储国樑认为，错案追究制度标准的不确定性给检察人员带来巨大的职业风险，错案追究制度的范围、程序、形式行政化程度严重，启动程序不够明确，缺乏相应的监督机制，缺乏具体的执行部门，建议结合司法改革中对检察官办案模式、机构改革、业务

考核的探索，重建一套标准统一、主体明确、程序完善的检察官办案责任追究制度。

"两个证据规定"和修改后刑事诉讼法对非法证据的规制，使理论界与实务界对非法证据排除十分重视。新疆生产建设兵团人民检察院副检察长周平认为，由于刑事证据理论或规则尚未对"合理怀疑"的定义、要素、范畴进行科学的规制和理论证成，导致裁判者视域诱发非理性"怀疑"范围的肆意延伸，譬如任意妄想性怀疑、过于敏感技巧性怀疑、仅凭猜测性怀疑、强词夺理性怀疑、证言无徵性怀疑、逃避刑责性怀疑。最高人民检察院检察理论研究所研究员刘方认为，相比国外而言，我国刑事诉讼程序中非法证据排除原则与检察工作的关系更为密切，建议从检察监督在贯彻非法证据排除规则中的必要性、科学性、有效性三个角度出发，使每个案件的处理和裁判都建立在事实和证据基础之上。

保障律师依法执业、完善国家司法救助机制是尊重和保障人权的重要体现。贵州省人民检察院副检察长肖振猛认为，要切实转变观念，树立保障律师依法执业的职责意识；注重听取律师意见，确保案件公正处理；充分保障律师辩护权，增强庭审对抗性和诉讼构造平衡性；深化检务公开，为律师依法执业提供便利；建立保障律师依法执业的长效机制，健全完善相应的配套措施；与律师共同推进法律职业共同体构建，树立法律职业良好形象。湖北省人民检察院控申检察处处长李凯建议防止与克服国家司法救助是"济贫扶困"、是息诉罢访的交换条件、利益保护范围仅仅局限于物质利益的错误认识，积极主动开展好国家司法救助工作，充分发挥检察机关在涉法涉诉信访改革中的作用。

中国检察学研究会检察基础理论专业委员会常务副主任、最高人民检察院法律政策研究室主任万春总结指出，本届论坛以十八届四中全会精神为指引，主题鲜明、内容丰富、参与广泛，使我们对检察改革的重要性、必要性有了更加深入的认识，对检察改革的规律和基本路径有了更加明晰的把握，对检察改革面临的形势和任务有了更加清醒的判断，必将进一步夯实检察改革的理论基础，促进检察改革的协调有序推进。

第十五届全国检察理论研究年会观点综述*

常　锋

检察理论研究对推动检察制度改革和检察工作科学发展意义重大。5 月 28 日至 29 日，以"检察院组织法修改与检察制度的完善"为主题的第十五届全国检察理论研究年会在福建省福州市召开。会议的主要任务是：全面贯彻党的十八届三中全会和 2014 年中央政法工作会议精神，加强对检察工作相关的重大理论与实践问题的研究和学术交流，推动检察理论的繁荣发展。最高人民检察院副检察长李如林出席会议。来自高等院校和全国检察机关的代表 160 多人围绕着会议主题，分别就人民检察院组织法修改的原则、检察职能的调整、检察机关内设机构的改革和检察管理体制的改革等议题展开充分、深入讨论。

李如林副检察长指出，一年来，各级检察机关高度重视检察理论研究工作，积极落实课题制、奖励激励、成果转化、交流合作等各项工作机制，检察理论研究人才队伍不断壮大，基础理论和应用理论研究不断向纵深化、精细化方向推进，发展和完善了中国特色社会主义检察理论体系，深化了对检察工作重大理论和实践问题的认识。检察理论工作取得了长足进展。但应当清醒地看到，目前所取得的成果离检察工作对检察理论的要求，离发展完善中国特色社会主义检察制度的目标还有不小的距离，检察理论研究工作还有很大的发展空间。党的十八届三中全会对深化司法体制改革作出了全面部署，中央政法工作会议和全国检察长会议对此提出了具体要求，新一轮检察改革正式启动，给检察理论研究工作的发展提供了新的契机。为了找准和破解检察工作中亟待解决的理论难题，更好地服务检察实践，检察理论研究工作者需要集中力量攻关检察领域的热点难点问题。

李如林副检察长强调，应坚持从发展视角认识人民检察院组织法修改的重要意义，坚持以系统论方法研究人民检察院组织法修改的重要内容，坚持以科学务实态度筹划人民检察院组织法修改的具体方案，坚持以组织法修改为契机

---

* 原文载《人民检察》2014 年第 13 期。

提升检察人员的职业修养与职业信仰。现行人民检察院组织法已经滞后于其他相关法律规定的内容，已经滞后于检察业务发展与检察实践，只有全面修订人民检察院组织法才能更好地体现检察机关的法律监督属性，更好地保障检察权的规范行使。因此，研究人民检察院组织法的修改不能执着于个别环节，不能攻其一点不及其余，应当结合我国法治发展的大背景、司法改革的大趋势，厘清检察院组织体制、职权范围、核心配置等核心内容之间的关联与层次，建构逻辑自洽的人民检察院组织法内容体系。同时，需要强调的是，人民检察院组织法修改的重点内容必须统一于检察机关的法律监督职责之下，以规范法律监督职责发挥为基本原则。在制定具体修改方案时，应当在深入研究的基础上审时度势，力求科学务实。

一、人民检察院组织法修改的指导原则与方向

人民检察院组织法是以我国宪法为依据，对人民检察院的组织体系、工作任务、活动原则、职责权限、履职程序和人员任免等进行调整和规范的基本法律。所以，人民检察院组织法修改是一项系统工程，需要深入详细地论证，更要遵循一定的原则。对此，甘肃省人民检察院副检察长李东亮提出，应当坚持我国宪法确定的中国特色社会主义检察制度的基本定位，坚持党的领导原则，坚持以宪法为依据的原则，坚持保障人权原则，坚持继承与借鉴相结合原则，坚持改革成功经验法制化及推进改革原则，坚持与其他法律相协调原则，坚持遵循司法规律原则。山西省太原市人民检察院检察官褚尔康认为，人民检察院组织法的修改历程和检察机关参与社会治理的历史经验能够清晰地呈现出检察机关从社会管理到社会治理的实践探索，因此，在人民检察院组织法中应确立参与社会治理的原则。国家检察官学院理论教研部副主任薛伟宏认为，坚持解放思想、实事求是、与时俱进、求真务实，一切从实际出发，总结国内成功做法，借鉴国外有益经验，勇于推进理论和实践创新，不仅是我国新时期全面深化改革的指导思想，也是修改人民检察院组织法应遵循的重要原则。

除此之外，无论从条文拟定的规范化和科学化，还是从结构部署的合理性和有序性来看，立法方向的明晰和确立都必然成为立法宗旨现实转化和立法目的有效实现的必要条件。对此，江西省人民检察院研究室主任罗军认为，对人民检察院组织法修改方向进行把握时，需要注意：一是检察权配置的合理性及谦抑性；二是条文规定的衔接性；三是规范设计的确认性和前瞻性。在立法结构取舍方向上：一是规范条文的块状化和集中化，优化总则和其他部分的结构设置；二是章节架构的层次化和递进化；三是特殊章节的法定化和协调化。

二、人民检察院组织法修改与检察职能调整

修改人民检察院组织法的首要任务是在明确相关法律的调整对象、范围和方式的基础上，准确把握人民检察院组织法的功能定位。基于此，北京市东城区人民检察院副检察长许文辉、研究室主任张子强认为，人民检察院组织法既不能规定琐细的诉讼程序规则，也不宜照搬诉讼法中的基本原则，而应成为诉讼法正确实施的保障法。因此，未来人民检察院组织法应另设专章规定检察职权，理顺与诉讼法的调整对象与范围；按照功能性职权与结构性职权结合的立法模式规定具体的检察权能和监督措施。陕西省咸阳市人民检察院研究室主任赵丽萍提出，应当修改完善人民检察院刑事检察权的职责规定，修改完善人民检察院的职权范围，修改完善人民检察院行使职权的程序。

人民检察院组织法关于检察职权的原有规定已暴露出一定的时代性缺陷，许多内容已不能适应我国法治发展和检察工作的需要，甚至在某些方面制约了检察工作的有效开展。南开大学法学院副教授朱桐辉指出，随着立法和司法实践的发展，新的检察职权应运而生，这些职权以及它们与既有职权之间如何协调与规范，成为人民检察院组织法修改时需要考量的重要内容。基于同样认识，天津市南开区人民检察院检察官李红震建议，人民检察院组织法应增加规定最高人民检察院对指导性案例的发布与指导权。

职务犯罪侦查是检察机关发挥法律监督职能的重要方面，而现行人民检察院组织法对职务犯罪侦查工作的规定过于原则和笼统。北京市朝阳区人民检察院副检察长孙长柱提出，应将"检察机关行使职权"作为单独一章规定在人民检察院组织法总则之内，具体规定包括职务犯罪侦查权在内的检察权力，既保障了内容的系统完整，又理顺了各章之间的逻辑关系。新疆维吾尔自治区奎屯市人民检察院检察官宋琳提出侦查一体化工作机制的构想：一是加强和完善上下级检察机关领导工作机制；二是建立内部一体化工作机制；三是建立无隶属关系的侦查部门之间的横向侦查协作机制；四是与有关部门信息资源共享，加强信息平台建设；五是构建职务犯罪侦查一体化保障机制；六是强化组织体系建设，建立和完善人员培养和调配制度。

在我国现行法律体系中，有些检察权未能纳入法律，有些检察权法律规定得不够具体且缺乏可操作性，导致实践中部分监督职权无法行使，部分即使可以行使但因缺乏保障而无法落实，直接影响法律监督的效果。对此，陕西省渭南市人民检察院检察长刘伟发、研究室主任杨军指出，人民检察院组织法作为一部宪法性法律，在修改过程中有必要健全多种诉讼监督相协调的权威监督手段，确立检察处分权的地位和作用，确保法律监督真正发挥维护国家宪法和法

律统一正确实施的职能。具体可从立案监督、侦查监督、审判监督、执行监督中完善检察处分权的配置。

行政公益诉讼是伴随着检察制度和行政诉讼制度的不断发展完善而建立的，在修改人民检察院组织法时，赋予我国检察机关行政公益诉讼职能并建立相应的行政公诉程序，对于优化配置检察权，完善行政诉讼程序，有效加强对行政权的监督制约具有十分重要的意义。内蒙古自治区人民检察院宣传处副处长维英认为，可以在现行人民检察院组织法第 5 条"各级人民检察院行使下列职权"之下增加"对行政诉讼案件提起公诉、支持公诉"的规定并在制度构建时注意受案范围的界定、举证责任的分配、行政公诉结果的承担等问题。湖南省人民检察院检察官刘润发提出，行政公诉权的权能设定至少应当包括立案决定权、调查取证权、起诉权、出庭支持公诉权、不起诉权、公诉变更权、上诉权、抗诉权、检察建议权等；行政公诉权运行必须具备可诉的行为、诉的利益和当事人适格三个法定条件；可通过确立诉权要件、确立检察机关行政公诉国家赔偿责任以及设立检察官行政公诉追偿制度等规制行政公诉权的滥用。

如何使行政检察发挥越来越重要的作用，国家检察官学院河南分院副院长田凯提出，宏观方面，需要确立行政检察制度的原则、明确行政检察的监督范围、行政检察的监督对象。机制构建方面，需要通过修正完善人民检察院组织法，具体规定检察机关在行政诉讼过程中有权依法提出检察意见、检察建议、纠正违法通知以及追究行政司法人员法律责任的制度，确立并完善行政公诉、行政抗诉、支持行政诉讼、参与行政诉讼、行政诉讼的执行监督、行政诉讼的程序监督以及和行政诉讼关联的行政行为的监督等七种行政检察的监督方式。

三、科学设置检察机关内设机构

检察权的有效行使，法律监督职能的充分发挥，需要配套的机构设置和内部分工，检察机关内设机构设置是否科学、是否合理，直接影响检察职能的行使。有鉴于此，黑龙江省大庆市人民检察院检察长姜廉分析认为，目前我国检察机关存在内设机构设置标准不统一、内设机构职能重叠、内设机构未按法定权限履行职责等问题，对此，应进行去行政化改革，统一内设机构名称、统一派出机构设置标准、进行职权配置和机构调整。黑龙江省牡丹江农垦区人民检察院政治处主任程世国指出，许多检察院存在内设机构科室过多、官多兵少；重复审查、效率低下；职能交叉、力量消耗；分工过细、人浮于事；称谓繁杂、缺乏统一等问题。应从统一名称、调整机构、分级设置等三方面进行改革。新疆生产建设兵团人民检察院副检察长周平认为，应明确内设机构的设置标准：按检察职能进行设置、按高检院设置模式参照对应；按侦查监督职能、追诉监督职能、诉讼监督职能、非诉执法监督等纬度设置；按不同的检察机关级别设置。在完成各级检察机关内设机构设置的基础上，确定内设机构负责人的职责和权限；配置不同内设机构的检察官及其辅助人员，并明确岗位职责。

民事检察与行政检察在法律监督性质、内容和诉讼理念上存在差异。民事行政检察分设已成为优化民事检察和行政检察职权配置的必然选择。福建省莆田市人民检察院副检察长蔡福华、莆田市秀屿区人民检察院副检察长林玉贵建议，在机构设立方面，应当考虑不同级别检察机关工作需要、人员编制等情况，明确各机构基本职责和机构比例、人员比例；在配备人员方面，应考虑使民事检察、行政检察机构具有合理的规模和数量，适当配备检察人员；在职能划分方面，应科学地确定民事检察、行政检察职能，实现机构之间各司其职、相互配合、相互制约，确保检察权公正有效地行使。

未检工作已经成为检察工作中不可或缺的重要组成部分，人民检察院组织法修订中应加以明确和认可，以保障未检机构的专门独立和未检队伍的专业化建设，加快未检工作法制化进程。河北省临漳县人民检察院检察长孙洪涛指出，人民检察院组织法在划分检察职权时应凸显未检工作地位；未检工作中行使检察权的特别程序应当在组织法中有所体现；在组织法中对未检机构的规定应当明确，使未检工作真正实现"机构、编制、力量"有机结合下的真正独立，并持续、有效、顺利地开展下去。

人民检察院组织法第2条第3款作为检察机关设置派出机构的基本法律依据，历经三十多年未曾修改完善，实践中存在很多问题。广东省广州市花都区人民检察院副检察长杜国强指出，健全派出机构设置可从以下几个方面着手：一是完善派出检察机构设置的法律依据，明确其法律地位；二是规范派出机构的设置和审批权限，统一设置标准；三是明确派出检察机构的职能定位，切实规范其职权范围；四是理顺派出机构的领导和管理体制，强化内外监督制约；五是完善派出机构的保障机制，确保检察权的独立行使。铁路运输检察制度是我国检察制度的重要组成部分，四川省人民检察院副检察长夏黎阳回顾总结了属地改革后铁路检察机关面临的问题，从设立依据、机构设置、管辖范围以及与法院的对应建制等方面提出了构建交通运输检察体制的具体设想。

四、检察管理体制改革成果的法制化

建立科学完善、行之有效的检察官管理制度，是保障检察机关高质高效地履行检察职能的客观需要。十八届三中全会确立司法改革的目标后，各地积极试点检察管理体制改革，把成熟有效的改革经验法制化，是人民检察院组织法改革的重要任务。辽宁省沈阳市人民检察院副检察长贾海洋提出了以人民检察院组织法修改为背景改革我国检察管理体制，以及省以下地方检察院垂直管理的改革建议。湖北省汉阳区人民检察院检察长陈重喜指出，以检察官职业化为核心的检察管理体制改革应该成为我国新一轮司法改革的重要组成部分。安徽省合肥市人民检察院副检察长黄世斌提出改革完善现行检察官管理制度的设想：完善检察官选任制度，强化检察官独立办案机制，加强检察官培训制度，规范检察官考核机制，健全检察官保障制度，推动检察体制改革。云南省昆明市人民检察院检察长沈曙昆指出，现行检察管理体制日益暴露出与社会发展要求不相适应的情况，地方化、行政化、无区别化、非规范化问题严重，检察机关已难以真正独立行使检察权。应从领导体制、内部机构设置、检察人员管理、财务管理、业务管理等方面进行改革。江西省鹰潭市人民检察院检察长罗庆华指出，建构新的司法经费省以下统管模式需注意阶段性定位、统管与垂管区分、去行政化、去地方化、外部监督以及模式选择等问题，应建立以司法管理工作委员会为核心的司法经费省以下统管模式，同时需建立相应的配套措施，包括强化人大监督、预算监督、审计监督等举措。河南省郑州市管城区人民检察院副检察长丁毅建议：建立单独检察官等级序列，提升基层检察官等级层次，严格人员准入制度，完善内外交流机制，平衡多方利益需求。

作为检察权运行最基本单元的办案组织形式，从最初的三级审批制到主诉检察官制，再到改革试点的主任检察官制，都显示了改革的必要性和迫切性。福建省人民检察院研究室副主任林雪标指出，主任检察官制度的根本目的是提高办案质量和效率，确保公平正义，是检察办案的内在规律和专业分类的现实需要。上海市闵行区人民检察院副检察长张晨认为，要明确主任检察官制度的法律支撑，在制度上要建立检察权规范化运行机制，合理设置主任检察官的放权与限权，健全主任检察官制度的保障与激励机制。福建省莆田市城厢区人民检察院副检察长沈威指出，权力下放，赋予承办检察官一定的独立地位是办案组织形式改革的精髓所在；正在试点的主任检察官制度目前主要在刑事审查部门试行，能否在工作性质不同的其他内设机构试行还存疑问；关键问题仍然是放权的程度。

　　检务保障是指为检察工作提供支撑和支持，促进检察职能全面履行以及检察事业创新发展的一切外在和内在的条件，包括人力、财力、物力及相关制度与政策环境等基本要素的总称。广西壮族自治区人民检察院研究室主任苏金基提出，对检务保障的定位、机制的确定直接影响着检察权的行使，是确保检察权依法独立公正行使的基本保障，为深化改革提供法律依据，应将检务保障以法律的形式加以明确。同时明确检察经费逐步实现由国家统一保障。

　　检务公开法制化是有效保障人民群众知情权、表达权、参与权、监督权的重要途径，是保障检察机关正确行使检察权，维护公平正义的内在要求。江苏省人民检察院检察委员会委员尹吉提出检务公开法制化的基本理念：公开为原则，不公开为例外；提出检务公开法制化的十大基本原则：依法性、真实性、利益平衡性、全面性、及时性、规范性、便民性、有责性、梯度性和无偿性。他建议，修改人民检察院组织法时把检务公开作为新增内容，作为总则中的原则性条文，明确规定："以公开为原则，不公开为例外。"